国家清史编纂委员会·文献丛刊

清末立宪运动史料丛刊 24

主编 胡绳武

副主编 牛贯杰 戴鞍钢

福建谘议局 上卷

李细珠 翟金懿 编

山西人民出版社

本书获中国人民大学「中央高校建设世界一流大学（学科）和特色发展引导专项资金」支持

「十二五」国家重点图书出版规划项目

国家清史编纂委员会出版委员会

主　　任　　戴　逸

执行主任　　马大正　崔建飞

委　　员　　卜　键　朱诚如　成崇德　郭成康

　　　　　　潘振平　徐兆仁　邹爱莲

学术秘书　　赫晓琳　李　岚

《清末立宪运动史料丛刊》出版工作委员会

主　　任　　贾新田　胡彦威

副 主 任　　姚　军　梁晋华

统　　筹　　蒙莉莉

委　　员　　（以姓氏笔画为序）

王新斐　冯灵芝　史美珍　刘小玲　吉　昊

李　靖　李　鑫　张小芳　张志杰　何赵云

杜厚勤　张彦彬　柳承旭　武　静　郝文霞

贺　权　贾登红　崔人杰　阎卫斌　傅晓红

翟丽娟　蔡咏卉　魏美荣

总序

戴逸

二〇〇二年八月，国家批准建议纂修清史之报告，十一月成立由十四部委组成之领导小组，十二月十二日成立清史编纂委员会，清史编纂工程于焉肇始。清史之编纂酝酿已久，清亡以后，北洋政府曾聘专家编写《清史稿》，历时十四年成书。识者议其评判不公，记载多误，难成信史，久欲重撰新史，以世事多乱不果。中华人民共和国成立后，中央领导亦多次推动修清史之事，皆因故中辍。新世纪之始，国家安定，经济发展，建设成绩辉煌，而清史研究亦有重大进步，学界又倡修史之议，国家采纳众见，决定启动此新世纪标志性文化工程。清代为我国最后之封建王朝，统治中国二百六十八年之久，距今未远。清代众多之历史和社会问题与今日息息相关。欲知今日中国国情，必当追溯清代之历史，故而编纂一部详细、可信、公允之清代历史实属切要之举。编史要务，首在采集史料，广搜确证，以为依据。必藉此史料，乃能窥见历史陈迹。故史料为历史研究之基础，研究者必须积累大量史料，勤于梳理，善于分析，去粗取精，去伪存真，由此及彼，由表及里，进行科学之抽象，上升为理性之认识，才能洞察过去，认识历史规律。史料之于历史研究，犹如水之于鱼，空气之于鸟，水涸则鱼逝，气盈则鸟飞。历史科学之辉煌殿堂必须肖然耸立于丰富、确凿、可靠之史料基础上，不能构建于虚无缥缈之中。吾侪于编史之始，即整理、出版"文献丛刊"、"档案丛刊"，二者广收各种史料，均为清史编纂工程之重要组成部分，一以供修撰清史之用，提高著作质量；二为抢救、保护、开发清代之文化资源，继承和弘扬历史文化遗产。清代之史料，具有自身之特点，可以概括为多、乱、散、新四字。一曰多。我国素称诗书礼义之邦，存世典籍汗牛充栋，尤以清代为盛。盖清代统治较久，文化发达，学士才人，比肩相望，传世之经籍史乘、诸子百家、文字声韵、目录金石、书画艺术、诗文小说，远轶前朝，积贮文献之多，如恒河沙数，不可胜计。昔梁元帝聚书十四万卷于江陵，西魏军攻掠，悉燔于火，人谓丧失天下典籍之半数，是五世纪时中国书籍总数尚不甚多。宋代印刷术推广，载籍日众，至清代而浩如烟海，难窥其涯涘矣！《清史稿·艺文志》著录清代书籍九千六百三十三种，人议其疏漏太多。武作成作《清史稿艺文志补编》，增补书一万零四百三十八种，超过原志著录之数。彭国栋亦有《重修清史艺文志》，著录书一万八千零五十九种。近年王绍曾更求详备，致力十余年，遍览群籍，手抄目验，成《清史稿艺文志拾遗》，增补书至五万四千八百八十种，超过原志五倍半，此尚非清代存留书之全豹。王绍曾先生言："余等未见书目尚多，即已见之目，因工作粗疏，未尽钩稽而失之眉睫者，所在多有。"清代书籍总数若干，至今尚未能确知。清代不仅书籍浩繁，尚有大量政府档案留存于世。中国历朝历代档案已丧失殆尽（除近代考古发掘所得甲骨、简牍外），而清朝中枢机关（内阁、军机处）档案，秘藏内廷，尚称完整。加上地方存留之档案，多达二千万件。档案为历史事件发生过程中形成之文件，出之于当事人亲身经历和直接记录，具有较高之真实性、可靠性。大量档案之留存极大地改善了研究条件，俾历史学家得以运用第一手资料追踪往事，了解历史真相。二曰乱。清代以前之典籍，经历代学者整理、研究，对其数量、类别、版本、流传、收藏、真伪及价值已有大致了解。清代编纂《四库全书》，大规模清理、甄别存世之古籍。因政治原因，查禁、篡改、销毁所谓"悖逆"、"违碍"书籍，造成文化之浩劫。但此时经师大儒，联袂入馆，勤力校理，尽瘁编务。政府亦投入巨资以修明文治，故所获成果甚丰。对收录之三千多种书籍和未收之六千多种存目书撰写详明精切之提要，撮其内容要旨，述其体例篇章，论其学术是非，叙其版本源流，编成二百卷《四库全书总目》，洵为读书之典要、后学之津梁。乾隆以后，至于清末，文字之狱渐戢，印刷之术益精，故而人竞著述，家娴诗文，各握灵蛇之珠，众怀昆冈之璧，千舸齐发，万木争荣，学风大盛，典籍之积累远迈从前。惟晚清以来，外强侵凌，干戈四起，国家多难，人民离散，未能投入力量对大量新出之典籍再作整理，而政府档案，深藏中秘，更无由一见。故不仅不知存世清代文献档案之总数，即书籍分类如何变通、版本庋藏应否标明，加以部居舛误，界划难清，亥豕鲁鱼，订正未遑。大量稿本、抄本、孤本、珍本，土埋尘封，行将澌灭；殿刻本、局刊本、精校本与坊间劣本混淆杂陈。我国自有典籍以来，其繁杂混乱未有甚于清代典籍者矣！三曰散。清代文献、档案，非常分散，分别庋藏于中央与地方各个图书馆、档案馆、博物馆、教学研究机构与私人手中。即以清代中央一级之档案言，除北京中国第一历史档案馆所藏一千万件以外，尚有一大部分档案在战争时期流离播迁，现存于台北故宫博物院。此外，尚有藏于沈阳辽宁省档案馆之圣训、玉牒、满文老档、黑图档等，藏于大连市档案馆之内务府档案，藏于江苏泰州市博物馆之题本、奏折、录副奏折。至于清代各地方政府之档案文书，损毁极大，但尚有劫后残余，璞玉浑金，含章蕴秀，数量颇丰，价值亦高。如河北获鹿县档案、吉林省边务档案、黑龙江将军衙门档案、河南巡抚藩司衙门档案、湖南安化县永历帝与吴三桂档案、四川巴县与南部县档案、浙江安徽江西等省之鱼鳞册、徽州契约文书、内蒙古各盟旗蒙文档案、广东粤海关档案、云南省彝文傣文档案、西藏噶厦政府藏文档案等等分别藏于全国各省市自治区，甚至清代两广总督衙门档案（亦称《叶名琛档案》），被英法联军抢掠西运，今藏于英国伦敦。清代流传下之稿本、抄本，数量丰富，因其从未刻印，弥足珍贵，如曾国藩、李鸿章、翁同龢、盛宣怀、张謇、赵凤昌之家藏资料。至于清代之诗文集、尺牍、家谱、日记、笔记、方志、碑刻等品类繁多，数量浩瀚，北京、上海、南京、广州、天津、武汉及各大学图书馆中，均有不少贮存。丰城之剑气腾霄，合浦之珠光射日，寻访必有所获。最近，余有江南之行,在苏州、常熟两地图书馆、博物馆中,得见所存稿本、抄本之目录,即有数百种之多。某些书籍,在中国大陆已甚稀少,在海外各国反能见到,如太平天国之文书。当年在太平军区域内,为通行之书籍,太平天国失败后,悉遭清政府查禁焚毁,现在中国,已难见到,而在海外,由于各国外交官、传教士、商人竞相搜求,携赴海外,故今日在外国图书馆中保存之太平天国文书较多。二十世纪内,向达、萧一山、王重民、王庆成诸先生曾在世界各地寻觅太平天国文献,收获甚丰。四曰新。清代为传统社会向近代社会之过渡阶段,处于中西文化冲突与交融之中,产生一大批内容新颖、形式多样之文化典籍。清朝初年,西方耶稣会传教士来华,携来自然科学、艺术和西方宗教知识。乾隆时编《四库全书》,曾收录欧几里得《几何原本》,利玛窦《乾坤体义》,熊三拔《泰西水法》、《简平仪说》等书。迄至晚清,中国力图自强,学习西方,翻译各类西方著作,如上海墨海书馆、江南制造局译书馆所译声光化电之书,后严复所译《天演论》、《原富》、《法意》等名著,林纾所译《茶花女遗事》、《黑奴吁天录》等文艺小说。中学西学,摩荡激励,旧学新学,斗妍争胜,知识剧增,推陈出新,晚清典籍多别开生面、石破天惊之论,数千年来所未见,饱学宿儒所不知。突破中国传统之知识框架,书籍之内容、形式,超经史子集之范围,越子曰诗云之牢笼,发生前所未有之革命性变化,出现众多新类目、新体例、新内容。清朝实现国家之大统一,组成中国之多民族大家庭,出现以满文、蒙古文、藏文、维吾尔文、傣文、彝文书写之文书,构成为清代文献之组成部分,使得清代文献、档案更加丰富,更加充实,更加绚丽多彩。清代之文献、档案为我国珍贵之历史文化遗产,其数量之庞大、品类之多样、涵盖之宽广、内容之丰富在全世界之文献、档案宝库中实属罕见。正因其具有多、乱、散、新之特点,故必须投入巨大之人力、财力进行搜集、整理、出版。吾侪因编纂清史之需,贾其余力,整理出版其中一小部分;且欲安装网络,设数据库,运用现代科技手段,进行贮存、检索,以利研究工作。惟清代典籍浩瀚,吾侪汲深绠短,蚁衔蚊负,力薄难任,望洋兴叹,未能做更大规模之工作。观历代文献档案,频遭浩劫,水火兵虫,纷至沓来,古代典籍,百不存五,可为浩叹!切望后来之政府学人重视保护文献档案之工程，投入力量，持续努力，再接再厉，使卷帙长存，瑰宝永驻，中华民族数千年之文献档案得以流传永远，沾溉将来，是所愿也！

二〇〇四年

序言

胡绳武

清末立宪运动是一场全国性的政治运动。这场运动历时9年（1903—1911），波及除内外蒙古、青海、西藏之外的全国22个行省（内地18个省、东北三省和新疆），对辛亥革命前后的中国政治、经济、社会和思想文化均产生过重要的影响。这场运动的人和事，自宣统年间以来不断地有国内外学者们进行研究和评议。由于研究者的立场与观点不同，对这场运动的人和事的评议自然是见仁见智的。但研究者们一致感到研究立宪运动的困难之一在于史料相对缺乏。中华人民共和国成立后，国家重视对近百年历史的研究，在中国史学会的主持下，曾出版过一套《中国近代史资料丛刊》。这套资料的出版对中国近代史的教学与研究曾产生了很好的推动作用，但这套资料丛刊却没有把立宪运动包括在内。

有关立宪运动的文献资料，除1979年中华书局出版过一部《清末筹备立宪档案史料》外，尚无一套比较完整的立宪运动文献资料丛刊，这给中国近代史的教学与研究带来一定的影响。为此，中华书局编辑部于1986年曾拟定编辑一套《立宪运动》的文献资料，作为《中国近代史资料丛刊》的续编出版，并邀请我作为这套文献资料丛刊的主编。我当时因为正在撰写《辛亥革命史稿》，无力承担此项工作而加以婉拒。当时中华书局近代史编辑室的主任陈铮向我表示这项工作可在《辛亥革命史稿》完成以后再着手进行，并希望我能将此项工作接受下来。当时我的研究生程为坤讲师也希望我将这项工作接受下来，并表示愿意全力帮助我完成文献资料的搜集与整理工作。这样，我就终于将此项工作接受下来，并开始注意有关立宪运动文献资料的搜集工作。1990年以后，《辛亥革命史稿》的撰写工作虽然已经完成，程为坤却已出国留学，我又年近七十，无力单独承担，此项工作遂告中断。其后，我曾争取与中国人民大学图书馆古籍整理研究所合作，希望继续完成这套资料的搜集与整理工作，后因故再次中断。已经搜集却又未经整理的有关立宪运动的文献资料只好堆积存放。

2002年国家清史纂修工程启动后，清史编纂委员会主任戴逸教授动员我组织力量，将《立宪运动》这套文献资料的整理工作作为国家清史纂修工程文献整理项目之一继续下去，争取完成。我考虑到早在1986年即已接受中华书局近代史编辑室委托，承担《立宪运动》的主编工作，中途虽因客观原因中断，但我内心总觉得对学术界和出版社欠了一笔账，不免感到内疚，现在有机会将这套《立宪运动》作为清史文献项目之一列入计划，这是给我完成上世纪中断了的《立宪运动》这套文献资料的一个极好机会，遂于2004年向国家清史编纂委员会正式提出申请，并于2005年获得通过，正式立项。

这套《清末立宪运动史料丛刊》总的要求是，能够较为全面地反映这场运动的发展全貌，对该运动发生的历史背景、酝酿与兴起、发展和声势、它与民主革命运动及清廷预备仿行立宪的关系、立宪团体、立宪派人士的思想与活动，以及该运动对于中国近代社会历史所造成的影响诸方面，均得到合乎实际的说明。

以往《中国近代史资料丛刊》的编辑方法大致有三种：一是按资料的类型进行整理编辑，如《太平天国》；二是按事件发展进行编辑，如《辛亥革命》；三是二者结合，如《第二次鸦片战争》。本套文献资料大体依照第三种形式，从以下八个方面对相关资料进行搜集、整理与编辑：一、立宪运动的酝酿与发动；二、立宪派与革命派的论战；三、清廷的预备仿行立宪；四、立宪团体；五、国会请愿运动；六、资政院；七、各省谘议局；八、有关立宪运动的外文资料。谘议局文献的选编范围涉及12个行省，即顺直谘议局、奉天谘议局、吉林谘议局、山西谘议局、山东谘议局、江苏谘议局、浙江谘议局、福建谘议局、广东谘议局、江西谘议局、湖南谘议局、四川谘议局。参加本项目的成员及分工如下：中国社会科学院近代史研究所李细珠研究员（立宪运动的酝酿与发动、福建谘议局），清华大学马克思主义学院王宪明教授（立宪派与革命派的论战、有关立宪运动的外文资料），首都师范大学历史系迟云飞教授（清廷的预备仿行立宪），北京大学历史系尚小明教授（立宪团体、国会请愿运动、山西谘议局、山东谘议局），中国人民大学历史学院牛贯杰副教授（资政院、湖南谘议局、广东谘议局），北京师范大学历史学院邱涛副教授（顺直谘议局），中国社会科学院法学研究所孙家红副研究员（奉天谘议局、吉林谘议局），上海图书馆上海科学技术情报研究所高洪兴研究员（江苏谘议局），广东警官学院法律系沈晓敏教授（浙江谘议局），中山大学历史系廖伟章教授（广东谘议局），南昌大学历史系黄志繁教授（江西谘议局），四川大学城市研究所何一民教授（四川谘议局）。

值得说明的是，这套文献资料丛刊立项伊始，清史编纂委员会考虑到我年事已高，故建议增加一位项目主持人，我们经过商议，聘请复旦大学历史系戴鞍钢教授为主持人。项目进行期间，他审阅了700余万字的文稿，并提出具体的修改意见，帮助我承担了不少审阅初稿的任务。牛贯杰副教授承担了大量烦琐沉重的学术辅助工作。清史编纂委员会文献组的王汝丰教授、出版组孟超编审对本项目给予了特别的关心与指导。没有他们的帮助，很难相信这套文献资料丛刊能够如期完成，在此表示诚挚的谢意。同时，山西人民出版社的领导也给予了特别的关注，编辑们付出了辛勤的努力，在此一并致谢。

当然，囿于种种因素，我们不可能将22个行省的谘议局文献全部搜求于内，只选择性地摘取了12个行省的相关文献，这些省份涵盖了沿江沿海、中原腹地、京畿重地与清王朝的龙兴之地——吉林与奉天两省。此外，我们对各省谘议局文献的选编原则以谘议局本身文献为主，因此，规模方面无法做到整齐划一，而且数量各有不同。这些不足和局限，衷心期待学术界进行批评和补正。

2014 年 10 月

凡例

一、本文献为类编资料，资料来源均在正文结尾处标明。

二、本文献按照立宪运动发生、发展的脉络分为三十卷，各卷内容为：第一卷，立宪运动的酝酿与发动；第二卷，立宪派与革命派的论战；第三至六卷，清廷的预备仿行立宪；第七至八卷，立宪团体；第九至十卷，国会请愿运动；第十一至十二卷，资政院；第十三卷，顺直谘议局；第十四至十五卷，奉天谘议局；第十六至十七卷，吉林谘议局；第十八卷，山西谘议局；第十九至二十卷，山东谘议局；第二十一至二十二卷，江苏谘议局；第二十三卷，浙江谘议局；第二十四至二十五卷，福建谘议局；第二十六卷，广东谘议局；第二十七卷，江西谘议局；第二十八卷，湖南谘议局；第二十九卷，四川谘议局；第三十卷，有关立宪运动的外文资料。

三、文献史料如有原名，一律沿用；如没有原名，则由整理者自行拟定，文中注明。

四、资料原文所用繁体字，在不会造成歧义的情况下改为通行简化字。某些具体人名、地名不在此限。异体字、通假字尽量保持文献原貌。

五、本书在纂辑过程中，对清末惯用的一些字词，悉仍其旧，如"豫备立宪"、"豫算"、"筹画"、"画一"、"澈底"、"坐次"、"帐目"、"缕晰陈之"、"详晰"、"人材"、"发见"、"札覆"、"叠次"、"身分"、"省分"、"择尤"等。文中还有许多反复出现的字词属于此种情形,不在此一一列举。

六、文献资料均由编者标点、分段与校勘。错别字用( )标出,并于〔 〕中标明正确字,脱字以【 】标明,衍字以〈 〉标明,无法辨识文字和原公文中故意省略之字,均以□标示。

七、原稿繁体竖排,今改为简体横排。原稿中"左"、"如左"、"左列"、"右"、"如右"、"右列"等文字均保留原貌,一律不作改动。

八、为便于读者更好地利用资料,整理者对有必要加注的地方一律加注,以脚注标明。

整理说明

福建谘议局是清末预备立宪时期比较活跃的一个谘议局。宣统元年九月初一日（1909年10月14日）正式成立，至清朝灭亡以前被裁撤，其主要活动是召开了两次常年会和两次临时会。第一次常年会：宣统元年九月初七日至十月十四日（1909年10月20日—11月26日）；第二次常年会：宣统二年九月初一日至十月二十日（1910年10月3日—11月21日）；第三次会议（临时会）：宣统二年十月二十四日至十一月十三日（1910年11月25日—12月14日）；第四次会议（临时会）：宣统二年十一月二十五日至三十日（1910年12月26日—31日）。所幸的是，这四次会议的速记录均被大致完整地保存下来。这么系统的资料，为其他谘议局所罕见。

本资料的主体就是福建谘议局四次会议速记录。需要说明的是，我们所见版本略有缺损：其中第一次常年会速记录首页稍有破损，并缺第5—8号（原书第2册）；第三次会议（临时会）速记录第8号缺3页（原书第12—15页）。多年来，我们随时留意寻找，终未能补齐，只好留待他日了。

另外，本资料还选录了《福建谘议局筹办处第一次报告书》、《福建谘议局互选细则、议事细则、旁听细则、办事细则》、《福建谘议局第二届选举事宜概则》、《福建谘议局议员邹含英告发正副议长文件》四种资料，并从当时的《厦门日报》辑录了有关福建谘议局活动的资料。

福建谘议局四次会议速记录由李细珠整理，其余资料由翟金懿整理。

李细珠

2016 年 5 月

目录

上 卷

一、福建谘议局筹办处第一次报告书

例言 …………………………………………………………………………… 001
福建谘议局筹办处第一次报告书纲目 ………………………………………… 002
督宪札委三司为谘议局总办由 ………………………………………………… 003
督院照会各绅到筹办处会议由 ………………………………………………… 004
福建谘议局筹办处章程 ………………………………………………………… 004
福建谘议局筹办处职员一览表 ………………………………………………… 006
呈报福建谘议局筹办处开办并启用关防由 …………………………………… 008
福建谘议局筹办日期表 ………………………………………………………… 009
札发谘议局章程由 ……………………………………………………………… 010
为福建谘议局先设筹办处预备调查选举各事剀切告示 ……………………… 011

筹办处成立实行调查简明告示……013
谘议局筹办处办事细则……013
谘议局筹办处调查概则……017
选举章程浅说……021
调查须知……024
调查手续……027
详委各员分往各属会督催办调查选举事务由……028
详送司选各员办事概则并分别功过由……029
行知各属闽省谘议局筹办处开办奏奉朱批由……030
札派法政毕业各生赴县襄办调查并宣讲由（附简章）……031
札派师范等学堂学生年假回籍襄办调查并宣讲由……032
札发初选投票所、开票所办事细则由……032
初选投票所办事略则……033
初选开票所办事规则……036
初选监督职务表……039
札初选监督编定选举人名册严密审查由……041
致各府州县函……041
各州县报告调查选举事务所一览表……044
司选委员办事一览表……046
福建谘议局筹办处每月度支一览表……048
各县已报告之初选人名数……048
尚总办致未报告调查之各州县函……049
致各初选监督函……050
致各复选监督函……050
致同安县易令函……051
覆泉州府司选员谢令函（寄厦门、马巷、同安、晋江）……051

二、福建谘议局互选细则、议事细则、旁听细则、办事细则

福建谘议局议长、副议长、常驻议员互选细则……………………… 053
福建谘议局议事细则……………………………………………………… 056
福建谘议局旁听细则……………………………………………………… 077
福建谘议局办事处办事细则……………………………………………… 079

三、福建谘议局第二届选举事宜概则

选举事宜概则目次………………………………………………………… 084
福建谘议局第二届选举议员办事日表…………………………………… 085
调查概则…………………………………………………………………… 089
调查须知…………………………………………………………………… 091
调查手续…………………………………………………………………… 094
初选投票所办事略则……………………………………………………… 095
初选开票所办事规则……………………………………………………… 099
初选监督职务细则………………………………………………………… 101
初选监督报告条件并格式………………………………………………… 103
前届各州县报告调查选举区域及事务所一览表………………………… 105

四、福建谘议局议员邹含英告发正副议长文件

第一次理由书……………………………………………………………… 110
第二次理由书……………………………………………………………… 111
第三次具禀………………………………………………………………… 112
第四次禀…………………………………………………………………… 115
含英申明理由书之始末报告……………………………………………… 116

五、《厦门日报》相关资料

福建议员全录……118
谘议局事项与议案……120
谘议局筹办处开会之议案……120
谘议局近状……122
谘议局筹办处议案……123
故试议员之手段……123
福建谘议局开会秩序……124
谘议局选举议长及副议长……125
常驻议员十五名即各属代表人……125
谘议局议案之问题……126
谘议局互选之派员……127
悬旗欢祝……127
厦门绅商学界贺谘议开局电……127
谘议局所将次迁移……128
福建选定资政院议员……128
福建谘议局纪事纲要……129
议员游历南洋之消息……130
议长电慰江太史……130
福建谘议局呈复制台申明权限书……131
福建谘议局常驻议员为谘议局建筑事上松督函……132
安溪绅士上谘议局书……134
宁洋绅士呈谘议局文……135
外府总学会代表上谘议局书……136
谘议局审查覆议茶务申覆报告书……137
谘议局审查督部堂札覆保护华侨报告书……138
谘议局审查马晋三呈请遍设贫民工厂建议书之报告……139

谘议局建筑案将有结局	140
谘议局电军机处、禁烟公所、民政部电文	141
谘议局电度支部电文	141
松督覆谘议局书	142
松溪城议事会上谘议局书	142
福建谘议局为清理议案呈闽浙总督部堂文	144
谘议局复巡警道函	145
松督饬属预备议案	147
谘议局撙节糜费	147
条列谘议局研究会之简章	148
谘议局分送建议书之格式	149
谘议局第一届会期经费决算	149
闽督批答谘议局质问预算案	150
谘议局电达资政院	150
谘议局有议行解散之消息	151
谘议局要制台亲自到会	151
谘议局停议之消息	152
谘议局上资政院电	152
松督亲赴谘议局	153
谘议局致各省电	153

六、福建谘议局第一次会议速记录

第一次福建谘议局议事速记录第一号	
宣统元年九月初七日（1909年10月20日）	154
第一次福建谘议局议事速记录第二号	
宣统元年九月初八日（1909年10月21日）	178
第一次福建谘议局议事速记录第三号	
宣统元年九月十二日（1909年10月25日）	192

第一次福建谘议局议事速记录第四号
 宣统元年九月十三日(1909年10月26日) …………… 202
第一次福建谘议局议事速记录第五号至第八号(缺) …………… 205
第一次福建谘议局议事速记录第九号
 宣统元年九月二十二日(1909年11月4日) …………… 205
第一次福建谘议局议事速记录第十号
 宣统元年九月二十四日(1909年11月6日) …………… 220
第一次福建谘议局议事速记录第十一号
 宣统元年九月二十六日(1909年11月8日) …………… 234
第一次福建谘议局议事速记录第十二号
 宣统元年九月二十九日(1909年11月11日) …………… 252
第一次福建谘议局议事速记录第十三号
 宣统元年十月初一日(1909年11月13日) …………… 272
第一次福建谘议局议事速记录第十四号
 宣统元年十月初三日(1909年11月15日) …………… 294
第一次福建谘议局议事速记录第十五号
 宣统元年十月初六日(1909年11月18日) …………… 309
第一次福建谘议局议事速记录第十六号
 宣统元年十月初七日(1909年11月19日) …………… 339
第一次福建谘议局议事速记录第十七号
 宣统元年十月初八日(1909年11月20日) …………… 365
第一次福建谘议局议事速记录第十八号
 宣统元年十月十一日(1909年11月23日) …………… 388
第一次福建谘议局议事速记录第十九号
 宣统元年十月十二日(1909年11月24日) …………… 407
第一次福建谘议局议事速记录续十九号
 宣统元年十月十三日(1909年11月25日) …………… 429
第一次福建谘议局议事速记录第二十号
 宣统元年十月十三日(1909年11月25日) …………… 437

目 录

第一次福建谘议局议事速记录第二十一号

　宣统元年十月十四日(1909 年 11 月 26 日) ……………………………… 466

一、福建谘议局筹办处第一次报告书

例　言

一、本报告只录关于谘议局之重要公文函件。

一、文牍编列以日期之先后为次。

一、各县委报告调查各件，公牍繁多，不能备载，兹辑为一览表，俾易披阅。

一、以自戊申年八月开办起，自年底止，为第一次报告书。俟初选办竣，出第二次报告书。复选办竣，出第三次报告书。

一、各县有年内调查已竣、初选人数已定者，先登于本报告内。

福建谘议局筹办处第一次报告书纲目

一、督宪札委三司为谘议局总办由

二、督院照会各绅到筹办处会议由

三、福建谘议局筹办处章程

四、福建谘议局筹办处职员一览表

五、呈报福建谘议局筹办处开办并启用关防由

六、福建谘议局筹办日期表

七、札发谘议局章程由

八、为福建谘议局先设筹办处预备调查选举各事剀切告示

九、筹办处成立实行调查简明告示

十、谘议局筹办处办事细则

十一、谘议局筹办处调查概则

十二、选举章程浅说

十三、调查须知

十四、调查手续

十五、详委各员分往各属会督催办调查选举事务由

十六、详送司选各员办事概则并分别功过由

十七、行知各属闽省谘议局筹办处开办奏奉朱批由

十八、札派法政毕业各生赴县襄办调查并宣讲由（附简章）

十九、札派师范等学堂学生年假回籍襄办调查并宣讲由

二十、札发初选投票所、开票所办事细则由

二十一、初选监督职务表

二十二、札初选监督严密审查选举人名册由

二十三、函达各府州县应行报告各事项

二十四、各州县报告调查选举事务所一览表

二十五、司选员办事一览表

二十六、福建谘议局筹办处每月度支一览表

二十七、各县已报告初选人名数

二十八、尚总办致未报告调查之各州县函

二十九、致各初选监督函

三十、致各复选监督函

三十一、致同安县易令函

三十二、覆泉州府司选员谢令函

督宪札委三司为谘议局总办由

　　为札委事。案查前奉上谕，钦奉懿旨，著各省督抚均在省城速设谘议局，慎选公正明达官绅创办其事等因，钦此。旋准资政院行令先设局所，其详细章程，俟由院拟定颁布等因，均经行司会议详办在案。兹据该司等详称，谘议局为资政院人才基础，自应遵饬先设局所，以资筹划，拟暂借东街文昌宫内之簪堂，设立福建谘议局筹办处，合集士绅，互相讨论，并研究自治理由，筹议调查办法，为将来实行议会之预备。局中权限职掌章程，应俟资政院颁布后，再行遵照妥办。其暂管局务人员，应请札委办理等情，到本部堂据此，查谘议局先设筹办处，自为讨论预备起见，其自治研究所、宪政调查局，与该局相资为用，亦可暂附于该局之内，分别筹议施行，俟章程妥定，办有端倪，再行分设专局，以裨要政。惟谘议局关系地方行政兴革事宜，极为重要，自应派委藩、学、臬三司为该局总办，并委省垣实缺道、府、厅、县合集通省公正明达士绅，协同办理，方无阻碍。除分札外，合亟札委，札到该司，即便遵照任事并移将拟定简章同开办日期会详来辕，以凭分别奏咨，毋稍率延。切切。特札。

督院照会各绅到筹办处会议由

为照会事。案查前奉上谕，钦奉懿旨，著各省督抚均在省城速设谘议局，慎选公正明达官绅创办其事，等因，钦此。当经督饬藩、学、臬三司筹议，暂借东街文昌宫内之簪堂，先行开办。其自治研究所、宪政调查局，与该局相资为用，亦可暂附于该局之内，俟办有端倪，再行分设专局。派委藩、学、臬三司为该局总办，并委省垣实缺道、府、厅、县，合集通省公正明达士绅，协同办理。该局事关重要，自应遵照部章，先设谘议局筹办处，期臻妥协。兹据该司等呈报，择于本月二十一日开办。凡谘议局应行筹备事宜，由该司等会同士绅详院决定施行。除批饬迅议筹办处章程送核外，相应照会，为此照会贵绅，请烦查照，依期到处开办，并随时筹议一切，庶集思广益，克底于成，无任盼切，须至照会者。右照会。

福建谘议局筹办处章程

第一章　总　纲

第一条　本处为奉旨设立筹办福建谘议局之机关，故名曰福建谘议局筹办处。

第二条　本处直隶于总督之下，承督院命令，筹办关于设立谘议局一切事宜。

第三条　本处人员，由督院慎选公正明达官绅充之。

第四条　本处为分任事务，以专责成，特设四科，各派专员办理之。

第五条　本处筹办事宜，自开办日起，至谘议局成立之日止，皆依次第先后，分期举办。

第六条　本处为选举议员，事属创办，恐难通晓，特派司选员，分赴各府、厅、州、县，帮同办理。先期在本处研究谘议局章程及选举方法，以资娴熟而昭划一。

第七条　本处所需一切筹办经费，皆由督院筹定专款办理。

第八条　本处为筹办谘议局而设，至议员选定、谘议局开办，即行裁撤。

第九条　本处为办理公文案件，由督院刊发木质关防一颗，文曰福建谘议局筹办处，关防随时启用，以昭信守。

第二章　组　织

第十条　本处组织如左：

一、总办

一、会议各官

一、总理

一、协理

一、法制科科员

一、司选科科员

一、文书科科员

一、庶务科科员

第三章　职务权限

第十一条　总办管理本处一切筹办事务，随时会议重要事项。

第十二条　会议各官，会同总办，商议本处一切重要事项。

第十三条　总理以本省绅士充之，商同总办，管理本处一切筹办事务，随时会议重要事项。

第十四条　协理以本省绅士充之，驻处商同总办，总理筹划本处一切事务，审订本处颁发章程、规则、条例，各种程式，并随时会议重要事项。

第十五条　法制科科员之权限

（甲）关于编制事项。（如编拟本处应行颁发之一切章程、规则、条例，各

种程式，随时起草等事）

（乙）关于审查事项。（如审订各府、厅、州、县所拟关于选举一切施行细则有无违反定章及是否可行，随时改正事）

第十六条　司选科科员之职任权限

（甲）关于调查事项。（如研究选举一切应行调查事件及方法等）

（乙）关于检查事项。（如考察各府、厅、州、县所派管理监察人员及所有选举事务是否合法，并撰拟调派方法事项及应行管理监察之一切方法）

第十七条　文书科科员之职任权限

（甲）关于文牍事项。（如掌管撰拟本处一切公文函件等事）

（乙）关于收发事项。（如掌管收发本处一切公文函件，分别登录保存、核对等事）

第十八条　庶务科科员之职务权限

（甲）关于会计事务。（如掌管本处出入经费簿册，购置一切应用器具等事）

（乙）关于印刷事项。（如掌管本处一切图表，并指挥稽查印刷等事）

第十九条　关于本章规定各科之职务权限，开办之初，事务互有繁简，仍须协同办理。

第二十条　本处职员办事细则另列。

福建谘议局筹办处职员一览表

职任	姓名	号	官阶	出身	籍贯
总办	尚其亨	会臣	布政使司	乙酉举人、壬辰进士	顺天汉军
总办	姚文倬	稷臣	提学使司	乙酉拔贡、己丑举人、庚申翰林	浙江仁和县
总办	鹿学良	遂斋	按察使司	癸酉副贡、乙亥举人、庚辰进士	直隶定兴县
会议官	张星炳	叙墀	督粮道	乙亥举人、庚辰翰林	河南固始县
会议官	陈浏	亮伯	盐法道	乙酉拔贡、己丑副贡	江苏江浦县

续表

职任	姓名	号	官阶	出身	籍贯
会议官	曹垣	薇亭	福州府	乙酉拔贡、辛卯举人	山东定陶县
会议官	支恒恭	仲云	福防同知	监生	江苏丹徒县
会议官	刘裔经	竹谦	闽县	己丑举人	湖南浏阳县
会议官	苏梦兰	国香	侯官县	己卯举人、壬辰进士	直隶宁河县
总理	陈宝琛	弢庵	前内阁学士兼礼部侍郎	甲子举人、庚辰翰林	闽县
总理	张亨嘉	燮钧	前礼部左侍郎	甲子举人、癸未翰林	侯官县
协理	郑锡光	友其	翰林院编修	乙酉拔贡、己丑举人、庚寅翰林	闽县
协理	于君彦	幼乡	侍讲衔、翰林院编修	丁酉副贡、壬寅举人、癸卯翰林、进士馆法政优等毕业	闽县
驻处协理	杨廷纶	芸烺	侍讲衔、前翰林院编修	壬寅举人、癸卯翰林、进士馆法政优等毕业	侯官县
协理	明玉	照堂	记名副都统	福州将军衙门笔帖式	福州驻防镶白旗
协理	叶大遒	铎人	前广东高钦廉兵备道	甲子举人、庚辰翰林	闽县
协理	傅嘉年	莲峰	湖北安襄郧荆兵备道	乙亥举人、庚申进士	建安县
协理	罗臻禄	醒尘	布政使衔、分发省分候补班前先补用道	马江船政学堂及法国巴黎矿务大学堂毕业生	闽县
驻处协理	潘炳年	耀如	前四川夔州府知府	甲子举人、辛未翰林	长乐县
协理	程树德	郁庭		法政科进士、癸卯举人、日本法政大学堂毕业生	闽县
协理	锡龄	介甫	拣选知县	壬午举人	福州驻防正白旗
法制科员	陈崇鲁	子图		优廪生、日本法政大学堂毕业生	侯官县
司选科员	李世新	子箴	拣选知县	壬寅举人、日本明治大学师范毕业	侯官县
文书科员	陶汝霖	慕棠	候补知县	附贡生、日本法政大学堂警察毕业	广东番禺县
文书科员	刘子达	孟纯	分省知县	壬寅副贡	侯官县
庶务科员	刘应恺	翊唐	拣选直隶州州同	丁酉举人	江西吉水县
庶务科员	吴孝愫	羲年		附生、日本法政大学堂毕业生	闽县

谨按：谘议局之成立与否，全视筹办处之成绩如何，则组织本处职员，必须顾筹全局。我督宪自奉明诏后，审慎图维，特委藩、学、臬三司宪，总办其事，盖欲于财政问题、学界问题、民政问题，均可随时解决，则机关自能灵通。又令在省现任各官，俱与于会议之列，盖欲合全力以维持，则办事自能敏捷，并照请在籍资深望重各绅为总协理，盖谊关桑梓，利害切身，筹议诸端，自无流弊，此所以立筹办之大纲。至其节目，则又须分理也。因设法制、司选、文书、庶务四科，各派科员以司其事，自总办以及总协理，盖无薪俸，即舆马之费，均属自备，惟科员略给办公之费，以资津贴。统计本处度支，每月仅三百余金，较诸别省，大概十减七八，力节虚糜，惟求实用。盖闽省财政奇窘，稍涉铺张，即力有未逮也。计开办迄今，业经数月，所办各事，均已就绪，虽缺点不能全无，而选期当可不误，爰注数语于此，亦聊以告无罪云尔。文书科员陶汝霖谨注。

呈报福建谘议局筹办处开办并启用关防由

为呈报事。窃照闽省设立谘议局，前奉督宪札委本司等为总办，当经会同省垣资深望重各绅士议定，当谘议局未成之际，先设筹办处，以立基础，合集通省官绅，次第筹划谘议局应办事宜，务期于一年内依限成立，并经酌委各科员驻局办事，暂就省城东街文昌宫簪堂于本年八月二十一日先行开办，并准藩司衙门刊刻福建全省谘议局筹办处关防一颗，移送前来，相应择于九月初一日启用。除分别呈咨移行遵照外，合将谘议局筹办处开办并启用关防各日期，具文呈报，伏候宪台察鉴，为此备由，呈乞照验施行。

福建谘议局筹办日期表

职务人员	筹办事项	开始日期	完结日期	共计日期
督抚	设立筹办处	今年八月二十一日	明年八月三十日	
初选监督	颁发晓谕告示、设立初选事务所	八月二十二日	十月十五日	五十三日
初选监督	派调查员调查编造选举人草簿	十月十六日	十二月十五日	两个月
初选监督	审查编定选举人名册	十二月十六日	正月初十日	二十五日
初选监督	宣示人名册	正月十一日	正月二十日	十日
初选监督	制定更正人名册之呈请	正月二十一日	正月三十日	十日
复选监督	判定不服者之呈诉	二月初一日	二月初十日	十日
初选监督 复选监督	电告人名册确定之总数（一面呈报总数于复选监督）、电告判定呈诉后人名册增减之数	二月十一日	二月十五日	五日
初选监督	造送人名册（确定后即誊正，邮递本处）、分划投票区、指定投票所、举派管理监察各员，以上四条先期办理			
初选监督 复选监督	张贴选举告示、榜示初选日期并投票方法、颁发投票纸			
督抚	分配议员额数、电示各复选监督（复选监督接电后，即榜示各复选区）	二月十六日	二月二十日	五日
复选监督	分配初选当选人额数、颁示于各初选区	二月廿一日	二月廿八日	八日
初选监督	颁示初选当选人额数并发投票簿、投票柜、投票纸于投票所	二月廿九日	二月三十日	二日
初选监督	初选投票	闰二月初一日		
初选监督	收到投票柜	闰二月初四日	闰二月初六日	三日
初选监督	初选开票检票	闰二月初七日		
初选监督	当选人不足额，再行选举投票	闰二月初八日	闰二月初十日	三日

续表

职务人员	筹办事项	开始日期	完结日期	共计日期
初选监督	再行选举开票	闰二月十一日	闰二月十二日	二日
初选监督	知会当选人	闰二月十三日	闰二月十六日	四日
初选监督	收到当选人请愿书	闰二月十六日	闰二月廿五日	十日
初选监督	给与当选人执照并榜示姓名	闰二月廿六日	闰二月廿八日	三日
初选监督	申报当选人姓名于复选监督	闰二月廿九日	三月初八日	十日
复选监督	造具复选人名册、定投票所、举派管理监察各员	三月初九日	三月十四日	六日
复选监督	颁发选举告示（日期、地址、方法）、颁发投票纸、投票柜等于投票所	三月十五日	四月初五日	二十日
复选监督	复选投票	四月初六日		一日
复选监督	开票检票	四月初七日	四月初八日	二日
复选监督	知会复选当选人	四月初九日	四月十三日	五日
复选监督	收到当选人请愿书	四月十四日	四月二十三日	十日
复选监督	给与议员执照并宣示姓名	四月廿四日	四月廿六日	三日
复选监督	申报议员姓名于督抚	四月廿七日	五月十六日	二十日
督抚	咨报人名册于民政部、咨报议员衔名于资政院及民政部	五月十七日	六月十六日	一月
督抚	召集议员	六月十七日	八月三十日	七十二日
督抚	命令开会	九月初一日		

札发谘议局章程由

为札发事。案照光绪三十四年六月二十四日钦奉谕旨，各省谘议局自奉到章程之日起，限一年内办齐等因，闽省自应钦遵办理。当经本司等会同省城各绅士，议定先设筹办处，将谘议局应办事宜，妥筹预备，以期依限成立，并将筹办处开设同启用关防各日期，呈咨移行遵照在案。兹查奉颁宪政编查馆会同资政院奏定各省谘议局章程并选举章程票式、执照式、投票柜式等项。另调查会通告及选举人原簿，已由省垣教育总会刷印，分送各府、州、县之劝学所、教育会、商会及各学堂，并发函嘱其调查选举人资格，以备该地方官查考，特恐未能周遍，现由本处再购谘议局章程，并谘议局职务须知，印刷筹办处调查概则、选举人原簿，应行通颁各该府、州、厅、县，一律遵照定章，认真办理。惟现距选举之期为日不远，应饬于奉到章程之日，速行发示，会同劝学所等详加查核，务期于两个月内，将初选人名册造齐，俾得于来年闰二月初一日办初选举。此事关系重大，各该地方官责无旁贷，能如期办理妥善者，则从优议奖。如玩延时日，贻误选期者，轻则撤任，重则详参，务宜实力奉行，毋稍盈讯漠视，致（千）〔干〕重咎。一面将章程分发辖内公正绅士及各社会、各学堂暨乡耆、约董人等领阅，互相告诫，庶几阖省绅民，咸知设立谘议局，系欲使国民预闻政事，以示大公，勿任观望徘徊，妄生疑虑，有负朝廷因时制宜、重视舆论之至意。除通颁遵照外，合行札发，为此札，仰该府、州、县即便遵照檄（指）〔旨〕，认真办理，并将发去章程等件，酌量分发，仍将收到章程等件日期及转发处所本数具报察查，均勿违延，凛速，切速。

为福建谘议局先设筹办处预备调查选举各事剀切告示

为出示晓谕事。照得本年六月二十四日，钦奉上谕，令各省设立谘议局，于一年内成立。除将宪政编查馆会奏谘议局章程另行札发宣布外，兹将本省设立谘议局大（指）〔旨〕，为我国民明白晓示。查东西立宪国之所以称盛强者，以能会全国之精神，互相结合，而成统一之政治也。欲求全国之结合，非广征舆论，使人民得自陈其利病，无以酌应兴应革之宜，而治化日臻于上理。尚书《洪范》曰："谋及庶人，周礼小司寇之职，以致万民而询焉。"诚以为国之要，首在通上下之情，闾阎生业之如何振兴，地方政事之如何整顿，凡生长是邦者，皆与有密切之关系，而不容委弃其责任。一方人民，能自尽其责任，则一方治；全国人民能胥尽其责任，则全国治。所谓立宪君主国者，乃立一定法制，以参议之权利予下，以执行之机关属上，相维相系，共图治安，而驯至于富强之盛也。今我皇上、皇太后鉴列国之成规，采廷臣之条议，定期预备九年，开设国会，此旷古未有之盛举。中国自强之要图，特是国会，非托空谈，立宪必求实际，事繁重责，首以集合舆论为立议员之基础，此各省谘议局之所以当先设也。谘议局之成立，重在选举议员，事属创行，必逐一预为筹划。兹今在省城先设筹办处，预备一切选举事宜，并将筹办章程，分发各府、厅、州、县及地方各社会在案。查初选日期，系明年正月十五日；复选日期，系明年三月十五日，为时无几，亟应从速调查。为此示谕阖属绅民人等知悉，尔等须知谘议局之关系极为重要，议员之身份至为尊贵，务须互相劝勉。凡有选举权及被选举权之资格者，切不可自行放弃权利，应即赴地方官或调查员处呈明，注入选举名簿，以免遗漏。将来办理就绪，选举到省入局会议，为地方谋治安，即为身家图幸福，所以合全国之精神，而企立宪之盛轨者，胥于是基之，本司等有厚望焉，切切，特示。

一、出示。

摘录谘议局章程

第三条　凡属本省籍贯之男子，年满二十五岁以上，具左列资格之一者，有选举谘议局议员之权：

一、曾在本省地方办理学务及他公益事务，满三年以上、著有成绩者。

二、曾在本国或外国中学堂及与中学同等或中学以上之学堂毕业，得有文凭者。

三、有举贡生员以上之出身者。

四、曾任实缺职官，文七品、武五品以上，未被参革者。

五、在本省地方有五千元以上之营业资本或不动产者。

第四条　凡非本省籍贯之男子，年满二十五岁，寄居本省满十年以上，在寄居地方有一万元以上之营业资本或不动产者，亦得有选举谘议局议员之权。

第五条　凡属本省籍贯或寄居本省满十年以上之男子，年满三十岁以上者，得被选举为谘议局议员之权。

第六条　凡有左列情事之一者，不得有选举权及被选举权。

一、品行悖谬，营私武断者。

二、曾处监禁以上之刑者。

三、营业不正者。

四、失财产上之信用，被人控实，尚未清结者。

五、吸食鸦片者。

六、有心疾者。

七、身家不清白者。

八、不识文义者。

筹办处成立实行调查简明告示

现奉皇上旨意，谘议局设省城。先设一筹办处，一年以内办成。议员取之各县，责任关系非轻。地方利害损益，均可一一详陈。初选复选两次，选举格外认真。选举为人所选，年岁资格分清。目下先要调查，挨家逐户查明。下派差役地保，免得搅扰吾民。并非按户加税，亦非当兵抽丁，勿得稍涉误会，随时问问士绅。各乡识字人等，讲给公众齐听。大家打起精神，莫负绝好前程。

谘议局筹办处办事细则

第一章 通 则

第一条 本规则为本处人员办事而设，故凡属本处人员到处后，均须一律遵守。

第二条 本处设办公厅一所，除总办、总理，不能每日莅处外，驻处协理以下各科员，分设席次，到处办公时，各就席次，不得擅越。

第三条　本处遇有重要事项，当先期请总办、总理莅处开会商议。

第四条　办公厅须设笔墨纸簿等件，由庶务科员照数发给，每早由厅役按次排列。退庭后，由厅役送由庶务所收存之。

第五条　本处驻处协理，督以下各科员，每日午前九时至十二时，午后一时至四时止，按期到处，分任其事，不得推诿。

第六条　本处办公厅设考勤簿，各科科员到时，均于该考勤簿内亲笔书"到"字并盖图章。厅役于各员退厅后，汇送庶务室，月终呈总办、总理查核。

第七条　本处各科科员，得总办、总理、协理承诺，在本处外兼有他职者，每日办公时间，得定或午前或午后，按照时间，到处办公。

第八条　本处人员在办公厅时间内，非关于本处事件，不得随意会客，亦不得任意闲谈。

第九条　本处因选举期迫，遇事力求迅速，各科员每日核办之事，即时核阅，一面通知驻处协理，即须发行（或径发府、州、县，或呈送总办）。

第十条　本处因限迫之原因，本处人员，除年假五日、节假三日、万寿假一日外，非有特别事由，不得向总办、总理告假，若假期在三日以上，须自请他科人员代理。

第十一条　本处所有送呈总办、总理核行文件，均请即日核行。协理以次，均认为急须发行之件，得黏签，迅请核夺。

第十二条　本处经费，由总办筹拨，每月由会计员列开数目，按期向财政局支领。

第十三条　本处人员薪水，均于月之某日发给。

第十四条　本处公役，凡看门号房及收送公文之役，均归庶务科科员管理稽查，不许其索取规费。

第十五条　本处各科员，各按所任之职务，有起草办稿之责。

第十六条　本处所办通行稿件，必用定式稿纸，迅速画稿后发行。

第二章　公　文

第十七条　凡本处收到一切公文，其办法次第如左：

一、挂号。本处设有收发司事，每日将收到一切公文，照号数编入号簿，并于该公文表面，盖用文到之日戳记。

二、送阅。收发司事盖戳后，送交收发科员开拆，随将某号公文应归某科核办者，于公文表面上，印某科某章，按时汇送办公厅，排列次序。

三、传观。驻处协理及各科员，限定时刻，依次传观，不得延误时刻，各盖图章于其上。

四、办稿。各科员就应办文件，限定时日，撰拟批饬各稿。清稿后复加核定，各盖本人图章于稿尾，标明时日。如颁发各府、州、县之文书条例、规则章程等，应请驻处协理审定加章。

五、画稿。驻处协理就各科所拟稿件，查照原文，复加核定，即交收发所，饬差送请总办画稿。

六、分缮。总办画稿后，由收发所送交书记生缮录。

七、核对。书记生缮录后，仍交收发所协同照原稿核对，并呈主管科员复核。

八、用印。收发将核对无误之文送呈文书科科员监用关防。

九、登记。收发将已经用印之文件，照章分别摘由或录全批于登记簿内。

十、归卷。各种文件办发后，即由管卷将收到原文并批饬各稿分别归并，照例黏贴于制定卷宗之内，以备存置检查。

第十八条　前条规定，除紧要事件不拘成例，即时赶办外，照常办法次序、时日如左：

一、自挂号、送阅、传观约一日。

二、办稿、画稿约二日。

三、分缮、核对、用印、登记、发出约二日。

重要事项须经讨论研究而后核办者，不拘前项约定日期。

第三章　分　科

第十九条　驻处协理，会同总办、总理，筹划本处一切事务，审订本处颁发章程规则、条例程式并随时会议重要事项外，有监督科员之责任。

第二十条　科员商明总办、总理、驻处协理掌管本科事务，其办理事务如左：

关于法制科应办者

甲、编制本处应行颁发一切章程、规则、条例、各种程式、事件。

乙、审查各府、厅、州、县所拟关于一切选举施行细则，有无违背定章及是否可行，得更正之。

丙、本科所办各稿，须于酌定时间内构成。

丁、稿完后，通过各科员加印及驻处协理审定之后发抄。

关于司选科应办者

甲、研究关于调查事项、方法及汇集调查应行事项。

乙、调派司选员，分往各府、厅、州、县，帮同办理选举事务。考察各府、厅、州、县管理监察人员及关于选举事务是否合法并撰拟调派方法、事项及管理监察一切方法。

丙、本科所办各稿，其时间与法制科同。

丁、通过发抄之手续，与法制科同。

关于文书科应办者

甲、掌管撰拟本处一切公文函件事。

乙、掌管收发本处一切之公文函件，分别保存及核对。

丙、收发时注意保存文书底簿，于送核及发行文件，须督差役迅速送投。

丁、拟办各稿，须于限定时间内办理，应行校录文件亦同。

关于庶务科应办者

甲、凡属会计于本处出入经费簿册、购置一切应用器具，并一切杂物。

乙、关于印刷绘图一切图式或表册，有指挥稽查之责。

丙、按月须造具收支表，经驻处协理审定外，送呈总办。

丁、凡司事以下应办事务，须饬随时恪慎整理。

第四章　会　议

第二十一条　本处设有会议堂一所，各置总办、总理及驻处协理、会议各官协理、各科员席次。

第二十二条　本处事件，除送阅外，于每月设常会两次，商办一切应办事宜，如总办、总理、驻处协理认为必要时，亦得开临时会。

第二十三条　本处驻处协理及各科员，除照常办事外，认为特别事件，必须请示待决而行者，该事件于会议日发布之。

一、分单。驻处协理及科员，如有所见或未经研究而须发表者，或已经研究而待取决者，由各员自抒所见，而为理由书。该书于会议前三日印刷，发送总办、总理、驻处协理、会议各官协理及各科员每人一份，以资研究。

二、提出。会议时，于每座坐次置理由书一纸，如遇即日特别事件（即临时事件），另行印刷，加置一份于座次。

三、建议。凡撰理由书者为某员，即由该员建议，陈述意见，以待总办、总理之议决，但一议未决，不得复提出他事。凡临时事件比较通常事件为重要时，则先提议临时事件，通常事件比较临时事件为重要时，亦同。

四、决定。凡建议事件，经总办、总理决定，或取消或认可，即日裁决。

五、抄录。凡已经决议事件，即由某科科员抄录，如未经解决、已散会者，为下次会议时提出。其提出事件，比较通常特别重要时，于下次会议时，最先提出之。

六、散会。凡散会，须于本日议决之事，或无效或实行，由各科员分别标出存案。

第五章　附　则

第二十四条　本规则施行期自本处开办之日为始，至宣统元年八月杪为止。

第二十五条　本规则如有增删修改，由本处随时议定，禀准核定施行。

谘议局筹办处调查概则

本年六月二十四日，宪政编查馆王大臣奏进谘议局章程并选举章程，奉上谕：各省限文到之日起，于一年内一律办齐。照章应于明年九月初一日行谘议局开会仪式，事关国宪，凡我臣民，均宜切实奉行，现当筹办之初，亟应通盘核计。查定章：每届选举年限，以正月十五日为初选日期，三月十五日为复选日期。又选举人名册应于选举期六个月以前告成，现距初选日期不及五月，已逾名册造成之限，惟定章原有临时选举办法，本届为初次创办之期，谕旨定限已迫，自应照临时选举办理。目下急务，首在调查，非筹定纲要，恐办理不免纷歧；非预立限期，恐迁延或致贻误。兹就本省情形，斟酌讨论，以两个月为调查期限，于本年十月初一日起，至十一月三十日止。僻远各属，奉文较迟，展限至于十二月十五日止。届期应将选举人名册一律编定，其宣示更正日期，限至正月内止。于二月初一日至三十日，为复选监督判定不服者之呈诉及督抚分配议员额数之期，一律于闰二月初一日举行复选投票，约计闰月某初一日办初选举，推之四月初一日可办复选。兹将选举调查次序，拟定概则九条，开列于左：

第一条　各厅、州、县于奉文后，即照谘议局选举章程第四条，设立办理选举事务所，行初选监督事务，即照会下列员绅为选举调查员，先行办理。

一、本学教官。

二、视学官、劝学所总董、教育会会员。（如未设劝学所、教育会地方，即以办学人员充之）

三、商会总董。（如未设商会地方，即以公正殷实商人充之）

四、公正绅士。（择其曾办学务及公益事项者，或久居本地、见闻较广、熟悉本地人较多者）

第二条　分区调查之指定。初选监督于奉文后，即将县境分划为若干区，每区举派调查员数人，办理分区调查事务，限六十日完毕。

第三条　分类调查之项目。

一、学务人员类。（曾在本省办理学务满三年以上、著有成绩者，见局章第三条一款）此类由劝学所并教育会人员或学堂中人分任调查，查明姓名、年岁、住址及办理学务之项目、年数。

二、公务人员类。（曾在本省办理公益事务，满三年以上、著有成绩者，见局章第三款第一条）此类由公正绅士分任调查，查明姓名、年岁、住址及办理公益事务之项目、年数。

三、毕业学生类。（曾在本国或外国中学堂及与中学同等或中学以上之学堂毕业、得有文凭者，见局章第三条二款）此类由劝学所并教育会人员或学堂中人分任调查，查明姓名、年岁、住址及毕业学堂、毕业年份。

四、在学生员及举贡类。此类由教官或附近在学之年长者分任调查，查明姓名、年岁、住址及优、廪、增、附等项目。

五、职官类。（文七品以上、武五品以上之曾任实缺职官，又不论品级大小及曾任实缺与否，凡有举贡生员以上之出身者，见局章第三条二款、四款）此类由初选监督自任，饬书造册，载明姓名、年岁、住址、官阶、补缺年份、出身项目。

六、资产类。（在本省地方有五千元以上之营业资本及不动产者，见局章第三条五款）此类由商会总董分任，通告各商家股户，自行开报姓名、年岁、住址及所设商号并设立地方资本数目，所购股票股份数目及附股公司，所置田地亩数、户名、粮额及住房、租屋间数、地址、价目等。

以上六类，均以本籍人为限，姓名务须划一，字号不妨旁注。住址未详者，暂行从缺。其所列资格，除依类开列外，如调查时知其另有他项资格，可一并列入，如学务人员类，除开列学务项目、年数外，其出身、官职及资产等，可并记入。又调查时知其有失选举权及停止选举权等事（见局章第七条、第八条），亦可一并记入或尽行删去。如职官等之已被参革者，尽可删除。又现为本省官吏幕友，或在军营，或办巡营，或入学堂肄业者，皆可附记声明。

七、本省寄居人类。（寄居本厅、州、县之本省人，虽非本籍，而在本区有一定住址、合于选举资格、愿在本区投票、不愿回本籍投票者，不论何项资格，均归入此类）此类由本人自行开报办理选举事务所，呈明姓名、年岁、住址、籍贯及一切资格。

八、外省寄居人类。（非本省籍贯，寄居本省满十年以上，在本省有一万元以上之营业资本及不动产者，如现居本区有一定住址，则应在本区投票）此类由本人自行开报商会总董，报明姓名、年岁、住址、籍贯及所设商号并设立地方、资本数目、所购股票股份数目、附股公司、所置田地亩数、户名、粮额及住房、租屋间数、地址、价目等。

以上二类，以寄居人为限，姓名务须划一，住址均须开明。其余办法，与前六类同。

第四条　分区调查限六十日完毕，至迟于十二月十五日以前，将调查一律造成，送至办理选举事务所。

第五条　初选监督于奉文后，即按照选举章程第十五条，分划投票区（县境狭小，则一县一投票区，不分划亦可），于本月十五日以前，一律筹定每一投票区选定公正绅士数人，即行照会为选举调查员，办理分区调查事务所。此项调查员，务于十月十五日以前选定。

第六条　调查册造成后，即由初选监督饬书将各册姓名、资格，按住址分缮，每一投票区为一册。住址未详者，另为一册，并将本省寄居人类内所列姓名，按本人原籍，分别移会原籍地方官知照，以免在本籍内重列姓名投票，致有一人二票之弊。但外省寄居人在寄居区内投票者，不必移知原籍，因其寄居区内投票之资格与在原籍投票之资格不同，可以重列姓名投票也。

第七条　分区调查完毕后，即将各底册汇存办理选举事务所，由初选监督邀同第一条所列员绅，按册覆查，应查事项列下：

一、有选举资格而底簿未开列者。

二、底簿开列姓名有误或其人已故者。

三、底簿开列资格有错误、遗漏者。

四、底簿开列人名，依局章第六条、第七条，应失选举权或停止选举权者（如底册中已有声明者，并查其确否）。

五、未详住址人名册内，现已知其住址者。

第八条　初选监督于调查册确定后，饬书按照姓名，造具选举人名册，照选举章程第十九条事项，逐一填写。其住址未详者，由初选监督酌定一适当之区，一律附入，并填明附入某区投票字样，以归一律。

第九条　此项选举人名册，先照缮三份，一份由复选监督呈报督抚，以便分配议员名额；一份呈复选监督，以便分配复选人名额；一份存初选监督处备查。其余按投票区之数，照缮数份，以便宣示。应缮人名册，统限于正月内一律完毕。

选举章程浅说

此番各省将设立谘议局，大家能明白此意否？今请先将去年九月十三日所奉上谕恭绎出来，与大家讲明。

上谕云，各省亦应有采取舆论之所，俾其指陈通省利病。盖各省情形不同，一省有一省利处，一省有一省病处。譬如我福建地低湿，利在种稻，别省地高燥，利在种麦。我福建山多，病在米贵，别省海远，病在盐贵。此不过略举一二大宗而论，其余别省见为利，福建见为病，福建见为利，别省见为病者，不可胜数。试问此种利病，倘非在地人生长是乡，平时亲耳所闻，亲目所见，必不能一一都能了澈。一一不能了澈，则望其所陈，不亦难乎？何谓筹计地方治安？盖地方能治安，则居该地方人民无不享受其福，譬如开道路、修水利、垦田园、兴学堂，一一各善政，都办起来，岂不是地方自此治乎？革鸦片、防盗贼、息争讼、戒械斗、禁聚赌，一一陋俗，都除净尽，岂不是地方自此安乎？此种治安，亦非在地之人，不能熟悉。不能熟悉，则不能筹计之也。今我国家设立谘议局，使在地人民公举议员，即使深知此事不能专靠地方官身上，必联合各在地议员，始能广采众言，斟酌妥善也。

然此不过就谘议局之所以设立缘故而言，今再将谘议局之如何谘议，与大家讲明。谘者询也，官欲晓通省地方之事，向本地人咨询也。议者商议也，本地人欲办地方之事，入与地方官商议也。谘议局设在省城，其中议员七十二人，皆各府、县百姓所举，皆各府、县百姓平素所信服之人。假如有一事，地方官以为当办，即到谘议局，与各议员商量，各议员以为此事与我百姓实在有益，并无一点害处，皆乐赞成此事，于是地方福安，即依众论行之。苟有一事，我百姓平素皆以为有害，无处上达，亦可由议员向谘议局说明，请地方官商量，将此情形详细向地方官陈请，地方官听得有理，即与各议员商量应当如何设法挽救，如何从新改良。如此看来，谘议局之设立，岂不是全然有利无弊乎？

然何以谘议局议员,不由地方官拣选,而必由百姓公同选举?今再将所以公同选举缘故,与大家讲明。盖议员与官吏不同,官吏由国家派定,议员是百姓代表。何谓代表?代表者即代表我百姓表白言论之人也。譬如有一事,大家皆以为当与地方官商量,惟是盈千盈万之百姓,不能都到地方官所在,必公举一平素心地明白、口才(了)〔嘹〕亮者,代大家与地方官商量。既代大家与地方官商量,自然由我百姓公同选举,并且由地方官拣择。虽保无一二人平素不孚众望,而地方官因无从查问,误以为大家都经承认,作为议员,而我百姓平素所信服者,反至无从被选举也。今国家决定谘议局议员,由百姓选举,所谓体贴我百姓之心,无微不至也。

然选举何以不由口说,而必投票乎?今再将所以投票缘故,与大家讲明。盖口说之弊,恐大家或迫于势力,或碍于情面。譬如有一人,平时很有势力,私下亦有交情,不举之,恐招其忌或生怨谤,举之又非平素所信服者,是两下都有不便。若投票,则官设一投票柜,凡我百姓有选举资格者,每人给一票,我们即将平素所信服者,照其姓名,写在投票纸上,亲手投入柜中,此柜严锁。当未开柜时,无论何人,皆不得窃看。俟投齐后,当场揭开,将票上姓名,按票计算,其人如果众望所孚,举之之人必多;举之之人多,则得票亦多;得票多则被选举为议员矣,且票中只载被选举人姓名,不载自己姓名,则举出亦不知为何人所举,自无迫势力、碍情面等弊。由此看来,投票不比口说妥当乎?

然何以不使人人投票,而必限此各项之人乎?今再将所以限各项缘故,与大家讲明。我们中国,无论城厢市镇,人烟稠密,即乡村僻远,人口亦非常繁难。且人之知识,有上中下之别,倘人人可以选举议员,则选举人既无分别,被选举者难保无不适当之处,此非国家重视议员之意也。今限以各项,则此各项之人所选举者,必系端正人士,将来替大家作代表,断断有益于汝大家。各项者何?按谘议局章程第二条云:凡属本省籍贯之男子,年满二十五以上,具列左列资格之一者,有选举谘议局议员之权。盖人生当未长大时,知识不甚完全,选举自难精确。今限于二十五岁以上,则其人大抵阅人必众,知人必明者也。然此为普通限制,而尤必于左列五项资格内,具有其一者,始有选举权。五项者何?第一项,曾在本省地方办理学务及其他公益事务,满三年以上、著有成绩者。盖其人有办过地方公益,则乡望素孚可知。有办过本省学务,则品学兼优可知。第二项,曾在本国或外国中学堂及与中学堂同等或中学以上之学堂毕业，得有文凭者。盖此一般毕业学生，学问已成，识见明卓，于选举议员，必能精于取舍。第三项，有举贡生员以上之出身者。盖其人为一乡绅士，平时里倘有事，无不推此人出头，而官长有事，亦往往请是人商议者。况此选举之事，关系更重，必予以选举权无疑也。第四项，曾任实缺职官文七品、武五品以上，未被参革者。盖人已为官，名位素尊，资望素著，议员由其选举，所举自然得人。惟既被参革之官，不在此例。因已经参革，与平民无异，故夺其选举权也。第五项，在本省地方有五千元以上之营业资本或不动产者。营业资本者，生理本钱是也。其人有五千元本钱、五千元产业，则平素必能顾惜名誉，诸事慎重，使其选举议员，必无陋劣不正者。可知此五项算是我百姓中有名位、有资望、有学问、有产业者，故为选举人。然有事之一者，不得有选举权及被选举权。左列情事者何？一、品行悖谬，营私武断者。盖此等人所举之人，必非善类，故不与以选举权。此等人为人所举，必于地方上有碍，故复不与以被选举权。二、曾处监禁以上之刑。监禁以上之刑，指现行律例，徒以上之刑而言。其人既罹此种刑罚，必犯重大案件，夺其选举权及被选举权，不为过也。三、营业不正者。营业不正者何？如窝娼、聚赌、开烟馆是也。平日诱人为非，有害于社会上，故亦夺其选举权及被选举权。四、失财产上之信用，被人控实，尚未清结者。欠债还钱，普天通例，被人控告，经官判实，尚不肯归结，是系有心枭负，于社会上之钱财往来，大有妨碍，故亦夺其选举权与被选举权。五、吃食鸦片者。鸦片为国家厉禁，从前虽系误食，而现时尚未肯革断，是品格卑靡，无志自新，故亦夺其选举权及被选举权。六、有心疾者。心疾指疯癫、白痴而言。白痴者毫无知识之人也。既有心疾，必无选择议员之见识，亦无作为议员之才能，此等人之无选举权及被选举权，不待言矣。七、身家不清白者。身家不清白，指娼、优、隶、卒等而言，此等人为社会上之最下贱者。若与以选举权及被选举权，则与身家清白者相混矣。八、不识文义者。不识文义，只指不能自写投票纸上之姓名而言。盖选举章程，投票纸系本人亲笔，不能请人代写，故不与以选举权。谘议局议员，须有见解，方能议事。若不识文义，则其无议员资格可知矣，故亦不与以选举权及被选举权。

兹既将所以不得有选举权及被选举权之缘故说明，再言第七条所以停止选举权及被选举权之缘故。"停止"二字，与第六条"不得有"三字不同。"不得有"者，谓犯以上八项，而不许为选举人及被选举人也。停止者，不过暂时停止，非不许其为选举人及被选举人也。"停止"共有五项：一、本省官吏或幕友。盖本省官吏、幕友，系办理地方事。谘议局议员，系商议地方事。若官吏幕友被选举为议员，是一人兼负办理商议两责任，恐办理必有一意孤行之弊，而商议亦多徇私偏执之虞。若能选举别人为议员，则所选举之议员，皆其交好，将来议事，难免多无徇私情面，不敢直言。二、常备军人及征调期间之续备、后备军人。盖军人以不预政事为通例，故停止其选举权及被选举权，各国选举章程皆然。三、巡警官吏。盖巡警官吏，其停止选举权及被选举权之缘故，亦与军人相同。四、僧道及其他宗教师。此项人等，专心传道，不及参与政事，故停止其选举权及被选举权。五、各学堂肄业学生。盖学堂肄业学生，正当勤谨求学，亦不及参与政事，故亦停止其选举权及被选举权。此五项之外，又有第八条所云：现充小学堂教员者，停止其被选举权。此条但停止其被选举权，仍有选举权。盖小学堂教员职司国民教育，责任甚重，若被选举为议员，则不能专心教育，殊于学务有碍。

兹既将谘议局之始末，与大家讲明，愿大家齐能会悟国家设立谘议局之意，则明年九月初一日谘议局成立，各议员自能指陈通省利病，筹计地方治安，而我百姓所有一切隐情，自能直达于官长，不若从前官自为官，民自为民，上下隔膜，致有许多不便也。

调查须知

凡属本省籍贯之男子，年满二十五岁以上，具左列之一者，有选举谘议员之权。按年龄，一律以明年年龄满二十五岁以上者为合格，但不必泥定"满"字。

一、曾在本省地方办理学务及其他公益事务，满三年以上、著有成绩者。按：凡学堂教员、校长、监督，皆为办理学务，但满三年，即为合格。各项善举公益董事，视同一律。所谓三年者，可合前后共计，不必继续。

二、曾在本国或外国中学堂及与中学堂同等或中学以上之学堂毕业，得有文凭者。按：凡学堂科目、程度，在钦定高等小学之上，即谓之中学同等之学堂。此项毕业者，亦为合格，但须验明文凭。

三、有举贡生员以上之出身者。按：举贡生员，以文为限。荫生未应考者，以生员论。孝子、慈孙曾经旌表者，比照孝廉、方正，以举贡论。

四、曾任实缺职官，文七品、武五品以上、未被参革者。按：署理、代理职官与曾任实缺者同。由中学以上毕业及举贡生员出身者，虽未曾任实缺，亦为合格。外官监生出身者，以曾署缺为合格。京官监生出身者，以曾奏留为合格。现任教官非行政官，一律入册。学务、警务、公所科长、科员之本省绅士者，准入册。军兴时保至提镇，曾充统领营官者，援武五品以上入册。武职赏有勇号及黄马褂者，系在军营立功，与办公益事务、著有成效者，一律均准入册。其未充统领营官及仅赏翎枝者，不在此例。参革职官，将所有中学毕业及生员以上出身，一并革除。有他项资格者，不在此限，亦为合格，但不载官阶，已开复者，仍照原官一律。

五、在本省地方有五千元以上之营业资本或不动产者。按：营业资本及不动产两项并足五千元，即为合格。但须注明某项生业价值若干。除五千元之外，无须将所有家产尽行填入，装饰品不得算营业资本，不得并计。一家有五千元以上之资产，而父子兄弟叔侄同居，即以家长之名入册。父有五千元以上之资产，而适为不准有选举权者，可以其子之名入册，但其子须在二十五岁以上。兄弟共有五千元，则以一人入册，但须得未入册者承诺。本地人虽无住所，而有资产五千元以上者，亦为合格。凡本省籍贯之男子，年满二十五岁，寄居本省满十年以上，在寄居地方有一万元以上之营业资本或不动产者，亦得有选举谘议局议员之权。按寄居人资格，非本府本县人，与非本省人，均系一律，惟同城州县，不在此例。外省人寄居满十年并无一万元之资产，虽有他种之资格，皆为不合格。随宦子弟，其父兄已殁十年，已入本籍者，有一万元资产在本地者，为合格。旧为幕友，已赋闲十年，寄居本籍，有一万元资产在本地者，为合格。

谘议局章程所定不得有选举资格者，摘录于后。凡有左列情事之一者，不得有选举权及被选举权。

一、品行悖谬、营私武断者。按：品行悖谬指宗旨歧义、干犯名教者而言。

营私武断,指讼棍土豪、劣迹昭著者而言,均以被控有案者为断。

二、曾处监禁以上之刑者。按:监禁以上之刑,指现行律例徒以上之刑而言。

三、营业不正者。按:营业不正,指窝娼、聚赌、开烟馆而言,清膏店、土栈不在此限。种烟及赁田与人种烟等户,现值厉行烟禁,如逾本省烟禁年限者,自应一律削夺其选举权。

四、失财产之信用,被人控实,尚未清结者。按:被人控实,尚未清结,指案经断实,尚未清还者而言。

五、吸食鸦片者。按:吸食鸦片,指本身吸食鸦片而言,其已入戒烟局,未全革断者,仍暂停其选举权。

六、有心疾者。按:有心疾,指疯癫、白痴及盲哑而言。

七、身家不清者。按:身家不清,指娼、优、隶、卒而言。其偶演文明戏曲,并非以此为业者,不得列入优之内。劳动者为正当之工人,更不在按语等字范围之内。

八、不识文义者。按:不识文义,指不能签字及自书投票纸者而言。

谘议局章程所定停止选举权及被选举权者,摘录于后。左列人等,停止其选举权及被选举权。

一、本省官吏或幕友。本省官吏,指寄居十年,又有一万元以上之资产,而现为本省现任候补之职官而言,教官不在此内。幕友指刑名、钱谷而言,其余均有此权。

二、常备军人及征调期间之续备、后备军人。按:军人指现当征兵及现在营伍、现充警兵者而言。

三、巡警官吏。按:巡警官吏,指管带警兵者而言。

四、僧道及其他宗教师。按:宗教师指各教士、牧师、神父而言。教民而有各项资格,以未入外国籍者为合格。父入外国籍,子亦无选举权。

五、各学堂肄业生。按:各学堂肄业生,指现在学堂肄业者而言,讲习所不在此列。

调查手续

一、订请各界愿尽调查义务者，举为调查员，各领证书一纸。

一、各处调查员员数、姓名，列单分送各处，以便接洽。

一、每处调查员有二人以上者，协同办理。

一、调查员于未起行调查之前，先颁给浅说。

一、查有选举资格，即载入原簿。查有资格而因第六、七条之嫌忌者，另载入纪事簿，并注明有无证据。

一、调查有资格者，调查员应亲访本人，按项请其自填，或由其家属口述，为之代填，并告届期当赴投票区投票，不可放弃权利，如一时未能晤面，函订再访，必以达确切目的而后已。

一、调查中有疑似未实者，载入纪事簿备核，或有发现疑义、应行研究者，亦载入纪事簿。

一、调查员须随带证书一纸。

一、城内外迁僻之处，难免遗漏，各调查员如有发现，请随时告知事务所。

一、每人兼数资格并载之，以备一资格不确，他资格犹可与列。

一、寄居人仍载原籍。

一、填写籍贯，如系职官及举贡生员，均以官册、学册为凭，其余皆以住所之县为本籍。

一、户有两门而跨两区者，应以通常出入之门在某区，归入某区调查。

一、城内两区接界处，应与邻区调查员订明界线，以免混漏。

一、调查时并填姓名，并须填表字、别号。

一、填写年龄时，如有可疑，当告以如有不确实，须防人指摘。

一、调查外省寄居人，除问其家属外，并须访之邻右。

一、有选举资格而在外为现任官吏者，一律入册，以备后来查考。

一、有选举资格而本人因职业他出，不在乡里者，一律入册。

一、一人有两住所，则只载一处。如调查时调查员不能明了，本人亦不陈明，则仍入册，俟造册时，开除其一。

一、调查员每填一名入原簿，各于名上按序编号。

一、调查员于调查期间后之第某日，将原簿及纪事簿填楚，汇缴选举事务所。

一、调查期间之第某日，将查有选举人资格者之氏名条项列表，揭示该乡该铺并载明有遗漏及未符合者，准某时到某乡某调查员处声明或函请更正，以某日为限，逾期不负责任。

一、调查期间，自某日起至某日止为限。

详委各员分往各属会督催办调查选举事务由

为札委事。案查本年六月二十四日，钦奉谕旨，各省谘议局自奉到章程之日起，限一年内一律办齐等因。闽省经钦遵办理，先设筹办处预备谘议局应办事宜，以期依限成立，并刷印奉颁宪政编查馆曾同资政院奏定谘议局章程同谘议局职务须知，筹办处调查概则，选举人原簿，通颁各府、州、县，一律认真遵办各在案。第谘议局之成立，首在选举议员，现当筹办之初，自应以调查选举为入手第一要义。惟现距初选举之期，为日不远，若非从速筹办，不无迟误之虞。本司等公同商议，应将闽省十一府、州属，按属派员前往，会同督催商办，以期妥速。兹查有补用知县黄逢年、许中傑，补用县丞刘镇湘，准补平和县典史刘湘，堪以派往福州府属。又补用同知童燮梅，堪以派往兴化府属。又补用知县孙麟阁，补用县丞李思贤，堪以派往漳州府属。又补用知县谢锡劻，补用县丞俞同恺，堪以派往泉州府属。又补用知县王志廉，试用从九品俞赞荣，堪以派往延平府属。又补用知县朱葆慈，补用州吏目季鉴，堪以派往建宁府属。又补用知县钟文奇，试用从九品宋乃煦，堪以派往邵武府属。又补用知县庄承绶，补用从九品胡绍昆，补用县丞钱维翰，堪以派往汀州府属。又补用知县王立中，补用巡检雷廷栋，堪以派往福宁府属。又丁忧补用知县王锡祉，堪以派往永春府属。又补用布库大使龚行健，堪以派往龙岩州属。均应会同各该府、州督催商办，并分赴各厅、县指导一切，务令遵照奉颁章程及另文指定期限，赶紧筹办调查选举事务，以免延误。所需川资，酌定极远者给银三十两，次远者二十四两，近者十六两。至各该员薪水，正班每员每月给银四十两，佐班给银三十两，即由各该员径赴财政局请领发用，以资办公。除详督宪并依饬遵照外，合行札委，为此札仰该员立即遵照檄(指)〔旨〕，赳日束装驰往，会同该府、州督催商办，并分赴各厅、县指导一切，务令遵照章程办理，毋任稍延。兹酌给该员川资银，每月薪水银，俾资津贴，仍将起程到地各日期先行具报，并将催办情形随时禀报察夺，毋违，切切。

详送司选各员办事概则并分别功过由

为录折详送核示事。窃查本处预备设立谘议局应办各事，当经派委正佐各员分往各属，会同各府、州督催商办调查选举各事，以期妥速，详明移饬遵照在案。兹查此项委员，专为司选而派，关系至为重要，应办事务，头绪纷繁，现经议定司选各员办事概则十七条，以资遵守而示劝惩。是否有当，理合录开清折，具文详送，伏候宪台察核批示，以凭通饬遵办，实称公便。为此备由，呈乞照详施行。

详送清折一扣，一详督抚。谨将议定派往各属督催商办选举各员办事概则，开具清折，详送察核。计开：

第一条　各委员专为司选而派，不得干涉选举以外之事，亦不得收受他项呈禀。

第二条　各委员派往某府，须待某府初选、复选事竣旋省，禀明销差。

第三条　各委员应将谘议局章程及议员选举章程并一切选举办法，详细演述于各州县及管理员、监察员。

第四条　各委员帮同各府、州、县筹办暨稽查关于选举一切事宜。

第五条　各委员应十日作一报告直接送筹办处，所有应报告之事如左：

（一）凡在章程内属初选、复选监督应办之事，已否举行并如何办理。

（二）各员何日到府，何日由府到县。

（三）某县任调查员者何人。

（四）某县保荐何人为投票开票管理员、监察员及经府派定者何人。

（五）某县绅士，肯劝办者何人。学界、商界，肯劝办者何人。

第六条　各委员应随时报告及发电之事如左：

（一）各府办事不力，即随时报告筹办处。各县办事不力，则一面请该府催督，一面随时报告筹办处。

（二）若有事关紧要，许各员发电直接筹办处，电费可由府、县支领。

第七条　各委员应联络本地士绅，毋分畛域，毋执嫌疑。

第八条　各委员由省给薪水，正班月四十两，佐班月三十两。

第九条　各员到府、县时，即寓该处公署办事，其伙食应由地方官供给。

第十条　各员应请臬台衙门发给夫马牌，以便由府赴县。

第十一条　所有报告信函，俱由邮寄，以期迅速。邮费由各委员先垫，旋省支领。

第十二条　委员来往信函，当另刻一图章为表记，以防伪冒。

第十三条　委员如瞻徇情面推诿避嫌及各地方官办理不善、匿不报告者，察出停委差缺。

第十四条　各委员如有私受地方官程仪者，察出分别惩办。

第十五条　有风闻管理员收票检票时弄弊者，即须报告，匿则记大过一次。

第十六条　各员果开导有方，能令各府、县应期办齐，毫无情弊者，应拔委优差，其未禀到本省之员，应详请宪台奏奖。

行知各属闽省谘议局筹办处开办奏奉朱批由

为恭录朱批行知事。奉总督部堂松札开，照得本部堂于光绪三十四年八月二十九日，具奏闽省遵设谘议局筹办处并开办日期一折，兹于本年十月二十七日，差弁赍回原折。奉朱批，该衙门知道，钦此。除先经抄折分行外，合就恭录行知，该处即便移行钦遵等因，到处奉此。查此案先奉抄折札行到处，当经移行遵照在案。兹奉前因，除移行钦遵外，合就恭录行知，为此札仰该府即便分饬所属一体钦遵，毋违。

札派法政毕业各生赴县襄办调查并宣讲由（附简章）

为饬遵事。案照本处筹备设立谘议局，前经派委正佐各员，分往各属会同各该府、州督催襄办调查选举各事，以期妥速，详明移饬遵照在案。兹查此次办理选举，事属创始，关系重要，头绪纷繁，虽经派员会同各府、州督催商办，第恐各委员于指派所属地方风土民情，未能尽悉，办理仍形棘手。本司等叠与省垣各绅士商酌，应将闽省各属五十八县二州，每州县选派法政讲习班毕业生或别科肄业生一二人，协同该印委，竭力襄赞调查选举一切，期臻周妥。惟各该生此次奉派，事属因公，虽据称愿尽义务，不支薪水，而调查宣讲公费，仍应由各该州县酌派。自开办调查起，至调查事竣之日止，每员给洋银十五元，均俟回籍后，径赴该初选监督，请发领用，以资办公。惟诸生办事章程，须预为厘定，以清权限。兹查有某某堪以派往某县商办调查选举事务，以资臂助，除详督宪并移饬遵照外，合就饬遵，为此札仰该生立即束装驰往，协同该处印委，遵照先今檄（指）〔旨〕，认真办理，仍将到地日期具报备查，毋违。

诸生担任调查宣讲简章

一、诸生到本籍时，如调查未竣，即向初选监督陈明愿调查某区。

二、诸生归本籍时，有各县调查已竣者，宜择重要之地，将设立谘议局宗旨及议员选举章程明白演讲，务使有选举权者无放弃权利，悉来投票。

三、诸生遇调查员调查延缓，恐不能依限告成，可请初选监督催之。

四、各县调查后，五项中如有遗漏及犯六条、七条嫌忌者，诸生果确有闻见，可于宣示人名册十日内，请初选监督更正。

五、诸生热心公益，愿尽义务，回籍不发川费。调查宣讲之费，由地方官筹给一十五元，以资办公。

六、诸生专司此任，不得干预无关选举之事。

札派师范等学堂学生年假回籍襄办调查并宣讲由

为札饬事。案照本处筹备设立谘议局，通饬各属筹办调查选举事务，当今遴委正佐各员，分赴各府、州会同督催商办，并派法政讲习科毕业生或别科肄业生一二人回籍，会同印委，竭力襄赞，以期无误选期，详明移饬遵照在案。兹据省垣外府、州总学会陈请，现值给放年假之便，如各学堂学生情愿回籍帮同调查宣讲，不受薪水公费，以尽义务等情，具见各该生热心公益，殊属可嘉，应准如所请，给札各回本籍，协同地方印委及原派各生办理一切，以期妥速。其办事权限，仍与法政各生一律务各遵守。除详督宪并移饬遵照外，合就饬遵，为此札仰该生即便遵照檄旨办理，毋违。

札发初选投票所、开票所办事细则由

为饬遵事。查谘议局议员选举章程第六条，内载初选监督保荐投票开票管理员、监察员，筹定初选投票区、投票所及开票所地址各等因，自应循序遵办。现计调查选举人资格已将竣事，亟应通饬各该初选监督，先期划定投票区，设立投票所，按式制发投票柜，指定投票所地址，照章举定投票管理员及监察员，督饬认真经理，各专责成。所有投票、开票所办事规则，先由本处颁发，应饬遵照办理，以归一律，仍将该辖分划投票区几区，该投票所几所，共举投票开票管理、监察各员若干人，是何衔名资格，何人担任某区、某所、某项职务，详细开折，专文驰报本处，以资稽考。除通饬遵照外，合亟飞饬，为此札，仰该州县立即遵照檄（指）〔旨〕，认真妥速办理，毋稍率忽违延。凛速，切速。

初选投票所办事略则

第一章 总 则

第一条 本规则限于初选举投票所用之。

第二章 投票前之手续

第二条 投票所初选举时，由初选监督先期指定投票区内适中之地为投票所。

第三条 初选举时，初选监督应先将某投票区人名册并告示实贴该区，以便观赏。

第四条 初选投票所，须揭贴某区初选投票所字样。

第五条 投票期间，以某日为完毕，于投票前宣示之。如届期不投，作为抛弃权利。（投票日数，由初选监督酌定，至多不得过三日。）

第六条 投票所按照本处所定日期表之初选投票日期，开所投票。

第七条 投票所由管理及监察员组织之。（管理员不论官绅，均可派充。监察员以本地绅士为限，管理员无选举权及被选举权，监察员不在此限。）

第八条 投票所于投票前一日安置投票柜，并预备选举人名册一本、投票簿一本、记事簿一本、投票纸若干张。（依照选举人名册，本区内有选举权者之数目、管理员席次、投票人写票席次及一切应用等件。）

第三章　投票时之手续

第九条　投票所投票之日，管理员、监察员，均应先时齐集。

第十条　投票所周围，须派巡警弹压保护（无巡警则用保甲、团勇），但须受管理员、监察员之约束指挥。

第十一条　投票柜由管理员掌之，除开票外，严加封锁。（内锁之钥，送交初选监督，外锁之钥，管理员掌之。）

第十二条　初选举之投票人，须于投票所门前，视自己之姓名，列在本区内者，向监察员陈明，经审认后，准其入所投票（但不得托人到所代投）。

第十三条　投票人须俟监察员延请后，向签字处签一到字，再向领票处领票、写票处写票、投票柜投票。

第十四条　投票人写票时，不得窃视他人写票及与他人谈话，亦不得将票示人。

第十五条　写票毕，叠好，将票角插入中幅缝中，投入投票柜。

第十六条　投票人投票，由左门入。投票后，由右门出，不得逗留窥视。

第十七条　投票所之启闭，以午前八时起，午后六时止，逾限不得入。

第十八条　投票所除巡警、管理员、监察员、看守人及投票人外，不得阑入。

第十九条　投票用无记名单记法，每票只准书被选举人一名，不得书选举人姓名。

第二十条　投票不得请人代理，倘有顶替及不守规则，管理员及监察员得令退出。

第二十一条　选举人及选举关系人（关系人指运动选举之人），如有携带凶器，照谘议局章程第九十九条处罚。

第二十二条　如有暴行于办理选举人员，或骚扰投票所，或阻留毁夺选举票、投票柜及其他有关选举文件者，照谘议局章程第一百条处罚。

第四章　投票后之手续

第二十三条　管理员及监察员，应将投票始末情形会同造具报告，并将投票柜于投票完毕之翌日，移交开票所。

第二十四条　投票所自投票完毕之日起，逾十五日后，一律裁撤。

第二十五条　布置投票所一切费用及管理员、监察员、看守人、仆役之伙食，并移交投票柜之费，均由公款核实，开支报销。

第五章　关于投票所之设备

第二十六条　投票所大门，以障栏隔之，分为左右，左即入门处，右即出门处。入门处之耳房，为寄存物件处。耳房排列座位，以为选举人之休息所（监察员在此审认）。由入门处（即管理员延请处）引道直入为正厅，当中设投票柜，正厅左侧设置投票簿处（即选举人签字处）及设置领票纸处，最后为写票处，列图如下：

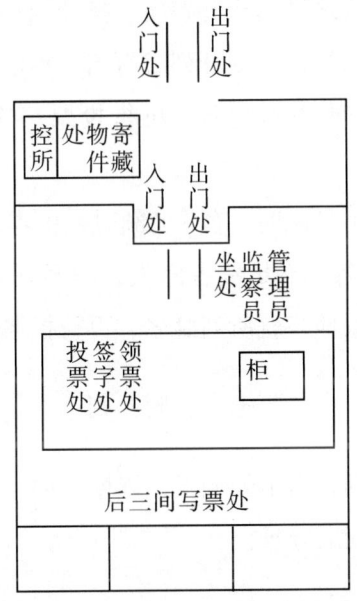

第二十七条　投票所内之写票处，隔为三堵，房壁上粘满写票规则，其式如左：

选举人注意，以下所列皆为作废。

一、写不依式者。（如书写之地位不合或反写倒写，检出时皆作废。）

二、夹写他事者。（其写官衔、职业、住址者，不在作废之列。惟以私人之称谓或某某表兄、表弟、同学、业师之类，有害秘密主义者，检出时悉作废。）

三、字迹模糊不可认者。（如草体泼墨，为通常人所不能识者，检出时作废。如勉强可以认识，则不作废。）

四、不用投票所所发纸者。（其纸虽非伪造，但非投票所所发者，检出时作废。）

五、选出之人，不合被选举资格者。（初选被选，必以局章有资格者为合格，故在确定人名册以内无名者即为不合被选之人，作废。）

第二十八条　投票所应备之椅凳、器具，随监督分配，务达齐整之限度而后止。

第六章　再投票

第二十九条　凡因不满当选票额，致无人当选时。（无人当选时，由本章程所定，当即行榜示未当选者之姓名于开票所，按照当选人额数，加倍开列，例如应出当选人一百名，而无人当选，则开列二百名，榜示后即于开票之第三日，令原有投票人在原投票地，就所列姓名，再行投票一次。其所有投票手续，与前同。）

第三十条　凡当选人不足额时。（不足额时，由本章程所定，即行榜示。如不足额十名，则开列二十名。不足额者六人，则开列十二人。即于开票后第三日，令原有投票人在原投票地，就所列姓名，再行投票一次，手续与前同。）

第七章　附　则

第三十一条　右之规则，由本处颁发，以期一律。至各处办法，有必从其地方习惯为便宜者，则许其变通办理。

初选开票所办事规则

第一章　总　则

第一条　本规则限于初选开票时，监督及监察员、管理员适用之。

第二章　开票之场所

第二条　开票所初选设置于监督所在地方，或衙署或附近衙署宽敞之地均可。

第三条　地址之筹定在初选，则由复选监督核定。

第三章　关于开票

第一节　监督之职务

第四条　初选监督于收齐各区投票柜之翌日，先期将开票日期榜示，届期召集各界选举人，当众开票。

第五条　开票日，管理员、监察员均须先时齐集，如临时不到，初选监督即当派员代理。

第六条　开票所门前增派巡警，以资弹压及保护。

第七条　初选监督酌定开票时刻，以午前八时至十二时中间为准。

第八条　初选监督须亲自到所，督同开票，以重其事，不得迟来早去。

第九条　初选监督于检票人呈明票数时，当即将得票之当选人当众宣示。（检票人为监察员。）

第十条　开票之后，初选监督即将开票得数即日榜示。

第二节　管理员及监察员之职务

第十一条　开票之日，管理员、监察员应招呼选举人入座参观，如人众不能容时，得将其人数制限之。（制限之方法，以场所之大小，可容人数之多少，排列座次后，视先后到者为别。如人数已多，而到者最后，自然被限制矣。）

第十二条　开票所除职员及选举人与巡警外，他人不得阑入。

第十三条　开票柜时，准以一定时刻当众宣告，是为公开主义。

第十四条　开票时，由开票人（管理员）按票呼名，呼后即将票交检票人（监察员）汇合，检票人将已开之票，别置一处，以免混淆。

第十五条　检票人检查投票之真伪，投票纸由复选监督按式制成，其非复选监督所制者，为伪票。检出之后，须研究其由来，不可遽视为废票。又投票纸非由投票所所领者，虽非伪票，要为不合例之票，依五十五条所规定，决定作废。

第十六条　检票人清算数目，应将投票人姓名作成姓名表，按姓排列。呼名时，其一人用笔点圈，其一人旁坐核算，计某人得票若干，某人得票若干。除作废之票、无效之票外，其某人得有效之票最多者，核计完由记录人登记（管理员）后，仍由检票人呈明监督。

第十七条　检票人有决定投票是否合例之权，故其责任较重而手续亦最繁。所谓不合例之票，指五十五条所列之五款而言，故核算时不可不格外注意。此五款当缮正字，满贴案前，以便斟酌。

第十八条　记录人于记录得票之数外，而废票之数亦须录出，以为事后判决诉讼之根据。

第十九条　管理员、监察员有保存票纸责任。保存时期，自投票柜送来之日起至开票止，无论有效无效，一并检齐，至附送监督之后，而保存责任，乃移之监督。

第二十条　管理员、监察员于开票后，将开票始末情由申报监督。

第二十一条　开票所启闭，以午前八时至午后十时为率。

第二十二条　开票监察员、管理员，会同司其职事。如意见不相同时，得建议于监督。

第四章　开票所之设备

第二十三条　开票所宜全堂分布席次，列监督及职员座位，置投票柜于当中，监督在票柜之后列一正席，职员分作两旁。

第二十四条　柜前设一凳，为开票人站立处，旁设一案，为检票人检票处并座位。（用笔圈点之簿记、笔墨具备。）

第二十五条　柜后设一案，为记录人记录处并座位。

第二十六条　开票所房屋宽大，以便选举人前来参观，且参观之处与开票之处不可不隔断一层，以障拦之。

第五章　开票之完结

第二十七条　开票所自开票完毕后十五日裁撤。

第六章　重开票

第二十八条　凡因不满当选票额，致无人当选或当选人不足额时，依投票所规则所定，为重行开票。

第二十九条　右之规则，由本处颁发，以期一律。如各处办法，必从其习惯为便宜者，准其变通办理。

初选监督职务表

一、设办理初选事务所于本衙门内。

二、订定事务所章程。

三、筹拨调查及选举经费。

四、制选举人名原册、调查员证书。

五、拟订调查员办事细则，呈复监督核定。

六、分配选举调查员。

七、给与调查员证书、选举人名原册、调查须知、调查员办事细则等件于调查员。

八、筹定投票区、投票所、开票所，绘图申报复选监督核定，核定后，汇报本处。

九、颁发选举告示。有驻防者，应先期通知驻防，以便查照谘议局选举章程第百十一条，同日举行投票。

十、保荐初选投票所、开票所管理员及监察员于复选监督。俟核定后，汇报本处。

十一、制造选举人名正册。

十二、造具选举人名正册。

十三、呈选举人名正册于筹办处及复选监督。

十四、颁发选举人名正册于各投票所，宣示公众。

十五、判定选举人名正册之更正。

十六、补入判定更正者于选举人名正册。

十七、确定选举人名册，即申报筹办处，先将名数若干，用电申报筹办处。

十八、制投票柜、投票簿，投票柜已由本处代制一个，不足者，仿制。

十九、造具投票簿。

二十、拟订投票所、开票所办事细则，呈复选监督核定。

廿一、增派巡警于投票所周围并示人投票所之限制。

廿二、派令投票管理员、监察员齐赴各投票所，办理投票一切事宜。

廿三、分交确定选举人名册及投票柜、投票纸、投票簿、投票所办事细则于各投票所。

廿四、酌定开票时刻，先行榜示。有驻防者，应先期通知驻防，以便查照谘议局选举章程第百十一条，同日举行投票。

廿五、制计算票数纸。

廿六、派令开票所管理员、监察员齐集开票所，办理开票一切事宜。

廿七、发交计算票数纸及确定选举人名册于开票所。

廿八、亲到开票所督同开票，即日宣示。

廿九、保存已开票纸。

三十、抽签定同票数者。

卅一、于当选人不足额时，为再行投票之榜示。

卅二、执行及监督再行投票、开票一切事宜。

卅三、征集初选管理员及监察员报告。

卅四、决定初选当选人。

卅五、榜示当选人姓名。

卅六、知会当选人并指定其呈明情愿应选日期知会书及当选人呈明书，照本处定式制之。

卅七、发给当选人执照。

卅八、裁撤投票所及开票所。

卅九、榜示当选人姓名、职衔并申报复选监督。

四十、申报初选全区情形于复选监督并汇报本处。

四十一、执行初选变更事务。

四十二、发觉选举章程九十五条至百二十条之事情，查确判定并执行罚则。

札初选监督编定选举人名册严密审查由

为特檄饬遵事。按谘议局议员选举章程第二节第十七条内开，初选监督应按照选举资格详细调查，将合格者造具选举人名册等语。查选举人名册为将来投票选举议员之用，关系至为重要。调查选举人资格，最宜严密，免滋流弊，应饬于调查事竣，编造选举人名册，逐名详细严加审查。按照谘议局章程，有违犯第六、第七两条所忌者，立即剔除，并遵照宪政编查馆汇次至各省电文所列各条，悉心研究，审查分别去取。一面将某人资格，因何不合格缘由，另册详记，然后将编定人名册宣示，以昭慎重。除分饬遵照外，合特饬遵，为此札仰该州县立即遵照檄（指）〔旨〕办理，毋稍率忽玩违，致于未便。凛之，切切。

致各府州县函

径启者。前由本处发出谘议局章程、职务须知、调查概则、选举人原簿各若干件，谅已察收，惟兹事关系綦重，必须按期布置，方能依限告成。今特遴派司选员，分赴各府、州、县，督催襄办，业经另行札饬知照，各员于章程早有研究，到尊处后，自能演解详悉，同心协力，以期有效。惟是初选、复选之事，照章程仍系责成地方官为之监督，务祈按照次序、日期，迅速部署，勿致逾限。至于会同在籍之绅士、教育会长、劝学所总董以及商学界领袖商量办法，并分派调查员等事,想于奉文之日,已行举办矣。所办各事,须随时报告,以便稽查。倘任意玩延,致逾期限,或用人失当,百弊丛生,则上无以副朝廷立宪之心,下无以慰闾阎观化之望,亦非弟等所期于足下也。为时已迫,幸勿耽延。至祷,专此,顺请升安。局片具。

报告条件单件并格式附寄。

初选监督应行报告筹办处事项由邮寄。

奉到筹办处所寄章程概则等件日期。

何日颁发章程等件于各绅商学界及各社会。

办理选举事务所日期。

司选员由府到县日期。

所派选举调查员何人,调查如何分区或如何分类,均应详报,并详报所定调查员办事细则。

在籍绅士肯襄办者何人,学界、商界肯襄办者何人。

造具选举人名册何日。

投票分几区、几所并在何处。

何日颁发选举人名册于各投票所。

有无呈请更正。

呈报确定之选举人名册于复选监督,转呈筹办处。

何日颁发选举告示。

何日制成投票簿。

所定投票所、开票所办事细则。

所荐初选投票、开票之管理员、监察员。

何日自行分交投票所投票柜、投票簿于投票所。

投票各员,何日移交投票柜于投票所。

开票时刻如何酌定。

开票之日,绅商学界在场所者何人。

开票各员,何日送到已开票纸。

票数与投票簿有无不符,所投之票若干并保存办法(保存三年)。

初选当选人姓名并得票之数若干。

已按期知会当选人并发给当选人执照,来领照者几人。

已榜示应选人姓名、职衔及票数,应列册详报。

初选投票、开票情形,宜照管理员、监察员所记录者详报。

复选监督应行报告筹办处事项由邮寄。

何日奉到谘议局章程等件。

何日颁发于绅商学界及各社会。

司选员何日到府并奉到投票柜、投票纸告示等件。

所核定调查员办事细则。

所核定初选之投票区及投票所、开票所。

初选区之选举人名册何日收到。

不服初选判定者之如何呈诉并如何判定之。

各初选区人名册送齐后,即将人名总数电告筹办处,其人名册仍呈省。

何日奉到分配议员定额。

何日榜示初选当选人定额于各初选区。

何日分交投票柜及执照于初选监督。

所核定某县投票所、开票所细则。

所派定某县初选之开票管理员及监察员。

何日造成复选人名册及投票簿。

所择定复选投票所及开票所地址。

定某日某所投票、某所开票并何日颁发选举告示。

所酌定投票所、开票所办事细则。

所派定复选投票、开票管理员及监察员。

何日送交投票纸、投票柜、投票簿于复选投票所。

投票各员,何日移交投票柜于开票所。

所酌定开票时刻并何日榜示。

何日亲到开票所督同开票,并在场所之绅商何人。

开票各员,何日送到已开票纸。

票数与投票簿有无不符,所投之票若干并保存办法(保存日期三年)。

何日榜示所决定当选人姓名。

何日知会当选人。

何日给发议员执照于当选人。

呈报选举议员姓名、职衔及票数，并何日宣示。

初选投票、开票情形，照管理员、监察员所录者详报。

初选、复选应行报告之事殊繁，报告之词，只求简便，定格式如左：

筹办处诸公鉴：

  某府于某月某日，奉到谘议局章程三十本、职务须知二本、选举人原簿一百张、调查概则五十张。

            某府某报告。（下盖图章为记）

县并司选员仿此。

各州县报告调查选举事务所一览表

州县名	设立之地	调查区数	调查员数	完竣日期
闽县	府属宜园	十区	三百余人	十二月十五日
侯官	府属宜园	十八区	二百余人	十二月十五日
长乐	县署	六区	三十二人	十二月十五日
福清	县署	六区	所长三人、调查六人	十二月十五日
连江	县署	四区	二十五人	十二月十五日
罗源	县署	四区	十七人	十二月十五日
古田	县署	五区	二十人	十二月
屏南	县署西廊	四区	十人	十二月
闽清	县署	廿二区	三十一人	十一月十五日
永福	县署	五区	十五人	十二月
霞浦	教育会内	五区	十三人	十二月
福鼎	署左	五区	十人	十二月
福安	县署	五区	五人	十二月二十日
宁德	儒学	六区	五十五人	十二月初十日

续表

州县名	设立之地	调查区数	调查员数	完竣日期
寿宁	县署	六区	六人	十二月十五日
莆田	县署	十区	十六人	十二月
仙游	教育会内	九区	百六十五人	十二月二十一日
晋江	县署	四区	四十六人	十二月十五日
南安	县署	八区	九人	十二月
惠安	县署	十区	三十九人	十二月
同安	县署	四区	十三人	十二月
安溪	县署	三区	五十八人	
永春	劝学所	四区	四十二人	十二月十五日
德化	城内孝义祠	八区	二十八人	十二月十五日
大田	城内朱子祠	四区	三十七人	十二月
长汀	署后	八区	二十八人	十二月
宁化	文昌宫	六区	九十一人	十二月
清流	县署	八区	二十七人	十二月
归化	县署	五区	十人	十二月
连城	县署	五人	十人	十二月
上杭	保安宫	九区	四十五人	十二月初十日
永定	县署	九区	二十一人	
武平	县署	七区		
龙溪	县署	六区	十九人	十二月
漳浦	县署	五区	三十六人	十二月
长泰	县署			
平和	县署	六区	七人	
海澄	县署	十一区	三十九人	
诏安	署东	四区	二十人	十二月
南靖	城内文昌宫、朱子祠	四区	十八人	
龙岩州	考棚	九区	二十五人	
漳平	县署	五区	五十人	
宁洋	县署	七区	十二人	

续表

州县名	设立之地	调查区数	调查员数	完竣日期
南平	县署	五区	五十八人	十二月
沙县	署右	五区	八人	十二月二十九日
顺昌	学署	七区	三十八人	十二月
尤溪	县署	五区	二十二人	十二月
将乐	县署	五区	二十七人	十二月
永安	县署	五区	四十七人	
建安	县署	三区	二十一人	
瓯宁	县署	三区	二十一人	十二月
浦城	县署	五区		十二月十五日
政和	县署	九区	二十人	十二月
建阳	县署	二区	二十七人	十二月
松溪	县署	八区	十二人	十二月十四日
崇安	署东花厅	八区	四十五人	十二月
邵武	县署	五区	四十四人	十二月
光泽	县署	五区	七十人	十二月十五日
泰宁	县署	六区	四十二人	十二月
建宁	南门兴贤祠	五区	五人	十二月

司选委员办事一览表

姓名	官阶	所司府属	所经县名	到地月日	报告
许中杰	知县	福州府	闽县	十一月入宜园事务所办事	已到
黄逢年	知县	福州府	闽县	同上	已到
刘湘	典史	福州府	永福、长乐、连江、福清、罗源	十一月初八到长乐、初九到福清、十八到连江、廿二到罗源、十二月初五到永福	已到
刘镇湘	县丞	福州府	古田、屏南、闽清	十一月初九到古田、十三到屏南	已到

续表

姓名	官阶	所司府属	所经县名	到地月日	报告
童燮梅	同知	兴化府	莆田、仙游	十一月廿七到莆田、十二月十六到仙游	已到
孙麟阁	知县	彰化府	南靖、平和、龙溪、长泰	十一月廿三到南靖、廿九到平和、十二月十三到长泰、十一月十三到龙溪	已到
李思贤	县丞	漳州府	海澄、漳浦、诏安	十一月廿三到海澄、二十七到漳浦、十二月初五到诏安	已到
谢锡动 危士傑	知县	泉州府	同安、南安	十一月十一到厦、十二月初八到同安、十二月十七到南安	已到
俞同恺	县丞	泉州府	晋江、惠安、南安、安溪	十一月二十六到晋江、十二月初六到惠安、十七到南安、十八到安溪	已到
王志廉	知县	延平府	南平、沙县、永安	十一月十七到郡、十九到沙县、十二月初七到永安	已到
俞赞荣	从九品	延平府	尤溪、顺昌、南平	十一月十七到尤溪、十二月二十一到顺昌	已到
朱葆慈	知县	建宁府	建安、松溪、瓯宁、政和	十一月二十三到建安、十二月初八到建阳、初十到崇安	已到
季鑑	州吏目	建宁府	建安、瓯宁、松溪、政和	十一月二十三到瓯宁、十二月初六到政和、初八到松溪	已到
钟文奇	知县	邵武府	邵武、光泽	十二月初一到郡、十八到光泽	已到
宋乃煦	从九品	邵武府	泰宁、建宁	十二月初一到郡、初九到泰宁、二十到建宁	已到
庄承绥	知县	汀州府	永定	十二月二十五到永定	已到
胡绍崑	从九品	汀州府	长汀、清流	十二月初五到长汀、十七到清流	已到
钱维翰	县丞	汀州府	上杭、武平	十二月初一日到上杭、初八到武平	已到
王立中	知县	福宁府	霞浦、福安、福鼎	十一月初五到郡、廿六到福安、十二月初三到福鼎	已到
雷廷栋	巡检	福宁府	宁德、寿宁、福安	十一月十一到郡、十四到宁德、十二月初六到福安	已到
王锡祉	知县	永春州	永春、德化、大田	十一月十六到永春、二十六到德化、十二月初二到大田	已到
龚行健	布库大使	龙岩州	龙岩、漳平、宁洋	十一月二十到龙岩、十二月初六到漳平	已到

福建谘议局筹办处每月度支一览表

费目	额数	费目	额数
员司薪水	二百两	夫役辛工	一十八两
伙食	六十六两	报章	三两
纸张笔墨	一十五两	灯油茶水	一十一两
杂项	八十两	总计	三百九十三两
备考	所有印刷章程报告等项，均作特别开销，不在此例		

各县已报告之初选人名数

福州府属一万九百零八名：闽县二千七百三十六名，侯官县二千九百五十六名，长乐县六百名，福清县九百二十八名，连江县八百名，罗源县五百零六名，古田县八百七十九名，屏南县三百九十八名，闽清县五百七十八名，永福县五百七十二名。

兴化府属二千八百六十七名：莆田县一千五百八十三名，仙游县一千二百八十四名。

泉州府属八千三百六十一名：晋江县一千三百九十六名，南安县七百四十五名，惠安县四百七十三名，安溪县二千零六十四名，同安县三千六百八十三名。

漳州府属四千五百九十二名：龙溪县一千零四十名，漳浦县六百十七名，海澄县五百七十五名，南靖县七百四十二名，长泰县三百八十二名，平和县五百七十五名，诏安县六百六十一名。

延平府属二千七百四十五名：南平县三百七十二名，顺昌县三百八十三名，将乐县二百九十八名，沙县四百十九名，尤溪县五百名，永安县四百七十三名。

建宁府属四千九百七十六名：建安县一千零三十一名，瓯宁县一千四百六十四名，建阳县四百二十九名，崇安县五百四十二名，浦城县九百三十一名，松溪县三百二十八名，政和县二百五十一名。

邵武府属一千八百九十八名：建宁县三百九十一名，泰宁县三百四十五名。

汀州府属五千六百三十四名：长汀县八百七十二名，宁化县五百四十九名，清流县八百七十三名，归化县二百六十九名，连城县五百三十名，上杭县七百七十五名，武平县六百八十四名，永定县一千零八十二名。

福宁府【属】二千四百二十七名：霞浦县三百六十四名，福鼎县四百四十四名，福安县八百零四名，宁德县五百十四名，寿宁县三百零一名。

永春州属一千八百八十八【名】：永春州九百九十名，德化县六百三十名。

龙岩州属三千七百三十八名：龙岩州一千九百八十六名，宁阳县六百零九名，漳平县一千一百四十三名。

尚总办致未报告调查之各州县函

径启者。调查选举人资格，为初选监督第一紧要之事。筹办处函电交催，当已早登青览，弟与稷公、遂公虑初选事烦，又属创办，恐不易区划也，故有调查监督职务表之颁。虑襄办选举之乏人也，故有司选员之派。虑寻常文牍之繁重迟滞也，故有报告简格之颁，所以为初选监督计者，亦既尽心力之所及矣。乃执事自奉文以来，至今已三月矣，于调查一事，毫无所闻，于筹办处所行之文、所发之信，若未曾寓目者，执事亦知谘议局之设立，乃奉钦限乎，先皇帝遗诏以逐年筹备事宜，应切实办理为念。今上十一月初十之谕旨，亦云臣民均应敬谨遵照办理。则凡我臣子，对于此事，应竭力奉从，以冀依限成立。弟前年衔命考政列邦，见其政成人和，上下一心，有佥之谋，无隔阂之弊，心焉羡之，深望我中国之旦夕一变而至于是也。故兹筹办谘议局事，弟竭蹶以图，不敢告瘁，自厦言旋，偶患洞泻，然于各州县调查选举之报告，力疾批阅审查，竟有尚未举办者，殊出意料之外。筹办处九月行文，有限至十二月十五日调查完毕之语，若逾期不办，轻则撤任，重则详参，弟与执事有同舟之谊，用敢尽忠告之言，得失所在，望执事三思之。临颖翘企，不尽欲言，敬请钧安，维照不一。尚其亨再拜。

致各初选监督函

径启者。初选投票日期迫近，选举人名册，照章审查编定后，仍将人名册宣示，经士民呈请初选监督判定更正。尚有不服者，呈诉于复选监督，又经复选监督判定更正后，方为确定。似此时日需多，恐赶不及，兹据便捷之法，选举人名册经执事判定更正后（呈请初选监督更正，限正月廿一日至三十日止），即将总数电告本处。至于士民如有赴复选监督呈诉，经复选监督判定更正，则径由复选监督电告本处可也。专此，奉请台安。局片具。十二月二十六日。

致各复选监督函

径启者。按谘议局议员选举章程第二十三条：人名册经初选监督判定，有不服者，得呈诉于复选监督。第二十四条：复选监督判定更正者，应一律补入选举人名册等语。现在选举人名册将次编定，因初选时期孔迫，准其由县径送本处，并饬将呈请更正后之人名册总数，先行电告，以便分配议员额数。惟恐人名册中经初选监督判定，尚有呈诉于复选监督者，重行更正，未即一律补入册中，致名数参差不符，转多窒碍，应请执事遇有呈诉经判定更正后，即将所增减之名数，电告本处（呈诉更正自二月初一日始，至初十日止），仍限至二月十一日止，以便代为补入名册并分配额数。如所属各县，并无呈诉更正情事，则不必另行电达也。专此奉请台安。局片具。十二月二十六日。

致同安县易令函

径启者。迭得报告，知选举事务，已次第举行，敝处风闻同安绅学各界，多误以调查及襄办人员为无选举权及被选举权，以致群相裹足。按之选举章程第三节第十二条：凡办理选举人员，除监察员外，不得与选举人及被选举人之数。盖章程中所指办理选举人员不与选举权者，只二项，投票管理员也，开票管理员也。至调查员与监察员同，自应有选举权及被选举权，望执事详为演解。俾公正绅衿，素为乡里所信服者踊跃担任，则有选举权者不至见遗，庶与选举前途无碍。又长兴、同和、归得、从顺等处，应派本地人调查，方为周密，执事以为然否？至马巷、厦门应归同安办理选举，已于前日行文并此次致谢安臣函详之矣。此请升安。

覆泉州府司选员谢令函（寄厦门、马巷、同安、晋江）

径启者。叠接来函，具见热心办事，人名册展限日期，已由本处颁发，计不日可以达到。执事称厦门、马巷、同安、南安为二厅二县，谓初选应厅独立。查章程第二条、第四条中有所谓厅者，有所谓直隶厅者。执事谓下句之直隶厅，与上句厅字，显有区别，具见思虑精详，令人钦佩。按厅字意义，最为繁密，姑就设厅最多之省分析言之，查四川厅缺最多。所谓直隶厅者，无论有无属县，皆隶于道。如叙永直隶厅，有属县，隶川南道。石砫、松潘直隶厅，无属县，石砫隶川东道，松潘隶成龙绵茂道是也。单谓之厅，则隶于府。如江北厅隶重庆府，越巂厅隶宁远府，马边厅隶叙州府，城口厅隶绥定府是也。其制与州牧相等，设有学额，故能独立为初选、复选监督。章程中所谓初选举以厅、州、县为选举区，如江北、越巂之类。所谓复选举以府、直隶厅、州为选举区，如叙永厅之类。所谓直隶厅无属县者，以最近之府为复选区，如石砫厅以夔州府为复选区，松潘厅以龙安府为复选区之类，是皆有厅之独立性质也。闽省无厅，故云霄则谓粮捕同知，石马则谓海防通判，厦门则为分防同知，马巷则直谓马家巷通判。其谓之厅者，不过沿袭俗称，无独立性质，不设学额，自不能另立为初选举区。章程中朗若列眉，不必纷纷电请也。此颂行安，名正具。十二月二十五日。

二、福建谘议局互选细则、议事细则、旁听细则、办事细则

福建谘议局议长、副议长、常驻议员互选细则

第一章 选举方法

第一条 谘议局议长一人、副议长二人,由议员中互选,用单记投票法分次选之。

第二条 谘议局常驻议员十五人,亦由议员中互选,用连记投票法一次选之。

第三条 选举投票皆用无记名。

第二章　选举时期

第四条　议长、副议长、常驻议员之选举于前任议长、副议长、常驻议员期满时行之。

第五条　议长因事出缺时，以副议长递补之，应于其时行副议长补缺选举，但不在开会期中，得由常驻议员中互选补之。

第六条　副议长因事出缺时，直行补缺选举，但不在开会期中，得由常驻议员中互选补之。

第七条　常驻议员于副议长补缺选举，须有五分之四到会始得行之。

第八条　开会中议长、副议长均有事故时，由议员互选临时议长，其选举办法与选举议长同。

第九条　常驻议员因事出缺、无候补常驻议员时，应行常驻议员之补缺选举。

第三章　选举之办理次序

第十条　凡选举须有议员半数以上到会方得行之，但第五条、第六条所定不在此限。

第十一条　届互选时刻，谘议局应于会场门左设验照处，议员各出执照，经验讫，以次入场。

第十二条　议员入场后各就席次，书记长宣告开始选举。

第十三条　宣告选举之后，书记以选举票分致各议员，书记长按其席次之号数而宣呼之。

第十四条　议员应书记长之宣名就于演席前，以选举票投入投票柜，以名纸投入名纸柜，议员不能就演席前投入柜内者，书记代就其席领受而投入之。

第十五条　议员投票既毕，书记长宣告闭锁投票柜及名纸柜。宣告闭锁后不得再投。

第十六条　投票既毕，书记长宣告开柜，书记当议员之前计算投票之数与名纸之数，两数相符方得开票。

第十七条　谘议局应预制得点记入表，以便照查投票点数。

第十八条　开票时，书记应朗读票内所载被选举人之姓名，就于得点记入表一一施以朱点，计算各得票之总数，报告于议员，得票过半数者为当选人。

第十九条　书记长报告选举之结果。

第二十条　议长、副议长、常驻议员之选举，有二人以上得票同数时，以年长者为当选人，年同者抽签定之。

第二十一条　计算投票总数不实或捏报当选，除照罚则议罚外，得更正之。

第二十二条　选举票及名纸投柜互误者，得更正之。

第二十三条　当选人依谘议局章程第十九条所列事由辞职时，照第五条、第六条、第八条办理。

第二十四条　当选人当选时即行辞职者，由书记长询于议员公决认许与否。经认许者，当再行选举。

第二十五条　议员不得预辞当选。

第二十六条　议长、副议长、常驻议员当选后，由书记长引就演席前表示当选之意，议长即时就议长席，副议长、常驻议员各退就本席。

第二十七条　就于选举有疑义时，书记长询于到会议员而决之。

第二十八条　每次选举毕时，当预备别柜，保存所投之票及名纸。

第四章　选举无效

第二十九条　投票之数与名纸之数不符时，其选举无效。选举票及各名纸书写违式者，仍算入总数之内。

第三十条　选举票应无效者如下：

（一）违式者；

（二）夹写他事者（但记载被选举人官衔、住址等者不在此限）；

（三）字迹模糊不可辨认者；

（四）擅用他纸书写者；

（五）被选之人非议员者。

第五章　惩　罚

第三十一条　办理选举人员有故为高下或其他舞弊时，一经指出后，由议员公决斥退。

第三十二条　选举情弊重者，得由议长申请总督惩罚。

第六章　附　则

第三十三条　所有未尽事宜于开会时以谘议局议决改正之。

福建谘议局议事细则

第一章　议场整理

第一条　凡谘议局开会之日，议长、副议长、常驻议员互选后，议长就议长席，命书记以抽签定全数议员之席次及部属，其系议员之一、任期中第二会期以下者，则于常驻议员互选之后行之。

第二条　议员之席次编列号数。

第三条　全数议员分为五部。若不能均分，应自第一部以下每部加一人，议长、副议长不列入部员之中。

第四条　补缺议员依其前任之席次及部属。

第五条　临时会议沿用前会之席次及部属。

第六条　各部以年长者一人管理选举事务，用无记名投票由本部中分次互选部长一人、理事一人，得票最多数者当选。得票最多数者有二人以上时，则以年长者为当选，年同者以抽签定之。

第七条　部长整理本部之事务，理事补助部长协理本部事务，部长有事故时，由理事代理之；部长理事均有事故时，以部员年长者代理之。

第八条　国家大典日、节日、星期日皆休会，但有紧急事故时，议长得询于到会议员全体临时开会。欲临时休会时，议长询于到会议员全体决定之。

第九条　凡休会应预定其日数，由议长宣告之。

第十条　议事中议长自称曰议长，称议员曰某席某君；议员演陈时自称曰本议员，对议长自称曰某席某议员，称议长曰议长，称他议员曰某席某君。议长及议员称官吏，以其官加以相当之敬语。

第十一条　议案及报告书等，由议长先期印刷，颁布于议员。

第十二条　议长于谘议局章程及各规则所定之范围内有维持秩序及关于议事整理之职权，总督或其代理员及议员得请议长就于前项所定加以注意。

第十三条　议长有事故不能就席时，副议长以次代理之。副议长同有事故时，由议员中选举临时代理议长，临时代理议长之选举依互选细则所定。

第十四条　凡议案与议员本身亲属及职官有关系、例应回避者，该议员应退席。

第二章　开议、散会、延会、中止会议及休憩

第十五条　凡会议非有议员半数以上到会不得开议。

第十六条　会议于午后一时开之。有特别事故时，议长得先期询于到会议员全体变更开议时刻。

第十七条　议长届开议之定时就席报告各种事项后宣告开议。议长未宣告开议之前，无论何人皆不得于会议之事有所发言。

第十八条　议事日表所载应议之事件既经议毕，议长宣告散会。虽未议毕，至午后五时，议长宣告止议，延至次会再议，但系紧急之议事不在此限。

第十九条　凡会议出席议员不及定数，议长经相当之时刻应点算之，若点算二次仍不及定数，应宣告延会。会议中议员有退席，致出席议员不及定数者，同前项所定。

第二十条　有必要事故时，虽在议事之中，议长得宣告暂时中止会议。

第二十一条　凡会议每经一小时，得由议长宣告暂时休会，休憩以二十分钟为限。

第二十二条　议长宣告散会、延会、中止会议及休憩之后，无论何人皆不得于会议之事有所发言。

第三章 议事日表

第二十三条 凡谘议局应议之事件及次序并开议之日时，议事日表中皆详记之。

第二十四条 议长于每次会议终时，应将第二次会议之议事日表报告于到会议员全体。

第二十五条 议事日表应揭载于官报或经谘议局所指定之报纸并申送总督及颁布议员。

第二十六条 议事日表因其议案必须于某时刻会议特为指定者，届其时刻，议长应中止他之会议，而移议该议案。

第二十七条 议事日表虽已列定所议之事件，临时若有发议为未曾记入之紧急事件，须于本日开议或本系列后之事件须提前开议者，议长得不经讨议询于到会议员全体变更议事日表。

第二十八条 于议事日表所指定之日，其表中所记事件若不能开议或不能终议时，议长应更定议事日表。

第四章 议　事

第一节 发　议

第二十九条 议案之发议修正、议案之发议及关于谘议局章程第二十七条、二十八条之发议，须有五人以上赞成作为议题。其他各种发议除本则别有规定外，须有二人以上赞成作为议题。

第三十条 凡发议须缮具议案，附以简要理由，发议议员与赞成议员共署姓名提出于议长，议长接受后颁布于议员。事属简易者得不拘前项所定，就议场陈述之。

第三十一条 既经成立之发议，其系议员提出者，非由到会议员全体认可不得撤回，议员之发议虽经撤回，其他议员得与定数之赞成者继续之，总督及其代理员自行撤回之议案，议员得与定数之赞成者提出之。

第三十二条 凡议案之发议经否决后，本会期中不得再行提出。

第二节 读　会

第三十三条　凡议案须经三读会而议决之，但议长或议员五人以上有要求时，依到会议员全体议决，得省略其次数。预算案、决算案、单行章程规则案不得省略三读会。

第三十四条　第一读会至速须于颁布议案后隔一日开之。

第三十五条　第一读会议长命书记朗读议案后，总督及其代理员或发议之议员应说明其趣旨，议员对于议案若有疑义者时，得更求记明。议案之朗读，议长得以便宜使省略之。

第三十六条　既经说明议案之趣旨，该议案若系总督提出者，应即委托审查员，使之审查谘议局。待审查员报告后，就其大体讨议之并决其应开第二读会与否。若系议员提出之议案，则说明趣旨后，应即讨论其大体而决其应开第二读会与否。如有发议委托审查员而经可决者，则待审查员报告后再决应开第二读会与否，决议不开第二读会之议案应即撤废。

第三十七条　第二读会至速须第一读会既毕后一日开之，但议长得询于到会议员全体，与第一读会同日举行。

第三十八条　第二读会应将议案逐条朗读而议决之，议长得以便宜省略其朗读。

第三十九条　第二读会得提出修正议案之发议，议员于读会之前得将修正案提出于议长。

第四十条　审查员报告中之修正不待赞成即作为议题。

第四十一条　议长得变更逐条讨议之次序，或连数条为一段，或分一条为数段，而付之讨议，但议员或对之有异议时，待其有赞成者不用讨论而表决之。

第四十二条　第二读会终时，谘议局得以便宜将该议案委托审查员，使整理所决议之条项及字句。

第四十三条　第三读会以第二读会之决议为议案，议长得以便宜使省略议案之朗读。

第四十四条　第三读会至速须于第二读会既毕后隔一日开之，但议长得询于到会议员全体，与第二读会同日举行。

第四十五条　第三读会应将议案全体之可否议决之。

第四十六条　第三读会除更正文字外，不得为修正之发议，但发现该议案中有自相抵触或与现行法令有抵触之处而为修正之发议者不在此限。

第三节　讨　议

第四十七条　议员对于议事日表中所列之议题欲发言者，应于会议未开之前，预将其姓名及赞成或反对之旨列记之，通告于书记。

第四十八条　书记按其通告之次序列入发言表报告于议长，议长于讨议之始照发言表所列，使反对者先发言，次及赞成者，依次相间指呼之，指呼不应者失其通告之效。

第四十九条　未经通告之议员，须待已通告之议员发言皆毕，始得请求发言。已经通告欲为发言之议员，发言虽未皆毕，若主张赞成或主张反对者之一面发言人数已毕，未经通告之议员，欲与此一面为同一之主张者得求发言。

第五十条　凡未经通告而欲发言者，应起立呼议长，照自己席次告以某席议员，待议长许可后始得发言。

第五十一条　二人以上皆起立求发言，议长应令先起立者发言，若同时起立则议长指定之。

第五十二条　因延会或中止会议致发言未终者，于续行讨议之初，得继续前之发言。

第五十三条　凡发言应就演席，但系极简短之言及得议长许可者不在此限。总督及其代理员欲发言时可通告议长，由议长请登演席发言。

第五十四条　不论何时，议员得使发言之议员就演席。

第五十五条　讨议时不得涉及议题之外，议长认为涉及题外或不必要之时，得制止之。发言者或其他议员对于前项之制止有异议者，议长应询于到会议员全体，有五人以上赞成其异议，不经讨议而决之。

第五十六条　总督或其代理员发言时，若涉及题外或不必要，有碍议事之进行，议长得中止其言，由议长申明该议题之趣旨，但总督及其代理员证明所言与该议题确有关系之故，仍得继续言之。

第五十七条　议员于同一议题发言不得及二次，但质疑应答及请求注意等不在此限。

第五十八条　主查员或报告者，因辨明其报告之趣旨得叠次发言。总督及其代理员及发议议员，因辨明其议案或其发议之趣旨，得叠次发言。议员之资格有被异议者或被告其有惩罚事犯者，因辨明之故，得叠次发言。

第五十九条　会议之中不得读意见书、理由书等，但因举证或报告之故宣读文书者不在此限。

第六十条　议长欲自与于讨议之时应预先通告之，待议案朗读后，退就议员席，使副议长就议长席，该案议毕，议长乃得复席讨论。既毕，议长应宣告之。

第六十一条　发言者虽尚有人，议员得为讨议结了之发议。此时，议长应询于到会议员全体不用讨议而表决之。

第六十二条　议事细则有疑义时，议长决之，但议长得询于到会议员全体而决之。

第四节　修　正

第六十三条　议员所提出之修正案应先于审查员会提出之修正案取决之。

第六十四条　同一议题有提出数修正案时，议长应定其表决之次序，此次序应以最远于原案者为先，若议员对其次序有异议时，待有赞成者之后，不用讨议而表决之。

第六十五条　修正案若尽经否决后，应就其原案表决之。

第六十六条　修正案与原案若皆不得过半数之赞成，而到会议员全体又议决为不可撤废之时，得使审查员更草具其案而付会议。

第五节　表　决

第六十七条　凡表决，以到会议员过半数定之可否，同数时取决于议长。

第六十八条　行表决时非现到会之议员不得与之。

第六十九条　总督或其代理员临会陈述意见，不列入表决之数。

第七十条　议长欲令表决时，应将其付于表决之事宣告于到会议员全体，议长宣告之后，不论何人对于该议题不得发言。

第七十一条　议长定为应行表决之后，即令赞成之议员起立，计人数之多寡而宣告之。若其多寡之数议长认为有疑，又或议员对于议长之宣告有异议时，议长应令书记点呼议员之姓名，视其起立与否以决之，点呼姓名之后仍有异议，待有十人以上赞成其异议时，议长应视为记名投票而表决之。

第七十二条　议长认为必要时或有议员十人以上之要求时，应不用起立之法，以记名投票或无记名投票表决之。

第七十三条　记名投票之法，赞成者用白色纸，反对者用红色纸，各记其姓名投入投票柜。

第七十四条　无记名投票之法，赞成者用白球，反对者用黑球投入投票柜，同时并各以名纸投入名纸柜，若球数与名纸之数不符时，须再行投票。

第七十五条　投票柜及名纸柜皆设于演席之上，议员依次自投入之。

第七十六条　点呼姓名及投票之时，应封闭议场出入之门。

第七十七条　投票既毕，议长应宣告其赞成及反对之数。

第七十八条　议员不得求更改自己之表决。

第六节　预算会议

第七十九条　预算审查员将预算案分为数课以行审查，议长得于每课审查终毕时，以各案付之会议。预算各课之会议皆毕，应就其全体之实额为确定之议决。

第八十条　预算会议中若更发现有应行审查之事件时，限其事件得再委托预算审查员审查之。

第八十一条　总督提出预算案时，预算科审查员应自受委托之日十五日以内审查，终毕报告于谘议局。预算审查员若因不得已事故必须展限，得请求议长许可，但以五日为限。

第八十二条　议员于会议中，欲就预算案为修正之发议者，须有二十人以上赞成作为议题。

第五章　审议及审查

第一节　审议会

第八十三条　谘议局开会中有应合全局议员审议时间时，得开审议会。

第八十四条　审议会有议长或议员十人以上之发议不用讨论，以谘议局之议决开之。决议开审议会时，除即时开会外，由议长预定其日期，记入议事日表。

第八十五条　审议会长于每会期之始，用无记名投票，由议员中选举之，得票半数者为当选人。无得票之半数者，则以得票最多者二人行决选，投票仍以得票过半数为准。前项得票最多数者有二人以上时，以抽签定之。

第八十六条　议长、副议长不在被选为审议会长之列。

第八十七条　审议会长有事故时，以第一部长行其职务，第一部长亦有事故时，依次由第二部长以下行之。

第八十八条　审议会非有议员半数以上到会不得开之。

第八十九条　开审议会时，议长退席，以书记长席为审议会长之席。

第九十条　审议会长整理审议会之会议，维持其秩序。书记长之职务书记行之。

第九十一条　审议会之审议，不得涉及开会目的之事件以外。

第九十二条　审议会之发议，有二人以上赞成可作为议题。

第九十三条　议员在审议会得叠次发言。

第九十四条　审议会长欲自与于讨论时，应就议员中指定代理者一人，使就审议会长之席，代行其职务。

第九十五条　审议会之议事，以到会之员过半数决议可否，同数时取决于审议会长。

第九十六条　审议会之审议既毕，审议会长请议长复席，将审议之结果报告于谘议局。

第九十七条　审议会不得自行延会，若迄散会时，审议仍不能终结，审议会长应请议长复席，将审议之经过报告于谘议局。审议会长为前项报告时，谘议局应更定续开审议之期日，载入议事日表。

第九十八条　审议中若有审议会不得议决之事件发生时，审议会长应请议长复席。

第九十九条　审议会不得自定其规则。

第一百条　在审议会若有违背谘议局章程或议事细则及紊乱议场秩序者，议长得不待审议会长之请即行复席，停止审议会。

第二节　审查会

第一百零一条　谘议局因事件之必要，得设各科审查员会，使就所委托之事件审查之。

第一百零二条　审查员会之分科及员数如下：

（一）预算科　九人；

（二）决算科　五人；

（三）其他财政科 七人；

（四）法律科 五人；

（五）庶政兴革科 七人；

（六）惩罚科 五人。

前项规定之外，谘议局认为必要时，得增加其员数或增设其科。

第一百零三条　除前条所定各科外，谘议局因事件之种类认为必要时，得设临时审查员会，其员数依谘议局议决定之。

第一百零四条　各科审查员于每会期之始，按第一百零三条所列之顺序分次互选之，临时审查员于事件发生时，一次互选之。

第一百零五条　各科审查员用连记无记名投票，由议员中互选之，得票最多数者当选，二人以上得票同数时，抽签定之。临时审查员之互选，同前项所定，但议长得指定临时审查员而求谘议局之承诺。

第一百零六条　被选为审查员者非有正当事由，不得辞职。

第一百零七条　各科审查员就本科中分次互选主查员一人、理事一人，其选举方法同一百零六条所定。前项之互选毕，主查员应报告于谘议局，临时审查员同以上二项所定。

第一百零八条　主查员整理本科之议事，维持其秩序，主查员有事故时，理事代之，理事管理本科之会议录及其他一切文件。

第一百零九条　审查员会开议期日，本科主查员定之，但谘议局得指定之。

第一百一十条　审查员会会议不得于谘议局议事时间开之，但经谘议局许可不在此限。

第一百十一条　审查员会须有审查员半数以上到会始得开议。

第一百十二条　审查员有事故不能到会者，应向议长及本科主查员请假。审查员请假，主查员认为有碍审查之进行时，得报告于谘议局请求改选，谘议局若认诺之，即行审查员之补缺选举。

第一百十三条　审查员有缺，主查员应报告于谘议局，行审查员之补缺选举。

第一百十四条　审查员会之审查不得涉及谘议局委托事件以外。审查员会受审查事件之委托后，谘议局得以其有联系之事件并委托之。

第一百十五条　审查员于审查员会得叠次发言。

第一百十六条　审查员会所审查之事件，若议员对之有意见时，审查员会得征其意见。

第一百十七条　审查员会因审查之必要得求谘议局呈请总督准许，审查员或同书记员到官署检阅案卷或摘要抄录，以供参考。

第一百十八条　审查员会所审查事件之发议者，得到审查员会说明其事由，惟不列议决之数。如系自治会或人民陈请建议之事件，审查员会得请议长召唤其代表人或本人到审查员会说明其事由。

第一百十九条　议员有求阅览审查员会之会议录及其他参考文书者，除应守秘密外，主查员若认为不碍审查，应允许之，但不得携出谘议局之外。

第一百二十条　审查员会之决议，以多数定之可否，同数依主查员所定。

第一百二十一条　审查员会之审查既毕，作报告书，由主查员呈出于议长。前项之报告书，除议长认为应秘密外，应预行印刷颁布于议员。审查员于谘议局会议时，得承议长之命，更以口述报告。审查员既为报告后，谘议局得更以该事件委托之，使再为审查。前项之再审查，谘议局得更选他审查员而委托之。

第一百二十二条　审查员会会议中，因少数而见屏之意见欲报告者，经本科审查员三分之一以上同意，得作意见书同前条之报告书提出于议长。

第一百二十三条　谘议局得定期限，使审查员会报告其审查之结果，审查员会若无故迟延其报告，谘议局得将该科审查员全数改选。

第一百二十四条　审查员会作会议录，详记到会者之姓名及表决之要领并其他重要事项。前项会议录由主查员及理事签名，交办事处存案。

第一百二十五条　审查员会所用之文书，除应缴还官署或其本人外，审查既毕，应并交办事处存案。

第一百二十六条　审查员会除议员外，不许旁听，但以审查员会之决议，亦得禁议员旁听。

第一百二十七条　审查员会于审查中，发见有应会同他科审查员会为协议之审查时，得经其同意开协议审查会。开协议审查会时，应由本科主查员报告于议长，协议审查会终毕时亦应报告之。

第一百二十八条　协议审查会应合举主查员一人、理事一人，以行其职务。

协议审查会之会议录与于协议之各科均应缮录一通。

第一百二十九条　预算之审查得更分数课，各就岁出项下审查之。次及于岁入，更将两项互较而审查其课之总额。各课之审查既毕，乃合为全体审查预算。审查中若见有某种应修改或削除者，由审查员具修正案说明理由，同本科主查员之报告书提出于议长。

第一百三十条　决算之审查，亦得分为数课，审查其所出入各项，果准据于预算之规定或曾得谘议局之承诺与否。若对之有异议时，应指明不合之处详记之，统由本科主查员报告于议长。

第一百三十一条　庶政兴革之审查，除为单纯之应兴应革之案及一案而兴革数事各自独立者应分别审查外，其有革除一事因而兴办一事者，则应先就其应革事件审查之，次及其应兴事件。前项后段之审查既毕，若可认其应革而否认其应兴，则应具修正案说明理由同报告书提出于议长。若可认其应兴而否认其应革，则其案在审查员会为否决，但得报告其可认应兴事件之理由。

第一百三十二条　谘议局依总督之要求或经其同意于闭会后使审查员继续审查。前项之继续审查，得委托常驻督议员为之。

第六章　议员资格审查

第一百三十三条　议员以合于谘议局章程第五条至第八条所定者为有议员之资格。

第一百三十四条　议员有告发其他议员当选时，不合谘议局章程第五条之规定及当选后有犯第六条、第七条所列事情或系第八条所列人等者，应指明确证其告发书并其副本，自署姓名及年月日提出于议长。

第一百三十五条　议长接受议员告发书后，报告于谘议局，用无记名投票互选资格审查员五人，使审查之，但告发及被告发之议员不得参与互选。前项之互选争议，议长应以告发书付之资格审查员，以其副本送达被告发之议员，限定期日，使被告发之议员呈出答辩书，被告发议员因天灾事变或疾病不能如期提出答辩书时，得证明之，请求议长展限。

第一百三十六条　议长接受被告发议员答辩书后，即付之资格审查员，限定期日，使报告审查之结果。

第一百三十七条　被告发之议员若逾期不呈出答辩书，资格审查员待议长通知后，得进行报告其审查之结果。

第一百三十八条　资格审查员若认为须询问两方议员时，应请于议长，由议长召集之，使亲到资格审查员会，两方议员非得议长之命不得自到资格审查员会。

第一百三十九条　议长接受资格审查员报告后，预将其报告书颁于各议员而付之谘议局会议。

第一百四十条　被告发议员不论曾否呈出答辩书，皆得于谘议局自行申辩或托其他议员代行申辩，两方议员及代行申辩之议员不得加入表决之数。

第一百四十一条　谘议局认其被举资格不符，决议为确无议员之资格者，由议长宣告其事由即行除名。谘议局行除名后，议长即使被除名者退出，将其事由呈知总督，若决议为被诬者，将告发议员付之惩罚审查。

第一百四十二条　被告发议员未经确认为无议员资格以前，除关于该议员资格之会议外，不失在谘议局列席发言之权。

第一百四十三条　因选举诉讼之结果及其他被控事件，经按察司或高等审判厅照会时，谘议局得使资格审查员覆查而呈覆之。

第七章　咨询之申覆、争议之和断、陈请建议之接受

第一节　咨询之申覆

第一百四十四条　资政院或总督有咨询事件时，议长奉答后应印刷全文颁布于议员，付之谘议局会议。

第一百四十五条　谘议局开议后，应即互选咨询事件审查员，使之审查。议员对于答文有疑义时，得以谘议局之议决，由议长呈请资政院或总督答示。前项之呈请如系资政院，得由电报达之。

第一百四十六条　审查员审查中认为当调阅案籍或询问个人或亲往某地查勘，报告于议长，待议长之命。议长得审查员之报告，可便宜处决之，但得询于全体议员而决之。议长为前项之处决应报告于谘议局。

第一百四十七条　审查员若以期限不足，得说明理由，请求谘议局展限。

第一百四十八条　谘议局得审查员之报告，应议决其申覆之趣旨，限定日

期，委托审查员拟具申覆书。审查员应如期提出申覆书于议长，议长报告谘议局，更使书记长朗读之。申覆书应预先印刷颁布于议员。

第一百四十九条　前条之朗读后，除发见有确与事实不合或文字窒碍之外，不得为修正之发议。

第二节　争议之和断

第一百五十条　本省自治会因权限不明互相争议而呈诉于谘议局时，议长认其事件属于谘议局公断和解之权限内，而书式亦能合格者受理之。

第一百五十一条　自治会之呈诉书应详记下列之事项：

（一）自治会代表者之姓名及其自治会之钤印；

（二）争议之事件；

（三）呈诉之年月日；

（四）附有证明书件者，则记其书件之种目。

第一百五十二条　谘议局受理自治会之呈诉书后，应付之会议，其委托审查及会议之办法准用第一百四十七条、第一百四十八条及一百四十六条第一项规定。

第一百五十三条　议长得节取自治会呈诉书之大要，印刷颁布于议员。

第一百五十四条　审查员认为应召集两方自治会代表人询问之者，得请于议长召集该代表人于审查会。

第一百五十五条　谘议局得审查员之报告，应议决其曲直或和解之，委托审查员拟具公断书或和解书。

第一百五十六条　审查员提出公断书或和解书于议长，议长报告于谘议局，更使书记朗读之。公断书并和解书应预先印刷颁布于议员。

第一百五十七条　公断书、和解书朗读后，除发现有确与事实或现行律不合及文字误谬之外，不得为修正之发议。文字之改正，议长命书记行之。

第三节　陈请建议之收受

第一百五十八条　本省自治会或人民有陈请建议时，其建议书应列之事项如下：

（一）自治会之建议书应记代表者之姓名、建议之年月日、钤用自治会钤记；

（二）人民之建议书应记建议者之住所、身份、职业、年龄、建议之年月日、建议者签名盖章。建议者有二人以上时，则全书其姓名，由首列者盖章。

第一百五十九条　陈请建议书若有议员绍介时，建议书表面应由绍介议员签名，虽无议员绍介，亦得陈请建议。

第一百六十条　陈请建议书应用本国文字，若不得已须间用外国文者，应翻译注释之。

第一百六十一条　陈请建议书不得有违法及无礼之语。

第一百六十二条　建议之事件，不必以地方行政为限，但不得违背国家法令或涉及私人。

第一百六十三条　陈请建议书非合于以上第一百六十条至一百六十三条之规定，谘议局得不收受之。

第一百六十四条　谘议局应设陈请建议文书表，每星期由议长印刷颁布议员一次，其建议书非经谘议局决议认为必当颁布者，不颁布之。陈请建议书虽在会议议长得不朗读之，但谘议局议决请求朗读时不在此限。

第一百六十五条　陈请建议之议案开议后，谘议局应即互选建议审查员，使之审查。

第一百六十六条　陈请建议案若有数案时，谘议局得并委托同一审查员审查之，审查员应依建议提出之次序而行审查。

第一百六十七条　绍介议员得请求谘议局对于该建议为紧急审查，但须具简明理由书，说明紧急之理由。前项之请求，议长决之，但得询于到会议员全体，不用讨议而表决之，认为有理由时，应限定期日，委托之审查员。

第一百六十八条　审查员审查中认为须询问建议者时，得报告于议长，以待议长之处决，但议长得询于到会议员全体而决之。

第一百六十九条　议长为前条之处决后，应报告于谘议局。

第一百七十条　建议审查员经其审查之结果应分别为应付谘议局会议与否，其应付会议者更分别为属于谘议局议决权限内与否而报告之。

第一百七十一条　建议审查员若为不应付议之报告经一星期后，议员无请付会议者，则审查会之决议为确定。

第一百七十二条　建议审查员若报告应行付议，其建议事件属于议决权限者，则作为议案付之会议。不属于决议权限者，则经谘议局会议可决后，代为呈达总督。

第一百七十三条　届闭会期，陈请建议之事件未经议决者，得由常驻议员之协议继续之。

第八章　秘密会议

第一百七十四条　凡会议遇有下列事由经谘议局议决者，得禁止旁听。

（一）总督特令禁止者；

（二）议长、副议长同意禁止者；

（三）议员十人以上提议禁止者；

（四）本则别有规定者。

第一百七十五条　有前条之发议时，议长应即屏退（傍）〔旁〕听人，不用讨议而表决之。

第一百七十六条　秘密会议之记录不得刊布。

第九章　议事录、速记录

第一节　议事录

第一百七十七条　议事录应记下列事项：

（一）谘议局开会、闭会之事项及年月日时；

（二）开议、延会、中止会议、散会之年月日时；

（三）每次会议总督及其代理员之到会日期并衔名；

（四）每次会议议员到会之数；

（五）议题发议者之姓名；

（六）会议之议题；

（七）委托审查员密查之事件；

（八）议长及审议会长、审查员主查之报告；

（九）决议事件；

（十）表决可否之数；

（十一）谘议局认为必要之事项。

第一百七十八条　议员对于议事录所记事项有异议时，议长应命书记长答辩之。议员若不服其答辩或不服议长之处置，得不用讨议，由谘议局决之。

第一百七十九条　议事录应由议长或代理当日会议之副议长或临时议长及书记长或代理书记长签名盖印。

第二节　速记录

第一百八十条　速记录用速记法详记谘议局会议中一切之发言。

第一百八十一条　凡经议长特命取消之发言，应由速记录中删除之。

第一百八十二条　秘密会议之速记录不用翻译，由书记长保存之。

第一百八十三条　议员演说之后，迄其当日午后八时，得求订正速记录，但字句之外不得变更其演说之趣旨。对于速记录之订正有申明异议者，议长待有赞成之后，不用讨议而表决之。

第十章　质　问

第一百八十四条　凡议员对于本省行政事件及会议厅决议事件有十人以上之赞成，得对于总督提问，议员质问时应具简明主意书同赞成者签名提出于议长，但在会议中质问者，经议长之许可，得以口述为之。

第一百八十五条　谘议局会议中，议员对于总督及其代理者之发言生疑义时，得发质问。

第一百八十六条　议长认质问书为合格，应呈达于总督并印刷颁布于各议员。总督经呈达后，当即行批答或明示批答之日期，并将质问事件之大致缘由声明之。

第一百八十七条　议员对于总督之批答，不能得要领时，得求议长请总督及其代理员到会更为详细之质问。在会议中之质问总督及其代理员以口述答辩者，议员因求详明之故得再三质问。

第一百八十八条　议员质问之疑义，若不能以文书或口述了解之者，总督除批答外，得并以案卷交阅，以资详核。议员因求了解，亦得以谘议局之决议呈请总督令议员或同书记员到官署检阅案卷或摘要抄录，以供参考。

第一百八十九条　议员得总督之批答或不得总督之批答，就其质问事件欲发议者，待有十人以上之赞成得作为议题。

第十一章　缺席请假辞职及补缺

第一节　缺席及请假

第一百九十条　凡议员因事数日不能到会者，应开具理由预定日数，呈出请假书于议长。未具请假书在先者，应补具缺席书，申明理由。

第一百九十一条　请假在七日以内，议长许可之。逾七日者，经谘议局议决而许可之，但不得为无期之请假。

第一百九十二条　请假离去谘议局所在之地者，应将其往返之期明记于请假书。

第一百九十三条　请假之期已满，因事仍不能到会者，应更具请假书而待许可，但因临时事故不及具请假书时，日后应申明理由，呈请议长承认。

第一百九十四条　议员不能到会并未具请假书或缺席书，接连三日以上及离去谘议局所在之地于请假书不陈明者，议长得报告于谘议局互选审查员审查而处分之。

第一百九十五条　请假经许可后于其期限内复到会者，失请假之效力。

第二节　辞职及补缺

第一百九十六条　凡议员除任满再被选外，非因下列事由不得辞职：

（一）确有疾病不能担任职务者；

（二）确有职业不能常驻本省境内者；

（三）其余事由特经谘议局允许者。

第一百九十七条　议员依前条第三款之规定欲辞职者，应呈出辞职书于议长。

第一百九十八条　议长接受议员辞职书后报告于谘议局，不用讨议而表决之。

第一百九十九条　辞职书中有无礼之语，议长得禁止朗读，报告要略于谘议局，互选惩罚审查员审查之。

第二百条　议长、副议长、常驻议员出缺，除照谘议局章程第十七条、第十六条第一项、第二项办理外，议员出缺，呈请总督照谘议局章程第十六条第三项办理。

第十二章　警察及秩序

第一节　警　察

第二百零一条　议长指挥守卫及警察官吏施行谘议局内部之警察权。

第二百零二条　守卫司议事堂内之警察职务，警察官吏司议事堂外之警察职务，但议长有特命时，警察官吏得入议事堂内行其职务。

第二百零三条　议事局内卫生防害等事，守卫监督之。

第二百零四条　在谘议局内，有重罪、轻罪之现行犯人时，守卫及警察官吏逮捕之，而请议长之命，但在议堂及旁听场内者，应待议长之命始得逮捕。

第二百零五条　议员入议堂开会日应着衣冠，常日应着马褂及长衣，有戴帽者应戴通常小帽。

第二百零六条　入议堂者，伞杖、烟袋类应置之藏储室，不得携入。

第二百零七条　在议堂中各应按席次而坐，不得任意行动、起立、移坐、偶语。

第二百零八条　不得吸烟及食物。

第二百零九条　除参考之外不得阅读书籍报纸。

第二百一十条　议事中无论何人应守静肃，不得发赞否声或喧噪、妨害他人之言说及朗读。

第二百十一条　不得箕踞、不得伏案、不得随意涕唾。

第二百十二条　入席退席时议长鸣号前，无论何人皆当沉默。

第二百十三条　入议场，议长先就席；出议场，议长先退席。

第二百十四条　出入议场皆应鱼贯进出，不得拥挤。

第二百十五条　会议中议员有违背谘议局章程或规则及紊乱秩序者，警戒或制止之，或命取消其所言，违背者得命退出。

第二百十六条　秩序问题议长决之，但得询于议员全体而决之。

第十三章　惩　罚

第二百十七条　在会议中有犯应行惩罚之事件者，议长得中止会议或使犯者退出议堂。

第二百十八条　在审查员会有犯应行惩罚事件者，主查员得中止审查员会。主查员虽不认为应行惩罚之事件，本科审查员仍得于谘议局为惩罚之发议。

第二百十九条　议长认为应行惩罚之事件，经由副议长之同意，得付惩罚审查员审查之。

第二百二十条　议员有十人以上之赞成提出惩罚之发议时，议长以副议长之同意付惩罚审查员审查之，但议长、副议长得以应付审查与否取决于谘议局，惩罚之发议须于事件发生之三日内为之。

第二百二十一条　关于惩罚之议事用秘密会议。

第二百二十二条　凡应行惩罚事件之议员不得列席会议，但经议长许可，得自行辩明或托他议员代为辩明。

第二百二十三条　惩罚审查员得请于议长召唤本人及有关系之议员询问之。

第二百二十四条　不从议长之制止或取消之命者，议长得作为惩罚事件付惩罚审查员审查之。

第二百二十五条　惩罚分为二种：

（一）停止到会但以十日为限；

（二）除名。

第二百二十六条　惩罚审查员认为应除名者，以到会议员全体决议行之；认为应停止到会者，以议长、副议长同意行之。

第二百二十七条　应行除名或停止到会之事件，依谘议局章程第五十八条、六十条所定。

第二百二十八条　依谘议局章程五十九条之规定，议员无故不赴召集或赴召集后无故不到会者，经惩罚审查员审查确实，应行除名。

第二百二十九条　抗拒谘议局之命令或侮辱议员者均得停止到会。

第二百三十条　被停止到会者如系审查员，即作为已经解职。

第二百三十一条　被停止到会者于其停职期限内入议堂时，议长直命其退出，若不从其命，得更付惩罚审查。

第二百三十二条　经谘议局之议决或议长、副议长之同意定为应行惩罚之后，议长于公开议堂宣布之。

第二百三十三条　认为惩罚原因之言论，议长得宣布禁止。

第十四章　停会及闭会

第二百三十四条　依谘议局章程第四十七条，谘议局至于停会时再开会之际仍继续前之议事。

第二百三十五条　谘议局已届闭会，所有未经议决之议案，次会期开会不继续之，但依本则第一百三十三条者不在此限。

第十五章　谘议局与资政院、本省总督、本省自治会及人民之关系

第一节　谘议局与资政院及本省总督之关系

第二百三十六条　谘议局送呈申覆书、报告书及其他文书于资政院或总督时，钤用谘议局关防而发之。

第二百三十七条　谘议局遵光绪三十三年九月十三日上谕，因指陈通省利病、筹计地方治安得对于资政院及本省总督条议事件，凡有条议时，得一面禀知总督，一面通禀资政院。

第二百三十八条　谘议局依职任权限内议定为可行之事件，应呈候总督公布施行；议定为不可行者，应呈请总督更正施行。

第二百三十九条　总督交令复议之事件，如未说明原委事由，谘议局（决议）应俟呈请说明后再行复议，虽已说明原委事件由谘议局决议，未能了解者得再呈请更加详细说明。

第二百四十条　总督认为议事逾越权限而相劝告时，谘议局须复查之，若实不逾越者，应记明理由呈覆总督。

第二百四十一条　与他省争论之事件，谘议局得呈请总督咨送资政院核办。

第二百四十二条　凡送呈议案及各种文书于总督，应请给与回文，交办事处存案。

第二百四十三条　凡经议决之事件，不论总督允准公布施行及改正施行与否，皆于官报或谘议局所指认之报纸公布之。

第二百四十四条　依谘议局章程第三十条，资政院议定之各种事件亦应公布之。

第二节　谘议局与本省自治会人民之关系

第二百四十五条　对于自治会争议之公断书、和解书，钤用谘议局关防，交与该两造自治会或其代表人。

第二百四十六条　公断书、和解书交与后，应令缴送回文，交办事处存案。

第二百四十七条　自治会或人民陈请建议者，书式若无不合，应收受之，但不必以会议之认可与否，覆示该自治会或人民。

第十六章　闭会之协议

第二百四十八条　谘议局闭会日得由议长、副议长、常驻议员开协议会，其协议事件照谘议局章程第二十一条第九至十二各款所列。

第二百四十九条　协议会协议之事件应由议长委任之；议长有事故，副议长以次代之。应行协议之事件发生时，议长虽未委任协议，常驻议员得以同意请求委任。常驻议员以正当理由请求委任时，议长应允诺之。

第二百五十条　协议会之会期以有协议事件时为限。

第二百五十一条　协议会之会议于谘议局协议室开之，但除应行秘密外不禁旁听。

第二百五十二条　在协议会不必作议事日表，但议长应先期将应行协议之事件通告常驻议员。议长认为有必要时，经到会常驻议员之同意，得变易预订协议之事件及其次序。

第二百五十三条　协议会非有常驻议员半数以上到会不得开议，常驻议员非经请假或临时有不得已事故者，不得缺席。

第二百五十四条　在协议会之发议，得不拘赞成者有无，皆作为议题。

第二百五十五条　在协议会之发言得不拘次数，但若先有发言者待其既毕，乃得发言。

第二百五十六条　协议会之表决，以到会者常驻议员之过半数为准可否，同数议长决之。

第二百五十七条　总督及其代理员得到协议会说明协议之事件，但不列于表决。

第二百五十八条　协议会之开议、散会、延会、中止、休憩及休会，准用开会中会议之规定。

第二百五十九条 协议会之议事及秩序,议长整理维持之;议长有事故,副议长以次代理之。

第二百六十条 第一百四十五条至一百五十条之规定,在协议会关于咨询事件之协议准用之,但审查员之委托得以常驻议员全体充之。

第二百六十一条 第一百五十一条至一百五十八条之规定,在协议会关于自治会争议事件之协议准用之,但审查员之委托同前条所定。

第二百六十二条 第一百五十九条至一百七十五条之规定,在协议会关于陈请建议事件之协议准用之,但其事件虽有属于谘议局议决权限者,仍以建议书呈达之,不得作为议案而更开会议。审查员之委托同以上二条所定。

第二百六十三条 在协议会,议长得以文书之拟定委之书记,在协议会得省略文书之朗读。

第二百六十四条 本章所谓常驻议员者皆统副议长而言。

第十七章 附 则

第二百六十五条 本细则以奉到总督批准之日起为施行之期。

第二百六十六条 本细则未尽事宜,谘议局得于开会中改正之,呈请总督批准。

福建谘议局旁听细则

第一章 旁听券、旁听场

第一条 谘议局设旁听券,颁发于旁听人,为入旁听场之据。

第二条 非执有谘议局所发之旁听券者,不得入旁听场,旁听券污损不能辨认者无效。

第三条　旁听券效用之期间分为二种，于券面明记之。

（一）一会期用者；

（二）一次用者。

第四条　旁听场分为现任官吏席、外国官吏席、城镇乡自治会议员席及学堂校员席、公众席、报馆员席。

第二章　旁听券之颁发

第五条　现任各局所官吏有求旁听时，依所属官厅之照会，书记长承议长之命限定若干员数，以全会期有效旁听券颁发之。

第六条　外国官吏有求旁听时，依洋务局之照会，书记长承议长之命限定若干员数，以全会期有效旁听券颁发之。

第七条　城乡自治局议员及中等以上学堂教员有求旁听时，依所属自治局之照会或学堂介绍书，书记长承议长之命限定若干员数，以全会期有效旁听券颁发之。

第八条　公众求旁听者须有议员之介绍，书记长承议长之命定公众旁听之员数颁发于部长，使之分配各部员。

第九条　前条所发之旁听券限于当日为有效。

第十条　在省会之日刊、新闻报馆与以全会期之旁听券，书记长承议长之命定其员数，以各报馆之协议分配之。在省会以外之日刊、新闻报馆员有求旁听者，依其报馆之请求书，书记长承议长之命定其员数，以全会期之旁听券颁发之。

第十一条　颁发各报馆之旁听券皆载其报馆之名。

第十二条　议员绍介旁听人，其旁听人、绍介人均应书姓名于券面。

第十三条　开议经一小时后，旁听场尚有空席，议员若欲绍介旁听人，书记长承议长之命，得以旁听券与之。

第三章　旁听场秩序

第十四条　凡入旁听场者应以旁听券示守卫，从守卫之指引而就其席。

第十五条　旁听券仅限一次有效者，入场时应交守卫截角，全会期有效者应按日出券，听守卫查验并付名刺。

第十六条　凡在旁听场者应遵守下列各事：

（一）应穿马褂长服或穿整洁之学堂制服、操服；

（二）不可携带伞杖及其他物件；

（三）不可饮食或吸烟；

（四）不可起立，不可箕踞；

（五）对于议员之言论不可表示可否，不可窃议谈笑；

（六）不可喧哗滋扰，妨碍议事。

第十七条　携带戎器、凶器者及酗醉者不许入旁听场。

第十八条　无论有何事由，旁听人不得入议堂。

第四章　禁止旁听

第十九条　决议开秘密会时或因旁听场骚扰须使全数旁听人退出时，议长使守卫执行其命令。

第二十条　旁听人不守本规则所定各事者，守卫承议长之命或自认为必要时得使退出。

第二十一条　旁听场席满之后，虽执有旁听券求入场者，守卫得谢绝之。

第五章　附　则

第二十二条　本规则经总督批准后公布之。

福建谘议局办事处办事细则

第一章　通　则

第一条　本处办事人员照章置书记长一人、书记四人。

第二条　本处各科因办事之必要得酌量雇用人员。

第三条　本处办事人员照章受议长、副议长之监理，本处办事人员如有不正之行为，得由议长另选，请总督撤换。议员中知有前项事情时，应指明确证告知于议长，议长得使互选审查员审查之，审查属实，即行呈请总督撤换。

第四条　本处设办事室一所，凡办事人员应常川驻处，办事各科书记分设席次，到处办公时，各就席次，不得搀越。

第五条　本处办事人员每日午前十时、午后四时为到处办事之时间。

第六条　本处办事室设出勤簿，办事人员到处时均于该簿内亲书"到"字。

第七条　本处办事分为五科：（一）总务科，（二）议事科，（三）文牍科，（四）庶务科，（五）会计科。

第八条　本处各科书记关于紧急文件均须通阅，钤盖图章。通常文件应归某科办理者，该科书记阅毕，钤盖图章。

第九条　本处办事人员除假日及谘议局议决休假日外，若须全日告假者，应具请假书到处并嘱托本处人员代理职务，例假之日如下：星期假，万寿假一日，节假三日，年假（期间临时酌定）。请假至三日以上须商请议长、副议长托人代理。

第十条　本处遇有重要事件须继续办理者，得临时停止休假。

第十一条　本处各科书记各按本科职务担任起草文件及拟定表簿。

第十二条　本处应办各事除遵守本细则外，应参照议事细则办理。

第二章　总务科

第十三条　总务科职务以书记长任之。

第十四条　总务科之职掌如下：

（一）关于调制议事日表之事项；

（二）关于议员之缺席请假辞职及补缺事项；

（三）关于每年度各科汇送办事报告，总司编纂之事项；

（四）编制议员名籍及谘议局要览之事项；

（五）议员分部及审议长、主查员、审查员之选举事项；

（六）各种报告及议案、读会之事项；

（七）关于保管谘议局关防之事项；

（八）其他不属于各科掌管之事项。

第十五条　总务科有联络各科稽查员役之职责。

第三章　议事科

第十六条　议事科职务以书记一人任之。

第十七条　议事科之职务如下：

（一）关于常年会及临时会会议之事项；

（二）关于应议事件、预发通知于各议员之事项；

（三）关于议员通告发言、编列次序表之事项；

（四）关于编制议事录之事项；

（五）关于先例汇纂及各省谘议局会议记事摘要之事项；

（六）关于议事时应行回避之事项；

（七）关于审阅速记录、按序汇存之事项；

（八）关于本处应开协议之事项。

第十八条　关于议事上之注意，本科得随时揭出之。

第四章　文牍科

第十九条　文牍科职务以书记一人任之。

第二十条　文牍科之职掌如下：

（一）关于普通来往文件起草及录存之事项；

（二）关于议员资格异议，告发书、答辩书收受交付之事项；

（三）关于建议书、质问书、提议案之收受事项；

（四）关于各种收发文件编列号数、摘录事由、盖印文到日期之事项；

（五）关于编制谘议局日志之事项；

（六）关于惩罚记录之事项。

第二十一条　本处所办之文书、表簿须由本科拟定程式，以便汇存及发行。

第二十二条　议员欲阅本处文件者，由本科书记接待。

第二十三条　本局应发文件由本科随时稽查，以期迅速发行。

第二十四条　书手核对无误之文件，送呈本科书记，会同总务科监用关防。

第二十五条　本处收到文件应否议覆，由本科揭出之。

第二十六条　本处所办文件之汇存及检取，应派司事专管，由本科书记督率之。

第五章　庶务科

第二十七条　庶务科职务以书记一人任之。

第二十八条　庶务科之职掌如下：

（一）关于各处送到书报物件之收受配付事项；

（二）关于印刷文件、红白色纸、黑白球、旁听券其他物件之制备配付事项；

（三）关于保管图书及新闻杂志之事项；

（四）关于司役雇用、进退责罚之事项；

（五）关于整理本局各处房屋及修缮之事项；

（六）关于指挥司事以下分办诸务之事项。

第二十九条　本处应行设备需费额巨之件须经协议者，由本科揭出之。

第六章　会计科

第三十条　会计科职务以书记一人任之。

第三十一条　会计科之职掌如下：

（一）关于具领谘议局经费事项；

（二）关于旅费、公费、薪金支送事项；

（三）关于购办应用器物事项；

（四）关于保管谘议局房屋器具事项；

（五）关于本处预算、决算制表之事项；

（六）关于册报会计之事项；

（七）关于本处会计簿之保存检查事项。

第三十二条　本处经费盈绌，应由本科商请议长、副议长酌定之。

第七章　附　则

第三十三条　本细则以议决之日起为实行之期。

第三十四条　本细则未尽事宜,由谘议局改正之。

三、福建谘议局第二届选举事宜概则

选举事宜概则目次

一、福建谘议局第二届选举议员办事日表

二、调查概则

三、调查须知

四、调查手续

五、初选投票所办事略则

六、初选开票所办事规则

七、初选监督职务细则

八、初选复选监督报告条件并格式

九、前届各州县报告调查选举区域及事务所一览表

以上系照前届谘议局筹办处报告各项规则摘要刊发，以资参考。

福建谘议局第二届选举议员办事日表

督抚，通札各厅州县并饬各府及移将军、都统。

三年五月。

督抚，颁发选举事宜概则。

三年六月。

初选监督，颁发晓谕告示，设立初选事务所。

初选监督，派调查员，调查编造选举人名草簿。

初选监督，审查编定选举人名册。

初选监督，呈选举人名册于复选监督。

初选监督，筹定投票区、投票所及开票所，绘图申报复选监督核定。

复选监督，核定初选投票区及投票所、开票所。

初选监督，颁发选举人名册于各投票所宣示。

复选监督，申报初选区选举人名册于督抚。

初选监督，判定更正选举人名册之呈请。

复选监督，判定不服判定者之呈诉。

初选监督，补入判定更正者于选举人名册。

初选监督，分存确定选举人名册于投票所及开票所并呈报督抚。

督抚，咨报选举人名册于民政部。

督抚，分配议员定额。

督抚，初选举期三个月以前，榜示分配议员定额于各复选区。

督抚，咨报分配议员定额于民政部。

以上所列各项，务照章于选举六个月以前（即扣至本年七月十五日以前）办理完成。

复选监督，分配初选当选人定额。

复选监督，榜示初选当选人定额于各初选区域。

初选监督，颁发选举告示（日期、地址、方法）。

复选监督，制投票纸及初选当选人执照，交初选监督。

初选监督，制投票簿、投票区。

初选监督，保荐初选投票、开票管理员及监察员。

复选监督，派定初选投票、开票管理员及监察员。

初选监督，分交投票纸、投票柜、投票簿于各投票所。

初选投票管理员、监察员，办理投票事宜。

初选投票管理员、监察员，记录投票情形，申报初选监督。

初选投票管理员、监察员，移交投票柜于开票所。

初选监督，酌定投票时刻，先行榜示。

以上所列各项，务照章于明年正月十五日以前办竣。

初选监督，亲到开票所督同开票。

开票期四年正月十五日。

初选开票管理员、监察员，办理开票、检票事宜。

初选监督，宣示票数。

初选开票管理员、监察员，记录开票情形，申报初选监督。

初选开票管理员、监察员，送已开票纸于初选监督。

初选监督，保存已开票纸（期间三年）。

（附）当选人不足额时，则于开票后第三日再行投票，依谘议局选举章程自第二十九至三十九条之顺序施行。

初选监督，决定当选人并榜示姓名。

初选监督，知会当选人。

初选监督，发给当选执照。

复选监督，制投票纸及初选当选人执照，交初选监督。

初选监督，制投票簿、投票柜。

初选监督，保荐初选投票开票管理员及监察员。

复选监督，派定初选投票开票管理员及监察员。

初选监督，分交投票纸、投票柜、投票簿于各投票所。

初选投票管理员、监察员，办理投票事宜。

初选投票管理员、监察员，记录投票情形，申报初选监督。

初选投票管理员、监察员，移交投票柜于开票所。

初选监督，酌定投票时刻，先行榜示。

以上所列各章务照章于明年正月十五日以前办竣。

初选监督，亲到开票所督同开票。

开票期四年正月十五。

初选开票管理员、监察员，办理开票、检票事宜。

初选监督，宣示票数。

初选开票管理员、监察员，记录开票情形，申报初选监督。

初选开票管理员、监察员，送已开票纸于初选监督。

初选监督，保存已开票纸（期间三年）。

（附）当选人不足额时，则于开票后第三日再行投票，依谘议局选举章程自第二十九至三十九条之顺序施行。

初选监督，决定当选人并榜示姓名。

初选监督，知会当选人。

初选监督，发给当选执照。

初选监督，榜示当选人姓名、职衔及票数。

初选监督，申报当选人姓名、职衔、票数及初选情形于复选监督。

复选监督，造复选人名册及投票簿。

复选监督，择定复选投票所及开票所住址。

复选监督，颁发选举告示（日期、地址、方法）。

复选监督，派定复选投票开票管理员及监察员。

复选监督，送交投票纸、投票柜、投票簿于复选投票所。

复选投票管理员、监察员，办理投票事宜。

复选投票管理员、监察员，记录投票情形，申报复选监督。

复选投票管理员、监察员，移交投票柜于开票所。

复选监督，酌定开票时刻，先行榜示。

复选监督，亲到开票所，督同开票。

开票期四年三月十五。

复选投票管理员、监察员，办理开票、检票事宜。

复选监督，宣示票数。

复选开票管理员、监察员，记录开票情形，申报复选监督。

复选开票管理员、监察员，送已开票纸于复选监督。

复选监督，保存已开之票（期间三年）。

复选监督，决定当选人并榜示姓名。

复选监督，知会当选人。

复选监督，给发议员执照于当选人。

复选监督，宣示选举议员姓名、职衔及票数。

复选监督，将议员姓名、职衔、票数及全区选举情形申报督抚。

以上所列各项，务于明年四月内办竣。

督抚，将议员姓名、职衔咨报民政部。

四年五月。

督抚，召集议员开会。

四年六月。

督抚，宣布提出议案。

督抚，亲自莅局行开会礼。

调查概则

第一条　各厅、州、县于奉文后，即照谘议局选举章程第四条设立办理选举事务所，行初选监督事务，即照会下列员绅为选举调查员，先行办理。

一、地方自治议事会。

二、教官、视学官、劝学所总董、教育会会员。（如未设劝学所、教育会地方，即以办学人员充之）

三、商会总董。（如未设商会地方，即以公正殷实商人充之）

四、公正绅士。（择其曾办学务及公益事项者或久居本地、见闻较广、熟悉本地人较多者）

第二条　分区调查之指定。初选监督于奉文后，即将县境分划为若干区，每区举派调查员数人，办理分区调查事务，限期完毕。

第三条　分类调查之项目。

一、学务人员类。（曾在本省办理学务满三年以上著有成绩者，见局章第三条一款）此类由劝学所并教育会人员或学堂中人分任调查，查明姓名、年岁、住址及办理学务之项目、年数。

二、公务人员类。（曾在本省办理公益事务满三年以上、著有成绩者，见局章第三款第一条）此类由公正绅士分任调查，查明姓名、年岁、住址及办理公益事务之项目、年数。

三、毕业学生类。（曾在本国或外国中学堂及与中学同等或中学以上之学堂毕业，得有文凭者，见局章第三条二款）此类由劝学所并教育会人员或学堂中人分任调查，查明姓名、年岁、住址及毕业学堂、毕业年份。

四、在学生员及举贡类。此类由教官或附近在学之年长者分任调查，查明姓名、年岁、住址及优、廪、增、附等项目。

五、职官类。（文七品以上、武五品以上之曾任实缺职官。又不论品级大小及曾任实缺与否，凡有举贡生员以上之出身者，见局章第三条二款、四款）此类由初选监督自任，饬书造册，载明姓名、年岁、住址、官阶、补缺年份、出身项目。

六、资产类。（在本省地方，有五千元以上之营业资本及不动产者，见局章第三条五款）此类由商会总董分任，通告各商家股户，自行开报姓名、年岁、住址及所设商号并设立地方资本数目，所购股票股份数目及附股公司，所置田地亩数、户名、粮额及住房、租屋间数、地址、价目等。

以上六类，均以本籍人为限，姓名务须划一，字号不妨旁注。住址未详者，暂行从缺。其所列资格，除依类开列外，如调查时知其另有他项资格，可一并列入。如学务人员类，除开列学务项目、年数外，其出身、官职及资产等可并记入。又调查时知其有失选举权及停止选举权等事（见局章第七条、第八条），亦可一并记入或尽行删去。如职官等之已被参革者，尽可删除。又现为本省官吏幕友，或在军营或办巡营或入学堂肄业者，皆可附记声明。

七、本省寄居人类。（寄居本厅、州、县之本省人，虽非本籍，而在本区有一定住址，合于选举资格，愿在本区投票，不愿回本籍投票者，不论何项资格，均归入此类）此类由本人自行开报办理选举事务所，呈明姓名、年岁、住址、籍贯及一切资格。

八、外省寄居人类。（非本省籍贯，寄居本省满十年以上，在本省有一万元以上之营业资本及不动产者，如现居本区有一定住址，则应在本区投票）此类由本人自行开报商会总董，报明姓名、年岁、住址、籍贯及所设商号并设立地方，资本数目，所购股票股份数目，附股公司，所置田地亩数、户名、粮额及住房、租屋间数、地址、价目等。

以上二类，以寄居人为限，姓名务须划一，住址均须开明。其余办法，与前六类同。

第四条　分区调查限期完毕，将调查一律造成，送至办理选举事务所。

第五条　初选监督于奉文后，即按照选举章程第十五条，分划投票区（县境狭小，则一县一投票区，不分划亦可），一律筹定每一投票区选定公正绅士数人，即行照会为选举调查员，办理分区调查事务所。

第六条　调查册造成后，即由初选监督饬书将各册姓名、资格，按住址分缮，每一投票区为一册。住址未详者，另为一册，并将本省寄居人类内所列姓名，按本人原籍，分别移会原籍地方官知照，以免在本籍内重列姓名投票，致有一人二票之弊，但外省寄居人在寄居区内投票者，不必移知原籍，因其寄居区内投票之资格与在原籍投票之资格不同，可以重列姓名投票也。

第七条　分区调查完毕后，即将各底册汇存办理选举事务所，由初选监督邀同第一条所列员绅，按册覆查，应查事项列下：

一、有选举资格而底簿未开列者。

二、底簿开列姓名有误或其人已故者。

三、底簿开列资格有错误遗漏者。

四、底簿开列人名，依局章第六条、第七条应失选举权或停止选举权者。（如底册中已有声明者并查其确否。）

五、未详住址人名册内，现已知其住址者。

第八条　初选监督于调查册确定后，饬书按照姓名，造具选举人名册，照选举章程第十九条事项，逐一填写。其住址未详者，由初选监督酌定一适当之区，一律附入并填明附入某区投票字样，以归一律。

第九条　此项选举人名册，先照缮三份，一份由复选监督呈报督抚，以便分配议员名额；一份呈复选监督，以便分配复选人名额；一份存初选监督处备查，其余按投票区之数，照缮数份，以便宣示。应缮人名册，统照章，限于选举期六个月以前一律完毕。

调查须知

凡属本省籍贯之男子，年满二十五岁以上，具左列之一者，有选举谘议员之权。按年龄，一律以明年年龄满二十五岁以上者为合格，但不必泥定"满"字。

一、曾在本省地方办理学务及其他公益事务，满三年以上、著有成绩者。按：凡学堂教员、校长、监督，皆为办理学务，但满三年，即为合格。各项善举公益董事，视同一律。所谓三年者，可合前后共计，不必继续。

二、曾在本国或外国中学堂及与中学堂同等或中学以上之学堂毕业，得有文凭者。按：凡学堂科目、程度在钦定高等小学之上，即谓之中学同等之学堂。此项毕业者亦为合格，但须验明文凭。

三、有举贡生员以上之出身者。按：举贡生员，以文为限。荫生未应考者，以生员论。孝子、慈孙曾经旌表者，比照孝廉、方正，以举贡论。

四、曾任实缺职官，文七品、武五品以上，未被参革者。按：署理、代理职官与曾任实缺者同。由中学以上毕业及举贡生员出身者，虽未曾任实缺，亦为合格。外官监生出身者，以曾署缺为合格。京官监生出身者，以曾奏留为合格。现任教官非行政官，一律入册。学务、警务、公所科长、科员之本省绅士者，准入册。军兴时保至提镇，曾充统领营官者，援武五品以上入册。武职赏有勇号及黄马褂者，系在军营立功，与办公益事务、著有成效者，一律均准入册，其未充统领营官及仅赏翎枝者不在此例。参革职官，将所有中学毕业及生员以上出身，一并革除，有他项资格者不在此限，亦为合格，但不载官阶；已开复者，仍照原官一律。

五、在本省地方有五千元以上之营业资本或不动产者。按：营业资本及不动产两项并足五千元，即为合格，但须注明某项生业价值若干。除五千元之外，无须将所有家产尽行填入，装饰品不得算营业资本，不得并计。一家有五千元以上之资产，而父子、兄弟、叔侄同居，即以家长之名入册。父有五千元以上之资产，而适为不准有选举权者，可以其子之名入册，但其子须在二十五岁以上。兄弟共有五千元，则以一人入册，但须得未入册者承诺。本地人虽无住所，而有资产五千元以上者，亦为合格。凡本省籍贯之男子，年满二十五岁，寄居本省满十年以上，在寄居地方有一万元以上之营业资本或不动产者，亦得有选举谘议局议员之权。按寄居人资格，非本府本县人，与非本省人均系一律，惟同城州县不在此例。外省人寄居满十年并无一万元之资产，虽有他种之资格，皆为不合格。随宦子弟，其父兄已殁十年，已入本籍者，有一万元资产在本地者，为合格。旧为幕友，已赋闲十年，寄居本籍，有一万元资产在本地者，为合格。

谘议局章程所定，不得有选举资格者，摘录于后。凡有左列情事之一者，不得有选举权及被选举权。

一、品行悖谬、营私武断者。按：品行悖谬，指宗旨歧义、干犯名教者而言。营私武断，指讼棍土豪、劣迹昭著者而言，均以被控有案者为断。

二、曾处监禁以上之刑者。按：监禁以上之刑，指现行律例徒以上之刑而言。

三、营业不正者。按：营业不正，指窝娼、聚赌、开烟馆而言，清膏店、土栈不在此限。种烟及赁田与人种烟等户，现已逾本省烟禁年限，自应一律削夺其选举权。

四、失财产之信用，被人控实，尚未清结者。按：被人控实，尚未清结，指案经断实，尚未清还者而言。

五、吸食鸦片者。按：吸食鸦片，指本身吸食鸦片而言，其已入戒烟局，未全革断者，仍暂停其选举权。

六、有心疾者。按：有心疾，指疯癫、白痴及盲哑而言。

七、身家不清者。按：身家不清，指娼、优、隶、卒而言。其偶演文明戏曲，并非以此为业者，不得列入优之内。劳动者为正当之工人，更不在按语等字范围之内。

八、不识文义者。按：不识文义，指不能签字及自书投票纸者而言。

谘议局章程所定停止选举权及被选举权者，摘录于后。左列人等，停止其选举权及被选举权。

一、本省官吏或幕友。本省官吏，指寄居十年，又有一万元以上之资产，而现为本省现任候补之职官而言，教官不在此内。幕友指刑名、钱谷而言，其余均有此权。

二、常备军人及征调期间之续备、后备军人。按：军人指现当征兵及现在营伍、现充警兵者而言。

三、巡警官吏。按：巡警官吏，指管带警兵者而言。

四、僧道及其他宗教师。按：宗教师指各教士、牧师、神父而言。教民而有各项资格，以未入外国籍者为合格。父入外国籍，子亦无选举权。

五、各学堂肄业生。按：各学堂肄业生，指现在学堂肄业者而言，讲习所不在此列。

调查手续

一、订请各界愿尽调查义务者举为调查员，各领证书一纸。

一、各处调查员员数、姓名，列单分送各处，以便接洽。

一、每处调查员有二人以上者，协同办理。

一、查有选举资格，即载入原簿。查有资格，而因第六、七条之嫌忌者，另载入纪事簿并注明有无证据。

一、调查有资格者，调查员应亲访本人，按项请其自填或由其家属口述，为之代填，并告届期当赴投票区投票，不可放弃权利，如一时未能晤面，函订再访，以必达确切目的而后已。

一、调查中有疑似未实者，载入纪事簿备核，或有发见疑义、应行研究者，亦载入纪事簿。

一、调查员须随带证书一纸。

一、城内外迂僻之处，难免遗漏，各调查员如有发现，请随时告知事务所。

一、每人兼数资格并载之，以备一资格不确，他资格犹可与列。

一、寄居人仍载原籍。

一、填写籍贯，如系职官及举贡生员，均以官册、学册为凭，其余皆以住所之县为本籍。

一、户有两门而跨两区者，应以通常出入之门在某区，归入某区调查。

一、城内两区接界处，应与邻区调查员订明界线，以免混漏。

一、调查时并填姓名并须填表字、别号。

一、填写年龄时，如有可疑，当告以如有不确实，须防人指摘。

一、调查外省寄居人，除问其家属外，并须访之邻右。

一、有选举资格而在外为现任官吏者，一律入册，以备后来查考。

一、有选举资格而本人因职业他出，不在乡里者，一律入册。

一、一人有两住所，则只载一处。如调查时调查员不能明了，本人亦不陈明，则仍入册，俟造册时，开除其一。

一、调查员每填一名入原簿，各于名上按序编号。

一、调查员于调查期间后之第　　日，将原簿及纪事簿填【清】楚，汇缴选举事务所。

一、调查期间之第　　日，将查有选举人资格者之氏名条项列表，揭示该乡该铺，并载明有遗漏及未符合者，准某时到某乡某调查员处声明或函请更正，以　　日为限，逾期不负责任。

一、调查期间，自　　日起至　　日止为限。

初选投票所办事略则

第一章　总　则

第一条　本规则限于初选举投票所用之。

第二章　投票前之手续

第二条　投票所初选举时，由初选监督先期指定投票区内适中之地为投票所。

第三条　初选举时，初选监督应先将某投票区人名册并告示实贴该区，以便观赏。

第四条　初选投票所须揭贴某区初选投票所字样。

第五条　投票期间以　　日为完毕，于投票前宣示之。如届期不投，作为抛弃权利。（投票日数，由初选监督酌定，至多不得过三日。）

第六条　投票所按照本处所定日期表之初选投票日期开所投票。

第七条　投票所由管理及监察员掌投票一切事宜。（管理员不论官绅，均可派充。监察员以本地绅士为限。管理员无选举权及被选举权,监察员不在此限。)

第八条　投票所于投票前一日安置投票柜并预备选举人名册一本、投票簿一本、记事簿一本、投票纸若干张(依照选举人名册中本区内有选举权者之数目)、管理员席次、投票人写票席次及一切应用等件。

第三章　投票时之手续

第九条　投票所投票之日,管理员、监察员均应先时齐集。

第十条　投票所周围须派巡警弹压保护(无巡警则用保甲、团勇),但须受管理员、监察员之约束指挥。

第十一条　投票柜由管理员掌之,除开票外,严加封锁。(内锁之钥,送交初选监督;外锁之钥,管理员掌之。)

第十二条　初选举之投票人,须于投票所门前,视自己之姓名列在本区内者,向监察员陈明,经审认后,准其入所投票(但不得托人至所代投)。

第十三条　投票人须俟监察员延请后,向签字处签一"到"字,再向领票处领票,投票柜投票。

第十四条　投票人写票时,不得窃视他人写票及与他人谈话,亦不得将票示人。

第十五条　写票毕,叠好,将票角插入中幅缝中,投入投票柜。

第十六条　投票人投票由左门入,投票后由右门出,不得逗留窥视。

第十七条　投票所之启闭,以午前八时起,午后六时止,逾限不得入。

第十八条　投票所除巡警、管理员、监察员、看守人及投票人外,不得阑入。

第十九条　投票用无记名单记法,每票只准书被选举人一名,不得书选举人姓名。

第二十条　投票不得请人代理,倘有顶替及不守规则,管理员及监察员得令退出。

第二十一条　选举人及选举关系人(关系人指运动选举之人)如有携带凶器,照谘议局章程第九十九条处罚。

第二十二条　如有暴行于办理选举人员或骚扰投票所或阻留毁夺选举票、投票柜及其他有关选举文件者，照谘议局章程第一百条处罚。

第四章　投票后之手续

第二十三条　管理员及监察员应将投票始末情形会同造具报告，并将投票柜于投票完毕之翌日移交开票所。

第二十四条　投票所自投票完毕之日起，逾十五日后，一律裁撤。

第二十五条　布置投票所一切费用及管理员、监察员、看守人、仆役之（火）〔伙〕食，并移交投票柜之费，均由公款核实，开支报销。

第五章　关于投票所之设备

第二十六条　投票所大门，以障栏隔之，分为左右，左即入门处，右即出门处。入门处之耳房，为寄存物件处。耳房排列座位，以为选举人之休息所（监察员在此审认）。由入门处引道（即管理员延请处）直入为正厅，当中设投票柜，正厅左侧设置投票簿处（即选举人签字处）及设置领票纸处，最后为写票处，列图如下：

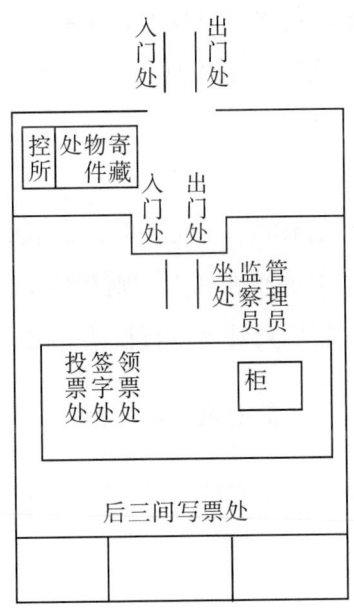

第二十七条　投票所内之写票处，隔为三堵，房壁上满贴写票规则，其式

如左：

选举人注意，以下所列皆为作废。

一、写不依式者。（如书写之地位不合或反写倒写，检出时皆作废。）

二、夹写他事者。（其写官衔、职业、住址者不在作废之列，惟以私人之称谓或某某表兄、表弟、同学、业师之类，有害秘密主义者，检出时悉作废。）

三、字迹模糊不可认者。（如草体泼墨为通常人所不能识者，检出时作废。如勉强可以认识，则不作废。）

四、不用投票所所发纸者。（其纸虽非伪造，但非投票所所发者，检出时作废。）

五、选出之人不合被选举资格者。（初选、被选必以局章有资格者为合格，故在确定人名册以内，无名者即为不合被选之人，即作废。）

第二十八条　投票所应备之椅凳、器具，随监督分配，务达齐整之限度而后止。

第六章　再投票

第二十九条　凡因不满当选票额，致无人当选时。（无人当选时，由本章程所定，当即行榜示未当选者之姓名于开票所，按照当选人额数，加倍开列。例如应出当选人一百名，而无人当选，则开列二百名，榜示后即于开票之第三日，令原有投票人在原投票地，就所列姓名，再行投票一次。其所有投票手续与前同。）

第三十条　凡当选人不足额时。不足额时，由本章程所定，即行榜示。如不足额十名，则开列二十名。不足额者六人，则开列十二人。即于开票后第三日，令原有投票人在原投票地，就所列姓名再行投票一次，手续与前同。）

第七章　附　则

第三十一条　右之规则，由本督院颁发，以期一律。至各处办法，有必从其地方习惯为便宜者，则许其变通办理。

初选开票所办事规则

第一章 总 则

第一条 本规则限于初选开票时，监督及监察员、管理员适用之。

第二章 开票之场所

第二条 开票所初选设置于监督所在地方或衙署或附近衙署宽敞之地均可。

第三条 关于开票之职务。

第一节 监督之职务

第四条 初选监督于收齐各区投票柜之翌日，先期将开票日期榜示，届期召集各界选举人，当众开票。

第五条 开票日，管理员、监察员均须先时齐集，如临时不到，初选监督即当派员代理。

第六条 开票所门前增派巡警，以资弹压及保护。

第七条 初选监督酌定开票时刻，以午前八时至十二时中间为准。

第八条 初选监督须亲自到所督同开票，以重其事，不得迟来早去。

第九条 初选监督于检票人（检票人为监察员）呈明票数时，当即将得票之当选人当众宣示。

第十条 开票之后，初选监督即将开票得数即日榜示。

第二节 管理员及监察员之职务

第十一条 开票之日，管理员、监察员应招呼选举人入座参观，如人众不能容时，得将其人数制限之（制限之方法，以场所之大小，可容人数之多少，排列座次后，视先后到者为别。如人数已多，而到者最后，自然被限制矣）。

第十二条 开票所除职员及选举人与巡警外，他人不得阑入。

第十三条　开票柜时，准以一定时刻当众宣告，是为公开主义。

第十四条　开票时，由开票人（管理员）按票呼名，呼后即将票交检票人（监察员）汇合，检票人将已开之票别置一处，以免混淆。

第十五条　检票人检查投票之真伪，投票纸由复选监督按式制成，其非复选监督所制者为伪票。检出之后，须研究其由来，不可遽视为废票。又投票纸非由投票所所领者，虽非伪票，要为不合例之票，依五十五条所规定，决定作废。

第十六条　检票人清算数目，应将投票人姓名做成姓名表，按姓排列。呼名时，其一人掌用笔点圈，其一人旁坐核算，计某人得票若干，某人得票若干。除作废之票、无效之票外，其某人得有效之票最多者，核计完由记录人登记（管理员）后，仍由检票人呈明监督。

第十七条　检票人有决定投票是否合例之权，故其责任较重，而手续亦最繁。所谓不合例之票，指五十五条所列之五款而言，故核算时不可不格外注意。此五款当缮正字，满贴案前，以便斟酌。

第十八条　记录人于记录得票之数外，而废票之数亦须录出，以为事后判决诉讼之根据。

第十九条　管理员、监察员有保存票纸责任。保存时期，自投票柜送来之日起至开票止，无论有效无效，一并检齐，至附送监督之后，而保存责任，乃移之监督。

第二十条　管理员、监察员于开票后，将开票始末情由申报监督。

第二十一条　开票所启闭，以午前八时至午后十时为率。

第二十二条　开票监察员、管理员会同司其职事，如意见不相同时，得建议于监督。

第三章　开票所之设备

第二十三条　开票所宜全堂分布席次，列监督及职员座位，置投票柜于当中，监督在票柜之后列一正席，职员分（作）〔坐〕两旁。

第二十四条　柜前设一凳，为开票人站立处，旁设一案，为检票人检票处并座位。（用笔圈点之簿及笔墨具备。）

第二十五条　柜后设一案，为记录人记录处并座位。

第二十六条　开票所房屋宽大，以便选举人前来参观，且参观之处与开票之处不可不隔断一层，以障拦之。

第四章　开票之完结

第二十七条　开票所自开票完毕后十五日裁撤。

第五章　重开票

第二十八条　凡因不满当选票额，致无人当选或当选人不足额时，依投票所规则所定，为重行开票。

第二十九条　右之规则，由本处颁发，以期一律。如各处办法，必从其习惯为便宜者，准其变通办理。

初选监督职务细则

一、设办理初选事务所于本衙门内。

二、订定事务所章程。

三、筹拨调查及选举经费。

四、制选举人名原册、调查员证书。

五、拟订调查员办事细则，呈复监督核定。

六、分配选举调查员。

七、给与授调查员证书、选举人名原册、调查须知、调查员办事细则等件于调查员。

八、筹定投票区、投票所、开票所，绘图申报复选监督核定。

九、颁发选举告示。驻防者应先期通知驻防，以便查照谘议局选举章程第百十一条，同日举行投票。

十、保荐初选投票所、开票所管理员及监察员于复选监督。

十一、制选举人名正册。

十二、造具选举人名正册。

十三、呈选举人名正册于复选监督。

十四、颁发选举人名正册于各投票所，宣示公众。

十五、判定选举人名正册之更正。

十六、补入判定更正者于选举人名正册。

十七、确定选举人名册即申报本督院。

十八、制投票柜、投票簿，查照前届办理。

十九、造具投票簿。

二十、增派巡警于投票所周围并示人投票所之限制。

廿一、派令投票管理员、监察员齐赴各投票所，办理投票一切事宜。

廿二、分交确定选举人名册及投票柜、投票纸、投票簿、投票所办事细则于各投票所。

廿三、酌定开票时刻，先行榜示。有驻防者，应先期通知驻防，以便查照谘议局选举章程第百十一条，同日举行开票。

廿四、制计算票数纸。

廿五、派令开票所管理员、监察员齐集开票所，办理开票一切事宜。

廿六、发交计算票数纸及确定选举人名册于开票所。

廿七、亲到开票所督同开票，即日宣示。

廿八、保存已开票纸（保存期三年）。

廿九、抽签定同票数者。

三十、于当选人不足额时，为再行投票之榜示。

卅一、执行及监督再行投票、开票一切事宜。

卅二、征集初选管理员及监察员报告。

卅三、决定初选当选人。

卅四、榜示当选人姓名。

卅五、知会当选人并指定其呈明情愿应选日期知会书及当选人呈明书，照前届定式。

卅六、发给当选人执照。

卅七、裁撤投票所及开票所。

卅八、榜示当选人姓名、职衔并申报复选监督。

卅九、申报初选全区情形于复选监督。

四十、执行初选变更事务。

四十一、发觉选举章程九十五条至百二十条之事情，查确判定并执行罚则。

初选监督报告条件并格式

初选监督应行报告本督院事项由邮寄。

何日奉到选举札饬并选举事宜概则。

何日颁发选举概则于各选举区。

设办理选举事务所日期。

所派选举调查员何人，调查如何分区或如何分类，均应详报。

在籍绅士肯襄办者何人，学界、商界肯襄办者何人。

造具选举人名册何日。

投票分几区、几所并在何处。

何日颁发选举人名册于各投票所。

有无呈请更正。

呈报确定之选举人名册于复选监督，转呈本督院。

何日颁发选举告示。

何日制成投票簿。

何日收到复选监督分交之投票纸及初选当选人执照。

所荐初选投票、开票之管理员、监察员。

何日自行分交投票所投票柜、投票簿于投票所。

投票各员何日移交投票柜于投票所。

开票时刻如何酌定。

开票之日，绅商学界在场所者何人。

开票各员，何日送到已开票纸。

票数与投票簿有无不符，所投之票若干并保存办法（保存期三年）。

初选当选人姓名并得票之数若干。

已按期知会当选人并发给当选人执照，来领照者几人。

已榜示应选人姓名、职衔及票数，应列册详报。

初选投票、开票情形，宜照管理员、监察员所记录者详报。

复选监督应行报告本督院事项由邮寄。

何日奉到选举札饬并选举事宜概则。

所核定初选之投票区及投票所、开票所。

初选区之选举人名册。

不服初选判定者之如何呈诉并如何判定之。

各初选区人名册送齐后，即将人名册呈督辕。

何日奉到分配议员定额。

何日榜示初选当选人定额于各初选区。

何日分交投票柜及执照于初选监督。

所核定某县初选之投票管理员及监察员。

何日造成复选人名册及投票簿。

所择定复选投票所及开票所地址。

定某日某所投票、某所开票并何日颁发选举告示。

所酌定投票所、开票所办事细则。

所派定复选投票、开票管理员及监察员。

何日送交投票纸、投票柜、投票簿于复选开票所。

投票各员，何日移交投票柜于开票所。

所酌定开票时刻并何日榜示。

何日亲到开票所督同开票并在场所之绅商何人。

开票各员，何日送到已开票纸。

票数与投票簿有无不符，所投之票若干并保存办法（保存期三年）。

何日榜示所决定当选人姓名。

何日知会当选人。

何日给发议员执照于当选人。

呈报选举议员姓名、职衔及票数并何日宣示。

复选投票、开票情形，照管理员、监察员所录者详报。

初选、复选应行报告之事殊繁，报告之词，只求简便，定格式如左：

督宪鉴：

某府于 月 日，奉到选举事宜概则若干本，其他项报告亦照此办理。

某府某报告（下盖图章为记）

前届各州县报告调查选举区域及事务所一览表

州县名	设立事务所之地	调查区数	调查员数
闽县	府属宜园	十区	三百余人
侯官	同上	十八区	二百余人
长乐	县署	六区	三十二人
福清	县署	六区	所长三人、调查六人
连江	县署	四区	二十五人
罗源	县署	四区	十七人
古田	县署	五区	二十人
屏南	县署西廊	四区	十人
闽清	县署	廿二区	三十一人
永福	县署	五区	十五人
霞浦	教育会内	五区	十三人
福鼎	署左	五区	十人
福安	县署	五区	五人
宁德	儒学	六区	五十五人
寿宁	县署	六区	六人
莆田	县署	十区	十六人

续表

州县名	设立事务所之地	调查区数	调查员数
仙游	教育会内	九区	百六十五人
晋江	县署	四区	四十六人
南安	县署	八区	九人
惠安	县署	十区	三十九人
同安	县署	四区	十三人
安溪	县署	三区	五十八人
永春	劝学所	四区	四十二人
德化	城内孝义祠	八区	二十八人
大田	城内朱子祠	四区	三十七人
长汀	署后	八区	二十八人
宁化	文昌宫	六区	九十一人
清流	县署	八区	二十七人
归化	县署	五区	十人
连城	县署	五人	十人
上杭	保安宫	九区	四十五人
永定	县署	九区	二十一人
武平	县署	七区	
龙溪	县署	六区	十九人
漳浦	县署	五区	三十六人
长泰	县署		
平和	县署	六区	七人
海澄	县署	十一区	三十九人
诏安	署东	四区	二十人
南靖	城内文昌宫、朱子祠	四区	十八人
龙岩州	考棚	九区	二十五人
漳平	县署	五区	五十人
宁洋	县署	七区	十二人
南平	县署	五区	五十八人
沙县	署右	五区	八人

续表

州县名	设立事务所之地	调查区数	调查员数
顺昌	学署	七区	三十八人
尤溪	县署	五区	二十二人
将乐	县署	五区	二十七人
永安	县署	五区	四十七人
建安	县署	三区	二十一人
瓯宁	县署	三区	二十一人
浦城	县署	五区	
政和	县署	九区	二十人
建阳	县署	二区	二十七人
松溪	县署	八区	十二人
崇安	署东花厅	八区	四十五人
邵武	县署	五区	四十四人
光泽	县署	五区	七十人
泰宁	县署	六区	四十二人
建宁	南门兴贤祠	五区	五人

四、福建谘议局议员邹含英
告发正副议长文件

　　含英，福建谘议局议员也。以谘议局议员而有告发本局正副议长违法舞弊之事，此岂含英之所得已耶？谘议局为全省舆论最高机关，责任艰巨，即竭全议员之力，尽瘁报效，犹恐不济，而顾自发其覆，资人诟病，又岂含英之所得已耶？含英言及此，吾心欲碎，胆欲裂，不禁为吾全省四千万人民一哭而剖诚，痛告其始末也。吾闽谘议局自成立以来，局事一归副议长刘崇佑之手，因以正议长高登鲤、副议长陈之麟为其傀儡，书记长林长民则刘之心腹，凌蔑议员如奴隶。一切局务，数人专擅，同局诸君，受其指挥，莫敢谁何。而书记员王振先主会计，克扣议员之公费、旅费，经人告发，函致全体议员，刘为之袒庇，吾局诸君则莫之敢较也。电灯公司刘之弟崇伟及副议长陈之麟、书记长林长民，攘夺他人已成之业，损失民间血本数千金，经该股东指控有案，刘从中弥缝，吾局诸君则莫敢纠举也。吾局如是，何以伸公理、持直道，与地方官府争利弊，保护人民之生命财产，不愧称为代表也哉？含英有谘议局一分子责任，亲见其事，如撄重负。而刘则意气益张，以为全省最高之机关既操于彼，即一切违法之事，均可唯我所欲为。以故选举会议厅，关系全省行政最重要之人员也，彼则选举舞弊，以位置其所阿好者；议事细则为全局议员遵守之法律也，彼则借研究会，以变更之；谘议局名义，为全体议员荣辱所系也，彼则以一二人秘密手段，冒用之。此等行为，均出法律范围以外，为全国谘议局所不经见，世界议会所未曾有，而彼竟悍然为之，吾局诸君且视同无事焉，含英不言，则听其破坏全省最高之机关，又何以告我四千余万之人民也。含英思之熟矣，与其朋比违法，受异日解散之恶名，何如先事申明，冀犹得维持于既往，一再申明理由书于监督制军之前，请设法救正，含英之心宁得已耶？监督制军派福州府曹太尊查明其事属实，将含英理由书札局覆议，刘惧罪之及己也，遂迫而为背理违法之举，擅将含英除名。据章程五十七条，除名以到会全体议员决议行之。是日，到会议员四十九人，除议长及中途请假者不算外，表决时四十七人，赞成者三十六人，否决者十一人，则非全体决也明甚。非全体决而竟除英名，英一人何足惜，所惜者章程无效，即全国谘议局一切之行动均归无效，而立宪之基础以败。夫章程者，组织议会，保障议员之法律也。章程可背，而唯议长一二人之命令是从，则议会丧失其为法定机关，议员丧失其为法定资格，酿成违宪举动，咎将谁属？且此风一长，嗣后凡为议员者，苟非阿谀依附正副议长，则将皆有除名之虞，是正副议长违法而除英之名，非英之不幸，实吾局全体之不幸也。吾局诸君纵不为全局惜，独不为立宪国法律惜乎？吾局诸君即慑于正副议长之威，不敢以法律争，而谓吾省四千余万之人民，肯听一二人之妄为，而不为法律惜乎？有法律以保障议员，而后议员能争法律以保护人民，人民能遵法律以构成国家，苟无法律，即所以组织国家之根本失矣，遑问其它哉？制军长厚，不忍实行监督权，理由书交局覆议，欲其自退省耳？顾不自退省，反挟多数之势，以蹂躏议员之权利，滥行除名，循此而为，则违法举动必日加甚，而未有已。人言不足畏，世变不足恤。以议会文明之机关，横施野蛮之手段，全省之命脉，悉寄其手，而破坏残杀，惟其所为，萧墙之祸，瞬息立见，哀我同胞，九死一生，力争而得之，谘议局方庆得脱专制之害，乌知议会之专制，其弊更甚于官府。向之受制于官府，尚有剖白之期，今之受制于议长，且无申辩之地也。英不忍同胞胥溺，出死力而与之争，冀其一隙之明，自知罪戾，或尽变其所为。凡此苦心，当为全省四千余万同胞所共谅，乃言甫脱口，而祸已及身，我罪伊何罹此荼毒同胞乎？同胞纵不为英计，独不为全省利害计乎？此英所以痛哭流涕，不能已于言也。

　　福建谘议局议员邹含英敬告。

附录理由书、禀稿、申明理由书始末报告如下：

第一次理由书

　　具理由书。福建谘议局议员邹含英为申明事。窃以谘议局为守法之地，议员为守法之人，持平正而除专制者也。闽省本届选出议员，老成持重、忠厚寡言者，固不乏人，而一二桀骜者流，往往挟持蔑视，酿成违法举动者，议员虽时抱不平，奈终居少数，挽之不能，阻之不可，若长此任其为所欲为，诚恐有碍大局。将欲听之，有失议会体制；将欲争之，众寡之势悬殊。议员处此，诚有进退两难者。查局章第四十六条，督抚有监督议会之权。议员只得据实声明，吁请督部堂熟筹办法，以维大局。议员幸甚，全局幸甚。

　　一、会议厅选举之违法。会议厅之选举，应如何慎重其事，理宜先期知会，以便议员采取贤良。乃副议长刘崇佑于十六日研究会，擅书六人姓名于黑板，指定令众选举，仍未通告投票日期，突于十七日报告选举，变更日表，其违法一也。

　　二、法政质问案之违法。查法政学堂，悉属教育行政范围，而教务长之去留，则非行政，对于此事，不宜紧急提出质问，乃副议长只以法政风潮四字惑人赞成，而质问案并未交阅，以致各议员无从讨论，受外人驳斥，传之外地，实有玷辱全局，其违法二也。

　　三、研究会取缔议员之违法。照议事细则，告假在七日内者，得由议长许可，兹乃以研究会变更之。查细则，经议员全体三读会表决后，呈请督部堂批准施行，实有法律之效力。现于变更后，又不呈请批准，任意通函颁布，不特取缔议员过刻，且有蔑视督部堂之意，其违法三也。

　　四、冒用公启之违法。法政学堂之质问案，本系少数人之主持，致坏名誉，议员本不承认，顾念全局，不遽明言，讵提议者又擅用全局议员名义，散布公启，牵累全局，其违法四也。

五、研究会蔑侮议员之违法。谘议局自本年开办以来，凡议案之提出，有二人以上同一议题，遇有意见或文法不合，得由议长指定或公推原案外之议员编辑，编辑后，呈议长付印刷，分布全体议员开研究会，公同讨论，仍有不合之处，登场修正。如果全不合用，以多数人表决撤销。本届开会期中，有高君士龙、邓君畿，各提出请实行部定税契新章，并本省单行细则一案，其意见均有不同，在研究会相持不下，经议长指定并到会议员全体认可，由英编辑，及编辑后，呈交议长，不付印刷，随意撤（消）〔销〕，仍以原案提出，显系蔑侮议员，其违法五也。

第二次理由书

具理由书。福建谘议局议员邹含英，为威权挟制，不由理办，乞速设法抑强扶弱事。窃英因谘议局议长违章舞弊各情，前具理由书申明，乞筹办法在案。本属保全大局起见，正在守候间，经副议长陈之麟等前后质问会议厅事件，蒙即批札谘议局又在案。理应静候查办，方不逾越议员权限。讵知议长于本月初三日九时，通告开研究会，遵即到会，并无分交议案，只由三议长借辞职之名，以为要挟，起立略为辩白数语，不俟言终，突有常驻议员苏寿乔、孟思培、王子懿及议员陈锡朋、赵锡荣、吴庭枨等十余人，极力威吓，以英何得以违法理由申明督部堂，显系破坏谘议局等语，甚且拍案碎碗，势将用武。英以理直不为屈挠，惟思议场重在秩序，该员等狂暴举动已属违章，且局中告发，确有实据，何得谓为破坏？督部堂公文未发表之先，何得于研究会，藉议长之实力，挟多数之威视，共同吓制乎？似此举动，大非谘议局之福。英审此实势，非朋比为奸，混同作弊，万不能厕足其间，但生平（梗）〔耿〕直，不事奉迎，愿受法于朝堂，不受辱于党派，此时欲退，而是非奚白，死不甘心，欲进而众寡悬殊，力难角胜，只得吁请监督制台大人迅即设法维持，一面电知宪政编查馆及资政院照章办理，俾少数直者有以自伸，议会前途幸甚，立宪前途幸甚。

第三次具禀

具禀。谘议局议员邹含英,为正副议长恃众饰办翻案倒陷,恳请照章迅办,速维大局事。窃英前具理由书,申明该议长等违法各情,闻蒙饬府查办,经召集议员数人,证实其事在案。是议长等有无违法,早在洞鉴之中,英合静候办理。该议长以事漏难逃,突于本月初三日开研究会,挟众威制,不由理办,甚至拍案摔碗、以期劫迫,经英复具理由书又在案。议长自知情节益重,无可掩饰,乃于初四日会场,要求督部堂代理员藩台尚,将英理由书交局审查,以遂其唆众哄办之计。现审查员之申覆书业已提出,果将该议长违法之处洗刷殆尽,对于英之理由书,巧翻耸饰,并于申覆书未经呈明、是非莫辩之际,将英交付惩罚,似此种种行为,尽属强横手段,眼见有党羽而无法律,尚付成何议会?英一人受枉,虽肆诸市朝不足为惜,惟规则新定,若辈苟可恃强藉势,以武断之,宪政前途何堪设想?查局章三十八条:凡议案有关系议员本身、亲属及职官,例应回避者,该议员不得与议议案。如此况涉控告,情节更为重大,两次理由五条违法,其中有关系者均为被告人,审查此案时,均应一律回避,乃是日除高、刘与英避席外,陈副议长等经英申明,抗不回避,况陈锡朋、苏寿乔、孟思培等三人均系研究会拍案摔碗、威吓含英之人,且居然举为审查员。吴庭枨亦系拍案之一人,俨为惩罚审查员,以被告审查原告,其捏词失实,自不待言,以法律论此次审查之申覆及惩罚,有效无效,亦不待言。惟除前呈违法外,研究会用强暴之举动正式会迫理由书之交查,审查会惩罚黑白未定之议员,种种妄为,更属藐视,非沐督部堂迅赐批示,速筹判断,恐违法者踵起,莫之敢言,事体重大,非徒关系一时一局,乃为议会永久行动之标准。以被告为审查,以被告为惩罚,是否合例,此等办法果足为据,则议长、议员尽可串结党羽,违法自恣,地方议会将成黑暗之场,与谕旨设立谘议局,筹计地方治安宗旨,岂不大背?英厄于众势,困不能伸,除电禀资政院察核外,合再具禀,吁请监督制台大人迅速查核,照章究办,以伸公理,重法律,而维议会前途,全局幸甚,议员幸甚。切禀。

计粘抄审查不实理由一纸。

谨照审查员报告不实之处,逐条申举于下:

(一)审查员称本局议员先开研究会,讨论公推方法。按:讨论公推方法,断无先书黑板之理,当日开研究会时,列书姓名,令众选举,事实确凿,何得谓讨论方法?此审查不实者一。

(二)众议员以会议厅科员关系重大,本省绅士不限于一区域、一阶级之人,必学行才智优长者,方可应选各属议员,各举所知,以待公认。按:此项选举,既知关系重大,应于督部堂札文到局,即行通告,何以迟延六日,秘不宣布?至十七日上午开研究会,下午即行选举,如此仓(卒)〔促〕,何谓关系重大?所列黑板之人,半本局人员,何谓不限于一区域、一阶级?此审查不实者二。

(三)当日在研究会中,起而推荐者九人,被推荐者共得十五人,因各府口音不同,故书其姓名资格及其所经历之事实于黑板上,以供讨论。按:当日推荐者并无九人,被推荐者并无十五人,所书黑板除数人姓名外,并无只字,从何讨论资格及经历之事?此审查不实者三。

(四)因十余人过多,复公决于本日大会中,以投票选之,并声明此十余人以外,尽可自由选举。按:当日研究会并无此语,果有此语,向来研究会所研究事件,均于正式会重行报告,何以此次独付阙如?(吊)〔调〕查九月十七日速记录,可为确证,此审查不实者四。

(五)是日下午正式会,经众表决,用无记名连记投票法即行选举,以得票过半数为当选,盖严重其手续,以求选举之公也。公推方法,先经推荐,更加投票,格外慎重,何谓违法?按:既用无记名投票,则不应先书姓名于黑板,既书黑板,复用无记名投票,显系借此弥缝其舞弊之迹,何谓格外慎重?苟以此格外慎重,则以后议会有选举时,均可仿照其法,先期邀集多人,书被选人姓名于黑板乎不可。此审查不实者五。

(六)研究会中刘崇佑君所推荐四人,不尽当选,而他议员亦有所推荐而当选者,理由书所称刘崇佑擅书六人云云,与事实不符者一。选举开票,并有未经研究会推荐之人而得票者。按:刘君所书之人,无一不当选,当选无一非书于黑板，强词掩饰，欲盖弥彰，此审查不实者六。

（七）九月十二日，系常年会第六次会议，是晚奉札，且无从列入第七〈次〉号日表。十五日第七次会议，议长以公推方法未经研究，又未列入第八号日表。十七日上午，研究既定，且公决当日，即行选举。按：本局历次奉札，均于即日报告。此次札文，十二日到局，十七【日】选举，果为慎重研究起见，中隔六日，为时极宽，尽可先期通告，详细讨论，何以十五日正式会一次，十三日、十六日研究会两次，均不将札文报告？直至十七日上午始行研究，下午即行投票，其操纵缓急，有意舞弊，迹不可掩，至谓研究会公决当日选举并无此事。此审查不实者七。

（八）法政学堂质问案之违法，此案已另行核办，英原不必再赘，惟有当申明者即审查员，以为出于各质问者之意思也。按：当日提出时，质问者多不知情，有卢初璜可证。初五日开会，英当场质问各议员，卢君起答：此案提出，本议员先不知情，及入场始接此案，亦当承认。卢君此语众所共闻，其冒列情弊，即此可见。夫提出议案，必列提议者姓名，所以重提议者之责任，杜武断之情弊也。未经通过，遽列多名入场，始行分布，纵提议者事后追认，然已不合于法。今审查员竟称为自己意思，岂非违易初心，希图掩饰？此审查不实者八。

（九）研究会取缔议员之违法，审查员以为研究会并未变更议事细则之事。据细则，请假在七日以内，议长许可之；逾七日者，经谘议局议决而许可之。研究会不过以议长许可权公之全体，凡有请假者，议长必觇众意之所在，以为许可、不许可之标准，与细则毫无抵触变更。按：细则规定，许可权属之议长，为议会通例。乃研究会以议长许可权公之全体，是即变更议事细则之确证。盖细则经三读会定为法律案，研究会之议决，无变更法律之效力。今则规定，议长许可，而后议长得许可之。两相比较，轻重悬殊，非抵触而何？且细则请假者只须得议长一人之许可，研究会则必得全体之许可，苟议员中有疾病事故时，但有一人反对，势必不能请假，非束缚自由而何？似此办法为世界各国议会所无，今审查员以为无抵触变更细则，此审查不实者九。

（十）冒用公启之违法，审查员以为亦在研究会公决。按：此启果经公决，从来公决函件，无不发表，何以此次函件，各议员均未接到，只密寄于各属？且英之接此启，尚由外县寄来，查询始悉，并由英问及各议员，均称未见，是此启显系议长一二人之秘密为之也。议会自有发言权，如以法政学堂纠谬书为不当，尽可由提议者开正式会质问，何必散布文件，近于匿名之攻评。此启果在研究会提出，必有出而阻止者，即使多数赞成，亦只能各自署名，断无全体甘同追认之理。此等行为，不特冒用全体议员名义，而且捏报研究会公决事实，蔑法欺人，至此极矣。此审查不实者十。

（十一）研究会蔑侮议员，理由书已详言之，乃审查员以此案与高、邓二君有关系，已由高邓二君自请取消。故邹君编辑，不另行印刷。按：议案系出提议者之名，其由提议者自请撤销，固不必办。惟此案英有附说一篇，系自出姓名，与高、邓二君无关，则付之印刷，有何不可？且查本局去年迄今，凡议员议案有附说者，均付印刷，独此次附说，则撤销之，非蔑侮议员而何？请将呈撤销案校勘便知。此审查不实者十一。

第四次禀

为颠倒惩罚，显违局章，乞迅实究，以明曲直事。查局章五十八条：凡议员屡违局章或言语行止谬妄者，停止到会，其情重者，除名。局章煌煌，议员自当确守，英自充选以来，并无丝毫违犯，该议长等虽常有不合事情，以关系匪大，只于研究会随驳随止，顾全大局，不敢外彰。无知本届自开会迄今，行为愈肆，英以势孤力薄，莫可如何，只具理由书，呈请监督熟筹办法，以维大局，英只望将来成一完全议会。理由书之违法五条，确凿有据，其非有违局章，言语行止谬妄可知。兹于本【月】十一日，惩罚科审查员报告将英除名，正副议长及有关系之人，均不避席。复查是日，除不愿与闻，缺席不到外，出席议员仅四十九人，议决时，议长及中途出席者二人不算外，就中否决者十一人，赞成者三十六人，此三十六人中，多半有关于控告者。查局章五十七条：除名，则以到会议员全体决议行之。该议长等以多数认为全体，显背奏定章程。再查前呈申覆书，种种虚词，应俟核办，何得于未经札覆之先，是非莫辩，遽行除名，似此显系屡违局章语言谬妄之处。且就英之方面言之，议员违法，自应请议长主持；议长违法，断无请议长自行主持之理，故不能不诉于监督，况理由书确凿可据乎。就议长等一方面言之，一则研究会拍案摔碗之举动，并不制止；二则申覆书未呈监督，遽付英于惩罚；三则申覆书未经批札，将英除名；四则表决惩罚及除名时，有关系者均不避席；五则表决除名时，不照局章五十七条全体议决，而用三十六条，表决议案之过半数决议。合两方面观之，孰是孰非，孰宜惩罚除名，应在洞鉴之中，乃恃众强横，颠倒惩罚，若不迅速挽救，不特谘议局前途不堪设想，于督部堂之监督权亦不无妨碍，除电禀资政院外，合再吁请监督制台大人迅赐批办，以明曲直，庶少数不为多数所摧压，议会幸甚。切禀。

含英申明理由书之始末报告

含英入局以来，见副议长刘崇佑专制自用，正议长高登鲤、副议长陈之麟随事附和，朋比为奸，而同局诸君各时抱不平，只以事权不属，袖手坐视，英恒忧之，对于研究会、正式会，往往发言救正，顾全大局，奈议长等恒用强横手段，极力制止，所以此次会议厅选举各事，英莫能挽，不得已申明其事于监督，此所以有第一次之理由书也。理由书既上，卢君初璜等询英何遽有此举，英答某之用意并非绳其既往，乃欲戒其将来，果正、副议长因此而知自检，是吾局之幸，英虽被谤，何足恤也。讵刘副议长闻之，于初三日研究会中，即以此事面斥英，英略剖数语，不由分辩，串同连任常驻【议员】孟思培等十余人，拍案摔碗，大声辱詈，势甚汹汹，几欲用武，致英不能行使发言权，此所以有第二次理由书也。英虽叠出理由书，而监督尚未发表，盖欲弥缝其事，保全议长名誉，乃正、副议长再三要求监督，将理由书交局审查，监督不得已，将由府查实之第一次理由书交局查覆，正副议长遂于初四、初五两日，连开正式会，运动十数议员为倒陷计，极力诋英，议场中辩论之语繁多，其意略与第三次禀末粘抄审查不实驳案相近，不必赘述。只就初五【日】在场避席时之演词，略为记之，以表明英之心迹，付诸社会公评。

　　吾局诸君：本议员此次所具之理由书，诸君平心论之，是否一一实在？为议员者，断不至良心丧尽，谘议局有此举动，缄口不言，甘受指挥于议长，议员之资格何在？或诸君不加注意，为其所惑而不知乎？抑知之而故忍之耶？查局章三十九条：凡谘议局范围以内所发言论，不受局外诘责，并无不受局内诘责之明文。现在正副议长种种违法，种种舞弊，英之发言，希图挽救，为个人乎？为全局乎？诸君不以为德，反以为怨，以破坏谘议局加罪于英，如是则议长违法，局之内外，均不得诘责之矣，是岂谘议局之福？吾闻君子之过也，如日月之食，小人之过也必文。诸君既为议员，当必以君子自待，欲保全谘议局名誉，更宜自反，而诸君顾有不然，本议员有以知诸君之意矣。诸君必以为本议员之错，非错于发言，实错于具理由书于督部堂之前，不与二三把握大权者朋比耳。不知诸君于他议案均可请督部堂核办，独此案不愿督部堂与闻，固以为为议长讳，即为本局讳也。本议员则以为议长非即谘议局，违法之事不必讳，督部堂有监督吾局之责任，尤不必向之而讳，何得以具理由书，即为破坏谘议局？今日之事，虽系本议员一人出名，其中同具意见、各抱不平者，固不乏人，实因威权所迫，众寡莫争，遂从而裹足矣。本议员亦不牵累，自有法律保障，不为挠屈。现督部堂尚未批行，正宜静候，乃诸君从议长命令，要求将此案付局审查，以多数之关系人审查此案，固于法律不合，惟本议员自知少数，于议会上莫可如何，听之诸君可也。本议员一人不足惜，但谘议局之前途甚远，诸君各具有人格者也，其容以一时意气败坏大局耶？现今本议员抱屈甚矣，然问心无愧，即肝脑涂地，终有自白之一日。本议员言至此，大概已尽，诸君倘不复谅，必付审查。本议员请照局章第三十八条，自行避席。避席后，审查员孟思培等，将正副议长违法五项洗刷殆尽，反付英于惩罚，此英所以有第三次之禀也。禀入监督，仍未批，而所以处英惩罚者，竟强行将英除名矣（除名不用全体决事，已详上），此英所以有第四次之禀也。世界议会有此等议长，此等怪象乎？孰是孰非，请付之海内公断。

五、《厦门日报》相关资料

福建议员全录

宣统元年五月十一日、十二日，第三版

福建各属谘议局议员已略纪前报，其中或名次不齐，或漏未开列，兹由省垣谘议局抄到全榜。此榜经闽浙总督审定、发局宣布者，兹将榜中当选姓名依次列左：

福州府属议员一十六人：黄乃裳，闽清；李驹，长乐；杨廷纶，侯官；赵锡荣，连江；刘崇佑，闽县；郑锡光，闽县；林佑蘅，侯官；黄钟澧，闽县；余钟英，古田；游肇源，罗源；吴庭枨，连江；董藻翔，长乐；施景琛，长乐；林仲翥，福清；李仲邺，福清；李馥南，侯官。

候补议员八人：郑祖荫，侯官；郑盛鎏，郑孝胥，陈培焜，余著城，林师尚，林景谦，王孝缉。

泉州府属议员十二人：黄谋烈，晋江；叶福钧，南安；黄必成，同安；林逢春，安溪；洪国器，同安；洪鸿儒，同安；林铬存，安溪；林邦桢，安溪；许赞虞，同安；施荧，晋江；李慕韩，惠安；陈士霖，同安。

候补六人：黄抟扶，晋江；吴拱震，南安；洪湛恩，同安；翁凌霄，同安；周春光，安溪；陈蓉光，惠安。

漳州府属七人：杨慕震，龙溪；陈之麟，海澄；林天骥，龙溪；郑藻山，龙溪；陈锡朋，龙溪；李钟声，南靖；张国宝，长泰。

候补四人：张其澜，漳浦；吴伦元，诏安；吴震宣，平和；邱曾清，海澄。

兴化府属四人：郑田龙，仙游；陈义，仙游；张步青，莆田；黄纪星，莆田。

候补二人：关陈谟，莆田；王寿珩，仙游。

延平府属四人：高登鲤，顺昌；周文麟，尤溪；黄乂，永安；范宗福，沙县。

候补二人：章云汉，南平；刘如麟，永安。

建宁府七人：孟思培，浦城；潘纪雲，瓯宁；谢滋春，瓯宁；杨像，建安；李迪瑚，蒲城；王子懿，建阳；高士龙，瓯宁。

候补四人：潘故明，李太和，邹仰曾，罗俊麟。

邵武府三人：上官华盖，光泽；陈树勋，建宁；邓畿，邵武。

候补四人：陈承箕，泰宁；黄登俊，邵武；邓城，邵武；邓袠，邵武。

汀州府八人：黄金銮，宁化；蓝德光，上杭；熊秉廉，武平；康咏，长汀；张选青，长汀；伍春蓉，清流；邹含英，清流；卢初璜，永定。

候补三人：雷焕猷，宁化；张道南，连城；李泰交，归化。

福宁府三人：王邦怀，霞浦；吴鸿枢，福安；孔昭淦，福鼎。

候补二人：柳遇侯，陈王基。

永春州三人：周寿恩，永春；苏春光，德化；赖其浚，德化。

候补二人：潘望年，永春；郑翘松，永春。

龙岩州五人：刘志和，漳平；连贤基，龙岩；谢受殷，龙岩；俞光华，宁洋；苏寿乔，龙岩。

候补五人：郑丰稔，龙岩；陈捷高，漳平；廖宗濂，宁洋；章友文，龙岩；

章斐文,龙岩。

以上全省议员七十二人,候补四十二人。

谘议局事项与议案

宣统元年七月十一日,第二版

军机处片。交资政院、宪政编查馆会拟,钦交谘议局应议事件。昨闻资政院总裁伦贝子所拟,共分四类:一、立法问题;二、财政问题;三、刑律问题;四、捐税问题。草定门类,分送该馆、院、各堂分类鉴定。又拟定应交议案六端:一、核议改订新刑律草案;二、法政章制;三、资政院章制;四、印花税章制;五、召集公债;六、审订币制。以上各案,皆谘议局成立第一年之钦交议(伴)〔件〕也。

谘议局筹办处开会之议案

宣统元年八月二十四日、二十五日、二十六日,第三版

甲　开会问题之研究

照本处筹办日期表,七月二十为议员进省之期,九月初一为开会议事之期。现各属议员业已陆续报到,本处应办之手续,自当先时预备,以符定章。查谘议局章程,其中有概括不易通晓者、有遗漏必须补入者,试胪举,以待公酌。

一、互选日期未明订也。案局章第三章第十条:谘议局设议长一人,副议长二人,常驻议员若干人,均由议员中互选。互选之时期,局章未定,将于九月初一始行互选耶?于事实不无窒碍。将于九月以前先行互选耶?于法理又不可通。

议者有谓：宜于议员到省之时，就研究所暂设假议长，以为种匕试行之根据者。究竟此说是否可行？成为问题所宜解决者一也。

一、互选之得票计算法未明了也。局章第三章第十条：议长、副议长用单记投票法，分次互选；常驻议员用连记投票法，一次互选，均以得票过半数者为当选。然票数参差不齐，则重行投票，势所必至。此时投票方法是否援照初选、互选例，举得票较多者加倍开列，抑别有所谓计算法欤？此又问题之宜解决也。

一、常驻之界说尚未确定也。局章第三章十二条：议长、副议长、常驻议员均以常川到局办事。玩常驻二字，自以不兼他职为言，而山东章程反区别为议长、副议长不兼他职，而常驻议员可兼学务差使，准此解释是以不兼他职为原则，而可兼学务差使为例外，但于常驻议员则宽予之，于议长、副议长则限制之，殊无理由。究竟何者可兼，何者不可兼？章程既无明定，问题尤须解决也。

一、督【宪】座席当为研究也。案谘议局为一省之议会，与国会之性质不同，其所议限于本省之事，故召集之权限归之督【宪】，监理之权限亦归督【宪】，职员之委派、草案之审定亦归督【宪】，是督【宪】乃谘议局总代表也。以体制论，督【宪】位次宜在议长之上，议者谓议长之上，须列皇帝万岁牌，而督【宪】座席自当排列左右。此说是否可行，又问题之宜解决也。

以上四条或于原理有抵触之处，或于事实有难行之处，似宜预为研究，以衷一是，抑电询宪政馆，以便遵行，伏乞酌夺。

乙　局费核实之预算

前次议案开于谘议局局费及常年费一条，公议俟各省有决定数目，以便参照办理。现会期瞬届，而经费常年自当预筹。查山东孙中丞奏预算谘议局常年经费，闽省是否仿行，抑或有所变通，谨列表呈电。

一、旅费。山东议员每名全年给一百九十两，不分远近。福建已决议分路途远近，照给旅行之费，每人每日三元，旅食之费每人每日一元，约共七千两。

二、公费。山东议长每人每月一百五十两，副议长每人每月一百二十两，常驻议员每人每月五十两。福建议长谨拟一百二十两或一百两，副议长谨拟一百两或八十两，常驻议员谨拟五十两。

三、薪金。山东书记长每人每月五十两，书记每人每月三十两。福建书记长拟六十两或四十两，书记拟四十两或三十两。

四、杂费。山东全年预算五千零七十八两，福建全年预算约四千两。

五、预备费。山东每年预算四千二百七十二两，福建每年四千两，就山东费用每年为四百两。福建财力薄弱，自当格外撙节，不便縻费。谨就两表而比较之，福建每年有三万两之的款已可集事，至如增易之处，出自公裁。

丙　招待所预备之报告

议员到省之时，必由本处派员招待，以便接洽。现就贡院东西五经略为修葺，其应备器具一切，或借或购，虽未达美善之限度，而大致尚有可观。一面遍登广告，俾议员到省即可入所驻足。至所应备费用，另列清单，谨此报告。

谘议局近状

宣统元年八月二十八日，第三版

福建全省议员七十二人已陆续到省，独泉属黄谋烈、施炎、林逢春，福宁属孔昭怀四人未到，由松制军特派委员照料一切，假贡院为招待所宿舍，饭食备极丰盛，其尊崇议员之资格可见一斑。

正、副议长一席，期望者甚多，闻泉、漳、兴、龙、永五属议员开会于六一泉，旧学派拟举黄谋烈为正议长，新学派拟举林辂存为正议长，新学派人数占多，惟林君再三坚辞，推让黄君，黄君亦无意属此，迟迟未来。漳属郑藻山、陈之麟，闽清黄乃裳均有副议长之望，九月朔当可揭晓也。

谘议局筹办处议案

宣统元年九月初二日，第三版

一、关于谘议局开会与礼

甲 称呼。查湖南谘议局议定议员称督抚曰制军，抚军；称三司曰藩台、学台、臬台；称道曰某道台；称府县曰某太尊，某县尊；自称曰议员；地方官称之概曰某议员。

乙 礼节。初相见行三揖礼，通常一揖。

二、关于互选规则之鉴定

规则另单呈电。

三、关于前项电询之解决

前次电询宪政编查馆各条互选日期并督抚座席，未经答复，应如何办理，请议决。

故试议员之手段

宣统元年九月初五日，第三版

日前议员所开议，闻官场是日到会时，云及福建全省每年进款三百万，而出款须三百五十万，尚少五十万，因询议员将何筹出，此系官场之故试议员之手段也。据云，各议员答称如将闽省各项进款剔除中饱，每年应有五百余万之多云。

福建谘议局开会秩序

宣统元年九月初六日,第三版

一、午前八时各议员整肃衣冠集议员应接室,制军及各官集官吏应接室。

二、午前九时引赞员引各议员入会场,西立东向;引赞员引制军及各官入会场,东立西向。

三、引赞员引议员与制军及各官行相见两揖礼,礼毕就席。

四、招待员引参观人入参观席。

五、引赞员引制军登演坛,各议员肃立,恭听制军宣读《敕设谘议局上谕》。

六、引赞员引制军复位,各议员就席。

七、会场管理员宣告举行互选。

八、会场管理员协同干事员颁发票纸。

九、选举议长,投票、检票、开票。

十、选举副议长,投票、检票、开票。

十一、选举常驻议员,投票、检票、开票。

十二、引赞员引制军登坛致祝词,众起立。

十三、引赞员引制军复位,众就席。

十四、引赞员引议长登坛致祝词,众起立。

十五、引赞员引议长即议长位,众就席。

十六、会场管理员宣告散会。

十七、引赞员引制军及各官入应接室,引赞员引各议员入应接室。

十八、招待员引参观人退出。

谘议局选举议长及副议长

宣统元年九月初六日，第三版

本月初一日，谘议局互选议长一人，副议长二人，常驻议员十五人。兹闻选议长时，高登鲤得二十七票，郑锡光得一十八票，康咏得一十八票。因郑、康二君得票数相同，再行抽签，抽出郑锡光一名，遂将高登鲤、郑锡光二名中选出议长一人。嗣郑锡光得三十六票，高登鲤得三十七票，以高登鲤为议长。又举副议长二人，分作二次投票，首次举刘崇佑为副议长，得票四十二；次举陈之麟为副议长，得票四十七。兹将议长、副议长履历列左：

高登鲤，字鱼门，号退斋，行一，年四十四岁，延平府顺昌县民籍，由廪生中光绪辛卯科举人，壬辰科赴部以知县注册，拣选戊戌科大挑二等署理。长乐县学教谕，掌教龙山、华阳两书院，历充顺昌高等小学堂堂长，上洋两学堂正教员。现充教育分会会长，去毒支社社长，自治研究所长。奏奖蓝翎五品衔。

刘崇佑，字崧生，行一，年三十一岁，福州府闽县民籍，法政科举人，甲午科举人。

陈之麟，字二汀，行三，年三十岁，漳州府龙溪县民籍，由附生中式癸卯恩科举人。

常驻议员十五名即各属代表人

宣统元年九月初六日，第三版

椿安，四十二票，驻防人。黄乃裳，三十九票；施景琛，四十七票，福州闽清长乐县人。张步青，四十六票，兴化莆田县人。林辂存，四十二票，泉州安溪县人。杨慕震，四十六票；陈锡朋，三十七票，漳州龙溪县人。周文麟，三十八（禀）〔票〕，延平尤溪【县】人。孟思培，四十六票；王子懿，四十三票，建宁浦城建阳县人。王邦怀，四十五票，福宁霞浦县人。卢初璜，四十票，汀州永定县人。上官华盖，四十七票，邵武光泽县人。连贤基，五十二票，龙岩州人。周寿恩，四十六票，永春州人。

谘议局议案之问题

宣统元年九月初七日，第三版

闻福建谘议局此届提议问题多有重大关系，兹就所开数条先行摘登如左：

问题	提议者
盐课改征落场案	施景琛
改良警察案	施景琛
厘金改税捐	杨　豫
驳改鼓浪屿公界章程案	林辂存
请裁撤安溪南水关货厘案	林辂存
平教饿案	陈之麟
请禁械斗案	李慕韩
提倡农会案	林邦桢
推广教育案	郑藻山
内河水师改办水上警察案	黄乃裳
通饬林禁烟案	李馥南
整顿出口税案	黄必成

谘议局互选之派员

宣统元年九月初七日，第三版

九月初一日，谘议局开会互选，提调系派福州府，其余守卫长及守卫各职，均由警务局总巡及巡尉、巡士分别派充云。

悬旗欢祝

宣统元年九月初七日，第三版

谘议局初一日开会，为宪政成立之始基，各局署、各学堂及各铺户均高悬国旗，以表欢祝之意云。

厦门绅商学界贺谘议开局电

宣统元年九月初七日，第三版

督藩学臬列宪暨各社会钧鉴：谘议局开幕，合厦欣幸，并祝宪政前途发达，厦官绅学商四界代表林资鑑、王隆惠、周殿修、黄鸿翔、叶崇禄、□世清等公叩。

谘议局所将次迁移

宣统元年十一月初一日,第三版

谘议局设在贡院内乃权宜之计,因履勘各处,无宽广之地可作局所,在官亦拟于贡院衡鉴堂一带处所,暂驻一时,再为筹设。自九月该局开会至闭会,为日虽属无多,在各议员均议局所最为不便,急宜迁移。现各府属议员均已告辞回籍,日前启行时,督藩各大宪曾备筵席为各议员饯行,除回籍外,更有常川驻局议员二十余人,管理应办事务,业已由官租定宫巷内林绅第宅,雇匠略加修整,日内匠工竣事,局所即行迁移云。

福建选定资政院议员

宣统二年元月十三日,第三版

闽督松制军已奏明福建谘议局互选资政院议员四人:(一)在籍内阁中书康咏;(二)在籍翰林院编修杨廷纶;(三)举人张选青;(四)在籍江西优贡知县李慕韩。

福建谘议局纪事纲要

宣统二年三月十三日，第三版

本局自闭会后，历将各种规则速记录致送各处，以便公览。兹将去年十月起至本年二月十五日以前纪事纲要先行刊登各报（因福建未出官报公布，机关有所不备，故暂假各报广布），二月以后仍汇辑续布。

（一）本局开议长、副议长、常驻议员协议会十一次。（协议会速记录另行宣布）

（二）议长、副议长、常驻议员组织研究会，计共开会三十次。

（三）办事处创立章程，按期协议应办事项，计共开办事处协议会十四次。

（四）收督部堂札复议案，计共三十一件，札复与决议案内容之符否，另表详列。

（五）收各团体及各个人陈请建议书，计共三十五件（但内多不合格者），付协议书、协议者四件，议决代转者二件。

（六）议定厘税调查表，嘱托各属议员及各团体同任调查，计共发表格三百三十六张，发函二百五十八处。

（七）议定财政各项调查表，嘱托各属议员及各团体同任调查，计共发表格三百一十二张，发函二百四十二处。

（八）正副议长、常驻议员议定每年各捐一个月公费，以为担认北京报馆经费及将来遇有事故，派遣代表进京旅费及其他各费之用。

（九）收各衙署局所公牍函件，计共〈银〉百一十五件。

（十）由本局发各衙署局所公牍函件，计共八十七件。

本局议员与各省谘议局议员联合议定，派遣代表进京，请求早开国会。本局公举议员刘君崇佑、连君贤基、王君邦怀与书记长林君长民赴沪会议。议员刘崇佑、连君贤基代表进京历次，出有报告，分别存局或刊布，并组织请愿即开国会同志分会，与各省互相联络，所有应行宣布文件，俟后陆续照登。

议员游历南洋之消息

宣统二年三月十三日，第三版

前报所纪福建谘议局常驻议员林君辂存因病辞职就医一节，兹闻林君病愈之后，于正月杪自备资斧，游历南洋，先抵檀香山，该埠闽帮结队欢迎，留驻数日，款洽备至。嗣至纽约，又由纽约折往坎拿大，取道伦敦、巴黎、柏灵，绕经南洋各岛，于四月间回国。所经各埠，该议员演说均以速开国会为救亡之策，且言国会请愿非内外合力未易动听，请各界联络电禀，作祖国诸志士之后盾云云。闻者均被感触，业已纷纷电禀到京，是则林君此行其有补于宪政前途，殊非浅鲜耳。

议长电慰江太史

宣统二年三月十七日，第三版

福建谘议局议长高君登鲤以此次江杏村太史疏劾权贵，获谴还乡，遂致电慰问，电文录下：

北京草厂前察院江杏村先生鉴：以直获谴，为大局痛，国会未立，天下之口寄在台谏，读疏草，钦佩不已。福建谘议局议长高登鲤等。

福建谘议局呈复制台申明权限书

宣统二年三月二十七日、二十八日，第三版

为呈复事。案照二月二十七日接奉督部堂来札，以谘议局选举初选当选人吴景莘等十八人佥禀，谓谘议局常驻议员多告假逾期，致应议事件不能开会，嗣后均应常川驻局，以重责任，札行本局查照办理等因。伏查谘议局章程第十一条云：议长总理全局事务。又本省谘议局议事细则第十二条云：议长于谘议局章程及各规则所定之范围内，有维持秩序及关于议事整理之职权。第二百五十九条云：协议会之议事及秩序，议长整理维持之，此议长对于谘议局内部及协议会之权限也。又谘议局章程第十二条云：常驻议员于第二十一条第九至第十二各款所列事件，若不在开会期中，得由议长委任协议办理，须于次期开会时报告全体议员。夫委任协议事件，议长对于常驻议员之责任也，其关于督抚监督之权限，则谘议局章程立有专章。查章程第四十六条云：各省督抚有监督谘议局选举及会议之权限，并于谘议局之议案有裁夺施行之权限。是督抚之监督，系对于选举会议及议案而言。所谓会议者，章程第七章已明定之，第三十一条云：谘议局会议期分常年会及临时会二种。是会议乃专指谘议局之会议而言，非常驻议员之协议会也。盖谘议局监督之权，督抚但持其大纲，而谘议局内部之事，议长实负其全责，界限本甚分明，议员之请假、常驻议员之议事，咸属于谘议局内部之事，议事细则第二百五十三条本有常驻议员请假之规定，议长既负其责，自应恪守其范围，若一一上劳钧虑，则大体攸关，转非朝廷所以慎划权限之意，即如议事细则第十二条第二项所规定：总督得请议长就于前项所定加以注意。议长云者系指议长个人而言，非指谘议局也，请其注意云者必以事实为前提，而后得请也。

本局自去年十月十五日闭会以后，常驻议员经议长委任协议者，已开会十四次，协议事件限于谘议局章程第二十一条第九至第十二四款，曰申覆资政院咨询事件。现在资政院尚未召集，故无咨询申覆之事；曰公断和解本省自治会之争议事件，现在自治会尚未成立，亦无和解公断之事；曰申覆督抚咨询事件，则闭会以后，四〈阅〉月至今未荷垂询也；曰收受本省自治会或人民陈请建议事件，自治会未立，陈请建议者只有人民，十四次之会皆属于此项之协议，协议会速记录业已按期印刷，咸当于谘议局次期开会时报告之。局在本城之内开会至十四次，当已早为督部堂之所闻知，既奉明札，故略述其大概而已，尚恐人民有不明督抚与谘议局权限之分划者，用敢条析各章程，望督部堂有以晓谕之。至吴景莘等票中所称，自谘议局闭会以后，常驻议员多以私事潜归，遇有应议事件而人数寥寥，终难破例。一若闭会以后均无协议者，皆为失实之言，实则年假中有告假归里者，无所谓潜归。又称应兴应革之事，无时蔑有。一若常驻议员得议及应兴应革事件者，是则不知常驻议员之议事，只限于第二十一条第九以下各款，无所谓兴革。又自称为初选当选人。谘议局既已成立，所谓初选当选人者，其资格应早已消灭矣。以上各节，尤望督部堂明察之，且有以训示吴景莘等也。督部堂关切之意，本局所当仰承，特法律之所规定有必经辨析而始明者，故不敢苟安缄默，致负一省长官开诚相示之殷。现在谘议局闭会中，谨以常驻议员会议同意，呈复如左。须至呈者。

福建谘议局常驻议员为谘议局建筑事上松督函

宣统二年四月初一日、初二日，第三版

大公祖大人钧鉴：敬启者。谘议局去年开会时曾提本局建筑一案，业已申呈钧座，至今未蒙札覆，中间因与高等学堂建筑开门位置有所商酌，以是延缓也。建筑度地已定贡院，高等学堂适亦度地该处，于是彼此不能不分疆界。贡院旧址广袤，局与学堂各应其用，当无不足，局用地少，学堂用地多，惟其所需以划界线，此本局之所知，固两无相妨者。惟限于地势门关位置有不便之处，故起纠葛，谨为我大公祖详陈之。盖贡院北负山，东邻城堞，西有通路名剑池后，南向大门从登瀛桥北趋而入，然大门偏左非本院之正南，故桥之直线与院之左方东号为正相对,大门内为御碑亭,匕之后供给所,供给所之后即东边号舍也。局地本定东边至西号口正,则其大门自以仍旧向正对登瀛桥为便。原议案所谓议场正对登瀛桥者,盖谓议场与大门对,大门与桥对,议会规模本应如此耳。高等学堂既取西边之地,自以西路辟门为宜,当时局中决议高等学堂即有出而相持者,然局中议案仍执前议。既闭会,乃有调停之说出,议以南向三门平列,中一门设而不开,左为谘议局门,而右为学堂门,议场则与中门相对,于是而局门不能与议场为直线矣,常驻议员等不欲过与学堂争执,遂勉从其议。近者议员自各府县纷纷来函,地方士民亦有来函信,咸加诘责,以议场与门本为针对,不可逶迤,谓常驻议员无擅议此案之权,且谓闭会期中,除谘议局章程所定之权限外,常驻议员既不能覆议,即不得于此案独加变更。某等既处两难之地,又无覆议之权,阅辕抄知局舍建筑业已兴工,更无余暇以与众议员商榷,落成之后更难改造,至次期开会,势将以少数之人而受众责,负疚惶惧,不知所为。伏念谘议局为全省采取舆论之地,自与一学堂不同,两门并峙,左右分列,以体制而言,亦非所以崇议会而重宪政之道,况二者之性质,本不相同,前此所以勉如学堂议者,原欲委曲求全,以为调停之计耳。今既无可调停,惟有仰恳大公祖主持于上,仍以正门归之谘议局。

至高等学堂,本取西边,西向有路,剑池后尽可开门,苟退院内数武之地,学堂门外自可成一大衢,且学生出入亦得一静谧之道,否则谘议局开会中,官长舆从旁厅杂逻,转恐生事也。即使学堂必欲于贡院之前得一出路,院前计地广十六丈,西边民舍尚可购买,尚可得地四丈,合共二十丈左右,东十二丈归之谘议局,西方又余八丈,学堂亦可开门,但少偏耳。建筑图式,前始由委员交来,窃见图中只绘偏左一门,谘议局正门中间直墙为局与学堂之界,是并设而不开之,正门亦未之建,直墙针指议场墙角,正与议场相对,全省议会之建筑似乎无此体制。调停之说,某等已负众责,若并此而不照办,直以中分之墙矗立为界,则某等更无辞以报众议员与士民。图中房舍尺度复多差池,建筑以绘图为最要,毫厘千里之差,某等尤有所过虑,乞征专科者一核之,且图中无议员寄宿舍之规划,省城无旅馆可驻,苟无寄宿之所,必有种种不便,此节似亦不能不筹及之。现在距开会不过半岁,或因此其不及落成,然与仓(卒)〔促〕从事,贻他日以迁就苟简之规,不如慎之于先宽眼前,以从容测绘之地,即不及今年九月前竣工,此则事势使然，某等当将不获已之故布之各议员，各议员当无不谅我大府者，便更仍衡鉴堂假屋之旧，迟速当不争此一年。或先建木屋，眼前得以暂驻，但留余地，储的款以待异日，亦无不可，异日改造其材亦尚可用。至于垂久之制，尚恳我大公祖慎重之。吾闽贫瘠，固不敢与他省较，然朴俭自与苟简不同，亦不至并一测绘之师而不能致。各省建造图式，某等已略得一二，兹特附上湖北谘议局详图，伏乞钧览，聊为参考之助而已，阅后恳掷还。谘议局既为采取舆论之地，断非某等十数人之所敢专，是非仍当听之公论，可否终当决之大府。如何之处，惟大公祖命之。事机已迫，不敢缄默，临楮无任，惶悚之至。

安溪绅士上谘议局书

宣统二年四月十五日，第三版

安溪绅士陈柱国等为官胥交迫，民无聊生，恳请提议照章出示立碑，以垂久远而甦民困事。痛安邑山僻小县，地瘠民贫，所有应完钱粮、屯米，均各照章完纳，无敢（玩）〔顽〕抗，致受追呼，因前各柜书以小民易虐，浮收勒索，经光绪十八年廪生陈试控，蒙前道宪许委刘肇修到厦责惩，自愿认罚炮捐数千金，姑从宽典发落，一面申明定章，札县出示勒石，以昭遵守。尤幸前升邑主戚尽将署内官丁各款陋规一概革除，另选妥书接充，合邑绅民共登衽席，得以安生数年。然当时戚升前主奉文未久，调升他处，以致立碑一节，更被弊寝中止。讵料各收书日久玩生，以为前贴告示俱各湮没，乡民无可指摘，遂乃逐渐加勒完价，乡民即欲与较，更以绝户飞洒罩陷，设有一二呈冤，亦终受其牢笼，故而各里屡民互相结舌，隐忍从索。谁知近年以来，变乱多端，柜书侦知收书浮收肥己，即令收书每里于额外勒加或四五百元或二三百元不等，以名曰销柜，迨后被官查出，柜书与收书通同作弊，因而科派各柜书于限缴外，加增二十余元之多，账房、门丁随封不在此内，上下交征，以致各柜书有恃无恐，明目张胆，肆意择肥，索扰几同强匪劫掠，官虽风闻，亦置不理。最惨者崇信里绅朴民懦，任从刻剥，钱粮屯米，每两每石均应完价银十余元串票，在外尚应酒肉丰菜盛意供给，稍不如欲，立时架捏，花户驰禀罩陷，官亦因循差禀拘追，该里中不特因此破家荡产，况数年之间复遭土匪扰害，不得已逃亡他方者，何止千百家？嗟乎，苛政猛于虎！前贤所痛责，今安邑阖属遭此繁苛，无异饿虎当途，立见死亡国等，目击心伤，欲救末力，伏思宪政维新，原为国计民生起见，现在上忙，业已开征，各收书纷匕下乡，刻剥之态势必如前，再四思维，惟有仰恳怜悯卑邑绅民遭此重困，迅赐提议，再行申明定章，并谕令各该里于适中之处立碑布告，以垂久远而甦民困。除叩各宪外，历情抄示，伏请谘议局公决。

宁洋绅士呈谘议局文

宣统二年四月十六日，第三版

宁洋县□自治公所为呈明事，按照禁烟章程，禁烟□者并重。去年经尊局提议禁烟，办□提纲挈领之要策，已蒙督宪颁□社，自前任杨公良翘于去春创办，雷厉风行，颇著效果，但法久玩生，不能为继，各土商贪图射利，溢卖私售，弊窦百出，黑籍中几有死灰复燃之势。兹蒙朱公妥筹办法，于去年十二月初四日，在去毒社开禁烟预备会，集绅商学界并传七家土店到社，公同议设售烟有限公司，以便调查，并酌提赢余洋六百元为创办警察经费。在朱主奉文筹办警察，不容延误，独此项经费为款颇巨，且卑邑异常苦瘠，取给于民已不聊生，取求于商目前年轻，水火奇灾，商情日形冷落，故不得已为此两全之策，一面由地方另筹，不敢藉为常款并可以为将来烟膏专卖之基础。当时土店不敢担任，自愿改业，复由商会员并社员先后劝其入会，该商坚持改业之说，又由朱邑主派丁典史惠霖亲往劝股，时土店再四坚辞，是以招集多数人共成四百股，每股资本计十元，事颇就绪，始经通禀各大宪，申请立案，随于正月二十八日，由公司先行试办，土店未有异词。罔料广东土商福昌隆、永福源等不知听何主唆，邀同七家竟赴龙岩州，控请复业，必欲达其破坏之目的而后已。伏查专卖虽未奉明文，而就地亦不妨设法。卑邑所筹有限公司集通邑之资本，拔通邑之毒根，成通邑之警务，似于宪政前途两有裨益，较诸专卖判然不同，且各土店所领营业凭照，限期已满，若再任其售卖，则减销、减吸终无尽期。卑所按地方自治章程第五条第二项，戒烟事亦在自治范围之内，且烟毒一日不除，则民气一日不生，情关桑梓，不敢置之不问，思维再四，惟有仰恳尊局操立法之机关，催进行之权力，体恤山城，俯念血诚，迅准代为呈请督宪即速批准，以便遵行，实为德便。须至呈者。

外府总学会代表上谘议局书

宣统二年四月十八日，第三版

具呈请书，外府州总学会代表卢鸿等为陈请事。窃查光绪二十九年管学大臣奏定学堂章程，内开学务纲要第二十四条云，将来各省学堂教员，凡授科学，均用官音讲解。诚以言语者，与宗教风俗同为联属民情之要素也。宗教同则情易固，风俗同则情易联，言语同则情易通。世界各国言语，全国皆归一致，故共同国之人，其情弥洽。中国则各省俱操土音，甚至一省之人，彼此言语不能相通，办事动多扞格。吾闽方言复杂尤甚，兴学之初，各教员教授讲义俱操侯、闽二县土音，惟福州一府学生可通，其余八府二州，如亚东人聆欧西语，未解一字。然犹曰创办伊始，人才缺乏，未能即臻完备也。于兹六七年矣，凡教育机关事事力求改良，而语言一节改用官音者，固不乏人，操土音者，仍居多数，以致外府学生专心致志，终日侧耳而能了无疑义者，十中不获一二，毫厘之差，谬以千里，于受业上弥行不便，是亦教授上一大缺点。去年秋，钧局为改良学务起见，决议自宣统二年起，凡中等以上为通省公共之学堂，教授均宜改用国语，业蒙督宪批准在案，乃各学堂教员至今尚未一律实行，是外府学生终无完全学问之一日，教育原期普及，而鸿等特抱向隅撰诸立教之苦衷，亦应不忍出此不已，备由陈请钧局核议，转呈督宪迅速札饬实行，以符定章而昭公议，实为公便。须至请者。

宣统二年二月，卢鸿等十一人具呈请书。

谘议局审查覆议茶务申覆报告书

宣统二年五月初四日、初七日，第三版

宣统二年三月二十四日，本局第十四次协议会，提出督部堂先后札覆关于闽省申覆书文两件，细核两次札文，其间主张虽有不同之点，而大旨则究无甚差异。对于原议决各条，似虑茶户与茶商多有未能适便之处。除第二、第三、第七三条无异议外，如第一条设讲习所，两札大意皆以种制诸法俱宜实地试验。讲习所设于茶商聚集之区，究与乡户之练习能否利便？不知拟设九处，除福州之南台为销售洋商之埠外，其余八处既为茶商采办之场，即系茶叶乡户之地，茶商、茶户均便接洽，此节似可无虑。第四、第五、第六三条，如派赴印、日考察，选派学生赴印、日练习，未派以前，先聘印、日技师招徒教授。安溪人焙制素精，请各埠采用各节。两札大意既虑巨货之难集，又虑制法之不同，与夫商情之能否适洽，似未便一律遽定办法，所见诚是。盖闽茶采制向用人工，印、日则用机器，茶商沿袭既久，初时必多疑虑。第八条，茶厘请该办落地税或统（损）〔捐〕，比原征酌量减轻，并酌免出口税数年，应俟各条议覆可以实行后，再查看情形，另行议办。是此条已表示允行之意，惟综合原案所拟办法，规划固屡远大，需款亦属不赀，揆之现在商情势难集事，即如讲习所一端九处，一时并举，经费既难，人才又乏，岂能骤期实行？且讲习所名称似将属教授一部分，如注册及种种改良茶务之计划，原不在其范围，不如改称茶叶研究会名义，更觉符合。即如赴印、日考察，与派生学习及聘印、日技师教授各节，此事虽关紧要，惟费巨，定苦难筹。南台一区既为全省茶商汇聚之所，筹款较之他处当必稍易，不如先就南台研究会附设讲习所一区，派人赴印、日考察及聘印【日】技师教授，逐渐扩充，于事实上较有把握。开办之初，自以先行各设茶叶研究会，首以联合商情而渐图整顿，至于改（落办）〔办落〕地税或统捐与创办茶务总公司，尚待异时。可否就原征茶厘，先行略为减轻，允为目前鼓舞商情之要图，兹因详加审查，谨将原议案覆为修正如左：

一、拟设茶叶【研】究会九处。以福州之南台为总会，组合全省茶商【研】究之机关，各处均为分会，专备各区内茶商、茶户共同【研】究之场所，其他如产茶颇多之地，距现指之处较远者，仍准酌量设添。（九处未详列，均照原案。）

二、茶叶【研】究会经理人现拟举十二人，请制台札委筹办，以示郑重实业之意。（经理人未详列，均照原案。）

三、凡闽口茶商均须向总会注册，其属各埠区内茶商仍须向分会注册，惟分会应注册者，其总会注册费须格外从轻。至总、分会注册费应如何分别等级，由经理人禀请制台核准办理。

四、各处茶叶【研】究会内部之组织，凡关于改良茶务之章程规则，得由经理人会同茶商妥议拟定，禀请制台核准立案施行。

五、【研】究会成立后，先由总会推举熟悉茶务之人赴印、日考察种制诸法，以图改良，并延聘印、日技师在南台【研】究总会附设讲习所，招集产茶各埠子弟，教授新法，毕业后人才足敷分布各处。【研】究所均一律附设讲习所，以便茶商、茶户之练习。

六、拟请将原征茶厘酌量减轻，稍纾目前茶商之困而企图茶叶之畅销。

谘议局审查督部堂札覆保护华侨报告书

宣统二年六月初三日，第三版

宣统二年五月初十日第二十二次协议会，协议督部堂札覆保护外洋华侨议案，蒙交审查。查此案札文，于原议十条中，除须候部定及咨部酌核各条外，其在本省行政范围内之第九条，移由厦门道就近体察情形，分别妥议。第十条移请漳、厦两道会筹妥办，究竟如何办理？尚未覆到，应俟续奉札文时，再行协议。是否，请公裁。

谘议局审查马晋三呈请遍设贫民工厂建议书之报告

宣统二年六月初三日，第三版

五月初十日第二十二次协议会，提出马晋三呈请遍设贫民工艺【厂】建议书，用意甚美，亦救贫之一策也，惟审查全稿，措辞失当，不无可议。原书云泰东西均有贫民工艺【厂】，而国家于以富强，人民于以乐利，一若各国富教之方尽于是耳。不知各国农、工、商、矿日益发达，而游民自少，即偶设贫民工艺厂，亦属慈善事业之一种，非富教之方尽于是也。又云闽省西北多山，东南滨海，言农桑则苦无隙地，言商贾则苦无资财。夫西北既多山矣，种植之利、牧畜之利无一不可，致富何以言苦无隙地也？至于所拟办法，欲令会匪、乞丐、盗贼及游手好闲之辈悉数入【厂】。窃以为每县筹设一厂，非厂容万人以上，即不能照原书所云，会匪悉数入厂，乞丐尽收入厂，盗贼皆必拿送入【厂】，游民悉驱之入【厂】也。况所指各项之人，顽梗必占多数，群萃一处，管理稍不得法，其不各出其为匪、为丐、为盗之惯技，同恶相济，而逼成祸乱者几希。原书欲令游民一例入【厂】，若辈何辜，竟与会匪、乞丐、盗贼为伍，万一沾染恶习，是反误游民而为匪、为丐、为盗矣，而咎将谁属？总之，工艺【厂】不容不设，如照原书所计划，则诚有百弊而无一利者，欲求适当办法，应请督部堂先从改良省会工艺【厂】入手。【厂】中只收贫民子弟，教授手工，不得收罪犯，一面严催各县筹设罪犯习艺所，凡属轻罪人犯，均令入所学习，并参酌各地方情形，筹设贫民工艺【厂】，专收贫民子弟，教以手工兼及书算，以裕生计，以养人格，与原书养民之意亦不相背也。是否有当，伏候公裁。

谘议局建筑案将有结局

宣统二年六月廿九日，第三版

谘议局建筑一案，经去年谘议局开会时议决呈督后，因高等学堂度地亦在贡院，彼此就于门关位置、地界广狭有所异议，因是两方相持，久不能决。在谘议局，既不能破议决之案而曲循高等学堂之主张；在高等学堂，亦不便因细故之争而致碍谘议局之经始，两处在事人员均异常焦急，处于欲了不得了之势。近闻林惠亭京卿回闽后出而调停，谘议局书记长林君长民亦自杭详电，请及时速了。十四日上午九时，由京卿会同谘议局议长高君登鲤、副议长刘君崇佑、陈君之麟，议员公推代表孟君思培、连君贤基、施君景琛、椿君安、王君子懿、陈君锡朋与高等学堂监督陈君培锟同到贡院公同详细丈量，彼此磋商，又经林京卿调停，两说以谘议局大门正对登瀛桥为准，其门位占地丈数，则以对登瀛桥之正中为中心点，由中心点以西横量至二丈七尺为谘议局与高等学堂界线，当经假定界址核之。从前由中心点至西边四丈之谘议局实退让至一丈三尺，高等学堂亦无异说。又闻此议成后，谘议局即于其日下午一时开协议会，协议以原议案重在议堂与门皆正对登瀛桥正中，并未提及宽大丈数，今议堂与门皆正对登瀛桥，尚与原案无所违背，议长、副议长、常驻议员全体均表赞成，似此定议。谘议局与高等学堂始则因公而争，终则力求法律与事实互相调和，官场亦不致将谘议局及高等学堂建筑事概作延搁，成见俱泯，公益愈彰，诚我福建前途之福，亦林京卿与林书记长善于处事之功也。

谘议局电军机处、禁烟公所、民政部电文

宣统二年七月初七日，第三版

北京军机处、禁烟公所、民政部，王爷、中堂、尚书大人钧鉴：闽省禁止邻土进口，屡奉度支部电驳，惶悚无状。查闽省禁吸有效，禁种早绝，且禁运已奏准有案，与他省情形不同。今度支部忽准土药放行，则种户、烟户均有所藉口，前功尽废，后患何堪，人心惶惑。谘议局代表舆论，理合上闻，伏恳转商度支部，准照闽督奏案施行，以维大局，福建幸甚。闽谘议局议长高登鲤等叩敬。

谘议局电度支部电文

宣统二年七月初七日，第三版

北京度支部泽公爷钧鉴：读钧部覆闽督筱电，惶悚无状。闽省禁吸有效，禁种早绝，且禁运已奏准有案，自与他省情形不同。今忽准土药放行，则烟户、种户均有所藉口，前功尽废，后患何堪，人心惶惑。谘议局代（奏）〔表〕舆论，理（会）〔合〕上闻，伏恳大部上遵谕旨，下查舆情，仍准禁运，以维大局，福建幸甚。闽谘议局议长高登鲤等叩敬。

松督覆谘议局书

宣统二年七月初九日，第三版

敬覆者：顷接来函并电稿二纸，具悉一切，仰见诸君热心公益，良深感佩。弟昨亦复电度支部，仍请其力为维持，禁止邻土运入。闽省似此官绅合力请求，或能达其目的也。专覆，祗请勋安。

松溪城议事会上谘议局书

宣统二年七月初九日、十一日，第三版

建宁府松溪县松溪城议事会为呈请公断，恳请各宪转饬遵办事。窃国家预备立宪、筹办自治，原以辅官治所不及，共图地方之治安。凡在自治范围内，应举行兴革，各项议事会均有提议改良之责。查松城公益事宜应整理者不一，而学务为之最，学务腐败应改良者不一，而劝学所为尤急。松邑劝学所成立于光绪三十二年，历今四载，有名目而无经费，有总董而无劝学员，甚至总董薪金向高等小学堂开支，其腐败情形已可概见。现总董拔贡范金业已物故，若不急请派充，设法改良，教育前途何堪设想？兹于本月初一日，敝会开第四次会议，准议员叶保衡等提出改良劝学所办法议案。查原议案改良各项似为妥洽，而县视学兼充劝学总董一职，请县照章遴选合格人员，禀候提学宪加札委派，尤为名正言顺。当经敝会征集意见，斟酌添改，公同表决，具文呈请吴监督承铣核办在案。蒙批所议改良劝学所办法及将契尾之款改拨劝学经费各条，事尚可行，另候核办等示，捧读之下，不敢不祗遵。然细玩批语，真令人百思而不得其解者有三：其谓用人为行政机关,地方官自有权衡,应由提学宪札委,更非议事会所得干预似也。切思地方自治基于教育,必国民教育思想之进步乃可望,国民政治思想之发达,盖自治与教育实有密切关系。况劝学所原在自治范围之内,办学人员合格与否,议事会理应照章提议。现敝邑出洋游历既乏其人,则总董一职,请(县)〔限〕于师范毕业选择禀充,自是责无旁贷,何谓干预?若必以用人为地方官主政,非敝会敢参末议,诚不知部章列劝学所于自治范围者何意?朝廷设立议事会所应议者又何事?此敝会所未解者一也。

若谓调查时兼筹经费未便施行一节,伏查劝学所章程内开劝学员宜联合村董进行调查学龄儿童,一面筹款兴学,是于调查时兼筹经费,部章煌煌,载有明文,故敝会提议原案亦以筹款兴学,责成该村绅董原为变通办理,一举两得。至经费果能筹集与否,自是村董之责,调查员不过广为劝导,非能一力干涉,亦何至滋生事端?若执此而吹毛求疵,恐因噎废食,不独教育无普及之望,即天下更无可举之事,此敝会所未解者二也。

至谓劝学所另行卜迁,以节孝祠为议事会场云云,试察敝会提议之意,实为节孝祠规模太狭,难容旁听,而劝学所又难择于地,故佥议改借明伦堂,亦以其地点适中,堂构宏廓,足增瞻重。倘必以明伦堂重地,不可改为议事会场,何以各府、州、县尤有改明伦堂为学堂?省垣之明伦两等小学堂,其明证也。且会场非学堂之比,立学必须建筑,开会可仍旧实况,一年会议止分四期,每期不过十五日,借不急之地应至急之需,亦于明伦堂何损?此敝会所未解者三也。

方今国家锐意维新,广开言路,创办自治,建立议会,凡为地方公民均可指陈地方公益,况劝学所为学务命脉,实人才消长、民生休戚所关,际此腐败已极之秋,议事会自不得不酌议改良,吴监督莅松已久,岂未深知?但碍于情面,欲以总董派旧学,又恐不符定章,未合佥议,致批答之词未暇深思,是非颠倒,究之事出公议,似难一概阻行,不得已于改良各节,姑举数项,准予照办,其实片纸上之改良,非事实上之改良也。贵局有代表全省舆论之权,各属人民上书建议无不设身处地,力为剖白,矧敝会开会伊始,照章提议,竟阻不行,将来言论摧折,何可胜言?贵局事同一律,当亦皇然动念而急欲力争者也。谨将提议原案及答复批语全录附呈,是否有当,统希公断,并恳代陈各大宪,迅饬遵办,实为公便。须至呈者。

福建谘议局为清理议案呈闽浙总督部堂文

宣统二年七月十二日、十三日，第三版

呈为开具议案条目，分别已、未奉札并陈疑义申请察核，迅赐札复事。窃本局于宣统元年九月初一日至十月十五日第一期议会中，遵照谘议局章程第二十一条、第二十二条，计呈议案四十一件并申覆咨询案五件；遵照章程第四十五条，计呈本局议事细则、旁听规则两件；遵照章程第五十四条，计呈本局预算案一件；遵照章程第二十六条，计呈质问案四件；遵照章程第二十八条，计呈参案一件；又遵照谘议局互选资政院议员章程第十一条，计呈互选细则一件，共五十五件。截至现在止，已蒙札复者四十六件，余九件尚未奉札。其已蒙札复之件中，有照准施行者；有交覆议者；有不以为然而并未令覆议者；有不置可否者；有一案中变更数条或一两节者；有全案中牵涉数类，先据一署详覆札行本局，其余司道并未详覆者；有各署详覆，彼此不相接洽者，完全照准之案不过十余件，余则大略均有异同。遵照宪政编查馆本年正月覆豫抚电，谘议局议案督抚并非不以为然，有变更增易之处，其案若不属于谘议局章程第二十一条第九至第十二各项之事，闭会中应交谘议局存案，次期开会以前，行政官执行诸务，仍照从前办理。是全案中但有一部分持异同者，非至次期开会覆议不可。闭会之中，本局应汇集全案诸件，以得次期开会，本局自应遵照办理。

惟是存案之件，本局议长及常驻议员于次期开会时，有报告全体议员之责，既有报告之责，则于札复中或准或否，不能不悉心研究，求得要领，以备全体议员之问。谨查前后钧札，多据各司道或委员详覆督部堂之语札行本局，其间有经督部堂察核定夺者，而未经察核之件实居多数。札末但有札行谘议局查照云云，是非可否，本局无从推测。查照一语，本为宪政编查馆所定札文之程式，然必先有可否，而后有所查照。据谘议局章程第二十二条：谘议局议定可行事件，呈候督抚公布施行。其第二项云：若督抚不以为然，应说明原委事由，令谘议局覆议。是札覆之准行与否，必以督抚之意为断。此节宪政编查馆曾经电覆两江总督，谓司道详覆，当以督抚名义行之。盖谘议局为一省之议会，督抚为一省之长官，札呈往复，本应如此也。又查谘议局章程第二十六条：谘议局于本省行政事件及会议应决事件，如有疑问，得呈请督抚批札。是质问案之批札亦当以督抚之意行之。本局所呈质问案四件，钧札批示皆据司道详覆，转行本局，督部堂亦并未置可否，中间关于盐务之案，福盐道至以刊布谣言诋毁本局，若福盐道所详，便为督部堂之意，是督部堂亦以刊布谣言为本局罪也。本局遵照章程，有疑乃问，何谓谣言？又遵照章程公布议决事件，何谓刊布谣言？若非督部堂之意，则福盐道局外诘责，违及章程第三十九条之规定，伏请督部堂明白宣示，以释群疑。至于案之内容如何，现在闭会之中，本局但能搜集材料，准备开会。盐务积弊，非陈盐道一详所能尽行洗刷也，此特关于盐务质问一案而已。至于全体五十五案，已奉札复，与未奉札复及已奉札复之件中间，尚有未明照准与否之处与应行呈请批示疑议之处，兹特分别汇列具折呈。现距第二期开会已近，前期之案，当由本局一一存案，以待覆议并报告全体议员。依谘议局章程第三十四条：凡召集开会，应于三十日以前，由议长将本届开会应议事件预行通告各议员。旧案未清，新案踵至。伏乞督部堂察核，迅赐札覆，以便遵章办理，实为公便。须至呈者。

谘议局复巡警道函

宣统二年七月十四日、十五日，第三版

润生大公祖大人阁下：敬复者，登鲤等初六日奉到钧函及新订违警章程草案，委令商改，以为刊布之用，仰见关心民政，虚怀下问，有惓惓不尽之意，无任钦佩。窃维本局之职在于指陈利害，筹计治安。虽在闭会中，而既属人民代表之机关，即有备长官顾问之职责。兹谨就钧谕所及，略陈鄙见如左：

一、部颁违警律似应原文刊布，不宜别为编列或删定之。钧函云：现查大清违警律复经修改，与原章程不尽相同。兹将部颁违警律各项顺序编列，重行厘订，间有不适用于本省者，略为变通删减等语。细玩辞旨，似系欲将部颁违警律顺序编列，变通删减之也。查违警律第四十五条云：本律所载之外，各直省督抚得因地方情形，酌定违警章程变通办理，惟不得与本律相抵触。此条所谓因地方情形，酌定违警章程变通办理者，似专指本律所载之外而言，然且限于不与本律相抵触。至于本律所载各直省自不得以意编列或删减之，又该律第四十四条云：本律自钦定颁行文到之日起限三个月，所有各省一律施行。玩"一律施行"四字意义，即知各直省对于本律所载之内，毫无编列删减之余地。既须一律施行，自当按照原文一律颁布矣。

一、违警章程似应另行编成，不宜与违警律混合为一。违警律不可由本省以意编列或删减，即如所陈列违警章程自当另行编成可知。盖我国幅员寥阔，直省风俗习惯各各不同，故于本律之外，又许各直省酌量地方情形，别定违警章程，以补其所不及。本律第四十五条所云：变通办理系因违警章程之效力与违警律无甚差别。本应概由律定，特以地方情形各异，故有如此变通办理，由各省自定之法，非谓可变通办理违警律也。今闽省情形既非部颁违警律所能尽赅，则别订违警章程自系不可缺之举，惟照法办理，言只应在本律之外，另行编订，方与律文不背耳。

一、违警章程似应由督部堂于本局开会时正式提案，经本局议决，更候督部堂核准，方可刊行。按谘议局章程第二十一条第六项：议决本省单行章程规则之增删修改事件。宪政编查馆议复于大臣奏陈谘议局章程权限折解释该项，举例以说明之，曰：如违警律中各省得定违警章程之类，且折中更申明云：凡根本于国家法律之单行章程规则，属于督抚权限内者，自应由谘议局参与，以收集思广益之效。今此项违警章程既属督部堂权限内之事，则自应由督部堂对于本局提案交议，而本局正式议事限于开会期中，故必须于开会提出而经决议者，方为有效，方得刊行。读钧函，有嘱本局商改发还，以便刊行之语，故谨申明之如此。

以上三项皆依据现章，因文以推义，似有不能不如是办理者。既承明问，用敢贡其千虑之愚，以备采择，惟候鉴察。抑登鲤等更有陈者，谘议局之设原以通上下之情隐，使地方政治便于推行，然欲上下之能通，则必长官与谘议局先有相通之机，而宪政之实利乃可得。各国通例：政府每有所举，于正式提案之前，恒先与议会议员商酌之，所以导其进言之途，示以行政之实也。本局成立伊始，固不敢谓于施政之道能有所知。然既遵奉明诏，以参与之权，尤愿预获讨论，以为练习之地。此项违警章程如蒙下问，先为商订草案，以备九月开会时提议，则登鲤等自当竭其壤流之微，以报盛意于万一，实惟大公祖命之所交违警章程草案一册，谨藏局以备研究。其旧定违警章程及贵公所别项规定，更乞饬检一份，交局备考，不胜厚幸。肃此敬复，顺请勋安，惟照不一。

治晚生高登鲤、刘崇佑、陈之麟，顿首。十二日。

松督饬属预备议案

宣统二年七月十五日，第三版

闽督松鹤宪近因谘议局第二次开议将次在即，遂饬各衙署预备议案，以便届期交谘议局研究。现各署已遵照办理，定于本月十五日以前，即当将所议草案呈缴督辕，以备研究云。

谘议局撙节糜费

宣统二年八月十三日，第三版

谘议局将届开会，公事忙碌，原设司事五人，不敷缮录，现该局已添聘欧某、郑某、陈某等三人入局，以资赶办。闻系暂聘一时，及闭会后，仍行裁撤，以节糜费云。

条列谘议局研究会之简章

宣统二年九月初六日，第三版

第一条　本会为本局议员共同研究，以图议事之进步而设。

第二条　本会开会由议长主席。议长有事故时，副议长以次代理之。如正副议长均有事故时，得推举临时主席。

第三条　凡遇火曜、木曜、土曜等日，下午自二时至四时，均为集合研究时期，但与谘议局常会时间相抵触者，得随时变更。

第四条　研究事项如左：（甲）关于政法教育书报之参考；（乙）关于临时调查之事项；（丙）关于应提议案之讨论及预备；（丁）关于往来函牍之商榷；（戊）其他关于本局应行研究事宜。

第五条　在于研究时间，凡局中书籍、函牍须挨座传览，不得凌越及携出会外。

第六条　会所设题到簿，议员到会者，须亲自书到。

第七条　有不得已事故不能到会者，应先期通函告假。

第八条　告假不得连及三次，但因疾病或公益事件及假离省垣者，不在此限。

第九条　其他特别事故经公认者，照前项所指办理。

第十条　凡告假连三次者，均处以二元之罚金。

第十一条　本会设通议簿，有对于局中一切事宜陈说意见者可自登记。

第十二条　本会规定之时期如逢例假日，一律休假。

第十三条　议员自到局日起，即应到会，如有放弃职务者，照第十条办理。

第十四条　本会会期自八月初一日起，自谘议局闭会时止。

谘议局分送建议书之格式

宣统二年九月初八日,第三版

日昨谘议局通函各社会团体,略云谘议局为代表舆论机关,以通人民情悃,故于人民陈请建议事件尤为注意。乃自去年闭会以后接到各处建议书,虽已不少,惟每以权限不明,格式不合,致难提出,殊为憾事。兹特摘录条文并书格式若干份,分与各团体,以便转给建议者依式照誊,庶免再误云云。

谘议局第一届会期经费决算

宣统二年九月十三日,第三版

本届收藩署银四千二百四十一两二钱四分五厘,开除议员旅费项下,共五十二人支重洋二千三百五十六元六角,科合银一千七百一十六两零八分五厘。什费项下:

特聘人员薪金,八人共支银二百九十五两八钱三分三厘三毫。

暂雇司役薪工,二十五人共支银七十一两一钱三分九厘。

膳伙面点,共支银二百二十两零二钱一分四厘。

物品添置,共支银三百五十七两三钱九分。

书报添置,共支银四十二两三钱五分五厘。

印刷用费,排印共支银四百五十四两一钱六分。

印刷,共支银一百四十九两零九分二厘。

灯油用费,共支银一百二十六两四钱零四厘五毫。

邮电用费，共支银六十两零四分四厘四毫。

笔墨纸张，共支银三十两零一钱五分二厘二毫。

修缮，共支银五十两零八钱三分。

杂用，共支银六十两九钱一分七厘四毫。

合计用三千六百三十九两六钱一分六厘八毫。

实存银六百零六两六钱二分八厘二毫。

闽督批答谘议局质问预算案

宣统二年九月十七日，第三版

总督松批呈并清折均悉，正于本日电请宪政编查馆会商度支部速定电复，一面批答间，适接准度支部江电开本部于八月廿七日具奏，遵章试办预算，缮表呈进并沥陈财政危迫情形一折，奉旨会议政务处覆奏，钦此。除全表缮齐另行咨送外，应照章先将局存地方行政经费底册照录一份，送交谘议局，所有本部核增、核减之款，已由贵处允许者一并抄案汇送，以备参考等因。准此。饬清理财政局按照部电赶紧抄录一份，送由本部堂札交外，特此答复。初四日。

谘议局电达资政院

宣统二年九月十七日，第三版

福建谘议局因闽督所交预算案仅有地方行政费一项总册，其余分册概未交到，且有岁出而无岁入，于预算案亦不能成立。闻经副议长刘君崇佑向制台质问之后，复由局公决，电达资政院，请示办理预算案之标准云。

谘议局有议行解散之消息

宣统二年九月廿二日，第三版

本届谘议局应行筹备各种议案，以预算福建全省常年出入度支为大关键，现在已届开幕，此项调查各册，尚未经闽省各大吏交来，实在无从措手。顷闻该局议长概各议员，拟先将谘议局解散，俟此种案宗移来，再行调集云云。确否，容再续探。

谘议局要制台亲自到会

宣统二年九月廿七日，第三版

福建谘议局开会之第一日，松制台到会一次以后，连开七会，皆系派委代理到会，但代理员于制台所提议案及咨询案，又皆茫无头绪，会场质问，诸多迟疑而不能答，于议事之进行实多窒碍。当由陈副议长芷汀君登坛质问并声明要制台亲自到会各等语，制台代理员枭台答，当为回明制台云云。

谘议局停议之消息

宣统二年九月廿七日，第三版

福建谘议局第八次会议时，由制台札到公文一件，系奉度支部电，谓国家地方税系属明年办理，本年从事调查，福建自应一律照办，乞转谘议局，不得以此藉口等因。由书记长朗读后，各议员大不谓然，谓度支部此电实有误会之处，因谘议局所争者在预算案之无岁入，非在国家、地方税之未分划，因恐制台致度支部原电亦必有误会之处，遂由刘副议长请制台代理员臬台鹿法司，饬将制台原电即日交局，以资讨论。鹿法司以为不能即日交局，辞色甚厉，大有轻蔑议长之意，陈副议长遂谓原电未经交来，此事讨论未毕，其他议案应行停议云云。高议长请表决赞成停议者请起立，本日全体到会，议计六十四人皆起立云。

谘议局上资政院电

宣统二年九月三十日，第三版

北京资政院鉴：预算不列岁入，前上两电未得覆。昨督札转度支部咸电，厘订国家税、地方税系明年应办事，今年先事调查，无从划分，该局不得藉口。本局迭次呈督并电贵院，所求在地方税岁入，岁入无款即议定岁出何从开支，所预算终归无效。厘订地方税与划分地方岁入本属两事，地方税以前，将以何款供地方之用？断无不能暂划之理。据今年试办预管册所列，福建全年岁入七百四万余两；岁出之数，国家行政费七百九万余两，地方行政费百十四万余两，出入相较，所短百二十余万两，不知此百二十余万短额如何着落？以一省地方之费所用，只有此数入款且无着落，民穷财匮，加税又不可以骤行，势将驯至地方无政而后已，天下断无地方无政而其国能自存者。大局所系，乞贵院主持即日咨部力争，迅电闽督提出地方行政经费岁入预算，以复会议，现在本局开会已十九日，一切议案皆与财政关系，预算不定则议事无从进行，本局惟有停议，以待解散。惟贵院鉴之，迫切，谨呈。福建谘议局。

松督亲赴谘议局

宣统二年九月三十日，第三版

前各报登谘议局开幕后松督只第一次亲到，其余均委托鹿臬司代行。各议员以问题系由松督提出，既不亲到，于调查预算各项自未了了。兹闻二十二日开议，松督复亲行赴局，想议案不难完结，而官绅当如前之交融矣。

谘议局致各省电

宣统二年十月十一日，第三版

谘议局：得院电，暂开议，待岁入。闽。

六、福建谘议局第一次会议速记录

第一次福建谘议局议事速记录第一号

宣统元年九月初七日（1909年10月20日）

议事日表　第一号

宣统元年九月初七日（水曜日）午后一时开议。

第一，本省谘议局选举细则草案（本局提出）。

第二，本省谘议局议事细则草案（本局提出）。

第三，本省谘议局旁听规则草案（本局提出）。

第四，本省谘议局办事处…………（残缺）

议长（高登鲤君）述各种报告：

一、本日按照初一日议…………（残缺）

二、各议员席次仍照原假…………（残缺）

三、选举…………（残缺）

（刘崇佑君）…………（残缺）

第一，宣读本…………（残缺）

谘议局议长副议长常驻…………（残缺）

第一章　选举方法

第一条，谘议局议长一人，副议长…………（残缺）

第二条，谘议局常驻议员十五…………（残缺）

第三条，选举投票皆用无记名。

第二章　选举时期

第四条，议长、副议长、常驻议员之选举，于前任议长…………（残缺）

第五条，议长因事出缺时，以副议长递补之，应于其时行副议长补缺选举□□□开会期中得由常驻议员中互选补之。

第六条，副议长因事出缺时，直行补缺选举，但不在开会期中，得由常驻议员中互选补之。

第七条，开会中议长、副议长均有事故时，由议员中互选临时议长，其选举方法与选举议长同。

第八条，常驻议员因事出缺，无候补常驻议员时，应行常驻议员之补缺选举。

第三章　选举之办理次序

第九条，凡选举须有议员半数以上到会方得行之，但第五条、第六条所定不在此限。

第十条，届互选时刻，谘议局应于会场门左设验照处，议员各出执照，经验讫以次入场。

第十一条，议员入场后，各就假定之席次，书记长宣告开始选举。

（施景琛君）就于第十一条自陈有简短发言，就席述之如左："假定"二字，系为初次而设，以后席次既定，可以删去。

议长（高登鲤君）请表决。

起立可决者三十八人。

第十二条，宣告选举之后，书记以选举票分致各议员，书记长按其席次之号数而宣呼之。

第十三条，议员应书记长之宣名，就于演席前，以选举票投入投票柜，以名纸投入名纸匦。议员不能就演席前投入匦内者，书记代就其席领受而投入之。

第十四条，议员投票既毕，书记长宣告闭锁投票匦及名纸匦；宣告闭锁后，不得再投票。

第十五条，投票既毕，书记长宣告开匦。书记当议员之前，计算投票之数与名纸之数，两数相符，方得开票。

第十六条，谘议局应预制得点记入表，以便照查投票点数。

第十七条，开票时，书记应朗读票内所载被选举人之姓名，就于得数记入表，一一施以朱点，详记各得票者之得点数。开票既尽，计算其各得票之总数，报告于议员，得票过半数者为当选人。

第十八条，书记长报告选举之结果。

第十九条，议长、副议长、常驻议员之选举，有二人以上得票同数者，以抽签定其当选人，抽签由书记二人分掣名签及号签。

第二十条，计算投票总数不实，或捏报当选，除照罚则议罚外，得更正之。

第二十一条，选举票及名纸投匦互误者，得更正之。

第二十二条，当选人依谘议局章程第十九条所列事由辞职时，照第五条、第六条、第八条办理。

第二十三条，当选人当选时即行辞职者，由书记长询于议员，公决认许与否；经认许，当再行选举。

第二十四条，议员不得预辞当选。

第二十五条，议长、副议长、常驻议员当选后，由书记长引就议长席前，表示应选之意。议长即时就议长席，副议长、常驻议员各退就本席。

第二十六条，就于选举有疑义时，书记长询于到会议员而决之。

第四章　选举无效

第二十八条，投票之数与名纸之数不符时，其选举无效；选举票及名纸书写违式者，仍算入总数之内。

第二十九条，选举票应无效者如左：

（一）违式者。

（二）夹写他事者（但记载被选举人官衔、职业、住址等者，不在此限）。

（三）字迹模糊不可辨认者。

（四）擅用他纸书写者。

（五）被选之人非议员者。

第五章　惩罚

第三十条，办理选举人员，有故为高下或其他舞弊时，一经指出后，由议员公决斥退。

第三十一条，选举情弊重者，得由议长申请总督惩罚。

第六章　附则

第三十二条，所有未尽事宜，于开会时，以谘议局议决改正之。

（康咏君）自陈有简短发言，就席述之如左：（一）常驻议员互选副议长时，常驻议员似宜全数到会，至少亦须五分之四到会方可。（二）议长、副议长之选举，若值同数时，不能以抽签定之，宜再行选举。

（施景琛君）自陈有简短发言，就席述之如左：选举副议长，选举人必有定见再行决选；又遇同数将若何，似以抽签为当。

（张选青君）自陈有简短发言，就席述之如左：抽签非章程所规定，宜照章程以过半数为当选。

"有谓过半数当如何解释者。"

（刘崇佑君）在演席发言如左：所谓过半数，原则应指议员定数而言。

（康咏君）就席发言如左：当以到会人数为准，此系本于宪政编查馆所电覆者。譬如三十八人到会，有得二十票者即为过半数。此次选举议长，亦以出席人数七十三人计算。

（施景琛君）就席发言如左：此次选举议长既用此法，后亦宜以实到人数为标准。

（刘崇佑君）在演席发言如左：得票同数时，用何方法定当选，宪政编查馆所颁章程未有规定，此即其不完全处。

（施景琛君）就席发言如左：此事关系重大，一时既难议决，似宜呈请制台，电询宪政编查馆，方能决议。

议长（高登鲤君）谓：康君咏所议常驻议员须有五分之四到会方得互选，诸君之意如何？

（李迪瑚君）自陈有简短发言，就席述之如左：五分之四，各国章程无此规定，不如改为三分之二。

议长（高登鲤君）请就康君咏所提议之（一）表决可否。

起立可决者五十二人。

（刘崇佑君）在演席述明应于第六条下再加一条，其条文如左："常驻议员于副议长补缺选举，须有五分之四到会始得行之。"

议长（高登鲤君）请表决。

起立可决者得五十六人。

议长（高登鲤君）谓：两数相等，康君以为须再投票，施君以为只须抽签，应如何办理，可否请制台电询宪政编查馆？请诸君表决。

起立可决者得三十六人。

第二，宣读本省谘议局议事细则草案。

福建谘议局议事细则草案目次：

第一章　议场整理

第二章　开议、散会、延会、中止会议及休憩

第三章　议事日表

第四章　议事

第一节　发议；第二节　读会；第三节　讨议；第四节　修正；第五节　表决；第六节　预算会议

第五章　审议及审查

第一节　议员；第二节　审查会

第六章　议员资格审查

第七章　咨询之申覆、争议之和断、陈请建议之收受

第一节　咨询之申覆；第二节　争议之和断；第三节　陈请建议之收受

第八章　秘密会议

第九章　议事录及速记录

第一节　议事录；第二节　速记录

第十章　质问

第十一章　缺席请假及辞职

第一节　缺席及请假；第二节　辞职

第十二章　警察及秩序

第一节　警察；第二节　议场秩序

第十三章　惩罚

第十四章　停会及闭会

第十五章　谘议局与资政院、本省总督、本省自治会及人民之关系

第一节　谘议局与资政院及本省总督之关系；第二节　谘议局与本省自治会及人民之关系

第十六章　开会中之协议

第十七章　附则

谘议局议事细则草案

第一章　议场整理

第一条，凡谘议局开会之日，议长、副议长、常驻议员互选后，议长就议长席，命书记以抽签定全数议员之席次及部属。其系议员之一任期中第二会期以下者，则于常驻议员互选之后行之。

第二条，议员之席次编列号数。

第三条，全数议员分为五部，若不能均分，应自第一部以下，每部加一人。议长、副议长不入部员之中。

第四条，补缺议员，依其前任议员之席次及部属。

第五条，临时会沿用前会之席次及部属。

第六条，各部以年长者一人管理选举事务，用无记名投票，由本部中分次互选部长一人，理事一人，得票最多数者当选。得票最多数者有二人以上时，则以年长者为当选，年同者以抽签定之。

第七条，部长整理本部之事务，理事补助部长协理本部事务。部长有事故时，由理事代理之。部长、理事均有事故时，以部员年长者代理之。

第八条，国家大典日、节日、星期日皆休会，但有紧急事故时，议长得询于到会议员全体临时开会。欲临时休会时，议长询于到会议员全体决定之。

第九条，凡休会应预定其日数，由议长宣告之。

议长（高登鲤君）宣告：开议已逾两点钟，应照章休息二十分钟。

午后三时二十分钟续开会议。

续行宣读议事细则草案。

第十条，议事中，议长自称曰议长，称议员曰某席某君；议员演陈时，自称曰本议员，对议长自称曰某席某议员，称议长曰议长，称他议员曰某某君。议长及议员称官吏，以其官加以相当之敬语。

第十一条，议案及报告书等，由议长先期印刷，颁布于议员。

第十二条，议长于咨议局章程及各规则所定之范围内，有维持秩序及关于议事整理之职权。总督或其代理员及议员，得请议长就于前项所定加以注意。

第十三条，议长有事故不能就席时，副议长以次代理之；副议长同有事故时，由议员中选举临时代理议长。临时代理议长之选举，依互选细则所定。

第十四条，凡议案与议员本身亲属及职官有关系，例应回避者，该议员应退席。

第二章　开议、散会、延会、中止会议及休憩

第十五条，凡会议非有议员半数以上到会，不得开议。

第十六条，会议于午后一时开之。有特别事故时，议长得先期询于到会议员全体，变更开议时刻。

第十七条，议长届开议之定时，就席报告各种事项后，宣告开议。议长未宣告开议之前，无论何人，皆不得于会议之事有所发言。

第十八条，议事日表所载应议之事件，既经议毕，议长宣告散会；虽未议毕，至午后五时，议长得宣告止议，延至次会再议。但系紧急之议事，不在此限。

第十九条，凡会议出席议员不及定数，议长经相当之时刻应点算之；若点算

二次而仍不及定数，应宣告延会。会议中议员有退席，致出席议员不及定数者，同前项所定。

第二十条，有必要事故时，虽在议事之中，议长得宣告暂时中止会议。

第二十一条，凡会议每经一小时，得由议长宣告暂时休憩。休憩以二十分钟为限。

第二十二条，议长宣告散会、延会、中止会议及休憩之后，无论何人，皆不得于会议之事有所发言。

第三章　议事日表

第二十三条，凡谘议局应议之事件及次序，并开议之日时，议事日表中皆详记之。

第二十四条，议长于每次会议终时，应将第二次会议之议事日表，报告于到会议员全体。

第二十五条，议事日表应揭载于官报，或经谘议局所指定之报纸，并申送总督及颁布议员。

第二十六条，议事日表因某议案必须于某时刻会议特为指定者，届其时刻，议长应中止他之会议，而移议该议案。

第二十七条，议事日表虽已列定所议之事件，临时若有发议，为未曾记入之紧急事件，须于本日开议，或本系列后之事件，须提前开议者，议长得不经讨议，询于到会议员全体，变更议事日表。

第二十八条，于议事日表所指定之日，其表中所记事件，若不能开议，或不能终议时，议长应更定议事日表。

第四章　议　事

第一节　发　议

第二十九条，议案之发议，修正议案之发议，及关于谘议局章程第二十七条、二十八条之发议，须有五人以上赞成作为议题。其他各种发议，除本则别有规定外，须有二人以上赞成作为议题。

第三十条，凡发议须缮具议案，附以简要理由，发议议员与赞成议员共署姓名，提出于议长，议长接受后，颁布于议员。事属简易者，得不拘前项所定，就议场陈述之。

第三十一条，既经成立之发议，其系议员提出者，非由到会议员全体认可者，不得撤回。议员之发议虽经撤回，其他议员得与定数之赞成者继续之。总督及其代理员自行撤回之议案，议员得与定数之赞成者提出之。

第三十二条，凡议案之发议经否决后，本会期中不得再行提出。

第二节　读　会

第三十三条，凡议案须经三读会而议决之，但议长或议员五人以上有要求时，依到会议员全体议决，得省略其次数。预算案、决算案、单行章程规则案，不得省略三读会。

第三十四条，第一读会至速须于颁布议案后隔一日开之。

第三十五条，第一读会议长命书记朗读议案后，总督及其代理员或发议之议员，应说明其趣旨。议员对于议案若有疑义时，得更求说明。议案之朗读，议长得以便宜使省略之。

第三十六条，既经说明议案之趣旨，该议案若系总督提出者，应即委托审查员，使之审查。谘议局待审查员报告后，就其大体讨议之，并决其应开第二读会与否。若系议员提出之议案，则说明趣旨后，应即讨议其大体，而决其应开第二读会与否。如有发议委托审查员而经可决者，则待审查员报告后，再决应开第二读会与否。决议不开第二读会之议案，应即撤废。

第三十七条，第二读会至速须第一读会既毕后一日开之，但议长得询于到会议员全体，与第一读会同日举行。

第三十八条，第二读会应将议案逐条朗读而议决之。议长得以便宜省略其朗读。

第三十九条，第二读会中得提出修正议案之发议。议员于读会之前，得将修正案提出于议长。

第四十条，审查员报告中之修正，不待赞成即作为议题。

第四十一条，议长得变更逐条讨议之次序，或连数条为一段，或分一条为数段，而付之讨议。但议员或对之有异议时，待其有赞成者，不用讨论而表决之。

第四十二条，第二读会终时，谘议局得以便宜将该议案委托审查员，使整理所决之条项及字句。

第四十三条，第三读会以第二读会之决议为议案，议长得以便宜使省略议案之朗读。

第四十四条，第三读会至速须于第二读会既毕后隔一日开之，但议长得询于到会议员全体，与第二读会同日举行。

第四十五条，第三读会应将议案全体之可否议决之。

第四十六条，第三读会除更正文字外，不得为修正之发议。但发见该议案中有自相抵触，或与现行法令有抵触之处，而为修正之发议者，不在此限。

第三节　讨　议

第四十七条，议员对于议事日表中所列之议题，欲发言者，应于会议未开之前，预将其姓名及赞成或反对之旨，列记之通告于书记。

第四十八条，书记按其通告之次序，列入发言表，报告于议长；议长于讨议之始，照发言表所列，使反对者先发言，次及赞成者，依次相间指呼之。指呼不应者，失其通告之效。

第四十九条，未经通告之议员，须待已通告之议员发言皆毕，始得请求发言。已经通告欲为发言之议员，发言虽未皆毕，若主张赞成或主张反对者之一面发言人数已毕，未经通告之议员，欲与此一面为同一之主张者，得求发言。

第五十条，凡未经通告而欲发言者，应起立呼议长，照自己席次告以某席议员，待议长许可后，始得发言。

第五十一条，二人以上皆起立求发言者，议长应令先起立者发言；若同时起立，则议长指定之。

第五十二条，因延会或中止会议，致发言未终者，于续行讨议之初，得继续前之发言。

第五十三条，凡发言应就演席，但系极简短之言，及得议长许可者，不在此限。总督及其代理员欲发言时，可通告议长，由议长请登演席发言。

第五十四条，不论何时，议长得使发言之议员就演席。

第五十五条，讨议不得涉及议题之外，议长认其辩论为涉及题外，或不必要之时，得制止之。但议员中有异议者，议长应询于到会议员全体，待有五人以上赞成其异议时，不经讨议而决之。

第五十六条，总督或其代理员发言时，若涉及题外或不必要，有碍议事之进行，议长得中止其言，由议长申明该议题之趣旨。但总督及其代理员证明所言与该议题确有关系之故，仍得继续言之。

第五十七条，议员于同一议题发言，不得及二次，但质疑应答及请求注意等，不在此限。

第五十八条，主查员或报告者因辩明其报告之趣旨，得叠次发言。总督及其代理员及发议议员，因辩明其议案，或其发议之趣旨，得叠次发言。议员之资格有被异议者，或被告其有惩罚事犯者，因辩明之故，得叠次发言。

第五十九条，会议之中，不得读意见书、理由书等，但因举证或报告之故，宣读文书者，不在此限。

第六十条，议长欲自与于讨议之时，应预先通告之，待该议案朗读后，退就议员席，使副议长就议长席，该案议毕，议长乃得复席。

第六十一条，讨议既毕，议长应宣告之。

第六十二条，发言者虽尚有人，议员得为讨议结了之发议，此时议长应询于到会议员全体，不用讨议而表决之。

第六十三条，议事细则有疑义时，议长决之，但议长得询于到会议员全体而决之。

第四节　修　正

第六十四条，议员所提出之修正案，应先于审查员会提出之修正案取决之。

第六十五条，同一议题有提出数修正案时，议长应定其表决之次序，此次序应以最远于原案者为先。若议员对其次席有异议时，待有赞成者之后，不用讨议而表决之。

第六十六条，修正案若尽经否决后，应就其原案表决之。

第六十七条，修正案与原案若皆不得过半数之赞成，而到会议员全体又议决为不可撤废之时，得使审查员更草具其案而付会议。

第五节　表　决

第六十八条，凡表决以到会议员过半数定之可否，同数时取于议长。

第六十九条，行表决时，非现到会之议员不得与之。

第七十条，总督或其代理员临会陈述意见，不列入表决之数。

第七十一条，议长欲令表决时，应将其付于表决之事，宣告于到会议员全体。议长宣告之后，不论何人，对于该议题不得发言。

第七十二条，议长定为应行表决之后，即令赞成之议员起立，计人数之多寡而宣告之。若其多寡之数，议长认为有疑，又或议员对于议长之宣告有异议时，议长应令书记点呼议员之姓名，视其起立与否以决之。点呼姓名之后仍有异议，待有十人以上赞成其异议时，议长应使为记名投票而表决之。

第七十三条，议长认为必要时，或有议员十人以上之要求时，应不用起立之法，以记名投票或无记名投票表决之。

第七十四条，记名投票之法，赞成者用白色纸，反对者用红色纸，各记其姓名，投入投票匦。

第七十五条，无记名投票之法，赞成者用白球，反对者用黑球，投入投票匦，同时并各以名纸投入名纸匦，若球数与名纸之数不符时，须再行投票。

第七十六条，投票匦及名纸匦皆设于演席之上，议员依次自投入之。

第七十七条，点呼姓名及投票之时，应封闭议场出入之门。

第七十八条，投票既毕，议长应宣告其赞成及反对之数。

第七十九条，议员不得求更改自己之所表决。

第六节　预算会议

第八十条，预算审查员将预算案分为数课以行审查，议长得于每课审查终毕时，以各案付之会议。预算各课之会议皆毕，应就其全体之实额为确定之议决。

第八十一条，预算会议中，若更发见有应行审查之事件时，限其事件得再委托预算审查员审查之。

第八十二条，总督提出预算案时，预算科审查员应自受委托之日十五日以内审查终毕，报告于谘议局。预算审查员若因不得已事故，必须展限，得请求议长许可，但以五日为限。

第八十三条，议员于会议中，欲就预算案为修正之发议者，须有二十人以上赞成，作为议题。

第五章　审议及审查

第一节　审议会

第八十四条，谘议局开会中，有应合全局议员审议事件时，得开审议会。

第八十五条，审议会由议长或议员十人以上之发议，不用讨论，以谘议局之议决开之。决议开审议会时，除即时开会外，由议长预定其日期，记入议事日表。

第八十六条，审议会长于每会期之始，用无记名投票，由议员中选举之得票过半数者，为当选。无得票过半数者，则以得票面最多数者二人行决选投票，仍以得票过半数为准。前项得票最多数者有二人以上时，以抽签定之。

第八十七条，议长、副议长不在被选为审议会长之列。

第八十八条，审议会长有事故时，以第一部长行其职务；第一部长亦有事故时，依次由第二部长以下行之。

第八十九条，审议会非有议员半数以上到会不得开之。

第九十条，开审议会时，议长退席，以书记长席为审议会长之席。

第九十一条，审议会长整理审议会之会议，维持其秩序。书记长之职务书记行之。

第九十二条，审议会之审议，不得涉及开会目的之事件以外。

第九十三条，审议会之发议，有二人以上赞成，可作为议题。

第九十四条，议员在审议会，得叠次发言。

第九十五条，审议会长欲自与于讨论时，应就议员中指定代理者一人，使就审议会长之席，代行其职务。

第九十六条，审议会之议事，以到会之员过半数决计可否，同数时取决于审议会长。

第九十七条，审议会之审议既毕，审议会长请议长复席，将审议之结果报告于谘议局。

第九十八条，审议会不得自行延会，若迄散会时审议仍不能终结，审议会长应请议长复席，将审议之经过报告于谘议局。审议会长为前项报告时，谘议局应更定续开审议之期日，载入议事日表。

第九十九条，审议中若有审议会不得议决之事件发生时，审议会长应请议长复席。

第一百条，审议会不得自定其规则。

第一百零一条，在审议会，若有违背谘议局章程或议事细则，及紊乱议场秩序者，议长得不待审议会长之请，即行复席，停止审议会。

第二节　审查会

第一百零二条，谘议局因事件之必要，得设各科审查员会，使就所委托之事件审查之。

第一百零三条，审查员会之分科及员数如左：（一）预算科九人；（二）决算科五人；（三）其他财政科七人；（四）法律科五人；（五）庶政兴革科七人；（六）惩罚科五人。前项规定之外，谘议局认为必要时，得增加其员数，或增设其科。

第一百零四条，除前条所定各科外，谘议局因事件之种类认为必要时，得设临时审查员会，其员数依谘议局议决定之。

第一百零五条，各科审查员于每会期之始，按第一百零三条所列之顺序，分次互选之；临时审查员于事件发生时，一次互选之。

第一百零六条，各科审查员用连记无记名投票，由议员中互选之，得票最多数者当选，二人以上得票同数时，抽签定之。临时审查员之互选同前项所定，但议长得指定临时审查员，而求谘议局之承诺。

第一百零七条，被选为审查员者，非有正当事由不得辞职。议长、副议长、审议会长，不在被选为审查员之列。

第一百零八条，各科审查员就本科中分次互选主查员一人，理事一人，其选举方法同一百零六条所定。前项之互选毕，主查员应报告于谘议局。临时审查员同以上二项所定。

第一百零九条，主查员整理本科之议事，维持其秩序；主查员有事故时，理事代之。理事管理本科之会议录，及其他一切文件。

第一百一十条，审查员会开议之期日，本科主查员定之，但谘议局得指定之。

第一百十一条，审查员会会议，不得于谘议局议事时间开之，但经谘议局许可，不在此限。

第一百十二条，审查员会须有审查员半数以上到会始得开议。

第一百十三条，审查员有事故不能到会者，应向议长及本科主查员请假。审查员请假，主查员认为有碍审查之进行时，得报告于谘议局，请求改选；谘议局若认诺之，即得行审查员之补缺选举。

第一百十四条，审查员有缺，主查员应报告于谘议局，行审查员之补缺选举。

第一百十五条，审查员会之审查，不得涉及谘议局委托事件以外。审查员会受审查事件之委托后，谘议局得以其有联系之事件并委托之。

第一百十六条，审查员于审查员会得叠次发言。

第一百十七条，审查员会所审查之事件，若议员对之有意见时，审查员会得征其意见。

第一百十八条，审查员会因审查之必要，得求谘议局呈请总督调取案卷，以供参考。

第一百十九条，审查员会所审查事件之发议者，得到审查员会说明其事由，惟不列议决之数。如系自治会或人民陈请建议之事件，审查员会得请议长召唤其代表人或本人，到审查员会说明其事由。

第一百二十条，议员有求阅览审查员会之会议录及其他参考文书者，除应守秘密外，主查员若认为不碍审查，应允许之，但不得携出谘议局之外。

第一百二十一条，审查员会之决议，以多数定之可否，同数依主查员所定。

第一百二十二条，审查员会之审查既毕，作报告书，由主查员呈出于议长。前项之报告书，除议长认为应秘密外，应预行印刷，颁布于议员。审查员于谘议局会议时，得承议长之命，更以口述报告。审查员既为报告后，谘议局得更以该事件委托之，使再为审查。前项之再审查，谘议局得更选他审查员而委托之。

第一百二十三条，审查员会会议中，因少数而见屏之意见欲报告者，经本科审查员三分之一以上同意，得作意见书，同前条之报告书，提出于议长。

第一百二十四条，谘议局得定期限，使审查员会报告其审查之结果。审查员会若无故迟延其报告，谘议局得将该科审查员全数改选。

第一百二十五条，审查员会作会议录，详记到会者之姓名及表决之要领，并其他重要事项。前项会议录由主查员及理事签名，交办事处存案。

第一百二十六条，审查员会所用之文书，除应缴还官署或其本人外，审查既毕，应并交办事处存案。

第一百二十七条，审查员会除议员外，不许旁听，但以审查员会之决议，亦得禁议员旁听。

第一百二十八条，审查员会于审查中，发见有应会同他科审查员会为协议之审查时，得经其同意开协议审查会。开协议审查会时，应由各本科主查员报告于议长。协议审查会终毕时，亦应报告之。

第一百二十九条，协议审查会应合举主查员一人，理事一人，以行其职务。协议审查会之会议录，与于协议之各科均应缮录一通。

第一百三十条，预算之审查，得更分数课，各就岁出项下审查之，次及于岁入，更将两项互较而审查其课之总额，各课之审查既毕，乃合为全体审查。预算审查中，若见有某种应修改或削除者，由审查员具修正案说明理由，同本科主查员之报告书，提出于议长。

第一百三十一条，决算之审查，亦得分为数课，审查其所出入各项，果准据于预算之规定，或曾得谘议局之承诺与否。若对之有异议时，应指明不合之处详记之，统由本科主查员报告于议长。

第一百三十二条，庶政兴革之审查，除为单纯之应兴应革之案，及一案而兴革数事，各自独立者应分别审查外，其有革除一事因而兴办一事者，则应先就其应革事件审查之，次及其应兴事件。前项后段之审查既毕，若可认其应革而否认其应兴，则应具修正案说明理由，同报告书提出于议长。若可认其应兴而否认其应革，则其案在审查员会为否决，但得报告其可认应兴事件之理由。

第一百三十三条，谘议局依总督之要求，或经其同意，于闭会后使审查员继续审查。前项之继续审查，得委托常驻督议员为之。

第六章　议员资格审查

第一百三十四条，议员以合于谘议局章程第五条至第八条所定者，为有议员之资格。

第一百三十五条，议员有告发其他议员当选时，不合谘议局章程第五条之规定，及当选后有犯第六条、第七条所列情事，或系第八条所列人等者，应指明确证，其告发书并其副本，自署姓名及年月日，提出于议长。

第一百三十六条，议长接受议员告发书后，报告于谘议局，用无记名投票，互选资格审查员五人，使审查之。但告发及被告发之议员，不得参与互选。前项之互选争议，议长应以告发书付之资格审查员，以其副本送达被告发之议员，限定期日，使被告发之议员呈出答辩书。被告发议员因天灾事变或疾病，不能如期提出答辩书时，得证明之请求议长展限。

第一百三十七条，议长接受被告发议员答辩书后，即付之资格审查员，限定期日，视报告审查之结果。

第一百三十八条，被告发议员若逾期不呈出答辩书，资格审查员待议长通知后，得径行报告其审查之结果。

第一百三十九条，资格审查员若认为须询问两方议员时，应请于议长，由议长召集之，使亲到资格审查员会。两方议员非得议长之命，不得自到资格审查员会。

第一百四十条，议长接受资格审查员报告后，预将其报告书颁布于各议员，而付之谘议局会议。

第一百四十一条，被告发议员不论曾否呈出答辩书，皆得于谘议局自行申辩，或托其他议员代行申辩。两方议员及代行申辩之议员，不得加入表决之数。

第一百四十二条，谘议局认其被举资格不符，决议为确无议员之资格者，由议长宣告事由，即行除名。谘议局行除名后，议长即使被除名者退出，将其事由呈知总督。若决议为被诬者，得将告发议员付之惩罚审查。

第一百四十三条，被告发议员未经确定为无议员资格以前，除关于该议员资格之会议外，不失在谘议局列席发言之权。

第一百四十四条，因选举诉讼之结果，及其他被控事件，经按察司或高等审判厅照会时，谘议局得使资格审查员覆查而呈覆之。

第七章　谘询之申覆、争议之和断、陈请建议之收受

第一节　谘询之申覆

第一百四十五条，资政院或总督有谘询事件时，议长奉札后，应印刷全文，颁布于议员，付之谘议局会议。

第一百四十六条，谘议局开议后，应即互选谘询事件审查员，使之审查。议员对于札文有疑义时，得以谘议局之议决，由议长呈请资政院或总督答示。前项之呈请，如系资政院，得由电报达之。

第一百四十七条，审查员审查中，认为当调阅案籍，或询问个人，或亲往某地查勘，报告于议长，待议长之命。议长得审查员之报告，可便宜处决之，但得询于全体议员而决之。议长为前项之处决后，应报告于谘议局。

第一百四十八条，审查员若以限期不足，得说明理由，请求谘议局展限。

第一百四十九条，谘议局得审查员之报告，应议决其申覆之趣旨，限定期日，委托审查员拟具申覆书。审查员应如期提出申覆书于议长，议长报告谘议局，更使书记长朗读之。申覆书应预先印刷，颁布于议员。

第一百五十条，前条之朗读后，除发见有确与事实不合，或文字窒碍之外，不得为修正之发议。文字之改正，议长命书记为之。

第二节　争议之和断

第一百五十一条，本省自治会因权限不明，互相争议，而呈诉于谘议局时，议长认其事件属于谘议局公断和解之权限内，而书式亦能合格者，得受理之。

第一百五十二条，自治会之呈诉书，应详记左列之事项：（一）自治会代表者之姓名，及其自治会之钤印；（二）争议之事件；（三）呈诉之年月日；（四）附有证明书件者，则记其书件之种目。

第一百五十三条，谘议局受理自治会之呈诉讼书后，应付之会议，其委托审查及会议之办法，准用第一百四十七条、第一百四十八条及一百四十六条第一项所定。

第一百五十四条，议长得节取自治会呈诉书之大要，印刷颁布于议员。

第一百五十五条，审查员认为应召集两方自治会代表人询问之者，得请于议长，召集该代表人于审查会。

第一百五十六条，谘议局得审查员之报告，应议决其曲直或和解之，委托审查员拟具公断书或和解书。

第一百五十七条，审查员提出公断书或和解书于议长，议长报告于谘议局，更使书记朗读之。公断书并和解书应预先印刷，颁布于议员。

第一百五十八条，公断书、和解书朗读后，除发见有确与事实或现行律不合，及文字误谬之外，不得为修正之发议。文字之改正，议长命书记行之。

第三节　陈请建议之收受

第一百五十九条，本省自治会或人民有陈请建议时，其建议书应列之事项如左：（一）自治会之建议书，应记代表者之姓名，建议之年月日，钤用自治会钤记；（二）人民之建议书，应记建议者之住所、身份、职业、年龄，建议之年月日，建议者签名盖章。建议者有二人以上时，则全书其姓名，由首列者盖章。

第一百六十条，陈请建议书若有议员绍介时，建议书表面应由绍介议员签名；虽无议员绍介，亦得陈请建议。

第一百六十一条，陈请建议书应用本国文字，若不得已须间用外国文者，应翻译注释之。

第一百六十二条，陈请建议书不得有违法及无礼之语。

第一百六十三条，建议之事件，不必以地方行政为限，但不得违背国家法令，或涉及私人。

第一百六十四条，陈请建议书非合于以上第一百六十条至一百六十三条之规定，谘议局得不收受之。

第一百六十五条，谘议局应设陈请建议文书表，每星期由议长印刷，颁布议员一次，其建议书非经谘议局决议为必当颁布者，不颁布之。陈请建议书虽在会议，议长得不朗读之，但谘议局议决请求朗读时，不在此限。

第一百六十六条，陈请建议之议案开议后，谘议局应即互选建议审查员，使之审查。

第一百六十七条，陈请建议案若有数案时，谘议局得并委托同一审查员审查之，审查员应依建议提出之次序而行审查。

第一百六十八条，绍介议员得请求谘议局对于该建议为紧急审查，但须具简明理由书，说明紧急之理由。前项之请求议长决之，但得询于到会全体议员，不用讨议而表决之，认为有理由时，应限定期日，委托之审查员。

第一百六十九条，审查员审查中，认为须询问建议者时，得报告于议长，以待议长之处决，但议长得询于到会议员全体而决之。

第一百七十条，议长为前条之处决后，应报告于谘议局。

第一百七十一条，建议审查员经其审查之结果，应分别为应付谘议局会议与否；其应付会议者，更分别为属于谘议局议决权限内与否，而报告之。

第一百七十二条，建议审查员若为不应付议之报告，经一星期后，议员无请付会议者，则审查会之议决为确定。

第一百七十三条，建议审查员若报告应行付议其建议事件，属于议决权限者，则作为议案付之会议；不属于议决权限者，则经谘议局会议可决后，代为呈达总督。

第一百七十四条，届闭会期陈请建议之事件，未经议决者，得由常驻议员之协议继续之。

第八章　秘密会议

第一百七十五条，凡会议遇有左列事由，经谘议局议决者，得禁止旁听：（一）总督特令禁止者；（二）议长、副议长同意禁止者；（三）议员十人以上提议禁止者；（四）本则别有规定者。

第一百七十六条，有前条之发议时，议长应即屏退旁听人，不用讨论而表决之。

第一百七十七条，秘密会议之记录不得刊布。

第九章　议事录、速记录

第一节　议事录

第一百七十八条，议事录应记左列事项：（一）谘议局开会、闭会之事项及年月日时；（二）开议延会、中止会议、散会之月日时；（三）每次会议总督及其代理员之到会日期并衔名；（四）每次会议议员到会之数；（五）议题发议者之姓名；（六）会议之议题；（七）委托审查员密查之事件；（八）议长及审议会长、审查员主查之报告；（九）决议事件；（十）表决可否之数；（十一）谘议局认为必要之事项。

第一百七十九条，议员对于议事录所记事项有异议时，议长应命书记长答辩之；议员若不服其答辩，或不服议长之处置，得不用讨论由谘议局决之。

第一百八十条，议事录应由议长，或代理当日会议之副议长，或临时议长及书记长，或代理书记长签名盖印。

第二节　速记录

第一百八十一条，速记录用速记法，详记谘议局会议中一切之发言。

第一百八十二条，凡经议长特命取消之发言，由速记录中删除之。

第一百八十三条，秘密会议之速记录，不用翻译，由书记长保存之。

第一百八十四条，议员演说之后，迄其当日午后八时，得求订正速记录，但字句之外，不得变更其演说之趣旨。对于速记录之订正，有申明与议者，议长待有赞成之后，不用讨论而表决之。

第十章　质问

第一百八十五条，凡议员对于本省行政事件，及会议厅议决事件，有十人以上之赞成，得对于总督质问。议员质问时，应具简明主意书，同赞成者签名，提出于议长；但在会议中质问者，经议长之许可，得以口述为之。

第一百八十六条，谘议局会议中，议员对于总督及其代理者之发言生疑义时，得发质问。

第一百八十七条，议长认质问书为合格，应呈达于总督，并印刷颁布于各议员。总督经呈达后，当即行批答，或明示批答之日期。总督若认为必当秘密，不能批答者，当明示秘密之理由，并将质问事件之大致缘由声明之。

第一百八十八条，议员对于总督之批答不能得要领时，得求议长请总督及其代理员到会，更为详细之质问。在会议中之质问，总督及其代理员以口述答辩者，议员因求详明之，故得再三质问。

第一百八十九条，议员质问之疑义，若不能以文书或口述了解之者，总督除批答外，得并以案卷交阅，以资详核。议员因求了解，亦得以谘议局之决议，呈请总督，调取案卷阅之。

第一百九十条，议员得总督之批答，或不得总督之批答，就其质问事件欲发议者，待有十人以上之赞成，得作为议题。

第十一章　缺席、请假、辞职及补缺

第一节　缺席及请假

第一百九十一条，凡议员因事数日不能到会者，应开具理由，预定日数，呈出请假书于议长；未具请假书在先者，应补具缺席书，申明理由。

第一百九十二条，请假在七日以内，议长许可之；逾七日者，经谘议局议决而许可之。但不得为无期之请假。

第一百九十三条，请假离去谘议局所在之地者，应将其往返之期明记于请假书。

第一百九十四条，请假之期已满，因事仍不能到会者，应更具请假书，而待许可。但因临时事故，不及具请假书时日，后应申明理由，呈请议长承认。

第一百九十五条，议员不能到会，并未具请假书或缺席书，接连至三日以上，及离去谘议局所在之地，于请假书不陈明者，议长得报告于谘议局，互选审查员审查而处分之。具请假书而不待许可者，同前项所定。

第一百九十六条，请假经许可后，于其期内复到会者，失请假之效力。

第二节　辞职及补缺

第一百九十七条，凡议员除任满再被选外，非因左列事由不得辞职：（一）确有疾病，不能担任职务者；（二）确有职业，不能常驻本省境内者；（三）其余事由，特经谘议局允许者。

第一百九十八条，议员依前条第三款之规定，欲辞职者，应呈出辞职书于议长。

第一百九十九条，议长接受议员辞职书后，报告于谘议局，不用讨议而表决之。

第二百条，辞职书中有无礼之语者，议长得禁止朗读，报告要略于谘议局，互选惩罚审查员审查之。

第二百零一条，议长、副议长、常驻议员出缺，除照谘议局章程第十七条、第十六条第一项第二项办理外，议员出缺，呈请总督照谘议局章程第十六条第三项办理。

第十二章　警察及秩序

第一节　警　察

第二百零二条，议长指挥守卫及警察官吏，施行谘议局内部之警察权。

第二百零三条，守卫司议事堂内之警察职务，警察官吏司议事堂外之警察职务。但议长有特命时，警察官吏得入议事堂内行其职务。

第二百零四条，谘议局内卫生、防害等事，守卫监督之。

第二百零五条，在谘议局内有重罪轻罪之现行犯人时，守卫及警察官吏逮捕之，而请议长之命；但在议堂及旁听场内者，应待议长之命，始得逮捕。

第二节　议堂秩序

第二百零六条，议员入议堂开会日，应着衣冠，常日应着马褂及长衣，有戴帽者应戴通常小帽。

第二百零七条，入议堂者，伞杖烟袋等类，应置之藏储室，不得携入。

第二百零八条，在议堂中，各应按席次而坐，不得任意行动、起立、移坐、偶语。

第二百零九条，不得吸烟及食物。

第二百一十条，除参考之外，不得阅读书籍、报纸。

第二百十一条，议事中，无论何人，应守静肃，不得发赞否声或喧噪，妨害他人之演说及朗读。

第二百十二条，不得箕踞，不得伏案，不得随意涕唾。

第二百十三条，入席、退席时，议长鸣号铃，无论何人，皆当沉默。

第二百十四条，入议场，议长先就席；出议场，议长先退席。

第二百十五条，出入议场，皆应鱼贯进出，不得拥挤。

第二百十六条，会议中，议员有违背谘议局章程或议事规则，及紊乱秩序者，议长警戒，或制止之，或命取消其所言，违者得命退出。

第二百十七条，秩序问题议长决之，但得询于到会议员全体而决之。

第十三章　惩　罚

第二百十八条，在会议中，有犯应行惩罚之事件者，议长得中止会议，或使犯者退出议堂。

第二百十九条，在审查员会，有犯应行惩罚事件者，主查员得中止审查员会；主查员虽不认为应行惩罚之事件，本科审查员仍得于谘议局为惩罚之发议。

第二百二十条，议长认为应行惩罚之事件时，经副议长之同意，得付惩罚审查员审查之。

第二百二十一条，议员有十人以上之赞成，提出惩罚之发议时，议长以副议长之同意，付惩罚审查员审查之，但议长、副议长得以应付审查与否，取决于谘议局。惩罚之发议，须于事件发生之三日内为之。

第二百二十二条，关于惩罚之议事，用秘密会议。

第二百二十三条，犯应行惩罚事件之议员，不得列席会议；但经议长许可，得自行辩明，或托他议员代为辩明。

第二第二十四条，惩罚审查员得请于议长，召唤本人及有关系之议员讯问之。

第二百二十五条，不从议长之制止或取消之命者，议长得作为惩罚事件，付惩罚审查员查审之。

第二百二十六条，惩罚分为二种：（一）停止到会，但以十日为限；（二）除名。

第二百二十七条，惩罚审查员认为应除名者，以到会议员全体决议行之。认为应停止到会者，以议长、副议长同意行之。

第二百二十八条，应行除名或停止到会之事件，依谘议局章程第五十八条、六十条所定。

第二百二十九条，依谘议局章程五十九条之规定，议员无故不赴召集，或赴召集后无故不到会者，经惩罚审查员审查确实，应行除名。

第二百三十条，抗拒谘议局之命令，或侮辱议员者，均得停止到会。

第二百三十一条，被停止到会者，如系审查员，即作为已经解职。

第二百三十二条，被停止到会者，于其停止期限内入议堂时，议长直命退出，若不从其命，得更付惩罚审查。

第二百三十三条，经谘议局之议决，或议长、副议长之同意，定为应行惩罚之后，议长于公开议堂宣布之。

第二百三十四条，认为惩罚原因之言论，议长得禁止公布。

第十四章　停会及闭会

第二百三十五条，依谘议局章程第四十七条，谘议局至于停会时，再开会之际，乃继续前之议事。

第二百三十六条，谘议局已届闭会，所有未经议决之议案，次会期开会不继续之，但依本则第一百三十三条者，不在此限。

议长（高登鲤君）宣告：开议计共四时，应照章闭会，所有未经宣读之议事细则，及议事日表中所定本日开议事件，延至次会再议。兹经更定以明日议事日表，宣告本日从是闭会。

本日会议闽浙总督松午后一时三十分钟到会，议员到会者七十一人，午后五时闭会。

第一次福建谘议局议事速记录第二号

宣统元年九月初八日（1909年10月21日）

议事日表　第二号

宣统元年九月初八日（木曜日）午后一时开议。

第一，本省谘议局议事细则草案（本局提出），续第一号。

第二，本省谘议局旁听规则草案（本局提出）。

第三，本省谘议局办事细则草案（本局提出）。

第四，本省谘议局守卫规则草案（本局提出）。

议长（高登鲤君）述各种报告。

一、报告初六日收到制台札文，发木质关防一颗，并令具报启用日期。

一、报告初七日申刻收到制台札文，准宪政编查馆电，谘议局议场内，拟定督抚及行政官、行政委员列席地位，札本局查照办理。原文如左：

请书记长朗读：

为札饬事，本年九月初五日，准宪政编查馆寄电，谘议局议场内，督抚席应在议长席后层居中稍高，其余行政官及行政委员席应在演台后议长席前之两旁地位分列，毋庸随仝督抚席一律在后，以便与议员相及质问，即希查照办理等因前来，合行札饬。为此札，仰该局即便遵照办理，特札。

按：此札文与现今本局制台列席地位本属相合，毋庸更动，惟行政官列席地位应稍移前。又札文中"以便与议员相及质问"一语，骤观之，似与昨日议决议事细则五十二条第二项"总督及其代理员欲发言时，可通告议长，由议长请登演坛"云云抵触不合，实则并无抵触。以一指质问，一指发言，质问与发言本属不同，应并述明。不知诸君有异议否？

（刘崇佑君）谓：其实与法律上亦无抵触，宪政编查馆之意，列行政官在前，不过以便质问，行政官答述，本亦简单，即就本席亦无不可。

（施景琛君）说：照宪政编查馆电，行政官席既更改，似宜多增数列。

（刘崇佑君）谓：施君说鄙人固极赞成，惟增席不知须增若干席方便。

（施景琛君）谓：约计须有行政官及行政委员二十人之席，通知制台，每日以二十人为限，若逾二十人，即不接待亦可。

（刘崇佑君）谓：议堂地方甚狭，若增为行政官二十人席于议堂，殊见不便，似以只增一两席为宜。

（施景琛君）谓：增一两位恨少，总以再增一列为宜，或以制台席、议长席推置在后，亦无不可。

（刘崇佑君）谓：再增一列，将制台席、议长席推置在后，议长说话，声浪恐不能达。

（施景琛君）谓：初一日议长说话，鄙人闻之甚觉明白，但不知他人如何耳。

议长（高登鲤君）请表决，赞成施君之说者请起立，赞成刘君者不必起立。起立者三人，施君说作为否决，遂从刘君之说。

议长（高登鲤君）谓：改正会场，非一日所能了。明日系节日，十一日系星期日，若初十日可以停止，则连续三日，自易举办。不知诸君赞成否？

起立可决者五十六人。

议长（高登鲤君）报告：初七日申刻接到制台札文，提出议案四条，交局公同详议，因须俟规则通过批准后，始有选举审查员等办法。兹先于本晚印刷颁布，以便研究，俟规则确定时，当即开议。

一、报告接到第六十六席郑君函，述未到会理由，系因痔疾复发，不耐久坐。

议长（高登鲤君）请假定第三席刘君（即刘崇佑君）续读昨日未完之议事细则。刘崇佑君登演席，宣读议事细则。

第十五章　谘议局与资政院、本省总督、本省自治会及人民之关系

第一节　谘议局与资政院及本省总督之关系

第二百三十七条，谘议局送呈申覆书、报告书及其他文书，于资政院或总督

时，钤用谘议局关防而发之。

第二百三十八条，谘议局遵光绪三十三年九月十三日上谕，因指陈通省利病，筹计地方治安，得对于资政院及本省总督条议事件。凡有条议时，得一面禀知总督，一面通禀资政院。

第二百三十九条，谘议局依职任权限内议定为可行之事件，应呈候总督公布施行。议定为不可行者，应呈请总督更正施行。

第二百四十条，总督交令覆议之事件，如未说明原委事由，谘议局应俟呈请说明后，再行覆议。虽已说明原委事由，谘议局决议为未能了解者，得再呈请更加详细说明。

第二百四十一条，总（田）〔督〕认为议事逾越权限而相劝告时，谘议局须覆查之。若实不逾越者，应说明理由呈覆总督。

第二百四十二条，与他省争论之事件，谘议局得呈请总督，咨送资政院核办。

第二百四十三条，凡送呈议案及各种文书于总督，应请给与回文，交办事处存案。

第二百四十四条，凡经议决之事件，不论总督允准公布施行及改正施行与否，皆于官报或谘议局所指认之报纸公布之。

第二百四十五条，依谘议局章程第三十条，资政院议定之各种事件，亦应公布之。

第二节　谘议局与本省自治会、人民之关系

第二百四十六条，对于自治会争议之公断书〈钤〉、和解书，钤用谘议【局】关防，交与该两造自治会或其代表人。

第二百四十七条，公断书、和解书交与后，应令缴送回文，交办事处存案。

第二百四十八条，自治会或人民陈请建议者，书式若无不合，应收受之，但不必以会议之认可与否，覆示该自治会或人民。

第十六章　闭会中之协议

第二百四十九条，谘议局闭会日，得由议长、副议长、常驻议员开协议会，其协议事件，照谘议局章程第二十一条第九至第十二各款所列。

第二百五十条，协议会协议之事件，应由议长委任之；议长有事故，副议长以次代之。应行协议之事件发生时，议长虽未委任协议，常驻议员得以同意请求委任。常驻议员以正当理由请求委任时，议长应允诺之。

第二百五十一条，协议会之会期，以有协议事件时为限。

第二百五十二条，协议会之会议，于谘议局协议室开之，但除应行秘密外，不禁旁听。

第二百五十三条，在协议会不必作议事日表，但议长应先期将应行协议之事件，通告常驻议员。议长认为有必要时，经到会常驻议员之同意，得变易预定协议之事件及其次序。凡协议会协议之事，除应行秘密外，皆公布之。

第二百五十四条，协议会非有常驻议员半数以上到会，不得开议；常驻议员非经请假，或临时有不得已事故者，不得缺席。

第二百五十五条，在协议会之发议，得不拘赞成者有无，皆作为议题。

第二百五十六条，在协议会之发言，得不拘次数，但若先有发言者，待其既毕，乃得发言。

第二百五十七条，协议会之表决，以到会常驻议员之过半数，为准可否，同数议长决之。

第二百五十八条，总督及其代理员，得到协议会说明协议之事件，但不列于表决。

第二百五十九条，协议会之开议、散会、延会、中止休憩及休会，准用开会中会议之规定。

第二百六十条，协议会之议事及秩序，议长整理维持之；议长有事故，副议长以次代理之。

第二百六十一条，第一百四十五条至一百五十条之规定，在协议会关于咨询事件之协议准用之。但审查员之委托，得以常驻议员全体充之。

（刘崇佑君）提议：宜加"全体"二字，改作"得以常驻议员全体充之"。

议长（高登鲤君）发问：是否赞成刘君之说？请起立表决。起立可决者五十三人。

第二百六十二条，第一百五十一条至一百五十八条之规定，在协议会关于自治会争议事件之协议准用之。但审查员之委托，同前条所定。

第二百六十三条，第一百五十九条至一百七十五条之规定，在协议会关于陈请建议事件之协议准用之。但其事件虽有属于谘议局议决权限者，仍以建议书呈达之，不得作为议案而更开会议。审查员之委托，同以上二条所定。

第二百六十四条，在协议会长得以文书之拟定委之书记。在协议会得省略文书之朗读。

第二百六十五条，本章所谓常驻议员者，皆统副议长而言。

第十七章　附　则

第二百六十六条，本细则以奉到总督批准之日起，为施行之期。

第二百六十七条，本细则未尽事宜，谘议局得于开会中改正之，呈请总督批准。

（施景琛君）自陈有简短发言，就席述之如左：第六章资格审查，似须加办事人员资格审查一条。

（刘崇佑君）在演席发言如左：办事人员资格如何，本由议长选请，应归责任于议长。照章副议长亦得监理，故副议长亦应分其责任。谘议局章程只定议长、副议长监理，则议长、副议长外，无此权限可知。且此与议事细则何涉者？

（黄乃裳君）自陈有简短发言，就席述之如左：施君之意，非谓办事人员从前行为有应审查者，实防止于未然之意。

（刘崇佑君）谓：此不能增入议事细则中，盖议事细则须有关于议事者，方得列入。施君之说，本议员不敢赞成。

（赖其浚君）就席发言如左：此条宜列入办事细则中，议事细则应先通过。

议长（高登鲤君）谓：施君以办事人员之审查，宜规定于议事细则，赖君以为宜规定于办事细则，刘君以为不必规定，应分数段表决。

（卢初璜君）就席发言如左：议事细则、办事细则均宜规定此项。

（刘崇佑君）谓：议事【细】则不能加入议事以外之事。

（卢初璜君）谓：谘议局可议全省之事，何以本局之事不能管到？

（刘崇佑君）谓：议事细则专规定关于议事之事序者，请诸君审认真确何如？

（卢初璜君）谓：议事细则何以有审查议员？

（刘崇佑君）谓：议员为构成会议之人，若不自审查而为外人所窃议，实属不美，故审查议员，所以为议事之根本计也。此乃出于保护之意，是议会之自治权、自主权。试观各国通例及各省之议事细则，莫不列此一章，幸勿误会。

（卢初璜君）谓：办事人员与议事有关系否？

（刘崇佑君）谓：办事人员乃设备议事之人员，非躬自参与议事者也。

（卢初璜君）谓：此亦可谓为与议事有关系者，何以不必审查？

（刘崇佑君）谓：办事人员之性质既定，则应否由议员审查，不待言自明矣。

（施景琛君）谓：前开议员茶话会，本云办事人员由全体议员商荐，何以此次不由议员商荐？是不承认茶话会之语也。

（刘崇佑君）谓：此系照谘议局章程，属议长权限。施君此语，诚所不解。

（施景琛君）谓：宜于办事细则第七条下加一条。

（林辂存君）谓：办事细则尚未通过，从何加入？应俟宣读办事细则时再议。

议长（高登鲤君）谓：按序表决，本应以施君、刘君为先，惟据顷者林君所言，议事细则应先通过，俟宣读办事细则时再议，于会议之顺序甚合。诸君赞成林君之说者，请起立。

起立者五十三人。

（杨豫君）就席发言如左：第十四章似宜移在第十五章之下。

议长（高登鲤君）谓：诸君对于杨君之说有异议否？

（刘崇佑君）谓：十四章以下均系内部关于议事之规定，第十五章系规定对于外部有何关系，用意本自有在，似不必改其排次。

议长（高登鲤君）谓：诸君赞成刘君之说否？赞成者请起立。

起立者四十一人，决议不必变更排次。

（施景琛君）谓：议事细则第一章第一条所规定，副议长之席亦以抽签定之，如此办理，甚不妥当。

（刘崇佑君）谓：副议长席以抽签定之，系议员研究会所议决。

（施景琛君）谓：副议长不在抽签定席之内，系外国议院通行之例，本议员不得不言。

（刘崇佑君）谓：当日聚议时，因谘议局章程无规定及此，故众意主抽签。章程既无规定，则以抽签定副议长席，亦非违法。本议员于违法之议，虽多数亦不敢赞同，多数而无违法，本议员断不敢不服从之。

（黄乃裳君）谓：施君既云是外国通例，以从其说为妥。

（卢初璜君）就席发言如左：黄君所说，是副议长较议员为尊大，本议员不敢赞成。

（施景琛君）：设副议长席，非以尊大副议长，例应尔也。人人皆有为副议长之望，似以另行设席为妥。

（刘崇佑君）谓：副议长与议员实无大小之别，均宜遵守法律，以重天职。自大固不可，自小亦不可也。本议员所以主抽签者，服从多数也。

（黄乃裳君）谓：前所陈述之意，非谓副议长较议员为尊大，特副议长责任较重大而已。

议长（高登鲤君）谓：施君主副议长席不在全体抽签之内，黄君赞成之，刘君则主在抽签之内。赞成副议长席在抽签之内者，请起立。

起立者五十六人。

议长（高登鲤君）：请刘君朗读旁听规则草案。

谘议局旁听规则草案

第一章　旁听券、旁听场

第一条，谘议局设旁听券，颁发于旁听人，为入旁听场之据。

第二条，非执有谘议局所发之旁听券者，不得入旁听场，旁听（卷）〔券〕污损不能辨认者无效。

第三条，旁听（卷）〔券〕效用之期间分为二种，于（卷）〔券〕面明记之：（一）一会期用者，（二）一次用者。

第四条，旁听场分为现任官吏席，外国官吏席，城镇乡自治会议员席，及学堂校员席、公众席、报馆员席。

第二章　旁听券之颁发

第五条，现任及各局所官吏有求旁听时，依所属官厅之照会，书记长承议长之命，限定若干员数，以全会期有效旁听（卷）〔券〕颁发之。

第六条，外国官吏有求旁听时，依洋务局之照会，书记长承议长之命，限定若干员数，以全会期有效旁听（卷）〔券〕颁发之。

第七条，城镇乡自治局议员及中等以上学堂教员，有求旁听者，依所属自治局之照会或学堂介绍书，书记长承议长之命，限定若干员数，以全会期有效旁听券颁发之。

第八条，公众求旁听者，须有议员之介绍，书记长承议长之命，定公众旁听之员数，颁发于部长，使之分配各部员。

第九条，前条所发之旁听(卷)〔券〕，限于当日为有效。

第十条，有省会之日刊新闻报馆，与以全会期之旁听(卷)〔券〕，书记长承议长之命，定其员数，以各报馆之协议分配之。在省会以外之日刊新闻报馆员，有求旁听者，依其报馆之请求书，书记长承议长之命，定其员数，以全会期之旁听券颁发之。

第十一条，颁发各报馆之旁听券，皆载其报馆之名。

第十二条，议员绍介旁听人，其旁听人、绍介人，均应书姓名于券面。

第十三条，开议经一小时后，旁听场尚有空席，议员若欲绍介旁听人，书记长承议长之命，得以旁听(卷)〔券〕与之。

第三章　旁听场秩序

第十四条，凡入旁听场者，应以旁听券示守卫，从守卫之指引而就其席。

第十五条，旁听(卷)〔券〕仅限一次有效者，入场时应交守卫截角；全会期有效者，应按日出券听守卫查验，并付名刺。

第十六条，凡在旁听场者，应遵守左列各事：（一）应穿马褂、长服，或穿整洁之学堂制服、操服；（二）不可携带伞杖及其他物件；（三）不可饮食或吸烟；（四）不可起立，不可箕踞；（五）对于议员之言论不可表示可否，不可窃议谈笑；（六）不可喧哗滋扰，妨碍议事。

第十七条，携带戎器、凶器者及酗醉者，不许入旁听场。

第十八条，无论有何事由，旁听人不得入议堂。

第四章　禁止旁听

第十九条，决议开秘密会议时，或因旁听场骚扰，须使全数旁听人退出时，议长使守【卫】执行其命令。

第二十条，旁听人不守本规则所定各事者，守卫承议长之命，或自认为必要时，得使之退出。

第二十一条，旁听场席满之后，虽执有旁听券求入场者，守卫得谢绝之。

第五章　附　则

第二十二条，本规则经总督批准后公布之。

议长（高登鲤君）宣告休憩二十分钟。

九月初八日午后三时二十分钟续行开议。

议长（高登鲤君）：请刘君朗读办事处办事细则。

福建谘议局办事处办事细则

第一章　通　则

第一条，本处办事人员，照章置书记长一人，书记四人。

第二条，本处各科，因办事之必要，得酌量雇用人员。

第三条，本处办事人员，照章受议长、副议长之监理。本处办事人员，如有不正之行为，得由议长另选，请总督撤换。

（卢初璜君）谓：宜规定交审查员审查。

（刘崇佑君）谓：此属议长责任，可责问议长，不可付之审查员审查。

（卢初璜君）谓：恐议长有偏袒之处。

（刘崇佑君）谓：议员尽可发言，特权限实属议长耳。议长有负责任，议员可提议对于议长行惩罚审查。

（康咏君）就席发言如左：议员可报告于议长，交审查会审查；审查确实，由议长请总督撤换。

（刘崇佑君）照此意拟条文如下：议员知有前项情事时，应指明确证，报告于议长，议长得使互选审查员审查之。审查属实，即行呈请总督撤换。

第四条，本处设办事室一所，凡办事人员应常川驻处办事。各科书记分设席次，到席办公时，各就席次，不得搀越。

第五条，本处办事人员，每日午前十时至午后四时，为到处办事之时间。

第六条，本处办公室设出勤簿，办事人员到处时，于该簿内亲书"到"字。

第七条，本处办事分为五科：一、总务科，二、议事科，三、文牍科，四、庶务科，五、会计科。

第八条，本处各科书记，关于紧急文件，均须通阅，钤盖图章。通常文件，应归某科办理者，该科书记阅毕，钤盖图章。

第九条，本处办事人员，除假日及谘议局议决休假日外，若须全日告假者，应具请假书到处，并嘱托本处人员代理职务。例假之日如左：节假三日；星期假、万（筹）〔寿〕假一日；年假，期间临时酌定；暑假，期间临时酌定。请假至三日以上，须商请议长、副议长托人代理。

（卢初璜君）谓：不宜有暑假。

（刘崇佑君）谓：暑假无论何国均有之，虽外国司法裁判所亦有暑假。

（卢初璜君）谓：若有紧急之事则若何？

（刘崇佑君）谓：请诸君再听第十条条文。语毕朗读之。

第十条，本处遇有重要事件，须继续办理者，得临时停止休假。

（卢初璜君）谓：年假尚可，因我国衙署年终均停止办事也。

（施景琛君）问：暑假常驻议员可回否？常驻议员若回，则欲开协议会，殊为不便。

（黄乃裳君）表示赞成无暑假。

议长（高登鲤君）：请表决无暑假，赞成者起立。

起立者五十九人。

第十一条，本处各科书记，各按本科职务，担任起草文件及拟定表薄。

第十二条，本处应办各事，遵守本细则外，应参照议事细则办理。

第二章　总务科

第十三条，总务科职务以书记长任之。

第十四条，总务科之职掌如左：一、关于调制议事日表之事项；二、关于议员之缺席、请假、辞职及补缺事项；三、关于每年度各科汇送办事报告，总司编纂之事项；四、编制议员名籍及谘议局要览之事项；五、议员分部及审议长、主查员、审查员之选举事项；六、各种报告及议案读会之事项；七、关于保管谘议局关防之事项；八、其他不属于他科管掌之事项。

第十五条，总务科有联络各科稽察员役之职责。

第三章　议事科

第十六条，议事科职务以书记一人任之。

第十七条，议事科之职务如左：一、关于常年会及临时会会议之事项；二、关于应议事件预发通知于各议员之事项；三、关于议员通告发言编列次序表之事项；四、关于编制议事录之事项；五、关于先例汇纂及各省谘议局会议记事摘要之事项；六、关于议事时应行回避之事项；七、关于审阅速记录按序汇存之事项；八、关于本处应开协议之事项。

第十八条，关于议事上之注意，本科得随时揭出之。

第四章　文牍科

第十九条，文牍科职务以书记一人任之。

第二十条，文牍科之职掌如左：一、关于普通来往文件起草及录存之事项；二、关于议员资格异议告发书、答辩书收受交付之事项；三、关于建议书、质问书、提议案之收受事项；四、关于各种收发文件编列号数、摘录事由、盖印、文到日期之事项；五、关于编制谘议局日志之事项；六、关于惩罚记录之事项。

第二十一条，本处所办文书表簿，须由本科拟定程式，以便汇存及发行。

第二十二条，议员欲阅本处文件者，由本科书记接待。

第二十三条，本局应发文件，由本科随时稽察，以期迅速发行。

第二十四条，书手核对无误之文件，送呈本科书记，会同总务科监用关防。

第二十五条，本处收到文件，应否议覆，由本科揭出之。

第二十六条，本处所办文件之汇存及检取，应派司事专管，由本科书记督率之。

第五章　庶务科

第二十七条，庶务科职务以书记一人任之。

第二十八条，庶务科之职掌如左：一、关于各处送到书报物件之收受配付事项；二、关于印刷文件、红白色纸、黑白球、旁听券、其他物件之制备配付事项；三、关于保管图书及新闻杂志之事项；四、关于司役雇用进退赏罚之事项；五、关于整理本局各处房屋及修缮之事项；六、关于指挥司事以下分办诸务之事项。

第二十九条，本处应行设备，需费额巨之件，须经协议者，由本科揭出之。

第六章　会计科

第三十条，会计科职务以书记一人任之。

第三十一条，会计科之职掌如左：一、关于具领谘议局经费事项；二、关于旅费、公费、薪金支送事项；三、关于购办应用器物事项；四、关于保管谘议局房屋、器具事项；五、关于本处预算决算制表之事项；六、关于册报会计之事项；七、关于本处会计簿籍之保存、检查事项。

第三十二条，本处经费盈绌，应由本科商请议长、副议长酌定之。

第七章　附　则

第三十三条，本细则以议决之日起为实行之期。

第三十四条，本细则未尽事宜由谘议局改正之。

议长（高登鲤君）：请刘君朗读守卫规则。

（刘崇佑君）谓：此守卫规则，谘议局章程本无规定。惟此守卫规则，为内部之事，照各国议会章程均有之。宪政编查馆覆于大臣折，谘议局虽不比联邦国之各邦议会，亦非地方议事会所得比，故宜有守卫规则之规定。

守卫规则草案

通　则

第一条，守卫于谘议局开会中，应依议长之指挥命令，防止危害，保持秩序。

第二条，欲加制止于人，或令人注意时，其言辞须恳切温和，不可倨傲。

第三条，遇有非常事变，须果敢敏速，尽其职务，不可怯懦。

第四条，守卫设守卫委员一人，守卫长一人，守卫四人。

第五条，守卫委员部署守卫长以下，实行局中之处理。

第六条，守卫长协助守卫委员，指挥守卫；守卫委员有事故时，代理其职务。

第七条，守卫承守卫长之指挥，以供服役，各次轮流值宿。

细　则

第一条，守卫之职务，系处理议场、旁听席、旁听人、收发文函及通名、值班、巡逻、门卫、电语等。

第二条，守卫从左列之方法尽其职务。

（一）议场

甲、监守议场之出入地方。

乙、承议长、书记长之命，从事于议场之取缔。

(二) 旁听席

甲、旁听人入场时，先点检其旁听券，指示其座席。

乙、旁听有不合规则之行为时，得命其须加注意。

丙、旁听席有喧哗时，得制止之。

(三) 旁听人

甲、旁听人入场时，视其旁听券，若系限于本日者，截去其券面一角，以供计算人数之用；若系一会期中通用之旁听券，则请求其名纸。

乙、旁听人有携持箱箧之类时，不可使之入场。

丙、旁听人因吃饭等外出时，留其旁听券，俟复入场时给之。

丁、旁听人携持凶器或举动甚怪异时，先止其入场，请命于守卫委员。

戊、自开议起，每一时间计算旁听人之人数，报告于守卫委员。

己、前项之人数，于散会后登记于日记簿，报知于守卫委员。

(四) 收发文书及通名

甲、文函及电信到时，登记于收受簿。凡书呈及局名、处名及议长、副议长、书记长者，交文牍科，其他交于本人，应请于收受簿盖领收之印。

乙、受有发送之文函时，登记于发送簿。

丙、有请谒者，使出名纸登记于名簿后，通知于本人。本人许相见时，介来客于应接所。

(五) 值班及巡逻

甲、值班者立于指定之场所，尽监守之职务。

乙、局内人有请其招呼者，须恳切指示。

丙、须注意局内之人有无密藏凶器，及其他不合规则之物。

丁、有正立通路妨碍通行者，得引去之。

戊、场中有无不洁之物，又厨中、厕所之扫除，饮食品之良否，一切关于卫生之事项，均须注意。

己、场中物件以及杂物等，均须注意其有无损坏。

庚、夜间巡逻之定数，须标印于所预列之表。

(申)〔辛〕、巡逻员因防火警，夜间须不绝巡视。

(六) 门卫

甲、查察出入。

乙、有搬出物品者须检察之,若无庶务科之凭证,无论何物,止其搬出,请命于庶务科书记。

丙、关闭门户,须严加锁钥。

(七)电话室

甲、各所有电话时,速通知于本人。

乙、遇雷雨时,须将电机放置。

第三条,局内有遗失物件时,直着手搜查,且报知于守卫委员。

第四条,于局内见有遗失物时,持向庶务科,报知其日时、场所,报知拾得遗失物之人,须与其人同来,若不能同来时,取其人之住所、氏名、年龄及拾得之日时、场所,报知于守卫委员。

第五条,守卫不可用眼镜、杖伞、烟袋等。

第六条,有病或有其他事故而告假时,须先报明其事由。

第七条,局内有急变、火灾及邻近火灾时,当径行报局。

第八条,邻近火灾时,须整顿消防局器具,注意防火。

第九条,火势见为蔓延时,第一文件、第二贵重之物、第三普通器具,须顺序搬出。

第十条,守卫每月办理之事件,须作报告表,由守卫长呈知于守卫委员。

守卫罚则

第一条,守卫违反规则,或怠慢失误时,按其情状,科以罚金,但至少须合月(捧)〔俸〕百分之一,至多不可逾一月之俸,轻者止于呵责。

第二条,罚金由每月俸给中扣除,使之完缴。

第三条,凡遗失或毁损官物者,以相当之罚金,使之赔偿其物价。

(卢初璜君)谓:本规则之细则三,旁听人之丙项,留其旁听券下,须加"名刺"二字,以便后入场时之认识。

(议长高登鲤君)宣告:时间无多,应停议他事,明日节假,初十因修改议堂席次休会,十一日星期假,十二日开议。遂宣告闭会。

是日议员到会者七十人。

总督二点三十分钟到会。

午后四时五十五分钟闭会。

第一次福建谘议局议事速记录第三号

宣统元年九月十二日（1909年10月25日）

议事日表　第三号

宣统元年九月十二日（月曜日）午后一时开议。

第一，抽签定席次及分部属。

第二，关于筹备师范教育事宜提议案（制台提出），第一读会。

第三，关于筹备普通教育事宜提议案（制台提出），第一读会。

第四，关于筹备实业教育事宜提议案（制台提出），第一读会。

第五，关于根柢教育事宜提议案（制台提出），第一读会。

第六，关于以上第二至第五提议案委托审查员之选举。

议长（高登鲤君）述各种报告：

一、报告增设将军都统席次。

二、报告泉州议员黄君谋烈、施君葵均告病辞职，候补者吴君拱震补黄君缺，洪君湛恩补施君缺。现吴君尚未到，抽签应仍用黄君名，俟吴君到后，即用其席次及部属。洪君已到，今日抽签，应将施君之签换作洪君。

三、报告抽签定席次之后，本应即行更换，但若即换，恐议堂秩序因而紊乱。拟于休憩后入场之时，再行更换，似较为妥当。诸君以为何如？

四、报告议事细则及旁听细则制台尚未批准，本日审查员会未成立，可否将制台所发议案，先行假定互选审查员。

五、假定第三十二席议员陈君患疟疾，告假一天。

第一，抽签定席次及分部属。

（一）抽签定席次

王子懿	第二十九席	熊秉濂	第七十二席
邹含英	第十八席	郑锡光	第五十九席
李馥南	第三十四席	黄金銮	第五十五席
许赞虞	第三十八席	康　咏	第四十席
蓝德光	第二十一席	施景琛	第三十九席
王邦怀	第二十二席	苏寿乔	第七十四席
黄　羲	第三十一席	潘纪雲	第五十一席
洪国器	第十六席	椿　安	第四十四席
杨慕震	第二十八席	赖其浚	第六十席
李仲邺	第四席	陈锡朋	第五十三席
彬　煦	第二十五席	李　驹	第七十席
黄乃裳	第六十六席	陈士霖	第六十二席
林仲翯	第三十六席	游肇源	第六十七席
谢受殷	第三十五席	高士龙	第六十四席
周寿恩	第九席	卢初璜	第七十五席
谢滋春	第二席	邓　畿	第二十七席
赵锡荣	第二十三席	郑藻山	第六十一席
陈树勋	第一席	范宗福	第六十九席
林天骥	第六十八席	李钟声	第三十七席
伍春蓉	第三席	林逢春	第四十九席
孔昭淦	第七席	杨长余	第十二席
余钟英	第三十席	周文麟	第二十四席
刘志和	第五十六席	孟思培	第十三席
李迪瑚	第五十四席	俞光华	第八席
黄钟澧	第十九席	连贤基	第三十三席
李慕韩	第十席	吴鸿枢	第六十五席
吴庭枨	第六十三席	叶福钧	第十五席

上官华盖	第四十三席	黄必成	第六席
林佑蘅	第四十七席	林辂存	第二十六席
洪湛恩	第五十二席	黄纪星	第二十席
苏春元	第五十席	张选青	第四十一席
张步青	第七十三席	陈 义	第三十二席
洪鸿儒	第四十二席	郑田龙	第五席
杨 豫	第五十八席	董藻翔	第十四席
林邦桢	第四十五席	高登鲤	第十一席
张国宝	第十七席	陈之麟	第四十六席
杨廷纶	第五十七席	刘崇佑	第七十一席
黄谋烈	第四十八席		

（二）抽签分部属

张选青	第五部	施景琛	第五部
林天骥	第四部	郑锡光	第五部
彬 煦	第一部	吴鸿枢	第二部
洪湛恩	第二部	邓 畿	第三部
潘纪雲	第五部	黄乃裳	第一部
杨慕震	第二部	林佑蘅	第一部
林辂存	第三部	许赞虞	第三部
周寿恩	第五部	俞光华	第二部
张步青	第一部	王邦怀	第一部
李 驹	第三部	李迪瑚	第四部
苏寿乔	第五部	黄金銮	第一部
张国宝	第三部	黄纪星	第二部
刘志和	第四部	黄必成	第五部
李馥南	第二部	陈树勋	第二部
郑田龙	第五部	叶福钧	第四部
椿 安	第三部	黄谋烈	第二部
赖其浚	第四部	苏春元	第二部

高士龙	第五部	上官华盖	第三部
周文麟	第四部	洪国器	第一部
郑藻山	第五部	伍春蓉	第一部
李钟声	第四部	连贤基	第二部
孔昭淦	第一部	林逢春	第五部
杨廷纶	第四部	陈锡朋	第四部
熊秉濂	第二部	杨长余	第四部
陈　义	第三部	余钟英	第一部
黄　羲	第三部	赵锡荣	第四部
董藻翔	第三部	谢滋春	第二部
林仲翯	第三部	吴庭枨	第三部
林邦桢	第一部	卢初璜	第四部
范宗福	第一部	孟思培	第二部
邹含英	第二部	黄钟澧	第一部
谢受殷	第四部	蓝德光	第五部
洪鸿儒	第一部	陈士霖	第一部
李慕韩	第三部	王子懿	第二部
康　咏	第三部	游肇源	第五部
李仲邺	第四部	杨　豫	第五部

第二，关于筹备师范教育事宜提议案（书记长朗读）。

（一）筹备师范教育事宜提议案（第一读会）

福建谘议局第一期议案

学问竞争，优胜劣败，古今大势也。今日五洲交通，才智驰骋于一大轨道中，长驾远驭，呼跃大进，争著先鞭，其势岌岌有不先即后之势。政治家欲进社会于文明境界，与列强齐驱于大陆之上，保守身世之资格权利，不受才智势力之侵凌压制，则莫重于教育。闽省教育，自光绪壬寅迄己酉，凡历八稔，计全省学堂及教育处所，达至五百六十有一，学务不可谓无进步。然按照部章九年筹备事宜，与全省普及之计划，则过此以往，事待议举者甚多。今先分条约列于下：

一、师范教育，部定筹备事宜中，各省优级师范学堂并初级师范学堂，限本年一律设齐。查省垣两级师范学堂，惟初级各科陆续分设，优级则甫设选科，年终毕业，明年即应增设本科，以求完备。各府除汀、漳、龙业已合设初级师范学堂外，余如延、建、邵、兴、泉、永、福、宁等府州，或甫议设，或设而中止，或迄未成立。若论成总办法，似专在省城学堂，拔取各府州县学者，扩充推广，设一储材之总区，为分输各处之预备。论联合办法，似当在延、建、邵设一所，福州、福宁设一所，汀、漳、龙设一所，各选本属学者，就地取材，因府治之，裁成作所属之模范。相持而论，何者为宜？

（林辂存君）提议自陈简短发言，就席述之如左：议案中联合办法，未言兴、泉、永设立一所，何故？

（制军代理员藩台尚）谓：此系钞胥遗漏，将来应添此一条。

（连贤基君）自陈简短发言，就席述之如左：师范教育，为国家培育人材起见，与警察、武备同。据愚见，成总办法殊属非宜。缘招考须来省，且须自备学费，而省中人士则皆官费，此其不便者一。又师范讲解，非用国语教授，殊不便于外府人。现限年内须设齐，自宜用联合办法。而地点要以何为适中，每年经费应筹若干，可否照省城师范学堂办法？

（制军代理员藩台尚）谓：先议办法，再筹经费。

（连贤基君）谓：经费先须筹定。

（制台代理员藩台尚）谓：经费现仅五万余金，将来若分设，自属不敷，再行另筹。今宜先定办法，再行酌筹。

（赖其浚君）谓：各府县初皆不知办法，似宜以成总办法为是。

（林辂存君）谓：联合办法亦须斟酌。如言语不对，则不能联合。如南洋所设漳泉学堂，每年由内地聘教员，多不通语言。最好就厦门先设一学堂以灌输，南洋一带将来再行推广。

（制军代理员藩台尚）谓：诸君所说甚是。最好能一府设一学堂，但恐经费不足。至所谓联合，亦不皆限定如兴、泉、永等，此当斟酌联合，因兴、泉、永系同辖一分巡道，故制军以为言也。

（议长高登鲤君）谓：此总须举审查员，方能决定。请诸君本日即行选举如何？

（刘崇佑君）谓：细则虽未批准，然可假定，以免耽搁。

（藩台）谓：此说甚是。本代理员可代表制军承认此议，因制军事忙，恐未必能即日批准，而议事进行，又不可妨碍也。

（刘崇佑君）谓：此次只可作为临时审查员，应先定人员若干。

（潘纪雲君）谓：据议事日表内，选举审查员在第六项，且制军所提议皆关于教育一事，似不妨俟一概宣读毕，再行选举。

（刘崇佑君）表示赞成。众均赞成。

第三，筹备普通教育事宜提议案（第一读会）。

一、普通教育，部定筹备事宜中，宣统元年京师及各省设立简易识字学塾，各厅州及城镇乡推广两等小学堂，又各府中学堂未设立者，限本年一律设齐。中学为小学进步，小学为中学初基，非普及不为功。现在各府中学，福州府甫开办，延平府甫议设，建、邵、汀、漳、兴、泉、永等府州虽已设立，未免因仍简陋，龙岩州则作而旋辍，福宁府则尚多缺点，中学之情形如此。小学统计全省二州五十八县，每县大者应设立若干所，小者应设立若干所，现在地方自治未成，区域尚未尽分，丁口未事清查，乡镇之联合又未能匀称，小学之难于筹设又如此。中学之完全，自应以筹款补助为要义。其小学应如何分设周密，俾普及之宗旨得以实行，亟应筹一完善办法，以植学业之根基。

（孟思培君）谓：现在地方自治本年须创办，自须分区，宜每区设一学堂，请诸君酌之。

（制台代理员藩台尚）谓：若此则须分区而后举办，俟地方自治制既定，方可行之。

（卢初璜君）谓：普及教育，应先办劝学所。现尚有多县未设，宜先设劝学所。至学堂分区，必不能俟自治区之成立，因恐自治区若未成立，则学堂竟不能办。至于分区，亦宜以多为妙。如永定分七十余区，其始有议其太多者，至现时则有七十余区。盖分区愈多，则责成该区办一学堂较为便也。至各府县所有办学人员，多举本地绅士，若老成者则多守旧，少年又未孚人望，故办理甚难。再各县已有劝学所及教育分会者，宜令地方官遇有教育事务，当与之相商方可。

（制台代理员藩台尚）谓：一面先分学区固是，但现时交通不便，中央权力不能遍及。至分乡分区,甚形琐碎,最好各府县先设教育分会,再行斟酌分区办理。

（施景琛君）质问：现欲教育普及,安得许多教员？最好各县先设师范传习所,然后办学方不患无人。据鄙意,在设长期师范,吾闽则教育人材现甚缺乏,不得不先办传习也。

（制台代理员藩台尚）谓：此论甚是。诸君能就现势筹其轻而易举者,固不限于制军所提议,皆可发表意见。

第四,筹备实业教育事宜提议案（第一读会）。

一、实业教育,省垣中等商业学堂、中等农业学堂、中等蚕业学堂、中等工业学堂,虽已次第成立。部章两年之内,每府应设中等实业学堂一所,每州县应设初等实业学堂一所。惟设此等学堂,先须养成教员,方能开办。教员程度,并宜略具普通知识,方为合格。筹办之法,自以养教员为先务。而本省财政困难,若必遵守部章,各府州县一体设立专门学堂,诚恐无款可筹,转难成立。或有谓闽省上游多山,宜兴农林教育,下游多经商,宜兴商业教育,近海多业渔,宜兴水产教育,此就地设学之说也。又有谓实业一门,只应省会设一中学堂,各府直隶州分设一初级学堂。否则,省会暨外府直隶州各设一中学堂,各州县备初级实业科学,附于各州县小学堂之内,此附属节费之说也。总之,实业亟当振兴,经费亦须兼顾,应如何筹划尽善,使之相济而底于成？

（议长高登鲤君）宣告休憩。

宣统元年九月十二日下午三时三十分钟续议。

议长宣告第三条议案已读毕,诸君有何质问？

（林逢春君）谓：实业学堂,外府州县恐办不到,若附于各小学堂之内,则尚容易。至教员养成为尤难,有教员方能组织学堂。

（制军代理员藩台尚）谓：现欲遍设,不特无此经费,且无许多教员,必须先注重此两层妥为筹议。

（施景琛君）谓：实业学堂中课程,自以实习居其大半,兹所欲质问者,现在试验场、工厂、陈列所已有几处？

（制军代理员藩台尚）谓：实业自以试验场、工厂、陈列所为必要，现在省城只有中等农业学堂、中等蚕业学堂、中等工业学堂、中等商业学堂，不过此四五处。

（施景琛君）质问：实业教员养成所，到底是附设于各学堂，抑特别设立耶？

（制军代理员藩台尚）谓：实业一门，与他等科学不同。他等科学有书籍、有标本、有图器等事，便可指陈授受；实业学问必须有试验场、工厂、陈列所，实行见习，实行考验，方能成完全之造就。若论经费支绌起见，自可附设；若论完全办法，则以特别设立为宜。

（施景琛君）谓：即教员养成所，亦须试验场、工厂、陈列所等，且此等总须经费。请问经费若干？

（制军代理员藩台尚）谓：此项经费，现在不过有五万金上下。惟议办事件宜有次序，似宜先定办法，次定经费，再议筹款，能筹其轻而易举于事有济者，最为合宜。

（刘崇佑君）谓：此所宜注意者，在教员与经费。现在养成所宜设何处？及用何方法养成？请示知。

（制军代理员藩台尚）谓：注意教员与经费，此实的当不易之确论。养成所或于省城，或分各府州，应请诸君筹议。

（刘崇佑君）谓：养成教员，宜用何法？

（黄乃裳君）谓：现在福建以农业为最要，就现在言以森林为要，就上府言有砍伐而无补种，若能一概补种最妙。宜于农业学堂内附设森林一科，将来毕业分派各处，以兴森林。再就工业论，如藤漆木竹等为素所固有，现所急者为纺织，因如毡毯、汗衫等，每年漏卮最多。

（制军代理员藩台尚）谓：黄君所言，自是题中应有之义。不过今日乃评议学务教育办法，似应筹议办法。黄君所言，自无不合，然宜归入细目之内，既承质问，试为推阐言之。如森林之学，瑞士国讲求最精，考木质成材之年数，讲林木长养之保守，其种植管理之法，甚为详尽。我国全不讲求，且交通不便，动启讼争。故森林亦是要紧之学问。至于工业一门，铁路、轮船之制造为大宗，如藤漆皮木等事皆其细者。

（黄乃裳君）谓：工业学堂有应加之各科，且所费亦不多者。如铁钉，每年出七八十万；又如卷线，亦销路甚大。至如泉州一带松柏甚贵，每担值六百至九百，其无薪之处，则掘草根以代之，甚且至于争讼。苟能遍植松柏，则收效已无穷矣。

（林辂存君）谓：现在时间短少，似不宜推论题外之事。

第五，关于根柢教育事宜提议案（第一读会）。

一、根柢教育理想之精，流为制造，迹象之著，生于原理。西学之察理制造，中学之致知力行。一、见诸象物，而收利用之效，以抵富强。一、体诸身心，而阐其灵明，以进平治。其迹异，其道实同。近来东西学校极重德育，哲学家之推究天演，探讨理原，莫不以明道进德相砥砺。吾闽渊源，伊洛学派最正，性理一门，实吾闽之家学。若任先正统系，日就湮坠，不惟放失国粹，且使东西哲学家笑我丧心。或于中学以上之学堂，科学、中国文之外，特设一科；或于每周水曜日放课之后，开一闽学研究会，使吾闽学子，皆成贯通中西明体达用之杰士，为五洲学界放一复绝无两光明之特色。此尤部堂所深望赞成者也。

（孟思培君）谓：此为德育起见，德育在小学即修身科，惟因此科多敷衍了事，宜就小学修身科先行整顿，庶将来学有根原。至闽学研究会可否改为宋学研究会？

（制军代理员藩台尚）谓：理学以闽学为最正，恐其沦没，故拟设会以昌明之。

（孟思培君）谓：宋学原系五经注脚，若有名无实，则不如不设。

（制军代理员藩台尚）谓：汉学重考据，宋学重心性，此争论已久。在制军意，吾闽自有学派，似宜真正讲究，以树根柢。

（林辂存君）谓：我闽学派固不止宋学一派。

（卢初璜君）谓：根柢教育不但闽学，其他尚多。中国以尊孔为主义，凡可以发明孔教者，皆宜于修身伦理科中兼收博采。若特设闽学一门，恐将来生出流弊，一则有门户之见存，一则有省界之畛域，愈难调和。

（制军代理员藩台尚）谓：欲研究此学，最好宜先除党见。

（施景琛君）谓：对本次全议案有二质问：（一）专门教育制军并未提及，

如高等法政等亦宜筹及。

（制军代理员藩台尚）谓：专门之学如法政、财政等科，自应筹及，不过制军之意，乃就未曾专注而又为最切要者提出，其他自应一律提及。

（施景琛君）续述如左：（二）宜请制军先将已筹定振兴教育经费若干全数开示。

（制军代理员藩台尚）谓：此条所言极是。制军原为初次开议，不便先将款目付议。缘现在约计经费已亏一百余万金，倘先将款目付议，则恐诸君因无款而不能决议，致使第一次议事不能成立。故先将办法付第一次开议，至办法议定，后预算款项，次再议筹款办法，庶可望事之有成也。

（议长高登鲤君）宣告谓：是否即行选举审查员？

（施景琛君）谓：当以本日即行选举审查员。

（议长高登鲤君）谓：现无预定审查员，故此事宜选举临时审查员。

（刘崇佑君）谓：此四案应归应兴应革案内之审查员，但因未行选举，故此四案宜另举特别审查员专审查之。将来选举各科审查员时，此案不归该科审查，因凡审查一事，当归一手经理方好。若留至明日选举，则须归应兴应革科审查员审查之。

（黄乃裳君）谓：此四案自应另举特别审查员。

（邹含英君）谓：此四案皆极须办理者，可不必付诸审查。

（刘崇佑君）谓：审查不尽以决其可行与否为目的，即审查如何办法，亦可付诸审查，俾得依多数为决议。惟办法既无他议，则并三读会亦可省略之也。

议长宣告表决：（甲）俟明日选举各科审查员后再付审查；（乙）本日即选举特别审查员。

赞成甲议者仅得三十三人，未过半数，遂从乙议。

刘君谓：本日所选举之审查员有五人足矣。议长宣告表决得多数赞成，照章用连记无记名法选举之。

本日到会六十八人，行选举得票多数者列左：康咏三十七票，林辂存三十一票，施景琛二十四票，黄乃裳一十六票，李迪瑚一十六票。

议长宣告明日议事日表毕，散会。

本日制军代理员一时到会。

议员到会者六十八人。

午后五时二十分钟闭会。

第一次福建谘议局议事速记录第四号

宣统元年九月十三日（1909年10月26日）

议事日表　第四号

宣统元年九月十三日（火曜日）午后一时开议。

第一，审议会长之选举。

第二，各科审查员之选举。

第三，撤内河炮船以兴办水上警察提议案（议员黄乃裳等六人提出），第一读会。

第四，请饬册胥改造鱼鳞册以除飞粮之弊提议案（议员周寿恩等六人提出），第一读会。

第五，请速奏定闽矿办法以保矿权提议案（议员卢初璜等六人提出），第一读会。

议长（高登鲤君）述各种报告：

一、报告接到总督松札知宪政编查馆奏复于大臣原奏谘议局章程权限折，又奏定章程有疑义者应以官定解释之说为据片，两项抄件。

（书记长朗读原札文）

总督松为札饬事，宣统元年九月初六日，准宪政编查馆咨开，宣统元年七月十六日军机大臣钦奉谕旨，宪政编查馆奏议覆考察宪政大臣于式枚奏陈谘议局章程权限一折，又片奏奏定章程有疑义者应以官定解释之说为据，坊间私刻不得援以为据等语，著依议，钦此。相应恭录谕旨，刷印原奏，咨行钦遵查照办理可也，等因。计送刷印原奏一本到本部堂，准此除原本饬承刷印另行通颁外，合先抄发，为此札仰该局即将发去抄件，查照办理，此札。计发抄件一份。右札仰福建谘议局准此。

一、报告议员诸君所预备议案材料，均未经正式提出；本日议事日表所提出诸议案，及下次议事日表所提出诸议案，均已正式提出，合行声明。

一、报告每星期拟定于星期三、星期五休会，以便预先研究议案。昨日发单通告此旨，赞成者六十八人，应于本日公布。

议长（高登鲤君）宣告选举审议会长。

（刘崇佑君）自陈简短发言，就席述之如下：据章程，选举审议会长时，议长、副议长不在选举之列，请议长声明。

议长（高登鲤君）声明：第八十七条议事细则，议长、副议长不在被选为审议会长之列。

谘议局行审议会长之选举，用连记无记名法投票。计出席议员七十一人，内康君咏得三十三票，其次则林君辂存得九票，照章无过半数，须就最多数康、林二君再行决选。康君咏得五十四票，林君辂存得十六票，康君咏得过半数，当选为审议会长。

议长（高登鲤君）宣告行各科审查员选举。

（刘君崇佑）谓：本年无预算、决算两科，此两科审查员应不必选举；又选举各科审查员，似以得兼任为当，但可兼两科，不得兼三科，以示限制。以上所言，乃细则中未规定者，因本日阅报，见江南系如此办法，姑以为言。

（议长高登鲤君）谓：据细则上须二人以上赞成，方可作为议题，诸君有赞成者否？

赞成者孟思培君、李迪瑚君。

（刘崇佑君）谓：预算决算不用选举，本系当然事实。至审查员可兼两科，不得兼三科，原为能尽人所长起见；不得兼三科者，恐其事忙，不暇兼及也。

（施景琛君）谓：譬如今日所议财政、庶政两件，同时开审查会，则此人不能兼顾矣。

（黄乃裳君）谓：刘君所言有理，因议员不过七十五人，其中尚有告假者，为数不多，能兼任较为适当。

议长（高登鲤君）请表决审查员以一人兼两科，赞成者请起立。起立者只二十二人，决议不兼任。

议长（高登鲤君）宣告先选举财政科审查员七人，并宣告依议事细则一百零五及一百零六、七等条，用连记无记名投票法互选之，议长、副议长、审议会长不在选举审查员之列。

得票多数当选者七人如左：林辂存四十三票，施景琛二十三票，黄乃裳二十二票，李迪瑚二十一票，张选青二十票，卢初璜十八票，赵锡荣十七票。

议长（高登鲤君）宣告选举法律科审查员五人，照前法行之，得票多数者五人当选如左：黄钟澧十八票，连贤基十六票，邹含英十六票，孟思培十五票，李慕韩十四票。

议长（高登鲤君）宣告休憩二十分钟，至三时五十五分续议。

议长（高登鲤君）报告泉州府属议员吴君拱震补黄君谋烈缺，本日已到。

议长（高登鲤君）宣告选举庶政兴革科审查员七人，选举照前法行之，计出席者六十八人，得票多数当选者五人：王邦怀十九票，椿安十九票，郑藻山十六票，王子懿十六票，林佑蘅十五票。

此外同票数十四票者五人，用抽签法得当选者二人：余钟英、张国宝。

议长（高登鲤君）宣告选举惩罚科审查员五人，计出席者七十一人，得票多数当选者五人：吴庭枨二十六票，范崇福二十一票，李驹一十九票，刘志和一十八票，林天骥一十六票。

议长（高登鲤君）宣告昨日所分五部，每部各自举议长、理事各一人，于十五日下午开会时，由当选人报告于议员全体。语毕，报告第五号议事日表。

议长（高登鲤君）宣告闭会。

是日到会者七十一人。

总督二点三十分钟到会。

午后五时十分钟闭会。

第一次福建谘议局议事速记录第五号至第八号（缺）

（原书缺第 2 册）

第一次福建谘议局议事速记录第九号

宣统元年九月二十二日（1909 年 11 月 4 日）

议事日表　第九号

宣统元年九月二十二日（木曜日）午后一时开议。

第一，撤内河炮船兴办水上警察案（审查员报告）。

第二，请速奏定闽矿办法案（审查员报告）。

第三，闽中振兴农林案（审查员报告）（附审查员修正案）。

第四，请截留部提海关赢余提议案（议员施景琛君等六人提出），第一读会。

第五，关于筹办审判厅质问案（议员刘崇佑等十一人提出）。

第六，请拨国民捐款为自治经费案（审查员报告）（附审查员修正案）。

第七，请清理钱粮积弊并照章划一粮价提议案（议员康咏、孟思培等十七人提出），第一读会。

议长（高登鲤君）：

一、报告张选青君、吴庭枨、孔昭淦君因病各告假一天。

第一，撤内河炮船兴办水上警察案，审查员报告：

宣统元年九月十五日提出，黄君乃裳，撤内河炮船兴办水上警察议案一则，由庶政兴革科审查，合将该议案情形报告谘议局公同议决。查内河盗贼充斥，炮船既不足以保商旅，则水上警察之不可不设，自为必当之理。然兴办水上警察，需款颇巨，如能撤去炮船，不无挹注之资。且既有水上警察，仍留炮船，尤虞（衡）〔冲〕突。惟裁撤炮船，其权限为中央政治所主，谘议局不得而干涉之。虽然，内河炮船之撤否固不可知，而水上警察之必设，实难或缓。如欲兴办水上警察，非先养成人材，备有警察资格，必至仍蹈炮船之旧辙。更无人随时稽察〈察〉，尤恐积久弊生。黄君所云，沿江警务自治局得以干涉监察之，诚为有见之言。现今各属自治局尚未遍立，一旦骤设水上警察，不徒巡兵乏选，即监察警务，亦觉无从。为今之计，不如先就高等警察学堂，附设水上警察二三班，其学生即由上下游招取。以本地方人（辨）〔办〕本地方事，较为熟习，俟毕业后再行兴办，则一切亦可就序而理也。宣统元年九月十七日，庶政兴革科（害）〔审〕查员：椿安、余钟英、张国宝、王子懿、林佑蘅、王邦怀、郑藻山。

议长（高登鲤君）请审查员椿安君登坛报告。

（椿安君）登坛报告（大旨与报告书同）。

（俞光华君）质问：若俟水警学堂毕业，则举办水上警察，尚须三五年，而据黄君所言，则急不能待。

（椿安君）答：若无水警毕业生，则无从兴办。

（俞光华君）谓：宜想一治标之策。

（椿安君）答：其策若何？

（俞光华君）谓：如鸡公十锦标之横，宜请制台饬自治局随时查察。

（椿安君）谓：此在修正案已说明，自治局得以干涉也。

（俞光华君）谓：鸡公十锦标等船，本系装盐，往往有盗卖盐包，以空船与他船或木排相碰之事，宜令所属地方官遇有此案，当认真彻底究办。

（椿安君）谓：贵议员所言甚是。请另行提出修正案。

（俞光华君）谓：此二条当另提修正案，以便加入。

（黄乃裳君）（请）〔谓〕：顷俞光华君所说，应即加入修正案。请众表决。

（刘崇佑君）谓：照章宜先表决，开第二读会与否，再行讨论。

议长（高登鲤君）请众表决，赞成可开第二读会者，五十四人。

第二，请速奏定闽矿办法以保主权案，审查员报告：

宣统元年九月十五日提出，卢君初璜，请速定闽矿办法以保主权议案，交由庶政兴革科审查，合将所审查之情形，报告于谘议局公同议决。闽中矿苗饶富，向未开采，坐生他族觊觎之心，事同于慢藏诲盗。夫就闽以外论，英人之铜官山矿约，久滋缪辁；就闽以内论，法人之建、邵、汀矿约，仅得夺回。况近日东省事机，日形激刺，则思患预防，速择人以总理闽省矿务，已有岌岌不可终日之势。胡绅国廉，素以开采南洋矿产起家，富于经验智识，虽近来稍有蹉跌，采诸多数之议论，金谓力量尚宏，以之担任闽矿，其的实可靠，自易招股。且经农工商部奏请，派充为福建商办矿务总理，已奉旨依议，令甲昭垂，断无轻于易人之理。则谓胡绅而外，他人可否充为总理，此等议论，现在似无庸提。又调阅该绅筹办闽矿文牍内所拟办法，有云：闽省矿产繁多，非一公司所能专擅。如有我国商人招集公司，或自出资本，均可向本总局领办（中略），但须遵照本总局章程办理，其非包揽一切，更无可疑。总之，外人垂涎，时机危迫，迟一日开采，即多一日濒于危险，而迁延复迁延，坐令当轴与该绅数年往复之筹划，付诸流水，事既可惜，且恐后此继者更难，而闽矿不可为矣。似宜将原议案所称，设立商办总局及豁免税费两项，已蒙制台许可者，速请制台咨农工商部，即请奏定立案，以免胡绅周章观望。一面速电胡绅来闽，将其他所拟各项办法，与新定矿章不符者，妥为商定，并宜限定日期，提出股本，招集股份，组织公司，于限期内从事勘探开采。该绅勇于义务，富于力量，必能力为肩承，以杜他人之口实。倘迁延时日，有逾限期，应将所奏定之案取消，另择妥人办理。宣统元年九月二十日，庶政兴革科审查员：椿安、郑藻山、王子懿、王邦怀、张国宝、林佑蘜、余钟英。

议长（高登鲤君）请审查员椿安君登坛报告。
（椿安君）登坛报告（大旨与报告书同）。
议长（高登鲤君）请众表决，赞成开第二读会者，五十七人。

第三，闽中振兴农林案，审查员报告：

宣统元年九月十七日提出，黄君乃裳，闽中亟宜振兴农业必以种树为本议案，并附蓝君德光集股振兴森林，熊君秉廉请禁侵害农林各案，一并交由本科审查员互相审议，合将审查情形，报告于谘议局公同议决。查吾闽山多田少，地瘠民贫，振兴农业，倡（辨）〔办〕森林，原为今日最切要之务。黄君调查各属土，宜极为详备，洵为确有阅历之言。惟细查案内所主张之办法，约有三项：（一）全省分设劝业道四员；（二）每道各设农业学堂一所；（三）各府州县设立农官及山林警察。查新定官制，各省设劝业道一员，若分设四道，与官制不符。况本日议事日表，刘君崇佑已有裁撤粮储道、改设劝业道之质问案，则此层似无庸另议。至所云四道各设一农学堂，十二日制台提出之实业教育一案，业经特别审查员报告，并提出修正案，似亦无须另议。至所云设农官及山林警察，均系劝业道成立后之事。特农业、森林系吾闽固有之利，似难听其荒旷，弃利于地而不图振兴。若蓝君、熊君之案，大意不外提倡、保护两层。查部章早经通饬各属，设立农会，研究关于农业各事，应请制台札饬各府州县，限一年内各设立农会，由地方公举公正及熟悉农业之绅耆父老，合力组织，认真提倡，择其与本地土质相宜之树木，先行试种，以资提倡。并由农会另设宣讲所，分赴各区宣讲关于种植森林各事项，以开风气。并订立森林章程，由地方官切实保护。倘栽种各项树木确有成效，自应照部定章程实行奖励，以重农业。宣统元年九月二十日，庶政兴革科审查员：椿安、郑藻山、王邦怀、王子懿、余钟英、张国宝、林佑蔺。

议长（高登鲤君）请审查员椿安君登坛报告。

（椿安君）登坛报告（大旨与报告书同）。

议长（高登鲤君）请众表决，赞成开第二读会者，得五十七人。

第四，请截留部提闽关（嬴）〔赢〕余提议案（议员施景琛等六人提出），第一读会。

请截留部提闽关（嬴）〔赢〕余案

兴学练兵，为当今要政。然经费不敷，不足以资整顿。闽省自光绪三十三年，前邮传部尚书陈璧奏准，将闽海关税务改归闽浙总督兼管，如有赢余，拨为本省兴学练兵之用。嗣经制台奏报，统共洋、常两税，年可节省归公银一十九万八千余两，并陈明前已奏请留作本省练兵兴学之用，应请仍照原奏办理。然查除开销外，只实得赢余十六万两。闽中财力支绌之余，而兵政学务方冀藉此项腾款，略为筹措扩充地步。讵本年度支部竟议提去六万两，于闽省新政前途不无窒碍。查度支部议覆御史赵炳麟请定立预算决算折内，奏令各省将外销款项通盘筹划，悉数奏明，果系实在应用，即当予以划留等语。可见度支部于外销之款，尽可斟酌划留，况此项节省归公之款，已叠次奏明，指定为本省练兵兴学之费。而部议忽起而提其三之一，何以解上年会议政务处奏，遵议度支部奏清理财政明定办法折内称，部中于外省款项，每令其据实报明，声言决不提用，及至报出，往往食言，故外省常畏其诳等语之讥？总之，新政之经营已难延缓，而地方之经济又属艰窘，似宜亟请制台电商度支部，体念闽疆贫瘠，准将拟提之款全数截留，以符原奏而昭公允。诸君以为何如？提议者：施景琛；赞成者：林辂存、余钟英、林邦桢、黄乃裳、李驹。

议长（高登鲤君）请书记长登坛朗读，朗读原文毕。

议长请提议者（施景琛君）登坛说明趣旨。

（施景琛君）登坛说明趣旨，略谓：此款本系地方赢余，应归地方之用，而度支部竟行提去三分之一，殊不公平。此款必须截留，不然，则以后地方之事，无一可办矣。

（李迪瑚君）质问：既云十九万余两，何以又只有十六万两？

（施景琛君）谓：尚有三万余两系关务处开销。

（李迪瑚君）质问：关务处何时开办？度支部提何年款项？

（施景琛君）答：（改）〔开〕办系光绪三十三年六月，至度支部提款，即于（改）〔开〕办之日起。

议长（高登鲤君）请众公决此议案应否开第二（请）〔读〕会，赞成开第二读会者，六十五人。

第五，关于筹办审判厅质问案。

筹办审判厅，系遵照奏定逐年筹备事宜清单限期举行之事，固属万无可缓，而行之亦必不可不以实。缘此事关系人民之权利义务至重大也。查清单所载，各省省城及商埠等处，各级审判厅应于本年筹办，明年一律成立；至各省府厅州县城治各级审判厅，及乡镇初级审判厅，其筹办及成立之期，则自宣统三年至七年止。在宣统三年以后者，尚可从容筹备，推事检察诸职，或尚不患乏人。惟今年筹办，明年成立之省城及商埠审判厅，殊形迫促。闽省本年应筹办者，福州省城及厦门商埠之审判厅，合各级而计，实属多处。闻各处现已悬挂匾额，为筹办之始基。本议员窃有疑问，谨列陈如左：

一、审判厅之人才。照法部奏准筹办外省省城商埠各级审判厅补订章程办法折，凡高等审判厅各设厅丞一人，民科一庭，刑科一庭，每庭设合议推事三人，每厅设典簿一人，主簿一人或二人。凡省城商埠之初级审判厅，每庭各设单独推事一人或二人。至若检察厅，则凡省城之高等检察厅设检察长一人，检察官一人，商埠之高等检察分厅设检察官一人，地方检察厅设检察长一人，检察官一人，初级检察厅设检察官一人。以上各员，均奏定之数，除原奏特许从简兼任者外，业经奏准，不得再行减缩。则需才之多，自不待言。此项人员，又宜精通法律学，及判决成例。山东就法政学堂原有之速成班，增益课程，改为司法讲习科，于本年正二月已经奏办，为期较早，明年尚可一律成立。本省则并此而未举办。现所已设之审判厅、检察厅所列人员，或系肄习法政一年，而未经改为司法讲习科，特加注意考究者；或并法政而未之习者，已各纷纷奉檄就职。开庭办理之日期，亦已经本府出示，定于九月十九日。审判一事，实为人民身命、财产、名誉之所系，而筹办简易若此。制台奏筹设省城商埠各级审判办理情形折内，虽云于省垣法政学堂附设研究所，使讲习法政，各员于肄业之余，入所研究审判规则，藉以培养审判人材。何以派在审判厅之人员，未习法政者，反可不必研究？是否各员均已熟谙审判规则？本议员不能无疑也。

一、审判厅所必需之补助人员。审判厅、检察厅之录事、书记，均不可缺。此项人员，亦须通晓法学，万不能以旧日之吏胥、代书等充之。现今养成此项人才之法若何，亦须筹及。审判厅创办之始，闽人之受审判者必难通用国语，则此项人员必须用本地人之精通国语者无疑。本省各府各县土音互异，如何分府分县以拔取之？又如何能得其通国文国语者？又如何得其知守正奉公者？请明示之。

一、审判厅之场所。审判厅为新设机关，若仍附设在府县衙署之内，则旧日吏员差役，仍得鱼肉平民，即使另雇人丁，薰莸亦虞易染。且法部奏筹办外省省城商埠各级审判厅折内，明驳以地方官署内为审判厅之非，该折已于本年七月初十日奉旨依议，则审判厅附设在府县衙署，实为非宜，似应另移他所也。制台奏筹设省城商埠各级审判厅办理情形折内，虽云原定期限成立即在明年，仍当督饬将法庭及办公处所赶紧择地兴筑，或就空闲公所酌改，所指择地及空闲公所，是否在府县署外？殊为可疑。请明定于府县署外择地兴筑，即衙署内有空闲公所，亦请不必酌改，总以两相分隔为宜。

一、审判之分立。读法部奏统筹司法行政事宜分期办法折，则云审判甫谋分立；至法部奏筹办外省省城商埠各级审判厅补订章程折，则云司法独立，特为宪（故）〔政〕之纲，维审判厅即其精神之所寄也。乃或过持减啬之义，意存敷衍，其甚者至欲以地方官署为判厅，即以地方官兼充推事，于行政司法分立之意实大相径庭。制台奏筹设省城商埠各级审判厅办理情形折内，则以福州府兼厅丞，以厦防同知闽侯两县兼推事长，各厅均附设地方官衙署内，虽云暂设，与原奏相异太甚。可否将暂设之时期极力缩短，以符原奏之意？发议者：刘崇佑；赞成者：李驹、卢初璜、赵锡荣、黄纪星、张步青、范宗福、黄羲、孟思培、李迪瑚、谢受殷。

议长（高登鲤君）请提议者刘崇佑君登坛说明趣旨。刘崇佑君登坛说明趣旨（大旨与质问案同）毕，（遂）〔逐〕条向制台代理员质问。

第一，审判厅之人才。

（制台代理员臬台鹿）答：所论甚是。制台因司法不能缓办，而人才又实难得，照清单上审判厅本限明年设立，而制台却先行设立，一面则就法政学堂设研究科，以养成司法人才，但现在我国一切法律均未定，故办理审判亦甚为难。

（刘崇佑君）谓：现在已定有试办审判厅章程。

（制台代理员臬台鹿）谓：此章程并未颁到。

（刘崇佑君）问：审判厅关系甚重，若以不知法律者充之，甚为危险。

（制台代理员臬台鹿）谓：现在因人不敷用，故暂委候补人员，将来必须一律用法政毕业人员。

第二，审判厅所必需之补助人员。

（制台代理员臬台鹿）谓：此议甚是。但我们正在想法，现尚未办到，诸君能想一妥善之法否？

（刘崇佑君）谓：本议员对于此案，系照谘议局章程提出质问，如制台以此事作为咨询案，则谘议局自应申覆。

（制台代理员臬台鹿）：现拟另招人员，不用旧时胥吏；至此项人员必须用本地者，庶言语可通。

第三，审判厅之场所。

（制台代理员臬台鹿）谓：此须通盘筹划，现尚未定。

第四，审判之分立。

（制台代理员臬台鹿）谓：暂设时期自应极力缩短，惟现在情形极难，遇有事故，非地方官不能办。故制台出奏，谓遇有重大案件，仍由地方官审判。必俟九年预备清楚，乡镇审判一律成立，方能分开。

（刘崇佑君）谓：以本议员意，既曰成立，同时即应分开；若未分开，则不得谓成立。盖司法与行政本当分立，司法机关之成立，即谓其与行政分立也。

（制台代理员臬台鹿）谓：乡镇审判既未成立，若遽分开，则乡镇审判归何人管理？

（刘崇佑君）谓：本议员以行政司法总须分立，一面成立，一面自当分开。

（制台代理员臬台鹿）谓：行政司法总须至八年后，乡镇审判一律成立后，方能分开。

（刘崇佑君）：此问题且不论，但本议员意，以后司法人才极少，总须以司法讲习科毕业者充之。

（制台代理员臬台鹿）答曰：然。

（刘崇佑君）问：此项人才已约计需用若干否？

（制台代理员臬台鹿）谓：现候补人员不多，有当要差者，不能送入学堂，且亦有不愿入学堂者，其愿入者，皆已尽数送入肄业。

（刘崇佑君）问：此项需人甚多，究竟曾否预算？

（制台代理员臬台鹿）谓：现尚不知如何办法？若本地人亦可充审判，则自可敷用。

（刘崇佑君）问：若不及今预备，则将来因人数不敷，又须用及未习法政之人员矣。

（制台代理员臬台鹿）答：以后到省候补者，照章均须习过法政，将来总不至乏人。

（刘崇佑君）谓：当具简明质问书，请议长认可，呈请制台批答。

第六，请拨还国民捐款为自治经费案，审查员报告书。

窃因本局第一届第六次议会，提出议员苏君寿乔，划定地方自治经费议案，交由本科审查。查得该案划定地方自治经费，只专指国民捐一项，惟此项捐款系奉特旨发还，在朝廷原为取信于民，此意断不可背。惟地方自治，为立宪之一大枢纽，无款维持，亦难望振兴，不得已为筹两全之策，其中采用原案所议者甚多，独发还办法，略为参酌情形，谨条列如左：（一）国民捐拟请全数发还，各府厅州县原解地方，由地方官交妥实银钱铺或当铺暂时保存。无论何人要领回原捐者，俱须提出原给三联单，向原解地方官所指定之银钱铺或当铺照数请领，无单者按照第三条办理。（二）地方官于接受发还此项捐款之日，即须出示布告，此款愿照数领回，或移充地方公益，限三个月内，赴原解地方官处，自行声明，逾限作为无效。（三）逾限三个月未领者，所剩之项全数拨充该属地方自治经费，由该属各团体代表公议配给。（四）捐款中多有原解地方官垫捐之款，揣其初心，无非体恤民艰，热心国事者，自未便听其湮没。拟请将该款无论有单无单，统发归原解地方，充该地方自治经费，为倡捐之官作永远纪念。（五）地方自治经费关系紧要，除原案所指国民捐一项外，如尚有不敷，准由该地现剩公款，尽数指拨，藉资提倡。（六）拟请制台将各属原解国民捐详细清册照抄一份，交谘议局备案，并札各属所办地方自治，于国民捐剩款如何支配，随时报告谘议局，以便宣布。宣统元年九月二十日报告。其他财政科主查：林辂存；理事：卢初璜；审查员：施景琛、黄乃裳、李迪瑚、张选青、赵锡荣。

议长（高登鲤君）请审查员林辂存君登坛报告。

（林辂存君）登坛报告（大旨与报告书同）。

（伍春蓉君）谓：当时有未领三联单，或领而遗失者，应如何办法？

（林辂存君）谓：前日已议及，无三联单者不许承领，缘其无凭据，即不知此款确系何人，故可以充地方自治经费。

议长（高登鲤君）请众表决此案应开第二读会与否？赞成开第二读会者，得六十二人。

第七，请清理钱粮积弊并照章划一粮价提议案（康咏君等十七人提出），第一读会。

提议者：高士龙、康咏、谢滋春、潘纪雲、蓝德光、刘志和、杨豫、郑田龙、上官华盖、王邦怀、王子懿、苏寿乔、熊秉廉、孟思培、李钟声、孔昭淦、陈义、林天骥；赞成者：张选青、刘崇佑、连贤基、黄金銮、卢初璜。

完纳钱粮，各属规目不同，而浮收则一。各属谋充粮书者，动费典规数千金，若非滥征，何以取偿？国家无加赋之条，而粮书有加赋之实，深堪痛恻。举其弊窦，约有数端：一曰榷算。奏销本以银计，而粮书则以银折钱，又以钱折银，复以银元折本银，辗转申折，总以剥民为得计。每地丁银一两，辄勒收足重银元二元五六角至三元不等，其弊一也。二曰兜留。当开征时，粮书挡不向收，迨已逾限，则指为旧粮，必耗外加耗，其弊二也。三曰找零。粮款不足一角者，必以钱计，而应纳钱十枚者，必增纳二十四枚，于是有对加四之名，其弊三也。四曰分串。同一花户，而粮票必分数纸，或数十纸，每纸勒取工价银二三分，甚至五六分，其弊四也。五曰浮架。一邑之中，难免有倒绝之丁户，粮书则择肥而噬，遇同姓殷户，辄以浮粮架陷，其弊五也。此外又有站规、差礼、户礼等名目，尤难屈数。至于粮米定章，斗米加耗一升二合，各户送谷上仓，以一米二谷计之，斗米应纳谷二斗二升四合，而粮书取谷时，斗米辄收谷三斗甚至四斗，而交纳又有样米、余米等费。踢斛淋尖，任其舞弄。其折银者定章，每石折银五元，粮书则勒至六七元或八九元，且有至十余元者，尤为特别之抑勒。其余诸弊，亦与地丁等。迩来加随粮等捐，粮书沿用故智，亦额外勒加耗羡，农民疲困，何以堪命？应请大吏宜禁革者禁革之，宜改良者改良之，庶以杜蠹胥之奸而苏万民之命。兹议办法如左：（一）划一粮价。每本色库银一两应纳银若干，每米一石应折银若干，划定适当数目，概用银元角番计算，其奇零者以铜元找足，均于串票内填明。（二）一笔串票。同一花户应纳粮若干，只需串票一纸，不得一厘一勺加票榷算，每纸工价若干，亦须确定。（三）给予清单。交纳钱粮时，须由粮书填写清单，载明正额若干，随粮捐若干，实收银元银毫若干，铜元若干，交给各花户，以为凭信。（四）额定薪工。正额之外，应加胥吏办公费若干，解费若干，亦请明定数目，按粮匀派。（五）确定期限。钱粮应分上下忙两季完纳，上忙完纳价银若干，下忙完纳价银若干，旧粮完纳价银若干，须分别明示，使花户有所遵守。（六）大堂设柜。自开征日起，即应听民自行投柜，勿任里胥揩勒。再，查道光二十年，仙游县生员陈建呈控钱粮浮收案，经前布政司常详明院宪，出示晓谕，内开遵照福州兴化现定章程，每地丁一两连耗一钱二分，完足重洋番一元九角二□，粮米照例挑谷上仓。如限于挑运不便，愿完折包，每斗连耗一升二合，完足重洋番五角。其番银无论光残，总以七钱二分为准。所有银米串票，只准给工资钱一十二文。零星小户照市肆番价扣算，一切补头、工食票钱、耗钱及淋尖踢斛、打样米、扫余米诸弊，尽行革除。此次更定章程，永远遵循。倘该丁役柜胥人等，如有前项需索情弊，许各花户指名具控，以凭惩办。如该花户等，实有抗欠银米，藉故不纳，亦即严行重究，各等因。是银米两项，业有定章可循，应请制军檄饬福藩司，援案出示晓谕，通省一律遵行。此亦嘉惠黎元之莫大善政也。

议长（高登鲤君）请提议者康咏君登坛说明理由。康咏君登坛说明理由（大旨与议案同）。

议长（高登鲤君）问：诸君有无异议？

（刘志和君）谓：此议案提议者十余人各有办法，应交审查员会审查。

议长请众表决，赞成付审查者，得五十六人。

议长（高登鲤君）谓：此案应付其他财政科审查。

（议长高登鲤君）谓：本日议事日表中所列均已议毕，议事时间尚余二时，可否将第一、第二两项审查员报告，即于本日开第二读会？全体赞成。

议长（高登鲤君）宣告休憩二十分钟。

三时十五分续行开议。

第八，撤内河炮船以兴办水上警案第二读会，附审查员修正案。

庶政兴革科审查员椿安、郑藻山、王邦怀、王子懿、余钟英、张国宝、林佑蘅，提出黄君乃裳撤内河炮船兴办水上警察修正案。

吾闽上游船舶往来，多被盗贼攘夺，溯其原因，实由炮船之未能保护，此水上警察之所以亟宜筹设也。查炮船之设，原所以保护商旅，防制盗贼，奈因所用非人，且所派兵丁，又素未经训练之人，以致保商旅者反以害商旅，防盗贼者反与盗贼为缘。黄君所言洵不诬也。今欲骤设水上警察，非先养成警察人材，则有治法而无治人，改其名不变其实，亦适与炮船相等。然而内河炮船既不足恃，而水上警察又不可不设，同人协议，唯有就其本原先拟一入手办法如左：（一）设立水警学堂，招取学生肄业，以备水上警察之用。查水警学堂，似宜于近水地方设立学堂，便于实地练习，惟用款较巨，而建筑又需时日，不如权就高等警察学堂附设水警专科，为目前救急之计，俟毕业后即可实行兴办。（二）水上警察原以救炮船之失，但此项警兵非具有知识，深悉警察方法，不足以资保护。其入堂肄业，不可以三个月从事，即可毕业，极少应限一年，以期完善。（三）既立学堂，学生应招取上游人民，异日毕业，以本地方人办本地方事，较为熟习。至于兴办章程，黄君所拟大致不差，现值巡警道将次添设之际，想亦自有定章，似无庸拟。

议长（高登鲤君）请书记长朗读原议案毕，续读审查员之修正案。

（邹含英君）谓：照章修正案之简易者，可否在议事堂口头提出？

议长（高登鲤君）答曰：可。

（邹含英君）谓：宜加一条：现当学堂未设，巡警未办之前，先立一治标之法，请制台拟定章程，改良炮船用人，随时巡察，札饬各炮船管带，凡遇有如黄乃裳君所言之弊端，责成炮船认真查办。

（刘崇佑君）谓：照章须得五人赞成，方可作为修正案。

议长（高登鲤君）问：有人赞成邹含英君之说者起立。得赞成者七人。

议长（高登鲤君）请邹含英君登坛说明修正案理由。邹含英君登坛说明理由毕。

议长（高登鲤君）请众表决，赞成邹君之说者请起立。得赞成者四十人。

（施景琛君）谓：鄙见高等巡警学堂现在尚无水警教习，且修正案中言招上下游学生，不如于上下府得中地方之巡警教练所内，附设水警学堂，其校舍可假公共场所为之，且近于水滨，得资实地练习。

议长（高登鲤君）问：有人赞成施君之说否？得赞成者八人，遂作为修正案。

议长（高登鲤君）请施景琛君坛说明修正案理由。施景琛君登坛说明理由。

（李迪瑚君）问：水警教授是否与普通警察同？

（施景琛君）答：不同。

（李迪瑚君）（间）〔问〕：省城现在既无此教习，则外府安得有此？

（施景琛君）谓：总须延聘外国人。

（李迪瑚君）问：安得延聘许多？

（施景琛君）答：只上下府各设一所。

（潘纪雲君）云：然则设校之地亦须筹及。

（李迪瑚君）谓：上府宜设于延平，以其为东西溪之总汇也。

（林辂存君）谓：下游宜设于厦门，厦门已派人赴台湾练习，明年可以毕业也。

（李迪瑚君）谓：若上游一概兴办，则一校毕业生不敷分布。

（施景琛君）答：大概总须陆续兴办，不能一时全办。

议长（高登鲤君）谓：修正案内第三条第二项内尚未清晰，请椿安君登坛再行说明。

（椿安君）登坛，将黄乃裳君所陈兴办章程内除可照办者无庸述及，惟所云以武备毕业生充之，殊不甚妥。又所云经费由地方分任，未声明为官任或商任。至裁撤炮船，原属行政官权限，即筹认经费，亦非谘议局所能议决。

（邹含英君）谓：黄君所陈办法极为详密，一时恐办不到，应俟施君修正案议决后，再筹办法。

议长（高登鲤君）请众表决，赞成施君之说者，得三十六人。

议长（高登鲤君）请书记长将修正案逐条朗读。

第一，水警学堂上下游各设一所，附于教练所内。

第二，学期至少一年。

第三，学生应招本地方人民。

赞成者四十一人。

（卢初璜君）云：学生固须招本地人民，但亦不必限本地人方许入学。

（康咏君）谓：修正案可不必改。众皆赞成。

书记长朗读修正案末附兴办章程一节。

议长（高登鲤君）谓：此节据修正案之意，似当俟巡警道设立后，方可兴办，现在是否暂缓拟定兴办章程，抑就黄君所拟办法先行采用？请众表决。

（李迪瑚君）谓：巡警道既设自有章程，但巡警道未知何日设立，我们是否俟其设立后方办水警？

　　议长（高登鲤君）谓：水警总须俟一年后方能兴办，而巡警道亦将次设立。现在可暂从缓拟，若开办后仍未定有章程，则临时再行拟定。赞成者三十一人（居多数）。

　　（黄乃裳君）谓：顷邹含英君、俞光华君所说之修正案，应请大众表决。

　　议长（高登鲤君）谓：业经表决，应附入修正案。

　　第九，请速奏定闽矿办法案第二读会。

　　附审查员修正案。

　　庶政兴革科审查员椿安、郑藻山、王邦怀、王子懿、余钟英、张国宝、林佑蘅，提出卢君初璜请速奏定闽矿办法以保主权修正案。

　　闽矿之为人耽耽，已非一日。观从前法人之建邵汀矿约，闽人士群起力争，仅得夺回，可为寒心。前车即后车之鉴，则闽矿之亟宜开采，且亟宜择人以总其纲也，应无庸再计决。胡绅国廉既经农工商部奏请，派〈请〉充福建商办矿务总理，同时奉旨依议。盖其富于经验，饶有资本，且又热心担任，在圣明洞鉴之中。乃延宕至今，迄未开办，只以该绅所拟办法，多与新定矿章有凿枘不符之处，以故尚未奏定施行。但据原议案谓，设立总局及豁免税费两项，已蒙制台许可，该与制台照会胡绅所称，并准予查照所办琼崖垦矿定章，奏明办理等语。原非依稀比附之言，虽其他所拟办法与定章尚有出入，唯大纲既经认准，则此外各则似不难妥商就绪，俾速见诸施行。倘复迁延捱宕，坐失时机，恐闽矿前途不堪设想。证以近日东省路事，凡稍知时局宜何如戒惧也。同人审查之下，谨拟修正各项列左：（甲）设立总局及豁免税费，此两项乃开办矿务之要纲，自为该绅所特别注意，既蒙制台许可，应请顶咨农工商部，请其速行奏定立案。总局设立则机关统一，税费豁免则集股踊跃。大纲既定，此外便易着手。该绅应免顾虑观望裹足不前。（乙）既顶咨立案，即一面电达胡绅，请其从速内渡返闽，妥商其他各办法，俾得早日从事勘探开采，以维矿务而固主权。（丙）胡绅到闽日，俟所有章程妥定，应由制台与之面订开办期限，一面提出自己股本，一面招集股份，速行组织公司，于限期内从事勘探开采。（丁）倘经制台将设立总局及豁免税费两项顶咨农工商部，请其奏准后，而该绅仍复迁延时日，到闽无期（其确有特别事故应另议）；或曾经到闽妥定章程，并由制台与之限定开办日期，而该绅竟逾期不办，寂无所闻，应分别将前后所奏准之案，奏请取消，另择资本家办理。至他资本家是否接承胡绅手续，不在此议案范围内，应无庸赘。

议长（高登鲤君）请书记长登坛朗读原案毕，续读审查员之修正案。

议长（高登鲤君）请众逐条表决。

第一，请制台咨农工商部速行奏定立案，设局免税。赞成者四十四人。

第二，顶咨立案后，一面即电胡绅，请其速回妥商办法。赞成者四十四人。

第三，胡绅回日，请制台与之面订开办期限，一面提出自己股本，一面招集股份，速行组织公司，于期限内从事勘探开采。赞成者四十一人。

第四，胡绅若延不回闽，或回闽后逾期未办，应分别将先后奏准之案取消，而另择资本家办理。

（孟思培君）谓：所云"奏准之案取消"，文字不妥。

（刘崇佑君）谓：宜改正。

（孟思培君）谓：宜改作"另行奏派资本家办理"。众皆赞成。

议长（高登鲤君）谓：第八、第九两项议案第二读会均已通过，应仍交原审查员修正字句后开第三读会。

议长（高登鲤君）报告第十号议事日表毕。

议长（高登鲤君）宣告闭会。

是日出席议员六十五人。

制台未到，委臬台代理，一时到会。

午后五时闭会。

第一次福建谘议局议事速记录第十号

宣统元年九月二十四日（1909年11月6日）

议事日表　第十号

宣统元年九月二十四日（土曜日）午后一时开议。

第一，闽中振兴农林案（议员黄乃裳等提出）（审查员修正案），第二读会续前会。

第二，筹备师范教育案（总督提出）（审查员修正案），第三读会。

第三，筹备普通教育案（总督提出）（审查员修正案），第三读会。

第四，筹备实业教育案（总督提出）（审查员修正案），第三读会。

第五，筹备根柢教育案（总督提出）（审查员修正案），第三读会。

第六，关于筹办地方自治提议案，议员吴庭枨提出（第三读会）。

第七，消弭械斗提议案（议员李慕韩、陈之麟、张步青、李驹提出），第二读会。

第八，清饬册胥改造鱼鳞册以除飞粮积弊提议案（议员周寿恩提出），第二读会。

第九，消弭下游劫杀提议案（议员许赞虞等七人提出），第一读会。

第十，关于教育事件应妥筹各府县与省垣联络一致提议案（议员刘崇佑、施景琛、陈之麟等六人提出），第一读会。

议长（高登鲤君）：

一、报告议员黄乃裳君、黄金銮君、康咏君、张选青君、黄钟澧君、上官华盖君各告假一天。

二、报告制台来札内开宪政编查馆来电关于公文体制事。

议长（高登鲤君）请书记长登坛朗读札文。

为札发事，据该局呈覆，本部堂于九月初十日札行宪政编查馆电谘议局与官吏称谓公文一件，并未奉到，莫可遵循等情到本部堂。据此查前项电谘，于初九日接到，次日即行札发，何以该局尚未奉到？殊堪诧异。除将因何贻误情由另行查办外，合先抄单补发，为此札仰该局即便查照，特札。计粘单一纸。右札仰福建谘议局准此。宣统元年九月□日。

为札饬事，宣统元年九月初九日，准宪政编查馆霁电，谘议局对官吏称谓，各省多来询问，兹定督抚署行谘议局公牍式。其专对局言者，应照章用札。专对议长、副议长言者，如系京堂翰林，无论局事非局事，应均用照会。其谘议局呈督抚文，应自称本局，称督曰督部堂，抚曰抚部院，不用贵字。如有与府厅州县关涉文件，应互用移与。司道领衔之局处，仍用呈文。均参照咨呈格式，惟不用"咨"字。即希查照饬道等因前来，合行札饬。为此札仰该局即便遵照办理，此札。右札仰福建谘议局准此。宣统元年九月□日。

三、报告制台来札内开宪政编查馆来电，关于专额常驻议员事。

议长（高登鲤君）请书记长登坛朗读札文。

札行事，宣统元年九月十九日，准宪政编查馆啸电，迭据直隶、四川、山西来电，请添专额常驻议员。除直隶因专额议员较多，业经准设二名外，其余有驻防省份之谘议局，遇有关涉旗务事件，准随时招集专额议员一二名，来局协议办理，并备会议厅询考，以资接洽，而免窒碍，等因前来。合就札行，为此札仰该局即便遵照，特札。右札仰福建谘议局准此。宣统元年九月□日。

四、报告制台来札关于矿务总理禀请事。

议长（高登鲤君）请书记长登坛朗读札文。

札饬事，宣统元年九月十七日，准农工商部咨开，接准咨开据福建矿务总理胡国廉，禀请设立商办总局，招集股本，筹办探矿开矿各公司，参照琼崖垦矿成案，一切请准变通办理，拟定办法十二则，呈请奏明，并请颁给关防，以资信守等情，咨部核复，等因前来。查闽省矿务，经该省同乡京官公举胡国廉为总理，由本部据情奏明在案。现在设商矿总局，核与湖南所设之矿务总公司办法略同，自应照准办理。所拟办法十二则，本部详加核阅，如请颁关防，推选协理，分设勘矿开矿各公司诸条，大致尚属妥协。至请援照琼崖广西成案，豁免各项租税十五年一节，查琼崖系属边徼，与内地情形不同，闽矿如请免交租税，仍应比照广西成案，先行免税五年，俟限满之后，能否续展，届时再行体察情形办理。又勘矿开矿各执照，概请由局发给免交照费一节，查各省勘矿执照，由本部预发，由各省随时核给，并不多费周折，至开矿执照，各省一律颁领部照，闽省未便两歧，其照费银两为数无多，在矿商并无甚为难之处，若一概请免，徒坏部章。又五、六两条所称，勘矿开矿均须遵照本总局各项章程办理各节，查本部矿章于勘矿开矿各办法，极为周备，防闲限制固属精严，保护维持亦甚周至，近复奏明重加厘订，期归宽简，以利推行，闽矿如有窒碍难遵之处，不妨随时呈请变通，若将矿章概从屏弃，另由矿局自定章程，殊未允协。应由该总理将所拟办法十二则，查照将来厘订矿章，酌为删改，如与矿章无甚违背，本部无不量予通融，以资提倡。相应咨复，查核饬遵，俟改订后即由贵督酌核奏明办理可也。等因，到本部准此。查此案曾经该局提议合行札局，俾众周知。为此札仰该局即便查照，特札。右札仰谘议局准此。宣统元年九月□日。

五、报告山东谘议局来函关于各省谘议局应行协商事。

议长（高登鲤君）请书记长登坛朗读来函。

福建省谘议局诸公鉴：敝局议员对于谘议局最紧要最艰难之事，决非一省之力所能办者，拟联合各省谘议局核夺办理。现在提出之问题约有四端：一、督抚升调问题，二、国际上之路矿问题，三、铜元问题，四、公立又私立法政学堂问题。均刷印成篇，夹函呈阅。谅贵省风气先开，鸿议擅长，对于此项问题，当必有以教我也。若贵局肯表同情，或别有高见，统乞迅速赐教为盼。肃此，顺候公安，诸希爱照不备。山东谘议局仝启。九月初八日。九月二十四日十一时到。

连合各省谘议局协办事件

山东谘议局未定稿

（一）督抚升调问题。用人之权操自朝廷，得人与否征在庶民。今各省谘议局照章成立在法，凡一会期内议决之案，督抚应有执行之义务，而执行是否合法，及关于其他行政得失事件，最足演成政治问题，生应负之责任。若仍沿旧习，督抚升调迁转，年屡易人，则前任贻误，后任必不负责任，后任鉴前，将来亦难望尽职。而谘议局徒以议不必行，责无攸归，彷徨于其间，无补于国，失信于民，甚非朝廷设立谘议局之本意也。兹谨拟补救之法三：甲、以勅令宣示督抚任期，此后非有违法殃民等事，允许不频更调；乙、如有万不得已，或其他为地择人之出自圣裁，而必要更调者，若在会期之前，允许待至会期终了再行离任；丙、如逼近会期，督抚因更调而离任，须以新任督抚负前任之责任，其会期甫过而更调者，亦与此同。

（二）国际上之路矿问题。如山西、河南之于福公司，两广之于粤汉铁路，安徽之【于】铜官山，直隶之于滦矿，奉天之于安奉铁路，山东之于五矿，皆激于外人之违法背理，争欲挫其逆焰，复我权利。及其终也，或迫于压制，一蹶不起，即幸而告成，亦已力尽，渐难乎为继矣。兹权拟和衷共济之法列左：（甲）各省谘议局各选举二人，组织中国全国路矿协会，平时专司调查各省国际上路矿之伤损国权者；（乙）无论何省，凡遇有国际上路矿问题，协会决议对待之法；（丙）协会事务所可设于汉口。

（三）铜元问题。铜元之便于制钱，人尽知之。乃以外洋铜元之进口，及官府对于征收地丁之拒绝铜元，遂致利权外溢，信用全失。由是商民人等，或直接拒绝铜元，或铜元制钱搭配，又折扣使用。斯时若仍搭配折扣之法，则民病；若遽用强制通行铜元之法，则商病。若裁减铜元，复制钱之旧，此因噎废食之计，又断非世界所许。推其原因，亦只由于币制不定之故耳。欲定币制，宜先定何者为本位，何者为补助，画一价值，速除银两忽涨忽落之弊，而以各省所设大清银行为执行机关。不如此，不能收利权而便商民也。

（四）公立又私立法政学堂。恭读光绪三十二年七月十三日预备立宪上谕，有云：著各省将军督抚晓谕士庶人等，发愤为学，各明忠君爱国之义，合群进化之理。夫于预备立宪上谕中而言为学，其为学习法政可知。乃观各省之法政学堂，只有官立一处，其中能容几人？而奏定学堂章程，则不准公立又私立法政学堂，且于他项之公立学堂中亦不准设法政专科。夫人民昧于法政，安能有立宪国民之程度？吾不知宣统八年实行立宪时，国民将何所恃以答朝廷之至意乎？为今之计，宜速要求改定学堂章程，准人民公立又私立法政学堂，毕业时所得之学位，与官立等，而以法部、学部兼辖之。且此并非专凭臆见，东西洋立宪各国无不如此也。

以上四项，至重至难，非联络各省谘议局上奏君主，其他别无可以为力之处。若能得各省赞成，相助为理，其手续或用函电来往互商，或各省选举代表人，择适中之地面议，均须俟异日耳。

第二，筹备师范教育案（总督提出）（审查员修正案）第三读会。

特别审查员康咏、林辂存、施景琛、黄乃裳、李迪瑚提出（修正案）。

一、师范教育。优级师范宜照成总办法，在省垣合设一校。有应改良者三事：（甲）用国语教授；（乙）预定招生时期；（丙）确定各府学额。初级师范用联合办法，其不便者有三：（一）人数难容；（二）交通不便；（三）言语不通。拟请各府各州分设，兼附简易科及传习所，各县亦增设师范传习所，即以筹备联合之款，匀分各属，倘或不敷，可由各属自行筹措，并设女子师范及保姆养成所。

议长（高登鲤君）请书记长登坛朗读修正案。

议长（高登鲤君）谓：诸君有何意见？

（高士龙君）谓：本日表决宜用投票法。

议长（高登鲤君）谓：照章须有十人以上赞成，方可用此法。问诸君赞成与否？得赞成者十八人，照章用投票表决。

（刘崇佑君）问：投票用有记名法抑无记名法？

议长（高登鲤君）问：如赞成用无记名法者，请起立；赞成用有记名法者，请安坐。计起立者仅二十人，遂决议用有记名投票法。照章赞成者用白色纸，反对者用红色纸，各记自己姓名，投入投票匦中。计本日出席议员六十二人，得赞成者四十九票，反对者十三票。

第三，筹备普通教育案（总督提出）（审查员修正案）第三读会。

二、普通教育。（一）饬令各县先设劝学所，派劝学员切实劝导；（二）责令劝学所划分学区，除在城设模范高等小学堂外，每区至少必设一初等小学堂或两等小学堂；（三）私塾必令改良，遵照学部定章教授，其塾师必入师范传习所；（四）山僻小乡宜设简易识字学堂，亦照部章办理；（五）省垣增设测候所，招各府学生到省学习。

议长（高登鲤君）请书记长登坛朗读修正案。

议长（高登鲤君）问：是否仍用投票法表决？

（施景琛君）登坛，谓：投票费时，不如仍用起立表决法。

议长（高登鲤君）请众表决。赞成施君之说者，得四十四人。

议长（高登鲤君）问：诸君对此修正案有意见否？

（卢初璜君）谓：此修正案中尚有遗漏数语。

议长（高登鲤君）谓：请书记长加入。

议长（高登鲤君）请众表决。赞成者五十七人。

第四，筹备实业教育案（总督提出）（审查员修正案）第三读会。

三、实业教育。小学实业，于高等小学堂斟酌地方情形，增设农工商一科。中等实业，用联合办法，除省垣已设立外，其宜增设者如左：（一）中等农业宜设于延平之洋口；（二）中等工业、中等商业宜设于泉州之厦门；（三）中等渔业宜设于福宁之三都。以上各校皆为全省之公学，均用国语教授。

议长（高登鲤君）请书记长登坛朗读修正案。

议长（高登鲤君）问：诸君有何意见？

议长（高登鲤君）请众表决。得赞成者五十二人。

第五，根柢教育案（总督提出）（审查员修正案）第三读会。

四、根柢教育。中等学校以上之学堂，增设一科，于部章未符，时间亦难支配，似难照行。不如设闽学研究会，由地方官筹款提倡，但宜听新旧学界自由入会，不必以法令驱迫之。

议长（高登鲤君）请书记长登坛朗读修正案。

（卢初璜君）谓：末附两项宜分别表决。

议长（高登鲤君）答曰：可。

议长（高登鲤君）问：众有无意见？

议长（高登鲤君）请众表决。得赞成者五十五人。

议长（高登鲤君）请书记长宣读末附第一项。

此外尚有专门教育，原案内并未提起，理宜增设，以成完善。

议长（高登鲤君）请众表决。赞成者四十四人。

议长（高登鲤君）请书记长朗读末附第二项。

再查关税赢余，除部提及练兵外，实仍存五万两，应请拨作各府之实业学堂，或各府中学及师范学堂之用。

（王子懿君）谓：前日施景琛君已提出截留部提一案，应归并议决。

（施景琛君）谓：此另是一件事，不能归并附议。

议长（高登鲤君）请众表决。赞成者得五十人。

第六，关于筹办地方自治提议案（议员吴庭枨等七人提出）第三读会。

议员（苏君寿乔）划定地方自治经费修正案。

吾闽地濒重洋，群邻环伺，实行立宪，不容稍缓。惟立宪之范围甚广，而筹备必自地方自治始。地方自治之设策虽多，而要着必自筹款始。际此民困财穷，百端待举，欲再为地方自治筹一巨款，谈岂易易。再四思维，惟有国民捐一项，以各府厅州县共同之款，办各府厅州县共同之益，谅无不乐从。但此款系奉特旨发还，经手各官仰体朝廷德意，取信于民，发还不可不遵。而地方自治需款虽多，指拨亦不可不慎。谨为参酌情形，筹拟两全之策，条列如左：（一）国民捐拟请全数发还各府厅州县原解地方，由地方官交妥实银铺或当铺暂时保存，无论何人要领回原捐者，俱须提出原给三联单，向原解地方官所指定之银钱铺或当铺【照】数请领，无单者按照第三条办理。（二）地方官于接受发还此项捐款之日，即须出示布告，此款愿照数领回，或移充地方公益，限三个月内赴原解地方官处自行声明，逾限作为无效。（三）逾限三个月未领者，所剩之项全数拨充该地属地方自治经费，由该属各团体代表公议配给。（四）捐款中多有原解地方官垫捐之款，揣其初心，无非体恤民艰热心国事者，自未便听其湮没，拟请将该款无论有单无单统发归原解地方，充该地地方自治经费，为倡捐之用，作永远纪念。（五）地方自治经费关系紧要，除原案所指国民捐一项外，如尚有不敷，准由该地现剩公款，尽前指拨，藉资提倡。（六）拟请制台将各属原解国民捐详细清册照抄一份，交谘议局备案，并札各属所办地方自治，于国民捐剩款如何支配，随时报告谘议局，以便宣布局中。宣统元年九月二十日。财政科主查林辂存，理事卢初璜，审查员施景琛、黄乃裳、李迪瑚、张选青、赵锡荣。

议长（高登鲤君）请书记长登坛朗读提议案。

议长（高登鲤君）问：诸君有无修正文字之处？

议长（高登鲤君）请众表决。赞成者得四十九人。

第一，闽中振兴农林案（议员黄乃裳等提出）（审查员修正案）第二读会。

庶政兴革科审查员椿安、郑藻山、王子懿、余钟英、王邦怀、林佑蘅、张国宝，提出黄乃裳振兴农业及附蓝君德光、熊君秉廉振兴森林修正案。

我闽山多田【少】，振兴农业，倡办森林，原为开辟地利之要图。惟查原案主张之办法，有与他案相关，业经提出质问案修正案，无庸另行提议外，其有目前急应实行提倡者，谨拟办法如左：（甲）查部章曾经通饬各属设立农会，研究关于农业各事项。吾闽各府州县农会多未举办，应请制台严催各属，限期设立农会，由地方公举公正熟悉农业绅耆，合力组织，统限一年内成立。（乙）各属农会应附设宣讲所，派员按期分赴各区宣讲，关于种植森林及一切农业事宜，藉以开通乡民知识，而收农业效果。（丙）各属农会应按照部定农林章程，或集股开办森林公司，或先设农事试验场，相本地土宜，择要先行试种，以资提倡。（丁）如有创设公司，或独力种植树木者，地方官应实力保护，严禁侵害。倘确著成效，应照部定奖励农林章程，实行给励。宣统元年九月二十一日。

议长（高登鲤君）请书记长登坛朗读原案并审查员修正案，及邹含英君所附加之修正案。

议长（高登鲤君）请众表决。甲项赞成者五十人，乙项赞成者四十八人。

丙项

（施景琛君）登坛，谓：此条甚是，但筹款为难。现逢风水为灾，正在筹集赈捐之际，游民甚多，不如以工代赈，应请制台将实收发交各县农会，每县一百张，将所集之捐款用以招工，兴办农业。

（李迪瑚君）问：此款是否外销？此实收是否可换部照？若换部照，则制台对于此款如何报销？

（施景琛君）：此款归外销，实收自当报部。至制台报销，自可声明此款拨归各农会，作为以工代赈之用。

（刘崇佑君）谓："以工代赈"，此四字颇不妥。

（施景琛君）谓：现在正在办赈捐之时，以工代赈有何不可？

（李迪瑚君）谓：此须先请问制台可行与否？

（施景琛君）问制台及藩台。

（制台）谓：凡捐资办地方公益者，皆可给奖，可不限于赈捐。

（藩台）谓：现因筹款艰难，若以赈捐名义行之，事较易集，然后即以此款办理农会事务，将来制台出奏，仍以赈捐报销。

（卢初璜君）谓：若然，则非遇有灾变及无灾地方之农业，皆不能振兴，且亦不得谓为"以工代赈"。

（施景琛君）谓：此仅就本年筹及之。

（卢初璜君）谓：不必各县皆有灾，且有灾之地必无力报捐。

（施景琛君）谓：本年各县皆有灾，且赈捐办法，可以劝诸他府县。

（孟思培君）谓：如上游一带，此次却无风灾。

（施景琛君）谓：上游一带电杆倒坏，可见亦有风灾。

（刘崇佑君）谓："以工代赈"意义不合，不如改为"以赈捐余款振兴农业"。

（施景琛君）谓：赈捐并无余款。

（刘崇佑君）谓：顷制台筹款不易，而农会又须急办，故允发实收，每县各一百张，此亦制台之美意也。

（熊秉廉君）谓：顷施君所言极是，应请议长请众表决。

（卢初璜君）谓：赈款非能随时发生，而农业则须有经常款项方可。

（李迪瑚君）谓：以赈款振兴农业，于理不顺，无论何款，尽可请官指拨补助，以资提倡。

（刘崇佑君）谓：顷既承制台允许，则以此款作为农会补助费可也。

（藩台尚）谓：以工代赈系指工程而言，宜如刘君所言，不过以赈款为兴办农会之用，但当须请制台酌定此事如何奏报，方可照办。

议长（高登鲤君）请众表决，全体赞成。

（制台松）谓：此办法不过暂时如此，因开办费难筹故也。以后不可以为常。

议长（高登鲤君）请书记长于修正案丙项添一条，其文如下："并请制台发给赈捐实收，自行劝捐，发作开办农会补助经费。"

书记长登坛朗读丙项毕。

议长（高登鲤君）请众表决。得赞成者六十人。

丁项附邹含英修正案。

议长（高登鲤君）问：赞成邹君之议者请起立。得赞成者四十四人。

议长（高登鲤君）宣告休憩二十分钟。

三时二十分钟续行开议。

议长请提议修正案者施景琛君登坛。

（施景琛君）登坛，谓：据黄君议案，本注重森林，而森林兴种，须有专门学者。现农事试验场尚未改为中等农业，一俟改设后，请即同时并设农业及森林两科。应将此条添入修正案，作为戊项。其文如下："农事试验场改设农业学堂后，应同时并设农业与森林两科。"

议长（高登鲤君）请众表决，赞成施景琛君之说者，得三十四人，遂添入修正案。

第七，消弭械斗提议案（议员李慕韩等提出）第二读会。

议长（高登鲤君）请书记长登坛朗读原案。

议长（高登鲤君）将此议案逐条请众表决。

一、实行宣讲。赞成者四十八人。

二、责成社长。赞成者四十六人。

三、查拿讼棍。赞成者四十八人。

四、解散盟会。

（邹含英君）谓：此条言解散盟会，谓在祸机初肇时，令社长解散，惟亦有不听社长之言不肯解散者，则须筹一办法。

议长（高登鲤君）问：众赞成邹君之说否？

（刘崇佑君）谓：邹君所言甚是。

议长（高登鲤君）请邹君登坛说明办法。

（邹含英君）登坛，谓：应加"由社长指禀"等语。

（卢初璜君）谓：第三条中已有之，可不必加。

议长（高登鲤君）宣告：赞成第四条者请起立。得赞成者四十五人。

五、严办帮枭。赞成者全体议员。

六、禁绝差扰。赞成者四十九人。

（刘崇佑君）谓：禁绝方法宜加一条。

（邹含英君）谓：此可不必，因地方行政官自应定有禁绝方法。

七、严惩诬告。赞成者四十二人。

八、严禁掳勒。赞成者四十五人。

九、裁撤委员。赞成者全体议员。

十、拿办正凶。赞成者四十五人。

十一、严饬讯结。赞成者五十一人。

第八，请饬册胥改造鱼鳞册以除飞粮积弊提议案（议员周寿恩提出）审查员修正案，第二读会。

庶政兴革科协同财政科审查员张选青、林辂存、施景琛、黄乃裳、李迪瑚、卢初璜、赵锡荣、椿安、郑藻山、余钟英、张国宝、王子懿、林佑蘅、王邦怀，提出周君寿恩改造鱼鳞册修正案。

我闽鱼鳞册，自咸同兵燹后，册底全失。今拟改造鱼鳞册，非从清丈田亩入手，则造册不确，而飞粮之弊仍未能除。刻值民情骚动，必从事清丈，又恐头绪纷繁，易滋骚扰。同人协议，拟俟地方自治成立以后，按照自治章程第五条所列整理田地一项，届时举办清丈，并采用各国不动产登记法，事较顺手而易于施行。惟地方自治成立，必在三五年后，而粮胥舞弊，要难一日容纵。现拟清造粮册、割清粮项二种办法，以救目前之弊。（甲）造粮册。拟请制台通饬各属，限一年内各造清册，缮就二份，以一份呈缴地方官核查，以一份列表印刷宣布，分贴各里各都，俾百姓周知。并于每年各新户起除推收，限定年底，仍缮册二份，一存衙署，一付宣布。其中如有飞粮情弊，准各业主赴地方自治会申明，呈请本管长官，彻究改正。如地方自治尚未成立，准请公正绅耆代诉。（乙）清割粮项。拟请制台通饬各属，出示晓谕，民间买卖田亩，应即时割清粮项，以杜流弊。如卖者不推出，买者不收入，一经查实，卖主重加示惩，买主将田充公。至推粮笔费，照章例给。倘册胥从中把持勒索，及模糊肯难各情弊，查实立行惩办。再查建宁旧俗，粮胥对于粮户，每年冬至前预送便民易知单一纸，单载某里某村某人存某户,地丁原额若干,新收若干,开除若干,新岁应完实在若干,其或有收无除,有除无收,或收除并无,俱用大写数目字载明。此亦杜绝飞粮之一法,应请制台通饬各属照办。

议长(高登鲤君)请书记长登坛朗读原案并审查员修正案。

议长(高登鲤君)请众逐条表决。

甲,赞成者五十四人。

乙,赞成者四十人。

附条,赞成者四十一人。

(卢初璜君)谓:第七、第八两项议案应否开第三读会,当由议长请众表决。

(刘崇佑君)谓:既经可决,自应开第三读会。

(卢初璜君)谓:因第三读会有可以省略者。

(刘崇佑君)谓:省略与不开不同,盖不开即须撤回也。

议长(高登鲤君)谓:第七、第八两提议案之第三读会可以省略否?请众表决。得赞成省略开第三读会三十六人。

第九,消弭下游劫杀提议案(议员许赞虞等七人提出)第一读会。

阅《闽报》载制台电厦道云:厦门劫案迭见,地方武营所司何事?饬会同严拿,以安商民等语。足见制军关心民瘼,钦仰莫名。旋接敝处绅商来函云:劫杀日多,务速提议,设法防患等因。查下游盗贼,皆山僻强族,未受教化,少所谋生,啸聚而行劫夺。地方官遇有此等案,则以一张告示,悬格购线了事,或不肯担任此重案,恐于自己有处分,甚至以他词批驳,延宕不理,纵明知该盗为何乡何人,而亦置诸不问。盖因贼皆强乡,非会营不敢拿,而大队一到,县官须供账一切,赔累不赀,何如置诸不知不理之为愈,盗之所以日多也。顾厦门为文武镇所,兵勇不止一千,当其明火劫戮之时,所离均不上数百步,何难率队掩捕?不知绿营之积弊已深,口粮不发,尽属荫差(荫差月发一元,营官可私扣两元余),每营不及百名有发口粮者,除守更什役而外,临时无可号召。故每当劫杀,明知贼众起行,方率一二十残兵,声张拿贼,以掩地方耳目。名为拿贼,实则送贼也。夫厦门为通商口岸,富商聚处,盗所垂涎,苟不早为缉弭,微特商业大有妨碍，万一劫及洋商，不且案起交涉乎。至下游各属，多有洋客，每当其初回时，伺而劫之。嗟！此洋客去国离乡，历尽经营苦况，始赢得几千几百，束装回里，以为创建家业计，不数日而攘劫一空，且多受伤，亦有致命，惨实难言。恐以后洋客裹足不敢回乡，（絜）〔挈〕眷居夷，向之各乡各市，赖有洋银寄回，可借以运用者，必将告贷无门，商业必大为影响。是不可不善筹弭盗之法，以安商民而靖地方。试就管见所及，详陈三策，伏祈公裁。一、各营口粮，应请制台通饬各属照发，如再有荫差名目，一经告发，定必照例严参，庶兵无虚额，闻警时全队出捕，而盗自难远逸矣。一、乡团宜设也。乡团皆乡民为之，休戚相关，守御必力，各处未设，由于经费难筹处，请制台责成地方官，邀请乡绅，出为提倡，准于各处遇有公款公业，无关于公家动用，无扰于商民者，得指禀请拨，为乡团经费，庶乡绅有着手之处，群出兴办，守望相助之风可再见矣。一、县官如会营拿盗，营兵不得责求粮食以及一切供给应，请制台通饬各营，禁绝此弊。至劫案告发后，限以三个月，若不能拿办，定予严参，而初发时免予处分，地方官方无批驳掩饰等弊。且有乡团以佐其不及，盗自闻风惊胆，不敢尝试，地方可望其安静矣。发议者周寿恩、林辂存。赞成者李慕韩、洪湛恩、林邦桢、张国宝。

议长（高登鲤君）请书记长登坛朗读议案。

议长（高登鲤君）请提议者许赞虞君登坛说明理由。

（许赞虞君）登坛说明理由（大旨与议案同）。

（吴庭枨君）质问：第三条谓营兵不得责求粮食，恐此事不能实行。

（邹含英君）谓：劫杀不独下游，即上游亦有之，应请将此二字删去。

议长（高登鲤君）谓：诸君既无异议，此案应否交审查员会审查？赞成付审查者，得三十八人，遂付庶政兴革科审查。

第十，关于教育事件应妥筹各府县与省垣联络一致提议案（议员苏寿乔等十一人提出），第一读会。

闽省教育，因交通之不便，方言之不同，与夫地方官文件之延搁，会城与各府县遂生非常之障碍，各府县人对于省垣深感其不便者亦多。今图联络一致，必使全省教育机关日渐完密而易于推行。谨拟办法如左：（一）关于省垣中等以上学校考期预告之方法。考期预告，已于制台所提出教育修正案议决之，但预告若不细定方法，其效力与不预告同。查从前各校招考，对于各府厅州县虽有预告，或辗转经地方官之手，及其发布而期已迟，或地方官并未发布，文告之有无，本地人概未闻知。其来省报考者，多系本人自行探知，或系省垣亲友函告，及禀地方官奉准赍文到省时，则上课已逾一月或两三月。省垣各校若酌量变通办理，许其补考，一律上课，则程度不齐，功课均赶不及；若不许补考，则羁居旅馆，进退维谷。似此殊多未便，拟分为两项办法：（甲）各校例定每学年每学期招考者，应请学台通饬各校，令其报明限定某月某日至某月某日。期内必须举行试验，刊布于谘议局所指定之日报，并通告各府州县所设之劝学所或教育会。未设劝学所、教育会之地，应由学台札饬即速设立，外暂行指定该府州县之学堂为收受通告之地，由该学堂即日公布之。如有必须展缓考试之事由，亦应先期邮告于前所指定之场所。（乙）各校特设之班，如研究自治、研究审判、师范传习、速成警察等，至少于二个月前，通告于前所指定之场所。（二）关于考取出洋留学，及选送京师或外省学堂之完善办法。考派东西洋留学生时，应请学台前二个月通饬各府州县，即时公布，并由教育总会函告前所指定之场所，以便预备赴考。其有京师或外省学堂招考时（如分科大学预备科、保定陆军、唐山铁路、天津医学堂、北洋水师学堂等），亦照前法通布之。（三）关于教育总会会员推广之方法。教育总会本以企图全省教育之发达改良为主旨。其会员本无省垣外府之分，第以各府县人驻省者少，其得总会会员介绍者亦稀，中惟兴化、漳州两府曾经介绍入会，然亦甚居少数。今先拟定各府县人有与学务关系者，均由该府县劝学所或教育会开列姓名住址，送存总会，由总会会员于开会时联名提出介绍之，并可互相通信，藉悉教育情况，庶于总会名义相符。即研究教育之范围，亦无囿于一方之弊。（四）阖省公共学堂宜划定各府学额。此届优级师范学堂，已经本局议定各府学额。惟此外学堂，尚无定额，致有志来学者不免向隅。今请学台通饬属于阖省公共之学堂，应于何年添班，每班人数若干，须分府确定学额若干名，以便及格升学，学生届期来省应试，由堂认真考取。如有一属不到者，则所余之学额，合省垣外属各生选取之。（五）阖省公共学堂宜一律改用国语教授。闽省语言最为复杂，中小学堂以下教授率用土音，此固万不得已之办法。至于阖省公共学堂，则集九府二州学生于一堂，似难沿用土音，致生教授上无形之隔阂。今请学台通饬，关于阖省公共学堂，凡教员讲解科学，概用国语，俾免讲听两歧。此于语言统一，教科一贯中，亦不无裨益云。发议者刘崇佑、陈之麟、苏寿乔、施景琛、连贤基、郑藻山、黄乃裳、赵锡荣。赞成者藩纪雲、陈锡朋、谢受殷。

议长（高登鲤君）请提议者苏寿乔君登坛说明理由。

（苏寿乔君）登坛说明理由。

议长（高登鲤君）谓：此案应付审查员会审查否？赞成付审查者三十七人，付庶政兴革科审查。

议长（高登鲤君）报告第十一号议事日表毕。

议长（高登鲤君）宣告闭会。

是日出席议员六十二人。

制台一时到会。

午后五时闭会。

第一次福建谘议局议事速记录第十一号

宣统元年九月二十六日（1909年11月8日）

议事日表 第十一号

宣统元年九月二十六日（月曜日）午后一时开议。

第一，关于消弭械斗咨询案（总督提出）审查员报告。

第二，关于查禁花会咨询案（总督提出）审查员报告。

第三，关于振兴茶业咨询案（总督提出）审查员报告。

第四，关于提倡渔业咨询案（总督提出）审查员报告。

第五，关于清理钱粮积弊并划一粮价提议案（议员康咏等十八人提出）审查员报告。

第六，请裁撤安溪南水关私征船货提议案（议员林辂存等十人提出）审查员报告。

第七，请拨还国民捐款为自治经费提议案（议员苏寿乔提出审查员修正案）第二读会。

第八，关于本省学校及公益团体之基本财产妥为划定分明提议案（议员刘崇佑等六人提出）第一读会。

第九，改良警察提议案（议员施景琛等六人提出）第一读会。

第十，申覆总督删改议事细则四条草案（本局提出）。

议长（高登鲤君）：

一、报告议员卢初璜君、黄金銮君各告假一天，陈义君告假一星期，杨廷纶君大祥告假一天，郑锡光君因病续假三天。

二、报告制台来札关于互选细则规定事。

议长（高登鲤君）请书记长登坛朗读来札。

札饬事，前据该局呈称，窃照谘议局章程第十条第三项，议长、副议长用单记投票法分次互选，常驻议员用连记投票法一次互选，均以得票过半数者为当选，其细则由谘议局自定。谨案：分次互选，投票之人若系偶数，而被选者只两人，得票平均，适得半数，皆不为过半数，若再行选举，而各投票者皆不肯枉其前举之人，则虽屡选，而得票平均之两人终不能过半数，此际应如何办理？可否以抽签定之？又连记互选，恒有得票过半数之人，逾于应选之额，而其票数又适相同，例如应选二人，每人以得票十五为过半数，而得票十五者有三人或三人以上，此际应如何去取之？可否亦用抽签之法？本谘议局于互选细则第十九条规定，议长、副议长、常驻议员之选举，有二人以上得票同数者，以抽签定其当选人，是否有当，相应呈请电咨宪政编查馆解释，电复等情，当经本部堂于本月十六日据呈电咨去后，兹准宪政编查馆漾电开：铣电悉，议长、副议长屡选未过半数而得票适同，及过半数逾额而票数相同者，均应以年长之人列前，年同者抽签定之。其常驻议员亦照此办理。似较周密。应将此节加入谘议局互选细则等因，前来合就札饬，为此札仰该局即便遵照办理，特札。右札仰福建谘议局准此。宣统元年九月□日。

三、报告制台来札关于南洋侨商选举权事。

议长（高登鲤君）请书记长登坛朗读来札。

札饬事，宣统元年九月十八日，准宪政编查馆咨开：准农工商部咨，据新加坡商会总理林为芳等禀，侨商既无调查之权，又无选举之区，似应变通办法。查华侨散处各岛，人数难于调查，自系实在情形。该总理所请就新加坡商会员董，酌举四名，闽粤各半，及由商会行文谘议局，或径禀本省督抚，一面分禀驻使，暨参议员回籍时，报名附席各节，是否可行，核定简明办法，声覆过部，通饬遵照等因，准此。查该商会所拟华侨参议员办法，本馆详加酌核，如所拟公推参议员，以曾经办过公益三年，确有不动产五千元为合格，查与谘议局章程相符，自属可行。所拟呈由驻使，恐致延误，由参议员径交本省谘议局，或径禀督抚，分禀驻使，及应行条陈事件，概由商会代发一节，查本馆前咨系令参议员将条陈事件呈由驻使，咨送该省督抚，发交谘议局，原以重统辖而免逾越，兹核所呈急切紧要事宜，恐致延误各情，应令南洋华侨各埠距驻使较远者，如遇有紧要事件，准其面请商会代发，径呈本省督抚，发交谘议局提议，仍分禀驻使，其寻常事件并此外各埠，务应遵照前咨，呈由驻使咨送，不准径达，俾示限制。又所拟参议员因便回籍，遇谘议局开议，准予报名入局附席一节，如该参议员回籍，遇谘议局开议时，关涉该埠华侨事件，应准该参议员附席陈述所见，惟不得列入议决之数，以符定章。至新加坡商会员董五十二名，拟酌定参议员四名，闽粤各半一节，现在姑准照办。惟查各省人数最少之区，如吉林等省，尚系于当选五六百人中选一议员。新埠华侨较多，似未便专就商董员数推举。来咨亦谓华侨散处，难于调查，但细数纵未能备详，而该商会各员董久居该处，岂致于大概数目亦难查悉？嗣后仍须俟该商会确查，所统各处应选合格人数共有若干，再定推举参议员名额，以昭慎重而示平允。除咨覆农工商部外，为此合咨贵督查照办理可也。等因。到本部堂，准此合行札饬，为此札仰该局即便查照办理，特札。右札仰福建谘议局准此。宣统元年九月□日。

四、报告本月二十七日，为孝钦显皇后梓宫永远奉安陵寝之期，应行休会一日，以表哀忱。

第一，关于消弭械斗咨询案（总督提出）审查员报告。

报告书：窃因本局第一届第八次议会提出制台第一条械斗咨询案，交由临时审查员审查。查此案系消弭械斗，为吾闽革除陋俗，关心民瘼，钦佩莫名。但闽省械斗，下游最多，糜烂情形，不堪设想，祸延数十乡，伤毙数百命，积年累月而不可止。若不正本清源，宪政前途终无向明之象。今将审查情形逐条报告，祗候公决。一、械斗之原因：（甲）乡约之废弛；（乙）官长之酿成；（丙）匪徒之播弄。二、消弭之方法：（一）实行宣讲，择明通热诚之士分区劝导。（二）责成社长。官长约束，不若亲族约束，佐以乡长、里长，互相钳制，尤为周密，请制台札饬各地方官，转谕公正绅耆充任，以专责成。（三）查拿讼棍，以杜主唆。（四）解散盟会。联乡结盟，易滋斗患，宜责成社长勒限解散。（五）严办帮枭。连乡帮门之外，尚有一种帮枭，须严惩以杜效尤。（六）禁绝差扰及丁胥勒索串贿等弊。（七）严惩诬告，以弭衅端。（八）严办掳勒及私行酷禁者。（九）裁撤委员，以纾民困。（十）拿办正凶。主谋之人，庶皂白有分，人尽知儆。（十一）严饬迅结。民间词讼，每有经年不得一讯者，饬地方官限期速审，以清讼累而靖地方。（十二）严处匿报。地方官遇械斗案，务将肇衅之颠末、办理之方法，详细禀报，如不实不尽，经人告发，或由议员照局章第二十八条举发，从严参处，俾有所惩儆，不敢敷衍从事。（十三）严催普设警察，以资护卫。（十四）迅饬举办地方自治。一俟地方自治会成立后，清查户口后，匪类无所纵容，不至酿成事故，以长乱阶。宣统元年九月二十二日，临时审查会报告。主查员林辂存，理事员黄纪星，审查员李慕韩、（庐）〔卢〕初璜、李迪瑚。

议长（高登鲤君）请审查员（林辂存君）登坛报告。

（林辂存君）登坛报告，略谓：消弭械斗，前经李慕韩君等提出议案并陈办法，业经诸君议决。兹承制台咨询，即将李君等所陈原因及办法公同参酌，加入三条，请诸君公酌。

议长（高登鲤君）谓：诸君既无意见，应即照报告书申复，请众表决。赞成者得五十六人。

第二，关于查禁花会咨询案（总督提出）审查员报告。

报告书：本局第一届第八次提出制台第二件咨询案，交由临时审查员审查。查此案系禁止花会，为吾闽革除恶习计，用意至为深厚。窃维花会之设，蔓延之区域广，聚集之人数多，本非秘密聚赌之难于觉察者，地方官果能认真查办，当亦不难禁绝。本审查员会议之际，先后由议员陈君义、高君登鲤、黄君羲送到意见书，所拟办法均属妥洽。复由议员熊君秉廉报告上杭、武平二县有类似花会之赌博，如六字标，如摊子，如宝子，均宜一律禁止。合将审查情形报告如左：一、严惩吏役收受赌规。各属开设花会，文官除府州县外，武官除提镇外，凡一切佐杂官弁，无不收受陋规，而武官之收费，比文官尤巨。贫国病民，莫此为甚。由是各衙门家丁胥役兵勇，亦各收受规费。当花会盛行时，每厂月费陋规数百元，州县官非尽不知，第以瞻徇属员情面，故意纵容。应请制台通饬各属文武官员，凡有收受陋规，经人告发，或由谘议局议员照局章第二十八条举发，查实后，从严撤参。至各衙门执事人等，收受规费者，发觉后，从严究革，并科该官长以故纵之罪。一、重惩挂巴赌犯。地方官惩办花会人犯，往往以罚款了事，或充公费，或入私囊，所以各赌棍敛钱以待，不畏官长。应请制台通饬各属，遇此项挂巴，或走封（经理人别名），或吃封（略如彩票附彩）等赌犯，无论当场拿获，或暗访讯实，均须严行惩办，不得以罚锾了事。则人人知儆，恶习不难革除。一、稽查禀报委托社会兼理。花会开设，劣绅、地棍与吏役同受陋规，公正绅耆欲行禀官究办，一虑官长不认真，一虑劣绅赌棍挟仇报复，致多隐忍不言。应请制台饬各属，凡地方如有开设花会者，准由去毒社及自治研究所稽查，禀报地方官，惩办收受规费之劣绅，地棍亦一并禀请惩办。至公正绅耆如不便径禀地方官，可密报去毒社或自治研究所，俾得禀请地方官拘究。一、并禁聚赌麻雀。近来麻雀之戏，上自官场，下至绅商，莫不以此为事，已不足为下等社会之表率。且官吏幕宾因此废时失事，应行案牍延搁旬月。若是则虽严禁花会，究不足以折服民心，实非清源之道。拟请制台通饬严禁，按照新律办理，庶足革除恶习。一、并禁与花会相类之赌博。查上杭、武平二县，赌博有名六字标、八字标者，有名摊子者，有名宝子者，均系设厂诱人猜押，贻害地方，与花会等。应照上开办法，一并禁止。此外各属如更有类此之赌博，均应一律严禁。宣统元年九月二十二日。临时审查员林辂存、黄纪星、李幕韩、卢初璜、李迪瑚。

议长（高登鲤君）请审查员（林辂存君）登坛报告。

（林辂存君）登坛报告（大旨与报告书同）。

（邓畿君）谓：宜加一条谓：并禁藉端开赌。各属多借神诞及喜庆之门公然赌博，以为法所不禁，谓宜一并禁绝方可。

议长（高登鲤君）问：有人赞成邓君之说否？得赞成者九人，遂作为（修正案）议题。

（李迪瑚君）谓：不独借神诞演戏开赌，且如迎神赛会，亦有藉以开赌者，并当一概禁绝。

（俞光华君）谓：应封（折）〔拆〕赌场，以绝其场所。小民往往贪利，以铺屋租与赌棍，遇有赌案发觉，宜将该屋封禁归官，或（折）〔拆〕毁，庶窝赌者知所儆戒。

议长（高登鲤君）问：有人赞成俞君之说否？得赞成者六人，遂作为（修正案）议题。

（王邦怀君）谓：责成乡董，而乡董往往不敢举发。因赌徒多属无赖，若行举发，则恐与之为难。

（林辂存君）谓：此属实情，故报告书中云"委托社会经理"。

（刘崇佑君）谓：麻雀最当禁绝，报告书内宜并定一禁绝方法。

（林辂存君）谓：报告书上用"并禁"字样，即系照禁绝花会方法行之也。

（高士龙君）谓：禁赌则须并禁绝造赌具者。

议长问：有人赞成高君之说否？得赞成者七人，遂作为（修正案）议题。

（施景琛君）谓：赌具既禁其制造，亦当并禁其贩卖。

议长（高登鲤君）谓：制造贩卖可并为一条。众皆赞成。

议长（高登鲤君）谓：现宜逐条表决。

一、邓君说，赞成者四十六人。

一、俞君说，赞成者四十九人。

一、高君、施君说，赞成者四十八人。

（林佑蘅君）谓：乡中赌棍往往引诱良家子弟，局骗入场，辄负巨金，无款则令其立字，往往因此倾家，宜遍饬各属，遇有此事，除将赌款充公外，仍严办其罪。

（李迪瑚君）谓：若能严禁赌博，则自无此事。

议长（高登鲤君）谓：现在诸君既无意见，则照报告书加入三条，即行申覆，请众表决。得赞成者五十五人。

第三，关于振兴茶业咨询案（总督提出）审查员报告。

窃因本局第一届第八次议会提出制台第三件咨询案，交由临时审查员审查。查此案系振兴茶务，为吾闽挽回利权计，用意至为深厚。惟闽茶之败，误于制焙不精，作伪搀杂者居其半，被印、日之茶攘夺者，又居其半。闻印度茶质粗价低，专恃机器装造，日本师其法，于本国及台湾亦设机制茶，又将出口税减免，步步争竞，向之购我闽茶者，今转而购印、日之茶。若不速予整顿，恐江河日下，吾闽赖以谋生计者，又去一大宗。国计民生，两有维系，再四思维，惟有遵照制台所拟，于茶务最旺地方酌设茶务讲习所，推举茶业最大之人，出为经理，以便研究改良一切。兹将酌拟数条列左：（一）茶务讲习所拟设八处：（甲）福州之南台，（乙）福宁之三都，（丙）延平之洋口，（丁）建宁之崇安，（戊）泉州之厦门，（己）泉州之安溪，（庚）漳州之和平，（辛）龙岩之宁洋。（二）讲习所经理拟举十一人：（子）南台拟举恒春茶号杨国璠；（丑）三都拟举两人，委托王君邦怀详查另报；（寅）洋口拟举广兴隆茶号王联登；（卯）崇安拟举怡丰福茶号潘政明；（辰）厦门拟举文圃茶号杨廷梓、锦祥茶号郭祯祥；（巳）安溪拟举金泰茶号林邦桢；（午）平和拟举本地富绅曾其源、琯溪金圃茶号林魁梅；（未）宁洋拟举英芳茶号林鹗年。以上请制台下札，劝令出办，藉示优异。（三）各该埠茶帮无论大小，均须向茶务讲习所报名注册。其资本在一千元以上得所中两人公推者，准其列为评议员。（四）讲习所成立后，由所中公推熟悉茶务之人，亲赴印度、日本及台湾等处考察办法。（五）选派学生赴印度、日本产茶地方，实地练习，毕业后充讲习所教员，未选派以前，得酌聘印、日技师，先招徒教授。（六）制焙之工，以安溪人为著，日本、台湾均来延聘。吾闽除安溪外，他埠应需茶工，请采用安溪人。（七）作伪搀杂及假冒字号等弊，应由茶务讲习所逐条查明，公订禁条，禀请制台通饬立案。（八）茶厘请改办落地税或统捐，比原征酌量减轻。再，茶务一项，洋人藉以把持者，全在转运及镑价涨落而已。包种尚能自运，惟洋装必假洋人之手，俟讲习所成立后，由经理人招集巨股，创办茶务公司，设总号于产茶地方，设分号于外洋销茶各埠，彼此联络。除呈请农工商部照章注册外，并请制台专奏酌免出口税数年，藉示鼓励。宣统元年九月二十二日，临时审查会报告。主查员林辂存，理事员黄纪星，审查员李慕韩、卢初璜、李迪瑚。

议长（高登鲤君）请审查员林辂存君登坛报告。

（林辂存君）登坛报告（大旨与报告书同）。

（邓畿君）谓：茶务讲习所宜添设一所于邵武之东关。

议长（高登鲤君）问：有人赞成邓君之说否？得赞成者八人，遂作为（修正案）议题。

（王邦怀君）谓：福宁所举两人，一为福鼎人，一为福安人，不能同县，宜于白林地方添设一所。

（林辂存君）答曰：可。

（王子懿君）谓：崇安茶有红绿二种，潘君仅熟悉绿茶，而红茶出洋大宗，宜添一人，请举春裕发号熊君焕文。

（孔昭淦君）谓：讲习所宜多设，如建宁、延平等处均应设立。

（林辂存君）谓：讲习所本以多为贵，但开办伊始，当先就其出产大宗之处设立，以后再议推广。

议长（高登鲤君）谓：赞成王子懿君之说者请起立。得赞成者三十五人。

（潘纪雲君）谓：开办之始，不宜多设，即如福宁，亦不必添设。

议长（高登鲤君）谓：赞成潘君之说者请起立。得赞成者五十五人。

议长（高登鲤君）谓：然则三都当移设于白林。

（王邦怀君及吴鸿枢君）谓：宜设于三都。众议不决。

议长（高登鲤君）谓：开办之始，当择其最要地方设之，现先就三都设立一所，至白林随后再议续设。众皆赞成。

（林辂存君）谓：顷邓君谓邵武之东关宜添设一所，兹于报告书内宜添一条。众皆赞成。

（陈锡朋君）谓：办讲习所须有经费，不知制台筹及否？

（孟思培君）谓：此系咨询案，只须直陈意见，至办理经费，制台自当筹及。

（林辂存君）谓：茶帮会馆本有公费，如举定经理人，则经费自能筹备。

议长（高登鲤君）谓：是否即照此申覆，请众表决。得赞成者四十三人。

第四，关于提倡渔业咨询案（总督提出）审查员报告。

报告书：窃因本局第一届第八次议会提出制军第四件咨询案，交由临时审查会审查。查此案系提倡渔业，为吾闽开拓利源计，用意至为深厚。闽省渔利，兴、泉为最，福宁次之，福州以下又次之。惟地濒重洋，迤东又与台湾相接，海线未清，易滋藉口，海参威之前车，可资殷鉴。故欲办渔业，必自划清海线始。拟请制军特派测绘生，于闽省沿海一带，详细测量，绘成海图。某处与某省交界，某处与台湾交界，各立标准，颁布各属。闽省精于渔业者固多，欲求一声望素孚肯输巨股者，本审查员现未得其人。所有渔业公司经理一席，应请全体议员择优推举，公同表决，似较妥慎。中国已告成立之渔业公司，只得山东、江浙两处，其章程本尚可采，所惜经理诸人，或就宦，或兼营他事，未能始终以之。吾闽如欲创办此项公司，必择关心渔业能始终其事者，始可付托此任。采捕之法，除调取山东、江浙章程，酌加甄采外，另须派人赴日俄产渔地方，详细推求。腌制一项，厦门现有淘化公司，试办尚有成绩，能推广仿效，不无可挽利权。独水产学校，前次实业教育案内，曾声明于长门设渔业学堂一所；今拟将渔业学堂改名水产学校，除原案指定长门设立一所外，于厦门拟添设一所。因下游渔业视上游尤多，就近研究较便，所有创办诸费，仍照前案指定关务盈余项下，酌摊补助。所有审查情形是否有当，祗候公决，须至报告者。宣统元年九月二十二日，临时审查会报告。主查员林辂存，理事员黄纪星，审查员李慕韩、卢初璜、李迪瑚。

议长高登鲤君请审查员林辂存君登坛报告。

（林辂存君）登坛报告：水产学校分设于上下游，经理人应由上下游各自公推，较为妥慎，报告书所未提及。此外大旨与报告书同。报告毕，请众酌裁。

（施景琛君）登坛谓：制台咨询案内有云如何布置？经费如何设筹？而此报告中并未议及，且水产学校系属于农工商部，非属于学部，据报告书所云将渔业学堂改名水产学校，似以另筹经费，不必在关务赢余项下指拨较妥。本议员对于水产学校布置及经费，颇有意见。谨拟办法如下：（一）场所：先就福州近海地方设立水产学校，为讨论水产总机关。校外设实习场及实习船、制盐试验场。（二）科学：本科分渔捞、制、殖三科，三科以外宜另设现业科，招渔业子弟，实地练习。（三）经费：可在盐库内提出三万元。（四）图式：附呈水产学校及实习场、实习船图式三张。

（康咏君）谓：赞成施君由盐库指拨之说，不赞成报告书中所指关务赢余之说。

（潘纪雲君）质问：盐务中可筹十万确否？

（施景琛君）谓：现正整顿盐务，总可筹得数万金也。

议长（高登鲤君）谓：诸君如赞成施君之说，即以附入报告书，以资修正，请众公决。得赞成者五十二人。

第五，关于清理钱粮积弊并划一粮价提议案（议员康咏等十八人提出）审查员报告。

报告书：窃因本局第一届第九次议会提出，议员康咏君等一十八人提议清理钱粮积弊并照章划一粮价一案，交与本科审查。查得该案所陈弊端及办法各条，均虑深藻密，切当可行。惟原案内弊端第一项内，有"每地丁银一两，辄勒收足重银元二元五六角至三元不等"等语，于"三元"中间添一"五"字，改为"三五元不等"。又办法第四条末一句添"仍载明清单之内"一句。又采议员刘君志和意见书作第七条，李君迪瑚意见书作第八条，另缮附缴，其余悉照原案举行。合将清理钱粮报告书审查情形，缮具报告，祗候公决。附采用意见书添入原案办法第七、八两条：（七）出入平均。粮价既定征收时或银元或铜元，补入找出价必划一，以昭平均。（八）粮捐照章。秋米随粮捐照章用铜元交纳，前数年钱价高昂，以市价算每元八九百文，近来钱价甚低，柜书不收钱，只收银元，照从前八九百文钱价苛算，民间异常受亏，应请征收铜元，或照市价银元计算。宣统元年九月二十三日，财政科报告。主查员林輅存，理事员卢初璜，审查员施景琛、黄乃裳、李迪瑚、张选青、赵锡荣。

议长（高登鲤君）请财政科主查员（林輅存君）登坛报告。

（林輅存君）登坛报告。

议长（高登鲤君）问：此案是否开第二读会，请众表决。赞成开第二读会者，得五十四人。

议长（高登鲤君）宣告休憩二十分钟。

三时二十分钟续行开议。

议长（高登鲤君）谓：制台所提出之咨询案，本日经审查员报告，业已议决，照章再由审查员作成申覆书。问主查员（林辂存君）：申覆书何日可就？

（林辂存君）答：念九日可就。

第六，请裁撤安溪南水关私征船货税提议案。

（议员林辂存君十人提出）审查员报告。

宣统元年九月二十日，提出林君辂存请裁撤安溪南水关私征船货税一则，交由庶政兴革科审查员互相审议。合将该议案情形报告谘议局，公同议决。查安溪南水关私征船货税，实为国民之大蠹。前经安溪县知县戚扬、刘晋庚、谢金元及全体绅士林心存等先后禀揭在案，未见裁撤该处，殊深盼望。今林君所提议案，于拿配贴饿，言之尤详，实属法外苛勒。又据杨君豫意见书所称，建郡亦有盐哨串同船捕拿配之弊，请即一并饬禁等语，是拿配贴饿之流毒，不仅一安溪受其害也。应请制台准照该议案所请，通饬严切施行。该议案叙述本极周详，似无庸另行修正。谨将审查情形缮具报告，衹候公决。宣统元年九月二十二日，庶政兴革科。主查员椿安，理事员郑藻山，审查员林佑蘅、王邦怀、王子懿、张国宝。

议长（高登鲤君）请庶政兴革科主查员（椿安君）登坛说明理由。

（椿安君）登坛说明理由（大旨与修正案同）。

议长（高登鲤君）请众表决可否开第二读会。全体赞成。

（盐道陈）登坛，对林辂存君质问谓：南水关查拿贴配饿何时始有此事？

林辂存君答：光绪十九年改设官运以后始有此弊。

（盐道陈）谓：贵议员所说有无实据？

（林辂存君）谓：议案及报告书中均已说明，前任安溪县戚扬、刘晋庚、谢金元及全体绅士林心存等先后禀揭在案，何得谓无实据？

（盐道陈）谓：据成案，系在光绪十九年以前，即有此名目。

（林辂存君）谓：以前系属雇用民船，自光绪十九年后，始有此弊。且不独安溪为然，即如永春、南安亦有之也。

（林辂存君）谓：改官运以后即有此弊，本议员籍隶安溪，被举为代表，安溪既有此弊，自应提议。且此弊不独安溪为然，即如永春、南安一带，亦受影响。现有永春、南安议员在此，有无此弊，请质问之。

（盐道陈）谓：此种办法原非妥善，本道到任即已筹及，至所谓拿配名目，殊属悖谬，总须更改此种名目。

（林辂存君）谓：本议员提议，系请革拿配及贴（载）〔儀〕之弊，非请改名目。现道台既说有此名目，则有此弊甚明。

盐道不待林君说毕，急先发言曰：因官运费不能多，势不能不用及商船，若不用商船，则立至停运，地方必致生事，本道不能担此责任。至贴（载）〔儀〕亦非归于中饱，随时皆已报明，贴（载）〔儀〕之款，亦系用以津贴装盐之船户。现在总宜筹一方法，第一须无碍运务，第二须体贴船家，庶期妥善。总而言之，以后只将拿配及贴（载）〔儀〕名目更改可矣。

第七，请拨还国民捐款为自治经费提议案（议员苏寿乔提出）（审查员修正案）第二读会。

划定地方自治经费修正案：吾闽地濒重洋，群邻环伺，实行立宪筹备，必自地方自治始。地方自治之设策虽多，而要着必自筹款始。际此民困财穷，百端待举，欲再为地方自治筹一巨款，谈岂易易。再四思维，惟有国民捐一项，以各府厅州县共同之款，办各府厅州县公益之事，谅无不乐从。但此款系奉旨发还，经手各官仰体朝廷德意，取信于民，发还既不可不遵，而地方自治需款虽多，指拨亦不可不慎。谨为参酌情形，筹拟两全之策，条列如左：（一）国民捐拟请全数发还各府厅州县原解地方，由地方官交妥实银钱铺或当铺暂时保存，无论何人要领回原捐者，俱须提出原给三联单，向原解地方官所指定之银钱铺或当铺照数请领，无单者按照第三条办理。（二）地方官于接受发还此项捐款之日，即须出示布告，此款愿照数领回或移充地方公益，限三个月内，赴原解地方官处自行声明，逾限作为无效。（三）逾限三个月未领者，所剩之项，全数拨充该属地方自治经费，由该属各团体代表公议配给。（四）捐款中多有原解地方官垫捐之款，揣其初心，无非体恤民艰热心国事者，自便听其湮没，拟请将该款无论有单无单，统发归原解地方，充该地方自治经费，为倡捐之官作永远纪念。（五）地方自治经费关系紧要，除原案所指国民捐一项外，如尚有不敷，准由该地现剩公款，尽前指拨，藉资提倡。（六）拟请制台将各属原解国民捐详细清册照抄一份，交谘议局备案，并札各属所办地方自治于国民捐剩款如何支配，随时报告谘议局，以便宣布局中。宣统元年九月二十日，其他财政科。主查林辂存，理事卢初璜，审查员施景琛、黄乃裳、李迪瑚、张选青、赵锡荣。

议长（高登鲤君）请书记长登坛朗读修正案。

议长（高登鲤君）请众逐条表决。

第一项

（邹含英君）谓：须有三联单方能领还，恐经手人因此受累。盖因捐出时如一二角之款，不皆领有三联单也。本议员意，凡旧日册上有名者，无单亦可领还；惟册中无名者，则不准领。

（林辂存君）谓：有三联单则捐款方有凭据，既无单则不能给领。

（李迪瑚君）谓：此款因奉上谕发还，不得不招人来领；如无三联单而给还，则必至百弊业生，不可穷诘。

（孟思培君）谓：当捐款时经手人必有清册，应照清册中所列有名者可以给领。

议长（高登鲤君）谓：赞成修正案请起立。得赞成者三十五人。

第二项

议长（高登鲤君）请众表决，赞成修正案者请起立。得赞成者四十三人。

第三项

（苏寿乔君）质问：此款既为地方自治筹办之用，何以又云配给？

（林辂存君）答：因地方自治有城镇乡之别，其应如何配给，应由该属各团体合商故也。

（苏寿乔君）谓：修正案中所云团体，则劝学所等亦系团体，恐文字上不免误会，致生争执。本议员之意，现在自治并未成立，惟有先设筹办公所，不如即以此款，拨为筹办公所之用。

（林辂存君）谓：本条已指明作地方自治经费，所说由各团体代表配给，即系配给地方自治经费，与原文并无抵触。

（李迪瑚君）谓：不如将"由该属各团体代表公议配给"一语删去为愈。

议长（高登鲤君）问：诸君赞成李君之说否？得赞成者四十四人。

第四项

议长（高登鲤君）请众表决，赞成者四十八人。

第五项

议长（高登鲤君）请众表决，赞成者四十四人。

第六项

议长（高登鲤君）请众表决。赞成者四十四人。

第八，关于本省学校及公益团体之基本财产妥为划定分明提议案（刘崇佑等六人提出）第一读会。

学校及公益团体，必须有基本财产，方得永久维持。基本财产以不动产（土地、田园、家屋）及存积之现金、现谷为多。吾闽现有之学校及公益团体，有基本财产者甚少。然旧日书院、府县学及公益团体（如育婴、敬节等善堂）之基本财产，亦属不少，一经改为学堂及他团体之后，难保无隐匿侵蚀之弊。即在今日，犹或缴纳子金，而案卷契据等，既经改为学堂及他之公益团体，历久恐渐忘其所自。则从基本财产所生之收入，不过作为通常一款，甚且从而变动之，是基本财产之原物全至消失也。例如闽省书院之基本财产，发商生息，迄今尚有收入分析成数，缴入高等法政等学堂。在学堂不过作为通常一款，恐或渐忘其为旧时之基本财产。又义仓存积现谷，前经官备发糶，本息均未清还，此项积谷本非以为基本财产，但既经官借生息，应催其本息并还，本未还清之前，亦应比照基本财产办理。其他各府州县向有学田、公田、幼学田、文社田、卷资田、贴考田及公有房屋、园地等项，应请督部堂札饬司道及各地方官，移知各学堂及公益团体，明定为基本财产。间有由学堂及公益团体自征收子金者，亦应令其明晰具报，作为基本财产，于该管地方官衙门存案，以便检查，以杜侵蚀。无论官绅商民，如有延欠此项款目者，一律许本地绅民指禀该管衙门立即催缴，妥为保护，以重公益。发议者刘崇佑，赞成者赵锡荣、施景琛、康咏、黄必成、陈锡明、李钟声。

议长（高登鲤君）请提议者（刘崇佑君）登坛说明理由。

（刘崇佑君）登坛说明理由（大旨与议案同）。

议长（高登鲤君）问：此案应开第二读会否？

（康咏君）谓：此案可以不付审查即开第二读会。

议长（高登鲤君）问：诸君赞成康君之说否？得赞成者三十三人。

第九，关于筹备巡警并改良现在办法提议案（议员施景琛等六人提出）第一读会。

案宪政编查馆奏定逐年筹备事宜清单，厅州县巡警限本年内粗具规模，明年应一律完备。闽省巡警有已办而未著成效者，有初办而未能就绪者，有未办而尚在筹划者。行政、司法、保安、卫生，无一非赖有巡警而后能达其目的。若不及早实办，有误筹备限期，则着着均形窒碍，与原奏之意大相反也。兹就通盘筹划，拟定办法如左：（一）对于已办者亟宜改良之办法。省垣及最少数各府县业已举办巡警，然警务无甚精神，大众所公认。各府县至或以无赖或游勇充之，滋扰之事日出，无怪其然也。数其要图，厥有数端：（甲）职务上之分配。总巡以下官长任之，职在主持警务，稽察警官以下之邪正勤惰。此外无论何科，非留学警察及曾在高等巡警学堂毕业者，概不得充警官；非曾在教练所毕业者，概不得充巡士。畀以办事实权，责以按期成绩。旧日办理警务官吏有经验者，亦可酌派为稽查员。巡警之设侦探，藉以察一般社会之莠良；巡警之设稽查，兼藉以察本部人员之勤惰。中国现行警政，自以直隶为最完全。其所以完全者，盖由多设稽查（直隶稽查员达至百余人以上），耳目周，故精神奋也。闽省暗查之设，始自本年。员数限以四人，其权限只及巡长、巡士而已。至于科员以上之溺职与否，则不能过问也。故比年以来，以警官而犯违警之罪者，不一而足。今当破除旧例，以办理警务有经验之官吏与警察毕业之学生各半，派充自科长以迄巡查。如有违反法律行为，皆可调察而报告之，则在职人员，必能实心奉公矣。（乙）费用上之核实。全省警务项下所开支之款，虽远不敷实办各厅州县巡警之数，然为款亦已颇巨。推原其故，则有名无实之局所及人员虚糜，实不少也。以福州论，如马江螺洲之保甲局及长乐蕉岭之保甲局，均未裁撤。其他如七城盘查，如巡警军（省城巡警军旧定四百名，后因创办警务，先撤二百名，现尚有一、三两队，每月糜饷甚多），如各衙门大兵，职务不外诘奸暴、防火患之类。须严加甄别，择其品行纯谨，任事勤奋，且略通文义者，入教练所肄习，其经费宜改归巡警派出所消防局项下。（丙）设备上之完全。现今警务上之设备诸多未完，以场所论，如买菜场、停轿场、望火楼等，均未设立；以器具论，如防火具，如其他警务上必需之器具，亦未购置，宜一律设备而后可期实效。（丁）组织上之变更。

福州现时区制及探捕兵，与京津一带迥不相侔。北洋之区，其权限几与局埒，各分局均兼第一区，以总其成，各区则辅佐分局，以分其责，非必事事报局，毫无处理之权也。吾闽区隶于局之下，动受牵掣，且不设区官，但以巡长为一区之表率，巡长去巡士不远，稍与相习，严则反抗，宽则生慢，不如改从京津之制。又京津一带设有探访队，消息异常灵通。闽自去岁四月改良以来，尚仍探捕兵之旧，所有搜查逮捕之事，每以探捕兵执行之。探捕兵之资格，实与衙役、马快等，往往藉端勒诈，骚扰民间，当立予裁撤，另由巡士中认真抽选，择其勤慎敏捷者，编为侦探队，以收耳目之助，并设队长以督率之，当较探捕兵有别也。以上情形，多就福州改良设想，各府县警务更较福州为不及，宜仿照办理，以期改良。（二）对于未办者亟图增设之办法。各厅州县兴办巡警，限期已届，断不容缓。但各府县教练所多未设立，请即札饬严催，限于三个月一律设立。现在高等巡警学堂简易科又届毕业，各府县学生颇多，不难招聘，教练所设齐之后，学生毕业，即可一律照章兴办。惟目前试办，尚有如左二法：（甲）补习。严选勤慎强干通晓文理素无过犯之人，充当巡士，即以教习充警务长，半日出勤，半日补习，更番递代，以便教练。（乙）巡回。直隶各府县有此办法，以其需人少而费用省也。此项巡士专办巡回，不设站岗，此为极贫瘠之州县，经费万无可筹者而设，若费稍可筹，虽在目前试办时，亦当勉从（甲）项。此外，如各地已办未办者，急应多设岗位（省城近变，减少岗位，别练消防，似甚不合，宜增补之），筹办消防，实行部章严定规则，均为警政应有之事，不复赘也。至上游水上巡警，已经本局议决设立，自闽安镇以外沿至厦门一带，港汊纷歧，每有盗匪窜伏，来往商旅辄遭抢劫，亟应设立水上巡警教练所，以资兴办而保商民。至于福州至福宁适中地方，亦须添设一所，以期完全。凡已布巡警及水巡警之处，如有营汛，即可裁撤，以省经费。提议者施景琛、高士龙、李仲郴，赞成者邓畿、余钟英、陈树勋、李迪瑚、孟思培。

附李君仲郴请设立下游水巡警理由书：闽省上游商旅多河运，下游商旅多海运，运次不虞，辄遭劫抢。自水口至邵郡之光泽、建郡之浦城止，所有上游应行保商方法，议员黄君乃裳业经条陈利害，指定办法矣。然下游应行保商方法，尤不可不重加注意。自闽安镇以外沿至（夏）〔厦〕门一带，所有港汊纷歧之处，每有盗匪劫抢之惨剧。鄙人前寓厦门客栈，栈近港侧，傍晚时即闻港下有大声喊援，许久而无人赴救者。询诸堂官，曰此客人被劫也，此港下常事也。嗟嗟！商埠繁盛之区，且系黄昏时分，尚有此公然行劫之事；则偏僻之处，更深人静之时，各商船之遭盗，更无足怪矣。所以闽辖海道处所，盗匪劫抢船货之案，层见叠出，盖江湖巨盗出没无常，而下游往来商船之运次，其货物较巨，故被盗愈多。又有一种滨海村匪，专以劫掠为生涯，遇有商船捩舵不过，因风搁浅，并无破坏，或船身不过小小损坏，该村匪便蜂拥而出，围抢一空。如此告案，无时无之。尤可痛心者，商船被盗，呈官请追，无论官不实力追办也；纵使缉追究办，而所追之数不及所运之半，且有仅偿告发之讼费者，事后核算，究何补乎？唯遇有洋船被劫，则追捕严急，然追办时，又祗株累良弱，摊派赔偿，以了本案，而盗匪或远飏，或窝匿，反得晏然漏网。无惑乎劫盗纵横于水面，毫无忌惮，此商界之大阻碍也。方今振兴商务，岂容此等盗匪充斥海上，不特为害商民，倘一旦海疆有事，而接济外人，甘为汉奸，种种毒弊，何堪设想。计惟亟亟设立沿海之水巡警，置快船，备军械，设警长，练巡兵，妥定严切章程，认真办理，更编查船户，益之以水保甲，有事时益之以水侦探。果其办有成效，盗氛消灭，则优予奖给。庶弭盗即以保商，商务自愈形发达。当否，乞公裁。

议长（高登鲤君）请提议者（施景琛君）登坛说明理由。

（施景琛君）登坛说明理由（大旨与议案同）。

议长（高登鲤君）问：此案是否不必付审查，即开第二读会，请众表决。赞成者五十人。

第十，申覆总督删改议事细则四条草案（本局提出）。

制台札批应行议覆议事细则三条如左：第五十六条所拟总督或其代理员为发言时，若涉及题外或不必要，有碍议事之进行者，议长得请中止。既经请止之后，议长又须申明该议题之趣旨。议长申明之后，复许证明所言与该议题确有关系之故，仍得继续言之。如此辗转引申，辩论转多，或反碍议事之进行。况前五十五条既有不得涉及议题之外或不必要之制止，则总督及其代理员自不致有题外泛论，以碍议事进行。此条似应覆议。第一百八十九条第一项内并得以案卷交阅一节，应令该议员到督署检阅案卷，或摘抄案卷内关于本事之切当者，交阅以资详核，盖署中案卷向不得取携出署也。第一百十八条及第一百八十九条第二项内所拟调取案卷，自是格于定章，惟因审查之必要，及议员因求了解，自不能不查阅案卷，如经总督认为必须检阅案卷者，应许议员或书记员到署查阅。

申覆总督删改议事细则四条草案（本局提出）。

第五十五条：讨议发言不得涉及议题之外，议长认为涉及题外或不必要之时，得制止之。发言者或其他议员，对于前项之制止有异议者，议长应询于到会议员全体，待有五人以上赞成其异议时，不经讨议而决之。

第五十六条：删去。

第一百十八条：审查员会因审查之必要，得求谘议局呈请总督，准许审查员或同书记员到官署检阅案卷，或摘要抄录，以供参考。

第一百八十九条第二项：议员因求了解，亦得以谘议局之决议呈请总督，令议员或同书记员到官署检阅案卷，或摘要抄录，以供参考。

议长（高登鲤君）请书记长登坛朗读。

议长（高登鲤君）问：此草案可否不付审查即行申覆，请众表决。赞成者得四十二人。

（刘崇佑君）谓：议事细则第五十六条既经删去，则以下当须更改。

（陈之麟君）谓：自治经费案第二读会既经通过，可否省略第三读会？

议长（高登鲤君）请众表决。赞成者四十六人。

议长（高登鲤君）宣读第十二号议事日表。

议长（高登鲤君）宣告闭会。

本日议员出席六十一人。

制台未到，委藩台尚代理，一时到会。

午后五时闭会。

第一次福建谘议局议事速记录第十二号

宣统元年九月二十九日（1909年11月11日）

议事日表　第十二号

宣统元年九月廿九日（木曜日）午后一时开议。

第一，请截留部提海关（羸）〔赢〕余提议案（议员施景琛等六人提出）第二读会。

第二，兴办水上警察提议案（第二读会议决修正案）第三读会。

第三，本局预算案（本局提出）第一读会。

第四，请速奏定闽矿办法提议案（第二读会议决修正案）第三读会。

第五，闽中振兴农林提议案（第二读会议决修正案）第三读会。

第六，减轻漳河水患提议案（议员陈锡朋、郑藻山、李钟声、陈之麟等十四人提出）第一读会。

第七，实行普禁缠足提议案（议员孟思培等六人提出）第一读会。

第八，妥筹民教相安办法提议案（议员陈之麟等六人提出）第一读会。

第九，对于各属劝学所并简易识字学堂艺徒学堂亟应切实计划提议案（议员郑藻山等六人提出）第一读会。

议长（高登鲤君）：

一、报告议员杨长余君、椿安君各告假一天，杨廷纶君、李馥南君各告假三天（椿安君审查员职务委托郑藻山君代理）。

二、报告制台来札，关于京旗专额议员免扣资俸并分别停其差委事。

议长（高登鲤君）请书记长登坛朗读来札。

札发事，准宪政编查馆王大臣咨，宣统元年七月初六日，军机大臣钦奉谕旨，宪政编查馆奏议覆礼亲王世铎等奏请将京旗专额议员免扣资俸并分别停其差委一折，著依议等因，钦此。相应恭录谕旨，刷印原奏，咨行钦遵查照办理可也。计送刷印原奏一本等因，到本部堂准此，当将原本饬承刷印，兹已完竣，除札发福藩司遵照，分颁所属府厅州县一体查照办理外，合并札发，为此札行谘议局查照，须至札者。计发刷印原奏二本。右札福建谘议局准此。宣统元年九月二十八日。

三、报告制台来札，关于谘议局毋庸与京师各署文电往还，应由督抚分别电咨事。

议长（高登鲤君）请书记长登坛朗读来札。

札行事，宣统元年九月二十四日，接宪政编查馆漾电，谘议局议事权限，屡奉谕旨，不得逾越，自应恪遵办理。该局所议事件，既以本省地方为限，自毋庸与京师各署文电往还。除俟资政院成立后，得照定章随时报告，呈请资政院核办外，现在该院未成立以前，如有关系该局争执事件，暂准由督抚分别据情电咨核复，以昭慎重，而清权限，等因前来。为此札行谘议局查照，须至札者。右札福建谘议局准此。宣统元年九月二十八日。

四、报告制台来札，关于宪政编查馆奏遵限考核京外各衙门第一届筹办宪政，并胪陈第二届筹办情形事。

议长（高登鲤君）请书记长登坛朗读来札。

札发事，准宪政编查馆王大臣咨，本馆于宣统元年四月二十九日具奏，遵限考核京外各衙门第一届筹办宪政并胪陈第二届筹办情形一折，钦奉谕旨，著依议，钦此。相应恭录谕旨，刷印原奏，咨行钦遵查照可也等因。计刷印原奏一本，到本部堂准此，当将原本饬承照式刷印，兹已完竣，除札发福藩司遵照，分颁所属府厅州县一体查照外，为此札行谘议局查照，须至札者。计发刷印原奏二本。右札福建谘议局准。宣统元年九月二十八日。

五、报告制台来札，关于闽省第二年筹备事宜，将上半年成绩列作第二届事。

议长（高登鲤君）请书记长登坛朗读来札。

恭录朱批行知事，照得本部堂于宣统元年八月初二日具奏，闽省第二年筹备事宜将上半年成绩列作第二届胪陈一折，兹于本年九月初七日奉朱批，该衙门知道，钦此。为此恭录并补拟折稿，札行谘议局钦遵查照，须至札者。右札福建谘议局准此。宣统元年九月二十八日。

（陈锡朋君）质问：议员平等不平等？

议长（高登鲤君）谓：自然平等。

（陈锡朋君）谓：既然平等，何以杨慕震君告假两星期须待公决，杨廷纶君到会一天，郑锡光君全不到会，均在四星期以外，何不待公决？恐与议事细则第一百九十二条不对。又二十四日上海《时报》载，杨、郑二君素热心，（益）〔盖〕此次冷淡不肯到会，恐因有他故。本议员不解所谓"他故"者果系何故？本谘议局名誉固不以一二人而伤，然报馆记载不实，阅者或至误会。请议长发电报馆，"他故"二字，须辨析明白，以保全本谘议局名誉。

议长（高登鲤君）问：诸君赞成发电否？

（刘崇佑君）谓：《时报》所登本局之事，不实者甚多，兹只须发电声明，言其所载多属不实可也。

议长问：诸君赞成发电声明否？赞成者仅十七人。

（康咏君）谓：前日已发电声明，今可不必发电。

议长（高登鲤君）谓：既不赞成发电，则宜发信问杨、郑二君何故不到会，请众表决。赞成者得四十九人。

（康咏君）谓：不必诘其何故不到会，只须照章诘问可也。

（刘崇佑君）谓：不必问其缘故，只须照章召唤为是。

议长（高登鲤君）谓：现在既经议决发信，即由书记长拟稿，请众决定后发去可也。

第一，请截留部提海关（嬴）〔赢〕余提议案（议员施景琛等六人提出）第二读会。

请截留部提闽关（嬴）〔赢〕余案：兴学练兵，为当今要政。然经费不敷，不足以资整顿。闽省自光绪三十三年前邮传部尚书陈璧奏准，将闽海关税务（政）〔改〕归闽浙总督兼管，如有（嬴）〔赢〕余，拨为本省兴学练兵之用。嗣经制台奏报，统共洋、常两税，年可节省归公银一十九万八千余两，并陈明前已奏请留作本省练兵兴学之用，应请仍照原奏办理。然查除开销外，只实（嬴）

〔赢〕余十六万两。闽中财力支绌之余，而兵政学务方冀藉此项腾款略为筹措扩充地步，讵本年度支部竟议提去六万两，于闽省新政前途不无窒碍。查度支部议覆御史赵炳麟请定立预算决算折内，奏令各省将外销款项通盘筹划，悉数奏明果系实在应用，即当予以划留等语。可见度支部于外销之款尽可斟酌划留，况此项节省归公之款，已叠次奏明定为本省练兵兴学之费，而部议忽起而提其三分之一，何以解上年会议政务处奏遵议度支部奏清理财政明定办法折内，称部中于外省款项每令其据实报明，声言决不提用，及至报出，往往食言，故外省常畏其诳等语之讥？总之，新政之经营已难延缓，而地方之经济又属艰窘，似宜亟请制台电商度支部，体念闽疆贫瘠，准将拟提之款全数截留，以符原奏，而昭公允。诸君以为何如？提议者施景琛，赞成者林辂存、余钟英、林邦桢、黄乃裳、李驹。

议长（高登鲤君）请书记长登坛朗读。

（施景琛君）登坛，谓：此案系本议员提出，兹拟补足数句。此款既经截留，则自光绪三十三年七月至宣统元年七月，已有两年，共十二万两，内将六万两分设省城及各府图书馆，又有六万两可以之办理省城及各府之公家花园。至本年七月起，每年尚有六万两，则以三万两助征兵费用，以三万两补助各高等以上学堂及各府女学堂。盖各府中学既有赢余之五万余两补助，则专门学堂亦须有补助，方得其平。

（刘崇佑君）质问：若不能截留，则专门学堂不得补助，则将如何办法？

（施景琛君）谓：照公理而言，似可截留。

（刘崇佑君）谓：理论与事实往之不相符合，苟不能截留，则将如何？

（施景琛君）谓：此另一问题，本议员不过就截留之款，拟一分配之法耳。

（林辂存君）质问：所谓补助高等及法政，此是否指已成立者言？

（施景琛君）谓：系指已成立者言。

（林辂存君）谓：已成立者本有经费，何以再给补助？

（刘崇佑君）谓：林君之言，本议员不赞成。

（苏寿乔君）谓：诸君所言皆系另一问题，本日可无庸议。

（施景琛君）谓：然则先俟截留定后，再行决议分配。

议长（高登鲤君）请众表决原案。得赞成者六十人。

林辂存君提议省略第三读会。

议长（高登鲤君）请众表决赞成省略第三读会者。得六十二人。

第二，兴办水上警察（第二读会议决修正）第三读会。

兴办水上警察修正案（第二读会议决）：吾闽上游船舶往来，多被盗贼攘夺，溯其原因，实由炮船之未能保护，此水上警察之所以亟宜筹设也。查炮船之设，原所以保护商旅，防制盗贼，奈因所用非人，且所派兵丁又为素未训练之人，以致保商旅者反以害商旅，防盗贼者反与盗贼为缘。黄君所言洵不诬也。今欲骤设水上警察，非先养成警察人材，则有治法而无治人，改其名不变其实，亦适与炮船相等。然而内河炮船既不足恃，而水上警察又不可不设，同人协议，唯有就其本原先拟一入手办法如左：（一）设立水警学堂，招取学生肄业，以备水上警察之用。查水警学堂，似宜于近水地方设立学堂，便于实地练习，应于延平、厦门两处之巡警教练所中，附设水警学堂，招生练习，其校舍可假公共场所为之。（二）水上警察原以救炮船之失，但此项警兵非具有知识，深悉警察方法，不足以资保护。其入堂肄业，不可以三个月从事即可毕业，极少应限一年，以期完善。（三）既立学堂，学生应招取上下游人民，异日毕业以本地方人办本地方事，较为熟习。（四）现当学堂未设警察未办之际，应请制台拟定改良炮船章程，札饬各炮船管带，从严约束，倘有妨害商旅，骚扰居民，勾结盗贼情事，应按律惩办，以靖地方。（五）至于水上巡警办法，现在巡警道将次添设，添设之后当自厘订章程，一时本局暂不议及。

议长（高登鲤君）请书记长登坛朗读。

议长（高登鲤君）请众表决。赞成者六十二人。

第三，本局预算案（本局提出）第一读会。

谘议局用费预算（表）〔案〕：按谘议局章程第十章第五十三条，谘议局经费由督抚筹指专款拨用，其款目分议员旅费、议长副议长常驻议员公费、书记长书记薪金及杂费、预备费共五项。第五十四条，前条公费及薪金数目由督抚定之，其旅费、杂费及预备费由谘议局会议预算数目，呈（讲）〔请〕督抚核定。第五十五条，谘议局经费由议长副议长按月清查一次，于常年会开会时造册清报，由议员审查之。以上三条，系明定局中经费章程中，惟议长副议长常驻议员公费与书记长以下薪金，由督抚核定，不关本局预算；余如议员旅费、杂费、预备费等，照章由本局会议预算数目。今按项分列，俟公决后呈请制台核定。

（一）议员旅费。每人每百里五元，往复共十元，正副议长三年往复一次，常驻议员三年往复两次，各议员三年往复三次，除省居者不计外，本届应领旅行费者计六十六人，往复里数统共七万九千八百里，每年平均计算约三千七百余元。乙、旅居费。每人每日两元，除议长副议长常驻议员不计外，共五十七人，每人自召集之日起至闭会之日止，以七十日计，每人应一百四十元（但迟到及早回者应按日扣算），共七千九百八十元。以上共一万一千六百八十元，申银约八千一百七十六两。

（二）杂费。（甲）会期中杂费：（子）特聘人员薪膳项下：议场速记员三人，每人（薪六十元，膳三元六角），申银约一百三十三两五钱六分。按：本届议场速记员只定三人，故预算薪膳，先就现在言之，将来人数如当增加，薪金自溢原额。审查员会速记员四人，每人（薪六十元，膳三元六角），申银约一百七十八两六钱四分。招待员二人，每人（薪三十元，膳三元六角），申银约四十七两零四分。（丑）暂雇司役薪伙项下：印刷部缮写四人，每人（薪六两，伙二元六角），申银约三十一两二钱八分。印刷部折印二人，每人（薪五两，伙二元六角），申银约一十三两六钱四分。暂雇丁役六人，每人工伙五元，申银约二十一两。（寅）印刷项下：誊写印刷笔墨纸用费，申银约二百两。排印出版工费，申银约三百两。其他关于印刷之用费，申银约二百两。按：印刷一项会期中用费最多，现时亦难预定若干之数目，故只约略计之，以下之不能确实预计者准此。（卯）添置项下：物品添置，书报添置，申银约三百两。此项只就临时所用物品并书报而言，其谘议局落成后，应用器具于开办费支出之，不在此限。（辰）消耗项下：申银约一百两。笔墨纸张等用之而可消耗者。（己）修缮项下：申银约一百两。此专就会期中各舍之修缮而言，平常不在此限。（午）邮电项下：申银约三百两。会期中与宪政编查馆及各省谘议局交涉事件，应用邮电者颇多，特加此项。（未）灯油项下：申银约一百两。会期中各处灯火增多，故灯油用费亦不为少。（申）杂耗项下：申银约五百两。不能归于上列各项者，应于此项开之。以上共二千五百二十五两一钱六分。（乙）常月杂费：（子）本处办事人员膳费项下，每人三元六角，八人申银约一十九两二钱二分。（丑）司事书薪伙项下六人，每人薪银六两（伏三元），申银约四十八两六钱。（寅）印刷人员薪伙项下（缮写每五两），印折每四两（膳每二元六角），五人申银约三十二两一钱。（卯）丁役工伙项下，每人工伙五元，九人申银约三十一两五钱。（辰）添置项下，物品添置，书报添置，申银约七十两。（已）印刷用费项下，申银约四十两。（午）邮电项下，申银约一百两。（未）灯油项下，申银约三十两。（申）杂耗项下，申银约八十两。以上共四百八十一两五钱二分。

（三）预备费。会期中预备费，申银约五百两；常年预备费，申银约七百两；图书馆按年设备费，申银约一千两；常年修缮费，申银约七百两；临时会费用，俟有临时开会时再行预算开列。以上共二千九百两，临时会不在内。

按：右列各项预算，除议员旅费外，其余不过略为区分，现时未经实验，其中细目之出入恐必不免，且人工及物价时有低昂，或减或增，临时斟酌，要期毋越总数之范围而已。

议长（高登鲤君）请书记长登坛朗读。

议长（高登鲤君）谓：此预算案应交财政科审查，请众表决。得赞成者四十六人。

第四，请速奏定闽矿办法提议案（第二读会议决修正案）第三读会。

（卢君初璜）闽省矿务提议案第二读会之修正案，庶政兴革科审查员。

此议案曾经本科同人修正，所列办法四条，早为公众可决。其第四条间有一二未合者，已拟续行修正。嗣接制台札本局文中言，农工商部咨开关于胡绅办理闽矿之事，核与原议案及原修正案情形又稍变动，因再修正之如左：（甲）设立商办总局，农工商部已照准办理；其豁免税费一项，仅许比照广西成案，先行免税五年，并云限满之后能否续展，届时再行体察情形办理等因。窃谓五年而后，如果卓著成效，输税原自不难；若成效未著，或间有亏折，则农工商部咨文并无不准续展之意。此事胡绅应属可行。（乙）胡绅所拟十二办法，除设立总局及豁免税费两项外，如第五、六条勘矿开矿各执照概请由局发给免交照费一节，农工商部谓其与他省两歧，殊有未便。且中多有与矿章不符之处，但仍许其以后删改时，如与矿章无甚违背，无不量予通融，以资提倡。同人审查之下，佥谓大局日迫，如因各种办法不合，再行延宕，后此闽矿何堪设想？应请制台速电胡绅或其代表人到闽，妥商订定，咨部立案，俾得早日从事勘探开采，以维矿务而固主权。（丙）俟所有章程妥定立案，应由制台与之订定开办期限，一面提出自己股本，一面招集其他股份（洋股不准入），速行组织公司，于限期内从事勘探开采。（丁）倘胡绅想其代表人迁延时日，到闽无期（如用函电往复，能早日告成功者，此条应免议，但非本人或其无妥人到闽，亦恐难得要领，故本修正案仍主张胡绅或其代表人速行到闽）；或曾经到闽，妥定章程，咨部立案，并由制台与之限定开办日期，而该绅竟逾期不办，寂无所闻，均应另择资本家，奏请办理，以免延误。宣统元年十月□日。庶政兴革科主查员椿安，理事员郑藻山，审查员王子懿、张国宝、林佑蘅、王邦怀、余钟英、潘纪雲、黄必成、林邦桢、黄纪星。

议长（高登鲤君）请书记长登坛朗读。

议长（高登鲤君）请众表决。全体赞成。

第五，闽中振兴农林提议案（第二读会议决修正案）第三读会。

庶政兴革科审查员椿安、郑藻山、王子懿、余钟英、王邦怀、林佑蘅、张国宝提出，黄君乃裳振兴农业及附蓝君德光、熊君秉廉振兴森林修正案。

我闽山多田少，振兴农业，倡办森林，原为开辟地利之要图。惟查原案主张之办法，有与他案相关，合业经提出质问案修正案，无庸另行提议外，其有目前急应实行提倡者，谨拟办法如左：（甲）查部章曾经通饬各属设立农会，研究关于农业各事项。吾闽各府州县农会多未举办，应请制台严催各属限期设立农会，由地方公举公正及熟悉农业绅耆合力组织，统限一年内成立。（乙）各属农会应附设宣讲所，派员按期分赴各区宣讲，关于种植森林及一切农业事宜，藉以开通乡民知识，而收农业效果。（丙）各属农会应按照部章定农林章程，或集股开办森林公司，或先设农事试验场，相本地土宜，择要先行试种，以资提倡。并请制台发给赈捐实收，自行劝捐，拨作开办农业补助经费。（丁）如有创设公司，或独力种植树木者，地方官应实力保护，严禁侵害，倘确著成效，应照部定奖励农林章程实行给奖。宣统元年九月二十一日。

议长（高登鲤君）请书记长登坛朗读。

（施景琛君）谓：（丙）条"发给"下宜添"每县"二字，"实收"下宜添

"一百张"三字。

（议长高登鲤君）谓：诸君赞成施君之说否？得赞成者四十七人。

（邹含英君）谓：第二读会对于丁条业经修正，何以本案仍未修正？

（刘崇佑君）谓：此系印刷之误。遂将已改正者重行请书记长朗读。

议长（高登鲤君）请众表决。全体赞成。

第六，减轻漳河水患提议案（议员陈锡朋、郑藻山等十四人提出）第一读会。

减轻漳河水患提议案：漳河分西、北二溪，承龙岩、平和之水，东泻于海。北溪由龙岩之白沙，经浦南出三叉河以达海，长泰、海澄实受其冲，龙溪亦被其害，然溪道较深，水势溜急，故灾不常见，见亦寻常。惟西溪由平和走南靖，绕漳城出三叉河以达海，河面辽阔，水势浩淼，虽有龙靖官堤，绵亘数十里，以障其冲，然常时堤外之水高逾民居数倍，已有高屋建瓴之势。近年以来，河身之淤浅，下游之壅塞，又日加甚，加以飓风甚雨，西溪、北溪之水并发，北溪水患虽不剧烈而涨下游，大阻西溪出海之去路，于是西溪之水横溢旁冲，遂生决堤崩防之大患。自甲辰至戊申，五年三灾，言之流涕（本月半该处下雨数次，又见微灾，闻晚稻又歉收矣），而戊申之灾尤惨。去年藩台莅漳，当经目睹，其时虽蒙朝廷赐帑四万两，及南洋华侨捐款助赈，然此皆救急一时之计，若不就漳河亟为设法，则后患正未有艾。盖大水之来，必挟泥沙以俱下，水患愈多则河身愈淤浅，而河身淤浅即亦水患之根，西人精于地理学者咸谓及。今不图疏浚，数十年后必变为泽国，非虚语也。虽然，大灾之后，漳城财政甚困难，极力筹维，为数亦少。北溪一带即令留为后图，而通计西溪由南靖通三叉河，远逾百里，河面宽数十丈，全河之开浚，及重要河岸之砌堤等工程，非两三百万，恐不易办。如此经费，决非目前所能筹。为今之计，惟有先求减轻水患之一法。本年四五月间，经汀漳龙道发起，会同绅商集议，购置挖沙机器船，择其淤积较甚，有碍水势者，先行挖深，冀以消灭水患。因由赈款所余二万，均拨出一万八千元，向厦门某洋行定购机器船一艘，不日船到，即行开办。惟河身辽阔，所在沙积，至少亦须三四艘，方能成功。局费煤炭及搬沙人工一切开销，每年又须三数万，而现在余款仅有一万左右。为经费不足，将并此减轻水患之方法，亦有不能为继之虞，是漳郡人民终无免灾之日矣。某等目击此情，不敢安默，窃以治本之法，纵不易言，而治标之策，则万不可忽。兹谨拟筹费办法数条，是否可行，伏候公酌。（甲）筹费：（一）去年灾后，漳郡人士拟立浚河公司，各绅商踊跃认股，数至巨万。嗣以此项事体重大，骤难成立，即因消撤，而将各股份取其三成，作为认捐。然所谓捐款者，迄今犹未实缴。应请制台札该处地方官协同妥绅，极力提倡，务将所捐款项渐归该处商会收存，以备拨用。（二）漳河上下游驶行之篷船，约以千计，现在河身淤浅，十日不雨，则该处行船，非用人工牵缆不能行动，是蒙疏浚之利之最显最切者，船户也。既受其利则不能不任其费，拟向各大小船艘每月分别抽取若干，以为补助，俟功效已见，水患可松，即将该款拨归水上警务之用。（三）水患频见，田园淹坏，于国家赋税有绝大之关系。查漳属地丁银，光绪元年间额征至十四万余两，壬寅后加征随粮，每两增纳制钱四百文，以十四万两计，是随粮项下每年可征至五万六千元。拟请制台出奏，将随粮项下作四份算，酌提一份，作为该处河工之费（如地丁每钱加四十文，提十文拨用），以办有成效为止。须知漳州水患，系非常灾祲，于万不得已，始出此提拨之策，他处应不得援以为例。（四）闻去年漳州水灾，各省曾有协济之款，究竟款目若何，应向藩台质问，并请该款全数归该河工用。（乙）办法：（一）请将附设汀漳龙道署之工赈局改为河工总局，而以汀漳龙道总其成，以漳州府、龙溪县分任会办、提调。（二）多购挖沙机器船。（三）拟在近河处所设一河工分局，以便开发各人工费用，并于分局附设船捐所，为各船户缴纳船捐之处。（四）关于河工董事、司事人等，应择本地廉正通达绅商以充其任。（五）所有董事、司事人等用本地方人，以其事与本地方有绝大之关系，其人对于此事有应尽之义务也。拟董事酌给舆马及伙食费，不支薪水，司事始酌给薪水。提议者陈锡朋、李钟声、郑藻山、陈之麟，赞成者林辂存、林天骥、张国宝、连贤基、刘崇佑、苏寿乔、刘志和、谢受殷、俞光华、椿安。

议长（高登鲤君）请提议者郑藻山君登坛说明理由。

（郑藻山君）登坛说明理由（大旨与议案同）。

（卢初璜君）质问：有股若干？

（郑藻山君）答：不过四五千股。

（施景琛君）质问：随粮捐是否提为路股保息？

（郑藻山君）答：非保路，乃作为赔款之用。

（施景璟君）谓：福州南港，前因水灾，由周藩台饬工开挖，其款系由赈捐局拨出。现尚在开挖，每日工人六十名，已用款四万多两。漳州亦可援例兴办。

（刘崇佑君）问：施君所言，是否恐随粮捐款一拨，后他处他事亦将援以为例乎？

（施景琛君）答曰：然。

（刘崇佑君）谓：该议案已声明他处不得援以为例。

（施景琛君）谓：赈捐款拨作开河之费，较为易办。

（陈锡朋君）谓：赈捐款拨充开河经费，亦可加入议案。

（李迪瑚君）谓：制台展限赈捐原案，即为漳州水灾而设。

议长（高登鲤君）谓：此案应付审查，请众表决。得赞成者五十二人，遂付庶政兴革科审查。

第七，实行普禁缠足提议案（议员孟思培等六人提出）第一读会。

关于实行普禁缠足提议案：缠足之事，环球所无，而我国则恶俗流毒，至今尚未遍改，积弱之故，实由于此。查康熙三年定例，载妇女缠足者，父若夫杖四十流三千里，例禁森严，竟不实行，甚可怪也。最近则光绪二十七年十二月二十三日，孝钦显皇后懿旨谓：汉人妇女率多缠足，历来已久，有伤造物之和，自后缙绅之家，务当婉切劝导，使之家喻户晓，以期渐除积习。按此谕旨为划去异常恶习之本据，亦即化除满汉畛域之要着。近年省城风气略开，外府则汀州及漳泉等处，本系天足、缠足各居其半，其余各属大都阳奉阴违，仍其旧态。匪特一举一动必至需人，而于男子尚武之前途，不啻已摧其本。虽谓中国之弱，此为其大原，亦无不可。查前江督端制军手定禁止缠足章程，将禁缠足、劝放足分为两事，分别赏罚。即于调查户口之时，将合并办理。立法最善，吾闽自当仿行。兹特录述如左：

一、各厅州县应于调查户口之日，即饬经办员绅，按户散给劝不缠足白话告示歌曲，并逐户告以此事利害迫切，业经明定赏罚章程，俟一年后即于复查户口之时，按户查究。为家长者应督率家中妇女，速于一年内切实遵行，免致临时受罚。

一、禁缠足与劝放足应分为两事，自宣统元年起，几十岁以下之幼女，一律禁止缠足。至宣统二年复查户口之时，凡十一岁至六岁之女子，均应由查户员绅查实，有仍缠足者，即于册内注明"某户缠足女子几人应罚"字样。俟一区查竣，由该员绅另造应罚缠足女子清册，送各厅州县衙门核办。年十一岁以上之妇女，缠足已成，筋骨已损，而能听劝放足者，由本户自向查户员绅报明，即由该员绅另造应赏放足女子清册。同送两册，均应载明该家主姓名、住址、执业。以后逐年查户，均照此办理。

一、城厢乡镇均应遍设不缠足会，以树风声而便考察。由地方官劝谕士绅，尅日开办，各就本地情形，议定会章，禀请制台立案。一年以后，如劝谕有效，地方缠足妇女日见其少，即由地方官详请制台奖给该会匾额，由官亲自赍往，鼓吹悬挂。其有女学堂地方，应以该堂女堂长或女职员兼充稽查不缠足女董事，饬令切实劝导，兼任执行赏罚事宜。其尚无女学地方，以素有名誉之绅董家不缠足妇人充之，均由地方官给予照会，以示优异。此项稽查女董，城乡均应遍设，愈多愈善，遇有报告地方官事件，仍由各该家主代递，其女董毋庸出入官署，俟劝办有效，照不缠足会办法一体给奖。

一、应罚之户分为三等：平民之家，每一缠足人罚洋银一元（实系赤贫者准酌减）；举贡生员家，每人罚洋银两元；职官家，每人罚洋银四元（佐贰职员准照举贡生员论）。自宣统二年起，俟查户员绅呈报到日，由该地方官查照册开人数，分别等级，按名掣给两联印单，注明罚款数目，发交城乡女董事，分往收取罚银，随给印单为据。其赤贫之户，应量为减罚者，须由女董报明寒苦实情，经地方官核定，方准减收。遇有抗不缴款者，亦即报明，由官谕令向办慈善事业之董事，带同地甲前往勒令照缴。仍不遵者，签提责追。如有不持印单前往收款者，即系冒诈，亦准该户指控严办。

一、应赏之户以内妇女，俟员绅开报到日，即由官按照人数，每人制给银牌一面，上镌"遵旨不缠足淑女"七字，发交女董事，逐户前往看明再行发给。如员绅所报不实，即行扣发缴回。倘女董徇私滥给，查明追回银牌，其女董并应酌量议罚。或有不领银牌，愿改领匾奖者，准由该地方官制匾发给。

一、本年应罚之户照罚后，由女董再为剀切劝谕，并次年查户之日，此项上年已经受罚之户，即由女董挨家复验。有仍不遵办者，照上届罚金之数，勒加一半，仍给印单，以后逐年照加。其应赏之户，上届未经报明者，次年准其补报，仍照章查明给奖。惟已赏者，不得复领，受罚后放足者，亦不得给赏。

一、女董复查应酌给费用，由地方官查核该女董所历地面之远近，临时酌定此项经费，及制给银牌匾额之费，均于罚款内核实动支，有余则悉数拨充女学堂及育婴、清节等堂经费。每届年终，应将收支数目大张晓谕，遍贴城乡，并造册报明该管上司及制台查考。

一、女学堂学生及育婴堂女婴，一律不许缠足，由地方官会同经管绅董，实力稽查，不得迁就。

一、地方自治会成立后，该议事会及董事会均有协助地方官禁止妇女缠足之义务，该地方官应随时会商办理。

一、自宣统二年起，由各该厅州县，将该管地方十一岁以下女子分别缠足不缠足，及十一岁以上妇女报明放足者，按照查户员绅册报，分别城厢四乡每处每项各若干名，开具清折，年终呈候制台查核，比较邻县折报，以定优劣。其成效昭著，由制台随时特予优奖；劝谕不力者，分别记过撤任。

一、劝不缠足文告，以端制台光绪三十四年九月所发《六言告示》、《天足图说》、《放足良方》，及三十年九月端制台署督任内饬由宁荆皖赣藩司转行扬州绅士李新田所撰《劝不缠足歌》，最为剀切。惟循例张贴，能读者少，妇女尤无从取阅。应由该地方官查取，或访购抄印多张，发交查户员绅挨户散给，家有一纸，庶可触目警惕，识字妇女将以传观，收效尤捷，务即遵办。

发议者孟思培、张步青，赞成者陈之麟、林辂存、刘崇佑、高登鲤、张国宝、李迪瑚。

议长（高登鲤君）请提议者孟思培君登坛说明理由。

（孟思培君）登坛说明理由（大旨与议案同）。

（高士龙君）质问：缠足为数千年积习，从未禁止，今忽然干涉，照此办法，恐多骚扰。

（孟思培君）谓：若照康熙三年之定例，则尤严厉。今两江既可行，我们何以不可行？

（高士龙君）谓：事有大于缠足者。

（孟思培君）答：缠足岂非最大恶习？

（卢初璜君）谓：禁缠足原属应为之事，但此案办法，本议员不大赞成，因调查户口，外间已有谣言，若再附加此种事项，不免益多疑忌，恐便于禁止缠足，而有碍于调查户口之进行。

（刘崇佑君）谓：此案应付审查。

议长（高登鲤君）请众表决。赞成付审查者四十三人，遂付庶政兴革科审查。

议长（高登鲤君）宣告休憩二十分钟。

三时二十分续行开议。

（刘志和君）谓：现在议事时间无多，所有重要议案应先行提出。

议长（高登鲤君）谓：现在编纂，下期即可提出。

第八，妥筹民（数）〔教〕相安办法提议案（议员陈之麟等六人提出）第一读会。

关于妥筹民教相安办法提议案：外国人在我中国传教，意在劝人为善。种者既为善因，获者宜多善果。胡以时至今日，民教仍不尽相安？则以莠民之投教者多，教士之袒庇者尚不少也。此次各属议员在局，各地以民教不相安函告者，词至可悯。查各府耶稣教尚知保守教律，倘有抵触，尚易就我范围；天主教堂信徒颇杂，平民中或已身受其侵犯，或戚友受其欺凌，饮泣吞声，事端叠见。谨拟妥筹民教相安办法如左：

一、关于接待教士。光绪二十五年，总理衙门奏，总主教或主教请见督抚司道府厅州县，其府厅州县各亦按照品秩相答。后因主教等在华传教，本无官职可言，教士等或多僭用体制，无知愚氓，动辄误会。外务部已于光绪三十四年奏改正地方官接待教士章程折内，奏准将前总理衙门所奏教士与督抚司道府厅州县等官按照品级各节，即行一体撤销，概照约章办理，应请督部堂通饬各属实行，遵照外务部所奏，以免小民之疑误。

一、关于干预讼件者。查教士不得干预公私各事，载在条约。咸丰十一年奏准传教谕单载明各地方官于交涉教务者，务须查明根由，持平办理；又同治五年议准教士除教务外，不得干预一切公私事件；又光绪十二年议准凡奉教人遇有讼事,悉听地方官审断,教士不得干预;(先)〔光〕绪二十二年总署奏准饬下各直省将军督抚转饬各该地方官,遇有民教争讼,但论是非,不分民教,持平审断,并严禁胥役骚扰事内平民。盖蠹役奸胥不问原被曲直,有求不遂,尽取偿于事内之平民,于是彼此相形,道路侧目。历经约章奏议申戒分明,而地方官终不能遵照办理,令勿干预,殊非朝廷立法持平之意。夫外国教士所以有强与民间讼件者,多因华教士蒙惑唆使之。华教士亦系平民,果有干预词讼实据,地方官即当按律惩办。设洋教士有从中把持,亦当示以法律,持以至理,一面电禀大府,或由大府电咨外务部,与该国公使妥为交涉,方足以符约章而杜争竞。总而言之,扼要之办法有四:(一)除由洋务局转到之领事公文外,不得以教士个人之私托函件,作为正式文件办理。(二)无(谕)〔论〕何项公私文件,不得填写教民字样。(三)通商条约只准租赁公产,并无准购私产之明文,请通饬各属,亟照部颁章程,调查教堂公产亩数,列入统计表内,以便办理关于公产之诉讼。(四)无论华洋教士,如有干预民间词讼,妨害地方治安者,得由公益团体举发地方官,当即遵照条约,严切交涉,不得稍涉推诿。发议者陈之麟,赞成者林辂存、王邦(情)〔怀〕、孔昭淦、吴鸿枢、王子懿、高士龙、潘纪雲、吴拱震、杨豫、林逢春、谢滋春、林邦桢、卢初璜、黄必成、陈士霖、陈锡朋、洪国器、郑藻山、洪鸿儒、李钟声、洪湛恩、李慕韩、许赞虞、叶福钧。

录晋江乡民来书。列位议员乡先生大人阁下:谨禀者,今日为谘议局聚议之日,诸公固将讨议地方利弊,而与当道者兴除焉。某等闻风感泣,就目前事演一篇大惨剧,惟诸公垂听之。呜乎!吾国事何以陵夷而几于不可救?吾国民何以号呼而终于无如何?债负数百兆金,祸遍廿一行省,其贻我君民上下之毒,言者切齿,闻者痛心,以何者为最惨乎?当莫不曰天主教使然耳。而闻者演之,固足使人泪下;未若身受者之且泣且演悲愁状况,不觉泪尽而继之以血也。吾郡天主教士任道远前在同安,同之民不堪其害也,同之官不胜其扰也。嗣为美医生所斥,乃迁而之郡,晋江全邑教民属焉。于是乎同人脱水火,晋邑无天日矣。夫任道远日斯巴人也,岂能以一身而流其毒于各属哉?盖有该教友自称华教士著名地棍黄廷标、陈郁川二人为虎作伥,在城设阱以故播弄,任道远无事不预,无案不冤。如拶辱生员吴礼,勒毙童生蔡百芬,强庇拐匪刘檀水等事,张胆横行,官绅无敢过问。然此尤其小焉。所可痛者,郁川等遇乡间有事,则派徒前往侦知理曲之家，招其纳金附教。惟彼有罪，恐责于官，喜有护符，不惜重贿，但求任氏一函，认为教友，遂可变曲为直；否则，必假毁抢教堂名目，以劫持府县，而平民欲递一呈，胥差勒索动费百金或数十金，而卒不能敌教士之一函。自量势难与讼，地方官又恐教案纠缠，往往抑民右教，理枉莫伸，气结不解，弱者含恨而死，强者不得已而出于斗。嗟嗟！泉属斗案之多，祸皆起于教案也。夫人谁乐斗，而年来如梅林、锦厝、深沪、祥芝等乡，联兵数十里，积斗三四年，斗死无数命，而祸犹未已者。更为列位言其故焉，方其斗也，不爱身家，不畏法纪，愚民之常情也。迨逾时而官临办，绅往劝，两造斗者无有不愿息也；然竟不得息者，则以教案之持之也。盖斗案易息，教案难息；教案不息，而欲斗之息能乎不能？故问之绅，绅曰：吾能劝斗者和，而不能劝教士与斗者和也。责之官，官曰：吾有权可办斗者使不斗，而无权可使教士之不迫人斗也。官与绅两无所为力，平民欲不斗，势已不得自存；教民欲不斗，而又不敢自主，然则至于尽死不止也。然则视其尽死不救乎，是所为泪尽而继以血，而于列位聚议之时号呼，求所以保全吾晋邑民命，求设法抵制任教士及陈、黄二棍，以保全吾一县民命也。诸先生大人，谁非桑梓？谁无恻隐？其怜之而筹善其后乎，则府若县中，任道远所有干预之函，可得而查也。谘议局实具有团力，若对此惨局置为后图，则救弊扶衰，不知地方上更以何者为下手第一着也。嘻呼！某等言尽于此矣，民命系于此矣。稽颡北望，敬在下风。谨请勋安，诸希垂鉴。泉州晋江乡民林寿荣、王冠春、陈耿章、施思恒、邱道修等谨禀。九月初二日。

议长（高登鲤君）请提议者陈之麟君登坛说明理由。

（陈之麟君）登坛说明理由（大旨与议案同）。

（刘崇佑君）登坛谓：顷陈君所提议案，本议员甚赞成。本局得泉州来函所述情节，诸君皆已阅过，果如所言，则泉人受侮情形诚属可悯，我谘议局不能不出而为泉人伸其冤苦。应由局呈请制台札行泉州府，按照函中所述，查明确实，按照约章及律例办理。

（林辂存君）谓：本议员泉州人，确闻任、黄、陈三人平日之劣迹，被控甚多，应如刘君所述办理。

（洪国器君）谓：晋江来函称，天主教（士）〔教〕士任道远贻害地方之事，确有实证。任道远在同安两年，无案不包，无讼不揽，教民偶有细故，辄入署代讼，或递函关说，地方官畏其啰唆，无不准行。虽亦有本地人沉心传为之朋比，要皆由教士之实尸其咎。本议员居与教堂相邻，亲见其贻害之件，不可枚举。日领事亦知其坏，故改调晋江。而任道远怙恶不悛，再行大肆荼毒，用黄庭标、陈郁川为羽翼，与在同安时所为，若合符节。应请制台照会日领事，将任道远调回，以靖地方。一面饬泉州府州县将黄庭标、陈郁川严加惩办。

（林辂存君）谓：此函必非无因而发，现在亟宜请制台札府通饬所属，查其案件，俾得有确证庶可办理。

（周寿恩君）谓：议案中宜添一条"请制台将传教约章遍发各处，以便周知"。

（康咏君）谓：约章不但百姓不知，即州县官亦不之悉，宜并将游历章程等一概发下，庶人民周知，不至受其愚弄。

议长（高登鲤君）问：现将周寿恩君及康咏君所言加入议案，请众表决。得赞成者五十人。

议长（高登鲤君）谓：此案应付审查。赞成者五十六人。

议长（高登鲤君）谓：刘君所说呈请制台札饬查明任、黄、陈三人干涉之案，请众表决。经全体赞成。

第九，对于各属劝学所并简易识字学堂艺徒学堂亟应切实计划提议案（议员郑藻山等六人提出）第一读会。

对于各属劝学所及简易识字学塾艺徒学堂亟应切实计划提议案：教育普及之必要，尽人知之。然日言普及，不察地方情况与行政机关之完否，盲说盲行，未必有当。兹谨就现时之所视为切要者，拟定办法如左：

（一）各属劝学所之整顿。劝学所为一州一邑学务之总枢纽，其办理之良否，即学务之兴替系之。各属劝学所有名无实者甚多，间或并未设立，设非切实整顿，督促成立，恐无以善其后。总其大要，厥有数端：（甲）宜定办事权限章程。各属劝学总董，多兼教员或堂长，不能实行劝学事务。即所聘劝学员，亦不知从何着手。权限不明，甚且与地方官生冲突，应请学台速即定明办事权限，颁布各属，以便遵行。（乙）宜定劝学所之公费。劝学所有名目而无常款，则办事难于进行，各属多有此弊。应请学台通饬各州县，速筹的款，指定劝学总董并劝学员公费，以资办公。（丙）宜定现时应办之事件。奏定劝学所章程中条目颇多，要以实行宣讲讲习教育为切要。宣讲宜分赴各乡，按期讲演。此项宣讲员由劝学所选任之，限本所成立两个月后，即要举办。其已办者，应续行推广。至讲习教育一项，应视该地方师范生毕业之多少，斟酌办理。（丁）宜定按期成绩之报告。各属劝学所虽次第设立，而无成绩可言者，十居七八。今定按期报告之方法，每届一学期终，该所须将所办之成绩，并劝学员、宣讲员之勤惰，类列报告地方官，一面由总董申详学司，庶免敷衍延宕之弊。（戊）宜定学务文移简捷邮寄之方法。学务文移多行诸地方官衙门，由衙门再送官立学堂，辗转时日，劝学所概不与闻，即或印刷传示，期已迟缓。今请学台对于学务文移有关于地方官职内之事，仍行文地方官以专责成外，一面并移知劝学所存案。其与地方官无直接交涉者，可由公所由邮直寄劝学所，通知各学堂，庶消息灵通，无前此隔阂之弊。

（二）简易识字学塾之设立。简易识字学塾，乡僻最宜。部定九年筹备事宜，本限年内设立。惟课本尚未颁行，权宜办法，似应先用商务印书馆所编简易各课本，俟颁到后再行更换。其设立处所，每县以先设二十所论，每所一年至少三百金，地方官须补助半额，余由各乡董筹款充之。其有族田公积金等可指拨者，应尽数拨用。惟兹事所关颇巨，应请学台严饬地方官依限办理，作为考成，方有效力。

（三）各属艺徒学堂之增设。艺徒学堂，照章令未入初等小学，而粗知书算之十二岁以上幼童入焉，以授平等程度之工业技术，使成良善工匠为宗旨，并可附设于初等或高等小学堂内。吾闽地瘠民贫，子弟多失教养，则艺徒学堂之设，诚不容缓。此项性质与实业学堂不同，按章宜筹公款设置，免征学费，俾贫户子弟易于就学。其学习年数以六月以上四年以下为限，科目不限何科，务斟酌地方情形，选择其合宜者教之。福州工艺传习所略为近似，但各属尚未兴设，应请学台通饬一律办理。发议者郑藻山、连贤基，赞成者苏寿乔、刘志和、李钟声、陈之麟、林天骥、张国宝、刘崇佑。

议长（高登鲤君）请提议者郑藻山君登坛说明理由。

（郑藻山君）登坛说明理由（大旨与议案同）。

（李迪瑚君）谓：简易识字课本现尚未编，据议案中谓用商务印书馆，但所编简易各课本，恐其太深，不甚适用。

（郑藻山君）谓：此系指于第三四学期用之，但学部所编之简易识字课本不久当必出版也。

议长（高登鲤君）问：此案应否付于审查？

（卢初璜君）谓：此案大致不差，可不必审查，即开第二读会。

议长（高登鲤君）问：诸君是否赞成即于本日续开第二读会？得赞成者四十五人。

议长（高登鲤君）请书记长登坛朗读原案，逐条表决。

（一）各属劝学所之整顿

甲项

（卢初璜君）谓："所聘"二字未妥。

议长（高登鲤君）谓：不如不用"所聘"二字，请众表决。得赞成者四十五人。

乙项：赞成者三十八人。

丙项

（卢初璜君）谓：宣讲分赴各乡，而无指定之场所，恐多未便。本议员意，宜按照学区宣讲，每区指定宣讲之场所，至少以一处为限。

（施景琛君）谓：现在福州教育总会所派宣讲，亦无一定地方，庶可普及也。

（卢初璜君）谓：省城与他处情形不同，若城市人多之处，亦可指定数地，分头宣讲。

（李迪瑚君）谓：设劝学所时即分区，各区举一劝学员，劝学员由县札派，劝学总董由学台札派，每区设一宣讲所，中附一阅报所，为各区学务机关。至宣讲员即可由劝学员兼理，或另聘熟悉学务之人佐助之。

（卢初璜君）谓：宣讲员不限于劝学员，无论何人皆可，且宣讲地方可附于阅报所，但不必限于阅报所耳。

（施景琛君）谓：阅报所应归城镇乡自治会附设。

（李迪瑚君）谓：阅报所并非不许劝学所设立，现在应请即将此案仍付审查。

（制台代理员学台姚）谓：照章劝学所总董兼县视学员，以之周视各处学堂也。惟因一人恐不能周悉，故即由渠再保劝学员，由县札派。至宣讲员另是一事，可分可合，若必限于一人，则反多室碍。

（李迪瑚君）谓：劝学所自当分区，分区既举有劝学员，则可由劝学员连合同志兼任宣讲。

（张选青君）谓：乡僻地方，宣讲必须分区。

（李迪瑚君）谓：照议案中应改为宣讲，宜各区按期讲演。

议长（高登鲤君）谓：先将原案请众表决。得赞成者五十二人。

丁项：赞成者四十七人。

戊项

（施景琛君）谓：一面并移知劝学所，此系何人移知？

议长（高登鲤君）谓：此系文字错误。

（康咏君）谓："存案"二字应删。

（卢初璜君）谓：劝学所对于地方官及学台之公文体制，应请学台裁定颁示，并请颁发劝学所铃记，以资铃用。

议长（高登鲤君）请众就原案表决。得赞成者四十三人。

（二）简易识字学塾之设立

（李迪瑚君）谓：简易识字课本，商务印书馆太深，不可用，应改用他之课本。

（孟思培君）谓：学部简易识字课本，本年必可颁布。

议长（高登鲤君）请众先将原案表决，得赞成者二十七人。

（是时出席仅余五十三人，故二十七人为多数。）

（三）各属艺徒学堂之增设

议长（高登鲤君）请众表决。得赞成者五十人。

议长（高登鲤君）报告十三号议事日表毕。

议长（高登鲤君）宣告闭会。

是日出席议员六十六人。

制台未到，委学台代理，于午后一时到会。

午后五时五分钟闭会。

第一次福建谘议局议事速记录第十三号

宣统元年十月初一日（1909年11月13日）

议事日表 第十三号

宣统元年十月初一日（土曜日）午后一时开议。

第一，推广初等小学堂议案（总督提出）第一读会。

第二，遍设劝学所议案（总督提出）第一读会。

第三，关于禁烟咨询案（总督提出）。

第四，关于上游匪害议案（总督提出）第一读会。

第五，请革除厘金积弊改办统捐提议案（议员李迪瑚提出）审查员报告。

第六，请修正鼓浪屿公界章程提议案（议员林辂存等三十四人提出）第一读会。

第七，请催设各属女学堂并附幼稚园提议案（议员许赞虞等十四人提出）第一读会。

第八，防弭上下游盗贼提议案（议员高登鲤、俞光华、洪鸿儒等三十人提出）第一读会。

第九，关于消弭械斗咨询案申覆书之朗读。

第十，关于查禁花会咨询案申覆书之朗读。

第十一，关于振兴茶业咨询案申覆书之朗读。

第十二，关于提倡渔业咨询案申覆书之朗读。

第十三，请裁撤安溪南水关私征船货提议案（议员林辂存等十人提出）第二读会。

第十四，清理钱粮积弊并划一粮价提议案（议员康咏等十八人提出）第二读会。

议长（高登鲤君）：

一、报告议员林佑蘅君、高士龙君、潘纪雲君、陈树勋君、椿安君、李驹君各告假一天，赵锡荣君告假三天。

二、报告杨慕震君来电，于初一日动身来局。

议长（高登鲤君）报告本日议事日表第六项提议案尚须修正，本日暂缓提出，照章变更议事日表，应请众表决。得赞成者五十二人。

第一，推广初等小学堂议案（总督提出）第一读会。

教育普及，必自推广小学始。查光绪三十四年教育统计表，福建全省小学仅四百四十九所，而初等小学仅二百二十二所，各县城镇之区尚有一二小学堂，而乡僻之地寥寥罕见，甚有数十乡无一学童，难得一识字之人。荒陋如此，何以备立宪国民之资格？本年学部奏变通初等小学堂章程，酌拟小学简易科两类办法，三月十六日奉上谕，著各省督抚督率提学使，无论官学私塾，均当遵照此次定章，分别地方情形，切实举办，并随时派员认真考核。嗣后办学官绅，如再有因循欺饰，不遵章程者，即由学部查明，严行参处等语。仰见朝廷企图教育普及之至意。查学部原奏小学简易科课程，曰修身、读经，曰国文，曰算术，曰体操，一类定四年毕业，一类定三年毕业，以课程较简，师资易得也。自当遵照办理。兹拟办法如左：（一）分划学区。各县城镇除已设高等小学及初等小学完全科外，各乡应按区域广狭、户口多寡，酌量划分若干区，以便支配。（二）调查学龄。各县城镇乡儿童满六岁者，应令就学。惟学校未立，宜先调查学龄儿童数，然后酌定校数，大抵学龄儿童满二百人以上之区域，设立一所，方为周密。（三）储备教员。小学简易科每校拟用教员二人，一授修身、读经、国文，一授笔算、珠算、体操，须有师范简易科或传习所毕业生充为主任教员，另聘专科教员，连合一二校巡回教授。如学级增多，教员亦须增聘。一时教员恐不敷用，亟宜设立传习所，招文学清通者入所听讲，以备师资。（四）合筹经费。初等小学宜从俭朴，校所择寺庙村舍均可借用，常费除教员一二人束脩外，其余概从简略，约计每校年须二百元左右，由本地绅董设法筹集公款，禀明地方官施行。以上四条，应责成劝学所、教育会及本地绅董，悉心筹划，会商地方官，按照本地情况实力举行。其如何组织推广之处,应公同详议。

议长(高登鲤君)请书记长登坛朗读议案。

第二,遍设劝学所议案(总督提出)第一读会。

劝学所为地方教育行政之机关,机关不完,教育终难发达。查全省劝学所报设仅三十二处,闻有二三办理稍为完善,而徒具空名并未实行者尚多。叠经督促设立,并分别改良,通饬各属,而多不能依限成立者,其原因有二:一、经费缺乏。各州厅县近因筹办新政,在在需款,而经费有限,移甲就〈就〉乙,有不能兼顾之势。劝学所开办之后,如划分学区,调查学龄,设宣讲所,开讲习科,非筹有的款,终难为继。此经费之难也。一、人材缺乏。定章县视学兼劝学所总董,必须曾习师范及曾经出洋游历者,方可充任。即劝学员亦须具有学务上之智识,始能劝导有方。各地洞悉教育原理者,颇难其人,而熟悉学务素有经验者,亦不数觏。此人材之难也。以上二者,实为劝学所之阻力。兹拟开办经费,先由地方官设法筹垫,仍会同本地公正绅士,按各地情况筹集公款,以资办理。一面遴选文学素优、品行敦笃之士,设讲习科,研究教育,以为预备,庶劝学机关可期完善。此事务在实力奉行,勿致徒尚形式,其如何计划,及令官绅切实监察,以免因循粉饰之弊,应公同详议。

议长(高登鲤君)请书记长登坛朗读议案。

议长(高登鲤君)谓:以上二案均应付审查,并举临时审查员审查之。

(刘崇佑君)谓:应仍交庶政兴革科审查之。

议长(高登鲤君)谓:因庶政兴革科事件甚忙,恐不能兼顾。

(郑藻山君)谓:本科事件甚忙,不能兼及。

议长(高登鲤君)请众表决。赞成另举临时审查员者十人,为少数,遂仍交庶政兴革科审查。

第三,关于禁烟咨询案(总督提出)。

一、烟禁自遵旨劝戒以来,三年于兹,迭经饬属雷厉风行,并饬各官长本身作则,其有未能实力奉行者,已分别撤参,诸君当有见闻。究之禁种一事,各属是否尽绝?禁吸一事,由去毒总社分社随地调查,吸食人数是否递减?务须查明报告，以补耳目之所不逮。其去毒分社是否得力？亦须详列。如或民间阳奉阴违，望研讨求治之方，以广公益。

议长（高登鲤君）问：此咨询案应举临时审查员审查之。众无异议。

议长（高登鲤君）请众公举临时审查员。

（刘崇佑君）请议长指定。

议长（高登鲤君）遂指定张选青君、郑藻山君、李迪瑚君、施景琛君四人，为临时审查员。

第四，关于上游匪害议案（总督提出）第一读会。

一、匪害。查闽省上游与粤、赣毗连，为游勇会匪出没之所，立会放票，时有所闻，虽迭经防营拿获具报，饬令从严究办，而匪源未清，终不免蔓衍散逸，为小民之害。除害之法，自以清查户口、严办窝寄为第一要义。现在地方自治尚未成立，应由公正绅耆就近确查，不问其立会之主名，但侦其为匪之实据，分别良莠，书之名籍，庶地方官得以指实根究。

议长（高登鲤君）谓：应交庶政兴革科审查。众无异议。

第五，请革除厘金积弊改办统捐提议案（议员李迪瑚等三十四人提出）审查员报告书。

宣统元年八月二十日，本局提出议员李迪瑚请革除厘金积弊改办统捐议案，交由本科审查，合将审查情形报告于谘议局，公同议决。闽省厘金积弊，罄楮难书，非特商民备困，抑怨莫伸，而商业败坏，厘金亦大受影响矣。欲为正本清源之计，自以免厘加税为唯一办法。然种种窒碍，一时势难办到，乃改办统捐，先除积弊，亦稍苏民困之一法。查统捐，光绪二十九年户部曾奏请旨通饬各省一律筹办百货统捐，是年柯抚台创办于江西省，张制台仿行于湖北省。旧年报告，各盈余数十万金，裁并厘卡，商民亦啧啧称便，公私交益，有利无弊之举也。原案所举厘金各弊，逐项查明如下：（一）通省皆有此弊，倘交厘不及一元洋银，在七钱以下者，则作尾数，吃亏尤甚。（二）此弊全省略同，如厘银未及一元，应遵财政处户部整顿圜法折内第五条办理，准用铜元交纳，以市价核算。（三）补报即溢报，溢于原货之额，而勒以加报之谓也。有以小老栳过秤者，有以包皮之重量作货物使报者，且有不讲理由而勒令重复报捐者。（四）红包一项，初只新年一次，近始有新官到任一次，又有中元普度一次，每次小船数角至数元，大船数元至十数元不等，比年所取，又较前加甚，此司巡违法病商而委员纵容之也。（五）委员擅设私卡，此弊市镇尚少，乡县最多，无论城门隘口，凡有路出入之处，皆设一所，多者每县至十余所，专抽乡民之小贩营生者，卑鄙苛暴，怨毒更深，此委员违法苛征而委任司巡为之也。（六）全省各卡皆有此弊，视委员之仁暴、商民之强弱而轻重之。六项之外，如需索、苛罚、留难、卖放各情弊，举不胜举，或因之而起诉讼，滋酿事端，不一而足。出口货产，若纸若茶，销场锐减，产场半废，虽因制造不精，为洋货所夺，而厘金过重，成本太昂，亦一原因也。挂洋牌，冒洋货，日见加多，虽黠者之所为，然因土货洋货太形不平，且不独避报厘金，实冀免留难也。

兹将原案添补开办办法六条如左：（甲）请制台派明干熟悉税厘委员，会同谘议局议员，亲往江西、湖北两省，详细调查该省统捐办法，及其一切成绩，以便参酌本地情形，仿照办理。（乙）由各议员担任调查各府州县所属之厘卡、私卡各若干，及其征收方法如何，暨土货出口、外货进口各若干，及其货物厘率几何，限闭会后三个月内，列表报告于谘议局，以便讨论裁并局卡、增减厘率。现有未得议员之县属，由同府州之议员代任调查。（丙）设统捐研究所，由制台委员，会同谘议局议员，或另聘顾问员，以时研究之。（丁）统捐未办成以前，先请制台札饬各局，速即革除所列举一切积弊，以苏民困。（戊）如有厘率过重之货物，与厘章违背者，亦准商民陈请谘议局，俟查确后转呈制台核准，酌量减征，俾畅运销。（己）此项统捐，全省限一年内一律办齐。

宣统元年九月二十七日，财政科报告。主查员林辂存，理事员卢初璜，审查员施景琛、黄乃裳、李迪瑚、张选青、赵锡荣。

议长（高登鲤君）请主查员林辂存君登坛报告。

（林辂存君）登坛，谓：此议案关系重大，本主查员曾历询各商会及商业研究所意见，将所审查情形特为报告（余与报告书同）。

议长（高登鲤君）问：应否开第二读会？请众表决。赞成开第二读会者四十六人。

第七，请催设各属女学堂并附幼稚园提议案。

（许赞虞君）等十四人提出，第一读会。

催设各属女学堂并附幼稚园议案：吾闽二千余万人，女得其半，要皆安居坐食，妇德妇容，固所不讲，即女红一道，亦皆茫然不知，更何能深明大义，共抒爱国心，如英美之有女社会者。为今计，莫急于遍设女学堂。盖女学堂之关系，有修身国文诸科，以养其性情；有女红手艺诸科，以教其技能。学业既成，可以助家计之不足，可以补男人之缺点，将举同胞无一弃人，富强可立致矣。前学部曾通饬各省府治筹设女子师范学堂，州县筹设两等女学堂，顺直、江、浙、湘、粤相继提倡，吾闽惟省垣及厦门初设一二所，余仍无闻。至若幼稚园，更宜附设。吾国小儿多任其漫游嬉戏习惯，自然天性，恒因而灭泪。三四岁时即入于幼稚园，教以行动举止，及关于教育上之游戏，不拘拘于读书。迨入学堂，而进步倍见其易矣。此非培植国民一大关键乎？是必于府、直隶州赶设女子师范学堂，厅、县赶设两等女学堂，省垣、厦门已有毕业者，可聘为教员。但值此财政困难之日，地方官每以筹款为难，无从着手，不知各处绅商，多有热心公益者，苟出为提倡，自有殷户乐输，地方上亦可筹划补助。只因各学堂之创办人，多有反对，加以诬蔑，甚且至于兴讼，公益未成，受亏已甚，谁不鉴前车之覆，而畏缩不前乎？务必于创办之人重其奖励，有反对加诬者严行究办，则热心公益人自敢出来倡办。推而至于师范、实业诸学堂，亦自易于筹设矣。应请制军通饬各属，推举热心公益者，出为办理，重其奖励，遇有架诬，则按律反坐，而又限以文到三个月，先将筹办情形具覆前来，由督署交谘议局备案核查，总期三年之中，一律告成。若地方官仍视为具文，不筹设立，各予以相当之惩处，庶几姆教日兴，文明得逐渐普及矣。所议当否？惟祈诸公酌夺。赞成者周寿恩、邹含英、邓畿、林辂存、李慕韩、林逢春、洪国器、陈士霖、叶福钧、黄乃裳、林邦桢、黄必成、洪鸿儒。

议长（高登鲤君）请提议者许赞虞君登坛说明理由。

（许赞虞君）登坛说明理由（大旨与议案同）。

（施景琛君）质问：反对女学者重办一层，恐有窒碍，因反对者亦有理由，惟赖地方官力为提倡，绅士劝导，自可推广。

（许赞虞君）谓：办学者多因反对而灰心，故须重办。

（施景琛君）谓：恐因定此章程，反多阻力。

（李迪瑚君）谓：宜改为阻挠者当重办。

（林辂存君）谓：议案中言架诬者反坐，此并不错。

（刘崇佑君）谓：此议案应请付审查。

议长（高登鲤君）请众表决。赞成付审查者五十人，遂付庶政兴革科审查。

议长（高登鲤君）谓：第八项议案乃本议长提出，应请副议长刘崇佑君代理议长。

代理议长（刘崇佑君）就议长席，（高登鲤君）就议员席。

第八，防弭上下游盗贼提议案（议员高登鲤、俞光华、洪鸿儒等三十人提出）第一读会。

防弭上下游盗贼提议案：扰乱治安莫如盗贼，盗贼之夥莫如上游。上游多盗，其原因有三：一、由商务之影响。吾闽上游商业，以茶、纸、笋、木为大宗。当时制造需人，多招外属，旅居既久，遂忘故乡。今则商务失败，日甚一日。茶只十分之一，纸、笋只十分之三，木则不及百分之一。凡工人之来自外属者，大半赋闲，谋生无计，饥寒交迫，遂萌盗心。一、由赌场之易混。赌为盗媒，赌场为盗薮，人皆知之。上游赌风之盛，地方官所不能禁革者，由于绿营兵弁，视此项陋规为正款，极力包庇。故有绿营兵弁驻扎之地，无日无赌，盗遂借赌为名，混迹其间，更有因赌破产，流而为盗者，尤属不少。一、由州县之酿成。查律载州县处分，以盗贼为最严，苟所报之盗，缉之未过半数，则参撤随之。以故州县皆讳言盗，有以抢劫报者，必先驳之，迨至无可驳诘，始准履勘。一言履勘，则夫马费、供膳费，动以百数十千计，盗与赃之能获与否，尚不可知，而被盗之后，又如逢大盗矣。于是被盗者甘被抢劫，而不愿喊报；为盗者日事抢劫，而不虑捕缉。此盗所以充斥也。近年如新桥班、将乐班、红黑钱会、担子会之蔓延于延、建、邵各属，五谷会之聚党攻城于建阳，林畲班之屡屡劫杀兵挟刃抗官于邵属，几成化外。其余如尤溪钮头会、顺昌大伯会，动以数千计。目前虽未见其扰乱，而藉会党势焰，事事把持，已无殊教堂传道。且若辈皆下流社会，无高等思想，抢劫以外日事赌嫖。兹当筹办自治之初，苟不思患预防，进行未免有碍。爰拟办法十条于左，祗候公决。

（甲）多设局厂，以便安插。查上游切要之图，莫急于垦殖与工艺。果能多设垦务公司或工艺厂，则游民各觅工作，皆足谋生，盗党不待解而自散。

（乙）禁收赌规，以革包庇。绿营兵弁如有仍前受规庇赌致长盗风者，苟被巡警或自治所去毒社指禀，经地方官查实，应请制台按律惩治。

（丙）禁止勒索，以恤民艰。盖官长履勘，职不容辞，供应之费，势亦难免。惟当谅被盗者之财力如何耳。苟任胥役勒索，漫无体恤，则小民受害更深。应通饬地方官四处宣示，如民间有获盗送案者，准其来衙击鼓，当堂亲收，而门丁书役不得索取分文，刊为励禁。或丁役在外勒索，准民当堂指禀，从严追办。则风声一播，民气自雄，而匪人不敢生觊觎之想矣。习弊既清，尤贵悬赏。遇有劫掠之案，地方官必遍悬赏格，无论何人，能将劫匪拿送者，赏银若干元，当堂发给，可免丁书抽折，以昭大信。重赏之下，必有勇夫，则匪徒不能漏网矣。

（丁）请宽处分，以冀实行。查上游各州县，每因处分太严，匿盗不报，如果实力捕缉，因远飏未能获过半者，苟经自治所或去毒社全体公认属实，应请制台宽其处分，以免顾虑，庶将来无匿报之弊。

（戊）严治渠魁，以寒贼胆。查上游商务繁盛之区，以洋口为最，劫杀之案，日有所闻。自光绪十六年道台刘、协台钟会同密拿匪首十三人就地正法后，至今匪徒不敢入境。兹当群盗蜂起，似应仿照刘、钟二公办法，以为一劳永逸之计。

（己）严禁开会，以杜迫胁。查盗党每年于八九月间，择偏僻小村开一大会，名曰过茶，藉收徒弟（有新入者即于是日进会，授以口号），一聚率数百人。凡附近殷富，必多方恐吓，迫其入党而后已。乡董畏祸，秘不敢发，受胁情形，殊堪怜悯。应请制台饬各州县，预期严禁，倘有不遵，准附近绅衿密禀地方官，作为访查，派兵阻止，如敢抗拒，即治以拒捕之罪。

（庚）催办巡警，以便稽查。按筹备事宜清单，各厅县巡警，限本年内粗（贝）〔具〕规模，多盗之地，尤不容缓。盖巡警开办，则耳目易周，盗党自必顾忌，不敢任意横行，即间有不测，警兵一呼即至，亦足以壮居民之胆，自不至束手就缚，任其掳掠。

（辛）认真查户，以清盗源。调查户数，系本年应办事件，各州县迫于期限，率多敷衍搪塞。应请制台饬各属，限于年内划分区域，派就地绅董，一律切实调查，户主姓名既有稽考，外来匪类亦不易容留。

（壬）解散胁从，以予自新。凡被胁入会者，非村富之子弟，即无知之农民，一坠术中，即受种种要求，迫至追悔，无可脱身，惟有隐忍受累而已。应请制台札饬地方官开诚布公，出示晓谕，令其自首，倘有曾经胁从而愿自首者，不特既往不咎，即虑及将来盗党报复，亦必责成绅董及巡警加意保护，如此则胁从者无不群相庆幸，乐于自新。

（癸）严查棚厂，以杜窝藏。上游地广人稀，深山穷谷之中，每有一二茅厂，藉名垦种，实则为窝藏外来巨盗之所，人迹罕到，不易察觉，倘经破案，固应立行（折）〔拆〕毁。惟未经破案以前，不能遽指为盗薮，似宜责令附近绅董，随时调查，倘有此等棚厂，必须觅十户以上公同代保，方许居住，否则勒令移于乡人耳目所及之地，庶易稽查。

提议者高登鲤、俞光华，赞成者康咏、范宗福、张选青、潘纪雲、李迪瑚、高士龙、杨豫、陈之麟、林辂存、邓畿、孟思培、周文麟、刘志和、黄羲、蓝德光、余钟英、吴庭枨、游肇源、赵锡荣。

附下游苦盗情形拟办方法（洪鸿儒）：盗之为害，其始但劫民财而已，浸假而毁民居矣，浸假而伤民命矣。横行之势，直使土著稍有积蓄者，旦夕不能自安；洋客获有厚赀者，因而裹足不前。妨碍治安，莫此为甚。而最受其苦者，尤莫如下游。先时被劫之家，尚思喊报，惟一经喊报，则必先按路程远近，关税夫价，所费动以数百缗计，至少亦百缗计，始获履勘，勘后亦遂渐而置之。是伤于盗者复艰于报，报且无益，久或遂隐忍受之而不报矣。此下游之通患也。最不可解者，同安有厦门岛为通商口岸，吾闽重地也，于县宪厅外置有道宪，加以水陆提宪，如何重要，如何紧严，自其表面视之，宜独得以安靖矣。乃自去年冬至今年秋，城市被劫者五十余家，乡僻被劫者不计其数。厦岛尚且如是，其余何堪设想。今欲求御盗之方，每苦未能完善。而据管见所及，同安各处宜于官设巡警外，仍照乡团办法，择其扼要之地，责成该处乡董速行团练，以补助巡警所不及。惟力由民出，款由民筹，地方官须加倍鼓励，于公正绅耆中先行照会，予以自治之处，示以将来保奖，庶可动其急公好义之心，而事可必举，举亦可必有功。若厦门水口，则拟照渔团办法，设立公所，以公正绅商董其事，就各路小船责令逐一编号，各人于自报姓名以外，另摄小影，交在公所，以便汇报而作纪认。此乃先分良莠，预识其勾引之机；然后因人举用，就地取材。譬如这个路头共有五十号小船，使之互相推荐，举出两人以为团长，仍由地方官照会奖励，令其日夜巡守，以专责成，遇有形迹可疑者，即便向前稽察，遇有左近告警者，即便次号助援。尤虑其力量稍薄，不能济事也，更办水巡警以助之。水巡警之费，保商局原可提用，再捐诸各埠帆船来厦载货者及各小轮船，当无不足。各路团长薪工，即就各路头小船，按季酌摊以津贴之，亦自足以酬劳。似此官民浃洽，成效可期，行见盗风息而民困纾，除害即可以兴利矣。是否有当？仍俟公裁。赞成人林辂存、李慕韩、许赞虞、黄必成、洪国器、陈士霖、叶福钧、林逢春、陈之麟、张国宝。

代理议长（刘崇佑君）请提议者高登鲤君登坛说明理由。

（高登鲤君）登坛说明理由（大旨与议案同）。

（王邦怀君）质问：严办渠魁一层，据新法令不能枭示，最好能就地正法，方足示儆。

（施景琛君）质问谓：乙条兵弁可由地方自办，何必禀请制台？

（高登鲤君）答：弁即汛官，故须请制台办理。

（卢初璜君）谓：缉盗似须责成武营，宜加入此一条。

（高登鲤君）谓：绿营甚靠不住。

（邹含英君）谓：如胥役中多有入新桥班、将乐班者，宜设法审办。

（高登鲤君）谓：此固不免，惟无确据，办之甚难耳。

（陈锡朋君）谓：下游尚有一种拳馆，亦能养成盗贼，并须一律严办。

（高登鲤君）谓：此不尽皆为盗贼，似不能并入此案议之。

（陈锡朋君）谓：此种多系下流社会为之，其害似较各会党为烈，因各会党地方官尚严禁之，而拳馆则明目张胆，无所忌惮也。

（郑藻山君）谓：陈君所言属实，因习拳而为盗者甚多也。

（高登鲤君）谓：此等拳馆固在应禁之列，但须分别，不能与盗贼相持并论。

（吴庭桭君）谓：若禁拳馆，则如近日体操运动等，亦所当禁，中国将益无尚武之精神矣。

（施景琛君）谓：本议员赞成吴君之说，日本甚重击剑柔道，故国日强，拳法亦中国尚武之一种，不可禁也。

（康咏君）谓：各府情形不同，习拳者不皆为盗，未可一律概禁。

代理议长（刘崇佑君）谓：此议案大体讨论已甚清晰，可将此案先付审查，以后尚有意见，于第二读会发表。

代理议长（刘崇佑君）谓：此议案应付审查，请众表决。赞成付审查者三十五人，遂付庶政兴革科审查之。

代理议长（刘崇佑君）请附议者洪鸿儒君登坛说明理由。

（洪鸿儒君）登坛说明理由（大旨与议案同）。

（洪国器君）谓：上游办法高君言之甚详，下游办法洪君尚未细为晰述。盖下游盗贼以同安为最，无论官民，皆确知其为盗，而不敢举发，因恐盗之报复也。宜请制台转商提督，派兵缉捕严办，且宜用投票方法以举发之，庶真盗可以缉获。至各乡举办团练，宜由地方官将缉捕经费提出津贴。

代理议长（刘崇佑君）谓：洪君所言，应一并付庶政兴革科审查。

（施景琛君）谓：投票举发事属未妥，宜改为投函告发为是。

代理议长（刘崇佑君）谓：此议案已交审查，请高登鲤君就议长席。

（高登鲤君）就议长席，刘崇佑君就议员席。

第九，关于消弭械斗咨询案申覆书之朗读。

为申覆事，窃本局第一届第八次议会，蒙宪颁关于闽省械斗咨询案，足见关心民瘼，钦佩无已。但此案先经议员李慕韩、陈之麟、张步青、李驹等提议，由议会公同表决，正在备文申请，忽捧宪询闽省械斗以下游为尤甚，李慕韩等均籍隶下游，见闻较确，即采用该案纲要，并于消弭办法酌增数条，遍询会中意见相同，除将议决各条另折开呈外，所有会议情形，谨备文申覆。伏请督宪察核施行，须至申者。附清折一件。宣统元年九月□日。谨将关于闽省械斗事件议决各条开列，恭候宪核。计开：

一、械斗之原因：（甲）乡约之废弛；（乙）官长之酿成；（丙）匪徒之播弄。

二、消弭之方法：（一）实行宣讲，择明通热诚之士分区劝导。（二）责成社长官长约束，不若亲族约束，佐以乡长里长互相钳制，尤为周密，请制台札饬各地方官，转谕公正绅耆充任，以专责成，有不遵约束者，准该绅耆禀请惩办。（三）查拿讼棍，以杜主唆。（四）解散盟会。联乡结盟，易滋斗患，宜责成社长勒限解散，有不遵解散者，准该社长禀请惩办。（五）严办帮枭。连乡帮斗之外，尚有一种帮枭，须严惩以杜效尤。（六）禁绝差扰，及丁胥勒索、串贿等弊。（七）严惩诬告，以弭衅端。（八）严办掳勒，以及私行酷禁者。（九）裁撤委员，以纾民困。（十）拿办正凶主谋之人，庶皂白有分，人尽知儆。（十一）严饬迅结。民间词讼，每有经年不得一讯者，饬地方官限期速审，以清讼累而靖地方。（十二）严处匿报地方官。遇械斗案，务将肇衅之颠末，办理之方法，详细禀报，如有不实不尽，经人告发，或由议员照局章第二十八条举发，从严参处，俾有所惩儆，不敢敷衍从事。（十三）严催普设警察，以资护卫。（十四）迅饬举办地方自治。一俟地方自治会成立后，匪类无所纵容，自不至酿成事故，致肇乱阶。（十五）凡遇械斗之案，因枪炮致命者，照律严追，勒限两造族房尽缴炮械，官或当众销毁，并申禁民间不许私置炮械，以靖斗风。

宣统元年九月二十九日，临时审查会主查员林辂存，理事员黄纪星，审查员李慕韩、卢初璜、李迪瑚。

议长（高登鲤君）请书记长登坛朗读申覆书。

（孟思培君）谓：申覆书中既称"督宪"，又称"制台"，文字须改归一律。

（刘崇佑君）谓：年月日下"临时审查员"字样，宜改为"福建谘议局合行声明"。

议长（高登鲤君）谓：统请书记长更正。

议长（高登鲤君）宣告休憩二十分钟。

三时二十分钟续行开议。

第十，关于查禁花会咨询案申覆书之朗读。

为申覆事，窃本局第一届第八次议会，蒙宪颁关于闽省花会咨询案，足见德意殷拳，钦佩无已。花会之害，伤风败俗，荡产倾家，奸盗由此而生，营业由此而堕，受其害者，仅下流社会而已。比年麻雀之赌，流入吾闽，上自官界士绅，下迄舆台仆隶，无男无女，卜昼卜夜，病民害国，视花会为尤巨。幸自宪旌莅闽，严施禁诫，城台一带，藉以稍戢，而外属及私家之赌，仍公然无忌，若不设法并禁，无以励风化而绝赌根。由临时审查会征集意见，其中或关于并禁麻雀，或关于并禁与花会相类之赌博，或关于禁赌办法，均经议会公决。除将议决各条另折开呈外，所有会议情形，谨备文申覆，伏请督宪察核施行，须至申者。附清折一件。宣统元年九月 日。谨将关于闽省花会事件议决各条开列，恭候宪核。计开：

一、严惩吏役收受赌规。各属开设花会，文官除府州县外，武官除提镇外，凡一切佐杂官弁，无不收受陋规，而武官之收费，比文官尤巨，负国病民，莫此为甚。由是各衙门家丁胥役兵勇，亦各收受规费。当花会盛行时，每厂月费陋规数百元，州县官非尽不知，第以瞻徇属员情面，故意纵容。应请制台通饬各属文武官员，凡有收受陋规，经人告发，或由谘议局议员照局章第二十八条举发，查实后从严撤参。至各衙门执事人等收受规费者，发觉后从严究革，并科该官长以故纵之罪。

一、重惩挂巴赌犯。地方官惩办花会人犯，往往以罚款了事，或充公费，或入私囊，所以各赌棍敛钱以待，不畏官长。应请制台通饬各属，遇此项挂巴，或走封（经理人别名），或吃封（略如彩票附彩）等赌犯，无论当场拿获，或暗访讯实，均须严行惩办，不得以罚锾了事。则人人知儆，恶习不难革除。

一、稽查禀报委托社会兼理。花会开设，劣绅地棍与吏役问受陋规，公正绅耆欲行禀官究办，一虑官长不肯认真，一虑劣绅赌棍挟仇报复，致多隐忍不言。应请制台饬各属，凡地方如有开设花会者，准由去毒社及自治研究所稽查，禀报地方官惩办，收受规费之劣绅地棍，亦一并禀请惩办。至公正绅耆如有不便径禀地方官，可密报去毒社或自治研究所，俾得禀请地方官拘究。

一、并禁聚赌麻雀。近来麻雀之戏，上自官场，下至绅商，莫不以此为事，已不足为下等社会之表率。且官吏幕宾因此废时失事，应行案牍延搁旬月，若是则虽严禁花会，究不足以折服民心，实非清源之道。拟请制台通饬严禁，按照新律办理，仍委托社会，一并帮同查禁。

一、并禁与花会相类之赌博。查上杭、武平二县赌博，有名六字标、八字标者，有名摊子者，有名宝子者，南安有名公人棹者，厦门有十二枝者、四色牌者，均系设厂诱人猜压，贻害地方，与花会等，应照上开办法，一并禁止。此外各属如更有类此之赌博，均应一律严禁。

一、责成协拿。私设赌场，每在两县交界地方，致各官有所推诿，应责成地方文武，不分畛域，遇有赌犯，须协同缉拿，如在交界地方犯赌，被告查实者，无论归何管辖，一并惩处。

一、封（折）〔拆〕赌场，以惩诱赌。花会及杂赌等项，必设场所，城镇乡多有贪利之徒，将店铺房屋租与赌犯聚赌。应请制台严饬地方官，出示禁诫，若被查有此项犯禁，除将聚赌之铺屋或标封充公，或焚烧（折）〔拆〕毁外，仍科以招赌之罪。

一、销灭赌具。禁赌不禁赌具，弊终不除。应请制台严饬各属地方官及警察局海关厘卡，如有制造赌具、售卖赌具者，务必严拿惩办，若被人指控，或由议员举发者，即将该管有司一并惩处。

一、禁藉端开赌。查各属每有藉神诞演剧，及元旦丧喜事等名目，聚众开赌，无知小民，误以为法律所不禁，应请一并申明告诫。

宣统元年九月二十九日，临时审查会。主查员林辂存，理事员黄纪星，审查员李慕韩、卢初璜、李迪瑚。

议长（高登鲤君）请书记长登坛朗读申覆书。

第十一，关于振兴茶业咨询案申覆书之朗读。

为申覆事，窃因本局第一届第八次议会，蒙宪颁关于闽省茶务咨询案，足见俯恤商艰，钦佩无已。惟闽茶之败，误于制焙不精，作伪搀杂者居其半，被印、日之茶攘夺者又居其半。闻印度之茶质粗价低，专恃机器制造，日本师其法，于本国及台湾亦设机制茶，又将出口税减免，步步争竞，向之购我闽茶者，今转而购印、日之茶。若不速予整顿，恐江河日下，吾闽赖以谋生计者，又去一大宗。国计民生，两有维系，再四思维，惟有恪遵宪意，于茶务最旺地方，酌设茶务讲习所数处，推举茶业最大之人出为经理，以便研究，改良一切。除将议决各条另折开呈外，所有会议情形，谨备文申覆，伏请督宪察核施行，须至申者。附清折一件。宣统元年九月　日。谨将关于闽省茶务事件议决各条开列，恭候宪核。计开：

一、茶务讲习所拟设九处：（甲）福州之南台；（乙）福宁之三都；（丙）延平之洋口；（丁）建宁之崇安；（戊）邵武之东关；（己）泉州之厦门；（庚）

泉州之安溪；（辛）漳州之平和；（壬）龙岩之宁洋。

二、讲习所经理拟举十二人：（子）南台拟举恒春茶号杨国璠；（丑）三都拟举福安双泰隆茶号林邦瀛、福鼎茶帮李德新；（寅）洋口拟举广兴隆茶号王联登；（卯）崇安拟举怡丰福茶号潘政明、泰裕发茶号熊焕文；（辰）东关拟举元记茶号李梦花；（巳）厦门拟举文圃茶号杨廷梓、锦祥茶号郭祯祥；（午）安溪拟举金泰茶号林邦桢；（未）平和拟举本地绅富曾其源、琯溪金圃茶号林魁梅；（申）宁洋拟举英芳茶号林鹗年。以上请制台下札劝令出办，藉示优异。

三、各该埠茶帮无论大小，均须向茶务讲习所报名注册，其资本在一千元以上，得所中两人公推者，准其列为评议员。

四、讲习所成立后，由所中公推熟悉茶务之人，亲赴印度、日本及台湾等考察办法。

五、选派学生赴印度、日本产茶地方实地练习，毕业后充讲习所教员；未选派以前，得酌聘印、日技师，先招徒教授。

六、制焙之工，以安溪人为著，日本、台湾均（未）〔来〕延聘，吾闽除安溪外，他埠应需茶工，请采用安溪人。

七、作伪搀杂及假冒字号等弊，应由茶务讲习所逐条查明，公订禁条，禀请制台通饬立案。

八、茶厘请改办落地税或统捐，比原征酌量减轻。

再，茶务一项，洋人藉以把持者，全在转运及镑价涨落而已。包种尚能自运，惟洋装必假洋人之手。俟讲习所成立后，由经理人招集巨股，创办茶务公司，设总号于产茶地方，设分号于外洋销茶各埠，彼此联络。除呈请农工商部照章注册外，并请制台专奏酌免出口税数年，藉示鼓励。

宣统元年九月二十九日，临时审查会拟稿。主查员林辂存，理事员黄纪星，审查员李慕韩、卢初璜、李迪珊。

议长（高登鲤君）请书记长登坛朗读申覆书。

第十二，关于提倡渔业咨询案申覆书之朗读。

为申覆事，窃本局第一届第一次议会，蒙宪颁关于闽省渔业咨询案，足见宪意深厚，钦佩无已。查闽省渔利，兴、泉为最，福宁次之，福州以下又次之。惟地濒重洋，迤东又与台湾相接，海线未清，易滋藉口。海参崴之前车，可资殷鉴。故欲办渔业，必自划清海线始。拟请饬派测绘生，于闽省沿海一带详细测量，绘成海图，某处与某省交界，某处与台湾交界，各立标准，颁布各属，以便遵守。至于渔业公司、水产学校两项，事体重大，经费浩繁，欲专责一人，恐未易集事，惟有联络上下游，推举妥人，择要试办，逐渐推广，庶有裨益。除将议决各条另折开呈外，合将会议情形谨备文申覆，伏请督宪察核施行，须至申者。附清折一件图式三纸。宣统元年九月□日。谨将关于闽省渔业事件议决各条开列，恭候宪核。计开：

一、渔业公司办法及经理人。（甲）公司未成立以前，拟就省垣先设渔业公司筹办处一所。（乙）筹办处经理先举上下游熟于渔业者六人：陈日翔，同安举人，二品衔特用道，前驻秘鲁参赞代办使事；林资铿，龙溪荫生，世袭骑都尉兼一云骑尉，三品衔广东候补道；林宝康，仙游人，道衔；王邦怀，霞浦人，五品衔兵部主事，福宁商会总理，现充本局议员；刘鸿寿，闽县举人，广东大挑知县；赵锡荣，连江举人，现充本局议员。以上请制台特札劝令出办，藉示优异。（丙）公司章程以山东、江浙为依据，再参东西洋办法，以期完善。（丁）公司总理一席，由经理人公司推举，择其关心渔业，能始终其事者，禀由制台专奏，援案请旨简派。（戊）江浙渔业公司另设渔会，保护旧有之渔业，吾闽应援照先行举办，拟设渔会四处：（一）厦门拟举陈日翔、林资铿；（二）福州拟举刘鸿寿、赵锡荣；（三）兴化拟举林宝康；（四）福宁拟举王邦怀。（己）渔会章程，江浙本月成案，尽可援用。（庚）采捕之法必用渔轮电网，俟公司成立后自行议置。（辛）腌制之法，厦门现有淘化公司，仿制颇有成绩，倘加以奖励，自能逐渐推广。

二、水产学校办法及经理人。（一）拟举精于水产学者上下游各一人，以充水产学校正副监督。正监督拟举叶可樑，福州人，美国毕业生，得有学士、博士文凭；副监督拟举蔡凤機，晋江人，前漳州中学堂监督。以上两员，请制台特札劝令出为担任，以示优异。（二）正副监督得兼渔业公司顾问。（三）宜就闽省濒海鱼盐最旺之处，先设水产学校，为研究水产学之总机关，校中应备教室、寝室、办事室，校外应备实习场、实习舰及制盐试验场。（四）校所宜于何地，应由正副监督相度指定。（五）校中约设三科：曰渔捞，曰制造，曰养殖，另设现业一科,专招从事渔业两年以上之子弟,实地练习,以一年毕业。(六)水产学校与盐务最有关系,开办、经常两费,应请盐库年拨三万元,第一年为开办费,第二年以下以二万元为额支经费,以一万元为活支经费。(七)附呈日本水产讲习所实习场、实习船图式各一纸,以备参考。(八)未尽事宜俟正副监督举定后,临时酌定。

宣统元年九月二十九日,临时审查会。主查员林辂存,理事员黄纪星,审查员李慕韩、卢初璜、李迪瑚。

议长(高登鲤君)请书记长登坛朗读申覆书。

(康咏君)谓:照章学校不应有正副监督名目,应行改正。

(施景琛君)谓:照章有监督,惟无副监督,应行酌改。

(林辂存君)谓:因联络上下游起见,故设二人,且现办学堂亦有设正副监督者,既云违章,自应酌改。

(施景琛君)谓:不如改为庶务长。

(刘崇佑君)谓:以副监督兼庶务长何如?

(施景琛君)谓:学部定章不得违背,故宜改正。

(刘崇佑君)问:此校系属何等程度?

(施景琛君)答:本拟高等,现只能办中等,但中等只有庶务员,无庶务长。

(康咏君)谓:不如将副监督改为监学,权限较大。

(施景琛君)谓:庶务权限较大,监学仅管理学生而已。

(康咏君)谓:如此则改为庶务员亦可。

议长(高登鲤君)谓:即改为庶务员。

第十三,请裁撤安溪南水关私征船货税提议案(议员林辂存等十人提出)第二读会。

谨按钦定谘议局章程第二十一条职任权限第一项,议决本省应兴应革事件第二十八条,本省官绅如有纳贿及违法等事,谘议局得指明确据呈候督抚查办等语。此本议员所以有裁撤私征船货税之请也。查安溪醝帮,自光绪十九年改归官运后,忽生陋规种种,害国病商,迨经安溪县知县戚扬、刘晋庚、谢金元及全体绅士林心存等，先后禀揭在案。其中最为违背法律者，莫如南水关私征船货税一事，该关系由官运局分设，以运盐而兼抽税，所抽既非商税又非盐厘，特创其名曰贴傤。"贴傤"两字，初莫解其所云，嗣查系官运局运盐，向有运船领款自造清册内，逐届均有报销，此款被历任委员全数吞没，藉口溪涨溪涸，配运不敷，须兼用民船，于泉州私设一局名曰拿配公所。揣"拿配"二字之义，即强拿民船、勒配官盐。民船之被拿配者，初不过三篷、四篷等船而已，积久加厉，无论一篷、二篷，一律责以配运。虽有酌给船价，奈局胥屡屡挑剔，或谓盐斤失重，或谓运送愆期，勒令船户赔偿，以所得之船价补所失之赔款，已亏折不堪，所赖以弥补度食者，只运货一项而已。而运货又不得自由，该关私颁税则，民船除现配官盐外，如无官盐可配，无论货船、空船，上下水均要抽费，即所称为贴傤者，有费始可放行，无费一律扣留。闻上水之货，系由泉州船哨馆领单，过罗渡分卡验放，至南水关销单，所配如麦、豆、豆饼、生油、棉、苎及杂货等，每担纳税四十文。米谷一宗，为吾民养命之需，本无税厘，自杜宗瀚任内，于罗渡设卡后，亦比照各货抽收。下水之货由湖头、源口、蓬莱、魁斗等乡运至泉州，所配如纸、碗、地瓜、火柴等类，过南水关时，按船计征，四篷船载货每次抽税一千二百六十七文，三篷船一千零十七文，二篷船八百六十七文，一篷船六百六十七文，空船下水一篷、二篷每船抽船底税六十七文，三篷、四篷各抽一百十七文，木排、竹排每排二百十七文。如排兼（债）〔载〕粗货，每担加税五十五文，兼载地瓜，每担加税二十五文。船底税赀又须照加，全年约收万元左右，除缴贴山腰乡准免完厘项下，兼补水及学堂津贴司事丁哨开费外，尚余数千元。除委员自提现用外，所余之款六四匀分，委员得六成，司事得四成。以上仅就南水关货税船税而言，其他关于盐局浮收事件，尤不止倍蓰。以泉、永两属之脂膏，供委员一人之中饱，航业、商业两有妨碍。若不合力请禁，吾恐安溪而外，凡有盐局地方，尽可援例设关抽税，其贻害将伊胡底耶？不揣愚昧，敬陈梗概，拟请制军札派干员驰往，会同安溪县切实彻查，并附列办法如左：一、南水关暨罗渡卡永远裁撤（由制台委员会同安溪县调查的确，通禀立案）；二、民船不得拿配（由制台通饬示禁）；三、货税、船底税、排税永远蠲免（由安溪县出示勒石）；四、荫船陋规悉提充学堂补助（由安溪县会同制台委员规定）；五、运船归官局自备（由制台委员查照旧章参酌规定）；六、雇用民船，须先订明船价若干，不扣不抵（由制台委员规定）；七、官运局改归安溪县兼办（由制台委员斟酌情形禀报候核）；八、通饬各属查报有无此弊（由制台发札）。发议者林辂存，赞成者吴拱震、叶福钧、李慕韩、林逢春、许赞虞、林邦桢、周寿恩、陈之麟、赖其浚。

宣统元年九月二十日，提出林君辂存请裁撤安溪南水关私征船货税一则，交由庶政兴革科审查员互相审议，合将该议案情形报告谘议局公同议决。查安溪南水关私征船货税，实为国民之大蠹，前经安溪县知县戚杨、刘晋庚、谢金元及全体绅士林心存等先后禀揭在案，未见裁撤，该处殊深盼望。今林君所提议案，于拿配贴傤言之尤详，实属法外苛勒；又据杨君豫意见书所称，建郡亦有盐哨串通船捕拿配之弊，请即一并饬禁等语。是拿配贴傤之流毒，不仅一安溪受其害也。应请制台准照该议案所请，通饬严切施行。该议案叙述本极周详，似无庸另行修正。谨将审查情形缮具报告，（抵）〔衹〕候公决。主查员椿安，理事员郑藻山，审查员林佑蕃、王邦怀、王子懿、张国宝、余钟英、林邦桢、黄必成、黄纪星、潘纪雲。

议长（高登鲤君）请书记长登坛朗读原案并审查员报告书。

议长（高登鲤君）请议员逐条表决。

一、南水关暨罗渡卡永远裁撤。赞成者五十四人。

二、民船不得拿配。全体赞成。

三、货税、船底税、排税永远蠲免。全体赞成。

四、荫船陋规悉提充学堂补助，由安溪县会同制台委员酌定数额及规则。全体赞成。

五、运船归官局自备，由制台委员查照旧章参酌规定。全体赞成。

六、雇用民船须先订明船价若干，不扣不抵，由制台委员酌定。全体赞成。

七、官运局归安溪县兼办，制台委员斟酌情形禀报候核。全体赞成。

八、通饬各属查报有无此弊。全体赞成。

（康咏君）谓：此议案可以省略第三读会。

议长（高登鲤君）请众表决。赞成康君之说者，得五十七人。

第十四，清理钱粮积弊并划一粮价提议案。

议员康咏等十八人提出,第二读会。

提议者高士龙、康咏、谢滋春、潘纪雲、蓝德光、熊秉廉、孔昭淦、郑田龙、苏寿乔、刘志和、杨豫、上官华盖、王子懿、王邦怀、陈义、李钟声、孟恩培、林天骥,赞成者张选青、刘崇佑、连贤基、黄金銮、卢初璜。

完纳钱粮,各属规目不同,而浮收则一。各属谋充粮书者,动费典规数千金,若非滥征,何以取偿?国家无加赋之条,而粮书有加赋之实,深堪痛恻。举其弊窦,约有数端:一曰榷算。奏销本以银计,而粮书则以银折钱,又以钱折银,复以银元折本银,辗转申折,总以剥民为得计。每地丁银一两,辄勒收足重银元二元五六角至三元不等。其弊一也。二曰兜留。当开征时,粮书揩不向收,迨已逾限,则指为〈旧〉粮,必耗外加耗。其弊二也。三曰找零。粮款不足一角者,必以钱计,而应纳钱十枚,必增纳二十四枚,于是有对加四之名。其弊三也。四曰分串。同一花户,而粮票必分数纸或数十纸,每纸勒取工价银二三分甚至五六分。其弊四也。五曰浮架。一邑之中,难免有倒绝之丁户,粮书则择肥而噬,遇同姓殷户,辄以浮粮架陷。其弊五也。此外,又有站规、差礼、户礼等名目,尤难屈数。至于粮(未)〔米〕定章,斗米加耗一升二合,各户送谷上仓,以一米二谷计之,斗米应纳谷一斗二升四合,而粮书取谷时,斗米辄放谷三斗甚至四斗,而交纳又有样米、余米等费,踢斛淋尖,任具舞弄。其折银者,定章每石折银元五元,粮书则勒至六七元或八九元,且有至十余元者,尤为特别之抑勒。其余诸弊,亦与地丁等。迩来加随粮等捐,粮书沿用故智,亦额外勒加耗羡,农民疲困,何以堪命?应请大吏宜禁革者禁革之,宜改良者改良之,庶以杜蠧胥之奸,而苏万民之命。兹议办法如左:

(一)划一粮价。每本色库银一两应纳银若干,每米一石应折银若干,划定适当数目,概用银元角番计算,其奇零者以铜元找足,均于串票内填明。

(二)一笔串票。同一花户应纳粮若干,只需串票一纸,不得一厘一勺加票榷算,其每纸工价若干,亦须确定。

(三)给予清单。交纳钱粮时,须由粮书填写清单,载明正额若干,随粮捐若干,实收银元银毫若干,铜元若干,交给各花户以为凭信。

(四)额定薪工。正额之外,应加胥吏办公费若干,解费若干,亦请明定数目,按粮匀派。

（五）确定期限。钱粮应分上下忙两季完纳，上忙完纳价银若干，下忙完纳价银若干，旧粮完纳价银若干，须分别明示，使花户有所遵守。

（六）大堂设柜。自开征日起，即应听民自行投柜，勿任里胥掯勒。

再，查道光二十年仙游县生员陈建呈控钱粮浮收案，经前布政司常详明院宪，出示晓谕，内开遵照福州兴化现定章程，每地丁一两连耗一钱二分，完足重洋番一元九角二尖，粮米照例挑谷上仓。如限于挑运不便，愿完折色，每斗连耗一升二合，完足重洋番五角，其番银无论光残，总以七钱二分为准。所有银米串票，只准给工资钱一十二文，零星小户照市肆番价扣算，一切补头、工食票钱、耗钱及淋尖踢斛、打样米、扫余米诸弊，尽行革除。此次更定章程，永远遵循。倘该丁役柜胥人等，如有前项需索情弊，许各花户指名具控，以（愚）〔凭〕惩办。如该花户等实有抗欠银米，藉故不纳，亦即严行重究各等因。是银米两项，业有定章可循。应请制军檄饬福藩司援案出示晓谕通省一律遵行，此亦嘉惠黎元之莫大善政也。

报告书：窃因本局第一届第九次议会，提出议员康君咏等一十八人提议清理钱粮积弊并照章划一粮价一案，交与本科审查。查得该案所陈弊端及办法各条，均虑深藻密，切当可行。惟原案内弊端第一项内，有每地丁银一两，辄勒收足重银元二元六角至三元不等等语，于"三元"中间添一"五"字，改为"三五元不等"。又办法第四条末一句，添"仍载明清单之内"一句。又采议员刘君志和意见书作第七条，李君迪瑚意见书作第八条，另缮附缴。其余悉照原案举行，合将审查情形缮具报告，祗候公决。

附采用意见书添入原案办法第七、八两条。

（七）出入平均。粮价既定，征收时或银元或铜元，补入找出，价划一，以昭平均。

（八）粮捐照章。秋米随粮捐，照章用铜元交纳，前数年钱价高昂，以市价算，每元八九百文，近来钱价甚低，柜书不收钱，只收银元，照从前八九百文钱价苛算，民间异常受亏，应请征收铜元，或照市价银元计算。

宣统元年九月二十三日，财政科报告。主查员林辂存，理事员卢初璜，审查员施景琛、黄乃裳、李迪瑚、张选青、赵锡荣。

议长（高登鲤君）请书记长登坛朗读原案并审查员报告书。

（孟思培君）谓：应纳银若干，应折银若干，何不定一数目？

议长（高登鲤君）谓：各处情形不同，无从定其数目。

议长（高登鲤君）请议员逐条表决。

（一）划一粮价。赞成者五十二人。

（二）一笔申票。赞成者四十二人。

（三）给予清单。赞成者五十三人。

（四）额定薪工。赞成者四十三人。

（五）确定期限。赞成者四十八人。

（六）大堂设柜。赞成者四十八人。

（七）出入平均。赞成者五十人。

（八）粮捐照章。赞成者五十八人。

附条，赞成者五十三人。

（刘崇佑君）谓：此议案可省略第三读会。

议长（高登鲤君）请众表决。赞成刘君之说者，得五十三人，遂省略第三读会。

议长（高登鲤君）报告第十四号议事日表毕。

议长（高登鲤君）宣告闭会。

是日出席议员六十一人。

制台于午后一时到会。

午后四时三十分闭会。

第一次福建谘议局议事速记录第十四号

宣统元年十月初三日（1909年11月15日）

议事日表　第十四号

宣统元年十月初三日（月曜日）午后一时开议。

第一，关于学校及公益团体之基本财产妥为划定分明提议案（议员刘崇佑等七人提出）第二读会，附潘纪雲、高士龙修正案。

第二，关于筹备巡警并改良现在办法提议案（议员施景琛、高士龙等八人提出）第二读会。

第三，本局预算案（本局提出）审查员报告。

第四，整顿闽路提议案（议员孟思培、康咏、林佑蘅等八人提出）第一读会。

第五，整顿税契征收积弊提议案（议员陈树勋、赖其浚、上官华盖、刘志和、陈之麟、蓝德光等十一人提出）第一读会。

第六，盐务质问案，议员康咏、李迪瑚、孟思培、刘志和、李仲邺、伍春蓉、邹含英、连贤基、林天骥、俞光华、杨慕震、施景琛、陈之麟、李钟声、陈锡朋、郑藻山、张国宝等二十一人提出。

第七，关于改良盐法提议案（议员康咏、李迪瑚、刘志和、施景琛等二十一人提出）第一读会。

第八，各属劝学所简易识字学堂亟应切实计划提议案（议员郑藻山等六人提出）第三读会。

第九，请修正鼓浪屿公界章程提议案（议员林辂存等三十四人提出，续前会）第一读会。

议长（高登鲤君）报告：

一、报告议员洪湛恩君、杨廷纶君、余钟英君、郑锡光君因事各告假一天，上官华盖君因病告假一天，陈义君因病续假三天。

二、报告初四日孝钦显皇后梓宫永远奉安山陵，应行休会一天，以表哀忱。

议长（高登鲤君）谓：本日议事日表第五项提议案，因各地情形不同，尚须调查，再行提出，本日应行撤销，照章须请众表决。赞成撤销者，得出席全体议员。

第一，关于本省学校及公益团体之基本财产妥为划定分明提议案（议员刘崇佑等七人提出）第二读会，附潘纪雲、高士龙修正案。

各府州县公共基本财产，及岁入地方各种捐款，往往被官绅盘踞，攫入私囊，须认真清厘，和盘托出，涓滴归公，于办各种要政，殊多补益。拟办法如左：

（甲）清厘。无论学田、公田、文社田、卷资田、贴考田、书院产业、义仓积谷，凡百公益团体财产，并岁入地方各种常捐，应请制台札饬地方官，会同社会士绅，认真清厘，务使和盘托出，通详立案。惟不得涉及公姓或一姓私业（如书田、儒田及书塾膏伙、生员膳养田等类），致滋争执。

（乙）公举总协理。每县田社会上查开就地公正富户六名，众所确认者，召集各公益团体人员及各学堂校员，定期用记名投票法，由六人中公举总理一人、协理二人，以得票最多数者为当选，三年一任，复行选举，不得连任（隔任者不在此限）。

（丙）任事权限。理财与用财不同，总协理只有理财之权，所收各项公款，自应均交藏储，非经众确认举办公益，不得擅支。

（丁）刊布出入清册。每年终缮具清册数份，一交地方官存案，一颁各社会及各学堂备查，一存交后任，所有全年出入开除之数，须汇记详明，眉目清晰，似此互相监制，百弊自除。

（戊）用人特权。征收租息及司理账目，自不能不委人办理，应由总协理量能授职，视事务之繁简，给薪工之多寡，他人不得搀越，致起意见。

（己）惩罚。如确系地方公款，官绅藉名盘踞者，准由社会士绅指明禀揭，或由议员照章程第二十八条通告于谘议局。

提议修正案高士龙、潘纪雲，赞成者康咏、张选青、卢初璜、黄乃裳、周寿恩。

议长（高登鲤君）请书记长登坛朗读原议案。

议长（高登鲤君）请高士龙君、潘纪雲君登坛说明修正案理由。

（潘纪雲君）登坛，谓：欲定基本财产，必先须清厘。盖外府县情形，与刘君所说略有不同。如建安、瓯宁二县，公款并未清厘，若能清厘，则每年可得数千金。建宁一属，如书院、义学仓谷等，久为地方绅士盘踞，据公款为己有，若欲以之办学，则彼自行先立一学堂名目，即其他公益亦然。苟兴讼到提学司，亦不易清出。欲言其无报告，则彼亦曾报告，然皆不实不尽；欲言其不办事，则彼亦尝办一二小事。此但言为绅士所盘踞者，尚有为官所盘踞者，如建宁木排捐，归官经理，以为书院膏伙之费，自书院停止，则此款亦不知其如何着落。故欲划定基本财产，非先行清厘不可。故谨将刘君原案修改详陈办法，请众公酌（余与修正案同）。

（刘崇佑君）谓：本议员所提议案，意指基本财产而言，如书院产业，既改学堂，而学堂仅收其利息，至产业则不过问，恐久而忘之也。故提此议，与潘君所修正者，微有不同。盖同属公产公款，而亦有专属于一部分者，如书院产业应归学堂，则不必归于总理协理经管也。

（潘纪雲君）谓：刘君所言甚是，然不无流弊。盖本人办学，而本人既管其产业，遂可从中舞弊矣。

（刘崇佑君）谓：既以其人为可办学，则自可以管理产业。

（潘纪雲君）谓：因公未经清厘，则无从知其多少。

（刘崇佑君）谓：若然，则清厘之人须由公举。至清厘之后，管理者又另举他人乎？

（潘纪雲君）答曰：然。

议长（高登鲤君）请刘崇佑君登坛说明理由。

（刘崇佑君）谓：本议员意谓凡应属某部分产业，即宜清出交某部分自行掌管。盖既经划定，则不能化公为私。至虑经理人不实不尽，则彼按年自当报告，地方人士尚可设种种监督之方法也。

（潘纪雲君）谓：据刘君所说亦是，但必清厘及公举总协理，方能清其积弊。

（刘崇佑君）谓：清厘之人须公举，管理之人亦须公举乎？

（潘纪雲君）谓：管理必须公举，方能无弊。

（刘崇佑君）谓：然则财产管理既须公举，则将来财产收入又须另举总协理乎？

（孟思培君）谓：原案与修正案主义不同，若为设财产总机关而言，则如修正案所列，甚宜行于外府州县，而不宜行于省城也。

（郑藻山君）谓：本议员赞成刘君之说。

（李迪瑚君）谓：此二案主张不同，盖各款亦有不能划定者，惟同一性质者，方可举一总协理，其性质不同者，不能兼理也。

（潘纪雲君）谓：本议员之意，亦甚赞成此说，惟先须清厘，然后公款方有着落。

议长（高登鲤君）谓：潘君之意，系主成总管理乎？抑主划分管理乎？

（卢初璜君）谓：据修正案丙条已言之甚明白矣，无甚问题。

（施景琛君）谓：财产清厘，总须设局为总机关，从根本上做起，若无总机关，举总协理以督促之，则空言清厘，亦属无补。至清厘后应如何设人管理，则当再参酌地方情形办理。

（刘崇佑君）谓：本议员意恐新旧过渡时代，致基本财产将至无着，故亟须划定，至举总协理则转多窒碍矣。

议长（高登鲤君）谓：先将清厘一节请众表决。赞成清厘者得五十七人。

议长（高登鲤君）谓：次将公举总协理请众表决。

（李迪瑚君）谓：此节须分别而言，凡同性质者可公举总协理管理之，他如义仓、育婴、桥梁等，与学务财产不同，则不可并归一人管理。且修正案中谓一县之公益财产，综一二总协理以管理之，本议员甚反对此说。

（张选青君）谓：此案应仍付审查。

议长（高登鲤君）谓：已开第二读会，似不能再付审查。

（施景琛君）谓：此必须先举总协理以清厘之，至应如何管理，则当各就地方情形参酌。

（王子懿君）谓：清厘须举总协理，至清厘后应归何团体，即划归何团体自行管理。

（康咏君）谓：潘君并非谓每县只举一二总协理管理一切财产也。

（刘崇佑君）谓：修正案并非如此说法。

议长（高登鲤君）谓：赞成王子懿君之说者，请起立。得赞成者四十九人。

第二，关于筹备巡警并改良现在办法提议案。

议员（施景琛、高士龙等八人提出）第二读会。

关于筹备巡警并改良现在办法提议案：案宪政编查馆奏定逐年筹备事宜清单，厅州县巡警限本年内粗具规模，明年应一律完备。闽省巡警有已办而未著成效者，有初办而未能就绪者，有未办而尚在筹划者。行政、司法、保安、卫生，无一非赖有巡警而后能达其目的。若不及早实办，有误筹备限期，则着着均形窒碍，与原奏之意大相反也。兹就通盘筹划拟定办法如左：

（一）对于已办者亟宜改良之办法。省垣及最少数各府县业已举办巡警，然警务无甚精神，大众所公认，各府县至或以无赖或游勇充之，滋扰之事日出，无怪其然也。数其要图，厥有数端：（甲）职务上之分配。总巡以上官长任之职，在主持警务、稽察警官以下之邪正勤惰。此外无论何科，非留学警察及曾在高等巡警学堂毕业者，概不得充警官；非曾在教练所毕业者，概不得充巡士。畀以办事实权，责以按期成绩。旧日办理警务官吏有经验者，亦可酌派为稽查员。巡警之设侦探，藉以言罔一般社会之莠良；巡警之设稽查，兼藉以察本部人员之勤惰。中国现行警政，自以直隶为最完全。其所以完全者，盖由多设稽查（直隶稽查员达至百余人以上），耳目周故精神奋也。闽省暗查之设，始自本年。员数限以四人，其权限只及巡长、巡士而已。至于科员以上之溺职与否，则不能过问也。故比年以来，以警官而犯违警之罪者，不一而足。今当破除例，以办理警务有经验之官吏与警察毕业之学生各半，派充自科长以迄巡查。如旧有违反法律行为，皆可言罔察而报告之，则在职人员必能实心奉公矣。（乙）费用上之核实。全省警务项下所开支之款，虽远不敷实办各厅州县巡警之数，然为款亦已颇巨。推原其故，则有名无实之局所，及人员虚糜，实不少也。以福州论，如马江螺洲之保甲局，及长乐蕉岭之保甲局，均未裁撤。其他如七城盘查，如巡警军（省城巡警军旧定四百名，后因创办警务，先撤二百名，现尚有一、三两队，每月縻饷甚多），如各衙门火兵，职务不外诘奸暴、防火患之类，须严加甄别，择其品行纯谨，任事勤奋，且略通文义者，入教练所肄习，其经费宜改归巡警派出所消防局项下。（丙）设备上之完全。现今警务上之设备，诸多未完。以场所论，如买菜场、停轿场、望火楼等，均未设立；以器具论，如防火具，如其他警务上必需之器具，亦未购置，宜一律设备而后可期实效。（丁）组织上之变更。福州现时区制及探捕兵，与京津一带迥不相侔。北洋之区，其权限几与局埒。各分局均兼第一区，以总其成；各区则辅佐分局，以分其责。非必事事报局，毫无处理之权也。吾闽区隶于局之下，动受牵掣；且不设区官，但以巡长为一区之表率。巡长去巡士不远，稍与相习，严则反抗，宽则生慢，不如改从京津之制。又京津一带设有探访队，消息异常灵通。闽自去岁四月改良以来，尚仍探捕兵之旧，所有搜查逮捕之事，每以探捕兵执行之。探捕兵之资格，属与衙役马快等，往往藉端勒诈，骚扰民间，当立予裁撤，另由巡士中认真抽选，择其勤慎敏捷者编为侦探队，以收耳目之助，并设队长以督率之，当较探捕兵有别也。以上情形多就福州改良设想，各府县警务更较福州为不及，宜仿照办理，以期改良。

（二）对于未办者亟图增设之办法。各厅州县兴办巡警，限期已届，断不容缓，但各府县教练所多未设立，请即札饬严催，限于三个月一律设立。现在高等巡警学堂简易科又届毕业，各府县学生颇多，不难招聘，教练所设齐之后，学生毕业，即可一律照章兴办。惟目前试办，尚有如左二法：（甲）补习。严选勤慎强干通晓文理素无过犯之人充当巡士，即以教习充警务长，半日出勤，半日补习，更番迭代，以便教练。（乙）巡回。直隶各府县有此办法，以其需人少而费用省也。此项巡士专办巡回，不设站岗，此为极贫瘠之州县，经费万无可筹者而设，若费稍可筹，虽在目前试办时，亦当勉从（甲）项。

此外，如各地已办未办者，急应多设岗位（省城近变，减少岗位，别练消防，似甚不合，宜增补之），筹办消防，实行部章严定规则，均为警政应有之事，不复赘也。至上游水上巡警，已经本局议决设立，自闽安镇以外沿至厦门一带，港汊纷歧，每有盗匪窜伏，来往商旅辄遭抢劫，亟应设立水上巡警教练所，以资兴办而保商民。凡已布巡警及水巡警之处，如有营汛，即可裁撤，以省经费。提议者施景琛、高士龙、李仲邺，赞成者邓（幾）〔畿〕、余钟英、陈树勋、李迪瑚、孟思培。

　　附（李君仲邺）请设立下游水巡警理由书：闽省上游商旅多河运，下游商旅多海运，运次不虞，辄遭劫抢。自水口至邵郡之光泽、建郡之浦城止，所有上游应行保商方法，议员黄君乃裳业经条陈利害，指定办法矣。然下游应行保商方法，尤不可不重加注意。自闽安镇以外沿至厦门一带，所有港汊纷歧之处，每有盗匪劫抢之惨剧。鄙人前寓厦门客栈，栈近港侧，傍晚时即闻港下有大声喊援，许久而无人赴救者。询诸堂倌，曰：此客人被劫也，此港下常事也。嗟嗟！商埠繁盛之区，且系黄昏时分，尚有此公然行劫之事；则偏僻之处，更深人静之时，各商船之遭盗，更无足怪矣。所以闽辖海道处所，盗匪劫抢船货之案，层见叠出，盖江湖巨盗出没无常，而下游往来商船之运次，其货物较巨，故被盗愈多。又有一种滨海村匪，专以劫掠为生涯，遇有商船摸舵不过，因风搁浅，并无破坏，或船身不过小小损坏，该村匪便蜂拥而出，围抢一空。如此告案，无时无之。尤可痛心者，商船被盗，呈官请追，无论官不实力追办也；纵使缉追究办，而所追之数不及所运之半，且有仅偿告发之讼费者，事后核算，究何补乎？唯遇有洋船被劫，则追捕严急，然追办时，又只株累良弱，摊派赔偿，以了本案，而盗匪或远飏，或窝匿，反得晏然漏网。无惑乎劫盗纵横于水面，毫无忌惮，此商界之大阻碍也。方今振兴商务，岂容此等盗匪充斥海上，不特为害商民，倘一旦海疆有事，而接济外人，甘为汉奸，种种毒弊，何堪设想。计惟亟亟设立沿海之水巡警，置快船，备军械，设警长，练巡兵，妥定严切章程，认真办理，更编查船户，益之以水保甲，有事时益之以水侦探。果其办有成效，盗氛消灭，则优予奖给。庶弭盗即以保商，商务自愈形发达。当否，乞公裁。

　　议长（高登鲤君）请书记长登坛朗读原议案。

　　议长（高登鲤君）将原议案逐条请众表决。

　　（一）对于已办者亟宜改良之办法

　　甲、职务上之分配，赞成者五十人。

　　乙、费用上之核实，赞成者四十六人。

　　丙、设备上之完全，赞成者四十五人。

　　丁、组织上之变更，赞成者五十四人。

　　（二）对于未办者亟图增设之办法

（甲）补习。（乙）巡回，赞成者五十五人。

附条，赞成者四十六人。

（李迪瑚君）谓：此议案可省略第三读会。

议长（高登鲤君）请众表决，赞成李君之说者，得五十二人。

第三，本局预算案（本局提出）审查员报告。

报告书：窃本局第一届第十二次议会提出本局预算案，交与本科审查。查此案于谈话会经多数可决，本无用审查，既付审查，照章应归预算科。此科现未设立，本科又系初办，无可依据。局章第五十五条，谘议局经费由议长、副议长按月清查一次，于常年会开会时造册清报，由议员审查之云云。是预算一项，归正副议长负担责任，议员得从而审查之，更不必过虑，公同议决，应照原案举行。合将审查情形缮具报告，祗候公决。宣统元年十月初一日，其他财政科报告。主查员林辂存，理事员卢初璜，审查员施景琛、黄乃裳、李迪瑚、张选青、赵锡荣。

议长（高登鲤君）请主查员林辂存君登坛报告。

（林辂存君）登坛报告（大旨与报告书同）。

议长（高登鲤君）谓：此预算案可省略第二、第三读会，请众公决。得赞成者四十九人。

第四，整顿闽路提议案（议员孟思培、唐咏、林佑蘜等八人提出）第一读会。

吾闽铁路开工三年，漳厦一线成功不及二十里。闻幅【员】南北干线一千余里，支线尚在其外。若果如此延缓，百年不能蒇事，外人虎视眈眈，甚为可虑。查闽路之易于江浙者，约有数端：江浙有部款虚息，闽省则无之，一也；江浙股息均七厘，闽省只定六厘，二也；江浙无随粮之捐，闽省则以此保息，三也。况粮捐一款，原案只云试办一年，今又续办，亦与原案不符。就其已经收入者计之，光绪三十四年上忙起，至宣统元年上忙止，总计不下四十余万元，而所收股本及盐务提款尚在其外。查公司实收之数一百八十余万，实用之数一百六十余万。造路需费，桥工最巨。江省之南，浙省之北，河流交错，桥工颇多，工成报告,每里平均不过一万七八千元,浙省如路桥、股息、车辆等非建筑费俱在其内,其实用于建筑者每里不过一万三千余元。漳厦线虽有一河桥尚未兴工,所需木料无需仰给外省,较之江浙费用必少。两相比例,成功当在百里以外。何以开工三年,造路不过十余里乎?事关全省大局,不得不设法整顿也。拟条陈如左:

(一)宜分任劝股。独力难成,众擎易举。谘议局议员以及绅商学界数以千计,均系上等社会之人,素为乡里所推重,劝募谅必无难。应由各界开会,各自量力担任,或数万股,或数千股,或数百股,定期缴交。其从前认而未缴者,亦各分道就近代收。惟肩此任者万不可已担任而不事劝招,或劝招而不如期收缴耳。

(二)宜限期竣工。铁路工程浩大,不得不分段营筑。当视其路段之长短、工作之难易,定日期之远近,或数月,或一年,或二年,严定限期,分段竣工。一段既成,即可收一段之利。成效既著,认股缴股者必愈踊跃,全路成功有日矣。查邮传部奏定九年筹备清单,漳厦铁路限于宣统三年告成,应请制台勒令依限告竣,不得延缓,以符部章。

(三)宜裁冗费。成大事者不惜小费。铁路本属巨工,断不能吝惜赀斧,耽误工程。然因事用人,因劳定食,自有适中标准,又何必多设冗员,滥支薪水?闽路公司用人既多,薪金亦不免过滥,如二人可办之事,三人托足其中,其一即为冗员。百金足偿其劳,又复多给长支,皆为虚耗必也。因事用人,因人授俸,勿过刻,亦不必过丰,务使款不虚縻,人归实用,则闽路之成可计日而待矣。

(四)粮捐宜给股票。加赋保息,名既不正,理亦弗顺,民怨沸腾,无怪其然。查原案业已声明,铁路告成,给予股票,其红利留办各该地方公益,是亦非勒民虚担义务也。然但言路成,殊属空泛,应请缴款之日,即给予股票,以每股五元计之,如缴五百元者,自应给百股之票,作为各属公股,唯其股息及红利,则不妨俟漳厦路工告成再行开支。既以助路事之成,亦以坚固民之信,一举两得,较为公允。

(五)粮捐不得挪作别用。查加赋之举,原指明为铁路之用,自不应轻为挪注。全闽钱粮,以每两加钱两百计之,每年当得二十余万金。而本年制台奏案,仅得五万余千串。该公司报告,则自光绪三十三年起,至宣统元年六月止,仅收银一万两有奇。其余各款,不知归于何处。应请将此款尽数拨给铁路公司,不得挪作别用，以免纠葛而清界限。

（六）粮捐宜定期限。粮捐初办，原以一年为期，兹复续捐，已为失信。现漳厦铁路部定宣统三年告成，则粮捐亦应至是年停止，嗣后续办之路，不得援以为例。即漳厦路或不能告竣，亦应停捐，以昭大信。

（七）粮捐公股应与各股东同。粮捐已保息于前，自应酬报于后，现已作为各该地方公股，则漳厦路成，其应得利益，应与各股东同享，不得歧视。

发议者孟思培、康咏、林佑藅，赞成者高登鲤、刘崇佑、李迪瑚、周文麟、刘志和。

议长（高登鲤君）请提议者孟思培君登坛说明理由。

（孟思培君）登坛说明理由（大旨与议案同）。

（刘崇佑君）谓：尚有盐斤加价一文之款，公司尚未全数收到，宜加入本案第五项中，一并申明。

议长（高登鲤君）问：此议案应否开第二读会，请众表决。赞成开第二读会者五十人。

第六，盐务质问案（议员康咏等二十一人提出）。

浦城官运不加买额外质问案：浦城一帮，自收归官运后，历任盐道均不愿再行招商领办，若据为公家莫大之利薮，其究所以裨益公家者果安在乎？查浦城帮年仅认额六十篷，以每篷三十一两二钱四分计之，年仅完课耗银一千八百七十四两四钱，即加以抽厘番银一千两，年尚不及三千两之课额。公家所入者止此，而委员每年进款竟至四五万（员）〔元〕之多，殊所不解。惟委员月薪仅二十四金，而此四五万元者果为何项之出息？苟非侵蚀公款，即属灌陷邻帮，固不待臆计而决矣。又按六十篷之引额，年仅应销盐二千五百余包，现官运，浦城帮历届均销至三万包上下，是较原额尚不止十溢其九也（每年城仓、南岸、观前三仓共销盐三万包左右，本地销盐十之二，余均售出江西，盐价现售每鹰洋一元三十一斤，龙洋三十零半斤七（二）〔两〕，市票二十九斤十二两，零售每斤四十四文，凿凿可据）。查《票盐志略》，原载官商额票买足之外，如有溢销，准其加买额外。如浦帮年销盐三万包，每包以七钱七分核计，年应完课耗银二万三千一百两，现只认额一千八百七十四两四钱，年尚应加买二万一千零两之额外票，方能起运。乃该帮并未闻有加一担之额外票者，坐使公家无着去二万余两之课额，而委员得以无课之盐恣其冲销，而归其中饱，其为漏卮也孰大焉。若谓官运尚有他帮之积引可以通销浦城帮地买，然查西路各商股积引均不下数十万，倘各商援例而皆禀请向他帮通销，将何以应之？就中疑窦甚多，乞明白宣示，以祛积惑。

厘金何以弥补官亏质问案：设卡抽厘，原以济额课之不及，除诏浦一卡早经粤局商认额包缴，已入历届奏销（每届认额二万四千五百两），其余若金门虽有设局抽收，年或数百两，或千余两，不过略抽无照私船，以示寓禁于征之微意耳。盖缘莲（莲河）浔（浔美）各场（均属金门卡），向供本省官商之所坐配，原不准外艇盘运。自鹿前道充拓办法，于金门外复另辟七场一卡（并诏浦、金门共三盐卡），将以盐厘为入款之一大宗。彼时适值广省缺盐，粤艇到处抢盘，率纷纷南下，以致各场海价异常腾贵，欲运无盐，通省商帮遂大受其影响。其实各盐卡经船户之偷漏，司巡之卖放，与委员之捏报（刻下诏浦局前后差徐、何二委员互相告发，均有禀揭到督，即是明证），所抽厘额亦属得不偿失，所谓贪小利而忘大害者此也。然使所抽之厘涓滴悉归入奏销，犹曰为公起见，乃查去年诏浦局收厘五万余两，金门局收厘一万八千余两，七场局收厘二千两，统计全年共收厘银七万余两。列入四十三届奏销册内者，仍不过诏浦原定额征之二万余两而已，其余剩款均提作弥补官亏。试问官何亏乎？官果有亏，亟应将官运招商领办，俾免年年亏折，安得以公家实收之征额为委员填无底之漏卮？且查每船规罚之款，亦曰弥补官亏，各商报效之款，亦曰弥补官亏。究竟官亏数共若干，弥补有无止境？断不能将未列奏销诸款目，第浑括于"官亏"二字之中。本议员有预算决算之责成，理宜切实调查，俾归实在。请将官亏如何情形明示勿隐。

盐署罚款质问案：罚金本干例禁，东西各国有科罚者，咸有严重之制限，且所罚之款，为国家之收入，非各局署所得据而有之也。本议员等伏查督部堂对于各府县罚款屡申告诫，诚以新刑法未颁行前，罚金向无划一章程，恐滋流弊。乃闻陈盐道到任后，罚款累累，外人无从探悉，仅据所闻条列如左：

（一）三十四年十二月间，西路帮（李玉成、郑安远）即吴盛泰课馆，因本馆运盐船户将该馆所运之盐至漳湖板地方盗卖数十包，嗣经委员破获，禀详陈盐道，以盛泰号自行私卖，谕罚八千元，又责其多解九千两。

（一）本年三月间，盐船金瑞荣装运广东，以多报少，罚款一千六百元。

（一）本年三月间，盐船金同成装运广东，以多报少，罚款一千六百元。

（一）本年三月间，盐船福联顺以多报少，罚款一百五十元。

（一）本年四月间，盐船金益顺装运广东，以多报少，罚款四千三百余元。

（一）本年四月间，兴化帮小盐船四艘（二艘往福安，混用官商盐照，二艘偷漏厘金），共罚一千五百元。

（一）本年五月间，盐船金（成发、宝盛）二艘装运广东，以多报少，由广回闽，复装来省，经委员察出此弊，在台江议罚四百元。

由右列观之，仅及半年，罚款已及三万以外。值兹闽省财政支绌，商情凋敝之余，苟以之振兴新政，未尝非损彼益此，而外间因不知此款报销何若，或谓勒罚，商民怨入骨髓。建修衙署，用若泥沙，此等谣传，本议员未敢深信。但为陈盐道名誉计，为闽省财政计，深望督部堂饬陈道，将到任后所有罚款及如何报销之处，俯准宣布，俾众周知。是否可行，伏祈批答。

盐斤加价质问案：盐斤加价四文，以二文解部，二文外销，此项外销之款如何开支，亦请明白批示。

提议者康咏、李迪瑚、孟思培、刘志和、李仲邺、伍春蓉、邹含英、连贤基、林天骥、俞光华、杨慕震、施景琛、陈之麟、李钟声、陈锡朋、郑藻山、张国宝，赞成者刘崇佑、赵锡荣、林辂存、黄乃裳、卢初璜、张选青、吴庭枨、俞钟英、洪鸿儒、王邦怀。

议长（高登鲤君）请康咏君、李迪瑚君登坛质问。

（李迪瑚君）登坛质问（大旨与质问案同），即请制台代理员臬台鹿逐条答覆。

（制台代理员臬台鹿）谓：本司虽曾任盐道，然已卸事数年，情形不甚熟悉，应请盐道陈答覆。

（盐道陈）登坛谓：贵议员所言要义不过二端：一销卖额外，此节本道于到任时即欲设法整顿，嗣因有课多销少者，有课少销多者，不能不截长补短。若欲骤然改革，则旧法已废，新法未立，又如之何？本年清理财政，度支部来电，欲整顿闽中盐务，饬征意见。本道已在溪运公所会商各盐务中人，拟设一海运公所。顷闻贵议员已有整顿盐务议案，本道亦拟有议案，容俟提出，请贵议员酌其办法。

（刘崇佑君）谓：此系质问案，并非议案，应请盐道台逐条详答，所谓课多销少、课少销多，请将数目明示。

（盐道陈）谓：清理财政局中本年已开报详细，所有课多销少、课少销多，皆据实报告。

（刘崇佑君）质问：何不即行整顿？

（盐道陈）谓：此指官运言，抑指商帮言？

（刘崇佑君）谓：指官运言。

（盐道陈）谓：此固必须整顿，但一时甚难着手，缘课多而减少甚易，课少而加多甚难，且增减均须奏报，非本道所能擅主。至委员中饱一层，本道去年到任时，已札饬各属将所有出息和盘托出，一面酌定公费及其办法。至本年清理财政局设立后，所拟办法亦系如此。其如何实行之处，现正在筹划中。

（孟思培君）谓：盐价系由何人所定？

（盐道陈）谓：盐价乃由本道所定。

（孟思培君）谓：查浦城八月间盐价乃卖至四十四文，是否道台所定？

（盐道陈）谓：盐价时有涨落，不能一定，但须由本道电达各属照办。至浦城盐价是否此数，仍俟回署查明。

议长（高登鲤君）宣告休憩二十分钟。

三时二十分续行开议。

（李迪瑚君）问：额外票如何办法？

（盐道陈）登坛答：须俟一律改良后方有办法。

（康咏君）谓：课少销多，其溢额者何不改章，使之加认？

（盐道陈）谓：现已将实在情形一概达部，将来于整顿盐务章程中自能定一办法。

（李迪瑚君）谓：全体未改以前，对于浦城溢额，盐道如何办法？

（盐道陈）问：此系指现在言，抑指旧时言？

（李迪瑚君）谓：现在课耗厘如何报销？是否报销三万包？

（盐道陈）谓：现已报三万余包。现时办法与从前不同，总言之，销若干即报若干。此本年奏销情形也，至去年则仍照旧办法。

（李迪瑚君）谓：如此则浦城应缴课二万余两。

（盐道陈）谓：似尚不止此数。

（李迪瑚君）谓：多若干？

（盐道陈）谓：此亦不能一定，时有涨落。

（李迪瑚君）谓：盐价高下理应盐道预先出示。

（盐道陈）谓：出示万来不及，惟有电达而已。

（孟思培君）谓：电报恐难周知。

（盐道陈）谓：发电时均由本道签字，各属自当照办。

（孟思培君）问：浦城八月四十四文之盐价，亦系电文所定乎？

（盐道陈）谓：此须回署一查，如有不遵照电报办理，则委员自有处分。

（李迪瑚君）问：各处盐价增减是否不同？

（盐道陈）谓：东溪与西溪不同，因其本价有贵贱也。

（苏寿乔君）问：官运与商帮是否均由道台定价？

（盐道陈）谓：官商一律由盐道定价。

（苏寿乔君）谓：龙岩州盐价售至四十四文，报上只四十文。

（盐道陈）谓：此自不应，本道已屡次严行谕禁。兹既有所闻，当一面访查确据，一面再行通饬各商帮不准如此。

（康咏君）登坛质问：厘金何以弥补官亏（与质问案同）？请盐道陈登坛详行答覆。

（盐道陈）登坛谓：制台代理员臬台鹿于盐务情形亦甚熟悉，请共同答覆。顷贵议员所问，本道极为乐闻。所谓官亏，亏固不止于官，即商亦有亏，但征收盐厘，本属饮鸩止渴，盖盐厘不办，则漏卮何所底极？故不得不以征为禁也。

（康咏君）谓：顷盐道台所言似与本题无涉。

（盐道陈）谓：本道即言其原因，并非涉及题外也。至盐厘用处，除报销外，即以之弥补官亏。所谓官亏者，如财政局等所提之练兵、兴学费皆是。又如官运局因商欠而受累，其课不能不代为垫解，而商家则终不能偿清。又如铁路捐亦先由官运局垫付三万两，至今尚未收回，因此不得不设法筹垫。

（李迪瑚君）谓：商欠闻分十八届缴清。

（盐道陈）谓：此系旧日办法，而本道所言者乃近数年办法。

（李迪瑚君）谓：铁路捐自可收回，至商欠亦不过二三十余万，而盐厘积年不下百余万，系归何处？

（盐道陈）谓：此系溯及久远之事，即本道亦不能清晰。

（李迪瑚君）谓：官亏是否指官运局之亏空而言？

（盐道陈）谓：大半因公开销而亏空者。

（李迪瑚君）谓：报销不过二万两，实额则有七万，以补官亏，有无报销，官亏究系何项？

（盐道陈）谓：所谓官亏系指全体而论，不能仅指一项。

（李迪瑚君）谓：官亏是否解为官场亏空乎？

（盐道陈）谓：非此种办法，大概官亏分二种：一因公开销而亏，一因买卖折阅而亏。

（李迪瑚君）谓：官运缺分大半皆优，何以有亏？

（盐道陈）谓：现在清理财政，正在筹划整顿方法，至委员中饱，本道亦不敢谓其必无。

（施景琛君）谓：盐厘是否全行弥补官亏，抑尚有别用？

（盐道陈）谓：此款之开支，自本年起一律均据实报部。

（施景琛君）谓：三十三、三十四年之盐厘，闻道台曾禀督宪，以一半办新政，以一半补官亏，曾经批准。请问筹办新政之款已付若干？

（盐道陈）谓：不过当时有此议，近尚未付。

（施景琛君）谓：兴学经费四万两，是否即在盐厘之内拨付？

（盐道陈）谓：兴学经费去岁已答应二万两，至本年则不止此数，因筹办盐斤加价，于外销二文内提二成为铁路费，其余均以之兴学。

（施景琛君）问：盐斤加价每年容得若干？

（盐道陈）谓：照外算约十万余串。若照部算则仅有八万余串。

（施景琛君）问：盐厘之款可照拨否？

（盐道陈）谓：盐厘应作何用，尚须请部示。

议长（高登鲤君）谓：此案应具质问书，请盐道批答。

（盐道陈）谓：此质问书须商诸财政局，及禀督宪，始能批答。

（李迪瑚君）登坛质问盐署罚款（大旨与质问案同）。

请（盐道陈）登坛答复。

（盐道陈）登坛谓：贵议员所说，本道深愿听受，此次询及甚好。兹先将修署一节言明，官运、课厘二局，虽在本道廨署以内，然究系办公地方，与廨署微有不同。此两局去年已请示制台划千五百金修理，已报明暂由罚款内垫用。至二局破坏实甚，且地方狭隘，不敷办公，故本年将旧日之戏台改为办公地方，此届风灾，廨中各处皆破坏不堪，尚赖此新起之屋，藉以办公。但此项费用，本可由官运局开销，不过暂以此款先垫耳。至罚款，在盐务上本已定有此项，乃照海关办法，且登诸奏销，与其他罪案科罚不同。兹本道已另开一单，除质问案已开列之罚款外，尚有二项：（一）三百余两，（一）百余两，为案中所未列。惟是吴盛泰一项，并无其事。请问贵议员有何凭据？但此等谣传与本道名誉有关，昨已问经手人陈尔履君，据云并无其事，合并声明。

（李迪瑚君）云：但此系质问案，本议员无交凭据之责。

时已五时十五分钟，议长制止发言。

议长（高登鲤君）报告第十五号议事日表毕。
议长（高登鲤君）宣告闭会。
本日议员出席六十二人。
制台未到会，委臬台鹿代理，午后一时到会。
午后五时十五分散会。

第一次福建谘议局议事速记录第十五号

宣统元年十月初六日（1909年11月18日）

议事日表　第十五号

宣统元年十月初六日（木曜日）午后一时开议。

第一，关于改良盐法提议案（议员康咏、李迪瑚、孟思培、刘志和、李仲邺、伍春蓉、邹含英、连贤基、林天骥、俞光华、杨慕震、施景琛、陈之麟、李钟声、陈锡朋、郑藻山、张国宝等二十二人提出）第一读会（续前会）。

第二，各属劝学所简易识字学堂亟应切实计划提议案（议员郑藻山等六人提出）第三读会（续前会）。

第三，请修正鼓浪屿公界章程提议案（议员林辂存等三十四人提出）第一读会（续前会）。

第四，请革除厘金积弊改办统捐提议案（议员李迪瑚等六人提出）审查员修正案第二读会。

第五，推广国语传习提议案（议员杨豫、施景琛等七人提出）第一读会。

第六，暂行诉讼规则提议案（议员王子懿、黄纪星、周文麟、陈锡朋、游肇源、高士龙、监德光、许赞虞、上官华盖、郑田龙、苏寿乔、陈义、谢受殷、黄羲、王邦怀、孔昭淦等二十一人提出）第一读会。

第七，请改宁清为闽盐销岸提议案（议员伍春蓉、邹含英等人提出）第一读会。

第八，禁烟办法提议案（议员施景琛、黄钟澧、刘志和、黄纪星、邹含英、苏寿乔、俞光华、谢受殷等十三人提出）第一读会。

第九，本局建筑提议案（本局提出）第一读会。

第十，保护外洋华侨提议案（议员林辂存、黄乃裳、林邦桢、陈之麟、陈锡朋、高登鲤等二十七人提出）第一读会。

议长（高登鲤君）：

一、报告议员黄金銮君、谢滋春君因事各告假一天。

二、报告本日接到吉林谘议局来函，关于中韩国界交涉事。

议长（高登鲤君）请书记长登坛朗读来函：

敬启者：中日七月会订图们江中韩界务条约，及东三省五案条约，主权利权丧失并尽。前由敝会电达贵局，谅已在洞鉴中矣。尚望对于政府电争之后，继以上书，而所恃以为外交后援者，则尤当以抵制日货为惟一之方法。敝省前因安奉铁路事，已由同人组织团体，一面调查日货，一面研究实业，为实行抵制之计。

今又经敝会继续为之，北方一带渐已著有成效。祈各省同胞通力合作，此约一日不废，则抵制日货一日不止。至于贵省所出土货，有可以代日货之销路者，亦祈费神调查，开单示知为盼。此请议安。九月三十日，直隶宪政研究会顿启。

议长（高登鲤君）谓：本日议事日表中，第六项暂行诉讼规则提议案，因文字甚长，赶印不及，当俟下期提出，照章变更议事日表，请众表决。得赞成者五十四人。

第一，关于改良盐法提法议案（议员康咏等二十二人提出）第一读会。

关于改良盐法提议案：闽蘖困惫极矣，推原其故，不外一私字尽之。县澳各帮私在海，西路各帮私在溪。

海私之弊。何谓海私？查福兴泉漳各场所，盐官多不驻场，而官坎年久失修，现尽变为私坎，各坎户因无人监督，遂得晒卖自由。无论省运外盘票商私贩，彼皆得与各船户直接交易，而无所区别。故一遇外艇搬运，而海价陡涨，坎户转得藉此以挟为奇货之居。近来官商各帮，多有受贵海之影响，职是故耳。至无照私船，船小本轻，随处可以抛散，买之易，卖之亦易，而沿海各县澳帮，遂无不遍遭其蹂躏。凡此私多海贵，皆因场规不整，致坎户与船户可以任意而自为买卖。今欲绝其私买私卖之弊，计非规仿场商办法不为功。查两淮场各有商，凡灶户所出盐斤，概归场商与为收贮，运商只能向场商议买，不得自向灶户私收，故某场藏出若干，某商岁运若干，可以核场产之盈虚而有所预备。若吾闽则场区散漫，既无限制之权力，又无稽核之机关，海价安望其持平？私盐焉有不充斥乎？兹拟定办法如左：

（一）设立督配总局及分局。设立沿海督配总局，请督宪遴委公正之员驻扎厦门，专办督配缉私事务，并于福州三场、兴化三场、泉州五场、漳州二场各设分局，计四处。

（二）招集股份设立公司。督配总局及分局既已设立，一面招集商股设立公司，收买场盐，代官专卖，每日所收场盐，均由分局随时验收，并将是日收盐时价随时登册存记，以凭稽核。惟各场所产盐斤既概归公司专买专卖，公司应筹集雄厚资本，与之尽晒尽收，各坎户方无言说（拟筹集买盐资本一百二十万元，又另筹开办经费三十万元，以为实买轮船起盖仓桐之用）。其或坎户不遵约束，仍私行售卖，立将该坎户革退，埕坎充公。其买私奸商，除将盐斤船只充公外，仍令每百斤罚银十元，以示惩儆。至场盐既由公司照市价与为收买存栈，凡票商领有道照及三联单到栈采购，公司只能照市价所收入者略加栈费卖出，此外不得再勒索分文。盖缘票商厘课已完，加价已认故也。其无照私船既未完课厘，又未认加价，且冲销各商帮引地应令每百斤加收四角，以略抵课额，务使该私贩成本较重，无利可取，则私盐自然净尽，官盐即可畅销。迨至票商正额销完，请领溢额，除每百斤另加收二角外，应准免缴额外票厘课，以示体恤。至于浙粤盐船，系盘运出口，非无照小船冲销本省者比，应由公司验明实是出口，每百斤酌量加收二角，略如现在三卡抽厘之办法，然亦须探察该两省盐价奚若，及其销路奚若，随时起落，或不及二角，或尚不止二角，总使公司有以广招来之路，而又有以应报效之资焉。惟此项官督商办收买场盐，公司自应分立权限，俾各有专责，所有监收场盐，核定盐价，保护缉私之权，均归官局主之。所有买卖盐斤，经理银钱，查禁晒户资卖，及公司用人之权，均归公司主之，官局不得干预，亦不认亏折。似此办法，课款以裕，海价以平，额引以清，私枭以绝，一举而数善毕具。则议设场商，诚为今日整顿闽盐之无上妙策也。

溪私之弊。何谓溪私？查西路合延、建、邵三府，共十八帮，分而为十五商名，而官运横亘其中，实占各额三分之一。从前淮岸未复，闽盐得以浸灌于广信、建昌、抚州各府属，计官商岁销不下三十余万包。嗣后江贩渐稀，销场日促，陵迟至今，尚不及十之五六，而商情遂因之大困。此固由于招徕乏术，然亦官商各股不顾大局，肆蚕食而自便其私图耳。按水口为上游天然扼要之奥区，果该关验捞认真，盐私何从阑入？无如各帮引界交错，篷额既大小有别，帮情复肥瘠不齐，始不过各保其藩篱，继且欲互相为侵蚀，此倾彼轧，遂人人有占优胜越畔岸之思，而船私包私乃充斥而莫可记极矣。如官运浦城帮仅认额六十篷，而年销至三万包，无非浸灌建瓯崇南诸邻界；永昌隆将乐帮仅认额八十篷，而年销至二万余包，无非飞晒建宁良浅各邻帮。利己损人，罪浮私贩，他若捎之夹带，秤丁之割草，犹其私之易见者耳。今欲广筹公益，须先力遏私营。谨拟办法如左：

（一）联合设立一大公司。拟将西路十八帮联合一公司，统运统销，不分畛域，按各帮篷额之大小，定公司股份之轻重，每帮各举一人在公司办事，通力合作，开诚布公，岁终会其赢余，除报效外，照股匀分利息，而一切欠课倒帮之弊，均可无虞。合胡越为一家，立久长之基础，裕课均商，法莫有善于此者。惟西路本系官商合办之埠，虑请督部堂饬将官运现办各篷额，与各商帮篷额为比例，按照篷额之数入股，由官委派办事员一人，与各帮所举之人同一权限，不得畸轻畸重，一切遵照公司章程办理。此委员之在公司，非以委员之资格，实以官入诸股代表人之资格也。如不照官运篷额入股，即应禀请督部堂奏将官运现办各篷额并归公司领办，所有官运帮庄由公司与为承受，官运谋额由公司与为认完，即官运原有旧亏，亦不难由公司与为弥补也。

（二）设立督收局及督销局。官运商帮既改归统一，若仍枝枝节节，按旧有帮地设馆运销，殊不足以谋改良而省经费。拟于水口设立两局：一曰督收局。将南台盐仓移设于此，向章官商买海在南台过秤收仓，今再酌加俵资，令其运赴水口，由督收局验收，赶运之时，可备小轮拖带，是水口以下失水夹私滞运之弊胥绝。一曰督销局。向章官商运盐皆由台仓配运各埠馆销售，今则将水口以上各埠馆一律裁撤，改为子店，招祥殷实商人承办，予公司凭据。于原设各帮总馆地方名曰总店，于原设各帮分馆地方名曰分店。无论总店分店，概须前赴水口督销局买盐，自行雇船装运，由督销局按照成本课耗加价等款，并算定一卖价本位，一任何处盐店到局购买，均按此价配运。各总店分店卖盐，则视运途之远近，定价值之大小，由督销局随时榜示，不准任意涨跌。似此办法，则旧时船户捏报失水夹带私盐以及邻帮展秤减价占销诸弊，均不禁而自净矣。人莫不趋利而避害，想西帮各商股必能协力组织，集此团体而有以乐观其成者。

以上两种办法，绝海私则以招集场商为急务，绝溪私则以联合公司为要图，二者相辅而行，于闽盐今日情形思过半矣。果能公同议决，容当妥订章程，每年由两公司报效公家，计有七十万两之准额，半为筹备海军经费，半为拨充本省地方办事用费，而各帮亦从此高枕无忧，不复现恐慌之象，岂非民商之幸福乎？

又，闽省制盐方法不可不力求改良，向系晒盐，视洋盐为不敌，若改煎盐，则质纯色白，可以抵制洋盐，永无后患。请督部堂拨款二十万两，为开办制盐局经费，并请奏拨马江铜币厂机器锅炉以资兴办，亦今日整顿盐务必不可少之举也。

提议者康咏、李迪瑚、苏寿乔、谢受殷、孟思培、刘志和、李仲邺、伍春蓉、邹含英、连贤基、林天骥、俞光华、杨慕震、施景琛、陈之麟、李钟声、陈锡朋、郑藻山、张国宝，赞成者刘崇佑、赵锡荣、林辂存、黄乃裳、卢初璜。

议长（高登鲤君）请提议者康咏君登坛说明理由。

（康咏君）登坛说明理由（大旨与议案同）。

（刘崇佑君）谓：此议案系改良盐法，关系甚大，应付审查员会审查之。

议长（高登鲤君）问：如赞成刘君说者，请起立。得赞成者五十七人，遂付庶政兴革科审查。

（苏寿乔君）登坛谓：此议案本议员亦属赞成者之一人，所陈办法皆就根本上解决，惟近日盐价奇昂，外府县定价往往与道署所报盐价不符，应照章向盐道署抄一单，以供参考。

议长（高登鲤君）问：有人赞成苏君之说否？得赞成者五十八人。

议长（高登鲤君）问盐道陈：是否派员到署抄写，抑由道台饬抄一纸送来？

（盐道陈）谓：官运盐价本道署有之，惟商帮则尚有未报到者，应由本道将已报到者抄奉送阅。

（苏寿乔君）谓：应照章由局令书记往抄。并问盐道台：何日前往抄出？

（盐道陈）谓：明日来不及，应俟本道将案卷检齐后，通知贵局，再行往抄。

（刘崇佑君）谓：旁听席有一日人并不脱帽，殊属不敬，应请议长饬守卫告知该日人，命其脱下。

议长（高登鲤君）请旁（厅）〔听〕席招待员通知该日人随即脱下。

第二，各属劝学所简易识字学堂。

对于各属劝学所及简易识字学塾艺徒学堂亟应切实计画提议案：教育普及之必要，尽人知之。然日言普及，不察地方情况与行政机关之完否，盲说盲行，未必有当。兹谨就现时之所视为切要者，拟定办法如左：

（一）各属劝学所之整顿。劝学所为一州一邑学务之总枢纽，其办理之良否，即学务之兴替系之。各属劝学所有名无实者甚多，间或并未设立，设非切实整顿，督促成立，恐无以善其后。总其大要，厥有数端：（甲）宜定办事权限章程。各属劝学总董多兼教员或堂长，不能实行劝学事务，即所聘劝学员，亦不知从何着手。权限不明，甚且与地方官生冲突。应请学台速即定明办事权限，颁布各属，以便遵行。（乙）宜定劝学所之公费。劝学所有名目而无常款，则办事难于进行，各属多有此弊。应请学台通饬各州县速筹的款，指定劝学总董并劝学员公费，以资办公。（丙）宜定现时应办之事件。奏定劝学所章程中条目颇多，要以实行宣讲、讲习教育为切要。宣讲宜分赴各乡，按期讲演，此项宣讲员由劝学所选任之，限本所成立两个月后，即要举办，其已办者应续行推广。至讲习教育一项，应视该地方师范生毕业之多少，斟酌办理。（丁）宜定按期成绩之报告。各属劝学所虽次第设立，而无成绩可言者，十居七八。今定按期报告之方法，每届一学期终，该所须将所办之成绩，并劝学员、宣讲员之勤惰，类列报告地方官，一面由总董申详学司，庶免敷衍延宕之弊。（戊）宜定学务文移简捷邮寄之方法。学务文移，多行诸地方官衙门，由衙门再送官立学堂，辗转时日，劝学所概不与闻。即或印刷传示，期已迟缓。今请学台对于学务文移有关于地方官职内之事，仍行文地方官以专责成外，一面并移知劝学所存案；其与地方无直接交涉者，可由公所由邮直寄劝学所，通知各学堂，庶消息灵通，无前此隔阂之弊。

（二）简易识字学塾之设立。简易识字学塾乡僻最宜，部定九年筹备事宜本限年内设立，惟课本尚未颁行，权宜办法，似应先用商务印书馆所编简易各课本，俟颁到后再行更换。其设立处所，每县以先设二十所论，每所一年至少三百金，地方官须补助半额，余由各乡董筹款充之，其有族田公积金等可指拨者，应尽数拨用。惟兹事所关颇巨，应请学台严饬地方官依限办理，作为考成，方有效力。

（三）各属艺徒学堂之增设。艺徒学堂照章令未入初等小学，而粗知书算之十二岁以上幼童入焉，以授平等程度之工业技术，使成良善工匠为宗旨，并可附设于初等或高等小学堂内。吾闽地瘠民贫，子弟多失教养，则艺徒学堂之设，诚不容缓。此项性质与实业学堂不同，按章宜筹公款设置，免征学费，俾贫户子弟易于就学。其学习年数以六月以上、四年以下为限，科目不限何科，务斟酌地方情形，选择其合宜者教之。福州工艺传习所略为近似。但各属尚未兴设，应请学台通饬一律办理。

发议者：郑藻山、连贤基。

议长（高登鲤君）请书记长登坛朗读。

议长（高登鲤君）请众表决，得赞成者五十三人。

第三，请修正鼓浪屿公界章程提议案（议员林辂存等三十四人提出）第一读会。

窃查光绪二十七年十二月初一日，福建兴泉永道延年、厦防同知张文治、候补通判郑煦、洋务局委员杨荣忠等，与驻厦各国领事签订《鼓浪屿公共地界章程》一十六条，宣布以后，举国骇然。报界讥评，书不绝书。闻地球各国本无公共地界之名称，有此名称者，自鼓浪屿始。鼓浪屿隶闽之同安县，地居厦门南太武之中，四面环海，周围不及两英里。国初郑成功用兵此岛，前后数十年，势踞险要，觊觎者多。道光间五口通商，厦门居其一，外商来贾厦门，既无纳税，又无成约，致令华洋杂处，积今六十余年。迨延年分巡厦门时，适值庚子之乱，误以公共地界为自放口岸，强耸各国驻厦领事认鼓浪唤作公共地界，所订章程种种，于中国土地权、裁判权、租税权、警察权，丧失无遗。居其地者，受外人之钳制，遭苛税之诛求，棘地荆天，凄怆无状。吾知闽人必不公认。既不公认，不可不争。矧自鼓浪屿既作公共地界后，东三省及湖南之岳州自放口岸，各国均援鼓浪屿章程为侵权计。是鼓浪屿区区一小岛，为厉之阶，而全中国口岸将尽蹈其覆辙。何则？公共地界四字，名词甚佳，既避割地之名，又得利权之实，外人乐得援例，及今不救，星星之火，势将燎原。细查鼓浪屿现行办法，或为原订章程所累者，或为章程中所无而擅自举行者，欲图挽回，计有三策：以废约收回自办为上策，以修正原订章程为中策，以申明违背原章各条分别争回为下策。惟中国积弱已深，上策既不易行，下策亦易滋藉口，独中策不激不随，便于交涉。原订章程第五款云：规例必由厦门道与奉有约领事官商妥，禀蒙中国政府及驻京钦差批准，及特请众位执业租主齐集会议应允，方可照办。第十六款云：此项章程将来如须增改，或所载语意，或所给权势，有疑惑之处，应由各国领事会同地方官商，随时议改，仍候呈中国政府及各国钦差批准，以昭慎重等语。谨按两款所载，其章程原由地方官随时提议驳正修改，是犹有一线之生机也。闻巴达维亚华商张朝锡等曾条陈公地不公一折，呈由农工商部转咨外务部查覆在案。近复经言官奏请收回警察权，聚讼纷纷，均延宕未行。兹将该原订章程择其不合之处，谨抒管见，逐条签注，开列附后，拟请制军咨行外务部，速与各国驻京公使开议修正，一面札委熟悉洋务人员，会同厦门道及会审公堂委员，将违背章程各条，详细磋磨，先行改良，于内政外交，两有维系。为此缮请诸公裁酌施行。

谨将鼓浪屿公界原订章程逐条签注列左：

第一款，公地界限。公地之内现定章程各应遵守地方，系鼓浪屿一岛，围环潮落之处，算出十丈，酌拟一无形之线，周围为界。此岛系在厦门西南向之西，约周围有地合英国一方里有半（原注：华四方里有半）。

第二款，常年公会。界内应设立工部局，专理界内应办事宜。西历每年正月，由是年之领袖领事官传知界内有阄之租业户，并知会厦门道，派委住在鼓浪屿殷实妥当绅董（原注：此人嗣后可为工部局董事），公会一次，核对该局前年支发账目，推举值年局员，并将是局中公费，以及该局照例应为各项之事，酌议订定。应于公议前十日，先行传知公会，届时由是年领袖领事官主会。该会系指众人公集，及来会者统计有阄营业人不到，由付字代理人来者，有逾大半位数，而可以照续开。规例抽收捐款，照费估捐，田产房屋等捐，并可抽收，运入藏贮界内货物，惟百货之输，无论系运来及贮藏，均不得过货值百之四分之一。该会众人公集，或来会者数逾大半，并可酌核抽收别项捐输。

谨按：鼓浪屿虽作公界，仍系中国之地，所有传知知会，应由厦门道及领袖领事主持。闻近届常年公会，于我国人并无传知知会，所有布告又专用英文，我国人多不解晓，屡屡受亏。此条应由厦门道先与交涉，责成工部局逐届常年公会传知知会，须用厦门道与各领事联衔，至于布告及登报之件，须中英文兼用，如单用英文，不认为有效。

又按：租税之重，以鼓浪屿为最。鼓浪屿之租税，尤似房屋捐为苛。初办时，原议每间估值千元以上者，抽地租捐五元，嗣又加抽门牌捐四元，共九元。时贫户不堪其扰，议论沸腾。工部局恐激民变，随即传单，自称五年内永不加捐。未及一年，又增至十元。出尔反尔，自食其言。查上海、香港等处，屋无人住，或倒塌者，门牌捐概不征收。鼓浪屿系自由口岸，本应无税。今反格外加重，无论有住人、无住人，一律滥征。居是邦者华屋虽多，其中不尽富厚，或家已中落，或避乱来居。七事已虞不足，何能分力纳捐？其他肩挑背负之徒，受抽捐之累者，尤属不鲜。闻受亏全在一估字，盖捐出自估，便得上下其手。况所收各捐，虽指明专充警务卫生两项之用，该岛巡警既多废弛，公沟又不肯修，是徒以民脂民膏供二三洋员支配薪水而已。有义务无权利，言之痛心。应请外务部与各国驻京公使极力磋磨，除洋人不计外，所有寓居鼓浪屿之本国人，照未设公界以前一律准其免捐，应修之沟，归各段民户自修。惟警察费一节，俟收回警察权归厦门警察局担任。该岛所收中国人捐项，全年不过七八千金，其中糜于虚费十之六七，收回自办，所贴无几。既慰国民之情，又绝外人之请，两有裨益焉。

第三款，特会。领袖领事（原注：指当时者言）或出己意，或由别领事（原注：指一人或数人而言）、公局有阄之人（原注：必十人联合）片请完纳捐输之人，在常会外别集公会特会。未办之事，仍须十日前通知，并将因何事召集特会，先行宣布。会时何人主其会，与常会时同例。会时议定之事，经在座有阄人三分之二允准者，在公界内之人均应遵行。惟其时在座举办局事人，不得少过三分之一。事经常会或特会议定，仍候各领事核准。如无各领事中之大半批准，无论何项条议，虽经议允，概不准行。

谨按：此条于中国官全不提及，蔑视我国，直达极点。修正时宜就"领袖领事"及"各领事"等字之上，添"厦门道"三字。虽不能收回领事裁判权，亦稍占平等地步。

第四款，界内工部总局。局中办事之员，洋人五位，华人一位，共以六位为限。此五位洋人，系公会时经有阄之人拈阄推举；此一位华人，系厦门道台派委殷实妥当之人。共此六位，任办公事，至次年常会接办之员举办，方可交卸。

何项人在会议时有阄可举人员之权者列左：一、凡洋人在鼓浪屿管地有业，在领事署存案，估值不在一千元之下者，可以公举（原注：洋人董事系公举，故须如此；华人董事系由道台派定，毋须公举，不在此例）。一、执有特字代前项营业人之不在此口者，可以公举。一、洋人除照费外，每年完捐在五元以上者，可以公举。

何项人可以举充局员者列左：一、洋人有应管产业在鼓浪屿，估值五千元之上者，可以举充。一、寓居鼓浪屿洋人，租捐每年纳在四百元以上者，无论该租系伊行伊会或公司代偿，均可举充。惟同行同会同公司之内，只许一人举充，同居一屋者，亦只许一人举允。

局员缺出：期内遇有局董缺出，由值年局员公推补充，仍执三占从二之例。如遇有华董事出缺，仍由厦门道派充。凡局举充后，皆应即行办事，每年支销册报，均于次年常会核办。每年新举局员，应于首次会议时公举正局董一人，副局董一人。凡遇局中议事可否之人平分，则视正局董之议为可否。凡议事均以三人为众，可以作断（原注：如二人可，二人否，而局董可则可者多一人，余类推）。上文所用"洋人"二字，系别中国人而言。凡中国人生长他国，及入他国籍，而为他国人者，均不得混入。

谨按：此条乃关于选举权及被选举权之规定，其权均为外国人所独占，而华人之在该岛有营业值千元以上、纳税年五元以上者，既有同等之资格，负同等之义务，亦应有选举之权利；有（管）〔营〕业值五千元以上、纳税年四百元以上者，亦应有被选举之权利。工部局即地方自治团体，公界与租界不同，则在此地方之人，不论何国，应平权均利，方足为公。何以独让外国人以如此之特权？此节应与争回，实行平等大同主义。工部局局董六人，华人一而外国人五，多寡之数相悬如此，吾国人将何由申其意见？若争回选举权及被选举权，则无所谓道台委派，应均归选举。原禀附载凡中国生长他国及入他国籍者，均不混为外国人，其分界之严如此，无非为障护其特权之故。盖该岛居民多华侨归自南洋者，彼欲独据其特权，故不欲使此种华侨混作外国人，以与之竞。此节固无所害，盖我之所争，在华人居该岛者之有选举权、被选举权与否，非欲以华侨混作外人，以窃取其权也。然华侨为华人，我国籍法之所认；既为华人，则华人所应有之权利，华侨固得享之。乃近来厦门道所委派之局董一人，每以华侨之故而见拒于彼，谓华侨非华人，厦门道所不得派。其意盖以此等华侨久居该岛，习于该岛之利害，若派作局董，将事事有所主张，彼五人之外国局董，总有所妨碍，故峻拒之，使厦门道不得不另委阘于该岛利害之员，以厕其列。其用心尤为深狡。一面摈斥华侨为非外国人，使不得享有外人之特权；一面复摈斥之为非华人，使并不得与于道台之派委。两面摈斥，而此等华侨几若无国籍之民者。此节应以我国之国籍法为据，凡我国所认为华人或不认者，即与他国国籍法有积极或消极之冲突，得以我国主观定之。

第五款，局员权分所能为之事。照章将局员选定后，凡已经批准附入章程以后，规例内一切权柄势力，并规例为议归局董应办之事，应得之物，均全给与公局值年之董事，及将来接办之后任。该局董有随时另行酌定规例之权，以便章程各项更臻完善，并可将已定规例随时删除增改，但不可与章程之旨相背，仍候批准宣示，方可施行。其局董照章酌定之例，除专指局内及所用上下人等事件外，必由厦门道与奉有约领事官商妥，禀蒙中国政府及驻京钦差批准，及特请众位执业租主齐集会议应允，方可照办。

谨按：此款应俟第四款、第十五款局董规例两条争回时，参照修改。

第六款，局中员役。公局供役上下人等，如巡捕员丁等，公局可随时派委雇倩，以办章程应办各事，所需月支薪工，由局核定，作正开销，并可酌定规例，以便管束。此等人其任用辞退，亦由公局作主。惟未经特会允准派委，额缺均不逾三年。

谨按：工部局所收各捐，岁入约一万七八千元，岁出独薪工一条，已逾万元，闻提调一名（视警视职），每月薪金多至四五百元，其次或一二百，或数十不等，局务清闲，任意虚縻。华人既有纳租义务，自有提议权利，应由厦门道照会工部局华董，认真驳诘，力求裁减，以节浮费而纾民艰。

第七款，追欠。倘有人不肯照付章程所定各项捐抽，及不遵后附规例内犯罚之款，准由公局或总经理事人赴各该管衙门控告，察核情形，随时酌办。

谨按：此章所载赴各该管衙门控告一句，是中国原有裁判权，奈初办时承审各委员仅知媚外，一言一动，均仰人鼻息。华董又谨慎自持，不肯对付，以致华人辄有被罚被追之事。应请洋务局嗣后选充鼓浪屿会审公堂委员，务择素有胆识长于外交者，方可选派。该委员及华董等，于鼓浪屿大小规则，务必随时布告，俾众周晓，并由厦门道出示晓谕，如华人有被罚不公者，准其到道呈控，以申冤抑。如此上下相维，各居于法律地位，外人自无从干涉，愿当局三致意之。

第八款，控告公局。公局可以告人，亦可被人控告，经由其总经理事人出名，或径用鼓浪屿之工部局字样亦可。凡控告公局及其经理人等者，应在领事公堂，此堂系每年由各国领事派定，惟局中派雇人员及总经理事人，遇因在局奉公被控者，所应得责任只归公局之产业，不任其咎。

谨按：公局被告、告人本属至公，无如前任各委员不谙交涉，公局告人，不责其居诉讼之地位，反让其居裁判之地位；公局被控，华官既无裁判权，又无陪审权，于国体殊多妨碍。应由厦门道督饬会审公堂委员，嗣后公局控人，必责其居原告地位，毋庸挟势干涉，一面由外务部照会驻京领袖公使，转饬驻厦领袖领事；如公局被控案件，务请华官到堂陪审，以昭大公。

第九款，租地。凡洋人租转地基，应赴中国衙门及各该领事署报知注册之处，悉凭旧章办理。

谨按：租转地基，向章系由买主卖主直接交涉，经地保盖戳，地方官即认为有效。惟洋人租华人之地，每因来历不明，致起诉讼，地保得贿便证，易为外人笼络。应由厦门道转饬厦防厅会审公堂，嗣后洋人租地，必将该契先送鼓浪屿中国董事核查，由董事一人画押作证，左右邻五人签名互保，地方官始得加印。因董事多名誉之员，左右邻又亲切明确，视地保较为可靠也。

第十款，公业归由公局掌管。凡界内现有马路、码头、墓亭，以及公局之地址、房产，均由公局掌业，遇有推广增筑以上各项另需地段之处，准由公局与该业户议价购置。如管业之人不肯售卖，而公局又系因公起见，如另筑新路、修整旧路，以及别项公用工程，保卫民生，必需其地，可将案送候特派领事公堂判定。倘该局实系因公起见，所为尚在情理之中，而又实无别地可换者，除传到人证问取供词外，应由公堂将所需之地址，按照随时所值，酌断地价，由局照付。如其上有房屋，亦一体酌定房价。遇有此项断归地址、房屋，其所余之地或由此而价有涨落，自应随时秉公妥议。公堂判定之后，倘有不遵之处，由掌业及租户之该管衙门，设法劝令遵断（原注：此系专指公局需用公地而言，此外华洋商民产业买卖，价值悉听业主自便，不得牵引影射）。凡道路、码头，非先经理巡厅允行由公局核准者，不得兴筑。

谨按：公局即指工部局而言，该局现系外国人主持。原章所载马路、码头、墓亭以及公局之地址、房产，均由公局掌业，又载案送特派领事公堂判定等语，公然摈我国于局外，而揽我地主权。应请外务部于修正时，将此条注明无论官业民业，仍照未设公界以前之例，归洋务局掌理，外人不得干涉。

第十一款，地租。鼓浪屿虽作公地，仍系中国大皇帝土地，所有地丁钱粮及海滩地租，照旧由地方官征收，转交公局贴充经费。嗣后如有新填海滩，应完地租，仍归中国地方官收纳，不充公局，以定限制。

谨按：此条所载确认中国有完全之地主权，地租一项应归中国地方官征收。今鼓浪屿地租，工部局竟擅自征收，不经中国官之手，况所征租额视向章加数十百倍，直与定章抵触。应请外务部照会驻京领袖公使，转饬驻厦领袖领事，将地租权照章交还中国官，由中国官自行征收。至应贴公局经费，随时斟酌，不必指定此条。

第十二款，会审公堂。公界内由中国查照上海成案，设立会审公堂一所，派委历练专员驻理，所属有书差人等，以资办公。该员应由厦门道，或总办福建全省洋务总局札委，遇界内中国人民被控干犯捕务章程之案，即由该委员审判。倘所犯罪案重大，应由该员先行讯问，再行录送交地方官审理。界内钱债房产等项词讼，如有中国人被告，亦归该公堂审办。案经该堂断定，须内地及厦岛地方官饬令遵断之处，该地方官不得推诿。凡案涉洋人，无论小节之词讼，或有罪名之案，均由该管领事自来或派员会同公堂委员审问。倘会审之员与该堂承审之员意见不同，以致不能了案，其案可以上控，由厦门道会同该领事再行提讯。凡案内人证，有现受洋人雇倩，及住洋人寓处以内者，传拘票签先期送由该领事签字，方准奉往传拘。此外，中国人犯逃避界内者，应照上海章程，由委员派差径提，不必知照领事，毋庸会捕协拘。华民仅受洋人雇倩，而被传时并不住洋人寓处以内者，票签不用先送领事官，但须是日送由领事官视何缘故，或签字，或斟酌情形核销。其余该公堂听理词讼章程，应由厦门道台会同各领事妥议订定，以便遵守。

谨按：上海系租界，鼓浪屿系公界，划然不同。租界者，政府受其租，而事权不得不稍为让与也；公界者，系自放口岸，并无受租，其地主权仍完全无缺也。今鼓浪屿会审公堂每谓援照上海成案，是签订章程时被其所愚，应请外务部严切驳正。至于会审规则本款所云：遇界内中国民被控干犯捕务章程之案，即由该委员审判；又云：凡案涉洋人，无论小节之词讼或有罪名之案，均由该管领事自来或派员会同公堂委员审问等语。是中国人犯案，仍归中国委员专审，惟案涉洋人，始有领事陪审。权限分明，凿凿可证。讵料竟有大谬不然者。自初办迄今，会审公堂每传讯时，必设公座四位，中国委员与工部局洋人提调并坐中间，中国委员自雇翻译一名居左，洋人提调自雇翻译一名居右。凡中国大小案件，委员必窥伺洋提调之意向，始敢判决。该提调要罚款若干，责板若干，该委员无不惟命是听。此种丧权辱国，违背章程，皆前任各委员慑于洋势，有以自取之也。近经董司马廷瑞接任会审，据约力争，于民事诉讼免去跪讯，又删免枷号站笼等条，中国国体始稍得保存，仍不能除尽该提调之不来。应由厦门道转饬会审公堂委员，嗣后提讯中国人犯，该洋提调及洋提调所雇之翻译均勿准其来堂；如案涉洋人，只须领事到堂或由领事委人代理，该洋提调仍不得干预。闻该洋提调所负担责任，不过卫生事件、警察事件而已。细究当时允其来堂陪审之原因，据称系为登记罚款而来。前任各委员欲自卸干系，遂准其来堂，且让以裁判权。习惯自然，视若固有。若不从速收回，久而久之，将举中国之通商口岸皆不得有完全裁判权，良可悲也。

又按：监狱一节，各国人犯均归该管领事监禁，独中国人犯归工部局洋人自设之监狱监禁。曩闻鼓浪屿官绅曾提议醵资自筑狱舍，迄今未成，并请严催厦门道督同会审公堂委员，限期办竣。

第十三款，巡捕拘人。界内有人斗殴，肆行无忌，扰乱地方，适为巡捕侦见，虽无奉有票文，亦准随时拘究。各国领事官有拘传各该国人民之票，巡捕亦可奉行，惟案犯拘传，应随送各该管衙门，按律惩治，不得任意稽迟。

谨按：上海等处租界创设洋巡捕，系在中国未设警察以前。今中国各省遍设警察学堂，其教员多聘自欧美、日本等国者，警章一切日臻完备，已邀各国默认。鼓浪屿改设公界，距今不过数年，系自放口岸。初办时原用中国人自充巡捕，嗣因铺捐难收，杨委员荣忠将警察权让与工部局，始改用印度巡捕。闻印度巡捕于警章多不遵守，时有诬拘妄证，调戏妇女，截抢银物等事，该洋提调公然袒护，民怨沸腾。叠经言官奏请收回鼓浪屿警察权，至今议而未成。应请外务部照会驻京领袖公使，知照驻厦领袖领事，转饬工部局，将印度巡捕迅速裁撤，所有鼓浪屿应设警察，改用福建警察学堂毕业生。其经费由厦门拨款津贴，鼓浪屿警察不过十数名，所需亦不多也。

第十四款，拘送人犯逃入界内。凡内地厦地人犯案逃入界内，应由厦防厅出票派差，送由领袖领事官签押。倘其人藏在洋人地方者，应由该管领事将差票一并签押，方可由巡捕会同拘拿送案究治。如有措手不及，一面先行拘拿，仍即知照领事，照第十二款办理。

谨按：中国官拘拿票须经外国领事签押，此系指租界而言。鼓浪屿系自放口岸，与租界不同，且未设公界以前，已置各国领事，未闻有此办法。今因自愿划作公界，反失却治内之权，未免不公。又中国官颁贴告示，及该处居民图契等件，必送工部局洋提调画押加印，此系定章所无，不知该公局何以遽行此例？应请外务部将此两条查明，严切驳正。

第十五款，追缴规例内罚款。凡界内华洋商民人等违背后附规例内应罚各款，或不付执照费，公局均可立投该管官，查明属实，即饬犯例之人遵缴罚款等项，应由公局存用，并饬将公局控追犯例人之讼费缴出，由该员酌量办理。

谨按：该局另订规例二十条，均未经中国政府认可，其中所载罚款多有不公，或中国人妨碍者，应请制军特派大员，会同厦门道，召集鼓浪屿纳租各户，开特别会议，将规例内未便各条，斟酌改正，照会驻厦领袖领事，饬工部局各董覆议采行。

第十六款，增改章程。此项章程将来如须增改，或所载语意，所给权势，有疑惑之处，应由各国领事会同地方官商，随时议改，仍候呈中国政府及各国钦差批准，以昭慎重。

谨按：原订章程译者文理未通，笔致夹杂，颇费索解，且与英文原章有不符之处，文字出入大有关系，修正时务将全本复译，加以润色，另刊颁行。

发议者林辂存，赞成者黄乃裳、施景琛、林逢春、林邦桢、许赞虞、周寿恩、陈之麟、陈锡朋、高登鲤、刘志和、连贤基、苏寿乔、王子懿、李钟声、张国宝、叶福钧、李慕韩、王邦怀、孔昭淦、吴鸿枢、洪鸿儒、洪国器、陈士霖、黄必成、上官华盖、陈树勋、邓畿、郑田龙、陈义、林佑蘅、康咏、张选青、卢初璜。

议长（高登鲤君）请提议者林辂存君登坛说明理由。

（林辂存君）登坛说明理由（大旨与议案同），末云：本议员之意，拟请制台将章程中应改各项，凡有须与各国商议者，即电请外务部与各国公使商酌删改，其不须与各国公使会商者，可即行使我国之权，自行更正可也。

（洪鸿儒君）谓：本议员系厦门人，亲见鼓浪屿受亏情形，林君所举各条甚属切当，此议案应不必付审查，即开第二读会。

议长（高登鲤君）问：诸君赞成洪君之说否？得赞成者五十七人。

第四，请革除厘金积弊改办统捐提议案（议员李迪瑚等六人提出）审查员修正案第二读会。

议员（李君迪瑚）请革除厘金积弊改办统捐案修正案：闽省厘金积弊，罄楮难书，非独商民急困，抑怨莫伸，而商业败坏，厘金亦大受影响矣。若论正本清源，自以免厘加税为唯一办法。然种种窒碍，一时势难办到，乃改议统捐，先除积弊,亦目前稍苏民困之一法。查光绪二十九年,户部曾奏请旨通饬各省一律筹办百货统捐,是年柯抚台创办于江西省,嗣张制台亦于湖北省行之。旧年两省报告,各盈余数十万金,裁并厘卡,革清积弊,商民亦啧啧称便。是公私交益,有利无弊之举也。谨将原案办法修正如左:

(一)请制台选派明干熟悉税厘委员,会同谘议局议员,亲往江西、湖北两省,详细调查该省统捐办法及其成绩,以便参酌本地情形仿办之。

(二)各议员担任调查本府州县之厘卡私卡各若干,及其征收方法如何,暨土货出口,外货入口各若干,及其货物厘率各几何,限闭会后三个月内,列表报告于谘议局,以便讨论裁并局卡,增减厘率(现有未得议员之县属,由同府州之议员代任调查)。

(三)设统捐研究所,由制台委员会同谘议局议员,并另聘顾问员以时研究之。

(四)统捐未办以前,先请制台札饬各局卡,立将一切积弊革除,以苏民困。约举之如左:(甲)禁厘章银两以铜钱银元抬价苛算,找足尾数,无论用小洋铜元,均一律准照市价。查光绪三十二年二月财政处户部奏准整顿圜法折内第五条,鼓铸铜元,官民绅商一律行用,不得挑剔,违者参处,应一律遵照实行。(乙)禁溢报、重报,并禁以小秤之货,或以包皮作货估报。(丙)禁红包,无论新年,或新官上任,中元普度,一律不准勒索分文。(丁)委员擅于城乡之城门隘路所设私卡,一律撤去。(戊)货色概照厘章征收,不得以低色货物抬高厘率,强作高色货物征收。(己)所有留难卖放需索苛罚种种情弊,暨一切违例陋规,及从前成案禀明规费,全行革除。以上各节,违者委员参处,司巡治罪。

(五)如有厘率过重之货物,与厘章违背者,准商民陈请谘议局查确,转呈制台核准,酌量减征,俾畅运销。

(六)此项统捐,全省限一年内一律办齐。

倘厘金不速清积弊,统捐不速筹仿行,朝廷日言畅销土货,吾闽若纸若茶若木若笋为出口大宗,近日销路锐减,产场尽废,较之十数年前,货减十之八九,利亦减十之八九,巨商大店倒闭频闻,而洋货则充斥市廛,到处皆是。虽土货制造不精,为洋货所夺,而洋货自完进口正税、子口半税后,即通行无阻,土货则节节苛征,又加以种种留难,厘金过重,则成本太昂,亦一原因也。迩来挂洋牌、冒洋货日益加多，推原其故，一以避厘金之太重，一以避局卡之留难，为丛殴爵，更可寒心。若不速事挽救，商业上政治上前途，不堪设想矣。

宣统元年十月初六日，财政科主查员林辂存，理事员卢初璜，审查员施景琛、黄乃裳、李迪瑚、张选青、赵锡荣。

议长（高登鲤君）请书记长登坛朗读原议案并审查员修正案。

议长（高登鲤君）将修正案逐条请众表决。

第一项：赞成者五十三人。

第二项

（孟思培君）谓：不如由谘议局先定表式，颁给各议员，以便照填应期缴局。

议长（高登鲤君）问：诸君赞成孟君之说否？得赞成者四十五人。

第三项：赞成者四十九人。

（刘崇佑君）问：此条议员上应加"常驻"二字。

议长（高登鲤君）谓：此系包含常驻在内，可不必加。

第四项：赞成者五十九人。

第五项：赞成者五十六人。

第六项：赞成者五十八人。

议长（高登鲤君）问：此案可否省略第三读会？赞成省略第三读会者六十一人。

第五，推广传习国语提议案（议员杨豫、施景琛等七人提出）第一读会。

一国语言之统一，关系宪政前途者大。如裁判，如会议，如补充军队，如国民教育，均以国语普习为第一要着。吾闽省各府各县各异语音，尤为当务之急。闽中各县从前皆有正音书院，所以训习国语也。雍正六年，钦奉上谕，凡官员有涖民之责，其言语必使人人共晓，然后可以通达民情，熟悉地方事宜，而办理无误。是以古者六书之训，必使谐声会意，娴习语音，皆所以成遵道之风，著同文之治也。大小臣工凡陈奏履历之时，惟有闽广两省之人，仍系乡音，不可通晓。夫以现登仕籍之人，敷奏对扬尚有不可通晓之语，则赴任他省，又安能宣读训谕，审断词讼，使小民共晓乎？官民上下语言不通，必使胥吏从中代为传递，于是添设假借，百弊丛生，而事理之贻误多矣。且此两省之人，其语言既不可通晓，不但历任他省，不能深悉下民之情，即身为编氓，亦不能明白官长之言。是上下之情扞格不通，其为不便实甚。但言语自幼习成，骤难更改，故必徐加劝导，庶几历久可通。应令福建、广东两省督抚，转饬所属各府州县有司及教官，循为传示，多方训导，则将来奏对可得详明，而出仕他方民情亦易于通达矣。特谕各处正音书院，当时督抚遵奉上谕饬属建设正音书院，无如地方有司视为不急之务，久且任其颓废，惟邵武郡城为最后废，然亦改课诗文，名存实亡，效亦莫见。光绪二十九年，管学大臣张、荣，鄂督张，遵旨重订学堂章程，学务纲要总目之一系各学堂皆学官音，中云：各国言语全国皆归一致，故同国之人，其情易洽，实由小学堂拼音始（中略）。兹拟以官音统一天下之语言，自师范以及高等小学堂，均于中国文一科内附入官话，其练习官话，各学堂均应用《圣谕广训直解》一书为准。将来各省学堂教员，凡授科学，皆以官音讲解，虽不能遽如生长京师者之圆熟，但必须读字清真，音韵朗畅。近则学部预备立宪按年筹备事宜清单内，编订官话课本列在宣统二年，各省设立官话传习所列在宣统三年，各省推广官话传习所列在宣统四年。学部单内虽如此编列，而以闽、粤之特别情形论，不能不及早设立，以符徐加劝导之谕旨。兹拟定办法如左：

（一）责成各县劝学所附设国语传习所，此外商会地方自治局及公益团体，亦须设法传习。

（二）实行前管学大臣及前鄂督奏定学务纲要总目中所云：中小各校于中国文一科内附入官话，以资练习，其在中学堂以上，自明年起概用官话教授，如有不能官音，应行改聘。

（三）自本年起，各府州县亟应普谋设立官话传习所，以规复正音书院之旧，不必泥定宣统三年、宣统四年，应视地方特别情形为变通也。

（四）国语课本学部未颁行以前，拟由教育总会先行编辑，颁发各府县暂用。至土音不便于教育上、法令上、贸易上、军旅上及其他各种方面，阻碍情意，招致诈欺，固人人所共喻，或演为白话告示，或演为简易歌词，或用种种激劝方法，以实行其劝导，是在本地方之官民。

发议者施景琛、郑藻山、杨豫、林辂存、王子懿、陈之麟、张国宝，赞成者潘纪芸、王邦怀、林邦桢、周寿恩、吴鸿枢、许赞虞、连贤基、上官华盖、蓝德光、陈树勋、熊秉廉、邓畿、邹含英、林佑蘅。

议长（高登鲤君）请提议者杨豫君、施景琛君登坛说明理由。

（施景琛君）登坛说明理由（大旨与议案同）。

议长（高登鲤君）问：应否付审查？

（王子懿君）谓：不必付审查，即开第二读会。

议长（高登鲤君）问：诸君赞成王君之说否？得赞成者五十二人。

第七，请改宁清为闽盐销岸以兴闽省盐务提议案（议员伍春蓉等八人提出）第一读会。

请改宁清为闽盐销岸以兴闽省盐务议案：前阅报章，预备提议案内有汀州已为闽属，当改为闽盐销岸一节，此诚兴利便民之一大议题也。兹查各提议并无此项议案，推原其故，因以汀州一府分为八县，从中地势河路均有不同，或便于此而不便于彼，然八县虽不能尽销闽盐，亦有万不能不销闽盐者。兹将汀属之地势河路而直陈之。长上武永地近西南，其河路由长汀顺流大埔潮州，直抵汕头，而宁清归地近东北，其河路由宁清顺流永沙延平，直抵闽垣。惟连城一县，地属中央，两界均有河路，以盐岸计之，连城处于两可之间。长上武永若销闽盐，肩运不下二百余里，甚至有四五百里之地，宁清归而销粤盐，其肩运亦然。按其地势河路论之，隶虽同于一府，盐岸势必分销，方能各得便利。现今汀属均为粤盐销岸之四县者，已得便利，宁清归三县其不便不利甚矣。民间实有舍近图远之劳，费力伤财之苦。不特此也，每值农忙之候，民无空隙，肩运往往绝盐无到，纵出高价，无从可购。稍将闽盐接济，则口岸盐卡即以盗买私盐为题，藉端索骗，少则数十元，多至数百元不等。倘不如意，随即到县，串同书差，架词蒙控，构成巨案，连乡举里，受害靡涯。前数年间，宁清所遭盐案破家者，不可枚举。奈因法规所定，往诉无门，不得不忍气吞声，从其壑欲。兹当设立谘议局，正生民直陈困苦之日，筹计治安之时。我辈既为国民代表，自难缄口不言。倘得改为闽盐销岸，一可得便宜之利，二可免肩运之劳，三可除索骗之害。将运盐之力，索骗之财，而为地方公益，亦可补助于万一矣。然此不过单就利便推而言之，一省盐务亦可畅销，于盐课大有裨益，不亦一举而两得乎？况宁清归三县，惟宁清二县销受粤盐，而归化前因粤盐不便，买食闽盐，构成巨案，控至京城，蒙批听从民便。现今归化已属闽盐销岸，视此归化既可听从民便，而宁清之地势河路均属相同，岂有可行于归化者，独不可行于宁清乎？以此言之，宁清应可援归化听从民便之例，以闽盐为销岸。刻今谘议局业已成立，应兴革利弊常归一律，断不能以宁清视为化外。亟应请制台、盐道台等体恤民生，振兴盐务，行文粤岸，请即撤回盐卡，准宁清改为闽盐销岸。是否有当，诸君公裁。

提议者伍春蓉、邹含英、杨长余、周寿恩，赞成者林佑蘅、苏春元、赖其浚、许赞虞。

议长（高登鲤君）请提议者伍春蓉君登坛说明理由。

（伍春蓉君）登坛说明理由（大旨与议案同）。

议长（高登鲤君）问：诸君有无讨论？

（李迪瑚君）质问：行文粤督撤回盐卡，不知可照行否？

（伍春蓉君）谓：请问盐道陈。

（盐道陈）谓：此须请制台示。

议长（高登鲤君）问：此案应付审查否？众谓不必审查。

议长（高登鲤君）谓：此议案是否即开第二读会？赞成者五十五人。

（椿安君）谓：顷议决之改良盐务提议案，关系甚大，应开协议会。

（刘崇佑君）谓：为时无多，不必开协议会。

（王子懿君）谓：不如交庶政及财政两科协查。

议长（高登鲤君）问：诸君赞成王君之说否？得赞成者四十五人。

议长（高登鲤君）宣告休憩二十分钟。

三时二十分续行开议。

第八，禁烟办法提议案（议员施景琛等十三人提出）第一读会，附洪湛恩提议案。

禁烟办法提议案：鸦片之流毒，尽人知之。禁烟之命既下，十年期限，结为条约，若不如限禁绝，势须照约赔款。病国负累，后患何堪设想。比年以来，禁令不可谓不严，而其效尚未之见者，无正本清源之办法故也。今拟办法如左：

一、禁绝邻土进口。鸦片之源有三：曰洋土，曰邻土，曰本地莺粟。中英条约，洋土每年递减已有限制，本地莺粟经督部堂去岁奏准一律停种，而对于邻土之源源输入未有议及之者,实为吾闽禁烟之缺点。查云南锡制台去岁曾咨禁川药入口,吾闽亦当仿行。且邻土进口,种种不便,试观陈之闽省停种莺粟,督部堂谕命煌煌,众所钦佩,若对于邻土则任其入口,何以服种者之心而销其犯禁之念?其当禁一也。查丁未、戊申两年,闽海关鸦片入口洋土减销四分之一,邻土反增销一倍有奇,表列如下:丁未全年洋土入口三千一百九十四担;戊申三季洋土入口二千二百三十八担。丁未全年邻土入口:江苏二担,四川四百九十五担,云南三十七担;戊申三季邻土入口:四川七百五十四担,云南六十三担。又查海关土药进口之数,以本年计之,自正月至六月底止,川土由申进口统共四万九千五百九十二斤,云土由申进口统共二千九百四十六斤,陕土由申进口统共三百一十斤,合计五万二千八百四十八斤。如此以中国之毒药贻害中国,其何以间执外人之口?其当禁二也。各省减种莺粟,系奉明诏,当必实力奉行。乃减种于本省,而拓销场于他省,何以自解于以邻为壑之义?其当禁三也。至闽省邻土,以云南、四川二省为甚,务请督部堂咨明二省请示禁该处土药输入闽口,并谕饬闽省各关卡遇有滇、蜀土药,立予没收,并请督部堂咨移有土药来闽各省分,请其自行认真严禁,不得以吾闽为邻壑。庶土药除而洋药减,烟籍可望肃清。

一、烟膏专卖。自奉禁烟明诏以来,已历三稔,有识之士咸知提纲挈领之办法,非洋膏专卖不为功。盖洋膏专卖,则以所售之膏数,调查吃烟之人数,无从隐匿,而编烟籍,给烟照,既可迎刃而解,私吃私熬之弊,亦悉划除。然此议未见实行者,则以资本甚巨,官办商办均属不易。不知洋膏较他之货物无滞留之虑,但使有百万资本,则前后挹注,足资周转。论者咸以每年进口洋土之总数,以科合资本金,谓必须三四百万者,谬也。至百万资本,宜官商各筹其半,无官力则保护不周,无商力则调查靡易。至洋膏专卖,利厚且速,非如铁路银行之尚需时日也。官中无论如何募债,商中无论如何招股,均易成议。但使大府能为主持,奏咨立案,则有裨于国用,无损于民生,于禁烟之收效尤非浅鲜。其专卖办法,更详言之。查台湾鸦片专卖,均以人口多寡计算。例如福建全省人口约二千万,以百人中吸食鸦片一人计之,则全省吸食鸦片不下二十万。以一人每年鸦片吃食消费银三十元计之,则年费六百万元。以人口二十万人设批发人一人,统计人口二十万人之中吃食鸦片者当有二千人,则批发人一年可收官膏总银额六万元。官长于每千元之中减收价银三十元,以备批发人利益,一年中可获利益银一千八百元。政府抽取其一成之卖贾捐一百八十元，更出五成之数八百一十元作官膏批发所及补助地方自治经费，对除外尚可得利益银八百一十元。欲充批发人者，可令缴纳保证银八百元。统计全省批发人可充百人，官长可先收保证银八万元。以人口一万五千人设零卖一人统计之，人口一万五千人中吃食鸦片者当有一百五十人，零卖人一年中可售官膏四千五百元，以百分之二十为得利，零卖人一年中可获利益银九百元。官长抽取其一成之坐卖捐九十元，更出五成之数四百零五元作官膏零卖所及补助去毒支社经费，对除外尚可获利益银四百零五元。愿充零卖人者，可先合缴纳保证银二百元，统计全省零卖人可充至一千三百三十三人有奇，官长可先收保证银二十六万六千六百元。二者合计，官长可先收保证银三十四万六千六百元，以之弥补开办专卖局经费，是挹注已先有资。更由批发人岁入坐贾捐统计之，当有一万八千元，由零卖人岁入之坐贾捐统计之，当有一十一万九千九百七十元。由官膏得利，以卖价六百万元加二成利益统计之，岁入之款当有一百五十四万六千六百元之利益。虽初次办法未能悉臻完善，所获利益未必遽能如数，而利国利民，以征为禁，亦策之上者也。

一、编列烟籍。以上两条既实行矣，编籍一事为必不可少之举。且既有烟膏专卖之所，则编籍尤足为烟膏销售之标准办法。宜先遍设去毒支社，应请督部堂严催各属未设支社者，速行设立支社。遍设然后有调查之机关，编籍之前，令各支社分派各乡设报名处，限定两个月，著各吃烟人向该处报明姓名、年岁、住所及每月需膏分量若干（应编贴告示，预期通告），由各报名处报入各县去毒支社，类造名册，送交去毒总社。然后由去毒总社造成牌照，按号编列，用三联单，以一联存社，一联存支社，一联裱上木版，发给各吃烟人。木版宜稍大，使不便于携带，亦足激其廉耻。以后非有牌照，不得购买。且于牌照中载明每月吃膏分量，不得逾额。一人只准自携一照，如代人携购有两照者，踏街巡士见之，有查究之权。一面更由各批发人、零卖人将其每日售与之人，载明姓名、住所及烟膏分量，并每月售膏重量，报交去毒社，以凭稽核。去毒总社应与专卖局联络，随时将其烟籍名册送与专卖局；专卖局亦随时将其售膏数目报明去毒社，以相核对。烟籍既编，牌照既发，以后只许减销牌照，不许增加，则其数可以日减，不久可望全除。牌照三联单须严重盖印，其单式亦须精制，以防假冒。各县去毒支社更须界以调查之权，随时得赴烟户验照，并随时得到零卖处、批发处查验。凡犯以上禁令，及不遵令者，应别定罚则。牌照每年吊销一次，发给新照，领照应酌收牌费，其销照、给照之权，悉畀去毒社。

一、多设戒烟局。以上三条，系正本清源之办法，既实行，更不能不开一自新之路，使人便于戒革。应请督部堂通饬各地方官及去毒总社、支社，设法提倡，多设戒烟局。由总社调查有经验之方药，随时将其药名制法、服法通知支社，使戒烟局用之。其经费不足者，应于烟膏按月加价（每月每两递加若干文，至每两若干文止）津贴之。

以上四条，但举其大纲而已，其详细规则，应由去毒社、专卖局自定。总期实力奉行，方有实效，不然则流毒将不知胡底矣。

发议者施景琛、黄钟澧、刘志和、黄纪星、邹含英、苏寿乔、余光华、谢受殷，赞成者刘崇佑、赵锡荣、陈之麟、高登鲤、周文麟、潘纪雲。

关于禁烟实行议案：罂粟之不能遽行断绝者，由于地方官办理不力。每届下种时，并不亲历其境，徒悬告示以塞责。即有一二（熟）〔热〕心绅耆出为劝导，无能为力，在农户反以为多事。及乎花开遍野，本已用尽，利在眼前，农之身家性命倚之，始欲严行毁洗，未有不因此而阻碍者。今吾闽欲于一年之内尽除其根株，计惟通饬各地方官，届时于东西南北分区派委常驻，协同该处绅耆日日开导，地方官时亦按区梭巡调查，如有不遵，责该员及绅耆以阿徇之私，而该农户亦应严惩不贷。过此九、十、十一三个月以往，则罂粟已失时，虽欲再种而不能。如此办法，不特此种可断，即吃食之人数可从此而递减。盖本地既无土浆，洋烟又少进口，烟瘾虽重，而无处购买，则不禁而自禁矣。惟是各衙门胥役吃之者十居八九，而绅士亦属不少，法行不先责近，未免藉口，其何以表率乎庶民？应请通饬各属严行示禁，于各绅士及胥役人等按期派委调验，倘或故癖仍存，即为从严斥革。凡我同胞，庶尽去其旧染之污矣。鄙见是否有当，仍候公裁。提议者洪湛恩，赞成陈士霖、洪国器、洪鸿儒、许赞虞、李慕韩、吴拱宸、潘纪雲。

议长（高登鲤君）请提议者施景琛君登坛说明理由。

（施景琛君）登坛说明理由（大旨与议案同）。

（苏寿乔君）登坛谓：此议案本议员亦系提议之一人，但尚有意见，如第四条戒烟局经费，鄙意以为宜加诸土内，不宜加诸膏内，盖外府情形不同，穷民吸烟多系零星买土，若加膏价不加土价，则人皆购土，膏捐所得无几也。

（邹含英君）谓：专卖须归地方公益团体经理，若归官商各办，则调查恐办不清楚。

（施景琛君）答：本来专卖应归官办，但以官款不足，故拟合商仝办，提保证金以作开办经费也。

（邹含英君）谓：不如归公益团体办理较为妥善。

（施景琛君）谓：公益团体即包含在内，不必特为指出。若专归公益团体办理，恐需费无出，不能实行也。

（李迪瑚君）质问：云南、四川总督安能禁止其所出之土来闽？

（施景琛君）谓：吾闽已禁止栽种，如何不能令其勿来？且我国对英国尚能立约减少进口，何况邻省乎？

（李迪瑚君）谓：不如由本省自行禁止其进口，且商诸大部，饬令云南、四川一律禁种。

（施景琛君）谓：此案尚须付诸审查，诸君如有意见，尽可添入修正案内。

（吴庭枨君）谓：禁烟若徒恃此四条，尚恐无效。现在惟有请由朝廷严定烟律方可。

（王邦怀君）谓：山乡僻壤私熬烟膏，调查恐不能遍及。惟有定一严法，方能肃清。

（孟思培君）谓：据本议员意见，一面宜严行禁绝四川、云南烟土进口，一面宜严禁各烟店贩卖土浆。

（王子懿君）谓：此案尚有遗漏，如温州、台州之土，每年流入者亦不少。

（卢初璜君）谓：吸烟之人应定如何办法方可，盖若无吸烟之人，则烟土不禁自绝，故禁烟要以禁绝吸食之人为要。据现定禁烟章程，王公大臣吸食者尚须撤参，而绅士吸食居然无所裁制，何也？

（施景琛君）谓：前日议覆制台之申覆书中，已定有绅士吸烟参革功名之条。

（孟思培君）问：官绅既皆有制裁，而小民则尚无办法。

（施景琛君）谓：小民惟有剥夺公权，但公权剥夺在现今小民尚未觉其苦痛耳。

（林佑蘅君）谓：须严办烟馆，方能禁绝。

（刘崇佑君）谓：烟膏既专卖，何从再有烟馆？

制台代理员藩台尚谓：凡办一事，须举其纲领。所云请移文禁绝烟土来闽一节，恐属空言，不如请制台将土税加重，并严行查办贩卖之人。至官绅吸烟既有定律，而对于小民则尚无法以治之，若吸烟之人概加以刑，则不胜其烦扰，现在惟有将一切烟馆概行禁绝。烟馆既无，则吸食者自少。

（李迪瑚君）谓：烟土既由柯大臣办有统捐，则吾闽欲加重其税，似应出奏。

制台代理员藩台尚谓：现既禁本省栽种，则进口之土加以重税，出奏亦自有辞。

（刘崇佑君）问：吾闽可否禁其进口？

制台代理员藩台尚谓：惟现在洋土尚不能禁。

（刘崇佑君）问：去岁禁烟大会曾否议及历年递减数目？

制台代理员藩台尚谓：并未决议递减数目。

（卢初璜君）谓：禁烟正本清源之法，首在发人羞耻之心。宜严定法律，即绅富之吸食洋烟者，亦必加罪，则小民知儆。盖重税原不足以禁绝吸食，如南洋各地烟税虽重，然尚多吸食之者。自胡国廉君设一法，凡吸烟者不令作工，于是吸食者遂少，此可见惟能发其耻心，绝其生路，然后吸食者少，则烟土烟膏不禁自绝矣。

议长（高登鲤君）请附读者洪湛恩君登坛说明理由。

（洪湛恩君）登坛说明理由（大旨与议案同）。

议长（高登鲤君）谓：施君及洪君两提议案应并付审查，请诸君表决。得赞成者四十八人，遂付庶政兴革科审查。

第九，本局建筑提议案（本局提出）第一读会。

谘议局建筑提议案：本局提出。谘议局为国家采取舆论之所，即将来省会之基，关系甚重，规模不可不广，计划不容不周。近读制台奏陈第二层筹办事宜，于谘议局建筑一节，固已委派专员勘地绘图，并（佑）〔估〕定工价洋银三万八千余元，经已饬局分期领款，赶日兴工，所以为大局谋者至周且尽。本届以时期迫促，未及兴作，暂借贡院衡鉴堂内为议场，原为一时权宜之计。惟谘议局工程浩大，需时孔多，若不及早兴工，转瞬明年开会，仍复难观厥成，是于筹办本意殊未符合。并查所勘地段，所拟图式，尚有未尽周妥处，谨就意见所及，略述如左，以俟公决。

（一）地段。谘议局应有之场所，可略分数项，其关于议事者，除议堂、旁听席外，尚有协议厅、审查员会厅、议员休憩室、旁听人休憩室、官吏休憩室、守卫室等；关于办事者，有议长副议长室、办事人员室、办公厅、速记员室、司事室、印刷所、图书器具储藏室、丁役室以及膳厅、厨房、茶房、门房、厕所等；关于常驻议员者，有常驻议员室，并附丁役室等。三项房舍，不为不多。原图恐有漏略，此地段之应增者一。吾闽交通不便，旅居者又乏适当之客寓，且散居各处，则集合研究尤多未便。今年招待所之设，名称虽未恰合，事实尚见便利。谘议局建筑之后，设非加入议员寄宿舍一项，集合必更困难，会议自多窒碍。故寄宿舍之设，必不可少，原图尚未计及，此地段之宜增者二。图书馆为议会所应有，各国皆然。本届预算已列有按年设备之经费，则建筑断不容缓。原图亦未计及，此地段之宜增者三。右列地段，不过就现时谘议局之计画而言，若谓预为将来省会之基，则地段之应增者尚不止此。总之，建筑之外当有敷地，较诸原图其地段至少应增三之二，方足敷用。

（一）位置。谘议局建设伊始，要以能垂久远、具有规模为要。其议场之位置，不可不与原贡院前垾适中，常驻议员室、图书馆、寄宿舍等，亦必有互相联络之位置，始臻完善。

（一）经费。照以上二项所计画，较诸原图工程几增一倍，则原定建筑费必不敷用。应请制台增筹的款，并定分期领款方法，俾得一律兴工。

（一）期限。本届会议暂借衡鉴堂，一切均未周妥，照章筹办处成立之后，便当着手建筑，乃忽忽经岁，迄未动工。倘此时复事迁延，恐必一误再误。应请制台定期开建，并限何月竣工，总期明年可以应用。

议长（高登鲤君）请书记长登坛朗读议案。

议长（高登鲤君）谓：此案可不付审查而开第二读会，请众表决。全体赞成。

第十，保护外洋华侨提议案（议员林辂存等二十七人提出）第一读会。

保护外洋华侨提议案：华侨之旅居外洋者，闽、粤为最。其中如英属之新嘉坡、槟榔屿、麻六甲、沙罗越、柔佛、缅甸、香港，和属之爪哇、地问、波罗洲、西里伯、苏门答腊，法属之安南，美属之非律宾，日本属之冲绳、台湾，以及暹罗等处，侨居多闽人。其受外国政府待遇者，多不平等，详见各报。和、法两属，受侮实甚。虽未能实力挽回，而犹遣使遣舰，时往慰问。最可异者，台湾一岛割弃，迄今垂十年，应如何招抚，如何安插，未闻有人提及，甚至排斥之，钳制之，直不令其享些少权利。嗟嗟！此三百余万之同胞，岂非我福建人所遗传耶？何故为轩轾耶？言念及此，气噎心酸。因就南洋各岛及台湾一带亟待保护情形，酌拟办法数条如左：

（一）拟请谘议局于闭会日公推议员四人，由制军给发咨文护照，分赴海外各埠调查华侨情形，其旅费请藩库筹给。

（二）调查之事项：（甲）闽侨男女户口统计表；（乙）物产调查表；（丙）学堂商会及其他公益事件；（丁）外（围）〔国〕政府对待华侨之法律；（戊）工业商业现状。

（三）我国政府向（来）〔未〕特颁旅券（即护照别称），致旅行华侨被外国讥为失保护力之国民，和属、法属及台湾一带，受此亏者尤甚。应请制军专奏，请旨饬下外务部，按照各国旅券格式自行刷造，知会各国驻京公使查照立案，并将空白旅券由部盖印，交闽、粤两省洋务总分局，暨派驻各埠领事署，出示宣布。如有华侨出洋，准其赴洋务局请领；已出洋之华侨，得就近向中国领事署禀请补给，均不许勒取规费。

（四）未设领事之埠，应请制军咨商外务部酌量奏设，除暹罗之磐谷另设公使驻扎外，其余各埠应添设总领事。酌拟数处列下：（甲）和属：（子）爪哇之巴达维亚，（丑）苏门答腊之巴东，（寅）西里伯之孟嘉锡，（卯）波罗洲之文岛；（乙）英属：（子）缅甸之仰光，（丑）香港，（寅）波罗洲之沙罗越；（丙）法属：安南之西贡；（丁）日本属：（子）冲绳县，（丑）台北厅。其他商务较旺之埠，应设名誉领事，准由各该埠商会或中华会馆总理兼摄，给予关防，以资办公。至所需经费，多愿就地自筹，不必虑及。

（五）南洋华侨自创之轮船公司最著者，如新嘉坡之丰源号，三宝垅之建源号，各有巨舶数十艘，视招商局不少逊。其他各埠各号，或十数艘，或四五艘者，尚不可以缕指数。祇以国权未张，多挂用外国旗。航业系海权之一大问题，不可不设法联络。应恳制军咨请农工商部、邮传部，会派司员一人，约同本省议员，出洋劝导，改用我国国旗，并商订航业奖励章程，以资鼓舞。

（六）华侨之受外人苛待者，惟鸦片问题关系最大，应由去毒总社派员会同出洋之议员前往，相度情形，代为设法。其要点有三：（甲）推广去毒社于外洋，实行劝戒；（乙）私带鸦片最为各国之忌，责成出口各关稽查，如有此弊，自禁自惩；（丙）鸦片禁绝后，力争搜检身体，以保全人格。

（七）外洋苛待闽侨各款，俟议员出洋考查详细回国后，报告于谘议局，即由谘议局呈请制军，分别设法保护。

（八）宪政编查馆准令外洋各商会公推代表，充闽、粤、江、浙等省谘议局参议员。吾闽除日本已选三名咨报前来外，其他各埠或未接到公文，或互相观望。应由谘议局分函布告，请其补选来闽。至若台湾、香港两处，版图虽改，所遗闽侨尚多，自应与各埠同享权利。应恳制军咨请宪政编查馆，准令台湾、香港之华侨，按照现行国籍法，各享有选举权，并准其公推参议员，与日本、南洋所举之参议员一体办理。

（九）恭读光绪二十九年二月二十三日上谕，仝年十一月初四日上谕，于保护华侨事件，训谕谆谆。应请制军恭录叠次上谕，札行各属，敬谨誊黄，颁贴各都各乡，使乡曲小民俱晓然于朝廷命意，并责成各属切实保护，要有大端：（甲）船轿及挑夫各宜编钉号牌，写明价格，按照里数或时间计算，贴于船轿，以杜勒索；（乙）华侨回籍，领有各该埠护照，经过海关局卡，一经验讫，立予放行，不得藉故勒征；（丙）厦门保商局既有收受入口费，自应担任保护，于出入口时遣员下轮照料（由制台札饬洋关协同办理），并仿照官办时沿途分布防勇，藉资护卫；（丁）大小讼案，不得牵累回籍之华侨；（戊）华侨回籍，责成各乡保长、族长查取姓名，报官注册，如有恃强凌弱等事，责成保长、族长立即报官，如隐匿不报，一经查觉，概予严惩；（己）华侨出入口名册，责成地方官分季造报。

（十）外洋华侨阅历颇深，于实业尤有心得。吾闽实业，除胡国廉领办闽矿外，近复有郭祯祥来省，提议创办泉漳制糖公司，及提倡南洋圣教公会，均关系重大。应请制军电饬漳、厦两道，就近与郭祯祥妥筹办法，迅速呈报立案。其他各属应兴之实业，由各属议员调查详细，分项列表报告于谘议局，由谘议局函告外洋各埠商会及中华会馆，劝令闽侨回籍举办，以拓利源。

　　提议者林辂存、林邦桢、陈锡朋、高登鲤、黄乃裳、陈之麟，赞成者张国宝、许赞虞、林逢春、吴拱（震）〔宸〕、黄必成、李慕韩、叶福钧、洪鸿儒、洪湛恩、陈士霖、洪国器、赖其浚、苏春元、周寿恩、李钟声、张选青、卢初璜、林天骥、郑藻山、蓝德光、苏寿乔、刘崇佑、施景琛。

　　议长（高登鲤君）请提议者林辂存君登坛说明理由。

　　（林辂存君）登坛说明理由（大旨与议案同）。

　　（邹含英君）质问：所云派往调查四人之经费，不知藩台能出若干？

　　（康咏君）质问：所派人系议员资格，抑委员资格？

　　（林辂存君）答：系议员资格。

　　（康咏君）谓：调查应用委员，何必定派议员？

　　（林辂存君）谓：议员为国民代表，择其熟悉者派往，庶能通晓彼中情形，且便于联络故也。

　　（制台代理员藩台尚）谓：将来如商定派员，则所需旅费自须筹备。

　　议长（高登鲤君）谓：此议案可不付审查而开第二读会，请众表决。全体赞成。

　　议长（高登鲤君）报告初七日应行续议，不必休会。

　　议长（高登鲤君）宣告第十六号议事日表毕。

　　议长（高登鲤君）宣告闭会。

　　是日出席议员六十五人。

　　制台未到会，委藩台尚代理，于午后一时到会。

　　午后五时散会。

第一次福建谘议局议事速记录第十六号

宣统元年十月初七日（1909年11月19日）

议事日表　第十六号

宣统元年十月初七日（金曜日）午后一时开议。

第一，暂行诉讼规则提议案（议员王子懿、黄纪星、周文麟、陈锡朋、李钟声、游肇源、高士龙、蓝德光、许赞虞、上官华盖、郑田龙、苏寿乔、陈乂、谢受殷、黄羲、王邦怀、孔昭淦等二十一人提出）第一读会。

第二，消弭下游劫杀提议案（议员许赞虞等提出）审查员报告。

第三，普禁缠足提议案（议员孟思培、张步青等提出）审查员报告。

第四，关于教育事件妥筹各府与省垣联络办法提议案（议员苏寿乔提出）审查员报告。

第五，关于减轻漳河水患提议案（议员陈锡朋等提出）审查员报告。

第六，催设各属女学堂并附幼稚园提议案（议员许赞虞等提出）审查员报告。

第七，推广小学堂提议案（总督提出）审查员报告。

第八，遍设劝学所提议案（总督提出）审查员报告。

第九，关于上游匪害办法提议案（总督提出）审查员报告。

第十，下游苦盗情形妥筹办法提议案（议员洪鸿儒提出）审查员报告。

第十一，保护上游木商提议案（议员李迪瑚、周文麟、卢初璜等二十二人提出）第一读会。

第十二，请禁杉木藉股侵占案（议员周文麟、范宗福等十七人提出）第一读会。

第十三，提倡农会提议案（议员林邦桢等十人提出）第一读会。

议长（高登鲤君）（迷）〔述〕各种报告。

一、报告议员李仲邺君因事告假一天。

第一，暂行诉讼规则提议案（议员王子懿等二十一人提出）第一读会。

讼狱之弊，至今日极矣。外国以裁判为保护人民生命财产之具，我则适以害其生命而荡其财产。法律具文，人权剥丧。地方官及问刑衙门之设，几若为阱于国中。人心之暌离，民气之萎靡，其重因实由于此。都会之地犹可也，敁法者莫过于外府州县；士绅之家犹可也，受祸者莫甚于无知乡愚。积弊之除，不可不急。查本省州县衙门之讼费，代书则有戳记礼，投呈则有呈礼，出票则有票礼，差传则有差礼，报到则有报到礼，堂讯则有种种堂礼，名目之多，几不胜数。少者或二三元，多者则至百元以上。堂讯之后，若被管押，则揣量肥瘠索费，动辄数百元。验伤、验尸，无不准此。且一案之兴，官吏之怠缓，胥役之积压，原被之狡延，累月经年，不得断结。不肖州县，至有以行贿求速悬为价目者。标差成为奖赏之通例，和息乃以输金为前提。命盗诬控，不与平反。无辜之人受逼勒，而每至致命。判决堂谕不与宣布，结案之后仍羁累而不能脱身。至若派委会营兵差一来，劫掠殆尽。监狱羁押，私刑凌虐，（瘦）〔瘐〕毙时闻。富人因财产而成致讼之媒，奸民借外教以为护符之计。民隐不伸，怨毒日甚，是当深为顾虑者也。方今筹备立宪，审判厅之设，虽已明定限期，然除省城商埠外，非数年之后不能遍及。积弊一日不去，民困一日不苏。况一切新政，虽为利民而设，而百姓见疑已久，且将以为厉已而引避焉。尤宜将其平日所最苦累者，廓而清之，以维公理，以系人心。后此之设施，乃有所藉手。诉讼之弊，苦累之甚者也。兹特酌拟暂行规则若干条，就其平日最足舞弊之事项，明定办法，冀胥役无所行其奸，更仿部定审判厅章程内讼费之大概，一以清其弊源，一以维其费用，庶于审判厅未遍设以前，或得稍弥缺憾。若夫完备之法案，则有审判厅章程在，非今日所及行也。是否有当，惟候公决。

提议者王子懿、周文麟、陈锡朋、游肇源、高士龙、蓝德光、许赞虞、上官华盖、郑田龙、苏寿乔、陈义、谢受殷、黄羲、王邦怀、李钟声、孔昭淦、黄纪星、刘崇佑，赞成者张步青、邓畿、李驹、潘纪雲、赵锡荣。

福建暂行诉讼规则

第一章　总　　则

第一条，本规则以革除从来诉讼上重大之积弊，于审判厅未遍设以前，暂时行用为宗旨。

第二条，凡本省管理诉讼事件，各官署皆应按照本规则所定，切实施行，勿任再有压搁需索情弊。

第三条，凡审判厅章程实行之处，本规则即作废不用。

第二章　诉讼之办理次序

第四条，凡诉讼呈状，应请制台饬司分别种类，拟定一定格式，刊印诉讼状纸，通颁各属。人民有诉讼者，须就各该官署照价买领，如式誊写投递，从来代书盖戳等事，永远禁止。

第五条，诉讼状纸应分三种：一、刑事诉讼状，凡刑事原告在各署起诉者用之；二、民事诉讼状，凡民事原告在各署起诉者用之；三、辩诉状，凡民事被告、刑事被告对于本案辩诉者用之。

第六条，凡用诉讼状纸所书之呈状，更有妥实铺保加盖店戳者，即为合式，可以投递无阻。管理诉讼事件各官署，应于本署大堂前设置收呈木匦，听人民投递呈状。差役有阻难者，递呈人得当堂喊控，本官察实后，即应严办。

第七条，收呈木匦之旁，各官署应特派稽察收呈之人，专司挂号。诉讼人于投递时，先向报明案由，令其挂号。稽察收呈之人不得丝毫有所需索，违者以前条阻难论。

第八条，凡诉讼呈状投递之后，本官应于五日内将其批示，缮挂大堂。若有宜加检查者，得展至十日为止，但须申明因检查某事，致不能即行批示缘由。

第九条，凡斗掳命盗等案，皆应即时批示。

第十条，凡诉讼人不能自书呈状，及事属急迫不及用呈状者，得到该管官署喊诉。有喊诉时，本官应亲听其供辞，督率录供胥吏，按照所供事实，代书于诉状。其系紧急案件，即时审问之，寻常案件，则照第七条所定办理。本官如遇因公外出，得以代理员办理前项之事务。

第十一条，管理诉讼事件各官署，于每月朔望日，应将未来之半个月内应行审讯之案，逐期编列审讯日期表，榜示署前照墙，俾两造得以届时集候传讯。

第十二条，原被两造到案候讯，胥差若有压延勒索，得赴大堂击鼓喊控，本官应立即提审，并将该胥差从严革办。

第十三条，审期既经表示，若原告无故不依限赴审，则此后若有就于该事件更递呈状时，得不受理之。但申明实不及知，及有其他理由者，不在此限。

第十四条，凡诉讼事件，原被告及紧要人证既行到案，本官即可开讯。两造不得藉口人证未齐，任意推避。

第十五条，凡不属刑事案件之诉讼，得以子弟为代理人赴案投质，他造不得故意挑剔，以图避讯。

第十六条，两造之一若有故意避讯者，本官得将到案之一造讯明确实，以行判断。

第十七条，凡将一造审问而行判断之案，应自判断之日起，三日内将其判语送达于未到案之他造。送达后十五日之内，若他造投案声明不能赴讯之缘由，确系实情者，得再改期集讯。

第十八条，凡审问应公开，胥役不得阻人观听。但系有关风化，及有碍治安事件，本官得命观审人屏退。

第十九条，凡审问时传供胥吏若有变易供词，得由原被告本人声明更正。

第二十条，审问不得用律所不载之刑拷讯。

第二十一条，凡非可疑之重要罪犯，不得率行羁押，及交差领带。其系未经判决之人犯，若认其有逃匿之虞者，得暂行羁押。但案情轻微，经妥实人具保时，即应交保暂释。

第二十二条，前条之保主，应听诉讼人自觅，本官分别可否而准驳之，不得归胥役包揽觅保。

第二十三条，凡命盗械斗等案，如实非主令之人，而为人诬指者，得由邻族绅耆或商会教育会等团体具呈保证，本官讯确后，应立将其名摘除，并治原告以诬陷之罪。命案及掳禁之案，原告有诬控者，亦同前条所定。

第二十四条，凡判决须将堂谕当堂宣布，俾两造皆得明晓。

第二十五条，凡民事诉讼未经讯结，而已过一个月不行呈催者，即作为息讼，本官不得派差传讯，并须严禁差役私向事主讹索。

第三章　出署办案

第二十六条，凡官员下乡办案，应借住寺庙、祠宇等处，不得寄寓民家。

第二十七条　凡官员下乡办案，除止斗缉凶外，不得逗留两宿以上。

第二十八条，凡官员下乡办案，除止斗外，所带差勇夫役不得过十人以上。出署相验时，同前条所定。

第二十九条，凡官员下乡办案，应将所带随从人役之种类及其人数列表晓谕，并书明严禁需索、不扰民间分文及违犯准予禀究字样，俾众周知。

第三十条，凡分府委员，除在署内供差外，不得委派出署办案。其有数案一时并起，或本官因事不及躬往者，应于所属实任佐贰中酌量派遣之。

第三十一条，凡械斗之案，本官得报后，应察该乡人民之良顽，分别派差阻止，或迅速亲临查办。其事件稍大，须亲临者，应即将起事或主谋之人拿办。

第三十二条，官员下乡止斗时，应查明起衅之由，即时为之秉公判决，或令公亲调处，不得但以率兵弹压了事。

第三十三条，凡械斗之案，至于互烧屋宇，互斫树木，及蹂躏禾稼者，勘验后应即判令照实价赔（价）〔偿〕，以警凶焰。

第四章　胥役之雇派及约束

第三十四条，凡官署应酌量事务之繁简，以定胥役之总数，榜示大堂。遇有标派时，须按班轮值，以杜贿托及标赏之弊。

第三十五条，凡派遣差役，如系拘人起掳止斗之案，以四人为限；其他案件以二人为限，除不得已之外，不得多派。

第三十六条，凡差役除票内载明外，不得有差伙及添差等名目。

第三十七条，凡户婚田土之案，不得派勇。

第三十八条，凡差勇下乡，非离城四十里以上者，不得留住；即在四十里以上，亦应以一宿为限。有留住时，应按照时价，以住宿费偿给所住之家，不得有所需索，且不得延不交付住宿费。

第三十九条，凡差勇下乡，虽系命盗及械斗巨案，亦不得累及案内无名之人，违者许该处绅耆禀官严办。差勇下乡，如有肆行劫掠及侵犯居民情事，不论何人，皆得指明确证禀控该管官署，本官应立即彻底查究，严行惩办。

第四十条，凡关于诉讼之案卷，其收发等事，应实归收发委员管理，所有从前门签名目，须切实除绝。

第四十一条，凡监狱及羁押所，除原有之狱卒看役外，本官不得更派家丁管理其事。

第四十二条，在本籍之谘议局议员、地方自治会议员，不论何时得视察该地之监狱及羁押所，如查有非法虐待情弊，得陈请该管本官严办。

第五章 讼 费

第四十三条，诉讼费用之种类、数目，及其应缴应受之人，概以本章所定者为准，此外不得更有丝毫索取。该管官吏及胥差等，若有违背讹索情弊，准人民控告该管辖官厅或其本官署，按律严办。

第四十四条，讼费分诉讼状纸费、印纸费、经承费、差费、证人旅费、下乡办案旅费六种。

第四十五条，诉讼状纸由按察司颁发本省管理诉讼事件各官署，不论民事刑事案件，诉讼人皆应买领该纸书写其呈状，方为有效。诉讼状纸每纸应发卖当十铜元十枚。

第四十六条，凡民事诉讼，除买用诉讼状纸外，并须贴用印纸，不贴用者，其呈状概不受理。贴用印纸之数，应按照其起诉时诉讼物件之价值，从左列等差定之。其价值系以银元计者，应准其定率比照类推：一、十两以下三钱；二、二十两以下六钱；三、五十两以下一两五钱；四、七十五两以下二两二钱；五、百两以下三两；六、二百五十两以下六两五钱；七、五百两以下十两；八、七百五十两以下十三两；九、千两以下十五两；十、二千五百两以下二十两；十一、五千两以下二十五两；十二、五千两以上每千两加二两。

第四十七条，凡民事案件，因户婚他故不涉财产者，应照前条所列百两以下之数目贴用印纸。但事甚细微，及虽为财产关系而性质实难定价者，则由本官酌量五十两以下之数，饬令贴用印纸。

第四十八条，凡刑事案件，有牵及财产者，仍须按第四十七条所列数额贴用印纸。但案关命盗，虽有财产关系，可免其贴用。

第四十九条，民事案件有诉讼物件之价值虽多，而其争议之关系只在其物之一部分者，则应就其一部分之范围估计价值贴用印纸。

第五十条，凡贴用印纸，应以原告初呈为限，其第二次以下之催呈，须注明旧案字样，不必再贴。但有新发生之事续控，及被告诉呈于被控事件之外，另有反控原告之事件者，亦同。

第五十一条，贴用印纸不足例定数额者，受理后本官得随时查对，令其补贴足数。

第五十二条，印纸须按照第四十七条所列各种价目，分别刊定于本纸面，由按察司颁发管理事件各官署，按价听诉讼人买领，不得多取分文。

第五十三条，凡经承胥吏抄录案卷，誊写差票，每百字连纸征收小银元五分，作为办公之费。

第五十四条，原告呈状，及粘抄之一切字约证据，无论民事刑事案件，本经承书吏，不必待原被告之请求，皆须互抄送阅。但抄送各件，均以送至原被告之保歇家为限。保歇家有转送该原被告之责任，其抄费由保歇家代给。凡属该诉讼案件之利害关系人，有照章出费请求抄录案卷者，本经承书吏，亦应抄与。

第五十五条，差役遍送文书及传票，每一件收小银元一角，以为差费。不得藉口人数众多，格外婪索。

第五十六条，递送文书及传票在十里以外者，每五里加收小银元五分。路远不能一日往返者，由官署酌核川资实数，标明该文票之表面，向收受文书及奉传票者，照数收取。如有多索，准本人告发。

第五十七条，差役对于刑事案件，一律不得向诉讼人取费，其应得差费，归公费项内给发。

第五十八条，差役奉票拘人，虽非刑事案件，亦不得向被拘人取费，其差费先由公费项内垫给，俟判决后，由本官向理曲者征取之。但因被拘人延不到案，所生之差费，应归被拘人缴纳。

第五十九条，凡证人，不论其系原被告所指陈，而经本官认许差传者，及由官察其必须传案质讯而径传者，皆有受取旅费之权利。

第六十条，证人应受之旅费如左：一、每到堂一次给小银元五角；二、住所在十里以外者，每五里加川资小银元一角；三、每日宿膳费小银元五角。

第六十一条，证人由原被告指陈者，其旅费归指陈之人垫给；由本官径传者，归公费内垫给。皆于判决时，向理曲者征取之。但刑事证人，其费由公费项内给发。

第六十二条，证人传到时，须即日审问，若不必羁留备质，应即判令回家，并将其旅费多少当场判定。如须再讯，即定明羁留日数，或订日合再到案，以免虚费。

第六十三条，差役奉票传集证人时，其差费应由本官归公费项内给发，不得向证人索取。证人奉传无故不到，致再差传者，其再行差传之费，由证人缴纳。证人为伪证者，除照律科罚外，不得受第六十一条之旅费。

第六十四条，质讯之人，若系原被告家属至亲之人，不得列入证人，其旅费由原被告自给。

第六十五条，凡随从下乡办案之胥吏，每次给小银元五角。路在十里以外者，每五里加川资小银元一角，宿膳费核实另给。差役照第五十六条所定办理。

第六十六条，前条之旅费，其系刑事案件，应于公费项内给发；民事案件，先由公费垫给，俟判决令理曲者缴纳。

第六十七条，凡管理诉讼事件各官署，皆应设立讼费册簿，列记案由及原被告姓名于各名下，分别各费款目，由收发委员随时按款登记，以凭稽核。其本案另有支案发生者，须将支案另提登载。有不能显为区别者，即酌量数额，分配于本案支案，并于簿内栏外登叙理由备核。

第六十八条，诉讼状纸及印纸，应责成收发委员专司发卖，每一月由本官将其收入数目，与所受理之诉讼案件，核对一次，立册详记之。

第六十九条，差费、经承费、证人及下乡办案旅费，直接由本官于公费项内发给或垫发者，应责成收发委员照章核算，逐日详细登簿。其系归诉讼人给付者，应由收发委员批明应得费额，给与凭票，令向出费人领取，而将其票根存案，并详记于簿内，以备查核。

第七十条，由公费项内垫发之各项讼费，俟出费诉讼人缴纳后，即应抵除之。若出费诉讼人未缴纳，经本官判令归公费项内代出者，则须详记其事由于簿内。

第七十一条，胥吏差役向出费人取费时，须以取费凭票交出费人收执。若无凭票，出费人得不付给之。冒昧付给，或多给者，是为自己过失。除执持证据，向该吏役追取禀控外，不得于讼费内请求扣除。

第七十二条，胥吏差役既执有凭票，出费人仍不给费者，该吏役应将原凭票缴还本官，另由公费项内垫给，不得自向出费人威迫强索。

第七十三条，凡理直人已缴之各项之讼费，及本官于公费项内垫发之费，应由理曲人于判决后如数缴交理直人领受，或缴交本官归还公费之内。

第七十四条，核扣讼费，须于本案判决时〈时〉办理。收发委员应将讼费册簿当堂请本官核对，并对诉讼人逐行宣读，使之明悉。宣读后诉讼人若有异议，应即时申辩，由本官决定之。诉讼费用经当堂决定后，除违背本规则有所苛勒外，不得再请更定。诉讼人得预先请求抄给讼费册簿，以备核算，本官不得勒抑，但须照抄呈费之例缴费。

第七十五条，讼费核定后，应即时责令应缴费之人具立限状，邀同殷实保人，保其于一月之内清缴，无殷实保人者，依限押追。应受费之人如愿自向应缴费人收取，或愿让与之者，皆听其便。但须具结申明，具结后不得再请押追。

第七十六条，应缴费人限满不缴，应责令保人代偿之。无保人者，应责令最初递呈之保人代偿之。但代偿之保，得请求变卖应缴费人之财产。

第七十七条，保人及应缴费人若皆实无资力，本官得免其缴纳，而酌予以他种相当之罚，以示惩警。前项免缴之费，应由公费项内代给之。

第七十八条，凡本规则定为应由公费支垫之费，关于刑事诉讼一切应用之费，及因民事诉讼人无力或他故无从追缴之费，皆应由公费项内按照给补。

第七十九条，公费以下列三种款目充之：一、本署发卖之诉讼状纸及印纸费；二、因诉讼罚金所得之款；三、地方绅富乐捐之款。

第八十条，公费之收支核算报告等事，应由本官监督收发委员，协同地方绅董办理。

第八十一条，公费收支款目册簿，及各项讼费册簿，每月由本官监督收发委员清结一次，每季汇报于按察司。

第八十二条，公费及诉讼状纸费、印纸费等，若出入有赢余，应归殷实钱庄或其他可靠之商店藏储之。

第六章　附　则

第八十三条，本规则由谘议局议决，得总督批准后，即通饬各属遵行，以通饬文到后十日为施行之期。

第八十四条，本规则施行后，如有应行修改之处，可由各属建议，禀请总督，交谘议局议定之。

第八十五条，在本规则所定范围内之一切详细办法，及册簿格式等，由总督饬司拟定，颁布各属遵行。

议长（高登鲤君）请提议者王子懿君登坛说明理由。

（王子懿君）登坛说明理由（大旨与议案同）。

（王邦怀君）质问：第二十六条所规定如无祠宇可借住者，须酌量添入借住民家等语，但借住后不得将物件携去。

（邹含英君）质问：收发人员须用何等资格？

（王子懿君）答：大概属委员一流，但必不宜用门签等项名目。

（蓝德光君）质问：五十六条所定每五里加五分，未免太多。

（王子懿君）答：此并不多，缘其路过远，一日不能往返者，资费则由本官划定。所谓每五里加五分者，但限于一日内能往返者而言。

（蓝德光君）质问：六十五条所定每五里加川资小银元一角，恐亦太多。

（王子懿君）谓：此亦限于一日内能往返者言之。

（周寿恩君）谓：此议案应付审查。

（赖其浚君）质问：加盖妥实店印，恐不能实行。

（周寿恩君）谓：此条恐有流弊。

（刘崇佑君）谓：此议案续经本议员编辑，颇有更动，应请王君就本席，由本议员登坛备质问。

（刘崇佑君）登坛谓：此案分六章，除总则及附则无庸说明外，其二、三、四章三章，系采集诸君意见而成，惟第五章讼费，系仿照审判厅章程酌定。盖词讼之弊，不外讼费一端。苟讼费一定，则诸弊全无。此议案虽不免偏于理论，然为普及计，不能不稍从简括，仅定其大纲而已。其中不无缺点，请诸君讨论大体，以臻完善。

（周寿恩君）质问：如案件不涉及财产者，亦科讼费，则有类于罚款。且所定价目是否即审判厅章程所定？

（刘崇佑君）答：此价目皆照审判厅章程而定，至价额之多少，似不必讨论也。

（周寿恩君）质问：若照此办法，则外府县人民见所列讼费，转多疑阻。

（刘崇佑君）谓：如规则所定，较从前讼费尚省，有何疑阻？

（孟思培君）谓：此案总须付审查为是。

（黄必成君）谓：本议员对于此议案所规定其中可加一条，凡遇有吸烟者，无论原被告，应令其照讼费加出三倍。

（刘崇佑君）谓：此与法理上违背，本议员不敢赞成。

议长（高登鲤君）谓：此案应归法律科审查，请众表决。赞成者五十七人。

议长（高登鲤君）问：法律科审查员何日可以报告？

（邹含英君）谓：定初九日报告。

第二，消弭下游劫杀提议案（议员许赞虞等提出）审查员报告。

审查许君赞虞消弭下游劫杀议案报告书

庶政兴革科

此议案以下游作议题，顾所提议者似限于厦门一方面。查厦岛为交通繁盛之区，五方人色于焉杂处，匪类易以藏匿，此劫杀发现于陆地之原因也。其水上小炮船，多系数处大姓之凶悍者司之，杀人越货，是其本性。以故华侨回梓间，屡有遭其患者，此劫杀发现于水港之原因也。该议案谓厦门为通商口岸，富商聚处，盗所垂涎，不早为缉弭，万一劫及洋商，势必案起交涉，所虑诚极深远。且谓华侨遭劫，将相戒而不敢回乡，内地亦难望洋银之挹注，是于生活上亦倍见关怀。惟所拟消弭方法三则，有难一概施行者。试分别审查之如左：

一、虚报兵额，尅扣军粮，诚近日多数武曹之传钵。以故供杂役奔走则有兵，缉盗贼防匪患则无兵。绿营之腐败，难怪言时务者之议废矣。惟是厦岛为水陆提督之辖区，纵兵多虚额，总视他处为优，非临大敌，仅以之缉奸捕盗，谅必游刃有余。而犹必烦许君擘画者，意在标下营官之不振顿耳。若夫兵无任缺，额粮必须照发，此固绿营未废以前各处普通办法所宜尔也。

一、设立乡团，上府或尚可行，而断不可设于下游。下游械斗之风成为习惯，再设乡团，是助之资矣。且施之厦岛亦甚不宜，彼处人类错杂，联秦越为一心，诚恐未能团结。且所招者无朴实之良民，多闲荡之游子，一旦撤团，则此辈即盗贼矣。

一、养兵千日，用在一朝。武营苟整顿得法，何至捕拿盗贼向地方官婪索粮食，及要求一切杂供？惟积习相沿，故多责求于例外，禁之诚是也。细查原议案，此所云云，与第一则同一性质，似宜于第一则连言之，毋庸另提。但其下所言，则关于地方官捕盗之事，所谓劫案告发，勒限拿办，否则定予严参等语，固尚可采用者。

究言之，该议案理由似专叙厦门，而办法则不足以概下游。办法笼统，或不宜于各地方。同人审查之下，因另有修正案在。

宣统元年十月初二日，庶政兴革科主查员椿安，理事员郑藻山，审查员王子懿、王怀邦、张国宝、余钟英、林邦桢、林佑蘅、黄纪星、黄必成、潘纪雲。

议长（高登鲤君）请主查员椿安君登坛报告。

（椿安君）登坛谓：本主查员前两日均因病告假，所有交来应审查之议案，均系本科各审查员主稿，本主查员仅就其所审查者报告，合行声明（余与报告书同）。

（许赞虞君）质问：虚报兵粮，据报告书所言，似并无此事，恐所查未确。

（椿安君）谓：虚报兵粮，固属宜禁，然不独下游一带为然，拟并入上游一概拟定办法。

（洪国器君）质问谓：乡团原以防盗贼，下游盗贼以泉州为多，泉州盗贼以同安为多，故前日提议应于同安办理乡团，何以本议员提出之意见书，审查员并未提及？且审查员中如林邦桢君等，亦系下游人，何以谓乡团不宜兴办？

（林辂存君）谓：本议员对于此报告书亦甚反对，本议员本住厦门，亦曾办过乡团，何以见厦门不能办乡团？此议案应再行详细密查。

（洪国器君）谓：请问审查员对于泉州盗案如何办法？

（王子懿君）谓：此议案本应归下游人之为审查员者拟具报告书，至其办法已详列于修正案中，应俟第二读会时提出。

议长（高登鲤君）问：此议案应否开第二读会，请众表决。赞成开第二读会者得五十三人。

第三，普禁缠足提议案（议员孟思培、张步青等提出）审查员报告。

宣统元年九月二十九日，本局提出议员孟思培、张步青关于实行普禁缠足议案，交由本科审查，合将审查情形报告于谘议局，公同议决。缠足陋习，相沿日久，积重本难骤返。若操之过激，民间转生疑阻，办法益形扞格。查原案禁止方法，系仿照前江督端制军所定章程，分禁缠足、劝放足两项，与调查户口合并办理，筹划极为严密。倘用之于风气较开之地，收效固属敏捷。但闽省除会城外，上下游平民知识素不开通，本年调查户口尚多棘手，若复以查禁缠足并入合办，于调查户口反有窒碍，即于劝禁缠足，转恐徒托空言。大凡禁令施之少数人者，可用急进之方针；而施之多数人者，贵有潜移之办法。今吾闽上下游各属，蹈缠足恶习者，十家尚不止九。惩罚之法，难以概施。本科审查之下，再四磋商，只有提倡鼓励之一法，倡之自绅，期之以渐，最为妥善，亦无违抗骚扰之虞。应请制台通饬各属地方官，会同绅士，限文到三个月速行组织天足会，以为劝导之机关。凡会员家十岁以下至六岁女子，一律不再缠足，以资表率。并各自担任劝导亲族戚友之家，勿再蹈此恶习。一面按户散给不缠足白话歌曲，由县张贴告示，官绅合办，晓谕劝导并施。其有十岁以下不缠足，暨十岁以上缠足已成愿放者，均由会中赏给银牌徽章，以示优异（此项经费可由会员捐集，或地方官拨款补助）。至于惩罚之法，应先从绅商学各界入手。法行自上，则已居于少数之列，似属简而易行。例如职官、举贡生员，及各社会员绅、各学堂教员等人家，十岁以下女子，自宣统二年六月起，倘仍有违禁缠足者，应分等科以罚金；其平民家则宽限至宣统四年六月再行科罚，次第推行，必无阻力。大凡乡邑之间，平民之家习尚嗜好，多视大户为转移。上流社会果能实力提倡，行之期年，自有风草之效。况缠足之事，本非人所乐为，特囿于千数百年之陋俗，无人提倡，各怀疑阻，以故迁延至今，断非万难革除之事可比。即以省会风气已开者言之，近年幼女之缠足者，十不得一，即此已可概见。所有审查情形，暨另拟办法，是否候裁，须至报告者。

宣统元年十月初二日，庶政兴革科报告。主查员椿安，理事员郑藻山，审查员王子懿、王邦怀、张国宝、余钟英、林邦桢、林佑蘅、黄纪星、黄必成、潘纪雲。

议长（高登鲤君）请主查员椿安君登坛报告。

椿安君登坛报告（大旨与报告书同）。

议长高登鲤君问：此议案应否开第二读会，请众表决。赞成开第二读会者得四十六人。

第四，关于教育事件妥筹各府与省垣联络办法提议案（议员苏寿乔提出）

审查员报告。

本局第一届第十次议会提出，议员苏君寿乔等六人提议关于教育事件应妥筹各府县与省垣联络一致一案，交由本科审查。查得该案所陈情形极为明确，即所拟办法各条均擘画周详，准此推行于全省教育机关，自可渐臻完密。惟第一条乙项内师范传习所句下，应添"实业教育养成所"一句。又第二条关于考取出洋留学及选送京师，或各省学堂之完善办法，大旨请此项考试，应请学台前两个月通饬各属府州县，即时公布，然所指各项考试，省垣奉到部文未必尽在两个月之前，似应于本条下续添"但发见各项考试时，如期限匆促，札饬函告均有不及，即宜由电通报，以免延误"数语，较为完善。其余可悉照原案提出谘议局公同议决。合将审查情形缮具报告，祗候公裁。

另将第二条内拟增续数语附详于左：考派东西洋留学生时，应请学台前两个月通饬各府州县，即时公布，并由教育总会函告前所指定之场所，以便预备赴考。其有京师及外省学堂招考时（如分科大学预备科、保定陆军、唐山矿路、天津医学堂、北洋水师学堂等），亦照前法通布之。但发见各项考试时，如限期匆促，札饬函告，均有不及，即宜由电通报。

宣统元年九月二十七日，庶政兴革科。主查员椿安，理事员郑藻山，审查员王子懿、王邦怀、余钟英、张国宝、林佑蘅、潘纪雲、林邦桢、黄必成、黄纪星。

议长（高登鲤君）请主查员椿安君登坛报告。

（椿安君）登坛报告（大旨与报告书同）。

议长（高登鲤君）问：此案应否开第二读会，请众表决。赞成开第二读会者得五十六人。

第五，减轻漳河水患提议案（议员陈锡朋等提出）审查员报告。

漳郡去年水灾，创巨痛深，为远近所同悉。查漳郡自发逆蹂躏后，四十余年间，元气犹未恢复。益以甲辰至戊申五年三灾，财力殊为疲敝。而多一回大水，即溪港多一回淤积，听其日积沉沦，胥数十万生灵而为鱼，举一片桑麻沃土而变为泽国，情殊有所不忍。欲将全河疏浚，并于要害处砌堤，以防他日沙溃。该款乃至一百万或二三百万以上，负担既有所弗胜，筹措殊苦于不逮。该处官绅并议员陈君锡朋等，于无可如何之中，筹出减轻方法，殊策其轻而易举者，俾得利于实行。倘此着亦因款项难继而中止，则漳郡前途不堪设想矣。同人审查该议案所拟筹费办法等，实属切当可行。惟此等工程自以多得挹注为佳，特请援照福州开浚泷口港，再由福建赈捐局项下拨款补助，自可采入该议案之中。惟此项河工开办以后，如所用绅董有把持侵蚀该河工经费，除由该处官绅举发外，应请援照谘议局章程第二十八条，准由（谈）〔该〕处议员揭出于谘议局。所有审查该议案情形，理合公同报告，祗候伸裁。

宣统元年十月初三日，庶政兴革科报告。主查员椿安，理事员郑藻山，审查员王子懿、王邦怀、张国宝、余钟英、林邦桢、林佑蕡、潘纪雲、黄纪星、黄必成。

议长（高登鲤君）请主查员椿安君登坛报告。

（椿安君）登坛报告（大旨与报告书同）。

议长（高登鲤君）问：此案应开第二读会否，请众表决。赞成开第二读会者得五十五人。

第六，催设各属女学堂并附幼稚园提议案（议员许赞虞等提出）审查员报告。

窃维母训为家庭教育之起点，幼稚为圣功养正之初基。教育所施，均不容缓。是以学部通饬各省，于各府筹设女子师范学堂，州县筹设两等女学堂，诚为当务之急也。闽省惟省垣、厦门设有一二所，余皆无闻，自应兼顾并营，以期教育之普及。许君原案所见甚是。惟设女学堂及幼稚园，必先养成教员保姆，办理方有着手。现今闽厦虽有此项毕业女生，而人数无多，且聘往各县，诸多不便。日前本局议覆制台提出师范教育案内，请饬各属设立女子师范及保姆养成所，即为女学幼稚之预备起见。许君此案，意亦大略相同，似可无庸再议，以免重复。是否之处，伏候公裁。

宣统元年十月初六日，庶政兴革科。主查员椿安，理事员郑藻山，审查员王子懿、余钟英、王邦怀、林邦桢、张国宝、林佑蕡、黄纪星、黄必成、潘纪雲。

议长（高登鲤君）请主查员椿安君登坛报告。

（椿安君）登坛报告（大旨与报告书同）。

（林辂存君）质问：照此报告，此议案是否撤销？

（椿安君）谓：亦可归并合议，事既一律，何必重提。

（林辂存君）谓：前日制台所提乃系咨询案，与此不同。此案决议后，应申请制台札行照办。

（潘纪雲君）谓：现须先决定应否开第二读会。

议长（高登鲤君）问：此议案应否开第二读会？赞成者仅三十一人之少数，遂不开第二读会。

第七，推广小学堂提议案（总督提出）审查员报告。

本局第一届第十三次议会提出，制台推广初等小学堂议案，交本科审查。查得此案为谋教育普及起见，洵属切要之图。按外国普行教育之法，学龄儿童不就学者，罚其父兄。国中乡村遍立小学，是其教育普及之原因，略可概见。吾闽初等小学仅二百余所，就城镇而言已未一律敷设，乡僻之区更为寥寥。病在机关泛散，而组织推广之未得其法也。顷读制台议案内开四条，擘画周详，殊深钦佩。所云如何推广之处，业经同人讨论，（问）〔间〕有与初等小（等）〔学〕略异其性质者，如半日半夜学堂之类，拟一并增入，统候伸裁。

（甲）地方教育之发达，专视机关之完备与否。吾闽各属自治会现未成立，劝学所现未设齐，其已设者亦多属敷衍搪塞，应俟自治会成立，及督促劝学所设立改良，而后责令将所属学区协同筹备款项，次第设立初等小学校。

（乙）各属劝学所、教育会及地方绅耆，宜令联络一气，凡关于教育上事务，必互相提掣，并斟酌该处情形，如小学校教员现尚缺乏，应公同设立师范传习所或教育讲习所，如劝学所与教育会能彼此分设，上开等项更佳。

（丙）各处塾师顽固，概不肯改良，宜饬地方官设法令入师范传习所或教育讲习所，以便改良一切。其私塾改良章程，亦请广为传布。

（丁）凡师范传习所及教育讲习所，应斟酌各地方情形，收取学堂学费，其不足者绅为补助，再不足则请地方官筹款拨用。

以上四条，均与原议第三则互相发明。

（戊）地方绅员商有能组织成款，倡办初等小学者，俟办成效，地方官应奖给匾额，以为办学者劝。

（己）各处小学堂勿论高等初等或两等，均可附设半夜学堂，以招贫民子弟及商铺幼伙之日间不能就学者。

（庚）无论何处，均宜速设半日半夜学堂。例如，一学堂上午教一班，下午教一班，夜间又另教一班。此等办法，费廉而成立甚易，且于近日乡间又最相宜。

宣统元年十月初五日，庶政兴革科报告。主查员椿安，理事员郑藻山，审查员王子懿、王邦怀、张国宝、余钟英、林邦桢、林佑蕡、黄纪星、潘纪雲、黄必成。

议长（高登鲤君）请主查员椿安君登坛报告。

（椿安君）登坛报告（大旨与报告书同）。

议长（高登鲤君）问：此案应否开第二读会，请众表决。赞成开第二读会者得六十人。

议长（高登鲤君）宣告休憩二十分钟。

三时二十分续行开议。

第八，（编）〔遍〕设劝学所提议案（总督提出）审查员报告。

本局第一届第十三次会议提出，制台遍设劝学所议案，交由本科审查员审查。查此案系图教育机关之完善，为目前迫不容缓之图。然经费人材两皆缺乏，又为不能遍设之原因。为今之计，惟有先由地方官筹垫开办经费，并会同本地公正绅士，按各地情形筹款办理。而着手之初，除照部章开设教育讲习科外，尤以开设小学师范讲习所为最要。查劝学所章程第四条，有组织小学师范讲习所之规定。惟该章程系于各区之中设立师范讲习所，非一时财力所能及，宜于厅州县本城之内先设一所，以立其基，则事较易举。此实劝学所成立之后，所宜首先从事者也。合将审查情形报告，祗候公酌。

宣统元年十月初四日，庶政兴革科报告。主查员椿安，理事员郑藻山，审查员王子懿、王邦怀、林邦桢、林佑蕡、张国宝、潘纪雲、黄纪星、黄必成、余钟英。

议长（高登鲤君）请主查员椿安君登坛报告。

（椿安君）登坛报告（大旨与报告书同）。

议长（高登鲤君）问：此案应否开第二读会，请众表决。全体赞成开第二读会。

第九，关于上游匪害办法提议案（总督提出）审查员报告。

本科第一届第十三次议会提出，制台办理上游匪害议案，交由本科审查。披阅之下，仰见贤长官除暴安良之至意，钦佩莫名。惟据原议案谓，上游与粤赣毗连，为游勇会匪出没之所，是则犬牙交错，盗踪原未易追求，倘我已极力廓清，而彼仍任意奔窜，则匪害终无止期。兹谨就同人讨论之意见，拟为办法列左：（甲）似宜移文赣粤督抚，各驻大队防营于三省毗连之边界，分任捕缉等事。（乙）清查户口，自为断绝匪源之第一要义。然亦宜仿照甲件办法，移知赣粤督抚，将来清查闽赣粤三省连界户口，务宜格外认真，或能同时举行，尤足使盗踪无处藏匿。至于此外办法，则议员高君登鲤所提防缉上下游盗贼议案中，多关于上游匪害办法，自可采用施行。所有审查制台办理上游匪害议案各情形，合报告于谘议局。

宣统元年十月初五日，庶政兴革科报告。主查员椿安，理事员郑藻山，审查员王子懿、王邦怀、张国宝、余钟英、林邦桢、林佑薔、黄纪星、黄必成、潘纪雲。

议长（高登鲤君）请主查员椿安君登坛报告。

（椿安君）登坛报告（大旨与报告书同）。

（熊秉廉君）谓：匪害办法，与粤赣毗连地方情形不同，本议员拟加一条。

议长（高登鲤君）谓：此可提出意见书，俟第二读会发表。

议长（高登鲤君）问：此议案应否开第二读会，请众表决。全体赞成开第二读会。

第十，下游苦盗情形妥筹办法提议案（议员洪鸿儒提出）审查员报告。

附审查洪君鸿儒下游苦盗情形拟办方法报告书。

此案与许君赞虞提议消弭下游劫杀案性质相同，同人所拟各修正各办法，已详见于许君赞虞所提消弭下游劫杀之修正案矣。可否无庸再议，应请公决。

宣统元年十月初四日，庶政兴革科报告。主查员椿安，理事员郑藻山，审查员王子懿、王邦怀、林邦桢、林佑蘅、张国宝、余钟英、潘纪雲、黄纪星、黄必成。

议长（高登鲤君）请主查员椿安君登坛报告。

（椿安君）登坛报告（大旨与报告书同）。

议长（高登鲤君）谓：据主查员所报告，此议案似可不开第二读会。

（椿安君）谓：并非不开第二读会，乃谓宜归并上游匪害议办法。

（陈之麟君）谓：上下游情形不同，宜分筹办法，应仍开第二读会。

议长（高登鲤君）请众表决。赞成开第二读会者得三十八人。

第十一，保护上游木商提议案（议员李迪瑚等二十二人提出）第一读会。

吾闽上游多山，厥产惟木，出口大宗，杉居其一。年来木业递衰，不及从前百分之一二。近有提倡森林，集资种树，诚为探原之举。然不为木商计划，清除弊害，虽木植壅积在山，将木商望而却步，必致价值贱若泥沙，迫之亦无人敢种。则欲兴农林之利，必先除木商之害，一定之理也。查木商之害有三：

一、在山。杉木商入山采办木植，看货估价，立约付银，忽而有他山主出而干涉，谓未签名，致兴讼狱，或有藉山邻出而阻挠，谓伤龙脉，聚众滋事。因虚渺无据之事，致有投资数年，纠结而不能登山砍伐者。其害一。

二、在途。杉木植重笨之物，非积诸山，即浮诸水，或地棍之讹索，或盗窃之潜偷，或藉害田坝之名，而阻其出路，或借损桥梁之说，而令其捐金，流郎有包厂之名，游勇有强讨之弊，匪党时乘机而抢夺，炮船亦串匪而分赃，盐船因私卖而撞沉，委员亦明知而诬陷。种种妨害，无帮不有。其害二。

三、在行。杉木排到省投行入坞，看江之工食倍增，盗卖之弊害仍有。其害三。

欲除三害，非筹保护木商之法不可。谨拟办法如左：

（甲）木商入山采办木植，经中见向山主定买之木，当面分明界址，立约交银之后，即将所买该地木界等议，具字标贴该乡通衢。如有界限不清，重卖二主等弊，限一个月内，许争者即向买主声明，买主当与争者同到卖主家质实，果有混界重卖诸弊，即向卖主追回原款，另罚一倍，以补买者利息往来诸费。如越月不报，买者雇夫登山砍伐，山邻如有生事，以勒诈论。如前买者路远不知，自后查觉，准其向卖者原款追回，照罚二倍，为盗卖者戒。倘越足一年以上不砍，乃系有意耽搁，无论新买旧买，其卖约概作废纸，听凭山主召人承买，不得异言。

（乙）木植砍完，开路拖铲，必经山邻界址，山邻不得藉词有伤龙脉，至生阻挠勒索之弊。如有损坏田埂田圳，该商自应照原修复，不得推诿。

（丙）木植放溪，必经桥梁坡坝，如有损坏，理应照修完好。木商当于未放溪以前，具字通知，以释疑义。倘有棍徒分外拦诈，准该商随时禀请地方官，立即提讯，毋得挨延，酿成不测之祸。

（丁）上游有一种丐匪，名曰江湖。每遇木商起厂，由青山以至拖铲放溪，皆有匪徒少则数十人，多则数百人，箸马到厂，勒索包厂规费，稍不如愿，百端糟踏。此等恶习，最为商民之害。应请制台设法通饬禁绝，实力保护。

（戊）木排运河，各地埠常有游勇流郎，结党成群，窥伺木排安泊，登排苛勒私费，不如所欲，或白日抢取，或乘夜盗窃，无所不至。惟水口及平水为尤甚。应请制台通饬地方官，会同炮船，设法严示禁绝，如有此等禀到，立即拿办，责成保护。倘有奉行故事，一经上控，严行参处。

（己）溪河之险，惟上游为最多。三十六滩之危，惟南蛇秤钩滩为最著。故抽厘助饷，设炮船弁勇，沿河镇守，以防匪徒劫抢，此后货船俱各无虞。惟木排过吼下滩，每遭匪徒抢夺，私匿盗卖等弊，推原其故，是由炮船弁勇串勇分赃，至有此弊。如果认真拿办，匪徒无立足之地，何敢妄为？应请制台通饬沿河炮船，出示严拿，责成保护。如遇匪徒抢夺木排，藏匿不远，该炮船不严拿究办，追赃给领，一经发觉，著该段炮船赔偿外，应即参办。庶足永绝匪党根株。

（庚）上游滩吼危险，船梢无不加意防护而保安全，未闻有木排撞破货船之案。惟装盐船户狡猾异常，往往将盐盗卖一空，泊于滩吼之旁，待木排下流，放出对撞，诬控勒赔。贤宰虽或察悉其情，重加责押，而转劝商赔盐，以重国课。是以奸梢胆大妄为，已成积弊。应请盐道台通饬各口官运盐商，责成船户装盐与装货无异，各自防护，一面出示晓谕，如再有诬指木排撞坏之盐船，除责成该梢照赔外，按例反坐，以儆效尤。

（辛）木排运至河中，突遭洪水暴涨漂流，沿溪居民揸捡者，多入藏匿，抗不与赎。应请制台出示，按照商规，听本客备价，邀同炮船弁勇前往查赎，不得隐瞒。如有此情，除将捡木者按照抢例拿办外，仍处船弁不力之罪。

（壬）坐贾行商，分为两途，不能合为一事。将乐沙县等处，有以坐贾捐名目，勒抽行商，过境木排每连番一元，公然给以坐贾捐票，名目不符。前经木商川记号吴益昌等前后禀，蒙各大宪会衔通饬示禁在案。兹查仍然照抽，实属欺藐。应请制台严饬禁绝，如有仍蹈故辙，一经发觉，立即参处。

（癸）木排投行入坞，由木行雇伙看守，以防偷窃，名曰看江。自道光间看江工食，每连给钱八十文、米一升，咸同以来渐增二百四十文至三百六十文，今起至四百八十文、米一升。每厂计给工钱一万一千五百二十文、米二斗四升，并给排枕一半，以及零星串柴、排米，约计共有二十千左右，不可谓不厚矣。业经看江亲具甘结，木行保结，自此以后，看江自应小心看守，不敢再有窃换增价等情。如有此情，惟保是问，禀请防署立案，乃有监守自盗之案，仍层见叠出，显系木行容纵所至。然看江乃系木行所雇之伙，又经作保，有案木行应有责成。请制台出示严禁，如再有窃换增价等弊，一经发觉，罪罚同科。

提议者李迪瑚、周文麟、卢初璜，赞成者吴庭枨、俞光华、高登鲤、陈树勋、林佑蘅、连贤基、余钟英、黄羲、伍春蓉、周寿恩、苏寿乔、游肇源、上官华盖、邹含英、王子懿、谢受殷、刘志和、邓畿、黄乃裳。

议长（高登鲤君）请提议者李迪瑚君登坛说明理由。

（李迪瑚君）登坛说明理由（大旨与议案同）。

议长（高登鲤君）问：此案应否开第二读会，请众表决。赞成开第二读会者五十三人。

第十二，请禁杉木藉股侵占提议案（议员周文麟等十七人提出）第一读会。

一上游所出土产，惟杉木为大宗，但遇批山，每多构讼，何也？盖山场原非一人之产，所（管）〔营〕业者或五六十股，或二三十股，或十股八股不等，其中股数多者，得为公同议价宜矣。甚有奸徒明串蠹胥，于一股之内分买其百分之一二，遂自命为山主。迨至批山公案，议定价银，彼则藉其蛮横微末之股，出头拦阻，强霸不批，必须多方讹索，勒至数十倍或百倍而后止。不遂即饰词捏控，胥吏上下其手，迨获公断，而木商之耗费且不止于百倍，故甘受欺凌。其与理较，应请制台札饬州县官严行示禁，自后凡遇议批杉木，即当会同多股山主公议价值，一经议定，不准最少股之山主而把持。倘有棍徒仍前藉强霸阻，一经禀控，立予重惩，庶数十年来之恶俗得以永销。商民幸甚，地方幸甚。

提议者范宗福、周文麟，赞成者吴庭枨、连贤基、上官华盖、苏寿乔、邓畿、谢受殷、陈树勋、余光华、林佑蘅、游肇源、黄乃裳、周受恩、余钟英、刘志和、高登鲤、黄羲。

议长（高登鲤君）请提议者范宗福君、周文麟君登坛说明理由。

（周文麟君）登坛说明理由（大旨与议案同）。

（刘崇佑君）谓：此案不必另行再开第二读会，即附于保护木商议案内可也。

议长（高登鲤君）请众表决赞成刘君之说者，得五十二人。

第十三，提倡农会提议案（议员林邦桢等十人提出）第一读会。

我国所以见贫穷者，皆多游民之害也。自光绪三十三年九月十四日，农工商部奏颁筹办农会章程，经直隶保定府首先设立农务总会，并饬各省一律仿办。此实为农业进步之枢纽，而可以除游民之害也。我闽省处边海之地，苟不急起提倡，开设农会，为提纲挈领之谋，恐无以收脉贯络通之效。况上下游地皆沃腴，如福宁、邵武之宜种杉、樟，建宁、延平之宜种茶、竹，龙岩之宜种竹、制纸，漳、泉之宜种果子、蔗糖、茶，其余之宜于森林、竹木者，种种不一。地利之溥，为东南冠。何以本省农民纷纷出洋，别求拓殖？皆因无农会为之维持也。今当立宪伊始，推广农会，最为要务。应请总督通饬各府州县，于文到三个月内，各就本管地方开设农会。每会选举一人为会长，十人为调查员，先调查户口，每户几家，每家几口业农。凡有不动产之业主，值五百元以上者，准其一人入会；垦荒在百亩以上者，亦准其一人入会；不及格者，仅令编籍备查。善开拓者则奖赏之，不善开拓者则劝戒之。并就适中之地，设立农学堂，学费由学生认捐，以两等小学毕业后升入农学堂，优予奖励，藉资提倡。至于农会农学章程，本有奏颁原本，及直隶办有成效之模范，尽可采酌施行，故不备述。所有拟请提倡农会缘由，敢抒管见，陈诸简篇，仍候诸君卓裁。

著草案者林邦桢，赞成者林辂存、陈之麟、林逢春、许赞虞、叶福钧、李慕韩、张国宝、周寿思、林佑蘅。

议长（高登鲤君）请提议者林邦桢君登坛说明理由。

（林邦桢君）登坛说明理由（大旨与议案同）。

议长（高登鲤君）问：此议案应否开第二读会，请众表决。赞成开第二读会者得四十人。

议长（高登鲤君）谓：本日议事日表所列各议案均已议毕，而时间尚余一点钟，拟将整顿闽路提议案就本日开第二读会，请众表决。赞成者得五十六人。

第十四，整顿闽路提议案（议员孟思培等八人提出）第二读会。

吾闽铁路开工三年，漳厦一线成功不及二十里。闻幅员南北干线一千余里，支线尚在其外。若果如此延缓，百年不能蒇事，外人虎视眈眈，甚为可虑。查闽路之易于江浙者，约有数端：江浙有部款虚息，闽省则无之，一也；江浙股息均七厘，闽省只定六厘，二也；江浙无随粮之捐，闽省则以此保息，三也。况粮捐一款，原案只云试办一年，今又续办，亦与原案不符。就其已经收入者计之，光绪三十四年上忙起，至宣统元年上忙止，总计不下四十余万元，而所收股本及盐务提款尚在其外。查公司实收之数一百八十余万，实用之数一百六十余万。造路需费，桥工最巨。江省之南，浙省之北，河流交错，桥工颇多，工成报告，每里平均不过一万七八千元，浙省如路桥、股息、车辆等非建筑费俱在其内，其实用于建筑者每里不过一万三千余元。漳厦线虽有一河桥尚未兴工，所需木料无需仰给外省，较之江浙费用必少。两相比例，成功当在百里以外。何以开工三年，造路不过十余里乎？事关全省大局，不得不设法整顿也。拟条陈如左：

（一）宜分任劝股。独力难成，众擎易举。谘议局议员以及绅商学界数以千计，均系上等社会之人，素为乡里所推重，劝募谅必无难。应由各界开会，各自量力担任，或数万股，或数千股，或数百股，定期缴交。其从前认而未缴者，亦各分道就近带收。惟肩此任者万不可已担任而不事劝招，或劝招而不如期收缴耳。

（二）宜限期竣工。铁路工程浩大，不得不分段营筑。当视其路段之长短、工作之难易，定日期之远近，或数月，或一年，或二年，严定限期，分段竣工。一段既成，即可收一段之利。成效既著，认股缴股者必愈踊跃，全路成功有日矣。查邮传部奏定九年筹备清单，漳厦铁路限于宣统三年告成，应请制台勒令依限告竣，不得延缓，以符部章。

（三）宜裁冗费。成大事者不惜小费。铁路本属巨工，断不能吝惜赀斧，耽误工程。然因事用人，因劳定食，自有适中标准，又何必多设冗员，滥支薪水？闽路公司用人既多，（辛）〔薪〕金亦不免（遭）〔过〕滥，如二人可办之事，三人托足其中，其一即为冗员。百金足偿其劳，又复多给长支，皆为虚耗必也。因事用人，因人授俸，勿过刻，亦不必过丰，务使款不虚糜，人归实用，则闽路之成可计日而待矣。

（四）粮捐宜给股票。加赋保息，名既不正，理亦弗顺，民怨沸腾，无怪其然。查原案业已声明，铁路告成，给予股票，其红利留办各该地方公益，是亦非勒民虚担义务也。然但言路成，殊属空泛，应请缴款之日，即给予股票，以每股五元计之，如缴五百元者，自应给百股之票，作为各属公股，唯其股息及红利，则不妨俟漳厦路工告成再行开支。既以助路事之成，亦以坚固民之信，一举两得，较为公允。

（五）粮捐不得挪作别用。查加赋之举，原指明为铁路之用，自不应轻为挹注。全闽钱粮，以每两加钱两百计之，每年当得二十余万金。而本年制台奏案，仅得五万余千串。该公司报告，则自光绪三十三年起，至宣统元年六月止，仅收银一万两有奇。其余各款，不知归于何处。应请将此款尽数拨给铁路公司，不得挪作别用，以免纠葛而清界限。

（六）粮捐宜定期限。粮捐初办，原以一年为期，兹复续捐，已为失信。现漳厦铁路部定宣统三年告成，则粮捐亦应至是年停止，嗣后续办之路，不得援以为例。即漳厦路或不能告竣，亦应停捐，以昭大信。

（七）粮捐公股应与各股东同。粮捐已保息于前，自应酬报于后，现已作为各该地方公股，则漳厦路成，其应得利益，应与各股东同享，不得歧视。

发议者孟思培、康咏、林佑蘅，【赞成者】高登鲤、李迪瑚、刘崇佑、刘志和、周文麟。

议长（高登鲤君）请书记长登坛朗读原案。

议长（高登鲤君）将原议案逐条请众表决。

一、宜分任劝股

（刘崇佑君）谓：此案只言劝股，并未言及劝股办法，从前省城亦曾行之，迄无实效。

（孟思培君）谓：此亦无甚办法，惟由各界开会劝认而已。

（刘崇佑君）谓：劝募方法总须筹及。

（施景琛君）谓：从前本有闽路公会劝募股份，所认之股份颇多，但因公会并未往催，故此款多未收集。现应设法令公会改良收股方法。

（孟思培君）谓：不如请制台札饬各县，通饬各团体，自行劝募。

（卢初璜君）问：闽路是官办抑商办？

（孟思培君）答：系商办。

（施景琛君）谓：宜饬铁路公司准人领办。

（刘崇佑君）问：各府县现在有无闽路支会？如无支会，应各设支会，以为机关，庶易募集。

（黄乃裳君）问：此股是否办漳厦铁路？

（孟思培君）谓：非是。

（陈之麟君）谓：然则须别指一路，另行劝股份办欤？

（王子懿君）谓：应如刘君所说办理。

议长（高登鲤君）谓：此条应如何改定，请刘君即行发表。

（刘崇佑君）谓："谅必无难"下，添"应由各州县设立闽路支会"。

议长（高登鲤君）请书记长登坛将第一条修正后重行朗读。

议长（高登鲤君）将已修改之第一条请众表决。赞成者得三十八人。

（施景琛君）谓：闽路公会空存名目，其中无人办事。现在欲设支会，则公会尚须整顿。

（李迪瑚君）谓：不特支会须设，即公会亦须改良。盖从前所设立者，原不得谓为全闽机关也。

（黄乃裳君）谓：招股尚属第二层，现在最要者在请制台商诸铁路总理，许他人别设公司兴办铁路方可。从前铁路总办，欲将全省铁路专归一公司办理，以致诸商束手（拍掌），今速宜改良，庶闽路之成立可望。

二、宜限期竣工：赞成者四十六人。

三、宜裁冗费

（施景琛君）谓：裁冗费中，不独冗员宜裁。盖裁冗员所省无多，其中如采办材料等浮报甚多，尤应节省。

（孟思培君）谓：此系报销，不得谓之冗费。

议长（高登鲤君）问：施君此条应如何添改？

（施景琛君）谓：于"均归实用"之下，添"至其余各种浮费，均宜随时查核，认真裁汰"。

议长（高登鲤君）请书记长将第三项照改定者重行朗读。

议长（高登鲤君）将第三项请众表决，赞成者得四十七人。

四、粮捐宜给股票

（施景琛君）谓：现铁路公司所收无多，一面应要求各议员劝导各属人民，将随粮捐尽数交出，以资铁路保息，一面应请制台札饬各州县，将所收捐数尽数缴交公司。

（李迪瑚君）谓：随粮捐一项，各地均随粮缴纳，地方官延搁不交，似非议员所能为力。

议长（高登鲤君）请众将第四项表决。得赞成者四十九人。

五、粮捐不得挪作别用

（刘崇佑君）谓：此条但言随粮捐，此外尚有盐斤加价，所收之数尚多未交，前日已提及此节，应须加入文如下：并盐斤加价每斤一文，亦应交与公司，不得挪作别用。

（施景琛君）问：漳厦铁路股本全数收齐，约有三百万。每年保息仅十八万，据随粮捐及盐厘盐斤加价等所收入，除用于保息外，赢余尚多，此款应作何用？

（康咏君）谓：现在款尚未收齐，将来收齐后如有所余，应拨还各地方，以为兴办地方公益之用。

（李迪瑚君）谓：除保息外，所余之款作为正股，将来即以为各地方自治会之基本金。

议长（高登鲤君）请康咏君照李君意修改，众议另添一项为第八项。

议长（高登鲤君）将第五项请众表决。得赞成者四十八人。

六、粮捐宜定期限：赞成者五十一人。

七、粮捐公股应与各股东同：赞成者五十一人。

（黄乃裳君）谓：宜再加一条，分段准人承办。

书记长将新添第八项登坛朗读。

八、保息溢额宜并给与股息及红利：赞成者全体。

议长（高登鲤君）宣告闭会。

是日出席议员六十五人。

制台于午后一时到会。

午后五时二十分钟闭会。

第一次福建谘议局议事速记录第十七号

宣统元年十月初八日（1909年11月20日）

议事日表　第十七号

宣统元年十月初八日（土曜日）午后一时开议。

第一，资政院议员互选细则草案（本局提出）第一读会。

第二，禁售土地于外人提议案（议员黄纪星等七人提出）第二读会。

第三，防弭上下游盗贼提议案（议员高登鲤等提出）审查员报告。

第四，整顿闽路提议案（议员孟思培、康咏等八人提出）第二读会。

第五，修正鼓浪屿公界章程提议案（议员林辂存等三十四人提出）第二读会。

第六，推广国语传习提议案（议员杨豫、施景琛等七人提出）第二读会。

第七，请改宁清为闽盐销岸提议案（议员伍春蓉、邹含英等八人提出）第二读会。

第九，保护外洋华侨提议案（议员林辂存、黄乃裳、林邦桢、陈之麟、陈锡朋、高登鲤等二十七人提出）第二读会。

第十，关于民教相安妥筹办法提议案（议员陈之麟等六人提出）审查员报告。

第十一，兴化绅商禁阻洋油池建议书之提出（介绍议员黄钟澧）。

第十二，闽清碗铁米船商建议书之提出（介绍议员黄纪星）。

第十三，侯邑农民张耕心等关于税契积弊建议书之提出。

代理议长（刘崇佑君）：

一、报告议长高登鲤君因事告假一天，由本副议长代理。

二、报告林邦祯君、郑锡光君、高士龙君、潘纪雲君、游肇源君、谢滋春君、周文鳞君、黄金銮君各告假一天，又及郑田龙君因病告假一星期。

三、报告本届会期仅余两日，而议案之关系重要者所余尚多，现拟延会至九月十五日止，诸君以为何如？

（李迫瑚君）谓：第一读会提议案只可限至今日为止。

代理议长（刘崇佑君）谓：最好以后不再提议新案，此节应请诸君协商。

（黄乃裳君）谓：延会不延会，须视所议事件之关系若何。现本局所提议之事关系重大者甚多，必须延会数日，以便议决清楚。

代理议长（刘崇佑君）谓：据本议长之意，提议案限至本日为止，除关于紧要事件外，不再提出。

（康咏君）谓：系因新议案未提而延会，抑为旧议案未完而延会？

代理议长（刘崇佑君）谓：因旧议案未完而延会。但延会总须定一期限，故拟限至十五日为止。

（卢初璜君）谓：延会若干日，恐难预定。须先就已提出之议案编定后，方能解决。

代理议长（刘崇佑君）谓：延会总须定一期限，倘十五日尚不能议完，届时再议延长可也。

（黄乃裳君）谓：本议员现尚有欲提之两议案：一为关于漳泉等商帮，一为关于闽浙等商帮。皆关系重大之件，诸君何妨少延数日。

代理议长（刘崇佑君）谓：现拟延会至十月十五日止，即于是日行闭会式，请众表决。赞成者得四十一人。

第一，资政院议员互选细则草案（本局提出）第一读会。

福建谘议局互选资政院议员细则（本局提出）

第一章　总　纲

第一条，互选资政院议员时，以本省总督为监督。

第二条，互选事宜由谘议局办事处管理之。

第三条，谘议局按照本省资政院议员名额，加倍互选八人，呈送互选监督，照额覆加选定，为资政院议员。

第四条，互选选举人及被选举人，均以本省谘议局议员为限。

第五条，选充资政院议员者，不得兼充本局谘议局议员。

第六条，本局互选资政院议员，有以他项资格钦选为资政院议员者，不得兼充互选议员。

第二章　选举方法

第七条，选举投票用有记名连记法，将被选举人姓名列记于一票，选举人于票末自行署名。

第三章　选举时期

第八条，互选资政院议员，于本届选举年份前一年十月十一日，在本局内行之。

第九条，临时互选日期，由本省总督定之。

第四章　选举之办理次序

第十条，届互选日期，就本局议堂设置投票所。

第十一条，届互选时刻，互选人入投票所后，各就席次，由本局书记长宣告开始选举。

第十二条，宣告选举之后，本局书记以选举票分致各互选人，书记长按其席次之号而宣呼之。

第十三条，互选人应书记长之宣名，以选举票投入投票匦。

第十四条，互选人有因疾病或其他事故，不能亲赴投票者，得就互选人内委托一人，代行投票。前项委托投票，应由本人亲书密封，于封面署名画押，连同委托凭证，送致受托人。该受托人应将密封及委托凭证，临时向互选监督呈验讫，照本人所书被选举人姓名，并其本人姓名，如式记入票内，方准代投。

第十五条，互选人投票既毕，书记长宣告闭锁投票匦。宣告闭锁后，不得再投票。

第十六条，投票既毕，书记长宣告开匦。书记当互选人之前，计算选举人数与票数，两数相符，即行开票。人数与票数不符时，票数多者（除有委托投票者外），其投票全体无效。若票数少者，书记长应宣告所短之数，令未投票者自行声明。

第十七条，本局应预制得点记入表，以便照查得点票数。

第十八条，开票时，书记应朗读票内所载被选举人之姓名，就于得数记入表，一一施以朱点，记各得票者之数。开票既尽，计算其各得票之总，报告于互选人。

第十九条，得票过互选人半数者为当选人。前项互选人数，以实在使由选权者之数为准。当选人名次以得票多寡为先后，得票同数者以年长者列前，年同则以抽签定之。

第二十条，当选人如不足定额，由互选监督将得票较多数者，按照缺额多寡，加倍开列姓名，榜示投票所，令互选人再行投票，以足额为止。其得票及格以外，额满见遗者，一律作为候补当选人。候补当选人名次按照第十九条第三项办理。

第二十一条，投票之有效与否，如有疑义，互选监督决定之。

第二十二条，计算投票总数不实，或捏报当选，除照罚则议罚外，得更正之。

第二十三条，互选完竣后，由谘议局办事处造具当选人名册，连同票纸，于十日以内呈送互选监督。互选监督覆加选定资政院议员后，应榜示于投票所。

第二十四条，选充资政院议员者，如不愿应选，得于榜示后三日内，呈明互选监督辞退。互选监督遇有前项情事，应依次将未经选定之当选人及候补当选人，覆加选定补充。如候补当选人不敷选定补充者，应即举行临时互选。

第二十五条，临时互选，一切照寻常互选办理。

第二十六条，资政院议员选定后，由互选监督给与执照，另造议员名册，连同当选人及候补当选人原册，咨送资政院。

第二十七条，本省资政院议员有缺额时，得资政院行知后，应照第二十四条第二项办理。

第二十八条，补缺议员之任期，以补足前任未满之期为限。

第五章　选举无效

第二十九条，选举票书写违式者，该票无效，但仍算入总数之内。

第三十条，选举票应无效者如左：一、违式者；二、夹写他事者（但记载被选举人官衔、职业、住址等不在此限）；三、字迹模糊不可辨认者；四、擅用他纸书写者；五、被选之人非谘议局议员者。

第六章　惩　罚

第三十一条，办理选举人员有故为高下，或其他舞弊时，一经指出后，由互选监督分别惩罚。

第七章　附　则

第三十二条，所有未尽事宜，于开会时以谘议局议决改正，呈请本省总督核定。

代理议长（刘崇佑君）请书记长登坛朗读细则草案。

代理议长（刘崇佑君）谓：前制台来札，所开资政院议员选举细则，应俟制台饬行选举札文到后，方能拟定。但为日已迫，不能久待，故先行拟就，呈请制台核定。至第二十四条中所云"依次"两字，系照宪政编查馆所颁章程定拟，其中不无疑义，应俟制台札文到后，方能解决。

代理议长（刘崇佑君）谓：此草案照章不得省略三读会，但选举期迫，不如就本日连开第二、第三读会，请众表决。得赞成者五十四人。

代理议长（刘崇佑君）谓：将草案逐章请众表决。

第一章，总纲：赞成者四十八人。

第二章，选举方法：全体赞成。

第三章，选举时期：赞成者五十五人。

第四章，选举之办理次序：赞成者五十七人。

第五章，选举无效：赞成者五十五人。

第六章，惩罚：赞成者五十二人。

第七章，附则：赞成者五十二人。

代理议长（刘崇佑君）谓：第二读会已通过，现续开第三读会。众皆赞成。

代理议长（刘崇佑君）将草案全文开第三读会，请众表决。赞成者五十七人。

第二，禁售土地于外人提议案（议员黄纪星等七人提出）第一读会。

土地所有权有许外人享受者，有不许外人享受者。列强对待政策互异，独日本以地狭人稠之故，对于此项特权，障护甚严。我国与列强订约，承日本初开港时修约之弊，于治外法权损害实多，仅于土地权稍知争议。故所订约章，除指明租界及内地教堂，准予购产外，其他各有限制。奈地方有司屡屡昧于交涉，于外人要求购地，或藉名避暑，或请设立行栈，均任意允许。其怪象之多，当以吾闽为最。查吾闽所许外人享受土地权者，仅有数处：（甲）《烟台条约》许以福建之厦门，为英国租界，其界线自岛美渡头起，迄太史巷渡头止，周围不及一华里，名曰租界，迄今尚无交租。（乙）《南京条约》许以福州之仓前山，为外国居留地，其界线自泛船浦起，迄大岭止，周围不及两华里。（丙）《马关条约》许以福州之洪山桥、厦门之虎头山为日本租界，界线甚狭，现尚未建筑。（丁）《鼓浪屿条约》许以厦门之鼓浪屿，充各国公共地界，该岛周围不及三华里，厦门开港时，此岛已被各国混居，本无条约，光绪二十七年始签订条约。以上数处，是国际上过去之失败，固无可如何者也。惟舍此数处之外，福建之土地，福建人享有之，非外人享有之。近闻上下游一带私售土地于外人，不一而足。如海澄县属之嵩屿，本非通商口岸，已故汀漳龙道李毓森及前署海澄县知县易简，竟私划此地一大段，售于美国之美孚洋行，作建筑煤油池。池与漳厦铁路总机关部相接，美孚遂援此为例，近复向兴化涵江地方再谋购地。德国之宝记洋行亦接踵来购，已由海关委员禀请禁阻。能否争回，权在大宪，诚恐各属类此之受无形朘削者，不知举发，将日就于穷蹙。公羊曰：天下兴亡，匹夫有责。不揣冒昧，谨陈办法如左：

一、拟请制军札行洋务局，查照各国条约，及前次外务部电饬上海道，禁止内地人民私售土地于外人，已售者勒令地主向外人取赎等案，迅速分饬各属，出示布告，以免小民受愚。

二、煤油池系危险之物，文明国亦悬厉禁。张文襄督两江时，曾通咨各省严饬禁阻。今如嵩屿美孚煤油池，设于内地，与铁路及民居均系接，涵江已受其影响。若各处相继蹈此覆辙，后患何堪设想。卖嵩屿之经手人李毓森虽殁，易简现权篆同安，应请制军电饬漳厦两道，督同易简，就近向美孚取赎。如万不能赎回，即将易简处以应得之咎，并通饬各属，引此为鉴。

三、内地挂洋牌之行栈，请查照魏前制台禁文，再通饬各属，一律催令撤去。

四、华人隶外国籍者，照新颁国籍法，不得在内地与我国人享同等权利。如有置产设栈，一并禁阻。

五、福建矿产，每有外国人备资本，用华人出名请办，如魏池之谋建邵汀矿产，及法禄之谋安溪矿产，均可为戒。嗣后有人承办闽矿，应责令具结声明，如被查有外股，即将所有股本充没入官。

六、关于私售土地于外人事件，应由各属议员担任调查，得有实据，得按照局章第二十八条举发，报告于谘议局，由谘议局提议公决后，呈请制台查办。

七、教堂购地，虽系条约所许，惟私相授受，其弊甚大，酿成教案亦多。由是应请通饬各属，出示晓谕，凡教堂购地，须先将串契送与地方官盖印，地方官接到此项串契，须将该地界名、亩数悬牌宣布，并交就近地方自治会覆查，如有缪辖不清者，准其到署呈报。若不遵此办法，概不认为有效。

提议者黄纪星，赞成者林辂存、卢初璜、林邦桢、李迪瑚、刘崇佑、黄乃裳。

代理议长（刘崇佑君）请提议者黄纪星君登坛说明理由。

（黄纪星君）登坛说明理由（大旨与议案同）。

（李迪瑚君）谓："治外法权"四字宜删去。

（黄纪星君）谓："法"字改为"主"字。

（邹含英君）谓：此案可不必付审查。

代理议长（刘崇佑君）问：诸君赞成开第二读会否？得赞成者四十九人。

第三，防弭上下游盗贼提议案（议员高登鲤等提出）审查员报告。

查此议案办法于防弭上下游匪害最宜，惟会匪出没，下游恐亦难免，均应照办。此议案出现之时，议场中于拳馆一事，颇相争执。现经同人讨论，此等拳馆甚不宜于漳属，已于修正许君赞虞消弭下游劫杀议案添入矣。至高君登鲤原议案第八则，认真查户以清盗源，自为今日治盗之良法。许君赞虞消弭下游劫杀之修正案，尚未叙及此项，应请书记长于将来排列议案时，将此条斟酌增入可也。高君此议案所拟办法各则，本极周详，毋庸修正，今并声明。

宣统元年十月初五日，庶政兴革科报告。主查员椿安，理事员郑藻山，审查员王子懿、王邦怀、张国宝、余钟英、林邦桢、林佑薾、黄纪星、黄必成、潘纪雲。

代理议长（刘崇佑君）请主查员椿安君登坛报告。

（椿安君）登坛报告（大旨与报告书同）。

代理议长（刘崇佑君）问：此案应开第二读会否？赞成开第二读会者得五十四人。

代理议长（刘崇佑君）谓：本日议事日表所列第四项昨已提前开第二读会，今日可毋庸置议。

第五，修正鼓浪屿公界章程提议案（议员林辂存等提出）第二读会。

窃查光绪二十七年十二月初一日，福建兴泉永道延年、厦防同知张文治、候补通判郑煦、洋务局委员杨荣忠等，与驻厦各国领事签订《鼓浪屿公共地界章程》一十六条，宣布以后，举国骇然。报界讥评，书不绝书。闻地球各国本无公共地界之名称，有此名称者，自鼓浪屿始。鼓浪屿隶闽之同安县，地居厦门南太武之中，四面环海，周围不及两英里。国初郑成功用兵此岛，前后数十年，势踞险要，觊觎者多。道光间五口通商，厦门居其一，外商来贾厦门，既无纳税，又无成约，致令华洋杂处，积今六十余年。迨延年分巡厦门时，适值庚子之乱，误以公共地界为自放口岸，强骈各国驻厦领事认鼓浪唤作公共地界，所订章程，于中国土地权、裁判权、租税权、警察权，丧失无遗。居其地者，受外人之钳制，遭苛税之诛求，棘地荆天，凄怆无状。吾知闽人必不公认。既不公认，不可不争。矧自鼓浪屿既作公共地界后，东三省及湖南之岳州自放口岸，各国均援鼓浪屿章程为侵权计。是鼓浪屿区区一小岛，为厉之阶，而全中国口岸将尽蹈其覆辙。何则？公共地界四字，名词甚佳，既避割地之名，又得利权之实，外人乐得援例，及今不救，星星之火，势将燎原。细查鼓浪屿现行办法，或为原订章程所累者，或为章程中所无而擅自举行者，欲图挽回，计有三策：以废约收回自办为上策，以修正原订章程为中策，以申明违背原章各条分别争回者为下策。惟中国积弱已深，上策既不易行，下策亦易滋藉口，独中策不激不随，便于交涉。原订章程第五款云：规例必由厦门道与奉有约领事官商妥，禀蒙中国政府及驻京钦差批准，及特请众位执业租主齐集会议应允，方可照办。第十六款云：此项章程将来如须增改，或所载语意，或所给权势，有疑惑之处应由各国领事会同地方官商，随时议改，仍候呈中国政府及各国钦差批准，以昭慎重等语。谨按两款所载，其章程原由地方官随时提议驳正修改，是犹有一线之生机也。闻巴达维亚华商张朝锡等曾条陈公地不公一折，呈由农工商部转咨外务部查覆在案。近复经言官奏请收回警察权，聚讼纷纷，均延宕未行。兹将该原订章程择其不合之处，谨抒管见，逐条签注，开列附后，拟请制军咨行外务部，速与各国驻京公使开议修正，一面札委熟悉洋务人员，会同厦门道及会审公堂委员，将违背章程各条，详细磋磨，先行改良，于内政外交，两有维系。为此缮请诸公裁酌施行。

谨将鼓浪屿公界原订章程逐条签注列左：

第一款，公地界限。公地之内现定章程各应遵守地方，系鼓浪屿一岛，围环潮落之处算出十丈，酌拟一无形之线，周围为界。此岛系在厦门西南向之西，约周围有地合英国一方里有半（原注：华四方里有半）。

第二款，常年公会。界内应设立工部局，专理界内应办事宜。西历每年正月，由是年之领袖领事官传知界内有阄之租业户，并知会厦门道，派委住在鼓浪屿殷实妥当绅董（原注：此人嗣后可为工部局之董事），公会一次，核对该局前年支发账目，推举值年局员，并将是局中公费，以及该局照例应为各项之事，酌议订定。应于公议前十日，先行传知公会，届时由是年领袖领事官主会。该会系指众人公集，及来会者统计有阄管业人不到，由付字代理人来者，有逾大半位数，而可以照续开。规例抽收捐款，照费估捐，田产房屋等捐，并可抽收，运入藏贮界内货物，惟百货之输，无论系运来及贮藏，均不得过货值百之四分之一。该会众人公集，或来会者数逾大半，并可酌核抽收别项捐输。

谨按：鼓浪屿虽作公界，仍系中国之地，所有传知知会，应由厦门道及领袖领事主持。闻近届常年公会，于我国人并无传知知会，所有布告又专用英文，我国人多不解晓，屡屡受亏。此条应由厦门道先与交涉，责成工部局逐届常年公会传知知会，须用厦门道与各领事联衔，至于布告及登报之件，须中英文兼用，如单用英文，不认为有效。

又按：租税之重，以鼓浪屿为最。鼓浪屿之租税，尤似房屋捐为苛。初办时，原议每间估值千元以上者，抽地租捐五元，嗣又加抽门牌捐四元，共九元。时贫户不堪其扰，议论沸腾。工部局恐激民变，随即传单，自称五年内永不加捐。未及一年，又增至十元。出尔反尔，自食其言。查上海、香港等处，屋无人住，或倒塌者，门牌捐概不征收。鼓浪屿系自由口岸，本应无税。今反格外加重，无论有住人、无住人，一律滥征。居是邦者华屋虽多，其中不尽富厚，或家已中落，或避乱来居。七事已虞不足，何能分力纳捐？其他肩挑背负之徒，受抽捐之累者，尤属不鲜。闻受亏全在一估字，盖捐出自估，便得上下其手。况所收各捐，虽指明专充警务卫生两项之用，该岛巡警既多废弛，公沟又不肯修，是徒以民脂民膏供二三洋员支配薪水而已。有义务无权利，言之痛心。应请外务部与各国驻京公使极力磋磨，除洋人不计外，所有寓居鼓浪屿之本国人，照未设公界以前一律准其免捐，应修之沟，归各段民户自修。惟警察费一节，俟收回警察权归厦门警察局担任。该岛所收中国人捐项，全年不过七八千金，其中糜于虚费十之六七，收回自办，所贴无几。既慰国民之情，又绝外人之请，两有裨益焉。

第三款，特会。领袖领事（原注：指当时者言）或出己意，或由别领事（原注：指一人或数人而言）、公局有阄之人（原注：必十人联人）片请完纳捐输之人，在常会外别集公会特会。未办之事，仍须十日前通知，并将因何事召集特会，先行宣布。会时何人主其会，与常会时同例。会时议定之事，经在座有阄人三分之二允准者，在公界内之人均应遵行。惟其时在座举办局事人，不得少过三分之一。事经常会或特会议定，仍候各领事核准。如无各领事中之大半批准，无论何项条议，虽经议允，概不准行。

谨按：此条于中国官全不提及，蔑视我国，直达极点。修正时宜就"领袖领事"及"各领事"等字之上，添"厦门道"三字。虽不能收回领事裁判权，亦稍占平等地步。

第四款，界内工部总局。局中办事之员，洋人五位，华人一位，共以六位为限。此五位洋人，系公会时经有阄之人拈阄推举；此一位华人，系厦门道台派委殷实妥当之人。共此六位，任办公事，至次年常会接办之员举办，方可交卸。

何项人在会议时有阄可举人员之权者列左：一、凡洋人在鼓浪屿管地有业，在领事署存案，估值不在一千元之下者，可以公举（原注：洋人董事系公举，故须如此；华人董事系由道台派定，毋须公举，不在此例）。一、执有特字代前项营业人之不在此口者，可以公举。一、洋人除照费外，每年完捐在五元以上者，可以公举。

何项人可以举充局员者列左：一、洋人有应管产业在鼓浪屿，估值五千元之上者，可以举充。一、寓居鼓浪屿洋人，租捐每年纳在四百元以上者，无论该租系伊行、伊会或公司代偿，均可举充。惟同行同会同公司之内，只许一人举充，同居一屋者，亦只许一人举允。

局员缺出：期内遇有局董缺出，由值年局员公推补充，仍执三占从二之例。如遇有华董事出缺，仍由厦门道派充。凡局举充后，皆应即行办事，每年支销册报，均于次年常会核办。每年新举局员，应于首次会议时公举正局董一人，副局董一人。凡遇局中议事可否之人平分，则视正局董之议为可否。凡议事均以三人为众，可以作断（原注：如二人可，二人否，而局董可则可者多一人，余类推）。上文所用"洋人"二字，系别中国人而言。凡中国人生长他国，及入他国籍，而为他国人者，均不得混入。

谨按：此条乃关于选举权及被选举权之规定，其权均为外国人所独占，而华人之在该岛有营业值千元以上、纳税年五元以上者，既有同等之资格，负同等之义务，亦应有选举之权利；有（管）〔营〕业值五千元以上、纳税年四百元以上者，亦应有被选举之权利。工部局即地方自治团体，公界与租界不同，则在此地方之人，不论何国，应平权均利，方足为公。何以独让外国人以如此之特权？此节应与争回，实行平等大同主义。工部局局董六人，华人一而外国人五，多寡之数相悬如此，吾国人将何由申其意见？若争回选举权及被选举权，则无所谓道台委派，应均归选举。原禀附载凡中国生长他国及入他国籍者，均不混为外国人，其分界之严如此，无非为障护其特权之故。盖该岛居民多华侨归自南洋者，彼欲独据其特权，故不欲使此种华侨混作外国人，以与之竞。此节固无所害，盖我之所争，在华人居该岛者之有选举权、被选举权与否，非欲以华侨混作外人，以窃取其权也。然华侨为华人，我国籍法之所认；既为华人，则华人所应有之权利，华侨固得享之。乃近来厦门道所委派之局董一人，每以华侨之故而见拒于彼，谓华侨非华人，厦门道所不得派。其意盖以此等华侨久居该岛，习于该岛之利害，若派作局董，将事事有所主张，彼五人之外国局董，总有所妨碍，故峻拒之，使厦门道不得不另委阘于该岛利害之员，以厕其列。其用心尤为深狡。一面摈斥华侨为非外国人，使不得享有外人之特权；一面复摈斥之为非华人，使并不得与于道台之派委。两面摈斥，而此等华侨几若无国籍之民者。此节应以我国之国籍法为据，凡我国所认为华人或不认者，即与他国国籍法有积极或消极之冲突，得以我国主观定之。

第五款，局员权分所能为之事。照章将局员选定后，凡已经批准附入章程以后，规例内一切权柄势力，并规例为议归局董应办之事、应得之物，均全给与公局值年之董事，及将来接办之后任。该局董有随时另行酌定规例之权，以便章程各项更臻完善，并可将已定规例随时删除增改，但不可与章程之旨相背，仍候批准宣示，方可施行。其局董照章酌定之例，除专指局内及所用上下人等事件外，必由厦门道与奉有约领事官商妥，禀蒙中国政府及驻京钦差批准，及特请众位执业租主齐集会议应允，方可照办。

谨按：此款应俟第四款、第十五款局董规例两条争回时，参照修改。

第六款，局中员役。公局供役上下人等，如巡捕员丁等，公局可随时派委雇倩，以办章程应办各事，所需月支薪工，由局核定，作正开销，并可酌定规例，以便管束。此等人其任用辞退，亦由公局作主。惟未经特会允准派委，额缺均不逾三年。

谨按：工部局所收各捐，岁入约一万七八千元，岁出独薪工一条，已逾万元，闻提调一名（视警视职），每月薪金多至四五百元，其次或一二百，或数十不等，局务清闲，任意虚縻。华人既有纳租义务，自有提议权利，应由厦门道照会工部局华董，认真驳诘，力求裁减，以节浮费而纾民艰。

第七款，追欠。倘有人不肯照付章程所定各项捐抽，及不遵后附规例内犯罚之款，准由公局或总经理事人赴各该管衙门控告，察核情形，随时酌办。

谨按：此章所载赴各该管衙门控告一句，是中国原有裁判权，奈初办时承审各委员仅知媚外，一言一动，均仰人鼻息。华董又谨慎自持，不肯对付，以致华人辄有被罚被追之事。应请洋务局嗣后选充鼓浪屿会审公堂委员，务择素有胆识长于外交者，方可选派。该委员及华董等，于鼓浪屿大小规则，务必随时布告，俾众周晓，并由厦门道出示晓谕，如华人有被罚不公者，准其到道呈控，以申冤抑。如此上下相维，各居于法律地位，外人自无从干涉，愿当局三致意之。

第八款，控告公局。公局可以告人，亦可被人控告，经由其总经理事人出名，或径用鼓浪屿之工部局字样亦可。凡控告公局及其经理人等者，应在领事公堂，此堂系每年由各国领事派定，惟局中派雇人员及总经理事人，遇因在局奉公被控者，所应得责任只归公局之产业，不任其咎。

谨按：公局被告、告人本属至公，无如前任各委员不谙交涉，公局告人，不责其居诉讼之地位，反让其居裁判之地位；公局被控，华官既无裁判权，又无陪审权，于国体殊多妨碍。应由厦门道督饬会审公堂委员，嗣后公局控人，必责其居原告地位，毋庸挟势干涉，一面由外务部照会驻京领袖公使，转饬驻厦领袖领事；如公局被控案件，务请华官到堂陪审，以昭大公。

第九款，租地。凡洋人租转地基，应赴中国衙门及各该领事署报知注册之处，悉凭旧章办理。

谨按：租转地基，向章系由买主卖主直接交涉，经地保盖戳，地方官即认为有效。惟洋人租华人之地，每因来历不明，致起诉讼，地保得贿便证，易为外人笼络。应由厦门道转饬厦防厅会审公堂，嗣后洋人租地，必将该契先送鼓浪屿中国董事核查，由董事一人画押作证，左右邻五人签名互保，地方官始得加印。因董事多名誉之员，左右邻又亲切明确，视地保较为可靠也。

第十款，公业归由公局掌管。凡界内现有马路、码头、墓亭，以及公局之地址、房产，均由公局掌业，遇有推广增筑以上各项另需地段之处，准由公局与该业户议价购置。如管业之人不肯售卖，而公局又系因公起见，如另筑新路、修整旧路，以及别项公用工程，保卫民生，必需其地，可将案送候特派领事公堂判定。倘该局实系因公起见，所为尚在情理之中，而又实无别地可换者，除传到人证问取供词外，应由公堂将所需之地址，按照随时所值，酌断地价，由局照付。如其上有房屋，亦一体酌定房价。遇有此项断归地址、房屋，其所余之地或由此而价有涨落，自应随时秉公妥议。公堂判定之后，倘有不遵之处，由掌业及租户之该管衙门，设法劝令遵断（原注：此系专指公局需用公地而言，此外华洋商民产业买卖，价值悉听业主自便，不得牵引影射）。凡道路、码头，非先经理巡厅允行由公局核准者，不得兴筑。

谨按：公局即指工部局而言，该局现系外国人主持。原章所载马路、码头、墓亭以及公局之地址、房产，均由公局掌业，又载案送特派领事公堂判定等语，公然摈我国于局外，而揽我地主权。应请外务部于修正时，将此条注明无论官业民业，仍照未设公界以前之例，归洋务局掌理，外人不得干涉。

第十一款，地租。鼓浪屿虽作公地，仍系中国大皇帝土地，所有地丁钱粮及海滩地租，照旧由地方官征收，转交公局贴充经费。嗣后如有新填海滩，应完地租，仍归中国地方官收纳，不充公局，以定限制。

谨按：此条所载确认中国有完全之地主权，地租一项应归中国地方官征收。今鼓浪屿地租，工部局竟擅自征收，不经中国官之手，况所征租额视向章加数十百倍，直与定章抵触。应请外务部照会驻京领袖公使，转饬驻厦领袖领事，将地租权照章交还中国官，由中国官自行征收。至应贴公局经费，随时斟酌，不必指定此条。

第十二款，会审公堂。〈公〉界内由中国查照上海成案，设立会审公堂一所，派委历练专员驻理，所属有书差人等，以资办公。该员应由厦门道，或总办福建全省洋务总局札委，遇界内中国人民被控干犯捕务章程之案，即由该委员审判。倘所犯罪案重大，应由该员先行讯问，再行录送交地方官审理。界内钱债、房产等项词讼，如有中国人被告，亦归该公堂审办。案经该堂断定，须内地及厦岛地方官饬令遵断之处，该地方官不得推诿。凡案涉洋人，无论小节之词讼，或有罪名之案，均由该管领事自来或派员会同公堂委员审问。倘会审之员与该堂承审之员意见不同，以致不能了案，其案可以上控，由厦门道会同该领事再行提讯。凡案内人证，有现受洋人雇倩，及住洋人寓处以内者，传拘票签先期送由该领事签字，方准奉往传拘。此外，中国人犯逃避界内者，应照上海章程，由委员派差径提，不必知照领事，毋庸会捕协拘。华民仅受洋人雇倩，而被传时并不住洋人寓处以内者，票签不用先送领事官，但须是日送由领事官视何缘故，或签字，或斟酌情形核销。其余该公堂听理词讼章程，应由厦门道台会同各领事妥议订定，以便遵守。

谨按：上海系租界，鼓浪屿系公界，划然不同。租界者，政府受其租，而事权不得不稍为让与也；公界者，系自放口岸，并无受租，其地主权仍完全无缺也。今鼓浪屿会审公堂每谓援照上海成案，是签订章程时被其所愚，应请外务部严切驳正。至于会审规则本款所云：遇界内中国民被控干犯捕务章程之案，即由该委员审判；又云：凡案涉洋人，无论小节之词讼或有罪名之案，均由该管领事自来或派员会同公堂委员审问等语。是中国人犯案，仍归中国委员专审，惟案涉洋人，始有领事陪审。权限分明，凿凿可证。讵料竟有大谬不然者。自初办迄今，会审公堂每传讯时，必设公座四位，中国委员与工部局洋人提调并坐中间，中国委员自雇翻译一名居左，洋人提调自雇翻译一名居右。凡中国大小案件，委员必窥伺洋提调之意向，始敢判决。该提调要罚款若干，责板若干，该委员无不惟命是听。此种丧权辱国，违背章程，皆前任各委员慑于洋势，有以自取之也。近经董司马廷瑞接任会审，据约力争，于民事诉讼免去跪讯，又删免枷号站笼等条，中国国体始稍得保存，仍不能除尽该提调之不来。应由厦门道转饬会审公堂委员，嗣后提讯中国人犯，该洋提调及洋提调所雇之翻译均勿准其来堂；如案涉洋人，只须领事到堂或由领事委人代理，该洋提调仍不得干预。闻该洋提调所负担责任，不过卫生事件、警察事件而已。细究当时允其来堂陪审之原因，据称系为登记罚款而来。前任各委员欲自卸干系，遽准其来堂，且让以裁判权。习惯自然，视若固有。若不从速收回，久而久之，将举中国之通商口岸皆不得有完全裁判权，良可悲也。

又按：监狱一节，各国人犯均归该管领事监禁，独中国人犯归工部局洋人自设之监狱监禁。曩闻鼓浪屿官绅曾提议醵资自筑狱舍，迄今未成，并请严催厦门道督同会审公堂委员，限期办竣。

第十三款，巡捕拘人。界内有人斗殴，肆行无忌，扰乱地方，适为巡捕侦见，虽无奉有票文，亦准随时拘究。各国领事官有拘传各该国人民之票，巡捕亦可奉行，惟案犯拘传，应随送各该管衙门，按律惩治，不得任意稽迟。

谨按：上海等处租界创设洋巡捕，系在中国未设警察以前。今中国各省遍设警察学堂，其教员多聘自欧美、日本等国者，警章一切日臻完备，已邀各国默认。鼓浪屿改设公界，距今不过数年，系自放口岸。初办时原用中国人自充巡捕，嗣因铺捐难收，杨委员荣忠将警察权让与工部局，始改用印度巡捕。闻印度巡捕于警章多不遵守，时有诬拘妄证，调戏妇女，截抢银物等事，该洋提调公然袒护，民怨沸腾。叠经言官奏请收回鼓浪屿警察权，至今议而未成。应请外务部照会驻京领袖公使，知照驻厦领袖领事，转饬工部局，将印度巡捕迅速裁撤，所有鼓浪屿应设警察，改用福建警察学堂毕业生。其经费由厦门拨款津贴，鼓浪屿警察不过十数名，所需亦不多也。

第十四款，拘送人犯逃入界内。凡内地厦地人犯案逃入界内，应由厦防厅出票派差，送由领袖领事官签押。倘其人藏在洋人地方者，应由该管领事将差票一并签押，方可由巡捕会同拘拿送案究治。如有措手不及，一面先行拘拿，仍即知照领事，照第十二款办理。

谨按：中国官拘拿票须经外国领事签押，此系指租界而言。鼓浪屿系自放口岸，与租界不同，且未设公界以前，已置各国领事，未闻有此办法。今因自愿划作公界，反失却治内之权，未免不公。又中国官颁贴告示，及该处居民图契等件，必送工部局洋提调画押加印，此系定章所无，不知该公局何以遽行此例？应请外务部将此两条查明，严切驳正。

第十五款，追缴规例内罚款。凡界内华洋商民人等违背后附规例内应罚各款，或不付执照费，公局均可立投该管官，查明属实，即饬犯例之人遵缴罚款等项，应由公局存用，并饬将公局控追犯例人之讼费缴出，由该员酌量办理。

谨按：该局另订规例二十条，均未经中国政府认可，其中所载罚款多有不公，或中国人妨碍者，应请制军特派大员，会同厦门道，召集鼓浪屿纳租各户，开特别会议，将规例内未便各条，斟酌改正，照会驻厦领袖领事，饬工部局各董覆议采行。

第十六款，增改章程。此项章程将来如须增改，或所载语意、所给权势，有疑惑之处，应由各国领事会同地方官商，随时议改，仍候呈中国政府及各国钦差批准，以昭慎重。

谨按：原订章程译者文理未通，笔致夹杂，颇难索解，且与英文原章有不符之处，文字出入大有关系，修正时务将全本复译，加以润色，另刊颁行。

发议者林辂存，赞成者黄乃裳、施景琛、林逢春、林邦桢、许赞虞、周寿恩、陈之麟、陈锡朋、高登鲤、刘志和、连贤基、苏寿乔、王子懿、李钟声、张国宝、叶福钧、李慕韩、王邦怀、孔昭淦、吴鸿枢、洪鸿儒、洪国器、陈士霖、黄必成、上官华盖、陈树勋、邓畿、郑田龙、陈义、林佑蕎、康咏、张选青、卢初璜。

代理议长（刘崇佑君）请书记长登坛朗读原案。

代理议长（刘崇佑君）将原议案逐条请众表决。

第一款，公地界限：全体赞成。

第二款，常年公会：赞成者五十三人。

第三款，特会：赞成者五十六人。

第四款，界内工部总局：

（施景琛君）谓：此案不必逐条表决，赞成者七人遂作为议题。

代理议长（刘崇佑君）请众表决，赞成施君之说者五十二人。

代理议长（刘崇佑君）将原案全体请众表决。赞成者得五十五人。

代理议长（刘崇佑君）谓：此案应省略第三读会，请众表决。赞成者得五十四人。

第六，推广国语传习提议案（议员杨豫等七人提出）第二读会。

一国语言之统一，关系宪政前途者大。如裁判，如会议，如补充军队，如国民教育，均以国语普习为第一要着。吾闽省各府各县各异语音，尤为当务之急。闽中各县从前皆有正音书院，所以训习国语也。雍正六年，钦奉上谕，凡官员有莅民之责，其言语必使人人共晓，然后可以通达民情，熟悉地方事宜，而办理无误。是以古者六书之训，必使谐声会意，娴习语音，皆所以成遵道之风，著同文之治也。大小臣工凡陈奏履历之时，惟有闽广两省之人，仍系乡音，不可通晓。夫以现登仕籍之人，敷奏对扬尚有不可通晓之语，则赴任他省，又安能宣读训谕，审断词讼，使小民共晓乎？官民上下语言不通，必使胥吏从中代为传递，于是添设假借，百弊丛生，而事理之贻误多矣。且此两省之人，其语言既不可通晓，不但历任他省，不能深悉下民之情，即身为编氓，亦不能明白官长之言。是上下之情扞格不通，其为不便实甚。但言语自幼习成，骤难更改，故必徐加劝导，庶几历久可通。应令福建、广东两省督抚，转饬所属各府州县有司及教官，循为传示，多方训导，则将来奏对可得详明，而出仕他方民情亦易于通达矣。特谕各处正音书院，当时督抚遵奉上谕饬属建设正音书院，无如地方有司视为不急之务，久且任其颓废，惟邵武郡城为最后废，然亦改课诗文，名存实亡，效亦莫见。光绪二十九年，管学大臣张、荣，鄂督张，遵旨重订学堂章程，学务纲要总目之一系各学堂皆学官音，中云：各国言语全国皆归一致，故同国之人，其情易洽，实由小学堂拼音始（中略）。兹拟以官音统一天下之语言，自师范以及高等小学堂，均于中国文一科内附入官话，其练习官话，各学堂均应用《圣谕广训直解》一书为准。将来各省学堂教员，凡授科学，皆以官音讲解，虽不能遽如生长京师者之圆熟，但必须读字清真，音韵朗畅。近则学部预备立宪按年筹备事宜清单内，编订官话课本列在宣统二年，各省设立官话传习所列在宣统三年，各省推广官话传习所列在宣统四年。学部单内虽如此编列，而以闽、粤之特别情形论，不能不及早设立，以符徐加劝导之谕旨。兹拟定办法如左：

一、责成各县劝学所附设国语传习所，此外商会地方自治局及公益团体，亦须设法传习。

二、实行前管学大臣及前鄂督奏定学务纲要总目中所云：中小各校于中国文一科内附入官话，以资练习，其在中学堂以上，自明年起概用官话教授，如有不能官音，应行改聘。

三、自本年起，各府州县亟应普谋设立官话传习所，以规复正音书院之旧，不必泥定宣统三年、宣统四年，应视地方特别情形为变通也。

四、国语课本学部未颁行以前，拟由教育总会先行编辑，颁发各府县暂用。至土音不便于教育上、法令上、贸易上、军旅上及其他各种方面，阻碍情意，招致诈欺，固人人所共喻，或演为白话告示，或演为简易歌词，或用种种激劝方法，以实行其劝导，是在本地方之官民。

发议者施景琛、郑藻山、杨豫、林辂存、王子懿、陈之麟、张国宝，赞成者潘纪雲、王邦怀、林邦桢、周寿恩、吴鸿枢、许赞虞、连贤基、上官华盖、蓝德光、陈树勋、熊秉廉、邓畿、邹含英、林佑蘅。

代理议长（刘崇佑君）请书记长登坛朗读原议案。

代理议长（刘崇佑君）将原议案逐条表决。

第一项

（卢初璜君）问：如何责成方法？议案中并未言及。

（施景琛君）谓：请制台责成各府县办理。

代理议长（刘崇佑君）将第一项请众表决，赞成者得五十六人。

第二项

（卢初璜君）谓："如有不能官音"句，应改为"教习如有不能官音者"较妥。

（黄纪星君）谓："中学堂以上"宜改为"中等学堂以上"。

（制台代理员学台姚）谓：欲以国语教授，宜先造成师范人材，故师范学堂之国语尤宜注重。但以时间太少，且仅教以言语，不教以读文，故迄无成效。而毕业者派往各府县充当教员，往往因言语不通，教授上致多阻碍。故师范学堂亟宜用国语教授也。

（康咏君）谓：前日制台所提出师范教育议案中，已议决师范学堂一律用国语教授矣。

代理议长（刘崇佑君）谓：第二项前后不免矛盾。

（邹含英君）谓：小学应一律添设国语一科，中学则统用国语教授。

（卢初璜君）谓：中学以上各科学皆用国语教授，且须于国文科内特设国语一科，以便练习益精。

（王邦怀君）谓：中学以上若限明年一律用国语教授，恐学生不皆了解。

（施景琛君）谓：有讲义可以参看，并无妨碍。

代理议长（刘崇佑君）谓：据卢君所说，则此项并无矛盾，可不必改。

（林辂存君）谓：国语在吾闽甚属紧要，影响于南洋者亦甚大。鄙意谓中学堂皆当用国语教授，即中等以上学堂如法政学堂等类，均应以国语教授，不仅一师范学堂已也。

代理议长（刘崇佑君）请众将第二项表决，得赞成者五十八人。

代理议长（刘崇佑君）宣告休息二十分钟。

三时二十分续行开议。

（王邦怀君）谓：本议员须声明者，所云明年一律改以国语教授，本议员并非反对，惟鄙见最好能预先令人早为预备国语为要。

代理议长（刘崇佑君）请王邦怀君登坛说明理由。

（王邦怀君）登坛谓：照此议案所定以明年为始，现在最好请学台即行饬令各学堂，于星期日或晚间，先行学习，以为预备。

代理议长（刘崇佑君）问：众有赞成王君之说否？得赞成者七人，遂作为议题。

代理议长（刘崇佑君）问：赞成王君之说于二项内加此一节者，请起立。起立赞成者得三十八人，遂请书记长将此节加入。

第三项：赞成者四十二人。

第四项：赞成者四十人。

（邹含英君）问：此案可否省略第三读会。

（卢初璜君）谓：现尚有所改正，不能省略。

第七，请改宁清为闽盐销岸以兴闽省盐务提议案（议员伍春蓉等七人提出）第二读会。

前阅报章，预备提议案内有汀州已为闽属，当改为闽盐销岸一节，此诚兴利便民之一大议题也。兹查各提议并无此项议案，推原其故，因以汀州一府分为八县，从中地势河路均有不同，或便于此而不便于彼，然八县虽不能尽销闽盐，亦有万不能不销闽盐者。兹将汀属之地势河路而直陈之。长上武永地近西南，其河路由长汀顺流大埔潮州，直抵汕头，而宁清归地近东北，其河路由宁清顺流永沙延平，直抵闽垣。惟连城一县，地属中央，两界均有河路，以盐岸计之，连城处于两可之间。长上武永若销闽盐，肩运不下二百余里，甚至有四五百里之地，宁清归而销粤盐，其肩运亦然。按其地势河路论之，隶虽同于一府，盐岸势必分销，方能各得便利。现今汀属均为粤盐销岸之四县者，已得便利，宁清归三县其不便不利甚矣。民间实有舍近图远之劳，费力伤财之苦。不特此也，每值农忙之候，民无空隙，肩运往往绝盐无到，纵出高价，无从可购。稍将闽盐接济，则口岸盐卡即以盗买私盐为题，藉端索骗，少则数十元，多至数百元不等。倘不如意，随即到县，串同书差，架词朦控，构成巨案，连乡举里，受害靡涯。前数年间，宁清所遭盐案破家者，不可枚举。奈因法规所定，往诉无门，不得不忍气吞声，从其壑欲。兹当设立谘议局，正生民直陈困苦之日，筹计治安之时。我辈既为国民代表，自难缄口不言。倘得改为闽盐销岸，一可得便宜之利，二可免肩运之劳，三可除索骗之害。将运盐之力，索骗之财，而为地方公益，亦可补助于万一矣。然此不过单就利便推而言之，一省盐务亦可畅销，于盐课大有裨益，不亦一举而两得乎？况宁清归三县，惟宁清二县销售粤盐，而归化前因粤盐不便，买食闽盐，构成巨案，控至京城，蒙批听从民便。现今归化已属闽盐销岸，视此归化既可听从民便，而宁清之地势河路均属相同，岂有可行于归化者，独不可行于宁清乎？以此言之，宁清应可援归化听从民便之例，以闽盐为销岸。刻今谘议局业已成立，应兴革利弊常归一律，断不能以宁清视为化外。亟应请制台、盐道台等体恤民生，振兴盐务，行文粤岸，请即撤回盐卡，准宁清改为闽盐销岸。是否有当，诸君公裁。

提议者伍春蓉、邹含英，赞成者林佑蘅、苏春元、杨长余、周寿恩、许赞虞、赖其浚。

代理议长（刘崇佑君）请书记长登坛朗读原议案。

代理议长（刘崇佑君）问：诸君有何意见？

（卢初璜君）问：咨商粤督撤回盐卡，此节能否办到？

（邹含英君）谓：前日已议及此，先向粤督咨商，如不允许，则再咨部。

（卢初璜君）谓：咨商粤督必不允许，不如一直咨部，较见妥善。

代理议长（刘崇佑君）谓：此可就原案略为修正。众皆赞成。

（张选青君）谓：原案中尚须声明，系专指宁清两县须改食福盐，其余长汀、连城、上杭、永定、武平五县，各仍其旧。

代理议长（刘崇佑君）请书记长照所议修改后，登坛再行朗读。

代理议长（刘崇佑君）请众表决。得赞成者四十五人。

代理议长（刘崇佑君）问：此案可否省略三读会？

（卢初璜君）谓：可省略。

代理议长（刘崇佑君）请众表决。赞成省略开第三读会者得四十三人。

第八，本局建筑提议案（本局提出）第二读会。

谘议局为国家采取舆论之所，即将来省会之基，关系甚重，规模不可不广，计划不容不周。近读制台奏陈第二层筹办事宜，于谘议局建筑一节，固已委派专员勘地绘图，并（佑）〔估〕定工价洋银三万八千余元，经已饬局分期领款，赶日兴工，所以为大局谋者至周且尽。本届以时期迫促，未及兴作，暂借贡院衡鉴堂内为议场，原为一时权宜之计。惟谘议局工程浩大，需时孔多，若不及早兴工，转瞬明年开会，仍复难观厥成，是于筹办本意殊未符合。并查所勘地段，所拟图式，尚有未尽周妥处，谨就意见所及，略述如左，以俟公决。

（一）地段。谘议局应有之场所，可略分数项，其关于议事者，除议堂、旁听席外，尚有协议厅、审查员会厅、议员休憩室、旁听人休憩室、官吏休憩室、守卫室等；关于办事者，有议长副议长室、办事人员室、办公厅、速记员室、司事室、印刷所、图书器具储藏室、丁役室以及膳厅、厨房、茶房、门房、厕所等；关于常驻议员者，有常驻议员室，并附丁役室等。三项房舍，不为不多。原图恐有漏略，此地段之应增者一。吾闽交通不便，旅居者又乏适当之客寓，且散居各处，则集合研究尤多未便。今年招待所之设，名称虽未恰合，事实尚见便利。谘议局建筑之后，设非加入议员寄宿舍一项，集合必更困难，会议自多窒碍。故寄宿舍之设，必不可少，原图尚未计及，此地段之宜增者二。图书馆为议会所应有，各国皆然。本届预算已列有按年设备之经费，则建筑断不容缓。原图亦未计及，此地段之宜增者三。右列地段，不过就现时谘议局之计划而言，若谓预为将来省会之基，则地段之应增者尚不止此。总之，建筑之外当有敷地，较诸原图其地段至少应增三之二，方足敷用。

（一）位置。谘议局建设伊始，要以能垂久远、具有规模为要。其议场之位置，不可不与原贡院前埕适中，常驻议员室、图书馆、寄宿舍等，亦必有互相联络之位置，始臻完善。

（一）经费。照以上二项所计划，较诸原图工程几增一倍，则原定建筑费必不敷用。应请制台增筹的款，并定分期领款方法，俾得一律兴工。

（二）期限。本届会议暂借衡鉴堂，一切均未周妥，照章筹办处成立之后，便当着手建筑，乃忽忽经岁，迄未动工。倘此时复事迁延，恐必一误再误。应请制台定期开建，并限何月竣工，总期明年可以应用。

代理议长（刘崇佑君）请书记长登坛朗读原议案。

代理议长（刘崇佑君）谓：此议案有四问题须先解决：（一）地段。据原绘建筑谘议局图式，系划自贡院大门至明远楼止之正中为界，东为谘议局地址，西为高等学堂地址。照此计划，则地段不敷尚多。但高等学堂与谘议局均属重要，应如何分划适宜，俾两无妨碍？（二）谘议局大门公拟居中，正对登瀛桥而设。若如原绘图式，既划一半为高等学堂，则谘议局大门移东，偏与高等学堂大门相并。（三）经费。闻藩台筹建谘议局款项，仅拟定台票三万八千元，此数恐不敷用。（四）期限。建筑谘议局应定期完工，以应明年九月开会之用。以上各问题皆关紧要，据本议长之意，此议案应开审议会，请众表决。赞成开审议会者四十三人。

代理议长（刘崇佑君）谓：此议案既付审议，则本日议事日表自应变更，即就议事堂，请审议会长康咏君开审议会。

（康咏君）就审议会长席。刘崇佑君退就会员席。审议会长康咏君将本议案与出席全体议员审议毕，逐条请众表决。

一、谘议局大门须对登瀛桥正中开设：赞成者三十六人。

二、谘议局基址照原拟地段应行增加：赞成者四十二人。

三、建筑款项除已筹之数外，不敷若干，应请制台及藩台加筹：赞成者四十三人。

四、局中必需之建筑物限至明年九月开会以前一律竣工：赞成者四十三人。

审议会长（康咏君）谓：本议案审议已毕，应请议长复位。

代理议长（刘崇佑君）复议长席，请审议会长康咏君登坛报告。

（康咏君）登坛将审议会议决事项报告毕。

代理议长（刘崇佑君）将康咏君报告事项请众正式表决，得赞成者四十六人。

代理议长（刘崇佑君）谓：此案可省略第三读会，请众表决。得赞成者四十二人。

代理议长（刘崇佑君）谓：本日议事日表尚未议毕，为时已晚，应移于明日续行开议。

（黄纪星君）登坛谓：前日所议豁免旧欠之誊黄，据制台云已发贴，而本日兴化来函云，尚未见贴出，请诸君议决如何办理。

（吴庭枨君）（范宗福君）（黄乃裳君）谓：各属未贴誊黄者尚多。

代理议长（刘崇佑君）谓：应请制台再行电饬该地方官即贴。

（制台代理员学台姚）答曰：可。

代理议长（刘崇佑君）报告第十八号议事日表毕。

代理议长（刘崇佑君）宣告闭会。

是日出席议员六十人。

制台未到会，委学台姚代理，于午后一时到会。

午后五时十分闭会。

第一次福建谘议局议事速记录第十八号

宣统元年十月十一日（1909年11月23日）

议事日表　第十八号

宣统元年十月十一日（火曜日）午后二时开议。

第一，保护外洋华侨（议员林格存、黄乃裳、林邦桢、陈之麟、陈锡朋、高登鲤等二十七人提出）第二读会。

第二，关于民教相安妥筹办法提议案（议员陈之麟等六人提出）审查员报告。

第三，兴化绅商禁阻洋油池建议书之提出（介绍议员黄钟澧）。

第四，闽清碗铁米船商建议书之提出（介绍议员黄纪星）。

第五，侯邑农民张耕心等关于税契积弊建议书之提出。

第六，消弭下游劫杀提议案附洪鸿儒下游苦盗案（议员许赞虞等提出）第二读会。

第七，关于教育事件妥筹各府与省垣联络办法提议案（议员苏寿乔等提出）第二读会。

第八，学校及公益团体之基本财产妥为划定分明提议案（议员刘崇佑等提出）第三读会。

第九，减轻漳河水患提议案（议员陈锡朋等提出审查员修正案）第二读会。

第十，普禁缠足提议案（议员孟思培、张步青等提出审查员修正案）第二读会。

第十一，推广初等小学堂提议案（总督提出审查员修正案）第二读会。

第十二，遍设劝学所提议案（总督提出审查员修正案）第二读会。

第十三，关于上游匪害办法提议案（总督提出审查员修正案）附议员熊秉廉修正案第二读会。

第十四，整顿闽路提议案（议员康咏、孟思培等提出）第三读会。

第十五，保护上游木商（附禁杉木藉股侵占提议案）（议员李迪瑚、周文麟、卢初璜等提出）第二读会。

第十六，提倡农会提议案（议员林邦桢等提出）第二读会。

议长（高登鲤君）：

一、报告议员林邦桢、苏寿乔各告假一天，林仲纛君因病告假四天。

二、报告第十八号议事日表原拟于十月初十日开议，嗣因是日为孝钦显皇后永寿，应行停会一天，以为志念，故第十八号议事日表应移于本日午后二时开议。

（康咏君）谓：第八项刘崇佑君基本财产提议案，日前王子懿君云须修改，其应如何修改之处，当请王君即行发表，否则已届第三读会，照章不能改正也。

议长（高登鲤君）谓：已就王君所言意思修改矣。

第一，保护外洋华侨提议案（议员林辂存等二十七人提出）第二读会。

华侨之旅居外洋者，闽、粤为最。其中如英属之新嘉坡、槟榔屿、麻六甲、沙罗越、柔佛、缅甸、香港，和属之爪哇、地（间）〔问〕、波罗洲、西里伯、苏门答腊，法属之安南，美属之非律宾，日本属之冲绳、台湾，以及暹罗等处，侨居多闽人。其受外国政府待遇者，多不平等，详见各报。和、法两属，受侮实甚。虽未能实力挽回，而犹遣使遣舰，时往慰问。最可异者，台湾一岛割弃，迄今垂十年，应如何招抚，如何安插，未闻有人提及，甚至排斥之，钳制之，直不令其享些少权利。嗟嗟！此三百余万之同胞，岂非我福建人所遗传耶？何故为轩轾耶？言念及此，气噎心酸。因就南洋各岛及台湾一带亟待保护情形，酌拟办法数条如左：

一、拟请谘议局于闭会日公推议员四人，由制军给发咨文护照，分赴海外各埠调查华侨情形，其旅费请藩库筹给。

二、调查之事项：（甲）闽侨男女户口统计表；（乙）物产调查表；（丙）学堂商会及其他公益事件；（丁）外国政府对待华侨之法律；（戊）工业商业现

（收）〔状〕。

三、我国政府向未特颁旅券（即护照别称），致旅行华侨被外国讥为失保护力之国民，荷属、法属及台湾一带，受此亏者尤甚。应请制军专奏，请旨饬下外务部，按照各国旅券格式自行刷造，知会各国驻京公使查照立案，并将空白旅券由部盖印，交闽、粤两省洋务总分局，暨派驻各埠领事署，出示宣布。如有华侨出洋，准其赴洋务局请领；已出洋之华侨，得就近向中国领事署禀请补给，均不许勒取规费。

四、未设领事之埠，应请制军咨商外务部酌量奏设，除暹罗之磐谷另设公使驻扎外，其余各埠应添设总领事。酌拟数处列下：（甲）荷属：（子）爪哇之巴达维亚，（丑）苏门答腊之巴东，（寅）西里伯之孟嘉锡，（卯）波罗洲之文岛；（乙）英属：（子）缅甸之仰光，（丑）香港，（寅）波罗洲之沙罗越；（丙）日本属：（子）冲绳县，（丑）台北厅；（丁）法属：安南之西贡。其他商务较旺之埠，应设名誉领事，准由各该埠商会或中华会馆总理兼摄，给予关防，以资办公。至所需经费，多愿就地自筹，不必虑及。

五、南洋华侨自创之轮船公司最著者，如新嘉坡之丰源号，三宝垅之建源号，各有巨舶数十艘，视招商局不少逊。其他各埠各号，或十数艘，或四五艘者，尚不可以缕指数。祇以国权未张，多挂用外国旗。航业系海权之一大问题，不可不设法联络。应恳制军咨请农工商部、邮传部，会派司员一人，约同本省议员，出洋劝导，改用我国国旗，并商订航业奖励章程，以资鼓舞。

六、华侨之受外人苛待者，惟鸦片问题关系最大，应由去毒总社派员会同出洋之议员前往，相度情形，代为设法。其要点有三：（甲）推广去毒社于外洋，实行劝戒；（乙）私带鸦片最为各国之忌，责成出口各关稽查，如有此弊，自禁自惩；（丙）鸦片禁绝后，力争搜检身体，以保全人格。

七、外洋苛待闽侨各款，俟议员出洋考查详细回国后，报告于谘议局，即由谘议局呈请制军，分别设法保护。

八、宪政编查馆准令外洋各商会公推代表，充闽、粤、江、浙等省谘议局参议员。吾闽除日本已选三名咨报前来外，其他各埠或未接到公文，或互相观望。应由谘议局分函布告，请其补选来闽。至若台湾、香港两处，版图虽改，所遗闽侨尚多，自应与各埠同享权利。应恳制军咨请宪政编查馆，准令台湾、香港之华侨，按照现行国籍法，各享有选举权，并准其公推参议员，与日本、南洋所举之参议员一体办理。

九、恭读光绪二十九年二月二十三日上谕，全年十一月初四日上谕，于保护华侨事件，训谕谆谆。应请制军恭录叠次上谕，札行各属，敬谨膳黄，颁贴各都各乡，使乡曲小民俱晓然于朝廷命意，并责成各属切实保护，要有大端：（甲）船轿及挑夫各宜编订号牌，写明价格，按照里数或时间计算，贴于船轿，以杜勒索；（乙）华侨回籍，领有各该埠护照，经过海关局卡，一经验讫，立予放行，不得藉故勒征；（丙）厦门保商局既有收受入口费，自应担任保护，于出入口时遣员下轮照料，由制台札饬洋关协同办理，并仿照官办时沿途分布防勇，藉资护卫；（丁）大小讼案，不得牵累回籍之华侨；（戊）华侨回籍，责成各乡保长、族长查取姓名，报官注册，如有恃强凌弱等事，责成保长、族长立即报官，如隐匿不报，一经查觉，概予严惩；（己）华侨出入口名册，责成地方官分季造报。

十、外洋华侨阅历颇（清）〔深〕，于实业尤有心得。吾闽实业，除胡国廉领办闽矿外，近复有郭祯祥来省，提议创办泉漳制糖公司，及提倡南洋圣教公会，均关系重大。应请制军电饬漳、厦两道，就近与郭祯祥妥筹办法，迅速呈报立案。其他各属应兴之实业，由各属议员调查详细，分项列表报告于谘议局，由谘议局函告外洋各埠商会及中华会馆，劝令闽侨回籍举办，以拓利源。

提议者林辂存、林邦桢、陈锡朋、高登鲤、黄乃裳、陈之麟，赞成者张国宝、许赞虞、林逢春、吴拱（震）〔宸〕、黄必成、李慕韩、叶福钧、洪鸿儒、洪湛恩、陈士霖、洪国器、赖其浚、苏春元、周寿恩、李钟声、张选青、卢初璜、林天骥、郑藻山、蓝德光、苏寿乔、刘崇佑、施景琛。

议长（高登鲤君）请书记长登坛朗读原议案。

议长（高登鲤君）将原议案逐项请众表决。

第一项：全体赞成。

第二项：全体赞成。

第三项：全体赞成。

第四项：赞成者五十五人。

第五项：赞成者五十七人。

第六项：全体赞成。

第七项：赞成者五十三人。

第八项：赞成者五十五人。

第九项

（孟思培君）谓：但须恭录上谕，出一告示，不必用誊黄。请将"誊黄"二字删去。众皆赞成。

议长（高登鲤君）将第九项请众表决，赞成者五十二人。

第十项：赞成者五十五人。

议长（同登鲤君）谓：此议案可省略第三读会，请众表决。全体赞成。

第二，关于民教相安妥筹办法提议案（议员陈之麟等七人提出）审查员报告。

宣统元年九月二十九日第十二次会议，议员陈君之麟等提出妥筹民教相安办法一案，交由法律科审查。查得本案所指民教不相安原因，均系实在情形，其办法分各官接待教士，及教士干预词讼两项，可谓提纲挈领。盖外人设堂传教，无论耶（苏）〔稣〕、天主，皆以劝善为宗旨。而民间与教堂屡起冲突者，则以教徒太杂，每以入教为横行之阶，教士不遵条约，干预词讼，偏袒庇护。地方官又不知据约办理，甚或趋媚教士，枉抑平民，积怨既久，遂酿事端。陈君所引各节，均系奏准成案。苟能遵照办理，何致屡起交涉？惟案中尚有应行增入修正之处，除另具修正案外，谨将审查情形先行报告。

宣统元年十月初四日，法律科主查员孟思培，理事员邹含英，审查员连贤基、黄钟澧、李慕韩。

议长（高登鲤君）请主查员孟思培君登坛报告。

孟思培君登坛报告（大旨与报告书同）。

议长（高登鲤君）问：此议案应否开第二读会，请众表决。赞成开第二读会者得五十五人。

第三，兴化绅商禁阻洋油池建议书之提出（介绍议员黄纪星）。

谘议局诸公鉴：窃维兴化非通商口岸，洋商原无贸易建筑之权，不图美、德商人相继在涵江地方购地建筑洋油池。现美商美孚行之油池业已成立，德商宝记行之油池，虽经厦道照会住厦德领事，按约禁阻，油桶尚未拆除。历查中美、中德各条约，凡关于租地赁屋贸易等事，均指通商口岸而言。且近年我国政府严禁土地卖于外人，即洋教士在内地建造教堂，亦只许其经久租赁。诚以土地所有权，非自国人民不能享有也。矧彼纯然以营业之性质，购地筑厂，动作自由，藐我国法，夺我主权，网罗我市利，玩弄我士夫，厝火积薪，后忧方大。又况煤油异常危险，常有意外之虞。涵江为敝郡商业繁盛之区，百货辐辏，民居稠密，该厂隔离民房不过数武，万一不慎，附近数百家之财产生命，势必付诸一炬。池鱼之殃，何堪设想？失此不争，则丧失国权，留贻民害，得尺进尺，不知所极。宝记油池屡经厦道饬县勒停，而油桶未肯拆除，非无意也；美孚不行禁阻，宝记即可沿例利益均沾。即将来英、俄、法、日诸国商人，亦可起而效尤。兴化可作贸易场，即将来各府州县必致资藉口。呜呼！通商口岸任外人之蹂躏者无论矣，然有志之士犹将竭尽智能筹所以补救之方法；非通商口岸而任外人自由建筑贸易，恐风气一开，二十二省内地必无一片干净土。况查洋油货船，各国租界均不准停泊，是外人之视生命财产何其重，我黄种同胞其真视生命财产如草芥乎？涵江汊港迫促，屋宇毗连，绘其全图，即知其有密切关系。祈我诸公顾念大局，妥议补救，佥请洋务局照会领事，据理力争，严行禁阻，弭敝郡之祸，亦即造吾闽之福也。兴化幸甚，大局幸甚。

宣统元年九月二十七日，上请愿书。

兴化绅商学界：试用盐大使陈耀枢、岁贡生刘开怀、附生杨人杰、举人朱训彝、举人萧元海、举人李树本、举人陈其殷、举人陈其浚、拔贡宋增佑、优贡李国华、廪贡游观澜、廪生陈兰芳、廪生陈宗范、增生吴席珊、附生詹在淇、附生苏陈生、廪生陈振林、附生吴承恩、附生宋允哲、附生陈天枢、廪生郭嗣周、附生黄炳琮、廪生叶滋华、附生刘玉麟、附生叶如年、附生郑鸿湘、附生韩阜晋、附生黄贤藻、附生蚁冠鳌、廪生林葆宪、附生陈唐彬、附生陈维崧、协军校黄斌椅、附生方俊、黄大同、黄乾记、黄泉裕、黄鼎和、黄福坤记、中和铺、同寅铺、丁合兴、陈德昌、陈德发、陈丰盛、陈通顺、林振盛、陈丰隆、涵美号、恒裕号、唐晋益、永丰号、源泰号、陈广德义、协丰号、远来号、万丰号、万胜号、长康号、新胜记、聚兴号、陈万和、双兴号、成聚号、同顺号、陈义和、郑宝兴号、义顺号、留日明治大学法政经济科学生举人林翰、留日法政大学法律部速成科毕业生陈樵、留日明治大学警察本科毕业生陈乃元、留日实科学校理化专攻科毕业生蔡瑄、留日经纬学堂毕业生黄缙、中学生林师肇、中学生宋增矩、中学生朱益、中学生林及锋、中学生朱斌、中学生陈祥英、中学生陈瑞骥、中学生黄璧、中学生周希宣、中学生程履祥、中学生杨登庸、中学生蓝锵、中学生李鸿、中学生郑新、中学生林济川、中学生刘钟英、中学生陈逢端、中学生陈亮、中学生陈情表、中学生陈柱生、中学生翁全斌、中学生郑英、中学生朱继善、中学生陈功琨、中学生林挺秀、中学生林经纬、中学生黄耀东、中学生杨尔廉、中学生施鼎元、中学生蔡焕东、中学生张宗渠、中学生姚启华、中学生邹鸿俦、中学生翁耀垣、中学生郑成琪、师范选科学生林尔瀚、师范选科学生萧濬聪、师范选科学生陈雷、师范选科学生杨琦、师范选科学生陆宗赟、师范选科学生张哲、师范选科学生杨葆锋、师范选科学生温敬修、师范选科学生朱振声、师范选科学生温彦超、师范选科学生黄琦、师范选科学生何其伟、师范选科学生黄宝云、师范选科学生彭寿民、师范选科学生范阳、师范选科学生张光汉、师范本科学生曾传三、师范本科学生陈远耀、师范本科学生郭嗣蕃、师范本科学生连壁、师范本科学生吴震东、师范本科学生颜青、师范本科学生林葆良、师范本科学生郑渠、师范中学学生蔡振东、师范中学学生傅希颜、师范中学学生黄文澐、师范中学学生赖附骥、师范中学学生陈抟远、师范本科学生吴冀燕、师范中学学生林一杏、师范本科学生林志清、师范中学学生黄书香、师范本科学生林汉青、师范中学学生李经远、师范本科学生黄杰、师范中学学生佘振杰、工业学生黄邦彦、工业学生宋炳南、工业学生余文彰、工业学生曾振先、工业学生黄海、工业学生曾霞强、工业学生杨斌、工业学生王瑞年、工业学生王扬名、工业学生许成烈、工业学生范阳、工业学生黄文献、工业学生叶焕新、蚕业学生郑时霖、蚕业学生陈世亚、蚕业学生林毓菁、蚕业学生陈林翊、蚕业学生黄宝宪、蚕业学生黄斌、蚕业学生黄汉声、蚕业学生陈活、协军校陈广霖、法政学生陈赟、法政学生陈瑛、法政学生江长城、法政学生苏镇、法政学生江春潮、法政学生原复、法政学生江湛霖、法政学生关景龙、法政预科学生郭葆琦、法政预科学生郭葆□、法政预科学生郭葆璠、法政别科学生郭寿剑、法政别科学生郑雄、法政别科学生林国栋、法政别科学生林铸新、法政别科学生陈谟、巡警高等科学生陈元璋、法政别科学生李澄滋、陆军学堂学生戴元哲、商业学生黄清、陆军学堂学生黄铖、商业学生林大椿、陆军学堂学生徐祖幹、高等学生张监、高等学生林乔松、高等学生沈光澜、高等学生陈阜东、高等学生蔡体乾、高等学生王室匡、高等学生林元兆、高等学生涂开化、高等学生张奋、高等学生林维明、高等学生邹宗鲁、高等学生郑冀鸿、高等学生王元杰、高等学生叶燕贻、高等学生叶焕群、高等学生陈栾肇、高等学生宋士镛、高等学生林述经、高等学生李继猷、高等学生林云腾。

议长（高登鲤君）请书记长登坛说明理由。

书记长登坛说明理由（大旨与建议书同）。

议长（高登鲤君）问：此建议书是否作为议案，请众议决。

（刘崇佑君）谓：照章应先举临时审查员审查。

议长（高登鲤君）问：此审查员是否公举，抑由指定？

（刘崇佑君）谓：应请议长指定。

议长（高登鲤君）指定黄纪星君、施景琛君、张选青君、林辂存君四人，请众表决。赞成者五十二人。

第四，闽清碗铁米船商建议书之提出（介绍议员黄钟澧）。

具建议书，闽清县铁商代表林采臣、碗商代表黄珍美、米船商代表黄厚宽等，为陈请事：窃以闽清土瘠民贫、地产不足以资生计，向赖洗沙炼铁、制造粗磁、船贩米石三宗以为补助，始得托业养生。近因外洋来铁税轻价贱，运售无禁，而吾本有之铁课重禁严，关卡阻难，炉座几成虚设。又因碗税过苛，售货不敷工食，歇业十之八九，并因邵武府及建宁县产米虽多，贩运辄生阻难。邵郡一港有邵军厅不时会县示禁盘运，致启流氓匪类及鸡公船藉口禁河，抢掳米石。建宁县一港向例小船须由洋口配盐赴建，方准买米，否则以游船论罪。而配盐工资被扣三分之二，运米所得不偿所失。闽清千三四百号麻雀船，几至无路可行，遂致民生愈困，不思挽救，久或流为盗贼，而省垣粮食，除麻雀外莫能接济。代表等彷徨无策，适逢我国家开从古以来未有之盛治，设谘议局，俾人民得以陈请建议，何幸如之。敢将闽清铁业、碗业、米船业败落情形，及所拟挽救之法，敬谨陈请谘议局议员大人前，恳为查决施行。闽清幸甚，全省幸甚。

一、闽清洗沙炼铁自昔有之，其利虽微，亦足以资工食。近因西洋铁与钢外来，只完值百抽五进口税并子口税二元半外，任其纵横运售，内地关卡无敢向问。而吾本府如闽清、古田所产之铁，炉座有课，运售邻县领照有课，无照只许三百斤过关投税，多则充公。加以局卡厘金层层勒索，价北洋铁更昂，是何异禁本有之铁与钢而不许销，而任外铁外钢畅行内地也？查本府属产铁，现时仅有闽清、古田两县，福宁之宁德产钢，为避禁避税，必迂道肩抽过古田输入内地。盖钢禁比铁禁尤严，钢税比铁税尤重，以故本地所产之铁与钢几至消灭。可否请将藩署报领铁照钢照之课额，科合每百斤应完若干，列入税则，由关报完，执有税单，任其所至，毋许沿途税关、厘卡、武营、衙蠹节节为难，将钢铁二禁饬销，准商民直由藩署领照运售，过关无庸完税。二者孰便于官民两方面，并祈察决。但领照旧例由商禀县，起文到司具领，例费颇重，商民难堪，此例几成虚设。倘许商民径赴藩署领照，当有定章，饬属周知，毋许胥吏格外勒索，庶可稍塞漏卮，稍挽民业，而于正供仍无损也。

一、闽清（租）〔粗〕碗之业，自有明至乾嘉四百年来，年出货值银六七十万。近四十余年，碗税碗厘重叠加征，致售货不敷工食，相率歇业者十之八九（大箬小箬碗窑百余间，七都谷口数十间，已尽消灭，十一都闭歇者亦十之五六，其余改业不能，继业不得，殊属可怜）。近年所出仅值银二万余，而税厘两项，实科万有余元，是值百抽至五十矣。此等粗笨工艺，小民终岁胼胝，仅足以糊其口。而科以环球莫大之税则，何异绝小民生路而逼其为盗为贼也？为民上者，不能为民别辟利源，而于其固有者，更为此繁重之税额以困之，甚非策也。为今之计，惟有恳请制宪、藩宪简派廉干爱民之员，将闽清所出各种粗碗，确实查估价值，科以寻常之税则，令其照章投税（此项粗碗，南台有总行有分行，派员调查，估核不过数日可以竣事，毋庸赴碗窑处所，以其货必来省垣也），庶成本轻则工食可取，碗价可廉，外船自必多办（粗碗售于北，船运往扬子江及山东、天津、牛庄等处，本地所销十之一二而已），碗业自可复兴，后来或可渐复如乾嘉以上之盛。是二万余之货，取以环球未有之重税，所征不过万余，何如出货数十万，但科以极轻之税额，或如值百抽五之例，仍有数万之正供，而民间固有之生路，且不至开而复塞之为愈也。

一、闽清以撑麻雀小船（每船仅装米二十余石，水大可装三十石），往上游贩米，售卖延平以下各地方及省垣者，船共千三四百只，靠此度活者二三千家。其产米以邵武府建宁县二港为最，在邵港贩者约船四百只，在建港贩者约六百只，其余则散赴建宁府及沙县等处贩运。邵港年可出米三十余万石，查邵武定章，每石米价须涨至四元以上，方许禁米出境。惟邵军厅责任办粮米，向例以贱价籴入。每至办粮米，辄会县出示禁运，为抑民肥官计。究之邵港之米运不易空，即邵民亦万不至苦饥，示禁适以困该地农民，且以启流氓匪类及鸡公船藉端抢掳。年闻此等案件层见叠出，实足以扰害地方治安，阻困商贩。可否请制宪、粮道宪檄饬邵军厅及府县，此后应照该地定章，米价涨至四元以上方准禁河，否则毋得不时妄行禁运。或传集该府米铺，令其每年承办粮米若干石，每石给以实价若干，责其当此差务，以免以粮米扰民。斯邵民米产得以自由，溪河船只得以安贩，即省垣粮食得以接济不穷。近数年来，扬子江流域水旱频仍，米价腾贵，运闽甚少，而省垣米价较上海尤廉，民间不至乏食者，闽清麻雀船之力也。建宁年约出米二十万石，该港自泰宁之良浅以上三百余里，滩濑险绝，诸船不能行，惟麻雀船身轻小，并宜抽选精篙法、熟滩势水势者，始得游行无碍。然失险至人货俱没者，年犹以数十计。仅至船破米浸者，年以二三百计。且上水必于洋口配盐，赴建始准装米运洋，否则以撑空游船论，不准买米，且有科罚。而配盐每船只载六包，每包由前道宪龙例定工价一千六百七十文，又加酒资一百一十文，合计共工资十千零六百八十文，除各项陋规（陋规中莫如开销盐一十八斤，系前道宪龙提出归公，近则以双斤秤过称，实有三十零斤，又轿价盐一大铁锹十零斤，谓馆丁来过秤，须贴轿价之用）及克扣外，实仅得三元二角左右（另单呈核）。每船二篙工辛苦十五六日，水大或至二十日，饭食工价缩至如此。试问此亏谁吃得起？经于光绪三十三年控，至三十四年叠蒙前道宪札饬洋口及建宁，官运革除陋规，不准克扣（有案可核），卒不得稍有挽回。至去年十二月，船户愤将秤丁所称之开销盐及双斤秤，禀送建宁县李邑尊，请为究办。经传该秤丁讯究，嗣由县与官运章委磋商，以十八斤砠秤为例，其轿价盐不用铁锹，以三斤砠秤为例（有案可核）。此外被扣之船傤，问之章委，则推在外办处；问之外办，则推在章委处，迄无从领。至今年四月，李邑尊卸事，又以另一双斤秤称开销盐矣。可否请制宪盐道宪俯念小民水上谋生艰难万状，檄饬洋建官运，实力革除陋规，彻究被扣工资果落谁手，准予给领，以恤商困。如有再蹈前弊，随时仍准船户直赴盐道宪衙门禀乞办理。

计附粗碗税厘及配盐陋规详细原由二则：

闽清粗碗有青花、红花二种，青花居十之九，皆销售于北，船运往扬子江及山东、天津、牛庄等处，红花税厘与青花同。青花重叠二十个装为一连，在乾嘉时每连计重十斤，十连售银一元（合新议砰七钱重），作一百斤算，应完税银一钱，折钱一百八十文。是值百抽十八，其税已过重。嗣以碗厚且大，不合时用，北船请改为薄小，重只六斤半，须十二连售银一元，竹崎关强以六斤半作十斤算，并每钱加银价二十文，是值百抽二十矣。至咸丰初年，军储匮乏，创办厘金，其厘额即照原税额则值百抽四十矣。一时碗匠五六千人造售之货，不敷工食，厂东因而歇业者十居八九，碗匠无自觅食，所由肇打厘局之案。厥后事平，竹崎关税及厘金均改由南台征收，而关税更以六斤半作十斤完报者，再加二斤，是七十八斤，作百二十斤完税，则值百抽五十矣。自时以后，困于苛税、吃亏、失业诸苦情，经四十余年，因打厘局之案，畏恐追究，无敢控告。今幸时过法变，人民有陈请建议之路，敢以言于诸议员大人前。

麻雀船往来洋口、建宁，上水运盐，下水装米，安分营生，历有年所。查官给债资，每船由洋口运盐六包，每包应债一千六百七十文，合计一十千零二十文，填明引单内洋发四千八百文，建找清五千二百二十文。此外每船另给酒钱六百六十文，船户由洋外办手每船只收番银六元，盐到建埠，并无找领分文，且所领六元之债，到建还须找人例耗五六角，而建局丁每船例取开销盐一十八斤，轿价盐一大铁锹，约十余斤。更有零斤规盐，如叠包一斤半，茶水一斤，安秤架二斤半，三月与十月马祖盐二斤，扛夫银二斤，加以洋口、顺昌、高滩、良浅沿途过关看验例耗，共去三四斤，统除以外只得三元余之债。盐斤如有短少，每斤更须赔银三分四厘。前年迫将种种亏情，禀蒙前运宪杨批准札除外办，并严禁各陋规，洋、建两局委员搁而不办。因复沥情粘叩列宪，旋蒙督宪松批准札查禁革。去年三月间，并蒙升运宪鹿札转延建两局委，不准外办层层克扣，并查各项陋规分别裁除等因各在案。乃经年之久，毫无影响。建局丁于开销盐项下，反增一倍重之秤，以每斤一十六两，科合有三十斤之谱，致去腊十六日，船梢杨二妹等十号之船到埠，仅过秤两船之盐，已被该丁取去开销盐五十四斤，迫将秤及盐斤就近缴禀建邑主李讯究。经邑主据情移会建局委磋商，定以每船开梢盐应一十六两秤一十八斤，轿价盐三斤，虽此项陋规未尽革除，而较前亦已减少，惟债资一节，即以在洋所领六元计之，亦被扣有二元四角之谱。查局员推于子铺，子铺诿在局员，未知是谁克扣，无从找领。迩来米景不准下水，动皆亏本，所靠上水领些运债，暂为度活，而又被种种陋规层层克扣，小民将何聊生？而况本四月建邑主李卸事后，复以一倍重之秤称开销盐，而轿价盐已定为三斤者，亦必再以大铁锹从事。合将苦情陈请诸议员大人前，乞为查决。

宣统元年九月二十八日，闽清铁商代表五品军功林采卿、铁商附生黄于鸣、训导张琼贻，碗商代表监生黄珍美、碗商监生刘作祥、监生吴嘉兴、监生郑德光，米船商代表附生黄厚宽、米船商监生刘大有、监生刘朱芝、监生尹青元、泰丰信、泰丰豫、顺泰、余通、振丰、泰丰生、泰丰茂、裕茂、福亨、仁记、泰丰祥、泰丰晋、振泰、谦丰、登记、泰丰益、泰丰瑞、梅记、顺兴、豫记、泰丰亨、泰丰恒、信隆、益亨、茂隆。

议长（高登鲤君）请书记长登坛说明理由。

书记长登坛说明理由（大旨与建议书同）。

议长（高登鲤君）问：此议案是否仍交顷所举审查员审查之。

（刘崇佑君）谓：黄乃裳君对于此议案情形熟悉，应请添入审查。

议长高登鲤君请众表决，赞成者四十八人。

十月十二日，四十二人决付审查。黄乃裳、张选青、施景琛、黄纪星、林辂存。

第五，侯邑农民张耕心等关于税契积弊建议书之提出。

具呈侯邑西关外白龙乡农民张耕心、张绍训为建陈末议呈乞覆核事：窃查谘议局章程，有准人民建陈之条。谨按民间买置田屋，立契后即应投税，否则罚办，此定章也。乃近年来，又有税契贴耗一事，办税书役递年四乡挨户敛收，多寡不一。与之耗，即有契可以免税；不与之耗，即已税亦难免受其荼毒。农民半皆畏事，只得含忍而已。此税契贴耗之宜禁，一也。契既税矣，又何必调验？小民视契如命，已税之契，何肯递交书役？亦惟有贴耗是行。故历年均颁验契之令，从未闻验过一契，徒启胥役之利。此验契贴耗之宜禁，二也。且宜筹验契善后之法，以免民困无伸之日。又办税书差带空白印单赴乡催税，往往择肥而噬，名曰催税，实为收耗。此催税贴耗之宜禁，三也。且赴乡催税，备带空白，亦宜筹议无弊。闻此三者，不特省会为然，即上下游亦难免此弊。当兹民情苦困之际，伏祈贵局速行发议，以纾民困。再，光绪三十三年奉行官契纸，迄今尚无实效。事虽仿自别省，而吾闽向无原设官中，如果实行招充，又难免如里胥之贻害。历来民间比里胥如狼虎，良有以也。盖若辈但知有利，而不知奉公守法为何物。今官契纸既未能实行，而民间未领官契纸之契，又不敢投税；即或投税，胥役必藉端需索。然后就来契加粘官契纸一张，名曰自行领纸，实属照契配发。是官府之令不行于民间，而民间莫不以领契为未便，何也？盖道路远近不一，到有司衙门领纸，有利即有弊，层层拘束。今欲实行官契纸，莫如由农会自治局转发为愈。况原定官契纸费每张一百文，以二十文给官中，以二十文留州县办公，余六十文解司作办公纸张之费。是民间所出之资，于公家毫无裨益。既无裨益，何苦强民所难，开胥役之利？若以杜匿税起见，既未能实行，如上所陈，且与税务有碍，自应另筹善后之法，以期有利无弊。是否有当，冒昧上陈，呈乞贵局一并核议施行。再，如承示覆，邮寄可到。谨呈。

宣统元年十月初一日，农民张耕心、张绍训呈。

议长（高登鲤君）请书记长登坛说明理由。

书记长登坛说明理由，大旨与建议书同。

议长（高登鲤君）问：此议案是否并付顷所举审查员审查，请众表决。赞成者五十二人。

（刘崇佑君）谓：现会期有限，审查报告宜有定期。

议长（高登鲤君）谓：限明晚报告。

第六，消弭下游劫杀提案附洪鸿儒下游苦盗案（议员许赞虞等提出审查员修正案）第二读会。

（一）治同安及厦门之劫杀。

（甲）请制台移文厦提，速将标下营官严行申饬，务使口粮照给，兵额无不足之虞，而又于平时严定捕盗之规则，一遇地方有以劫杀之案报者，虽深夜亦必率队赶捕。

（乙）同安及厦埠，除已开办警察各处应切实整顿外，其余体察地方情形，于盗贼出入必由之路，如同安西门外各乡及厦门之嘉禾山等，设立乡团，其经费除各乡自筹外，请于州县缉捕经费项下酌提补助，盖乡团之设，既足防盗贼于未发之先，移缉捕经费以助乡团，较为得策。

（丙）厦门各路头小炮船，现拟一律编号，窃谓充当该船户者，宜有妥实铺户代为保结，同时又另（撮）〔摄〕小影，汇交何等总公司（将来水警成立时，此项应汇交水警总局），庶免莠民滥充，而港汊歧路，种种之劫杀因之消弭。

（丁）治水上劫杀者，以水上警察为宜，厦埠风气夙开，筹费尚易，应不难于设立，惟宜先设水警教练所，俾毕业后渐次设立增广。

（戊）盗案发生，无论当局或局外，均可密举于地方官，俟查明得实，即应亲赴该乡，谕令家长自行捆送，如有不遵，即请大兵剿办。

（己）应请制台移知提督，令择扼要之区，派兵驻守，以与警察乡团互相联络，如遇地方官请兵缉盗，立即准行，并约束哨弁兵役，不得需索夫价口粮。

（庚）以外普通办法，见于左列第三项。

（二）治漳州之劫杀。

此条因按漳友函件，屡言近日匪棍众多，嗣议员陈君锡朋、张君国宝等又各以意见书至，故另行提出。

（甲）漳州近日花会盛行，盗窃即缘之而起，故欲清盗源，必先禁花会，应请制台严饬漳属及各属地方官，务将花会赌首速行严拿惩办，至于严禁方法，审查员报告制台咨询案言之甚详，应请一律通行。

（乙）近日漳城数十猛及数百猛名目，到处林立，该匪出门身带枪刀，遇有睚眦之怨，立逞凶锋，则其他之杀人于货，种种为非，可想见已，应请制台严饬该处地方官，务将匪首拿办数名，以儆其余，兼解散数十猛、数百猛名目。

（丙）查匪棍之众，多类由拳馆之林立，他府及上府之学拳者，多藉以卫身，可毋庸议。漳属学拳者，多系下流社会身无寸业之人，其学拳目的，专藉以济其劫掠之用。况一拳馆动聚五六十人，尤与治安有碍。应请制台速饬龙溪县及漳属各县，务将该拳馆一律尽行封闭。

（丁）漳属警察殊少成效，站岗亦甚寥寥，往往盗案发现，而彼尚寂无闻知，即或吹笛，而至者亦无几，以故一任盗贼远飏，盗胆愈横，即盗案愈多。应请制台行知漳州府，务将警察极力整顿，其余各县未成立者，亦宜赶早督促成立，以符民政部九年筹备之事宜。

（戊）北溪一带，抢劫叠见，无月不有，所戕人命，不计其数。列宪衙门，当有案档可稽查。该地自浦南以上，至宁洋以下，为客船商货往来之要路，而其被劫者多在新圩与岭兜交界处，或华封与永福交界处。此项原因，皆系旧时东蔗楼余党出为抢劫，东蔗楼为龙溪、长泰、安溪、漳平四县之交，现在该处又渐有匪类窝藏，虽经当轴派一委员常驻于此，然无兵力以盾其后，仍无如何。应请制台迅饬漳镇派兵三四十名，并驻于东蔗楼附近之委员处，交该委员督率捕拿，庶商旅可保无虞云。

（己）以外普通办法，见于左列第三项。

（三）治下游劫杀之普通办法。

（甲）各地方营汛宜令补足兵额，无任克扣粮食，一闻一警，立即率队赶捕，一以补地方警察之力之不及，一则地方未设警察者，须恃彼辈为捕拿。绿营一日未废，仍宜一日得彼之用。不然，偌大钱粮，空掷虚牝，岂当轴所忍闻乎？

（乙）警察原以保治安，应饬各县已设立者速行改良推广，未设立者赶紧设立，而以各县旧有之缉捕经费（此款半成陋规），拨多数以为推广设立警察之助。

（丙）请宽地方官处分，以冀实行捕拿。查各州县办盗，每因处分太严，匿盗不报，如果实力捕缉，因盗远飏未能获过半数，或经自治所或去毒社公认属实，应请制台宽其处分，仍勒严限，俾得一意缉捕。

（丁）地方官如遇有被劫或致毙命者，闻报应立即轻舆减从，亲诣勘验，并实行严禁胥差人等勒索例外之金，且许被劫之家当堂击鼓，以免递呈周折。

（戊）多悬赏格，以鼓舞拿送及知踪者。

（己）如遇山僻等处有聚党结会横行，类于上游红黑钱会之行为者，应由上峰派营会县，及早督捕党首，解散胁从，俾免养痈贻患。

（庚）党首固宜重办，即地方匪棍一经拿获，亦必尽法惩办。地方官瓜代之时，前后任均不得受情卖放，滥行保释，故示优容。

（辛）宜饬各县设工艺所，俾犯人罪不致死者入所学习，既得手工，兼驯性质，俾他年出狱时，免再蹈盗贼行径。至于地方无赖子弟，游手好闲之夫，亦均听该家长送所学习，此似为消弭盗案、正本清源之无上策。

（壬）至于因争婚及其他事故，致酿出斗杀及骤杀者，此在泰西文明国亦所时有。我国现尚无完全办法，惟视将来教育进步，人人各重道德，此种或可消弭云。

宣统元年十月初一日，庶政兴革科修正。主查员椿安，理事员郑藻山，审查员王子懿、王邦怀、张国宝、余钟英、林邦桢、林佑蘅、黄纪星、黄必成、潘纪雲。

议长（高登鲤君）请书记长登坛朗读原议案并审查员修正案。

议长（高登鲤君）将修正案逐条请众表决。

（一）治同安及厦门之劫杀七项

（刘佑崇君）谓：丙项"何等总公司"五字，请审查员解说明白。

（黄必成君）谓："何等总公司"五字应改为"商务总会"。

（孟思培君）谓：甲项"虽深夜"三字应改为"无分雨夜"。

议长（高登鲤君）将第一项修改后请众表决，赞成者五十五人。

（二）治漳州之劫杀六项

（刘崇佑君）谓：此节首三行所述拟定办法之理由可以删去，又漳州拳馆究竟情形如何，不能一律概行禁绝。

主查员（椿安君）谓：此节应改为"先查各拳馆，如有以上情形，即予严行封闭"。

（孟思培君）谓：乙项"兼解散数十猛、数百猛名目"云云，名目只可严禁，不可解散。

主查员（椿安君）谓："解散"二字改为"禁除"。

议长（高登鲤君）将第二节修改后请众表决，赞成者四十五人。

（三）治下游劫杀之普通办法九项

（刘崇佑君）谓：甲项"一闻一警"如何解法？

主查员（椿安君）谓："一警"系"警报"之讹。

（刘崇佑君）谓：甲项文法宜再修改。

主查员（椿安君）谓：此项宜改为"一闻警报，立即率队往捕，以补地方警察之力所不及，其地方未设警察者，须用彼辈为捕拿"。此后各语皆删去。

（刘崇佑君）问：乙项"多数"二字何解？

主查员（椿安君）谓："多数以"三字皆删去。

（康咏君）谓：丙项"公认"句可删，宜改为"未能拿获过半，应督部堂酌量情形，宽其处分"云云。

（赖其浚君）谓：壬项"并无办法"可删去。

（孟思培君）谓：己项"上峰"字样太泛。

（康咏君）谓：宜改为"应由地方官会营及早督捕"。

（康咏君）问：庚项"匪棍"系指何种？

（卢初璜君）谓：庚项与己项不免抵触，宜将庚项删去。

（康咏君）谓：庚项"地方官"云云。以下均可删去。

（李迪瑚君）谓：庚项宜改为"地方匪棍一经拿获，亦必尽法惩办"。

（卢初璜君）谓：辛项"工艺传习所罪犯"与"不良少年"不宜共处，须分别为二。

（刘崇佑君）质问：省城前年所办自新所，亦系罪犯与无赖之徒同聚一厂学习，不知本年如何办法？

（臬台鹿）谓：罪犯与无赖之徒现在仍同一处工作，惟晚间分别居住。

（刘崇佑君）谓：此宜改良。

（臬台鹿）谓：因工厂地方不大，且经费无多，故尚未能改设。

（制台松）谓：现在所办者名为工艺所，至罪犯习艺所尚未设立。

（藩台尚）谓：罪犯习艺所宜专收罪犯，至无赖子弟不宜加入。

（卢初璜君）谓：辛项"至于"以下宜皆删去。

议长（高登鲤君）将第三节中逐项修改毕，请众表决。得赞成者三十一人。

议长（高登鲤君）宣告休息二十分钟。

四时二十分续行开议。

第七，关于教育事件妥筹各府与省垣联络办法提议案（议员苏寿乔等提出审查员修正案）第二读会。

闽省教育，因交通之不便，方言之不同，与夫地方官文件之延搁，会城与各府县遂生非常之障碍，各府县人对于省垣深感其不便者亦多，今联络一致，必使全省教育机关日渐完密，而易于推行。谨拟办法如左：

（一）关于省垣中等以上学校考期预告之方法。考期预告，已于制台所提出教育修正案议决之。但预告若不细定方法，其效力与不预告同。查从前各校招考,对于各府厅州县虽有预告,或辗转经地方官之手,及其发布,而期已迟,或地方官并未发布,文告之有无,本地人概未闻知。其来省报考者,多系本人自行探知,或系省垣亲友函告,及禀地方官奉准,斋文到省时,则上课已逾一月或两三月。省垣各校若酌量变通办理,许其补考一律上课,则程度不齐,功课均赶不及;若不许补考,则羁居旅馆,进退维谷,似此殊多未便。拟分为两项办法:(甲)各校例定每学年每学期招考者,应请学台通饬各校,令其报明限定某月某日至某月某日期内,必须举行试验,刊布于谘议局所指定之日报,并通告各府州县所设之劝学所或教育会。未设劝学所、教育会之地,应由学台札饬即速设立外,暂行指定该府州县之某学堂为收受通告之地,由该学堂即日公布之。如有必须展缓考试之事由,亦应先期邮告于前所指定之场所。(乙)各校特设之班,如研究自治、研究审判、师范传习、实业教员养成所、速成警察等,至少于二个月前通告于前所指之场所。

(二)关于考取出洋留学及选送京师或外省学堂之完善办法。考派东西洋留学生时,应请学台前二个月通饬各府州县即时公布,并由教育总会函告前所指定之场所,以便预备赴考。其有京师或外省学堂招考时(如分科大学、预备科、保定陆军、唐山铁路、天津医学堂、北洋水师学堂等),亦照前法通布之。当发现各项考试时,如期限已迫,札饬函告均不及,应由电通告。

(三)关于教育总会会员推广之方法。教育总会,本以企图全省教育之发达改良为主旨,其会员本无省垣外府之分,第以各府县人驻省者少,其得总会会员介绍者亦稀(中惟兴化、漳州两府曾经介绍入会,然亦甚居少数)。今先拟定各府县人有与学务关系者,均由该府县劝学所或教育会开列姓名住址,送存总会。由总会会员于开会时联名提出介绍之,并可互相通信,藉悉教育情况,庶于总会名义相符。即研究教育之范围,亦无囿于一方之弊。

(四)闽省公共学堂宜划定各府学额。此届优级师范学堂已经本局议定各府学额,惟此外学堂尚无定额,致有志来学者不免向隅。今请学台通饬属于闽省公共之学堂,应于何年添班,每班人数若干,须分府确定学额若干名,以便及格升学学生届期来省应试,由堂认真考取。如有一属不到者,则所余之学额,合省垣外属各生选取之。

(五)闽省公共学堂宜一律改用国语教授。闽省语言最为复杂,中小学堂以下教授率用土音，此固万不得已之办法。至于阖省公共学堂，则集九府二州学生于一堂，似难沿用土音，致生教授上无形之隔阂。今请学台通饬，关于阖省公共学堂，凡教员讲解科学，概用国语，俾免讲听两歧。此于语言统一，教科一贯中，亦不无裨益云。

发议者刘崇佑、陈之麟、苏寿乔、施景琛、连贤基、郑藻山，赞成者黄乃裳、赵锡荣、潘纪雲、陈锡朋、谢受殷。

议长（高登鲤君）谓：此议案省略朗读，就审查员所修正者加入原议案中，将逐条请众表决。

（一）关于省垣中等以上学校考期预告之方法

（卢初璜君）谓："中等以上学校"宜改为"关于全闽公共之学校"。

议长（高登鲤君）请众表决，赞成者三十人。

（二）关于考取出洋留学及选送京师或外省学堂之完善办法

议长（高登鲤君）请众表决，赞成者三十八人。

（康咏君）质问：福州府中学堂是否全省公共之学堂？

福州府曹答：福州府中学堂不独专收福州府学生，即各府亦可来学。

（卢初璜君）谓：福州府中学堂既全省之人皆可入学，宜定外府学额，并改为全闽中学堂。

（杨廷纶君）谓：省城中学堂本与他府不同，如顺天中学堂外省人皆可入学，福州府中学堂亦照此办理。

（藩台尚）谓：福州府中学堂经费大半皆由本府筹办，所用加厘一项仅三千余，不过作为补助而已。

（三）关于教育总会会员推广之方法：赞成者四十三人。

（四）阖省公共学堂宜划定各府学额：赞成者四十三人。

（五）阖省公共学堂宜一律改用国语教授：赞成者四十四人。

议长（高登鲤君）谓：此议案可省略第三读会，请众表决。全体赞成。

议长（高登鲤君）谓：本日议事日表所列各议案，因为时已晚，不能议完，所有本议各项，应移于明日续行开议。

议长（高登鲤君）报告第十九号议事日表毕。

议长（高登鲤君）宣告闭会。

是日出席议员五十九人。

制台于午后一时到会。

午后五时闭会。

第一次福建谘议局议事速记录第十九号

宣统元年十月十二日（1909年11月24日）

议事日表　第十九号

宣统元年十月十二日（水曜日）午后二时开议。

第一，学校及公益团体之基本财产妥为划定分明提议案（议员刘崇佑等提出）第三读会。

第二，减轻漳河水患提议案（议员陈锡朋等提出，审查员修正案）第二读会。

第三，普禁缠足提议案（议员孟思培、张步青等提出，审查员修正案）第二读会。

第四，推广初等小学堂提议案（总督提出，审查员修正案）第二读会。

第五，遍设劝学所提议案（总督提出，审查员修正案）第二读会。

第六，关于上游匪害办法提议案（总督提出，审查员修正案）（附议员熊秉廉修正案）第二读会。

第七，整顿闽路提议案（议员康咏、孟思培等提出）第三读会。

第八，保护上游木商（附禁杉木藉股侵占提议案）（议员李迪瑚、周文麟、卢初璜等提出，附邓畿、潘纪雲、张选青等修正案）第二读会。

第九，提倡农会提议案（议员林邦桢等提出）第二读会。

第十，禁烟办法提议案（议员施景琛等提出）审查员报告。

第十一，改良盐法提议案（议员康咏等提出）审查员报告。

第十二，暂行诉讼规则提议案（议员王子懿等提出）审查员报告。

第十三，禁售土地与外人提议案（议员黄纪星等提出）第二读会。

第十四，请改良福州西南泷口港工程提议案（议员施景琛等六人提出）第一读会。

第十五，取缔外人在内地违约举动提议案（议员潘纪雲、卢初璜等九人提出）第一读会。

议长（高登鲤）：

一、报告议员潘纪雲君、谢滋春君、高士龙君、林佑蘅君、郑锡光君各告假一天。

二、报告制台来札，关于谘议局议事权限事。

札行事，本年十月初十日，准宪政编查馆青电，本馆现接川督电称，各省向办事件，多属国家行政。其国家行政与地方行政之分，应俟拟定后通行办理。现在未经区别以前，应暂由督抚酌核。凡属国家行政者，皆由督抚照常奏咨，非谘议局所能置议，自无庸交局议决。如确系纯属地方行政，不涉国家者，而欲有所兴革，自可提交局议，再由督抚裁夺，分别奏咨施行。其由局提议之件，亦应由督抚审查。如果逾越权限，可剀切劝告；若不受劝告，即照局章四十七条办理。上年钦奉谕旨，议院未开以前，悉遵现行制度等因，钦此。谘议局非议院可比，尤宜恪守范围，务遵定章，及本馆议覆于大臣原奏，是为至要等语。相应通电各省，一体查照，并转饬谘议局遵行等因前来，合就札行谘议局查照，须至札者。右札福建谘议局准此。宣统元年十月十二日。

议长（高登鲤君）请书记长登坛朗读札文毕。

三、报告制台来札，关于爪哇日惹所举参议员六人姓名事。

札行事，本年十月初八日准农工商部咨开案，据爪哇日惹中华商会呈称，现福建广东谘议局经已成立，侨商参议员自应遵议选举。卑会当即酌议选举简章，核定名额，以本埠人数比较，应举福建谘议局参议员六名、广东谘议局参议员二名，于八月十七日发选举票。凡本埠华商合议员资格者，皆得选举及被选举权利。八月二十日在本会所投票，即晚开票，公推卑会顾问员兼中华学堂校长杨绅景疏为监察员，当堂拆票，计福建籍叶鸿材得二十六票，郑延藩得二十三票，周廷管得二十三票，李金泉得二十票，李高养得十七票，傅仰山得十四票，广东籍杨景旎得二十四票，周斡才得二十三票。以上八员，皆身家清白，品望素孚，办事热心，著有劳绩，举充谘议局参议员，尚为合格。理合取具各该员履历，呈请察核，咨送立案。并称各该省凡有提议事件，或议决事件，似宜仍令各埠参议员周知，通信接洽等情前来，相应抄录各该员履历，据情咨行贵督查照立案。并将该谘议局遇有提议议决事件，应如何令各埠参议员周知通信之处，转知酌核办理，并希见覆，以便饬遵可也等因，到本部堂准此。合就札行谘议局酌核办理，须至札者。

计粘抄日惹中华商务总会选举福建谘议局参议员履历。计开：

叶鸿材，年三十九岁，福建泉州府安溪县民籍，报捐蓝翎中书科中书衔，商号建美，营业欧洲磁器、面粉、茶叶、谷米，叠充日惹商务总会理事、议董、坐办，国粹研究会总理，中华学堂董事，现举充福建谘议局参议员。

郑延藩，年三十六岁，福建泉州府同安县民籍，锦茂号支店长，营业糖、茶、米、豆、油，叠充日惹商务总会会员、议董，现举充福建谘议局参议员。

周廷管，年三十岁，福建泉州府同安县民籍，报捐同知衔，建源号支店长，营业糖、油、米、豆、轮船，现举充福建谘议局参议员。

李金泉，年三十岁，福建泉州府同安县民籍，报捐道衔，商号协顺，营业糖、油、茶叶、面粉、火柴，前充日惹商务总会总理，中华学堂董事，现举充福建谘议局参议员。

李高养，年三十六岁，福建漳州府龙溪县民籍，军功六品顶戴，报捐中书科中书衔，绍芳号支店长，营业糖、茶、米、豆，叠充日惹商务总会会员、理事，国粹研究会干事员，中华学堂董事，现举充福建谘议局参议员。

傅仰山，年四十七岁，福建泉州府安溪县民籍，报捐州同衔，商号源兴，营业中国杂货，叠充日惹商务总会会员、庶务、课长，现举充福建谘议局参议员。

议长（高登鲤君）请书记长登坛朗读札文毕。

四、报告制台来札，接奉宪政编查馆来电，关于呈交格式事。

札行事，本年十月初十日准宪政编查馆青电，兹将谘议局呈文格式，酌定首用呈明、呈请、呈报、呈覆等字样，末用须至呈者，仍称督部堂、抚部院，不用贵字，希转饬遵等因前来，合就札行谘议局知照，须至札者。右札福建谘议局准此，宣统元年十月十二日。

议长（高登鲤名）请书记长登坛朗读札文毕。

议长（高登鲤君）谓：昨建议书三件已交临时审查员审查，不知本日能否即行报告？

临时主查员（林辂存君）谓：可以即行报告。

议长（高登鲤君）谓：本日即将审查情形提前报告。

第一，兴化绅商禁阻洋油池建议书之提出审查员报告。

议长（高登鲤君主）请主查员（林辂存君）登坛报告。

（林辂存君）登坛谓：昨交到禁阻洋油池之建议书，经审查员四人审查后，本应作为报告书报告，因期限匆促，故就口头报告。查洋油池与民居相近，本极危险。兴化非通商口岸，且涵江地方尤属市场，未便听令外人任意设立。应将建议书照抄一份，并附原图，由谘议局呈请制台，派员会同兴化府，亲往查明原卖地主，令其赎回。一面电饬兴泉永道，与该国领事磋商，即行禁阻，不得开设。请公决。

议长（高登鲤君）谓：顷据林君所报告，本应照章作为议案，但为日无多，即将审查员所报告之办法，呈请制台察核办理，请众公决。赞成者六十人。

第二，闽清碗铁米船商建议书之提出审查员报告。

议长（高登鲤君）请主查员黄乃裳君登坛报告。

（黄乃裳君）登坛报告，略谓：该建议书之意，因铁税过重，关卡需索又苛，且又限以三百斤过关投税，多则充公，而洋铁则仅完子口税，皆可通行，是不啻阻止本地之铁而流通洋铁也。故拟请制台重定铁之税则。又碗商因旧日十连之碗完百斤之税，现在十二连之碗仅六十五斤，亦完百斤之税，且又比厘浮完加额二十斤，是六十五斤作百二十斤完税，再加以厘金，每十二连一百斤是值百抽五十余矣。以故每年出产仅值二万余金之碗，而税厘抽至一万余金，由是碗业日形颓坏。又米船商因邵武旧例，每石米须昂至四元以上，始行禁河，而现则仅二元余之价，亦行禁河，致米船商生涯日促。又加以警察抽捐，每担一角，工食遂致不敷。其建宁县一港，由洋口载盐六包，到建始准装米，而盐载旧定每船十千零六百八十文，今被克扣仅余三元三角左右，安能敷两篙工二十天工食？以上情形，经审查员审查，皆属确实，至办法，请众公决。

（林辂存君）谓：此建议书本日早间经审查员议定，应由局备文，将此建议书抄录一份，呈请制台核办。

议长（高登鲤君）请众表决，赞成者五十九人。

第三，侯邑农民张耕心等关于税契积弊建议书之提出审查员报告。

议长（高登鲤君）请主查员林辂存君登坛报告。

（林辂存君）登坛报告，略谓：此建议书经审查后，所述情形均属确实，拟由局备文，附抄建议书一份，呈请制台核办。

议长（高登鲤君）请众表决，赞成者四十五人。

第四，关于本省学校及公益团体之基本财产妥为划定分明提议案（议员刘崇佑君提出）第三读会。

关于本省学校及公益团体之基本财产妥为划定分明提议案：学校及公益团体，必须有基本财产，方得永久维持。基本财产以不动产（土地、田园、家屋）及存积之现金、现谷为多。吾闽现有之学校及公益团体，有基本财产者甚少。然旧日书院、府县学及公益团体（如育婴、敬节等善堂）之基本财产，亦属不少，一经改为学堂及他团体之后，难保无隐匿侵蚀之弊。即在今日，犹或缴纳子金，而案卷契据等，既经改为学堂及他之公益团体，历久恐渐忘其所自。则从基本财产所生之收入，不过作为通常一款，甚且从而变动之，是基本财产之原物全至消失也。例如闽省书院之基本财产，发商生息，迄今尚有收入分析成数，缴入高等法政等学堂。在学堂不过作为通常一款，恐或渐忘其为旧时之基本财产。又义仓存积现谷，前经官备发粜，本息均未清还，此项积谷本非以为基本财产，但既经官借生息，应催其本息并还，本未还清之前，亦应比照基本财产办理。其他各府州县向有学田、公田、幼学田、文社田、卷资田、贴考田、书院产业、义仓积谷岁入、地方各种常捐（专指捐充地方公益之公益团体者），及公有房屋、园地等项，应请督部堂札饬司道及各地方官，移知各学堂及公益团体，明定为基本财产。间有由学堂及公益团体自征收子金者，亦应令其明晰具报，作为基本财产，于该管地方官衙门存案，以便检查，以杜侵蚀。无论官绅商民，如有延欠此项款目者，一律许本地绅民指禀该管衙门立即催缴，妥为保护，以重公益。

发议者刘崇佑，赞成者赵锡荣、施景琛、康咏、黄必成、陈锡明、李钟声。

议长（高登鲤君）请书记长登坛朗读原议案及王子懿君加入之修正案。

（康咏君）谓：清理之后，学校财产自归各学校管理，至各公益团体亦须公举管理人方可。

（刘崇佑君）谓：惟须分别声明，各学堂监督则非可以公举也。

议长（高登鲤君）请书记长将议案修正后再行登坛朗读，其文如下：以上办法应先行清厘，清厘之时应由各地方公举总理、协理，专任清厘之事。至清厘后，其财产应划归何团体，即由该团体自行管理。但管理该团体之人，除学校外，亦应由公举。

议长（高登鲤君）请众表决，赞成者五十五人。

第五，减轻漳河水患提议案（议员陈锡朋等提出，审查员修正案）第二读会。

（陈君锡朋）提出减轻漳河水患议案之修正：

（甲）筹费

（一）去年灾后，漳郡人士拟立濬河公司，各绅商踊跃认股，数至巨万。以此项事体重大，骤难成立，因即销撤，将各股份取其三成作为认捐。然所谓捐款者，至今犹未实缴。应请制台札该处地方官，协同妥绅，极力提倡，务将所捐款项暂归该处商会收存，以备拨用。

（二）漳河上下游驶行之篷船，约以千计。现在河身淤浅，十日不雨，则该处行船多用人工牵缆。是蒙疏浚之利之最显最切者，船户也。既受其利，则不能不任其费。拟向各大小船艘每月分别抽取若干，以为补助，俟功效已见，水患可松，即将该款拨归水上警察之用。此事应请制台饬该处地方官妥为办理。

（三）水患频见，田园淹坏，于国家赋税有绝大之关系。查漳属地丁银，光绪元年间额征至十四余万两，壬寅后加征随粮，每两增纳制钱四百文，以十四万两计，是随粮项下每年可征至五万六千元。拟请制台出奏，将随粮项下作四份算，酌提一份作为该处河工之费（如地丁每钱加四十文，提十文拨用），以办有成效为止。须知漳州水患系非常灾祲，于无可如何万不得已之中，始出此提拨之策，他处应不得援以为例。

（四）闻去年漳州水灾，各省曾有协济之款，究竟款目若何，应向藩台质问，并请将该款全数归该河工用。

（五）福州开浚泷口港，系为防避水患起见，该费由福建赈捐局拨款而来，漳河事同一律，应请制台于福建赈捐项下拨款补助，以为漳郡河工挹注之资。

（乙）办法

（一）拟将汀漳龙道署附设之工赈局改为河工总局，而以汀漳龙道总其成，以漳州府、龙溪县分任会办、提调。

（二）多购挖沙机器船。

（三）拟在近河处所设一河工分局，以便开发各工人费用，并于分局附设船捐所，为各船户缴纳船捐之处。

（四）关于河工董事人等，应专择本地廉正通达绅商，以充其任。

（五）所有董事司事人等，用本地方人，以其事与本地方有绝大之关系，其人对于此事有应尽之义务也。拟董事酌给舆马及伙食费，不支薪水，司事始酌给薪水。

宣统元年十月初三日，庶政兴革科修正。主查员椿安，理事员郑藻山，审查员王子懿、王邦怀、张国宝、余钟英、林邦桢、林佑蘅、黄纪星、潘纪雲、黄必成。

议长（高登鲤君）请书记长登坛朗读原议案及修正案。

议长（高登鲤君）将修正案请众逐条表决。

（甲）筹费五项

第一项：赞成者四十五人。

第二项：赞成者四十二人。

第三项：

（施景琛君）谓：随粮捐一项，漳州若可提，则他处亦可提，所谓"他处不得援以为例"一语，本议员甚属反对。

（陈锡朋君）谓：漳州水患非他处可比。

（制台代理员学台姚）谓：随粮捐本属赔款之用，此事恐办不到。

议长（高登鲤君）谓：此项应行取消，请众表决。赞成者得三十三人（过半）。

第四项（此项应改作第三项）：赞成者五十八人。

第五项（此项应改作第四项）

（施景琛君）谓：赈捐拨款应定一数目，请其照拨。

（孟思培君）谓：不必定数，宜于项下添"尽先"二字。

议长（高登鲤君）请书记长照添后，请众表决。得赞成者四十七人。

（乙）办法（五项）：赞成者五十四人。

议长（高登鲤君）谓：此议案可省略第三读会，请众表决。得赞成者五十七人。

第六，普禁缠足提议案（议员孟思培等提出，审查员修正案）第二读会。

庶政兴革科审查员提出孟君思培、张君步青关于实行普禁缠足修正案：缠足恶俗，万国所无，独中国流毒至今，若不设法劝禁，此拘挛女子之肢体，何以革陋习而强种子？然相沿日久，几为女子普通之害。若法令过为操切，不无骚扰疑阻之虑，窃恐反致扞格而难行。计惟有用提倡、鼓励之法，以赏诱之于先，而以罚驱之于后，先从绅学界入手，逐渐推行，藉以资表率而默与转移，庶办法不虞窒碍，自可收推行尽利之效果。谨参酌原案，妥拟办法如左：

（甲）提倡

（一）请制台通饬各府州县重申缠足之禁令。

（二）限文到三个月，由地方官会同绅士组织天足会，妥订会章，报明立案。

（三）凡会员家自十岁以下女子，不得再缠足。

（四）由会中采用劝不缠足及放足之白话歌曲，按户实行，剀切劝导。

（五）会中经费，由会员捐集，或由地方官拨款补助。

（乙）鼓励

（一）平民之家，如有遵劝十岁以下幼女不缠足者，应赏给"遵旨不缠足淑女"字样银牌，以示优异。

（二）无论绅商士民人家，如有十岁以上已缠足女子，遵劝愿放足者，一律照前项给赏。

（丙）罚金

（一）绅学各界，自宣统二年六月起，如有违禁十岁以下幼女仍缠足者，应照会章定罚。平民家则宽限至宣统四年六月，再行科罚。

（二）罚金分三等，自宣统二年六月起，举贡生员家每一缠足幼女罚洋银两元，职官家每人罚洋银四元（佐贰准照举贡生员论），自宣统四年六月起，平民家尚有缠足幼女，每人罚洋银一元。

（三）由会员调查员分别等级，造册送县，按名科罚，至交纳罚金时，给以两联印单为据，此项罚金指作赏品之用。

宣统元年十月初二日，庶政兴革科修正。主查员椿安，理事员郑藻山，审查员王子懿、王邦怀、张国宝、余钟英、林邦桢、林佑蘅、黄纪星、黄必成、潘纪雲。

议长（高登鲤君）请书记长登坛朗读修正案。

议长（高登鲤君）将修正案逐条请众表决。

（甲）提倡（五项）：赞成者五十五人。

（乙）鼓励（二项）

（卢初璜君）谓：（乙）条一项可删去，缘十岁以下不缠足者多，奖不胜奖也。

（李迪瑚君）谓：（乙）条二项末句改为"应奖给'遵旨不缠足淑女'字样银牌，以示优异"。

议长（高登鲤君）请书记长照改后请众表决，赞成者四十六人。

（丙）罚金（三项）：赞成者三十八人。

议长（高登鲤君）谓：此议案可省略第三读会，请众表决。得赞成者五十人。

第七，推广初等小学堂议案（总督提出，审查员修正案）第二读会。

（甲）地方教育之发达，专视机关之完备与否。现城镇乡地方自治方在筹办之年，各属劝学所则多未设齐，其已设者亦多属敷衍搪塞。拟于明年续办城镇乡地方自治时，及督促各属劝学所设立改良，而后责令将所属学区协同划分清楚，并筹办兴学款项，次第增设初等小学校。

（乙）现在各属师范生虽渐次毕业，然将来初等小学堂遍设而后，仍恐不能敷用，自应及时筹备，养成师资。兹所拟筹备方法列左：（一）各属劝学所、教育会及地方绅耆，宜令联络一气，协商该处情形，如小学校教员现尚缺乏，应公同设立师范传习所或教育讲习所，如劝学所与教育会能彼此分设上等项更佳。（二）各处塾师顽固，概不肯改良，宜饬地方官设法劝令入师范传习所或教育讲习所，以便改良一切。其私塾改良章程，亦请广为传布，俾参入为研究之学科。（三）凡师范传习所及教育讲习所，应斟酌各地方情形，收取学生学费，其不足者绅为补助，再不足则请地方官筹款拨用，如款能敷用，免收取学生学费者更佳。

（丙）地方绅商有能组织成款，倡办初等小学，俟办有成效，地方官厅奖给匾额，以为办学者劝。

（丁）关于创设半日半夜各学堂：（一）各处小学堂，勿论高等、初等或两等，均可附设半夜学堂，以招贫民子弟及商铺幼伙日间不能就学者。（二）无论何处，均宜速设半日半夜学堂，例如一学堂上午（放）〔教〕一班，下午（放）〔教〕一班，夜间又另教一班，此等办法，费廉而成立甚易，且于近日乡间又最相宜。

（戊）凡关于初等小学校及半日半夜学堂所有办法，应从俭朴形式上无事苛求，校所择寺庙村舍，均可借用，常费除教员一二人束脩外，其余概从简略，约计每校年须二百元左右（如该学堂学级多，需教员多人者可另议），仍由该处官绅设法筹集公款，按年拨用。

宣统元年十月初六日，庶政兴革科。主查员椿安，理事员郑藻山，审查员王子懿、黄纪星、王邦怀、潘纪雲、林邦桢、黄必成、林佑蘅、余钟英、张国宝。

议长（高登鲤君）请书记长登坛朗读修正案。

议长（高登鲤君）将修正案逐条请众表决。

（甲）一项：赞成者五十九人。

（乙）三项

（施景琛君）谓：乙条第二项宜修正，"教育讲习所"下添入"夜班"二字。更有乡僻塾师距离讲习所较远者，准其照校外生例，向所报名，照领讲义，自为研究。

（制台代理员学台姚）谓：即此项所言会地方官设法令其入学，恐亦办不到。惟有定一章程，凡无讲习所毕业执照者，不准设塾授徒。但此办法有无窒碍，请诸君再为妥商。

（施景琛君）谓：若如此办法，则不可收学费，更能贴以膳费尤好。

议长（高登鲤君）谓：照此办法，则第三项可删，再将第二项照学台所言，请康咏君修改。

（康咏君）谓：第二项前段宜改正其文如下："各处塾师如守旧不肯改良者，宜饬地方官晓谕，令入师范传习所。"

（康咏君）续言：第三项既经删去，则照学台所言，添作第三项文如下："应请学台通饬各属，自宣统三年起，如塾师未得师范传习所及教育讲习科毕业文凭者，不得设馆授徒，违者勒令停撤。"

议长（高登鲤君）将改正之（乙）条三项请众表决，得赞成者五十七人。

（丙）一项：赞成者五十六人。

（丁）二项：赞成者五十五人。

（戊）一项：赞成者五十六人。

议长（高登鲤君）谓：此议案可省略第三读会，请众表决。得赞成者五十七人。

议长（高登鲤君）宣告休息二十分钟。

三时二十分续行开议。

第八，遍设劝学所提议案（总督提出，审查员修正案）第二读会。

（一）筹款方法。先由地方官筹垫开办经费，更会同本地公正绅士，或清厘公款，或提杂捐溢额，其他酌量地方情形，妥为筹集，以资办理。

（二）养成人材。人材缺乏之州县，亟应遵照部章设立教育讲习科，研究教育，以储人材。

（三）设立师范讲习所。查师范讲习所为劝学应办之事，急宜设立，庶劝学之事，有着手实行之准备。

（四）切实监督。劝学所成立后，遵照定章，每半年造具表册，交由地方官申报提学司衙门存案，并由省视学按期巡视访查，不许敷衍塞责。在本籍之谘议局议员，苟深知其办理之未善，即宜尽忠告之责，若始终不改，可禀请地方官核办。

宣统元年十月初五日，庶政兴革科。主查员椿安，理事员郑藻山，审查员王子懿、王邦怀、林邦桢、林佑蘅、张国宝、潘纪雲、黄纪星、黄必成、余钟英。

议长（高登鲤君）请书记长登坛朗读原议案并修正案。

议长（高登鲤君）将修正案请众讨论。

（卢初璜君）谓：第二项养成人材应可删去。

（黄纪星君）谓：教育讲习科乃养成劝学员人材，与劝学所有关系，不可删。

（康咏君）谓：须添奖励一条。

议长（高登鲤君）谓：先将本修正案请众表决。得赞成者四十五人。

议长（高登鲤君）谓：此议案可省略第三读会，请众表决。得赞成者四十五人。

第九，关于上游匪害办法提议案（总督提出，审查员修正案）（议员熊秉廉）修正案第二读会。

（甲）拟请咨商赣粤督抚，于三省毗连之边界，择要驻扎防营，分任缉捕等事。

（乙）清查户口，自为断绝匪源之第一要义，亦宜咨知赣粤督抚。将来闽赣粤三省毗连边界调查户口时，务宜格外认真，将形迹可疑之人书之名籍，以便盗案发现时，易于跟究，尤足使盗踪无处藏匿。至于此外办法，则议员高君登鲤所提防弭上下游盗贼议案中，多关于上游匪害办法，可以参照办理，因另案提出议决，故未列入此案之内，以清眉目。

宣统元年十月初六日，庶政兴革科。主查员椿安，理事员郑藻山，审查员王子懿、王邦怀、林佑蘅、林邦桢、余钟英、张国宝、黄必成、黄纪星、潘纪雲。

关于办理上游匪害修正案（熊秉廉）：此案第十三次议会蒙制台提出，交庶政兴革科审查员审查。本议员以案关敝县，即具意见书送请阅采。但本月初七日，读报告书中所拟办法，于上游各属虽极周密，惟于汀属敝武平县情形不同。本省上游与粤赣毗连者，莫如敝武平一县，武平南界粤之镇平，西界赣之长宁，北界赣之会昌，游勇匪徒立会放票，暗诱游民，始则出没边疆，继则蔓延内地。自辛丑壬寅迄于乙巳，五年之间，地方屡遭洪匪骚扰，附近二百余里，往往一夕数惊。幸各处奉谕团练乡勇，协力堵御，擒获匪首王屎缸三洪志山等，送官正法。叠经敖道台、张粮台（前汀州任内）、俞协台、知县程凌朱公等，会营严缉余匪正法外，一面督办清乡联甲，地方乃复安堵。然渠魁虽歼，而余党未绝，倘有奸民窝寄，窃恐死灰复燃。前蒙大宪拨设防营，以资保护，但近年以来，闻各乡防营只知收受集赌场规，及宰牛等规，间或与平民冲突（如武平处明墟，与民因买卖口角，致相斗殴，竟开枪轰击，其他冲突之事，亦时有所闻）。在大宪本以保民，而防营反不免扰民，似此多一防，转多一扰，以其以兵防之不如令民间各自防之之为愈也。本议员管见，以现任地方自治尚未成立，巡警尚未筹办，而从前各乡所设之保甲团练局依然如昨，从前所编之乡勇团丁按册可查，纵日久稍懈，安或忘危？苟一经整顿，当亦有足恃以无恐者。兹拟办法如左：

（一）请制台札饬地方官，谕各乡团练局，将旧日团丁更名为预备巡警兵，于农隙时使附入就近简易识字学堂。

（二）谕饬各局，选派端正练达热心公益之专丁若干人，给以丁食，使之巡查侦探，如查确有立会窝寄匪徒，准由局指禀惩办，或拿送惩办。倘匪徒抗拒，或啸聚，或纠劫时，准由局率预备巡警丁伙协拿送办及击平之。

（三）调查户口后，饬各局酌选壮丁，自十八岁或二十岁以上，有愿充预备巡警者，并编若干为预备巡警兵，于农隙时使附入就近简易识字学堂，但须个人情愿，不得勒派，以免滋扰。

（四）此简易识字学堂，饬教习分修身、国文、兵学、地理、农学、工学六科教授，听其自由学习，不限毕业年数。其修身、国文等科，俱从简近易习者教之。

（五）兵学一科，不必更习洋式，宜专仿照前明戚少保继光《纪实新书》之法，略为改良，教之演习。教习既易延请，民亦无不乐从，一以利于防患，一以存保国粹，此为至便。

（六）此学费由地方公款拨充，或酌量津贴；其不敷者，由该预备巡警兵自备。

（七）预备巡警兵遇有警需用时，亦须给以工食。

（八）凡巡查之专丁及预备巡警兵，不论有警无警时，皆归该局长与教习约束。

（九）各乡已设巡查专丁及预备巡警兵时，应请制台概将各乡防营调回城内驻屯，庶免与平民滋事。

（十）凡各属有与武平情形相同者，请一体照办；如办理有效者，请酌予优奖。

似此办法，凡预备巡警兵平时有局长教习约束，不至非为，不至滋事；一旦有警，则遍地皆兵，可以靖内，可以御侮。以本地人保本地方，当（此）〔比〕防营较为有效。谨呈管见，伏乞公决。

发议者熊秉廉、林佑蘅、伍春蓉，赞成者蓝德光、邹含英、杨长余。

议长（高登鲤君）请书记长登坛朗读修正案。

议长（高登鲤君）请提议修正者熊秉廉君登坛说明理由。

熊秉廉君登坛说明理由（大旨与修正案同）。

议长（高登鲤君）谓：有赞成熊君之修正案者，请起立。起立者仅三人。

议长（高登鲤君）将审查员修正案请众表决，得赞成者三十六人。

议长（高登鲤君）谓：此议案可省略第三读会，请众表决。得赞成者四十二人。

第十，整顿闽路提议案（孟思培等提出）第三读会。

吾闽铁路开工三年，漳厦一线成功不及二十里。闻幅员南北干线一千余里，支线尚在其外。若果如此延缓，百年不能蒇事，外人虎视眈眈，甚为可虑。查闽路之易于江浙者，约有数端：江浙有部款虚息，闽省则无之，一也；江浙股息均七厘，闽省只定六厘，二也；江浙无随粮之捐，闽省则以此保息，三也。况粮捐一款，原案只云试办一年，今又续办，亦与原案不符。就其已经收入者计之，光绪三十四年上忙起，至宣统元年上忙止，总计不下四十余万元，而所收股本及盐务提款尚在其外。查公司实收之数一百八十余万，实用之数一百六十余万。造路需费，桥工最巨。江省之南，浙省之北，河流交错，桥工颇多，工成报告，每里平均不过一万七八千元，浙省如路桥、股息、车辆等非建筑费俱在其内，其实用于建筑者每里不过一万三千余元。漳厦线虽有一河桥尚未兴工，所需木料无需仰给外省，较之江浙费用必少。两相比例，成功当在百里以外。何以开工三年，造路不过十余里乎？事关全省大局，不得不设法整顿也。请拟条陈：

（一）宜分任劝股。独力难成，众擎易举。谘议局议员以及绅商学界数以千计，均系上等社会之人，素为乡里所推重，劝募谅必无难。应由各界开会，各自量力担任，或数万股，或数千股，或数百股，定期缴交。其从前认而未缴者，亦各分道就近代收。惟肩此任者万不可已担任而不事劝招，或劝招而不如期收缴耳。

（二）宜限期竣工。铁路工程浩大，不得不分段营筑。当视其路段之长短，工作之难易，定日期之远近，或数月，或一年，或二年，严定限期，分段竣工。一段既成，即可收一段之利。成效既著，认股缴股者必愈踊跃，全路成功有日矣。查邮传部奏定九年筹备清单，漳厦铁路限于宣统三年告成，应请制台勒令依限告竣，不得延缓，以符部章。

（三）宜裁冗费。成大事者不惜小费。铁路本属巨工，断不能吝惜资斧，耽误工程。然因事用人，因劳定食，自有适中标准，又何必多设冗员，滥支薪水？闽路公司用人既多，薪金亦不免过滥，如二人可办之事，三人托足其中，其一即为冗员。百金足偿其劳，又复多给长支，皆为虚耗必也。因事用人，因人授俸，勿过刻，亦不必过丰，务使款不虚靡，人归实用，则闽路之成可计日而待矣。

（四）粮捐宜给股票。加赋保息，名既不正，理亦弗顺，民怨沸腾，无怪其然。查原案业已声明，铁路告成，给予股票，其红利留办各该地方公益，是亦非勒民虚担义务也。然但言路成，殊属空泛，应请缴款之日，即给予股票，以每股五元计之，如缴五百元者，自应给百股之票，作为各属公股，唯其股息及红利，则不妨俟漳厦路工告成再行开支。既以助路事之成，亦以坚固民之信，一举两得，较为公允。

（五）粮捐不得挪作别用。查加赋之举，原指明为铁路之用，自不应轻为挹注。全闽钱粮，以每两加钱两百计之，每年当得二十余万金。而本年制台奏案，仅得五万余千串。该公司报告，则自光绪三十三年起，至宣统元年六月止，仅收银一万两有奇。其余各款，不知归于何处。应请将此款尽数拨给铁路公司，不得挪作别用。

（六）粮捐宜定期限。粮捐初办，原以一年为期，兹复续捐，已为失信。现漳厦铁路部定宣统三年告成，则粮捐亦应至是年停止，嗣后续办之路，不得援以为例。即漳厦路或不能告竣，亦应停捐，以昭大信。

（七）粮捐公股应与各股东同。粮捐已保息于前，自应酬报于后，现已作为各该地方公股，则漳厦路成，其应得利益，应与各股东同享，不得歧视。

（八）保息赢额宜作为股本。保息溢额，宜并给与股息及红利。

提议者孟思培、康咏、林佑蘅，赞成者高登鲤、李迪瑚、刘崇佑、刘志和、周文麟。

议长（高登鲤君）请书记长登坛朗读原议案。

（杨慕震君）谓：第四项首五句殊无谓，宜删去。又"应请缴款之日，即给予股票"当改为"应就已缴之款，给以股票"。

（李迪瑚君）谓：第五项"加赋"二字，亦宜改为"粮捐"。

议长（高登鲤君）请书记长修正后请众表决，得赞成者四十四人。

第十一，保护上游木商（附禁杉木藉股侵占提议）提议案（议员李迪瑚等提出，审查员修正案）第二读会。

吾闽上游多山，厥产惟木，出口大宗，杉居其一。年来木业递衰，不及从前百分之一二。近有提倡森林，集资种树，诚为探原之举。然不为木商计划，清除弊害，虽木植壅积在山，将木商望而却步，必致价值贱若泥沙，迫之亦无人敢种。则欲兴农林之利，必先除木商之害，一定之理也。查木商之害有三：

（一）在山。木商入山采办木植，看货估价，立约付银，忽而有他山主出而干涉，谓未签名，致兴讼狱，或有藉山邻出而阻挠，谓伤龙脉，聚众滋事。因虚渺无据之事，致有投赀数年，纠结而不能登山砍伐者。其害一。

（二）在途。木植重笨之物，非积诸山，即浮诸水，或地棍之讹索，或盗窃之潜偷，或藉害田坝之名，而阻其出路，或借损桥梁之说，而令其捐金，流郎有包厂之名，游勇有强讨之弊，匪党时乘机而抢夺，炮船亦串匪而分赃，盐船因私卖而撞沉，委员亦明知而诬陷。种种妨害，无帮不有。其害二。

（三）在行。木排到省投行入坞，看江之工食倍增，盗卖之弊害仍有。其害三。

欲除三害，非筹保护木商之法不可。谨拟办法如左：

（甲）木商入山采办木植，经中见向山主定买之木，当面分明界址，立约交银之后，即将所买该地木界等议，具字标贴该乡通衢。如有界限不清，重卖二主等弊，限一个月内，许争者即向买主声明，买主当与争者同到卖主家质实，果有混界重卖诸弊，即向卖主追回原款，另罚一倍，以补买者利息往来诸费。如越月不报，买者雇夫登山砍伐，山邻如有生事，以勒诈论。如前买者路远不知，自后查觉，准其向卖者原款追回，照罚二倍，为盗卖者戒。倘越足一年以上不砍，乃系有意耽搁，无论新买旧买，其卖约概作废纸，听凭山主召人承买，不得异言。

（乙）木植砍完，开路拖扦，必经山邻界址，山邻不得藉词有伤龙脉，至生阻挠勒索之弊。如有损坏田埂田圳，该商自应照原修复，不得推诿。

（丙）木植放溪，必经桥梁坡坝，如有损坏，理应照修完好。木商当于未放溪以前，具字通知，以释疑义。倘有棍徒分外拦诈，准该商随时禀请地方官，立即提讯，毋得挨延，酿成不测之祸。

（丁）上游有种丐匪，名曰江湖。每遇木商起厂，由青山以至拖扦放溪，皆有匪徒少则数十人，多则数百人，篝马到厂，勒索包厂规费，稍不如愿，百端糟踏。此等恶习，最为商民之害。应请制台设法通饬禁绝，实力保护。

（戊）木排运河，各地埠常有游勇流郎，结党成群，窥伺木排安泊，登排苛勒私费，不如所欲，或白日抢取，或乘夜盗窃，无所不至。惟水口及平水为尤甚。应请制台通饬地方官，会同炮船，设法严示禁绝，如有此等禀到，立即拿办，责成保护。倘有奉行故事，一经上控，严行参处。

（己）溪河之险，惟上游为最多。三十六滩之危，惟南蛇秤钩滩为最著。故抽厘助饷，设炮船弁勇，沿河镇守，以防匪徒劫抢，此后货船俱各无虞。惟木排过吼下滩，每遭匪徒抢夺，私匿盗卖等弊，推原其故，是由炮船弁勇串勇分赃，至有此弊。如果认真拿办，匪徒无立足之地，何敢妄为？应请制台通饬沿河炮船，出示严拿，责成保护。如遇匪徒抢夺木排，藏匿不远，该炮船不严拿究办，追赃给领，一经发觉，著该段炮船赔偿外，应即参办。庶足永绝匪党根株。

（庚）上游滩吼危险，船梢无不加意防护而保安全，未闻有木排撞破货船之案。惟装盐船户狡猾异常，往往将盐盗卖一空，泊于滩吼之旁，待木排下流，放出对撞，诬控勒赔。贤宰虽或察悉其情，重加责押，而转劝商赔盐，以重国课。是以奸梢胆大妄为，已成积弊。应请盐道台通饬各口官运盐商，责成船户装盐与装货无异,各自防护,一面出示晓谕,如再有诬指木排撞坏之盐船,除责成该梢照赔外,按例反坐,以儆效尤。

(辛)木排运至河中,突遭洪水暴涨漂流,沿溪居民揩检者,多入藏匿,抗不与赎。应请制台出示,按照商规,听本客备价,邀同炮船弁勇前往查赎,不得隐瞒。如有此情,除将捡木者按照抢例拿办外,仍处船弁不力之罪。

(壬)坐贾行商,分为两途,不能合为一辙。将乐沙县等处,有以坐贾捐名目,勒抽行商,过境木排每连番一元,公然给以坐贾捐票,名目不符。前经木商川记号吴益昌等前后禀,蒙各大宪会衔通饬示禁在案。兹查仍然照抽,实属欺藐。应请制台严饬禁绝,如有仍蹈故辙,一经发觉,立即参处。

(癸)木排投行入坞,由行雇伙看守,以防偷窃,名曰看江。自道光间看江工食,每连给钱八十文、米一升,咸同以来渐增二百四十文至三百六十文,今起至四百八十文、米一升。每厂计给工钱一万一千五百二十文、米二斗四升,并给排枕一半,以及零星串柴、排米,约计共有二十千左右,不可谓不厚矣。业经看江亲具甘结,木行保结,自此以后,看江自应小心看守,不敢再有窃换增价等情。如有此情,惟保是问,禀请防署立案,乃有监守自盗之案,仍层见叠出,显系木行容纵所至。然看江乃系木行所雇之伙,又经作保,有案木行应有责成。请制台出示严禁,如再有窃换增价等弊,一经发觉,罪罚同科。

提议者周文麟、李迪瑚、卢初璜,赞成者吴庭桄、俞光华、高登鲤、陈树勋、林佑蘅、连贤基、余钟英、黄羲、伍春蓉、周寿恩、苏寿乔、游肇源、上官华盖、邹含英、王子懿、谢受殷、刘志和、邓畿、黄乃裳。

附后请禁杉木藉股侵占案:上游所出土产,惟杉木为大宗,但遇批山,每多构讼,何也?盖山场原非一人之产,所(管)〔营〕业者或五六十股,或二三十股,或十股八股不等,其中股数多者,得为公同议价宜矣。甚有奸徒明串衙胥,于一股之内分买其百分之一二,遂自命为山主。迨至批山公案,议定价银,彼则藉其蛮横微末之股,出头拦阻,强霸不批,必须多方讹索,勒至数十倍或百倍而后止。不遂即饰词捏控,胥吏上下其手,迨获公断,而木商之耗费且不止于百倍,故甘受欺凌。其与理较,应请制台札饬州县官严行示禁,自后凡遇议批杉木,即当会同多股山主公议价值,一经议定,不准最少股之山主而把持。倘有棍徒仍前藉强霸阻,一经禀控,立予重惩,庶数十年来之恶俗得以永销。商民幸甚,地方幸甚。

提议者范宗福、周文麟,赞成者吴庭枨、连贤基、上官华盖、苏寿乔、邓畿、谢受殷、陈树勋、余光华、林佑蔷、游肇源、黄乃裳、周受恩、余钟英、刘志和、高登鲤、黄羲。

保护上游木商修正案:本局十月初七日提出保护上游木商一案,窃以此案于保护木商一面,计画思虑周密至详至尽,而于他之方面,未及着想。倘木商肆其强权手段,漫无限制,则其为害良非浅鲜。畿等于见闻所及,不无微意,用将原案附加数条,似于各方面俱见周到,敢请公决。

甲条之后应附加三项如左:(一)买定立约后,即具字标贴通衢,如有多数山主未经一同出卖者,他山主得于贴字两个月内,出面阻止,即将(约原)〔原约〕作废。(二)木商有故意越界斫伐邻山主之木,加二倍处罚。(三)坟墓界内及乡村庇荫之木不得斫伐。

乙条之后应附加二项如左:(一)如开路拖轳必须经过田亩者,应俟收成以后始能放行,不得丝毫损害禾苗,以重民食。(二)不得损害庐墓。

丙条之后应附加二项如左:(一)放溪所必经之桥梁坡坝,须先与该地公正绅耆协议如何放行。(二)田埂、田圳及桥梁、坡坝必须损坏始能放行者,须先付以修复原迹相当之价值,其未必损坏而损坏者,由放完后照价赔偿。

庚条之后应附加一项如左:倘木排或因水势湍急撞破他人之船只,亦应照损害之数令其赔偿,惟不得藉端勒索。

提议者邓畿、潘纪雲、张选青,赞成者上官华盖、陈树勋、王子懿。

议长(高登鲤君)请书记长登坛朗读修正案。

议长(高登鲤君)将修正案逐条请众表决。

甲条附加三项:赞成者得四十人。

乙条附加二项:赞成者得四十人。

丙条附加二项:赞成者得三十八人。

庚条附加一项

议长(高登鲤君)谓:此外并无修正,应将全议案请众表决。得赞成者五十四人。

议长(高登鲤君)谓:此议案可省略第三读会,请众表决。得赞成者五十二人。

第十二，提倡农会提议案（议员林邦桢等提出）第二读会。

我国所以日见贫穷者，皆多游民之害也。自光绪三十三年九月十四日，农工商部奏颁筹办农会章程，经直隶保定府首先设立农务总会，并饬各省一律仿办。此实为农业进步之枢纽，而可以除游民之害也。我闽省处边海之地，苟不急起提倡，开设农会，为提纲挈领之谋，恐无以收脉贯络通之效。况上下游地皆沃腴，如福宁、邵武之宜种杉、樟，建宁、延平之宜种茶、竹，龙岩之宜种竹、制纸，漳、泉之宜种果子、蔗糖、茶，其余之宜于森林、竹木者，种种不一。地利之溥，为东南冠。何以本省农民纷纷出洋，别求拓殖？皆因无农会为之维持也。今当立宪伊始，推广农会，最为要务。应请总督通饬各府州县，于文到三个月内，各就本管地方开设农会。每会选举一人为会长，十人为调查员，先调查户口，每户几家，每家几口业农。凡有不动产之业主，值五百元以上者，准其一人入会；垦荒在百亩以上者，亦准其一人入会；不及格者，仅令编籍备查。善开拓者则奖赏之，不善开拓者则劝戒之。并就适中之地，设立农学堂，学费由学生认捐，以两等小学毕业后升入农学堂，优予奖励，藉资提倡。至于农会农学章程，本有奏颁原本，及直隶办有成效之模范，尽可采酌施行，故不备述。所有拟请提倡农会缘由，敢抒管见，陈诸简篇，仍候诸君卓裁。

发议者林邦桢，赞成者林辂存、陈之麟、林逢春、许赞虞、叶福钧、李慕韩、张国宝、周寿思、林佑蘅。

议长（高登鲤君）问：诸君对此议案有何讨论？

（施景琛君）谓：此议案所定入会资格太严，应改正。

（孟思培君）谓：农会章程已经部定颁布，此议案所言与部章多抵触，且前日于黄乃裳君所提振兴农业议案中，已议决限一年内设立农会，此议案似属重复。

议长（高登鲤君）谓：此议案可否撤回，请众表决。赞成撤回者四十五人。

第十三，禁烟办法提议案（议员施景琛等提出）审查员报告。

宣统元年十月初六日，本届第十五次会议施君景琛等七人提出禁烟办法议案，交由庶政兴革科审查，业经会同详议，合将审查情形报告于谘议局。鸦片之流毒未绝，国势之图强无期。滋蔓之草难除，十年之限易满。言念及此，能不寒心？但国无完全之主权，终难得直截之办法。查原案所拟禁烟办法四条，擘画周详，洵为探原之论，不类逐末之谋。第二条烟膏专卖，所以杜其纷歧之弊。第四条多设戒烟，所以开其自新之途。挈领提纲，尤为妥善。惟第一条、第三条内稍有缺点。谨按第一条禁绝邻土进口，原案拟请制台咨明川滇两省禁止该处土药输入闽口，只凭一纸之虚文，决难收实行之效果。似不如咨明商土药统捐大臣，请奏明于土药运进闽口时，由官卡严密稽查，照统捐税则加抽二成，按年准此递加（如第一年加二成，第二年即加至四成）。此项加征税款，提一半指归匀拨各州县去毒之费用，寓禁于征，办法较有把握。第三条编列烟籍，原案调查编籍，只委之各支社分派各乡设报名处，着各吸烟人向该处报明领牌。若但恃社员之绵力，必难语从命之如流。似宜官绅协助，官藉绅为耳目，绅得官为奥援，如此庶可无抗拒阻挠之患。特是烟膏专卖头绪纷繁，纵能办到，必需时日。为目前计，应就现行禁种、禁吸、禁私开烟灯三项办法，格外认真，捐加严厉，使外府各属不再蹈前此因循掩饰之弊。则以严定处分，重加科罚，先从认真调查入手，使人尽知警，则烟毒亦可渐除，未始非治标之良方也。兹将审查各情先行报告，所有详细办法，候提出修正案，再请公裁。

宣统元年十月初十日，庶政兴革科报告。主查员椿安，理事员郑藻山，审查员王子懿、王邦怀、潘纪雲、黄纪星、张国宝、林佑蘅、林邦桢、余钟英、黄必成。

议长（高登鲤君）请主查员椿安君登坛报告。

（椿安君）登坛报告（大旨与报告书同）。

议长（高登鲤君）问：此议案应否开第二读会？赞成开第二读会者四十五人。

第十四，改良盐法提议案（议员康咏等提出）审查员报告。

宣统元年十月初六日，本届第十七次会议康君咏等二十一人提出改良盐法提议案，付财政科、庶政兴革科协议审查，合将审查情形报告于谘议局。查闽省盐务积弊滋多，已成积重难返之势，欲图改良，非更弦易辙不为功。正本清源，提纲挈领，办法自以就场征税为无上妙策。然一时未能遽办，计惟有招集股份公司为宜。原案办法拟设一总公司，专买专卖。于海运则设督配总局一，督配分局四，于溪运则设销运公司一，课厘概归公司承缴，商家力任其难，国课亦因以裕。公私交益之举也。然其中尚有应行更正之处，容俟修正时再行报告。

宣统元年十月初九日，财政、庶政两科协议报告。主查员李迪瑚，理事员施景琛，审查员林辂存、黄乃裳、张选青、（庐）〔卢〕初璜、赵锡荣、椿安、郑藻山、王子懿、王邦怀、张国宝、潘纪雲、林邦桢、黄纪星、林佑蘅、黄必成、余钟英。

议长（高登鲤君）请主查员李迪瑚君登坛报告。

（李迪瑚君）登坛报告（大旨与报告书同）。

议长（高登鲤君）问：此议案应否开第二读会，请众表决。赞成开第二读会者四十八人。

第十五，暂行诉讼规则提议案（议员王子懿等提出）审查员报告。

本局十月初七日，第十六次议会由议员王君子懿等提出暂行诉讼规则一案，发交本科审查。查得此案规则共分六章，其中如办理次序、出署办案及约束差役等章，于从前积弊或革除之，或限制之，而第五章之讼费，限制尤严。采用审判厅章程办理，为诉讼之良法，亦审判厅之初基。惟各项条目纷繁，妥善之处固多，而不完全之处亦所不免。况各府州县情形不同，有宜于此而不宜于彼者，各项讼费有在彼以为少在此反以为多者。此案关系重大，本科人数无多，见闻有限，不敢轻率从事，恐欲除弊者转多流弊。因于初八日午前开研究会，请诸君公同审查，共决可否。当时多数否决，谓案中半采审判厅章程，不如俟设审判厅后再用完全新章，更为妥善。此时但求整顿积弊，减轻讼费而已。第当时到会并非全体，所谓多数不过就研究会人数而言耳。今应将此情形报告全体，是否应从王君原案修正，或如研究会所议将词讼积弊先行斥除，如何？再请公决。

宣统元年十月初九日，法律科报告。主查员孟思培，理事员邹含英，审查员连贤基、黄钟澧、李慕韩。

议长（高登鲤君）请主查员孟思培君登坛报告。

（孟思培君）登坛报告（大旨与报告书同）。

（康咏君）谓：此议案须开第二读会，若照审查员所报告即行撤回，殊属可惜。

（卢初璜君）谓：此议案断不可撤回，惟条文规定间有未完全者，当公酌修改可也。

（议长高登鲤君）问：此议案应否开第二读会，请众表决。赞成开第二读会者三十七人。

议长（高登鲤君）谓：本日议事日表所列议案尚有三案未能议毕，应移于明日上午续行开议。

议长（高登鲤君）报告第二十号议事日表毕。

是日出席议员六十一人。

制台未到，委学台姚代理，于午后一时到会。

午后五时散会。

第一次福建谘议局议事速记录续十九号

宣统元年十月十三日（1909年11月25日）

议事日表　第十九号（续前会）

宣统元年十月十三日（木曜日）午前九时开议。

第一，禁售土地于外人提议案（议员黄纪星等七人提出）第（一）〔二〕读会。

第二，拟请改良福州西南泷口港工程提议案（议员施景琛等七人提出）第一读会。

第三，取缔外人在内地违约之举动以弭隐患提议案（议员潘纪雲等九人提出）第一读会。

议长（高登鲤君）：

一、禁售土地于外人提议案（议员黄纪星等提出）第二读会。

土地所有权有许外人享受者，有不许外人享受者。列强对待政策互异，独日本以地狭人稠之故，对于此项特权，障护甚严。我国与列强订约，承日本初开港时修约之弊，于治外法权损害实多，仅于土地权稍知争议。故所订约章，除指明租界及内地教堂，准予购产外，其他各有限制。奈地方有司屡屡昧于交涉，于外人要求购地，或藉名避暑，或请设立行栈，均任意允许。其怪象之多，当以吾闽为最。查吾闽所许外人享受土地权者，仅有数处：（甲）《烟台条约》许以福建之厦门为英国租界，其界线自岛美渡头起，迄太史巷渡头止，周围不及一华里，名曰租界，迄今尚无交租。（乙）《南京条约》许以福州之仓前山为外国居留地，其界线自泛船浦起，迄大岭止，周围不及两华里。（丙）《马关条约》许以福州之洪山桥、厦门之虎头山为日本租界，界线甚狭，现尚未建筑。（丁）《鼓浪屿条约》许以厦门之鼓浪屿充各国公共地界，该岛周围不及三华里，厦门开港时，此岛已被各国混居，本无条约，光绪二十七年始签订条约。以上数处，是国际上过去之失败，固无可如何者也。惟舍此数处之外，福建之土地，福建人享有之，非外人享有之。近闻上下游一带私售土地于外人，不一而足。如海澄县属之嵩屿，本非通商口岸，已故汀漳龙道李毓森及前署海澄县知县易简，竟私划此地一大段，售与美国之美孚洋行，作建筑煤油池。池与漳厦铁路总机关部相接，美孚遂援此为例，近复向兴化涵江地方再谋购地。德国之宝记洋行亦接踵来购，已由海关委员禀请禁阻。能否争回，权在大宪，诚恐各属类此之受无形朘削者，不知举发，将日就于穷蹙。不揣冒昧，谨陈办法如左：

（一）拟请制军札行洋务局，查照各国条约，及前次外务部电饬上海道，禁止内地人民私售土地于外人，已售者勒令地主向外人取赎等案，迅速分饬各属，出示布告，以免小民受愚。

（二）煤油池系危险之物，文明国亦悬厉禁。张文襄督两江时，曾通咨各省严饬禁阻。今如嵩屿美孚煤油池，设于内地，与铁路及民居均系接，涵江已受其影响。若各处相继蹈此覆辙，后患何堪设想。卖嵩屿之经手人李毓森虽殁，易简现权篆同安，应请制军电饬漳厦两道，督同易简，就近向美孚取赎。如万不能赎回，即将易简处以应得之咎，并通饬各属，引此为鉴。

（三）内地挂洋牌之行栈，请查照魏前制台禁文，再通饬各属，一律催令撤去。

（四）华人隶外国籍者，照新颁国籍法，不得在内地与我国人享同等权利。如有置产设栈，一并禁阻。

（五）福建矿产，每有外国人备资本，用华人出名请办，如魏池之谋建邵汀矿产，及法禄之谋安溪矿产，均可为戒。嗣后有人承办闽矿，应责令具结声明，如被查有外股，即将所有股本充没入官。

（六）关于私售土地于外人事件，应由各属议员担任调查，得有实据，得按照局章第二十八条举发，报告于谘议局，由谘议局提议公决后，呈请制台查办。

（七）教堂购地，虽系条约所许，惟私相授受，其弊甚大，酿成教案亦多。由是应请通饬各属，出示晓谕，凡教堂购地，须先将串契送与地方官盖印，地方官接到此项契串，须将该地界名、亩数悬牌宣布，并交就近地方自治会覆查，如有缪辕不清者，准其到署呈报。若不遵此办法，概不认为有效。

提议者黄纪星，赞成者林辂存、卢初璜、林邦桢、李迪瑚、刘崇佑、黄乃裳。

议长（高登鲤君）请书记长登坛朗读原案。

议长（高登鲤君）请众逐条表决。

第一项：赞成者三十七人。

第二项：赞成者三十五人。

第三项：赞成者三十六人。

第四项

（黄乃裳君）谓：此项恐做不到，须详加斟酌，如漳泉二府入外国籍者甚多。

（林辂存君）谓：此项力保国权，必须做到，且我国已定有国籍法，尽可遵照办理。

（刘崇佑君）谓：此项与新颁国籍法不但全无妨碍，且反足以保护华侨也。

议长（高登鲤君）将第四项请众表决，赞成者三十五人。

第五项

（康咏君）谓：此项不独矿产，即铁路亦须言及。

议长（高登鲤君）谓：此条"矿产"二字改为"路矿"。

议长（高登鲤君）将第五项请众表决，赞成者三十七人。

第六项

（刘崇佑君）谓：此项宜添一句。

（康咏君）谓：此项可改为"关于私售土地于外人事件，地方官不得滥许；如有滥许，得由各属人民指明实据，报告于谘议局，由谘议局按照局章第二十八条提议公决后，呈请制台查办"。

议长（高登鲤君）照康君所言改正毕，请众表决。赞成者三十五人。

第七项

（王邦怀君）谓：关于购地，在敝县有一种永远租者，实无异于买断，亦须于此项内声明。

（刘崇佑君）谓：此项加入"永远租"三字可也。

（卢初璜君）谓：若加"永远租"三字，则"购地"二字须删。

（林辂存君）谓：据条约所载，只言购置公产，盖教堂亦有系华人设立者，故约章为概括的规定也。

议长（高登鲤君）谓：本项不必改，仍照原议案请众表决。赞成者三十人。

议长（高登鲤君）谓：此议案可省略第三读会，请众表决。赞成者三十七人。

第二，拟请改良福州西南泷口港工程提议案（议员施景琛等七人提出）第一读会。

福州泷口港工程，若不急筹善法，则所费既属不资，所办又无成效，于地方财政、水利实有所损而无所益。此港横贯西港、南港之中心，能杀上流急湍之水势。果使开通流利，则每年春夏之交，溪流骤溢，势有所分。福州数十万之田庐，可以免其荡析。且使上游商船木植，得以由泷直下，免致被水久留。商货既免朽腐，木排亦得保全。利益商家，莫此为大。向者洪灾骤告，木排无所退避，洪山桥尝被拥倒。若有此港，则洪山桥不至屡坏，而行旅亦可无虞。可见，开通此港，不特为福州保全田宅，亦且为上游各府谋其交通，其工程诚非得已。所患者以官工而督以官办，夫首既任意以优游，挑夫亦偷闲而戏谑。每日六十人，挑沙数百担，沙堆近岸，水至复翻，废港横流，并不截止。以故年复一年，旋开旋塞。当此财政支绌之时，复作此虚掷之举，言之诚堪痛恨。拟请藩台亲临履勘，会同地方绅士，改良办法，庶国帑不至虚糜，而河工可期奏效。本议员谨就管窥所及，略陈办法如左：

一、旧泷废港宜堵塞也。溪流骤溢之时，水循旧泷而下，冲溃积沙，河心因以填塞。今宜于废港之下筑固横堤，以杀水势；并于其上遍种茅营，以蓄土壤，多栽杨柳，以阻流沙。将来柳长成林，草长成地，一片旧泷，转为平壤，则上流冲沙填河之患可以免矣。

一、港岸两旁宜拥护也。港岸两旁大半皆沙，兼以挑夫贪便，又将港内所挑之沙堆积两岸，水涌沙崩，复填河内，挑不胜挑，势将无已。今宜于港岸两旁遍种草根，日久自能生发，俟壤土稍能停积，然后更栽柳竹之属以拥护之，则港旁积沙庶有所阻而无崩陷之虞矣。

一、附泷支港宜开浚也。下流不通，上流因以闭塞。近来附泷各支港，半为淤泥停滞，河工未能奏效，此亦一原因也。今宜于附泷各支港鸠工开浚，使支流敷畅，水势渐分，流沙不至专堆于泷内，而横流泛滥，亦无奔溃之虞。且支港淤泥堪供农料，此后递年命民挑用，不费钱，不劳力，而港道可以常通，岂非至便之举乎？

一、泷口上下宜保固也。旧泷既塞，大江水势趋直，而潘厝衕、桔园洲、申厝浦、叶宅、雁滨等乡，适当其冲，若不插签保固，则各乡沦为水国，而新港亦必就湮矣。今宜于新港口上下遍插竹签，使两岸常为巩固，而上流之水克循其道，奔溃无虞，则港以常流而愈深，又何至仍前填塞乎？

此外，只须于泷口一带时为开浚，使水底流沙不至停积而已。似此办法，费省效速，是否有当，尚乞公裁。

提议者施景琛、李馥南，赞成者林辂存、林邦桢、林逢春、余钟英、李驹。

议长（高登鲤君）请提议者施景琛君登坛说明理由。

（施景琛君）登坛说明理由，略谓：西南泷口港虽已兴工数年，而官办虚应故事，每日只用工役六十人，所挑沙土无多，而官场则视为优差。且因开港，可藉是以收赈捐，而赈捐一项，每年所收颇又不尽之开港。及今亟须改良，否则恐致前功尽废。爰拟办法，请公决（余与议案同）。

议长（高登鲤君）问：此议案应否开第二读会，请众表决。赞成开第二读会者得三十二人。

（刘崇佑君）谓：此议案可省略第二、第三读会。

议长（高登鲤君）问：众赞成刘君之说否？得赞成者一十八人。

第三，取缔外人在内地违约之举动以弭隐患提议案（议员潘纪雲等九人提出）第一读会。

取缔外人在内地违约之举动以弭隐患提议案：我国自甲午庚子以后，国际上情见势绌，外交官吏以保全邦交为唯一之主旨，以为与其过激于争持，毋宁隐忍于退让，致招外人得寸进尺之心。于是撤我藩篱，阚我堂奥，外人在我国之势力，遂由口岸而渐伸于内地。吾闽东南滨海，东西人士纷至沓来，而近日日本人之在上下游者，尤为络绎不绝。其道德完全品格高尚者，固能谨守理法，以敦睦谊；而下流社会，往往违背约章，演出种种不规则之行为。始起于个人之缪轇，终酿成国际之问题。吾闽外交失败，已叠载报端，贻讥邻省矣。苟不设法挽救，涓涓不塞，将成江河，为患岂可胜道？谨拟取缔办法如左：

（甲）关于游历之取缔。查约载各国人无论往何处游历，应由该处领事官发给执照，注明往何处，并由该处地方官钤用印信，方准前往。沿途经过之地方，必须验明印照，方准放行。如无钤印执照，地方官即应按照条约，严行阻止。乃近来外人之游历内地者，类无钤印执照，间虽有照，而限期久逾，任意旅行，甚至结队出猎，私行测绘，辄滋事端，而地方官置若罔闻。夫漫无稽察，是自瘠国权也；纵为不法，是自召外侮也。应请制台【通饬】各属留心察访，遇有外人托名往内地游历，一律从严查验。有确实印照者，自当通饬妥为保护；无确实印照或有印照而逾越期限者，著即勒令出境，不许逗留。

（乙）关于贸易之取缔。查约章，除已开为通商口岸及通商地方，准外国人民往来居住，办理商工各业制造等事，以及他项合例事业外，凡内地城市乡村各处，均非经条约所许。近查外人在内地开设行栈往来经商者，不一而足。如三井公司之收煮樟脑，饵诱本地败类出名代购，往往以低价勒买民间樟树，不愿予者即行强斫，而民不敢较。又如三井洋行之贩卖烟叶，上游贾捐各项，多有抽收叶捐以弥不足，该洋行所办之叶料，则抗不缴纳，而官不敢问。诸如此类，大失主权。应请制台通饬各属严查，如有外人在内地设栈通商，强买抗捐等情节，著即严行封禁查办，一面禀报洋务局，与该国领事开正当之交涉。

（丙）关于产业之取缔。吾国土地所有权，原不许外人享有。观外务部前致上海道谕令禁止内地人民将土地售于外人，其已卖者勒令地主向外人取赎一电，堪为佐证。惟耶（苏）〔稣〕天主等教，在中国各处租赁及永租房屋地基，作为教会公产，以备传教之用，则为条约所许。因是遂生种种之纠葛：（一）新置之土地因地契上四至界址不明，或所载界线侵他人产业，致建造时起交涉者有之。（二）旧有之房屋，莠民因与人争讼，临时将案内关系各房屋托教会为护符，而教士遂认为教会之公产，而起交涉者有之。第查约章，教会置产，须俟地方官查明地契，妥当盖印后，该教士方能自行建造合宜房屋，以行善事，则预为防患者实周且至。应请制台通饬各属，凡遇教会在内地置产，须令先将地契界址报明，由地方官传齐邻右查勘明确，然后加盖印信，准其建造立案。至从前建造落成之房屋，一律限宣统元年内，令该教会绘图详报地方官，由地方官汇册转报洋务局分别存案，其逾限不报者，以后即不承认为该教会公产，以杜流弊。

（丁）关于诉讼之取缔。凡中国之人民，胥当处于中国法律范围之下。乃闽中小民，每犯法惧罪，辄结外人为护符。而寻常官吏，又复侮百姓如伏雌，畏洋人如怒虎，致酿成外人包揽词讼挟制官府之风。究之所藉以为干涉之口实，不外三端：一曰外籍。夫苟其人之父母为外国人，不能享一切平等利益于内地，谓之外籍可也。若明明为中国籍之父母所生，而所享身家财产之利益又与中国人同，则确为中国籍无疑。今因触犯法律故，外人袒而庇之曰外籍，我官吏亦承认之曰外籍，是为丛殴雀也。一曰教民。外国人民信教自由，而无不受制于本国之统治权，教与政两不相妨也。且教士不得干预中国官员治理华民之权，中国官员亦不得歧视入教不入教者，须照律秉公办理，条约具有明文。今其人一入教，而国家之法律不能施，是教旨劝人行善，而教士袒人违法，而为喧宾夺主也。一曰债权。近来外人有一种包讨债之名，民间因钱财纠葛不清，彼则勾引票据，挺身自认为债主，向地方官要求严行追取，官虽明知其诈而心慑洋人，往往屈令百姓赔偿以饱其欲壑，是养虎遗患也。应请制台通饬各属，民间诉讼不许用外籍、教民等字样，如有洋商教士等出而把持要挟者，以违约论，著即照约送交就近该国领事惩办，以儆效尤。

凡是四端，皆就吾闽争端屡见受害最深者而言，务宜切实取缔，以符约章而弭隐患。然其进行之手续有当注意之点二：一、申明约章于各国领事。条约具在，共当遵守。应请制台饬洋务局查照约章，照请各国驻闽领事，通饬各该国来闽游历通商传教人民，均应遵照办理。一、刊颁约章于各府州县。地方官吏每遇洋人交涉案件，多形束手，皆由于不明条约所致。应请制台饬洋务局，将各国条约汇集付印，分颁各府州县衙门存案，以资考据。

提议者潘纪雲、卢初璜，赞成者张选青、上官华盖、高士龙、孟思培、王子懿、杨豫、谢滋春。

议长（高登鲤君）请提议者卢初璜君登坛说明理由。

（卢初璜君）登坛说明理由（大旨与提议案同）。

（施景琛君）谓：关于贸易取缔，本议员亦有意见。闻近日有多数外国人在省城开设店铺，其意未必全在经商也。本议员拟请于本项添此一层，应请制台先将福州城内外国人所设行栈照会该国领事，照章撤回。

（刘崇佑君）谓：省城中外国之开设私典者甚多，系属违背我国法律，亦应与干涉。

（郑藻山君）谓：（乙）项限宣统元年内详报，恐来不及。

（刘崇佑君）谓：逾限不报，即不承认，在法律上说不去，即事实上亦行不去。

（郑藻山君）谓：此项应改为"限宣统二年内，令该教会绘图详报地方官，由地方官详细踏勘后，汇册转报洋务局分别存案，以杜流弊"。

议长（高登鲤君）照郑君所言修改后，请众表决应否开第二读会。赞成开第二读会者得三十七人。

议长（高登鲤君）宣告散会，俟午后一时续行开议。

是日上午出席议员三十九人。

制台未到，委臬台鹿代理，于午前九时到会。

午前十一时散会。

第一次福建谘议局议事速记录第二十号

宣统元年十月十三日（1909年11月25日）

议事日表　第二十号

宣统元年十月十三日（木曜日）午后一时开议。

第一，请奏改江西广抚建三府为闽盐销岸提议案（议员上官华盖等十二人提出）第一读会。

第二，涵江商界请裁减关卡陋规建议书之提出（介绍议员黄纪星）。

第三，两浙木商船帮建议书之提出（介绍议员黄乃裳）。

第四，南船商帮建议书之提出（介绍议员林佑蘅）。

第五，永福人民黄鲁贻建议书之提出。

第六，闽县东乡耆民郑清建议书之提出。

第七，请查办归化县罗令纳贿违法提议案（议员邹含英等八人提出）第一读会。

第八，消弭下游劫杀（附洪鸿儒案）提议案（议员许赞虞等提出审查员修正案）第三读会。

第九，关于民教相安妥筹办法提议案（议员陈之麟提出审查员修正案）第二读会。

第十，推广国语传习提议案（议员杨豫、施景琛等提出）第三读会。

第十一，防弭上下游盗贼提议案（议员高登鲤等提出审查员报告）第二读会。

议长（高登鲤君）：

一、报告照章告假一二日者可，但由议长许可，不必公决。惟是现在会期只余二日，若纷纷告假二日，则会议不能成立。兹特请诸君公决，最好明日不再告假。

（刘崇佑君）谓：诸君总须顾全大局，俾议事得以完了。故拟请议长日内凡有告假者，可以不许可之。

（吴庭枨君）谓：此言未公，亦有一二人于会期中多不到会者，则又如何？

议长（高登鲤君）谓：本议长对于此节亦甚负歉，但久不到会之议员应否付于惩罚，此须请诸君公决。惟是会期仅两日，除本日已经告假外，此后不得再行告假，特此声明。

二、报告议员王子懿君、高士龙君、椿安君、洪鸿儒君、洪国器君、谢滋春君、孔昭淦君、洪湛恩君、邓畿君、陈树勋君、范宗福君、黄必成君均告假一天。

第一，请奏改江西广抚建三府为闽盐销岸提议案（议员上官华盖等提出）第一读会。

闽滨大海，为众水汇归之地，土产以盐为大宗，味浓力厚。匪独闽人日用所必需，即江西之近闽疆者，如广信、抚州、建昌三府，亦喜食之。虽私贩出境例有明条，而旋禁旋犯，诛不胜诛。盖民好所在，有非刑罚所能禁止者。与其守旧章而难除弊窦，曷若变新法以大浚利源。谨拟办法，袛候公决。

（一）查江南、福建两省各有盐课，在疆臣划定区界以为售销地步，各顾考成，不无畛域之分；在朝廷则一视同仁，皆吾赤子。拟请两省大吏和衷共济，俯念民食攸关，将地方利弊情形据实会同具奏，倘蒙旨允准，以广、抚、建三府作为闽盐销岸，照从前课额加以现在户口计算，亦由闽商完课。闽省盐课加额，赣省盐课减额，使两无绌盈，斯得持平办法。

（二）查从前私运昼伏夜行，一经捕获，贩夫多则结党拒捕，酿成性命之忧。巡哨多非贿赂即抢夺，甚至有弃盐而走者。今照以上办法，则三府脱然无累，卖者明卖，无私贩之盘查；买者明买，无私食之勾引，亦所欲与聚、所恶勿施尔也。

发议者上官华盖，赞成者张选青、康咏、陈树勋、邓畿、苏春元、周文麟、高登鲤、周寿思、范宗福、黄羲、黄纪星。

议长（高登鲤君）请提议者上官华盖君登坛说明理由。

（上官华盖君）登坛说明理由（大旨与提议案同）。

（刘崇佑君）质问：上官君提此议，意为吾闽裕国课乎？抑为江西人民筹便利乎？

（上官华盖君）答：上既裕国课，下亦便民生。

（孟思培君）谓：盐课与租税同，一省有一省之考成，今请两省大吏会商，则江西大吏必不肯也。

（上官华盖君）答：总须大吏和衷共济耳。

（李迪瑚君）谓：此议案虽仅关于三府，然事实关数省，不如向部中交涉。

（刘崇佑君）谓：此议案不如留俟选定资政院议员后，将此议案交其带京向资政院提出可也。

（上官华盖君）答曰：可。

（黄乃裳君）谓：此议案关系甚大，若能实行，则不独盐利可增，且米粮亦可因之充裕。

议长（高登鲤君）问：此议案应否开第二读会？赞成不开第二读会者四十二人。

第二，涵江商界请裁减关卡陋规建议书之提出（介绍议员黄纪星）。

宣统元年十月十四日，五十六人决付审查，转呈总督部堂。为陈请建议事，窃维厘税之设，为国家措办庶政之资，踊跃输将，商民分所应尔。然陋规苛例，创自司巡，历久相沿，渐成惯例，商人苦累久矣。所以隐忍不言者，以上下隔阂之故也。幸逢国家预备立宪，殷殷焉求达下情，各省设立谘议局，以为采取舆论之地。此正商民等陈诉疾苦，呼吁有门之秋也。请将向来厘税之积弊，为贵局诸公陈之。查兴化海关所有各项陋规，如船例，如单礼，如印钱，如件钱等（名目甚多，详列于后），皆系例外苛索，久为商人之累。自光绪三十三年八月间，经涵江海关委员刘以化私为公立言，禀请立案后，所收陋规，有逾原禀所列之数者，有新立名目者，更为商人所深病。然查前督宪奏报整顿闽海关务折内有云：各口浮收之款，有所谓单礼、哨礼、尺礼、件钱，又有所谓乾水、春彩者，名目不同，多寡不一，大都例外私收，分肥入己。第相沿既久，在商民已视为应出之资。当令现办各员逐一体察，凡十分苛细，酌予减除，余饬一体归公等语。是向来各项陋规，亦有酌量减除，并非悉仍旧贯，乃各海关非特未有减除，而溢收之额，新立之名，尚复有加无已，民何以堪？敢烦贵局呈请督宪，将向来海关陋规，何者系属批准照收，何者已经蠲除免纳，以及所收数目，统行明白宣示，并将其过甚者更行删除，以便商旅。又查陋规之数，以船例为最巨大。船之例又分为正港、偏港两种，偏港所收例银，比正港为多。按前海关委员刘所开清折内有云：船大者为乌曹，有挂海关总口印者为正港，否则为偏港。细绎文义，偏港、正港，视船之有无挂海关总口印为断。乃近来多指豆饼等货自某处来者为正港，自某处来者为偏港，正港、偏港之名遂转移为货物之区别，致商民无所适从。偶有误报，动遭罚款，以充礼囊。此正港、偏港名目之亟宜删除者也。至于件钱，系因轮船不收船例，故于正税之外按件抽钱若干，名曰件钱。最可异者，豆饼每片作为一件，收件钱二十文，不独与原禀不符，且逾于正税之额，此不可不分别减除者也。至厘局之验船礼，亦系陋规，并未禀准，亦宜删除。至海关收税，给予商人官单，并不载明完税银两，近年厘局收捐，亦不照章填给三联票，漏税罚款并不列表晓谕，皆为中饱之根，不可不设法整顿。查宪谕禁用旧人以防舞弊，本春饬派杨委员调查各海口有无勒索情弊，商人条陈利弊，佥云海关蠹书，无逾欧扬清巴结历任委员，创收规费，遇事生风，藉海关为靠山，利船商为鱼肉，从者免祸，拂则飞殃。商等以除清为请，杨委员答以禀宪革清诚易，迨夏间奉檄来涵，咸喜革清有日，讵自接办以来，信用反过于前，舞文弄弊，难以枚举。尤甚者，如客商由外搭轮而归，至三江登岸，随带衣箱行李，清饬巡丁勒收件钱，每人或一二元至六七角不等，拂勒则搜括衣箱，吹毛求疵，轻则补税，重则苛罚，其奚堪此勒索？是又不可不严行禁止，将清革黜，永禁变充。以上商人等所久欲陈情而未得其道者，敢烦贵局据情呈请督宪，删除苛例，更定章程，以资遵守。商人等不胜翘企之至，右达谘议局列位议员钧鉴。

宣统元年九月□日，兴化府商人监生黄鼎、附生蔡耀琮、监生黄彬麟、监生黄宝玱、禀生翁树勋、附生锺颐年、职员林友三、职员方如璧、监生施嘉猷、监生黄道、监生黄炳鳞、监生詹子期、监生朱振豪、监生蔡兆麟、附生黄卷章、监生徐砚田、黄祖绳、黄雨信、陈炳亭、林尧成、禀生王文娣、黄紫衡、方达三、林秋舫、职员康锡侯、附生蔡云莱、吴大中、丁探官、附生黄绚文、禀生杨汝钰、监生黄国藩、武生萧扬魁、萧辉卿、翁福、陈柏荣、林晓、郑伯三、李栋珍、李笃、张杰、陈舜、陈永书、丁启藩、吴发坚。

附录：前涵江海关委员刘清折一件

调查涵江及三江枫亭各海关规例，开列清折如左：

一、船例。向由委员账房平柜平柜账房图记图记账房科房科房稿公杂差钱号挂号清书杂差查河查河清书钱粮总正签副签红单库丁大班水哨哨丁茶库厨役等，各自索取，无定额。经马前委员提并汇作总款后，另加浮标账房，空出各规例。今既尽数提公，无论名目孔多，统附船例项下。船大者为乌曹，有挂海关总口印者为正港，否则为偏港。由北正港运豆饼等货进口，在三江起驳，涵江总关共收例银四十八两二钱，又浮标银五两八钱，账房银一两四钱五分，三江口共收例银三十四两零二分二厘，又空出银七钱二分五厘。由北偏港进口者，涵江加收例银七两，账房七钱二分五厘，三江加收例银一两四钱五分，如该船径入涵江内口，总关共收例银三十四两五分六厘七毫，偏港加例照前三江分口共收例银三十一两七钱六分三厘，又空出银七钱二分五厘。豆饼若装至一万五千片，则涵江又加收例银三两六钱二分五厘，三江加收例银一两四钱五分。次则为白底船由宁波各处装运豆饼、豆麦等货进口涵江，共收例银一十八两二钱六分一厘八毫，账房银七钱二分五厘，三江口共收例银十三两六钱六分一厘九毫，由涵江装运桂圆各货出口，涵江共收例银十九两六钱三分七厘五毫，账房七钱二分五厘。三江例银，比照进口一律征收。小船视货物损益，如装海蜇进口涵江，收例银四两五钱五分，三江收例银一十两九钱三毫七丝。米船进口涵江，收例银三两七钱二分，如在三江起卸，则又加收银三钱一分，三江收例银五两二钱八分七厘七毫。如领有本港签者，则减一钱七分七厘六毫。船大则加收一倍，尚有装货无几，免收船例。惟于正税耗余照一九申算者。枫亭分口进出均系小船，船例甚少，惟春夏带鱼、鳗鱼两项，每船共收例银五两三钱五分，秋季海蜇进口，每二十担为一例，收钱一千零五十六文。

一、曰单礼。轮船进口涵江，每栈收红单礼六百文，出口每栈收红单礼二千四百文。此外小船装载黄蔴、盐鱼可、紫菜，及现报零星杂货，涵江收单钱每张三十文。他如乌曹一船由三江起驳，涵江收驳单钱每张十五文，三江则每张三十文。

一、乾水。小船装载花生、紫菜、盐鱼可等货进口，巡哨每船收钱一百二十文，今定为例。

一、件钱。轮船进出货物按件收钱二文，三江则按件收十三文。桂圆出口六十四文，紫菜每袋并件一角二仙四瓣，虾皮、鱼鲗、蛏乾各物，每件自三十九文至一百六十八文不等。

一、印钱。白底装桂圆出口，每船收银一两一钱二分。粗碗等货出口，每税钱一百收钱二文。枫亭亦有每担印钱二文之例。

一、哨礼。盐鱼可、紫菜等小船进口涵江，每船收班哨礼二百文；枫亭每船收油火钱半角至三角不等，向为哨丁例规之款。

一、春彩、年尾两礼。每年自十二月二十日起，至二月初十日止，凡船出入各口，涵江每号收银一两一钱五分，三江则乌曹收银一两六钱九分五厘，白底收银一两三钱九分四厘九毫，其余小船收银一两一钱二分一厘。

一、尺礼。海蜇进口应收尺礼一项，三江则并舱礼收洋二元二角，枫亭则并哨礼收钱一千二百文。

一、盐配。盐船山口，三北则按船之大小酌提盐规，或八角至一元不等。

一、平余。轮船出口按章纳税，涵江每两加收耗银九钱，又挂号处核算番银每元又加一分三厘补水；轮船入口及民船出入，每两均加耗银五钱。如小船不收船例，亦照九钱加算。枫亭、三江两口，每两加收耗银四钱五分，向章报解正税，每两加耗余减平补水等银二钱六分零，余银向为税行所得。

一、缘金。惟三江有之，每船收洋二角，向为巡哨等陋规。

一、杂税。零星货物为则例所无，按物之精粗，分别纳税，每担自十余文至一二百钱不等，全年所征亦复不少。

一、馆前礼。厦门、福州各处小船，装运豆饼、豆麦等货进口，馆前图记跟丁每船收洋一元，遂名之曰馆前。

一、头回礼。每年自二月起至八月止，凡由南日、新埔等处进口货船物初次抵涵，收头回礼五百文。按现在所收于商家之陋规，其数有与清折所列不符者如左：

船例。南北船运豆饼入口，每船收船例九十六两二钱一分，豆饼装至一万片以上，每千片加费六元，千以下用五舍六入法（如一万零五百则舍去五百，只作一万算；如一万零六百，则作为一万一千算）。偏港加银十五两，小船运豆饼杂货入口者，每船收例四十九两七钱，龙眼船出口载货五六百件者，每船改收船例五十两四钱，装至八九百者加半。

件钱。轮船不收船例，每件货收件钱二十文。

春彩。每船收七两四钱四分。

更有为原清折所未开者，列举于左：

浮标费。向例运货之船，皆将所装之货载明船牌之上，然历次记入，必模糊之患。因另纸记明，贴于船牌之上，名曰浮标。海关因取其费，每船五两零四分。

驳例。小船驳货入口，海关收驳例五两二钱一分。

折酒。司巡等收折酒钱四两六钱。

谕帖。完税已毕，由委员发谕帖，准其起货，收谕帖费一两五钱一分。

查驳。小船驳船进口，司巡等收查驳银六钱二分。

驳单。沟船驳货，每只收驳单费四分，大豆饼限费每船一百四十片，牛庄饼限定每船一百六十片。

厨子费。每船进口，海关厨子收定钱四六分。

议长（高登鲤君）请书记长登坛朗读大概。

书记长登坛朗读大概（与建议书同）。

议长（高登鲤君）问：此建议书应否付审查？

（孟思培君）谓：可不付审查。

（张选青君）谓：应付审查。

议长（高登鲤君）谓：此建议书仍付昨所指定临时审查员五人审查之，定明日上午报告。可决者三十人。

第三，两浙木商船帮建议书之提出（介绍议员黄乃裳）。

具建议书，两浙木商船帮代表郑祖荫为陈请事：窃以浙帮商船来往南北洋面，装载纸木等货，每年缴纳保商捐一万余元，又海防护费一万余元。其经过之温台海道，均系盗踪出没之区，时肆抢掳。而闽省界内各海口，均有渔艇往来钓鱼，商船稍遇危险，若辈即乘横拥抢。虽不为盗，实与盗无异。盖浙帮装货木植居多，载出法以小木装入舱内，大木则用篾缆捆在船之两旁。若遇大盗，固无论矣。如遇洋险，即使船身损伤，而两旁有木，如鸟之有翼，尚可藉以扶持，设法补救，不至全亏血本。一经被抢，则船货两空。历年以来，案如山积。虽蒙地方官会衔拿办，而兵差等受贿徇纵，一味拖宕。商家生理为重，失时废财，何堪受此讼累？终至含糊了事。至于就近洋面遇有事故，商家亦有请派官轮前往接护，而官场又格于成例，多方周折。迨照准派往，亦已无及。近三十年来，浙帮因盗亏耗，统计不下百万。虽属气运使然，而大半皆为延误所致。应如何保护之处，谨列大端陈请于谘议局议员大人前，乞为查决施行，以安航业。船商幸甚，闽省幸甚。

计附办法六则：

一、福州洋海关旧有巡洋舰一只，不时梭巡福州、福宁、兴化三属地方，保护商船。遇有海盗及乘危抢掳之渔船、民船，即行缉捕，带省惩办。该舰上募有水兵二十余名，枪械并具，以便防护商舶。彼时海面数百里，颇为安谧。嗣经裁撤，沿海盗贼及乘危抢掳之案，遂复层见叠出。乞请制宪饬令洋关再复旧规，或暂时租赁四五百吨轮船，以为巡缉，即以保商捐一万余元，移作此项开销，不敷应请海关津垫。商船出入口有纳税义务，应享保护权利，此寰球通例也。

一、三都洋关处请购二百吨轮船一只，以备防护商舶，即以海防护费一万余元移作此项开销。

一、北之镇海守城福宁，南之海坛涵江湄州各镇，本有保护商旅之责，且备有龙舵及他项哨船，恳请制宪饬令认真防护，于疾风暴雨时，尤宜加意。倘有防护不力，或反与盗贼为缘者，乞准商家径赴督署控告，予以应得处分。

一、恳请制宪札饬各营汛及地方官，凡有商船遭劫，或被乘危抢掳者，禀报就近之营汛，当即刻派出船弁兵目救护缉捕，送交地方官惩办；禀报地方官，当即速派差勇，限日到地拿捕严办。营汛、地方官如有延误，予以应得处分；兵弁差勇如有贿纵，当即严行革办。

一、商船遭劫，或被乘危抢掳者，请为格外体恤商艰，准予径赴督署呈控，毋以未粘司批，致有斥驳。庶案可速理，以免稽延时日。

一、香港、上海均设有观天台、测候所，遇有大风、雷雨、雹雾，二三日前可先知之。请关务处与港沪商订规则，凡有风雾消息，即行电知，以便转电福、宁、兴、泉等处，令其于海岸冲要处所悬挂号旗，俾商船望而知所趋避，护船营汛、地方官知所提防。

宣统元年十月初八日，陈请建议书，两浙木商船帮代表商业研究所驻办福建法政学堂讲习科毕业员侯官县学附生郑祖荫。

议长（高登鲤君）请书记长登坛说明理由。

书记长登坛说明理由（大旨与建议书同）。

第四，南船商帮建议书之提出（介绍议员林佑蘅）。

具建议书，金福泉南船商帮代表郑祖荫为陈请事：窃以闽省帆船大小不一，往来海面，脱有遇险触礁，海滨匪徒辄敢乘危抢夺，虽经禀控在官，如何拿办，难望实行，故有案悬多年而未结者。其有船在海面遭风，弃桅失锭，漂流无依，全船财命，危在旦夕，虽欲禀官派轮救援，而批准尚待诸一二月之久，航商此时呼吁无门，惨难言状矣。本年八月初二风灾，石浦北驳帆船二只遭风，一金晋胜船在福清小万安地方遇风搁浅，竟被该处地棍乘机拥抢，甚将全船拆毁，案经具禀上宪，饬县究追，迄未照办。一金荣华船在福清五木间厝地方弃桅失锭，漂流于兴化涵江口外地方，亦系航商自行请轮拖带来省，并未蒙如何保护。查闽省税金总局，每次既收各帆船出入口之护捐，每年核计为数不少，既无保护之实事，徒悬护商局之虚名，航商等实不免大失所望。然护捐既经遵纳，斯保护总望实施，除敬拟办法六则附呈于两浙船商公帮建议书外，谨再陈请于谘议局议员大人前，乞为查决施行，以安航业。船商幸甚，闽省幸甚。

宣统元年十月初八日，陈请建议书，金福泉南船商帮代表商业研究所驻办福建法政学堂讲习科毕业员侯官县学附生郑祖荫。

议长（高登鲤君）请书记长登坛朗读大概。

书记长登坛朗读大概（与建议书略同）。

议长（高登鲤君）谓：此二建议书均委托临时审查员审查之，请众表决。得赞成者三十六人。

第五，永福人民黄鲁贻建议书之提出。

具建议书，永福县人民黄鲁贻为陈请建议事：窃贻于光绪三十四年间，联合同志，设立白话报社，于十二月初十日印刷竣事，正拟发行。嗣阅新定报律第一条：凡开设报馆发行报纸者，应开具左列各款，于发行二十日以前，呈由该地方官衙门申报本省督抚，咨明民政部存案。又第三十七条：凡照本律呈报之报纸，由该管衙门知照者，所有邮费照章准其减收，即予邮送，其未经按律呈报，接有知照者，邮政局概不递送，轮船火车亦不得运寄。本报赶即遵照报律呈报警务总局，并请发给执据以凭赴邮政总局挂号。旋得警务总局批：白话报本开通民智，论说必须确切，词意尤宜纯正，方有益于世道人心。兹阅报载欢迎美舰，一切失实，所译日本人演说之政府现状一节，无非借外人名目逞个人私见，淆乱政体，实属有违报律，所请碍难准行等语。批驳本报，缘递寄无从，就此停歇。查本报纪事门欢迎美舰，本杂采沪上各报，事之确否自有公论，本报固不任其责。即依报律第九条所定，记载失实事项由他报转抄而来者，如见该报自行更正，或登有辨误书函时，应于本报次号照登，不得收费。条文上并无停止其发行之规定。至日本人之演说一篇，系转译十一月初八日《时报》，警务局因中有中国警政腐败之言，竟不察语从何来，横加诬蔑，遽指为淆乱政体，殊难索解。伏念报馆为国民言语之机关，白话尤开通风气之要具，登载事实不容有所瞻徇，激励国民更宜转译外论。若以一言之逆耳，即斥为记载失实，淆乱政体，横加威力以摧抑之，报纸无发达之期，风气之开通何望，言论失自由之力，宪政之基础已摇。兹事关系甚重，贵局为全省人民之代表，敢恳秉公讨议，不胜翘企之至，谨呈。

宣统元年十月初十日，永福县人民黄鲁贻具。

议长（高登鲤君）请书记长登坛朗读大概。

书记长登坛朗读大概（大旨与建议书同）。

（刘崇佑君）谓：该报所言并无不合，警务总局何得妄批为淆乱政体？若照此压抑言论，则何以开通民智？

（吴庭枨君）谓：现刻民智未开，白话报最关紧要，即偶有小误，亦当饬其改正，况并无过误，何得不许发行？

（施景琛君）谓：此建议书只请本局讨论，未言及应如何办法，宜作为本局提出之议案，由众讨议。

（刘崇佑君）谓：似此违法举动，宜照谘议局章程第二十八条办理。

议长（高登鲤君）问：此建议书是否应作为本局提出之议案，请众表决。

赞成作为议案者得三十九人。

第六，闽县东乡耆民邓清建议书之提出。

敬禀者，伏读九月廿四日福建新闻报叙谘议局议案，完纳钱粮，各属规则不同，而浮收则一，各属谋充粮书者，动费数千金，若非滥征，何以取偿各等议，足见诸议员关心民瘼，扫除积习，为民生培元气，为国家启利源，为立宪发达之目的。清等忝属国民一分子，闻之不胜欣幸。反覆以思，频年水旱，实由河浦填塞，致潮汐不通。当兹地方自治实行，城镇乡设区，凡有益于民间者，无不筹备之。鄙见将此在地钱粮，俟乡镇董事会成立，东乡原有之公益社，本为董事会基础，此款即移归其承认收纳。凡属本地应完若干钱粮，除该管官缴解每两银若干米每升若干，以及该管官暨衙胥办公若干外，其余拨充乡镇董事会原有之公益社，为地方自治之费，俾应办各公益，或开河浦，或修堤坝，推广有资，且于自治开办至宜至便也。清等组织百余乡耆民公议符合，但未知有当否，恳请谘议局诸位议员大人察核，提议改造鱼鳞册，以除完粮之弊。清等遵谘议局章程人民陈情之条，特请诸议员当场议决，呈请督宪通饬施行。闽邑幸甚，全省幸甚。

竹屿乡长邓清、瑞应乡长翁长廉、河塍乡长林元灶、林亨金、城边乡长陈永瑞、田昌茂、迎春乡长魏琚、市西乡长林国安、中胜乡长高嫩弟、市心乡长李茂铨、前正乡长杨礼信、坂尾乡长郑海正、花园社长黄嫩嫩、院前乡长林福仁、坛下乡长林高陞、山重乡长张仁乾、板桥乡长池元冬、湖尾乡长邓长镛、蒲岭乡长林天开、李园乡长高发春、上墩乡长高能调、较场乡长游由藩、桂兜乡长邓秋贵、溪尾乡长姜金贵、湖塘乡长王朝贵、淳美乡长陈体慈、安铺乡长冯元春、湖龙乡长萧昌登、东庄乡长庄丹书、后屿乡长林春雷、泗洲乡长郭齐琳、凤池乡长林善慈、真人乡长林宝盛、玉井乡长王正昌、瓦窑乡长郑席渭、祥文乡长梁方基、仓埕乡长王贞祥、三乂乡长陈天寿、坊裡乡长叶正元、上埔乡长杨仁、陈德福、山尾乡长胡禄、苔井乡长王乃弟、溪口乡长庄昌灿、曾开发、三角池乡长刘依钦、岳后乡长许天泗、后浦乡长詹东淦、横头街乡长林永煊、刘木杨、桂香乡长林崇钦、梅边乡长庄天赐、林鸿玉、梁衖乡长黄扁、浦下乡长黄书、草厂乡长郑仁、朝天乡长李科题、李聚聚、鼎屿乡长魏木水、东岳乡长徐元林、府园乡长郑为苞、中壑乡长姜山海、东井乡长姜志、茶会乡长林绍聚、郑茂钿、前屿乡长王名潮、安宁乡长阮厚发、洋裡乡长吴国助、林道齐、上洋乡长陈光泽、埠头乡长林光泉、下歧乡长陈玉平、上歧乡长叶能调、上歧乡长郭春榜、陈和福、樟林乡长刘心庄、陈连学、远洋乡长许祖送、陈鸿禧、牛田乡长林明登、朱奇为、蕉坑乡长郑金桃、山兜乡长陈文粮、秀岭乡长冯正祥、上古乡长冯正林、王玉良、东山乡长陈承恩、园墩乡长赖天官、坊兜乡长陈正亨、池边乡长陈嘉年、后巷乡长庄水、洋头乡长郑德、洋下乡长陈喜成、王满乡长徐天菊、上屯乡长韩喜、古岭乡长郭治相、陈心荨、大桥乡长李福、首桥乡长叶椿、砌池乡长徐祥敬、泮洋乡长张连芳，仝启上。

议长（高登鲤君）请书记长登坛朗读大概。

书记长登坛朗读大概（大旨与建议书同）。

（刘崇佑君）谓：此建议书所言未合，应即撤回。

议长（高登鲤君）问：诸君赞成刘君之说否？得赞成者三十六人。

第七，请查办归化县令纳贿违法应请制台查办提议案（议员邹含英等提出）第一读会。

谨按谘议局章程第二十八条，本省官绅如有纳贿及违法等事，谘议局得指明确据，呈候督抚查办。现归化县罗令骏声履任以来，违法之事指不胜屈，其最大者，一曰捏报冒功。归邑本未设警局，亦未招集巡士，而罗令竟虚捏上报，得记大功。二曰玩视学务。归邑并无学堂，而罗令但令私塾及书院改署学堂匾额，教习学生，均属阙如。三曰轻忽选举。谘议局为立宪基础，调查选举何等郑重，而罗令并不宣布，亦不调查，但以意见为弃取，而以二百七十名造册详报，以致该县竟无一议员。四曰显违禁令。烟馆开灯，例禁森严，而罗令竟谕准烟户开灯十盏，以致烟贸兴盛反胜于前。五曰滥用刑讯。民事不得轻用刑求，屡奉明诏，而罗令动用严刑，如曾恽芳因买米口角鞭腿一千，生员黄金波因买物细故责掌一千，生员李步青因酒后被责五百。六曰信任丁役。奴隶不登仕版，律有明条，而罗令门丁陈书琛则捐都司，徐振堂则捐典史，龚授敏则捐盐大使，罗令本不识字，署中讼词一任诸丁之播弄。七曰得规纵赌。归邑之赌，向唯营弁私收陋规，今则统归县署收取，而赌风遂日新而月盛。八曰乾没各款。归邑书院平余项下，计年可得五百元，加收捐监各生钱礼四百元，萧龙光五名充罚款三百九十元，概被留存，不肯交出。以上各节，烟户之事有印文可据，选举事有印文名单可据，门丁捐职有匾额衔名可据，其余各款亦均有案卷可核。前该邑绅呈控罗令时，曾将各据缴呈督辕。似此县令违法，自应遵照章程第二十条办理。合将各款陈明谨呈，请公决。

发议者邹含英，赞成者康咏、张选青、卢初璜、黄金銮、伍春蓉、熊秉廉、蓝德光。

议长（高登鲤君）请提议者邹含英君登坛说明理由。

（康咏君）谓：邹君本日告假，已嘱托本议员代为说明。

（康咏君）登坛说明理由（大旨与议案同）。

议长（高登鲤君）问：此议案应否开第二读会，请众表决。赞成开第二读会者得四十二人。

（刘崇佑君）谓：此议案可省略第二、第三读会。

议长（高登鲤君）问：诸君赞成刘君之说否？得赞成者四十二人。

第八，消弭下游劫杀提议案之修正（第三读会）。

一、治同安及厦门之劫杀。

（甲）请制台移文厦提，速将标下营官严行申饬，务使口粮照给，兵额无不足之虞，而又于平时严定捕盗之规则，一遇地方有以劫杀之案报者，虽深夜亦必率队赶捕。

（乙）同安及厦埠，除已开办警察各处应切实整顿外，其余体察地方情形，于盗贼出入必由之路，如同安西门外各乡及厦门之嘉禾山等，设立乡团，其经费除各乡自筹外，请于州县缉捕经费项下酌提补助，盖乡团之设，既足防盗贼于未发之先，移缉捕经费以助乡团，较为得策。

（丙）厦门各路头小炮船，现拟一律编号，窃谓充当该船户者，宜有妥实铺户代为保结，同时又另（撮）〔摄〕小影，汇交商务总会（将来水警成立时，此项应汇交水警总局），庶免莠民滥充，而港汊歧路，种种之劫杀因之消弭。

（丁）治水上劫杀者，以水上警察为宜，厦埠风气夙开，筹费尚易，应不难于设立，惟宜先设水警教练所，俾毕业后渐次设立增广。

（戊）盗案发生，无论当局或局外，均可密举于地方官，俟查明得实，即应亲赴该乡，谕令家长自行捆送，如有不遵，即请大兵剿办。

（己）应请制台移知提督，令择扼要之区派兵驻守，以与警察乡团互相联络，如遇地方官请兵缉盗，立即准行，并约束哨弁兵役，不得需索夫价口粮。

（庚）以外普通办法，见于左列第三项。

二、治漳州之劫杀。

（甲）漳州近日花会盛行，盗窃即缘之而起，故欲清盗源，必先禁花会，应请制台严饬漳属及各属地方官，务将花会赌首速行严拿惩办，至于严禁方法，审查员报告制台咨询案言之甚详，应请一律通行。

（乙）近日漳城数十猛及数百猛名目，到处林立，该匪出门身带枪刀，遇有睚眦之怨，立逞凶锋，则其他之杀人于货，种种为非，可想见已，应请制台严饬该处地方官，务将匪首拿办数名，以儆其余，兼解散数十猛、数百猛名目。

（丙）查匪棍之众，多类由拳馆之林立，他府及上府之学拳者，多藉以卫身，可毋庸议。漳属学拳者，多系下流社会身无寸业之人，其学拳目的专藉以济其劫掠之用。况一拳馆动聚五六十人，尤与治安有碍。应请制台速饬龙溪县及漳属各县，务将该拳馆一律尽行封闭。

（丁）漳属警察殊少成效，站岗亦甚寥寥，往往盗案发现，而彼尚寂无闻知，即或吹笛，而至者亦无几，以故一任盗贼远扬，盗胆愈横，即盗案愈多。应请制台行知漳州府，务将警察极力整顿，其余各县未成立者，亦宜赶早督促成立，以符民政部九年筹备之事宜。

（戊）北溪一带，抢劫叠见，无月不有，所戕人命，不计其数。列宪衙门，当有案档可稽查。该地自浦南以上，至宁洋以下，为客船商货往来之要路，而其被劫者多在新圩与岭兜交界处，或华封与永福交界处。此项原因，皆系旧时东蔗楼余党出为抢劫，东蔗楼为龙溪、长泰、安溪、漳平四县之交，现在该处又渐有匪类窝藏，虽经当轴派一委员常驻于此，然无兵力以盾其后，仍无如何。应请制台迅饬漳镇派兵三四十名，并驻于东蔗楼附近之委员处，交该委员督率捕拿，庶商旅可保无虞云。

（己）以外普通办法，见于左列第三项。

三、治下游劫杀之普通办法。

（甲）各地方营汛宜令补足兵额，无任克扣粮食，一闻有警，立即率队赶捕，以补地方警察之力之不及，其地方未设警察者，该地营汛尤当力任缉捕之事。

（乙）警察原以保治安，应饬各县已设立者速行改良推广，未设立者赶紧设立，而以各县旧有之缉捕经费（此款半成陋规），拨为推广设立警察之助。

（丙）请宽地方官处分，以冀实行捕拿。查各州县办盗，每因处分太严，匿盗不报，如果实力捕缉，因盗远扬未能获过半数，应请制台酌量情形，宽其处分，仍勒严限，俾得一意缉捕。

（丁）地方官如遇有被劫或致毙命者，闻报应立即轻舆减从，亲诣勘验，并实行严禁胥差人等勒索例外之金，且许被劫之家当堂击鼓，以免递呈周折。

（戊）多悬赏格，以鼓舞拿送及知踪者。

（己）如遇山僻等处有聚党结会横行，类于上游红黑钱会之行为者，应由地方官会营，及早督捕党首，解散胁从，俾免养痈贻患。

（庚）宜饬各县设工艺所，俾犯人入所学习，既得手工，兼驯性质，俾他年出狱时，免再蹈盗贼行径。

宣统元年十月初一日，庶政兴革科修正。主查员椿安，理事员郑藻山，审查员王子懿、王邦怀、张国宝、余钟英、林邦桢、林佑蘅、黄纪星、黄必成、潘纪雲。

议长（高登鲤君）请书记长登坛朗读修正案。

议长（高登鲤君）将修正案请众表决，赞成者得四十三人。

第九，妥筹民教相安办法修正案。

各地民教不相安，屡起交涉，事由虽非一端，大要不外教徒不守教律，地方官不能照约办理，二者尽之矣。原案办法，分接待教士及干预词讼两项，甚得要领。其第一项应照原案毋庸拟议，惟第二项尚有应行修正之处，条列如左：

（甲）除洋务局转到领事公文外，不得以教士个人私托函件作为正式公文办理。

（乙）无论何项公私文件，概不得填写教民字样。

（丙）同治四年总理衙门咨行各省外国教士买地建堂契内，只可载明卖作本处教堂公产字样，若洋人在内地置买私产与条约不合，仍应禁止等因，应请制台通饬各属遵照部颁章程，调查教堂公产亩数，列入统计表内，以便办理公产之诉讼。

（丁）洋教士租赁公产时，须先具文报明地方官存案，庶不至以漫无确据之言，致起讼端。

（戊）无论洋教士如有干预民间词讼，及庇护教徒，欺压平民，得由地方公益团体举发，地方官即照条约办理，不得迁就（华教士本系平民，自应按律惩办；若洋教士抗不遵断，即由地方官电禀大府，与该国领事直接交涉）。

（己）调查户口时，有奉教者除编入正册外，另汇教民册二份，一存自治会，一存该管衙门，以后入教者随时登册，以便稽查。

（庚）关于传教条约，应请制台摘要通饬各地方官明白宣示，并颁发地方自治会以备讲演，免致无知小民疑惑生事。

宣统元年十月初五日，法律科，主查员孟思培，理事员邹含英，审查员连贤基、黄钟澧、李慕韩。

议长（高登鲤君）请书记长登坛朗读修正案。

书记长登坛朗读（与修正案同）。

议长（高登鲤君）将修正案逐条请众表决，赞成者四十二人。

一、接待教士。

二、干预词讼。

（陈之麟君）谓：己项可以删去。

议长（高登鲤君）问：诸君赞成陈君之说否？赞成者得三十六人。

议长（高登鲤君）将全议案请众表决，赞成者得三十九人。

议长（高登鲤君）谓：此议案可省略第三读会，请众表决。得赞成者四十二人。

第十，推广传习国语提议案（议员杨豫、施景琛等提出）第三读会。

一国语言之统一，关系宪政前途者大。如裁判，如会议，如补充军队，如国民教育，均以国语普习为第一要着。吾闽省各府各县各异语音，尤为当务之急。闽中各县从前皆有正音书院，所以训习国语也。雍正六年，钦奉上谕，凡官员有涖民之责，其言语必使人人共晓，然后可以通达民情，熟悉地方事宜，而办理无误。是以古者六书之训，必使谐声会意，娴习语音，皆所以成遵道之风，著同文之治也。大小臣工凡陈奏履历之时，惟有闽广两省之人，仍系乡音，不可通晓。夫以现登仕籍之人，敷奏对扬尚有不可通晓之语，则赴任他省，又安能宣读训谕，审断词讼，使小民共晓乎？官民上下语言不通，必使胥吏从中代为传递，于是添设假借，百弊丛生，而事理之贻误多矣。且此两省之人，其语言既不可通晓，不但历任他省，不能深悉下民之情，即身为编氓，亦不能明白官长之言。是上下之情扞格不通，其为不便实甚。但言语自幼习成，骤难更改，故必徐加劝导，庶几历久可通。应令福建、广东两省督抚，转饬所属各府州县有司及教官，循为传示，多方训导，则将来奏对可得详明，而出仕他方民情亦易于通达矣。特谕各处正音书院，当时督抚遵奉上谕饬属建设正音书院，无如地方有司视为不急之务，久且任其颓废，惟邵武郡城为最后废，然亦改课诗文，名存实亡，效亦莫见。光绪二十九年，管学大臣张、荣，鄂督张，遵旨重订学堂章程，学务纲要总目之一系各学堂皆学官音，中云：各国言语全国皆归一致，故同国之人，其情易洽，实由小学堂拼音始（中略）。兹拟以官音统一天下之语言，自师范以及高等小学堂，均于中国文一科内附入官话，其练习官话，各学堂均应用《圣谕广训直解》一书为准。将来各省学堂教员，凡授科学，皆以官音讲解，虽不能遽如生长京师者之圆熟，但必须读字清真，音韵朗畅。近则学部预备立宪按年筹备事宜清单内，编订官话课本列在宣统二年，各省设立官话传习所列在宣统三年，各省推广官话传习所列在宣统四年。学部单内虽如此编列，而以闽、粤之特别情形论，不能不及早设立，以符徐加劝导之谕旨。兹拟定办法如左：

一、责成各县劝学所附设国语传习所，此外商会地方自治局及公益团体，亦须设法传习。

二、实行前管学大臣及前鄂督奏定学务纲要总目中所云：中小各校于中国文一科内附入官话，以资练习，其在中学堂及与中学堂同等以上，自明年起概用官话教授。教习如有不能官音教授者，应行改聘。

三、自本年起，各府州县亟应普谋设立官话传习所，以规复正音书院之旧，不必泥定宣统三年、宣统四年，应视地方特别情形为变通也。

四、国语课本学部未颁行以前，拟由教育总会先行编辑，颁发各府县暂用。至土音不便于教育上、法令上、贸易上、军旅上及其他各种方面，阻碍情意，招致诈欺，固人人所共喻，或演为白话告示，或演为简易歌词，或用种种激劝方法，以实行其劝导，是在本地方之官民。

发议者施景琛、郑藻山、杨豫、林辂存、王子懿、陈之麟、张国宝，赞成者潘纪雲、王邦怀、林邦桢、周寿恩、吴鸿枢、许赞虞、连贤基、上官华盖、蓝德光、陈树勋、熊秉廉、邓畿、邹含英、林佑薰。

议长（高登鲤君）请书记长登坛朗读提议案。

书记长登坛朗读（大旨与提议案同）。

议长（高登鲤君）请众表决，赞成者得四十三人。

第十二，防弭上下游盗贼提议案（议员高登鲤君等提出）第二读会。

查此议案办法，于防弭上下游匪害最宜。惟会匪出没下游，恐亦（虽）〔难〕免，均应照办。此议案出现之时，议场中于拳馆一事颇相争执，现经同人讨论，此等拳馆甚不宜于漳属，已于修正许君赞虞消弭下游劫杀议案添入矣。至高君登鲤原议案第八则认各此户以清盗源，自为今日治盗之良法。许君赞虞消弭下游劫杀之修正案尚未叙及此项，应请书记长于将来排列议案时，将此条斟酌增入可也。高君议案所拟办法各则极周详，无庸修正，合并声明。

宣统元年十月初五日，庶政兴革科报告。主查员椿安，理事员郑藻山，审查员王子懿、王邦怀、张国宝、余钟英、林邦桢、林佑薰、黄纪星、黄必成、潘纪雲。

议长（高登鲤君）请书记长登坛朗读修正案。

（卢初璜君）问：此修正案系何人修正？

议长（高登鲤君）谓：系本议员修正。

（刘崇佑君）谓：如系议长自行修正，则请议长暂就议员席。

议长（高登鲤君）就议员席，刘崇佑君就议长席。

代理议长（刘崇佑君）将修正案全体请众表决，得赞成者四十一人。

代理议长（刘崇佑君）谓：此议案可省略第三读会，请众表决。得赞成者四十三人。

代理议长（刘崇佑君）谓：本议案已议决，应请高登鲤君复议长席。

议长（高登鲤君）复议长席，（刘崇佑君）复议员席。

议长（高登鲤君）谓：本日议事日表所列各项均已议毕，时间尚余二时，应将议员（苏寿乔君）所提出核减私加盐价提议案及（王子懿君）所提出之暂行诉讼规则案续行开议。

议长（高登鲤君）宣告休息二十分钟。

三时二十分续行开议。

第十三，核减私加盐价提议案（议员苏寿乔等提出）第一读会。

改良盐法案业经同人等提出，所拟办法固为扼要之图，尚非治标之计。查闽盐虽有官运、商帮之异，而私加盐价则一。以龙岩论，据晴雨报每斤报四十文，现卖四十四文；平宁帮亦类此。夫盐为日用必需之品，每斤私加一文，为数已多，况私加至四文乎。且岩盐合国课成本运费并各项加价各种开销，每斤卖三十文足矣（龙岩盐课运费已调查的确，非凭空臆断）。是即按照报价四十文发卖，每年出息已多，况于报价之外复私行加价乎。嗟嗟！朝廷举行新政，罗掘俱穷，不得已始决议增加盐价，政府对于此项问题不胜郑重，而各官运、各商帮欲加则加，不顾民生，其权过于政府。今拟一简而易行之法，请制台迅饬盐道将各属造报盐价抄录一分，交谘议局备查，一面通饬各官运、商帮，只能按照报价发卖，不得私行加价，违者由各处议员报告于谘议局，由谘议局呈请核办。如此于国课无损，于民生有益，是亦目前治标之法也。

提议者苏寿乔、刘志和、连贤基、俞光华、谢受殷，赞成者范宗福、黄羲、林天骥、郑藻山、张国宝。

议长（高登鲤君）请提议者苏寿乔君登坛说明理由。

（苏寿乔君）登坛说明理由（大旨与提议案同）。

（李迪瑚君）谓：照苏君言办法，民人仍受其病。鄙意谓宜请盐道台明定价格，遇有必须加价时，则由电达，仍须由委员会同州县出示晓谕方可。

议长（高登鲤君）问：此议案应否开第二读会？赞成开第二读会者三十七人。

第十四，暂行诉讼规则提议案。

讼狱之弊，至今日极矣。外国以裁判为保护人民生命财产之具，我则适以害其生命而荡其财产。法律具文，人权剥丧。地方官及问刑衙门之设，几若为阱于国中。人心之暌离，民气之萎靡，其重因实由于此。都会之地犹可也，戕法者莫过于外府州县；士绅之家犹可也，受祸者莫甚于无知乡愚。积弊之除，不可不急。查本省州县衙门之讼费，代书则有戳记礼，投呈则有呈礼，出票则有票礼，差传则有差礼，报到则有报到礼，堂讯则有种种堂礼，名目之多，几不胜数。少者或二三元，多者则至百元以上。堂讯之后，若被管押，则揣量肥瘠索费，动辄数百元。验伤、验尸，无不准此。且一案之兴，官吏之急缓，胥役之积压，原被之狡延，累月经年，不得断结。不肖州县，至有以行贿求速悬为价目者。标差成为奖赏之通例，和息乃以输金为前提。命盗诬控，不与平反。无辜之人受逼勒，而每至致命。判决堂谕不与宣布，结案之后仍羁累而不能脱身。至若派委会营兵差一来，劫掠殆尽。监狱羁押，私刑凌虐，（瘦）〔瘐〕毙时闻。富人因财产而成致讼之媒，奸民借外教以为护符之计。民隐不伸，怨毒日甚，是当深为顾虑者也。方今筹备立宪，审判厅之设，虽已明定限期，然除省城商埠外，非数年之后不能遍及。积弊一日不去，民困一日不苏。况一切新政，虽为利民而设，而百姓见疑已久，且将以为厉已而引避焉。尤宜将其平日所最苦累者，廓而清之，以维公理，以系人心。后此之设施，乃有所藉手。诉讼之弊，苦累之甚者也。兹特酌拟暂行规则若干条，就其平日最足舞弊之事项，明定办法，冀胥役无所行其奸，更仿部定审判厅章程内讼费之大概，一以清其弊源，一以维其费用，庶于审判厅未遍设以前，或得稍弥缺憾。若夫完备之法案，则有审判厅章程在，非今日所及行也。是否有当，惟候公决。

提议者王子懿、周文麟、陈锡朋、游肇源、高士龙、蓝德光、许赞虞、上官华盖、郑田龙、苏寿乔、陈义、谢受殷、黄羲、王邦怀、李钟声、孔昭淦、黄纪星、刘崇佑，赞成者张步青、邓畿、李驹、潘纪雲、赵锡荣。

福建暂行诉讼规则

第一章　总　则

第一条，本规则以革除从来诉讼上重大之积弊，于审判厅未遍设以前，暂行用为宗旨。

第二条，凡本省管理诉讼事件，各官署皆应按照本规则所定，切实施行，勿任再有压搁需索情弊。

第三条，凡审判厅章程实行之处，本规则即作废不用。

第二章　诉讼之办理次序

第四条，凡诉讼呈状，应请制台饬司分别种类，拟定一定格式，刊印诉讼状纸，通颁各属。人民有诉讼者，须就各该官署照价买领，如式誊写投递，从来代书盖戳等事，永远禁止。

第五条，诉讼状纸应分三种：一、刑事诉讼状，凡刑事原告在各署起诉者用之；二、民事诉讼状，凡民事原告在各署起诉者用之；三、辩诉状，凡民事被告、刑事被告对于本案辩诉者用之。

第六条，凡用诉讼状纸所书之呈状，更有妥实铺保加盖店戳者，即为合式，可以投递无阻。管理诉讼事件各官署，应于本署大堂前设置收呈木匦，听人民投递呈状。差役有阻难者，递呈人得当堂喊控，本官察实后，即应严办。

第七条，收呈木匦之旁，各官署应特派稽察收呈之人，专司挂号。诉讼人于投递时，先向报明案由，令其挂号。稽察收呈之人不得丝毫有所需索，违者以前条阻难论。

第八条，凡诉讼呈状投递之后，本官应于五日内将其批示，缮挂大堂。若有宜加检查者，得展至十日为止，但须申明因检查某事，致不能即行批示缘由。

第九条，凡斗掳命盗等案，皆应即时批示。

第十条，凡诉讼人不能自书呈状，及事属急迫不及用呈状者，得到该管官署喊诉。有喊诉时，本官应亲听其供辞，督率录供胥吏，按照所供事实，代书于诉状。其系紧急案件，即时审问之，寻常案件，则照第七条所定办理。本官如遇因公外出，得以代理员办理前项之事务。

第十一条，管理诉讼事件各官署，于每月朔望日，应将未来之半个月内应行审讯之案，逐期编列审讯日期表，榜示署前照墙，俾两造得以届时集候传讯。

第十二条，原被两造到案候讯，胥差若有压延勒索，得赴大堂击鼓喊控，本官应立即提审，并将该胥差从严革办。

第十三条，审期既经表示，若原告无故不依限赴审，则此后若有就于该事件更递呈状时，得不受理之。但申明实不及知，及有其他理由者，不在此限。

第十四条，凡诉讼事件，原被告及紧要人证既行到案，本官即可开讯。两造不得藉口人证未齐，任意推避。

第十五条，凡不属刑事案件之诉讼，得以子弟为代理人赴案投质，他造不得故意挑剔，以图避讯。

第十六条，两造之一若有故意避讯者，本官得将到案之一造讯明确实，以行判断。

第十七条，凡将一造审问而行判断之案，应自判断之日起，三日内将其判语送达于未到案之他造。送达后十五日之内，若他造投案声明不能赴讯之缘由，确系实情者，得再改期集讯。

第十八条，凡审问应公开，胥役不得阻人观听。但系有关风化，及有碍治安事件，本官得命观审人屏退。

第十九条，凡审问时传供胥吏若有变易供词，得由原被告本人声明更正。

第二十条，审问不得用律所不载之刑拷讯。

第二十一条，凡非可疑之重要罪犯，不得率行羁押，及交差领带。其系未经判决之人犯，若认其有逃匿之虞者，得暂行羁押。但案情轻微，经妥实人具保时，即应交保暂释。

第二十二条，前条之保主，应听诉讼人自觅，本官分别可否而准驳之，不得归胥役包揽觅保。

第二十三条，凡命盗械斗等案，如实非主令之人，而为人诬指者，得由邻族绅耆或商会教育会等团体具呈保证，本官讯确后，应立将其名摘除，并治原告以诬陷之罪。命案及掳禁之案，原告有诬控者，亦同前条所定。

第二十四条，凡判决须将堂谕当堂宣布，俾两造皆得明晓。

第二十五条，凡民事诉讼未经讯结，而已过一个月不行呈催者，即作为息讼，本官不得派差传讯，并须严禁差役私向事主讹索。

第三章　出署办案

第二十六条，凡官员下乡办案，应借住寺庙、祠宇等处，不得寄寓民家。

第二十七条　凡官员下乡办案，除止斗缉凶外，不得逗留两宿以上。

第二十八条，凡官员下乡办案，除止斗外，所带差勇夫役不得过十人以上。出署相验时，同前条所定。

第二十九条，凡官员下乡办案，应将所带随从人役之种类及其人数列表晓谕，并书明严禁需索、不扰民间分文及违犯准予禀究字样，俾众周知。

第三十条，凡分府委员，除在署内供差外，不得委派出署办案。其有数案一时并起，或本官因事不及躬往者，应于所属实任佐贰中酌量派遣之。

第三十一条，凡械斗之案，本官得报后，应察该乡人民之良顽，分别派差阻止，或迅速亲临查办。其事件稍大，须亲临者，应即将起事或主谋之人拿办。

第三十二条，官员下乡止斗时，应查明起衅之由，即时为之秉公判决，或令公亲调处，不得但以率兵弹压了事。

第三十三条，凡械斗之案，至于互烧屋宇，互斫树木，及踩躏禾稼者，勘验后应即判令照实价赔偿，以警凶焰。

第四章　胥役之雇派及约束

第三十四条，凡官署应酌量事务之繁简，以定胥役之总数，榜示大堂。遇有标派时，须按班轮值，以杜贿托及标赏之弊。

第三十五条，凡派遣差役，如系拘人起掳止斗之案，以四人为限；其他案件以二人为限，除不得已之外，不得多派。

第三十六条，凡差役除票内载明外，不得有差伙及添差等名目。

第三十七条，凡户婚田土之案，不得派勇。

第三十八条，凡差勇下乡，非离城四十里以上者，不得留住；即在四十里以上，亦应以一宿为限。有留住时，应按照时价，以住宿费偿给所住之家，不得有所需索，且不得延不交付住宿费。

第三十九条，凡差勇下乡，虽系命盗及械斗巨案，亦不得累及案内无名之人，违者许该处绅耆禀官严办。差勇下乡，如有肆行劫掠及侵犯居民情事，不论何人，皆得指明确证禀控该管官署，本官应立即彻底查究，严行惩办。

第四十条，凡关于诉讼之案卷，其收发等事，应实归收发委员管理，所有从前门签名目，须切实除绝。

第四十一条，凡监狱及羁押所，除原有之狱卒看役外，本官不得更派家丁管理其事。

第四十二条，在本籍之谘议局议员、地方自治会议员，不论何时得视察该地之监狱及羁押所，如查有非法虐待情弊，得陈请该管本官严办。

第五章　讼　费

第四十三条，诉讼费用之种类、数目，及其应缴应受之人，概以本章所定者为准，此外不得更有丝毫索取。该管官吏及胥差等，若有违背讹索情弊，准人民控告该管辖官厅或其本官署，按律严办。

第四十四条，讼费分诉讼状纸费、印纸费、经承费、差费、证人旅费、下乡办案旅费六种。

第四十五条，诉讼状纸由按察司颁发本省管理诉讼事件各官署，不论民事刑事案件，诉讼人皆应买领该纸书写其呈状，方为有效。诉讼状纸每纸应发卖当十铜元十枚。

第四十六条，凡民事诉讼，除买用诉讼状纸外，并须贴用印纸，不贴用者，其呈状概不受理。贴用印纸之数，应按照其起诉时诉讼物件之价值，从左列等差定之。其价值系以银元计者，应准其定率比照类推：（一）十两以下三钱；（二）二十两以下六钱；（三）五十两以下一两五钱；（四）七十两以下二两二钱；（五）百两以下三两；（六）二百五十两以下六两五钱；（七）五百两以下十两；（八）七百五十两以下十三两；（九）千两以下十五两；（十）二千五百两以下二十两；（十一）五千两以下二十五两；（十二）五千两以上每千两加二两。

第四十七条，凡民事案件，因户婚他故不涉财产者，应照前条所列百两以下之数目贴用印纸。但事甚细微，及虽为财产关系而性质实难定价者，则由本官酌量五十两以下之数，饬令贴用印纸。

第四十八条，凡刑事案件，有牵及财产者，仍须按第四十七条所列数额贴用印纸。但案关命盗，虽有财产关系，可免其贴用。

第四十九条，民事案件有诉讼物件之价值虽多，而其争议之关系只在其物之一部分者，则应就其一部分之范围估计价值贴用印纸。

第五十条，凡贴用印纸，应以原告初呈为限，其第二次以下之催呈，须注明旧案字样，不必再贴。但有新发生之事续控，及被告诉呈于被控事件之外，另有反控原告之事件者，亦同。

第五十一条，贴用印纸不足例定数额者，受理后本官得随时查对，令其补贴足数。

第五十二条，印纸须按照第四十七条所列各种价目，分别刊定于本纸面，由按察司颁发管理事件各官署，按价听诉讼人买领，不得多取分文。

第五十三条，凡经承胥吏抄录案卷，誊写差票，每百字连纸征收小银元五分，作为办公之费。

第五十四条，原告呈状，及粘抄之一切字约证据，无论民事刑事案件，本经承书吏，不必待原被告之请求，皆须互抄送阅。但抄送各件，均以送至原被告之保歇家为限。保歇家有转送该原被告之责任，其抄费由保歇家代给。凡属该诉讼案件之利害关系人，有照章出费请求抄录案卷者，本经承书吏，亦应抄与。

第五十五条，差役遍送文书及传票，每一件收小银元一角，以为差费。不得藉口人数众多，格外婪索。

第五十六条，递送文书及传票在十里以外者，每五里加收小银元五分。路远不能一日往返者，由官署酌核川资实数，标明该文票之表面，向收受文书及奉传票者，照数收取。如有多索，准本人告发。

第五十七条，差役对于刑事案件，一律不得向诉讼人取费，其应得差费，归公费项内给发。

第五十八条，差役奉票拘人，虽非刑事案件，亦不得向被拘人取费，其差费先由公费项内垫给，俟判决后，由本官向理曲者征取之。但因被拘人延不到案，所生之差费，应归被拘人缴纳。

第五十九条，凡证人，不论其系原被告所指陈，而经本官认许差传者，及由官察其必须传案质讯而径传者，皆有受取旅费之权利。

第六十条，证人应受之旅费如左：一、每到堂一次给小银元五角；二、住所在十里以外者，每五里加川资小银元一角；三、每日宿膳费小银元五角。

第六十一条，证人由原被告指陈者，其旅费归指陈之人垫给；由本官径传者，归公费内垫给。皆于判决时，向理曲者征取之。但刑事证人，其费由公费项内给发。

第六十二条，证人传到时，须即日审问，若不必羁留备质，应即判令回家，并将其旅费多少当场判定。如须再讯，即定明羁留日数，或订日合再到案，以免虚费。

第六十三条，差役奉票传集证人时，其差费应由本官归公费项内给发，不得向证人索取。证人奉传无故不到，致再差传者，其再行差传之费，由证人缴纳。证人为伪证者，除照律科罚外，不得受第六十一条之旅费。

第六十四条，质讯之人，若系原被告家属至亲之人，不得列入证人，其旅费由原被告自给。

第六十五条，凡随从下乡办案之胥吏，每次给小银元五角。路在十里以外者，每五里加川资小银元一角，宿膳费核实另给。差役照第五十六条所定办理。

第六十六条，前条之旅费，其系刑事案件，应于公费项内给发；民事案件，先由公费垫给，俟判决令理曲者缴纳。

第六十七条，凡管理诉讼事件各官署，皆应设立讼费册簿，列记案由及原被告姓名于各名下，分别各费款目，由收发委员随时按款登记，以凭稽核。其本案另有支案发生者，须将支案另提登载。有不能显为区别者，即酌量数额，分配于本案支案，并于簿内栏外登叙理由备核。

第六十八条，诉讼状纸及印纸，应责成收发委员专司发卖，每一月由本官将其收入数目与所受理之诉讼案件，核对一次，立册详记之。

第六十九条，差费、经承费、证人及下乡办案旅费，直接由本官于公费项内发给或垫发者，应责成收发委员照章核算，逐日详细登簿。其系归诉讼人给付者，应由收发委员批明应得费额，给与凭票，令向出费人领取，而将其票根存案，并详记于簿内，以备查核。

第七十条，由公费项内垫发之各项讼费，俟出费诉讼人缴纳后，即应抵除之。若出费诉讼人未缴纳，经本官判令归公费项内代出者，则须详记其事由于簿内。

第七十一条，胥吏差役向出费人取费时，须以取费凭票交出费人收执。若无凭票，出费人得不付给之。冒昧付给，或多给者，是为自己过失。除执持证据，向该吏役追取禀控外，不得于讼费内请求扣除。

第七十二条，胥吏差役既执有凭票，出费人仍不给费者，该吏役应将原凭票缴还本官，另由公费项内垫给，不得自向出费人威迫强索。

第七十三条，凡理直人已缴之各项之讼费，及本官于公费项内垫发之费，应由理曲人于判决后如数缴交理直人领受，或缴交本官归还公费之内。

第七十四条，核扣讼费，须于本案判决时〈时〉办理。收发委员应将讼费册簿当堂请本官核对，并对诉讼人逐行宣读，使之明悉。宣读后诉讼人若有异议，应即时申辩，由本官决定之。诉讼费用经当堂决定后，除违背本规则有所苛勒外，不得再请更定。诉讼人得预先请求抄给讼费册簿，以备核算，本官不得勒抑，但须照抄呈费之例缴费。

第七十五条，讼费核定后，应即时责令应缴费之人具立限状，邀同殷实保人，保其于一月之内清缴，无殷实保人者，依限押追。应受费之人如愿自向应缴费人收取，或愿让与之者，皆听其便。但须具结申明，具结后不得再请押追。

第七十六条，应缴费人限满不缴，应责令保人代偿之。无保人者，应责令最初递呈之保人代偿之。但代偿之保人，得请求变卖应缴费人之财产。

第七十七条，保人及应缴费人若皆实无资力，本官得免其缴纳，而酌予以他种相当之罚，以示惩警。前项免缴之费，应由公费项内代给之。

第七十八条，凡本规则定为应由公费支垫之费，关于刑事诉讼一切应用之费，及因民事诉讼人无力或他故无从追缴之费，皆应由公费项内按照给补。

第七十九条，公费以下列三种款目充之：一、本署发卖之诉讼状纸及印纸费；二、因诉讼罚金所得之款；三、地方绅富乐捐之款。

第八十条，公费之收支核算报告等事，应由本官监督收发委员，协仝地方绅董办理。

第八十一条，公费收支款目册簿，及各项讼费册簿，每月由本官监督收发委员清结一次，每季汇报于按察司。

第八十二条，公费及诉讼状纸费、印纸费等，若出入有赢余，应归殷实钱庄或其他可靠之商店藏储之。

第六章　附　则

第八十三条，本规则由谘议局议决，得总督批准后，即通饬各属遵行，以通饬文到后十日为施行之期。

第八十四条，本规则施行后，如有应行修改之处，可由各属建议，禀请总督，交谘议局议定之。

第八十五条，在本规则所定范围内之一切详细办法及册簿格式等，由总督饬司拟定，颁布各属遵行。

议长（高登鲤君）请书记登坛朗读原议案。

议长（高登鲤君）将原议案逐章请众表决。

第一章，总则，三条：

（孟思培君）谓：第二条压搁需索情弊，不如改为从前各种情弊。

议长（高登鲤君）将第一章照改后请众表决，得赞成者三十一人。

第二章，诉讼办理次序，廿一条：

（卢初璜君）谓：第六条核实店户，不如改为妥实保家具保签字者；又第八条"若有"以下可删；又第二十四条须加"如当堂未及宣布，须于次日揭示大堂"。

（孟思培君）谓：第十五条"案件"二字可删。

（林辂存君）谓：第十五条"子弟"二字可改为"亲族"。

议长（高登鲤君）将第二章照改后请众表决，得赞成者三十一人。

第三章，出署办案，八条：

（王邦怀君）谓：第二十六条应加"如无寺庙祠宇，不得已须寄寓民家"。

（刘崇佑君）谓：只加"如实系万不得已，得寄寓民家"。

（卢初璜君）谓：第二十七条宜删去；又第二十八条"差勇夫役不得过十人"，宜改为"所带丁书差勇夫役不得过十六人"；第三十一条"或迅速亲临"句可删，以下则改为"其事件稍大，应即亲临，将起事或主谋之人拿办"。

（施景琛君）谓：第二十六条"不得借寓民家"下添"及学堂"三字。

（孟思培君）谓：第三十条"佐贰"宜改"佐杂"。

议长（高登鲤君）将第三章照改后请众表决，得赞成者二十九人。

第四章，胥役之雇派及约束，九条：

（孟思培君）谓：第三十九条"该处绅耆"不如改为"本人"。

（康咏君）谓：当仍原文，不必更改。

（孟思培君）谓：第四十条须改为"所有从前门签等名目，一概革除"。

（卢初璜君）谓：此项专指收发而言，故单提及"门签"，可不必改。

议长（高登鲤君）将第三章请众表决，得赞成者三十人。

第五章，讼费，共三十八条：

（卢初璜君）谓：第六十条"证人到堂一次给五角"，又"每日宿膳费三角"，均稍嫌多。

（刘崇佑君）谓：审判厅章程规定银五钱，则是更多，应不必改。

（孟思培君）谓：第五十条"亦同"二字须改。

（卢初璜君）谓：改为"亦应贴用印纸"。

（卢初璜君）谓：第七十六条"无保人者"以下应删；又第七十九条第三项亦宜删，其第二项下用括弧加数语云"罚金应照现行律例规定，不得藉口公费妄行苛罚"；又第八十条宜改为"公费之收支，应由本官监督收发委员，协仝地方绅董，按季核算，表示本署照墙"。

（孟思培君）谓：第五十三条"征收"应改为"收取"。

议长（高登鲤君）将第五章照改后请众表决，得赞成者二十八人。

第六章，附则，三条：

（卢初璜君）谓：第八十三条"十日"改为"一个月内"，又本条末宜添"并将本规则榜示通衢，俾众周知"。

（刘崇佑君）谓：第八十四条"建议"二字可除去。

议长（高登鲤君）将第六章照改后请众表决，赞成者三十人。

议长（高登鲤君）问：此议案可省略第三读会，请众表决。得赞成者三十二人。

议长（高登鲤君）谓：第二十一号议事日表本日未及刷印，俟明日开会时报告。

议长（高登鲤君）宣告闭会。

是日下午出席议员四十四人。

制台未到，委（臬台鹿）代理，于午后一时到会。

午后四时五十分散会。

第一次福建谘议局议事速记录第二十一号

宣统元年十月十四日（1909年11月26日）

议事日表 第二十一号

宣统元年十月十四日（金曜日）午后一时开议。

第一，关于禁烟咨询案（总督提出）审查员申覆书之报告。

第二，改良盐法提议案（议员康咏等提出）（审查员修正案）第二读会。

第三，禁烟办法（附洪湛恩案）提议案（议员施景琛等提出）（审查员修正案）。

第四，保护上游木商（附禁杉木藉股侵占案）提议案（议员李迪瑚等提出）邓畿等修正案第三读会。

第五，取缔外人在内地违约举动提议案（议员潘纪雲等提出）第二读会。

第六，兴化涵江商界请裁减关卡陋规建议书（审查员报告）。

第七，木商船帮、南商船帮建议书（审查员报告）。

第八，核减私加盐价提议案（议员苏寿乔等十人提出）第二读会。

第九，请督部堂严饬警务总局不得滥用职权妨碍报馆提议案（本局提出）第一读会。

第十，假定派赴南洋议员之推举。

议长（高登鲤君）：

一、报告本局所有议决之案均已呈请制台核办，顷接到制台来札，关于安溪南水关私征船货税案之批答。

议长（高登鲤君）请书记长登坛朗读札文。

书记长登坛朗读札文。

来呈指陈安溪南水关私征船货税情形，已派员驰往，会县澈查。一俟查覆，再行饬道核办，折存。

第一，关于禁烟办法咨询案（总督提出）审查员申覆书之报告。

为申覆事，窃本局第一届第十三次议会，蒙宪颁关于禁烟咨询案，足见德意殷拳，钦佩无已。查各府州县禁种禁吸情形各有不同，即去毒支社办法亦有不齐。既承明问，谨就各议员调查所及列表报告，以资比较。至于救治之方，由临时审查会征集意见，酌拟办法六条，付与议会公决。除将议决各条另折开呈外，所有会议情形，谨备文申覆，伏请宪台察核施行，须至申者。

附清折一件，调查表一份。宣统元年十月□日。

谨将关于禁烟办法议决各条开列，恭候宪核。计开：

一、处分宜严。禁烟办法应先从官绅两界入手，每届半年甄别一次。官界责成本管上官札令各衙署幕宾门丁书差，由该管长官勒限戒革，如六个月内不能戒断，应将幕宾辞退、门丁书差革办，半年一次。地方官应将本衙门上下人等查无烟瘾，具结报告，具报不实，照章坐罪。绅界责成该管长官及去毒社严行调查，如有犯禁者，由地方官谕令六个月内戒断清净，逾限不戒，地方官即应破除情面，将该犯编入废民籍，仍勒命再戒，若后六个月仍复吸食，应由地方官详请制台将功名斥革。倘地方官故意瞻徇，与之同罪。

一、设社宜广。查上年奉文后，各县城容有设立支社者，各乡均未设立，故戒断甚少。现各县一律设立支社，各乡亦应一律分设，应请通饬各县，每一县至少须分东西南北中五区，按区分设，即按区调查，如各乡多设者，尤为周到。

一、调查宜密。各属土种多未禁绝，一由地方官含糊敷衍，一由衙门吏胥得贿庇纵，除各区去毒支社本有调查员外，各县长官每年亦须亲临一二次，按区调查。调查甲区，会同乙区调查员帮同调查；调查乙区，会同甲区调查员帮同调查。就近密查，较易周知，不得仅恃吏胥为耳目。去毒总社每年尤当派员驰往各地调查禁吸是否认真，列表报告，以资稽查。

一、设法禁绝邻土进口。拟请制台咨商土药统捐大臣，请奏明于土药运进闽口时，由官卡严密稽查，照统捐税则加抽二成，按年准此递加（如第一年加二成，第二年即加至四成）。此项加征税款，提一半指归匀拨各州县去毒之费用，寓禁于征，办法较有把握。

一、烟膏急宜专卖。自奉禁烟明诏以来，已历三稔，有识之士，咸知提纲挈领之办法，非洋膏专卖不为功。盖洋膏专卖，则以所售之膏数，调查吃烟之人数，无从隐匿，而编烟籍给烟照既可迎刃而解，私吃私熬之弊亦悉划除。然此议未见实行者，则以资本甚巨，官办商办均属不易。不知洋膏较他之货物无滞留之虑，但使有百万资本，则前后挹注，足资周转。论者或以每年进口洋土之总数，以科合资本金，谓必须三四百万者，谬也。至百万资本，官商各筹其半，无官力则保护不周，无商力则调查靡易。至洋膏专卖，利厚且速，非如铁路银行之尚需时日也。官中无论如何募债，商中无论如何招股，均易成议。但使大府能为主持，奏咨立案，则有裨于国用，无损于民生，于禁烟之收效尤非浅鲜。其专卖办法，更详言之。查台湾鸦片专卖，均以人口多寡计算。例如，福建全省人口约二十万，以百人中吸食鸦片一人计之，则全省吸食鸦片不下二十万；以一人每年鸦片吸食消费银三十元计之，则年费六百万元；以人口二十万人设批发人一人，统计人口二十万人之中吸食鸦片者当有二千人，则批发人一年可收官膏总银额六万元。官长于每千元之中减收价银三十元，以资批发人利益，一年中可获利益银一千八百元。政府抽取其一成之坐贾捐一百八十元，更出五成之数八百一十元作官膏批发所及补助地方自治经费，对除外尚可得利益银八百一十五。欲充批发人者，可令缴纳保证银八百元，统计全省批发人可充百人，官长可先收保证银八万元。以人口一万五千人设零卖一人统计之，人口一万五千人中吸食鸦片者当有一百五十人，零卖人一年中可售官膏四千五百元，以百分之二十为得利，零卖人一年中可获利益银九百元。官长抽取其一成之坐贾捐九十元，更出五成之数四百零五元作清膏零卖所及补助去毒支社经费，对除外尚可获利益银四百零五元。愿充零卖人者，可先令缴纳保证银二百元，统计全省零卖人可充至一千三百三十三人有奇，官长可先收保证银二十六万六千六百元。二者合计，官长可先收保证银三十四万六千六百元，以之弥补开办专卖局经费，是挹注必先有资。更由批发人岁入坐贾捐统计之，当有一万八千元；由零卖人岁入之坐贾捐统计之，当有一十一万九千九百七十元；由官膏得利以卖价六百万元加二成利益统计之，岁入之款当有一百五十四万六千六百元之利益。虽初次办法未能悉臻完善，所获利益未必遽能如数,而利国利民,以征为禁,亦策之上者也。

一、急宜多设戒烟局。以上五条,系正本清源之办法。若既实行,更不能不开一自新之路,使人便于戒革。应请制台通饬各地方官及去毒总社支社,设法提倡,多设戒烟局,由总社调查有经验之方药,随时将其药名制法服法通知支社,使戒烟局用之。其经费不足者,应于捐膏按月加价(每月每两递加若干,至每两若干文止)津贴之。

宣统元年十月初六日,临时审查会。主查员施景琛,理事员张选青,审查员郑藻山、李迪瑚。

议长(高登鲤君)请书记长登坛朗读申覆书。

(施景琛君)谓:设法禁绝邻土进口一条,应行修改其文如下:查度支部议覆护理云贵总督沈秉堃奏请黔蜀陕甘山西五省统限本年一律将鸦片烟禁种原折内称,黔蜀两省果能实行缩限于本年内一律禁尽,即应援照臣等前奏,将该管官分别请奖,以资鼓励。黔蜀两省既能于本年内禁尽,则陕甘两省事同一律,自应缩限严禁,以免邻省藉口等语。可见各省土药本年可以禁种净绝,应请制台严饬各关卡,自宣统二年正月起不准邻土进口,以绝根株。

(刘崇佑君)谓:申覆书内凡有"督宪"二字,均宜改为"督部堂",以符馆章。

议长(高登鲤君)请书记长将申覆书照改后请众表决,得赞成者六十一人。

第二,改良盐法提议案(议员康咏等提出)(审查员修正案)第二读会。

闽盐改良案,前经本审查员会同协议,曾将理由报告,唯其中有应修正者,合将各节详细提出,谨候公决。

(一)督配总局、督配分局、督收局、督销局之经费,应归公司承认。

(二)公司系专卖性质,食盐乃日用所需,以日用之民食归诸专卖,而其公司又属商家,恐有居奇之弊。特以一时权宜之计,不能遽行就场征税之法,故设场商,以为将来就场征课之渐而已。此节应立定限制如左:(甲)以十五年期满,国家或地方公益团体(自治会)得按其资本接受,为国有专卖局或公有专卖局。(乙)国家相度地方情形,得行就场征课时,可废场商。(三)联合西路十八帮,设立一大公司于水口,应定名为溪运公司。(四)拟令公司报效公家七十万金，应令开办之初酌量拟定报效银洋一百万元，俟三年以后计其获利盈亏增减其数。且总公司及溪运公司各担任若干，亦应分别。然一时骤难代拟，应俟公司成立后，各以盈余之利为准，而定其成数。其报效之款半作国家行政费（不必指定海军），半作地方办事用费。

（五）改良制盐办法一条应请删去。盖腌制之法，须俟水产学发达后，方可行之，一时应从缓办。

宣统元年十月初九日，财政庶政两科修正。主查员李迪瑚，理事员施景琛，审查员林辂存、黄乃裳、张选青、卢初璜、赵锡荣、椿安、郑藻山、王子懿、王邦怀、张国宝、潘纪雲、林邦桢、黄纪星、林佑蘅、黄必成、余钟英。

议长（高登鲤君）请书记长登坛朗读修正案。

议长（高登鲤君）将修正案逐项请众表决。

第一项：赞成者五十七人。

第二项二条：赞成者五十八人。

第三项、第四项：此二项均归并原议案随后表决。

第五项（删去腌制一条）：赞成者五十四人。

议长（高登鲤君）将原议案逐项请众表决。

（甲）第一项：赞成者四十人。

（甲）第二项：

（孟思培君）谓："盗卖"宜改为"私卖"。

议长（高登鲤君）将第二项照改毕请众表决，赞成者五十二人。

（乙）第一项：赞成者五十一人。

（乙）第二项：赞成者五十一人。

（卢初璜君）谓："督宪"宜改为"督部堂"。

议长（高登鲤君）谓：此议案可省略第三读会，请众表决。得赞成者五十六人。

第三，禁烟办法（附洪湛恩案）提议案（议员施景琛等提出）（审查员修正案）第二读会。

朝命禁烟，已届三稔，而闽属各府州县禁烟成绩无甚佳况。十年之限易满，鸦片之蔓难图。言念及此，能不寒心？若仍枝枝节节而为之，不唯办法纷歧，抑亦成效难必也。施君景琛等提出禁烟办法原案，挈领提纲，洵为正本清源之法。唯细查案内微有缺点之处，即目前施治之方，亦疏略尚未筹及。谨参酌原案，妥加修正如左：

一、禁绝邻土进口。鸦片之源有三：曰洋土，曰邻土，曰本地罂粟。中英条约，洋土每年递减已有限制，本地罂粟经督部堂去岁奏准一律停种，而对于邻土之源源输入未有议及之者，实为吾闽禁烟之缺点。查丁未、戊申两年，闽海关鸦片入口洋土减销四分之一，邻土反增销一倍有奇，表列如左：丁未全年洋土入口三千一百九十四担；戊申三季洋土入口二千二百三十八担。丁未全年邻土入口：江苏二担，四川四百九十五担，云南三十七担；戊申三季邻土入口：四川七百五十四担，云南六十三担。又查海关土药进口之数，以本年计之，自正月至六月底止，川土由申进口统共四万九千五百九十二斤，云土由申进口统共二千九百四十六斤，陕土由申进口统共三百一十斤，合计五万二千八百四十八斤。其他如浙省之温州土浆、台州土浆，输入亦复不少。应请制台奏明凡属邻土输进闽口时，比照统捐税则加抽二成，按年准此递加（如第一年加二成，第二年即加至四成）。此项捐款，指提一半匀拨各州县，专充禁烟之费用，寓禁于征，来源庶可稍塞。

一、烟膏专卖。自奉禁烟明诏以来，已历三稔，有识之士咸知提纲挈领之办法，非洋膏专卖不为功。盖洋膏专卖，则以所售之膏数，调查吃烟之人数，无从隐匿，而编烟籍，给烟照，既可迎刃而解，私吃私熬之弊，亦悉划除。然此议未见实行者，则以资本甚巨，官办商办均属不易。不知洋膏较他之货物无滞留之虑，但使有百万资本，则前后挹注，足资周转。论者或以每年进口洋土之总数，以科合资本金，谓必须三四百万者，谬也。至百万资本，宜官商各筹其半，无官力则保护不周，无商力则调查靡易。至洋膏专卖，利厚且速，非如铁路银行之尚需时日也。官中无论如何募债，商中无论如何招股，均易成议。但使大府能为主持，奏咨立案，则有裨于国用，无损于民生，于禁烟之收效尤非浅鲜。其专卖办法，更详言之。查台湾鸦片专卖，均以人口多寡计算。例如福建全省人口约二千万，以百人中吸食鸦片一人计之，则全省吸食鸦片不下二十万。以一人每年鸦片吃食消费银三十元计之，则年费六百万元。以人口二十万人设批发人一人，统计人口二十万人之中吃食鸦片者当有二千人，则批发人一年可收官膏总银额六万元。官长于每千元之中减收价银三十元，以备批发人利益，一年中可获利益银一千八百元。政府抽取其一成之坐贾捐一百八十元，更出五成之数八百一十元作官膏批发所及补助地方自治经费，对除外尚可得利益银八百一十元。欲充批发人者，可令缴纳保证银八百元。统计全省批发人可充至百人，官长可先收保证银八万元。以人口一万五千人设零卖一人统计之，人口一万五千人中吃食鸦片者当有一百五十人，零卖人一年中可售官膏四千五百元，以百分之二十为得利，零卖人一年中可获利益银九百元。官长抽取其一成之坐贾捐九十元，更出五成之数四百零五元作官膏零卖所及补助去毒支社经费，对除外尚可获利益银四百零五元。愿充零卖人者，可先合缴纳保证银二百元，统计全省零卖人可充至一千三百三十三人有奇，官长可先收保证银二十六万六千六百元。二者合计，官长可先收保证银三十四万六千六百元，以之弥补开办专卖局经费，是挹注已先有资。（吏）〔更〕由批发人岁入坐贾捐统计之，当有一万八千元，由零卖人岁入之坐贾捐统计之，当有一十一万九千九百七十元。由官膏得利，以卖价六百万元加二成利益统计之，岁入之款当有一百五十四万六千六百元之利益。虽初次办法未能悉臻完善，所获利益未必遽能如数，而利国利民，以征为禁，亦策之上者也。

一、编列烟籍。以上两条既实行矣，编籍一事为必不可少之举。且既有烟膏专卖之所，则编籍尤足为烟膏销售之标准办法。宜先遍设去毒支社，应请制台严催各属未设支社者，速行设立支社。遍设然后有调查之机关，编籍之前，令各州县派委员会同社员分赴各乡，调查吸烟人数，开明姓名、年岁、住所及每月需膏分量若干，由支社类造名册，统限三个月，送交去毒总社，造成牌照，按号编列，用三联单，以一联存社，一联存支社，一联裱上木版，发给各吃烟人。木版宜稍大，使不便于携带，亦足激其廉耻。以后非有牌照，不得购买。且于牌照中载明吃膏分量，不得逾额。一人只准自携一照，如代人携购有两照者，站街巡士见之，有查究之权。一面更由各批发人、零卖人将其每日售与之人，载明姓名、住所及烟膏分量，并每月售膏重量，报交去毒社，以凭稽核。去毒总社应与专卖局联络，随时将其烟籍名册送与专卖局；专卖局亦随时将其售膏数目报明去毒社，以相核对。烟籍既编，牌照既发，以后只许减销牌照，不许增加，则其数可以日减，不久可望全除。牌照三联单须重严盖印，其单式亦须精制，以防假冒。各县去毒支社更须畀以调查之权，随时得赴烟户验照，并随时得到零卖处、批发处查验。凡犯以上禁令，及不遵令者，应别定罚则。牌照每年吊销一次，发给新照，领照应酌收牌费，其销照、给照之权，悉界去毒社。

一、多设戒烟局。以上三条，系正本清源之办法，若既实行，更不能不开一自新之路，使人便于戒革。应请督部堂通饬各地方官及去毒总社、支社，设法提倡，多设戒烟局。由总社调查有经验之方药，随时将其药名、制法、服法通知支社，使戒烟局用之。其经费不敷者，应于烟膏按月加价（每月每两递加若干文，至每两若干文止）津贴之。

以上四条，但举其大纲而已，其详细规则，应由去毒社、专卖局自定。总期实力奉行，方有实效。特是烟膏专卖，头绪纷繁，纵能办到，必需时日。为目前治标之计，应就现行禁种、禁吸、禁私开烟灯三项办法，益加严厉，则以严官绅之处分，重违禁之科罚为第一要着。谨增续两条，为烟膏未专卖前施治之方。

一、处分宜严。禁烟办法应先从官绅两界入手，每届半年甄别一次。官界责成本管上官札令各衙署幕宾门丁书差，由该管长官勒限戒革，如六个月内不能戒断，应将幕宾辞退、门丁书差革办，半年一次。地方官应将本衙门上下人等查无烟瘾，具结报告，具报不实，照章坐罪。绅界责成该管长官及去毒社严行调查，如有犯禁者，由地方官谕令六个月内戒断清净，逾限不戒，地方官即应破除情面，将该犯编入废民籍，仍勒命再戒，若后六个月仍复吸食，应由地方官详请制台将功名斥革。倘地方官故意瞻徇，与之同罪。

一、调查宜密。各属土种多未禁绝，一由地方官含糊敷衍，一由衙门吏胥得贿庇纵，除各区去毒支社本有调查员外，各县长官每年亦须亲临一二次，按区调查。调查甲区，会同乙区调查员帮同调查；调查乙区，会同甲区调查员帮同调查。就近密查，较易周知，不得仅恃吏胥为耳目。去毒总社每年尤当派员驰往各地调查禁吸是否认真，列表报告，以资稽查。

谨按：调查必官绅协助者，为此案最注重之点。盖官绅协助，官藉绅为耳目，绅得官为奥援，则进行自然敏捷，而效果必大有可观。

宣统元年十月初十（目）〔日〕，庶政兴革科修正。主查员椿安，理事员郑藻山，审查员王子懿、王邦怀、林邦桢、林佑蘅、黄必成、黄纪星、潘纪雲、余钟英、张国宝。

审查洪君湛恩关于禁烟实行议案报告书并附修正案：宣统元年十月初六日，

本届第十五次会议洪君湛恩提出关于禁烟实行议案，交由庶政兴革科审查，业经会同审议，合将审查情形报告于谘议局，并提出修正案附后，祗候公决。吾闽莺粟定限一年禁绝，特上宪之功令虽严，而有司之奉行不力，欺瞒掩饰，恐未必能如限尽拔根株。查原案内容有禁种禁吸两层，禁种办法以九月、十月、十一月三个月为莺粟下种之时，届时请通饬各属地方官于东西南北分区派委常驻，协同士绅确查，过时则可无虑。其主义似甚扼要，唯办法未免太拘。委员分驻四乡，计时又需三月，转致易生扰累，计不如每届下种时，派委会绅分赴各乡，轮流切实梭巡，民间既不纷扰，机关又极灵通。至于禁吸之法，请先从士绅幕丁胥役入手，固法理所当然。禁烟功令宣布已及三年，此辈怙恶不悛，情殊可恶。地方绅士及衙门吏役尚未戒革，平民每多观望，而且易滋藉口。惟禁吸一节，已详见于施君景琛等禁烟办法修正案内，无庸另详，以免重复。谨将参酌原案，妥加修正禁种办法。莺粟下种时在九、十、十一三个月内，届时请制台通饬各属地方官，派委协绅，会同分赴各乡，轮流梭巡，实行监察，过时则不能再种，洵为一劳永逸之计。如此办法，决无不能如限禁绝之患。宣统元年十月初十日，庶政兴革科。主查员椿安，理事员郑藻山，审查员王子懿、王邦怀、林邦桢、林（占）〔佑〕蘅、黄纪星、潘纪雲、黄必成、余钟英、张国宝。

　　议长（高登鲤君）谓：此议案可省略朗读，请书记长登坛将大要声明。

　　（王子懿君）谓：禁烟办法修正案第一条，应照申覆制台咨询案改正。

　　议长（高登鲤君）请书记长将修正案照改后请众表决，全体赞成。

　　议长（高登鲤君）谓：此议案可省略第三读会，请众表决。得赞成者六十人。

　　第四，保护上游木商（附禁杉木藉股侵占案）提议案（议员李迪瑚等提出）第（二）〔三〕读会。

　　吾闽上游多山，厥产惟木，出口大宗，杉居其一。年来木业递衰，不及从前百分之一二。近有提倡森林，集资种树，诚为探原之举。然不为木商计划，清除弊害，虽木植壅积在山，将木商望而却步，必致价值贱若泥沙，迫之亦无人敢种。则欲兴农林之利，必先除木商之害，一定之理也。查木商之害有三：

　　（一）在山。木商入山采办木植，看货估价，立约付银，忽而有他山主出而干涉，谓未签名，致兴讼狱，或有藉山邻出而阻挠，谓伤龙脉，聚众滋事。因虚渺无据之事，致有投资数年，纠结而不能登山砍伐者。其害一。

（二）在途。木植重笨之物，非积诸山，即浮诸水，或（他）〔地〕棍之讹索，或盗窃之潜偷，或藉害田坝之名，而阻其出路，或借损桥梁之说，而令其捐金，流郎有包厂之名，游勇有强讨之弊，匪党时乘机而抢夺，炮船亦串匪而分赃，盐船因私卖而撞沉，委员亦明知而诬陷。种种妨害，无帮不有。其害二。

（三）在行。木排到省投行入坞，看江之工食倍增，盗卖之弊害仍有。其害三。

欲除三害，非筹保护木商之法不可。谨拟办法如左：

（甲）木商入山采办木植，经中见向山主定买之木，当面分明界址，立约交银之后，即将所买该地木界等议，具字标贴该乡通衢。如有界限不清，重卖二主等弊，限一个月内，许争者即向买主声明，买主当与争者同到卖主家质实，果有混界重卖诸弊，即向卖主追回原款，另罚一倍，以补买者利息往来诸费。如越月不报，买者雇夫登山砍伐，山邻如有生事，以勒诈论。如前买者路远不知，自后查觉，准其向卖者原款追回，照罚二倍，为盗卖者戒。倘越足一年以上不砍，乃系有意耽搁，无论新买旧买，其卖约概作废纸，听凭山主召人承买，不得异言。

（乙）木植砍完，开路拖铲，必经山邻界址，山邻不得藉词有伤龙脉，至生阻挠勒索之弊。如有损坏田埂田圳，该商自应照原修复，不得推诿。

（丙）木植放溪，必经桥梁坡坝，如有损坏，理应照修完好。木商当于未放溪以前，具字通知，以释疑义。倘有棍徒分外拦诈，准该商随时禀请地方官，立即提讯，毋得挨延，酿成不测之祸。

（丁）上游有种丐匪，名曰江湖。每遇木商起厂，由青山以至拖铲放溪，皆有匪徒少则数十人，多则数百人，箬马到厂，勒索包厂规费，稍不如愿，百端糟蹋。此等恶习，最为商民之害。应请制台设法通饬禁绝，实力保护。

（戊）木排运河，各地埠常有游勇流郎，结党成群，窥伺木排安泊，登排苛勒私费，不如所欲，或白日抢取，或乘夜盗窃，无所不至。【惟】水口及平水为尤甚。应请制台通饬地方官，会同炮船，设法严示禁绝，如有此等禀到，立即拿办，责成保护。倘有奉行故事，一经上控，严行参处。

（己）溪河之险，惟上游为最多。三十六滩之危，惟南蛇秤钩滩为最著。故抽厘助饷，设炮船弁勇，沿河镇守，以防匪徒劫抢，此后货船俱各无虞。惟木排过吼下滩，每遭匪徒抢夺，私匿盗卖等弊，推原其故，是由炮船弁勇串勇分赃，至有此弊。如果认真拿办，匪徒无立足之地，何敢妄为？应请制台通饬沿河炮船，出示严拿，责成保护。如遇匪徒抢夺木排，藏匿不远，该炮船不严拿究办，追赃给领，一经发觉，著该段炮船赔偿外，应即参办。庶足永绝匪党根株。

（庚）上游滩吼危险，船梢无不加意防护而保安全，未闻有木排撞破货船之案。惟装盐船户狡猾异常，往往将盐盗卖一空，泊于滩吼之旁，待木排下流，放出对撞，诬控勒赔。贤宰虽或察悉其情，重加责押，而转劝商赔盐，以重国课。是以奸梢胆大妄为，已成积弊。应请盐道台通饬各口官运盐商，责成船户装盐与装货无异，各自防护，一面出示晓谕，如再有诬指木排撞坏之盐船，除责成该梢照赔外，按例反坐，以儆效尤。

（辛）木排运至河中，突遭洪水暴涨漂流，沿溪居民捞捡者，多入藏匿，抗不与赎。应请制台出示，按照商规，听本客备价，邀同炮船弁勇前往查赎，不得隐瞒。如有此情，除将捡木者按照抢例拿办外，仍处船弁不力之罪。

（壬）坐贾行商，分为两途，不能合为一辙。将乐沙县等处，有以坐贾捐名目，勒抽行商，过境木排每连番一元，公然给以坐贾捐票，名目不符。前经木商川记号吴益昌等前后禀，蒙各大宪会衔通饬示禁在案。兹查仍然照抽，实属欺藐。应请制台严饬禁绝，如有仍蹈故辙，一经发觉，立即参处。

（癸）木排投行入坞，由木行雇伙看守，以防偷窃，名曰看江。自道光间看江工食，每连给钱八十文、米一升，咸同以来渐增二百四十文至三百六十文，今起至四百八十文、米一升。每厂计给工钱一万一千五百二十文、米二斗四升，并给排枕一半，以及零星串柴、排米，约计共有二十千左右，不可谓不厚矣。业经看江亲具甘结，木行保结，自此以后，看江自应小心看守，不敢再有窃换增价等情。如有此情，惟保是问，禀请防署立案，乃有监守自盗之案，仍层见叠出，显系木行容纵所至。然看江乃系木行所雇之伙，又经作保有案，木行应有责成。请制台出示严禁，如再有窃换增价等弊，一经发觉，罪罚同科。

提议者李迪瑚、周文麟、卢初璜，赞成者吴庭枨、俞光华、高登鲤、陈树勋、林佑蘅、连贤基、余钟英、黄羲、伍春蓉、周寿恩、苏寿乔、游肇源、上官华盖、邹含英、王子懿、谢受殷、刘志和、邓畿、黄乃裳。

附后请禁杉木藉股侵占案：一上游所出土产，惟杉木为大宗，但遇批山，每多构讼，何也？盖山场原非一人之产，所（管）〔营〕业者或五六十股，或二三十股，或十股八股不等，其中股数多者，得为公同议价宜矣。甚有奸徒明串衙胥，于一股之内分买其百分之一二，遂自命为山主。迨至批山公案，议定价银，彼则藉其蛮横微末之股，出头拦阻，强霸不批，必须多方讹索，勒至数十倍或百倍而后止。不遂即饰词捏控，胥吏上下其手，迨获公断，而木商之耗费且不止于百倍，故甘受欺凌。其与理较，应请制台札饬州县官严行示禁，自后凡遇议批杉木，即当会同多股山主公议价值，一经议定，不准最少股之山主而把持。倘有棍徒仍前藉强霸阻，一经禀控，立予重惩，庶数十年来之恶俗得以永销。商民幸甚，地方幸甚。

提议者范宗福、周文麟，赞成者吴庭枨、连贤基、上官华盖、苏寿乔、邓畿、谢受殷、陈树勋、余光华、林佑蘅、游肇源、黄乃裳、周受恩、余钟英、刘志和、高登鲤、黄羲。

议长（高登鲤君）谓：此议案可省略朗读，请书记长登坛将大要声明。

议长（高登鲤君）将原议案及附案并修正案请众表决，得赞成者四十八人。

第五，取缔外人在内地违约之举动以弭隐患提议案（议员潘纪雲等提出）第二读会。

我国自甲午庚子以后，国际上情见势绌，外交官吏以保全邦交为唯一之主旨，以为与其过激于争持，毋宁隐忍于退让，致招外人得寸进尺之心。于是撤我藩篱，阚我堂奥，外人在我国之势力，遂由口岸而渐伸于内地。吾闽东南滨海，东西人士纷至沓来，而近日日本人之在上下游者，尤为络绎不绝。其道德完全品格高尚者，固能谨守理法，以敦睦谊；而下流社会，往往违背约章，演出种种不规则之行为。始起于个人之镠辕，终酿成国际之问题。吾闽外交失败，已叠载报端，贻讥邻省矣。苟不设法挽救，涓涓不塞，将成江河，为患岂可胜道？谨拟取缔办法如左：

（甲）关于游历之取缔。查约载各国人无论往何处游历，应由该处领事官发给执照，注明往何处，并由该处地方官钤用印信，方准前往。沿途经过之地方，必须验明印照，方准放行。如无钤印执照，地方官即应按照条约，严行阻止。乃近来外人之游历内地者，类无钤印执照，间虽有照，而限期久逾，任意旅行，甚至结队出猎，私行测绘，辄滋事端，而地方官置若罔闻。夫漫无稽察，是自隳国权也；纵为不法，是自召外侮也。应请制台通饬各属留心察访，遇有外人托名往内地游历，一律从严查验。有确实印照者，自当通饬妥为保护；无确实印照或有印照而逾越期限者，著即勒令出境，不许逗留。

（乙）关于贸易之取缔。查约章，除已开为通商口岸及通商地方，准外国人民往来居住，办理商工各业制造等事，以及他项合例事业外，凡内地城市乡村各处，均非经条约所许。近查外人在内地开设行栈往来经商者，不一而足。如三井公司之收煮樟脑，饵诱本地败类出名代购，往往以低价勒买民间樟树，不愿予者即行强斫，而民不敢较。又如三井洋行之贩卖烟叶，上游贾捐各项，多有抽收叶捐以弥不足，该洋行所办之叶料，则抗不缴纳，而官不敢问。诸如此类，大失主权。应请制台通饬各属严查，如有外人在内地设栈通商，强买抗捐等情节，著即严行封禁查办，一面禀报洋务局，与该国领事开正当之交涉。

（丙）关于产业之取缔。吾国土地所有权，原不许外人享有。观外务部前致上海道谕令禁止内地人民将土地售于外人，其已卖者勒令地主向外人取赎一电，堪为佐证。惟耶稣天主等教，在中国各处租赁及永租房屋地基，作为教会公产，以备传教之用，则为条约所许。因是遂生种种之纠葛：（一）新置之土地因地契上四至界址不明，或所载界线侵他人产业，致建造时起交涉者有之。（二）旧有之房屋，莠民因与人争讼，临时将案内关系各房屋托教会为护符，而教士遂认为教会之公产，而起交涉者有之。第查约章，教会置产，须俟地方官查明地契，妥当盖印后，该教士方能自行建造合宜房屋，以行善事。则预为防患者实周且至。应请制台通饬各属，凡遇教会在内地置产，须令先将地契界址报明，由地方官传齐邻右查勘明确，然后加盖印信，准其建造立案。至从前建造落成之房屋，一律限宣统二年内，令该教会绘图详报地方官，由地方官汇册转报洋务局分别存案，其逾限不报者，以后即不承认为该教会公产，以杜流弊。

（丁）关于诉讼之取缔。凡中国之人民，胥当处于中国法律范围之下。乃闽中小民，每犯法惧罪，辄结外人为护符。而寻常官吏，又复侮百姓如伏雌，畏洋人如怒虎，致酿成外人包揽词讼挟制官府之风。究之所藉以为干涉之口实，不外三端：一曰外籍。夫苟其人之父母为外国人，不能享一切平等利益于内地，谓之外籍可也。若明明为中国籍之父母所生，而所享身家财产之利益又与中国人同，则确为中国籍无疑。今因触犯法律故，外人袒而庇之曰外籍，我官吏亦承认之曰外籍，是为丛殴爵也。一曰教民。外国人民信教自由，而无不受制于本国之统治权，教与政两不相妨也。且教士不得干预中国官员治理华民之权，中国官员亦不得歧视入教不入教者，须照律秉公办理，条约具有明文。今其人一入教，而国家之法律不能施，是教旨劝人行善，而教士袒人违法，而为喧宾夺主也。一曰债权。近来外人有一种包讨债之名，民间因钱财纠葛不清，彼则勾引票据，挺身自认为债主，向地方官要求严行追取，官虽明知其诈而心慑洋人，往往屈令百姓赔偿以饱其欲壑，是养虎遗患也。应请制台通饬各属，民间诉讼不许用外籍、教民等字样，如有洋商教士等出而把持要挟者，以违约论，著即照约送交就近该国领事惩办，以儆效尤。

凡是四端，皆就吾闽争端屡见受害最深者而言，务宜切实取缔，以符约章而弭隐患。然其进行之手续有当注意之点二：一、申明约章于各国领事。条约俱在，共当遵守。应请制台饬洋务局查照约章，照请各国驻闽领事，通饬各该国来闽游历通商传教人民，均应遵照办理。一、刊颁约章于各府州县。地方官吏每遇洋人交涉案件，多形束手，皆由于不明条约所致。应请制台饬洋务局，将各国条约汇集付印，分颁各府州县衙门存案，以资考据。

提议者潘纪雲、卢初璜，赞成者张选青、上官华盖、高士龙、孟思培、王子懿、杨豫、谢滋春。

议长（高登鲤君）请书记长登坛朗读原议案。

议长（高登鲤君）将原议案逐项请众表决。

（甲）关于游历之取缔：赞成者六十一人。

（乙）关于贸易之取缔：赞成者五十九人。

（丙）关于产业之取缔：赞成者六十一人。

（丁）关于诉讼之取缔：赞成者六十一人。

议长（高登鲤君）谓：此议案可省略第三读会，请众表决。得赞成者六十一人。

第六，兴化涵江商界请裁减关卡陋规建议书（审查员报告）。

建议审查会主查员林辂存登坛报告，本届第二十决议会本局提出兴化涵江商界代表黄鼎等请裁减关卡陋规建议书，交付本主查员与施君景琛、黄君乃裳、张君选青、黄君纪星公同审查，得该建议书所陈各节，俱属确实，应准如所请，将该建议书照抄一份，由本局备文，呈请制台核办。所有审查情形，理合报告，仍候公决。宣统元年十月十四日，临时审查员林辂存、黄乃裳、施景琛、张选青、黄纪星。

议长（高登鲤君）请审查员林辂存君登坛报告。

（林辂存君）登坛报告（大旨与报告书同）。

议长（高登鲤君）问：是否照前日各建议书办法，请众表决。赞成照前办法者五十六人。

第七，木商船、南船商帮建议书（审查员报告）。

建议审查会主查员林格存君登坛报告，本届第二十次议会本局提出两浙木商船帮代表郑祖荫陈请建议书及南船商帮陈请建议书两案，交付本主查员与施君景琛、黄君乃裳、张君选青、黄君纪星公同审查，该建议书两件，所请情形俱属确实，所拟办法六则亦切当可行，应准如所请，各照抄一份，由本局备文，呈请制台核办。合将审查情形，口述报告，是否有当，仍候公裁。宣统元年十月十四日，临时审查员林辂存、张选青、施景琛、黄乃裳、黄纪星。

议长（高登鲤君）请临时审查员林辂存君登坛报告。

（林辂存君）登坛报告（大旨与报告书同）。

议长（高登鲤君）问：此建议书应照前一律办法，请众表决。得赞成者四十六人。

第八，核减私加盐价提议案（议员苏寿乔等提出）第二读会。

改良盐法案业经同人等提出，所拟办法固为扼要之图，尚非治标之计。查闽盐虽有官运、商帮之异，而私加盐价则一。以龙岩论，据晴雨报每斤报四十文，现卖四十四文；平宁帮亦类此。夫盐为日用必需之品，每斤私加一文，为数已多，况私加至四文乎。且岩盐合国课成本运费并各项加价各种开销，每斤卖三十文足矣（龙岩盐课运费已调查的确，非凭空臆断）。是即按照报价四十文发卖，每年出息已多，况于报价之外复私行加价乎。嗟嗟！朝廷举行新政，罗掘俱穷，不得已始决议增加盐价，政府对于此项问题不胜郑重，而各官运、各商帮欲加则加，不顾民生，其权过于政府。今拟一简而易行之法，请制台迅饬盐道将各属造报盐价抄录一分，交谘议局备查，一面通饬各官运、商帮，只能按照报价发卖，不得私行加价，违者由各处议员报告于谘议局，由谘议局呈请核办。如此于国课无损，于民生有益，是亦目前治标之法也。

提议者苏寿乔、刘志和、连贤基、俞光华、谢受殷，赞成者范宗福、黄羲、林天骥、郑藻山、张国宝。

议长（高登鲤君）请书记长登坛朗读原议案。

（李迪瑚君）质问：盐价是否令商家报明，抑由盐道台出示乎？

（苏寿乔君）答：本来商家亦须报告，但多未肯报明。

（李迪瑚君）谓：据本议员意，应由盐道台出示，方能加价。

（刘崇佑君）谓：遇有须加价时，应请由盐道台一面电县出示，一面电知商家，如此办法，较见完全。

议长（高登鲤君）问：如何修正，请苏君与刘君即行商酌改定。

（施景琛君）谓："应由议员"之下宜加"或商会"三字。

（苏寿乔君）登坛谓：本议员之意，乃因盐价日贵，故拟请盐道台定一适中之价方可。

（李迪瑚君）谓：本议员之意，必须令人民皆能通晓官定之盐价，庶商家不能上下其手。

（苏寿乔君）谓：据本议员之意，此议案应修改如下："请制台迅饬盐道核定盐价，通饬各属地方官出示，以便百姓照价购买。并随时按照海价涨落，电饬各官运、商帮遵照报价发卖。同时饬地方官出示，俾众周知"云云。又末句应改为"是亦目前公司未立治标之法也"。

议长（高登鲤君）谓：书记长将原议案照改后再行朗读，请众表决。得赞成者四十三人。

议长（高登鲤君）谓：此议案可省略第三读会，请众表决。得赞成者五十五人。

议长（高登鲤君）宣告休息二十分钟。

三时二十分续行开议。

议长（高登鲤君）报告接到制台来札关于公费及薪金事。

札饬事，案查谘议局章程第五十四条，内开议长副议长及常驻议员公费，并书记长以下薪金数目，由督抚定之等语。现在闽省谘议局业已成立，所有各职员公费薪金，亟应照章分别酌定，以资办公。兹经本部堂酌定，议长公费月支银一百五十两，副议长公费每人月支银一百二十两，常驻议员公费每人月支银六十两，书记长薪金月给银八十两，书记薪金每人月给银四十两，合行札饬。为此札，仰该局即便查照办理，特札。右札（抑）〔仰〕福建谘议局准此。宣统元年九月十七日。

议长（高登鲤君）请书记长登坛朗读札文。

第九，（谓）〔请〕督部堂严饬警务总局不得滥用职权妨碍报馆提议案（本局提出）第一读会。

吾国现在预备立宪时代，凡属舆论所寄，务保全之，万不可以故事摧折为旨。报馆为发表舆论之地，朝廷特定报律，固以范围，报馆亦即所以保全。报馆苟不违反报律，地方官斯不得滥加摧抑。本局于十月初十日收受白话报社陈请书，据称该报社呈报警务总局，请发给执据，总局以该报记载失实、淆乱政体等语批斥不准。查所指欢迎美舰一节失实，该报系杂录他报所纪，依报律第九条所定，记载失实事项由他报转抄而来者，如见该报自行更正，或登有辨误书函，应于本报次号照登，不得收费。条文上本无停给执据之规定。至于淆乱政体，罪名甚大，总局系指该报所译日本人演说之政府现状一节。查该报所译与政体毫无相关，总局不解政体二字为何义，遽以淆乱政体批斥，殊属有伤报馆名誉，大为舆论之阻碍。且该报此节所载，本系借他山攻错之意，对于本国人民痛下针砭，由十一月初八日《时报》转译而来。总局不问语从何来，遽加诬蔑，尤属不合。似此滥用职权，于本省报馆之成立，甚有妨碍。应请督部堂严饬警务总局，此后勿得滥用职权，以不求甚解之语横加批斥，事关宪政前途，督部堂及本局均有掖进舆论之责，不得不据实指陈也。

议长（高登鲤君）请书记长登坛朗读提议案。

议长（高登鲤君）问：应开第二读会与否，请众表决。赞成第二读会者五十九人。

议长（高登鲤君）谓：此议案可省略第二、第三【读会】，请众表决。得赞成者五十二人。

第十，假定派赴南洋议员之公举。

议长（高登鲤君）谓：前日保护华侨议案中，曾拟派议员前往南洋一节，此议案已呈制台，不知能否批准。如批准，则须派员，现在能否先行假定？

（制台代理员藩台尚）谓：可先假定，但能否批准，则未可必。

（刘崇佑君）谓：若不批准而先假定，于表面上殊不雅观。

（制台代理员藩台尚）谓：不如暂不假定，俟批准后或由制台派遣亦可。

（施景琛君）谓：在议事堂假定，不如于茶话会中选举。

议长（高登鲤君）问：诸君赞成施君之说否？得赞成者四十二人。

（刘崇佑君）谓：现在议事已毕，凡已呈请制台者，多未奉到覆文，将来答覆文到时，恐其中有应行议覆之案，应请由本局先行委任于常驻议员之协议会，但委任权限亦须声明。

（李迪瑚君）谓：其权限以不变更前所议决之意思为限，若变更意思，则不能委任。

议长（高登鲤君）谓：刘君所言关系甚大，应请诸君讨论。

（刘崇佑君）谓：不如开审议会公同审议。

议长（高登鲤君）问：诸君赞成者起立。得赞成者四十七人。

（议长高登鲤君）请审议长康咏君即开审议会。

（康咏君）就审议会长席，高登鲤君就会员席。

审议会长康咏君请众将所有已议决未奉覆之案应否委任于协议会，请众讨论。

（刘崇佑君）谓：据本议员之意，当以全权限委任之。

审议会长（康咏君）问：众赞成刘君之说否？得赞成者四十九人。

审议会长（康咏君）谓：审议已毕，应请议长复位。

（高登鲤君）复议长席，康咏君退就议员席。

议长（高登鲤君）请审议会长康咏君登坛报告。

（康咏君）登坛报告审议会决议情形。

议长（高登鲤君）请众行正式表决，得赞成者五十二人。

议长（高登鲤君）将议决委任情形请制台代理员认可。

制台代理员藩台尚答曰：可。

议长（高登鲤君）报告明日上午九时行闭会式。

议长（高登鲤君）宣告散会。

是日出席议员六十三人。

制台未到，委藩台尚代理，于午后一时到会。

午后四时三十分散会。

图书在版编目（CIP）数据

福建谘议局/李细珠，翟金懿编．— 太原：山西人民出版社，2020.6
（清末立宪运动史料丛刊/胡绳武主编）
ISBN 978-7-203-10391-2

Ⅰ.①福… Ⅱ.①李…②翟… Ⅲ.①谘议局 - 史料 - 福建 - 清后期 Ⅳ.①D691.2

中国版本图书馆 CIP 数据核字（2018）第 093744 号

清末立宪运动史料丛刊·福建谘议局（上、下卷）

主　　编：	胡绳武
副 主 编：	牛贯杰　戴鞍钢
编　　者：	李细珠　翟金懿
责任编辑：	翟丽娟
复　　审：	刘小玲
终　　审：	蒙莉莉
装帧设计：	谢　成
出 版 者：	山西出版传媒集团·山西人民出版社
地　　址：	太原市建设南路 21 号
发行营销：	0351-4922220　4955996　4956039　4922127（传真）
天猫官网：	https：//sxrmcbs.tmall.com　电话：0351-4922159
E - mail：	sxskcb@163.com　发行部
	sxskcb@126.com　总编室
网　　址：	www.sxskcb.com
经 销 者：	山西出版传媒集团·山西人民出版社
承 印 厂：	山西出版传媒集团·山西人民印刷有限责任公司
开　　本：	787mm×1092mm　1/16
印　　张：	73.5
字　　数：	1200 千字
版　　次：	2020 年 6 月　第 1 版
印　　次：	2020 年 6 月　第 1 次印刷
书　　号：	ISBN 978-7-203-10391-2
定　　价：	457.00 元（上、下卷）

如有印装质量问题请与本社联系调换

此倘复不获批准，而又不及院议。宣统三年地方用费应须如何支出，法律之责本局不敢任受，用特详叙时日，声明一切，惟督部堂垂察之。倘应咨院，惟有电咨核议而已。期限迫切，事体重大，乞督部堂迅赐办理，须至呈者。

本局覆议议决预算册呈送资政院文

十二月初二日发

　　福建谘议局为呈报事，本局于十一月二十一日，奉贵院号电开，真电悉，覆议预算一节，已电督院查照，前次通电办理，并请照章续行召集临时会，以便迅速办结，除电督院外，此覆等因。本局又于二十日奉松督部堂召集命令，定于二十五日开会，并札令本局再将前发议各册缴呈，以便重行详核，再交覆议。至二十四夜，奉到交令覆议预算案。二十五日开会，即付审查。三十日议决，本月初一日呈送松督部堂在案。计送本省地方行政经费预算总册一本，细目册附各项说明一本，中间或增或减，本局覆议虽有变更，然多仍执前议。依局章第二十四条，谘议局于督抚交令覆议事件，若仍执前议，督抚得将全案咨送资政院核议。此次本局覆议之案，松督部堂批准与否，不敢预断，倘应咨送贵院，又恐贵院延会期短，京闽辽远，文牍邮递不及核议，故本局于呈送预算案之时，并声明此案如应核议，请咨资政院，否则仍无解决。明年预算案不能实行，法律问题复恐不免。至今年预算之迁延，自九月开会以来，始则岁入有无之争，继则议决权覆议权有无之争，常年会不获解决，继以第一临时会，第一临时会又不获覆议，乃有第二临时会之请。本局所请本于十一月十四日开会，而召集之令二十日始下，二十五日始行开会，中间困难情形，本局累次均已电达贵院。此次及核议与否，实为明年预算案实行所关，事体重大，期限迫促，本局呈督所以有电咨之请。至其覆议案之内容与松督部堂所持之异同，则详见于总册细目册各项说明中，总说明一篇，特举其要，则本局对于预算案大体之意见也。兹将原册录呈，乞贵院察鉴。须至呈者。

本局关于预算事呈请督部堂文

十二月初一日发

福建谘议局为呈请事，本局覆议本省地方行政经费预算案，业经议决，另文呈送。依谘议局章程第二十四条，谘议局于督抚交令覆议事件，若仍执前议，督抚得将全案咨送资政院核议。本局此次覆议案中多执前议，倘不蒙督部堂批准，便应咨送资政院核议，此法律之所明定也。惟是本局昨接京电，资政院已定延会十日，计十二月初一日起即在延会期内，至初十日止应行闭会。若咨送资政院，当赶院中延会期内到京，方及核议，否则全案仍无解决。预算年度瞬届，明年实行与否，又关法律上责任，本局不能不黾勉过虑计。今年预算交议，虽在九月初六、初七等日，其时本局开会不过数日，然有岁出无岁入，直至十月十六日得资政院咸电，以现交岁出之额为准，本局始有议决标准。十月二十日常年会闭会之日，始将全案议决。二十四日开临时会，二十六日全案缮册呈请施行。临时会专以覆议预算，会期二十日为率。至十一月初九夜，始奉札覆交到学堂、巡警、工艺各册，并无交令覆议明文，札覆各项既不完全，亦无准否之语，且不承认院电以现交岁出之数为准各等语。本局无从覆议，十一夜由本局呈缴各册，并电呈资政院请示。十二日本局复有第二次临时会之请，十二夜复奉札覆，仍将各册发交本局查核覆议，岁入之额仍未示覆，收支亦不适合。而十三日临时会已遵章闭会之日，始悉今年交议之案与部准之案不符，不得已电呈资政院核办。第二次临时会，本局遵章要求于十四日开会，至二十夜始奉召集之令，二十五日始开会，而所交查核覆议各册，则于二十夜札令再行缴呈，以便重核交议。二十一日本局遵照缴呈，二十四夜始有完全札交覆议之预算案，收支适合，亦有规模。本局奉札以后，二十五日开第二次临时会，即付审查，并日开审查会，至三十日始获议决而覆议。议决之翌日，即资政院延会之期，延会只十日，京闽相距辽远，倘应咨送核议，公文邮递恐已无及，而预算案之交议覆议，九月以来又已辗转迟滞，如

附：呈送宣统三年福建全省地方行政经费预算案公文三件

本局覆议议决预算册呈送督部堂文

十二月初一日发

福建谘议局为呈请事，本局于十一月二十四夜十二时，奉督部堂札，并宣统三年地方行政预算册一本，交由本局覆议。本局于二十五日开第二临时会，开议即付审查。兹经议决，用将全案开列总册一本，细目册附各项说明一本，备文呈送，伏乞督部堂照准公布施行，实为公便。须至呈者。计呈送宣统三年福建省地方行政经费岁出入预算总册一本，福建地方行政经费岁出入细目册附各项说明一本。

议长（高登鲤君）谓：此建议书应付审查，请众表决。全体赞成。

刘崇佑君谓：应请议长请众表决应否即电资政院。

孟思培君谓：此次再电恐无效力，且恐资政院甚忙，无暇顾及。

刘崇佑君谓：本议员只请问诸君此事应否发电。

议长（高登鲤君）：请众表决赞成电达资政院者，请起立。计起立赞成者三十五人。

刘崇佑君谓：电文不能在场拟就，只好请书记长就建议书中意思拟电发去。

议长（高登鲤君）谓：电文拟定后应交常驻议员诸君议决可也。众无异辞。

议长（高登鲤君）宣告闭会。

是日出席议员四十三人。督部堂未到会，委布政使司尚代理。上午十一时闭会。

为全省用者，如以闽侯铺捐溢款为工艺传习所之费用是也。迄今资政院、谘议局既有预算，各地方自治会亦已成立，彼此款项划清，自属正办。从前专指本地方公益费用之款，若竟不符前谕，则区区失信于民，于将来筹款亦甚有碍。今工艺传习所既归全省岁出项下开支，而闽侯地方自治在在需款，即以小学而论，为款甚巨，由官补助，恐不可常，地方自筹，亦难骤获此数。若划出该溢款仍归地方费用，于名义既甚相符，于官府亦昭大信。前此议决申覆资政院时，因未查悉，不及声明此项。兹谨具由陈请建议，伏乞公决。再电资政院声明，请予划出照办，并转呈督部堂咨部声明，是为公便。须至陈请建议书者。

议长（高登鲤君）请建议者刘君登坛说明。

刘崇佑君谓：前日资政院来电，询本省岁入有无多少不符，铺捐溢款系指定作地方办公益之款，本不应列入岁入之内。此项铺捐溢款，应归本地方公益之用。在省城各小学用款无着，专靠官款补助，亦非善法。本议员以为，此项溢款即归诸省城各小学，庶各小学皆有的款，亦不至累及官府。现在省城实属无款可筹，财政困难，不知将来何若。本议员为省城人，深悉地方情形，不能不代为虑及，自当早为设法，照章陈请建议，须付审查。本日已届闭会，万来不及。本议员之意，一面付诸审查，一面就议场表决，即再电资政院声明。

郑祖荫君谓：铺捐溢款以办地方公益，"公益"二字太广泛，应改为办理地方小学。

刘崇佑君谓：郑君所言固属本议员本意，惟是办地方公益云者，乃援据原案告示中成语，至此项将来自应归诸本城镇乡自治会，由该会自行拨充本地方小学经费。

郑祖荫君谓：案中若不声明以为办理小学经费，则将来归诸自治会时，仅云办地方公益，恐该自治会不皆以之办理小学。

王子懿君谓：资政院前日来电，其意在欲清出他款，故云多少，云遗漏，当时本局未领会其意，故所电覆与原电之意不符，今若再电，恐无甚效力。

刘崇佑君谓：前次可电，则断无不可再电之理。据院电之意，不过欲查本省的确入款数目，本局苟有所闻，自应电达。

王子懿君云：本议员之意，系就事实上而言，未知事实上果可行否？

刘崇佑君云：前次可电资政院，此次自无不可，事实上本无不合之处。

公便。须至报告者。宣统二年十一月三十日，庶政兴革科主查员陈锡朋，理事高士龙，审查员黄乃裳、赖其浚、王邦怀、游肇源、余钟英。

议长（高登鲤君）谓：赞成此报告者，请起立。计起立赞成者四十三人。

第四，陈请电院划出闽侯铺捐溢款办理地方公益建议书之提出。

议长（高登鲤君）请书记长登坛朗读建议书。

书记长（林长民君）登坛朗读建议书。

陈请电院划出闽侯铺捐溢款办理地方公益建议书

具陈请建议书，福建谘议局议员刘崇佑，为请电院声明省城铺捐官定额外溢款，前经专指办理地方公益，应于全省岁入款内划出，以充地方小学经费事。本年九月二十九日，北京资政院电询谘议局，本年试办明年预算各省岁入数目有无多少不符，或遗漏款目，望各就所知查明电覆，一面详细申覆以备参考云云。本局业于十一月临时会中，提出公同讨论，电复资政院，并备文申覆在案。查福建省试办宣统三年国家行政经费预算，总册所列岁入间尚有与资政院所电询性质相符，未经申覆者。就崇佑所知言之，闽侯两邑城台铺捐溢款，曾经指定为办理地方公益之用，于光绪三十二年前财政局议准，按年铺捐并经费在内定收三万二千元，如有溢余，悉数充为公益之用，并经传示绅商军民人等，声明款不归官，即作民间善举及必须实数实报，尽个人纳税义务，即为乡里巩实业之初基等语。是此溢款，专指为办理本地方公益之用，不啻三令五申，断不失信于人民。现查督部堂札交全省预算总册中，闽侯两邑铺捐总岁入三万零二百七十余两，是除经官定额三万二千元外，所有溢款尽行并入，照此列册，统为国家岁入，从前所谓款不归官，及自为乡里云云，至是不免变易。铺捐定额三万二千元，为拨抵赔款要需，此与各府州县事同一律。然闽侯两邑前因收数历短，绅民帮同官府挨户调查清出溢款洋一万余元，官府既明奖吾民，以遵守法律，急公好义，又一再声称此溢款费用之途，曰为小民广筹生路，曰为贫民谋生起见，曰果有余款即以办理各项新政。历年示谕，均有明文。当时以之设立工艺传习所，即视为本地方公益用款之意。盖从前未办预算，不分区域，工艺传习所虽为全省公共传习之地，而所用则闽侯两邑铺捐所溢之款，专指为乡里公益用者，此在旧时惯例支出收入本有互相通融。全省之款拨为一二县用者，如闽侯之小学补助费是也。一二县之款拨第三，覆议请免古田县枉缴膏捐案审查员之报告。

议长（高登鲤君）请主查员登坛报告。

主查员（陈锡朋君）登坛报告审查情形。

覆议请免古田县枉缴膏捐案审查员报告

本局第二次临时会，提出请免古田县枉缴膏捐案覆议，交本科审查。查札中说明不以为然之原委事由大意：一谓膏捐名为抽诸膏店，实则担负仍在吃烟之人。该县膏店虽闭，而烟户恐仍不少，但有卖膏之实，自应一律纳捐。二谓膏捐为偿款而设，并非无故多取。现烟毒未清，未便遽停，致有效尤。三谓该县士绅自愿集捐，故准予试办。如不愿摊缴，则捐从膏起，应令售膏之人照纳。审查会意见以为，国家取民，于名实两面皆应求其正当，本局原案似应坚持。兹谨条举理由如下：一、膏捐担负既在吃烟之人，则其捐额应视卖膏实数为准。该县既无膏店，查其实情亦并无由商领照买膏转售之事，且烟户虽不敢谓尽绝，而实则十已去其八，长官于此似应严禁私吃，以求早日肃清，不宜以吃烟各户恐仍不少之语，为仍须垫捐之理由。二、膏捐虽为偿款而设，然他日烟毒廓清，既当另行设法抵补，则今日已将廓清之一地方，似当先谋办法，不宜以全省未清之故，遂使一地方负累以待之。且该县捐数不过年一千八百余元，于全额实居少数，而他处非有此等特别情形，亦必无从凭空效尤。三、垫缴之事，虽由该县绅士自认，然其情出于禁烟，故不惜任此负担以成善举，但绅士非吃烟之人，于理既不能向之征收膏捐，则此种办法似应更改。至谓如不愿摊缴，则捐从膏起，应令售膏之人照纳，不知所谓售膏之人何指？若谓公举由省买膏转售之委商，则纵有此项商人，而该膏捐已于买膏时统于省之膏店缴纳。若谓其他售膏之人，则非经官准即系私售，理应严行禁止，似不能反令缴纳。若谓重许售膏设店，则与禁烟要政实有大妨，想必无此办法。总之，古田县膏店既实行闭绝，即不应仍有膏捐。虽公款宜重，而政体尤所宜重。朝廷既注意禁烟，膏捐究属不能并存之列，此为事实之不可逃者。即谓该县烟户未尽，似宜严申禁令，拔此祸根。若徒以尚有烟户，即令设店纳捐，不惟为数无多，无裨实益，且恐民间以为官长许弛烟禁，前此已成之局，势必因而大坏。查该绅等一面既力事禁烟，一面复负此重累，实非情理之平。国家施政，似万无此办法。理合仍请督部堂准照本局原案批准施行，实为发生施行之效力。议事会议决事件批准之期限，章程虽未明定，而按之宪政编查馆定谘议局议案札覆之文，由督抚提出者不得过十日，由局提出者不得过十五日，例此以推，地方自治之范围较狭，地方官查核之手续亦较易，似尤应从早批覆。惟城镇乡会议年有四次，非犹本局一年一次之比。今请为定一最宽期限，议事会前届议决事件批覆之期，至迟不得延至第二届，似此办理，地方官既可从容查核，议事会议案又不至徒托空言，庶与经理在民、董率在官之意不相背驰。应请督部堂迅赐批准，并通饬各属地方官一律遵行。自治前途幸甚！提议者苏寿乔，赞成者连贤基、谢受殷、俞光华、范宗福、黄羲、游肇源、刘崇佑。

刘崇佑君谓：此案应能全体赞成，盖观于本局议决案件批覆之延搁即可知，自治会议决事件之情形殆与之同。

郑祖荫君谓：此案本议员甚表同情，惟是定限以不得延至第二届议会，本议员未敢赞成。夫督抚对于谘议局批覆仅限十五日，而自治会仅关于一乡一邑兴利除弊之事，关系亦甚大，奈何任其迟延至于数月方行批覆乎？

刘崇佑君谓：郑君所说固是，惟是事实上有为难者，故本议员于原议案甚表同情，盖督抚仅对于一谘议局，而每厅州县之自治会有数十，恐官府有不能应付之势，故期限宜宽。

议长（高登鲤君）：请众表决，此案应否开第二读会？计出席议员全体赞成开第二读会。

连贤基君请将此案连开第二读会。

议长（高登鲤君）谓：诸君赞成连开第二读会者，请起立。计全体起立赞成。

议长（高登鲤君）请书记长登坛朗读。

书记长（林长民君）登坛朗读。

议长（高登鲤君）请众表决，全体起立赞成。

刘崇佑君请连开第三读会。

议长（高登鲤君）请众表决连开第三读会，全体赞成。

刘崇佑君请省略朗读。

议长（高登鲤君）请省略朗读，请众讨论。

议长（高登鲤君）谓：诸君既无甚讨论，请即表决。可决者全体。

第九项　邮电四百二十五两。

说明：邮电一项，预算最无标准。本届常会预算之数，系比照上届实支之数约计。但本年因资政院成立，应行电请事件及通告各省谘议局事件甚多，故常年会及第一届临时会期间，此项用费溢出预算之数达至千两，即将第一届会期用费剩存之数百两抵补外，尚属不敷。而此会期中及闭会后应用电费，又须预筹备用。本局为资政院、自治会集中之枢纽，此项用费原不能省，故于此次邮电项下特别增加三百两，藉补溢出之数。

第十项　灯油五十两。

说明：此次因请续开临时会，议员多系在局，故未再加核减。

第十一项　杂用一百两。

说明：因此次会期较短，比第一次临时会再酌减五十两。

第三目　预备费二百五十两。

说明：此项预备费，系备各项用费有溢出原额时，为临时之支出，故未再加核减。

王子懿君谓：此次预算案审查匆促，其总数恐尚有不符之处，至细数则大概如此。

议长（高登鲤君）请众表决，全体赞成。

连贤基君请再连开第三读会。

议长（高登鲤君）谓：诸君赞成连君之说者，请起立。全体起立赞成。

议长（高登鲤君）请书记长登坛将总数报告。

书记长（林长民君）登坛报告总数。

议长（高登鲤君）请众表决，全体赞成。

第二，请通饬各州县对于自治会议决事件限期答覆案（第一读会）。

议长（高登鲤君）请提议者苏寿乔君登坛说明理由。

苏寿乔登坛说明理由（大意与提议案同）。

请通饬各厅州县对于议事会议决事件应限期批覆案

查城镇乡自治章程第三十七条云，议事会议决事件，由议长、副议长呈报地方官查核后移交城镇董事会或乡董按章执行。盖议会议案必经行政官厅批准，始议长（高登鲤君）请书记长登坛朗读修正案。

书记长（林长民君）登坛朗读修正案。

第二次临时会用费预算修正案

本局因预算事件呈请续开临时会，蒙督部堂批准召集，照章会期以二十日为率，故前次临时会用费皆按照常年会减半计算。惟此次情形不同，系专为覆议预算而开，应议事件固属简单，即会期亦可缩短，一切用费因之较省。兹分别酌减，条列如左：

临时会用费统共二千一百九十两零一分七厘。

第一目　议员旅费共计九百五十七两九钱零二厘。

第一项　旅居费九百五十七两九钱零二厘。

说明：本届临时会仍系接连第一次临时会而开，议员多未回里，故往返旅行费不另开列，旅居费除议长、副议长、常驻议员不计外，以实到三十八人计，每人每日二元，自十一月十四日起算至三十日会议事件约可终毕闭会为止，应支前数。

第二目　杂费共九百八十二两一钱一分五厘。

第一项　议场速记员薪金一百零四两一钱六分六厘。

第二项　审查员会速记员薪金二十两零八钱三分三厘。

第三项　招待员薪金一十两零四钱一分六厘。

说明：议场速记员三人，每人五十元，审查员会速记员一人三十元，招待员一人十五元，较常年会减半，此次临时会为期虽短，仍应照数开支。

第四项　暂雇司役薪工四十七两三钱。

说明：本届因请续开临时会，所有暂雇司役，未尽辞却，应需前数。

第五项　膳伙三十四两四钱。

第六项　印刷一百五十两。

说明：此项印刷费，因会期较短，酌减银一百两。

第七项　添置二十五两。

说明：较第一次临时会减半。

第八项　笔墨纸张十五两。

说明：较第一次临时会减半。

三、报告南洋梭罗来函关于选举参议员事。

福州谘议局列位议长大人阁下：敬启者，敝会前奉农工商部及驻和公使札饬选举本籍省分谘议局参议员，经已遵照在案，当经敝会派员调查人数，并选人资格，于本年五月十五日举行初选，二十八日复选，均由敝总理照章监督开筒，计福建三名，广东一名，选举定后，造具履历清册，呈禀驻和公使、农工商部，已蒙批准分咨宪政编查馆及闽、粤两督宪立案。所有福建参议员三名，理合将姓氏住址详列汉洋文，呈报贵局查照，并请将给发议员执照式样，抄录一纸附寄前来，俾得一律照给，以免歧异。实为盼祷，肃此，敬颂公安。伏维亮照。梭罗中华商务总会启。

四、报告督部堂来函委布政使司尚代行闭会礼式事。

径覆者，顷于七钟半时，接得来函，始知于今日午前九时行闭会式。唯日昨日本领事偕同日本海军少佐等来署会晤，面订今日上午答拜，万难分身莅局，只好委尚藩司前往代行闭会礼式矣。先此奉覆，敬请钧安。愚弟松寿顿首。

第一，宣统二年本局第二次临时会预算案审查员报告。

议长（高登鲤君）请主查员王子懿君登坛报告。

主查员（王子懿君）登坛报告审查情形（大意与报告书同）。

审查第二次临时会预算案报告书

十一月二十九日，第二次临时会会议，提出本届临时会预算案，交付本科审查。查原案皆系照上届临时会各项用费开列，预算方法固当如是。惟此次续开临时会，系专为覆议地方行政经费预算全案而开，现在本日开会，覆议此项预算全案，业经终毕，因应议事件之简单，已宣告闭会日期，则会期既已缩短，一切用费因之可比前临时会酌量核减。审查员会逐项详核，另行提出修正案。合将审查大概情形报告，是否，仍候公决。宣统二年十一月，预算科报告。主查员王子懿，理事连贤基，审查孟思培、施景琛、潘纪雲、苏寿乔、郑祖荫、张道南、郑藻山。

议长（高登鲤君）谓：诸君对于审查员报告既无甚意见，应否开第二读会，请众表决，赞成开第二读会者，请起立。计出席议员四十二人全体赞成。

议长（高登鲤君）谓：此案应否连开第二读会，请众表决。可决者全体。

第四次福建谘议局（临时会）议事速记录第三号

宣统二年十一月三十日（1910年12月31日）

议事日表第二次临时会 第三号

宣统二年十一月三十日（土曜日）午前九时开议。

第一，宣统二年本局第二次临时会预算案审查员报告。

第二，请通饬各州县对于自治会议决事件限期答覆案（苏寿乔等提出）第一读会。

第三，覆议请免古田县枉缴膏捐案审查员报告。

第四，陈请电院划出闽侯铺捐溢款建议书之提出。

第五，行闭会式。

议长（高登鲤君）述各种报告：

一、报告议员黄乃裳君告假一天，李馥南君续假一天，洪鸿儒君来电谓因商务，洪国器君来函谓因病，陈士霖君来函谓因子娶妇，均不能赴会。

二、报告督部堂札覆本局临时会预算照准开支事。

总督部堂松为札覆事，据谘议局呈称，本局于常年会期用费及常月杂费等业已遵章提出预算案，惟临时会费用以事属临时，曾经声明，仍俟临时开列预算。本届以关于全省预算事件，由全体议员请开临时会，照章临时会期以二十日为率，较常年会实短其半，故本届提出预算，其用费亦较之常年会期用费减半开支。当将本届临时会用费预算提出，业经公同议决，理合具文呈请督部堂公布施行，计清折一扣等情。据此，查临时会期较常年会短半，既据谘议局声明临时会用费较常年会用费减半开支，应即照准公布施行。除登报暨分行福藩司、清理财政局外，为此札行谘议局查照，须至札者。右札福建谘议局准此。

闽省幅员较广，风气不齐，谘议局议员以外州县人为多数，于各处风土人情必能熟悉，自应交令再议，以期斟酌尽善。是督部堂以为便宜上之交议，非法律上之交议。法定本局应议事件，本局不敢认为可以便宜交议者，且批答中又云惟于本细则第一百三十三条不得变更，是又于本局议决权中加以制限，不知根据法律何条，有此附条件之交议？查该细则第一百三十三条云，本细则如有增删修改之处，得由城镇乡议事会详明理由，呈地方官转详本部堂核议，其应行益损者，由本部堂再咨民政部立案，此案既经札交局议，断无限定某条不能变更之理。又该细则第一百三十四条云，前条事件在地方筹办处未裁撤之时，地方官应分详筹办处，其在筹办处已行裁撤之时，城乡议事会应行文府厅州县议事会转申谘议局。是限于自治筹办处裁撤之时，始有转申本局之事。本局之立法权，照局章似亦无此制限，筹办处未撤，此项立法不特不许本局参与，且并转申而靳之。该细则所定，显系违法，殊非本局所敢任受。且筹办处系何等机关，何等职权，乃有此鲁莽武断侵越立法之举？本局一切行动，均依据法律。此次批答，其中所有不合法律之语，应请督部堂自行撤销，并宣言该细则为无效，重行正式提出交议。法律所在，权限所在，本局不敢不力持。督部堂政务殷繁，容有不及检察之处，然公牍发表，责任究有所属，既经声明，即应开诚相示，使不至以违法侵权之争，请核办于资政院。则诚本局之幸，而亦以见督部堂之初非有意出此也。先此呈明，伏乞督部堂鉴察施行。须至呈者。

刘崇佑君质问特派员：督部堂此次札覆系有意乎？抑系无意乎？

特派委员文楷君谓：此案并非督部堂有意侵夺贵局权限，惟当时适值贵局闭会之时，各府州县又多不知办法，故由自治筹办处暂拟之章程，以为试办，此细则不即为成立，各处皆未照办，惟不应即咨民政部。至此次批答内有限制不得变更之处，即系部中所驳者，此案乃系办事厅人员之错，既贵局提出，自可呈请督部堂答覆。

议长（高登鲤君）请众表决，全体赞成。

议长（高登鲤君）报告第三号议事日表。

议长（高登鲤君）宣告散会。

是日出席议员四十八人。督部堂未到会，委劝业道张代理。午后五时散会。

书记长（林长民君）登坛朗读呈文。

为呈请事，本局于十一月初五日具文，依局章第二十六条，关于福建城镇乡地方自治章程施行细则事，提出质问，呈请督部堂批答在案。十一月十九日奉到批答开，查此项施行细则，大半关系于章程之解释，因本年自治进行刻不容缓，而各州县对于自治章程之解释又多未能明了，因由省会筹办处拟定施行细则草案，札发各属筹办自治公所，作为模范，并经咨部存案。旋于八月十二日准民政部咨，以第五十三条与章程不符，如果乡之事务繁多，应查照城镇乡自治章程第八十五条办理，毋庸添设乡佐等因。复经札饬自治筹办处遵照在案。是此项施行细则，只属本部堂之行政规章，并非本省之单行法，原可不必交议。惟闽省幅员较广，风气不齐，谘议局议员以外州县人占多数，于各处风土人情必能熟悉，自应交令再议，以期斟酌尽善。惟于本细则第一百三十三条不得变更，庶使僻陋之区不至自治进行之窒碍。此批。奉此，查谘议局章第二十一条第六款，有本局应议决本省单行章程规则事件之规定，宪政编查馆奏复考察宪政于大臣奏陈谘议局权限折内申其义曰，凡根本于国家法律之单行章程属于督抚权限内者，自应由谘议局参与，以收集思广益之效，且特举违警章程及地方自治章程施行细则，以明其例。据此，则本省城镇乡自治章程施行细则，有关本局之立法权，已属毫无疑义。原质问公文亦经援据声明，乃批答中犹以此项施行细则只属督部堂之行政规章，并非本省之单行法，原可不必交议为言。本省单行法与行政规章之区别，详见宪政编查馆覆两江总督电中。馆电云，单行法与行政规章之区别，即宪法上法律与命令之区别，同一章程名称有法律性质者，大者为法典，小者为单行法，有命令性质者，为行政规章。例如城镇乡地方自治章程系法律性质，为单行法，其附属于该章程之各省所定施行细则，亦即单行法。巡警劝业道官制系命令性质，为行政规章，其附属该官制之各省所定办事细则，亦即行政规章。其余可以类推。各省单行法，照谘议局章程第二十一条，须经谘议局议决，其行政规章则由督抚自定，毋庸提交局议。以此解释，可无疑义等语。官定解释，为最有效之解释书。宣统元年七月十六日谕旨，准以官定解释之说为据，历经馆咨颁布刊行。官定解释中所举单行法之例，既明指城镇乡自治章程施行细则，何以批答中尚有行政规章原可不必交议之语？此实有关法律，有关本局权限。宪政编查馆覆于大臣折及谘议局章程官定解释具在，望督部堂遵行之。至述交令再议之缘由，则云院请其答覆？

议长（高登鲤君）：请众表决，赞成刘君之说者，请起立。全体赞成。

第六，声明前呈募集公债。

议长（高登鲤君）请书记长登坛朗读呈文。

书记长（林长民君）登坛朗读呈文。

为呈请事，本局前呈募集储蓄公债质问案，于本月念三日奉督部堂批答。查募集公债，原为本省财政艰窘异常，无以维持商业起见。来呈所问各条，审慎周详，不为无见，惟欲组织妥善办法，当若何推行无弊，谘议局于原交议案内增删修改，呈由本部堂核夺施行等因。查此案前次临时会中，业已经过第一读会付之审查，旋经审查，原案章程十三条中颇多疑义，故由本局提出质问案，呈请批答，以为第二读会讨论之资。本月十三日闭会，尚未蒙批，无从议决。据议事细则第二百三十五条，谘议局已届闭会，所有未经议决之议案，次会期开会不继续之，但依本则第一百三十二条者不在此限。第一百三十二条云，谘议局依总督之要求，或经其同意，于闭会后审查员继续审查。现在已再开临时会，此案于前次闭会之日未蒙督部堂要求，照章不在继续之列，如再提出，当另作一案，札交本局。此关于交议之手续，应请督部堂明示者也。又原案中因有疑义之故，本局所以有前此之质问，而此次批示，于本局所问之语仍未确答，公债性质与储蓄性质截然不同，批语仍以维持商业为募债之目的，而募债之用途与偿还之方法亦未明白，本局即就原案增删修改，但能筹及募集之法而已。至其目的用途与其偿还之法则，行政长官似有明白宣示之责，否则本局不敢径行议决。公债事件关系重大，不能不更求审慎。此关于议案之内容应请督部堂明示者也。用特具文，再呈督部堂。如再提出，应再行札交，并另拟详细章程，本局方得议决，否则前案应适用细则第二百三十五条，合行声明。须至呈者。

议长（高登鲤君）请众表决，可决者四十四人。

第七，声明本省城镇乡地方自治章程施行细则应属本局议决权限呈文之提出。

议长（高登鲤君）请书记长登坛朗读呈文。

说明：邮电及暂雇司役中，有时溢出原额，难以预计者，故特留此预备费，以备临时支出之用，较常会期减半，应支前数。

王子懿君谓：本年常年会因争预算事，邮电一款费用溢出甚多，计已用至一千三百余两，至第一次临时会又用去八十余两，计共一千四百余两。惟是去岁尚有余款，声明作为临时用费，对抵外尚差二百余两。此外他费溢出二百余两，约共短少五百余两。查去岁预算时，因去岁所用邮电费无多，故为数较少。本年资政院设立，通电甚多，则此款万不敷用。此节应声明将来审查时须注意也。

议长（高登鲤君）谓：此预算案既无甚讨论，应付审查，请众表决。全体赞成。

第五，覆议请免古田县枉缴膏捐案。

议长（高登鲤君）谓：此案前经呈请督部堂，据督部堂札覆未准豁免，应请诸君议覆。

刘崇佑君谓：督部堂来札，未准之故有（五）〔三〕：（一）系士绅自行禀谓筹垫，尽封膏店；（二）因该县尚有烟户，则必有膏店；（三）膏捐为赔款而设，现在烟祸未清，此款不能减少。此为督部堂不能批准之理由也。在本议员以为，此事甚为离奇。夫抽捐非出于烟户，又非出于膏店，且非出于他之士绅而于去毒社。去毒社为禁烟机关，乃出而担任膏捐，即使该士绅情愿担任，而为政者亦当察看情形，不能概准。即准之于先，亦当改良。至谓该县有无烟户固不可知，惟既有烟户而无膏店，又何从而抽其捐乎？所谓此款关系赔款，赔款固应慎重，惟该县仅千数百金，为数无多，谅亦不至妨碍。且现在鸦片不日禁绝，膏捐一项自亦从而消灭，又何必恋恋此千数百金之款乎？本议员意以为，应坚持前议，请议长将此案付之审查。

议长（高登鲤君）请众表决，赞成者四十人。

刘崇佑君谓：本日有紧急提议之事，为本局建筑一节，谘议局现尚属平地，即就督部堂所奏定三万八千元之数，亦尚未交到，不知何故？此事与本局固无关系，而与行政官之成绩有关，愿为注意。再者本局大门前有宸翰亭，从前建设时并非居中，据本议员意，现在改行建筑，可否将宸翰亭移设议场后面？各省贡院当均有宸翰亭，现北京贡院改建资政院，宸翰亭有无移动，可否将此意电询资政

第一目　议员旅费共二千六百五十八两一钱三分三厘三毫。

第一项　旅居费二千六百五十八两一钱三分三厘三毫。

说明：本届临时会仍系接连第一临时会而开，议员多未回里，故往返旅行费不另开列，旅居费以五十六人计，每人每日二元，自十一月十四日起迄十二月十五日止，应支前数。

第二目　杂费共八百七十二两一钱一分六厘五毫。

第一项　议场速记员薪金一百零四两一钱六分六厘六毫。

第二项　审查员会速记员薪金二十两零八钱三分三厘三毫。

第三项　招待员薪金一十两零四钱一分六厘六毫。

说明：议场速记员三人，每人五十元，审查员会速记员一人三十元，招待员一人十五元，较常会期减半，应支前数。

第四项　暂雇司役薪工四十七两三钱。

说明：本届因请续开临时会，所有暂雇司役未尽辞却，计自十一月十六日起至十二月十五日止，司书三人，每人支六两，共十八两，缮写每人五两，三人共十五两，印折每人四两，二人共八两，丁役十一月已支至三十日止，本届以十五日计，每人九钱，七人共六两三钱，应支前数。

第五项　膳伙共三十四两四钱。

说明：特聘及暂雇人员九人，以三十日计，膳费二两五钱，共二十二两五钱；丁役七人，每人月膳一两七钱，共一十一两九钱。应支前数。

第六项　印刷二百五十两。

说明：较常会期减半，应支前数。

第七项　添置五十两。

说明：较常会期减二百两，应支前数。

第八项　笔墨纸张三十两。

第九项　邮电一百二十五两。

第十项　灯油五十两。

第十一项　杂用一百五十两。

说明：第八项以下用费，均较常会期减半，应支前数。

第三目　预备费二百五十两。

本局覆议之案，督部堂如不照准，当咨送资政院核议者，恳早日咨送，俾得解决，不独以上六案也。

一、修正鼓浪屿公界章程案。

一、纠举永定县刘令锡廉纳贿违法案。

一、纠举兴化府官幕（抉）〔扶〕同违法案。

一、纠举连江县王令荣绶违法案。

以上四案，已奉札覆，饬司道详查，现在为期已久，不知查覆如何？其纠举之案，据局章二十八条，原案语云官绅有纳贿违法情事，人人必遭其冤抑，虽事关黜陟，不能不慎重，而地方人民所系尤大。乞督部堂迅赐按律办理。本局为民请命，不敢不再三持之也。

刘崇佑君质问：兴化府连江县二处为路非远，不知查办之人如何禀覆？

特派委员文楷君谓：现在查办委员尚未禀覆。

刘崇佑君谓：此案在五月间即由本局代转，已蒙督部堂允为查办。夫查办印官原应慎重，惟是一府一县之人民，关系岂不较重？本局有所闻见，应行纠举，为民请命，关系讵不较五六品官为重乎？

特派委员文楷君谓：此节应请由贵局具文，呈请督部堂催其速行札覆。

刘崇佑君谓：督部堂有统率文武官吏之权，官吏有违法者，在督部堂亦有责任，不宜如此延缓也。

特派委员文楷君谓：因有许多曲折，故未能即行查明札覆。

议长（高登鲤君）请众表决，赞成者四十四人。

第四，宣统二年本局第二次临时会预算案（第一读会）。

议长（高登鲤君）请书记长登坛朗读预算案。

书记长（林长民君）登坛朗读预算案。

福建谘议局宣统二年第二次临时会用费预算案（本局提出）

本局第一次临时会用费，业经遵章预算数目，提出公决，呈请督部堂核定在案。兹因预算事件，请续开临时会，蒙督部堂批准召集，会期仍以二十日为率，应再将本届临时会用费预算数目提出，以候公决。

临时会用费统共三千七百八十两零二钱四分九厘八毫。

人民，皆当通知法律，遵守法律之谓也。为本局议员者，固宜周知法律，遵守法律，否则，为违背上谕。即本局以外之人，对于本局不知其地位权限如何，而加以攻击者，亦为违背上谕。本年以来，外间对于本局渐见有不甚和协之事。本局对之原无足较论，惟因误会之故，而起无谓之争论，则诚非本局之所欲。此次用特续行声明，本局甚希望督部堂立于本省行政长官之地位，对于谘议局态度一本诸法律，以为官民人等之模范，庶将来再不至有此无谓之争论也。

议长（高登鲤君）请众表决，赞成者四十四人。

第三，请速札覆未覆各案得及核议期间呈文之提出。

议长（高登鲤君）请书记长登坛朗读。

书记长（林长民君）登坛朗读。

请速札覆未覆各案得及核议期间呈文

为呈请事，本局本年常年会、临时会期中，所有议决并覆议各案，多已奉到札覆，中间尚有未奉札之件，或未有确实答覆之件，兹特分类声明，伏乞督部堂查明章程，并宪政编查馆通咨，如期办理，实为公便。须至呈者。

计开

一、实行田房税契新章并暂定本省单行细则案。

一、本局临时会预算案。

一、法政学堂风潮质问案。

一、关于邹含英理由书咨询案中法政质问另案办理质问案。

以上四案，系本年提出未蒙札覆者。

一、覆议本省法令公布规则附官报发行条例官报到达日期之规定。

一、覆议西南泷口港工程案。

一、覆议裁撤南水关案。

一、覆议整顿闽路案。

一、覆议清理钱粮积弊案。

以上六案，系覆议案未蒙札覆者。

按谘议局章程第二十四条，谘议局于督抚交令覆议事件，若仍执前议，督抚得将全案咨送资政院核议。现在资政院已将闭会，即有延会，为期亦迫。凡今年之责，官绅方有所惕而不敢为非。虽事关黜陟，不能不慎重行之，而人民身家生命所系，尤不能迅速查办，以恤民困，若迁延不办，则与立法之意有背此条局章。此关于谘议局呈请查办之权亟应申明者又一也。

四曰呈请资政院核办核决之权。此本于局章第二十七、二十九两条之规定，有此规定，而后谘议局与督抚之权限、本省与他省之权限方有所判定。经资政院之核办，而谘议局得固其保障；经资政院之核决，而各省得正其疆界。在局章中为最重大之事故，案语中一则曰保护谘议局之权限，再则曰预防权力之滥用，三则曰避上下之争突保行政之平衡，又曰督抚与谘议局所未能定议者，非经资政院核决不足以昭平允。其重视此两条之意可知。盖有此呈请核办核决之权，而后全章程得完其效用也。然苟可不至适用此两条之规定，而得所解决，则督抚与谘议局，或本省与他省，咸当尽其职责，出之以诚，行之以公，毋至于争持，以求于事之有济，且以仰体叠次谕旨上下一心同摅忠爱之训，是尤本局所当自勉，亦甚愿我督部堂于此立宪方始百务更新之日，勉为其难以造此全省万民之福者。此关于谘议局呈请核办核决之权亟应声明者又一也。

总之，督抚与谘议局之权限既明，则事事咸有所遵守，而不至有侵越之虞。至于监督权之作用，则局章四十七、四十八两条皆已列举事项，有应适用之时，督抚与代理员既有临会之权，自可遵章办理，无待局外人之告讦者。本局设立以后，常年会、临时会于今已有四次。每会开议无不有督部堂或督部堂代理员之莅会，而本局亦并无不遵定章足供纠正之处。然局外诘责，至以常驻议员之年假，而有吴景莘之禀评；遵照局章二十六条质问之案，而有教育会副会长等之禀控；议决预算，而有小学研究会会长之禀控；至引用局章四十八条之语公推会议厅士绅并无违法情事，而有邹含英之第一理由书；研究会议论激昂，本属内部之事，而有邹含英之第二理由书。动辄引据监督权，而为督部堂之指导，彼诚不知局章中所谓监督权之意义。以法律言之，此等禀件，本在驳斥之列，无待本局之声明，特恐听者不察，将以是疑局章之不适于用，而督部堂容有所轻重于其间，法治前途，实有隐忧。本局不愿受邀倖之名，即督部堂亦自有秉法之实。伏乞我行政长官有以宣示之。法律幸甚！人民幸甚！须至呈者。

刘崇佑君谓：此呈文声明本局权限，计自本局设立以来，此为第三次会议矣。本局原不敢谓，本局初成立，众人皆能周知。惟是法治国云者，自君上以至议决本省担任义务之增加事件。据原案语云，二、三、四、五等款为监察财政事宜。宪政编查馆奏覆于大臣折则云令人民自纳税之义务自应令其周知，又云拨诸清理财政之义正为必不可少之举。是为预算决算交局议决之权，据交局议决之外不得别有丝毫之岁出入，若有出入而不经本局议决者，其出入为无效，且应视为局章第二十七条之违法。又预算之提出，必以收支适合为要，有出无入，有入无出，或岁入少而岁出多，皆非提出预算之本则。税法公债与义务之增加，则咸于本省人民之负担有重大之关系。宪政编查馆释之为本省单行之征收方法，又云以本省之人负本省之债，又云谘议局得视地方款项之虚盈以为推行之准。是此等事皆当以谘议局之决议行之，若出以行政命令，其命令为无效且违法也。曰议决本省单行章程规则之增删修改事件。曰议决本省权利之存废事件。原案语云参与立法事宜，宪政编查馆覆于大臣折云凡根本于国家法律之单行章程规则属于督抚权限内者，自应由谘议局参与以收集思广益之效，又云此种事项全省利害所系，自不得不郑重视之。此谘议局之立法所以异于行政命令也。今乃以自治章程之施行细则属于督抚权限内者，并不交局议决，径由督部堂核定行之，而又认之为行政规章，则与谘议局之立法权有所侵害，本局不敢不力持之。此关于谘议局之议决权亟应申明者一也。

二曰质问行政事件之权。此权根本于局章第二十六条之规定，原案语云申明谘议局于本省政务有与议之权，有问必答，虽秘密者亦当说明其大致缘由。盖国家既许人民以参与政治之权，而行政事件繁绩，当局之人身任其事，喻其艰苦，悉其原委，谘议局但有言事之责，或有不能周知者，不能不有所质疑，以为立法根据。且为议决一切事件之资，虽至秘密之事亦得与闻其大略，此与谘议局之职权有种种之关系，即在各国议会亦恒有之。曰有问必答，盖既经质问，则督抚有批答之义务。今或以属于行政范围内之事，经谘议局之质问，经月不获奉批，则所谓申明与议之权，与有问必答之义，不知更有何种解释？局章二十六条几成虚设矣。此关于谘议局之质问权亟应申明者又一也。

三曰呈请查办官绅违法纳贿之权。此本于局章第二十八条之规定，原案语云谘议局为一省舆论所集之地，官绅有纳贿违法情事，人民必遭其冤抑，自应立予纠举，俾顺舆情，其必指明确据呈候查办者，立法之意至为审慎，纠举之权属之谘议局，查办之权属之督抚，两无侵越之弊。然既经遵章纠举，则督抚即有查办而言，盖正式会议也。据四十六条原案语云，会议如有不遵定章者，亦可随时纠正。所谓会议，指正式会议之时，定章亦为正式会议而设。至议员研究会等类，均为议员内部自行组织，其有无此会于法律上实无关系，议员愿受其拘束力与否，本由合意而定。乃以研究会议论之激昂，至动督部堂之公牍，此似未得"会议"二字之正当解释。至会议不遵定章云者，即指不遵局章第七章之规定。举要而言，如无议员半数以上而擅自开议，无到会议员过半数之可决而作为议决等类是也。会议之遵章与否，则督部堂亲临之时，或派员代理莅会之时，当已洞悉，尤无待他人之申明，然后始从而监督之。今或以谘议局议员之同意，于正式会议之外集议事件，为属于四十六条会议之范围，则为误解监督会议之权。此关于督抚监督权亟应申明者又一也。

三曰裁夺施行谘议局议决案之权。据原按语云，裁夺施行，即指第二十二、二十三两条所载事项而言，所以重行政官之责任也。二十二、二十三两条所载事项，即督抚以为然则公布施行，若不以为然须说明原委理由札局覆议也。然须参照第二十四条之规定，尽谘议局覆议后若仍执前议，此时即非督抚行使裁夺权之时，应照章将全案咨送资政院核议。此次督部堂札交覆议本局仍执前议之案，督部堂是否已咨送全案于资政院，实关于法律上之责任，而本局历奉督部堂来札，关于覆议之案有仍未奉准者，并无咨送资政院核议之语，若不经核议则一案之准否终无解决之日，而裁夺施行之限界尤有所未明。此关于监督权中之裁夺权亟应申明者又一也。

以上所举，乃督抚对于谘议局之权限也。谘议局对于督抚之权限则散见于全章程中，其重要者本于局章二十一至二十九各条之规定，大约有四：一曰议决及覆议事件之权。覆议之事，则以议决之事为范围，其事件则于二十一条列举之，而以第一至第七各款为尤重。曰议决本省应兴应革事件。据二十一条原案语之解释，谓第一款总括地方庶政而言，亦即根本于光绪三十三年九月十三日上谕，以指陈通省利病也。宪政编查馆覆于大臣折所谓以本省人议本省事痛痒相关利害较明者，亦本斯义。盖各省情形不同，国家有时不能不委其兴革之权于谘议局也。今或以本省诉讼积弊之大审判厅犹未遍设，诉讼法犹未颁行，本局为之规定暂行诉讼规则而尚有权限之疑，则所谓以本省人议本省事痛痒相关利害较明者，于义又将何取矣？曰议决本省岁出入预算决算事件。曰议决本省税法及公债事件。曰之。谨举章程明文与其根据之谕旨及法律上有效力之解释，而一一申明之，使吾国上下咸晓然于法律之不可侮，与受制于法律之人之各有权限，庶于法治国前途有万一之助。

督部堂为一省行政长官，奉法于上，尤有风偃之效，即行政权之施，亦将因是而得完其用，此防微杜渐之意也。乞督部堂垂察之。谘议局之根据，实明见于光绪三十三年九月十三日上谕，谘议局章程则以光绪三十四年六月二十四日懿旨颁布之，故其章程第一条即依据而明定之曰：谘议局钦遵谕旨，为各省采取舆论之地，以指陈通省利病，筹计地方治安为宗旨。宪政编查馆奏议覆考察宪政大臣于式枚奏陈谘议局章程权限折，又引申而说明之曰：中国地大政繁，久已分省而治，而督抚实立于一省行政最高之地位，求之各国，本鲜此制。督抚之权限既视各国地方行政长官为较广，则辅助行政机关之权限自应与之相称。此意亦根本于光绪三十三年九月十三日上谕，与光绪三十四年六月二十四日懿旨。盖两次谕旨皆并举督抚与谘议局之职权，而明定其关系，一面以同摅忠爱勖谘议局者，一面亦即以虚心审察期诸督抚也。曰行政之权，曰建言之权，曰执行罔越，曰遵奉弗违。宪政编查馆之所谓相称，即本此义。故欲明彼此之权限，不可不先明双方之地位。此为根本之法则，本局不敢不兢兢然守之。尤愿我督部堂有以秉持于行政长官之位，使本局得固其法律之保障，而上下知所共守也。

所谓彼此之权限者，督抚对于谘议局有监督之权，谘议局对于督抚有议决事件呈候施行之权。监督之权大要有三，咸本于局章第四十六条之规定：一曰监督谘议局选举之权。谘议局选举云者，谘议局议员之选举，非议员中互选事件，亦非议员公推或选举各项人员事件也。据四十六条原案语云，如各处选出议员，督抚查明有舞弊及不合格情事，自可即行（彻）〔撤〕销，是为正本清源之策。故于选举诉讼，既令该管衙门或已设之审判厅审判之，又于谘议局自行审查资格外另畀督抚以查明撤销之权。照此按语解释之，则议长、副议长、常驻议员之互选与别项之选举，固不属此四十六条之范围。议长、副议长、常驻议员之互选，则别遵局章第十条之规定。今或以互选事件或各项之选举并无违背法律之事，概举而属之于四十六条选举之范围，则为误解监督选举之权。此关于督抚监督权亟应声明者一也。

二曰监督谘议局会议之权。会议云者，指章程第七章第三十一条以下之会议特派委员文楷君谓：既贵局仍执前议，则自可覆呈督部堂核准。惟督部堂关于此项添增之款，应行奏明。

刘崇佑君谓：是否须奏明后方可决定？

特派委员文楷君谓：预算案一经批准，即为决定，不必仆奏明。惟因此项费用既奏过，现在增加，亦须出奏。

议长（高登鲤君）请众将临时费预算案表决，全体赞成。

书记长（林长民君）登坛朗读地方行政岁入经费预算案。

宣统三年本省地方行政经费岁入预算案

预算原案：地方岁入总额一百一十四万二千一百九十一两二钱零六厘。

说明：遵照资政院电，以督抚现交预算岁出之额为准。

交覆议案：声明原册地方岁出总额内，应除南洋视学费二千六百两，拨补邮政经费一万两，修缮城垣衙署三千两，此项应归国家岁出，该款亦应随之更移等语。按此项原属国家行政用费，自应剔除。又谓工艺传习所误列售货银五千一百四十两，学生膳费银二千八百二十七两三钱二分六厘，亦应除去云云。按此项原属地方岁出，与前项性质不同，无所谓误列，未能另行除出。今于原册总额内应除去误列之国家行政费银一万五千六百两。现在核定银数统计一百一十二万六千五百九十一两二钱零六厘。

议长（高登鲤君）请众表决，全体赞成。

议长（高登鲤君）宣告休息二十分钟。

三时二十分钟续行开议。

第二，声明谘议局权限呈文之提出（延前会）。

议长（高登鲤君）请书记长登坛朗读呈文。

书记长（林长民君）登坛朗读呈文。

声明谘议局权限呈请督部堂注意公文

为呈请事，谘议局之设，在吾国为创举，世人有不尽明其性质者，往往以误解法律之故，生出权限之争。本局细察一年以来，局外之人对于谘议局之举动，与行政官厅对于谘议局之态度，及文牍之往还，见夫法治国之精神，最要在乎国人有理解法律之力，与尊重法律之心，不能无所歉于今日之现象，而思有以匡持覆议决案：同。

东洋留学费

预算原案：三万九千九百九十六两。

原议决案：同。

交覆议案：同。

覆议决案：同。

共计五万零一十六两。

临时工程类三

修缮桥梁工程费

预算原案：四千两。

原议决案：一千两。

交覆议案：同。

覆议决案：同。

谘议局建筑费

预算原案：无。

原议决案：二万两。

交覆议案：全裁。

覆议决案：同原议决案。

按交局复议册声明，此项因款绌，仍照奏定案办理。查奏案只有三万八千元，谘议局为全省议会，规模未可过隘，本局亦知从前已有奏案，因原数实系不敷，故于预算内增列前数。

共计二万一千两。

统计经常、临时岁出一百一十二万六千五百九十一两二钱零六厘。

议长（高登鲤君）请众讨论。

刘崇佑君质问：本局建筑经费，督部堂之意若何？

特派委员文楷君谓：督部堂之意，建筑费前经奏定，自应遵照办理。现既据贵局仍议增加，则仍须由督部堂出奏。

刘崇佑君谓：此建筑费，前经督部堂委令布政使司代理，在常年会闭会日当场承认，何以现在忽然裁去？

原议决案：同。

交覆议案：同。

覆议决案：同。

防疫经费

预算原案：四百五十六两九钱八分。

原议决案：同。

交覆议案：同。

覆议决案：同。

赈恤经费

预算原案：七千六百四十两零八钱三分六厘。

原议决案：同。

交覆议案：同。

覆议决案：同。

补助禁烟经费

预算原案：一万一千零五十九两五钱七分二厘。

原议决案：同。

交覆议案：同。

覆议决案：同。

限期禁烟经费

预算原案：无。

原议决案：二万八千两。

交覆议案：同。

覆议决案：同。

共计一十一万五千六百一十一两八钱六分。

临时教育类二

西洋留学费

预算原案：一万零二十两。

原议决案：同。

交覆议案：同。

预算原案：二万三千四百五十五两零四分七厘。

原议决案：八千七百五十三两九钱五分八厘。

交覆议案：一万二千二百九十二两七钱四分。

覆议决案：一万一百二十八两六钱九分八厘。

茶务讲习所

预算原案：无。

原议决案：五千两。

交覆议案：一千二百两。

覆议决案：同。

商品陈列所

预算原案：无。

原议决案：五千两。

交覆议案：全裁。

覆议决案：同。

共计七万一千八百三十八两五钱四分四厘。

交通类四

补助商办铁路

预算原案：一十四万五千六百六十七两八钱九分六厘。

原议决案：同。

交覆议案：同。

覆议决案：同。

共计一十四万五千六百六十七两八钱九分一厘。

孟思培君谓：工艺传习所经费须加二千，计一万二千一百二十八两六钱九分八厘，末行共计七万三千八百三十八两五钱四分四厘。

议长（高登鲤君）请众将实业、交通二类表决，全体赞成。

书记长（林长民君）登坛朗读临时地方行政经费预算案。

临时民政类一

补助地方自治经费

预算原案：六万八千四百五十四两四钱七分二厘。

八两零。

本局此次议决，该堂用费一万三千余两，比光绪三十四年略加，比宣统元年略减者，因宣统元年该校于建筑一项支出甚多，明年无此特别用款，故表面虽似减少，实则议决之数于各项开销尽有进行余地。且各职员中应裁者多，查奏定章程，中等实业学堂无教务斋务检察什务等职，该堂多立名目，故概行裁去，以符部章，职员一裁，薪水自减。现说明书谓实业学堂与普通中等情形不同，不知实业学堂通则，中等实业学堂职员照中学堂章程办理，已有明文。该校监学二员，大率轮日住堂，若均常川住校，管理断无不周之虑。况明年招生照覆议案举行，班数既未加增，监学自无庸增聘也。教员薪水亦照本年缴司清册核实，应裁此数，名裁而实未裁也。说明书又谓下学期起增聘专科教员，明年拟招预科新班、师范完全班，教员薪水复追加至一万零八百余两，但师范完全班可俟简易科毕业后再行添招，至添招预科新班一节，查该堂丙班系明年上学期毕业，堂内教室只敷七班之用，则新招预科可于下学期举行，毕业一班，添招一班，所有薪俸及各项杂费适足相抵。即本年十月以后增聘专科教员一人，每月薪水六十元，全年似应加支七百余元。惟查该堂洋教员教授钟点，丙班居五分之四，明年六月合约期满，丙班又已毕业，则洋教员无须再聘，此项薪水半年可余一千三百元，以之添聘专科教员，赢余尚多，自可无庸追加。修缮一项，分为大小二目，大修缮系指为修缮旧校舍之用，查该分册所谓旧校舍仅前进之教室与学舍二座耳，建筑至今仅历五稔，闻当时建筑费用近万金，说明书云教室现已倾斜，势必重新修缮，夫以近万金建二座小校舍，阅五年即须重新修建，断无此理。兹酌加三百两，应无不足。至建筑寄宿舍一项，查外国办学，凡中等以上之学堂，不设寄宿舍，以学务发达需费甚巨故也。闽省学额逐年增加，若各校寄宿舍必尽求完备，公家诚无此巨款，此举应无庸议。其余裁减各条，足敷开支，惟司事书记辛资应加一百二十四两二钱九分，标本器械图书应加五十两，设置费应加一百五十两，教授用品应加七十两，印刷费应加四十两，校租应加五十五两三钱五分，以上各条较原议决案共增银八百五十九两八钱九分。内除该校于原议决案内自行减去讲习所司事丁役银八十六两一钱一分，讲习生膳费一百三十八两七钱二分，共减二百二十四两八钱三分，实增银六百三十五两零六分。

工艺传习所经费

办理，应加支银一百七十八两八钱八分七厘。体操教员既有兼任，别科蚕体生理科学薪水亦不必减，应加台伏七十八元。试验消耗品既为要需，即照原案开支，应加二百四十一两八钱零八厘。以上共增七百四十两零三钱零六厘。其余仍照本局前次议决之数开支，无庸增加。再按蚕业系农学之一科，照部章自应归并农学堂办理，以省经费。因农业校舍甫经成立，教室不敷支配，骤难实行。然当为合并之预备，故对于该堂不拟扩充，用费自可减省。

中等工业学堂经费

预算原案：三万零四百十八两五钱三分四厘。

原议决案：二万二四七百两零零二钱三分八厘。

交覆议案：二万九千一百四十三两九钱一分二厘。

覆议决案：二万五千一百三十三两八钱三分九厘，除学费收入外，实应支二万三千四百九十四两八钱零七厘。

比较：光绪三十四年二万一千四百七十一两零，宣统元年二万零四百一十八两零。

按照该堂所具理由，逐条覆核，校医一项，该堂报司清册无此名目，且查各学堂职员新水项下亦无此项开销，自应照裁，以归一律。茶水一项，据称该堂厨役工食系并入茶水项下，自较他校为廉，拟全年加增七十两。工场试验消耗两项，原案一千两，修正七百四十两，所减无多，应照原案共支一千两。建筑工场教室并购地两项，原案共三千三百一十四两六钱五分，本局拟归本年分报销，现既陈明理由，尚属实在情形，惟现时财政困难，势须分年筹备，兹拟酌予半数，应支银一千四百五十七两三钱四分五厘。至于机器器械两项，本局主张裁减，前已说明理由。惟临时应用一项，应行酌留一百两，共计合支前数。

中等商业学堂经费

预算原案：二万一千零三十五两零二分。

原议决案：一万零三百四十一两零八分。

交覆议案：一万八千三百一十九两零二分。

覆议决案：一万三千二百九十二两零八分，除学费收入外，实应支一万零九百七十六两一钱四分。

比较：光绪三十四年一万二千三百三十五两零，宣统元年一万五千五百一十刘崇佑君谓：补助上海中国公学一千两，此次督部堂交来覆议，竟行裁去。查中国公学经营甚苦，本省每年补助不过千两，应请仍旧。此节请特派员注意。

特派委员文楷君谓：既诸君以为不宜裁去，应声明理由，请督部堂核准办理可也。

刘崇佑君谓：存古学堂经费裁去，暂时缓办，此节督部堂当亦赞成？

特派委员文楷君答：此须询明督部堂。

议长（高登鲤君）请众将教育类表决，全体赞成。

书记长（林长民君）登坛朗读实业类、交通类预算案。

实业类三

中等农业学堂经费

预算原案：三万三千两。

原议决案：一万八千零四十两零一钱零八厘。

交覆议案：二万五千六百九十一两二钱八分八厘。

覆议照原议决：二万零七百四十五两一钱零八厘，除学费印刷费外，实应支一万八千零四十两零一钱零八厘。

比较：光绪三十四年二千六百五十三两零，宣统元年三千二百二十五两零。

查该堂经常、特别各费，照本局议决之数，尽敷开销，无庸增加。至详细理由，具见前次参考册内，兹不复赘。

中等蚕业学堂经费

预算原案：一万四千零四两三钱七分六厘二毫。

原议决案：七千二百五十八两四钱八分四厘。

交覆议案：一万三千七百五十四两三钱七分六厘。

覆议决案：八千五百四十一两五钱九分，除租产什项收入后，实支七千九百九十八两七钱九分一厘。

比较：光绪三十四年一万一千五百一十七两零，宣统元年一万一千六百八十七两零。

查副监督名目，为部章所无，自应裁撤。兹就该堂试验部部长薪水再加三十元，统共八十元，以符副监督薪水之数，即以副监督改充斯职，兼任教授。修缮费，修正案议决一百五十两，现据说明书，该堂房屋器具应大加修缮，可照原案县，原拟补助之数，本属极少，无可再减。应请仍照原议决案施行。

补助省城各小学堂经费

预算原案：三万二千七百二十二两一钱五分一厘。

原议决案：一万七千八百二十九两。

交覆议案：三万二千七百二十二两一钱五分一厘。

覆议决案：二万四千二百二十三两七钱。

查前次粘抄学司详内谓，小学原属自治范围，惟自治会虽已成立，骤难筹集银款。又此项补助，尚有全省公共之学堂，如女子职业学校亦算在内云云。该校既与小学性质不同，自应另加。查该校用款，全年连闰二千七百三十两。又闽山幼稚园经费，原案系算在内，但议决案未将该园名目标出，今该园经费亦应照原数节减为一千五百六十两。两项并计在内，合有前数。再查原册三万余两之额中，有虚拟明年进行之数五千余两，是自治会即不能另筹分文，亦可维持，惟须声明以一年为限，庶将来于全省教育费始无妨碍。

补助京师闽学、上海公学各学费

预算原案：八千四百两。

原议决案：同。

交覆议案：全裁。

覆议决案：二千五百两。

按前次粘抄学司详内（请）〔谓〕，北京闽学津贴一款，据在京闽绅函称，明年可以停解。又本局据闽学堂电称，中学费巨停办，小学仍续办，请留一千五百两。查闽学现只须款一千余两，为数无多，自应酌予补助，以资维持。至中国公学，闽中子弟亦多，且该（核）〔校〕成效素著，办理极费苦心，补助不过一千两，即裁之于本省亦属无补助，于公学则固有方，应请仍留。

共计四十二万九千二百九十四两九钱五分。

议长（高登鲤君）谓：此案内各县模范小学六万两，应改为五万八千两，计减去二千两，移充工艺传习所，其理由并请审查员补入。其总数四十二万九千二百九十四两九钱五分，应改为四十二万七千二百九十四两九钱五分。

刘崇佑君谓：补助各府县中学费二万六千两内，福州府六千两，其他府州各二千两，此种理由应声明。

交覆议案：同。

覆议决案：同。

补助各府州中学堂经费

预算原案：一万四千两。

原议决案：二万六千两。

交覆议案：二万两。

覆议决案：二万六千两。

查此次说明，谓各府州经费丰啬不同，拟酌量情形，再行补助，并不确定数目，且举漳汀两属经费较多为言。查外府州中学，虽名官立，向未动用官款，尽出于本地之负担。据预算册比较表内列各属中学费，或一千余两，或二三千两不等，惟漳汀两属略多。查系合学费并计，并非实在可靠之款，似无庸过为轩轾。原议决案拟各府州补助二千两，未尝不见及此，况单级练习所经费，此次又全裁去，皆由附设于各属之中学挪移拨用，则补助之数仍属无多，裨能期大致之不差，必不能求铢两之悉称，且不确定补助额数，将来黠者多取，愚者向隅，易启畸轻畸重之弊。至云须视学生人数及班次之多寡为率，不知外属有特别情形，不能据此为标准。人数之少，由学堂之不完全，而根本问题则在无经费。若据此为准，冀得其平，反失之远。应请仍照原议决案施行。再补助福州府中学经费六千两，并计在内，合有前数，特此声明。

补助厦门女子师范学堂经费

预算原案：无。

原议决案：一千三百两。

交覆议案：七百两。

覆议决案：同。

补助简易识字学塾

预算原案：无。

原议决案：一万六千三百九十二两。

交覆议案：六十两。

覆议决案：同原议决案。

查此项学塾，关系宪政教育，现国会缩短年限，尤宜急图进行。全省六十州

各县模范小学堂经费

预算原案：无。

原议决案：六万两。

交覆议案：一万八千两。

覆议决案：六万两。

按交局覆议册说明，此项经费拟各就原有之官立小学择一改良，以期完备。又云拟就现裁各款内酌拨银一万八千两，为补助各县模范小学之用等语。查各属官立小学办法未必尽善，似不必以官立者为限，应无论官立、公立、私立，只由该邑教育会、劝学所会商，就治城之管理教授合法者，择一改作模范。原议决案以六十州县计，拟每州县拨给一千两，若款过少，于事究属无裨。现查闽侯两县各小学多有办理合法者，即可择一二处改为模范，且闽侯两县补助小学费已有二万余两，其福防厅闽侯县之官立小学用款尚未在内，即可无庸另给，此项之款可减出二千两。

府厅州县官立学堂经费

预算原案：一十二万一千三百九十四两七钱三分五厘。

原议决案：一十万零七千一百五十两零八分一厘。

交覆议案：同。

覆议决案：同。

查此项皆系各府州官立中小学堂经费，多由就地筹捐，或本地公共财产，及士绅捐助之款。

各属劝学所经费

预算原案：九千零七两四钱六分七厘。

原议决案：同。

交覆议案：同。

覆议决案：同。

查此项经费其款之所自出，与前项性质相同。

图书馆经费

预算原案：五千两。

原议决案：同。

交覆议案：一万三千五百两。

覆议决案：三万两。

查上届师范教育案内，初级师范每府州各设一所，业经督部堂批准在案。况初级师范关系小学师资，为普及教育前途计，似各属不可不设一所，应请仍照原议决案施行。

外府州中等实业学堂经费

预算原案：一万二千两。

原议决案：二万四千两。

交覆议案：一万二千两。

覆议决案：同交覆议案。

查此项实业学堂经费，原议决案系遵照督部堂批准上届实业教育案计算，惟现在款项既绌，未能同时并举，不得不酌量变通，即先办二所，暂缓二所，似尚无甚妨碍。

各县初等实业学堂经费

预算原案：一万二千两。

原议决案：一万六千五百两。

交覆议案：同预算原案。

覆议决案：同原议决案。

查部章，此项学堂每州县应设一所，原议决案拟设十一所，原为闽省款绌起见，以全省六十州县计，按之部章，不过十分之一，若再减少，于实业教育前途殊属有碍，且增设三所，加费不多，应请照原议决案施行。

各府州单级教授练习所经费

预算原案：无。

原议决案：四千五百两零七钱八分。

交覆议案：全裁。

覆议决案：全裁。

按增加此款之意，系因既设此项练习所，自应筹及此项经费。今说明省城附设于师范学堂，即于附设之学堂酌予增益，外属附设于各中学，即于各中学补助款内移挪酌拨，则此款可无庸另列。

以饭厅、茶库分设两处为言，应增五百两。实则此项用款应以人数为标准，至分设两处与合设一处，所增无几，一千两当已足用。印刷纸张，本局前议以该堂讲义多用成本，印刷费可以减少，定为三百两。该堂说明，逐日印刷，约五千张，全年应酌拟五百两之数。查该堂印刷讲义，较之他校实少，本年预科只有读文、地理、博物三项，上学期所分九十余页，正科加经学一门，所分一百二十余页，上学期报司清册只用八十六两有奇，有册可稽，现在学生预科三百余人，正科二十余人，合共四百人左右，明年即有加增，全年三百两，当无不足。临时岁出特别费一项，本局前议以此项原备洋教员来往川费之用，洋教员既经少聘一员，则此费可省其半，为五百两。该堂说明，谓洋教员来往川资，此数原足敷用，但此外尚有新聘之外国教员，及其他临时费用，应改作八百两。然新聘教员既在未定之列，目下财力支绌，应从撙节，仍定五百两。

总之，该堂用款，比较前年度之费，与今年上学期半年比例之数，已有增加，力求节约，而又不碍其进行，本局实已审慎斟酌，非过为削减。覆议之案，除建筑费加增五千两外，其余均照前议，合并声明。

八旗中小学堂经费

预算原案：五千七百一十五两三钱零三厘。

原议决案：同。

交覆议案：同。

覆议决案：同。

存古学堂经费

预算原案：一万两。

原议决案：同。

交覆议案：同。

覆议决案：全裁。

查此项学堂，目前尚无何等之关系，地方财政复如此奇窘，既不能兼顾并筹，不得不移缓就急，应请暂行裁去，缓至宣统四年再行开办。

外府州初级师范学堂经费

预算原案：一万三千五百两。

原议决案：三万两。

建筑一目，原案一万二千八百余两。本局前议以教室略备，无建筑之必要，故全裁之。据该堂说明，新校粗具，应用各室仍俟续成，明年添招正科，待此为用，今拟分年建筑，宣统三年先行开支五千两，盖财力既窘，新校业已粗具，有此数目，分年扩充，尽可进行。

洋教习薪俸一目，原案一万二千四百余两，本局前议减作八千六百余两。杂费项下杂费一目，原案五百两，本局前议减作四百两。皆经该堂说明，照此核减，无庸置议。

除上三目外，第一，薪俸项下，教务长、庶务长薪水，本局前议以报司清册该各职皆系兼充，今既另设专员，应各减月薪十元。该堂说明，以各省高等专门学堂薪俸较优为言，闽省瘠区，似不能以彼较此，且各设专员，事务较简，仍当照减。图书、会计、文案、什务薪水，本局前议以部定四项名目，不应分支五项薪俸，核减杂务一员。该堂说明，谓新校移设，应添什务一员，现在财力既绌，什务所司，不必竟日驻一校地，尽可兼顾，且各课事同一律，不应什务独须添人。监学薪水，本局前议按照该堂报司清册五员计算（前印刷错误为十五员，其后业已更正，该堂说明据印刷物议驳，实非本局正式公牍）。该堂说明，以添班增员，应设七人，其实监学尽可兼管数班，五员已足分布。第二，辛资项下，司事、丁役、厨役，本局前议以人数过多，比较各校，逐条申明。该堂说明，司事仍用十六人，丁役仍用三十七人，厨役仍用十八人，一学堂中用人如此之多，其辛资数目实为各校所无，财政支绌之时，当力求节省，本局前减之数，较之各学堂已属有增，不能再加。第三，什费项下，备品、设置，本局前议以本年二学期只用设置七十余两，明年新校设备增至一千两，已有余裕。该堂说明，以设置与备品为两事，备品为教科之用，设置则指堂中器具而言，共需一千五百两。然学堂备品、设置，当视财力盈绌，逐渐购办，且即多此五百两，亦未必遽臻完备，既有一千两，已足进行，其完全之设备，当分年为之。教授用品、试验消耗，本局前议照该堂上学期报司只用二十余两之数，明年全年增至二十倍，以五百两为额。该堂说明，谓上学期所用只有教授用品，至试验消耗系指理化博物试验药品并实验材料而言，应增百两。实则本局前议所以按照上学期用数加增至二十倍者，即包括此试验消耗在内也。五百两之数，碍难再增。饭食、茶水，本局前议按照上学期用数四百余两，明年全年为一千两，比例已属有增。该堂说明，

女子师范学堂经费

预算原案：八千零一十二两八钱二分三厘。

原议决案：六千五百八十七两一钱六分一厘。

交覆议案：七千九百四十二两八钱二分三厘。

覆议决案：六千八百八十七两一钱六分一厘。

比较：光绪三十四年三千一百一十一两零，宣统元年三千五百九十一两零。

查该校本年改为女子师范学堂，规模自应较求完善。惟本局原议决案，系按该校本年上学期报司开支之数，逐项比较，再加扩充余地，实属无碍进行。兹于设置、修缮二项，照原议决案再各加五十两，比之本年开销，或增五倍，或增十倍，当无不足。至附设小学、幼稚园，课少事简，学生无多，女子师范本部教员颇多，本有可以兼任之人。即助教各员，据本年报司清册，四月以前每月开支舆费三十元，至五月份开支六十元，亦非尽担义务。原议决之数已无不足，不必增加。惟附设小学经费，照原议决案再加二百两。至特别费一项，查该校报司清册，概括在杂费之内，今杂费各项绰有余裕，足资挹注，原议决案一百一十七两七钱七分四厘，有盈无绌，亦可无庸再加。计覆议比原议决案共加三百两，合支前数。

高等学堂经费

预算原案：五万五千两。

原议决案：三万一千五百三十九两八钱三分五厘。

交覆议案：五万零七百三十两零九钱七分八厘。

覆议决案：三万七千一百两零八钱三分五厘，除八旗津贴外，实应支三万六千五百三十九两八钱三分五厘。

比较：光绪三十四年二万五千六百九十九两零，宣统元年三万二千七百二十八两零。

按高等学堂预算，前经本局议决，应增应减各项目，皆已附载理由。现据该堂于本局裁减之处，逐项说明，要求增加。本局查今年预算，以本省财政艰窘，不能不力求撙节，力求核实，期以少数之款，多办一二要政。前于该堂预算所有撙节核实之款，亦皆按照其历届报司清册略予扩充，使于节约之中而又不碍其进行之规划。前次理由已略述之，今既复据说明本局再审核，分别详叙于左：

建。又建筑女子师范学堂一项，闻该校俟高等学堂迁过新校、府中学迁过高等旧校后，该校拟迁府中学旧校，日后既拟迁校，斯目前不妨将就。该说明书拟请增加之处，除油烛等费加二百两外，仍无庸议。

（乙）初级：查该级从前学生，合完全、简易两科共七八班，兹简易科已递次毕业，明年本科学生只有四班，即添设一班，合共不过五班，开销经费理应较前减少。本局议决案，乃据该校上年报司清册之数并稍加扩充，自应绰有余裕。兹该说明册拟再增加，应无庸议。

（丙）附属中学：查附属中学预算分册，宣统三年拟添招学生三班，故该岁出顿增数倍。嗣经本局申明，附属中学之性质，与夫招生之限制（其理由详前次修正案），该校亦以为然。现据说明书，明年拟减招二班，则所有用费自应锐减。查本局核减数，以薪水一项为最巨，职员薪水减去一千一百余元，实支一千一百余元。按之定章，职员只有此数。按之报司清册，薪俸亦只有此数。（查该校报司清册，职员一项，只监掌二员，庶务一员，奏定章程附属中学除办事官由优级教员兼充外，亦无别项名目。）教员薪水减去二千四百余元，实支二千二百余元。按照本年清册，尚加五百二十元，以为明年添聘教员之需。是职员薪水非核减也，乃核实也；教员薪水名为核减，实则增加也。至此外各项，实无可再增。惟什费项下设置应加五十元，饭食茶水费应加五十元，油烛薪炭费应加三十元，修缮项下修缮各室及器具费应加五十元，共加一百八十元。试以该校逐年比较言之，该校成立于宣统元年，下学期共用银一千四百余元，宣统二年上学期共用银二千一百余元，全年不过三千五百余元。现经本局覆议，该校用费已达六千余金，本年只招一班，明年亦只招一班，每一年度几加一倍，其所以为该校扩充地者，不为不裕。

（丁）附属小学：查附属小学成立已久，教授参考用具甚为完备，且本局决议总数系六千一百四十四元。该校说明书认为五千六百七十六元，计少列四百六十八元。以六千余金，办一附属小学，较各属中学且有过之无不及也。犹云费用不能过于减省，殊属费解。至教员薪俸较附属中学稍优，本拟裁减，因明年添招一班，点钟较多，故仍其旧（查本年清册，该校职员教员薪水，只有四千三百六十八元，本局未尝裁减），尤无所谓年加俸减。该校拟请加增之处，仍无庸议。

（合学膳费一百元）。既属部章所无，且油灯及一切杂费既列入预算案，自不得再收宿费。本局修正时已声明在案，兹该说明册未曾提及，合再声明。

师范学堂经费

预算原案：七万二千两。

原议决案：五万一千五百零四两八钱四分七厘。

交覆议案：六万八千零九十三两七钱四分八厘。

覆议决案：五万三千五百四十两零八钱一分八厘，除印刷费学费收入外，实应支五万一千八百二十七两七钱七分四厘。

比较：光绪三十四年五万二千四百九十八两零，宣统元年五万三千八百四十四两零。

查该堂历年岁出数目，每年增进不过一千余两，乃预算竟开至七万二千两，何以骤增一万八千余两之多？况该校优级选科博物、理化二班上年已经毕业，史地一班本年下学期亦可毕业，现在校正科一班，不过二十余人，合选科英算一班计之，不上百人。初级简易科则近年历学期亦已递次毕业，照章优级选科及初级简易科概已停止招考。现在校初级完全科四班，共不过二百人左右。即明年优级正科及初级完全科各添设一班，较之前年学生人数减少甚巨。本局议决该校预算五万三千余两（除印费及附属中小学学费外，实支五万一千余两），名似减少，实则增多，断无不敷开销、不能进行之理。兹查该校说明册，层层解说，大概拟照原案，但预算案以比较为标准，该校上年报司清册及比较表只有此数，如果明年不敷开销，不能进行，则前此数年学生人数较多，何以独敷开销？此理甚明。兹将详细理由列举如左：

（甲）优级：查该级明年学生实数，选科英算一班六十余人，正科一班二十余人，即添设正科一班，合共不过百二十人。（因本省现在中学程度毕业生甚少，从前高等学堂正科及优级正科，每班俱不过二十余人，且明年高等学堂、法政学堂具拟添设正科，学生至多不外此数。）本局议决预算经费，共银二万九千二百余两，其数不可谓不巨。堂丁一项，拟设三十名，已达学生人数四分之一。图书标本及设置等，查该校从前甚为完备。油烛薪炭一项修正理由，乃比较商业学堂不过此数，该说明册所云未免错误，兹拟此项加增二百两。至临时门建筑一项，查初级师范教室前已有七所，明年初级即再添班，合共不过五班，可无庸另但照章法政正科，凡有中学程度毕业者，即可升学，岂有专为文科中学升入之理？东文一科，各中等学堂何尝无此科目？即无之，亦不难补习，岂有因此一科而限制升学之途若是其隘？况查该校从前中学每年级不过一班，现在尚缺三年级一班，果如是言，则宣统五年添设正科，又将若之何？）学生班数已多开三班，是以逐项经费开销无不过巨。兹再为覆核之如左：

（一）薪俸：副监督一席，该说明册据高等学堂教务长等均得由副监督兼充一语为理由。查高等学堂章程并无副监督名目，其教员管理员章第三节云，教务长以教员中有品望明教科理法者兼充，法政学堂章程亦无副监督名目，自应裁去，以符定章。其余各管理员，从前既可兼职，明年自不必各设专员。至云各项高等学堂开设正科时，各员得酌增薪俸，未知有何根据？且既云日后尚可撙节，则又何必假定此数目？应照原修正案办理。

（二）辛资：司事、书记、堂丁、厨丁等，按之章程，考之事实，只有此数。该校校舍分为二部，自昔已然，不自明年始也。但据说明，因刊发杂志，自应再加书记三人，计银一百九十三两。

（三）修缮费：此项酌拟五百两，尽敷开销。乃据说明云，高等学堂成立较早，或有已经修缮者，岂该校从前并未修缮，必俟明年始一律重修乎？又云工业学堂一律新建，惟其新建，是以只定二百两。兹该校较之工业学堂，已多三百两，断无不敷之理。

（四）什费：图书等三项，及茶水油烛等一项，据说明不能比照上学期。兹拟图书等三项加三百两，茶水等加二百两，印刷一项，学生所缴印刷费，他校具收十个月，该校必无独收七个月之理。特刊行杂志系该校特别情形，应加增银三百两。（杂志出版所售报资，亦系该校岁入之一种，理应补列入方合。）饭食一项，管理员既无添聘，丁役又并裁减，自无庸再加。教授用品等项，应加二百两，以备扩充。特别费一项，查他校具无此名目，该校自应一律办理。

（五）建筑：正科讲堂及购地费，查该堂学生班数明年共只十班，教室现有十所，可无庸另建，围墙目下亦可从缓，应照本局修正案办理。至云学生学费必充建筑之用，不能移作经常岁入，此语尤不敢赞成。盖预算原则，除特别预算外，只以岁出岁入相抵，并无专指何项为何项之用也。再查该校历年以来，于征收学生膳费外，又有自费名目，每人收一百元，本年则改收住宿费四十余元覆议决案：同。

筹设医院经费

预算原案：无。

原议决案：一万两。

交覆议案：五千两。

覆议决案：全裁。

本局原议决案主张筹设医院，现因地方经费不敷支配，此项尚可缓办。

共计二十九万三千一百六十一两九钱五分六厘。

议长（高登鲤君）请众表决，全体赞成。

书记长（林长民君）登坛朗读覆议教育类预算案。

教育类二

法政学堂经费

预算原案：三万六千零四十七两六钱。

原议决案：一万七千六百五十三两六钱二分九厘。

交覆议案：三万三千五百四十七两六钱。

覆议决案：二万七千八百六十二两二钱二分九厘。除学费收入外，实应支一万八千八百四十六两六钱二分九厘。

比较：光绪三十四年一万八千二百九十二两零，宣统元年二万六千九百五十九两零。

查该说明册声明，该校学生班数，别科三班，又戊班别科一班，预算【科】二班，文科中学二班，审判厅研究科一班，自治科一班，明年预科毕业一班，再添设正科二班，又文科中学二班，合计十三班。而据本局切实调查，别科三年级、二年级、一年级共三班，戊班别科与第一年级同一，学期程度相等，人数不多，教室可容，应合为一班教授。自治科明年已毕业停办，文科中学一年级一班、二年级一班、四年级一班，又预科甲班一班，明年预科甲班毕业后只有三班，合审判厅一班、别科三班计之，旧有七班，再明年添设正科二班，又文科中学一班，共实十班。（说明册云：文科中学每年设两班者，因中学部定学额，每班不得过六十人，单设一班，升学时分为法律、政治两科，人数未免过寥。又各处中学毕业，多无东文，未能编入，故每年必须添设两班，以为升入正科预备。

施赠寒衣经费

预算原案：六百二十三两二钱七分四厘。

原议决案：同。

交覆议案：同。

覆议决案：同。

慈善经费

预算原案：一千三百零九两三钱五分二厘。

原议决案：同。

交覆议案：同。

覆议决案：同。

各府厅州县善举经费

预算原案：九千八百零一两八钱零六厘。

原议决案：同。

交覆议案：同。

覆议决案：同。

省城官医局经费

预算原案：一千五百八十二两六钱九分一厘。

原议决案：同。

交覆议案：同。

覆议决案：同。

补助私立医院经费

预算原案：七百七十六两。

原议决案：同。

交覆议案：同。

覆议决案：同。

各府厅州县官医局经费

预算原案：三百四十四两一钱六分三厘。

原议决案：同。

交覆议案：同。

预算原案：一千七百八十四两九钱七分二厘。

原议决案：同。

交覆议案：同。

覆议决案：同。

育婴经费

预算原案：五百五十两。

原议决案：同。

交覆议案：同。

覆议决案：同。

普济堂经费

预算原案：八千七百零四两七钱零四厘。

原议决案：同。

交覆议案：同。

覆议决案：同。

善社经费

预算原案：六百五十两。

原议决案：同。

交覆议案：同。

覆议决案：同。

粥厂经费

预算原案：一万一千七百七十三两九钱二分六厘。

原议决案：同。

交覆议案：同。

覆议决案：同。

宣讲经费

预算原案：二百三十五两二钱七分四厘。

原议决案：同。

交覆议案：同。

覆议决案：同。

员，月薪八两一钱九分六厘，全年连闰一百零六两五钱四分八厘。又膳费项下应增银一百二十七两八钱五分八厘。三项并计应增银六百零四两三钱三分。

省城巡警费

预算原案：一十一万九千七百二十五两零一分一厘。

原议决案：一十万零一千八百二十六两六钱六分一厘。

交覆议案：一十一万一千五百四十九两九钱八分六厘。

覆议决案：同。

各府厅州县巡警费

预算原案：五万六千四百零六两七钱二分五厘。

原议决案：同。

交覆议案：同。

覆议决案：同。

查此项经费，皆各属就地筹捐之款。

各地方保甲经费

预算原案：四千八百五十五两。

原议决案：同。

交覆议案：同。

覆议决案：同。

巡警学堂经费

预算原案：二万一千四百一十三两。

原议决案：一万九千八百九十一两一钱四分。

交覆议案：二万零五百二十七两九钱四分。

覆议决案：同。

孤贫口粮

预算原案：二万三千七百一十一两一钱五分八厘。

原议决案：同。

交覆议案：同。

覆议决案：同。

麻疯口粮

刘崇佑君问：顷特派员所述是否督部堂之意？

特派委员文楷君答曰：然。

刘崇佑君谓：若本年预算，能比宣统二年加增，可谓留有地步否？

特派委员文楷答曰：可。至于实业类，工艺传习所则比往年为减少。

孟思培君谓：顷已议决闽侯两县不必另设模范小学，所有此项二千两，即拨充工艺传习所也。

特派委员文楷君谓：此节本委员顷未闻其详，既系如此，自可勿论。

王子懿君谓：近因预算促迫，未及将新旧各项详行比较，光绪三十四年及宣统元年用数与此预算比较，则见为皆有增加。凡预算所裁减者，皆系虚拟之数。

特派委员文楷君谓：进行之范围有大小，如合数年之事作一年进行，与分一年之事为数年进行，其用款原属有异。总之，预算留有余地步，俾得进行斯可矣。

议长（高登鲤君）谓：诸君既无甚讨论，应请书记长将覆议预算案逐类朗读，请众表决。

书记长（林长民君）登坛朗读覆议民政类预算案。

民政类一

谘议局经费

预算原案：三万七千二百二十五两七钱六分。

原议决案：三万六千三百七十两六钱五分五厘。

交覆议案：同。

覆议决案：三万六千九百七十四两九钱八分五厘。

查本局于预算全案议决后，奉督部堂札知，闽省选送学习速记学生四人，业经毕业，既有毕业速记学生，即可添设速记员，专司议场记录之事等语。本局前届暨本届会场速记，均系临时聘用。今既有此项人员，自以常设为便。拟每人月薪十三两六钱六分，于四人中推一人主任，月加二两七钱三分二厘。又会期中每人另加十三两六钱六分。统计全年连闰应银八百两四钱七分六厘。查原议决案会期及常设速记员薪金共四百三十两零五钱五分二厘，对抵外应增银三百六十九两九钱二分四厘。又本局原应设立图书馆，现因局舍尚未建筑，图书馆自无由成立，惟应用图书曾经陆续设置，若无人管理，易致残缺。今拟增一图书部管理医院、存古学堂是也。或因事实临时发生应行略加，如本局之速记员费是也。其余各项，不能备举，均详见于覆议修正。合将审查情形报告。宣统元年十一月□日，预算科报告。主查员王子懿，理事连贤基，审查孟思培、潘纪雲、张道南、郑祖荫、郑藻山、苏寿乔、施景琛。

议长（高登鲤君）问：诸君有何意见？请即发言。

郑祖荫君谓：商业学堂款有错，内开二万五千一百三十三两八钱三分九厘，"三分"系"一分"之误。

施景琛君谓：实业费用应行扩充，如商品陈列所亦急须兴办，本年劝业会赛会，本省出品甚多，此次闭会之后，所有物品正好以之充入陈列所。本议员意，拟于图书馆五千两项下，划出一千两，以为商品陈列所之用。

刘崇佑君谓：施君之意固甚善，惟是一千两经费，如何确办？且场所在于何处？劝业会出品尚存若干？均须筹划，非仅仅划出一千两，即可成立。

施景琛君谓：出品既属现成，只须觅一场所，且商业毕业生现在颇多，管理有人，则开办经费有一千两足矣，且场所或可于劝业道署内附设。

王子懿君谓：以一千两办陈列所，列入预算，岂非笑话？

苏寿乔君谓：一千两确办，则作为补助经费亦可。

刘崇佑君谓：补助二字不对，且现在所当研究在一千两敷用与否，为事实的非体面的。若一千两果可敷用，亦何必以补助二字为之弥缝。至施君谓附设于劝业道署，本议员不赞成。中国衙署体制若何尊严，设于署中，何等人敢入内观览，是有亦若无也。

王子懿君谓：一千两总不敷用，且为数甚微，可由商会等团体筹措。

陈之麟君谓：施君所说系改正预算案，应须有二十人赞成，方作为议题。

议长（高登鲤君）问：有人赞成施君之说否？请众表决。计起立赞成者仅十九人，遂不成议题。

刘崇佑君谓：预算关系重大，本日督部堂特派委员到会，所有本局覆议情形，特派委员对之必有意见，应请登坛发表。

议长（高登鲤君）请特派委员文楷君登坛发表意见。

特派委员文楷君登坛谓：顷就预算案略观一过，所有民政等类无甚出入，惟教育类居最大部分，若能稍予宽舒，留一进行地步可也。

主查员王子懿君登坛报告审查情形（大意与报告书同）。

审查地方行政预算案报告书

本届十一月二十五日，第二次临时会，提出覆议预算案，交由本科审查。查本省地方行政费预算原册，总额一百一十四万余两，交覆议册，声明应剔出拨补邮政及工艺传习所等费，除将属于国家行政者除去一万五千余两外，实支一百一十二万余两。盖地方行政范围甚大，而地方经费只有此数，册列经常、临时两门用费，计分五类，惟教育费最多，合实业教育费并计，几及全额之半，诚以教育关系宪政前途，既不能统筹其完美，自不得不因宜以措施。此次注重教育之意，督部堂之所主张，与本局议决案大致相同也。间有持异同者，督部堂意在扩充省城各校之教育费，本局则以为省城之教育费固须扩充，而各属之教育费尤急宜筹补助。预算全省教育之进行，当观察全省教育之状况，审查员等通筹全局，以为今日普通之教育，视高等之教育为尤急，故对于初级师范、各属中小学、简易学塾，尤加注意。盖省城如优级师范、高等学堂本科学生现均只有二十余人，以各属初级多未成立，中学皆不完全，致无此项合格学生。即如农工商各实业学堂，本科学生亦只十之一二。不及时谋各属教育之发达，则省城各校虽有扩充之费，而无扩充余地。此各属教育费急宜补助碍难过为缩减者。又酌盈剂虚，移缓就急，乃本局之职责。查覆交册内对于补助各款，类皆谓只可浑拟其数，不必确定支配之数目，须俟本案核定后，方能计划。夫确定数目与否，实与议决权有关，此不敢赞同者。又况此次预算，省城各校用费，系比较上两年及本年上学期报司实支之数，并加以实地之调查，并于原册声明扩充者，量予增加，于事实上毫无窒碍，非裁减乃核实也。于核实腾出之数，即分别缓急，以为补助。于省城各校既无妨进行，于全省教育即可同发达，计未有便于此者。审查员等因教育费为此次预算一大部分，故言之稍详，其余各类，因无特异之点，故只于原案各项下略加说明。兹将全案之与原议决案有变更者，略举例言之。督部堂交覆议案内，有主张增加者，今分别量予增加，民政类如省城巡警、巡警学堂等，教育类如法政、师范各学堂，实业类如蚕业、工业各学堂等是也。有主张裁减者，今分别可裁减不可裁减两项，可裁减者如教育类外属中等实业学堂、单级教练所、补助京师闽学，实业类如茶务讲习所、商品陈列所等是也；不可裁减者如补助各府州中学、各属初级师范等是也。有覆议案内无所增减，或事实尚可从缓暂行裁去，如重及所收厘金，悉照旧章办理，开具粗碗名色及向来报厘斤重完厘银数清折，并声明每百斤征厘金银一钱，随收加一补水，每银一两收钱一千五百一十六文，此外并无规费等由前来。伏查南台局卡征收进出口厘金，定章系照海关常税则例加倍核收，土碗每百斤进出口均税银一钱，厘金均征银二钱。闽清土碗南台局卡每百斤仅征出口厘金银一钱，较各项粗磁厘金本已格外轻减。今海关常税业经闽海关务处议准按值百抽五，厘金一律减征，自应照办。所议南台粗碗一项，分别内港外港，应免应征，均系海关征税办法。闽清内港产磁，运往南台口，该处局卡本无征收进口厘金，毋庸议免外，所有大小商船，运载闽清青红花粗碗出口，无论运往何处行销，概应遵照规定值百抽五，加倍征厘新章，在南台税厘局、水亭卡及洲头厘卡报完厘金，方准出口。唯南台局卡征收此项碗厘，本应照案俟常关估定再行科征，但恐辗转稽迟，商情诸多不便，且南台水亭卡向征粗碗十二种，价值各有高低，其厘数目分轩轾，若非明定征则，似无以资遵守而肃榷纲，亟应札饬南台闽清各碗商，调检闽清出产各种青红花粗碗，逐一复验，某装头为青花为红花，是何名色式样，公同确估，每（连）〔运〕若干个，秤重若干斤，价值若干，按每百斤科计值百抽五，加倍应征厘金银数若干，详列清单，拟定准则，禀复察办。除咨行外，详乞察核等由前来。合就札复，为此札行谘议局查照，须至札者。右札福建谘议局准此。

七、报告闽邑水部乡议事会呈报启用图记日期事。

八、报告南台镇董事会呈报启用图记日期事。

九、报告北京闽学堂来电。

谘议局鉴：中学款巨，议停办，学生分送各处，费由同乡另筹。小学两班续办，年款一千五百两，乞留。闽学堂，感。

十、报告保护木商案：关于庚、壬两条已于八月二十六日答覆，日前覆议此案时，报告未经札覆，实因检卷有误。

十一、报告本局今年常年会用费有（隘）〔溢〕出各项预算数目者，当详细报告。

第一，覆议地方行政经费预算案审查员报告。

议长（高登鲤君）请主查员王子懿君登坛报告。

奏明办理，不足以溯积习而挽颓风等情，详由前督部堂许奏准设立，派员开办。至经费一切，当时系由恽道就近设筹，并未议及抽收华侨保费以为补助。且查保商局原订试办章程，类皆就本埠商务情形立言，至保护回国侨民，不过列为一条，为该局一部分事。迨延道年继任，始议抽收保费，与驻厦英领事商准于新嘉坡、槟榔屿各埠，遇有回华商民，每人抽费一元，以助厦门地方保护回华商民及各项经费之用。所抽之款，由新海关税务司代收汇存，由道签字取用。近年保商事务改归厦门商会承办，该项经费是否仍前抽收，有无吞蚀虚縻情事，自应彻查妥筹办法，期有实济。惟事关奏案，该参议员等所请改由华侨公会领归自办，能否实行保护，于地方情形有无窒碍之处，应将原折抄发，饬由兴泉永道就近查明，详细核复，以凭酌夺办理。除行兴泉永道遵照外，合就札复谘议局查照，须至札者。右札福建谘议局准此。

六、报告督部堂札覆闽清碗商建议书。

总督部堂松为札复事，据谘议局呈称，闽清县碗商请减碗税速催财政局议覆一件，抄录清折，呈请察核等情，计呈送清折一扣，到本部堂。据此，查此案现据财政局详称，奉宪札据闽海关务处详覆，福建谘议局议决闽清铁碗米船商陈请建议书抄折内开，闽清粗碗关税过重，应请估价科以寻常之税等语，饬据南台口税务委员梅振瀛照甘税司查覆前来，拟请仿照杜前税司所议，将南台粗碗一项，分别内外港办理，税银准按百抽五征收，仍逐一过秤，不得畸重畸轻。至南台口局卡征收进出口厘金，定章系照常税加倍核收，如该口碗税既议减轻，所有厘金自应一律酌减等情，行局妥议详覆核办等因。经查闽清所产青红花粗碗应征关税，既经关务处查议准按值百抽五，所有各局卡征收进出口厘金，自应照海关现定则例核实过秤，加倍科征。惟南台水亭卡及闽安镇分局征收前项粗碗厘金，向例如何科征，每百斤实征正项补水各若干，折钱若干，此外有无另收规例？当即呈明分饬查覆。嗣据闽清碗商协同吉等禀奉宪台批局分别催查禀复由局酌核详办等因，并据闽安分局委员叶令鸿通申请闽清所产青红花粗碗，卑局并无征收进出口厘金，惟小牌船只由南台零星运载出口，系属卑局覆验，其由水亭局征收银一两者收验费钱二百文，由洲头卡征银一两者收验费钱六百文，全年共有十数千文，业经按月归入杂款盈余项下汇册报告等由。又经核案呈覆，兹经催据南台税厘局水亭卡委员王丞纯覆称，闽清出口粗碗计有十二种，装头不一，卑局所报斤查洋商不准在内地开设行栈，载在约章，人所共晓。洋货运入内地，准其寄售华店，又载于《马关条约》之中。内地奸商，藉有洋货寄售，因而悬挂洋牌，冒为洋商行栈，恫吓乡愚，遇有讼事，托为护符。检查移交卷内，类此之案，内地所在皆有，不独洋口一隅。曾经前洋务随案与各领事商定办法，凡洋货寄售华店，只准张贴招纸，以便招徕。其招纸内可书某华店寄售某洋行某货等字样，不得就华店兼挂洋牌，以免牵混。一切办法，历经由局通饬遵照亦有案。又日商三五公司，在尤溪熬脑械斗一节。查移交卷内，本年正月，据脑商陈阿八禀控日商三五公司林仁通等，争批樟树，串匪肆扰等情。查尤邑三五公司，早经撤回，林仁通等系属假冒，饬县提讯解办，林仁通等闻风避匿，当将樟树标封候办。嗣又有永春生员林基，自称三五公司代理人，率众持械强砍强熬，致酿斗掳，经县禀局，照准日本领事，以该地公司早已撤退，现无店伙居住，所提之事，全与该公司无涉等语，照覆到局。又经由局饬县，从严究办在案。此案系劣生林基，假冒洋商滋事，毫无关于交涉。又日商三井洋行，在永定收买烟叶抗捐一节。查洋商领三联单入内地采买土货，从第一子口报运起，沿途免完厘金，惟最后子口始行纳税，系属定章。查移交卷内，日商三井洋行入内地采买烟叶，在汀州窑上厘卡、漳州江东桥厘局、福宁沙埕厘局各处，因运照纠葛之案，旋即完结。至在永定采买抗捐，卷无可考。惟查各项贾捐，抽之坐贾，不在行商，所称该三井行收买烟叶，抗不纳捐，如系即指贾捐而言，未免误会各等情，声覆前来。本部堂查据司覆前项各案，或已据约争回，或已设法防范，或事由华人冒托，或捐非行商应输，既已逐案查明，实未经发觉，自毋庸议。至于游历、贸易、产业、诉讼各办法，皆系早经通饬照办，先后所订各约，各省府厅州县以及文武各衙门亦均有颁发存案，皆足以资遵守，前已明白札覆，现应仍照办理。据呈前情，除行交涉司知照外，合就札覆谘议局查照，须至札者。右札福建谘议局准此。

五、报告督部堂札覆覆议裁撤厦门保商局案。

总督部堂松为札覆事，据谘议局呈称，本局议决仰光参议员杨向荣、沈钧请裁撤厦门保商局并归华侨公会实行保护案一件，缮具清折，呈请察核公布施行等情，到本部堂前来卷。查光绪二十五年，据汀漳龙荣道塈、兴泉永恽道祖祁会详，以漳泉一带民人生计，以商务为大宗，厦门为出入孔道，咨询绅商，酌议章程，设立保商局，振兴商务，其中保护出洋闽商一端，尤关紧要，非重申旧章，教相安办法一件，请仍照原案施行等情前来。查原案内开两项：一为接待教士，一为民教词讼。光绪三十四年四月间，本部堂承准外务部将奏准改正地方官接待教士章程一折，咨行到闽，业经通行，饬属一体遵照在案。至奉教人民仍属中国百姓，遇有讼事，听地方官审查判断。即华人充当教士，犹是平民涉讼，由官主裁，有犯按律惩办。洋教士来华传教，凡无关教务之事，均不准其干预，地方词讼，更不应问。有以私函干托并不预先禀由领事请办者，概予驳斥。一切通行办法，具载约章，遇事可以援引。况自中外互市以来，无论中国与何国订立一条约，增改一章程，类皆随时刊本通颁，地方官早应备悉周知，又何待再三告诫？察核原呈议案，其中所筹办法，大都为条约章程所尽有，均经迭次严饬各属照办，前既三令五申，现自毋庸再行通饬，徒烦案牍。至原案所议请颁地方自治会摘要条约讲演一节，是为辨民惑起见，尚属可行，应由各该会随时呈请交涉司颁发，以备讲演。除行知交涉司外，合就札覆谘议局查照，须至札者。右札福建谘议局准此。

四、报告督部堂札覆覆议约束外人案。

总督部堂松为札覆事，据谘议局呈称，宣统元年第一届开会时，议约束外人在内地违约之举动一件，奉到札覆在案。本届临时会开会时，当将该件提出覆议，除申明约章于各国领事一条，应照札覆，毋庸凭空照会，酌量删去外，其余甲、乙、丙、丁四款及刊颁约章于各州县一条，仍请照准原案施行等情，到本部堂。据此，当将原文发由交涉司查案复夺。兹据查称日本人在延平开设木排保险馆包运一节。检查洋务局移交卷内，光绪三十二年间，有日商林仁通、陈红弟、黄安甫、陈清泉等，本皆福州人，均执有游历护照到延。林仁通开设亚士新记洋行，陈红弟等开设亚士正记洋行，皆以揽运木排为事，因争生意，彼此互斗。陈红弟更请日本人斋藤龟太郎出面包庇，互相攻讦。据南平县潘令震临禀请，照会日本领事，调回各日商，并饬令将亚士新记、正记两洋行照约闭歇。并据水口县丞沈其麟禀称，亚士保险局排丁勒诈各等情，先后均经前洋务局照准日本领事，传讯林仁通等，勒将亚士各行闭歇，并请通饬内地，凡遇有此项保险包运局所，无论真假日商，显系违约犯法，均应立即标封，拘拿严办。如果系日人，即勒令来省，讯明治罪等语，照覆到局。是此事早已通饬延建邵等府，一体查拿解办各有案。又英商天祥号、美商美孚号，在洋口地方开设行栈，售卖洋油面粉一节。

第四次福建谘议局（临时会）议事速记录第二号

宣统二年十一月二十九日（1910年12月30日）

议事日表第二次临时会　第二号

宣统二年十一月二十九日（金曜日）午后一时开议。

第一，覆议地方行政经费预算案审查员报告。

第二，声明谘议局权限呈文之提出（延前会）。

第三，请速札覆未覆各案得及核议期间呈文之提出（延前会）。

第四，宣统二年本局第二次临时会预算案第一读会。

第五，覆议请免古田县枉缴膏捐案。

议长（高登鲤君）述各种报告：

一、报告督部堂札覆各学堂公所传习所说明册及建筑本局奏案事。

总督部堂松为札发事，照得宣统三年地方行政预算册，业于本二十四日札交覆议，兹续将各学堂理由册九本并警务公所、工艺传习所理由册二本，暨宣统元年关于建筑谘议局奏案一纸送局，以备参考。为此，札发谘议局查照，须至札者。计札发各学堂理由册九本、警务公所、工艺传习所理由册二本，右札福建谘议局准此。

二、报告督部堂札知派委行政委员到局以备审查预算质问事。

总督部堂松为札知事，照得本部堂昨经札发宣统三年地方行政预算册一本，交局覆议，所有此项预算册开议时，应由本部堂随派行政委员到局，以备质问。为此，札行谘议局查照，须至札者。右札福建谘议局准此。

三、报告督部堂札覆议民教相安案。

总督部堂松为札覆事，据谘议局呈覆，宣统元年第一届会议时，议决妥筹民于蹂躏人权。且闻该店东伙二人此次所花规费甚多，据本议员所闻，府县衙门勒索规费皆有经手人姓名，且有数目，皆凿凿可据者也。

督部堂代理员提法使司鹿谓：此节既有经手人姓名，自是确实，应即请督部堂查究，督部堂亦决不回护也。

刘崇佑君云：又闻该欠款有官款、私款之别，究竟官款、私款区别并无一定标准，不过在官人员之款即为官款，究竟在官人员之款既以私人名义存放，不得算为官款也。

督部堂代理员提法使司鹿云：依福建惯例，大半用私人名义存放。

王子懿君云：本日本局提出此案，非为承源号，实为法律计，不得不提出也。

议长（高登鲤君）谓：诸君讨论既已详悉，应否即将此质问书呈请督部堂批答，请众表决。可决者四十一人。

议长（高登鲤君）谓：第七一条本日尚未印刷，应行延会。

刘崇佑君谓：本次临时会专为预算而设，顷承督部堂代理员谓，督部堂允派委员到会，不知委员是否各主管委员？

督部堂代理员提法使司鹿谓：此节须与督部堂商及，最好能派主管委员，则情形较为熟悉。

刘崇佑君谓：本局向例，隔日一开会议。现据本议员之意，拟暂行休会三日，此三日内上午开审查会，并请督部堂派委员来会，以备讨论，下午开全体研究会，即行研究。

议长（高登鲤君）问：诸君赞成休会三日研究预算案者，请起立。起立赞成者四十二人。

议长（高登鲤君）宣读第二号议事日表。

议长（高登鲤君）宣告散会。

本日出席议员四十一人。督部堂未到会，委提法使司鹿代理。午后四时散会。

商业倒闭，例应讯追，所以保债主之财产，为公平之处理也。承源钱庄亏短倒欠，提讯东伙，自属正办。外间种种喧传，有云此次因官场欠款较多，故讯问特为严紧等语。本议员等以其无根之谈，姑置不论。第就其与法律有关者提出质问如左：一、禁止刑讯，明见谕旨。本月十三日，又系圣祖仁皇帝忌辰，闻福州府及委员即于是日分别提讯该店东范景惠及店伙何丙青，令其手反接背靠木板，并系发辫露膝跪石上，该店东因之晕去。究竟忌辰可否刑讯？背靠木板、系辫露膝跪石等即系刑讯，此项刑讯系据法律何条？应请明答。二、财产物件寄藏杨、尤二家，闻系刑讯后之口供，此语何以竟作实供？迫供后，官府对于杨、尤二家有何行动？应请明答。三、闻范、何自入官后，闽县署规费勒索至五百余元，府署规费勒索至千余元，其勒索情形，官府有无察觉？又此项规费，实与异日摊还各债主之款有妨，何以各衙门一面讯追，一面反出此妨害债主之举？应请明答。四、闻承源所欠之款，有官款、民款之分，官款、民款之区别何在？其中有息者若干？应请明答。质问者黄纪星、苏寿乔、郑祖荫、张道南、王子懿，赞成者赵锡荣、游肇源、连贤基、刘崇佑、陈锡朋、黄乃裳、余钟英、陈之麟、高士龙、谢受殷。

督部堂代理员提法使司鹿谓：此事尚须详细调查，本代理员不能即答。

刘崇佑君云：本议员对于此案为赞成者之一人，所以赞成者，因行政事务有可疑者，议员应行质问。关于倒欠案，固应严追，督部堂之追欠款，诚属应办之事。但行政官办事，须衷于法律，法律所禁，岂可任意行动？乃于十三日闻有刑讯之举。夫非刑拷讯，例禁甚严，且闻半月前法部又有文通行各省，重申禁例，何以此案忽有刑讯之举？近接到北京同乡官来电，询问有无动刑。本局用特行文自治会、商会询问，据自治会、商会详覆，内中所述，与本局所访闻者大略相同。据法律所载，凡非法定之刑罚，皆谓为非刑。当日令该店东露膝跪地，且背施木板，辫系木杠，此种刑法，系根据何种法律？既无根据，岂不可谓为非刑？夫以省垣之地，有督部堂及提法使司在而尚如此，则外府州县更当若何？且据该店东所供，谓有赃物寄存杨、尤两姓，其供系在刑讯之下，夫严刑之下何求不得？纵使所供属实，以后该犯犹得以迫供为藉口，况其所供未必属实乎？乃闻府县即据此供差，传该两姓，令其到案，并谓若不到案，定当照例严办云云。夫寄存之有无尚未讯明，何得即云严办？果其属实，固当严办，若其虚诬，则未免过内，经费亦归各府中学内开支；各县模范小学堂经费，原案所无，为本局增入者，督部堂只就所裁各数中划出一万八千两，用为补助模范小学之用；补助厦门女学经费，减少七百两；补助各府州县学堂经费，减为六千两；补助省城各小学堂经费，则仍照原预算册。其余实业类，于商业、工业、农业、蚕业各学堂，均于本局预算外有增加之处。此督部堂交来覆议预算案之大略也。

刘崇佑君谓：此次督部堂交来覆议各款，类皆本于各学堂之理由书，其理由书未见交到，应请督部堂交下，以供参考。又本局建筑经费，督部堂谓当照奏定办理，请将奏稿交下，以便参酌。

督部堂代理员提法使司鹿答：均可即交。

王子懿君质问：据督部？

督部堂代理员提法使司鹿答曰：然。

王子懿君质问：工艺传习所销货银何以除外？

督部堂代理员提法使司鹿谓：本代理员不能逐条答问，贵议员如有可疑之处，尽可提出质问案，请督部堂批答。

议长（高登鲤君）谓：此覆议案应交审查，所有各科主查员及理事举定后，即于下次报告。

议长（高登鲤君）宣告休息二十分钟。

三时二十分钟续行开议。

第四，声明谘议局权限呈文之提出。

议长（高登鲤君）谓：此呈文已印刷，可省朗读，请诸君讨论。

刘崇佑君谓：此呈文文字上、意思上尚有应行修改之处，据本议员意见，此呈文应行延会，俟修改妥当，再于次会提出。

议长（高登鲤君）谓：诸君赞成刘君之说否？请即表决。可决者四十三人。

第五，忌辰刑讯承源钱庄东伙质问案之提出。

议长（高登鲤君）请质问者登坛质问。

黄纪星君登坛质问（大意与质问案同）。

刑讯承源钱庄东伙质问案

午后一时续行开议。

议长（高登鲤君）宣告选举法律科审查员五人，照前法行之，计出席者四十九人，得票多数者五人当选，姓名列左：卢初璜四十三票、黄金銮三十一票、俞光华二十三票、赵锡荣十六票、李仲郯十五票。

议长（高登鲤君）宣告选举庶政兴革科审查员七人，照前法行之，计出席者五十人，当选者（五）〔七〕人，姓名列左：陈锡朋四十四票、高士龙四十票、黄乃裳三十七票、王邦怀二十六票、余钟英二十六票、游肇源二十五票、赖其浚二十票。

议长（高登鲤君）宣告选举惩罚科审查员五人，照前法行之，得票多数当选者五人，姓名列左：吴庭枨三十九票、上官华盖三十九票、范宗福三十六票、李驹二十九票、李泰交二十一票。

第三，覆议地方行政预算案。

议长（高登鲤君）请书记长登坛朗读来札。

书记长（林长民君）登坛朗读督部堂来札。

总督部堂松为札交事，据谘议局呈送前札发之各学堂预算册九本、巡警公所册一本、工艺传习所册一本，并由局议决预算册二本、备考表一本，请即核覆等情前来。当经本部堂逐款详核，分别缓急，量予增减，另订一册，札交覆议，呈由本部堂核夺施行。为此，札行谘议局查照，须至札者。计札发宣统三年地方行政预算册一本。右札福建谘议局准此。宣统二年十一月二十四日。

刘崇佑君云：此件公文昨晚始到，本日不及印刷颁布，惟关于大体，本日仍可讨论，应请书记长将督部堂交来覆议之预算各款增删之处，逐一报告。

书记长（林长民君）报告督部堂交来覆议清册报告云：第一，民政类中各府厅州县巡警及保甲经费无变更，巡警学堂经费系照原案减去八百余两，筹设医院经费减去五千两。第二，教育类法政学堂比照原案减二千余两，师范学堂照原案减去三千余两，高等学堂照原案减去四千余两，女子师范学堂照原案减七十两，八旗中小学堂、存古学堂均无变动；外府厅师范学堂原案仅拟三所，本局加设七所，据督部堂以为须加数万两，现在财力不及，应照原案撙节办理；又各府中等初等实业学堂，仍应照原案办理；至单级教授练习所，附设于各府中学之十七日上谕，军机大臣负责任与不负责任，非该院总裁等所得擅预，与立宪原则相反，请同电院争。

三十四、报告厦门来电。

箇电悉，商务关紧难，应会请辞职另补，免误公，同人已达洪鸿儒。

三十五、报告三都自治劝学劝业教育去毒各团体来电。

福鼎县奸商丁协发，因吞捐抗缴，经县奉宪勒鹏暂交捕署看守，竟敢勾引日人来县，迫赛硬保，威胁县官，众降持汹，恐被挟放，致碍全局，激成祸端，伏乞主持。

三十六、报告四川全学界来电。

据津奉电，东省危急，蜀全学界罢课，筹对付，请即开国会为先，望转各界誓死同行。

三十七、报告中国国民禁烟公会来函，附寄章程一本。

三十八、报告留日学生联合会来函，为包办盐务事。

第一，审议会长之选举。

议长（高登鲤君）宣告选举审议会长，照章用无记名投票，以得票过半数者为当选，计出席议员四十九人，投票之结果，当选者姓名如左：林天骥四十票。

第二，各科审查员之选举。

议长（高登鲤君）宣告选举各科审查员，先行选举预算科审查员九人，照章用连记无记名投票法，以得票最多数者为当选，其结果得当选者姓名如左：王子懿四十七票、孟思培四十五票、苏寿乔四十一票、连贤基四十票、张道南四十票、郑祖荫三十七票、郑藻山三十五票、潘纪雲三十五票、施景琛二十九票。

议长（高登鲤君）宣告选举其他财政科审查员七人，照前法行之，得当选者七人姓名如左：黄纪星四十一票、林邦桢三十六票、椿安三十四票、邓畿二十九票、伍春蓉二十一票、许赞虞二十票、周文麟十六票。

议长（高登鲤君）宣告休息二十分钟。

否。本局又闻范、何自入官后，闽县署规费勒索至五百余元，府署规费勒索至千余元，自委员至差承皆有所得，不知现时尚有勒索否？该庄欠人二十四万两，人欠十万两。本局闻中有所谓官款民款之分，官款民款之区别不知何在？所谓官款，不知是官家之款，抑系在官人员之款？其中有息者若干？该庄现在已经破产，所有欠款如何摊还？闻其破产以后，人欠、欠人各项强力债家尚有私相抵偿情事。本局昨得京电询问此事，已将电文抄送，此案情形，所闻当更详悉。乞将以上所举各节，或于所举之外更有别项情事，及对于兹事之意见，一并示覆等因。本会当经先将事实调查呈覆在案。至公论如何，已声明俟开会时征集意见，再行呈覆。兹于十一月二十九日，本会开冬季会议，当将贵局照会及京电提出报告，公同议决，以十三日为圣祖仁皇帝忌辰，不宜用刑，且比年奉诏停止刑讯，而扭辫跪石，又非刑典所载，尤属不合。至各署勒索规费一节，虽未能得其确据，但在官人役对于罪犯私立名目，勒索规费，久成惯例。范庄主被禁后，风闻衙费已达千余元，自应请地方官查实惩办。至该庄欠人二十四万两，人欠约有十万两，可靠其中欠人之款，所谓官款民款，照破产律第四十条并无区别。现破产律虽未实行，似官民之款仍以一律办理为最得公平。合将公决等情备文，呈覆贵局察照，须至呈者。

二十八、报告留日同乡会来电。

法政教育关系宪政至重，断不容当局朋比为私，乞力救危局。

二十九、报告成都谘议局来电。

敝局电院，延会一月，解决各局异议事件，望合电请。

三十、报告北京同乡京官林绍年、郭曾炘、陈宝琛等来电。

范事刑讯确否？梅款有息否？四万四外曾提若干？公论如何？盼覆。

三十一、报告资政院来电。

真电悉，覆议预算一节，已电督院查照前（决）〔次〕通电办理，并请照章续行召集临时会，以便迅速办结。除电督院外，此覆。

三十二、报告在津全国学界天津同志会来电。

谘议局转教育会、商会鉴：国亡在即，非速开国会，不能救亡。全津学界罢课，公举代表晋京请愿。特电贵省，乞速连各学界援助，办法情形，速覆。

三十三、报告武昌谘议局来电。

局，请烦查照，稽查有无侵蚀，俾贫民得沾实惠，望切施行，须至照会者。

二十三、报告福建禁烟公所咨本月初十开办启用关防事。

二十四、报告闽侯城议事会呈报冬季开会日期事。

二十五、报告顺昌城董事会呈报启用图记日期事。

二十六、报告福州商务总会移称承源钱庄倒闭府讯用刑事。

福州商务总会为移覆事，本年十一月十九日，准贵局文开省城承源钱庄倒闭等由，计粘抄电文一纸，准此。本总会查承源店东范景惠及店伙何丙青，十三日由福州府曹分别讯问，所闻刑讯系背靠木板，并系发辫露膝跪石上。十三日以后，并无覆讯。至承询府县署勒索规费一节，查奸胥蠹役此种情弊可想而知。惟所索实在数目，尚未调查的确。又承询官款民款区别所在，查当时集同本会议董前往府署核账，不过先核人欠、欠人大纲。该庄欠人者实额应二十四万两，票额除备存外，尚短七八千元；人欠者约八万零两，据该店伙何念臣称，均可当额。尚有三万两，多系契押及久欠，亦据该店伙称，须俟收回后方能当额。其间属于钱粮关税并无息钱者，自是官款。大概该庄寄存之款，有息者多，无息者少。至于详细情形，当时尚未确核。又承询该庄所有欠款如何摊还，及人欠、欠人各项强有力债家私相抵偿各节，查该庄人欠之款尚未追齐，现在如何摊还，及债家有无私相抵偿，自难悬揣。又承询或于所举之外更有别项情事，及对于兹事之意见各节，本总会近据合春号杨人祺、人增之母刘氏及会员尤星垣等称，被范景惠妄供寄顿皮箱衣服首饰，致府厅县谕饬赴府质问追缴等情，到会请议，当经邀集议董开会咨询决议，以杨、尤两家如无寄顿情事，不得株连，当为极力保护。至对于兹事意见，亦经会议，咸以该庄欠款如何摊还，有无分别官款民款，店东当事如何科断，拟俟承审官办理此案发表后是否中节，再行评议。想贵局公论所在，先事筹维，自能权衡至当。缘准前由，合将查议情形，备文移覆。为此移诣贵局请烦查照核议，须至移者。

二十七、报告闽侯城议事会呈称承源钱庄倒闭府讯用刑事。

闽侯城议事会为呈覆事，十一月十九日，接奉贵局照会内开省城承源钱庄倒闭，该庄主范景惠及庄伙何丙青，业经府县提讯羁禁府狱。本月十三日，由福州府曹分别讯问。本局查有刑讯情事，手反缚背靠木板，并系发辫露膝跪石上，范景惠受刑晕去，此种刑具其酷似天平架。十三日后覆讯几次，不知尚有用刑与清折，转呈督部堂察鉴施行等情，计清折一扣到本部堂。据此，除札饬藩、学、法三司查明确情详覆核办外，合先札覆。为此札行谘议局查照，须至札者。

二十二、报告藩台照会普济堂经费事。

福建布政使司为照会事，奉总督部堂松札开，据谘议局申称，窃本局第二届会议，奉督部堂札交筹款设立救贫院咨询案，付本局会议，仰见悯恤穷黎至意，钦佩莫名。查省城普济堂，即救贫事业之一，其中所收贫民男妇共五百人。据预算册该堂经费年支银八千七百四两七钱四厘，每月实支银七百二十五两余，乃据贫民所称每月每人领台伏一元，小洋一角，铜元四枚，实不足以资生活。核计贫民所得者，每月不过台伏五百余元。其余之款如何开销，有无克扣，宜严核者也。至男子入堂者，间有在外自觅工作，藉佣值以补口粮之不足者。妇人除口粮外绝无所得，则使习简易手工，俾资生活，似不可以已。应由自治会设立募捐拨用，以图设备完全，一面拟定管理规则，以资遵守。至各属救贫事业，应由城镇乡自治会遵照自治章程，酌量地方情形，设法筹备。至各属所发之孤贫口粮，及省城所办之粥厂，及施赠衣等事，均宜严禁吏胥侵蚀，俾实惠得以及民，方不虚縻款项。传闻粥厂施粥，贫民所啜之粥极稀而残废之米汤，暗存多量之米，至可以得善价，此宜饬承办委员认真稽察者也。所有会议情形，谨备文申覆，伏乞督部堂察核施行等因。据此，查申各节，均可照行，除札覆谘议局外，合就饬司立即稽查各善举办法，以俾实惠及民，切切等因，奉此。除各属所发孤贫口粮，及省城所办粥厂，并施赠寒衣另案稽查覆外，查省城普济堂，收养内外男妇孤贫额定各五百名。内堂者系无栖止，收养住堂，每名口月给口粮银八钱；外堂无在堂住宿，每名口月给口粮银五钱。嗣因经费支绌，将堂外孤贫遇有革故暂停挚补，现无足额，仅存三百余名，间有堂内孤贫病故，每名准给木价银二两四分四厘。又冬间自十一月起至二月止，添设巡防火烛更夫二名，月给工食银一两一钱六分一厘。夏制药茶痧药银约用五两，冬制给棉衣棉被工料银约二百八十余两。由绅董派选公正司事，月领薪水银三十两。所有书役堂使工食堂用纸张油烛等项银二十一两，均由司库按期发由本辖经历官转交堂绅，按照定章，绅办官督，按名支放。历经由绅按月开折实支实报，如有旷存，留给下期，在于支数额款缩除，不假吏胥之手。约合本年计算，于外堂孤贫既久停补，年自不至支银八千七百余两。兹奉前因，除查案照会自治会设立募捐拨充经费外，理合照会。为此照会贵札行谘议局查照，须至札者。

十九、报告督部堂札覆保护木商案内庚壬两条已经札覆事。

总督部堂松札覆事，据谘议局呈称，案查宣统元年本局第一届开会时，议决保护上游木商一件，业于上年十月二十一日具折呈送，本年二月十八（目）〔日〕奉到札覆在案。又查本年七月二十一日督部堂批答已未覆各案中，关于本案内开，查前农工商局所覆五条，均属可行，应准照办。庚、壬两条，原详声明由该局移咨福盐道、财政局核办，现尚未据详覆，已分别饬催具详，再行续札等语。旋于八月十八日及八月二十六日，先后奉到督部堂札覆各在案。本局第二届会议时，当将该案提出覆议，查原案办法计共十条，附案一条，庚、壬两条未奉札覆外，其余均照准施行。惟督部堂札覆，对于甲条以不待讯明而径伐，亦应与非木主而冒争者一律照办，立意甚公允，应照添入甲条之内。至庚、壬两条，原系防讹诈勒索起见，虽至今未奉明札，应请督部堂一并照原案公布实行。惟查沙县近已无抽收贾捐一元之事，是壬条内"沙县"二字自应删去。理合将覆议公决保护上游木商一件，具文呈请督部堂察鉴公布施行等情，到本部堂。据此，查此案原议十条，除壬条前据财政局详称，贾捐有关赔款要需，且行之已久，势难遽行停止等语，特札碍难照准外，其庚条及其余各条，均早经陆续札覆照准办理，并据劝业道详请关于保护各条出示公布，并于十月间将示稿抄发札知各在案。何有庚、壬两条至今未奉明札之语？据呈前情，合就札覆，为此札行谘议局查照，须至札者。

二十、报告督部堂札覆朱翰陈请振兴实业事。

总督部堂松为札覆事，据谘议局呈称，案查奏定谘议局章程，关于谘议局职任权限第二十一条十二号内开，收受本省自治会或人民陈请建议事件等语。兹本局于十月初二日收受浦城县朱翰沥陈农会集资振兴实业延宕违章不行建议书一件，业经本局提出公同议决。理合具文，并抄录清折，呈请察核施行等情，计呈送清折一扣，到本部堂。据此，除行劝业道查明核办外，合就札覆。为此札行谘议局即便知照，须至札者。

二十一、报告督部堂札覆廖钦若关于纳贿违法陈请建议书现饬司查办事。

总督部堂松为札覆事，据谘议局呈，本局收受附生廖钦若等沥陈安溪县易简、李祖衡违法纳贿建议（出）〔书〕一件，业经本局提出公同议决。理合照录以便交通建议书一件，业经本局提出会议。该书中所陈关闭南城门种种不便，皆属实在情形。查京师正阳门最为扼要，迩来因出入繁多，彻夜不闭。奉天亦然。吾闽尽可仿照办理，以便交通。本局公决，代为转呈，理合将该建议书缮录清折，具文呈请督部堂察鉴公布施行。计清折一扣等情到本部堂。据此，除咨会福州将军核办见覆施行外，合先札覆。为此札行谘议局查照，须至札者。

十七、报告督部堂札覆划区禁烟案照准施行事。

总督部堂松为札覆事，据谘议局呈称，案查奏定谘议局章程第二十二条内开，谘议局议定可行事件，呈候督抚公布施行等语。兹本局提出划区禁烟限期肃清一件，经公同讨论，以为禁烟一事，非严厉迅速必不为功，乃主持烟政者，每行之以渐，朝发一令，夕布一章，既无可实际上之成功，何足为根本上之解决？加以所司奉行不力，掩饰敷衍者有之，观望瞻徇者有之，已著成效而复蹈前辙者有之。闽省禁烟虽较他省为稍进，然非有强制力压迫之，则十年期届，恐不能禁除净尽。兹经公决，闽省禁烟章程九章都三十四条，理合缮具清折，具文呈请督部堂察鉴公布施行，计呈清折一扣等情。据此，查禁烟为当今要政，自非厉行强制不为功。划区限期肃清，官绅同负责任，本部堂深表同情。所议各节，自应照准办理。惟经费一节，省城禁烟公所业经札委巡警道总办照章由膏捐项下拨充，各厅州县由膏捐额内加抽十分之一充用，尚无窒碍之处。其补助之费，应俟预算确定，方能实行。除由本部堂公布施行外，为此札覆谘议局查照，须至札者。

十八、报告督部堂札覆枉缴古田县膏捐案事。

总督部堂松为札覆事，据谘议局呈称，议决请免古田县枉缴膏捐一件，缮具清折，呈请公布施行等情，到本部堂。据此，查膏捐一项，名为抽诸膏店，实则各膏店加于售价，担负仍在吃烟之人。古田县膏捐，当时绅士徐应麒、陈为霖等请将膏捐土税全年应缴重洋二千元，由伊等公摊认解，一面将城庙内外膏土店一律禁闭，其未经戒断各户，特给牌照，公举妥商，由省买膏转售。因各绅士自愿集捐，为编查烟籍，严禁私熬私卖情弊，是以准予试办。今古田县膏店虽经禁闭，而吃烟各户恐仍不少，其经手售卖烟膏者，无论为绅为商，但有卖膏之实，自应一律纳捐。此项膏捐专为偿款而设，并非无故多取于民，将来烟毒廓清，当另行设法抵补。现在未便遽停，致启效尤之渐。如古田各绅士不愿摊缴，则捐从膏起，应责令售膏之人照纳，庶公款有著，而名义亦未为不安。合就札覆，为此

十四、报告督部堂札覆本省地方行政经费预算案事。

总督部堂松为札交事,据谘议局呈送前札发之各学堂预算册九本,巡警公所册一本,工艺传习所册一本,并由局议决预算册二本,备考表一本,请即核覆等情前来。当经本部堂逐款详核,分别缓急,量予增减,另订一册,札交覆议,呈由本部堂核夺施行。为此札行谘议局查照,须至札者。计札发宣统三年地方行政预算册一本。

十五、报告督部堂札覆阮炳年等关于任意除名建议事。

总督部堂松为札覆事,据谘议局呈称,本届临时会开会时,本局收受罗源阮炳年等关于县令任意除城议事会议员名请公断呈督饬补给执照陈请建议书一件,业经提出会议。查得程文郁因被李善承等控指匿丧抢替奸娶孀妇各节,罗源县令不给知会书;并经阮炳年等议员十五人集议,咸以承指控各节均属子虚,覆请遵筹办处所批核办,罗源县令仍未示覆。按城镇乡自治选举章程第五十六条,选举争议应由选举人申诉,城镇乡议事会公断。李善承前因诈伪防捐,选权被夺,既非选举人,即不得为申诉。李善承既不应申诉而申诉,则其申诉为无效,罗源县令便不得不给程文郁知会书及扣留其执照可知。若云当选无效,则城镇乡自治章程中又明明有规定。查章程第五十条,当选无效之四款所云,被选举资格不符断定确实者,系指经议事会公断之后,或不服公断呈由地方官核断之后而言。今程文郁之当选,既未经议事会公断无效,地方官何从核断之?又同章程第五十条之第七款所云受除名之处分者,系指自治章程第一百六条之除名处分而言。自治章程第一百六条云,自治职员有以自治名义干预自治范围以外之事者,城镇乡议事会各员及城镇乡董事名誉董事,于会议时停止其到会三日以上十日以下,城镇乡董事会总董董事及乡董乡佐停止其薪水半月以上二月以下,其情节重者均除名。是此种除名之处分,应在自治会成立以后。此次创办自治会,方在开始,自无该条之处分。罗源县令不给知会书,实于章程不合,业经本局公决,代为转呈督部堂饬县补给知会书。如果应选,应即补给执照,方为合法。公权所在,不能任意剥夺等情。计清折一扣到本部堂。据此,除札饬自治筹办处查明饬遵外,合先札覆。为此札行谘议局查照,须至札者。

十六、报告督部堂札覆张冠瀛等陈请不闭南城门事。

总督部堂松为札覆事,据谘议局呈,本局收受人民张冠瀛等陈请不闭南门城

十一、报告督部堂批本局质问募集储蓄公债呈文事。

查募集公债，原为本省财政艰窘异常，无以维持商业起见。来呈所问各条，审慎周详，不为无见。惟欲组织妥善办法，当若何推行无弊，谘议局可于原交议案内增删修改，呈由本部堂核夺施行。此批。（廿二日）

十二、报告督部堂札覆泰宁城自治会陈请建议事。

为札覆事，据谘议局呈，本局收受泰宁县城自治会陈请清理钱粮积弊建议书一件，业经本局提出公同议决，理合缮录清折，具文呈请察鉴公布施行，计清折一扣等情，到本部堂。据此，查上届议决清理钱粮积弊各办法，当经批司饬属遵办在案。兹据折开各节，泰宁图差尚有苛索浮收情弊，自应设法立予革除，以纾民困。除饬福藩司严饬泰宁县出示严禁外，合行札覆。为此札行谘议局查照，须至札者。

十三、报告督部堂札覆陈藩陈请设立商船公会事。

总督部堂松为札覆事，据福建谘议局呈称，案查奏定谘议局章程，关于谘议局职任权限第二十一条十二号内开，收受本省自治会或人民陈请建议事件等语。兹本局于九月二十六日，收受船商代表陈藩等请转催覆以便设立船会建议书一件，业经本局提出公同会议。查原书历叙先后禀部禀道情形甚详，因劝业道分催商务总会暨福防厅查议具覆，而福防厅多方延宕，不为据情覆议，商会亦未具覆，致劝导无从核详定案。该船会延搁迄今，开办无期。考东西各国船会林立，航业日益发达。吾闽航业不讲，以致利权外溢，商业递衰。该船会邀集同业组织机关，为整顿航务之计，于商业大有关系。且经查明该公会所举总理协理各职员，均系殷实公正，业经福州商务会莅查妥洽，据情照覆。福防厅殊未便故为延宕，以防碍兴利保商之举。事关振兴商业，本局公决代为转呈督部堂，请速札饬劝业道转催福防厅迅即据情详覆，俾该船会得早成立。理合将该建议书缮录清折，具文呈请察鉴施行等情，计呈送清折一扣，到本部堂。据此，查航商陈藩等请设福州商船总公会一案，前据农工商局议详请示，当经本部堂批候农工商部咨查到日再行核办，旋据福州商务议员呈称，接奉农工商部饬查前情，已照请福州商务总会并札饬福防厅就近查议覆办等情在案。稽今数月之久，该厅尚未议覆，实属迟延。兹据前情，除札行劝业道转催福防厅迅速议覆核详外，合就札覆。为此札行福建谘议局即便查照，须至札者。

总督部堂松札行事，案查本月十二日，札发交局覆议文内，附送各学堂及警务公所、工艺传习所预算册计十一本，并谘议局原册三本。今欲重行详核，逐条签明，再交覆议，务即先将该册共十四本，呈由本部堂覆核可也。为此札行谘议局查照，须至札者。

八、报告督部堂札咨送速记学生事。

总督部堂松为札知事，准资政院咨开，本院奏办速记学堂，业经行知各省选送学生在案。现在第二班学生陈言、林秉枢、陈鸣则、谢锡圭已于本月十五日毕业，除由本院给予文凭外，自应照章派回原省谘议局任用。查谘议局章第五十一条，办事处置书记长、书记等员，尚无速记职务。现在既有毕业速记学生，应即于办事处添设速记员，专司议场记录之事。将来当差满三年以上著有劳绩者，并应照案择优酌量请奖，以示鼓励。相应咨行查照施行可也等因，到本部堂。准此，合就札行谘议局查照办理，须至札者。

九、报告督部堂札覆高士龙陈请建议事。

总督堂松为札覆事，据谘议局呈，本局收受议员高士龙等陈请将建瓯两邑钱粮确定大洋完纳价目建议书一件，业经本局提出公同议决，理合照录清折，转呈察核施行，计呈清折一扣等情。据此，查折内所陈积弊，均经本部堂于上届清理钱粮积弊案内核准施行在案，该县征粮仍有以银申钱，以钱折银，辗转苛算情弊，自应设法革除，以（苏）〔纾〕民困。应饬福藩司汇案核明议覆，转饬建瓯两县遵照。除札饬外，合札覆，为此札行谘议局查照，须至札者。

十、报告督部堂批本局质问城镇乡地方自治章程施行细则呈文事。

查此项施行细则，大半关系于章程之解释，因本年自治进行，刻不容缓，而各州县对于自治章程之解释，又多未能明了，因由省会办事处拟定施行细则草案，札发各属筹办自治公所，作为模范，并经咨部存案。旋于八月十二日准民政部咨，以第五十三条与章程不符，如果乡之事务繁多，应查照城镇乡自治章程第八十五条办理，毋庸添设乡佐等因，复经札饬自治筹办处遵照在案。是此项施行细则，只属本部之行政规章，并非本省之单行法，原可不必交议。惟闽省幅员较广，风气不齐，谘议局议员以外州县人占多数，于各处风土人情必能熟悉，自应交令再议，以期斟酌尽善。惟于本细则第一百三十三条不得变更，庶使僻陋之区不至自治进行之窒碍。此批。

总督部堂松为札行事,照得会议厅事务繁重,应行添设办事处,遴派妥员,藉资经理。所有应委秘书员,查有候补知府冯守宝琳,堪以派充;书记科员,查有候补知县熊令锡荣,堪以派充;庶务科员,查有候补知县宁令云汉,堪以派充。冯守每月支给薪水八十两,熊令、宁令每月支给薪水五十两,以资办公。其熊令未到差以前,应委刘县丞镇湘办理。除分别札委外,合就札知谘议局查照,须至札者。

四、报告督部堂札知选派会议厅审查科科员事。

总督部堂松为札知事,案查会议厅规则,应设审查科员,前经暂派熊令锡荣等三员在案。兹本部堂酌定该科总额为九员,以三分之一核计。所有司道及府厅州县官一项,查有藩司、学司、提法司堪以派充。遵照规则第十八条,各为名誉职。通晓法律人员一项,查有中书科中书陈尔锡、候补通判徐尔音、候补知县文楷,堪以派充,每月各支给公费银五十两。其徐倅未到差之前,应委候补知县邓縠人办理。本省士绅人员一项,查有谘议局公推龙岩州举人连绅贤基、福州驻防举人椿绅安、海澄县廪生蔡绅凤机,堪以选充,每月各支给公费银五十两,以资办公。除分别札委外,合就札知。为此札行谘议局查照,须至札者。

五、报告督部堂札知准宪政馆电复可再召集临时会并札知开会日期事。

总督部堂松为札覆事,据谘议局呈,预算案关系重大,预算年度转瞬即届,本局议长暨到会全体议员,谨更依局章,用陈请名义,呈请再行召集临时会,自本月十四日起正式开会,以便覆议。又据谘议局续呈前情各到院。据此,查此案前据来呈,当即电请宪政编查馆去后,兹准馆效电覆开,文电悉,闽省预算案既未完竣,可再召集临时会等因,准此。应即如呈召集,准于十一月二十五日起再开正式临时会,照章以二十日为率,应即查照前次札行召集办法,即由议长通知各议员知照,一体赴召。为此札行谘议局查照,须至札者。

六、报告督部堂札行召集再开临时会事。

总督部堂松为札行召集开会事,据谘议局呈请再开临时会一件,曾经札行召集在案。兹准馆电覆,已逾原定十四日开会之期,应即札由议长分布各议员知照,一体赴召,于二十五日正式开会,所有各议员旅费仍按日由局支送,算至闭会回籍日为止可也。为此札行谘议局全体议员查照,须至札者。

七、报告督部堂札行前交覆议各册呈由本部堂覆核事。

仍将所缴还学堂、巡警、工艺所各册发局,并将本局所呈预算议决案原册发交查核覆议,并不说明原委事由,但据学司详文,关于教育一类,略置可否而已。至于岁入之额,则始终以未奉部准为词。贵院咸电"以现交岁出之数为准"云云,至今尚未获解决,本局诚不知所遵循。本月十三日临时会闭会之日,始据松督部堂代理员尚藩司言,今年试办预算第一次报部中多错误,第二次复有修正预算报告咨部以为期过迟,至今未奉部准,而提交本局议决之一百一十四万余两,乃系第二次修正之案。院电所云"以现交之数为准",实以部准之数为范围,而本省已经部准之预算,当时报告复自错误,未能交局,故事出两歧。本局今年开会,常年、临时合计七十日。因预算之争议,无日不与行政官相持。预算案既经交局,自应遵照现交之数议决。临时会之开,专以覆议预算,乃于闭会之日,始悉内情,讳饰玩忽,殊非行政长官对于议会之态度。查度支部奏定清理财政章程第二十条第三项,各省预算报告册内款项属于地方行政经费者,由度支部奏交督抚送谘议局议决。今则部准之案与交局之案,竟出两歧,显系违反奏章,松督部堂应负其责。若云第一次报告错误,不能交局,而清理财政职有所司,松督部堂何以不加察核,遽尔咨送度支部?贵院咸电"以现交之数为准",本局方有所遵守,以行其议决预算之权。今乃以疆臣不遵奏章之故,议决之权因以动摇,而局章几成虚设。本局伏读光绪三十四年六月二十四日懿旨,各该督抚等,亦当本集思广益之怀,行好恶同民之政,虚心审度,惟善是从。又读上年九月初一日上谕,各督抚亦当虚心采纳,裁度施行,以期上下一心,渐臻上理等训。以为议决预算如此重大,谘议局所当同摅忠爱切实指陈者,亦即督抚所当仰体圣谟虚心审度者也。松督部堂既以报告错误之册咨部核复,以未经部核之案交局,交局之后七十日间听之局议,任其质问其中所以不符之故,绝不以告,直至讳无可讳,始于闭会之日言之,而预算年度转瞬即届,覆议不知何时,准否更不可必。其结果将至于宣统三年福建省独无预算,又将谁职其咎?所谓集思广益、虚心审度者,不应如此。本局不敢放弃职权,不得已,惟有援据局章,呈请贵院核办。除电呈外,合将全案抄录,附以签说。伏乞贵院察核办理,实为公便,须至呈者。一呈资政院,计呈送预算案总册一本,细目册一本,抄录全案文件一本,督交预算等册一本,督交预算比较表一本。

　　三、报告督部堂札知会议厅添设办事处遴派委员事。

局章，应议决岁出入预算事件。九月初六、初七等日，由松督部堂札交福建省宣统三年地方行政经费预算总册一本、分册十二本，交由本局议决，只列岁出，不列岁入。经本局屡次呈请划定岁入，以便议决，松督部堂迄无确实札覆。至十月初十日，本局提出关于议决预算应先行解决事件一案，经三读会议决，呈请施行。原案大旨，依据宣统元年十二月度支部奏案量入为出主义，谓既量入以为出，必先有入而后有出，既先有入而后有出，则其出数即其入数。督抚编制预算案时，本应如此办理。计福建省宣统三年地方行政经费预算岁出之额，由松督部堂提交本局议决者一百一十四万二千一百九十一两二钱六厘，即为福建宣统三年地方行政经费岁入之额计一百一十四万二千一百九十一两二钱六厘。此案呈送之后，十月十四日奉到松督部堂札覆，谓全省经费入不敷出，所短甚巨，所列地方行政经费一百一十四万余两，乃各主管衙门试办预算拟议进行所用之数，不能量入为出，又安能据出为入？奉札之后，经本局覆议，仍执前议，于十月十七日呈覆。其时适奉贵院咸电，开全国预算出入不敷至五千余万之巨，本院正议节减冗繁，以资弥补，各省本年预算岁入既未划分，则议决岁出宜以督抚现交之数为准，此中移缓就急，酌盈剂虚，自属谘议局分内之事，若于现交预算案外另议增加某项支出，应先由谘议局议定筹集该项专款之法，庶不至与全国预算有所抵触等因。本局特抄电呈送松督部堂在案。贵院主持，既与本局原案相合，松督部堂自应遵照办理。乃覆议案呈督之后，二十余日间，不蒙札覆。本局则于十月二十六日将议决预算案呈请施行，预算案内容悉遵照贵院咸电办理，计地方岁出一百一十四万五千八百一十九两二钱二分八厘，与松督部堂现交之数一百一十四万二千一百九十一两二钱零六厘，相抵之外，增加三千六百二十八两零二分二厘，声明遵照院电，由本局议筹专款，以求适合。时常年会会期已满，本局特呈请召集临时会，专以覆议预算。自十月二十四日开会，照章二十日，至本月十三日止，应行闭会。于初九夜忽奉松督部堂札，谓谘议局议决预算，应但就岁出之数酌核讨论，不能议及岁入之额，且曰本年试办预算，系由各主管衙门酌拟新政进行用款，两次造册咨报度支部，既未奉部核准，则预算额不为确定。其札覆预算各册，只有各学堂册九本，巡警公所册一本，工艺传习所册一本，居全案之少部分，发交本局查核，余则或准或否，概置不理。本局于十一日电请贵院主持，一面呈覆松督部堂，并缴还学堂、巡警公所、工艺所各册在案。十二夜复奉督札，

议长（高登鲤君）述各种报告：

一、报告议员李馥南君告假一天。

二、报告第一临时会闭会日因预算事议决呈资政院核办电及呈文。

议长（高登鲤君）谓：前次临时会闭会日，因预算事，会场公决应将实情呈请资政院核办。散会后，即由全体议员研究会公同拟议，旋以此事紧急，不（客）〔容〕稽迟。福州船期不定，应照会场公决意见，一面先电呈资政院，一面再备呈文由邮寄禀。经全体议决办理。今日系正式会，应将电文及呈文当场报告。

甲、电文

北京资政院钧鉴：真电当蒙鉴，本局十一日呈督缴送学堂预算九册，巡警、工艺所各一册，不承认。十二晚奉札，再交各册，并本局议决预算全案原册交局查核覆议，并不说明原委事由。贵院咸电"以现交之数为准"一语，督始终不认。是闽省预算，至今尚无岁入之额。本日闭会，始据督代理员言，闽省今年试办预算，第一次报部中多错误，第二次修正预算报告咨部过迟，未经部准，而交局议之一百十四万余两，系第二次修正预算。若以现交之数为准，则与部准范围不合，故不能认。本局开会，常年、临时共七十日。临时会闭会之日，始悉内情。照清理财政章程第二十条，地方预算应由部奏交督抚交局议决。今部核之案与交局之案，竟有两歧，显违章程，松督部堂应负其责。谨据局章程，呈请贵院核办。预算案未决，必再开临时会，方有覆议余地。督已电询宪馆，本局全体仍以此为进止，并乞主持。至第一次预算报告地方经费，闻只八十余万两，当时既多错误，本局所议预算，复已按照督交之一百十四万余两议决。若一（且）〔旦〕改照第一次预算报告数目再议，则全案瓦解，督须另提，局须另议，议决之后，又须覆议，手续繁绩，已无余日，结果将无预算。且数目过少，地方政务尤无可为。此节恳贵院曲全，仍准照督第二次报告之数办理。闽人泥首如何，谨候电示。福建谘议局呈，元。

乙、呈文

福建谘议局为呈请核办事，查谘议局章程第二十七条，本省督抚如有侵夺谘议局权限或违背法律等事，谘议局得呈请资政院核办。今年本局议决预算，遵照

九、福建谘议局第四次会议（临时会）速记录

第四次福建谘议局（临时会）议事速记录第一号

宣统二年十一月二十五日（1910年12月26日）

议事日表第二次临时会　第一号

宣统二年十一月二十五日（月曜日）午前九时开议。

第一，行开会礼式。

第二，审议会长之选举。

第三，各科审查员之选举。

第四，覆议地方行政预算案。

第五，声明谘议局权限呈文之提出。

第六，忌辰刑讯承源钱庄东伙质问案之提出。

陈之麟君云：督部堂既电请度支部，不得札覆，本局亦应将种种情形向资政院陈诉，并候核办。

议长（高登鲤君）：以陈君议将种种情形照章呈请资政院核办，诸君赞成者请起立。全体赞成。

刘崇佑君云：此事重大，现已届闭会时间，呈文全稿不及即刻拟定，应先定大意，以为准则，再行定稿速发。

议长（高登鲤君）云：请刘君将大意宣布。

刘崇佑君云：应将日来种种情形及今日当场问答所得情形，照局章第二十七条请资政院核办。

议长（高登鲤君）问：赞成以此意拟文照局章呈资政院核办者，请起立。四十八人起立赞成。

督部堂代理员布政使司尚云：此事已表决，本代理员原不当参与。惟关于此事原委甚多，恐呈资政院文有相抵触之处，可否将所拟之稿送交制台商定而后行？

议长（高登鲤君）询公众意见，众皆默然。

督部堂代理员布政使司尚云：尚有变通办法，明日将此事原委抄送谘议局，以供参考。

刘崇佑君云：临时会督部堂闻已电宪政编查馆，不知若何措词？

督部堂代理员布政使司尚云：已打电，大概说预算尚未完妥，故拟再开临时会。

刘崇佑君云：有第二临时会，方有预算之希望。若并此而无，议员等只得洁身而退而已。

督部堂代理员布政使司尚云：督部堂意亦以为，无论如何，临时会万不能不有。

议长（高登鲤君）宣告即行闭会式。

本日出席议员五十二人。督部堂未到会，委布政使司尚代理。午后五时散会。

电示，以督抚现交分册中总数一百十四万余两为岁入之标准，今闻尚有第一次之预算案未交，所交者为第二次修正预算案，则预算之事全局推翻，本省行政官不负责任，本局何能任咎？惟有电请资政院明示办法而已。

刘崇佑君云：初十夜呈督文语分四层，所得结果即查核之下加"覆议"二字，究竟制台意见若何？十二夜接到督部堂札覆，于预算全部应如何增减不加评断，只据学司详文及几卷册子而已。至谘议局所议决系遵照资政院咸电，资政院电应作如何之解释，原文具在，可取而资参照者也。

督部堂代理员布政使司尚云：贵局预算议决案二十六日方呈督，由督移交各主管机关，至各主管机关呈督时已在本月初六，若由督逐项参核，举其何者应增，何者应减，必多费时日，而贵局临时会闭会之期倏届，势难耽延，故将原册交来，总因无时间，不得已只得如此法办。

刘崇佑君云：资政院电文本局与督部堂解释不同，督部堂札文引资政院电均属断章取义，兹不必论。至又云预算分册为主管机关所拟，不能作为确定之数，然督部堂为一省行政权之所归，各主管机关拟定分册既由督部堂送局，不能不认为确数。又札文粘抄学司详文一纸，而本局所议决者不仅教育一部类，其他各类不知督部堂以为然否？

督部堂代理员布政使司尚云：因无时间，不能逐项札覆。

刘崇佑君云：札文粘抄提学司详文一纸，系否即为督部堂意见，若非督部堂所承认者，本局即无覆议之必要。

督部堂代理员布政使司尚云：大概以为然。

刘崇佑君云：岁出之额既限定一百十四万余两，若此项应加，则他项应减，督部堂何以并不提及他项？

议长（高登鲤君）云：现根本问题尚未解决。

刘崇佑君云：若要解决，除请督部堂出奏，请将第二修正册早交资政院，亦无他法。

督部堂代理员布政使司尚云：出奏如何？

刘崇佑君云：督部堂既电部未得覆，即当出奏。

督部堂代理员布政使司尚云：当请示。

张道南君云：谘议局亦当请示于资政院。

札文，以未经部准不能遽覆。仅将不完全各册交局查核，本局骤然奉此，实深骇异。督部堂前次札交预算总分册，皆系按照部电办理，且清理财政章程固明定为奏交，乃此次又云未奉部准。岂有已经奏交而尚未奉部准者？本局因将分册缴还督部堂，仍求将全案札局覆议。至昨晚方接到一札，又系寥寥数语，只于察核下加"覆议"二字而已，此外并不着一字。今代理员又云中尚有错误，请问对于本省预算究当如何办法？

督部堂代理员布政使司尚云：此错实为有因，当第一次送部之时，因有错误未曾发觉，后始知错误，急为第二次之修正册送部。一面札交谘议局，而度支部因册到过迟，只将第一次册送资政院，而第二次册作为另案办理。制台旋即电部请将第二次册送资政院，迄今未得部覆。

刘崇佑君问：度支部仅将第一次预算册送资政院，督部堂于何时得知？

督部堂代理员布政使司尚云：在谘议局开议之后。

刘崇佑君云：是否九月初旬？

督部堂代理员布政使司尚云：大概在谘议局开会之时，第一次册清理财政局系以宣统元年与光绪三十四年折中比较减少过多，实不敷地方行政之用，故急为第二次修正案，即以之札局。

刘崇佑君云：已将第二次册交局后知有错，督部堂当时何不对本局声明？政府对议会提议案，以错误求改正已属笑话，何以又待到临时会将终时方行说出？不知督部堂实存何意？

督部堂代理员布政使司尚云：督部堂非有意反对预算，实有为难之处。

刘崇佑君云：现在督部堂意本省预算如何办法？

督部堂代理员布政使司尚云：制台实为难得很。

黄纪星君云：现本局要求开临时会，得准与否，尚未可知。即使得开，而岁入总数不知何从讨议？若必俟度支部之覆电，第二之临时会再二十天，尚恐不足，不如将此事电资政院请示办法。

吴庭枨君云：全省地方行政经费只一百十四万余，已属极少之数，如再减少，则何事可以办起？

郑祖荫君云：预算为本局最重要之事，无预算即无谘议局，此诸君所知者。今日临时会已闭会，方知岁入之数错误，究竟本局并无错误，本局遵照资政院之督部堂代理员布政使司尚云：督部堂亦有苦处，督部堂亦深愿预算案之成立，并无反对之意。

孟思培君云：临时会为覆议预算而开，现将闭会，预算又无结果，本议员等殊觉于心有愧。

督部堂代理员布政使司尚云：不特诸君为议员者心上过不去，即行政官心上亦过不去。

卢初璜君云：谘议局开会满七十日，专注在预算案之成立，旷日持久，仍不成立，尚何面目归见乡父老？且预算分册又有第一次、第二次之镠轕，即再开第二之临时会，亦终无成立之日。试问究以第一次之预算册为标准耶，抑以第二次之预算册为标准耶？

督部堂代理员布政使司尚云：此亦应解决之大问题，诸君须于未开临时会以前，请制台即电部询明究当依何者为标准，然后下手。

卢初璜君云：从前本局议决预算，系照督交分册一百十四万余总数内酌盈剂虚核议，因此外间已谣言蜂起，若岁入数再有更动，总额缩少，本省地方行政经费实不敷分配，更无以慰吾闽人士之望。

督部堂代理员布政使司尚云：贵议员所说理由极充分，但此错误不在贵局，亦不在督抚，实总机关之不良，度支部日以裁减为言，故有此错。但关于预算事件，不仅诸君热心，希望成立，即行政官亦极希望得以成立也。

卢初璜君云：徒有希望而无办法，亦属空言，于本省之行政上有何补益？

刘崇佑君云：预算案事件自常年会开会起，连日争议三十余天。本局得资政院咸电，方有议决之标准。资政院知各省谘议局困难情形，不惜以全国预算所差五千余万之（距）〔巨〕款，自肩其任，故令谘议局就督抚现交之地方行政经费范围内议决预算。度支部咨覆资政院议员质问说帖之意亦相同，文末所谓应以本部覆核之数为范围云云，其意甚显。证之部江电，有经督抚所允许者一语，更可知矣。故资政院电云以各省督抚所交谘议局预算册之额为标准，与部意并不相背也。前此本局因督无岁入额不能开议，于是有预算问题应行解决案之提出，请以岁出额为岁入议决呈督，未得督部堂批准，正在相持，适得资政院来电，遂于十月十七日覆议案中抄电附呈督部堂，而督部堂其时并无反对之意思，表示又经召集临时会以待预算案之覆议。临时会已开议十七日，忽于本月初九夕奉到督部堂人？已否施行？

督部堂代理员布政使司尚云：系地方自治筹办处所拟。

刘崇佑君云：已实行否？

督部堂代理员布政使司尚云：已实行。

刘崇佑君云：是否以公文札发各地方官，令其施行？

督部堂代理员布政使司尚云：应有公文。

吴庭枑君云：本年三月即已通饬各县。

刘崇佑君云：若是，则在谘议局成立以后，与谘议局权限实有关系。此种细则应由督部堂交局议决，方能施行。

督部堂代理员布政使司尚云：地方自治章程为本省单行细则，照章应由谘议局决议，方得施行。惟谘议局成立伊始，外间知权限者甚少，故有此举。

刘崇佑君云：自今之后，无论何等单行规则，非经本局议决，不能公布施行。现闻代理员说明，则不明权限之人本局不必深究，惟请督部堂仍将该细则收回，交局议决后再行公布，一面请议长将此质问书呈督。

第八，关于预算案之质问。

孟思培君云：此案争之已久，督部堂不敢担责任，本局遵照资政院电，以督部堂现交预算册内一百十四万余两为准，议决宣统三年本省地方行政预算，前天来札又云邃难批准，不知何意？

督部堂代理员布政使司尚云：就中有一情形，即交局之册为修正案，系第二次的。因第一次之册子有错者、有增减者、有不明白者，所以又将修正预算册呈部，请度支部转交资政院，迄今未得回信，而交局议决者又即此第二次之修正预算册，因此差错，故督部堂邃难批准。

孟思培君云：预算分册系由督部堂札交本局，得资政院电后，即据以议决，今忽翻前案，本省预算事当如何归结？

督部堂代理员布政使司尚云：此事总算有错，已电度支部请修正，后来不知度支部已将修正册子咨到资政院否，故制台不敢即行札覆。

孟思培君云：此种错误，即使督部堂愿担责任，而使福建之预算案独不成立，其咎将谁归耶？

苛例建议书，交临时审查员审查。原案书以闽省侨商居荷属者备受苛律，而尤以波黎士房苛律及路字限制为最甚。波黎士房之律不问被控者之情节，属于民事刑事及其事之虚实若何，概行拘禁，不准律师辩护，定罪后更受百般虐待。又华侨所至之地，非领有路字，不能自由行动，与他种人之居荷属者，不能享平等之权利。请咨外务部严密交涉，妥筹保护。按此事关系国权，商情亦因之向背，至重大也。应即代呈督部堂转咨外务部核办。当否，乞公决。宣统二年十一月□日。临时审查员主查黄纪星，审查员陈锡朋、张道南、林邦桢、郑藻山。

议长（高登鲤君）以报告书请表决，可决者四十八人。

第七，关于地方自治章程施行细则质问案。

关于福建省城镇乡地方自治章程施行细则质问案（本局提出）

查谘议局章程第二十一条第六款，有本局对于本省单行章程规则立法权之规定，宪政编查馆奏覆考察宪政于大臣奏陈谘议局章程权限折内申其义曰，凡根本于国家法律之单行章程规则，属于督抚权限内者，自应由谘议局参与，以收集思广益之效。且特举违警章程及地方自治等章程施行细则，以明其例。本年督部堂札交常年会议案十二条，内违警章程一项，即系本省单行章程之性质，业由本局议决，呈蒙督部堂札覆照准施行在案。盖凡属在本省单行章程规则之列者，非经本局议决，督部堂批准，概不能有效成立，而付之施行也。兹查有福建省城镇乡地方自治章程施行细则一书，现已刊订成帙，分布各处。阅该细则第一条，以遵照城镇乡地方自治章程第一百十二条为根据。查城镇乡地方自治章程第一百十二条云，本章程施行细则由督抚酌定，仍咨民政部存案。所谓督抚酌定者，即宪政编查馆所称属于督抚权限内之事，而应由本局参与者也。前年今年三届会议，本局尚未奉到督部堂札交此项细则议决明文，未知现时印布之册，是否督部堂已经酌定公布施行，抑属尚在编订之草案？事关立法权限，本局不敢缄默，谨依局章程第二十六条，呈请督部堂迅赐批答，实为公便。

计附福建省城镇乡地方自治章程施行细则一册。

刘崇佑君云：谘议局有立法权，凡属单行规则，非经本局议决不能公布施行。此宪政编查馆覆于式枚折经已说明，且举之为例，故督部堂有提出违警章程之议案。今见各处有一册福建城镇乡地方自治章程施行规则，不知此规则拟自何议长以报告书请表决，可决者四十八人。

第五，王位中关于违犯烟律建议书审查员报告。
议长请主查员登坛报告。
主查员柳遇侯君登坛报告。
审查桥南禁烟联合会代表王位中等建议书之报告

本届临时会第六次会议，提出桥南禁烟联合会代表王位中等建议书，交由临时审查员审查。查该书内云联合社内搜出陆翰屏家中烟膏烟灰各数两，又烟照不符，显违禁章，有八区巡士邹凯在场见证，既将该照呈缴总社，并请南台警务总区惩办，所陈种种均有确据。且禁烟功令何等森严，该会如果办理尽善，谁敢破坏？乃何以广帮肯听屏之唆使，朦禀列宪及函致交涉使，致巡警道之札饬解散。此中定有委曲情事，但案关禁烟要务，似应将原书代转呈请督部堂，再饬干委查实核办。当否，尚候公决。临时主查员周寿恩，理事员苏寿乔，审查员柳遇侯、王邦怀、卢初璜。

黄乃裳君云：禁烟联合会据巡警道报告与原案不同，巡警道之报告以为地方官未存案，实则在臬台及闽侯两县皆已存案矣。

郑祖荫君云：本议员对于报告书有意见，报告书云如办理尽善谁敢破坏，凡吸烟之人，无不对禁烟之人攻击者，办理愈善，即破坏之人愈多。又云从中有无委曲情事，实则毫无委曲情事，审查员会如查出有如何委曲情事，则当明白宣示，不应作如是模糊影响之谈也。本议员对于审查员之报告尚拟改正。

柳遇侯君云：从中如无委曲情事，何至以一人之力牵动多数？

议长（高登鲤君）云：报告书不必更正，请表决转呈督部堂与否，赞成照报告书代为转呈者起立。赞成者全体。

第六，议员高登鲤等请咨外务部与荷兰交涉建议书审查员报告。
议长请主查员登坛报告。
主查员黄纪星君登坛报告。
审查议员高登鲤君等请咨外务部与荷兰交涉荷属华侨苛例建议书之报告
本届临时会第十次会议，提出议员高登鲤等请咨外务部与荷兰交涉荷属华侨过格于成例,不便弛关,皆为实事。查京师正阳门最为扼要,因出入繁多,迩来直延至寅卯,始行关闭。奉天亦然。杭州且有毁拆城垣,以便往来者。吾南城能如该人民所请,竟尔弛关,固属甚善,即不然,亦宜仿照京师、奉天等处延至子后关闭,以便交通,而免明知有法,却不能不犯法也。其书应即为转呈督部堂核办,可否,乞公裁。宣统二年十一月初九日,建议审查会。主查员黄乃裳,理事郑祖荫,审查员柳遇侯、董藻翔、黄钟澧。

议长（高登鲤君）云：柳君意见书印刷不及,请柳君登坛说明趣旨。

柳遇侯君登坛说明趣旨（大略与审查员报告书同）。

郑祖荫君云：对于报告书甚为赞成,惟柳君之意见书,本议员尚有意见,盖柳君之意见报告书中具备之。

黄纪星君云：柳君之意亦甚善,请改为议案。

施景琛君云：不必附意见书,亦不必另提议案。

议长以报告书请表决,可决者三十四人。

议长（高登鲤君）问：意见书之附呈否？请表决。

柳遇侯君云：不附呈亦可。

第四,审查禁售土地于外人覆议案报告书。

议长请主查员登坛报告。

主查员卢初璜君登坛报告大意。

审查禁售土地于外人覆议案报告书

本届临时会第三次会议,提出督部堂札交覆议禁售土地于外人案,交由本科审查。查案内办法七条,皆未蒙督部堂照准,前经常驻议员协议,大致以为除二、四、五、六等条应照来札办理外,其一、三、七等条仍请照准施行。其详细协议情形,备载议事录第二十四号,所议不为无见。第本科审查之意思,则以为照常驻协议之结果,尚未免有疏漏不密之处,不如熟筹办法,另案提议,而此案则应毋庸再议。可否,即请公决。宣统二年十一月初五日,法律科审查会。主查卢初璜,理事黄金銮,审查杨豫、俞光华、邹含英。

议长（高登鲤君）问：诸君对于报告有无意见？

刘崇佑君云：审查员报告之意甚是。

议长（高登鲤君）云：如无讨论，即当表决。

黄纪星君云：请就此二条先行表决。

议长（高登鲤君）云：赞成照此呈资政院者，请起立。可决者三十九人。

议长（高登鲤君）云：即请主查员拟申覆书。

第二，覆议本省法令公布规则附官报发行条例官报到达日期之规定审查员报告。

议长（高登鲤君）请主查员登坛报告。

主查员卢初璜君登坛报告。

审查本省法令公布规则覆议案报告书

本届临时会第八次会，覆议本省法令公布规则案附官报发行条例官报到达日期，交由本科审查。此案经奉督部堂札准宪政编查馆电饬知静候办理等语，第原案系就本省范围立论，按诸局章第二十一条第六项，议决本省单行章程规则之增删修改事件等语，并无不合。且案内第二条曾声明，中央法令公布法未颁以前及已颁以后，施行效力之区别，是更无虑与将来中央所订公布法令章程有所抵触，似应仍请督部堂照准施行。可否，即请公决。宣统二年十一月初八日，法律科审查会。主查卢初璜，理事黄金銮，审查杨豫、俞光华、邹含英。

刘崇佑君云：关于本省行政章程施行细则，本局有立法权，督抚即有批准权，且此案已声明暂用，与中央所定并不至抵触，且江浙两省已经准行，福建事同一律，何能独异？此亦一最强固之先例也。审查员报告之意，本议员绝对赞成。

议长以报告书请表决，可决者四十八人。

第三，张冠瀛等请不闭南城门之建议书附意见书审查员报告。

议长（高登鲤君）请主查员登坛报告。

审查张冠瀛等请陈不闭南城门报告

本届临时会第七次开议，提出福州人民张冠瀛等陈请不闭南城门以便交通建议书，付临时审查员审查。经同人查，书中所陈关闭南城门诸多不便，而有不能不出入者，反令弁卒玩法设梯供人升降，以取其利，即长官亦明知奉行故事，不合，不应列册。

五、岁入经常门第七类第十一款，各厅州县书役催收丁粮所得规费，十五万九千三百七十八两二钱六分一厘，乃藉作饭食路费之需，不宜列册。

六、岁入经常门第七类第十二款，各厅州县县丞所收办公经费，八万四千六百六十八两七钱二分六厘，除契尾料价七千一百六十八两七钱，及加收法政讲习所经费九千四百二两九钱四分，官契纸六成料价一千四百十五两三钱六分四厘，系属解省之款，理宜列册。至粮串费乃系书差所得船牌照费，各项多充各州县办公费用，宜分别全删或剔除。

按：第六项船牌照费，除批解盐道或官运局外，其余作征收或查验经费者，不宜列册。又第七项各项杂收第一目，汀漳龙道共一百三十三两五钱三分八厘，摘要栏云此款向漳州府税厘局动支，专为因公电费之用。按此款既向税厘局动支，在全省视之正系出款，谅已归入漳州府税厘局经费中，不宜更列诸岁入。第七项第二目及第三目，摘要栏皆云此项系存留坐支余剩之款，但此余剩之款既不归公，不宜列册。第七项各项收第四目，摘要栏云此款系土膏店所缴牌照费，拨入去毒社戒烟之用，则与全省岁入无涉；第五目系充自治经费；第六目系充书院等项之用，亦与全省岁入无涉。

七、岁入经常门第七类第十三款，各府厅州县司法入款，二万六千五百三十一两五钱二分，皆系丁胥差役入己之款，本干例禁，应行设法杜绝，不宜列册。如第一项诉讼费，皆书差所收；第二项状纸费，据摘要栏乃系书役所收，以作工料饭食之需，并非新颁状纸工料费归公者可比；又第三项囚徒工作费，只有龙溪县一目摘要栏云，各物售价所得之款，即拨充该所经费。不宜列册。

八、岁入临时门第一类第三款，加价一万二千九百四十六两四钱九分八厘，摘要栏云此系各州县征收节年旧欠丁粮及路途较远分别加价，并不一律，按此款亦非解省之款，且据各目摘要栏多以作粮书办公之用，无庸列册。

九、岁入经常门第五类第二款第四项膏捐第八目，古田县一千三百六十五两，该县禁烟，士绅禁绝土膏各店，并筹款垫解膏捐，夫膏店既绝，膏捐即无所出，仍令负担此项捐款，殊非情理之平，现由本局提案请求蠲免，此目应删去。

黄纪星君云：平余陋规可否删去？

议长（高登鲤君）云：似无删去之必要，究竟如何，请诸君讨论。

王子懿君云：此案已由前会详加研究，资政院所咨询者为有无遗漏，及不符究竟如何，无从查确。此报告书似属所答非所问，惟平余及陋规照章明年概应归公，另给各地方官公费，则此两款似应列入岁入册，但平余陋规，查国家行政岁入中既列入此款，而公费一项又未列之岁出，则出入不能相抵，应删与否，请诸君研究。

黄纪星君云：岁出门既不列州县公费，仅于岁入门列入平余规费，收支未能适合，故平余规费不必列于岁入中。

议长（高登鲤君）云：研究会中已有更正之处，请书记长报告。

书记长（林长民君）登坛报告：就地抽捐一项，与地方行政经费所开者不同。地方行政经费系全省中之地方行政经费，其收入支出应从全省筹划。就地抽捐，则多系限定某地方之收入，为某地方某事之用，故其收入支出应于该地方规划之。若开入全省岁入之中，则其岁出应彼此相符，方无窒碍。今则岁出中未曾开明，尚不知是否与十二万两余就地抽捐之款相符？但于摘要栏中云"从某县报来"，甚不明晰，故审查员报告主张此款不应列入册内。

王子懿君云：各府厅州县教育巡警经费类，皆取给于就地抽捐之款。

黄纪星君云：岁出门各项摘要栏常有"从就地抽捐来的"之语。

书记长（林长民君）云：现当逐项朗读。

兹将不应列册之项目及当从蠲除者条列于左：

一、岁入经常门第五类第二款第八项，就地抽捐各款，共十二万六千六百五十三两七钱五分，多系各属筹捐专办某项新政之用，此等款项既难移动，不应列入册内。

二、岁入经常门第七类第五款第六项，各府厅州县就地筹款生息，共六千九十二两三钱八分六厘，除奉宪发交帑本外，不宜列册。

三、岁入经常门第七类第九款第四项，各府厅州县平余，五十万六千八百八十一两八钱五分四厘，据摘要栏系为各该衙门办公之用，虽拟提归公，以充地方官公费，但现在尚未实行，且岁出门未列公费一项，收支亦难适合，不应列册。

四、岁入经常门第七类第十款，道府厅州县规费，二万九千九百七十八两六分七厘，据摘要栏系各道府厅州县所收规费，间有只到任时收一次者，虽拟提归公，以充地方官公费，但现在尚未实行，且岁出门不列公费一项，收支亦难适强之事。

议长（高登鲤君）请书记员分给名刺于议员，各投名刺于投票匦。

卢初璜君云：辞职既出议员自由意思，但点算名刺之数，不必披露其姓名。

孟思培君云：速记录中似可揭载姓名。

郑祖荫君云：速记录中定须揭载姓名，吾侪所以辞职者，端由预算之不能成立，预算不能成立，议员之地位已失，辞职者之姓名何必深讳。

卢初璜君云：辞职既出于自由意思，则披露其姓名，尚有强迫之嫌。

郑祖荫君云：辞职以预算案不成立为原因，无预算案即无谘议局、无议员，辞职姓名何不可披露？

卢初璜君云：辞职纯出自由意思，姓名揭载于速记录，总近于拘束。

周文麟君云：辞职之议发于正式会，则正式会速记录何以不可揭载？

苏寿乔君云：既已决心辞职，揭载可，不揭载亦可也，无争议之价值。

卢初璜君云：依郑君之意，既以辞职，姓名不妨披露，本议员则以为既出于各人自由之意，毫不拘束，揭载亦无必要。

王子懿君云：既无预算案即无谘议局，自无议员，辞职姓名何必争揭载与不揭载？

苏寿乔君云：现已声明辞职纯出自由意思，郑君必欲将辞职者姓名揭载于速记录何故？

郑祖荫君云：因恐事实发生之时，名刺或有遗失，故欲揭载于速记录也。

刘崇佑君云：请议长请书记长将所投名刺点算毕，当场封固保存。

书记长（林长民君）云：现经点算共五十二张，其五十一张均书"辞职"，惟有一张书"从全体"三字。

刘崇佑君云：请书记长将所书名刺当场封固保存。

第一，资政院关于岁入咨询案审查员再报告。

王子懿君云：此案常年会已经提出印刷物，亦已分布，请省略报告。

议长（高登鲤君）云：现省略报告，请诸君发表意见。

黄纪星君云：第六类官业只有官运一款，收入之数只有四十万六千两有奇，"百"字系千字之讹，当改正。

吴庭桄君云：督札所云临时会之有无既未可知，无临时会预算不能成立，即无谘议局。

苏寿乔君云：无临时会即无预算，无预算即无谘议局，无谘议局即无议员。

孟思培君云：今日之问题不过两言而决，无预算何有谘议局？无谘议局何必有议员？吾辈当知所以自处矣。

陈锡朋君云：今年会期较长于去年，以争预算，故今预算又无结果，仍以议员资格回乡，何面目以对乡父老？

张道南君云：第二临时会若不能召集，惟有辞职而已。

刘崇佑君云：无临时会，本议员决辞职。

苏寿乔君亦请辞职，相约而起者，约四十余人。

刘崇佑君谓：辞退议员须依自由意思，不容自己以外之人强迫，但须签名，先为辞职意思之表示。

王子懿君云：有临时会方有预算，无临时会即预算亦归消灭。

议长（高登鲤君）云：现诸君辞职之意已决，惟表示之方法如何，请研究。

议长（高登鲤君）云：请诸君就名刺中书辞职与否投入瓯内，诸君赞成用此法者，请起立。全体赞成。

议长（高登鲤君）云：现在临时会开否，尚不能预计，辞职之举，应待至若干日后进行，亦当决定。

张道南君云：以五日为期可也。

陈锡朋君云：五日十日似不能预定，必以无预算亦无议员之日，为辞职决回之时。

刘崇佑君云：今日辞职之举纯出自由意思，毫无强迫要挟等情，如不赞成，尽可不必投刺。

孟思培君云：议员辞职全因预算案不成立，自己无立足地，实各人自由意思，非有所要挟而然，诸君切勿误会。

陈之麟君云：如有临时会，则以上之举动即当消灭，本局对督部堂请开临时会者，以召集权之所在故耳。若谓必待宪政编查馆之解决，则本局所不敢知。

刘崇佑君云：请议长仍当将辞职系绝对的自由之旨，再三宣告。

议长（高登鲤君）云：辞职纯出诸君自由意思，苟有不以为然者，万无相谘议局议长、副议长、议员公鉴：吾闽凡百萎靡，全仗毅力提议兴革，感佩曷极。法政学堂一部分人，竟以此出而反对，殊为不解。敝会对此举曾具意见书，以与大众商榷，其中措词，非敢稍涉于私。诚以全体议员为吾人民所选出，无论如何，只可尽其监督忠告之责，故日来以省中事件有关涉于议员见告者，不下十数起。敝会二年于兹，深信诸君所提议，悉本至公断，不至如今所闻。然本尊重谘议局至意，无则加勉，尤不能不深望于诸君，区区愚悃，伏乞心鉴。肃此，敬请公安。上海四马路福建学生会启。

议长（高登鲤君）云：顷接到督部堂来函，函文如左：崧生、鱼门、芷汀仁兄大人阁下，昨呈请续开临时会，具见议事热诚，弗惮劳卒，弟亦以预算重要，深表同情，业经据情电询宪政编查馆矣。一俟覆电到时，即札行订期召集，唯本日谘议局行闭会式，下午适有要公，未能亲莅，已委藩司代行。临时会开会在即，届期务当拨冗莅局，畅聆高论。专此，即请公安。愚弟松寿顿首。

陈之麟君云：据制台来函，则临时会之开否，尚未可定。预算覆议已无时期，应请大家先为讨论。

刘崇佑君云：督部堂信谓本局请再开临时会，已电询宪政编查馆，但开否为未来之事。现临时会会期以今日为止，如不再开临时会，则不能再办事。本局最重大之事莫如预算，有预算乃有谘议局，有谘议局乃有议员，此诸君所同注意者。本局自开常年会以来，力争预算，预算问题经久不能解决，及得资政院咸电，始有预算。预算议决之后，常年会之会期已满。为预算覆议起见，乃请开临时会。临时会虽开，而督部堂仍未将预算案交来覆议，至临时会闭会之期将届，始以一纸空文交局，谓未得部示，遽难批准。是督部堂欲破坏本局已成立之预算案，且又剥夺本局预算之议决权也。本局为此无任惊惶，以长电诉诸资政院，一面将不完之预算册交还督部堂，仍要求督部堂将全体预算案交局覆议，旋由尚藩司转达预算案即日可以交局覆议。乃据来札，又不过敷衍文章，相持许久，所得者独增"覆议"二字而已。今日为临时会闭会之日，数点钟内万不能将预算覆议了结，则第二临时会之开，实为万不得已之事。现在能开会与否，尚在未定，则吾辈宜各注意研究也。

周文麟君云：现据议长所报告，督部堂来函显系诿托之语。如不再开临时会，则预算无覆议之余地，是无谘议局也，无谘议局即无议员。

巨款实难猝筹。若遽行缩减，何校应撤？何项应裁？殊觉无从着手。揆诸维持小学本旨，亦未符合。应请据情转详札覆等情，并据福州小学研究会会长等佥禀各前来。当查小学为教育根本，现在自治会甫经成立，既无此能力以担任筹款，势不能骤减官款之补助。况此项补助内，尚有属于全省公共之学堂，如女子织业学校，其性质与小学不同，此项补助经费，本司审察情形，似一时尚难裁减。至册列第二款，外府州应添设之各项学堂，如初级师范学堂，原案预算设立三所，因闽省财政困难，不能不从撙节办法。现如汀漳龙师范学堂，系三属合设一校，盖众擎则易举，为目前权宜计画。他属自不妨仿照办理，俾易集事，俟将来财政稍裕，再行徐图分设。其外府中等实业学堂，及各县初等实业学堂，业经另行详覆在案。现在款项既无把握，自应照原案办理。至单级教授练习所，前经议决省城附设于师范，外属附设于中学，此项练习所时间较短，需费不多，拟就附设之学堂经费内移挪酌拨办理，不必另筹常费。其各县之模范小学，为全县则效之资，自不可缺。惟以筹款为难，既不能责令自治会担任此费，应各就原有之官立小学，择一改良，以期完备。除原有经费拨充外，另行酌量地方情况，分别补助。第六款补助各学堂经费内，如补助各府州中学堂一项，查各府州地方情形不同，即财力之丰啬大有差别，是必调查其原有之经费若干，并原有之学生数及明年升学数应须添班增费若干，则分别量予补助，方有把握。简易识字学塾为宪政要图，前经详定章程，饬由各县筹款兴办，现经该局提议补助，自应酌量拨给，以资提倡。以上各项补助经费，及厦门女子师范学堂补助，兹查省城各学堂覆核理由书内，共有裁减银二万一千两。又北京闽学堂津贴一款，据在京闽绅函称，明年可以停解，计可腾出银七千四百两。又上海中国公学补助一款，本年虽经会同藩司会详年拨补助银一千两，尚未照解，现在本省学款既如此短绌，此项补助或即径行裁去。以上各款共应银二万九千四百两，当可移为分拨各项之用。合将教育类并实业类之各项学堂预算覆核理由，据情具文详请，伏乞宪台察核批示，俯赐札局覆议，实称公便。为此备由呈乞照详施行，须至正详者。

五、报告留日同乡会来电。

法政教育，关系宪政至重，断不容当局朋比为私，乞力救危局。留日同乡会，支。

六、报告上海同乡联合会公启。

月二十六日呈送照宪政编查馆通咨，应于十日内札覆，逾期数日，犹曰预算繁重，不能遽覆。至议决预算应行解决事件覆议案附呈院电，则已逾两旬，本局解释即有不合，二十余日间亦应早赐札示，会期将终，乃复推之于部院，会商之后，始能议办。议者何人？办者何人？预算年度转瞬即届，议办之期，已无余日，尤本局所惶惶而不知所遵循者。预算议决权为谘议局最关重要之事，明诏许之，各省共之，非本局所能放弃，即督部堂亦当无预存予夺之本心。兹经公决，不敢承认。谨将札交本局查核之各学堂册九本，巡警公所册一本，工艺传习所册一本原件缴呈，伏乞督部堂鉴察，更将本局前呈地方行政经费预算全案，或准或否，迅赐札覆，以便遵章办理。计呈缴各学堂册九本，巡警册一本，工艺传习所册一本等情，到本部堂。据此，查宪政编查馆原订谘议局决议各项清单内开，督抚对于谘议局议案，无论有无交局覆议字样，谘议局得依据章程覆议等语。兹将各学堂册九本，巡警公所册一本，工艺传习所册一本，并粘抄学司原详一纸，发交谘议局，按照其中所说理由查核覆议可也。除将原册概各册发交外，为此札行谘议局查照，须至札者。计发交各学堂册九本，巡警公所册一本，工艺传习所册一本，发回原册三本，粘抄提学司详文一纸，右札福建谘议局准此。宣统二年十一月十二日。

  二品顶戴福建提学使司为据情详请事，窃查前奉宪台发交福建谘议局议决宣统三年本省地方行政经费修正预算册内，有教育类经费，当经本司照录原案细目，及谘议局议决裁减实数，分别发交教育总会及各学堂查照办理去后。兹据法政、师范、高等、女子师范暨中等农业、蚕业、工业、商业各学堂，造送覆核理由书八册，呈请详送前来。查教育类第一款内所列之法政、师范、高等、女子师范等学堂，及实业类第一款内之农业、蚕业、工业、商业各学堂，既据各该学堂量加裁减，并陈明理由详列细册，应请札交覆议。惟第六款第四项补助省城各小学堂经费一款，据闽省教育总会呈称，窃查宣统三年预算册内开补助省城各小学经费三万二千七百二十二两三钱五分一厘，系合教育总会、学务公所补助小学经费而言。兹据谘议局修正案，减去一万四千八百九十三两三钱五分一厘，只剩一万七千八百二十九两。查教育总会预算宣统三年小学补助费二万八千三百两，除原领官款二万三千五百两外，计尚不敷四千八百两，至公所补助小学经费尚未在内。现值缩短立宪年限，急图教育普及，小学正宜扩充，虽自治会已经成立，而意，且曰两次报部，未奉部准，然预算案照章应由奏交督部堂，此次提出预算案亦系按照部电办理。且九月初七札发分册，有自应照发以便议决之语。然则何以更有未奉部准之事？此本局之不能不声明者一也。来札又谓，院电既云岁入尚未划分，则谘议局议决预算自应但就岁出之数酌核讨论，不能议及岁入之额。查院电岁入尚未划分一语，前后尚有文字，院电原文有若于现交预算案外另议增加某项支出，应先由谘议局议定筹集该项专款之法，庶不致与全国预算有所抵触等语。现交预算之外若有增加应议筹款，则现交预算之中已有岁入可知。断章取义，便失院电本意。此本局之不能不声明者又一也。来札又谓，本年试办预算，系由各主管衙门酌拟新政进行用款，谘议局又安能遽以所交酌拟之数作为定额？查谘议局章程第二十一条，谘议局有议决预算之职权；章程第二十五条，督抚有提出预算之职权。提出预算既属督抚之权，则各主管衙门之所拟议，但为督抚之准备而已。既已正式提出交之谘议局，谘议局不能不认为督部堂之所主持。曰酌拟，曰未定，似尚未明预算案之性质与局章之用意。此本局之不能不声明者又一也。来札又谓，除由本部堂电度支部，将闽省出入不敷之数会商资政院核议外，应将各主管衙门送呈各学堂册九本，巡警公所册一本，工艺传习所册一本，先行发交谘议局查核，其为原册所无经谘议局所议挪移应增各额，应候部院会商，将闽省岁出入总数确定后，方能议办。查局章本局既有议决本省预算之权，院电复有此中移缓就急，酌盈剂虚，自属谘议局分内之事各等语，则于地方预算范围内挪移增减，本局固得议决。既经议决，既经呈送，不获批准，照章应交覆议。今则札覆之册，既不完全，一切项目或准或否，均无从悉。不曰覆议，而曰查核，查核意义与覆议之权，迥有区别，其余挪移应增之款，既属本局之权，倘督部堂不以为然，应一并交局覆议。所云部院会商确定之后，方能议办。似尚未明议决预算之权限，即度支部咨覆资政院关于议员吴赐龄之说帖，亦有谘议局既对于地方行政经费有议决之权，自可就款项内移缓就急，商酌修正，修正决议后，应就该省岁入总额内如数指拨各等语。又曰岁出总数应以本部覆核之数为范围，各省督抚提出预算应早经度支部覆核，既经覆核，编成预算案交之局议，谘议局于其范围内移缓就急，自有议决之权，断无若者可以覆议，若者不可以覆议之理。来札所云似亦未明部咨之意，且札中屡用酌核、讨论、查核等语，皆与议决不同。此本局之不能不声明者又一也。临时会之开，本以覆议预算。预算议决后，于十既云，岁入尚未划分，则谘议局议决预算自应但就岁出之数酌核讨论，不能议及岁入之额，意义明甚。且院电又云，查全国预算出入不敷至五千余万之巨，本院正议节减冗繁，以资弥补。要知院电所云各省不敷五千余万，即包括闽省不敷之数在内，其如何节减弥补，现既未经资政院议决，本省谘议局又安能遽以所交酌拟之数作为定额，其与院电不相背乎？除由本部堂电度支部，将闽省出入不敷之数会商资政院核议外，应将各主管衙门送呈各学堂册九本，巡警公所册一本，工艺传习所册一本，先行发交谘议局查核。其为原册所无经谘议局所议挪移应增各款，应俟部院会商，将闽省岁出入总数确定后，方能议办，本部堂此时遽难批准。合就札覆谘议局查照等因。计奉到学堂预算九册，巡警公所一册，工艺传习所一册。查本局前于十月初十日，曾将关于议决预算应行解决事件一案，呈请施行。原案遵照度支部奏案量入为出主义，认为督部堂所提地方行政经费预算一百十四万二千一百九十一两二钱六厘岁出之数，即为岁入之额。盖量入为出，有出额必先有入额。按之奏案局章，本应如此也。十月十四日，奉到札覆，谓地方行政经费乃各主管衙门试办预算拟议进行之数，非有的款，不能量入为出，又安能据出为入？十月十七日，经本局覆议，仍将原案呈请施行，并抄呈资政院咸电。本局一面议决预算，并呈请召集临时会，专以覆议预算，已蒙督部堂照章召集，于十月二十三日开会。今复将届闭会，计院电抄呈已二十余日，预算案送呈已十余日，忽奉前札，以院电有岁入既未划分之语，谓谘议局不能议及岁入之额。本局兹特细绎来札，按之局章，核之奏案，考之院电，逐一声明，为正当之解释。伏乞督部堂察之。来札谓预算一事，以求收支适合为原则，闽省本年试办预算，岁出溢于岁入一百八十余万，距适合之数甚远，两次报部未奉部准，则预算之额不为确定。查局章所称，岁出入预算本以收支适合为原则。今年试办预算，出入虽有不符，而度支部奏准之案量入为出，即所以求其适合。清理财政，职有所司，事权所属，仍在督部堂，当时何以不酌量缓急，以求适合？全省收支既不适合，地方预算至于有出无入，资政院于无可如何之中，知地方经费少于国家，故先许地方以收支适合之预算。十月咸电谓，全国预算出入不敷至五千余万，本院正议节减冗繁，以资弥补，合省本年预算岁入既未划分，则议决岁出宜以督抚现交之数为准。为准云者，以岁出之额为岁入之准也。地方行政既以现交岁出之数为准，则节减弥补，自系对于国家行政经费而言。来札并为一谈，似未明院电之第六，议员高登鲤等请咨外务部与荷兰交涉建议书审查员报告。

第七，关于城镇乡地方自治章程施行细则质问案（本局提出）。

第八，关于预算案之质问。

第九，行闭会式。

议长（高登鲤君）述各种报告：

一、报告议员连贤基君告假一天。

二、报告督部堂札发第八次谘议局章程解释汇抄一本事。

总督部堂松为札发事，准宪政编查馆王大臣咨，光绪三十四年七月十七日，本馆通行奏定谘议局章程文内，声明谘议局关系重要选举事宜，尤属创办，此次所订章程，头绪繁多，条文细密，各省如有疑义，应随时咨询本馆，以便详为解释，俾免歧误等因。嗣据各省陆续咨电询问各项疑义，业经本馆随时答复各在案。查此项答复，各省自应一律按照通用，免涉纷歧。兹特刊印成本，分咨各省，以备参考。嗣后续有答复，仍随时通知等因。于光绪三十四年十二月第一次起，至宣统二年三月第七次止，所有解释，均经通行在案。兹将本馆续行奏咨各项文件，并答复各省电询疑义，自本年四月起至六月止，汇刊第八次解释，应即通行各省，以便一律按照办理，相应咨行查照饬遵可也。计第八次解释一本，等因，到本部堂。准此，当将解释一本，札发学司排印去后，兹已完竣，呈送前来，除札发福藩司遵照分颁所属府厅州县，一体查照办理外，合就札行谘议局查照，须至札者。计发第八次解释一本。右札福建谘议局准此。宣统二年十一月十一日。

三、报告督部堂札发地方行政预算册交局覆议事。

总督部堂松为札覆事，据谘议局呈称，本局本月初九夜，奉督部堂札开，查预算一事，以求收支适合为原则，闽省本年试办预算，系由各主管衙门酌拟新政进行用款，计国家行政经费岁出七百九万余两，地方行政经费岁出一百十四万余两，二者合并岁出溢于岁入共一百八十余万，距适合之数甚远。而追加预算之款尚未计及，虽经两次造册咨报度支部在案，既未奉部核准，则预算额之不为确定可知。据呈称，遵照资政院咸电，各省本年预算岁入既未划分，则议决岁出宜以督抚现交预算案之数为准，因请以地方岁出之额作为地方岁入之额等语。按院电以示体恤。又须申明以小洋银计算发给,勿似向例,每百扣五,任意剥削。至贴脚一项,系因水涸载重,添雇舵工,此项仍应由公所认给,毋令船户赔累。总之,民害早除一日,则民早受一日之福。应请督部堂饬道克日核定,雇用民船,运价详准,示饬遵行。宣统二年十一月□日,庶政兴革科审查。主查陈锡朋,理事黄乃裳,审查刘志和、高士龙、谢滋春、赵锡荣、李仲邺。

周寿恩君谓:赞成李仲邺君之说。

王子懿君谓:报告书中"可见卡委与司事之靠不住"一语可删去,又末句应改为"概予裁撤",至"斩草除根"一语亦应删去。

议长(高登鲤君)谓:诸君赞成照报告书呈覆者,请起立。计起立赞成者三十七人。

议长(高登鲤君)报告第十一号议事日表。

议长(高登鲤君)宣告散会。

是日出席议员五十人。督部堂未到会,委交涉使司吴代理。午后五时散会。

第三次福建谘议局(临时会)议事速记录第十一号

宣统二年十一月十三日(1910年12月14日)

议事日表临时会　第十一号

宣统二年十一月十三日(水曜日)午后一时开议。

第一,资政院关于岁入咨询案审查员再报告。

第二,覆议本省法令公布规则附官报发行条例官报到达日期之规定审查员报告。

第三,张冠瀛等不闭南城门建议书审查员报告附意见书。

第四,覆议禁售土地与外人案审查员报告。

第五,王位中关于违犯烟律建议书审查员报告。

条，经本局先行逐条缮折质问。嗣经督部堂按条照覆，甚为明晰，足见关心民害。惟前札于南水关罗渡卡未蒙准撤，又以拿配名目改为官配，又承催民船之运费，未经酌定划一章程，详覆核准饬遵，恐复不免滋弊。本审查会覆议，仍应请督部堂裁撤关卡，更正名目，划定运价，以杜流弊，以保民生。附具理由三条如左，当否，乞公决。

原案一：南水关暨罗渡卡永远裁撤。

督部堂札覆：南水关为掣验之所，罗渡卡为转运之地，未便裁撤。

覆议理由第一条：谨按南水关确为私征船货税而设，于掣验毫无关系，闻此项私税未裁以前，该关日有数十人围摊取利。今私税被裁，仅剩守吏一人，无所事事，且急欲求去，是未撤如已撤。至罗渡卡一处，系光绪二十九年间委员杜宗瀚为私征米厘起见，始禀请增设此卡。该卡之非为转运官盐而设可知。设卡不过数年，便扶同作弊，发生出许多假公害民之弊，可见卡委与司事之全靠不住。况经查未设此卡以前，与既设此卡以后，比较运盐额数大致相同，是该卡与转运毫无关系，尤有明证。总之，私税既除，复无掣验与转运必要之关系，留此关卡，恐滋流弊，不如仍照原案概予裁撤，为斩草除根之计，以免死灰复燃。

原案二：民船不得拿配。

督部堂札覆：该道既将拿配公所正其名为官配，应即查照所拟。

覆议理由第二条：谨按"拿配"两字，所争在事实不在名目。前奉札示，系据该道详称，若无拿配公所为之责成，纵多发运费，广造官船，要不免船户刁难，为实在情形，故照准配用民船，只将名目改为官配。然既曰官配，则民船似有应配之责，恐吏胥不免借此应配名目，用其强硬手段，因而擅封民船，减抑运价，应更正名目为官雇，以杜强配之弊。

原案六条：雇用民船，须先订明船价，不扣不抵。

督部堂札覆：如一篷至四篷民船，各应配官盐若干包，每篷实给运费若干，由道酌定划一章程，永禁克扣需索诸弊。

覆议理由第六条：谨按凡害民弊政，既经深知实情，理应克日改良，以（苏）〔纾〕民困。安溪县民船所受拿配之害，上届本局业经呈明弊端，沐准饬道酌定划一章程。乃逾一年，仍未见有划定民船运价章程之发示，盐道殊为泄延，漠视民害。且比年百物昂腾，工价陡涨，此次所订定之价，须较旧价酌加，表决。赞成指定者全体。

议长（高登鲤君）指定五人审查员如左：张道南、郑藻山、陈锡朋、黄纪星、林邦桢。

议长（高登鲤君）请众表决。可决者三十八人。

第十，涵江陈德昌建议书审查员之报告。

议长（高登鲤君）请审查员登坛报告。

审查员（周文麟君）登坛报告审查情形（大意与报告书同）。

审查涵江商户陈德昌等建议书之报告

本届临时会第七次会议，提出涵江商户陈德昌等建议书，交付临时审查员审查。查莆田涵江依山近海，地广民繁。该处田园专资时雨灌溉者，所在皆是。今年雨泽愆期，各种米粮减收，以致本冬米价高昂，无从采办。窃思民为邦本，食为民天，倘不思患预防，诚恐无米兴嗟，嗷嗷待哺，此系实在情形。据该商等募集股本万余元，拟向福州府及上游各处采买米谷，藉资接济，实为救荒上策，意至美，法至良也。本审查员查上游今年各处歉收，一处万难多购，必须护照填明某地方，限定每处买米若干，一以防米商多买致生垄断之谋；一以防该处米谷出口太多，转呼庚癸，此又不得不虑焉。至米商到各处采买，按照时价，方不致别生事端，所有经过关口，该地方官理宜设法保护。该商等所陈原书，既已禀明财政局，请给护照在案，自应转呈督部堂札饬财政局，迅速给照，分别各处地方限买数目，以重民养，以恤商情。是否，祇候公决。宣统二年十一月□日，临时审查员报告。主审员伍春蓉，理事周文麟，审查黄纪星、谢受殷、上官华盖。

议长（高登鲤君）谓：此建议书应为转呈，请众表决。可决者三十三人。

第十一，覆议裁撤南水关案审查员报告。

议长（高登鲤君）请主查员登坛报告。

主查员（李仲邺君）登坛报告审查情形（大意与报告书同）。

审查督部堂札交裁撤南水关私征船货税案覆议之报告

本局临时会第七次会议，提出督部堂札覆南水关私征船货税一案，公同议决，应行覆议，交付审查。查此案因督部堂前次札覆内有不完全六条，疑义其二督部堂代理员交涉使司吴谓：除名亦应申报督部堂，因督部堂有监督权也。

刘崇佑君谓：本日督部堂代理员已在座，即为监督者。

第九，议员高登鲤君等请咨外务部与荷兰交涉荷属华侨苛例建议书之提出。

议长（高登鲤君）请书记长登坛朗读建议书。

书记长（林长民君）登坛朗读建议书。

具陈请建议书：福建谘议局议员高登鲤等，为陈请建议事，窃本局接南洋和属参议员周廷管等来函，以闽省侨商居和属者备受和人苛律，累楮难书，而最甚者，尤莫如波黎士房苛律及路字限制。查波黎士房之律，惨礉已甚，其法不分刑事民事，不问虚实，一经他人控告，或警吏风闻，即拘禁狱中，与土番同牢，百日内不准律师辩护，不准商民保释，及定罪后，赭衣跣足，罚作苦工，狱吏禁卒，蹂躏万分。此等苛律，除治马来之土番及中国之侨民外，不独待欧美日本侨民不能适用此律，即和国移民侨民亦不适用此律也。二百余年以来，华侨以此破产殒生者不知凡几，甚而商董教员亦迭受其虐，真属惨莫可言。路字即旅行券，按和属各埠，无论何种人民，上至欧美各国，下至马来土人，所至之地，皆得自由行动。唯华侨则非领有路字，不能越雷池一步，此亦最不平等之事。华侨旅居和属，多属行商，往往因路字阻碍，或资易失时，或货物滞销，事实上种种不便，而最惨者莫如骨肉离析之苦。华侨既属行商，则或父子异埠，妻奴异处，疾病生死，所关匪轻，往往因路字而父子不能相见，夫妻不能相顾者，名为侨寓，实同拘囚。本议员等悉此情形，念海外之同胞，痛和人之苛待，理合具由陈请督部堂转咨外务部，严密交涉，妥筹保护。侨民幸甚。宣统□年□月□日，具陈请建议书。福建谘议局议员高登鲤、刘崇佑、陈之麟。

督部堂代理员交涉使司吴谓：外务部原拟设爪哇领事，关于此节，因荷兰设有定则，又有附则，外部与争，令其删去附则，现在尚未解决，至路字则已有变更。

刘崇佑君谓：本议员于七月间在京闻友人言，陆钦差临去时，曾与荷兰政府商及，据云苛约可以删改，惟不知现在已删改否？

督部堂代理员交涉使司吴谓：不知已否删改。

议长（高登鲤君）谓：此建议书应付审查，审查员是否照先例指定，请众时会之开，专覆议预算。初九夜忽奉督札，解释贵院咸电，断章取义，谓院电既云岁入尚未划分，则谘议局议决预算自应但就岁出之数酌核讨论，不能议及岁入之额；又谓本年试办预算，系由各主管衙门酌拟进行，用款未奉部准，不为确定；又谓院电所云各省不敷五千余万，即包括闽省不敷之数，如何节减弥补，未经资政院议决，谘议局又安能遽以所交酌拟之数作为定额？以本局之议为有背院电。又本局遵咸电，于百十四万二千余两范围内，移缓就急，酌盈剂虚，对于督交预算加以核实，即以核实之数移作另增项目之用。札覆交局，只送各学堂预算九册、巡警一册、工艺所一册，但曰发交谘议局查核，其为原册所无经局议移增各项，应俟度支部资政院会商确定后，方能议办。本局奉札惊惶，今年开会日争岁入，得贵院主持，始获解决预算，呈督忽翻前案，累次督札皆云，今年预算系由奏交，今复以未奉部准为辞，奏交之案何以未奉部准？遵照贵院之电，以现交之数为准，乃曰不能议及入额。各主管衙门酌拟之数，事权所属，究在督抚。既经清理财政局编成预算，呈之督署，交之本局，犹曰酌拟不为定额。议决预算，为本局职权，不批准应交覆议，乃札覆之册既不完全，移增各项复推之部院会商之后，酌盈剂虚，移缓就急。本局分内之事尽为剥夺，曰酌核，曰查核，曰讨论，一若本局无此议决权者。又曰议办，议者何人？办者何人？明知会期将满，故为延缓，预算年度瞬届，将何从议？又何从办？有出无入，何谓预算？遵照院电，乃曰有背；即曰有背，亦应早示。贵院咸电到闽之日，即经抄呈，今已二十余日，预算送呈复十余日，照馆章十日内应交局覆议，迁延日久，突来否认。临时会既以覆议预算而开，会期将终，而覆议之权被夺，本局诚不知所遵循。谕旨具在，局章具在，朝廷予之于先，疆臣夺之于后，立宪前途，复何所望？特此电呈，仍乞贵院主持。现会期只余二日，本局复求再开临时会，待覆议，已呈督，督必拒，并恳贵院速电督照章召集。本局议员固结候命，否则惟有全体辞职，以谢先皇帝，以告国民而已。伏乞电示，迫切！谨呈。福建谘议局具。

议长（高登鲤君）谓：诸君赞成照此电致资政院者，请起立。全体起立赞成。

议长（高登鲤君）谓：邹含英除名之事，应否报告于资政院？

刘崇佑君谓：除名为本局自主之权，报告原无不可。惟除名须有补缺之人，应即呈请督部堂照补。

局之地位将居于何等？且有札交本局查核云云，本局如何查核？又所札交者只有关于教育类预算，此外均未札交，不知何故？

督部堂代理员交涉使司吴谓：即度支部覆资政院文中亦属空空洞洞，究竟彼此皆有为难之处，督部堂未得部覆，终不敢据此为实也。

刘崇佑君谓：督部堂所执理由，以未经部中复核为词，夫督部堂札交本局预算，是否先通过于度支部？既先通过，又何覆核之有？且度支部原电有经贵处所允许者，其应增应减之处，皆经督部堂与部相酌。且预算之案为由部奏交，奏交之案尚何未确定之有？现在临时会仅有三日，督部堂此案压搁至初十日，此外尚有他案甚多，均尚未覆。且此预算案若为督部堂否认，则是否认谘议局也。二十省皆有预算，而福建无之，本局竟无可立之地位，本议员万无面目为议员也。

督部堂代理员交涉司吴答谓：二十行省预算岂皆已成立乎？

刘崇佑君谓：督部堂不承认应早通知，何以至今日忽然不承认？

督部堂代理员交涉使司吴谓：此节督部堂未言及，本代理员不知其详。

陈之麟君谓：照督部堂来札所言，是本年无预算。现在惟有一方面请续开临时会，一方面电致资政院为是。

刘崇佑君谓：现在无论如何仅有三日，万来不及。本议员对于陈君所说甚表同情，将来若无预算，本局自有本局办法。

议长（高登鲤君）对于此案办法，研究会已经研究，现在欲讨论如何办法，先请表决是否开临时会，请众表决。全体赞成。

刘崇佑君谓：临时会只须将预算案办理清楚，即可闭会。若五日可清，则五日闭会；十日可清，则十日闭会。现在应请将致资政院电文宣布。

议长（高登鲤君）请书记长登坛朗读电文。

书记长（林长民君）登坛朗读电文。

致资政院电

北京资政院钧鉴：本局前奉贵院十月咸电，遵议地方预算，以督现交之数为准，议决后，十月二十六日呈督现交之数一百一十四万二千一百九十一两零，本局议决一百一十四万五千八百一十九两零，计增加三千六百二十八两零。复遵咸电，声明应由本局议定筹集该项专款，不与全国预算抵触，是除此三千余两外，自应以督现交一百一十四万二千一百九十一两零之数为岁入之额，以抵岁出。临李仲邺君谓：高士龙君因划一粮价一案公决，须俟至明年方能提议办理，故复提此案，专指建、瓯两县言，其所定之粮价，恐难通行全省。

议长（高登鲤君）谓：诸君赞成将此建议书代转者，请起立。计起立赞成者四十六人。

议长（高登鲤君）宣告休息二十分钟。

三时二十分钟续行开议。

第八，关于预算地方行政经费督部堂札覆之讨论。

议长（高登鲤君）谓：本日议事日表第二案为关于地方行政经费预算案督部堂札覆之讨论，据布政使司尚谓，此案尚有可疑之处，应由督部堂酌行修改，约本日午后三时答覆。现三时已过，尚未见到，应由局照章开议。请书记长登坛朗读来札。

书记长（林长民君）登坛朗读来札。

（督札见前报告）

刘崇佑君登坛谓：对于札文有疑义者，请先行质问督部堂代理员。本日开临时会仅有三日，临时会之开，原因覆议预算而设，此事见诸公文，督部堂电致资政院亦已言及，乃督部堂何以复有此札？观札文分为二橛，不知督部堂之意何在？夫预算一节，本局遵照资政院来电，即以督交之数为岁入。资政院电于十月十七日由局呈督，至今已二十余日，督部堂既反对，何以不早日声明？直至今日，始有此札，岂非督部堂有意消灭本局之预算权乎？本局开会议决预算，督部堂均派有代理员到会，当议决时并无表示反对之意，且此次请开临时会，并声明系专为预算而开，乃迟至今日，临时会距闭会仅三日，督部堂始有此札，札文并非交局覆议，则是督部堂直不认本局之预算权也。应请代理员答覆。

督部堂代理员交涉使司吴答：督部堂虽于十月十七日得局呈院电，然未得度支部覆电，故未敢据以为实。

刘崇佑君谓：度支部覆电与否，为行政官内部之事，本局不敢预闻。本局惟有据法律所定，请行政官负其责任。夫预算为督部堂交出，令本局议决者，本局照章议决，督部堂乃云不能议决。夫本局之议决，为遵照章程应有之权限，本局有议决之权，则督部堂自有批准之权。今乃以一纸空文否认本局之预算权，则本本局第七次临时会，提出两浙木帮船商代表陈藩等请设立商船公会建议书，交付审查。按原书历叙先后禀部禀道情形甚详，因劝业道分催商务总会暨福防厅查议具覆，而福防厅多方延宕，不为据情议覆，即商会亦未具覆，致劝业道无从核详定案。该船会延搁迄今，开办无期，故陈请建议。查东西各国船会林立，航业日益发达。吾闽航业不讲，以致利权外溢，商业递衰。该船会邀集同业，组织机关，为整顿航务之计，于商业大有关系。且经查明，该公会所举总理协理各职员，均系殷实公正，业经福州商务总会茌查妥洽，据情照覆，福防厅殊未便故为延宕，以妨碍兴利保商之前途。事关振兴商业，应为转呈督部堂，请速札饬劝业道转催福防厅，迅即据情详覆，俾该船会得早成立。当否，乞公决。宣统二年十一月□日，建议审查员审查。主查李仲郴，理事林佑蘅，审查吴鸿枢、王邦怀、郑祖荫。

郑祖荫君谓：此建议书初递时商务总会未覆，及递后则商会已覆，兹特声明。又"各职员"三字可删。

议长（高登鲤君）谓：赞成将此建议书代转者，请起立。计起立赞成者四十九人。

第七，议员高士龙等完纳钱粮确定银元价目建议书审查员报告。

议长（高登鲤君）请主查员登坛报告。

主查员（李仲郴君）登坛报告审查情形（大意与报告书同）。

审查议员高士龙等完纳钱粮确定银元价目建议书之报告

本初六日，临时会第七次会议，提出议员高士龙等钱粮确定洋银价目建议书，交付审查。查征粮积弊，不可胜举，最甚者莫如以钱折银，复以银折钱，辗转苛算之弊。该书中所陈请各节，为革除弊窦起见，于粮米所完纳之洋银限定价目银价，一经确定，则经征胥吏无所施其辗转折算之技，而民困得以稍纾，实为建、瓯两邑紧切之要图。亟应代为转呈督部堂照请施行，以祛积弊。是否，仍请公决。宣统二年十一月□日，建议审查员审查。主查李仲郴，理事俞光华，审查蓝德光、黄金銮、王邦怀。

议长（高登鲤君）请众讨论。

张道南君谓：此事不独建、瓯两县如此，通省皆然，应请督部堂通饬办理。

能专为佃户计，而不为田主计乎？

黄乃裳君谓：李君所说理由以为佃户必先约明收数，不知佃户以田为生，即受田主苛待，亦属无法。

吴庭枨君谓：关于此案黄君仅知佃户情形，而不知田主情形。就分收言，即佃户二成，田主八成，在佃户已为极好。何则？佃户除分收外，尚有麦等均归佃户独收，且分收虽只两成，而实际则尚不止此，盖佃户当收获时往往以计多取也。

黄乃裳君谓：吴君所说乃系顽佃，天下顽佃岂尽如此？就此建议书所言，亦不为无见。据本议员之意，应请将此建议书交该四县自治会调查情形，妥筹办理。

议长（高登鲤君）谓：黄君谓将此建议书交该四县自治会调查办理，请众表决。可决者四十二人。

第五，泰宁县城议事会欧阳铭为苛索浮收建议书审查员报告。

议长（高登鲤君）请主查员登坛报告。

主查员（潘纪雲君）登坛报告审查情形（大意与报告书同）。

审查泰宁县城议事会欧阳铭等建议书之报告

本届临时会第七次会议，提出泰宁县城议事会欧阳铭等陈请清理钱粮积弊建议书，交由临时审查员审查。查该邑完纳钱粮，既经陈前府勒石定价，转详立案，何容更任图差浮收苛索？该书所陈系属为民请命，应即代转督部堂察核，迅饬照章办理，以（苏）〔纾〕民困。是否，仍候公决。宣统二年十一月初八日，临时建议审查科主查潘纪雲，理事上官华盖，审查邓畿、陈树勋、黄羲。

议长（高登鲤君）谓：诸君赞成将此建议书代转者，请起立。计起立赞成者四十七人。

第六，船商代表陈藩等关于设立商船公会建议书审查员报告。

议长（高登鲤君）请主查员登坛报告。

主查员（李仲邺君）登坛报告审查情形（大意与报告书同）。

审查船商代表陈藩等请转催覆以便设立船会建议书之报告

恩，理事员林邦桢，审查员杨豫、游肇源、刘志和。

议长（高登鲤君）谓：应照报告书所述代为转呈，请众表决。可决者四十九人。

第四，闽清、古田、永福、侯官四县刘炳汉等为农民请命建议书之提出。

议长（高登鲤君）请主查员登坛报告。

审查员（李仲邺君）登坛报告审查情形（大意与报告书同）。

审查闽清、古田、永福、侯官四县代表刘炳汉等为农民请命建议书之报告

本届临时会第六次，提出刘炳汉等建议书，公决交付审查。查原书所陈，以该四县中有田主佃户分收不均之事，近于苛待佃户，酌拟救偏方法三条，以为变通。第一条，田主多收者应按田之上、中、下三则递减，以增益佃户。第二、第三两条，责成地方官及自治会照谕实行惩罚田主之不遵者。立意无非为恤农起见，但专就佃户一边着想，未免近偏。凡分收（咸）〔成〕数，佃户对于田主必先议明，必经承认，方肯照分，当无呆板之成数。佃户于分收时，所获遗穗之利，谅有一成，如分收之数近苛，佃户尽可向田主议减，否则退佃，在佃户当有可以自由之处。据原书出收租即为富厚，似不尽然。且该县之田既有分则，则所议分收之成数目，随所分之则以为标准，相沿已久。若据行更动，难免反滋事端。现各县自治会均已成立，该会于本地方利弊应甚详明酌盈剂虚，较有把握。此案似宜归各该地方自治会酌议办法，呈请地方官察准施行。原书毋庸代转。是否，仍请公决。宣统二年十一月□日，建议审查员审查。主查吴庭枨，理事李仲邺，审查黄钟澧、李馥南、游肇源。

黄乃裳君登坛谓：此报告书本议员甚反对，因陈请人民为闽清、古田、永福、侯官四县人，而审查员中皆非四县中人，大约不知此四县之情形，盖此四县中之佃户所受之苦，为天下所无。本议员走遍数省，并无见有虐待佃户如此之酷者。佃主收七八成，而佃户仅二三成。夫所谓为上农者，每年所入不过二三十担，内除牛租、种子、肥料等费，请问所余者能否养其身、养其妻子？本议员以为审查员全不知其情形，故有反对此建议书之报告。

李仲邺君谓：黄君所说是否四县中皆然乎？夫佃户受田时，必先约定收数，愿为佃户，然后为之。天下吃亏之事，断无人愿为之者。且田主亦不皆富厚，岂

十六条：选举争议应由选举人申诉，城镇乡议事会公断。李善承前因诈冒防捐，选权被夺，既非选举人，即不得为申诉。李善承既不应申诉而申诉，则其申诉为无效，罗源县令便不得不给程文郁知会书及扣留其执照可知。若云当选无效，则城镇乡自治章程中又明明有规定，查章程第五十条当选无效之四款所云，被选举资格不符断定确实者，系指经议事会公断之后，或不服公断，呈由地方官核断之后而言。今程文郁之当选，既未经议事会公断无效，地方官何从核断之？又同章程第五十条之第七款所云受除名之处分者，系指自治章程第一百六条之除名处分而言。自治章程第一百六条云自治职员有以自治为名，干预自治范围以外之事者，城镇乡议事会各员及城镇乡董事名誉董事于会议时停止其到会三日以上十日以下，城镇董事会总董董事及乡董乡佐停止其薪水半月以上二月以下，其情节重者均除名。是此种除名之处分，应在自治会成立以后。此次创办自治会方在开始，自无该条之处分。罗源县令不给知会书，实于章程不合。业经本局公决，转呈督部堂饬县补给知会书。如果应选，应即补给执照，方为合法。公权所在，不能任意剥夺也。理合将该建议书缮录清折，具文呈请督部堂察鉴施行，须至呈者。

议长（高登鲤君）谓：此建议书即附以意见书呈督部堂，请众表决。赞成者四十七人。

第三，安溪廖钦若等地方官纳贿违法建议书审查员报告。
议长（高登鲤君）请主查员登坛报告。
主查员（周寿恩君）登坛报告审查情形（大意与报告书同）。
审查安溪廖钦若等建议地方官违法纳贿报告书

本局第二届临时会第七次，提出廖钦若等建议书，交与临时审查员审查。查该建议书所称，廖珠无辜受冤，前同安县易令简提讯，将珠杂在众犯中，使高德辨认，德既称此中无当日被劫所见之犯，有堂判可查，易令因贿滥押。现任同安县陈令文纬廉得其情，有意释放，候安溪县李令祖衡移覆，而安溪李令反受厦门宜香号贿讬，听德改换姓名代控，不肯移覆请释等语。据此，指陈两令均明知廖珠无辜受冤，而故意久押不放，致令人民遭其冤抑，即无纳贿，亦违局章二十八条之法理，应将此书代转呈，请督部堂核办。当否，仍候公决。临时主查员周寿员及城镇乡董事名誉董事于会议时停止其到会三日以上十日以下，城镇董事会总董董事及乡董乡佐停止其薪水半月以上二月以下，其情节重者均除名。是此种除名之处分，应在自治会成立以后。此次创办自治会方在开始，自无该条之处分。罗源县令不给知会书，实于章程不合，应即代为转呈督部堂，饬县补给知会书。如果应选，应即补给执照，方为合法。公权所在，不能任意剥夺也。合将审查情形及应照章办理报告，伏候公裁。宣统二年十一月□日，临时审查科报告。主查柳遇侯，审查赖其浚、李钟声、彬煦、赵锡荣。

刘崇佑君谓：此建议书关于自治会议员之权利，诸君应注意。罗源县令任意将城议事会议员除名，是为违法。本应弹劾，惟念系初办自治，或有不知法律之处，此建议书应由本局附以意见书呈督部堂，请其注意。照书中所述各节，并无一端可为不给知会书之理由。从前专制时代，官吏得以高下其手，现今预备立宪，岂容官吏任意高下其手？本局既据提出建议书，理应将此理由一并附达督部堂。

吴庭枨君谓：罗源县令素守旧，而程文郁素开通，平日两相柄凿，故有此次除名之举。

刘崇佑君谓：本议员所言乃据法律上言，至于县令及程文郁之为人如何，本议员均不之知，亦不之问，惟问其行为有无违反法律而已。现在法律新颁，办事者不知法律，所在多有，此固不之怪。本局所以附以意见书者，亦欲令其知晓耳。自此次呈督部堂后，若该县令仍不悔悟，则惟有由本局弹劾之一法耳。

议长（高登鲤君）谓：诸君赞成照审查员报告作为意见书呈督部堂者，请起立。计起立赞成者四十六人。

议长（高登鲤君）请书记长登坛朗读意见书。

书记长（林长民君）登坛朗读意见书。

福建谘议局为转呈事，案查奏定谘议局章程关于谘议局职任权限第二十一条十二号，内开收受本省自治会或人民陈请建议事件等语，本届临时会开会时，本局收受罗源阮炳年等关于县令任意除城议事会议员名请公断呈督饬补给执照陈请建议书一件，业经提出会议。查程文郁因被李善承等控指匿丧抢替奸娶孀妇各节，罗源县令不给知会书，并经阮炳年等议员十五人集议，咸以承指控各节均属子虚，覆请遵筹办处所批核办，罗源县令仍未示覆。按城镇乡自治选举章程第五第一，议员邹含英混控本局违法案审查员报告。

议长（高登鲤君）谓：此案与本议长有关系，应请避席。

黄纪星君谓：不必避席。

刘崇佑君谓：本议员与议长事同，一律亦应避席。

苏寿乔君谓：应请诸君表决。

议长（高登鲤君）谓：赞成本议长不必避席者，请起立。计起立赞成者为五十人中之四十二人。

议长（高登鲤君）请审查员登坛报告。

审查员（吴庭枨君）登坛报告审查情形。此案系秘密会议，照议事细则第一百七十五条，速记录不刊布。秘密会议毕，议长高登鲤君以是否照章除名，请众表决。计本日出席议员四十八人，赞成除名者为三十六人。

第二，罗源阮炳年关于自治选举任意除名建议书审查员报告。

议长（高登鲤君）请主查员登坛报告。

主查员（柳遇侯君）登坛报告审查情形（大意与报告书同）。

审查罗源阮炳年等关于县令任意除城议事会议员名请公断呈督饬补给执照陈请书之报告

本月初六日，临时会第七次会议，提出罗源阮炳年等陈请书，议决交临时审查员审查。查得程文郁因被李善承等控指匿丧抢替奸娶孀妇各节，罗源县令不给知会书，并经阮炳年等议员十五人集议，咸以承指控各节均属子虚，覆请遵筹办处所批核办，罗源县令仍未示覆。按城镇乡自治选举章程第五十六条，选举争议应由选举人申诉，城镇乡议事会公断。李善承前因诈冒防捐，选权被夺，既非选举人，即不得为申诉。李善承既不应申诉而申诉，则其申诉为无效，罗源县令便不得不给程文郁知会书，及扣留其执照可知。若云当选无效，则城镇乡自治章程中又明明有规定，查章程第五十条当选无效之四款所云，被选举资格不符断定确实者，系指经议事会公断之后，或不服公断呈由地方官核断之后而言。今程文郁之当选，概未经议事会公断无效，地方官何从核断之？又同章程第五十条之第七款所云受除名之处分者，系指自治章程第一百六条之除名处分而言。自治章程第一百六条云自治职员有以自治为名，干预自治范围以外之事者，城镇乡议事会各第八，议员高士龙等完纳钱粮确定银元价目建议书审查员报告。

第九，议员高登鲤等请咨外务部与荷兰交涉荷属华侨苛例建议书之提出。

第十，涵江陈德昌建议书审查员报告。

第十一，覆议裁撤南水关案审查员报告。

议长（高登鲤君）述各种报告：

一、报告议员杨豫君、李泰交君各告假一天。

二、报告督部堂来札关于预算地方经费事。

总督部堂松为札覆事，查预算一事，以求收支适合为原则。闽省本年试办预算，系由各主管衙门酌拟新政进行用款，计国家行政经费岁出七百九万余两，地方行政经费岁出一百十四万余两，二者合并岁出溢于岁入共一百八十余万，距适合之数甚远。而追加预算之款尚未计及，虽经两次造册咨报度支部在案，既未奉部核准，则预算额之不为确定可知。据呈称遵照资政院咸电，各省本年预算岁入既未划分，则议决岁出宜以督抚现交预算案之数为准，因请以地方岁出之额作为地方岁入之额等语。按院电既云岁入尚未划分，则谘议局议决预算自应但就岁出之数酌核讨论，不能议及岁入之额，意义明甚。且院电又云查全国预算出入不敷至五千余万之巨，本院正议节减冗繁，以资弥补。要知院电所云各省不敷五千余万，即包括闽省不敷之数在内，其如何节减弥补，现既未经资政院议决，本省谘议局又安能遽以所交酌拟之数作为定额，其与院电不相背乎？除由本部堂电度支部，将闽省出入不敷之数会商资政院核议外，应将各主管衙门送呈各学堂册九本、巡警公所册一本、工艺传习所册一本先行发交谘议局查核，其为原册所无经谘议局所议挪移应增各款，应俟部院会商，将闽省岁出入总数确定后，方能议办。本部堂此时遽难批准，合就札覆谘议局查照，须至札者。计札发学堂册九本，巡警公所册一本，工艺传习所册一本。右札福建谘议局准此。宣统二年十一月初九日。

议长（高登鲤君）谓：关于预算，督部堂来札，顷晤布政使司尚，据云其中尚有疑义，应俟回明督部堂商妥后，再行当场说明。所有此案本日议事日表列诸第二，应行变更日表，请众表决。计赞成者四十五人。

堂照准施行，札饬晋江县按律究办。可否，仍候公决。宣统二年十一月□日，临时审查会主查员李泰交，理事员苏春元，审查员林邦桢、洪湛恩、许赞虞。

刘崇佑君云：此事到底属实，亦不敢断定，惟看其情形，似有几分真实。报告书中断定为情形属实，似属不妥，宜修改。

议长（高登鲤君）请表决照报告书转呈，全体赞成。

刘崇佑君云：请质问督部堂代理员，今日预算覆议案可实到否？

督部堂代理员布政司尚云：今日不能到，明日决能送到。

刘崇佑君云：若此则请议长即列于第十号议事日表。

议长报告第十号议事日表。

议长宣告散会。

本日出席议员四十三人。督部堂代理员布政使司尚午后一时到会。午后五时散会。

第三次福建谘议局（临时会）速记录第十号

宣统二年十一月十一日（1910年12月12日）

议事日表临时会　第十号

宣统二年十一月十一日（月曜日）午后一时开议。

第一，议员邹含英惩罚事件审查员报告（秘密会议）。

第二，关于地方行政经费预算案督部堂札覆之讨论。

第三，罗源阮炳年关于自治选举任意除名建议书审查员报告（延前会）。

第四，安溪廖钦若地方官违法纳贿建议书审查员报告（延前会）。

第五，刘炳汉等为农民请命建议书审查员报告（延前会）。

第六，泰宁县城议事会欧阳铭为苛索浮收建议书审查员报告（延前会）。

第七，船商代表陈藩关于设立商船公会建议书审查员报告。

代转者，请起立。赞成者十九人。

议长（高登鲤君）云：赞成王君议者既属少数，当照审查员报告为之代转。

第七，浦城朱翰农会集资建议书审查员报告。

议长（高登鲤君）请主查员登坛报告。

王子懿君登坛报告（略同报告书）。

审查浦城农会朱翰建议书之报告

本届临时会第七次，提出浦城农会朱翰集资为兴实业建议书，交由临时审查员审查。查该书历陈各节，皆为实行农事试验场起见，因新总理及会计员对于此事不表同情，宕延未办，故陈请到局。按试验场为振兴农业之先导，关系农业前途甚要，原未可视为缓图，且系遵照本局上届议决振兴农业案办理。据该书所陈款已筹便，并经该职董调查各项办法，固宜趁早兴办，以资农民之仿效，而坚捐资者之信用。自应转呈督部堂察核，迅饬实行。是否，仍候公决。宣统二年十一月初七日，临时建议审查科主查王子懿，理事李驹，审查吴庭枨、范宗福、张国宝。

议长（高登鲤君）请表决照报告书为之代转，赞成者为四十三人中之三十五人。

第八，寡妇龚高氏请起验匿尸建议书审查员报告。

议长（高登鲤君）请主查员登坛报告。

苏春元君登坛报告（略同报告书）。

审查泉州府晋江县寡妇龚高氏建议书之报告

本届临时会第七次议会，提出泉州府晋江县寡妇龚高氏建议书，付临时会审查员审查。查龚高氏孤子龚及被族房龚四等诬窃掳去，私刑毙命，历经赴县喊控。该氏夫胞侄龚榜在山牧羊，又被龚煎与郭姓械斗铳伤毙命，经龚蛋喊控，经县差拘凶犯龚四押监在案。龚煎财势运动，擅将在押凶犯龚四释放，案悬日久，任控莫奈，甚至将案注销。该氏冤沉，不惮跋涉长途，匍匐赴省呼叩，各衙门蒙批尚未照准。兹据前因恳代转呈，按谘议局章程第六章第二十一条，有收受人民陈请建议事项之规定，该龚高氏前情属实，遭此冤屈，实堪怜悯，理合代转督部第五，闽清碗商黄珍美请转呈迅饬财政局限期革除苛税案审查员报告。

议长（高登鲤君）请主查员登坛报告。

主查员卢初璜君登坛报告（略同报告书）。

审查闽清碗商黄珍美陈请建议书之报告

本届临时会第四次会议，提出碗商黄珍美陈请速除苛税建议书，交由临时审查员审查。查该书所陈具属实在情形，自应即为转呈督部堂，迅檄财政局克期妥议详覆，并即札饬水亭及闽安分卡照办，以蠲苛例而恤商艰。可否，即请公决。宣统二年十一月初六日，临时审查会主查员卢初璜，理事员吴鸿枢，审查员李馥南、熊秉廉、周文麟。

议长（高登鲤君）请表决照报告书为之转督，赞成者为四十三人中之三十七人。

第六，长汀城自治会代表郑克明请拨盐斤加价建议书审查员报告。

议长（高登鲤君）请主查员登坛报告。

主查员张道南君登坛报告（略同报告书）。

审查长汀县城自治会代表郑克明、赖道权请给盐斤加价拨款建议书之报告

本届临时会第七次，提出长汀县城自治会陈请拨回盐斤加价以办自治建议书，交由临时审查员审查。地方自治为宪政之初基，急应早日进行。该邑因经费不敷，办理诸多棘手，自系实在情形。虽书中所陈销盐额数未免不实不尽，第所请之处甚属正当理由，自应代转。是否有当，祗候公决。宣统二年十一月初八日。临时审查员主查员张道南，理事杨长余，审查员余钟英、熊秉廉、卢初璜。

王子懿君云：盐斤加价，汀属留为自治之用，若各属均照此办法，将若何？此事恐办不到。

张道南君云：非全数留作自治之用，或提几成作自治之用。

议长（高登鲤君）问：盐斤加价款，是否在国家税之内？

王子懿君云：盐斤加价本指作赔款之用，应属国家税之内，此议万不能行，似不必为之代转。

议长（高登鲤君）云：王君之议有五人赞成否？赞成者五人。

议长（高登鲤君）云：王君主张不为代转，请先表决，赞成王君提议不为

民米几斗几升几合几勺，计合洋元几元几角几分正。

附收某捐钱几百几十几文，计合洋元几元几角几分正。

串票几张，计合钱几文。

总共收洋元几元几角钱几文，此外并无浮冒，所具收单是实，此照。

宣统　年　月　日，某县经收人某姓名收单，盖戳

宣统二年十一月□日，庶政兴革科主查员陈锡朋，理事李仲郴，审查高士龙、赵锡荣、刘志和、谢滋春、黄乃裳。

郑藻山君云：各县中亦有不用粮串者，如必照章程所规定，是反增一陋规也。

王子懿君云：粮串各县大概都有，此条所规定，不过为工料钱，不能革除。

郑藻山君云：宜定每人完粮若干，即付串票一张。

王子懿君云：亦有买田之家不过户，即带完者，故大概一户一张，且从前粮串之弊，本一两为一张，一钱又为一张，一分又为一张，今则几两几分几厘合为一张，已省却许多矣。

黄纪星君云：本省中有一两县无串票的，本议员所居莆田县即无串票也。至米有串票，因米为兴粮厅所收也。

王子懿君云：各地不同之处甚多，若必一一规定，未免琐碎，立法只能定其大概耳。

黄乃裳君云：串票之弊甚重，今闻兴化、漳州无串票，则十一属宜取为法，以除此弊。

苏寿乔君云：串票虽有弊，然至多亦不过十余文，似亦不必如此。

李仲郴君云：各县亦非无粮串，不过包于粮价以内算而已，宜申明包在粮以内算者，不必再加。

议长（高登鲤君）问：赞成第一条者，请起立。赞成者为四十三人中之三十七人。

议长（高登鲤君）云：赞成报告书照修正之处呈督者，请起立。三十八人赞成。

收银一两三钱，余者相去甚巨，若一旦骤为划一，截长补短，两剂于平，殊难办到。各属应暂照宪定常例征收，惟不准胥吏格外需索各种陋规（如站规、户礼、戳仔钱、年礼等类），稍释民累。至原案第四条，系从第一条划一粮价发生。今地丁银米各属均暂仍其旧，其平余耗羡办公费解费一切等等，原已包括在内，所有胥吏薪工自应由该管官给值。第一条既从缓办，则第四条自应删除。其他一笔串票、给予清单等共六条，皆系为革除积弊而设，业经督部堂札覆照准，惟有请其速行公布，饬各厅州县揭示城镇乡，俾明年二月开征时，收纳两方面均有所遵守。如此则粮价虽不能遽行划一，而积弊革除数种，亦可略纾民困而顺舆情。惟第二条只言银串而遗米串，且工价未定，实无标准，未免有所争竞。兹照前藩宪堂示谕，每张给工价钱一十二文，并附一清单式，于给予清单一条之末。第五条删去"粮价既定"四字，余均无更动。合并声明，计列原案六条于后，以清眉目。是否，仍候公决。

一、一笔串票。同一花户应纳钱粮若干，只需银串一纸，米串一纸，不得一厘一勺加票榷算，其串票每张应给工价钱一十二文。

二、给予清单。交纳钱粮时，须由粮书填写清单，载明正额若干，随粮捐若干，实收银元银毫若干，铜元若干，盖戳交各花户，以为凭信。清单式附后。

三、确定期限。定例上忙二月开征，应完四分，六月截数；下忙八月应完五分，十二月截数，至次年奏销时一律完全。至本年暨旧欠粮价，均应通饬将应纳价银若干，分别牌示，使花户周知，庶有遵循而杜流弊。

四、大堂设柜。照章大堂应行设柜，但离城较远之区，得再相度情形，分设乡柜，晓以限期，示明定价，以便花户自行投纳。

五、出入平均。征收钱粮时，或银元或铜元，补入找出，价应划一，以昭平允。

六、粮捐照章。秋米随粮捐照章用铜元交纳，前数年钱价高昂，以市价算每元八九百文，近来钱价甚低，柜书不收钱，只收银元，照从前八九百文钱价苛算，民间异常受亏。应请征收铜元，或照市价银元计算。

附清单式

某姓名完纳某户宣统几年份

地丁银几两几钱几分几厘，计合洋元几元几角几分正。

公所不能得此利率于银行，则是一省之中无故年须赔垫利子数万两。此节应须如何预筹之？

以上所举，但就原案章程中，据本局之所疑而条列之而已。至于政府之信用如何，人民应募之资力如何，公债券之用途如何，财政之基础如何，均为根本上应先行解决之问题。尚当于第二读会中付之公议，再行呈覆，合并声明。

督部堂代理员布政使司尚云：公债事因本省财政困难，外间金融机关紧急，一时不能筹出款目，故有此议。顷阅印刷质问案，所言均有道理，不可不预筹。此案可具质问书，请制台再商妥善办法。

刘崇佑君云：此质问案既提出，自当呈请督部堂批答。惟现在临时会即将闭会，若督部堂覆札不能早日（利）〔到〕局，则无覆议之余日，此案只得延到明年。请代理员转达督部堂早日札覆，俾本局得以覆议也。

议长（高登鲤君）问：诸君赞成照此申覆者，请起立。全体起立赞成。

卢初璜君云：临时会本为预算而开，惟预算案准否至今尚未覆，到现在闭会在即，不知督部堂批覆何时可到？

督部堂代理员布政使司尚云：本早已画押，大概今晚总可送局。

第四，覆议清理钱粮积弊并划一粮价案审查员报告。

议长（高登鲤君）请主查员登坛报告。

主查员高士龙君登坛报告。

审查清理征粮积弊并划一粮价覆议案报告

本月初四日，临时会第五次会议，提出覆议清理征粮积弊并划一粮价案，交由本科审查。查本案原定办法八条，督部堂札覆，以第一条至第四条拟议平允，自当照行；第五条原有定例，应申明，俾众遵守；第（七）〔六〕条亦有定章，惟离城较远而又纳赋较轻之户，应相度情形分设乡柜；第七、八两条拟议平公，均属可行。惟附则请照仙游征例为划一粮价之标准，未免今昔悬殊，致多滞碍，应求一官民两无相累良法等语。本科审查之下，均以第五条、第六条皆遵循定章，其分设乡柜，亦系为体贴民情起见，应照督部堂札覆办理外，其附则援仙游旧例划一通行粮价，诚有如督部堂札指所云滞碍难行之处，盖各厅州县情形不同，征法参差，久成习惯。考之各县常例，有地丁银一两收银二两三钱，余者有方团体，则银行但为经手而已。今则承办委之银行，管理归之度支公所，募集之后，复以其款储之大清银行，既储之后，则度支公所对于大清银行又为债权者，所携拨用可以任意为之，而银行既以储蓄为名，收集此项债款。偿期一届，银行与度支公所一有纠葛，将何以应持票支取之人？

第四，关于储蓄与非常准备贮蓄之区别。查各国于财政制度未发达时代，恒有所谓非常准备贮蓄金者，盖节约常费存之国库，以为不虞之备。其后有公债制度，而贮蓄之制几于绝迹。今之所谓储蓄公债者，不知是否即为非常准备之事？储蓄制度各国有行之者，其目的在于集民间之小资本以为经营事业之用，是储蓄者民间之储蓄，非政府之储蓄也。二者似不能并为一谈。若曰储蓄，似不如径设储蓄银行之为得策，何为以公债之名行之？

第五，关于偿还期间之规定。查各国公债，有所谓永久公债者，并无偿还之期，必其国家信用大孚，债主应募者但意在收取利息，其债券又可辗转，收受自无抵滞，国家但岁筹还息之资而已。然普通公债，多属有期偿还。至其定期，则由于政府据置期间之外，如何分年偿还，如何限期清还，皆政府一方定之。此公债之所以异于私债也。今则据置五年之外，无论何时皆得持券支取，万一五年之后，二百万债券同时向支，则市面必至动摇，是维持市面者反以乱市面也。此节应如何规定，亦请详示。

第六，关于筹还之准备。查公债终点在于偿还，偿还之法必有准备，或增加租税，或企业有望，必预先筹有把握，然后方可举债。现在财政紊乱，企业无资，五年据置以后，当以何法清偿之？藉曰储蓄，其款长存，而用途不明，旧亏未清，一有蹉跌，将失大信。是不可不预筹者也。此节应如何规划，亦乞明示。

第七，关于利子之支给。查公债利子，应由国家或地方团体偿之。苟其举债目的在于整理财政，则整理之后，岁入必有增加之望，担荷利子，自能胜之。苟在于一时战争或灾异之急需，则以此项本利，增加国民负担，自出于不得已之事。苟在于企业，则营业所得偿还本利，国家或地方团体向可操筹握算计其盈余。今则募债，既不由于以上三目的，则还利之事，当必以储蓄大清银行之利率为偿还利子之用。然规定月利六厘，以二百万元计，年需十四万余两，此项公债募集之后，存之银行，其利率是否相准？所谓月利六厘者，果为度支公所偿还应募者之利率乎？抑为银行偿还度支公所之利率乎？两方相抵，盈绌如何？若度支三时二十分钟续行开议。

第三，关于募集储蓄公债质问案。

议长（高登鲤君）请质问者登坛质问。

刘崇佑君登坛，云：本届开会时，由督部堂交到募集公债议案，已先在研究会中提出研究，但公债有一定之原理，募集有一定之方法，不能囫囵说去。自谘议局开议以来，各省督抚大开公债之思想，此亦无可如何。督部堂提出公债案，本局亦非不赞成，不过中有可疑之处，未经解决，故提出质问案（以下略同质问案）。

关于募集储蓄公债质问案

为呈请批答事，本局十月三十日奉督部堂札交募集储蓄公债二百万元，十一月初一日临时第四次会议提出，经第一读会，交由财政科审查。查督部堂原案章程十三条，大旨在以公债之名，行储蓄之实，其间应行质问之点颇多。兹特条举于下，谨依局章第二十六条，呈请督部堂迅赐批示，以为第二读会讨论之资，实为公便，须至呈者。

第一，关于募集公债之目的。查募集公债，各国通例皆因财政上之需要而起。盖国家庶政待举，有时财用不足以应之，不得已而出于募债之途。其目的大类有三：（一）募集公债，以为整理财政之需；（二）募集公债，以为战争及一时天灾地变之用；（三）募集公债以为国家或地方企业之用。其会皆属于财政之范围，今札交之案，但曰维持市面，夫维持市面属于金融问题，金融与财政虽有关系，似不能径以流迪金融之故，而为募债之目的。究竟此项公债因何而起，不能无疑。

第二，关于募集公债之债务者。查募集公债，恒以国家或地方团体为债务者。此项公债，既由本省议决募集，自应以本省为债务者。而目的未定，用途未定，将来担负偿还之义务应属何人？且章程第七条规定偿还之法但曰可向各经理处支取，而经理处但任发行债票之事，似无偿还之义务。此节如何规定，应请详示。

第三，关于大清银行与度支公所承办管理之界限。查各国募债，多以发行募集之事，委之银行，其法为代理募集或责任募集，然其债务者，既属于国家或地高士龙君云：稽查漏税之法，由官纸。

刘崇佑君云：稽查漏税之法不止官纸，由官纸稽查为未来事，此条是说稽查已往之漏税方法。

卢初璜君云：稽查不是稽查以前，是稽查以后。

刘崇佑君云：如此则请改作"凡民间补税白契，概照新章征收，地方官不得凭空遣派差勇胥吏四出骚扰"。

苏寿乔君云：宜再加"遣派委员"四字，盖委员下乡，比差勇胥吏更凶也。

刘崇佑君云：应改作"委员书差"。

议长（高登鲤君）问：诸君赞成第八条所修改者，请起立。四十一人起立赞成。

第九条

刘崇佑君云：请再加第二项，为前项收单不得收取工价。

议长（高登鲤君）问：有五人赞成否？赞成者五人。

议长（高登鲤君）请众表决。可决者四十一人。

议长（高登鲤君）请表决第九条其两项。全体赞成。

第十条，赞成者四十一人。

刘崇佑君云：本单行细则第十条"等"何指？

高士龙君云：即指本章程。

刘崇佑君云：即改为"本细则"。

刘崇佑君云：宜改"不奉行部定新章及本细则"等语。

议长（高登鲤君）云：此为文字修正，不必表决。

附则及收单式，全体赞成。

刘崇佑君云："及参酌"三字宜改"应再议决"。

刘崇佑君云：连开第三读会。

议长（高登鲤君）请众表决。可决者四十人。

议长（高登鲤君）云：请免朗读，如有文字修正处，请发议。

王子懿君云：收单中"留"字改为"给"字。

议长（高登鲤君）请众表决。全体赞成。

议长（高登鲤君）宣告休息二十分钟。

刘崇佑君云：第八条上半节可以删去，第九条请加第二项。

王子懿君云：本议员对于第六条第三项官纸料价六十文，可改为收小洋一角，此意昨已发表。

议长请逐条表决。

第一条，全体赞成。

第二条，赞成者三十九人。

第三条，赞成者三十八人。

第四条，赞成者四十人。

王子懿君云：此条要将加捐理由声明。

卢初璜君云：宜在条文中加"岁"字，盖申义本不属条文之内也。

议长（高登鲤君）云：仍将条文改明较好。

议长（高登鲤君）云：即加"除另加学堂捐二钱以外，不得多取分毫"。

王邦怀君云：外府县亦有已税之契，加盖一戳要银四角之弊，似宜一并声明。

议长（高登鲤君）云：外府县确有此弊，惟不能加入条文之内，请王君另具建议书指明，此弊转请督部堂禁止。

刘崇佑君云：此意已包在条文中，如不得多取分毫及税差需索等语，已可包括，但在地方官办理若何耳。

第五条，赞成者三十九人。

第六条，赞成者四十人。

王子懿君云：此件既归自治会发卖，则即可就此项为自治会筹款。原底六十文官纸料，请即以四十文为自治会经费。

议长（高登鲤君）问：有五人以上赞成王君之说否？赞成者五人。

议长（高登鲤君）问：诸君赞成王君所主张者，请起立。三十八人起立赞成。

第七条，赞成者四十人。

第八条

刘崇佑君云：请发议者修改稽查漏税之法，照新章办理。

议长（高登鲤君）问：有五人以上赞成否？赞成者五人。

垫用者。

议长（高登鲤君）云：外府县多有并无的款，由地方官暂时垫用者，若列入岁入，则此款明年从何筹措？

王子懿君云：各县报册多不清楚，有列入者，有未列入者。

黄纪星君云：各府办中小学堂，本不必列入预算，若将入款全列入岁入，殊不安也。

王子懿君云：公立官立各学堂经费，为官款或公款，无从分别，故只能将就地抽捐款列入。

卢初璜君云：资政院本问有无多少不符及遗漏，只宜研究应否列入。

王子懿君云：资政院本问多少及遗漏，惟多少之处无从得知。

刘崇佑君云：照理而论，宜先照资政院所问申覆，再将此项不应列入作为意见书，附呈资政院。

黄纪星君云：若此则有不知二字答复而已，尚何言可以答复？

议长（高登鲤君）云：可以尚无遗漏申覆，至多少不符，则不得知也。

刘崇佑君云：不该列而列入岁入，吾辈既已知之，亦应申明于资政院。若不申明，今年有此款项目，明年无此款目，将若之何？

督部堂代理员布政使司尚云：定有遗漏多少之处，盖赶办预算极忙，今日来一册，明日又来一册，列入殊觉纷乱也。

刘崇佑君云：请延会再交审查科，若审查科以数人之意不能明白，即由审查科作主开研究会。

王子懿君云：此案已经讨论多次，究竟不能明了之处，决非审查科与研究会所能解决，不必延会。

议长（高登鲤君）请照所讨论者申覆资政院，请众表决。可决者为四十三人中之三十七人。

议长（高登鲤君）云：第二项公债申覆书印刷未出版，宜变更议事日表，请表决。四十人赞成。

第二，实行田房税契新章并单行细则案。

议长（高登鲤君）云：此案昨日已经讨论延会，应免朗读。

等项欲化私为公，殊亦甚难。且此项陋规总须俟国家地方税分别之后再行议及，今日只宜将岁入中有无多少不符之处提出而已。

王子懿君云：多少不符，殊不易查，盖各府县按季虽有册报，然款目均不的确，有以少报多者，亦有以多报少者，无从一一查其确数也。

议长（高登鲤君）云：今逐条提出讨论。

刘崇佑君云：请议长逐条提出。

议长（高登鲤君）提出第一条岁入经常，问云此项中遗漏者甚多。

王子懿君云：清理财政局所抄各处报销册，本系去年报告者，本年所报告情形尚无从知也。

议长（高登鲤君）云：此条尚须声明，如办学之款多系各县自筹，巡警一项各县尚未尽举办。

刘崇佑君谓：第一款中尚有应修改者，专办某项新政之用下宜加"其中漏列者亦甚多但"九字，请即修改。又此项中文字上尚有可疑应再讨论之处，如专办某项新政，"新政"二字范围太广，办学办巡警皆属新政，范围太广，殊不清楚。

王子懿君云：就地抽捐之款之大半归各中小学堂，巡警尚居少数。

刘崇佑君云：中小学堂出款有列在岁出之内否？出款既在岁出，入款何以不列在岁入？

黄纪星君云：照部定表式，在地方自治章程范围内不得列册，本省均列入岁出入册内，已与部颁表式不合。

王子懿君云：各府厅州县办学之款大都属公款，不为官款，列入岁入实为不合。

黄纪星君云：学堂既在自治范围之内，则此项经费应在自治经费之内，不能列入地方岁入。

苏寿乔君云：此案请延会，明日开研究会研究，再行提出。

议长（高登鲤君）云：中学堂应列地方岁出，小学不应列入预算，惟各县造预算分册之时，并未详细研究，混报而来，若不声明，各府县学堂将无款可办，均将停闭矣。

王子懿君云：各县中小学堂多系就地抽捐，然亦有实无的款，由地方官暂时福建全省清理财政局司道为移知事，奉总督部堂松札开，照得本部堂于宣统二年八月初二日恭折具奏，详议闽省递年行政经费谨陈管见一折，兹于本年九月二十八日差弁赍回原折，奉朱批该衙门知道，钦此。除折稿先经抄发外，合就恭录行局，即便移行钦遵等因，奉此。案前奉督宪抄折行局，业经分移在案，兹奉前因，合就移知，为此备移贵局，请烦查照施行，须至移者。右移谘议局。宣统二年十一月初七日。

第一，资政院关于岁入有无多少不符及遗漏咨询案申覆趣旨之讨论。

议长（高登鲤君）云：省略朗读，请诸君讨论趣旨。

王子懿君云：对于第三款，所列各府县平余一项尚有款，又因此项本议明年实行定府州县公费时，统将此款提出归公，是此款实为州县公费之预备，究竟应否列入？

黄纪星君云：此款既为预备公费之用，公费既未列入国家行政清册内，则出入不能对抵，殊不妥，宜将公费亦一并列入方妥。

王子懿君云：平余本应归公，如平余提出归公，再定公费，福建出入之款不至短少许多，但公费未定，将平余列入，颇有疑义，故请大家研究。

苏寿乔君云：此费亦为本省收入之一，若云不能列入岁入，此言不顺，不过现在公费未定，不能将公费数目列入岁出耳。

黄纪星君云：平余若列入岁入，公费亦宜列入岁出。若有入款而无出款，则以后定州县公费当以何款拨充？

刘崇佑君云：资政院电系查多少不符，及遗漏不能计及。有无岁出入对抵，但当研究平余名目是否正当，可否列入岁入。

王子懿君云：各省现均已将平余列为正款，故本省亦列入岁入。至资政院所询遗漏及多少不符之处，实亦无从查询。本省预算岁入册中虽不免遗漏，惟实不能谓之遗漏，不过不甚的确而已。如酒捐等亦有几县不列入，但是否所不列之数县实无酒捐，无从而知也。

黄纪星君云：平余之款，中国习惯已视为正当，尚有代书等款漏规，为不正当之款。

刘崇佑君云：资政院电询之意在查多少不符，宜将不应列之款指出，至陋规

第三次福建谘议局（临时会）速记录第九号

宣统二年十一月初九日（1910年12月10日）

议事日表临时会　第九号

宣统二年十一月初九日（土曜日）午后一时开议。

第一，资政院关于岁入有无多少不符及遗漏咨询案申覆趣旨之讨论。

第二，关于募集储蓄公债案质问书之提出。

第三，实行田房税契新章并单行细则案第二读会（延前会）。

第四，覆议清理钱粮积弊并划一粮价案审查员报告（延前会）。

第五，闽清碗商黄珍美请转呈迅饬财政局限期革除苛税案审查员报告（延前会）。

第六，长汀城自治会代表郑克明请拨盐斤加价建议书审查员报告（延前会）。

第七，浦城朱翰农会集资建议书审查员报告（延前会）。

第八，寡妇龚高氏请起验匿尸建议书审查员报告（延前会）。

第九，王位中关于违法烟律建议书审查员报告（延前会）。

第十，罗源阮炳年关于自治选举任意除名建议书审查员报告。

第十一，安溪廖钦若地方官违法纳贿建议书审查员报告。

第十二，刘炳汉等为农民请命建议书审查员报告。

第十三，泰宁县城议事会欧阳铭等建议书审查员报告。

议长（高登鲤君）述各种报告。

一、报告议员熊秉廉君、蓝德光君、施景琛君各告假一天。

二、报告清理财政局移奉督札开奏闽省递年行政经费奉朱批事。

也。至科罚之法，本局甚难规定。

王子懿君谓：科罚之法能定，则此节可用。

高士龙君谓：本议员原案亦无此条，且新章实行应用官纸写契，则亦无从漏税。

王子懿君谓：契税之弊，难以悉举，有契应税，而致使人民不敢赴税者，故欲除积弊，其属为难。

刘崇佑君谓：科罚之法甚难规定，若照旧章则万不可用，若召行规定则又不确当，但使新章实行，无人漏税，则以前种种无妨从宽。

卢初璜君谓：本议员之意，此万不可删，盖因实际上科罚甚重，转不如照旧例之为轻也。

刘崇佑君谓：照新章规定不必追究既往，且稽查漏税之法，新章令各省详慎酌定，由此言之，本局有立法权，应即妥定稽查漏税之法。又民间白契云云三句，新章中已有规定，细则中可以删去。

卢初璜君谓：即删去，而科罚亦不可免。

刘崇佑君谓：若有此举，则为违反新章，地方官不能免处分，本局不能因是而反将顺其恶也。

卢初璜君谓：此案应详细讨论，请即延会。

议长（陈之麟君）谓：此案应延会，请众表决。赞成者为四十六人中之三十四人。

议长（陈之麟君）谓：此案议毕，应请议长刘君复席。

议长（刘崇佑君）复议长席，陈之麟君复本席。

议长（刘崇佑君）报告第九号议事日表。

议长（刘崇佑君）宣告散会。

是日出席议员四十六人。督部堂未到会，委劝业道张代理。午后五时散会。

税者恐亦不免。所有从前白契未税者，限新章实行六个月内投税者，仍照旧征收。其逾期六个月者加税，就中永远漏税者并无罚则，如此恐启隐匿不税之弊，故拟规定漏税不补被人告发者，照例科罚。所谓照例科罚者，盖因新章既未规定，查旧例本有罚款，须视各地方情形酌定也。

议长（刘崇佑君）云：本议长有意见发表，请副议长陈之麟君代理议长。

陈之麟君就议长席，刘崇佑君就议员席。

刘崇佑君谓：关于罚则，须为规定。若云照例，则生出许多危险。又告发亦须有制限。至谓不罚则人民多漏税，原属不错，第从根本上言，则须从不动产登记做起。若许人告发，不免弄出许多是非。本议员本意甚欲提出登记法，请众表决。又"自首"二字，乃属犯罪之名词，应改为"契漏未税应自行呈出"。

王子懿君谓：照例科罚，总须立一标准，方免流弊。各府县人民间有一契不值百余元，嗣因漏税被人告发，竟有罚至数百元者，故此节规定必须斟酌。

卢初璜君谓：许人告发，照例科罚，因欲免税差勒索之弊。

刘崇佑君谓：照例科罚，事不可行，应请将此节删去。在审查会以为，既禁税契差勒索，自应定漏税罚则，不知勒索系属犯罪，不必再就一方以为规定，盖即有漏税，税契差当查明，不当勒索。

卢初璜君谓：不能令差往查，若令差往查，则必骚扰不堪，此差查万不可行者也。且税契每年皆有定额，既禁差查，又不科罚，则漏税必多，于财政上甚有影响。至告发一节，原属有弊，然此风各处皆有，不自今始。总之，两害相权取其轻，告发仅害及一人，差查则扰及全乡故也。

刘崇佑君谓：卢君所言固是，惟差查扰及人民，本属弊政，然此弊固当力行革除，非可任其如此。倘行政官不能禁绝此弊，则本局可以照章弹劾。至告发从前虽有此弊，然既经本局规定，则此风一长，流弊更多。且就条文上言，即差查亦不为与此条文相抵触也。

卢初璜君谓：差查固不能免，然因有人告发而查，犹可言也。乃近今多凭空差查，扰及闾阎，故本议员以为差查宜禁，而告发科罚皆不可除，惟须加以限制耳。

刘崇佑君谓：不动产非可隐葳，即有买卖典当，亦属易于查出。且差之骚扰，不系于禁其查不查，即禁其查，亦有其他骚扰之法，且除去旧弊，非无方法

收单式

今收得

某姓名税坐落某处土名某某田/房契价银几千几百几十两/几千几百几十元。

计收契税银几元几角几分正。

又契尾几张，计收银几元几角几分正。

所收是实，留单存照。

宣统　年　月　日，某县经收人某某收单，盖戳

宣统二年十月□日，提出者法律科主查卢初璜，理事黄金銮，审查杨豫、俞光华、邹含英。

议长（刘崇佑君）谓：诸君对于修正案有无讨议？

高士龙君谓：原案每条皆有申义，而修正案无之，恐阅者不甚了了，应请补出。

卢初璜君谓：审查员会以为申义系在本局提出以便公同研究，至呈请督部堂时，则似可不必，故行删去，如欲加入，亦属可行，惟其中间有异同，应行改正。

议长（刘崇佑君）谓：有申义则行政官亦易于了解，现先将此案议决后，再请审查员将申义补入。

王子懿君谓：置买田房官纸价钱不妨加至一角，若只加二十文以与经售之自治会，则自治会所入亦无多。

卢初璜君谓：所以发交自治会经售者，盖因乡僻无从购买故也。惟自治会经售亦须有酬劳，故定为酌加二十文以为酬劳，并非以是为自治会筹补助也。

高士龙君谓：即加一角以之为自治会附捐，其为数亦薄。

王子懿君谓：凡无碍于民可以加价者，无妨增加，盖现今自治会无甚公款，不妨以此为补助也。

苏寿乔君谓：敝处契纸每张即售百文，则一角不为加多。

吴庭枨君谓：两方所说皆有理，似宜再征公众意见。

议长（刘崇佑君）谓：第八条所谓照例科罚，应照何例，须加说明。

卢初璜君谓：新章所以定官纸者，原为稽查漏税而设。然即实行新章，而漏

税一律实行新章，并于新章条文所规定之外，有云暂仍具旧者，另为暂立本省单行细则，俾收纳两方面均有所遵循，而胥吏无所用其蒙混。此本案所由照谘议局章程第二十一条第四款及第六款之范围提出也。

暂定福建税契单行细则

第一条　各州县征收契税定章，于买税九分、典税六分之外，不得藉办公费耗费等名目，多取分毫。

第二条　凡田房契价系载纹银者，税即以纹银计算，载洋银者，税即以洋银计算，载银元铜钱者，税即以银元铜钱计算。不准以补水加耗藉端巧取，并不准以零数归整任意浮收。

第三条　凡民间卖契内有许其备价赎回者，均应照典例纳税。

第四条　契尾每张一律收洋银七钱，不得多取分毫。

第五条　各州县征收契税及契尾银，无论大小银元铜币，均照市面通行时价核算。

第六条　民间置买田房，须一律通用官纸，以免漏税。

此项官纸，系专为新置田产者用，其补税白契不得粘一官纸于原契之末，致滋争执。又此项官纸，只列年号及合同号数，不必仿照旧式。又此项官纸，应由藩司颁给各州县官，发交城镇乡自治会经售，每张准收钱五十文，内二十文归自治会为经售费，以三十文缴县解司为工料费。

第七条　各州县官中名目，应一律停止。

第八条　凡民间白契自首补税者，概照新章征收，其隐匿不税被人告发者，应照例科罚，但地方官不得凭空遣派差勇胥吏，四出搜索骚扰。

第九条　交纳税银时，经收胥吏须另填一正式收单，载明某姓名、田房坐落土名及契价若干、收契税银若干或钱若干，盖戳交业户为凭，收单式附后。

第十条　各州县收契税，不奉行部章二十条及本单行细则十条，而私受一切陋规（如典规、节礼、印油礼、银工、送契礼、挂红礼之类者），一经发觉，应照部章第十八条办理。

附则：本细则以宣统三年正月起，全省一律实行。各州县应同时揭示城镇乡，俾众周知。第将来中央新颁法令，本细则有与之相抵触时，应即参酌更正。

为，对于此案其种种规定不完全之处皆当指出，由局提一质问案，呈请督部堂札覆。若能在会期内逐条札覆明白，则可由本局议决，否则本局对于此案无从议决，请诸君公酌。

吴庭桄君谓：现在财政紊乱，政府对于人民毫无信用，提出此案，恐尚太早。夫借公债应如何用法？将来应如何筹还？须有一定计划。今均无头绪，如何办理？且今日行政上应兴应革之事不知凡几，而行政长官专以敷衍从事，焉能博全省人民之信用？至泛言借债，在旁观者明知其无效，无妨极力赞成以市惠，而谘议局则为人民代表，不能率尔赞成也。（众拍掌）

卢初璜君谓：借公债必因一时紧急需用，其如何用法亦须示明。又借债最要者为将来筹还，须有指定的款，且即一时为维持市面计而借入，将来届发还时又必将原款归还。今如何用法及如何归还均未确定，遽集一宗巨资举而储之银行，则甚属危险之事。本议员以为，公债非不可借，必妥筹用法及归还之实，然后可借也。

刘崇佑君谓：本议员以为尚有种种疑问，应委托审查科拟一质问案，呈请督部堂批答，俟得覆后再行议决。

议长（陈之麟君）谓：诸君赞成刘君说者，请起立。计起立赞成者四十二人。

议长（陈之麟君）宣告休息二十分钟。

三时二十分续行开议。

议长（刘崇佑君）宣告续议。

第六，实行田房契税新章并单行细则修正案第二读会。

议长（刘崇佑君）请书记长登坛朗读修正案。

书记长（林长民君）登坛朗读修正案。

请实行征收田房契税新章并暂定本省单行细则修正案

理由：民间置买田地房屋，契税向定三分。自宣统元年五月经度支部奏准酌定买税九分，典税六分，共订章程二十条，通行各省试办，而吾闽州县奉行者尚属寥寥，大抵因部章利于公利于民，而不利于中饱之官吏。夫民愿加税而抑之使不得从，不能不声罪致讨于经收胥吏之不法矣。惟有请督部堂严饬各属，征收契宣统二年十一月初七日，临时审查会主查员陈锡朋，理事员苏寿乔，审查员孟思培、李仲邺、潘纪雲、卢初璜、张道南。

议长（刘崇佑君）谓：申覆书为公文，所称某君某某君字应皆删去，以合格式，诸君若无异议，则照此申覆，不必表决。众无异议。

议长（刘崇佑君）谓：与此案相关连者，尚有督部堂札交邹含英第二次理由书，应行申覆，尚须讨论。本日应否变更议事日表，即将此申覆书继续讨论之处，请众表决。赞成变更议事日表者四十三人。

第三，关于议员邹含英第二次理由书之申覆。

议长（刘崇佑君）谓：此节已于研究会研究，本日应就正式会讨论所有申覆书，请书记长登坛朗读。

书记长（林长民君）登坛朗读申覆书。

为呈覆事，本局于本月初六日，奉督部堂札交议员邹含英第二次理由书，称威权挟制，不由理辩，札由本局据实呈覆等因。本局前次奉札交到邹含英第一次理由书，申明违法情事，已于第六号日表中付之公议，经审查员审查，第七号日表报告后，复由公决，将邹含英付之惩罚审查。其第一次理由书所称违法情事，既奉札询，应将审查公决情形，另案申覆。兹禀前情，查谘议局章程第四十六条至四十九条规定，督抚监督之权皆已列举事项，四十六条则又明定范围，所监督为谘议局选举及会议之事。考之按语，选举系指选举谘议局议员而言，会议之范围则于章程第七章规定之第三十七条，凡会议时督抚得亲临会所，或派员到会云云。其所指会议为正式会议之事，本局每次会议，皆蒙……

编者注：（原书缺第12—15页）

陈锡朋、卢初璜。

议长（刘崇佑君）谓：本议长对于此案将发言，请副议长陈君代理议长。

陈之麟君就议长席，刘崇佑君就议员席。

刘崇佑君质问：审查员之意，是否以此案不完全，请修改完全？

黄纪星君答曰：然。

刘崇佑君谓：关于此案，本议员前日曾面问督部堂代理员，嗣以督部堂代理员未知其中情形，允将此情代达，乃隔数日，并未见督部堂再有来札。本议员以任劳苦。而议员中有一日两（目）〔日〕或三四日或五六日接续告假者，按之法律既为议长许可之范围，又非无期之请假，而议长又难于不许可，乃示研究会讨论之。议长自不轻用其许可权。凡有请假者，议长必觇众意之所在，以为许可不许可之标准，至对于请假之人则仍以议长名义许可之或不许可之。研究会既经公决，乃将此意通告议员，与细则毫无抵触，亦毫无变更。议员在议会中有出席之义务，如此通告不得谓之苛待。既无变更细则，自不必呈请督部堂批准，不得谓之蔑视，亦不得谓之违法。此关于研究会取缔议员事件并无违法之情形也。

四、冒用公启事件。理由书谓法政质问案本系少数主持，致坏名誉，又擅用全局议员名义，散布公启，是为违法。

查公启之布，亦于研究会公决之当日，本局因质问法政之事，该学堂一部分人至刊布纠谬书，而外间传说，又有向督部堂控告之事。本局依据局章有此质问权，且其事根本于教育上之原因者甚多。议员来自各属，自应将此事之因果及其真相报告于乡父老，故历叙原委，以公启缄布之。研究会公决之事，不为冒用。且质问案乃多数人所至持，理由书所云皆与事实不符，尤不得谓之违法。此关于冒用公启事件并无违法之情形也。

五、研究会蔑侮议员之事。理由书以高士龙、邓畿所提议案，在研究会中经议长指定邹君编辑后，乃不付印刷，随意撤销，是为蔑侮，是为违法。

查本局研究会研究议案，为正式会之预备。凡议员提出议案，多先行拟一草案，询之公众后送交议长，方为正式之提出。且正式提出之案，照议事细则列提议者姓名及赞成者五人以上之姓名，方为合格。当日高士龙、邓畿二君所提实行征收田房税契二草案，各有长处，因交邹含英合编之。邹含英既编辑，仍用高士龙、邓畿名义，又列编辑者姓名交与议长。编辑者列名，已与定式不合，高、邓二君又以编辑之案与原草案本意不合，且有违背部章之处，以其本人名义向议长取消之，议长乃将编辑之草案交还邹君。高、邓二君又自合拟一案，照章列赞成者姓名，正式提出，故正式会中有高、邓二君之案，而邹含英编辑者既不另行提出，何从印刷？案系高、邓二君本人取消，非议长撤销，无所谓蔑侮，亦无所谓违法。此关于研究会并无蔑侮议员违法之情形也。

以上五条，皆理由书所列举为违法，而本局会议确认并无违法情事。合将会议情形备文申覆，伏乞察核，须至申覆者。

称刘崇佑擅书六人云云，与事实不符者一。选举开票，并有未经研究会推荐之人而得票者，可见投票系出自由之意思，何能强公意之必从？理由书所谓指定令人选举云云，与事实不符者二。九月十七日上午研究，下午投票，理由书所称十六日研究，十七日选举云云，与事实不符者三。每次会议皆于会议终时，由议长报告下次议事日表，九月十二日系常年会第六次会议，是晚奉札，自无从列入第七号日表，十五日第七次会议，议长以公推方法未经研究，又未列入第八号日表，十七日上午研究既定，且公决当日即行选举，下午会议遂提出经众表决变更议事日表，乃行投票。上午研究会邹含英亦到会，已与闻之。理由书所称理宜先期知会，未经通告投票日期，突于十七日报告选举云云，与事实不符者四。此事系属到会全体议员之同意，理由书以为专属于刘崇佑一人，与事实不符者五。此关于会议厅选举事件并无违法之情形也。

二、法政质问事件。理由书谓法政学堂属于教育行政范围，而教务长之去留则非行政，不宜紧急提出质问。又云副议长只以法政风潮四字惑人。又云外人驳斥，玷辱全局，是为违法。

查本局议员孟思培君等三十七人提出法政风潮质问案，认为合于局章第二十六条之规定，有此质问权。法政学堂既属教育行政，无论监督、教务长，皆为教育行政之人员。本局依据局章提出质问案，不为违法。且质问原因因该堂增征自费，强令八十名学生尽入寄宿舍，监督、教务长争议不决，学生困于学费不得入堂。本局为法政教育谋，为学生入学计，不能不视为重要。至云副议长只以法政风潮四字惑人，当日孟思培等提出此案出于本意，与副议长无涉。且议员三十七人之多，何至受惑？昨日会议中提议者、赞成者当场均无异词，则非受惑可知。谘议局议员于议事范围内不受局外诘责，局章所明定也。外人驳斥，既非公论，本局所不任受，不得谓之玷辱。理由书所言既不协于事实，复不衷乎法理，则本局实无违法情事。此关于法政学堂质问案并无违法之情形也。

三、研究会取缔议员之事。理由书谓议事细则议员告假在七日内者，得由议长许可，而研究会变更之不请批准，是苛待议员，蔑视督部堂，故为违法。

查研究会并无变更议事细则之事，据细则第一百九十一条，请假在七日以内，议长许可，逾七日者，经谘议局议决而许可之，但不得为无期之请假。今年常年会延会十日，复继以临时会会期较长，且议事亦较繁重，议员到会不能不力准。此本日所以对于此案再行覆议之理由也。诸君无甚讨论，可否先付审查，请众表决。全体赞成遂付法律科审查。

第二，关于议员邹含英理由书咨询案申覆书之提出。

议长（刘崇佑君）谓：此案与本议长有关系，应请避席，由副议长陈君代理。

张道南君、椿安君等谓：不必避席。

议长（刘崇佑君）：请众表决，赞成本议长避席者，请起立。计无一人起立，遂不避席。

议长（刘崇佑君）请书记长登坛朗读申覆书。

书记长（林长民君）登坛朗读申覆书

督部堂札交议员邹含英理由书咨询案申覆书

为申覆事，窃本局临时会会议，奉督部堂札交议员邹含英理由书咨询案，付本局会议。查该理由书五条：一、会议厅选举之违法；二、法政质问之违法；三、研究会取缔议员之违法；四、冒用公启之违法；五、研究会蔑侮议员之违法。经本局议决，逐条申覆如左：

一、会议厅选举事件。据理由书言，副议长刘崇佑于十六日研究会擅书六人姓名于黑板，指定令众选举，仍未通告投票日期，突于十七日报告选举，不列日表，是为违法。

查本省会议厅审查科士绅，经督部堂定额三人，札由本局公推六人。本局于九月十二晚奉到札文，十七日上午本局议员先开研究会讨论公推方法。众议以为会议厅科员关系重大，本省士绅不限于一区域一阶级之人，必学行才智优长者，方可应选，各属议员应各举所知，以待公认。当日在研究会中起而推荐者九人，被推荐者共得十五人，因各府人多姓名不一，或同音易混，或各地异读，故书其姓名资格及其所经历之事实于黑板上，以供讨论。因十余人过多，复公决于本日大会中，以投票选之，并声明此十余人以外，尽可自由选举。是日下午正式会，经众表决，用无记名连记投票法，即行选举，以得票过半数为当选，盖严重其手续，以求选举之公也。公推方法先经推荐，更加投票，格外慎重，何谓违法？研究会中刘崇佑君所推荐四人不尽当选，而他议员亦有所推荐而当选者，理由书所时岁出项下加增银二万两,为本局建筑费,并请督部堂将此项建筑事件早日决实进行。现查建筑工程,仍未能从速兴建。员绅有费,丁役有费,日复一日,未免多所虚縻。闽省财政困难,固属实在情形,但此项建筑三万两款既经早日筹定,则以原有之款行应办之事,于实际上似无窒碍。预算之数虽未核定,而已筹款目尽可先期发出。谘议局为一省议事机关,时隔两年,建筑迄未告成,非徒无以肃观瞻,抑亦无以重宪政。现既绘图定价,筹便的款,应请督部堂即日限予期间,赶速建造,俾明年八月以前获观厥成,庶不至第三次常会尚仍简陋。理合将议决本局建筑限期竣工具文,呈请督部堂察鉴施行等情,到本部堂。据此,查谘议局建筑案,既据藩司委员绘图估价,自应筹足的款,从速兴建。除札饬福藩司等款赶办外,合先札覆谘议局查照,须至札者。右札福建谘议局准此。宣统二年十一月初七日。

张道南君登坛质问:顷闻督部堂札覆,多关于预算案事,现在预算案尚未札覆,而会期为日无多,不知何时可以覆到?

督部堂代理员劝业道张谓:据督部堂意,所谓一百十四万之数目,尚须询明度支部。

张道南君谓:此节固应咨部,惟所议预算各节,督部堂是否照准施行,抑或尚有应覆议之处?亦须即交覆议。若再迟延,则会期已满,本局无覆议之余地。

议长(刘崇佑君)谓:预算案关系紧要,总须在会期中札覆。本早已具呈督部堂声明,应请督部堂代理员转达督部堂,从速交下。

督部堂代理员劝业道张谓:当即转达。

第一,覆议本省法令公布规则案。

议长(刘崇佑君)谓:此案督部堂来札已印刷,可省朗读,诸君可就此研究。

(来札见前报告)

议长(刘崇佑君)谓:此案所以提出覆议者,盖因凡本局所议之事,所谓越权与否,必经会议厅审查科员审查决定,且须科员到会说明理由。如果属实,本局方能承认。现会议厅未成立,是尚无此种机关。至宪政编查馆为另一行政官厅,督部堂照馆电札覆,则本局不能认为经由会议厅审查后之意思,不能据以为手,且系部定章程,本部堂未便更改。惟谘议局为革除诉讼积弊起见,一再呈请,应据情咨请法部并宪政编查馆暨资政院,酌核示覆,再饬遵办。除行提法司遵照外,合就札覆。为此札行谘议局查照,须至札者。右札福建谘议局准此。

十一、报告督部堂札覆本局本年九月至十月预算案应准照行事。

总督部堂松为札覆事,据谘议局呈称,窃本局第一年度预算,已于宣统元年九月第一次常会期中提出,经公决,呈蒙督部堂核准,并核定公费薪金数目,拨用在案。其决算数目亦于本年常年会造册清报,由议员审查之。照章本局预算数目,应由全体议员会议。本年三四月间,先后接准清理财政局移奉督部堂札准度支部咨电,试办宣统三年预算案,本局适在闭会期中,当以合议体之意思,无从发生预算,亦无从提前办理,移文札覆。旋奉督部堂札准宪政编查馆咨各省督抚厘订谘议局议决各项清单,文内第五项,预算年度所以统一,国家会计、谘议局局用亦不能独异,且局章并无以九月为预算年度明文,应于本年开会时,从本年九月起截至本年十二月特别造一预算,另于明年正月起至十二月止,造列全年正式预算,以后即逐年递推,均以通行预算为准云云。本局谨本此意,当将本年九月迄十二月用费预算案另行提出会议,业经公同议决,理合缮具清折,具文呈请察核公布施行,计送清折一扣等情,到本部堂。据此,查该折开各目,系照馆章从本年九月起至十二月止造成特别预算,应准公布施行。除登报暨分行福藩司、清理财政局外,为此札行谘议局查照,须至札者。右札福建谘议局准此。

十二、报告督部堂札覆本局建筑案饬司筹款赶办事。

总督部堂松为札覆事,据谘议局呈称,宣统元年九月,本局第一届会议时,提出本局建筑定期开建并限期竣工一件,业于上年十月十二日具文呈送在案。旋于本年七月二十一日,奉督部堂札覆,本局与高等学堂划地一项,照准办理,并赶饬兴工等因。又于本年七月,接到藩台移知本局工程一差,经已另委同知衔法国大学堂毕业生刘懋勋、候补知县原鸿逵办理。查刘、原两委员业经绘明图式,估定价目,禀请藩台核定。本届常年会十月二十日,督部堂及各行政官莅局,由本局议员当场质问,以本局图式是否可用?所估价目如何?蒙督部堂临时委藩台答复云:该委员所送图式与工价均甚妥协,惟经费一项不能无所踌躇。本局议员复问:现已筹有的款若干?藩台答:前已筹有的款三万两,尚差二万两左右。本局以此项工程甚关紧要,三万之数不敷尚巨,当于明年地方行政经费预算案中临蒙批准在案。此届咨询案仅拟设延平农学堂一所,厦门商学堂一所,工业、渔业学堂未曾提及,似与批准之案稍有不符,应请按照原案施行。初等实业,原案拟设八所。闽省九府二州似应加增三所,合共十一所,庶各府州有实业萌芽之望。至提倡公立或私立,现在商会农会各属次第开办,该会有振兴实业专责,应请督部堂饬劝业道转饬各农商会极力提倡,并示以办有成效,优加奖励,则地方绅富必有投袂而起者。谨将会议情形备文申乞察核施行等情,到本部堂。据此,查第一届议决筹备实业教育事宜,于延平、厦门、长门各地增设农工商及渔业学堂各一所,业经本部堂批准在案。嗣因闽省财力困难,故预算宣统三年教育经费酌量撙节办法,先设农业、商业两所,其工业、渔业拟俟经费可以腾挪,再行依次筹设,是以此届咨询案未予提及。至拟设初等实业,系审量外府情形,明年先设八所,余俟逐年量力增设。所请中等实业学堂,照原案办理,并初等实业学堂加增三所,统应俟教育预算案核定后,再行酌核办理。至请饬农商会提倡实业一节,应即札饬劝业道,查照办理。除分饬福学司、劝业道遵照外,合方札覆。为此札行谘议局查照,须至札者。右札福建谘议局准此。

九、报告督部堂札覆筹办简易识字学塾案事。

总督部堂松为札覆事,据谘议局呈称,本年八月初四日,奉到督部堂札交议案及咨询案十二条内,关于筹拟简易识字学塾办法一案,业经本局提出会议,公同议决,理合将议决案缮录清折,具文呈请督部堂察核公布施行,实为公便等情,计呈送清折一扣,到本部堂。据此,查折开各条办法,与福学司所定通饬各州县兴办识字学塾章程大致符合,与部章亦无妨碍,应准照办。至补助经费,是否由地方行政教育经费项下筹拨,应俟教育费核定后,再行汇案札覆,以昭核实。除行学司知照外,合就札覆。为此札行谘议局查照,须至札者。右札福建谘议局准此。

十、报告督部堂札覆暂行诉讼规则案事。

总督部堂松为札覆事,据谘议局呈称,议决部定诉讼状纸,未设审判厅,地方之各诉讼衙门亦可适用,并规定讼费,革除积弊两件,呈请照原案施行等情,到本部堂。据此,查诉讼状纸及诉讼费用,均经法部先后奏定章程,通行到闽。其原章声明,以审判厅成立开庭之日,为实行之期。今各属审判厅尚未筹设,此项诉讼状纸及诉讼费用,亟亟先期施行,诚恐各属地方情形不同,一时骤难应

七、报告督部堂札覆师范教育案事。

总督部堂松为札覆事，据谘议局呈称，窃本局第一届开会时，奉督部堂札交师范教育一案，业经公同议决，于十月初二日缮录清折，具文呈送在案。旋于十月十四日，奉到督部堂第一次札覆，内开应订删者一条，应覆议者两条，当经本局常驻议员开协议会覆议，于十一月十七日、廿六日两次具文呈覆。本年二月初五日，复奉督部堂札覆，及七月二十一日批答已未复各案中，关于本案，或照准施行，或有不以为然者，当于本年第二届开会时将该案提出覆议。理合将覆议公决师范教育附关款指拨案缮录清折，具文呈覆察核等情，计呈送清折一扣，到本部堂。据此，自应按照折开各条，逐一札覆。除行学司外，为此札行谘议局查照，须至札者。计粘单一纸。右札福建谘议局准此。

今将札覆各条列后：

一、原案：师范确定各府学额。

查此案既经谘议局两次核议，并声明遵照学部章程升学规定，应准由司饬知各学堂照办。

一、原案：各府初级师范学堂设立后，全闽师范学堂应行撤去两级名目，将初级师范增高程度，并入优级办理。

查此案既经本部堂札覆照准，自为有效。惟查奏定考录入学章程，有省城初级师范学堂学生，须选本省内各州县之贡廪增附条文；又毕业效力义务章，有省城初级师范学堂毕业生，应有从事本省各州县小学堂教员之义务。是省城本可设立初级师范学堂，即附设于优级师范内办理，于部章亦无不合。其裁撤时期，应视各府初级师范学堂成立后，始能酌定。且福州府亦尚未专设此项学堂，或即以福州府初级师范附设优级之内，不必另建校舍，经费亦较省也。

一、原案：关款赢余。

查此案应俟各校预算经费核定后，再行汇案札覆。

八、报告督部堂札覆实业教育咨询案饬劝业道查照办理事。

总督部堂松为札覆事，据谘议局呈称，窃本局第二届第七次会议，奉督部堂札交中等初等实业教育咨询案，交由本局会议，仰见振兴实业至意。查本局第一届第三次议会，督部堂曾提出筹备实业教育事宜案，经本局议决，中等实业学堂除省垣已设外，宜增设者延平农学堂一，厦门工商学堂各一，长门渔学堂一，业何以局卡弊端较前更甚？言之殊堪痛恨。应再札饬度支公所重申禁令，严饬各属厘局关卡委员，务将积弊一律认真革除。倘敢阳奉阴违，一经察出，立即从严究惩，以恤商艰而肃榷政。除札饬福建度支公所查照外，合就札覆。为此札行谘议局查照，须至札者。右札福建谘议局准此。

五、报告督部堂札覆覆议教育联络案事。

总督部堂松为札覆事，据谘议局呈称，宣统元年，本局第一届开会时，议决关于教育事件，妥筹各府县与省垣联络一致案，业于十月二十日具文呈送在案。嗣于十二月初一日奉到督部堂札覆，有应行覆议者一条，就原议酌订办法者二条，目前可缓议者一条，列单札交本局覆议。本年七月二十一日，复奉督部堂札覆，关于本案有留待覆议等语，奉此。本年第二届开会时，当将该案提出覆议，业经公同议决，理合缮录清折，具文呈请察鉴施行等情。计呈送清折一扣，到本部堂。据此，自应按照折开各条，逐一札覆。除行学司外，为此札行谘议局查照，须至札者。计粘单一纸。右札福建谘议局准此。

今将札覆各条列后：

一、各学堂招生，当照原案由本部堂饬司转行各校遵照办理，学费应照部章规定，自不容更有增征，至宿膳各费，应由各校斟酌情形规定后，呈司核办。

一、考期预告，应照议通告各属教育会及劝学所遵照。

一、国语教授，为全省学生谋便利，应准照原案饬各学堂体察情形，从速改用，以符部章。

一、考取出洋留学及选送各项学生，原案请于前两月通饬各属实时公布，应可照办。惟部中行电及各省公文如迟至临期始到，即不能准照此案办理。

六、报告督部堂札覆本省法令公布规则案事。

总督部堂松为札知事，据谘议局呈，本局议决福建法令公布规则，附发行官报条例，及官报到达各府厅州县日数之规定等情，并清折三扣，到本部堂。据此，查此案先经札覆，并电询宪政编查馆在案。兹于本月初三日准冬电覆内开，勘电悉，查公布法令向系照例办理，此项成例，有无窒碍，非督抚所能变更，即非谘议局所能提议。现正拟订公布法令新章，一律通行，应即饬知静候办理等语，自应遵照办理。为此札行谘议局查照，须至札者。右札福建谘议局准此。宣统二年十一月初六日。

三、报告督部堂札行邹含英理由书。

总督部堂松为札行事，据谘议局议员邹含英第二次具理由书称，为威权挟制，不由理辩，乞速设法抑强扶弱事。窃英因谘议局议长违章舞弊各情，前具理由书申明乞筹办法在案，本属保全大局起见。正在守候间，经副议长陈之麟等前后质问会议厅事件，蒙即批札谘议局又在案。理应静候查办，方不逾越议员权限。讵知议长于本初三日九时通告开研究会，英遵即到会，并无分交议案，只由三议长借辞职之名以为要挟。英起立辩白数语，不俟言终，突有常驻议员苏寿乔、孟思培、王子懿及议员陈锡朋、赵锡荣、吴庭枨等十余人极力威吓，以英何得以违法理由申明督部堂，显系破坏谘议局等语，甚且拍案摔碗，势将用武。英以理直不为屈挠，惟思议场重在秩序，该员等狂暴举动已属违章，且局中告发确有实据，何得谓为破坏者？督部堂监督全局，公文未发表之先，何得于研究会藉议长之权力，挟多数之威势，共同吓制乎？似此举动，大非谘议局之福等情，到本部堂。据此，查议员如有拍案摔碗举动，议长应行制止。究竟有无其事？是何情形？合亟札行谘议局，务即据实呈覆，须至札者。十一月初六日。

四、报告督部堂札覆关于厘金积弊案事。

总督部堂松为札覆事，据福建谘议局呈称，试办统捐革除积弊，自奉到三月批准以来，迄今八阅月之久，财政局司道调查若何，筹办成绩若何，均应呈请督部堂明白宣示，并限期开办。至革除积弊一层，既经通饬各局卡一律认真禁革，何以各局卡毫未奉行，且其弊端较之旧岁更为加甚？亦应呈请督部堂严札通饬，治以违法之罪。一面速于通衢，多贴告示，俾众周知，庶可拯救商命于万一。理合将公同议决情形，具文呈请察鉴公布施行等情，到本部堂。据此，查此案饬据福建度支公所覆称，茶木统捐，先已详明委员筹办。兹据该委员调查议覆，并拟具章程到所，查开办统捐总宜整齐划一，闽省形势不便，港路纷歧，该委员所拟章程，于征收处所尚无握要适中之地，且局卡应如何裁撤，权限应如何明定，事关重要，尚须切实考求。闽省度支奇绌，倘措置未当，收数遽短，大局更不能支。现在赶即筹划，务期妥善，以便推行等情前来。本部堂查核度支公所所陈，不为无见，统捐一项，原为裕饷便商之举，不能因噎而废食，仍应饬由度支公所督同该委员速议详覆，以凭核办，毋得逾延。至统捐未办以前，局卡积弊亟应革除，前据局详议覆除弊六节，业已通饬各属厘局关卡委员，一体认真办理有案。

议长(高登鲤君)报告第八号议事日表。

议长(高登鲤君)宣告散会。

是日议员出席者四十五人。督部堂未到会,委劝业道张代理,于午后一时到会。午后五时散会。

第三次福建谘议局(临时会)速记录第八号

宣统二年十一月初八日(1910年12月9日)

议事日表临时会 第八号

宣统二年十一月初八日(金曜日)午后一时开议。

第一,覆议本省法令公布规则附官报发行条例官报到达日期之规定。

第二,关于议员邹含英理由书咨询案申覆书之朗读。

第三,资政院关于岁入有无多少不符及遗漏咨询案审查员报告。

第四,募集储蓄公债案审查员报告。

第五,实行田房税契新章并单行细则案第二读会。

第六,覆议清理钱粮积弊并划一粮价案审查员报告。

第七,闽清碗商黄珍美请转呈迅饬财政局限期革除苛税案审查员报告。

第八,长汀城自治会代表郑克明请拨盐斤加价建议书审查员报告。

第九,浦城朱翰农会集资建议书审查员报告。

第十,寡妇龚高氏请起验匿尸建议书审查员报告。

第十一,王位中关于违法烟律建议书审查员报告。

议长(刘崇佑君)述各种报告:

一、报告本日议长高登鲤君因病告假。

二、报告议员黄金銮君、陈锡朋君均因病各告假一天。

请书记长登坛朗读。

书记长（林长民君）登坛朗读质问案。

一、关于法政学堂风潮质问案，前经本局提出，呈请批答在案，至今尚未奉批。此次所谓另案办理云云，是否即指该质问案而言？

一、邹含英理由书第二条，虽系关于本局提出法政学堂风潮质问案之事，然其书中之旨，在于申明违法，吁请督部堂熟筹办法，以维大局，且明言惑人赞成，受人驳斥，玷辱全局。督部堂来札，则又指明书中第二条已归另案办理。办理之意，又似对于违法之办理，非对于批答本局前提质问案之办理。盖本局之质问案所质问者为法政学堂之事件，而邹含英之理由书所请办者为本局提出质问之违法，其内容本各不同也。督部堂之所谓办理，未知属于何事？

一、本局前提法政学堂风潮质问案，本系依据局章有此权限，而邹含英理由书则谓法政学堂系属教育行政范围，而教务长之去留则非行政，不宜提出质问，又似以此为质问之违法。十一月初三日，又奉督部堂关于本局前呈申明宪政编查馆厘订谘议局议决各项清单之札覆，对于法政学堂风潮质问案札文，则曰所问又非详细调查不能裁夺者，似又不以本局之质问为违法，但详细调查札覆稍迟耳。另案办理，是否即详细调查之谓？

一、本局此次所以再三请求督部堂将邹含英之理由书交由本局查明者，以谘议局之地位与他机关不同，对于具书之人非立于原被两造之地。故查明违法之事，应由本局全体议员公同查之。是理由书中所指违法事件，无论何项，皆应一律办理。今书中所指五条，其四条既已奉札咨询，而仅留第二一条另案办理，显有独异之疑，故敢以为问。

一、日来外间谣啄颇多，邹含英理由书之外，尚有别项情事、别项人等类邹含英之所为者否？另案办理，是否质问案之外更有他案？并乞明示。

议长（高登鲤君）谓：现在会期无几，尚有关于资政院咨询案及公债案未据审查员报告，应请审查员于次会期即行报告。

刘崇佑君谓：会期无多，所有议案督部堂均未札覆，更有关于预算案亦未见覆，若俟将闭会时始行札覆，则虽欲覆议而不能。查预算案于上月廿六日呈督部堂，照宪政编查馆所定札覆日期，现已将满，应请督部堂代理员代达督部堂。

督部堂代理员劝业道张答：当转达督部堂。

以钱折银,辗转苛算,民实不胜其负担。谘议局上届议决征粮办法八条,计虑周详,经蒙制宪分别核准施行在案。只以各属情形不同,粮价难以划一,尚有应行覆议之处。致本年征收钱粮,格外苛索如故,串票分析多张如故,如此积弊不除,甚非朝廷安地方恤黎民之至意。兹窃附于人民陈请建议之列,拟请以建、瓯两县粮价暂照两县现报清理财政局清册定价,许用库平七钱二分银元完纳,不得再有以银申钱、以钱折银等弊。查清理财政局册载,建安县每完地丁银一两,收库平洋银一两六钱二分正,计合大洋二元二角五分正。每完一钱,计合大洋二角二分五厘正。分厘以下准此。完本色米,每石收库平洋银四两五钱正,计合大洋六元二角五分正。每完一斗,计合大洋六角二分五厘正。升合以下准此。瓯宁县每完地丁银一两,收库平洋银一两七钱八分二厘正,计合大洋二元四角七分五厘正。每完一钱,计合大洋二角四分七厘五毫正。分厘以下准此。米价与建安同。据此确定价目,令民间一律完纳,官民两无亏累。更有随粮铁路等附捐,原定铜钱缴纳,现无铜钱行用,请以小银元一角抵铜钱一百文计算,此外概不准需索户礼、戳仔钱及站规、工伙等名目陋规。至于一笔串票,给予收单,确定期限,大堂设柜等项,去年业经督部堂批准,应请札饬实行。兹合将建、瓯两邑钱粮确定大洋完纳价目,建议陈请谘议局公决,转呈督部堂察核,札饬藩司出示施行。不胜祷盼之至。宣统二年十月□日,陈请建议书。建宁府瓯宁县廪生谘议局议员高士龙,年三十一岁,住建宁府城内兴仁坊;建宁府建安县举人谘议局议员杨豫,年四十六岁,住建宁府城东吉苑里;建宁府瓯宁县廪生谘议局议员潘纪雲,年四十岁,住建宁府城西丰乐里;建宁府瓯宁县拔贡谘议局议员谢滋春,年四十岁,住建宁府城北崇安里。

　　刘崇佑君谓:此建议书应付审查。

　　议长(高登鲤君)谓:此建议书付审查,其审查员是否仍行指定,请众表决。赞成指定者为四十五人中之三十七人。

　　议长(高登鲤君)指定五人如左:李仲邺、王邦怀、黄金銮、俞光华、蓝德光。

　　议长(高登鲤君)请众表决,赞成者为四十五人中之三十二人。

　　议长(高登鲤君)谓:昨日经众公决,关于邹含英君理由书第二项,督部札覆谓已归另案办理,应由局提出质问案,呈请督部堂批札。其质问案已拟定,事会议员儒郑瑞兰，二十五岁，住孝巷；城董事会名誉董事儒王联璧，二十九岁，住学前；城议事会议员儒郑炳章，二十六岁，住孝巷；去毒支社社员儒游时福，三十六岁，住孝巷；去毒支社社员儒阮维忱，二十七岁，住后张；去毒支社社员儒叶志文，四十五岁，住北门；研究所学员儒黄秉祥，二十七岁，住起步；研究所学员儒游维勋，二十九岁，住李园坂；附生儒游志文，五十七岁，住小西门；县丞衔商尤琚林，五十一岁，住可井；贡生儒林开琼，四十二岁，住港头；去毒支社社员儒吴辉曾，二十八岁，住孝巷；去毒支社社员商吴鸿典，三十二岁，住西门；去毒支社社员商于振馨，五十岁，住后张；高等小学教员儒陈秀恒，二十四岁，住后张；城董事会名誉董事儒游瑞麟，二十七岁，住西门；去毒支社社员儒陈心浚，三十二岁，住李园坂；去毒支社社员儒林鹤昂，二十七岁，住北门；岁贡生商程步墀，四十六岁，住江尾下；去毒支社社员商黄琼琳，四十七岁，住后张；去毒支社社员儒游宗英，三十三岁，住学前；去毒支社社员儒游裕铿，二十五岁，住东门。介绍游肇源。

刘崇佑君谓：此节关系人民选举权，事属重大，请付审查。

议长（高登鲤君）谓：此案应付审查，其审查员是否照先例指定，请众表决。赞成指定者为四十五人中之三十五人。

议长（高登鲤君）指定五人如左：赵锡荣、柳遇侯、赖其浚、李钟声、彬煦。

议长（高登鲤君）请众表决，可决者为四十五人中之三十六人。

刘崇佑君谓：此事关系重大，请审查员注意审查，其结果并可由局附以意见书，转呈督部堂。

议长（高登鲤君）云：请刘君陈述意见于审查员会。

刘崇佑君云：本议员于审查员会自当陈述意见。

第十七，议员高士龙钱粮确定大洋完纳价目建议书之提出。

议长（高登鲤君）云：此建议书已印刷，请省朗读。

具陈请建议书：高士龙等为征收钱粮，请照银元法价完纳，不准辗转苛算，以苏民困事。窃征粮积弊，罄竹难尽，建、瓯两邑尤甚。同一方百姓，纳税义务应无不同，乃建、瓯两县征收钱粮，每有上中下户不等之价目，又复以银申钱，断，呈请督宪饬县补行给照，以伸公理而保公权事。窃缘本年六月初旬，选举城议事会议员，优廪生程文郁得乙级十五票，照章当选，李邑尊颁给知会书，独不及郁。经筹办自治公所所长函询，未蒙示覆。复于六月二十五日经年等以素行足信公义当伸，禀请筹办处宪饬令更正，蒙批仰县查明补行知会给照等语。邑尊奉到宪札，于七月二十六日照谕年等，内称程生文郁因被廪生李善承控指匿丧抢替、奸娶孀妇各节，是否属实，并照抄宪批，令年等公议。是时议事会尚未开幕，经开茶话会，集各议员到会者十五人，咸以承指控各节，均属子虚，覆请遵批核办，仍未蒙示覆。窃思李善承因前诈冒防捐，选权被夺，乃疑郁阴使所长，因而捏词妄指。而邑尊复漫不加察，竟听无据之言，任意除名，蔑视定章已极。推邑尊之意，直以杜门不出者为善人，而（熟）〔热〕心公益者咸欲置之死地而后已。郁可以无故而除名，则凡办理地方公益之事，尽可任意邑尊意见为颠倒，诚恐罗之自治会、去毒社、学务诸前途，均被其影响矣。按城镇乡地方自治章程第十七条第一项，品行悖谬，劳私武断，确有实据者，不得为选民。郁之被控各节，确无实据，则选民资格毫无损失。且现今议事会议员被选出，吴鸿鷟为总董，游宗珍为董事，而郑议员建庚又于前月逝世，计已缺额三人，议事会中正在需才孔亟，补行给照，已无溢额之虞。年等以公义攸关，难安缄默，唯乞公断，移请督宪饬县更正，庶公理得伸，而社会实受其赐矣。况郁经议事会选举为陪董，蒙详督宪在案，合并声明。理应具由，伏乞谘议局公鉴。宣统二年十月□日，具陈请建议书。福州府罗源县城议事会议长儒阮炳年，四十五岁，住后张；去毒社社长儒郑鸿鷟，五十三岁，住北门；城议事会副议长儒陈韵年，三十三岁，住司前；城董事会总董儒吴鸿鷟，三十岁，住孝巷；高等小学教员儒叶培英，二十七岁，住桂林；去毒支社社员儒黄书谋，三十三岁，住司前；城议事会议员儒郑永树，三十四岁，住宅前；城议事会议员商尤琼林，五十二岁，住可井；城议事会议员儒林赞文，四十七岁，住长寿桥；城董事会董事儒游宗珍，二十八岁，住学前；城董事会名誉董事儒游宗贤，三十六岁，住司前；去毒社社员儒于建炳，四十八岁，住洋北；城议事会议员儒陈绍妫，三十九岁，住后张；城董事会名誉董事儒林岱昂，四十一岁，住北门；去毒支社社员儒郑鸿漪，四十二岁，住北门；城议事会议员儒游瑞安，二十八岁，住小西门；城议事会议员儒黄春波，三十一岁，住后张；城议事会议员儒医游时陔，三十四岁，住孝巷；城议尚有茶商寅缘信据。果于上年二月，提珠弊在质供，据在称伊被抢之时，即认廖珠。然在初讯时，既供称当时并无在场，此忽硬称认的廖珠，先后反覆，如此不可见其强入人罪之词乎？同安县主乃不办其线民何人，证据何在，竟听其凭空附会，仅含糊移查确否，以此虽曰慎重案情，究珠已抱不白。是故朱邑主再三移请函请，同安县不允释放，对不得良民，亦曰徒呼负负。更有甚者，高德自前年认非之后，埋头不敢到案。而厦门茶商宜香号与现任安溪县主有同乡瓜葛之亲，兼有寅缘之旧，出头代控，拖捏案外平民，任意株累。而李邑主为民父母，独不思此案经朱、易两前宪剖白冤情，有卷可稽，乃因情枉法，冤上加冤。今年五月，派委临乡，异常吵扰，虽曰整饬地方，然玉石不分，一再拖累无辜赤子，何以堪此？阅今三载，甚亏珠一人系狱，举家老母少妻，辗转濒亡。生等遵朱宪批示，自赴同安禀请释放，则批候安溪移覆，遵同安宪谕禀请安溪移覆解回，则批自往同安禀诉，互相推诿，直使无辜之廖珠不死于罪，必死于押而后已。生等不忍坐视其无辜久系，举家流离，爰为录卷，具由陈请谘议局议长及诸议员大人公鉴，恳为议决，转呈督宪迅赐檄饬同安县讯释，藉以劈冤诬，俾珠得安生业，则恩如再造矣。谨具建议书，匍匐陈请。宣统二年九月□日，具陈请建议书。泉州府安溪县附贡廖钦若，年三十岁，住善益；生员廖维馨，年三十岁，住象苑；监生业商廖金榜，年五十八岁，住上坂；监生业商廖金春，年五十三岁，住上坂；人民业商廖克典，年七十一岁，住上坂；人民业商廖修凤，年六十八岁，住上坂；童生业儒廖克恭，年三十六岁，住上坂。

林邦桢君谓：此案本议员亦知其大略，请付审查。

议长（高登鲤君）谓：此案应付审查，其审查员是否照先例指定，请众表决。赞成指定者为四十五人中之三十七人。

议长（高登鲤君）指定五人如左：林邦桢、周寿恩、刘志和、游肇源、杨豫。

议长（高登鲤君）请众表决。赞成者为四十五人中之三十五人。

第十六，罗源阮炳年为县令任意除名建议书之提出

议长（高登鲤君）云：此建议书已印颁，可省朗读。

具陈请建议书：福州府罗源县阮炳年等，为捏词谬听，任意除名，伏祈公

因下忙粮额，指日开征，苛索浮收，势必仍旧。铭等目击时艰，心伤困迫，脂膏殆尽，欲救莫由。再四筹维不已，照抄呈请邑主原折附呈电察，仰恳诸公怜悯敝邑绅民重遭困厄，俯赐据情代呈督宪，饬交藩宪檄催泰宁邑主准照定章核办，迅速出示晓谕通衢，不胜激切待命之至。合具理由，陈请建议，伏乞谘议局公鉴。宣统二年九月□日，具陈请建议书。邵武府泰宁县城地方自治会代表议长欧阳铭、议员聂以烜、议员陈承箕。

议长（高登鲤君）谓：此案须付审查，其审查员赞成仍照前例指定者，请起立。赞成指定者三十六人。

议长（高登鲤君）指定五人如左：上官华盖、陈树勋、邓畿、潘纪雲、黄羲。

议长（高登鲤君）请表决，可决者三十九人。

议长（高登鲤君）宣告休息二十分钟。

三时二十分钟续行开议。

第十五，廖钦若等为地方官违法纳贿建议书之提出（延前会）。

议长（高登鲤君）谓：此建议书已印颁，可省朗读。

具建议书：附贡廖钦若、生员廖维馨等，为玉石不分，任意拖累，恳准开议，转呈督宪檄饬分别讯释，以伸巨冤事。窃缘本乡贫民廖珠，素安屡拙冤，于光绪三十四年被本邑大坪乡高德冒控匪情，蒙同安县准移安溪县派差协查。当时珠仰天慷慨，遵赴安溪县诉冤，即沐朱前宪当堂提验，核与同安来文所叙，高德供指被抢时认得贼首秃头小辫左腮颊边有疮疤痕形象不符，立覆请解高德环质。讵德诡谋狡对，同安县请解廖珠付认，在朱邑主以为坦白无私，何妨解与之认。解到同安县，易前宪初意甚公，将廖珠杂在众犯，与德细认三五回，德认无其人。又独提廖珠付认，德则谓非当日被劫所见之犯。易前宪堂斥诬控，德乃坚指此人非真廖珠，系家长买来顶替。同安县谕候移查是否买替，无何将珠暂押。那高德惧虚反坐，隔五日复续呈称，伊退堂细想，形状确是真廖珠，请再提讯。易前宪察其前后异词，显系意存拖累，遂批出尔反尔，其谁信之。厥后朱邑主确查廖珠系正身，而非买替，并取本姓保结送同安县，移请分别释办，无任拖累等语。乃德愈惧虚坐，诡以高在先日探馆，与珠识认,,然后插呈请再覆讯，其中事，案经奏准，上下均获其益，筹款之策，未有便于此者也。特事关重巨，地方官每多畏缩，凡详请拨款之事，半从搁缓，如发还国民捐之问题，可为明证。且此事需详闽督转商粤督，经多曲折，始克发表。计惟专恳贵局代核理由，可否面请制台照案划拨，较为直接。理合具由陈请建议，即乞谘议局公鉴。宣统二年九月初六日，具陈请建议书。汀城地方自治会代表者郑克明、赖道权。

议长（高登鲤君）谓：此建议书应付审查，其审查员是否仍由指定，请众表决。赞成指定者为四十五人中之三十五人（多数）。

议长（高登鲤君）指定临时审查员五人如左：张道南、卢初璜、熊秉廉、杨长余、余钟英。

议长（高登鲤君）以如左审查员五人，请表决。可决者为四十五人中之三十七人。

第十四，泰宁县城自治会欧阳铭等为苛索浮收民不堪命建议书之提出（延前会）。

议长（高登鲤君）谓：此案已刷颁，可省朗读。

具陈请建议书：邵武府泰宁县城自治会代表议长欧阳铭、议员聂以恒、陈承箕等，为苛索浮收，民不堪命，吁恳据情呈请督宪饬交藩宪檄催泰宁邑主准照定章额征，从速出示，以苏民困事。窃泰邑僻壤山陬，地方虽极瘠苦，俗尚朴纯，应完钱粮，均各遵章完纳。前因柜书虐民，浮收无度，苛索百般，经同治九年阖邑绅民控蒙前府宪陈查察究办，勒石定价，转详立案，撤去柜书，归并库胥，总统经管，革除陋规，当时稍纾民间困苦，如解倒悬。讵料奉行未久，中途变迁，自前邑主罗勒令涨落银钱价目，民间复受刻剥，然尚未至于此极也。近因库胥收受图差买堡规费，科派预缴压柜银两，以致各图差有恃无恐，苛（素）〔索〕浮收不一而足。现在粮额一两，加以随粮路捐并及一切外费，计需番银五元左右，方克完足其数。乡民畏差如虎，相率结舌隐忍而不敢言，惟有吞声饮恨久之。今值筹办自治，城厢之议事会已经成立，所有被害孱民，均皆疾首蹙额，沥情呼泣，群赴自治公所报称受迫弊端。铭等忝膺选举列入议事会员之职，自应为众姓代表下情，当将图差浮收苛索情形条陈缮列，呈请邑主禁革，明定章程收纳，历久未蒙举行。伏思办自治之时，正革故鼎新之日，不苏民困，安能振作地方？现书。两浙木帮船商代表花翎道衔陈藩、山东金福泉船商代表花翎同知衔李愭。介绍议员郑祖荫。

议长（高登鲤君）谓：此案应付审查，仍照前例用指定方法否？众请指定。

议长（高登鲤君）指定审查员五人如左：郑祖荫、李仲邺、王邦怀、吴鸿枢、林佑蘅。

议长（高登鲤君）以如左五人请表决，可决者为四十五人中之三十六人。

第十三，长汀县城自治会郑克明等请给盐斤加价拨款建议书之提出（延前会）。

议长（高登鲤君）谓：此案已印刷，可省朗读。

具陈请建议书：汀州府长汀县城自治会代表者郑克明、赖道权，为请给盐斤加价拨款事。窃维地方善政，有款则兴，自治新模，筹款尤急。长邑山多田少，民间瘠苦非常，所有公款寥寥无（机）〔几〕。近因宪政萌芽，凡百新政，次第举行，于社会上应行改良之事业，指不胜屈，惟在在需款，动辄以为无款之故，诸多棘手。公款项所积，因兴学等费筹提殆尽。查九年预备宪政进行事宜，已届筹办地方自治。刻由七明府重行组织，业已粗具规模，但所需经费，实属浩繁。官绅筹措，罗掘俱穷，均有司农仰屋之歉。爰按谘议局章程，有准人民陈请之条，敢求核表下情，或可稍资挹注。窃查光绪三十三年，蒙盐道宪鹿札汀属八邑，饬仿赣州成案，盐斤加价四文，以一半解部抵补练兵经费，以一半划归产盐销盐处所，匀拨以为兴办新政之用。虽经汀民全体迭沥盐斤加价与米食有碍之关系，吁府县详请豁免，并斟酌核加二文之情形，概归无效。由粤督札潮嘉汀赣总办廖，移知长邑前任恩令，准于光绪三十四年七月初一日，一律加价四文，遵办已周二年矣。惟所设以加价划归销盐处所以为兴办新政之款，迄今未沐拨给，想因未经呈请之故耳。盖加者已经遵加，拨者亦应按拨，庶足取信于民，俾地方得沾实惠。查长埠额销盐每月八票，每票七十六只，每只四十五包，每包三十斤或二十七八斤不等，合计每年销盐九百万余斤。每斤划归一文，应得九百万余文，申边九千余元，即谓销不及额，及所加该价仍需开支各项，终有数千数目，尚非区区之款。倘邀核实按给，以之兴办新政，当无掣肘之虞。比之特捐附捐诸名目，虽筹及尚难施行者，其相去奚止倍蓰。况以本地遵加之钱，行本地应行之记钱款，近八月以来，逼款尤紧。当筹款维艰之日，农民汗血凑集数过千金，谈何容易！倘任其虚花净尽，而业经贵局议定与本会部准之试验场卒难兴办，将来下年接任者虽瘏口难以取信矣！更有进焉，徐总理乃继任之人，以完满前总理之时期为限，顾名思义，有守成而无更张，何得遽废本会部准章程，以逞其意？诸多不合，谅贵局亦所不许。翰谬膺前总理付托之重，不忍擅将巨款掷归乌有，刻取款日急，而本会会员会友亦日再四向阻。翰左右艰难，万不得已，除先将的款缴县禀叩张主保存候拨外，理合具由陈请建议，伏乞谘议局诸君公鉴，即希呈请总督部堂察夺，迅饬浦城农务分会速遵本会部准章程，将试验场克期兴办，由县拨给缴案存款，以充经费。农会幸甚，是所至祷。宣统二年九月□日，具陈请建议书。建宁府浦城县增生农务分会董事朱翰，年四十九岁，住直街。

议长（高登鲤君）谓：此案应付审查，其审查员是否仍照先例指定，（谓）〔请〕众表决。赞成指定者四十人。

议长（高登鲤君）指定五人如左：王子懿、李驹、吴庭枨、范宗福、张国宝。

议长（高登鲤君）以指定五人，请众表决。可决者三十八人。

第十二，两浙木商陈藩设立商船公会建议书之提出（延前会）。

议长（高登鲤君）谓：此案已印颁，可省朗读。

具建议书：两浙木帮船商代表花翎道衔陈藩，年三十六岁，浙江宁波府鄞县人。山东金福泉船商代表花翎同知衔李愭，年六十六岁，福建泉州府晋江县人。为陈请事，窃以闽省航业日形圮落，而寄籍他族者亦复不少，利权外溢，商业凋零，夙夜兴思，维有整顿航务，设立船会，方得保全大局。故于去冬十月间，邀集同业会议，禀部设立商船总公会。本年三月间，蒙福州商务总会奉前农工商局照会，苟查一切情形，当即照覆在案。嗣以久延时日，复于七月间上禀劝业道，恳请从速详覆，蒙批以未准移知有案，候即分催商务总会暨福防厅迅速查议具覆，再行核办等语。继复函请商会速覆，讵亦渺然。旋查系福防宪多方推诿，未即会同商会详覆，以致延搁迄今，开办尚无时日。伏思船会为宪政之所关，亦商民之必要，用敢渎请谘议局议员大人，乞为查察情形，详请督宪札催劝业道、海防厅迅速具覆详部，以便开办而维商业。是所至幸。宣统二年九月□日，具建议收到会费一千三百零元，除修理场所开用外，尚存现洋七百零元。佥以为宪札所指，如森林公司经费浩大，暂从缓议，若试验场经费尽敷，应按照本会部准章程决议进行。不料数日后，詹总理突患风疾，时银钱皆翰经手，负担甚重，探知总理病革，随集全体董事算结账目，计存会计董事曾唯忠处洋番一百五十零元外，其现存洋番五百零元，当由干事员苏培英、李梦熊手点交李坤记钱庄收存，即经店东李迪瑝亲写收条，交翰收执为据，佥议兴办试验场，即以此项的款提作经费。讵翼日詹总理竟不幸因病出缺，其弥留之际，犹以试验场未成为恨。而复行互选继任总理者，厥为在籍浙江开化县丞徐琮。窃自琮接事以后，翰随缮兴办试验场议案，送请议决进行，许久未经提议。翰又修函再催，并附购买蚕种，预备明春蚕桑试验条陈一纸，送会议行。越数日，翰又因前嘱南洋高等实业学堂学生吴廷英，代查南洋劝业会农产各项，适得回函，内详南洋全国农务联合会有交换种籽及诸多关系农林各节，随将原信送会收存，以备采择。讵料言者谆谆，听之藐藐，百叩迄无一应。迨晤前任会计董事、现任坐办董事曾唯忠，面提兴办试验场等要，乃忠忽云奏定农会章程分会并无兴办试验场明文，此事当作罢论。翰闻言不胜骇愕。伏读（秦）〔奏〕定农会章程第二十二条，本部酌定大概办法，以为准则，其各省设立农会时，应准其因地制宜，详定办事规则，禀部核夺等因。然则农会应办之事，其条目部章不能备载，总以不出范围，不背宗旨，经部核准为断明矣。兹本会章程第四条，设监察董事二员，专任监察试验场各事；又第十一条第二项，设试验场一所，研究土宜物性，栽种试验。以上均去年开会宣示，当众议决，徐琮、曾唯忠等莫不在场。若果有意见，何以当时公同认可将该章程详宪咨部，且俟部覆核准后始生异议耶？又兴办试验场，乃去年贵局议决呈请督宪批准，经农工商局宪札催限办之事，岂部准宪札皆可视同儿戏耶？夫农会以讲求农业为先，而农业又非试验场无从措手。即翰与前总理组织农会，四处宣讲，亦概以试验场为宗旨，是以入会者争观农业改良，缴费愈形踊跃。兹缴到会计已逾千元，未缴者尚有千元，近皆迁延观望，佥谓本会巨款，皆翰与前总理经手召集，若试验场再不兴办，非特未缴者不缴，即已缴者亦应散还等语。翰身为矢的，奈无术以解困何。尤难解者，本会自场所修理慰贴每月经常费所有会丁薪资及一切什用，预算不出二十元，徐总理接事以来，经翰手交坐办处洋番一百五十零元，本年开用尚且有余，兹为时仅三月，并无特别要需，而坐办处屡欲动支坤篷民船，各应配官盐若干包，每篷实给运费若干，已札饬官局会县酌定划一章程，以凭核办外，其商人船户傤运货物柴米及空船竹木排等项，所有从前一切陋规，应即一概永远禁革。为此出示晓谕商民人等知悉，自此次示谕之后，各该局委员暨司事巡丁人等，于商人船户傤运货物经过关卡，只准照章掣验，不得再征分文。倘敢违禁征税需索留难，或私收贴傤贴课等项陋规，应准该商民等来省指控，一经查实，应即分别严参治罪，决不姑宽。该员司等其各凛遵毋违，切切！此示。

周春光君请付审查。

议长（高登鲤君）以付庶政兴革科审查，请众表决。可决者为四十五人中之三十六人。

第十一，浦城朱翰农会集资建议书（延前会）。

议长（高登鲤君）云：此书已印刷，可省朗读。

具陈请建议书：浦城县农林调查员兼浦城农务分会职董增生朱翰，为农会集资为兴实业宕延违章不行事。窃翰早年留心实业，曾办湖桑千余株，栽种成荫，嗣又学新法养蚕，并植果园一所。十余年来，颇著成效，所恨者力量（棉）〔绵〕薄，不能为一邑开通风气也。旧岁刘邑侯莅浦，举翰为农林调查员，责成调查荒地，以为农业基础。迨十一月间，翰复接准县照会，内开本年十一月初四日，蒙福建全省农工商局宪札开，奉总督部堂松札，据谘议局呈称，闽省农会惟福州总会及漳州、建宁、福安、长乐四分会已经成立，其余各属俱未报设，即已成之各分会，于宣讲所试验场亦未开办。振兴农业，实以组织农会为第一要务。应如所议，严催各府州厅县统限一年内一律成立，并将附设宣讲所及集设森林公司、农事试验场各事一并妥筹，次第开办，通报核夺，不准再延各等因。蒙此合就照会，请烦查照办理等由。并由县署捐龙洋一百元，责成翰筹办一切。翰当即遵指会同警务局绅董，先行筹办农会，继蒙各会员选举翰为职董。迨互选后，总理詹贤拔君系素为地方倚赖，擒盗歼匪，仰邀奏奖，而且谙练农业，富有田园，用与翰朝夕磋商，拟定本会章程，禀县详宪咨部核夺。一面修理场所，并到城乡各处宣讲，联合计承入会会员会友五百余人，照章认缴会费二千余元。本四月间，奉到部札，并颁图记式样，随择五月二十六日开成立会。是日，统算陆续共一章程是何办法一节。

查船价饬订原委，已于第一条说明，惟章程现尚未据复到，应再由道严催议覆，另行出示晓谕遵照。

五、问：原案第七条官运局改归安溪县兼办，是否准行一节。

查同治四年未改票运以前，该处盐务原系归县兼办，名为官帮。嗣因任人包办，完课寥寥，多入私囊，故改行票运。时经左前总督部堂奏明改归商办后，因商办课短人逃，至光绪十九年复行改归官运。查该局课额甚巨，组织多年，颇有起色，一旦改归地方官兼办，情形隔膜，其不至蹈从前官帮覆辙者几希。现在各省盐务均归督办盐政大臣主持，未便遽议更张。

六、问：原案第八条通饬各属查报有无此弊，现在曾否通饬查报，并建宁、永春议员皆指各该地概有此弊一节。

查建宁、永春既有此弊，自应饬查示禁。此外各处访查尚无此弊，以后仍应由道随时调查禁革，以利民生。

七、问：札覆文内，据委员查覆留难、勒索及侵没、克扣、科罚等弊，言之凿凿，果如所称，事关纳贿违法，光绪十九年以后历任盐道及安溪官运局委员有无处分，应否查追一节。

查此节自系正论，惟近奉部行各省署局一切款项规费，在未定公费以前，事属相沿，不咎既往，既定公费以后，如有隐匿私收等情，定行照章从严参处等因。今此案事同一律，自应照章免予置议。

八、问：安溪县详请地方自治筹办处准抽船户捐作自治经费，船户捐与贴儎贴课私税是否相同，有无批准，乞饬筹办处将全案照钞送局一节。

查抽船户捐作地方自治经费，与此案无涉，究竟情形如何，有无批准，应饬筹办处钞案送局，以资查考。

以上共答复八条。

衔为出示严行禁革事，宣统元年十二月初十日，奉督宪松批开，南水关罗渡卡为掣验转运之地，未便遽议裁撤。惟历届安溪局创设贴儎名目，于商人船户载运货物柴米，抽取税钱，至空船竹木排亦需索钱文，不肖司巡复藉端留难勒索，实堪痛（限）〔恨〕。应与泉州船哨馆抽收贴课陋规一并永远禁革。嗣后委员司巡仍有违禁私征情弊，准商民来辕控告，以凭严参治罪等因，奉此。除一篷至四春元。

议长（高登鲤君）请众表决，可决者四十二人。

第十，覆议裁撤南水关案（延前会）。

议长（高登鲤君）请书记长登坛报告。

书记长（林长民君）登坛报告云：此案常年会十月十三日提出，因札覆未完全，于十月十五日具质问书呈督部堂。嗣得督部堂札覆，其札文已印刷分布诸议员矣。

总督部堂松为札覆事，据谘议局呈请安溪南水关私征船货税案内，有札覆不完全六条，又疑义二条，会期迫促，亟盼批答，缮折呈请察核札覆等情，并送清折一扣到本部堂。据此，除照折查案逐一答覆，并分饬遵照外，合行札覆。为此札行谘议局查照，须至札者。计发清折一扣又示稿。右札福建谘议局准此。

今府安溪南水关私征船货税质问等条逐一答覆于下，计开：

一、问：原案第二条，民船不得拿配，有无通饬示禁，并告示中如何指定一节。

查安溪帮拿配公所，业已改为官配局。盖该处运盐官船无多，不得不借用民船，以资接济。其配运民船一篷至四篷，应给运费若干，亦经由道札饬该局员会县体察地方情形，酌定划一章程，禀复核办，并于示禁私征船货税案内，先行明白晓谕在案。运费一经明定，则船户得以自赡，无论官船民船，皆无所用其拿配矣。余于第四、第六两条中分别说明。

二、问：原案第三条货税、船底税、排税永远蠲免，安溪县有无出示勒石一节。

查船货税业由道出示永远禁革在案，其勒石一节，应再由道饬县照办，以垂久远。

三、问：原案第四条荫船陋规悉提充学堂补助，究竟荫船若干艘，因何而有荫船之设，可否悉数提充学费一节。

查荫船系该处公设，以为神庙各项出息之船，为数无多，现在船货税既全行禁革，则荫船事同一律，自无陋规可以提充学费。

四、问：原案第六条雇用民船，须先订明船价若干，不扣不抵，该道所拟划本年四月初八日龚高氏叩，邑主批：察核该氏与龚天赐互控之案，氏子龚及早经放回，迄今数月，未据呈催，案已注销。现呈以氏子被掳酷毙，已由公亲调处赔命私和等情渎控，如果属实，则尊长得贿私和人命，应先治报该氏之罪，本即勒保交办，姑宽批斥不准。

本年六月初三日龚高氏叩。厦门道宪批：阅粘抄案，经该县以氏子龚及早经放回，批饬将案注销，何得再行一再上渎？毕竟是何原委？仰泉州府即饬晋江县录案详覆核夺，抄批并发。

本年六月十八日龚高氏叩。道宪批：据禀该氏于二月间来辕禀控之后，随即赴县呈催，究竟县批云何，未据抄录。试问从何察核？仰泉州府即饬遵核明办理具覆，抄批并发。

九月初一日龚高氏叩。巡警道宪批：察阅粘抄案，经控县批饬确查，究竟氏子龚及是否被掳致毙，有无贿和情事虚实，均应澈究。仰晋江县确查集讯究报，粘抄并发仍缴。

九月二十二日龚高氏叩。提法宪批：氏子龚及如被龚煎等诬窃掳禁致毙，又该氏房亲侄龚榜亦被龚煎与郭池等互斗致遭铳毙，既经先后控县，何以该县不即起尸验报？殊不可解。惟阅粘抄批示，该县谓氏子龚及早经放回，尔何得再行捏词妄控？究竟如何原委？仰泉州府即饬县查案详覆，一面勒集讯究，粘抄并发。

九月初一日龚高氏叩。督宪未批示。

厦门报馆四月十一日报纸登本埠新闻：沉冤未伸。前报所纪寡妇龚高氏一子一侄，被族噩酷毙灭尸一节，兹查悉该氏现已来厦，沿途哭诉，求乞度活，誓为其子侄申冤，身上背有冤启，受虐之惨，阅者为之声泪俱下。上月十八日已投控提、道两宪，二十八日蒙道批仰泉州府饬晋江县速为核办。该氏即欲回泉，因族噩有起谋杀之心，故尚踌躇未决也。

陈锡朋君云：此寡妇系常到局门外啼哭之妇人否？

议长（高登鲤君）云：然。

陈锡朋君云：此妇由泉州来省，道途甚远，苟非有冤抑真情，何徒自苦如是？本局有代通民情之责，应为之转呈。

议长（高登鲤君）以指定临时审查员，请众表决，可决者四十二人。

议长（高登鲤君）指定五人如左：林邦桢、许赞虞、洪湛恩、李泰交、苏犯龚四保领，在外逍遥。邑主受讬，任氏迭控不批，或批诘驳，竟云已将氏子放回，案注销等语。乞察氏原控掳禁，呈请押放，已批差查。既未经差押起，又无交保领去。试问果于何日，由于何处，何人证见，何故放回？明明殴毙匿尸，反斥私和人命，多方威吓，无非欺氏女流。况私和两字，系由劣绅劝处。煎若无殴毙匿尸各节，安肯平空出银讬绅向氏求和？此理甚明，难逃镜察。邑主偏听一面之词，不究劣绅勒息恃符欺寡之罪，乃反欲治氏尊长得贿私和之罪。独不思氏尚未允罪从何来，即此可见邑主先发制人。似此两命深冤，不蒙一究，为民父母，天理何存？氏不愿处，煎等甚敢将氏家私抢夺罄空，驱逐出乡，陷氏有家莫归，有路莫行，迫惟沿途丐乞到厦，泣叩道宪沐批粘电。氏本当回县催呈，恐族绅用计陷害，并经厦门报馆于四月十一日登上报纸，族噩有起谋杀之心，故氏未敢回泉，非下逃上控，俯赐鉴原。幸叨鹭岛乐善诸君，悯氏冤含两命，莫获一伸，深为不平，旋即帮助盘川，甫能抵省，叩求转请督宪察夺，迅赐委员，督县严拿凶犯龚煎、龚顺、龚四、龚翁、龚链、龚注，及龚显鹤、龚丕钦等一干凶要各犯，务获解省研讯确供，按拟偿办。一面将氏子龚及尸身起验，交领安葬。情实不甘迫亟，一字一泪，匍匐叩恳颂德，理合具由陈请建议，即乞谘议局公鉴。宣统二年十一月□日，具陈请建议书。寡妇龚高氏叩。

计抄录各衙门批语并登报新闻呈鉴。

去年八月二十一日龚高氏叩。邑主批示被匿。

又去年八月二十六日龚高氏叩。邑主批示被匿。

去年九月十四日龚高氏叩。邑主批：察阅两造情词，向不相侔。彼（日）〔曰〕被窃拘留，由公解散；此云横掳酷禁，命危须臾。各执其说，殊难悬揣。究竟尔子作何下落，（侯）〔候〕即催差赶速查明，押放拘集讯究。

去年十二月初一日龚高氏叩。府宪批示被匿。

又十二月初五日龚高氏叩。邑主批示又被匿。

本年二月二十九日龚高氏叩。洪提台批示被煎遣人擦去，无从抄出，未知如何批语。

本年三月十八日龚高氏叩。道宪批：此案既经上年九月间控县饬查，迄今日久，氏子究竟作何下落，谅已查有头绪，仰泉州府即饬晋江县速为核案办理，抄批并发。

议长（高登鲤君）问：诸君对于报告书若无意见即表决，赞成照此申覆者请起立。赞成者四十三人。

第八，审查试办农林规则案之报告。

议长（高登鲤君）请主查员登坛报告。

主查员卢初璜君登坛报告（大意与报告书同）。

审查试办农林规则案报告书

本届临时会第二次会议，提出试办农林规则案，交由本科审查。按农林之能否兴办，一视经费之有无。查此案第五章关于经费一节，乃根据于上年振兴农业案第六条，请督部堂每县发给赈捐实收百张，由各属自行劝捐，拨作开办农业补助经费一款而定。第此项赈捐业已定期停止发给，实收问题自亦随而消灭，是经费已归无着，而农林事业即难刻期振兴。应俟筹款确有把握，再行提议可也。是否，祇候公决。宣统二年十一月初一日，法律科主查卢初璜，理事黄金銮，审查杨豫、俞光华、邹含英。

议长（高登鲤君）问：诸君对于报告书有意见者，请发言。

议长（高登鲤君）问：诸君如无意见，即表决，赞成报告书者请起立。三十六人赞成。

第九，寡妇龚高氏为掳酷匿尸请起验解办建议书之提出。

议长（高登鲤君）云：此书已印刷，可省朗读。

具陈请建议书：寡妇龚高氏，泉州府普江县人，为掳酷匿尸贿揑两命恳委会县起验解办事。窃氏早寡，独子龚及，惨被族喇龚煎等挟嫌诬及偷窃，率子龚顺及房亲龚四、龚翁、龚链、龚注等多猛乘夜持械，侦及安睡，闯进掳回，屈禁私刑。经氏节次匍叩邑主，并赴在乡行辕鸣冤喊请押放，沐饬差查押放，无如煎忿控加殃，不肯将及交出，反敢惨酷毙命。氏闻迭赴行辕喊乞验办，不蒙诣验，反斥不准。又氏夫胞侄龚榜在山牧牛，被煎及郭池械斗铳毙，经氏族侄龚蛋控蒙验办在案。两命未伸弥天冤惨，迫氏控沐差拘龚四到案。讵煎藉有财势，讬绅龚显鹤、龚丕钦出为劝处勒息。氏痛子情切，不愿听处，无如绅等甘词骗氏云，为螟蛉后嗣，否则必遭侦杀沉冤，危词吓制，背地则为凶等亲向邑主关说，将已获凶囿于权限之说使然。惟是吾国之侨居外洋各埠者，以闽人为最多，以祖国不能保护，故受制于他国政府法律之下，种种苛待，冤惨莫伸，究不能不悉心筹划，以求达其切实保护之目的。似应将此案交原提议人增删修改，拟具说帖，陈请资政院核办，以期发生效力。可否，应请公决。宣统二年十一月初一日，法律科主查卢初璜，理事黄金銮，审查杨豫、俞光华、邹含英。

议长（高登鲤君）谓：赞成报告书者，请起立。计赞成者四十五人。

第七，覆议外人在内地违法举动案审查员之报告。
议长（高登鲤君）请主查员登坛报告。
主查员卢初璜君登坛报告（大意与报告书同）。
审查约束外人在内地违约之举动覆议案报告书

本届临时会第三次会议，覆议上年约束外人在内地违约之举动案，交由本科审查。查原案分游历、贸易、产业、诉讼四端，根据约章法令而严加约束，所举颇为赅简切要。拟请通饬各属，以资遵守，尤属急不容缓之图。乃督部堂札覆，据洋务局详称，所议早已通饬，且撰就交涉成案简明便览一书，通行各属在案。现在内外相安，似无庸凭空照会，徒事纷扰等语，概置勿论。夫本局议员来自各府州县，每见地方官吏遇洋人交涉事件，动多因应失宜，致使洋人在内地违约之举动，比比皆是。所谓内外相安者，特粉饰因循，而未经发觉耳。查日本人在（廷）〔延〕平府开设木排保险馆，业已三年，包揽延建邵三府之木排运省者，使之悬挂日商太阳旗。又英商天祥号在洋口地方开设洋油行栈，美商美孚号在洋口地方开设行栈，售卖洋油、面粉。又日商三五公司今春在尤溪县与商人争熬樟脑，以致纠众械斗。又日商三井洋行在永定县收买烟叶，抗不纳捐。此外漳泉各处洋商之在内地开设行栈者，所在皆有。是皆外人违约之实据，断不堪如洋务局作掩耳盗铃之计，而坐失主权。除由明约章于各国领事一条，应照督部堂札覆毋庸凭空照会酌量删去外，其余甲、乙、丙、丁四款及刊颁约章于各府州县一条，仍应坚请督部堂照准原案施行。一面通饬各属办理，一面将案公布，庶使人民不致误会，而外人就我范围，抑亦亡羊补牢之策欤。是否，应（谓）〔请〕公决。宣统二年十一月初一日，法律科主查卢初璜，理事黄金銮，审查杨豫、俞光华、邹含英。

同，皆切实证据。此外各州县因民教涉讼，教士以私函干托者，在所不免。自应坚请督部堂仍照原案施行，一面通饬各属地方官照办，即一面将此案公布，使人民周知国家办理民教交涉，本属持平，不致误会而别生枝节。是否，应请公决。宣统二年十一月初一日，法律科主查卢初璜，理事黄金銮，审查杨豫、俞光华、邹含英。

议长（高登鲤君）（请）〔谓〕：诸君赞成照报告书中申覆者，请起立。计起立赞成者四十五人。

议长（高登鲤君）谓：昨日会议中公决关于本省法令公布规则案，应致电于资政院及资政院议员，兹将电稿拟就，请书记长登坛朗读电稿二通。

书记长（林长民君）登坛朗读电稿二通。

资政院钧鉴：本局十月十一日提出本省法令公布规则案，其效力范围皆以本省为限，明定于第一章总则中，督札谓有关立法权限，核与局章二十一条第六项不无疑义，已电询宪政馆，俟覆到方能札覆。乞念本省公布法关系人民权利义务甚切，且为议案实行之根本办法，实属本局之立法权，毫无疑义。现临时会只余六日，督迟不发表，已逾宪政馆议案札覆限期，再迟恐不及覆议，势必又延一年，恳贵院速电闽督照章速交局覆议，无任祷切。并请电复。闽谘议局呈。

北京国民公报同志会转院议员诸公并闽议员康君：敝局法令公布规则案，十月十一提出，已见贵报，其效力范围皆限本省。督札乃谓于立法权限有碍，不合局章二十一条第六项，电询宪政馆，久不札覆。现距闭会仅六日，再迟即无从覆议，又延一年。已电院请主持，乞诸公力争，全闽人民待命。乞电覆。闽局，鱼。

第六，覆议保护外洋华侨案审查员报告。

议长（高登鲤君）请主查员登坛报告。

主查员卢初璜君登坛报告审查情形（大意与报告书同）。

审查保护外洋华侨覆议案报告书

本届临时会第三次会议，覆议上届保护外洋华侨案，交由本科审查。查原案十条，皆为华侨设法保护起见，洵为今日切要之图。第所举皆属于国家行政范围，而非一省行政长官裁夺之权所能及，故督部堂札覆，多未能照准施行，此亦主查员卢初璜君登坛报告审查情形（大意与报告书同）。

审查改良盐务覆议案报告书

本届临时会第三次会议，覆议上届改良盐务案，交由庶政兴革科、财政科、法律科协议审查。查闽鹾积弊丛深，要不外一私字尽之。原案主张绝海私则以招集场商为急务，绝溪私则以联合公司为更图。且于开办之初，酌拟两公司，每年报效银洋一百万元，充作国家地方行政各经费，实为闽省利弊兴革之一大端。第盐为日用民食之要，需举而归诸公司之专卖，原案早已虑其有垄断居奇之弊，而为严定限期。今年九月，奉督部堂札准盐政大臣咨覆，又以报效一百万元为虚拟，而总公司之专买专卖与溪运公司之统运统销，为一弊除而一弊复生。同人等统筹审议，以为原案所拟报效百万之数，若能认真办理，尚不至如盐政大臣所虑，徒托空言。惟公司专卖一节，苟制限稍有不密不周，则垄断居奇，势所必至。全省之受害，将有不止如盐政大臣所深念预防者。利未见而弊先形，当非闽省盐务前途之公利也。似应如督部堂札覆，毋庸再议。可否，仍请公决。宣统二年十一月初一日，庶政、财政、法律三科协议审查会。主查员卢初璜，理事员高士龙，审查员杨豫、谢滋春、陈锡朋、李仲邺、俞光华、黄乃裳、刘志和、黄纪星、椿安、许赞虞、赵锡荣、邓畿、陈蓉光、邹含英、洪鸿儒、黄金銮、伍春蓉。

议长（高登鲤君）谓：诸君赞成报告书者，请起立。计起立赞成者四十三人。

第五，覆议妥筹民教相安案之报告。

议长（高登鲤君）请主查员卢初璜君登坛报告。

主查员卢初璜君登坛报告审查情形（大意与报告书同）。

审查妥筹民教相安覆议案报告书

本届临时会第三次会议，覆议上年妥筹民教相安案，交由本科审查。按原案约分两项：一为接待教士，一为民教词讼。类皆根据约章法令之言。业奉督部堂札覆，以为覆议早经通饬，似属毋庸再议。第查地方官办理此项事件，往往不尽得法，民教之争，由此而起。去年会议期中，晋江乡民林寿荣等来书，述天主教士任道远、黄廷标种种扰害，情词哀切。今年复接泉州黄谋祧等建议书，大致相议长（高登鲤君）请众表决，可决者为四十五人中之三十二人。

第三，张冠瀛等陈请不闭南城门建议书之提出。

议长（高登鲤君）谓：此书已印刷，可省朗读。

具陈请建议书：福州城内南台人民张冠瀛、陈能光等，为陈请建议不闭南门城以便交通事，窃维上古之世，以城郭为卫，近代艺术进步，将欲设险固防，则非城郭所能全其用，而徒足以致交通之不便也。福州为通商巨埠，十里之内隔以重关，远近商旅咸弗称便。而附近南城一带，非特内外之市政兴衰悬殊，且遇有警灾，各有应援弗及之患，不便民生，莫此为甚。其尤可异者，查每到闭城后，即有玩法守卒在左近炮楼设梯取费，名曰扒城。虽经列宪申禁，而阳奉阴违，闭犹不闭。当此巡警林立，若能严密梭巡，已足以靖匪类。倘仅严锁钥，而又导良民而为偷越之举，似于防御交通两无裨益。瀛等伏查杭州省垣现已折毁，奉天省垣亦已展至夜分始闭，福州地属商埠，似亦可仿为例。用敢沥陈不闭南城门理由，陈请贵局议决，呈候督宪核准施行，以便交通，无任盼祷。须至建议书者。宣统二年十月□日，具建议书。城内人民张冠瀛、南台人民陈能光。

柳遇侯君云：此书理由极为充分，可代转。

刘崇佑君谓：城门关闭，原为防御盗贼起见，然今日时势已复不同，防御之计不在于此。且一面关闭，而一面任人逾越，多此城门之间隔，既无实益，又起种种不便。以福州情形言，精华所集，端推台江，城以内之暴当防，岂城以外之暴不当防耶？京师为首善之区，居辇毂之下，正阳门久已不闭，何况一省？本议员以为可将此建议书作为本局议案。

议长（高登鲤君）谓：诸君无甚讨论，应付审查。审查员是否照先例指定，请众表决。可决指定者三十八人。

议长（高登鲤君）指定审查员五人，姓名列左：黄乃裳、郑祖荫、董藻翔、黄钟澧、柳遇侯。

议长（高登鲤君）请众表决，可决者为四十五人中三十二人。

第四，覆议改良盐法案（审查员报告）延前会。

议长（高登鲤君）请主查员卢初璜君登坛报告。

议长（陈之麟君）谓：此案已议毕，应请议长高君、副议长刘君复席。
议长（高登鲤君）出就议长席，刘崇佑君出就议员席，陈之麟君复本席。
柳遇侯君云：昨晚北京禁烟总会来电，请印刷广布。
刘崇佑君谓：柳君所说甚善，现已嘱印刷处缮刷颁布各团体矣。

第二，涵江商户陈德昌陈请运米平粜建议书之提出。
议长（高登鲤君）云：此书已印刷，请省朗读。
具建议书：涵江商户陈德昌等，窃吾莆壤地较广，民食较繁，故以有秋之年，尚藉外来粮米以资接济。乃本年雨泽愆期，依山附海田园，专资雨水灌溉者，田则早冬，均无收获，园则地瓜杂粮，又复焦枯，而四方粜食之民，专恃南北洋所收之粟，以为分润。致迩来米价日贵，每番银一元，仅粜米二十斤。若非未雨绸缪，不独米价腾翔，伊无底止，即孤注亦难望久延。夫民者国之本也，食者民之天也。粜食无从，则蚩蚩者氓，其不铤而走险为救死之计者几希！待至仓卒变生，始谋安辑，即使幸而得全，而所毁已多矣。昌等生长莆邦，于莆之观念较为密切，细思此次防饥，非贩运外米，降价平粜，不足以疗民饥。爰集股本银万余元，拟向福州府属及上游各属采办米谷四千石，藉资平粜。但恐告粜之事虽有成例，而遏粜之人何地蔑有。倘粜有米谷，而该处不容出口，不几空费一番苦心乎？当经昌等禀明涵江商会，据情转详财政局宪，给发护照八张，以便到各处采办米谷出口，运回平粜，经过关口，验照放行，运回后即将原照缴销，庶御荒有备，米商不敢居奇，时价日平，莆民不忧饥饿，在案。伏思莆邑民情强悍，若非先期运回接济，势必不能久待，酿出事端。再四筹思，惟有仰仗贵局，转请督宪速饬财政局，立即批准给照，买运回莆，接济民食，地方幸甚。昌等亦感激无既。此上谘议局公鉴。宣统二年十一月□日，具建议书。莆田县商民陈德昌，年四十四岁；陈复隆，年四十三岁；曾亨利，年四十一岁；怡顺号、大中号、振记号、正记号、谦和号，均住涵江。

议长（高登鲤君）谓：诸君无甚讨论，应付审查。但审查员是否仍照先例指定，请众表决。赞成者四十六人。

议长（高登鲤君）指定五人如左：黄纪星、上官华盖、谢受殷、伍春蓉、周文麟。

案询之公众（系）〔与〕议长，方为正式之提出。且正式提出之案，照议事细则，列提议者姓名及赞成者五人以上之姓名，方为合格。当日高士龙、邓畿二君所提实行征收田房税契二草案，各有长处，因公决交邹君合编之。邹君既编辑，仍用高士龙、邓畿名义，又列编辑者姓名交与议长。编辑者列名，已与定式不合。高、邓二君又以编辑之案与原草案本意不合，且有违背部章之处，以其本人名义向议长取消之。议长乃将编辑之草案交还邹君，高、邓二君又自合拟一案，照章列赞成者姓名，正式提出。故正式会中有高、邓二君之案，而邹君编辑者既不另行提出，何从印刷？案系高、邓二君本人取消，非议长撤销，无所谓蔑侮，亦无所谓违法。此关于研究会蔑侮议员审查之情形也。

以上五条皆理由书所列举为违法，而本会逐条审查，均无违法情事。合将审查情形报告，是否，候公决。宣统二年十一月初六日，临时审查会主查员陈锡朋，理事员苏寿乔，审查员孟思培、李仲邺、潘纪云、卢初璜、张道南。

议长（陈之麟君）问：诸君对于报告书有何意见？

议长（陈之麟君）谓：诸君既无甚意见，应将报告书趣旨作为申覆书，请众表决。可决者四十三人。

议长（陈之麟君）谓：应请审查员赶将申覆书作成，以便申覆督部堂。

郑祖荫君谓：既据审查员报告，本局并无违法，则邹君为违法。邹君以一人破坏本局，应将邹君付惩罚科议定如何惩罚。

黄乃裳君谓：应请议长将邹君照局章第五十八条惩罚。

陈锡朋君云：请议长依议事细则第二百二十条办理。

议长（陈之麟君）问：照细则议员提出惩罚之发议，须有十人以上赞成，现黄君所提议，有十人以上赞成否？计赞成者二十四人，遂作为议题。

议长（陈之麟君）谓：照细则第二百二十条，付惩罚须得议长与副议长同意，现议长高君、副议长刘君均已避席，无由定其同意与否。唯本条有议长、副议长得以应付审查与否，取决于谘议局之规定，则当由本议长请众表决。诸君如赞成将邹含英君付惩罚科审查者，请起立。赞成者为四十五人中之三十八人，遂付惩罚科审查。

议长（陈之麟君）问：惩罚科何时可以报告？

吴庭枨君答：隔二日可以报告。

得入堂。本局为法政教育谋，为学生入学计，不能不视为重要。至云副议长只以法政风潮四字惑人，当日孟思培等提出此案，出于本意，与副议长无涉。且议员三十七人之多，何至受惑？昨日会议中，提议者、赞成者当场均无异词，则非受惑可知。谘议局议员于议事范围内，不受局外诘责，局章所明定也。外人驳斥，既非公论，本局所不任受，不得谓之玷辱。理由书所言既不协于事实，复不衷乎法理，则本局实无违法情事。此关于法政学堂质问案审查之情形也。

三、研究会取缔议员之事。理由书谓议事细则，议员告假在七日内者得由议长许可，而研究会变更之，不请批准，是刻待议员，蔑视督部堂，故为违法。

查研究会并无变更议事细则之事，据细则第一百九十一条，请假在七日内以议长许可之，逾七日者经谘议局议决而许可之，但不得为无期之请假。今年常年会延会十日，复（断）〔继〕以临时会，会期较长，且议事亦较繁重，议员到会不能不力任劳苦，而议员中有一日两日或三四日或五六日接续告假者。按之法律，既为议长许可之范围，又非无期之请假，而议长又难于不许可，乃于研究会讨论之。议长自不轻用其许可权，询之全体，对于有请假者，议长必觇众意之所在，以为许可不许可之标准，惟仍以议长名义许可之或不许可之。研究会既经公决，乃将此意通告议员，于细则毫无抵触，亦毫无变更。议员在议会中有出席之义务，如此通告，不得谓之刻待。既无变更细则，自不必呈请督部堂批准，不得谓之蔑视，亦不得谓之违法。此关于研究会取缔议员事件审查之情形也。

四、冒用公启事件。理由书谓法政质问案本系少数主持，致坏名誉，又擅用全局议员名义，散布公启，是为违法。

查公启之布，亦于研究会公决之当日，本局因质问法政之事，该学堂一部分人至刊布纠谬书，而外间传说又有向督部堂控告之事。本局依据局章有此质问权，且其事根本于教育上之原因者甚多。议员来自各属，自应将此事之因果及其真相报告于乡父老，故历叙原委，以公启布之。研究会公决之事，不为冒用。且质问案乃多数人所主持，理由书所云皆与事实不符，尤不得谓之违法。此关于冒用公启事件审查之情形也。

五、研究会蔑侮议员之事。理由书以高士龙、邓畿所提议案，在研究会中经议长指定邹君编辑后，乃不付印刷，随意撤销，是为蔑侮，是为违法。

查本局研究会研究议案，为正式会之预备。凡议员提出议案，多先行拟一草表，是为违法。

查本省会议厅审查科士绅，经督部堂定额三人，札由本局公推六人。本局于九月十二晚奉到札文，十七日上午本局议员先开研究会，讨论公推方法，众议以会议厅科员关系重大，本省士绅不限于一区域一阶级之人，必学行才智优长者方可应选，各属议员应各举所知，以待公认。当日在研究会中起而荐推者九人，被推荐者共得十五人。因各府人多，姓名不一，或同音易混，或各地异读，故书其姓名资格及其所经历之事实于黑板上，以供讨论。因十余人过多，复公决于本日大会中以投票选之，并声明此十余人以外尽可自由选举。是日下午正式会，经众表决，用无记名连记投票法，即行选举，以得票过半数为当选。盖严重其手续，以求选举之公也。公推方法，先经推荐，更加投票，格外慎重，何谓违法？研究会中刘崇佑君所推荐四人，不尽当选，而他议员亦有所推荐而当选者。理由书所称刘崇佑擅书六人云云，与事实不符者一。选举开票，并有未经研究会推荐之人而得票者，可见投票系出自由之意思，何能强公意之必从？理由书所谓指定人选举云云，与事实不符者二。九月十七日上午研究，下午投票。理由书所称十六日研究，十七日选举云云，与事实不符者三。每次会议皆于会议终时，由议长报告下次议事日表，九月十二日系常年会第六次会议，是晚奉札，自无从列入第七号日表。十五日第七次会议，议长以公推方法未经研究，又未列入第八号日表。十七日上午研究既定，且公决当日即行选举，下午会议遂提出，经众表决变更议事日表，乃行投票。上午研究会邹君亦到会，已与闻之。理由书所称理宜先期知会，未经通告投票日期，突于十七日报告选举云云，与事实不符者四。此事系属到会全体议员之同意，理由书专属于刘崇佑一人，与事实不符者五。此关于会议厅选举事件审查之情形也。

二、法政质问案事件。理由书谓法政学堂属于教育行政范围，而教务长之去留则非行政，不宜紧急提出质问。又云副议长只以法政风潮四字惑人。又云外人驳斥，玷辱全局，是为违法。

查本局议员孟思培君等三十七人提出法政风潮质问案，认为合于局章第二十六条之规定，有此质问权。法政学堂既属教育行政，无论监督、教务长，皆为教育行政中人员。本局依据局章提出质问案，不为违法。且质问原因，因该堂增征自费，强令八十名学生尽入寄宿舍，监督、教务长争议不决，学生困于学费，不

议长（高登鲤君）述各种报告：

一、报告议员孟思培君因病告假七日，陈蓉光君因病告假七日，叶福钧君因病告假六日，赖其浚君、许赞虞君、洪湛恩君各告假一日。

二、报告北京禁烟总会来电。

谘议局鉴并转各团体：全国禁烟案，资政院议决明年一律禁绝，度支部并允撤统税局，贵省分会恳速立。京禁烟总会，十一月初五日。

议长（高登鲤君）谓：本日第一案与本议长及刘崇佑君均有关系者，应行避席。

椿安君谓：财政科主查员陈蓉光因病告假七天，所有关于财政各案事属重要，应请议长临时指定二人加入。

议长（高登鲤君）谓：是否照先例由议长指定，请众表决。可决者四十七人。

议长（高登鲤君）指定二人，姓名列左：陈锡朋、卢初璜。

议长（高登鲤君）请众表决，赞成者四十三人。

议长（高登鲤君）避席，陈之麟君就议长席。

刘崇佑君请避席。

副议长（陈之麟君）就议长席。

第一，督部堂札交议员邹含英理由书咨询案审查员报告。

议长（陈之麟君）请主查员登坛报告。

主查员陈锡朋君登坛报告审查情形（大旨与报告书同）。

审查督部堂札文议员邹含英理由书咨询案之报告

本月初五日，本局临时会第六次会议，此案交由临时审查员审查。按邹君所具理由书五条：一、会议厅选举之违法，二、法政质问之违法，三、研究会取缔议员之违法，四、冒用公启之违法，五、研究会蔑侮议员之违法。谨逐条查覆如左：

一、会议厅选举事件。据理由书言，副议长刘崇佑于十六日研究会擅书六人姓名于黑板，指定令众选举，仍未通告投票日期，突于十七日报告选举，不列日

第三次福建谘议局（临时会）议事速记录第七号

宣统二年十一月初六日（1910年12月7日）

议事日表临时会　第七号

宣统二年十一月初六日（水曜日）午后一时开议。

第一，关于邹含英理由书谘询案审查员报告。

第二，涵江商户陈德昌陈请运米平粜建议书之提出（延前会）。

第三，张冠瀛等陈请不闭南城门建议书之提出（延前会）。

第四，覆议改良盐法案审查员报告（延前会），

第五，覆议妥筹民教相安案审查员报告（延前会）。

第六，覆议保护华侨案审查员报告（延前会）。

第七，覆议约束外人在内地违法举动案审查员报告（延前会）。

第八，农林规则案审查员报告（延前会）。

第九，寡妇龚高氏掳酷匿尸请起验解办建议书之提出（延前会）。

第十，覆议裁撤南水关案（延前会）。

第十一，浦城朱翰农会集资建议书之提出（延前会）。

第十二，两浙木商陈藩设立商船公会建议书之提出（延前会）。

第十三，长汀县城自治会郑克明、赖道权请给盐斤加价拨款建议书之提出（延前会）。

第十四，泰宁县城自治会欧阳铭等为苛索浮收民不堪命建议书之提出（延前会）。

第十五，廖钦若等为地方官违法纳贿建议书之提出（延前会）。

第十六，罗源、阮炳年为县令任意除名建议书之提出。

第十七，议员高士龙钱粮确定大洋完纳价目建议书之提出。

毒社调查员亦有办理不善之处。

督部堂代理员巡警道吕答曰：然且该会办理不善，实有种种凭据。

刘崇佑君谓：是否先行调查，然后解散？

督部堂代理员巡警道吕答：一面先解散，一面组织。

议长（高登鲤君）谓：此案应付审查，指定审查员五人如左：卢初璜、苏寿乔、王邦怀、周寿恩、柳遇侯。

议长（高登鲤君）请众表决，可决者为五十一人中之三十三人。

刘崇佑君谓：现在会期为日无多，各案应行覆议者，请督部堂早日札覆。至预算案尤关紧要，应早交下，以免临时仓猝议决。

督部堂代理员巡警道吕谓：自当转达督部堂，预算因有一部分须审核，故未能即交局覆议。

刘崇佑君谓：法令公布案，闻督部堂有电到京询问，不知京中有覆电否？

督部堂代理员巡警道吕答：尚未覆。

刘崇佑君谓：应由本局将此情形拟电呈资政院。

议长（高登鲤君）以刘君之议，请众表决，可决者全体。

刘崇佑君谓：电文意，宜请资政院电督，速交局覆议。

议长（高登鲤君）以刘君之议，请众表决，可决者全体。

议长（高登鲤君）宣读第七号议事日表。

议长（高登鲤君）宣告散会。

是日议员出席者五十一人。督部堂未到会，委巡警道吕代理，午后一时到会。午后五时散会。

议长（高登鲤君）请书记长登坛朗读。

书记长（林长民君）登坛朗读。

具请议书：桥南耆绅商学代表耆民五品衔王位中、举人陈濂、候选同知职商吴世榕、益闻两等小学堂教员王振藩，窃维禁烟关系中国存亡，为地方自治之要政。敝地地方辽阔，除梅坞去毒四局外，仅设一禁烟联合会。曾经前闽邑尊张存案出示，前警务总局宪鹿批准各在案，另录粘电，计破获烟案九十余起，办理以来，略著成绩。兹因九月三十日，值班调查员刘丰年、吴森荣、林子根三人，获得泛船浦铺门牌一百零七号陆翰屏家中，搜出烟膏三两许，烟灰四两许，其烟照又系观音井铺三号，门牌不符，显系违犯去毒章程。有八区巡士邹凯在场眼见。遂将违犯烟律之烟照缴呈去毒总社，一面函请南台警务总区惩办。有该会广告附呈。屏乃唆使广帮，朦禀各宪，甚至倚藉洋势，函交涉使宪，干涉我国禁烟内政。致有闽邑尊无案可稽之批示，巡警宪解散该会之札饬，统录候察。窃思禁烟为朝旨所眷注，闽粤应表同情，何得稍分畛域？且敝地禁烟联合会之设，上得官长煌煌之示谕，下得本地绅民之团结，陆翰屏之恃势阻挠，广帮之扛帮砌耸，无足责也。惟际此宪政进行时代，禁烟属自治范围应办事宜，集会结社为按照部章举行之事，地方官为民父母，应如何赞助匡扶，以冀早达肃清烟祸之目的，乃竟误听一烟犯之捏词，混受一商帮之朦耸，破坏地方善举，摧折宪政萌芽。中等为保全公益团体慈善事业起见，敬陈愚悃，佥恳谘议局议长暨全体议员公鉴，即请提入议案，质问官长据何理由，至为公便。须至请议书者。

督部堂代理员巡警道吕登坛：此次陆屏翰不是之处，即在以他处烟照在本境行使，而调查员办理不善，致生冲突。此案先由陆屏翰具禀备陈调查员办理不善，现已批饬福防厅查覆办理，至今未据查覆。昨曾催福防厅，据云去毒社令其缓办，并有七月间去毒总社社长来函，请书记长朗读。

书记长（林长民君）朗读去毒总社与巡警道函毕。

巡警道吕谓：据去毒社言，请将该会解散，另行改良组织，务与去毒社办理一律。

刘崇佑君谓：此次欲将联合会解散，系因何故？

督部堂代理员巡警道吕答：实因办法不善，平日名誉不好。

刘崇佑君谓：名誉不好，是否因去毒总社不承认，故推想其为不好，然即去议长（高登鲤君）请书记长登坛朗读。

书记长（林长民君）登坛朗读修正案。

裁撤厦门保商局并归华侨公会以实行保护修正案

南洋华侨，受内地里豪衙蠹种种欺凌，其甚者则勾通盗匪，明火具仗，劫掠一空。如去年同安、海澄两属，攻劫之案，层见叠出，以至华侨闻风裹足，视回国如畏途。查保护华侨，前经迭次钦奉上谕，光绪二十五年间，前督部堂许奏设厦门保商局，原为认真保护起见，乃事沿既久，毫无实际。遇有华侨冤抑及惨被劫掠情事，不闻有代为伸理者，徒于华侨回厦时，每人抽保费一元，与抽入口税无异。且名为保商局费，实前缴局归公者不及三分之一，其余大半吞蚀于船主、船行、关员、局员之手。查向来轮船常川往返叻厦两处者，有双安、双美、丰美、丰远、丰茂、丰盛六艘，一月之中每轮回厦一期，合计一月，已有六期。而每轮中搭客回厦多则二千余人，少亦千七八百人，合计每月六期有搭客万余人，全年有十余万人。南洋关册，炳凿可据。向例每人缴保费一元，则是全年进款可得十余【万】元，而船主与关员扶同吞蚀，以多报少，竟不及三分之一。今试问保商局每年所收保费有达十余万元之数乎？有此十余万元之的款，以之购置小轮，雇用丁勇，及一切保护范围应行准备之经费，绰有余裕。乃有名无实，徒以饱少数人之私橐，是名为保商，而实则累商也。海外商民或见及此，叠经呈请各埠商会联合发起，拟于厦门、金门、泉州、漳州、永春等处设立华侨公会，以实行保护为宗旨。应请督部堂据情代奏，将厦门保商局裁撤，所有保商局抽收华侨入口费一款，改归华侨公会领归自办。至于华侨公会应如何组织及所抽入口费作何指用，俟奉朱批后，由督部堂札行南洋各埠商务总分会，公推妥员，回厦接管，另订细则，呈请立案。如蒙照准施行，华侨幸甚，大局幸甚。宣统二年十月十二九日，庶政兴革科主查陈锡朋，理事黄乃裳，审查高士龙、李仲邺、谢滋春、赵锡荣、刘志和。

议长（高登鲤君）请众表决，可决者全体。

陈之麟君请将此案省略第三读会。

议长（高登鲤君）以此案省略第三读会，请众表决，可决者全体。

第五，王位中沥陈违犯烟律唆使洋势干涉建议书之提出。

者三十八人。

第三，闽清刘炳汉、永福黄大贞、侯官马晋三、古田陈文畴为农民请命建议书之提出。

议长（高登鲤君）谓：此建议书已印刷，可省朗读，请诸君讨论，可否为之代转，或举临时审查员审查？

刘崇佑君云：此案应付审查，请议长照先例指定临时审查员。

议长（高登鲤君）指定审查员五人，姓名列左：李馥南、黄钟澧、李仲邺、游肇源、吴庭枨。

议长（高登鲤君）请众表决，赞成者为五十一人中之三十三人。

潘纪雲君请向行政长官为临时质问。

议长（高登鲤君）云：请潘君登坛质问。

潘纪雲君登坛质问：昨晚接督部堂札文，内开"所有法政学堂已归另案办理"一语，所云"另案办理"如何办法？

督部堂代理员巡警道吕谓：已饬学司详覆，现尚未据覆到。

潘纪雲君问：是否即指质问案已交提学司？此外更有他案否？

督部堂代理员巡警道吕谓：并无他案。

潘纪雲君问：风闻尚有人递禀控告本局。

督部堂代理员巡警道吕谓：风闻之事无凭据，不足为证。

刘崇佑君谓：此节本议员亦有可疑，所谓"另案办理"者，若但指质问案言，则谓之批答，不谓办理。今既谓之办理，或尚有他案？

督部堂代理员巡警道吕谓：本代理员惟知有质问案一节，已交提学使司查覆，昨督部堂尚面催速覆至，他案之有否，则不可知。所谓"另案办理"者，乃中国公文中常用之语，凡有抽出另办之事，皆用此语。

刘崇佑君云：既督部堂代理员不知，则请提出质问书，呈请督部堂批答。

议长（高登鲤君）谓：此节应提出质问书呈督部堂，请众表决。可决者为五十一人中之三十八人。

第四，请裁撤厦门保商局案第二读会。

卢初璜君谓：本议员在会场发言时多，今日对于此案未曾发言，盖亦欲学为"忠厚寡言"者耳。惟于法政学堂风潮之质问案，本议员虽未即知其内容，及阅原案时，则所言皆本议员之所欲言，前曾论及，与大众同意见者，自乐赞成。斯案因邹君指本议员为不知内容之一人，用特声明。

议长（陈之麟君）谓：现在与此案有关系之人皆已辩论清楚，应请避席。

高登鲤君、刘崇佑君、邹含英君皆避席。

议长（陈之麟君）谓：此案应付审查，须选举临时审查员七人，照章用连记无记名法投票，以得票最多数者为当选。计出席议员四十八人，得当选者六人：孟思培三十票，苏寿乔二十五票，张道南二十四票，陈锡朋二十三票，李仲邺二十三票，潘纪雲十七票。此外有得票同数者二人，姓名列左：黄乃裳十三票，卢初璜十三票。照章用抽签法行决选，其结果当选者列左：卢初璜。

议长（陈之麟君）谓：现在审查员已选定，所有督部堂之咨询案应即交审查，惟是为日无多，应请审查员就明日报告。

苏寿乔君答曰：可。

议长（陈之麟君）宣告休息二十分钟。

四时五钟续行开议。

第二，惠安刘友声请剔提陋规充自治经费建议书审查员之报告。

议长（高登鲤君）请主查员登坛报告审查情形。

审查员（蓝德光君）登坛报告审查情形（大意与报告书同）。

审查泉惠自治公所代表刘友声请剔提陋规兴办新政建议书之报告

十月二十九日，临时会第三次会议，提出惠安县代表刘友声陈请剔提陋规以充自治经费建议书，交由临时审查会审查。查该县船牌原为防盗而设，牌照初由地方官给领，嗣因盐馆赘户罔利包办以后，遂生出种种弊端。按此项牌金既非盐课，且每年进款有七八千金，所缴道署者只二百四十元，无益于公，有害于民。原书所陈理由俱系确实，现在筹办地方自治，提此陋规以作经费，亦属公便。所请代转之处，似可照行。是否有当，仍候公决。宣统二年十一月□日，临时审查会主查赖其浚，理事蓝德光，审查陈士霖、游肇源、洪湛恩。

议长（高登鲤君）谓：诸君赞成将此建议书代转者，请起立。计起立赞成知其内容居少数耳。

陈锡朋君谓：签名者无不知原案内容之人，前已辩过，卢君初璜亦自声明，邹君何得再据此为违法之理由？

邹含英君谓：诸君试想，本议员所提五项是否正当？请诸君平心讨论，诸君为议员，欲保全本局名誉，对于此案须细心研究。夫议员不受局外诘责，岂有不受局内诘责？似此则为议员者，若有意见而为多数人所阻，抑均不得自由发表矣。

苏寿乔君云：谘议局有法律之自由，而无个人之自由。

刘崇佑君谓：议员固当受内部诘责，然邹君为谘议局内部之组织员，何不于本局提出理由书，而反于行政官厅提出理由书？

高登鲤君登坛谓：此事以本局议员受人煽动，出而告讦本局于行政长官，诚本局大不幸之事。本议员被公举为议长，奉职无状，致有此怪象，不胜愧赧。但邹君之告讦刘君，谓诸君皆为刘君之被动者。就事实言之，书黑板者九人，非仅刘君一人，为所书者则有十五人，又非仅六人，不符一也。研究会系十七日上午，而云十六日，不符二也。邹君对刘君个人有无恶感，故作此诬蔑之言，本议员所不敢知，奈何并诬蔑我全局多数人，谓皆被刘君运动，请问诸君被选民公举为议员，乃受人运动乎？（众拍掌）至谓质问案签名，卢君不知，试问当日登坛质问提学使司，且质问最力者第二人即为卢君，岂卢君反有不知之理？且顷间卢君述明实自承认，此事实上之不可掩者，邹君乃敢出此妄言，以此推之，亦何所不可。（众拍掌）至如公启系研究会决议，告假一节亦经诸君详论，二者均无辩论之价值。若第五项则专属于本议员之事，夫提议案情由提议者自行撤销，有何违法？请问提议者之本人，自请撤销之案可得成为议案否？总之，邹君以议员资格而发此诬蔑之言，本议员深为邹君惜也。

邹含英君谓：本议员亦有附说。

潘纪雲君谓：本议员曾看见，不过就编辑上述其大意而已。

邹含英君谓：附说应行提出。

苏寿乔君谓：本案撤销，附说何由提出？请问邹君"附"字应作何解说？

邹含英君谓：本案嗣后又经高、邓二君提出，则本议员之附说亦当付印。

苏寿乔君谓：既系二君另提，则自不必邹君之附说。

多涉题外，与规则不合。

邹含英君谓：本议员并非反对提出质问案，惟以少数人之意见，而使签名者不知原案之内容，不能不认为违法。

刘崇佑君云：法政质问案之质问者及赞成者达于三十七人，若谓签名不知其内容，则卢君初璜曾为邹君所指不知内容之一人，已自当场否认，除卢君外，更有何人不知者？

邹含英君谓：本议员顷知诸君之意，以为本议员不应向督部堂控告，本议员以为督部堂有监督谘议局之权。

苏寿乔君云：督部堂监督权之范围，明定在局章第四十六条，且督部堂亦有维持谘议局之责任。

孟思培君谓：在邹君之意，以为各议员皆被刘崇佑君愚弄乎？其实并非如此，本议员以为转是邹君受人愚弄也。

邹含英君谓：三、四、五三项，已于昨日在会场上陈述，今日不必再说，恐又招诸君辩驳，使本议员多费唇舌也。

刘崇佑君登坛谓：第二谓副议长惑众，请问诸君有无被惑？若无被惑，则此罪名不成立。第三项关于议员告假，邹君以为违法。夫身为议员，岂有不将章程细则研究者乎？本局所以对于告假特从严者，盖因是时预算案正吃紧，而会期无多日，议员多有告假者，故在研究会议决，凡有告假由议长先征各议员意见，方允许之，依细则之规定，七日以内议长有许可告假之权。因徇公众之意，而以其固有之权不自轻用，而征诸公意。此为违法，则何事非违法？第四项冒用公启，此公启即因法政风潮事，有人在外刊布传单，纷寄各府县，本局议员以各府县相隔较远，恐有未能深悉此事情形者，故在研究会由众公决，由本局议员公决叙其事实，分寄各府县，俾众周知。既由众公决，安得指为冒用？岂必议员全数七十五人之决议，始为公决乎？又谓关于法政学堂风潮为少数人提出质问，凡质问案之提出，照细则仅有十人以上之赞成已为合法，法律无必须多数人之规定，且提出者、赞成者共三十七人，已及全体议员之半数，更安得谓为少数？

王子懿君谓：邹君说话须注意，凡谓为公、为全体、为团体各字样，非指个个议员之意思，谓有出席员过半数之意见，或全体议员过半数之意思而已。

邹含英君登坛谓：所谓少数者，谓当日系陈君持白纸请人签名，其签名者之君所言，本议员有申辩之权利，且有申辩之义务。本议员对于邹君之理由书所指为违法者共有五项，本议员不能谓为无关系，然其关系是全体，非本议员一人之事。按其事实，研究会非在十六日而在十七日上午，书写姓名于黑板上仅四人，而非六人，至排列议案之权不在本议员，而在议长。又督札中只云公推，未云公推方法，故由研究会中预先研究一方法，邹君在场，何以忘记？且邹君谓公推方法有二种等语，此言恐尚非邹君所能自出者。就公推方法言之，本甚自由，无论用何方法皆可。若指定一人，经众意可决者，亦为合法，况以严重之方法行之，则更无疑义也。

议长（陈之麟君）云：请邹君再就理由书之第二项以下陈述意见，俟邹君陈述已毕，诸君再为问难，以维持会场秩序。

邹含英君登坛谓：凡事必有公是非，是非由于公决。本议员所见为非，或诸君见以为是者亦有之。惟法政学堂风潮案，其教务长之去留，不关于教育行政，此自有定评，本议员不必深论。但闻质问案未提出以前，系由陈君手（特）〔持〕白纸到处令人签名，致签名之人多未阅原案，而退有后议者，可知此案之提出，本由少数人之意见。

陈锡朋君质问：此系邹君一人之言乎？抑系邹君一人未见，遂任意代表众人皆未看见乎？

邹含英君谓：议员当日有未见者否？

陈锡朋君谓：指何人？

邹含英君谓：汀州一府八人中，卢君即未之见。

陈锡朋君问；卢君见否？

卢初璜君谓：本议员系住在谘议局之外，议案未提出以前，确为本议员所未阅过，但提出此案，本议员实自承认之。

陈锡朋君云：提出质问案仅有十人以上之赞成，即为合法，议事细则具在，邹君身为谘议局议员，尚未之见耶？

邹含英君谓：议场中以多数人取决，本议员则为少数者，即有赞成本议员之人，而怵于多数人之势，亦嗫嚅而不敢发。本议员以一人之口舌，何足以当众人？

议长（陈之麟君）云：照议事细则，会场讨论不应涉及题外，顷邹君所言严重之方法，如无记名连记投票法以得票过半数为当选，此而谓为违法，则何事而非违法？且研究会系在十七日上午，邹君之理由书指为十六日，刘君只书四人，而谓为六人，事实之不知，遑问法律？本议员对于邹君所告讦之第一理由，特声明如此，余请诸君再为论辩。

孟思培君质问：邹君系以研究会为违法乎？抑系以互选为违法乎？

邹君含英登坛谓：本议员所有理由书昨已略为报告。今日正式开会，当再报告。关于十五人或六人，十六日或十七日，若诸君以为有错，本议员自无所置辩。公推方法或用表示或用选举，用表示方法可由各人举其所知，不必秘密；若选举则不当先行表示。请问当日研究会时，议长曾否讨论公推方法？查十七日正式会速记录，议长并未将研究会手续报告，且议长既慎重其事，则督部堂来札何以不先期在议场报告？本议员于议事日表中并未见此选举案之排列，事有先后缓急，可缓者而故急之，果居何心？谓为非违法，则非本议员之所敢知者也。

孟思培君谓：请问以上午研究会为违法乎？抑系以下午选举为违法乎？

邹含英君答：公推方法或用选举或用表示，既用选举，即宜秘密，不当预写被选者于黑板之上。

孟思培君谓：公推则非投票，当日在研究会研究公推方法，各举所知，至十五人之多，将如何公推？所以公决在正式会选举。至写黑板，盖因名字既多，或同音易混，或各地异读，不能不用此法。督部堂札文十二日到，应于十五报告，而十五适值美国实业团来闽，议员中有预备招待不能出席者，故于十七日提出。然以未经研究之故，乃于研究会公同研究，应用何法公推，既各举所知以告公众，又复用无记名连记投票法，以得票过半数者为当选，此可见慎重之意。

邹含英君谓：十七速记录正式会为用无记名投票过半数当选，既用选举，何以复写黑板？

高登鲤君谓：邹君前日言公推则不必选举，是反对投票的，今日又谓既经投票，何以复书姓名于黑板，是反对公推的。前后发言，自相矛盾。

刘崇佑君谓：邹君理由书所告者为本议员，然本议员并非立于被告之地位，何以言之？邹君若向本局指陈本议员缺失，则本议员为被指陈者，若向督部堂处告本议员，则事关本局。督部堂对于本局机关各别，本局对于督部堂应为正式问答。故本议员非立于被告地位。今日本议员之地位，是一关系人，用敢申明，邹第一，关于邹含英理由书督部堂咨询案之提出。

议长（高登鲤君）谓：本日第一案中第五项与本议长有关系，本议长应避席，请刘崇佑君代理议长。

刘崇佑君谓：本议员亦有关系，不能主席。

议长（高登鲤君）谓：请副议长陈之麟君代理议长。

邹含英谓：陈之麟君与第二项亦有关系。

孟思培君谓：理由书并无陈君姓名。

苏寿乔君谓：陈君并无关系。

邹含英君谓：理由书内有副议长名目。

孟思培君谓：副议长专指刘君有名，陈君无名，何得谓有关系？

邹含英君谓：质问案系陈君提出。

苏寿乔君谓：提出质问即谓为关系，然则凡与是案有关系者甚多，将皆避席，任邹君一人议决乎？且此案陈君并未列名也。

陈锡朋君谓：邹君所言无辩论之价值，即请陈之麟君代理议长。

议长（高登鲤君）云：此事尚须表决，如赞成陈君主席者，请起立。赞成者为出席议员五十一人中之四十六人。

议长（高登鲤君）就议员席，副议长陈君就议长席。

议长（陈之麟君）请书记长登坛朗读督部堂来札。

书记长（林长民君）登坛朗读来札。

（来札见前报告）

苏寿乔君登坛谓：邹君理由书言本局五项违法，此五项本无辩论价值，今因督部堂咨询，特将事实声明。就理由书言"忠厚寡言"一语，甚属可笑，岂有为议员而可寡言者？"议"字从言，邹君其忘之矣。又邹君所谓违法者第一项，即指会议厅士绅选举之事，士绅之选举，照章用公推，其公推之方法如何，不能无研究。故就研究会中公议各举所知，书其姓名于黑板，卢初璜君先书雷焕猷，后施君景琛书江春霖，而洪湛恩君、孟思培君、陈锡朋君等皆各书其所知，刘崇佑君则书江古怀，并无书写六人之事。计起向黑板书写者九人，为所书者十五人，此事实上之不可掩者。邹君何以仅谓刘君写六人，且谓为违法？夫在研究会由全体议员决定，此为违法，则何日非违法？公推而以选举行之，而选举又用最实有法律效力。现于变更后，又不呈请批准，任意通函颁布，不特取缔议员过刻，且有蔑视督部堂之意，原函附陈。其违法三也。四、冒用公启之违法。法政学堂之质问案，本系少数人主持，致坏名誉，议员本不承认，顾念大局，不遽明言。讵提议者又擅用全局议员名义，散布公启，牵累全体。其违法四也。五、研究会蔑侮议员之违法。谘议局自去年开办以来，凡议案之提出，有二人以上提出，同一议题遇有意见或文法不合时，得由议长指定或公推原案外之议员编辑，编辑后呈议长付印刷分布全体议员，开研究会公同讨论。仍有不合之处，登场修正。如果全不合用，以多数人议决撤销。本届会期中有高君士龙、邓君畿各提出请实行部定税契新章并本省单行细则一案，其意见均有不同，在研究会相持不下，经议长指定并到会议员全体认可，由英编辑，及编辑后呈交，议长不付印刷，随意撤销，仍以原案提出，显系蔑侮议员。其违法五也。以上略举违法五端，就议员所知者而言，如何整顿之处，伏候钧裁。附呈日表二纸，公函一纸，公启一纸，议案一纸，撤销案一纸等情，到本部堂。据此，除书内第二条之法政质问已归另案办理外，其余各条是何实在情形，合就札询谘议局，即将该案情由呈覆，以凭查核，须至札者。宣统二年十一月初四日。

三、报告督部堂札覆覆议立限清葬案即饬出示登报公布施行事。

总督部堂松为札覆事，据谘议局呈立限清葬咨询案，遵照札覆，具文呈请公布施行等情前来，自应仍饬地方自治筹办处、巡警道查照，先今札指列款出示登报公布施行，并分别转饬所属一体遵照，除分札外，为此札覆谘议局查照，须至札者。

四、报告督部堂来札批答盐斤加价质问案已咨两广总督饬司赶解事。

总督部堂松批：此项粤盐加价银两，兹经饬据福盐道详称汀盐加价一文，准粤运司解至元年六月份止，连闰共一万一千九百三十五两六钱八分。其自元年起，未据解到，业经电催粤运司在案。粤省解款早迟不能定准，何至化为乌有等情前来。本部堂覆核无异，除咨两广督部堂饬司赶解外，合就答覆，此批。初三。

五、报告督部堂来札批答关于会议厅组织第二质问案事。

总督部堂松批：此案已于初二日批答矣。此批。初三。

第十，覆议保护华侨案审查员报告。

第十一，覆议约束外人在内地违法举动案审查员报告。

第十二，农林规则案审查员报告。

第十三，寡妇龚高氏掳酷匿尸请起验解办建议书之提出。

第十四，覆议裁撤南水关案。

第十五，浦城朱翰农会集资建议书之提出。

第十六，两浙木商陈藩设立商船公会建议书之提出。

第十七，长汀县城自治会郑克明、赖道权请给盐斤加价拨款建议书之提出。

第十八，泰宁县城自治会欧阳铭等为苛索浮收民不堪命建议书之提出。

第十九，廖钦若等为地方官违法纳贿建议书之提出。

议长（高登鲤君）述各种报告：

一、报告议员杨豫君告假五天，彬煦君告假四天。

二、报告督部堂札交邹含英理由书事。

总督部堂松为札行事，据福建谘议局议员邹含英理由书称，窃以福建谘议局为立法之地，议员为守法之人，持平正而除专制者也。闽省本届选出议员，老成持重，忠厚寡言者，固不乏人，而一二桀骜者流，往往挟持蔑视，酿成违法举动者。议员虽时抱不平，奈终居少数，挽之不能，阻之不可，若长此任其为所欲为，诚恐有碍大局。将欲听之，有失议会体制；将欲争之，众寡之势悬殊。议员处此，诚有进退两难者。查局章第四十六条，督抚有监督议会之权。议员只得据实申明，吁请督部堂熟筹办法，以维大局。议员幸甚，全局幸甚。一、会议厅选举之违法。会议厅之选举应如何慎重，其事理宜先期知会，以便议员采择贤能。副议长刘崇佑于十六日研究会擅书六人姓名于黑板，指定令众选举，仍未通告投票日期，突于十七日报告选举，不列日表。其违法者一也。二、法政质问案之违法。查法政学堂系属教育行政范围，而教务长之去留则非行政。对于此事，不宜紧急提出质问。乃副议长只以法政风潮四字惑人赞成，而质问案并未交阅，以致各议员无从讨论，致受外人驳斥，传之外地，实有玷辱全局。其违法二也。三、研究会取缔议员之违法。照议事细则，议员告假在七日内者，得由议长许可，兹乃以研究会变更之。查细则，经议员全体三读会表决后，呈请督部堂批准施行，刘崇佑君云：顷督部堂代理员所说甚明白，此事为地方官之过，务求双方保全之法，应呈候督部堂办理。

议长（高登鲤君）谓：即照此报告书代转，请众表决。可决者四十七人。

议长（高登鲤君）谓：顷据督部堂代理员谓，关于控告谘议局违法理由书，督部堂公文明可到，则明日下午当开会议。

议长（高登鲤君）报告临时会第六号议事日表。

议长（高登鲤君）宣告散会。

是日出席议员五十五人。督部堂未到会，委布政使司尚代理。午后五时三十分散会。

第三次福建谘议局（临时会）议事速记录第六号

宣统二年十一月初五日（1910年12月6日）

议事日表临时会　第六号

宣统二年十一月初五日（火曜日）午后一时开议。

第一，关于邹含英理由书督部堂咨询案之提出。

第二，惠安刘友声请剔除陋规充自治经费建议书审查员报告（延前会）。

第三，闽清刘炳汉、永福黄大贞、古田陈文畴、侯官马晋三为农民请命建议书之提出（延前会）。

第四，请裁撤厦门保商局案第二读会（延前会）。

第五，王位中陈请违法烟律唆使洋势干涉建议书之提出（延前会）。

第六，涵江商户陈德昌陈请运米平粜建议书之提出（延前会）。

第七，张冠瀛等陈请不闭南城门建议书之提出（延前会）。

第八，覆议改良盐法案审查员报告。

第九，覆议妥筹民教相安案审查员报告。

公鉴。陈树勋谨具。

议长（高登鲤君）谓：赞成审查员报告将此建议书代转者，请起立。可决者四十四人。

第八，龙溪县城议事会及同安郭祯祥两建议书审查员之报告。

议长（高登鲤君）请主查员登坛报告。

主查员（孟思培君）登坛报告审查情形（大意与报告书略同）。

审查龙溪县城议事会及同安郭祯祥两建议书之报告

宣统二年十月廿七日，临时会第二次会议，提出龙溪县城议事会及同安郭祯祥建议书各一件，交付临时审查员审查。查城议事会则以下浒炮城为防守重地，不应以建筑糖厂为词；郭祯祥则以下浒建筑糖厂，系禀蒙水师提督咨准，督部堂暨布政使司由司饬勘无碍，并由营会厅给照承领为言。一则为保守要地起见，一则行政长官准予建筑，所持俱各有理。惟此案既经禀控入官，如何处理，行政官自有权衡，应将两造建议书一并转呈督部堂，听候核夺。是否，仍请公决。宣统二年十一月初一日，临时主查员孟思培，理事连贤基，审查员洪鸿儒、洪国器、郑藻山。

李仲邺君登坛谓：本局前次提出此两建议书交付审查，顷据审查员报告，自本议员观之，两方面事皆属重要，惟龙溪县不无责任。当郭祯祥到县商借此地，该县何不拒绝？且嘱其向水师提镇处请求，而且当踏勘时，亦不过问，直待渠已兴工，经过月余，始行前往禁止，使其功败垂成，则该县县令不能无疏忽之咎。今欲借与则伤人民感情，欲勿借与则恐灰华侨归国之心，使实业前途危险。本议员之意以为，糖业为时无几，应暂时借与郭祯祥数月，俾其制造竣工后，再行归还，庶两无窒碍。

苏寿乔君谓：仍照报告书代转。

刘崇佑君谓：此案两方面皆有理，所错者在行政官，行政官前既许之，后复不许，现在如必欲令其迁移，则公司所受损害均应由行政官于地方经费内赔偿，照行政法理言，此系属于行政诉讼也。

督部堂代理员布政使司尚谓：此事实系地方官之过，现在若即令迁移，则华侨内向之心必至灰冷，惟有妥善设法，务求双方保全。

要。原书声叙不甚明晰，因查询该府绅商及福州之商于邵属者，均言去年五月间，会匪王花郎实有劫抢西峰庵情事，迨后其戚党徐祖俊亦实有纠谋劫监情事。复查本局于本年三月间所收该邑绅商请除会匪之建议书，内亦有徐祖俊名字及桶子会事。本科又邀同该邑之常驻议员陈君树勋到审查会备询，原书所陈各节陈君言之凿凿，嗣并交来意见书，详叙王花郎、徐祖俊实在情形，足见该匪首既极凶横，又极狡幻，同恶相济，为害地方，实属罪无可逭。理合将原书并本局议员陈树勋之意见书均为转呈督部堂，请速察饬邵武府从重惩办，毋任匪首漏网，以靖匪祸，以保地方。当否，候公决。宣统二年十月□日，建议审查员：主查黄乃裳，理事李仲邺，审查施景琛、邓畿、陈蓉光。

意见书：承本局审查员将临时会第二次所提出邵武府建宁县议事会议员廖德坤等所陈匪首狡供图脱之建议书，按节询问，本议员应就目见耳闻之确著者详述之。建宁县会匪扰乱，民不聊生，掳抢劫杀，重案迭见。桶子会匪首徐祖俊、王花郎以联襟而同党恶，祖俊刀笔精锐，匪党推为谋主，花郎拳力过人，用以指挥党羽。去年五月间，花郎纠党抢劫西峰庵，庵佣高绍祖熟识其声，指名喊叫，被花郎胁吓，遂不敢扬声。翌日高绍祖报知联甲廖顺仕等，获送花郎到县，陈县主当堂提讯，高绍祖供指纠劫属实，王花郎无可置喙，陈县主将花郎管押，徐祖俊屡入监狱，与花郎密谋图脱。至旧十二月初五日，陈县主因里心会匪滋事，会营下乡剿办，祖俊因乘机窃发，谋劫监狱。其党百余在伊家歃血饮酒，亲往街店收买黄布数十匹为缠头标识，市人见之，仓皇奔避，一时城厢震动走报。陈县主率兵勇星夜赶回，匪党谋泄，遂不敢发。陈县主虑有后祸，将王花郎解府寄禁。祖俊又耸花郎之妻廖氏上控，一面威胁绍祖翻供，继之以贿，致府宪提讯绍祖，供词全翻。祖俊亦赴府投诉，禀称伊不在家。府宪乃谕提联甲质讯，迫致四隅联董李运乾等联名据情呈投城议事会，经开会公议，由议长、议员全体据情呈请府宪究办。府宪误听花郎狡供，祖俊诬禀，反饬议事会照交联董到府，与匪首质讯。故议事会议员廖德坤等以下情不能上达，乃具建议书到本局请代转呈督部堂。此事之实在情形也。勋以为严办会匪，为地方官之职务，获匪送官为联甲之职务，境内有扰乱治安之事，据情代表为议事会之职务，乃府宪不以县详为可信，不以联董议事会之言为可信，而偏听两匪首之狡供与诬禀。此会匪消长之机，即建邑治乱所由系。两匪脱网，群匪扇焰，关系不甚重欤？谨述情由，并附意见，伏乞售处及酌添经售费；第八条白契补税一节，应分别自首与被人告发，并严防差勇、胥吏搜索骚扰之弊；其余文字亦间有应行增删修改之处，另具修正案提出。可否，仍请公决。宣统二年十月三十日，法律科主查卢初璜，理事黄金銮，审查杨豫、俞光华、邹含英。

议长（高登鲤君）谓：诸君赞成将此案开第二读会者，请起立。可决者四十三人。

第六，请饬上游各县修理滩港案审查员报告。

议长（高登鲤君）请主查员报告。

主查员（陈锡朋君）登坛报告审查情形（大意与报告书略同）。

审查请饬上游各县修理滩港案报告书

本届临时会第三次会议，提出上官华盖君请饬修上游滩港案，交本科审查。查此案与常年会黄乃裳君预备请饬修溪河之案，互有异同，要皆为地方谋幸福。但其间筹款办理及勘估诸要事，非各该地方绅商悉心计划，不能得其把握。拟将该两案参互修改，由本局付印加函，分寄各该地方商会、自治会，请其就各区域内之溪滩详细勘验，何处应修，并如何筹款，如何办法，随时作书绘说，邮送本局，以备来年常年会采择提议，较为完密。是否，请公裁。宣统二年十月三十日，庶政兴革科主查员陈锡朋，理事员李仲邺，审查员黄乃裳、刘志和、谢滋春、高士龙、赵锡荣。

议长（高登鲤君）谓：审查员报告主张来年再行提议，诸君赞成审查员报告者，请起立。可决者为五十五人中之三十三人。

第七，审查建宁县城议事会廖德坤建议书审查之报告。

议长（高登鲤君）请主查员登坛报告。

审查员（李仲邺君）登坛报告审查情形（大意与报告书略同）。

审查建宁县城议事会议员廖德坤等建议书之报告

十月念七日，本届临时会第二次会议，提出邵武府建宁县城议事会议员廖德坤等所陈匪首狡供建议书，交本科审查。查建宁县会匪甚多，名目不一，匪祸殊为剧烈。原书系指桶子会匪类劫抢该邑西峰庵，此事关系地方治安秩序，颇为重欠及前后所有数目，切实查明核办。倘全数收解发息之外，尽有溢额可作股本，此条应请督部堂从速实行，按照原案办理。

宣统二年十一月□日，主审员陈锡朋，理事黄乃裳，审查员李仲邺、谢滋春、高士龙、刘志和、赵锡荣。

王子懿君质问：铁路随粮捐及盐斤加价何时办起？

督部堂代理员布政使司尚谓：均系自光绪三十四年起。

王子懿君谓：然则报告书中恐不免有误。

陈锡朋君谓：是否自七月初一日起，尚无确定。

卢初璜君谓：盐斤加价系七月起，惟闻随粮捐系在七月以前。又盐斤加价之前，似尚有由盐务某项抽捐之事，后有盐斤加价，遂并入抽收。

督部堂代理员布政使司尚谓：盐务情形不能深悉，大概如卢议员所言。

卢初璜君谓：随粮捐偏重农民之负担，应将"粮捐"二字改为"保息"。

王子懿君谓：报告书中"如有必应续行补助之处"至"由局议决"止，应删去。

卢初璜君谓：既删去此两行，则文理尚须修改。

陈锡朋君谓：此语并无不当之处。

卢初璜君谓：改为"如有必应续行补助之处，自可于预算案中议决"。

苏寿乔君请将审查员原案表决。

议长（高登鲤君）谓：赞成审查员原案者，请起立，计起立赞成者三十九人。

议长（高登鲤君）谓：照审查员报告之意呈覆，请众表决。可决者四十人。

第五，征收田房契税提议案审查员报告。

议长（高登鲤君）请主查员登坛报告。

主查员（卢初璜君）登坛报告审查情形（大意与报告书略同）。

审查征收田房契税提议案报告书

本届临时会第二次会议，提出请实行征收田房契税新章并暂定本省单行细则提议案，交由本科审查。查全案十条，并附则一，收单式一，立法周密，尚无流弊。惟细按条文，第五条似应改为第一条；又第六条通用官纸一节，尚须明定经议长（高登鲤君）谓：此案应否付庶政兴革科审查，请众表决。可决付审查者三十八人。

第四，覆议整顿闽路案审查员报告。

议长（高登鲤君）请主查员陈锡朋君登坛报告。

陈锡朋君登坛报告审查情形（大意与报告书略同）。

审查整顿闽路覆议案报告书

本届临时会第三次会议，提出整顿案覆议，交由本科审查。查此案督部堂札覆，除照准外，尚有仍持原议者一条，催请实行者一条，谨就审查意见条列如左：

一、原案：漳厦铁路既限宣统三年告成，无论能否如限竣工，粮捐亦应至是年停止，续开各路，不得援例再捐。

督部堂札：请暂缓公布施行。

按：粮捐保息，原冀铁路之成立，该线既限宣统三年告成，嗣后如有必应续行补助之处，现在已办预算，可于全省岁入中指出款目，由局议决，不能以粮捐偏重农民之负担。此条应照原议。

一、原案：保息赢额，宜作为股本，并给与股息及红利。

督部堂札覆：粮盐两款尚未收足，无溢额之可言。

按：本年试办宣统三年预算案内，第四类交通费第一款开补助铁路经费，第一目随粮捐一十一万三千六百六十七两八钱九分六厘，第二目盐斤加价三万二千两，二款共得一十四万五千六百六十七两八钱九分六厘。明年既有此额，则自开办以来，各年应得之数目，理应相符。而本局于本年十月初八日奉到督部堂札文，据财政局详称，各属批解铁路粮捐截至现在止，先后共收钱一十八万九千六百九十千四百九十二文，除支拨共钱一十一万一百五十二千八百二十三文，实尚存钱七万九千五百三十七千六百六十九文。历年合计，与预算案所开数目相差甚远，究竟欠解在官与实欠在民者为数几何？又查盐道折内开，光绪三十四年七月初一日以后至宣统二年六月底止，欠解路捐计五万余两，而三十四年七月以前之数未据声明，应请督部堂饬财政局、盐法道定一日期，将实存钱之七万九千五百三十七千六百六十九文，与欠解路捐之五万余两，移解铁路公司，并将官欠、民王子懿君谓：照例议员自召集日起算，而此次临时会则无召集日期，然照事实上言，则自闭会至开会中间三日，自应照算旅费。

刘崇佑君谓：本局有议决预算之权，尽可自由公决加入。

议长（高登鲤君）请众逐条表决。

第一目，可决者五十人。

第二目，可决者五十人。

孟思培君请连开第三读会。

议长（高登鲤君）以连开第三读会请众表决，可决者四十八人。

刘崇佑君请主查员将旅费应增加之数目加入。

张道南君谓：应行修正列左：

临时会用费，二千九百零一两六钱四分七厘七毫。

第一目　议员旅费一千九百二十两六钱九分一厘六毫。

第一项　旅居费一千九百二十两六钱九分一厘六毫。

说明：旅居费照督部堂核定之数，每人每日二元，除议长、副议长及常驻议员不支旅居费外，余以五十七人计，自十月二十一召集之日起算，应支前数。又本届临时会系接连常年会而开，议员尚未回里，故往返旅行费不另开列，合并声明。

议长（高登鲤君）请众表决，可决者五十人。

第三，覆议革除征粮积弊并暂定征收方法案。

议长（高登鲤君）请书记长登坛报告。

书记长（林长民君）报告：原案分八条，呈督部堂后，奉督部堂札覆，据藩司详称八条均可行。内惟大堂设柜，尚恐不敷，应添设乡柜。又附案一条，划一粮价，系道光年间事，现在银价不同，不能援以为例，应饬各属查明禀复云云。至本届常年会议决，于十月十二日开具清折呈覆，计添设乡柜，应酌看地方情形办理。至饬查银价一节，不知各属已否禀复，现奉督部堂札覆，以未据各属禀复为言，遂由局存案。

王子懿君谓：此案惟粮价不能划一，其他均据督部堂所核准者为是。

陈锡朋君请付庶政兴革科审查。

说明：一人三十元，较常会期减半，应支前数。

第三项　招待员薪金一十两零四钱一分四厘二毫。

说明：一人十五元，较常会期减半，应支前数。

第四项　暂雇司役薪工四十一两五钱。

说明：司书每人三两，四人计十二两；缮写每人二两五钱，三人计七两五钱；印折每人二两，二人计四两；丁役以三十日计，每人一两八钱，十人共十八两。应支前数。

第五项　膳伙三十八两六钱六分六厘六毫。

说明：特聘人员及司书、缮印以二十日计，每人膳伙二千四百文，十三人共三十一千二百文，合银二十一两六钱六分六厘六毫。丁役每人膳伙一两七钱，以三十日计，十人共十七两。应支前数。

第六项　印刷二百五十两。

说明：较常会期减半，应支前数，

第七项　添置一百两。

说明：较常会期减一百五十两，应支前数。

第八项　笔墨纸张三十两。

第九项　修缮五十两。

第十项　邮电一百二十五两。

第十一项　灯油五十两。

第十二项　杂用一百五十两。

说明：第八项以下，用费均较常会期减半，应支前数。

王子懿君谓：此预算案皆照常年会减半，惟因议员旅费原案仅列二十日，旅费尚有须增加。临时会开会前及常年会闭会后之廿一、廿二、廿三三日，约有二百三十三两五钱四分八厘，原案未列，特为声明。

刘崇佑君谓：原案旅费定二十日，盖因督部堂来札有以二十日计算之语。自事实言之，则开会前闭会后以三日中断，无不给旅费之理，此节应向督部堂声明。又邮电一门本难确定，或多或少不等，故此款应须声明，将来或有多用之处，方免遗议。即本次常年会邮电共用一千二百余元，较之预算已溢出许多，应请诸公先行公认。

吴庭桢君谓：邹君自去年以来，立意欲破坏谘议局，对于局中会议，毫不注意。且党于外间一部分与谘议局反对之人，是邹君为反对谘议局党之功臣也。（众拍掌）本议员为惩罚科审查员，此事应请公众议决，付诸审查。

刘崇佑君谓：请督部堂代理员即日将正式公文交局。

督部堂代理员布政使司尚云：公文已送稿，尽本日内应可交局。

议长（高登鲤君）谓：此事应俟公文到后再议。

议长（高登鲤君）宣告休息二十分钟。

三时二十分续行开议。

第二，本局宣统二年临时会预算案第二读会。

议长（高登鲤君）请书记长登坛朗读预算案。

书记长（林长民君）登坛朗读。

谘议局临时会用费预算案（本局提出）

谘议局章程第三十一条，谘议局会议期分常年会、临时会二种，均由督抚召集；又章程第五十四条第二项，其旅费、杂费及预备费由谘议局会议预算数目，呈请督抚核定。本局于常年会期用费及常月杂费等，业已遵章提出预算案，惟临时会费用以事属临时，曾经声明仍俟临时开列预算。本届以关于全省预算事件由全体议员请开临时会，照章临时会期以二十日为率，较常年会实短其半，故本届提出预算，其用费亦较之常年会期用费减半开支。兹列其目如左：

临时会用费，统共二千六百六十七两八钱八分九厘一毫。

第一目　议员旅费共一千六百九十七两三钱三分三厘。

第一项　旅居费一千六百九十七两三钱三分三厘。

说明：旅居费照督抚核定之数，每人每日二元，除议长、副议长、常驻议员不支旅居费外，余以五十七人计，应支前数。又本届临时会系接连常年会而开，议员尚未回里，故往返旅行费不另开列，合并声明。

第二目　杂费九百七十两零五钱五分六厘一毫。

第一项　议场速记员薪金一百零四两一钱四分二厘。

说明：每人五十元，三人共一百五十元，较常会期减半，应支前数。

第二项　审查员会速记员薪金二十两零八钱三分三厘三毫。

君以为用本议员二人名义，则应取消，故自向办事处取消。本议员等二人自提出而自取消，有何违法？

邓畿君谓：实行征收田房契税之案，本议员与高士龙君同时各自提出，嗣因两案各有长短，故由同人推举邹君编辑。惟邹君所编辑者，不特与本议员及高君之意相抵触，且与部章有背，故本议员及高君皆不能承认。

刘崇佑君谓：顷据高、邓二君所言，并本议员所陈述，则邹君控告五端，全属虚无。本议员本日不过就事陈述，尚非申辩。总而言之，本年本局有特别情形，盖因预算事件日对行政官争论，已为招尤之一大端。又关于教育案，本局在第一次开会时所提之议论，均与一部分之人不合。本届法政学堂风潮质问案及预算案之成立，其利益于一方者，必惹起他一方之不利益，致生种种恶感，此固不可掩之事实，抑亦初期议会所必经历之程途也。

游肇源君质问邹君谓：外人有指斥谘议局即为不好，夫少数外人议论，岂能作为凭据？若如邹君所言，果有外人攻评邹君阴私，邹君亦当承认之乎？

陈锡朋君谓：邹君云刘君所书六人姓名，投票时即此六人，实则林长民君亦在六人之列，显为本议员所书者，非出刘君手也。

邹含英君登坛谓：顷邓君、高君所说，有一疑问。究竟本省单行规则是否即以补助部章所不及？此本议员所改与部章不合也。本议员向督部堂呈理由书，自以所列五项为违法，究竟是否违法，自应照章办理。本议员若有不是，甘受处罚，非尔我所能自由辩论。

潘纪雲君云：议场为自由辩论之地，何谓不能？

邓畿君谓：田房契税据部章有白契，限六个月，而邹君则定为十二个月，岂非修改部章乎？

刘崇佑君谓：案为邓、高二君提出，二君所提各有短长，故当合并编辑。邹君所编辑，为邓、高二君之不承认者，则邓、高二君自不肯签名。盖签名为议案成立之一条件，议长以条件有欠缺不为排列，实属适法。何至反指为违法？

黄乃裳君谓：请问邹君在会场上可说谎乎？

邹含英君谓：不可说谎。

黄乃裳君谓：然则邹君前日谓在研究会，今日则谓不在。何也？

邹含英君谓：本议员并不曾说。

刘崇佑君登坛谓：本议员不意今日在演坛上演此言论，诚属不幸，亦诸君及谘议局之不幸也。邹君本日在演坛上所述告发五事，本议员不能不申辩。第一，会议厅选举为本局权限，本议员亦与有责任。今邹君以为本议员写六人姓名于黑板，嗣后选举之人即此六人，以为本议员有违法。为议员者，于本局议员认为有违法之举，亦应向本局申明异议，不得毫无异议，径向督部堂控告。督部堂有督部堂之权限，本局亦有本局之权限。此种控告，系在外捏造装染本局有关名誉之事，此节诸君当注意者也。今请就当日情事言之，当公推会议厅士绅时，正在争预算紧要之时，适得督部堂公文饬令公推，公推方法若何，并无规定，于是公议公推方法，以为应求得适当之人。本议员曾言品行为上，才学次之，吾辈当为福建得人，故公决各举所知，计当日由各议员举出十余人，实不止六人也。且写者不独本议员一人，此邹君当日在座所亲见者，事隔十数日，应不至遂忘，何以邹君尚有此言乎？嗣后所写十数人，有提议由议长指定者，议长反对其说，本议员亦反对其说，以为不能专由议长指定，遂由众公决，用无记名连记投票法。夫以投票选举为公推方法，尚谓为违法，则不知如何方为合法？所陈情形并无一毫伪饰，邹君在场所亲见亲闻，邹君扪心自问，何以尚有此言？至当日选举时，有提法司为督部堂代理员，所有选举若有违法，何以督部堂代理员并无发见何事违法？且选举之结果均有原票存留，可以覆按，此事实之不可掩者。又如第二问题，更不必辩。法政学堂风潮，本局岂有不能质问之理？本议员至今尚力持前说不变，此有法律在，本议员不必深辩。第三，公启一节，系在研究会谈及，外间有人出纠谬书，恐外人误会，故公议用议员公启，分寄各府州，俾父老兄弟周知。其中情形，已有多数人赞成，即得谓之公启。第四，关于议员告假一节，凡稍知法律者，皆不至有此误会。本局所以严定请假一节者，因闭会在即，议员中有欲归者，且议案诸多未决，恐议员多缺席，故从严规定。且所规定亦不违背章程，许可权系在议长，议长自不轻用权限，视各议员公意所许而后许之。此得谓之违法，则何事不违法乎？至第五一节，系议长之事，本议员非议长，于事无涉，惟当日情形，当向众报告。此案系高士龙君与邓畿君自提实行征收田房契税新章，交邹含英君修改。

高士龙君谓：邹含英君所修改者，竟将部章一并修改，本议员以为不合，不肯承认为提议者，乃邹君自将修改之案，用本议员名义交办事处。本议员与邓畿二，法政学堂风潮质问，法政有风潮自应质问，惟此质问案是否应为紧急提议，在本议员之意，必须经公众研究方可。若有研究，自不至受人指斥，今受指斥，岂非与本局名誉有关？第三，研究会议决请假规则，擅将议事细则变更，亦为违法事件。盖议事细则系由谘议局通过后，呈请督部堂批准，方能实行，其不能由研究会擅改者可知。第四，本议员在工业会中，见有对于法政风潮一案，谘议局具有公启，本议员以为公启须经议员全体阅过，岂有未经公阅而为公启乎？第五，研究会中高士龙君与邓畿君提出革除征粮积弊及单行规则，经公推本议员编辑。既编成后，旋复由个人取消。本议员编辑此案，本研究会公决之事，则取消亦应请研究会公认。竟由个人取消，自属违法。本议员以为，谘议局作事若有不公平之处，无以招公众之信赖。督部堂为谘议局之监督，故本议员径以理由书对督部堂申明违法事件。

　　王子懿君谓：邹君为本局议员，亦知本局局章为公决行动，邹君以为本局有违法乎？

　　邹含英君谓：违法与否，各人自有意见，本议员专听公论。

　　王子懿君谓：公推方法，系由研究会决定，盖因所谓本省公正士绅包含九府二州之人士而言，故研究一方法，由众各举所知，书其姓名于黑板之上，以待公推。计当日书于黑板者约有十余人，不能决定，又经众公决用投票选举方法，是较寻常之推举，已为严重。邹君在场，并无他说。邹君身为议员，本局内部行动如有违法，均可发表意见，何以绝不一言？今忽言当书黑板时系此六人，至选举时亦即此六人，以为违法之证。此岂当日事实乎？

　　邹含英君谓：既用选举，则可各举所知，何必复写黑板，且其人果贤，何必写出令人选举？

　　苏寿乔君谓：当日研究会公议，先各就所知之人书于黑板，至推举方法，则由正式会中投票。今邹君所指摘者，谓投票被举之人，即黑板上所书之姓名，是邹君所告发，全与事实不符也。

　　邹含英君谓：研究会之事，曾否在正式会报告。

　　潘纪雲君谓：是日上午开研究会，下午即正式会。

　　刘崇佑君谓：邹君之意是告发本议员，本议员有意见应陈述。

　　议长（高登鲤君）谓：请刘君登坛陈述。

为提出，此外尚有关于法政学堂风潮质问案之事。

刘崇佑君谓：所告系本局？抑系个人？

督部堂代理员布政使司尚谓：亦有指个人者。

刘崇佑君谓：本议员是否被告？

督部堂代理员布政使司尚谓：系指副议长刘君。

刘崇佑君谓：然则俟公文到后，本议员当即申辩清楚，照章退席。

督部堂代理员布政使司尚谓：督部堂之意，极与谘议局融洽，并无其他意见。此次有人告发，督部堂意仍交谘议局查办。盖谘议局有谘议局之地位，不特不容外人干预，即督部堂亦不欲干涉谘议局内部之事，此即督部堂尊重议会之意。

刘崇佑君谓：顷督部堂代理员所云皆在法律范围之内，本议员极为感佩。尚当进一言者，即谘议局在法律上为代议机关，行政官在法律上为执行机关，两方俱应严守法律，互相督责，而毋相侵犯。督部堂不欲干涉本局内部，自系尊重议会之意，然是非所在，行政长官亦有主持之权。故讨论此事，仍须行政长官莅会也。

邹含英君质问：顷督部堂代理员谓有公文送局，是否督部堂已查明白：抑系未查明白而将原文交局？

督部堂代理员布政使司尚云：督部堂即将原理由书交谘议局调查事实的确与否，然后核办，盖是非所在，不容偏听也。

王子懿君谓：既经代理员宣布告发者系邹君，即将违法事情当场报告。

黄乃裳君云：本议员赞成王君之说。

邹含英君谓：报告不报告之问题，应先行解决，但现在本议员亦拟报告，惟报告后必有驳论，恐乱议场秩序。

议长（高登鲤君）云：议会为驳论之场所，议场秩序主持者自有其人，请邹君不必过虑。

邹含英君登坛谓：理由书五条，兹言其大略：第一，选举会议厅审查员事，当日本议员不在场，阅速记录系用无记名连记投票法，而在研究会时见刘君在黑板上写六人姓名，至选出人名即在此六人之内。本议员以为公推自有公推手续，既用公推，何必选举？既系选举，何以又先写六人姓名？是选举为违法也。第部堂与本局之间若有所疑，皆应当场问答，以明事实之真相，事实既明，则法律问题自定。此次钧批中既明示以有人具理由书，申明违法情事，则其查明方法，应由督部堂以该理由书交付本局，俾本局全体议员得以公同讨论。督部堂若有所咨询，或本局有所质问，皆应于议堂公言之，方为正当办法。盖按之法律，督部堂与本局本有互相问答之义务，而本局与该具理由书之人亦非原被两造也。谘议局之地位及性质，与其他机关本不相同，敬乞督部堂俯赐察鉴，俾可各得其分际，实为议会厚幸。全体议员研究会再三讨论，众意佥同，用敢具函恳请督部堂，于初四日会议亲莅本局，将该理由书及关系文件当场交与本局议员阅看，此中是非，自易明白。如督部堂以政务殷繁，不获临局，则请预将此事原委详示代理员，庶于答问之间可得要领。本局为尊重法律起见，初四日会议，窃以必求确答为期。伏乞督部堂鉴其愚诚，而与以可循之道，无任待命之至。肃此，敬请勋安。谘议局谨肃，十一月初三夕。

议长（高登鲤君）请诸君质问。

苏寿乔君谓：前日闻有人在督部堂处告发本局对于会议厅选举有违法情事，故由局质问督部堂，经督部堂批答谓有人具理由书申明违法事，但未知所谓违法者何事，申明者究系何人，经本局议员公决再提第三之质问案。本日质问之意，欲求督部堂代理员将告发之人及所指违法之事当场示答，并请将原件交局，以供公众讨论。

督部堂代理员布政使司尚谓：关于此节，督部堂已有正式公文，并将该理由书抄交。夫谘议局有谘议局之权限及地位、身份或名誉，此事不能移交他机关办理，自应归谘议局自行查办，大约公文于本日闭会后可到。

苏寿乔君谓：所指违法者何事？及告发者为何人？督部堂代理员能略为示答否？

督部堂代理员布政使司尚云：督部堂处正式公文到时，自当遍知。

刘崇佑君谓：本局所以急欲知其内容者，此事一时不得分明，则本局同人一时不能自安。盖以立法机关而冒违法之嫌，非所以尊重议会之道，应求督部堂代理员先将大意当场示答。

督部堂代理员布政使司尚谓：大略可先说明，即议员邹含英君具理由书，大概以研究会将会议厅应举六人姓名书于黑板上，限令选举为违法，又议员议案不卡为挈验转运之地，未便遽议裁撤。惟历届安溪局创设贴饿名目，于商人船户载运货物柴米抽取税钱，至空船竹木排亦需索钱文，不肖司巡复藉端留难勒索，实堪痛恨。应与泉州船哨馆抽收贴课陋规，一并永远禁革，嗣后委员司巡仍有违禁私征情弊，准商民来辕控告，以凭严参治罪等因，奉此。除一篷至四篷民船，各应配官盐若干包，每篷实给运费若干，已札饬官局会县酌定划一章程，以凭核办外，其商人船户饿运货物柴米及空船竹木排等项，所有从前一切陋规，应即一概永远禁革。为此出示晓谕商民人等知悉，自此示谕之后，各该局委员暨司事巡丁人等，于商人船户饿运货物经过关卡，只准照章挈验，不得再征分文。倘敢违禁征税需索留难，或私收贴饿贴课等项陋规，应准该商民等来省指控，一经查实，应即分别严参治罪，决不姑宽。该员司等其各凛遵毋违，切切，此示。

七、报告督部堂批答陈之麟等质问会议厅组织迅速批示事。

督部堂松批：查会议厅自奉馆章后，亟宜组织，惟现时修理房屋未竣，一俟竣工，即行开办。所有两科人员均未派定，不独士绅一项。至此次有人具理由书申明违法情事，自应另行查明核办，并即知照。此批，三十日。

八、报告福宁府照会议员柳遇侯执照禀督宪札饬速发事。

九、报告琯头乡议事会呈报遵章选举乡董乡佐事。

十、报告汀漳龙宧粤卢蔚猷等来电。

分送制台、谘议局鉴：福浒炮城为汀漳龙咽喉，日籍民郭祯祥受外人嗾使，朦请该地设制糖厂，阳办实业，阴据要害，事关三属存亡，恳主持，大局幸甚。汀漳龙宧粤卢蔚猷等廿五人叩。

十一、报告广东谘议局议员辞职报告书。

第一，公推关于会议厅审查员有人申明违法之质问呈督部堂函。

敬肃者：昨夕奉到会议厅组织第一质问案批答，业经印刷颁布，公同阅读。今日特开全体议员研究会，以钧批中有"此次有人具理由书申明违法情事，自应另行查明核办，并即知照"等语，未知所指违法情事究系何事？其人究系何人？事关本局权限，不敢不亟求宣示。查公推会议厅审查科员一事，既经本局公决，以选举行之，则此事一切均属本局以机关行动之事，议决机关断不能冒违法之嫌，而不求速白。且谘议局为全省舆论之地，谘议局议堂为全省立法之场，督有荫船之设，可否悉数提充学费一节。

查荫船系该处公设，以为神庙各项出息之船，为数无多，现在船货税既全行禁革，则荫船事同一律，自无陋规可以提充学费。

四、问：原案第六条，雇用民船，须先订明船价若干，不扣不抵，该道所拟划一章程是何办法一节。

查船价饬订原委，已于第一条说明，惟章程现尚未据复到，应再由道严催议覆，另行出示晓谕遵照。

五、问：原案第七条，官运局改归安溪县兼办，是否准行一节。

查同治四年未改票运以前，该处盐务原系归县兼办，名为官帮。嗣因任人包办，完课寥寥，多入私囊，故改行票运时，经左前总督部堂奏明改归商办，后因商办课短人逃，至光绪十九年复行改归官运。查该局课额甚巨，组织多年，颇有起色，一旦改归地方官兼办，情形隔膜，其不至蹈从前官帮覆辙者几希。现在各省盐务均归督办盐政大臣主持，未便遽议更张。

六、问：原案第八条，通饬各属查报有无此弊，现在曾否通饬查报，并建宁、永春议员皆捐，各该地概有此弊一节。

查建宁、永春既有此弊，自应饬查示禁。此外各处访查尚无此弊，以后仍应由道随时调查禁革，以利民生。

七、问：札覆文内，据委员查覆留难勒索及侵没克扣科罚等弊，言之凿凿，果如所称，事关纳贿违法，光绪十九年以后历任盐道及安溪官运局委员有无处分，应否查追一节。

查此节自系正论，惟近奉部行各省署局一切款项规费，在未定公费以前，事属相沿，不咎既往，既定公费，以后如有隐匿私收等情，定行照章从严参处等因。今此案事同一律，自应照章免予置议。

八、问：安溪县详请地方自治筹办处准抽船户捐作自治经费，船户捐与贴馑贴课私税是否相同，有无批准，乞饬筹办处将全案照钞送局一节。

查抽船户捐作地方自治经费，与此案无涉，究竟情形如何，有无批准，应饬筹办处抄案送局，以资查考。

以上共答复八条。

衔为出示严行禁革事，宣统元年十二月初十日，奉督宪松批，开南水关罗渡谘议局章程第二十一条第六项不无疑义，现已电询宪政编查馆，一俟覆到，即行札覆。外尚余裁撤南水关案、关于预算应行解决事件案，应于一二日内即行札覆。合就札覆，为此札行谘议局查照，须至札者。右札福建谘议局准此。宣统二年十一月初三日。

五、报告督部堂札覆议禁烟办法案应归划区禁烟案办理事。

总督部堂松为札覆事，据谘议局呈覆，本局第二届会议时，当将前届议决禁烟办法一案提出覆议。查烟膏专卖，官商无此资本，自属实在情形。本局现在又经提出划区禁烟限期肃清一案，既欲限期肃清，则烟膏专卖自无庸议，俟议决后当再呈请施行等语，到本部堂。据此，查呈覆既称现在提出划区禁烟，自应归该案札覆内查照办理，为此札行谘议局查照，须至札者。右札福建谘议局准此。宣统二年十一月初三日。

六、报告督部堂札覆上届议决南水关私征货船案逐一札覆事。

总督部堂松为札覆事，据谘议局呈请安溪南水关私征船货税案内，有札覆不完全六条，又疑义二条，会期迫促，亟盼批答，缮折呈请察核札覆等情，并送清折一扣，到本部堂。据此，除照折查案，逐一答复，并分饬遵照外，合行札覆。为此札行谘议局查照，须至札者。计发清折一扣又示稿。右札福建谘议局准此。

今将安溪南水关私征船货税质问等条逐一答复于下，计开：

一、问：原案第二条，民船不得拿配，有无通饬示禁，并告示中如何指定一节。

查安溪帮拿配公所，业已改为官配局。盖该处运盐官船无多，不得不藉用民船以资接济。其配运民船一篷至四篷，应给运费若干，亦经由道札饬该局员会县体察地方情形，酌定划一章程，禀复核办，并招示禁私征船货税案内，先行明白晓谕在案。运费一经明定，则船户得以自赡，无论官船民船，皆无所用其拿配矣。余于第四、第六两条中分别说明。

二、问：原案第三条，货税、船底税、排税永远蠲免，安溪县有无出示勒石一节。

查船货税业由道出示永远禁革在案，其勒石一节，应再由道饬县照办，以垂久远。

三、问：原案第四条，荫船陋规悉提充学堂补助，究竟荫船若干艘，因何而律，并续奉札准部咨奏请将四十条暂缓实行等因，业经前商政局通行各属遵办。旋于三十三年十一月间，又奉札准农工商部奏，各省商会迭次呈称，商智尚未大开，商业亦未齐同，恳请暂缓施行，由部将破产律咨送法律馆统筹编纂，奉旨依议，钦此，等因。复经农工商局转行遵照在案。是此项破产律，尚在编纂而未实行，奉札前因应否俟奉法律馆编纂颁行再行遵办，抑应如何办理之处，理合具文详请察核批示祗遵等由。据此，查破产律既据查明尚未实行，应俟法律馆编定颁行来闽后再行照办，除批示外，合就札行谘议局查照，须至札者。右札福建谘议局准此。宣统二年十一月初三日。

四、报告督部堂札覆本局申明宪政编查馆厘订札覆议决各项限期事。

总督部堂松为札覆事，据谘议局呈称，窃本局于十月初二日，奉督部堂札准宪政编查馆通咨各省督抚厘订谘议局议决各项清单。其第一项关于札覆之限期中分三种：一、督抚交议之案，经谘议局可决后，限呈到十日内答复；二、谘议局提议之案，可决后，限呈到十五日内答复；三、谘议局提议之案，各局署及会议厅并无案牍文报可稽，行取勘查，其通电及汽车轮船处所，克期派查，至迟不得过二十五日。其事非详细调查不能裁夺，或不通电之地无可如何者，应将不能如期答复缘由先行札知，于下期开会以前必须答复等因，奉此。查本局今年常年会期中所呈之案，有已经逾期未蒙札覆者，有未届限期应照馆咨申明者，有虽经札覆，札中但有委查之语，对于原案尚无准否明文无从覆议者，应认为未经确答，用特开具清折，呈候察核，迅赐札覆，早见施行等情，计清折一扣，到本部堂。据此，查核清单内列各案，除消弭下游劫杀案已于初一日札覆，及筹办简易识字学塾案、本省岁出入预算案、师范教育附指拨关款案、关于教育事妥筹各府与省垣联络办法案、禁烟办法案、革除厘金积弊改办统捐案、暂行诉讼规则案等未到期限，应陆续从速札覆，以期不使逾限。又提回粤盐加价、关于法政学堂风潮两案，均系质问，与议案有别，馆章并未定有札覆期限，且所问亦有非详细调查不能裁夺者，是以未能即覆。又清理钱粮积弊并划一粮价案，事关变更全省成案，未便急切从事，早已饬司查明各属已否禀复齐全，一俟司详到日即行札覆。纠举永定县刘令锡濂、纠察兴化府官幕、纠举连江县王令荣绶三案，均已分别委查，事关黜陟，不能不详细考核，期昭平允。修正鼓浪屿公界章程，事关交涉，已饬司道等确查议详，再行咨部核办。至本省法令公布规则案，有关立法权限，核与第五，实行田房契税新章并定单行细则案审查员报告。

第六，请饬修上游滩港案审查员报告。

第七，建宁县议事会议员廖德坤请转呈惩办匪首建议书审查员报告。

第八，郭祯祥请保实业并龙溪县城议事会请下浒炮城不得移作糖厂两建议书审查员报告。

第九，惠安刘友声请剔除陋规充自治经费建议书审查员报告。

第十，闽清刘炳汉、永福黄大贞、古田陈文畴、侯官马晋三为农民请命建议书之提出。

第十一，请裁撤厦门保商局案第二读会。

第十二，王位中沥陈违犯烟律唆使洋势干涉建议书之提出。

第十三，涵江商户陈德昌陈请运米平粜建议书之提出。

第十四，张冠瀛等陈请不闭南城门建议书之提出。

议长（高登鲤君）述各种报告：

一、报告议员林辂存君因兄病告假七日，李驹君、黄金銮君、洪国器君、洪鸿儒君、陈士霖君各告假一日。

二、报告督部堂札覆消弭下游劫杀现饬出示并登官报事。

总督部堂松为札覆事，据谘议局呈称，宣统元年本局第一届开会时，议决消弭下游劫杀一件，业于十月二十一日另折具文呈送在案。本年三月初六日，奉到札覆，均照原议案办理，惟请宽免盗案处分一节，格于成例，已于司详核覆防弭上游盗贼案内批饬遵照等因，奉此。本届开会时，当将该案提出覆议公决，应遵照札覆，具文呈请察鉴公布施行等情，到本部堂。据此，查消弭下游劫杀案，已于本年三月间核准饬司通饬施行，札覆在案，据呈前情，应再由福提法司出示分发各属，实贴晓谕。一面抄登官报公布，俾众周知。除札饬外，合就札覆谘议局查照，须至札者。右札福建谘议局准此。宣统二年十一月初一日。

三、报告督部堂札覆杜绝倒欠案俟破产律编定颁行到闽再行照办事。

总督部堂松为札知事，本年十月十二日，据谘议局申覆杜绝倒欠流弊咨询案，请将破产律实行等情，当经札覆照准，再行通饬各属认真实行在案。兹据劝业道详称卷，查光绪三十二年六月十三日，奉前宪台崇札准农工商部奏颁破产

第二目薪金

以上二目均系由督抚核定，不在谘议局议决之列。

第三目旅费，可决者全体。

第四目杂费，可决者四十一人。

第五目预备费，可决者全体。

陈之麟君谓：请将此预算案继续开第三读会。

议长（高登鲤君）谓；此预算即就本日开第三读会，请众表决。可决者四十二人。

刘崇佑君请省略朗读。

议长（高登鲤君）谓：此预算案省略朗读，请诸君就全案表决。可决者全体。

议长（高登鲤君）报告第三次临时会第五号议事日表。

议长（高登鲤君）宣告散会。

是日出席议员六十二人。督部堂未到会，委提法使司鹿代理。午后五时散会。

第三次福建谘议局（临时会）议事速记录第五号

宣统二年十一月初四日（1910年12月5日）

议事日表临时会　第五号

宣统二年十一月初四日（月曜日）午后一时开议。

第一，关于公推会议厅审查员有人申明违法之质问。

第二，本局宣统二年临时会预算案第二读会。

第三，覆议革除征粮积弊并照章划一粮价案。

第四，覆议整顿闽路案审查员报告。

号房丁一名，每月工资二两零九分；厨丁三名，每名工资一两八钱；门丁一名，什遣、司灯、打扫丁役共九名，每名一两八钱，共十四名，应支前数。

第五款　膳伙七十三两八钱。

说明：办事处八人，常设速记员一人，司书、司事六人，印刷、缮写五人，每人月膳二两五钱；丁役十四人，每人月膳一两七钱。应支前数。

第六款　添置五十两。

说明：添置分物品、书报二项，较前会期月减二十两，应支前数。

第七款　印刷三十两。

说明：此款较前会期月减十两，应支前数。

第八款　邮电八十两。

说明：此款较前会期月减二十两，应支前数。

第九款　灯油二十五两。

说明：此款较前会期月减五两，应支前数。

第十款　杂用六十两。

说明：此款较前会期月减二十两，应支前数。

第五目　预备费共五百两。

第一款　会期中预备费五百两。

说明：本目只列会期预备费者，缘常月经费只以四个月预算，格外节省，不再加列也。

临时会费用，仍俟临时开列预算。

总说明：本局经费共分五目，应在本局预算范围者，仅有三目，计议员旅费，照前会期预算之数开列，杂费中会期杂费及常月杂费，均较前会期预算之数有所减少，合共核减八百三十七两一钱三分一厘。本届预算旅费、杂费、预备费三目，共应支出一万二千二百九十八两七钱零九厘，合诸督部堂核定之公费薪金四个月应六千一百二十两，统共一万八千四百一十八两七钱零九厘。再本局建筑尚未竣工，一切均从苟简，故用费亦格外减省。将来建筑落成，诸多设备，第一次常年经费所余一千零五十余两之款，自应储为预备经费，合并声明。

议长（高登鲤君）谓：此预算案按目请众表决。

第一目公费

说明：添置分物品、书报二类。物品预计一百五十两，书报预计一百两，较前会期预算表减去五十两，应支前数。

第八款　笔墨纸张六十两。

说明：写印用纸及墨归入印刷内预计，此款专指通常笔墨纸张而言，较前会期预算表减去四十两，应支前数。

第九款　修缮一百两。

说明：此款照前会期所预计者，应支前数。

第十款　邮电二百五十两。

说明：会期中此项用费颇多，兹就前会期所预计者已减去五十两，应支前数。

第十一款　灯油一百两。

说明：此款照前会期所预计者列入，应支前数。

第十二款　杂用三百两。

说明：此款较前会期减去二百两，应支前数。

第二项　常月杂费，每月四百三十两零一钱七分九厘。九、十两月共四百六十两零三钱五分八厘，十一、十二两月共八百六十两零三钱五分八厘，统共一千三百二十两零七钱一分六厘。

说明：本项用费，核与前会期常月杂费预算之数，计月减五十四两七钱四分一厘。又九、十两月系在开会期中，其添置、印刷、灯油、邮电、笔墨、纸张、修缮、杂用等项，均归会期用费中算，计月减二百两，两月可减四百两，四个月共减六百一十三两九钱六分四厘。应支前数。

第一款　常设速记员薪金十三两八钱八分九厘。

说明：前会期未经预算此款，嗣经常驻议员协议，添聘速记一员，应支前数。

第二款　司事、司书薪金四十二两。

第三款　印刷、缮写薪金三十两。

说明：司事、司书每人拟七两，共六人；印刷总一人，八两；缮写每人拟六两，共二人；印折每人拟五两，共二人。应支前数。

第四款　丁役工资二十五两四钱九分。

第一项　旅行费二千五百九十两。

第二项　旅居费五千五百八十六两。

说明：第一次会期，议员旅费系照谘议局筹办处所定额数支发，且由议员开明短额若干汇请藩署补给，其性质与纯然由局支发者不同。本届始照前年预算核准数目支发，计旅行费每人每百里五元，往复共十元，省居者不在内；旅居费每人每日二元，自召集之日起，以七十日计算，但迟到者按日扣计，议长、副议长不在内，常驻议员自领公费之日起不支旅居费。两项均依第一次预算数目列入，惟议员间有变更，道里亦微不同，先就总额预订之。应支前数。

第四目　什费共三千六百二十二两七钱零九厘。

第一项　会期中什费共二千三百零一两九钱九分三厘。

说明：此项用费较前会期预算表，共减二百二十三两一钱六分七厘。

第一款　议场速记员薪金二百零八两三钱三分。

说明：每人一百元，三人共三百元，应支前数。

第二款　审查员会速记员薪金八十三两三钱三分。

说明：每人六十元，二人共一百二十元，应支前数。

第三款　招待员薪金二十两零八钱三分三厘。

说明：一人三十元，较前会期减二人，应支前数。

第四款　暂雇司役薪工一百一十五两五钱。

说明：司书每人全会期九两，五人计四十五两；缮写每人全会期七两五钱，三人计二十二两五钱；印折每人全会期六两，二人计十二两；丁役每人一两八钱，十人六十日计共三十六两。

第五款　膳伙一百一十四两。

说明：特聘人员及司书、缮印每人膳伙二两五钱，以六十日计，六十人共八十两；丁役每人膳伙一两七钱，以六十日计，十人共三十四两。应支前数。

第六款　印刷七百两。

说明：印刷分排印、写印二项。前会期排印用费共四百五十余两，写印用费共一百四十余两；本会期排印件目较多，写印亦不为少，姑照前会期预计之款列入，排印项下以五百两计，写印项下以二百两计。应支前数。

第七款　添置二百五十两。

光、附生黄省三、附贡陈榘成、武生刘瑞安、武生黄鸿观。

　　议长（高登鲤君）谓：照章应付审查，其临时审查员应否选举？

　　王子懿君谓：已有先例，即由议长指定可也。

　　议长（高登鲤君）谓：由本议长指定，请众表决。可决者四十人。

　　议长（高登鲤君）指定临时审查中五人：卢初璜、李馥南、吴鸿枢、熊秉廉、周文麟。

　　议长（高登鲤君）请众表决，可决者四十人。

　　王子懿君谓：本日议事日表所列各案均已议毕，应请将本局本年九月至十二月预算案即开第二读会。

　　议长（高登鲤君）谓：诸君赞成王君之说者，请起立。可决者四十人。

　　第十五，本局宣统二年九月至十二月预算案第二读会。

　　议长（高登鲤君）请书记长登坛朗读原案。

　　书记长（林长民君）登坛朗读。

　　谘议局宣统二年九月迄十二月用费预算案（本局提出）

　　本局第一年度预算，已于宣统元年九月第一次常会期中提出，经公决，呈蒙督部堂核准，并核定公费薪金数目拨用在案，其决算数目亦于本年常会造册清报，由议员审查之。照章本局预算数目应由全体议员会议，本年三四月间，先后接准清理财政局移奉督部堂札准度支部咨电，试办宣统三年预算案。本局适在闭会期中，当以合议体之意思，无从发生预算，亦无从提前办理，移文答复。嗣据政治官报登宪政编查馆咨各省督抚厘订谘议局议决各项清单，文内第五项预算年度所以统一，国家会计、谘议局局用亦不能独异，且局章并无以九月为预算年度明文，应于本年开会时从本年九月起截至本年十二月特别造一预算，另于明年正月起至十二月止造列全年正式预算，以后即逐年递推，均以通行预算为准云云。本局谨本此意，以本年九月迄十二月另行造预算案，以候公决。

　　第一目　议长、副议长、常驻议员公费。

　　第二目　书记长、书记薪金。

　　说明：以上均遵照督部堂核定之数支发。

　　第三目　议员旅费共八千一百七十六两。

刘崇佑君谓：此系天理，自然无可置议者，请即表决。

议长（高登鲤君）谓：此案应开第二读会，请众表决。可决者全体。

刘崇佑君请连开第二读会。

议长（高登鲤君）请众表决连开第二读会，可决者四十五人。

刘崇佑君请省略第二、第三读会。

议长（高登鲤君）谓：此案省略第二、第三读会，请众表决。可决者四十五人。

第十四，闽清碗商代表黄珍美请免苛税建议书。

议长（高登鲤君）请书记长登坛朗读建议书。

书记长（林长民君）登坛朗读建议书。

具陈请建议书：闽清县碗商代表黄珍美等，为闽清出产，只有青红花粗磁一宗，昔年可售银六七十万，自税外加厘征逾售价之半，而碗业衰落，仅余四万左右，除税厘及一切例费，实得不及二万元，邑民生计几乎灭绝。幸于去年得陈请于钧局，蒙准转呈督宪，本年二月间见报纸登督宪札行钧局文，准予闽清粗碗按值百抽五征收，仍逐一过秤，不得畸重畸轻，以昭核实。碗税既议减轻，所有厘金自应一律酌减，并札饬财政局详复核办等谕。阖邑人民闻之欢声雷动，以为四五十年困苦于苛税，一旦得以昭苏，乃各修窑厂，预备重整旧业。讵迟之又久，未奉饬知，纳税完厘仍如其旧。因而详查督札到财政局在二月初旬，由局文行南台水亭及闽安分卡在三月初旬，至六月杪未蒙详覆，商等复由总商会转禀督宪，八月初八日沐批仰财政局速行详覆，迄今影响毫无。明知列宪政务纷繁，弗克忆及嗫嗫待泽者，有数万穷民，然以二月至十月历时颇久，且重以粗磁减厘之事，为特别之妥议，而水亭与闽安分卡尚不能查核详覆于财政局宪，致局宪亦无以详覆于督宪，似此迁延辗转，则督宪特准粗磁（植）〔值〕百抽五之减税，恐将成为虚文。而行政长官又何以示信于报纸所及之地，岂但闽清数万穷民觖觖于所望也？不已再具陈请书，渎恳谘议局诸议员大人俯准转呈督宪，迅檄财政局宪限期妥议详覆，一面札饬水亭、闽安分卡照办，并饬商等知之，俾得速除苛税，以苏民困，以转商机，实为德便。须至陈请建议者。宣统二年十月□日，具陈请建议书，闽清碗商代表监生黄珍美、碗商监生刘作祥、碗商监生吴嘉兴、监生郑德十人。

第十三，请免古田县枉缴膏捐提议案（提议者李仲邺等）第一读会。

议长（高登鲤君）请书记长登坛朗读。

书记长（林长民君）登坛朗读。

请免古田县枉缴膏捐提议案

朝廷锐意图强，厉行烟禁，膏捐一项，亦寓禁于征之法。然既是曰膏捐，必有膏店，而后有捐，捐诸卖膏之店商，非捐诸禁烟之绅民，理甚显也。查古田县去毒支社，因烟徒较多，旋戒旋吃，乃于宣统元年春间禀县详请禁绝膏土各店。因恐官吏以捐款无着批驳，不得已愿集资认垫膏捐，以全是举。是年五月，奉督部堂札县出示，限六月初一起膏土各店一律闭歇。其间烟徒之反抗，外人之交涉，变幻百出。该绅民等苦力坚持，始获终达目的，外人卒亦折服无辞。自古田县颁示之后，该绅民等亦即如数陆续认缴。夫禁烟一事，为朝旨所最注意，官吏之力不能周及，乃藉助于地方绅民。地方绅民能仰承朝旨奋力公益者，长官正当诱掖保护之不暇，岂有反因以为利之理？且无膏店而有膏捐，则所谓膏捐之名已属不实。因禁烟而赔膏捐，则是禁烟之捐，而非膏捐。膏捐本应取诸卖膏之人，今乃取之去毒社，天下奇异之事，乃竟有此。闽省六十州县，禁烟最力，能使一县无膏店者，惟古田。外人尚不执条约以相迫，本省长官奈何犹以赔垫膏捐为禁烟绅民之累？况该县膏捐年额不过一千八百元，国家财政虽乏，决不因此区区之款以贻口实。应请督部堂即将古田县去毒支社赔垫之膏捐，无论旧欠新缴，皆予永远豁免，以端政体，以励禁烟之人。当否，乞公裁。提议者李仲邺、黄乃裳、赵锡荣、游肇源，赞成者吴庭枨、孟思培、林天骥、李驹、陈树勋、王子懿、刘崇佑、高士龙、张国宝、周文麟、郑祖荫、吴鸿枢。

议长（高登鲤君）请提议者登坛说明理由。

提议者李仲邺君登坛说明理由，谓：古田县无膏店而有膏捐，自本议员观之，古田去毒社员热心公益，能将全县膏店一律消灭，诚可钦佩。乃行政官不加以奖励，反加课膏捐，是直视古田去毒社为膏店矣。夫古田去毒社有此特别之办法，行政官亦应加以特别优待。故本议员等提议，请督部堂将古田膏捐豁免，即是此意（余与原案略同）。

议长（高登鲤君）谓：此案应省略第二、第三读会，请众表决。可决者五十人。

第十二，本局建筑请限期竣工提议案（本局提出）第一读会。

议长（高登鲤君）请书记长登坛朗读提议案。

书记长（林长民君）登坛朗读。

本局建筑请限期竣工提议案（本局提出）

本局建筑，自第一次常会提出议案，请督部堂定期开建，并限期竣工。经于本年七月念一日奉督部堂札覆，本局与高等学堂划地一项照准办理，并赶饬兴工等因。又于本年七月接到藩台移知，本局工程一差，经已另委同知衔法国大学堂毕业生刘懋勋、候补知县原鸿逵办理。查刘、原两委员业经绘明图式，估定价目，禀请藩台核定。本届常年会十月二十日，督部堂及各行政官莅局，由本局议员当场质问，以本局图式是否可用，所估价目如何，蒙督部堂临时委藩台答复，称该委员所送图式与工价均甚妥协，惟经费一项不能无所踌躇。本局议员复问现已筹有的款若干，藩台答前已筹有的款三万两，尚差二万两左右。本局以此项工程甚关紧要，三万之数不敷尚巨，当于明年地方行政经费预算案中临时岁出项下加增银二万两，为本局建筑费，并请督部堂将此项建筑事件早日决实进行。现查建筑工程仍未能从速兴建，员绅有费，丁役有费，日复一日，未免多所虚糜。闽省财政困难，固属实在情形，但此项建筑，三万两款既经早日筹定，则以原有之款行应办之事，于实际上似无窒碍。预算之数虽未核定，而已筹款目尽可先期发出。谘议局为一省议事机关，时隔两年，建筑迄未告成，非徒无以肃观瞻，抑亦无以重宪政。现既绘图、定价，筹便的款，应请督部堂即日限予期间，赶速建造，俾明年八月以前获观厥成，庶不至第三次常会尚仍简陋。是否有当，伏乞公裁。

议长（高登鲤君）谓：赞成开第二读会者，请起立。可决者全体。

刘崇佑君请连开第二读会。

议长（高登鲤君）请众表决，可决者五十人。

刘崇佑君请省略第二、第三读会。

议长（高登鲤君）谓：此案省略第二、第三读会，请众表决。可决者五宣统元年系由本局提出，照馆咨【限】十五日，应于十一月初十日内札覆。

覆议消弭下游劫杀案。十月二十五日呈督部堂，此案宣统元年系由本局提出，照馆咨限十五日，应于十一月初十日内札覆。

覆议禁烟办法案。十月二十五日呈督部堂，此案宣统元年系由本局提出，照馆咨限十五日，应于十一月初十日内札覆。

覆议革除厘金积弊改办统捐案。十月二十五日呈督部堂，此案宣统元年系由本局提出，照馆咨限十五日，应于十一月初十日内札覆。

覆议暂行诉讼规则案。十月二十五日呈督部堂，此案宣统元年系由本局提出，照馆咨限十五日，应于十一月初十日内札覆。

纠举永定县刘令锡廉纳贿违法案。九月二十三日呈督部堂，九月二十七日奉札饬司道查明核复，照馆咨至迟不得过二十五日，现已三十七日，逾期十二日，司道查覆如何，应请迅赐札覆。

纠举兴化府官幕扶同违法案。九月二十三日呈督部堂，九月二十七日奉札饬司道查明核覆，照馆咨至迟不得过二十五日，现已三十七日，逾期十二日，司道查覆如何，应请迅赐札覆。

纠举连江县王令荣绥违法案。九月二十五日呈督部堂，十月初八日奉札，前已饬司查复，旋据王令禀陈各情，又饬司详查。是此案饬查已在前，且据督部堂代理员鹿法司于九月二十五日在议场明言，前委李守增尉查明，王令所详实无确据，是王令违法情事固已昭然，重行饬查，自是慎重之意，照馆咨至迟不得过二十五日，现已三十六日，逾期十一日，覆查如何，应请迅赐札覆。

覆议修正鼓浪屿公界章程案。十月十五日呈请补札，十月二十日奉札，再饬兴泉永道核议详覆，照馆咨至迟不得过二十五日，应于十一月初十日内札覆。

宣统二年十一月初一日（本局提出）。

刘崇佑君谓：尚有须声明者，临时会以十一月十三日为满期，此次预算案因交出较迟，致迟至十月念六日始呈督部堂，应请督部堂尽限期内札覆，以便覆议。

督部堂代理员提法使司鹿答：应为转达。

议长（高登鲤君）谓：此案应开第二读会，请众表决。可决者四十八人。

连贤基君谓：此案请省略第二、第三读会。

通电及汽车、轮船处所，克期派查，至迟不得过二十五日。其事非详细调查不能裁夺，或不通电之地无可如何者，应将不能如期札覆缘由先行札知，于下期开会以前必须答复等因，奉此。查本局今年常年会期中所呈之案，有已经逾期未蒙札覆者，有未届限期应照馆咨申明者，有虽经札覆札中但有委查之语，对于原案尚无准否明文无从覆议者，应认为未经确答，用特开具清折，呈候察核，伏乞督部堂迅赐札覆，早见施行。本局不胜盼切待命之至。

计开：

本省法令公布规则案（附官报发行条例及官报到达日期）。十月十一日呈督部堂，此案系由本局提出，照馆咨限十五日答复，现已二十日，尚未奉札，已逾限期。

提回粤盐加价质问案。十月十三日呈督部堂，此案系由本局提出，照馆咨限十五日答复，现已十八日，尚未奉批，已逾限期。

关于法政学堂风潮质问案。十月初八日呈督部堂，此案系由本局提出，照馆咨限十五日答复，现已二十三日，尚未奉批，已逾限期。

覆议清理钱粮积弊并划一粮价案。十月十二日呈请补札，照馆咨限十五日，现已十八日，已逾限期。

覆议裁撤南水关案。十月十五日呈请补札，照馆咨限十五日，现已十六日，已逾限期。

关于议决预算应行解决事件案。十月初十日呈督部堂，十四日奉札不能照准，经本局覆议，十六日再呈请施行，虽附录资政院咸电照准，而督部堂尚未札覆，此案覆议所持，督部堂是否照准，尚无从知。照馆咨限十五日，自覆议再呈之日起，应于十一月初一日内再赐札覆。

筹办简易识字学塾案。十月二十五日呈督部堂，此案系由督部堂提出，照馆咨限十日，现已五日，应于十一月初十日内札覆。

宣统三年本省岁出入预算案。十月二十六日呈督部堂，此案系由督部堂提出，照馆咨限十日，应于十一月十一日札覆。

覆议师范教育案（附指拨关款案）。十月二十五日呈督部堂，此案宣统元年系由督部堂提出，照馆咨限十日，应于十【一】月初五日内札覆。

覆议关于教育事妥筹各府与省垣联络办法案。十月二十五日呈督部堂，此案议长（高登鲤君）宣告休息二十分钟。

三时二十分续行开议。

第十，宁化县城议事会董事会请准予解散呈文审查员报告。

议长（高登鲤君）请主查员登坛报告。

主查员（张道南君）登坛报告审查情形（大意与报告书略同）。

审查汀州府宁化县城议事会董事会全体议员职员呈文之报告

宣统二年十月二十七日，临时会第二次会议，提出汀州府宁化县城议事会、董事会全体议员、职员请转申呈文两件，交由临时审查会审查。该呈所称各节，尚属实在情形，但地方自治为筹备宪政第一要图，其组织未成者，尚须赶速进行，不容稍缓，则规模已具者，讵容地方官之仇视，转致窒碍难行？本局有维持自治会成立之责，似应为之转呈督部堂，请饬令宁化县加意维持，务收官绅和衷共济之效。当否，仍乞公裁。宣统二年十月三十日，临时审查会报告。主查员张道南，理事郑祖荫，审查员卢初璜、黄纪星、黄金銮。

议长（高登鲤君）谓：据呈文系请解散，而审查员报告则请督部堂维持，此事应如何办法？

刘崇佑君谓：应由本局作陈请文呈督部堂。

议长（高登鲤君）谓：诸君赞成将审查员报告之意作为陈请文呈督部堂者，请起立。全体赞成。

第十一，申明宪政编查馆厘订札覆谘议局议决各项限期条列各案请迅速札覆提议案（本局提出）第一读会。

议长（高登鲤君）请书记长登坛朗读提议案。

书记长（林长民君）登坛朗读。

申明宪政编查馆厘订札覆谘议局议决各项限期条列各案请迅速札覆提议案

本局于十月初二日，奉督部堂札准宪政编查馆咨送厘订各省督抚札覆谘议局议决各项清单。其第一项关于札覆之限期中分三种：一、督抚交议之案，经谘议局可决后，限呈到十日内答复；二、谘议局提议之案，可决后，限呈到十五日内答复；三、谘议局提议之案，各局署及会议厅并无案牍文报可稽，行取勘查，其临时会第三次会议，提出改良福州西南泷口港工程案覆议，交本科审查。查此案工程重大，非亲历其地测量实在形势，殊难凭空悬揣，漫为置议。惟据常年会中制台代理员藩台当场报告，业已躬亲察勘，并派员就地测量云云，是其一切形势，以及所应改良之工程，当必具有图说。应请督部堂将该委员测量图说及办法，交本局以供参考。合将审查情形报告，是否，乞公裁。宣统二年十月二十九日，庶政兴革科报告。主查员陈锡朋，理事员黄乃裳，审查员李仲邺、赵锡荣、谢滋春、刘志和、高士龙。

议长（高登鲤君）谓：照审查员报告呈覆督部堂，请众表决。可决者四十二人。

施景琛君谓：此案既经藩台亲往履勘，筹议改良，只须请其将图说交局，以供参考，此案便可作为了结。

陈锡朋君云：如有图说交局，可作为结果。

王子懿君谓：本案工程如何，本局本无甚把握。提出之目的，系欲催促其改良。如有改良方法，则是已有结果，此案原可了结。惟揣审查员报告之意，似于图说交下后尚须覆议。

陈锡朋君谓：此案督部堂虽有札覆，惟未有确实办法，不过据藩台口头陈述，恐不尽能实行。本主查员为慎重起见，故须要求图说交局，方得算为结局。

议长（高登鲤君）谓：据原案陈有办法，现在虽经藩台亲往履勘，然未知其办法如何，究竟原案所举各条能否办到，尚未可知，是此案现尚未可谓为了结也。

卢初璜君谓：据藩台详督所述，则此案可算了结。盖在本局既难凭空悬揣，藩台亲往履勘，当能妥实办理。

王子懿君谓：督部堂札覆中持有异同，其异者，若本局以为应坚持原议，则应坚持；若赞成，则亦应将赞成之意呈覆。

议长（高登鲤君）谓：日前虽经藩台在会堂报告履勘情形，然对于横堤可筑不可筑之问题，尚未决议，则此案不得谓为有结果也。

卢初璜君谓：此案本局各议员既无从悬揣，自应如行政官所述办理。

连贤基君谓：此案业已表决，应照审查员报告书办理。

议长（高登鲤君）谓：此案应照审查员报告书办理。

归华侨公会以实行保护一案,交与本科审查。查该案所陈理由种种,具属确实,惟办法稍须变更。缘该局系奉旨准办,现任总理亦系奏派人员,案中所请札行厦门道将前项保商局裁撤等语,该道谅无此权限,应改为请制台奏请改归华侨公会办理。至于华侨公会如何组织,及所抽经费作何指用,俟奉朱批后,由制台札行南洋各埠商务总会,征集意见,公推委员,回厦接管,另订细则,呈请立案,如此较为公允。所拟如以为可,即由审查员会另具修正案,由局照转,是否,仍候公决。宣统二年十月二十九日,庶政兴革科。主查员陈锡朋,理事黄乃裳,审查员高士龙、李仲邺、谢滋春、赵锡荣、刘志和。

议长(高登鲤君)谓:此案应开第二读会,请众表决。可决者四十八人。

第八,覆议保护上游木商案审查员报告。

议长(高登鲤君)请主查员登坛报告。

主查员(卢初璜君)登坛报告审查情形(大意与报告书略同)。

审查保护上游木商覆议案报告书

本届临时会第三次会议,提出保护上游木商覆议案,交由法律科、庶政兴革科协查。查原案办法计共十条,附案一条,除庚、壬两条未奉札覆外,其余均照准施行。惟督部堂札覆,对于甲条以不待讯明而径伐,亦应与非木主而冒争者,一律照办,立意甚为公允,应照添入甲条之内。至庚、壬两条,原系为防讹诈勒索起见,虽至今未奉明札,应请督部堂一并照原案公布实行。惟查沙县近已无抽收贾捐一元之事,是壬条内"沙县"二字自应删去。可否,仍请公决。宣统二年十月三十日,法律科、庶政兴革科。主查卢初璜,理事李仲邺,审查高士龙、杨豫、黄金銮、陈锡朋、邹含英、谢滋春、黄乃裳、刘志和、俞光华、赵锡荣。

议长(高登鲤君)谓:应照审查员报告呈覆督部堂,请众表决。可决者四十五人。

第九,覆议改良西南泷口港工程案审查员报告。

议长(高登鲤君)请主查员登坛报告。

主查员(陈锡朋君)登坛报告审查情形(大意与报告书略同)。

覆议改良福州西南泷口港工程案报告书

议长（高登鲤君）请书记长登坛朗读提议案。

书记长（林长民君）登坛朗读提议案。

提议案见前。

议长（高登鲤君）请督部堂代理员登坛说明理由（略同提议案）。

刘崇佑君质问：募债之用法及偿还方法，计十三条中并未声明。

督部堂代理员提法使司鹿答：案中已说明矣。

刘崇佑君质问："疏通货财，广劝储蓄"八字如何办法？所谓疏通者，将向何处疏通？

督部堂代理员提法使司鹿谓：疏通即流通，储蓄即储藏，此款应交大清银行。

刘崇佑君云：交大清银行后应如何存放？想非交大清银行为赀本也。

督部堂代理员提法使司鹿谓：如何存放，一时不能确定，须随时斟酌办理。

刘崇佑君谓：如何存放方法及如何偿还方法，均须先定，无论何国募集公债，皆同此原则。若无方法，则议员无从议。且请问将来用何钱款偿还？

督部堂代理员提法使司鹿谓：此款原交大清银行，仍应由银行将款归还。

刘崇佑君谓：交银行存放为永远存放乎？抑暂时存放又将挪用乎？

督部堂代理员提法使司鹿云：细则尚未拟定，尚可由局提出质问。

卢初璜君谓：此案应付审查。

议长（高登鲤君）谓：诸君赞成付其他财政科审查者，请起立。可决者全体。

刘崇佑君谓：应请督部堂代理员转达督部堂，将此案中未完全之处赶速补全交下。

督部堂代理员提法使司鹿答：本代理员自当代达。

第七，请裁撤厦门保商局案审查员报告。

议长（高登鲤君）请主查员登坛报告。

主查员（陈锡朋君）登坛报告审查情形（大意与报告书同）。

报告书

临时会第三次会议，提出仰光参议员杨向荣、沈钧两君请裁撤厦门保商局并日，提议者高士龙，赞成者李仲郲、游肇源、潘纪雲、郑祖荫、吴鸿枢、余钟英、谢滋春。

刘崇佑君谓：自治会有一定机关，尚可通知，若人民有并不知其住址者，事实上恐无从答复。且尚有可虑者，人民陈请皆希望其通过，此人情也。若本局对之有反对之处一一答复，又不免生出恶感，加许多笔墨交涉，此节亦应注意。现在惟有请督部堂将公布法令规则及官报条例核准施行，则人民自能知本局会议协议情形也。

高士龙君谓：据刘君所说，则所有议事录皆登入官报，此节甚好，惟现在尚无官报，人民无从知本局议事之结果也。

周寿恩君谓：建议书由本局代转，甚有流弊。

高士龙君云：凡有建议书，本局均付审查，方为代转。

柳遇侯君谓：细则原文不必更改，若更改，恐生出许多不便处，且各府县之建议书答复甚繁，事实上亦办不到。

黄乃裳君谓：人民建议书恐有不知住址之处，应请以后人民建议皆须议员介绍，方可知之。

王子懿君谓：即知其住址，亦于事实上甚有窒碍。

刘崇佑君谓：自法理上言，收受建议书为本局权限，此建议书应否代转，或竟留为议案之参考，皆可由本局之意思，故有时亦有不能覆示者。

高士龙君云：此案请改日提出。

孟思培君云：高君之议，本议员极赞成。盖议事细则如有欠缺之处，则应将全体彻查，不当枝枝节节为之也。

陈之麟君谓：此案应付审查。

议长（高登鲤君）谓：此案赞成付审查者，请起立。计起立者仅十四人（少数）。

议长（高登鲤君）谓：赞成将此案开第二读会者，请起立。计起立者七人。

议长（高登鲤君）谓：昨日奉到督部堂札交募集公债提议案，现在已经印刷，事关紧要，应提前开议，将本日议事日表变更，请众表决。可决者全体。

第六，募集公债提议案（督部堂提出）第一读会。

议长（高登鲤君）谓：据审查员报告，此案应毋庸开第二读会，惟覆议革除钱粮积弊一案应赶紧议决，以便呈请督部堂核准施行。

邹含英君谓：本议员为审查员之一人，据本议员意见，似尚可添数语"或由各府州县议事会自行筹议办法"，如此则可不必俟至明年本局开会时始能议决。

卢初璜君谓：此案并非取消，乃为慎重起见。

邹含英君谓：因各地情形不同，若由本局规定使之一律，则恐不能实行，不如令各属自行议决，建议于本局，似较妥也。

卢初璜君谓：本局所规定者，乃择其可以一律通行者而已。

王子懿君云：财政局交来之册，数码恐有错误，为慎重起见，暂不开第二读会。俟调查后再行规定，否则由各自治会自行规定，以免有畸重畸轻之处，转形不便也。

议长（高登鲤君）谓：此案不开第二读会，请众表决。可决者四十八人。

王子懿君谓：革除钱粮积弊案，因制台札覆中有关于划一粮价一层，札饬各州县会议，尚未详覆，故未能议决也，应为申明。

第五，改正本局议事细则第二百四十七条提议案。

议长（高登鲤君）请提议者登坛说明理由。

提议者（高士龙君）登坛说明理由（大意与原案同）。

请改正谘议局议事细则第二百四十七条条文案

据本局议事细则第二百六十六条，本细则未尽事宜，谘议局得于开会中改正之，呈请总督批准等语。查本局议事细则第二百四十七条，自治会或人民陈请建议者，书式若无不合，应收受之，但不必以会议之认可与否，覆示该自治会或人民等语。本议员以为此条当行改正，盖自治会或人民有所陈请，而可否未得谘议局之答复，有无效力，莫得而知，殊非所以答自治会或人民建议之希望，似应照对于自治会争议之公断书、和解书一律办理。兹为改正条文如左，是否，候公决。

第二百四十七条　自治会或人民陈请建议者，书式若无不合，应收受之，并将会议之认可与否暨总督批答若何，覆示之，一面刊登官报。宣统二年十月□

审查本局临时会用费预算案报告书

宣统二年十月二十九日，临时会第二次提出本局临时会预算案，交付本科审查。查此案开列各项用费，计分两目：一议员旅费，二杂费。其旅费一项，因本届临时会系接续常年会而开，所有往返旅行费不另开支，惟原案旅居费一项，除议长、副议长、常驻议员不计外，以五十七人计算，核其数目，只算会期二十日。查本局上届、本届常年会预算旅居费均由召集之日算起，临时会事同一律，合应更正，增列银二百三十三两五钱八分六厘。至杂费一项，以临时会期比较常年会期为日实短其半，一切用费亦减其半。准此预算，洵属允协，均可即照原案。合将审查各情报告，伏候公决。预算科主查员王子懿，理事连贤基，审查孟思培、施景琛、潘纪雲、张道南、苏寿乔、郑藻山、郑祖荫。

杨豫君质问：不赴召集之议员，是否不支旅费？

王子懿君谓：自不应支。

杨豫君谓：此数当核减。

刘崇佑君谓：俟决算时再核减。

议长（高登鲤君）谓：此预算案应开第二读会，请众表决。可决者全体。

第四，革除征粮积弊并暂定征收方法案审查员报告。

议长（高登鲤君）请主查员登坛报告。

主查员（卢初璜君）登坛报告审查情形（大意与报告书略同）。

审查革除征粮积弊并暂定征收方法案之报告

本廿七日临时会第二次会议，提出高君士龙革除征粮积弊并暂定征收方法议案，交与本庶政兴革科及法律科协查。查此案内计办法九条，皆为释民困累起见，用意至为美善。惟各属粮价悉照各厅州县报告清理财政局数目定为征例，恐具报有误，则民间益受重累，未便解决。应将全案及价表统行排印，附函邮寄各县城镇自治议事会，请其调查现行实在情形，俟回复本局后，下届开会再行提议，以昭慎重。其余除弊各条，上届议案业经督部堂札覆照准，应先请其公布施行，亦可稍纾民困。合将协查情形报告，是否，仍候公决。宣统二年十月□日，兴革科、法律科协查。主查卢初璜，理事李仲邺，审查陈锡朋、黄金銮、高士龙、谢滋春、邹含英、刘志和、赵锡荣、杨豫、黄乃裳、俞光华。

误会。

督部堂代理员提法使司鹿答：以督部堂代理员看做督部堂，本代理员总不敢承认，亦非谓贵议员有侮蔑之意也。

刘崇佑君谓：前日提出关于会议厅组织之第一质问案，何时可以札覆？

督部堂代理员提法使司鹿答：本日当可札覆。

议长（高登鲤君）谓：此质问案应呈请督部堂批答，请众表决。计可决者为对于出席六十二人中之四十六人。

第二，本局宣统二年九月至十二月预算案审查员报告。

议长（高登鲤君）请主查员王子懿君登坛报告。

主查员王子懿君登坛报告审查情形（大意与报告书略同）。

审查本局本年九月至十二月预算案报告书

宣统二年十月二十九日，本届临时会第三次提出本局本年九月至十二月预算案，交付本科审查。查此案系遵照宪政编查馆咨各省督抚厘订谘议局议决各项清单内开第五项办法，于本年开会时从本年九月起截至本年十二月特别造一预算，此项办法为统一预算年度起见。兹查原案开列本局用费计分五目：一公费，二薪金，三旅费，四杂费，五预备费。除公费、薪金均照督部堂核定数目支发外，其归本局议决范围者只旅费、杂费、预备费三目。杂费又分为会期、常月两种，九、十两月归入会期计算，十一、十二两月归入常月计算。原案旅费一目，系照上届议决之数开列。至会期、常月两项杂费，比较上届预算益加撙节，共核减银八百三十七两余。本科详细讨究，逐项审核，所有预算一切用费，原已核实，自可均照原案，无庸置议。谨将审查情形报告，是否，祗候公决。预算科主查员王子懿，理事员连贤基，审查员孟思培、潘纪雲、张道南、施景琛、苏寿乔、郑藻山、郑祖荫。

议长（高登鲤君）谓：此预算案应开第二读会，请众表决。可决者全体。

第三，本局宣统二年临时会预算案审查员报告。

议长（高登鲤君）请主查员登坛报告。

主查员（王子懿君）登坛报告审查情形（大意与报告书略同）。

银行失票章程办理，不能指明者无效。

一、债票凡有涂改字迹者，概行作废。

第一，关于会议厅组织第二质问案。

议　长（高登鲤君）请陈之麟君登坛质问。

陈之麟君登坛质问（大意与质问案同）。

关于会议厅组织第二质问案

本局于临时会第三次开议，曾经提出关于会议厅组织质问案，时督部堂代理员姚学台口述答示，未能详尽，因于十月三十日曾将质问书呈请批答在案。查会议厅组织所关重大，据督部堂九月十二日札知宪政编查馆奏定规则第十条及第十二条所规定，审查一科，尤与谘议局议案之准否有密切之关系。八月十六日奉旨依议。其时谘议局尚未开会，朝廷特先时颁布谕旨，定此制度，则重视谘议局议案，即以重视宪政之意可知。所有应选应派各员，自应从速选派，早早组织，始不失立宪之本意。乃本局自公推士绅呈报后，迄今已四十余日，犹未蒙督部堂选定，此中所以迟迟未能发表之故，当必有在。会议厅之组织，既系不可延缓，前案所问者，又皆为事实之关系，是非如何，本属一语可了，而无待辗转查复之烦。本局与督辕近在一城，公文往复，即日可到。甚望督部堂迅赐批答，俾释疑惑，无任盼切。质问者：陈之麟、孟思培、苏寿乔、高士龙、谢受殷、潘纪雲、黄乃裳、赖其浚、张道南、陈锡朋、李钟声、黄纪星、林天骥、张国宝、郑藻山、俞光华、刘志和、周寿恩、余钟英、吴庭柽、李钟邺、王子懿、熊秉廉、卢初璜、范宗福、邓畿、杨长余、蓝德光、郑祖荫、赵锡荣、上官华盖，赞成者：黄羲、周文麟、游肇源、李驹、洪鸿儒、陈树勋、刘崇佑、林邦桢、王邦怀、李泰交、苏春元、吴鸿枢、黄金銮、李馥南。

　　督部堂代理员提法使司鹿答：此节当由督部堂札覆，本代理员不知其详。

　　刘崇佑君谓：督部堂代理员即是督部堂，请即当场答复。

　　督部堂代理员提法使司鹿答：督部堂代理员不能即视为督部堂，此质问须呈请督部堂自行札覆，方为确定。

　　刘崇佑君云：本议员顷言督部堂代理员即是督部堂者，非有侮蔑之意。以法理言，凡代理人皆可看做本人，此东西各国所同认者，请督部堂代理员幸勿路、矿、农、林诸务不能遽成，而偿债之期又不可久待。若竟作为地方补助之用，其弊既与该四省等，而且无一定偿款可以提供。是筹款之资于公债，似尚于今日未便实施。然亦有不得不然之故，未尝不可变通以行之者，则莫若出公债之名，以行储蓄之实是也。盖自银根吃紧，金融恐慌，商业凋落之现象，影响几于全国，而以闽省市面为尤甚。票号、钱庄一有搁浅之患，全商界皆因之裹足，是牵一发而全身动。此次源丰润之倒闭，其明征矣。维持其已往，尤贵防患于未然，储蓄之备亦急务也。拟即先行试办二百万元之公债，以为储蓄之资，交由大清银行承办，仿照各省章程而变通其作用，月息六厘，限期五年，不必分期划额偿还本息，而即以五年为行息之期，五年以外皆为偿本之日，其或期满之票，愿储蓄者照常行息，使信用可恃，利赖无穷，既能疏通商财，又得周转市面，酌量本省情形，颇觉利多害少。照章札局共征，佥议以便施行。兹并酌拟储蓄公债简章，都凡十三条，开列于左：

计开：

一、此项公债，本为闽省疏通货财、广劝储蓄起见，故名之曰福建储蓄公债。

一、此项公债，由大清银行承办，度支公所管理，并分派妥实各商家经理。

一、债额以银元二百万元为率，出入概用通行银元，现银、台票均照市价计算。

一、债票分大小两种，大者百元，小者十元，均按号编列，以杜伪造而便检查。

一、此项公债，自发行日起，至迟限一年内，一律收集。

一、债息月行六厘，每年分二、八两月为期，分派各经理处凭票支取。

一、债期以五年为限，凡在五年以内，概用为行息之期。惟票期已满五年者，随时均可向各经理处支取本银，不愿支本，仍可照常算息。

一、票式但列号数，不记姓名，准由债主转售、转兑，认票不认人。

一、债（禀）〔票〕须按号载明年月日，以便扣足年限，并计起息之期。

一、债票自交款之日，计算起息。

一、此项债票，有愿代包售者，须先向大清银行及度支公所挂名登记。

一、债票凡遗失、烧毁者，但能指明票载之年月日及号数者，准觅妥保，照札交扩充水上警察咨询案，交由本局会议，仰见振兴警务至意，钦佩莫名。查此案与本局第一届所提兴办水上警察案旨趣相同，业蒙批准，且札覆中有云：水上警察自宜先设水警学堂，以资练习，厦门、延平均属扼要，尤不容缓候，檄饬厦门、延平二道督同厅县，迅即就地筹款，遵章设立教练所，附设水警学堂，毋得诿延，各等语。是水警如何扩充，就地如何筹款，督部堂业已严饬延平、厦门二道认真办理。事隔一年，尚未举行，延、厦二道之诿延，惟望督部堂有以督促之而已。谨将会议情形备文申覆，伏望督部堂察核施行，到本部堂。据此，查水警学堂前经饬据延平道筹定的款，禀复开办，嗣于九月间电催厦门道赶办，复据该道电禀集绅筹款，并督厅挪款筹设，各在案。兹据呈前情，本部堂自应督促前进，除札饬巡警道分别移请延平、厦门二道，督同厅县切实举办外，为此札行谘议局查照，须至札者。右札谘议局准此。宣统二年十月二十九日。

七、报告清理财政局移奉准部电，预算案已经资政院审查，所有修正追加预算，限于十月三十截止事。

福建全省清理财政局司道为移知事，奉总督部堂松札开，本年十月初一日，接准度支部卅电内开，预算案已经资政院开会审查，所有各省修正追加各预算，限于本月三十日一律截止，逾限未到，概不编入。以后如有预算外临时用款，应照清理财政章程第二十二条办理等因，到本部堂。准此，合就札局即便遵照办理毋违等因，奉此。除分移知照外，合就移知，为此备移贵局，请烦查照施行，须至移者。右移谘议局。宣统二年十月二十九日。

八、报告督部堂札交募集公债议案事。

总督札文：为札发交议事，照得本部堂现就闽省募集公债事宜续提议案一条，照章交局公同议决，呈由本部堂公布施行，合就札发谘议局查照，须至札者。

计送清折一扣

查外洋筹款之法，率以募集地方公债为利国便民唯一无弊之政策。是以直隶首先开募，递及湖北、安徽，渐次仿行，最后湖南亦急起兴办。顾自各省之办法而加研思，则利害得失之间，似多未能尽善。盖各省募债之旨，非为军备，即为政需，类皆投诸不能生利之事，而本息之偿还，又须预定年期，确指的款。闽省财穷，较直、皖、鄂、湘为甚，开募公债，自为要着。然若以之为生利之事，则总督部堂松为札行事,查谘议局上届议决龙溪县附生吴秉璜陈请关于革除中饱维持学校一案,前经札饬福学司会同藩司、财政局、汀漳龙道查明核办详夺去后,兹据该司道等会同详称,窃查前奉宪台札,据福建谘议局呈,议决龙溪县附生吴秉璜陈请关于革除中饱维持学校一件,抄折分行会同查明核办详夺等因,遵经移会查办去后,旋据漳州府陈守嘉言以合成公司承办水仙花捐,呈缴押柜银元由府发给谕戳开办详奉宪台批,查漳州府抽收水仙花捐充中学堂经费一案,前据谘议局收受附生吴秉璜陈请书转呈前来,当经札饬福学司会同藩司、财政局、汀漳龙道饬查详办在案,兹据府详请仍以合成公司承办,严禁一切陋规,并拨给七堡小学堂经费等情,办理是否妥协,仰该司迅遵,先今批檄会同司局道妥协详覆饬遵缴府详抄发等因前来,本学司查核此案,前据省视学员萨君陆报告龙溪县学务案内声明,南乡、七堡两等小学堂由社长吴泉等倡办,经济一节,据该社长述称,是乡为水仙花出产之区,以余厘清理作为常费等由,并据该社长赴司具禀前情,当查漳郡水仙花捐款,前据该府禀复断结花捐案内声明,捐由本途万芳公司认办,年缴课洋三千六百元,充作中学堂经费等语,所议余厘清理作为该乡兴办小学堂常费,究竟年有若干,与原有定额及中学堂经费有无窒碍,该公司暨花捐商人是否允洽乐从,批饬漳州府督饬龙溪县会同绅商,切实确查妥议详覆在案。兹奉前因,本司道等公同复核漳州水仙花捐充为中学堂常费,历办已久,自未便遽议更张,所有每年课银三千六百元,自应照旧拨充漳郡中学堂应用,以垂久远。惟前办之万芳公司既因棍徒屡次藉端为难,自请退办,而吴泉等请归农会承办,又未成议,此项捐款有关学费,未便任听虚悬。兹既据漳州府陈守详报,革除陋规,改归合成公司,查照万芳公司额数领办,另缴捐银四百元,发给七堡小学堂经费。似此兼筹并顾,中小学校均可藉资维持,所议尚属妥协,应请准予照准。一面责成漳州府随时督察合成公司,照章抽捐,不准例外浮收丝毫,并严禁胥役人等私行需索,以恤农艰。合将会同核议缘由具文详覆,伏候宪台察核批示,俯赐札覆福建谘议局转饬遵照等情。据此,查此案该司局道等既经查核,以漳州府所议尚属妥协,自应准予照办。除详批示外,合就札知。为此札行谘议局查照,须至札者。右札福建谘议局准此。宣统二年十月二十九日。

六、报告督部堂札覆水上巡警案札饬切实举办事。

总督部堂松为札覆事,据谘议局呈称,窃本局第二届第九次议会,奉督部堂

三、报告督部堂札覆覆议筹备巡警案事。

总督部堂松为札覆事：据谘议局呈称，本局第一届开会时，议决筹备巡警并改良现在办法案，业于上年十月初七日缮录清折，呈请督部堂公布施行。旋于本年三月初一日，奉督部堂札覆在案。本年第二届开会时，当将该案提出公同议决，理合将覆议筹备巡警案缮录清折，具文呈请督部堂察核施行。须至呈者。计呈清折一扣等情。据此，查宪政编查馆章程第十条内开，科长、科员均以中外警务学堂毕业之学生及曾办警务得力人员，由巡警道禀准督抚分别任用。又光绪三十四年民政部通行，高等警察学堂毕业生考列最优等者，以巡警道属副科长或州县警务长记名候补；考列优等者，以巡警道属科员或各区区官记名候补，各等因。闽省警务总局于上年八月始行试办分科，本年由巡警道将警务总局照章改为公所，实行分科在案，与上年试办分科情形不同，所有一切办法，悉遵宪政编查馆所定警政章程及民政部奏准通行办理。至暗查权限，第一届议案业经前办警务局鹿法司详请札覆在案。查暗查专为稽察巡长、巡警之勤惰而设，至于科长以下，巡官以上，各员溺职与否，巡警道有监察巡警全部之责，自能随时考察，分别办理。如在外有一切违警不法之行为，无论何项人员，巡警均有干涉之权，非少数暗查之力所及，似可毋庸再议。除札饬巡警道外，合行札覆。为此札行谘议局查照，须至札者。

四、报告督部堂札覆单级教授案事。

总督部堂松为札覆事：据谘议局呈称，案查奏定谘议局章程第二十二条内开，谘议局议定可行事件，呈候督抚公布施行等语。兹经本局议决单级教授练习所一件，理合缮具清折，呈请察鉴公布施行等由，计呈送清折一扣到本部堂。据此，查谘议局折开，议决筹办单级教授练习所，养成单级小学教员，系谋教育普及起见，应准照办。惟添设此项练习所经费，据呈省城及外府，每所由官款拨给六百元。查宣统三年预算册内，未经开列此款，究由（可）〔何〕项筹拨，应由局覆议再核。至慰劳金退养扶助料一节，应俟部颁优待小学教员章程实行后，此项单级小学教员一律办理。除札饬提学使司遵照外，合行札覆谘议局查照，须至札者。右札福建谘议局准此。

五、报告督部堂札覆上届吴秉璜请革除中饱建议书，除漳州中学照缴外，另加缴七堡小学四百元事。

第二，本局宣统二年九月至十二月预算案审查员报告。

第三，本局宣统二年临时会预算案审查员报告。

第四，革除征粮积弊并定征收方法案审查员报告。

第五，改正本局议事细则第二百四十七条提议案（高士龙提出）第一读会。

第六，请裁撤厦门保商局案审查员报告。

第七，覆议保护上游木商案审查员报告。

第八，覆议西南泷口港案审查员报告。

第九，宁化县城议事会董事会请准予解散建议书审查员报告。

第十，申明宪政编查馆厘订札覆谘议局议决各项限期条列各案请迅速札覆提议案（本局提出）第一读会。

第十一，本局建筑请限期竣工提议案（本局提出）第一读会。

第十二，请免古田县枉缴膏捐提议案（李仲邺、游肇源、赵锡荣、黄乃裳等提出）第一读会。

第十三，闽清碗商黄珍美请转呈迅檄财政局限期详覆速除苛税建议书之提出。

议长（高登鲤君）述各种报告：

一、报告议员林仲㦿君告假七日，上官华盖君、伍春蓉君、洪湛恩君、陈蓉光君、许赞虞君、洪国器君各告假一日。

二、报告督部堂札覆筹设医院案事。

总督部堂松为札覆事：据谘议局呈称，省垣旧设官医局常年经费一千余两，办理未甚得法，似应将其款提出，改办省会医院。查现有东西洋医学毕业生回闽，尽可由督部堂延访，委商办理。至厦门为通商巨埠，殷富绅商素热心公益，由地方筹设，应属无难。现闻已有组织之者，应请札谕厦门道，就近延请绅商，劝其速办。庶慈善要政，不至久悬等情，到本部堂。据此，查医院为当务之急，筹办自不容缓，当经通盘筹划，除开办经费不计外，约计按年须筹经常费一万二千两，省垣官医局经费年只一千余两，以之创办医院，不敷甚巨，应俟筹有的款，再行举办。除分札巡警道、厦门道查照办理外，合行札覆。为此札行谘议局查照，须至札者。右札福建谘议局准此。宣统二年十月二十九日。

王子懿君谓：附则第三十四条下应加一项云"但将来中央行政，关于禁烟事宜有特定功令更加严重者，应照其所颁法令办理"。

刘崇佑君谓：此项条文应修改如左："但将来中央新颁关于禁烟法令，较本规则更为严重者，应照中央法令办理。"

议长（高登鲤君）谓：照刘君所说加入一条，仍将第九章全章请众表决。可决者四十三人。

刘崇佑君谓：请即将此案接开第三读会。

议长（高登鲤君）谓：此案即接开第三读会，请众表决。可决者四十八人。

卢初璜君谓：第三十条"出省委员公费"六字须删去。

议长（高登鲤君）谓：照卢君所说删去六字，请众就全案一起表决。可决者四十八人。

议长（高登鲤君）谓：第四号议事日表仅有二案，此外本日尚难预定，应俟定后报告。

刘崇佑君谓：本届常年会议决关于重大之案，均尚未奉督部堂札覆，应请督部堂代理员转达督部堂，从速札覆。

议长（高登鲤君）宣告散会。

是日出席议员五十四人。督部堂代理员提学使司姚于午后一时到会。午后五时二十分散会。

第三次福建谘议局（临时会）议事速记录第四号

宣统二年十一月初一日（1910年12月2日）

议事日表临时会　第四号

宣统二年十一月初一日（金曜日）午后一时开议。

第一，关于会议厅组织第二质问案（陈之麟等三十人提出）。

交涉云云。本议员意以为删去第五区不用，其通商口岸属于何府者，即依何府期限肃清，如此则与资政院所提议案不背。

议长（高登鲤君）谓：郑君之说有五人以上赞成否？计赞成者八人，遂作为议题。

议长（高登鲤君）请书记长照郑君所说者修改后登坛朗读。

书记长（林长民君）登坛将郑君所修改者朗读。

第四条　依地理上、风俗上之利便，分全省为四区，按区严定限期，次第肃清。

第一区延平府、建宁府、邵武府，限宣统三年十二月底一律肃清。

第二区汀州府、龙岩州，限宣统四年六月底一律肃清。

第三区福州府、福宁府、兴化府，限宣统四年十二月底一律肃清。

第四区泉州府、漳州府、永春州，限宣统五年六月底一律肃清。其福州、三都、厦门三处通商口岸，应由总督先期咨请外务部，照会驻京英公使商议，应依限一律肃清。

议长（高登鲤君）谓：诸君赞成郑君之说者，请起立。计起立者四十一人。

议长（高登鲤君）谓：此案又经修正，应逐章请众表决。

第一章，可决者四十九人。

第二章，可决者四十八人。

第三章，可决者四十七人。

第四章，可决者四十八人。

第五章，可决者四十四人。

第六章，可决者四十四人。

第七章，可决者四十六人。

第八章

王子懿君谓：第三十条"以资办公"，第三十一条"以资补助"，二语均应删去。

议长（高登鲤君）谓：应照王君所说修改，诸君赞成第八章者请起立。起立可决者四十四人。

第九章

第二十四条　戒烟药品由禁烟公所选择确无烟质物品，方准配用。商人经售此项药品，亦须呈缴禁烟公所化验，方准发行。

第七章　惩　奖

第二十五条　各地方能于限内先期具报肃清者，该公所总、会办由总督分别照章核奖，但有隐饰欺朦时，一经发觉，立予惩处。

第二十六条　各地方不能依限肃清者，该公所总、会办由总督分别严行参处。

第二十七条　公所员绅有办事不力者，总、会办应随时察看撤换。

第二十八条　各区于肃清限期外，如有违犯下列各款者，由总督查照禁烟条例，加等治罪。（一）再种罂粟者；（二）存积土膏者；（三）私开烟馆及运售膏土者；（四）再有吸烟者；（五）存匿烟具者。

第二十九条　凡属办理禁烟员绅，如有得贿徇私情弊，一经发觉确有实据者，由总督查照定章，加等治罪。

第八章　经　费

第三十条　省会禁烟总公所经费，及出省委员公费，除由全省膏捐额内加抽十分之一充用外，每年度酌给库平银四千两，以资办公。

第三十一条　各厅州县禁烟公所经费，除由本地方膏捐额内加抽三分之一充用外，每所每年度酌给库平银四百两，以资补助。

第三十二条　关于禁种、禁吃及取缔膏、土店各办法，由公所照现行禁令科收罚金，充本所及戒烟局经费。

第九章　附　则

第三十三条　各厅州县禁烟公所，于各该地方肃清后，即行裁撤；禁烟总公所，于全省一律肃清后，即行裁撤。

第三十四条　本章程自总督批准公布之日起，发生施行之效力。

宣统二年十月□日，法律科、庶政兴革科协议修正。主查员卢初璜，理事李仲邺，审查员杨豫、黄金銮、俞光华、高士龙、谢滋春、刘志和、黄乃裳、赵锡荣、邹含英、陈锡朋。

议长（高登鲤君）云：请诸君讨议。

郑祖荫君谓：原案分为五区，其第五区因通商口岸，应请督部堂与英国领事督促。

第十一条　巡警队及巡防队，有协同办理禁烟之责。

第四章　关于种户及吸烟人之取缔

第十二条　全省境内无论何地，以后不得再种罂粟。

第十三条　全省境内无论何地，自宣统三年正月初一日起，实行编查烟籍，发给烟牌，限三个月内报竣。

第十四条　编查烟籍，由公所协同去毒社绅董及自治机关，挨户调查，填表注册。

第十五条　各区届肃清限期六个月前，应由该地方官出示宣告肃清，勒令吸烟人缴销烟牌及其烟具。

第五章　关于土膏店之取缔

第十六条　全省境内无论何地，所有土店、膏店，自宣统三年正月初一日起，限一个月内，应向禁烟公所领照注册，方许营业。

第十七条　凡土店不得将土卖与无营业执照之膏店，膏店亦不得将膏卖与无烟牌之吸烟人。

第十八条　凡土店不得卖膏，膏店不得卖土。

第十九条　土店只准与境内膏店交易，不得零星卖与吸户；膏店只准向本境土店买土熬膏，不得自行贩运烟土。

第二十条　膏、土各店应将每月买入、销出及现存之数目，于次月初五日内开单呈报公所查核，各公所于初十日内汇报全省禁烟总公所存查，不得隐匿遗漏。

第二十一条　自宣统三年二月初一日起，全省境内不准添设土、膏各店，及更换字号，迁徙地址，并不准土店改卖烟膏，膏店改卖烟土，如有歇业者，即将营业执照缴销，不得顶替再开。

第二十二条　各区届肃清期限时，所有土、膏各店，无论如何情形，一律勒令歇业，缴销营业执照。

第六章　戒烟局及药品

第二十三条　禁烟公所应同时附设戒烟局，分期招革其原有之去毒社，及自治会并公益团体，亦宜筹设戒烟局，相辅而行。

计开：

闽省禁烟章程

第一章　总　则

第一条　本章程为闽省实行强制禁烟主义而设，于全省境内有施行之效力。

第二条　本章程以官绅同负责成、肃清烟毒为主旨。

第三条　关于禁种、禁吃办法，及编查烟籍、取缔土膏店、设立戒烟局各种细则，除本章程所列举外，得依现行法办理。

第二章　划区限期

第四条　依地理上、风俗上之利便，先内地而后通商口岸，分全省为五区，按区严定限期，次第肃清。

第一区延平府、建宁府、邵武府，限宣统三年十二月底一律肃清。

第二区汀州府、龙岩州，限宣统四年六月底一律肃清。

第三区福州府、福宁府、兴化府，限宣统四年十二月底一律肃清，但福州、三都两处通商口岸归第五区办理。

第四区泉州府、漳州府、永春州，限宣统五年六月底一律肃清，但厦门通商口岸归第五区办理。

第五区福州、三都、厦门三处通商口岸，应由总督先期咨请外务部，照会驻京英公使商议，极迟限至宣统五年十二月底，一律肃清。

第三章　机　关

第五条　省会应设全省禁烟总公所，由总督特派大员总办。各厅州县应设禁烟公所，责成地方官总办。

第六条　禁烟公所应设会办一人，由总办选择本地方公正绅士，详请总督札派常川驻所。

第七条　禁烟公所限宣统三年正月初一日一律成立，由总督分别颁给关防钤记，以昭慎重。

第八条　禁烟公所应举本地方公正绅士充为议绅，俾便参酌地方情形，妥商办法。

第九条　禁烟公所办事细则，得由各公所自定，唯不得与本章程相抵触。

第十条　各区于肃清期限六个月以前，由总督特派干员分驻该区，严行

审查划区禁烟限期肃清提议案之报告

宣统二年十月念七日，临时会第二次会议，提出划区禁烟限期肃清议案，交由法律科、庶政兴革科审查员协议审查。查此案立意，主张划分区域，勒限肃清，实为今日厉行禁烟之要着。所拟章程九章都三十三条，计虑周详，办法严密。惟第三章机关有尚须详定职任之处，第七章惩奖有尚宜明定限制之文，其余条文有稍宜修改者，亦经分别修正，另提出修正案。谨将协查情形报告，是否，候公决。宣统二年十月□日，法律科、庶政兴革科协查。主查员卢初璜，理事李仲邺，审查员杨豫、邹含英、黄金銮、俞光华、谢滋春、高士龙、黄乃裳、刘志和、赵锡荣、陈锡朋。

郑祖荫君谓：修改之处，本议员甚赞成。惟是现闻资政院内提出禁烟案，为宣统三年六月禁运，四年六月全国一律禁绝，与本案禁绝年月不同，应请主查诸君注意。

王子懿君谓：资政院之案尚未通过，本案总期早日成立。

郑祖荫君云：王君之意甚善，惟拟添入一条"以后中央政府法令若较此案加严，应照中央所定为准"。

卢初璜君云：第一读会只能讨议大体，条文之增减，请俟第二读会再议。

议长（高登鲤君）谓：此案应开第二读会，请众表决。可决者全体。

议长（高登鲤君）谓：此案即连开第二读会，请众表决。可决者三十八人。

议长（高登鲤君）请书记长登坛朗读修正案。

书记长（林长民君）登坛朗读。

划区禁烟限期肃清修正案

禁烟一事，非严厉迅速，必不为功。乃主持烟政者，辄拘拘于分年递减，行之以渐，朝发一令，夕布一章，既莫考实际上之成功，何足为根本上之解决？加以所司奉行不力，掩饰敷衍者有之，观望瞻徇者有之，已著成效而复蹈前辙者有之。闽省禁烟，虽较他省为稍进，然非有最大之强制力以压迫其上，则十年期届，亦不能痛除净绝，所可断言矣。兹经参酌情形，公同研究，窃以为划分区域，勒限肃清，诚为厉行烟政万不容已之举。而执行方法，尤必特定单行章程，另设禁烟机关，方足以重责成而收实效。谨拟章程九章，都三十四条，请公决，呈请督部堂察核奏准，尽于本年十二月公布施行。闽省幸甚，禁烟前途幸甚。

说明：每人五十元，三人共一百五十元，较常会期减半，应支前数。

第二项　审查员会速记员薪金二十两零八钱三分三厘三毫。

说明：一人十五元，较常会期减半，应支前数。

第三项　招待员薪金一十两零四钱一分四厘二毫。

说明：一人三十元，较常会期减半，应支前数。

第四项　暂雇司役薪工四十一两五钱。

说明：司书每人三两，四人计十二两；缮写每人二两五钱，三人计七两五钱；印折每人二两，二人计四两；丁役以三十日计，每人一两八钱，十人共十八两。应支前数。

第五项　膳伙三十八两六钱六分六厘六毫。

说明：特聘人员及司书、缮印以二十日计，每人膳伙二千四百文，十三人共三十一千二百文，合银二十一两六钱六分六厘六毫；丁役每人膳伙一两七钱，以三十日计，十人共十七两。应支前数。

第六项　印刷二百五十两。

说明：较常会期减半，应支前数。

第七项　添置一百两。

说明：较常会期减一百五十两，应支前数。

第八项　笔墨纸张三十两。

第九项　修缮五十两。

第十项　邮电一百二十五两。

第十一项　灯油五十两。

第十二项　杂用一百五十两。

说明：第八项以下用费均较常会期减半，应支前数。

陈之麟君云：此案请付审查。

议长（高登鲤君）以此案付预算科审查，请众表决，可决者三十九人。

第十七，划区禁烟限期肃清案审查员之报告。

议长（高登鲤君）请主查员卢君登坛报告。

卢初璜君登坛报告审查情形（大意与报告书同）。

再加列也。

临时会费用仍俟临时开列预算。

总说明：本局经费共分五目，应在本局预算范围者仅有三目，计议员旅费照前会期预算之数开列，杂费中会期杂费及常月杂费均较前会期预算之数有所减少，合共核减八百三十七两一钱三分一厘。本届预算旅费、杂费、预备费三目，共应支出一万二千二百九十八两七钱零九厘，合诸督部堂核定之公费薪金四个月应六千一百二十两，统共一万八千四百一十八两七钱零九厘。再本局建筑尚未竣工，一切均从苟简，故用费亦格外减省，将来建筑落成，诸多设备，第一次常年经费所余一千零五十余两之款，自应储为预备经费，合并声明。

议长（高登鲤君）谓：此案应付预算科审查，请众表决。可决者为对于五十四人中之三十八人。

第十六，本局本年临时会预算案之提出。

议长（高登鲤君）谓：此案请省朗读。

谘议局临时会用费预算案（本局提出）

谘议局章程第三十一条，谘议局会议期分常年会、临时会二种，均由督抚召集。又章程第五十四条第二项，其旅费、杂费及预备费，由谘议局会议预算数目，呈请督抚核定。本局于常年会期用费及常月杂费等，业已遵章提出预算案。惟临时会费用，以事属临时，曾经声明，仍俟临时开列预算。本届以关于全省预算事件，由全体议员请开临时会，照章临时会期以二十日为率，较常年会实短其半，故本届提出预算，其用费亦较之常年会期用费减半开支。兹列其目如左：

临时会用费，统共二千六百六十七两八钱八分九厘一毫。

第一目　议员旅费共一千六百九十七两三钱三分三厘。

第一项　旅居费一千六百九十七两三钱三分三厘。

说明：旅居费照督抚核定之数，每人每日二元，除议长、副议长、常驻议员不支旅居费外，余以五十七人计，应支前数。又本届临时会系接连常年会而开，议员尚未回里，故往返旅行费不另开列，合并声明。

第二目　杂费九百七十两零五钱五分六厘一毫。

第一项　议场速记员薪金一百零四两一钱四分二厘。

厘。又九、十两月系在开会期中，其添置、印刷、灯油、邮电、笔墨、纸张、修缮、杂用等项，均归会期用费中算计，月减二百两，两月可减四百两，四个月共减六百一十三两九钱六分四厘，应支前数。

第一款　常设速记员薪金十三两八钱八分九厘。

说明：前会期未经预算此款，嗣经常驻议员协议，添聘速记一员，应支前数。

第二款　司事、司书薪金四十二两。

第三款　印刷、缮写薪金三十两。

说明：司事、司书每人拟七两，共六人；印刷总一人，八两；缮写每人拨六两，共二人；印折每人拟五两，共二人。应支前数。

第四款　丁役工资二十五两四钱九分。

号房丁一名，每月工资二两零九分；厨丁三名，每名工资一两八钱；门丁一名，杂遣、司灯、打扫丁役共九名，每名一两八钱。共十四名，应支前数。

第五款　膳伙七十三两八钱。

说明：办事处八人，常设速记员一人，司书、司事六人，印刷、缮写五人，每人月膳二两五钱；丁役十四人，每人月膳一两七钱。应支前数。

第六款　添置五十两。

说明：添置分物品、书报二项，较前会期月减二十两，应支前数。

第七款　印刷三十两。

说明：此款较前会期月省减十两，应支前数。

第八款　邮电八十两。

说明：此款较前会期月减二十两，应支前数。

第九款　灯油二十五两。

说明：此款较前会期月减五两，应支前数。

第十款　杂用六十两。

说明：此款较前会期月减二十两。应支前数。

第五目　预算费共五百两。

第一款　会期中预备费五百两。

说明：本目只列会期预备费者，缘常月经费只以四个月预算，格外节省，不说明：司书每人全会期九两，五人计四十五两；缮写每人全会期七两五钱，三人计二十二两五钱；印折每人全会期六两，二人计十二两；丁役每人一两八钱，十人六十日计，共三十六两。

第五款　膳伙一百一十四两。

说明：特聘人员及司书缮印每人膳伙二两五钱，以六十日计，十六人共八十两；丁役每人膳伙一两七钱，以六十日计，十人共三十四两。应支前数。

第六款　印刷七百两。

说明：印刷分排印、写印二项。前会期排印用费共四百五十余两，写印用费共一百四十余两。本会期排印件目较多，写印亦不为少，姑照前会期预计之款列入，排印项下以五百两计，写印项下以二百两计。应支前数。

第七款　添置二百五十两。

说明：添置分物品、书报二类。物品预计一百五十两，书报预计一百两。较前会期预算表减去五十两，应支前数。

第八款　笔墨纸张六十两。

说明：写印用纸及墨归入印刷内预计，此款专指通常笔墨纸张而言，较前会期预算表减去四十两，应支前数。

第九款　修缮一百两。

说明：此款照前会期所预计者，应支前数。

第十款　邮电二百五十两。

说明：会期中此项用费颇多，兹就前会期所预计者，已减去五十两，应支前数。

第十一款　灯油一百两。

说明：此款照前会期所预计者列入，应支前数。

第十二款　杂用三百两。

说明：此款较前会期减去二百两，应支前数。

第二项　常月杂费，每月四百三十两零一钱七分九厘，九、十两月共四百六十两零三钱五分八厘，十一、十二两月共八百六十两零三钱五分八厘，统共一千三百二十两零七钱一分六厘。

说明：本项用费核与前会期常月杂费预算之数计，月减五十四两七钱四分一后接准清理财政局移奉督部堂札准度支部咨电，试办宣统三年预算案，本局适在闭会期中，当以合议体之意思，无从发生预算，亦无从提前办理，移文答复。嗣据政治官报登宪政编查馆咨各省督抚厘订谘议局议决各项清单，文内第五项预算年度所以统一，国家会计、谘议局局用亦不能独异，且局章并无以九月为预算年度明文，应于本年开会时从本年九月起截至本年十二月特别造一预算，另于明年正月起至十二月止造列全年正式预算，以后即逐年递推，均以通行预算为准云云。本局谨本此意，以本年九月迄十二月另行造预算案，以候公决。

第一目　议长、副议长、常驻议员公费。

第二目　书记长、书记薪金。

说明：以上均遵照督部堂核定之数支发。

第三目　议员旅费共八千一百七十六两。

第一项　旅行费二千五百九十两。

第二项　旅居费五千五百八十六两。

说明：第一次会期，议员旅费系照谘议局筹办处所定额数支发，且由议员开明短额若干汇请藩署补给，其性质与纯然由局支发者不同。本届始照前年预算核准数目支发，计旅行费每人每百里五元，往复共十元，省居者不在内；旅居费每人每日二元，自召集之日起以七十日计算，但迟到者按日扣计，议长、副议长不在内，常驻议员自领公费之日起不支旅居费。两项均依第一次预算数目列入，惟议员间有变更，道里亦微不同，先就总额预计之应支前数。

第四目　杂费共三千六百二十二两七钱零九厘。

第一项　会期中杂费共二千三百零一两九钱九分三厘。

说明：此项用费较前会期预算表共减二百二十三两一钱六分七厘。

第一款　议场速记员薪金二百零八两三钱三分。

说明：每人一百元，三人三百元，应支前数。

第二款　审查员会速记员薪金八十三两三钱三分。

说明：每人六十元，二人共一百二十元，应支前数。

第三款　招待员薪金二十两零八钱三分三厘。

说明：一人三十元，较前会期减二人，应支前数。

第四款　暂雇司役薪工一百一十五两五钱。

总督部堂松为札知事,据谘议局申称,窃本局第二届会议,蒙督部堂札交立限清葬咨询案,业经指定临时审查员审查,金以本案咨询之趣旨,非第为防避疫气杜绝剖棺起见,而惓惓于厚人伦美风俗之意,尤穆然于言外。查律载职官庶民三月而葬,若惑于风水,或讬故停柩在家经年暴露不葬者,杖八十,令申森严,允宜遵守。奈堪舆之说中于人心,日久相沿,牢不可破,以故停不葬者,所在多有,而法典几成为具文矣。现据审查会征集意见,酌拟立限清葬办法七条,付与议会公决,除将议决各条另折开呈外,所有会议情形,谨备文申覆,伏请督部堂察核施行等情,计呈清折一扣到本部堂。据此,查核折内惟第四条内载"出两年以外则由自治会代为埋葬"一语,窒碍实多,似难办到,应改为"每延一年,照罚一次"。第七条内载"以上除留为代葬经费外"一语,及"将逾两年以上"一语,均删去,改为"客籍本籍之实系贫不能举"云云。其余各条,均属妥适可行。除分行地方自治筹办处、巡警道分别转饬所属一体遵照外,合就札知。为此札行谘议局查照,须至札者。宣统二年十月二十一日。

孟思培君谓:此案大意,督部堂既表同情,即删改之处,亦甚有斟酌,不必再付审查。

高士龙君谓:不必付审查,即赞成督部堂来札,再行申覆可也。

孟思培君谓:札文中无交覆议明文,似无申覆之必要。

陈之麟君谓:咨询案虽可不必覆议,惟此系单行规则,应由本局议决施行,似宜再申覆。

王子懿君云:札文中改正二条,皆属可行,可具申覆书赞成之。

议长(高登鲤君)谓:诸君赞成督部堂之改正并照此申覆者,请起立。赞成者四十五人。

第十五,本局本年九月至十二月预算案之提出。

议长(高登鲤君)谓:此案已经印刷,可省朗读。

谘议局宣统二年九月迄十二月用费预算案(本局提出)

本局第一年度预算,已于宣统元年九月第一次常会期中提出,经公决,呈蒙督部堂核准,并核定公费薪金数目拨用在案,其决算数目,亦于本年常会造册清报,由议员审查之。照章本局预算数目,应由全体议员会议。本年三四月间,先书记长（林长民君）报告云：此案于宣统元年十月二十一日呈督部堂，原案分两种办法：一督配公司，一溪运公司。每年报效百万元，以一半归国家行政经费，一半为地方行政经费。六月二十一日，奉督部堂札覆，谓据盐道详称，现已设盐政大臣，盐务非闽省官绅所能主持云云，贵局所议，本部堂未便批准。嗣复抄到盐道详文，内所陈述甚详，驳原案处甚多。至本年六月初四日，本局复呈请督部堂，请其咨商盐政大臣。七月二十一日，督部堂札覆，谓各省盐务统归盐政大臣管理，现已由本部堂咨商盐政大臣察核办理。九月二十六日，又奉督部堂札云，准盐政大臣咨文内开，所拟改良办法，系为兴利除弊起见，用意原属可嘉。所云报效，自系指课厘以外另行报效，然据察看情形，加课并无把握，是利未必兴。至除弊一节，以各帮归一公司包办，是除一弊复生一弊也，等语。此督部堂准盐政处来文札交本局者也。

孟思培君谓：既盐政大臣以为未能照行，则本局应无庸议。

卢初璜君谓：本局提出此案，盐政大臣既以为不可行，则自此以后不应令人包办。然日前本局得京电谓，现在有人运动包办，未卜盐政大臣果许人包办否？本局应将此案仍付审查。夫原案之以公司包办者，犹合全省人民，盐政处且恐有弊，今乃以个人包办，岂遂无垄断之弊乎？又原案每年除课厘外尚报效百万元，而兹则连课厘在内乃年仅六十万元，其利反少，则又何也？现在盐务既归中央主持，则本局原案应请督部堂呈请资政院核议办理。

王子懿君云：盐务之案得否覆议，性质上尚须研究，盖现已属中央政府权限之内也。

卢初璜君云：督部堂既有札覆前来，则本局自有覆议之余地。

议长（高登鲤君）谓：去年提出此案，在盐政大臣未发生之前，今日则情形较前不同，似当先付审查。

议长（高登鲤君）谓：此案交法律、财政、庶政兴革三科会同审查，请众表决。可决者为对于五十四人中之三十人。

第十四，覆议立限清葬案。

议长（高登鲤君）请书记长登坛朗读督部堂来札。

书记长（林长民君）登坛朗读札文。

十六人。

议长（高登鲤君）宣告休息二十分钟。

三时二十分续行开议。

第九，覆议妥筹民教相安案。

议长（高登鲤君）云：此案常年会已经提出，可省略报告，即请诸君发表意见。

高士龙君云：请付审查。

议长（高登鲤君）谓：此案应付法律科审查，请众表决。可决者三十七人。

第十，覆议约束外人在内地违法举动案。

议长（高登鲤君）云：此案可省略报告，即请诸君发表意见。

高士龙君云：此案请付法律科审查。

议长（高登鲤君）谓：此案应付法律科审查，请众表决。可决者三十七人。

第十一，覆议保护华侨案。

议长（高登鲤君）云：此案常年会已经讨论，请省略报告，即请诸君讨议。

黄乃裳君云：南洋华侨闽人居多，本局所请自属职务上应尽之事。

卢初璜君云：此案请付审查。

议长（高登鲤君）谓：此案付法律科审查，请众表决。可决者三十八人。

第十二，覆议禁售土地于外人案。

议长（高登鲤君）云：此案常年会已经讨议，可省略报告，即请诸君发表意见。

卢初璜君云：此案请付审查。

议长（高登鲤君）谓：应付法律科审查，请众表决。可决者三十八人。

第十三，覆议改良盐务案。

议长（高登鲤君）请书记长报告。

相涉，此项应行划归本县为是。但从前历任各县皆欲提归，而盐馆视为利薮，运动盐道台发牌，每年仅提出二百金以充学堂经费，此外皆归中饱。夫泉州府五县，四县皆濒海，他县船牌均由县发，惟惠安一县船牌则由盐道发给，以各县比例，亦应归自治会也。

议长（高登鲤君）谓：此案应付审查，照先例指定洪湛恩君等五人为审查员，请众表决。可决者四十九人。

第六，覆议整顿闽路案。

议长（高登鲤君）谓：此案于常会已经讨议，请省略报告，请诸君发表意见。

苏寿乔君请付审查。

议长（高登鲤君）谓：此案应交庶政兴革科审查，赞成者请起立。赞成者四十二人。

第七，覆议西南泷口港案。

议长（高登鲤君）云：此案常年会已经讨议，宜省略报告，请诸君发表意见。

陈锡朋君谓：请将此案交庶政兴革科审查。

议长（高登鲤君）云：此案付庶政兴革科审查，请众表决。可决者四十二人。

第八，覆议保护上游木商案。

议长（高登鲤君）请书记长报告。

书记长（林长民君）登坛报告谓：此案分十条，内庚条系属盐务，壬条系属榷务，均未得确答。前日得劝业道台移文，内所列举者，仍不及庚、壬两条。是此案札覆不完全也。

苏寿乔君谓：札覆不完全应延会。

卢初璜君谓：请即付审查，不必延会。

议长（高登鲤君）谓：付法律科及庶政兴革科审查，请众表决。可决者四匪，官兵出剿，良莠难分。前抚台丁因饬各属，如系商船，由地方官领给船牌，以便稽察，原为保护治安而设，其为地方行政之范围，可得而知。当时所缴牌费，每年每纸自数百文至千余文为止，未尝多取于民也。后为惠安帮盐馆赎户蒋继芬等罔利赎办，每年缴县千元，牌照由其领发，自是以后据为己有，日增月益，每船每年缴费自五六元至四十四元止，概无定章，视民船之肥瘠为盘剥计，每年进款有七八千元之谱。商民受困，无可如何，或转而给洋牌，或转而给浙牌，利权外溢，后患堪虞。经前县尊李绮青禀请提归自办，前县尊张雯禀请提归充入学堂经费，该赎户以为牌与课连，不扣牌无由完课，且正课不足，非此款不能弥补为辞，以故历任盐道台受其要挟，致难实行。光绪丙午冬，前县尊温士龚与经书陈澄渊、陈晖春等狼狈为奸，亲临下乡，每船领大牌，每牌勒索一二百金，民怨沸腾。该赎户藉此市利，请给道牌，招诱商民来领，许以廉收其费，无知愚民既入圈套，而苛求如故。自是以后，并缴县陋规千元，亦概被吞，藉言化私为公，每年只缴道署二百四十元，为大学堂经费，而巨款全入私囊。窃思船牌既为稽察而设，则民船之良莠，惟地方官见闻较近，盐道台何能远烛？设或以盗船冒领商牌，洋面肆行劫掠，则失察之咎，地方官受其责乎？盐道台受其责乎？其不能不由地方官给牌无疑也。天下未有己饥而可以饲人，己寒而可以衣人者。惠地既无的款可筹，又何能供大学堂之经费？其不能不提归本属又无疑也。国家岁入自有正供，牌费既非现行税，率其性质自与盐课不同，无论课项是否不足，断不能藉此为弥补之计。牌系私款，课乃正供，民既不敢抗牌，何敢抗课？该赎户饰耸情形，显可概见。其不能不划归地方自治经费又无疑也。敝府所属四县，滨海晋、南、同各县均县给牌，独惠在公法之外，实抱向隅。其不能不平均普及又无疑也。具此种种理由，自可请求准核，应即陈请建议转呈督部堂饬知盐道台划清，由地方官给牌收款，作为地方自治经费，其征收规则，容俟接办后酌定呈核，实为公便。谨此奉呈谘议局公鉴。介绍者：本局议员陈蓉光。宣统二年十月初十日，刘友声（岁贡生，年五十岁，住惠安城内鳌振铺）谨具。

陈蓉光君登坛谓：本议员为惠安人，于其中情形详悉，特对诸君报告，以供讨论。地方自治为宪政始基，无款万不能办，而筹款则又不外公款、公产及附捐、特捐而已。公款、公产惠安无之，附捐、特捐又以人民极穷万不能负担，故欲筹款，惟有就陋规提充方可。如牌捐一项，向来归诸盐库。夫牌捐与盐库本不定，随时改良增订，一面详报商务总局存案。

提议者：上官华盖、李泰交，赞成者：柳遇侯、周文麟、连贤基、王邦怀、范宗福、陈树勋、黄羲、邓畿。

议长（高登鲤君）请提议者上官华盖君登坛说明理由。

提议者（上官华盖君）登坛说明理由（大意与提议案略同）。

黄乃裳君谓：上官君所提案，应请议长指定上游各属议员审查。

施景琛君谓：应付庶政兴革科，惟须增加数人可也。

议长（高登鲤君）谓：此案应付庶政兴革科审查，请众表决。可决者四十五人。

议长（高登鲤君）谓：尚须加增审查员，请诸君各举熟悉情形者姓名。

黄乃裳君谓：本议员推举王子懿君、孟思培君、张道南君、谢滋春君。

卢初璜君云：推举二人已足矣。

议长（高登鲤君）指定张道南君、王子懿君。

张道南君谓：本议员不熟悉。

王子懿君谓：不必再添人数。

议长（高登鲤君）谓：诸君赞成王君之说者，请起立。计起立赞成者，为对于出席人数五十六人中之二十九人（多数）。

第五，惠安县刘友声陈请将船牌捐充自治经费建议书之提出。

议长（高登鲤君）请省略朗读。

具陈请建议书：泉州府惠安县自治公所代表人刘友声，为剔提漏规，兴办新政，恳提议呈请转饬划清以充地方自治经费事。窃以朝廷立宪原定九年预算，现奉缩短，所有新政又须件件提前办理，方能成立。惠地贫瘠，如学堂、警察、禁烟、卫生、自治诸事，在在需款，罗掘再三，未补万一。若照城镇乡地方自治章程收入，只有公产、公款、附捐、特捐各名目，揆之惠属情形，又难举办。公产、公款既无原置可充，附捐特捐同人等又经提议数次，实因各乡斗祸频仍，民间精华早被官吏括尽，若不俟其生息，而遽责以负担，实不胜诛求之苦。再四思维，有无碍正供而可惠地方者，则莫如就惠属各海口船户每年所缴牌金，提归地方自治经费之为得也。查船牌之设，因道咸间洋盗肆行，往往句诱民船，合伙为没，轻则人货损失，是水路较险于陆路，尤不容不修也。兹拟择其滩之最险者，略加修葺，甚易为力。法莫便于滩在何处即归何处，地方官令同该县绅商勘估，经费若干，先由绅商认捐一半，以资开办，其余分舟之大小，定捐之多寡，充作补助经费。众擎易举，利益均沾，斯为保上游商务之第一要着也。谨拟办法十二条，是否，祗候公决。

一、请督部堂札饬商总局，通饬上游各县，限文到一月内，即会同绅商勘明所辖之境，何处滩港最为险恶，亟应修理者，立即禀复，毋得逾限。

一、该县无甚险滩，不待修理，亦必如期详报。惟该县船只应捐之款，移作下溪修滩之费，由下溪自行经收。

一、系某县滩孔，应归某县绅商承办，以清界限。如系两三县交界之处，即会同该县绅商合办。

一、修滩经费，须先捐银十分之五，惟商货全赖水途，应出四股，绅认一股，以资开办。如有乐助多金者，由地方官给予匾额，或申请奖励。

一、滩口往往冲破船只，最为险恶，应即略加修凿，只求稳过船身，不得以损伤地脉阻挠。

一、修滩时须先察看四围，从何下手，修后势必急流〔宜〕〔直〕下，又当随地形设法使水势曲折迂回而去，以防上流缺水溉田，最为紧要。

一、上下水载货之船有大中小之异，当修滩时每只抽钱若干，应随地临时酌定。唯所抽之钱，货商应出八份，船夫应出二份，稍示区别，俟滩工完竣，即将抽款停止。

一、开办后，一县只向一县货船抽作经费，应给收单为据，过县不得再抽，以恤商艰。

一、上溪给有收单应无别议，若下溪查验并无收单，照下溪每船抽钱若干，充作下溪修滩经费。

一、各处地方官将修滩抽收情形，先期揭示，使船户早向货主支取，以便临时交兑。

一、捐项抽项各银，须临时推举公正者为总理，其监工司事亦由临时公推，如有侵吞挪借等弊，按照自治章程第一百零四条办理。

一、各县情形不同，细目一节，应由地方自治会妥商筹划，禀请地方官核被劫掠情事，不闻有代为伸理者，徒于华侨回厦时，每人抽保费一元，与抽入口税无异。且名为保商局费，而实则缴局归公者不及三分之一，其余大半吞蚀于船主船行关员局员之手。查向来轮船常川往返叨厦两处者，有双安、双美、丰远、丰茂、丰盛、丰美六艘。一月之中，每轮回厦一期，合计一月，已有六期。而每轮中搭客回厦，多则二千余人，少亦千七八百人，合计每月六期，有搭客万余人，全年有十余万人。南洋关册，炳凿可据。向例每人缴保费一元，则是全年进款可得十余万元。而船主与关员扶同贿蔽，以多报少，竟不及三分之一。今试问保商局每年所收保费有达十余万元之数乎？有此十余万元之的款，以之购置小轮，雇用丁勇，及一切保护范围应行准备之经费，绰有余裕。乃有名无实，徒以饱少数人之私囊。是名为保商，而实则累商也。海外商民咸见及此，迭经呈请各埠商会联合发起，拟于厦门、金门、泉州、漳州、永春等处设立华侨公会，以实行保护为宗旨。应请制台札行厦门道台，将前项保商局裁撤。其华侨回厦应缴一元保费，即并为公会经费，由南洋各商会派员于搭客登轮时按名抽收，不假手于船主，务使点滴归公，以归实用。其保商局原有拨助厦门商会经费，及其他公益各项，仍由公会照例拨助，将来办有起色，再由华侨捐资添助，创设商舰海军，俾海内外声气相通，在籍在洋均享受保护之利益，实一举而两得。此本议案所以提出也。宣统二年九月初四日。赞成者：高登鲤、刘崇佑、陈之麟、连贤基、王子懿。

黄乃裳君谓：此案请付审查。

议长（高登鲤君）谓：此案应交庶政兴革科审查，请众表决。可决者五十一人。

第四，请饬上游各县修理滩港案。

议长（高登鲤君）谓：此案亦印刷颁布，请省略朗读。

请饬上游各县修理滩港案

理由：按城镇乡自治章程第五条第三项内载，修缮道路，然陆有路，水亦有路，水陆虽不同，而为路则一。章程只言道路，不兼及水路，以直省河道不皆有石滩，故浑言道路，而水路即在其中，观末句有"其他关于道路工程之事"其意可知。吾闽上游滩港最多，异常凶险，一有不慎，即被礁冲破，重则全舟覆当时大众研究选举之方法，有谓可由议长指定待众承诺者，有谓用投票者，议长请由投票，众赞成，邹君亦亲见之，何以不言？邹君以为公推何以变为选举，则请问系由议长指定为愈乎？抑由大众选举为愈乎？（众拍掌）以此最严密方法推举，尚有人谓为违法，殊属不解。夫议员个人固不足惜，第谘议局机关为最宝贵者，岂容被人任意攻击，贻为口实？应请督部堂即行明白宣示，若无其事，则当速设立会议厅；倘有人递禀，则请立予彻究。如果谘议局有违法，则自有局章在。否则，谘议局无故受此指摘，督部堂应有办理诬告者或造谣者之责任。

议长（高登鲤君）请书记长登坛报告编制议事日表情形。

书记长（林长民君）登坛报告，略谓：据谘议局办事细则第十四条，书记长调制议事日表事件；又据谘议局议事细则第二十四条，议长于每次会议终时应将第二次会议之议事日表报告于到会议员全体。此次公推审查科士绅札文，系九月十二晚到局，十七日行选举，中间尚隔一会，为九月十五日。九月十五日之议事日表，应于十二日会议终时由议长报告。十二晚所奉之督札，自无从列入日表。十七日会议之议事日表，应于十五日会议终时报告，所以未列公推会议厅审查科科员之故，乃因公推方法未经研究。本年书记调制日表，皆由议长举研究会已经研究之案，交由书记长列入。公推方法未经研究，故未列入。至十七早研究公推方法既定，十七日午后开议，议长乃将十七早已经研究之件，临时表决变更日表，遂行选举。合将情形报告。

议长（高登鲤君）谓：诸君赞成将此质问案呈督部堂者，请起立。计起立赞成者为对于出席议员五十六人中之四十七人。

第三，请裁撤厦门保商局归并华侨公会案（第一读会）。

议长（高登鲤君）谓：此案已印刷颁布，请省略朗读。

请裁撤厦门保商局并归华侨公会以实行保护提议案（发议者仰光华侨参议员杨向荣、沈钧）

南洋华侨，受内地里豪衙蠹种种欺凌，其甚者则勾通盗匪，明火具仗，劫掠一空。如去年同安、海澄两属，攻劫之案，层见叠出，以至华侨闻风裹足，视回国为畏途。查保护华侨，前经迭次钦奉上谕，光绪二十五年间，前督部堂许奏设厦门保商局，原为认真保护起见。乃事沿既久，毫无实际。遇有华侨冤抑，及惨问,则邹君是否确知递禀之人?请邹君明白答复。

邹含英君谓:顷刘君所说甚是,应请督部堂彻底查究。

刘崇佑君谓:然则递禀之人,邹君亦知之乎?请专就此节答复。

邹含英君谓:此节可毋庸述,现既请督部堂彻底查究,则将来自能知悉。

刘崇佑君谓:国家设会议厅,所以分为三项选举者,盖欲使各方面人皆得申其意见。就立法者之意言之,以一部分由本局公推,公推方法如何,并无规定。大抵公推者,不外由公意承认而已。且本省士绅云云,非仅限于一地方或一阶级之人。方今交通未便,各府虽有特出之人,不皆为众所共晓,将用何法推出六人?且所谓运动者,必为秘密之举动,岂有全体议员在研究会中公然所为而可谓为运动乎?夫选举罚则中所规定者,惟暴行胁迫贿赂等而已,此外不犯定章所规定,即并非违法之事。且本局此次公推,系照选举议长、副议长及常驻议员方法,用无记名投票,以过半数为当选。此系以最严重方法,举会议厅士绅,如此而谓为违法,则何事非违法者?夫本局非对于起诉者为申辩,不过因风闻有此事,故特将当日情形声明,应请督部堂注意。用讨论方法,使大众得以周知各地所出人才;用无记名投票过半数当选方法,即使公推得最自由最合公意之结果。本议员窃以为,此实至公至正至平允全合法律之事。

邹含英君谓:刘君所说长篇文章,总在分别有无违法而已,督部堂自有权衡。至云照选举议长、副议长、常驻议员手续,系慎重其事,则将来选举议长等,均可预先书写黑板乎?

孟思培君谓:顷邹君所言,殊甚不解。邹君以选举之日未到会,故不赞成。若使有人反对议案,便可故不到会,俟经公决后,再出翻议耶?

邹含英君谓:是日议事日表未列此节,本议员又何从预知而不到会?

苏寿乔君谓:邹君当日系在研究会与闻其事,并无反对,何以今日复有可疑?既有可疑,在当日应行质问,何以俟诸今日?

邹含英君谓:是日手续似属公推方法,何从质问?

刘崇佑君谓:邹君本日所可疑者,是否因公推方法忽变为选举乎?

邹含英君谓:此系本议员一人之意。

刘崇佑君谓:既邹君以此为可疑,则请即当日研究会情形言之。当日研究会中公推方法,大众均已研究,邹君在座,岂有不闻之理?何以至今日尚有疑问?

督部堂代理员提学使司姚答：会议厅本应即行组织，惟因场所太狭，须行建筑，以致延至二十余日，现在已兴工建筑，一俟工竣，即可成立。至外间有人控告之事，本代理员并未知悉，督部堂亦未面谕。

陈之麟君谓：既据督部堂代理员答复，会议厅未成立，乃因场所太狭，须行建筑之故，即有人控告本局一节，督部堂代理员亦不知悉，自应将质问书呈请督部堂批答。至邹君所问，乃在研究公推方法，非质问本议员者，本议员不必答复。

邹含英君谓：顷因质问案发生公推问题，故敢质问陈君。凡为议员之人，总要遵守法律。公推应该如何，法律上不能违背。研究会既经讨论，奚又用选举法？故本议员不敢承认。

孟思培君谓：公推方法，乃聚集全体人员，各以己意推举，由众公决。惟是会议厅士绅选举，事关全省，各议员各举所知，未必尽人皆能认识，且上下游口音不同，人之姓名更有同音易混者，未必大众明了，所举又不止一人，又未必人人心中皆记得清楚，故于九月十七日，全体议员将其所知之人姓名、品格、履历详细写出，以供大众选择，有何违背法律？

邹含英君谓：向来投票选举，未有先行在研究会商议之理。既在研究会商量，不必选举，本议员所以不承认。

孟思培君谓：当日邹君并无异议，后来投票亦与其列。

邹含英君（请）〔谓〕：本议员投票日未到会，因是日议事日表未登也。

孟思培君谓：邹君研究会已在场，既未明示反对，何以今日复有此言？邹君是否谓个人不承认，即可推翻多数之议决乎？

邹含英君谓：是日既未到会，故今日有此问题。

刘崇佑君谓：本日质问，因会议厅事关紧要，久未成立，殊深系念，且于昨日风闻有人在督部堂处递呈或禀，控告本局选举会议厅士绅有违法之处，如果属实，则督部堂亟宜彻底查究。倘系本局违法，则督部堂自应照章办理；倘无违法之处，则亦应剖白清楚。所以本日有此质问。兹据督部堂代理员答，系因建筑未竣。至递禀一节，督部堂代理员既不知悉，应将质问案呈请督部堂批答。

邹含英君谓：请问当日会场是否用公推法？抑或用选举法？

刘崇佑君谓：邹君身为议员，深悉内部情形，何以复有此问？邹君既有此陈之麟君谓：本日有临时质问案紧急提出，应请议长变更议事日表。

议长以变更议事日表请表决，可决者四十五人。

第二，关于会议厅组织质问案。

议长（高登鲤君）请陈之麟君登坛质问。

陈之麟君登坛质问（大意与质问案略同）。

关于会议厅组织质问案

本局于九月十二日奉督部堂札，遵照宪政编查馆奏定各省会议厅规则，审查科三项人员由督部堂暂定总额九人，其本省士绅一项定额三人，应由谘议局加倍公推，呈候覆选派充。本局遵于九月十七日选定六人，二十日开具当选者姓名履历，呈请选充在案。查此项奏定规则，于八月十六日奉旨依议，钦此。宪政编查馆原奏审查科专司审查谘议局议决事件，现在本局常年会业已闭会，临时会复已开会，呈请施行之案，当待督部堂核准札覆者甚多，审查科士绅既经加倍选定呈报，事隔月余，未蒙札覆，未知督部堂何日可以覆选？何日可以组成会议厅？本局对于此事，不无疑义，日来外间谣言纷纷，谓有人在督辕递禀，控告本局公推会议厅审查科士绅有违法暧昧情事。虽未奉到札知，然此事关系重大，如果属实，极应彻究，以清黑白。督部堂曾否接到此禀？审查科士绅迟未经覆选者，是否因有此禀之故？谨依局章第二十六条，提出质问案，呈候督部堂察鉴，伏乞迅赐批示，实为公便。质问者：陈之麟、孟思培、卢初璜、邓畿、谢受殷、苏寿乔、郑祖荫、张道南、熊秉廉、王子懿、陈锡朋、刘志和、俞光华、赵锡荣、余钟英、李驹、李仲邺、游肇源、吴鸿枢、吴庭枨、范宗福、黄羲、李钟声、郑藻山、高士龙、潘纪雲、林天骥、张国宝、黄纪星、黄乃裳、周寿恩、周文麟、上官华盖、黄金銮、陈树勋、蓝德光、彬煦、刘崇佑、洪鸿儒、黄钟澧、林邦桢。

邹含英君质问：公推方法若何？

陈之麟君谓：公推方法如何，非本议员此时所论。

邹含英君谓：公推方法岂仅由议员指定经众选举即算公推乎？

陈之麟君谓：此事须问全体议员。

邹含英君谓：此系内部问题，应请陈君先向督部堂代理员质问。

陈之麟君向督部堂代理员质问。

总当力副委任。如或因循误事，粉饰邀功，定即严惩，不少宽假。顾官吏有应顾之考成，国民亦有应循之秩序。此后倘有无知愚氓藉词煽惑，或希图破坏，或逾越范围，均足扰害治安，必即按法惩办，断不使于宪政前途稍有窒碍，以期计时收效，克日观成，上慰先帝在天之灵，下慰海内喁喁之望。将此通谕知之。钦此。钦遵电达前来，合就恭录，札行谘议局查照，须至札者。右札福建谘议局准此。宣统二年十月二十八日。

四、报告日惹华侨参议员来函。

议长（高登鲤君）请书记长登坛朗读。

书记长（林长民君）登坛朗读来函。

函中大要称：收到本局所寄督部堂交议案十二条，议员提议案十一条，并请本局体念侨艰保护华侨一案，妥筹善法，迅速施行，及和国苛待华侨实情，应如何维持之处，乞覆函。末署华侨参议员周廷管、李金泉、傅仰山、卢鹏腾、郑延藩、李高养仝启。

刘崇佑君谓：日惹华侨参议员诸君来函，注意在荷兰苛待华侨事，此事早在研究会及协议会谈及，惟一切情形未能详悉，现在既据寄来各种报告，本局当为之提出建议书，呈督部堂核办。

议长（高登鲤君）谓：刘君所说甚善，诸君赞成者请起立。计起立赞成者五十四人。

第一，资政院关于预算岁入有无不符遗漏咨询案之提出。

议长（高登鲤君）请书记长登坛报告。

书记长（林长民君）登坛报告谓：前于常年会开会期内，接到资政院来电，电文甚简单，遂由本局提出作为咨询案，会期内未及议决，现在临时会再行提出。

议长（高登鲤君）云：此案前会已经讨论，现当付审查员审查，赞成照先例指定临时审查员者请起立。起立赞成者五十四人。

议长指定临时审查员九人如左：王子懿、孟思培、洪鸿儒、潘纪雲、郑藻山、陈蓉光、施景琛、黄纪星、郑祖荫。

议长（高登鲤君）请表决，可决者四十二人。

议长（高登鲤君）述各种报告：

一、报告议员李馥南君、洪湛恩君、黄必成君、陈士霖君各告假一天。

二、报告各科主查员理事姓名。

其他财政科主查员黄纪星，理事椿安。

法律科主查员卢初璜，理事黄金銮。

三、报告督部堂札知奉上谕国会缩改于宣统五年实行开设。

总督部堂松为恭录谕旨札行事，宣统二年十月初五日，接电传初三日奉上谕，前据各省督抚等先后电奏，以钦颁宪法、组织内阁、开设议院为请，又据资政院奏称，据顺直各省谘议局及各省人民代表等陈请速开国会等语。当将原折电交内阁、会议政务处王大臣公同阅看，旋据该王大臣等各抒所见，具说呈进。又于本月初二日召见该王大臣等详细垂询，切实讨论，意见大致相同。溯自分年筹备立宪，限期定自先朝，朕仰承付托之重，夙夜兢惕，无时不以继志述事为心，既不敢少事迟回，亦不敢过形急切。前经都察院两次代奏呈请速开国会，均即明白剀切宣谕，彼时为郑重要政起见，诚有不得不一再审慎者，乃揆度时势，瞬息不同，危迫情形，日甚一日。朝廷宵旰焦思，急图挽救，惟有促行宪政，俾日起而有功，不待臣庶请求，亦已计及于此。第恐民智尚未尽开，而财力又不敷分布，操之过蹙，或有欲速不达之虞。故不能不验向背于舆情，决是非于廷议。今者人民代表吁恳既出于至诚，内外臣工强半皆主张急进，民气奋发，众论佥同，自必于人民应担之义务确有把握，应即俯顺臣民之请，用协好恶之公。惟是召集议院以前，应行筹备各大端，事体重要，头绪纷繁，计非一二人所能蒇事。著缩改于宣统五年实行开设议院，先将官制厘订，提前颁布试办，预即组织内阁，迅速遵照钦定宪法大纲编订宪法条款，并将议院法、上下议院议员选举法，及有关于宪法范围以内必须提前赶办事项，均著同时并举，于召集议院之前，一律完备，奏请钦定颁行，不得少有延误。总之，决疑定计，惟断乃成。此次缩定期限，系采取各督抚等奏章，又由王大臣等悉心谋议请旨定夺，洵属斟酌妥协，折衷至当，缓之固无可缓，急亦无可再急，应即作为确定年限，一经宣布，万不能再议更张。尔内外各大臣，务当协力进行，时艰共济，各省督抚领治疆圻，责任尤重，凡地方应行筹备各事宜，更当淬厉精神，督饬所属，妥速办理，勿再有名无实，空言搪塞。必使一事有一事之成绩，一时有一时之进步。无论如何为难，

第三次福建谘议局（临时会）议事速记录第三号

宣统二年十月二十九日（1910年11月30日）

议事日表临时会　第三号

宣统二年十月二十九日（水曜日）午后一时开议。

第一，资政院关于预算岁入有无不符遗漏咨询案之提出。

第二，请裁撤厦门保商局并归华侨公会案（仰光参议员杨向荣等提出）第一读会。

第三，请饬上游各县修理滩港案（上官华盖、李泰交提出）第一读会。

第四，惠安刘友声陈请剔提陋规充地方自治经费建议书之提出。

第五，覆议整顿闽路案。

第六，覆议西南泷口港案。

第七，覆议保护上游木商案。

第八，覆议妥筹民教相安案。

第九，覆议约束外人在内地违法举动案。

第十，覆议保护华侨案。

第十一，覆议禁售土地与外人案。

第十二，覆议改良盐务案。

第十三，覆议立限清葬申覆书。

第十四，本局本年九月至十二月预算案（本局提出）第一读会。

第十五，本局本年临时会预算案（本局提出）第一读会。

第十六，划区禁烟限期肃清案审查员报告。

第十七，实行征收田房契税新章案审查员报告。

张步青。

黄乃裳君谓：彩票一节，业经督部堂奏准出示禁止，此案可不必提。

议长（高登鲤君）谓：此案目的既达，可不必开第二读会，请众表决。全体赞成。

第十一，试办农林规则提议案。

议长（高登鲤君）谓：可省朗读，请提议者登坛说明。

提议者王子懿君登坛说明理由，略谓：此案提出之原因，实因赈捐实收之款，恐其滥用，故拟此规则。惟现在赈捐截至明年三月底止，而实收尚未发给，诚恐无此事实。当请诸君讨论，但农林规则原属重要，不能因未筹的款而中止也。（余与提议案同）（提议案见前会期速记录）

议长（高登鲤君）问：应否付审查？请众表决。可决付审查者五十二人。

苏寿乔君登坛谓：凡议员所提议案，非为个人计也。本议员所提之案，如第一、第二、第三各条，诸君不赞成开第二读会可也；不赞成付审查，则是赞成警察局可用刑，羁押所可用非刑矣。本议员窃为诸君不取也。

陈锡朋君谓：警察不能用刑及禁用非刑，此皆当然之事，何必言之。

刘崇佑君谓：临时会原为预备预算案及他案覆议之余地，冀能使本年各案成立，见诸施行。现在为日无多，请督部堂饬会议厅对于各案从速决议，早日札覆，以便议员等得有覆议之余地。

督部堂代理员交涉司吴答：当为转达。

议长（高登鲤君）报告第三次临时会第三号议事日表。

议长（高登鲤君）宣告散会。

是日出席议员五十九人。督部堂代理员交涉司吴于午后一时到会。午后五时散会。

第十，请实行禁止彩票并赌博赌具案（柳遇侯等提出）。

议长（高登鲤君）云：此案已印刷颁布，可省朗读，请提议者柳君登坛说明理由。

柳遇侯君登坛说明理由（大旨与提议案同）。

请实行禁止彩票并赌博赌具案

理由：赌之为害大矣，大吏对于此途，非不欲一旦廓清，而各属此风往往竟不能泯者曷以故？盖州县者亲民之官也，州县稍事犹豫，虽日言禁赌，于事实上究属无补，此治其末者不如清其源之为愈也。兹就管见所及，谨拟办法数端，意在扫除积弊，是否有当，伏候公裁。

一、彩票一端，为害更大于花会，虽设自外省，而福州城厢内外，以及各府州县之人民，藉此以渔利者，指不胜屈。别项赌博尚不敢明目张胆，独对于此则悬挂大小彩招牌，呼人买卖，如同生理，举国若狂，害孰甚焉。虽明知各省奏设此项彩票，藉以为筹款之补助，原出于万不得已。现在立宪时代，断不宜有此陋弊。况我福建既无是名目，准情度理，自可严禁流入，以免利源外溢。应请督部堂通饬各属，于大小彩票，尽限本年十一月底截止，一体不得售销，违者惩罚。并请通饬邮政局，于限外再不得递入，以肃赌源。

一、各属文武官衙门，如有赌博情弊，请地方自治团体公同严禁。或系胥吏，送本管官革办；或系官绅幕友，将所赌何具，对赌何人，公布各团体为据，一面径禀上峰（该禀可由邮寄，以免举发为难之虑），禀果属实，派委查确，当即治以应得之罪，以为民警。

一、制造纸牌，福州城厢内外计数百家，其贿赂差保陋规，每家年纳约十数元或数十元不等。该牌畅于外府州县，地方官往往以纸牌为游戏之物，姑从宽论。废时失业，百弊丛生，其原因皆根于制造之家。应请督部堂通饬勒禁，并关于赌博之具（如麻雀、天九等），无论制造者与售卖者，查出一律严办。此项稽查，可责成地方巡士，如稽查不力，巡士革退。

一、前年花会咨询案内，申覆赌博各条办法，蒙札照议办理。现查各府州县赌风仍盛，应请再行通饬，切实严禁，不得稍事犹豫，违者一经指明，当即严惩，不得仅以"失觉察"三字了之。

提议者柳遇侯，赞成者上官华盖、彬煦、赖其浚、苏春元、伍春蓉、邓畿、为具文，此次措词应格外严厉，庶残酷之吏稍戢淫威。

第二条　请严饬各属，将从前非刑各具一律销毁，禁卒看役私造之刑具，尤应责成各该地方官勒令缴销。

（附说）非刑之设，例禁甚严。查光绪三十二年十一月法部奏议覆变通枷号并除苛刑折内云，各省问刑衙门，向有站笼、挺棍、天平架、老虎凳、单跨、摇天幌等刑具，请饬下各直省督抚将军都统，转饬所属，将上项刑具一律销毁净尽，如有私用者，照例参处，业经奉旨依议在案。闽省州县官滥用非刑者，比比皆是，而照例参处之案，从未发见，则此条应并请实行。

第三条　各属地方官经此次申饬后，如尚有不遵照新章办理者，得由谘议局随时呈请督部堂严办。

（附说）查新章，各地方官如有率用刑求与滥用非刑，各上宪原有指名严参照例参处之责，惟长官耳目难周，议员见闻较确，嗣后各地方官如有不遵新章者，违法之事，莫大于此，应照局章二十八条办理。

第四条　现在司法未曾独立，凡本省管理刑事诉讼事件各官署，皆应按照本案所定切实施行。若府厅州县各级审判厅一律成立后，应照审判厅章程办理。

刘崇佑君谓：此案系钦奉上谕，自应遵照实行。惟此案有可疑之处，我国现在能否不取口供主义，而用证据主义？此实一问题也。现在停止刑讯不能实行者，其故在此。

苏寿乔君谓：本议员亦知我国司法制度未备，不能用证据主义，然所以出此者，盖因地方官往往滥用淫威，有时并非以刑求供，而以意为法律，故规定此，冀稍杀其淫威耳。

刘崇佑君谓：苏君之说固是，惟本局所议之事，贵在能实行，既系期其必行，则明年开会时，关于本年之案，必有许多交涉处，故本年各案宜预先详酌也。

议长（高登鲤君）谓：此案应付审查否？请众表决。赞成者仅二十三人（少数）。

议长（高登鲤君）谓：此案不付审查，应开第二读会，请众表决。赞成者仅二十二人（少数）。

廪生聂徽典，年五十一岁，在城；增生刘梦辛，年六十岁，下坊街；附生徐松涛，年三十一岁，在城；毕业生宁斌，年三十二岁，南门。

刘崇佑君谓：此建议书甚详晰，照本局议事规则，仍应付诸审查。

议长（高登鲤君）谓：本年五月间，建宁县议员等对于此事亦具有折略，由上官华盖君交局，经本局常驻议员协议，同意函呈督部堂，并蒙允为查办。此与本案有关，当审查时，可为参考。至此建议书应付审查，请众表决。全体赞成。

议长（高登鲤君）谓：照先例指定审查员五人：邓畿、黄纪星、李仲邺、施景琛、黄乃裳。

议长（高登鲤君）请众表决，可决者五十一人。

第九，请实行禁止刑讯销毁刑具案（苏寿乔、谢受殷提出）第一读会。

议长（高登鲤君）：此案已印刷颁布，可省朗读，请提议者苏寿乔登坛说明理由。

提议者苏寿乔君登坛说明理由（大意与原案同）。

请实行禁止刑讯案（提议者苏寿乔、谢受殷）

理由：停止刑讯，为改订刑法、撤去领事裁判权入手要图。恭读光绪三十一年三月二十一日上谕，重申诰诫，责成督抚严饬各属，实力遵行。是年九月十七日，复经修律大臣奏准，饬下各省督抚督同臬司，严饬所属州县，嗣后审理案件，凡罪在流徒以下者，照新章不准刑讯。钦遵前次谕旨，实力奉行，倘有阳奉阴违，仍率用刑求妄行责打者，即令该管上司指名严参。立法何等森严，司谳者应如何平情推鞫，仰体朝廷矜恤之意，乃各属州县官威权恣肆，每遇寻常案件，仍率用刑求。尤可恶者，羁押所之设，系暂时拘留轻罪人犯及案内牵连之人证，而一般禁卒看役，胆敢私造非刑，凌虐索诈。似此行为，若不实行查禁，非独显违明诏，亦且贻讥外人。此本议案所由提出也。

办法

第一条　请督部堂严饬各属，嗣后审理案件，凡罪在流徒以下者，务须恪遵新章，不用刑讯。

（附说）停止刑讯，屡奉明诏，督部堂谅早已通饬各属矣。惟各地方官多视啸聚，但计狡谋深，尚未发觉。前任李大令以该生品行悖谬，剥夺其选举权，分示宣告在案。去年五月间，王花郎纠众抢劫西峰庵猪牛谷物，该地联甲廖顺仕等侦探得实，将花郎拿获，送经陈大令讯明发押本地方。嗣因十二月初五日里心匪徒滋事，文武官均往剿办，祖俊纠集匪党百余人，于伊家城外水南歃血置酒，潜谋劫监，放出花郎，分掠铺户，以为内应。俊并亲往衙前街各店，收买黄布数十匹，以为缠头标识之用。此市人所共目击者。居民闻警，奔走无路。幸县宪暨营兵警勇星夜赶回，初六日八时到县，召集四隅联甲守城达旦，匪始敛迹。乃居民惊扰，时起风潮。县宪恐人心惶惑，乃将王花郎寄府禁押，欲绝匪望，以安民心，本系万不得已之苦衷。讵料徐祖俊耸出花郎之妻廖氏，刁逞上控，府宪遽信以为然，竟提联甲廖顺仕等到府，与匪质讯，合邑无不骇异。在城四隅联董李运乾等，乃将据实情形联名建议到会。议员等深念匪党抢劫，有害社会公安秩序，且皆亲见亲闻，事真情确，不容缄默不言，遂将各节情由，呈请府宪查办。奈府宪轻信匪首徐祖俊之狡供，谓议事会之呈文系县主逼勒授意，谕令议事会交出四隅联董李运乾等数十人到府，提同质讯察办。斯谕奉到，人心惶惶。呜呼！联甲拿送，纵曰狭嫌，县主与彼何嫌？在城四隅全体联董、议事会全体议员复与彼何嫌？议会为一邑舆论所出，议员为一邑代表机关，使祖俊而被冤抑，议员等断不肯受县主之意，而物伤同类。府宪必因匪无供词，遂谓事无凭证，则徐祖俊、王花郎匪中渠魁，熟计供成必死，决然死不成供。然寺佣之供，即可为抢庵之证。祖俊收买黄布为标，即可为劫监作乱之证。如谓寺佣高绍祖之县供为众人所教，安知绍祖在府之供非祖俊、花郎所教乎？夫祸愈大者谋愈深，当其未发，确据难寻。洪杨始叛广西也，邑令拿获上峰，以无确据而释之，以致咸同之乱，几遍天下。前车不当鉴欤！在府宪哀矜折狱，不无慎重求详之意，然议员等非确有见闻，谁肯诬良为匪？总之，徐祖俊、王花郎之为匪首，举邑皆知，若误信狡供而不严刑究办，则惠奸之患将不胜言，又安望自治之发达增进地方之幸福耶？理合具由陈请贵局察夺，提前开议，转呈督部堂，迅饬邵武府将匪首王花郎、徐祖俊严行惩办，毋听狡供，实为公便。伏乞谘议局公鉴。宣统二年十月□日，具陈请建议书。建宁县城议事会议员：附生廖鸿渐，年六十二岁，城背；廪生徐先甲，年四十七岁，水南；廪生廖德坤，年三十二岁，在城；拔贡丁何裔，年五十二岁，半源；附生璩溥渊，年六十一岁，在城；恩贡徐培原，年五十九岁，水南；

墙相差甚远，何得蒙混？该城既属龙溪县辖，为水师分管之处，显系官地，祯祥何人，焉得擅购？且附近下浒一带，荒地甚多，尽可购筑，而必取扼要之石城，究竟其意何居？此不可者三。龙溪有守土之官，该城为龙溪辖境，华祥糖厂系商办公司，地方有管理之权，未禀奉本管长官核准，率将该城盖成糖厂，致该处乡长赴县禀控，倘不严予禁止，此风一开，人将效尤，后患何可收拾？此不可者四。即设一勉强通融之说，谓目前防卫尚无需及该城，姑许暂时盖厂，一俟有事，督令归还，似骤思之亦属无碍，然细查该城建筑，上为雉堞，下为炮城，制本严整，该厂构造，紧靠石城，炮门被其遮蔽，如果暂许通融，则安炮地位已失，形势全非，恐一旦大敌当前，事起仓（卒）〔促〕，拆改既云未易，仍旧更属为难，不知守卫者将居于何所？此不可者五。有此种种不可之实据，实属未便通融。职商郭祯祥素明公义，经此次之后，当知该城为全邑安危所系，毋得别图设法，冀相迁就。应由会据实覆请本管监督，勒令该厂即行停工，并将前所筑者一律拆卸，一面详请立案，将该城永远留备屯兵之地，不得移作他用，似于朝廷维持实业，慎重地方之至意，两为有合。

议长（高登鲤君）谓：此两案应一并付诸审查，请众表决。可决者五十六人。

议长（高登鲤君）谓：此审查员应否互选。

刘崇佑君谓：议长照先例指定。

议长（高登鲤君）指定五人：洪鸿儒、郑藻山、连贤基、孟思培、洪国器。

议长（高登鲤君）请众表决，可决者四十九人。

第八，建宁县城议事会议员廖德坤等建议书之提出。

议长（高登鲤君）请书记长登坛朗读。

书记长（林长民君）登坛朗读建议书。

具陈请建议书：邵武府建宁县城议事会议员廖德坤等，为匪首狡供，挠惑明听，治安攸关，公论具在，恳请转呈督部堂迅饬严办事。窃建邑匪类滋炽，除赣省蔓延之林畲班外，土著匪类则有桶子会之名目，该会分为二股，一在西乡里心，一在县城内外，互相党援。在里心者以黄得标为首，现已拿获在案；在县城者以革生徐祖俊、土棍王花郎为魁，二匪狼狈为奸，无恶不作，匪徒数百，时常全邑安危，应由本会即日电请谘议局提议。当查谘议局章程第二十一条，谘议局应办事件第十二项，收受本省自治会或人民陈请建议事件，是自治会对于谘议局有陈请建议之权。即由到会全体公决，于初九日特发佳电，请贵局提议。本会窃查郭祯祥所筑糖厂，实在下浒城内，下浒为漳州第二重门户，向为防守要区，浒存漳存，浒城若失，漳不可守。郭祯祥未禀明该管地方官，率以国家重要公地据为己有，藐视王章，至此为极。现在舆论纷纷，均以郭祯祥为同安民籍，漳州安危非所关系，乃以运动为漳州农会总理，护符有恃，横行无已，若坐视其肆志而不加以纠正，恐他日愈滋事端，效尤之风尤不可长，而此外种种莫可预料之危机，更潜伏于兹事之影响。且郭祯祥经下浒附近乡民联名赴县控告，龙溪县谕止之后，不特不遵，乃竟加工赶造，期于夺手速竣，显达功令，不恤人言，一至于此。逾月以来，民情大为汹汹。本会虽系县城范围，顾念咽喉既断，肢体摧残，下浒一失，推论其极，宜有身家性命之忧，非得贵局提议，请制宪速谕地方官从速收回，无以重地方而固防守。除申覆本管监督外，理合具呈陈请建议，并将原审查案另折钞呈，即乞谘议局公鉴施行。计附折一件。宣统二年十月初十日，具陈请建议书。龙溪县城议事会，代表者郑岩。

谨将龙溪县城议事会议决关于下浒炮城应否准筑糖厂审查案钞录呈电

查下浒炮城，扼三叉河口（下浒一称石浒，一称福浒，而实为一地），当西北二溪之冲，为由厦入漳要道。明季因防匪而筑，又为国初海氛屯兵之地。其为守漳门户，数百年来保守如旧，不容一旦轻弃者也。该城形式，本一完全炮台，虽年久失修，炮口尚历历可数。此等要地，实宜留备缓急，万无移作他用之理。且三叉河一带，港汊四歧，间或盗艘出没，即经拘拿严办，哨船巡防，然移附近汛兵扼驻河城，为哨船声援，似更足卫居民而安商旅。是该城不特万一有事，为防守要区，即在今日，亦不能改为制造糖业之用。查寮西华祥制糖公司，系报部注册之业，营业所在地既经报明，不得任意移徙。该公司报部并未言明于该城筑机厂，而率尔开工，据为己有，是虽寻常之地，犹且不可，况防守重地乎？此不可者一。当此朝廷整顿武备，陆军部檄查各属要塞，该炮城为入漳咽喉，经本管监督查明报部在案。防守重地，既经报部，该公司系商办之业，安得不禀候核示，而乃任意改造，不顾大局？此不可者二。该公司领有厦防厅执照，并无言明该城，只言该地河沟围墙以内。至其报龙溪县函，又言购地一区，不知炮城与围乎？且所筑轻便铁路亦非近于炮城之处，而郭祯祥乃含混言之，其实铁路与炮城并无关系也。

孟思培君质问炮城何状。

陈锡朋君谓：炮城内有三十土方之大。

孟思培君云：既属要害，应有人管理。何以水师提督遽敢答应出卖？

洪鸿儒君谓：请议长将议事会建议书一并交付审查。

卢初璜君谓：据陈君说，议事会并非反对实业，不过因炮城地关紧要耳。本议员之意，现在既无变乱，不妨暂借为糖厂，惟不能将城撤毁，将来有事时，即应归还，如此办理，似亦两全之道。

孟思培君云：据该建议书末所言甚均平。

陈锡朋君谓：此事关军政，非本局所能议决。

陈之麟君谓：现在两造既经有建议书提出，应一并表决付审查。

施景琛君谓：据郭祯祥前日所述，五年之后，每年漳泉人民可入利百万，至十年，国家税可增至百万，由此言之，此种利益甚大。惟是郭君作事，于内地情形不熟，未免隔阂，故有此交涉。本议员现对于此事有最希望者三：（一）此本地为行政长官所准其设厂者，今行政设法妥筹办理，与实业前途无妨碍方可；（二）本局去年所议之事，十事九空，惟保护华侨、招徕归国一事，见诸实行，议员等对于此案应加注意；（三）漳州城议员亦当对于实业加以注意。据本议员之意，请将该炮城暂借郭君数月，俾甘蔗百万根不致损坏。

议长（高登鲤君）谓：尚有龙溪县城议事会建议书，应请书记长朗读，以便一并交付审查。

第七，龙溪县城议事会请下浒炮城不得移作糖厂建议书之提出。

书记长（林长民君）登坛朗读建议书。

具陈请建议书：龙溪县城议事会代表郑岩等，为要地一失，关系匪轻，呈请建议勒令拆还事，窃本会于九月抄开第一届会议经自治监督提出咨询案，以下浒系水道扼要重地，现筑糖厂，应否准行问题到会。当经会期，征集全体意见，谓兹事必不可行，即交审查员审查，以为下浒若筑糖厂，有五不可之理由，均经本会议决。复经第十次会议，议员陈辛盘等提议，以郭祯祥在下浒所筑糖厂，关系还等字。查黄嵩年系以县幕而兼理议事会事，胡新淦亦系著名劣衿，人言籍籍，不知如何而得被选为议事会议员？此次之电，出诸黄、胡两人之意，黄、胡系受何人所指使，则不得而知。祯祥因闻此消息，遂饬丁往询漳州董事会总董刘书勋，得其覆电有"电省不知"四字，是议事之电果为全体所发乎？抑非全体所发乎？尚待细查。惟该电所称"强占炮城"，已备述于前，是否炮城，不辨自明。又云"门户已失，民情汹汹"，岂有自设制糖厂便算失却门户乎？岂有董事会总董自称不知之事便可谓民情汹沟乎？要而言之，祯祥来自外洋，未能谐俗，应酬失当，末节太拘，上失县主之欢心，下开同业之妒忌，丛怨之来，如矢集的，解无可解，逃无可逃，犹自念平日与漳人士感情未尝稍乖。前岁漳属水患，祯祥适充日惹商务总会总理，首倡二千金，并分电各埠，不旬日得十三万余金，各自电汇来漳。又漳州农会开办乏资，祯祥以孤力负担。其他地方公益，有求于祯祥，凡力所能为者，靡不踊跃争先。即如倡办制糖厂，亦为漳属谋公共之利，竟因一二金壬动辄牵制，祯祥一身不足惜，特恐后之华侨视祯祥为愚且骏而相戒裹足也。此案详细颠末，固不能以祯祥一面之词为衡；而漳属官绅反对有人，亦不能以漳属官绅具报之词为准。敢恳据情转呈督部堂，请即专派亲信大员，驰往密查。果祯祥有非分之行为，则治祯祥以相当之罪；苟系无端造谣，亦请彻究以重名誉，以保实业。理合具由陈请建议，即乞谘议局公鉴。宣统二年十月十八日，具陈请建议书。漳泉华祥新法制糖厂发起人郭祯祥，年五十一岁，同安县籍，住寮西社。

陈锡朋君登坛谓：本议员为漳州人，当此事发生后，即发电查其详细情形，此中亦有各执一偏之处。此书为郭祯祥反对议事会者，不知漳州城议事会乃反对其以炮城为厂，并非反对其兴实业，此书不免有误会之处。请详细说明，以备讨论。查炮城地方为扼要之处，当三叉河之冲，地势极险，从前为盗贼出没之所，有一石制完全之炮城，而郭祯祥乃谓不过菜畦数亩，此其大相反者一。至谓议事会之电为造作谣言，夫以议事机关之电报乃指为谣言，此其不可者二。诸书所指黄、胡二人，黄为广东人，在漳州百余年，现充该处小学堂长，并无充幕友之事，至胡某则并非议员，此其事实上之不对者三。又刘某为董事会总董，郭祯祥但据刘某所述，渠非议事会议员，安得知议事会发电？谓电非议事会所发，不得以此为据也。此又其误会者四。夫议事会所议决者为不可信，则尚有何可信者达，新足胜旧，由此推广，可为吾闽九府二州作制糖一大模范。讵料功告垂成，而外议忽起。始则诋以洋股，继复责以垄断，一二人倡其说，而外间以讹传讹，几若确有其事者。不知本厂之设，所有用费皆由祯祥一人独出，资本不但无洋股，且无外股。当开办时，咨部章程业已声明，外人不知，故有此等谣语。此洋股之说可以辟也。吾闽设立公司，半多失败，事未办一二，款已糜若干，久为华侨所藉口。又有以少数股额而欲干预多数之事权者，卒至意见不合，弗克成立。祯祥有鉴及此，因拟草特别办法，分五年试办，以奉准部批为第一年，先备一千【十】万元，按年递增，共计五十万元，此款由祯祥独力出资自担。俟至第六年，果有成绩，即招集股份，少则五百万元，多至一千万元，无论何人，皆可领股，惟不得羼入丝毫洋股。经蒙农工商部核准，区区苦衷，原恐亏蚀累人，致绝来者之路，非欲藉此垄断。祯祥果欲藉此垄断，何必以五年自限？就令试办五年，每年十万元，一一获利，究所获能至若干？若以渔利视祯祥，祯祥爪哇糖业岁获不下数十万元，何必舍已成之业争未来之利？况公司股本亦非五十万元所能成立。台湾已成立之制糖公司，达一千万元以上者四家，其次或四五百万，至少亦二百万，日日竞争，有发达，无退缩。以吾闽之地视台湾加数倍，可图之糖业甚多，所需资本不知要至若干万。即漳泉糖业，五十万能否办到，亦可类推。此垄断之说可以辟也。是洋股乎？抑非洋股乎？是垄断乎？抑非垄断乎？固不能逃明鉴之中。虽人言如此，此心犹不敢懈。仍遵照禀准章程，应设机器工厂数所，就漳泉先设两所。泉之同安县辖水头社创立一所，现已落成；漳属系拟就龙溪县福浒社先行建筑。该地废自前明，虽隶水师营地，并非海口，而考诸本朝史乘，访诸故乡父老，乾嘉以来，从无屯一兵驻一卒为防守之用，只有菜畦数亩，岁纳水师地租九千文。本厂因利其近水，转运较便，先面禀于地方官，蒙谕以地隶水师，须由水师为政，遂禀蒙福建水陆提督，咨准督部堂暨布政使司，由司饬厅勘详无碍，由营会厅给照承领，随即禀请地方官出示保护。因甘蔗已熟，机器已到，且与外国技师成约有期，期逾应罚，不得已招工兴筑，月余相安无事。龙溪县不但不允保护，忽于九月十八日带领差勇到厂，威迫停工，工人因而星散。未几，遂有苏泼等捏词禀县之事起矣。龙溪县有无成见，弗得而知。近由黄嵩年、胡新淦两人，藉城议事会之名目，电致谘议局，并具禀龙溪县。其电文略曰：郭祯祥强占炮城为糖厂，门户已失，民情汹汹，除申覆监督外，合电请速议勒令拆呈请贵局察核。伏乞转申督宪，俯准解散，另召干办，免阻宪政进步，是为公便。须至呈者。计呈送清册一本，本省谘议局议长高。宣统二年九月念二日。汀州府宁化县董事会全体职员：黎嗣镛、黎景祥、刘绍芳、伊光文、刘梅生、伊焕东。

议长（高登鲤君）谓：此建议书中有呈请自治筹办处之语，未知筹办处如何办理？

刘崇佑君谓：谘议局自有应办之事，至筹办处如何办法，可不必过问。本局最要者，应将此书审查后，转呈督部堂，请严札饬县令其注意以后勿再有此事，并通饬各属令其注意。

议长（高登鲤君）谓；此建议书应付审查，请众表决。可决者五十二人。

议长（高登鲤君）谓；此审查员应否互选。

刘崇佑君谓：请由议长照前会期先例指定，不必互选。

议长（高登鲤君）问：诸君赞成刘君之说者，请起立。全体赞成。遂指定五人：卢初璜、张道南、黄金銮、黄纪星、郑祖荫。

议长（高登鲤君）请众表决，可决者五十三人。

议长（高登鲤君）宣告休息二十分钟。

三时二十分续行开议。

第六，郭祯祥请转呈（激）〔彻〕究造谣以保实业建议书之提出。

议长（高登鲤君）请书记长登坛朗读建议书。

书记长（林长民君）登坛朗读。

具陈请建议书：郭祯祥为陈请事，窃祯祥向居南洋，贩糖为业，痛国权之不振，（概）〔慨〕商业之陵夷。复迭次恭读上谕，招徕外洋华侨，回籍倡办实业。前岁杨侍郎南巡，亦面谕谆谆。遂弃本业，携资内渡，遍游南省过，蒙诸巨公待以殊礼，训励有加。去冬来省，蒙列宪暨谘议局诸志士以振兴实业相期望，且提出议案，责以速办糖厂。此所以勉竭（棉）〔绵〕力，而有漳泉华祥新法制糖厂之设也。本厂蒙劝业道宪详请督宪转咨农工商部覆准，并给予注册执照在案，于宣统元年十二月成立，购地一千余石，种蔗二百余万株，置新式机器为改良计，筑轻便铁轨车路为转运计，排众议，任万难，惨淡经营，将届一稔。正幸蔗种发员：雷焕春、伊杰三、巫绍荣、巫凤南、应昌期、雷振春、黄宗宪、邱荣英、伊道觉、龙德风、贾玉辉、张文钟、谢士玉、刘长兴、雷从龙、王化行、黎景云。

议长（高登鲤君）谓：此建议书系呈请解散议事会，夫议事会甫经成立，即请解散，苟非有万不得已之处，何以全体议员皆如此决裂？此诚为吾闽大不幸事。请诸君细心讨论，设法维持方好。

刘崇佑君谓：此外尚有董事会建议书，皆因监督为难，请求解散者。大抵吾国初设议会，多有未知议会之性质。即如各省谘议局，与督抚冲突者常有之。今据议事会、董事会所述，虽系一面之词，然所言均原原本本，必非无因。且请求解散，必有万不能办事之处。本局对于自治会有维持之责，应请议长将此建议书交付审查后，附以本局之意见书，转呈督部堂可也。

议长（高登鲤君）谓：应将董事会建议书朗读，以便一并议决。

第五，汀州府宁化县城董事会请转呈准予解散建议书之提出。

书记长（林长民君）登坛朗读。

汀州府宁化县城董事会全体职员刘绍芳等，为呈请转申事，照得朝廷筹备宪政，以地方自治为先，自应仰承斯意，疏通民隐，兴办公益，力为进步。但庶事非财不举，遵照奏定章程第五章第一节第九十条办理，奈宁地贫苦困窘，风气湮塞，不自今始，所有利息，在官者多，在民者少，而急待修举改革不暇事宜，指不胜屈。夏秋两季，经议事会开会，择其款之更浮事属地方尤关紧要者，议决数十条，呈请监督察核。奉覆惟连山庙公产戏捐试办而已，一切公益诸多委护。计自筹办至成立办事，各员均为名誉外，所有刊刷纸张、置造器具、笔墨、茶点等项，共用去小洋一千五百九十余合。由成立至八月底，惟书记、庶务、局丁，两会每共用一人，月支薪水。各员到局，止有午饭，共用去小洋一千一百零合。除收监督处给来并拨入罚款及连山庙租产并戏捐，总共实入小洋二千一百九十余合外，尚短欠借垫买书籍等款小洋五百余合。按月报告，屡次向领，俱以无款为辞。所议抽捐，又应遵札详奉督宪批准方可举行。惟巡警各项抽捐，风行雷厉，业已就绪。自治可以虚应故事，兴废听之。各员遵谕之下，再四思维，应固当时善技。职等无如群情指摘，舆论难逃，何滥窃妄干，有所不敢。除监督仇视自治情形，前经议事会逐条开折呈报外，合将按月呈报支出并短欠数目，缮具清册，果如何再议。

议长（高登鲤君）云：此案付法律科及庶政兴革科审查，请众表决。可决者五十人。

第四，汀州府宁化县议事会请转呈准予解散建议书之提出。
议长（高登鲤君）请书记长登坛朗读。
书记长（林长民君）登坛朗读。

汀州府宁化县城议事会全体议员伊道觉、黄宗宪等，为呈请转申事，照得朝廷设立自治，原欲各员出谋公益，辅佐官治所不及，故于利弊，均得随时决议，呈请兴革。况关于全体诉讼及其和解之事，亦在范围。是既经成立，非特按季开会，常驻需人；即未开会时，往来公文，非有文牍、书记、庶务、局丁，亦无人照管。虽所需经费，按照章程得从公款公产及特捐附捐提拨，但宁邑素称瘠苦，地又偏僻，风气未开，是以各员筹款，多以公产虚悬，向经中饱，漏规浮巨，不关正供者为言，而兴革事宜，则以民望甚急，受害较深者为请。无如敝县，监督莅任以来，催科旁午，不惟常年会内绝不一临，即请覆议案亦初置不问，嗣迭经催促，始行札覆。且于弊之应革而有碍于丁胥者，概行批驳；于利之应兴纵未显然驳斥，而不允筹款，即是驳斥。之所以然，虽大宪札饬抽捐一事应俟批准方可举行，然监督近因警察加抽屠捐等类，何以不俟批覆，遽尔纷纷举办，一网无遗。他如税契一宗，已经奏定仿照湖南北办理，又经督宪刊示遵行，买契每两九分，典契每两六分，以外丝毫不得多取。今乃每两在城（惩）〔征〕收一钱五分四厘，在乡（惩）〔征〕收一钱六分，司尾每张（惩）〔征〕收一两或一两一二钱不等。差票十二纸，胥役数十人，按户讹索，不问契据之有无，必求溪壑之饱欲。稍一拂逆，指名混禀，管押充盈，致令民心惶惶，将来激成变故，亦未可知。因于秋季议案内略为指陈，本十四日奉到札覆，不惟仇视自治，抑且仍执专制手段，绝无疏通民隐之情。各员于此，亦知言出有冒长官，但欲缄默相安，又未免下辜民望。况自治乃立宪基础，依阿溾涊，更负朝廷。再四思维，莫知所措。除一面呈请筹办处宪外，合亟缮具两季议案，附同监督札覆清折，呈请贵局察核。伏乞转呈督宪，备详情由，俯准解散，以便将各员执照及木质图记缴销。望切！望切！须至呈者。宣统二年九月十九日。汀州府宁化县城议事会全体议地丁银几两几钱几分几厘，计合洋（员）〔元〕几元几角几分正。

民米几斗几升几合几勺，计合洋（圆）〔元〕几元几角几分正。

附收某捐钱几百几十几文，计合洋元几角几分正。

串票几张，计合铜元几枚。

总共收洋（圆）〔元〕几元几角，铜元几枚，此外并无浮冒，所具收单是实，此照。

宣统　年　月　日，某县经征人某姓名收单。盖戳

宣统二年十月□日，提议者高士龙，赞成者卢初璜、刘崇佑、谢滋春、邓畿、王子懿、杨豫、潘纪雲、苏寿乔、谢受殷、陈锡朋。

邓畿君谓：各属报告清理财政局册内征收钱粮数目，甚靠不住。如邵武府属粮价，每两多报三分余，而米亦有多报。

王子懿君谓：各属清册必无多报之理，恐系错误。

邓畿君谓：从前本多，自有铁路随粮捐后，遂将粮价稍减。

王子懿君谓：随粮捐何时起？

邓畿君谓：自去年十二月起。

邹含英君谓：此各县情形不同，以清流县言，则城乡各处征收一律，惟有欠纳者则酌加。

郑藻山君谓：照册中所开，如诏安各县，皆多开数目。

李仲邺君谓：第二条查照时价，亦多窒碍难行之处。若照此而定，则敝县人民每两须多纳九十余文。且各处时价不同，若照时价，每当完粮时，粮胥与钱店交通作弊，亦事所不免也。

陈锡朋君谓：此议案关系重大，若行之无利，民间反受其害。各县情形不同，有利于此者，不必其利于彼。若付审查，本议员实不敢负此责任。

郑藻山君谓：第三条粮串十二文，亦有流弊，即敝邑而论，粮串皆未收费。

刘崇佑君谓：顷陈君所言付审查不敢负此责任，本议员不以为然。凡当议员，皆负有议决义务，总须尽力为之。且议员皆自各府县来，岂有不知本处情形之理？此案现在尚未审查，不能因有人反对，而不敢议。凡事皆有利有弊，议员所议之事，不皆能无弊，惟择其利多弊少者为之耳。若关系本省之事，为议员者不能议，则要此议员何用？本议员非谓此案必当成立，然必须付诸审查，候其结

附说：按此条上届提议案已经督部堂札覆照准。

第五条　各属征收钱粮，应照定章，上忙二月开征应完四分，六月截数；下忙八月开征应完五分，十二月截数，至次年奏销时一律完全。

附说：此征粮定章，系督部堂札覆上届议案所申明者。

第六条　各厅州县应照定章大堂设柜，其离城较远之镇乡，由各属相度情形，分设乡柜。

附说：按加设乡柜，系督部堂札覆上届议案所主张者。

第七条　随粮铁路等附捐，概用小洋交纳，每角应抵钱一百文，其奇零者用铜元找足。

第八条　经征胥吏如巧立名目，仍前浮加抑勒，及索取站规、户礼、差礼、年礼、勒掯、留难一切等弊，及不给花户正式收单者，准人民指控，地方官应即禁止，并严行治罪。如有徇隐庇护，以违法论。

第九条　各厅州县遇有民欠，于奏销限满时，列花户姓名，榜示城镇乡。如有以完作欠者，准人民指控。其实欠在民者，应即令完纳。如逾限不完，以抗欠论，应令照常价酌加，每完地丁银一两，应加小洋一角，以示惩罚。如再抗欠，严行治罪。

附说：钱粮为国家正供，浮收固当革除，而抗欠亦应惩罚。然花户之挂欠，其弊多由于征收及完纳之两方面向未表示，若详列完欠各户之数，则彼此可以互证而通晓。恭读雍正六年二月上谕，每年令各乡各里将各户名下已完钱粮若干，尚欠若干，逐一开明，呈送州县官查对无差，即行用印出示，各贴本里，使欠粮之民家喻户晓。如有中饱等弊，许执串票具控等因，钦此。又查户律则例内载，民欠钱粮，州县官岁令里胥，将所管各户完欠细数开送核对，出示本里等语。是此条实系钦遵圣训及户部例语办理。

附则：一、本案应以宣统三年二月开征之日起，全省一律施行，各厅州县于奉文十日内，即行揭示，遍及城镇乡，俾众周知。二、本案系暂行征收方法，俟税则确定、币制颁行后，仍由本省谘议局酌议更改。

　　　　　收单式

　　今收得

某姓各完纳某户宣统几年份

负，必先为人民释其困累，斯感戴深而赴公急。上届本局提出征粮一案内，计办法八条，计虑周详，闻者靡不踊跃，乃以各属情形不同，粮价势难划一，致令案未公布，望者歉焉。盖征粮之弊，在各属粮价参差，尤在胥吏辗转折算，虽划一为根本上之办法，而既格于势难骤行，计惟有将各属所报清理财政局表册内载之数，暂为照旧征收。至于银钱转折、分析、串票及一切弊窦，务必廓而清之，庶收者有定，完者乐输，官民两无亏累。谨列办法如左：

第一条　各厅州县征收钱粮，暂照报告清理财政局册内所载之价数，此外不准浮收分毫。其表详列于后。

附说：报告清理财政局征（政）〔收〕之数，虽各属价目多寡不齐，而既为向章，姑暂仍其旧。至此外不准浮收分毫者，以耗羡、平余、解费及胥吏办公一切等费，均已赅括在内故也。

第二条　现币制未颁，各厅州县征收钱粮，无论大小洋元及找尾铜币，于每忙开征之二十日前，由该地方官会同自治会绅董公行，查照本城市面通行时价，核计完地丁银一两应纳洋元若干，民米一石应纳洋元若干，确定数目，刊刻告示，遍贴城镇乡，俾花户遵照完纳。不得以银申钱，复以钱折银，辗转榷算。前项告示未发布以前，不得开征。

附说：查光绪三十四年，奉上谕饬革除苛政，征粮洋价照市核算，不准稍有抑勒等因，钦此。是此条实系钦遵圣训办理。

第三条　花户应完地丁银若干，民米若干，只需银串一纸，米串一纸，不得分析多张，希图剥算，其串每张应给工价钱一十二文。

附说：按此条督部堂答复上届议案业经准行，惟旧案只言银串，而未及米串，且串票工价亦未规定。查道光二十年，仙游县生员陈建呈控钱粮浮收案，经前布政司常详明院宪，出示晓谕，内开遵照福州兴化现定章程，所有银米串票只准给工价钱一十二文，永远遵守等因。是此条办法原有所本，且一纸串票价至钱一十二文，实属有赢无绌。

第四条　交纳钱粮时，除给串票外，经征胥吏须另填写一正式收单，载明正额若干，附捐若干，串票钱若干，总共收洋元洋角铜元各若干，盖戳交花户为凭。收单式附后。

收单中之数目字须概用正体，如"一"字用"壹"字之类。

单行细则，并私受一切陋规（如典规、节礼、即油礼、银工、送契礼、挂红礼及零数归整之类）者，应准人民指控，或陈请谘议局转呈督部堂，照部定税章第十八条切实办理。

附　则

本案细则，以督部堂核准公布日为施行之期，各州县并应刊刻告示，分贴城镇乡，以遍及为限。正体楷书清单式：

今收得

某某姓名税坐落某处土名某某田、房契价银千百十两、千百十元，计收税银洋元角，又收契尾纸工价洋元角，附收某项捐洋元角。所具收单是实，此照。

宣统年月日，经收某姓名收单，盖戳

宣统二年九月□日，提议者高士龙、邓畿，赞成人苏寿乔、上官华盖、谢滋春、潘纪雲、王子懿。

赖其浚君谓：买用官纸，恐窒碍难行。

高士龙君谓：若不用官纸，则漏税者多。若恐扰民，则销售官纸，应就各地方自治会发卖，不必到县城买取，自无烦扰也。

邹含英君谓：第二条限期准赎者与典契性质相同，应扣回原纳典税。

高士龙君谓：部章已有规定。

邹含英君谓：此为本省单行规则，当细心酌定。查漏税罚则，据新章并无详细规定，此节应行规定。又顷如赖君所述，买用官纸，若仍用官中，则旧弊仍不能免；若不用官中，则远乡之人无从买用，故销卖官纸一节，亦须酌定。

施景琛君谓：从前积弊全在官中，应将官中裁去，所有官纸，归自治会经售。

议长（高登鲤君）谓：此案应付法律科审查，请众表决。可决者五十人。

第三，革除征收钱粮积弊并暂定征收方法提议案（高士龙提出）第一读会。

议长（高登鲤君）谓：此案省朗读，请提议者登坛说明理由。

提议者高士龙君登坛说明理由（大意与原案同）。

革除征粮积弊并暂定征收方法提议案

理由：征粮积弊，罄竹难尽。方今百度待举，需财孔殷，欲求人民胜其担应一律实行,并于新章程内条文所未及规定者,另为酌立本省单行细则,俾收纳两方面均有所遵循。此本案所由照谘议局章程第二十一条第四款及第六款之范围内提出议决也。

第一条　各州县征收契税,无论银元、铜币、制钱,均应照城市钱、典两行时价核算。

理由:按部定契税新章第十条内载,民间交纳契税,有折钱者,有完银者,各省与各省不同,一省之中此处与彼处不同,应暂仍其旧。其每银一两折收钱若干,并准照该省现办章程办理等因。是银钱价数部章并未规定,惟本省原办章程,于银价无一定之标准,且部文仍旧之说,系专指仍旧完银或折钱而言,并非指仍旧银钱辗转申折权算之谓也。而经收胥吏,因以强解蒙混,仍事折勒,故各州县征收契税,均应市面通行时价核算,方足以昭平允。况银价照市,历有成规。近如光绪三十四年奉上谕,饬革除苛政,征粮洋价照市核算,不准稍有抑勒等因,钦此。圣训煌煌,虽系指征粮而言,而纳税事同一体,自应援例办理。

第二条　凡置买田地、房屋之契内有限期准赎者,均应照典例纳税。

理由:查各州县中往往有俗例,契首书卖字样,而契内实约期赎回者,既有赎回,自与典当无异,故应照典例纳税,以杜蒙混。

第三条　交纳税银时,经收胥吏须填一正体楷书清单,载明田房坐落土名,及契价若干,收税银元或铜币、制钱若干,盖戳交业户为凭。清单式附后。

理由:契税原有新章,而胥吏往往例外苛取,恃无凭据,恣意鱼肉,惟收银时交业户一清单,百弊不禁自除。

第四条　凡田房契价,系载银元或制钱者,不得涨作两数计税。

理由:查各属民间置买田房契价,往往有载银元若干元,制钱若干千文者,既价系银元或制钱,自应照银元、制钱计税,而奸胥猾吏,不论契价系载银元、制钱与否,惟均作两数计税(例如,契价银元十元,或制钱十千文,均涨作银十两计税),实属法外滥征,应行严革。

第五条　各州县官中名目,应一律停止。

理由:查部定新章二十条,并无官中名目,各属官中之设,无一实际,徒事烦扰,且各州县设立者亦复寥寥,亟应停止,以归一律而符部章。

第六条　各州县收契税,不实力奉行部定新章二十条,及本案所规定之本省

第十三条　编查烟籍，由该管地方官协同去毒社绅董及自治机关，挨户调查，填表注册。

第十四条　各区届肃清限期六个月前，应由该地方官出示，宣告肃清，勒令吸烟人缴销烟牌及其烟具。

第五章　关于土膏店之取缔

第十五条　全省境内无论何地，所有土店、膏店，自宣统三年正月初一日起，限一个月内应向禁烟公所领照注册，方许营业。

第十六条　凡土店不得将土卖与无营业执照之膏店，膏店亦不得将膏卖与无烟牌之吸烟人。

第十七条　凡土店不得卖膏，膏店不得卖土。

第十八条　土店只准与境内膏店交易，不得零星卖与吸户；膏店只准向本境土店买土熬膏，不得自行贩运烟土。

第十九条　膏、土各店，应将每月买入销出及现存之数目，于次月初五日内开单呈报公所查核，各公所于初十日内汇报省会禁烟公所存查，不得隐匿遗漏。

第二十条　自宣统三年二月初一日起，全省境内不准添设土、膏各店，及更换字号，迁徙地址，并不准土店改卖烟膏，膏店改卖烟土，如有歇业者，即将营业执照缴销，不得顶替再开。

第二十一条　各区届肃清期限时，所有土、膏各店，无论如何情形，一律勒令歇业，缴销营业执照。

第六章　戒烟局及药品

第二十二条　所有禁烟公所，应同时附设戒烟局，分期招革其原有之去毒社，及自治会并公益团体，亦宜筹设戒烟局，相辅而行。

第二十三条　戒烟药品由禁烟公所选择确无烟质物品，方准配用。商人经售此项药品，亦须呈缴禁烟公所化验，方准发行。

第七章　惩　奖

第二十四条　各地方能于限内先期具报肃清者，该公所员绅及地方官由总督分别照章核奖，但有隐饰欺朦时，一经发觉，立予惩处。

第二十五条　各地方不能依限肃清者，该公所总办及地方官由总督分别严行参处。

第二条　本章程以官绅同负责成、妥协筹办为主旨。

第三条　关于禁种、禁吃办法，及编查烟籍、取缔土膏店、设立戒烟局各种细则，除本章程所列举外，得依现行法办理。

第二章　划区限期

第四条　依地理上、风俗上之利便，先内地而后通商口岸，分全省为五区，按区严定限期，次第肃清。

第一区延平府、建宁府、邵武府，限宣统三年十二月底一律肃清。

第二区汀州府、龙岩州，限宣统四年六月底一律肃清。

第三区福州府、福宁府、兴化府，限宣统四年十二月底一律肃清，但福州、三都两处通商界内，归第五区办理。

第四区泉州府、漳州府、永春州，限宣统五年六月底一律肃清，但厦门通商界内，归第五区办理。

第五区福州、三都、厦门三处通商界内，应由总督先期咨请外务部，照会驻京英公使商议，极迟限至宣统五年十二月底一律肃清。

第三章　机　关

第五条　省会应设全省禁烟公所，各府州县应设禁烟公所，由总督特派干员总理之，或地方官有才干出众者亦可兼任。

第六条　全省禁烟各公所，限宣统三年正月初一日一律成立，由总督分别颁给关防钤记，以昭慎重。

第七条　所有禁烟公所，应举地方绅士充为议绅，俾便参酌地方情形，筹商办法。

第八条　所有禁烟公所办事细则，得自各该所自定，唯不得与本章程相抵触。

第九条　各区将届肃清之时，由总督特派干员分驻该区，严行督促。

第十条　巡警队及巡防队，有协同办理禁烟之责。

第四章　关于种户及吸烟人之取缔

第十一条　全省境内无论何地，以后不得再种罂粟。

第十二条　全省境内无论何地，自宣统三年正月初一日起，实行编查烟籍，发给烟牌，限三个月内报竣。

洪国器君谓：林辂存君因事告假，托本议员代辞法律科审查员之职。

议长（高登鲤君）谓：林君既辞审查员职，应否于前日选举审查员内之得票次多数者补充？

刘崇佑君谓：应请议长别行指定。

洪国器君：赞成刘君之说。

议长（高登鲤君）谓：诸君赞成刘、洪二君之说者，请起立。计起立赞成者五十四人。

议长（高登鲤君）指定俞光华君为法律科审查员，请众表决。可决者五十五人。

第一，划区禁烟限期肃清提议案（郑祖荫、黄乃裳等提出）第一读会。

议长（高登鲤君）谓：此案可省朗读，请提议者郑祖荫君登坛说明理由。

提议者郑祖荫君登坛说明理由，略谓：此案本议员曾于常年会提出，嗣因闭会期迫，未能议决，遂致此案不能成立，故本议员于本会再行提出。惟此次所提之案，与前次间有出入，盖其中采取前会审查员所修正及研究会所讨论者颇多也（此后与提议案略同）。

划区禁烟限期肃清提议案

禁烟一事，非严厉迅速，必不为功。乃主持烟政者，辄拘拘于分年递减，行之以渐，朝发一令，夕布一章，既莫考实际上之成功，何足为根本上之解决？加以所司奉行不力，掩饰敷衍者有之，观望瞻徇者有之，已著成效而复蹈前辙者有之。闽省禁烟，虽较他省为稍进，然非有最大之强制力以压迫其上，则十年期届，亦不能痛除净绝，所可断言矣。祖荫等参酌情形，公同研究，窃以为划分区域，勒限肃清，诚为厉行烟政万不容已之举；而执行方法，尤必特定单行章程，另设禁烟机关，方足以重责成而收实效。谨拟章程九章，都三十三条，请公决呈请督部堂察核奏准，尽于本年十二月公布施行。闽省幸甚，禁烟前途幸甚。

计开：

闽省禁烟章程

第一章　总　则

第一条　本章程为闽省实行强制禁烟主义而设，于全省境内有施行之效力。

第五，宁化县城董事会请转呈准予解散建议书之提出。

第六，郭祯祥请转呈澈究造谣以保实业建议书之提出。

第七，龙溪县城议事会请下浒炮城不得移作糖厂建议书之提出。

第八，建宁县议事会议员廖德坤等请转呈惩办匪首建议书之提出。

第九，请实行禁止刑讯销毁刑具案（苏寿乔、谢受殷提出）第一读会。

第十，实行禁止彩票并赌博赌具案（柳遇侯提出）第一读会。

第十一，试办农林规则案（王子懿提出）第一读会。

议长（高登鲤君）述各种报告：

一、报告议员林辂存君、黄必成君各告假七天，林邦桢君续假一天，李馥南君、陈蓉光君、黄钟澧君各告假一天。

二、报告督部堂札覆本局议决请各地方官将各项杂捐数目公布案已通饬遵办事。

总督部堂松为札覆事，据谘议局呈称，议决地方官将各项捐数目及承办人姓名公布并具清折交自治会存查一件，缮具清折，呈请察核公布等情，到本部堂。据此，查贾捐一项，前于光绪三十一年间，由财政局通饬各属，将贾捐分别行货名目，抽收若干，按季列榜晓谕在案。近日各属筹办新政，杂捐日多，若非示信于民，征收诚多阻碍。据呈前情，应由福藩司录案，通饬各属，限文到一月内，妥速查明，出示布告，并造清折，交该地方自治会存查。一面造具清折送司，以凭核办。除行司遵办外，合就札覆。为此札行谘议局查照，须至札者。右札福建谘议局准此。

三、报告各科选举主查员、理事姓名。

预算科：主查员王子懿，理事连贤基。

庶政兴革科：主查员陈锡朋，理事黄乃裳。

惩罚科：主查员李驹，理事范宗福。

议长（高登鲤君）谓：尚有两科未举定，应俟举定后再行报告。

黄乃裳君谓：庶政兴革科理事非本议员，乃李仲邺君。

陈锡朋君云：已经举定。

议长（高登鲤君）谓：黄君不必推辞。

议局准此。宣统二年十月二十二日。

二十二、报告督部堂札覆张际腾陈请建议革除厘金陋规应饬查复核办事。

总督部堂松为札覆事,据谘议局呈,以议决收受汀州木商张际腾等陈请革除厘金陋规以苏商困建议书,照录清折等情,到本部堂。据此,查上年谘议局提议革除厘金积弊改办统捐案内,第四条第六项,前经饬据财政局通饬各属厘局关卡委员一体遵照在案,峰市税厘分局如果犹有勒索情弊,自应严惩,应即饬由福藩司严饬汀州府局委员确查复办。据呈前情,除札饬外,合就札覆。为此札行谘议局查照,须至札者。右札福建谘议局准此。宣统二年十月二十二日。

二十三、报告凤岗乡议事会呈报启用图记日期事。

二十四、报告浦城董事会呈报启用图记日期事。

议长(高登鲤君)报告第二号议事日表。

议长(高登鲤君)宣告散会。

是日议员出席者六十二人。督部堂于午后一时到会。午后五时三十分钟散会。

第三次福建谘议局(临时会)议事速记录第二号

宣统二年十月二十七日(1910年11月28日)

议事日表临时会第二号

宣统二年十月廿七日(月曜日)午后一时开议。

第一,划区禁烟限期肃清案(郑祖荫、黄乃裳提出)第一读会。

第二,请实行征收田房契税新章并暂定本省单行细则案(高士龙、邓畿提出)第一读会。

第三,革除征粮积弊并暂定征收方法案(高士龙提出)第一读会。

第四,宁化县城议事会请转呈准予解散建议书之提出。

气杜绝剖棺起见,而惓惓于厚人伦美风俗之意,尤穆然于言外。查律载职官庶民三月而葬,若惑于风水,或托故停柩在家,经年暴露不葬者,杖八十,令甲森严,允宜遵守。奈堪舆之说,于人心日久相沿,牢不可破,以故停不葬者所在多有,而法典几成为具文矣。现据审查会征集意见,酌拟立限清葬办法七条,付与议会公决,除将议决各条另折开呈外,所有会议情形,谨备文申覆,伏请督部堂察核施行等情,计呈清折一扣,到本部堂。据此,查核折内,惟第四条内载"出两年以外,则由自治会代为埋葬"二语,窒碍实多,似难办到,应改为"每延一年,照罚一次"。第七条内载"以上除留为代葬经费外"一语,及"将逾两年以上"一语,均删去,改为"客籍、本籍之实系贫不能举"云云。其余各条,均属妥适可行。除分行地方自治筹办处、巡警道,分别转饬所属一体遵照外,合就札知。为此札行谘议局查照,须至札者。宣统二年十月二十一日。

二十、报告督部堂札覆巡警就地筹款案应饬遵照事。

总督部堂松为札行事,据谘议局呈称,窃本局第二届议会,蒙督部堂札交厅州县巡警就地筹款咨询案,仰见注意治安,有加无已,至为钦佩。伏查宣统二年为厅州县巡警一律完备之期,乃地方官每因经费支绌,诸多棘手,以致目下各属警务办理完善者,甚属寥寥。夫地方巡警,原以保护各该处治安,则援日本警察费多藉地方费以资挹注,似当及早筹措。惟现在各属国家税与地方税尚未厘订分明,其应视何项为挹注,殊少把握。且各地方所有五项捐及其他杂捐,分别抽办各项事务,负担业已不少,财政颇为困难,必不得已,为欲振顿警务起见,除各地方原有警务旧款,或预算明年地方行政之结果能否挪款拨助外,应请饬令各厅州县,就该地方酌量情形,渐次妥筹办理。所有会议情形,理合备文申覆,伏请俯赐察核等情。据此,查本年厅州县巡警为一律完备之期,据各属预算册报,合计需费约五万余两,际此财政困难之时,入不敷出,为额甚巨,自应饬令各厅州县就地筹款,妥为布置,随时派员查察,不准敷衍了事。除札巡警道分饬各属一体遵照外,为此札行谘议局查照,须至札者。宣统二年十月二十二日。

二十一、报告督部堂札覆覆议筹办地方自治案应即无庸覆议事。

总督部堂松为札覆事,据谘议局呈,本局第一届开会时,议决关于筹办地方自治一案,现在所有筹办自治研究所及调查户口各办法,皆成过去之事,无须再照原案办理等语,应即无庸覆议。为此札行谘议局查照,须至札者。右札福建谘会审公堂委员调查原案，体察就近情形，复核妥议，详候宪台核夺办理等情。现尚未据议覆，已饬局移催，应俟具详到日，再行核夺札覆等因，奉此。本年第二届开会时，当将该案提出覆议，以未据督部堂再行札覆，无从议决，应请督部堂迅将鼓浪屿公界章程应否改正之处详细札覆，以便议决。理合具文呈请督部堂察鉴，迅赐札覆等情，到本部堂。据此，查此案前据兴泉永道饬由厦门厅及会审公堂委员调查档卷，体察就地情形，按照谘议局签注条款，逐细复核妥议，另开清折等情，详请察核前来，当即批饬前洋务局逐款核明议详察夺。兹据前洋务局详称，现经由局查考鼓浪屿公界原定章程，详核谘议局前呈议案，参之该印委等查复情形，逐一确核，酌拟增改办法，分条签注明白，送候核定饬遵。唯省、厦相隔弯远，就地实情，本难悬揣。现拟各条办法，究竟可否实行，似应由道就近体察，按照本局所拟情形，再加核议，详候示遵，以臻完密。谨就奉发清折，逐一签注，详请察核前来。查鼓浪屿公共地界章程，系奏准遵行之案，今拟磋商更正，事关交涉，自应议拟周密，以期公允而免损失。应仍饬由兴泉永道就近体察情形，将前洋务局所拟各条办法，再加核议，详候察夺。除详批示并札饬兴泉永道外，合先札覆。为此札行谘议局查照，须至札者。右札福建谘议局准此。

十八、报告督部堂札覆筹设济良所现饬巡警道转饬闽侯县照会自治会从速设立事。

总督部堂松为札覆事，据谘议局申称，窃本局第二届议会，奉督部堂札交筹设济良所咨询案，交由本局会议，仰见加惠穷民，慈祥备至，钦颂莫名。查闽省娼妓，向以南台为盛，固应速立济良所，以冀挽回浇风。第闽省财政如此困难，公家设立既苦无款可筹，则此项济良所应由城台自治会妥筹办法，从速设立，庶沉沦苦海者得以超生。谨将会议情形备文申覆，伏乞督部堂察核施行等情。据此，查申覆所拟，可即照行，除札饬巡警道转饬闽侯两县照会城台自治会妥筹办法从速设立外，合就札覆谘议局查照，须至札者。右札福建谘议局准此。宣统二年十月二十日。

十九、报告督部常札复立限清葬案第四第七两条均删改其余依议并饬一体遵照事。

总督部堂松为札知事，据谘议局申称，窃本局第二届会议，蒙督部堂札交立限清葬咨询案，业经指定临时审查员审查，佥以本案咨询之趣旨，非第为防避疫治章程，酌量地方情形，设法筹备。至各属所发之孤贫口粮，及省城所办之粥厂，及施赠寒衣等事，均宜严禁吏胥侵蚀，俾实惠得似及民，方不虚糜款项。传闻粥厂施粥，贫民所啜之粥极稀而残废之米汤，暗存多量之米，至可以得善价，此宜饬承办委员认真稽察者也。所有会议情形，谨备文申覆，伏乞督部堂察核施行等情。据此，查申覆各节，均可照行，除札饬巡警道转饬各属照会自治会妥速筹设，并饬福藩司随时清查各善举办法外，合就札覆谘议局查照，须至札者。右札福建谘议局准此。宣统二年十月二十一日。

十六、报告督部堂札覆监狱改良案已饬提法使严饬各属照办事。

总督部堂松为札覆事，据谘议局申称，窃本局第二届会议，奉督部堂札交监狱改良就地筹款案，付本局会议，仰见悯恤囚徒至意，钦佩莫名。查监狱改良，于内为实行新刑律之要图，于外为撤去领事裁判权之准备，其关系至为重大。本省除省城模范监狱已经筹设外，省外各属宜于厦门先行举办，因该地为通商口岸，时见侵于外力，事关收回国权，设法筹款，民情自能踊跃，且富商大贾多集于此，筹款较易。其余各属地方，财力万分困难，应俟审判厅成立后，酌量地方情形，次第筹办。现在所首当注意者，在革除狱卒惨酷之虐待，与无厌之诛求，并注意清洁，以重卫生，则囚徒之保存者必众。查各属监狱内惨酷情形，地方官知而不禁，且有以管理监狱为调剂丁役之地，俾得遂其贪求者。典史虽为专官，直同虚设。现经本局决议，恳请督部堂饬司妥筹严密稽查之法，庶凌虐需索之弊可得扫除。监狱改良之道，思过半矣。所有会议情形，谨备文申覆，伏乞督部堂察核施行等情，到本部堂。据此，查申覆各节，均可照行，除札饬福提法司严饬所属并移会厦门道遵照办理外，合就札覆谘议局查照，须至札者。

十七、报告督部堂札覆鼓浪屿案事关交涉已饬兴泉永道体察核议事。

总督部堂松为札覆事，据谘议局呈称，案查宣统元年，本局第一届开会时，提出修正鼓浪屿公界章程一件，业于去年十月十二日缮录清折，呈请督部堂察核公布施行在案。本年六月初七日，本局复具呈文并清折，呈请督部堂，将第一届会议中已未覆各案分别札覆。关于本案，七月念一日奉督部堂札覆内开，查此案前经札饬洋务局查明原案复核议详去后，嗣据洋务局司道详称，鼓浪屿公共地界章程前经议定奏准遵行在案。今谘议局以有违背不合，逐案签注，呈请改良修正。究竟该公界办事是何情形，应否如议磋商改正之处，即经移请兴泉永道督饬前据谘议局呈，议决划定地方自治经费覆议案，业经饬据福藩司详拟办法及发还期限，札覆谘议局在案。兹据呈前情，应即查照前札办理，合就札覆。为此札行谘议局查照，须至札者。右札福建谘议局准此。宣统二年十月二十日。

十三、报告督部堂札覆本局议决实行严禁吗啡进口案。

总督部堂松为札覆事，据谘议局呈称，本局议决请实行严禁吗啡进口一件，缮具清折，呈请察鉴等情，到本部堂。据此，查折内所陈会议政务处、法部两折，均经前兼署督崇及本部堂刷印，通颁遵照在案。兹据呈前情，自应如呈办理。除札福藩司通饬各属地方官，会同去毒社、巡警局严密查拿，并饬关务处照会各海关，于洋船进口认真搜查外，合就札覆。为此札行谘议局查照，须至札者。右札福建谘议局准此。宣统二年十月二十日。

十四、报告督部堂札覆厦门黄廷元陈请建议误认海后滩为租界现饬交涉使并海兴泉永道查明复核事。

总督部堂松为札覆事，据谘议局呈，收受厦门学界黄廷元陈请驻厦英领事误认滩官地为租界拟驳三条建议书等情，计呈清折一扣，到本部堂。据此，查此项海滩官地，英领事误认为租界，既经厦道函驳，何以英领事犹复藉词图混，其中是何原委，事关领土主权，关系甚重，应饬由交涉司会同兴泉永道，按照折开各节，查核明确，详候察夺。除分札交涉司及兴泉永道外，为此札覆谘议局查照，须至札者。右札福建谘议局准此。

十五、报告督部堂札覆设立救贫院案现饬巡警道饬各属筹办并饬藩台清查各善举办法事。

总督部堂松为札知事，据谘议局申称，窃本局第二届会议，奉督部堂札交筹款设立救贫院咨询案，付本局会议，仰见悯恤穷黎至意，钦佩莫名。查省城普济堂，即救贫事业之一，其中所收贫民男妇共五百人。据预算册，该堂经费年支银八千七百四两七钱四厘，每月实支银七百二十五两余。乃据贫民所称，每月每人领台伏一元、小洋一角、铜元四枚，实不足以资生活。核计贫民所得者，每月不过台伏五百余元。其余之款如何开销，有无克扣，宜严核者也。至男子入堂者，间有在外自觅工作，藉佣值以补口粮之不足者。妇人除口粮外，绝无所得，则使习简易手工，俾资生活，似不可以已。应由自治会设立，募捐拨用，以图设备完全。一面拟定管理规则，以资遵守。至各属救贫事业，应由城镇乡自治会遵照自医治无效,延至本月初四日身故,请即另选接办等情前来。除将教育分会长由众绅另行公举,并自治公所所长由知县遵章选举公正无私正绅接办,另文禀报外,惟谘议员缺亦未便日久悬旷,应请以前奉本府札发覆选得要单内之候补议员王寿榆顶补接办,除由县照请接办外,是否有当,理合具文禀报察核俯赐批示祗遵,实为公便等情,到本部堂。据此,查兴化府属候补议员名册,关陈薯居首,王寿榆次之。据禀议员陈义病故遗额,应以王寿榆请补,是否有误?除批饬兴化府迅速查明,照章核办,详复饬遵,一面仍移知谘议局查照,并电催详办外,合就札知谘议局查照,须至札者。右札福建谘议局准此。宣统二年十月十九日。

九、报告督部堂札覆本局收受黄王谟等建议关于南靖苛征钱粮事。

总督部堂松为札覆事,据谘议局呈称,本局收受黄王谟等陈请关于南靖苛征钱粮建议书一件,照录清折等情,到本部堂。据此,查钱粮苛征,本干例禁,如果粮胥实有格外苛索情弊,殊属藐玩,急应出示严禁,以便民生。除饬福藩司转饬该县查禁详覆外,合就札覆。为此札行谘议局查照,须至札者。宣统二年十月二十日。

十、报告督部堂札覆议员刘崇佑请陈通饬各厅州县对于地方自治应加注意事。

总督部堂松为札覆事,据谘议局呈称,本局议员刘崇佑陈请通饬各厅州县对于地方自治应加注意建议书一件,照录清折等情,到本部堂。据此,查地方自治,前经福建地方自治筹办处酌定地方官功过,详准通饬在案。兹据前情,应即抄折,札由自治筹办处,发交各属,以资参考,而臻完善。除札饬外,合就札覆。为此札行谘议局查照,须至札者。右札谘议局准此。宣统二年十月二十日。

十一、报告督部堂札覆本局收受周之桢建议关于厦门女学请求补助事。

总督部堂松为札覆事,据谘议局呈请收受周之桢关于厦门女学请求补助建议书一件,抄录清折,到本部堂。据此,查筹办女学,固属要图,而能否由官补助之处,应饬福学司会同福藩司核议详办。除札饬外,合先札覆。为此札行谘议局查照,须至札者。右札谘议局准此。

十二、报告督部堂札覆本局收受陈培锟建议书以国民捐充自治经费事。

总督部堂松为札覆事,据谘议局呈,收受闽侯城议事会代表陈培锟请以国民捐充自治经费建议书等情,并清折一扣,到本部堂。据此,查发还国民捐一案,嗣后倘再有此等情事，各木商就近喊禀地方官炮船立拿重办。各弁勇或有串同分赃等弊，准各木商指禀上管官按法惩治。

一、木排运至河中，洪水暴涨，冲散漂流，沿溪居民捡捞者，多方藏匿，抗不与赎，殊属非是。嗣后应令按照商规，听木客备价，邀同炮船弁勇，前往查赎，不得如前揩匿窝藏，有犯必究。

一、木排到省，投行入坞，向由木行雇伙看守，以防偷窃，名曰看江。向例给有工食、钱米、排枕、零柴等项，比年以来，递有增益。现闻每厂约计给至二十千左右，数颇不少，乃仍有监守自盗之弊。查看守系木行所雇，又经作保禀厅有案，自应担认责成，随时认真稽察。此后倘再有窃换增价等弊，一经告发，除将该看江按律严办外，作保之木行，并应分别科罚。

一、上游山场，多非一家之业产，管业者或数股、数十股不等。近闻每有奸徒朋串篙胥，于一股之内分买其百分之一二，爰自命为山主。迨至批山公议定价，彼则藉其蛮横，以微末之股，出头拦阻，必须多方讹索，勒至数十倍或百倍而后止，不遂所欲，即饰词捏控，胥吏上下其手，迨获公断，而木商耗费已不赀矣。嗣后凡遇议批杉木，准会同多股山主公议价值，其最少股之山主不得故意把持，倘有仍前藉强霸阻，一经禀控，立予传案审判，严行禁封。惟实在系山主多数，未经协商，仅据个人批卖者，准援照第一条之例，于买主招贴一月内，公同声明，将卖约取消，其价银向原主追讨。

六、报告督部堂批答本局呈询召集临时会何日发出命令事。

总督部堂松批：召集临时会，已于本月十八日札覆，准与召集，定于二十四日正式开会，应即查照可也。此批，十九。

七、报告督部堂批答包办闽盐质问未便电盐政大臣事。

督部堂松批：查上届改良盐务办法议案，既未经（此句因来文原底如是，故仍照录）督办盐政大臣批准，自应遵照。至盐政处如何包办情形，本部堂未接准函咨，无从知悉，亦未便电询也。督办盐政大臣批。此批，十九。

八、报告督部堂札知议员陈义病故以王寿榗请补是否有误饬府速查详办事。

总督部堂松为札知事，据仙游县禀称，窃照前准卑邑谘议员兼自治公所所长及教育分会长陈义函称，伊因发际生疮，痛难办事，禀恳请假十四天等由，当经知县据情转禀宪台在案，于九月初七日。兹据家丁陈信报称，伊家主陈义因头疮带，督饬所属，一体遵办外，合将核定办法，列示晓谕。为此示仰各属木商、木客、山户、排夫及沿溪一带乡民人等，一体遵照。自示之后，务各恪守后开条款，切实奉行。倘敢违背禁令，再蹈前愆，一经告发，定即分别究罚惩治。本道令出惟行，其各凛遵，勿稍尝试，切切。特示。计开：

一、木商入山采办木植，须邀同中见，向山主当面分明界址，立约交银之后，即将所买木界禀明地方官存案，并具字标贴该乡通衢。如有界限不清，重卖盗卖等情，限一月内，许争者向买主声明检证。果有以上各情，即向卖主照原价加倍追罚，以补该商消耗诸费。自贴字之日起，如逾期不报，即作为公同默认。嗣后买主登山砍伐，再有出而争执者，以勒诈论。或前买者路远不知，及后查觉，准其向卖主追回原款，并照罚二倍，以为重卖者戒，亦不得于招贴期限外，向后买之商责问。至买后越一年不砍，则系有意耽搁，其约据准作废纸，听凭山主另召他人承买，不得异言。倘木商有故意越界砍伐邻山之木，准照加二倍处罚。如在坟墓界内，及乡村庇荫之木，均禁不许承售。或有因木植涉讼，一经控官，先行标封，讯明后方准砍伐。其非本主而冒争，固当严行惩戒；若不待讯而径伐，亦应一律罚办。

一、木植砍完，开路拖铲，由山邻界址经过，该山邻不得藉词有伤龙脉，阻挠勒索。如有此情，准木商禀究。至经过田亩，其中如查有禾稼，应俟收成后方准放行，以免损害。或欲速放时，必先与该田主商定相当之赔偿。倘放过后实有损坏田埂、田圳、庐墓等处，该木商须依照原式修复完好，不得推诿。

一、木植放溪，必经桥梁、坡坝，如有损坏，理应照修完好。所过桥梁、坡坝等处，如系必须损坏始能放行者，该商须先期具字通知，或同该处公正绅耆酌中估订，先付以修复原迹相当之价值。其未必损坏而致损坏者，由放过后照式修整。倘有棍徒藉端拦诈，准该商禀请地方官拘究，以免停搁。

一、江湖丐匪，每遇木商起厂，由青山以至拖铲放溪，往往纠集数十人或数百人轿马，到厂勒索包厂规费，稍不如愿，百端蹧跶。此等恶习，最为商民之害。自今严行禁绝各丐，倘再到厂扰索，准各商赴就近地方官衙门喊禀，立拿重办。

一、沿溪各处，常有游勇流郎，结党成群，窥伺木排安泊，登排苛勒私费，不如所欲，或日抢，或夜窃，无所不至，而水口及平水为尤甚，自应严行禁绝。

议长（高登鲤君）宣告：选举法律科审查员五人，照前法行之。计出席者五十六人，得票多数之当选者五人，姓名列左：卢初璜四十票，林辂存二十四票，邹含英二十票，黄金銮十九票，杨豫十三票。

议长（高登鲤君）宣告：选举庶政兴革科审查员七人，照前法行之。得票多数之当选者七人，姓名列左：高士龙四十三票，陈锡朋四十二票，黄乃裳三十二票，谢滋春二十七票，赵锡荣二十三票，李仲邺二十票，刘志和十六票。

议长（高登鲤君）宣告：选举惩罚科审查员五人，照前法行之。得票多数之当选者五人，姓名列左：上官华盖三十九票，吴庭枨三十八票，李泰交三十五票，范宗福三十票，李驹二十九票。

议长（高登鲤君）谓：本日时间已到，尚有二件议案，应行延会。现在尚有应报告之事件：

一、报告湖北谘议局来电谓已决二十三日开临时会事。

二、报告湖南谘议局来电谓决二十三日开临时会事。

三、报告四川谘议局来电决议请开临时会审议预算事。

四、报告督部堂札行本局召集临时会照章支送旅费事。

五、报告督部堂札开劝业道详送示稿事。

总督部堂松为札知事，据福建劝业道详称，案照前奉宪台札，据谘议局议决保护上游木商办法十条一案，饬即逐条复核，分别通详示禁等因。当经农工商局查核详覆，一面将庚、壬两条移准盐法道暨财政局查覆，由职道转详在案，相应出示晓谕各木商、木客、山户、排夫及沿溪一带居民人等，一体遵办，以平争竞而挽颓风。除分行各地方官并炮船总带遵照，暨将告示通颁晓谕外，理合具文，详明宪台察核，俯赐札行谘议局知照等由，并详送示稿一纸，到本部堂。据此，查上年谘议局议决保护上游木商一案，所议十条，均经先后札覆在案。兹据详前由，应即照抄示稿，札发知照，除批示外，合就札行谘议局查照，须至札者。计抄示稿一纸。右札福建谘议局准此。宣统二年十月二十三日。

谨录示稿呈宪鉴，谨开。

为出示晓谕事，案奉总督部堂松札发谘议局议决保护上游木商一件，饬即会同逐条复核，分别通详示禁，一体遵照等因，奉此。经本道会同逐条细核，酌定办法，分别查禁饬遵，以卫木业，除详复督宪，并通行各地方官暨水师炮船总议长（高登鲤君）报告：议员叶福钧君因疾、周春光君因要事、林逢春君因丧子，均告假七天回（藉）〔籍〕；邹含英君、林邦桢君、郑田龙君各告假一天；又李迪瑚君因母病告假二十天。诸君赞成否？众赞成。

第一，审议会长之选举。

议长（高登鲤君）宣告：选举审议会长，照章用无记名单记法投票，以得票之过半数者为当选，计出席议员六十二人，以三十二票以上为过半数。计投票之结果，无过半数之当选者，遂就比较最多数之二人中行决选，其姓名如左：林天骥十八票，林辂存十四票。决选之结果，得当选者姓名如左：林天骥四十五票。

第二，各科审查员之选举。

议长（高登鲤君）宣告：选举各科审查员之选举，照章：一预算科九人，二决算科五人，三其他财政科七人，四法律科五人，五庶政兴革科七人，六惩罚科五人。除决算科不必选举外，应照章依次行选举。用连记无记名法投票，以得票最多数者为当选。

议长（高登鲤君）宣告：选举预算科审查员九人，应否于定章之外再行增加人数？

刘崇佑君谓：不必增加，应俟临时酌量情形再行公决。

预算科审查员选举之结果，得票最多数之当选者九人，姓名如左：王子懿五十六票，连贤基五十四票，孟思培四十九票，苏寿乔四十五票，张道南四十五票，郑藻山三十二票，潘纪雲三十一票，施景琛二十八票，郑祖荫二十七票。

议长（高登鲤君）宣告：选举其他财政科审查员七人，照前法行之。得票多数之当选者七人，姓名列左：黄纪星三十七票，椿安三十一票，许赞虞二十四票，伍春蓉二十一票，洪鸿儒十九票，邓畿十八票，陈蓉光十八票。

议长（高登鲤君）宣告休息二十分钟。

三时二十分钟续行开议。

议长（高登鲤君）报告：顷得郑田龙君来函，因丧偶请假七天。

八、福建谘议局第三次会议（临时会）速记录

第三次福建谘议局（临时会）议事速记录第一号

宣统二年十月二十四日（1910年11月25日）

议事日表临时会　第一号

宣统二年十月二十四日（金曜日）午后一时开议。

第一，审议长之选举。

第二，各科审查员之选举。

第三，划区禁烟限期肃清案（郑祖荫、黄乃裳提出）第一读会。

第四，请实行（惩）〔征〕收田房契税新章并暂定本省单行细则案（高士龙、邓畿提出）第一读会。

办　法

第一条　各县分别大中小三等，大县设立二十所，中县十五所，小县十所，限明年三月内一律成立。

第二条　设置分为两种：（甲）特设。相察地方情形，有应行特设者，其办法分为二项：（一）农业较多之区，应设春冬学塾，以便农隙就学；（二）商业较多之区，应设半日学塾，午前午后，酌用贸易较少之时间为教授，或恐妨日间营业，则设夜习学塾，以收实益。（乙）附设。各小学堂有附设简易识字学塾者，惟教员薪水由此项经费支出，其杂用等仍由该堂拨用。

第三条　家贫年幼之学生，均读部颁第一种课本，三年毕业；年长失学之学生，各按其所认学习年限，分为数组，仍用单级法合班教授。

第四条　部颁课本，发由上海商务印书馆照式翻印，运闽分交官书局并教育总会，减价六折由各属购买遵用。

第五条　设立此项学塾，由地方官督率地方自治会职员筹办，务于明年三月内办成汇报，如因循玩忽，逾期不办者，分别详请参处。

第六条　此项学塾，每所常年经费至少须一百二十元，分为三种筹措：（甲）补助。由地方行政经费教育项下划出，每大县年补助五百元，中县年补助四百元，小县年补助三百元。（乙）筹款。仍由地方官督同自治会就地筹措。（丙）捐款。如有绅富能慷慨捐资独力倡办者，按其款项多少酌量请奖。

第七条　各学塾教员，由县视学随时考验，如有识字人多、教授得法者，报知地方官，每期酌给慰劳金，以示鼓励。

宣统二年十月□日，庶政兴革科报告。主查黄乃裳，理事谢滋春，审查陈锡朋、王邦怀、洪鸿儒、黄必成、高士龙、余钟英、张国宝。

议长（高登鲤君）请众表决，赞成者六十一人。

议长（高登鲤君）谓：本日时间不早，请即行闭会式。

本日午前九时开会，午后三时散会。议员出席者六十四人。督部堂及各行政官均到会。

第四类　交通费

第一款　补助商办铁路经费一十四万五千六百六十七两八钱九分六厘。

第一项　补助商办铁路经费一十四万五千六百六十七两八钱九分六厘。

第二款　拨补邮政经费一万两。

第一项　拨补邮政经费一万两。此项不属地方行政，应行删去。

工程费

第一款　修缮城垣、桥梁、衙署各项经费

第一项　修缮城垣各项工程费四千两。

按：城垣、衙署不属地方行政，嗣经函询，奉督部堂答复，以城垣、衙署等预估三千两，道路、桥梁预估一千两，今应照改正，作为一千两。再城垣、衙署字样应删去，改为道路、桥梁。

主查员王子懿，理事员连贤基，审查员孟思培、潘纪雲、卢初璜、郑祖荫、张道南、郑藻山、李迪瑚、邓畿、赵锡荣、苏寿乔、施景琛。

议长（高登鲤君）请众表决，可决者六十一人。

刘崇佑君谓：文字上、格式上、项目上三者，皆请审查员注意，并克日造成总分册呈督。

第七，筹办简易识字学塾修正案第三读会。

议长（高登鲤君）请书记长登坛朗读修正案。

书记长（林长民君）登坛朗读修正案。

筹办简易识字学塾修正案

理由：按筹备宪政清单，厅州县简易识字学塾本年应在推广之列，镇乡简易识字学塾明年应在筹设之列。诚以人民识字之多寡，与宪政前途所关甚大，不容置为缓图。闽省自奉到部文后，即经由学台拟定办法，并学塾简易章一十三条，叠次通饬兴办各在案。惟经费一项，除由官筹措外，诸多无着。按此项学塾，学部原奏以筹款为地方官及自治会之专责。地方官筹款之法，业由原案分别县之大小，酌定额数者，稍有增益，归入预算。至地方上集资，则筹措募捐可酌量而行也。

议长（高登鲤君）谓：预算案所争不在此数千两，现在既经第二读会表决，即照此数。

议长（高登鲤君）谓：诸君赞成教育预算案者，请起立。计起立者五十六人。

第五，实业类预算修正案（第三读会）。

议长（高登鲤君）请书记长登坛朗读修正案。

书记长（林长民君）登坛朗读修正案。

第三类　实业费

第一款　农工商各学堂经费

第一项　农业学堂二万零七百四十五两一钱九分一厘八毫。

第二项　蚕业学堂七千七百六十三两八钱五分二厘。

第三项　工业学堂二万三千三百三十九两二钱六分。

第四项　商业学堂一万二千六百五十七两零一分。

第二款　工艺传习所一万六千七百二十四两二钱七分九厘。

第一项　工艺传习所一万六千七百二十四两二钱七分九厘。内应除售货入银五千一百四十两，及学生缴费银二千八百二十七两三钱二分六厘。

按：农学堂学费、刷印等可收入二千七百零五两；蚕业学堂租产及杂项收入五百零五两三钱六分八厘；工业学堂学费收入一千六百三十九两二分二厘；商业学堂学生缴款二千三百十五两九钱四分；工艺传习所售货及学生缴款共七千九百六十七两三钱二分六厘。以上合计银一万五千一百三十二两六钱五分六厘。

第二项　茶务讲习所五千两。

第三项　商品陈列所五千两。

此二项关系本省实业，似不可缓，故增入。

议长（高登鲤君）请众表决，可决者全体。

第六，交通类预算修正案（第三读会）工程数附。

议长（高登鲤君）请书记长登坛朗读。

书记长（林长民君）登坛朗读修正案。

第三款　赈恤经费七千六百四十两八钱三分六厘。

第一项　孤贫口粮六百六十七两一钱八分九厘。

第二项　贫难口粮三千二百四十二两三钱七分六厘。

第三项　出旗贫民口粮二百二两五钱九分。

第四项　度岁帮助费三千五百二十八两六钱八分一厘。

第四款　临时补助善举经费

第一项　临时补助禁烟经费一万一千五十九两五钱七分二厘。

第二项　补助限期禁烟经费二万四千两。此项系增入。

议长（高登鲤君）请众表决，可决者全体。

第四，教育类预算修正案（第三读会）。

议长（高登鲤君）请书记长登坛朗读。

书记长（林长民君）登坛朗读修正案。

（修正案见前）

孟思培君谓：据预算分册，补助省城各小学三万余两，而据教育总会一览表，则仅二万余两，预算案宜以教育总会一览表为准。

王子懿君谓：据原预算册共三万余两，未知仅为教育会补助款，或合并学务公所补助款在内？案语未曾声明。

刘崇佑君请问学台：学务公所补助各小学若干？

提学使司姚答：即册内所开三万余，则教育会补助在内。

刘崇佑君谓：现在公所补助若干？

提学使司姚答云：约万余两。

议长（高登鲤君）谓：据现在情形观之，则所谓浮开者，殆即学务公所所补助之数。况就款项言之，二万二千余两与一万七千余两，中间相差不过数千。既有学务公所之补助费在内，可不必裁。

孟思培君谓：学务公所补助若干，本局不问。现只照一览表核实，八折发给可也。

王子懿君谓：原册三万余两内，教育总会一万七千余两，学务公所一万九千两。昨日两下核实，共折为二万四千两。

第一项　省城巡警费一十万零一千八百二十六两六钱六分一厘。

第二项　各府厅州县巡警费五万六千四百六两七钱二分五厘。

第三项　各地方保甲经费四千八百五十五两。

应撤去保甲名目，改办巡警。

第三款　巡警学堂经费一万九千八百九十一两一钱四分。

第四款　善举经费五万九千一百四十四两四钱八分四厘。

第一项　孤贫口粮二万三千七百一十一两一钱五分八厘。

第二项　麻疯口粮一千七百八十四两九钱七分二厘。

第三项　育婴经费五百五十两。

第四项　普济堂经费八千七百四两七钱四厘。

第五项　善社经费六百五十两。

第六项　粥厂经费一万一千七百七十三两九钱二分六厘。

第七项　宣讲经费二百三十五两二钱七分四厘。

第八项　施赠寒衣经费六百二十三两二钱七分四厘。

第九项　慈善经费一千三百九两三钱五分二厘。

第十项　各府厅州县善举经费九千八百一两八钱六厘。

第五款　官医局及补助私立医院经费二千七百二两八钱五分四厘。

第一项　省城官医局经费一千五百八十二两六钱九分一厘。

第二项　补助私立医院经费七百七十六两。

第三项　各府厅州县官医局经费三百四十四两一钱六分三厘。

第四项　筹设医院一万两。此项系添入。

地方行政经费临时门

第一类　民政费

第一款　补助地方自治经费六万八千四百五十四两四钱七分二厘。

第一项　省垣地方自治筹办处八千四百五十四两四钱七分二厘。

第二项　补助各州县地方自治六万两。

第二款　防疫经费四百五十六两九钱八分。

第一项　卫生经费一百六十二两五钱。

第二项　施赠药料二百九十四两四钱八分。

善社经费：计应银六百五十两。

粥厂经费：计应银一万一千七百七十三两九钱二分六厘。

宣讲经费：计应银二百三十五两二钱七分四厘。

施赠寒衣经费：计应银六百二十三两二钱七分四厘。

慈善经费：计应银一千三百零九两三钱五分二厘。

各府厅州县善举经费：计应银九千八百零一两八钱零六厘。

省城官医局经费：计应银一千五百八十二两六钱九分一厘。

补助私立医院经费：计应银七百七十六两。

各府厅州县官医局经费：计应银三百四十四两一钱六分三厘。

八旗中小学堂经费：计应银五千七百一十五两三钱零三厘。

存古学堂经费：计应银一万两。

各属劝学所经费：计应银九千零七两四钱六分七厘。

图书馆经费：计应银五千两。

补助京师闽学上海公学各学费：计应银八千四百两。

补助商办铁路：计应银一十四万五千六百六十七两八钱九分六厘。

补助地方自治经费：计应银六万八千四百五十四两四钱七分二厘。

防疫经费：计应银四百五十六两九钱八分。

赈恤经费：计应银七千六百四十两零八钱三分六厘。

补助禁烟经费：计应银一万一千零五十九两五钱七分二厘。

西洋留学费：计应银一万零二十两。

东洋留学费：计应银三万九千九百九十六两。

第三，民政类经费预算修正案（第三读会）。

议长（高登鲤君）请书记长登坛朗读修正案。

书记长（林长民君）登坛朗读修正案。

地方行政经费经常门修正总案

第一类　民政费

第一款　谘议局经费三万六千三百七十两六钱五分五厘。

第二款　省城及各府厅州县巡警费

三千两外，为源丰润所倒欠者，应请向原经手委员清算。又源丰润此次倒闭，据本议员所闻，系吾福建欠源丰润之款，故交存一切款项，均被其扣留抵销，非源丰润欠福建省公款也。应请藩台从速设法筹还。现在委员仅有三千元之款，安能从事建筑？最好从速陆续交款，俾得赶紧完工。工程多延一月，委员等项薪水即多耗一月。每月虚糜二百余两，一年即二千余两，公款虚糜，殊为可惜。

布政使司尚：源丰润实欠官款，建筑费亦系被渠倒欠，本司自应极力筹措，以便从速完工。至源丰润如何追清，本司自当办理，断不至以建筑费垫地方行政亏空也。

刘崇佑君谓：预算须收支适合，请议长将此案请众表决后，即将岁出入总数核算，务求其能适合。

议长（高登鲤君）谓：现将此案照讨论者修改。

（一）简易识字学塾应改为大中小县。

（二）师范每所三千两。

（三）厦门女子师范一千三百两。

（四）各府中学每所二千两。

（五）道路桥梁一千两。

议长（高登鲤君）谓：此案已修改，请众表决。可决全体。

议长（高登鲤君）宣告休息。

午后一时三十分续行开议。

第二，（算预）〔预算〕案内均照原案各项审查员报告（第二读会）。

议长（高登鲤君）请书记长将预算案内均照原案各项登坛朗读。

书记长（林长民君）登坛朗读原案。

各府厅州县巡警费：计应银五万六千四百零六两七钱二分五厘。

各地方保甲经费：计应银四千八百五十五两。

孤贫口粮：计应银二万三千七百一十一两一钱五分八厘。

麻疯口粮：计应银一千七百八十四两九钱七分二厘。

育婴经费：计应银五百五十两。

普济堂经费：计应银八千七百零四两七钱零四厘。

林辂存君谓：每月百两太少，应年补助三千两。

议长（高登鲤君）谓：诸君赞成刘君之说者，请起立。计起立者为对于六十四人之三十五人（多数）。

黄纪星君谓：师范仅二千两，而中学则反补助三千两，现在中学各处皆有基础，而师范则无的款，且关系紧要，本议员以为师范应三千两，中学则只须二千两。

议长（高登鲤君）问：黄君之议，有二十人赞成否？计二十八人赞成，遂作为议题。

议长（高登鲤君）谓：师范每所改为三千两，中学改为二千两，请众表决。可决者五十三人。

议长（高登鲤君）谓：工程费一门文字有应行修正者。

王子懿君谓：此条应改为修缮道路桥梁各项经费一千两。

刘崇佑君问：全案各项既有增减，岁入款一百十四万二千余两，似有变动。

王子懿君谓：自有变动。

刘崇佑君云：照资政院来电，以督抚所交议之数为岁入之标准，本局应以督部堂交议一百十四万二千余两为明年岁入。此中各项，无论如何增减更正，均须以此为准。诸君对此节应行注意，倘有溢出之数，本局应担任另筹。

卢初璜君登坛质问本局建筑费，谓：各省谘议局均已大半完成建筑，而本局则开会两次，尚未兴工。闻建筑委员已绘图估价呈至藩台，不知藩台已批准否？

布政使司尚谓：据图须多用一万余两，大约共四万余两。惟是增加款项，一时难筹。从前所筹三万两，已交二万，尚差一万余，亦须设法筹措也。

卢初璜君云：据藩台云已筹三万，所差仅一万余两，则短款无多，筹措谅亦不难也。

布政使司尚谓：前委员领银二万，系存源丰润，虽将手折交后委员，尚未往领，而源丰润倒闭，此款应责成原经手前委员清算。

陈之麟君谓：据藩台所云已筹三万，现预算中又划三万两，则此款尽足敷用矣。

刘崇佑君谓：据该图核计，不过五万两，藩台已筹三万两，今预算案中列三万两，是多一万两，预算案中可除去一万两。至藩台所筹三万两，除已交后委员李迪瑚君谓：补助简易识字学塾，应照昨议改为每大县年五百元，中县年四百元，小县年三百元。又各府县模范小学六万两，小学应归地方筹办，本议员之意，应将此款移作补助巡警经费。

连贤基君云：简易识字学塾自应如李君说更正，模范小学一条尚须讨论。

李迪瑚君谓：本议员所以主张如此者，盖有二理由：一、所谓模范小学者，未必皆足为模范；二、各县小学已渐成立，皆有的款，惟巡警则因无款不能成立。

孟思培君谓：本议员赞成李君之说。

议长（高登鲤君）谓：李君之说有二十人赞成否？计赞成者十九人，遂不能成为议题。

刘崇佑君谓：模范小学甚关紧要，本议员以为应就原有小学中择其办理完善者补助之，即以之为模范小学。

潘纪雲君谓：补助省城小学有无裁减。

王子懿君谓：已裁去八千余元。

潘纪雲君谓：据原册与教育会一览表比较，已浮开八千余元，现在核实裁减，亦只八千余元，是仍为完足补助也。

孟思培君谓：现应更正，照教育总会一览表，以八折核减。

议长（高登鲤君）谓：孟君所说，诸君赞成否？请众表决。可决者五十六人。

林辂存君谓：厦门女子师范仅补助六百余两，为数太少，下游四属仅有此女子师范学堂，关系甚大，宜多补助。

王子懿君谓：此亦系研究会中公意。

苏寿乔君谓：现在小学补助款既核减，尽可以之补助女子师范。

陈之麟君谓：本议员与林君同意，厦门女子师范应多补助。

陈锡朋君谓：应请酌加补助。

议公（高登鲤君）谓：应补助若干？

刘崇佑君谓：每月百两可也。

议长（高登鲤君）问：有二十人赞成刘君之说否？计赞成者二十六人，遂作为议题。

前数。（八）模范小学六万两。每县一所，每所一千两，以六十州县计，约需银前数。

临时门

民政费：（一）限期禁烟经费二万八千两。本局本届提出限期禁烟案，其经费预计约需此数。

实业类：（一）茶务讲习所五千两。（二）商品陈列所五千两。此二项关系本省实业之前途（似不可缓，故增入）。

工程费：（二）建筑谘议局经费三万两。

（丙）应更正各项

教育类：（一）教育总会经费四千七十八两八钱四分九厘。按：此项不属地方行政，应行删去。查此款不列全省岁入，教育会尽可自由收支，实与预算无涉。（二）遣派外洋游学费。按：此款照部定程式，应改归临时门。又第三项：南洋视学费二千六百两。按：此项不属地方行政，应行删去。

交通类：（三）拨补邮政经费一万两。按：此项不属地方行政，应行删去。

临时门

工程费：第一款，修缮城垣衙署各项经费四千两。按：城垣、衙署不属地方行政，嗣经函询，奉督部堂答覆，应以三千两作为修缮城垣、衙署之用，分别更正，则此款应减去三千两。

卢初璜君谓：第二项简易识字学塾之按语，应行改正。盖本议大县五百元，中县四百元，小县三百元，今即折中计算，亦须声明。

椿安君谓：八旗学堂何以并无补助？

王子懿君谓：八旗中学预算分册未交到局，应补助与否，无从查核，故不列入。

椿安君云：不列入，则补助问题不能发生。

议长（高登鲤君）问椿君：八旗中小学堂本年用款若干？官中领款若干？

椿安君谓：八旗中小学堂所用之款五千余两，计由官领出者，闽海关二千两，度支公所一千两。

王子懿君云：八旗中学案虽无补助，并无核减，当于均照原案各项内报告，此时不必议及也。

由审查员交到，未及列入日表。本日应列为第一、第二。所有本日议事日表应行变更，请众表决，可决者全体。

第一，本届预算案未经分课报告之应减应增及应更正各项之修正（第二读会）。

议长（高登鲤君）请书记长登坛朗读。

书记长（林长民君）登坛朗读修正案。

兹将本届预算案未经分课报告之应减应增及应更正各项，开列如下，祗候公决。

（甲）应减各项

教育类：（一）福州府中学经费。按：府中学与全省公共学堂不同，不能纯用全省官款，应归补助各府中学经费内计算。原用官款一万三千二百三十九两六钱五分四厘，以六千两作为补助该中学之费，仍应减去七千二百三十九两六钱五分四厘。（二）补助省垣小学经费。按：小学原属自治范围，不能纯用全省官款，以性质论，自应全裁。惟闽侯自治会甫经成立，一时骤难筹此巨款，应以二万四千两作为暂时补助费，以一年为限，其余仍减去八千七百二十二两一钱五分一厘。

（乙）应增各项

民政类：（一）筹设医院一万两。

教育类：（一）单级教授练习所四千五百两零七钱八分。按：本届议决案共计十一所，每所以六百元计算，应支前数。（二）简易识字学塾一万六千三百九十二两。按：本届议决案每州县补助四百元，以六十州县计算，应支前数。（三）初级师范学堂六千五百两。原案拟设三所，预算一万三千五百两。上届本局议决师范教育案，系每府州各设初级师范一所，撙节办法，每所以二千两计算，除原额外，应增前数。（四）初等实业学堂四千五百两。原案拟设八所，应添设三所，每所一千五百两计算，除原额外，应增前数。原案已列一万二千两。（五）中等实业学堂四所一万二千两。原案已列一万二千两，应添前数。（六）补助厦门女子师范六百八十三两。（七）补助各府中学一万六千两。按：除福州府外，以八府二州计，每府州补助三千两。原案拟一万四千两，为数不敷，应增

第二次福建谘议局议事速记录第二十四号

宣统二年十月二十日（1910年11月21日）

议事日表　第二十四号

宣统二年十月二十日（月曜日）午前九时开议。

第一，民政类预算案第三读会（附民政临时门工程）。

第二，教育类预算案第三读会。

第三，实业类预算案第三读会。

第四，交通类预算案第三读会。

第五，筹办简易识字学塾第三读会。

第六，资政院关于预算岁入咨询案之电覆。

第七，覆议妥筹民教相安案审查员报告。

第八，覆议约束外人在内地违约举动案审查员报告。

第九，覆议保护外洋华侨案审查员报告。

第十，试办农林规则案审查员报告（延会）。

第十一，请裁撤厦门保商局案附修正案第二读会（延会）。

第十二，覆议西南泷口港工程案审查员报告（延会）。

第十三，覆议保护上游木商案审查员报告（延会）。

第十四，实行禁止彩票并赌博、赌具案附修正案第二读会（延会）。

议长（高登鲤君）述各种报告：

一、报告议员郑锡光君告假七天，林邦桢君、陈士霖君各告假一天。

议长（高登鲤君）谓：预算全案中除分课报告，已各开第二读会外，尚有应增应减及应更正各项列为一类。又预算分册中有均照原案者，又列为一类。顷约》原不分城内城外，且南台未禁，城内恐不能禁绝。至去毒总分社是否裁去，应请公决。第十三条各所，自系指各分所言，"主管官绅"四字可删。第二十二条禁烟公所分所规定设立戒烟局，原欲其最少亦必设立一所，至其他公益团体设立者，应另行规定。

苏寿乔君谓：据外府情形，则去毒社宜裁。

郑祖荫君谓：苏君所说，与修正案又有抵触。

卢初璜君谓：第五条之末，应添"由官款设立者宜裁"。

郑祖荫君谓：去毒社之设立，全由士绅，并非官款，惟其后略有补助耳。

卢初璜君谓：外府县亦有官款。

苏寿乔君谓：不必说裁并，亦不必说不裁并，但就各县情形办理。

王子懿君谓：本议员赞成苏君最后之说。

卢初璜君谓：裁并与否，须规定明白，否则恐有弊病。

郑祖荫君谓：禁烟公所分所为执行机关，去毒社为劝导机关，实不可裁并。

议长（高登鲤君）：请众表决，赞成裁并者，请起立；赞成不裁并者，不起立。计起立者为对出席人数五十人中之八人。

刘崇佑君谓：然则禁烟公所与去毒总社之权限若何？

郑祖荫谓：譬之禁烟公所如学务公所，去毒总社如教育总会。

刘崇佑君谓：此案尚须讨论者甚多，应延会。

议长（高登鲤君）谓：此案应行延会。

议长（高登鲤君）报告第二十四号议事日表。

议长（高登鲤君）宣告散会。

是日出席议员五十二人。督部堂未到会，委劝业道张代理。午后五时散会。

公所，于全省一律肃清时，即行裁撤。

第三十二条　本章程自总督批准公布之日起，发生施行之效力。

提出者主查员卢初璜，理事员李迪瑚，审查员高士龙、陈锡朋、黄乃裳、余钟英、谢滋春、张国宝、洪鸿儒、王邦怀、黄金銮、黄必成。

议长（高登鲤君）请众将全案讨论。

卢初璜君谓：第三章第五条加"皆由官督绅办"一语，第九条第二项"评议员"落一"议"字，第三条"由总理选派"改为"由所长详请总督委派"，第七条"评议员"亦落一"议"字，第五条末改为"即将旧设去毒总社及由官款设立之支社分别裁并"。

郑祖荫君谓：此案由本议员提出，本议员对于修正案逐条尚有修正之处，应请审查员诸君讨论。

郑祖荫君登坛谓：第一章总则，本议员赞成。第二章限期，大有变动。据修正案延长一年，果使办理尽善，如期净绝，原极赞成。但第一区中有"等处"二字，未免含混，应行删去。第二区改为汀州府龙岩州。第三区应改为福州府，下加括弧云：福州府万寿桥桥南属于通商口岸者，归第五区办理；兴化府三都地方属于通商口岸，归第五区办理；至泉州府厦门，亦归第五区。所有福州府万寿桥南、三都、厦门三处，限宣统五年，惟加"届时应由督抚咨请外务部照会领事商同办理"等字。至修正案中所主张将去毒社裁并，本议员谓宜将此两句裁去，盖公益团体不妨多多益善。此外第四章第十三条编查烟籍，由各所协同自治会，本议员以为应加几字为"由各所主管官绅协同该地方去毒总支社及自治会"云云。第五章第十六条须加二"将"字，第十七条须改为"凡土店不得卖膏，膏店不得卖土"，第十八条末"洋土"改为"烟土"。第六章第二十二条"禁烟公所附设戒烟局，恐所设不多"，应改为"禁烟公所、禁烟分所应同时提倡自治会及公益团体设立戒烟局"。第七章须（知）〔加〕"惩奖"二字。第八章第二十八条"禁烟公所不能用去毒社之款，应行另筹"，当改为"禁烟公所经费除由本地方膏捐酌抽三分之一充用外，每年应酌加津贴银一万两补助，以资办公"。

苏寿乔君质问谓：禁烟公所原拟官绅合办，现何以改为官督绅办？

卢初璜君谓：因官办之事与本局性质上不甚合，故改为官督绅办。此等绅士系由总督札派，与去毒社不同。至城内事实上原不能谓之口岸，而照《江宁条

第二十条　自宣统三年二月初一日起，全省境内不准添设土膏各店，及更换字号，迁徙地址，并不准土店改卖烟膏，膏店改卖烟土。如有歇业者，即将营业执照缴销，不得顶替再开。

第二十一条　各区届肃清期限时，所有土膏各店，无论如何情形，一律勒令歇业，缴销营业执照。

第六章　戒烟局及药品

第二十二条　禁烟公所、禁烟分所，应同时附设戒烟局，分期招革；但自治会及公益团体，亦宜筹设戒烟局，以相辅助。

第二十三条　戒烟药品，由禁烟公所选择确无烟质物品，方准配用。商人经售此项药品，亦须呈缴禁烟公所化验，方准发行。

第七章

第二十四条　各地方能于限内先期具报肃清者，该地方官及办理员绅，由总督分别核奖，但有隐饰欺朦时，一经发觉，立予惩处。

第二十五条　各地方不能依限肃清者，该地方官及办理员绅，由总督分别严行参处。

第二十六条　各区于肃清限期外，如有违犯下列各款者，由总督查照禁烟条例，加等治罪。（一）再种罂粟者；（二）存积膏土者；（三）私开烟馆及运售膏土者；（四）再有吸烟者；（五）存匿烟具者。

第二十七条　凡属办理禁烟员绅，如有不法行为，一经发觉，由总督查照定章加等治罪。

第八章　经费

第二十八条　禁烟公所经费，即由去毒总社款移用，每年度酌给库平一万两，以资办公。

第二十九条　禁烟分所经费，除由各该地方去毒支社款移用，并得于本地方膏捐额内加抽三分之一充用外，每所每年度酌给库平二百四十两，以资补助。

第三十条　关于禁种、禁吃及取缔膏、土店各办法，得照现行禁令，科收罚金，以充本地方各戒烟局经费。

第九章　附则

第三十一条　各厅州县禁烟分所，于各该地方肃清时，即行裁撤。省城禁烟会议全省执行禁烟事宜，由总督遴选本省公正绅士充之；总务、调查、文牍、事务科员各二人，由总理派分科治事。

第七条　禁烟分所应设议员如左：督办一人，督办该地方禁烟事宜，由各该地方官兼任；坐办一人，执行该地方禁烟事宜，由地方官禀请总理札派本地方公正绅士充之，常川驻守；议绅六人，会议本地方执行禁烟事宜，由地方官遴选本地方公正绅士照会充之；文牍、庶务科员各一人，由地方官委派，分科治事。

第八条　关于禁烟公所及禁烟分所办事细则，得由各该所自定，惟不得与本章程相抵触。

第九条　各区届肃清限期六个月内，由总督特派专员分驻该区各府州治，严行督促。

第十条　巡警队及巡防队，有协同办理禁烟之责。

第四章　关于种户及吸烟人之取缔

第十一条　全省境内无论何地，以后不得再种罂粟。

第十二条　全省境内无论何地，自宣统三年正月初一日起，实行编查烟籍，发给烟牌，限三个月内报竣。

第十三条　编查烟籍，由各所协同该地方自治会，或各公益团体，挨户调查，填表注册。

第十四条　各区届肃清限期六个月前，应由该地方官出示宣告肃清，勒令吸烟人缴销烟牌及其烟具。

第五章　关于土膏店之取缔

第十五条　全省境内无论何地，所有土店膏店，自宣统三年正月初一日起，限一个月内，应向禁烟分所领照注册，方许营业。

第十六条　凡土店不得卖土与无营业执照之膏店，膏店亦不得卖膏与无烟牌之吸烟人。

第十七条　凡土店专卖洋土，不得卖膏；膏店专卖烟膏，亦不得卖土。

第十八条　土店只准与境内膏店交易，不得零星卖与吸户；膏店只准向本境土店买土熬膏，不得自行贩运洋土。

第十九条　膏土各店，应将每月买入、销出及现存之数目，于次月初五日内开单呈报各分所查核，由各分所于初十日内汇报禁烟公所存查，不得隐匿遗漏。

以所司奉行不力，掩饰敷衍者有之，观望瞻徇者有之，已著成效而复蹈前辙者有之。闽省禁烟虽较他省为稍进，然非有最大之强制力以压迫其上，则十年期届，亦不能痛除净绝，所可断言矣。某等参酌情形，公同研究，窃以为划分区域，勒限肃清，诚为厉行烟政万不容已之举。而执行方法，尤必特定单行章程，另设禁烟机关，方足以重责成而收实效。谨拟章程九章，都三十二条，即请公决。

计开

闽省禁烟章程

第一章　总　则

第一条　本章程为闽省实行强制禁烟主义而设，于全省境内有施行之效力。

第二条　本章程以官绅同负责成、妥协筹办为主旨。

第三条　关于禁种、禁吃办法，及编造烟籍、取缔土膏店、设立戒烟局，各种细则，除本章程所列举外，得依现行法办理。

第二章　划区限期

第四条　依办理上、风俗上之利便，先内地而渐及通商口岸，分全省为五区，按区严定限期，次第肃清。

第一区　延平、建宁、邵武等处，限宣统三年十二月底，一律肃清。

第二区　汀州、龙岩等处，限宣统四年六月底，一律肃清。

第三区　福州、福宁、兴化等处，限宣统四年十二月底，一律肃清（城台、三都不在其内）。

第四区　泉州、漳州、永春等处，限宣统五年六月底，一律肃清（厦门不在其内）。

第五区　省城、厦门、三都等处，限宣统五年十二月底，一律肃清。

第三章　机关及职任

第五条　省城应设禁烟公所，各厅州县应设禁烟分所，限宣统三年正月初一日一律成立，由总督分别颁给关防钤记，以昭慎重。即将旧设去毒总社，分别裁并。

第六条　禁烟公所应设职员如左：总理一人，总理全省禁烟事务，由藩司兼理；协理三人，协理全省禁烟事务，由交涉司、提法司、巡警道兼理；总办一人，执行全省禁烟事宜，由总督札派本省公正绅士充之，常川驻所；议绅八人，苏寿乔君谓：每县总数既定，而不定设立几所，亦有流弊。盖恐每县只设一二所，即以报销此五百元之款也。据本议员意见，必定每所津贴之数。

议长（高登鲤君）谓：可不必规定所数，即照王君之改正，请众表决。可决者为对于出席五十人中之二十六人。

议长（高登鲤君）宣告休息二十分钟。

三时二十分续行开议。

第六，请实行禁止刑讯并销毁刑具案审查员之报告。

议长（高登鲤君）请主查员报告。

主查员（陈锡朋君）登坛报告审查情形（大意与报告书同）。

实行禁止刑讯并销毁刑具案审查报告

本届第五次会议，提出议员苏寿乔君请实行禁止刑讯并销毁刑具案，交本科审查。查此案依据新章，注意在申明罪在流徒以下者，可以刑治其罪，不能以刑求其情，即罪在流徒以上者，亦万不容滥用非刑，命意甚善，办法亦有根据。但其中有宜修改之处，已由同人斟酌，另行提出修正案矣。合将审查情形报告，是否，候公决。宣统二年十月□日，庶政兴革科主查员黄乃裳，理事谢滋春，审查员高士龙、余钟英、张国宝、陈锡朋、王邦怀、黄必成、洪鸿儒。

高士龙君谓：此案本议员不能赞成。

陈锡朋君谓：高君反对之理由，请登坛说明。

李迪瑚君云：请将此案表决。

议长（高登鲤君）谓：此案应开第二读会，请众表决。可决者为对于五十人之三十二人（多数）。

第七，划区禁烟限期肃清案第二读会。

议长（高登鲤君）请书记长登坛朗读。

书记长（林长民君）登坛朗读修正案。

修正案

禁烟一事，非严厉迅速，必不为功。乃主持烟政者，辄拘拘于分年递减，行之以渐，朝发一令，夕布一章，既莫考实际上之成功，何足为根本上之解决？加地方官筹拨的款，发交为提倡补助之用。兹当列入预算案，以期核实，而便施行。余虽稍有删改，要皆沿用原案趣旨。合将审查情形报告，是否，乞公裁。

王子懿君谓：此案经费，据督部堂本意，责成地方官筹款办理，且督部堂此案系本年施行者，而预算案则系预算明年，应划开不必列入预算。

赖其浚君谓：各地方禀报多属捏虚，未见有实力办理者。

吴庭枨君谓：地方官筹款，恐无是事。

王子懿君谓：地方官筹款如何，本局可不问，惟能办有成效，则可补助。

卢初璜君谓：照章此款应责成各地方筹措，不能全由预算内划出，惟各地方经费困难，可由预算内酌予补助，如此则须视预算之财力若何。

王子懿君谓：简易识字学塾以地方筹款为原则，补助为例外，且现在各属风气未开，就学者少，由预算内补助者，不必如此之多。

邹含英君谓：据本议员所知，应行报告者，简易识字学塾较诸中学尤为紧要。

议长（高登鲤君）谓：诸君有赞成王君之说否？计赞成者六人，遂作为议题。

卢初璜君谓：简易识字学塾原为近今要图，在诸君以为若有数万金，必能使教育普及，不知风气未开，即有款亦属虚糜，盖以其无人来学也。此须察看情形，风气稍开，再行陆续增添。

议长（高登鲤君）谓：请王君将案修正。

王子懿君谓：据现在情形，大县五百元，中县四百元，小县三百元，大约共二万余元。

陈锡朋君谓：然则不必规定一所若干元。

议长（高登鲤君）谓：有赞成王君所定之数者，请起立。计起立者为对于五十人中之二十六人。

议长（高登鲤君）谓：照王君议修改。

刘崇佑君谓："由地方官拨给"句可删。

苏寿乔君谓：补助费既减去，则每县设立几所，其数亦宜照减。苟津贴之数匀分太少，亦属有名无实。

李迪瑚君谓：不必定各县设几所。

第二项　辛资

谨查司事二人，各月支辛费银一十两；经书一人，月支一十两；内缮书一人，月支银三两；书记生一人，月支银六两；七人各月支四两；收发、司事一人，月支银六两；印刷书二人，各月支四两；丁役、厨役八人，各月支三两六钱六分八厘。统计全年加闰应支辛资列下：一、应支司事二人全年辛资银二百六十两；一、应支经书内缮书二人全年辛资银一百六十九两；一、应支书记生八人全年辛资银四百四十二两；一、应支收发印刷司事三人全年辛资银一百八十二两；一、应支丁役厨役八人全年辛资银三百八十一两四钱七分二厘。合计应支银一千四百三十四两四钱七分二厘。

第三项　杂费

谨查杂费项下，除特别费用未经列报外，其照常应需各费列支如下：一、应支膳费银九百三十八两八钱八分七厘；一、应支茶水油烛费银一百八十两五钱五分六厘；一、应支薪炭费银一百二十八两四钱七分二厘；一、应支邮费报费银三百一十二两五钱；一、应支笔墨纸张费银二百一十五两二钱七分八厘；一、应支电报费电话费银二百五十六两九钱四分四厘；一、应支印刷费银一百四十六两六钱一分二厘；一、应支开会杂费银一百四两一钱六分八厘；一、应支调查杂费银二十两八钱三分四厘；一、应支购置品费银三十四两七钱二分二厘；一、应支修缮费银三十四两七钱二分二厘；一、应支各项杂费银二百二十六两三钱五厘。合计应支银二千六百两。

共计应支银八千四百五十四两四钱七分二厘。

议长（高登鲤君）请众表决，赞成者四十八人。

第五，筹办简易识字学塾案第二读会（延会）。

议长（高登鲤君）谓：议案早经印刷，可省略朗读。

审查筹拟简易识字学塾办法议案报告书

本届第四次议会，提出督部堂筹拟简易识字学塾办法议案，交与本科审查。查立宪基础，必始于普通的常识。各属学务不兴，绝少完善办法。高初小学每县多者六七所，少者不过二三所，实难期教育之普及。则简易识字学塾，诚为当今要政。原案办法十条，可以遵行者多，惟第七条筹款方法分县之大中小三等，由林辂存君谓：吴君之说甚是。谘议局为言论机关，万不能节省邮电各费也。

刘崇佑君谓：尚有印刷费，本年因印刷机尚未运到，所有预算岁出册委托印刷公司，至今尚未出版。在本议员之意以为，若能将本省岁出入经费全行付印数千部，分给全省人士，俾得周知其底里，于事实上甚有利益。故印刷机不能不置。又因本省报界不发达，本局所办各事，外界人士多未知晓，故尚拟明年能长聘一人，管理编辑本局印刷物。故印刷费似亦不宜核减。

议长（高登鲤君）谓：照预算案第一目，议长、副议长等公费虽由督抚核定，然本局亦可请督部堂酌减。

刘崇佑君谓：此项不在议决预算之列，应归陈请之列。

议长（高登鲤君）谓：就本局预算案全体，请众表决。可决者全体。

议长（高登鲤君）谓：民政类中尚有地方自治筹办处经费一门，因审查员并未修正，故本日未列入议事日表，现在即将此项经费预算案请书记长登坛朗读。

书记长（林长民君）登坛朗读预算案。

闽省地方自治筹办处试办宣统三年分（算预）〔预算〕报告分册

岁入经常门

第一款　地方自治筹办处经费

第一项　领款

谨查本处经费，向由财政局按月领银五百二十两，遇有特别费用，随时移请如数筹拨支给，统计全年加闰应收常款列下：一、应收度支公所解银六千七百六十两；一、应收新增解银一千六百九十四两五钱七分二厘。合计应收银八千四百五十四两四钱七分二厘。

岁出经常门

第一款　地方自治筹办处经费

第一项　薪水

谨查本处内分法制、调查、文牍、庶务四科，科设科员二员，各月支薪水银四十两，书记员二员，各月支薪水银一十两，统计全年加闰应支薪水列下：一、应支科员八员全年薪水银四千一百六十两；一、应支书记员二员全年薪水银二百六十两。合计应支银四千四百二十两。

临时会费用，仍俟临时开列预算。

总说明：议员旅费照第一会期预算之数开列，什费中会期杂费及常月什费均较第一会期预算之数有所减少，预备费亦较前会期所预算者减去四百两，合共核减一千七百三十四两八钱。本届预算旅费、什费、预备费三目，共应支出一万八千一百七十两零三钱二分，合诸督部堂核定之公费薪金十三个月应一万九千八百九十两，统共银三万八千零六十两零三分二厘。

原案：比较上年预算已减银一千七百三十四两八钱，兹复酌减银一千六百五十两零六钱六分五厘，合并计减银三千三百八十五两四钱六分五厘。核实后本届预算旅费、杂费、预备费三目，共应支银一万六千五百一十九两六钱五分五厘，合诸督部堂核定之公费薪金全年加闰应一万九千八百九十两，统共三万六千四百零九两六钱五分五厘。

议长（高登鲤君）谓：诸君赞成开第二读会者，请起立。计起立者五十二人。

议长（高登鲤君）谓：现在会期已促，应照先例将此预算案接开第二读会，不必表决，请书记长登坛朗读预算案。

书记长（林长民君）登坛朗读预算案。

预算修正案见前。

刘崇佑君谓：核减之数固属应该，惟须声明者，预算为对于未来者言，至本届已用各款不在此内。再本年会期内发电之费，用去一千数百元，此因本年关于预算及其他事宜，势不能不与资政院及各省谘议局互通信息，此不独本局为然，即各省谘议局亦然也。

王子懿君谓：本局用费以常会期内为最要，审查其中各项用款，已属减无可减，故于常月费中核减，常月费不过数千两，已核减一千五百余两。

刘崇佑君谓：本届二十四日开临时会，所有关于临时会费用最好亦能核实预算。

议长（高登鲤君）谓：大概临时会二十日，比诸常会少一半，即可以明年常会用费预算案折半，为本年临时会预算案可也。

吴庭枨君谓：邮电费用万不能减，盖一切机关均在邮电，电费减少则交通不便，于办事上实有窒碍。

修正：第六款，添置三十两。

按：照原案再核减二十两。

第七款　印刷三十两。

说明：此款较第一会期月减十两，应支前数。

修正：第七款，印刷四十两。

查本局已购有排印机器，印刷物既多，则印刷费决难复省，应照上年预算四十两之数，无庸核减。

第八款　邮费八十两。

说明：此款较第一会期月减二十两，应支前数。

第九款　油灯二十五两。

说明：此款较第一会期月减五两，应支前数。

修正：第九款，灯油二十两。

按：照原案再核减五两。

第十款　什用六十两。

说明：此款较第一会期月减二十两，应支前数。

修正：第十款，什用四十两。

按：照原案再核减二十两。

第五目　预备费，共二千五百两。

第一款　会期中预备费五百两。

第二款　常年预备费五百两。

第三款　图书馆按年设备费一千两。

修正：第三款，图书馆按年设备费三百两。

按：此款原不可省，但目前财政困难，为移缓就急之计，故照原案核减七百两。

第四款　常年修缮费五百两。

说明：第一款及第三款均照第一会期预算之数列入，第二款内有办事处租金及铺捐等款由此开支，合之第四款较第一期预算各减去二百两，应支前数。

修正：第四款，常年修缮费三百两。

按：照原案再核减二百两。

说明：此款照第一会期所预计者列入，应支前数。

第十二款　杂用三百两。

说明此款较前会期减去二百两，应支前数。

第二项　常月什费，每月四百三十两零一钱七分九厘，加闰十三个月，共五千五百九十二两三钱二分七厘，三年九、十两月，各减二百两，统共五千一百九十二两三钱二分七厘。

说明：谘议局会计年度本以是年九月至翌年八月为适当，今以全国预算均自正月至十二月为一年度，本局未便歧异，故本届预计自宣统三年正月至十二月止，加闰共十三个月。又以九、十两月用费多归会期中算，特别核减，应支前数。本项用费核与前会期常月什费预算之数，计月减五十四两七钱四分一厘，十三个月共减七百一十一两六钱三分三厘。

第一款　常设速记员薪金十三两八钱八分九厘。

说明：第一会期未经预算此款，嗣经常驻议员协议，添聘速记一员，应支前数。

第二款　司事、司书薪金四十二两。

第三款　印刷、缮写薪金三十两。

说明：司事、司书每人拟七两，共六人；印刷总一人，八两；缮写每人拟六两，共二人；印折每人拟五两，共二人。应支前数。

第四款　丁役工资二十五两四钱九分。号房丁一名，每月工资二两零九分；厨丁三名，每名工资一两八钱；门丁一名，什遣、司灯、打扫丁役共九名，每名一两八钱。共十四名，应支前数。

修正：第四款，丁役二十两零九分。

按：丁役一项照原案裁去三名。

第五款　膳伙七十三两八钱。

修正：第五款，膳伙五十八两二钱。

按：办事处五人，常设速记员一人，司书、司事六人，印刷、缮写五人，每人月膳二两五钱；丁役十四人，拟减三人，每人月膳一两七钱。

第六款　添置五十两。

说明：添置分物品、书报二项，较第一会期月减二十两，应支前数。

说明：每人六十元，二人共一百二十元，应支前数。

修正：第二款，审查员会速记员薪金四十一两六钱六分五厘。

按：各科审查可轮流开会，可减速记一员。

第三款　招待员薪金二十两零八钱三分三厘。

说明：一人三十元，较第一会期减二人。

第四款　暂雇司役薪工一百一十五两五钱。

说明：司书每人全会期九两，五人计四十五两；缮写每人全会期七两五钱，三人计二十二两五钱；印折每人全会期六两，二人计十二两；丁役每人一两八钱，十人六十日计共三十六两。

第五款　膳伙一百一十四两。

说明：特聘人员及司书缮印每人膳伙二两五钱，以六十日计，十六人共八十两；丁役每人膳伙一两七钱，以六十日计，十人共三十四两。应支前数。

第六款　印刷七百两。

说明：印刷分排印写印二项，第一会期排印用费共四百五十余两，写印用费共一百四十余两。兹以此项排印件目较多，写印亦不为少，照第一会期预计之款列入，排印项下以五百两计，写印项下以二百两计，应支前数。

第七款　添置二百五十两。

说明：添置分物品、书报二项，物品预计一百五十两，书报预计一百两，较第一会期预算表减去五十两，应支前数。

第八款　笔墨纸张六十两。

说明：写印用纸及墨归入印刷内预计，此款专指通常笔墨纸张而言，较第一会期预算表减去四十两，应支前数。

修正：第八款，笔墨纸张四十两。按照原案再核减二十两。

第九款　修缮一百两。

说明：此款照第一会期所预计者，应支前数。

第十款　邮电二百五十两。

说明：会期中此项用费颇多，兹就第一会期所预计者已减去五十两，应支前数。

第十一款　灯油一百两。

王子懿君谓：此案多系更正，如水龙及皮带等项，均属核减，总数大约十一万余，修正案内漏开，当即补入。

议长（高登鲤君）谓：总数即请主查员补列，诸君对于此案既无异议，可全案表决，赞成修正案者，请起立。计起立者五十人。

第四，谘议局宣统三年正月迄十二月用费预算案。

议长（高登鲤君）请主查员登坛报告。

主查员（王子懿君）登坛报告审查情形（大意与报告书同）。

谘议局宣统三年正月迄十二月用费预算案（本局提出）

宣统二年九月至十二月预算，本局已照宪政编查馆咨定办法，另列预算。兹再遵章提出宣统三年度预算，以候公决。

第一目　议长、副议长、常驻议员公费。

第二目　书记长、书记薪金。

说明：以上均遵照督部堂核定之数支发。

第三目　议员旅费共八千一百七十六两。

第一项　旅行费二千五百九十两。

第二项　旅居费五千五百八十六两。

说明：第一次会期议会旅费，系照谘议局筹办处所定额数支发，且由议员开明短额若干，汇请藩署补给，其性质与纯然由局支发者不同。本届始照前年预算核准数目支发，计旅行费每人每百里五元，往复共十元，省居者不在内；旅居费每人每日二元，自召集之日起，以七十日计算，但迟到者按日扣计，议长、副议长不在内，常驻议员自领公费之日起不支旅居费。两项均依第一次预算数目列入。惟议员间有变更，道里亦微不同，先就总额预算之应支前数。

第四目　杂费共七千四百九十四两三钱二分。

第一项　会期中杂费，共二千三百零一两九钱九分三厘。

说明：此项用费较第一会期预算表，共减二百二十三两一钱六分七厘。

第一款　议场速记员薪金二百零八两三钱三分。

说明：每人一百元，三人共三百元，应支前数。

第二款　审查员会速记员薪金八十三两三钱三分。

原案：第三目，辛资五千五百八十四两八钱。

修正：二千八百零八两。核减二千七百七十六两八钱。

理由：按照摘要（拦）〔栏〕内所开，书记、什役、亲勇辛资全年加闰只有前数，原案误列应减。

原案：第四目，购置品费一万四千九百四十一两九钱九分。

修正：一万三千八百八十九两九钱二分五厘。核减一千零五十二两零六分五厘。

理由：按夏冬操衣、操帽、帽章、外套、雨衣、皮带，每名每年全套，合十二两五钱六分五厘；洋皮鞋每双一两二钱六分，每名每年三双，合巡长、巡士、队长、教习、消防士、探士，共八百四十五人，应支一万三千八百一十一两五钱二分五厘。亲勇号衣，每名每件一两九钱六分，四十名应支七十八两四钱。两共应支前数。其余指挥刀十年一换，挂刀带三年一换，现已粗具，明年似不应支。

原案：第五目，消耗品费四千三百十七两八钱三分六厘。

修正：照原案。

原案：第六目，消防队经费九千三百八十八两一钱八分五厘。

修正：四千五百五十九两一钱。核减四千八百二十九两零八分五厘。

理由：查本年报销册，五月为最多之数。正队长一，薪粮十六两；副队长三，共二十一两二钱；消防士六十四名，共二百九十八两五钱；伙夫三名，共十五两。四项统计，全年加闰应支前数。水龙器具略备，似毋须添置。

原案：第七目，侦探队经费五千一百五十八两四钱。

修正：二千七百三十两。核减二千四百二十八两四钱。

理由：查本年五个月报销册，以最多之数核计，正副队长四员，三四等侦探队士三十二名，伙夫三名，三项月支二百一十两，统计全年加闰应支前数。

原案：第八目，清道局经费五千零二十七两四钱。

修正：照原案。

主查员王子懿，理事连贤基，审查员孟思培、潘纪雲、郑祖荫、施景琛、郑藻山、张道南、卢初璜、李迪瑚、邓畿、苏寿乔、赵锡荣。

议长（高登鲤君）请众将修正案讨论。

椿安君谓：此案无核减总数。

两。查该堂校舍甫经落成，纵有修缮，为费亦微，可酌减银二百两。一应支其他各费银九百五十两。原案：合计应支银一万一千八百四十八两九钱。修正：合计应支银一万零七百六十三两八钱四分。

以上共应实支银一万九千八百九十一两一钱四分。计减去银一千五百二十一两八钱六分。

议长（高登鲤君）请众将修正案逐表决。

第一项：薪水，可决者四十三人。

第二项：辛资，可决者四十五人。

第三项：杂费

高士龙君谓：消耗品安得用如此之多？

李迪瑚君谓：该堂一切消耗费用皆归此类。

高士龙君谓：何以复有其他各费？

李迪瑚君谓：其他各费非消耗品。

孟思培君谓：比较各学堂，以巡警学堂所开为最核实。

议长（高登鲤君）：请众表决，赞成第三项修正案者，请起立。计起立者四十八人。

施景琛君谓：本议员顷有要事，请假三刻钟。

议长（高登鲤君）谓：施君既有要事，可以请假。

第三，省城巡警经费预算修正案。

议长（高登鲤君）请书记长登坛朗读。

书记长（林长民君）登坛朗读修正案。

审查省城巡警费预算修正案

原案：第一目，委员薪水一万四千四百零四两。

修正：照原案。

原案：第二目，薪饷六万零九百零二两四钱。

修正：五万四千零九十两零四钱。核减六千八百一十二两。

理由：按照摘要（拦）〔栏〕内所开，巡长、巡士薪饷全年加闰只有前数，原案误列应减。

水银六百三十七两；一、应支监学兼教习一员，全年薪水银五百九两六钱；一、应支文案兼律例教习一员，全年薪水银三百六十四两；一、应支刑法教习一员，全年薪水银一百八十二两；一、应支法制教习一员，全年薪水银二百七十三两；一、应支算学兼英文教习一员，全年薪水银二百七十三两；一、应支法政教习一员，全年薪水银二百七十三两；一、应支高等警察教习一员，全年薪水银二百一十八两四钱；一、应支体操教员一员，全年薪水银二百一十八两四钱；一、应支教练所管课兼国文教习四员，薪水银五百八十二两四钱；一、应支教练所各科教员一十一员，全年薪水银一千二百一两二钱；一、应支书记一员，全年薪水银二百两二钱。合计应支银七千二百七两二钱。

第二项　辛资

谨查堂内司事一名，月支银七两，书手七名，各月支银五两六钱，丁役二十四名，教练所丁役十六名，各月支银三两三钱六分，又津贴用印书月支银七钱。统计全年加闰应支辛资列下：一、应支司事一名，全年辛资银九十一两；一、应支经书缮书印刷书七名，全年辛资银五百九两六钱；一、应支用印书全年津贴银九两一钱。原案：一、应支堂丁三十一名、花匠一名、厨役八名，全年辛资银一千七百四十七两二钱。修正：一、应支堂丁二十一名、花匠一名、厨役八名，全年辛资银一千三百一十两零四钱。查该堂报销底册，高等班丁役二十名，学生只六十余人，可酌裁堂丁十名，应减银四百三十六两八钱。原案：合计应支银二千三百五十六两九钱。修正：合计应支银一千九百二十两零一钱。

第三项　杂费

谨查堂内所有膳费、购置品费、消耗品费、学生用诸费、修缮费、其他各项用费，统归杂费项下列报。统计全年应支数目列下：原案：一、应支膳费银六千三百九十两。修正：一、应支膳费银五千五百零四两九钱四分。查该堂报销底册，高等班校员伙食每月约五十七元，教练所校员每月二十四元。又据该堂答复，两班学生共一百七十二人，每月各三元六角，共合六百一十九元二角。校员以十三个月计，学生以十一个月计，共七千八百六十四元二角，折银五千五百零四两九钱四分。可减银八百八十五两零六分。一、应支购置品费银一百八十两。一、应支消耗品费银一千五百六十八两九钱。一、应支学生用诸费银二千三百五十两。原案：一、应支修缮费银四百一十两。修正：一、应支修缮费银二百一十请众表决。可决者全体。

议长谓：会期甚促，今日须即开第二读会，诸君如赞成者，请起立。全体赞成。

第二，巡警学堂预算分册（条）〔修〕正案（第二读会）。

议长（高登鲤君）请书记长登坛朗读。

书记长（林长民君）登坛朗读修正案。

审查巡警学堂预算分册修正案

查该堂预算册开各项数目，尚属核实。惟堂丁过多，可裁十名。再杂费项下膳费一款，按照人数计算，无须如此之多，自应酌减。又修缮一款，该堂校舍成立未久，纵有修缮，为费亦微，尽可略减。其余似可照依原案。合将本科审查情形，略为说明。

福建省城巡警学堂试办宣统三年预算分册

第一款　巡警学堂经费

谨查本学堂内设高等班、普通班并附设教练所，所有应需经费，原编预算册列银二万二千五百一十九两一钱，部电令减八千两，此次修正酌减一千一百六两一钱。统计应支数目列下：

第一项　薪水

谨查堂内设庶务提调兼教练所长一员，月支薪水银五十六两；支应兼医官、庶务兼教练所教务各一员，各月支二十八两；检察兼帮支应、门禁兼收发、监印兼教练所庶务各一员，各月支二十一两；监学兼教习，一员月支四十九两，一员月支三十三两二钱；教员，三员各月支二十一两，一员月支一十四两，二员各月支一十六两八钱；文案兼教员，一员月支二十八两，四员各月支一十一两二钱，十一员各月支八两四钱；书记员一员，月支十五两四钱。统计全年加闰应支薪水列下：一、应支庶务提调兼教练所所长一员，全年薪水银七百二十八两；一、应支支应兼医官一员，全年薪水银三百六十四两；一、应支庶务兼教练所教务一员，全年薪水银三百六十四两；一、应支检察兼帮支应一员，全年薪水银二百七十三两；一、应支门禁兼收发一员，全年薪水银二百七十三两；一、应支监印兼教练所庶务一员，全年薪水银二百七十三两；一、应支监学兼教习一员，全年薪

（二）省城及各府厅州县巡警费。查省城巡警费计分八目：一、委员薪水，二、薪饷，三、辛资，四、购置品，五、消耗品，六、消防队，七、侦探队，八、清道局。原册数目舛错叠见，应行更正之处颇多。其第四目之购置品，及第五目消防队应购之各项，间有目前尚无须添置者，自应量为核减。至各府厅州县之警费，多寡不齐，皆系照各属册报编列，虚实无从悬揣。

（三）巡警学堂。查该堂预算册开各项费用，较之他校，似尚核实。惟膳费、丁役、修缮三项略嫌过多，可以酌减。其余均可照依原案。

（四）善举经费。查预算总册，此款计分十项。惟第一项孤贫口粮、第四项普济堂经费、第六项粥厂经费，数目较巨。余如育婴、善社等项，多者千余两，小者不过数百两。孤贫、麻疯两项，系合各属州县计算。惟普济堂、粥厂等项，均系省城用费。各项均无细册，无从审核。

（五）官医局及补助私立医院经费。查此款计分三项：一、省城官医局；二、补助私立医院，据预算表列系补助济世、保福山、吴松三医院之款；（四）〔三〕、各府厅州县官医局，核之预算表，只列延建邵道、三都厅、福安县、仙游县四处，为数亦属无多。

以上所述，皆民政类经常各款。兹复将审查临时门民政费暨工程费情形，说明如下：

按：临时民政费内，计分（五）〔四〕款：一、补助地方自治经费，二、防疫经费，三、赈恤经费，四、临时补助善举经费，查此项系补助戒烟之用。盖自治为宪政之基础，地方自治筹办处另有预算分册，尚属核实。防疫、赈恤为卫生救贫之要政，戒烟又为去毒之必需，均不能节省。至于工程费预算总册，只列修缮城垣、衙署、桥梁各项经费。查部定地方行政工程类，无城垣、衙署字样，则城垣、衙署原属国家行政，无庸列入，此应行更正者也。

预算科主查员王子懿，理事连贤基，审查员孟思培、施景琛、郑祖荫、郑藻山、潘纪雲、赵锡荣、邓畿、卢初璜、苏寿乔、张道南、李迪瑚。

刘崇佑君谓：顷本议员晤及巡警道，据云本日感冒，不能到会，拟派委员莅会。不知本日有无派人？请督部堂代理员答覆。

督部堂代理员劝业道张谓：不知有无派委员到会。

议长（高登鲤君）谓：据审查员报告民政类预算修正案，应开第二读会，总督部堂松为札覆事：据谘议局全体议员呈，以地方经费预算案现方分项审查，计（钜）〔距〕闭会之期仅余五日，照章已满延长会期之限，于事实上恐不能议结，且议结呈督后未必无札交覆议之处。预算案为明年正月起实行事件，其不能延至下会期覆议自明。谨依局章，用陈请名义呈请照章召集临时会，自十月二十三日起正式开会等情。据此，当即据情分电宪政编查馆、资政院去后，兹准资政院啸电覆开，据闽谘议局电称，本局初十日始开议，款目甚繁，延会十日，即议决亦无覆议时日，事关财政，照章呈督求开临时会，乞主持，速电。并准贵督铣电内称，前因等情，查奉天谘议局请延会期，业经饬令于延会十日后照章开临时会，闽局自应比照办理，希转札遵照等因，准此。应即如呈召集，准于十月二十四日起正式开会，照章以二十日为限，为此札行谘议局查照，须至札者。右札福建谘议局准此。

第一，民政类预算案审查员之报告。

议长（高登鲤君）请主查员王子懿君登坛报告审查情形。

主查员（王子懿君）登坛报告审查情形（大意与报告书同）。

审查预算案民政类报告书附临时门民政工程两类

本届第十七次议会，提出地方行政预算案，交付本科审查。本科按照议事细则七十九条之规定，分课审查，业将教育、实业、交通三类先行报告外。嗣查民政类经常门，计分五款：一、谘议局经费，二、省城及各府厅州县巡警费，三、巡警学堂经费，四、善举经费，五、官医局及补助私立医院经费。本科逐款审查，间有增减更正之处，至数目之多寡暨详细之理由，均另具于修正案，合将大概情形列左报告：

（一）谘议局经费。照章本局预算应由全体议员会议，本年三、四月间，先后接准清理财政局移奉督部堂札准度支部咨电，试办宣统三年预算案。本局适在闭会期中，当以合议体之意思，无从发生预算，亦无从提前办理答复。此次督部堂札交预算总册，所列本局预算费用数目，系照上年预算编列。查预算表开第六项第一目议员旅居费，据摘要栏内声明，系由开会起算。本局上届预算，此项旅费实以召集之日为始，想系讹误。兹本局已正式提出宣统三年预算案，业经附案分别审查，所有增减详情，均见于修正案内。

议长（刘崇佑君）宣告散会。

是日出席议员五十一人。督部堂未到会，委提法使司鹿代理。午后五时散会。

第二次福建谘议局议事速记录第二十三号

宣统二年十月十九日（1910年11月20日）

议事日表　第二十三号

宣统二年十月十九日（日曜日）午后一时开议。

第一，预算民政类审查员报告附临时门民政类工程类报告。

第二，巡警学堂预算分册附修正案第二读会。

第三，省城巡警经费预算附修正案第二读会。

第四，本局预算案审查员报告。

第五，筹办简易识字学塾案第二读会（延会）。

第六，请实行禁止刑讯销毁刑具案审查员报告。

第七，划区禁烟限期肃清案第二读会。

第八，试办农林规则案审查员报告。

第九，请裁撤厦门保商局案附修正案第二读会。

第十，覆议西南泷口港工程案审查员报告。

第十一，覆议保护上游木商案审查员报告。

议长（高登鲤君）述各种报告：

（一）报告议员杨长余君因病告假七天，议员上官华盖君、陈蓉光君、陈士霖君、洪湛恩君、伍春蓉君、黄金銮君各告假一天。

（二）报告督部堂札覆召集临时会事。

按：此项关余现已列入宣统三年预算册内，将来通盘打算，非独本局所议，问题已行消灭，即教育会所擘划者，亦全归无效，均属无庸置议。

宣统二年十月□日，庶政兴革科主查员黄乃裳，理事员谢滋春，审查员陈锡朋、高士龙、张国宝、余钟英、王邦怀、洪鸿儒、黄必成。

议长（刘崇佑君）谓：即照审查员报告之意呈覆督部堂，请众表决。可决者全体。

第十，覆议暂行诉讼规则案审查员报告。

议长（刘崇佑君）谓：应省朗读，请审查员报告。

审查员（邹含英君）登坛报告审查情形（大意与报告书同）。

审查覆议暂行诉讼规则案报告书

本届第十三次议会，提出第一届暂行诉讼规则覆议案，交由法律科审查之。查此案呈请督部堂，业奉札覆到局，大致已蒙批准。惟对于第二章诉讼状纸，云已奉法部筹订格式，奏定章程通行到闽，自应遵照部章办理；第五章酌拟讼费，应俟部章颁行到后，另行遵办；第四章本籍谘议局议员、地方自治会议员得察视该地之监狱及羁押所一条，似与体制不符，应毋庸置议。本会依审查之结果，议员视察监狱、羁押所一节，可以不必规定。惟状纸一节，查法部所订状纸通行章程，本适用于各级审判所、审判厅可用，则未设审判厅地方之各诉讼衙门，似无不可用之理，应请部堂照案施行。至讼费一节，原案本意原以补助司法上种种费用之需，书差胥役既不许其擅行需索，则非有以养活之不可，地方衙门经费大半不敷支用，若得此项，稍为补助，亦非无益。故讼费之规则，实为革除诉讼积弊重要之点。此节不行，则全案竟同虚设。况原案标明暂行，本为部章未颁以前而设，若部章实行，即照本规则第三条所规定作废不用，与部章并无违背。况所定之价格，实即遵照部章乎。此节似应坚持原案，请督部堂照准办理。当否，仍候公决。宣统二年十月十四日，法律科主查员李迪瑚，理事邹含英，审查员卢初璜、洪鸿儒、黄金銮。

议长（刘崇佑君）谓：照审查员报告呈覆督部堂，请众表决。可决者四十一人。

议长（刘崇佑君）报告第二十三号议事日表。

一、原案：确定各府学额。

督部堂札覆：查定章，优级师范应由初级师范或中学毕业者升入。现外府县初级师范尚未遍设，中学办理亦未完备，将来毕业时先后不同，若虚悬学额，致学级不能遍定，于事实上颇有窒碍，或俟各府初级师范及学堂毕业有人再行照办。

协议覆议：优级定额，援照陆军小学办法，虚拟学额，以为各府升学地步，如过一府不能及额时，准由他府补充。

督部堂再札覆：优级毕业生有服务全国之效力，以府分额，未免过隘，学部无此定章，闽省似亦难著为定例。兹拟就谘议局原议及现时情形，暂为规定，每届招生，就师范学堂拟取之额及各府送考名数两相比例，平均酌定取额，如此则各府升学之途有所率循，而取定学额亦有标准。

按：此条已于覆议教育联络案内声明，遵照学部章程升学之规定矣。

一、原案：各府初级师范均设后，全闽初级师范应行撤去，其款亦匀分各属师范学堂。

督部堂札覆：查省城两级师范学堂，并无另立全闽初级师范名称，各府初级师范生毕业后，可通送省城优级师范肄业，省城初级师范自只能收福州府属学生，两无妨碍，无所用其裁撤。

协议覆议：各府初级师范学堂设立后，全闽师范学堂应行撤去两级名目，将初级师范增高程度，并入优级办理。

督部堂再札覆：所议妥洽，应即照准。

按：未奉馆电之前，常驻议员既认为有效，则此条督部堂已照准矣（合再声明）。

一、原案：海关赢余除部提及练兵外，每年实存五万两，应请拨作各实业学堂或属中学及师范学堂之用。

督部堂札覆：据福学司详称，准教育会云云。

协议覆议：坚持原议案。

督部堂再札覆：关税赢余五万两，匀拨教育会及省会各学堂经费，各该学堂预算早已指为的款，本部堂决定此款仍俟五年后再筹分拨，至各属师范实业中学亦为当务之急，业饬学司于预算宣统三年教育经费内另行筹款兴办。

形备文申覆，伏乞察核施行，须至申者。宣统二年十月□日，临时审查会主查员李迪瑚，理事员郑藻山，审查员苏寿乔、黄纪星、陈锡朋。

议长（刘崇佑君）谓：即照此申覆督部堂。

第八，扩充水上警察咨询案申覆书。

议长（刘崇佑君）请书记长登坛朗读。

书记长（林长民君）登坛朗读申覆书。

扩充水上警察咨询案申覆书

为申覆事：窃本局第二届第九次议会，奉督部堂札交扩充水上警察咨询案，交由本局会议，仰见振兴警务至意，钦佩莫名。查此案与本局第一届所提兴办水上警察案旨趣相同，该案业蒙批准，且札覆中有云，水上警察自宜先设水警学堂，以资练习，厦门、延平均属扼要，尤不（客）〔容〕缓候，檄饬厦门、延平二道督同厅县，迅即就地筹款，遵章设立教练所，附设水警学堂，毋得诿延各等语。是水警如何扩充，就地如何筹款，督部堂业已严饬延平、厦门二道认真办理。事隔一年，尚未举行，延、厦二道之诿廷，惟望督部堂有以督促之而已。谨将会议情形备文申覆，伏乞察核施行，须至申者。宣统二年十月□日，临时审查会主查员李迪瑚，理事员郑藻山，审查员苏寿乔、陈锡朋、黄纪星。

议长（刘崇佑君）谓：照此申覆督部堂。

第九，覆议师范教育及附项案审查员报告。

议长（刘崇佑君）谓：应省朗读，请主查员陈锡朋君登坛报告。

主查员（陈锡朋君）登坛报告审查情形（大意与报告书同）。

本届第五次会议，提出上届督部堂师范教育案覆议，交本科审查。查此案于上年十月十四日奉到督部堂第一次札覆，内开应订删者一条，应覆议者两条，时在闭会期中，本局尚未奉到宪政编查馆电覆各省明文，常驻议员受全体之委任，以为有覆议之权，经于去年十一月十七日、二十五日，由常驻议员两次协议呈覆。嗣再奉督部堂本年二月初五日札覆，及七月二十一日批答，于覆议条件或照准，或不以为然，此本案尚未有结果之情形也。今经本科同人讨论，谨条陈意见如左：

议长（刘崇佑君）谓：诸君赞成修正案者，请起立。可决者三十六人。

第六，通俗教育咨询案申覆书。
议长（刘崇佑君）请书记长登坛朗读。
书记长（林长民君）登坛朗读申覆书。
通俗教育咨询案申覆书

为申覆事：窃本局第二届会议，蒙督部堂札交通俗教育咨询案，交由本局会议，仰见关心教育，力图扩充至意，钦佩莫名。查督部堂之意，乃欲对于各地方宣讲所，求一推行较易、成效较速者，以为扩充之计。但本局于本届第五次会议，提出扩充宣讲所实行宣讲一案，业经议决，呈候督部堂公布施行。该案于宣讲所之扩充办法，筹划甚详，现经公议，请将原案核准施行。兹故不复赘陈，以免重复。所有会议情形，谨备文申覆，伏乞督部堂察核施行，须至申覆者。宣统二年十月□日，临时审查会主查员李迪瑚，理事郑藻山，审查员陈锡朋、苏寿乔、黄纪星。

议长（刘崇佑君）谓：即照此申覆督部堂。

第七，中等初等实业教育咨询案申覆书。
议长（刘崇佑君）请书记长登坛朗读。
书记长（林长民君）登坛朗读申覆书。
中等初等实业教育咨询案申覆书

为申覆事：窃本局第二届第七次议会，奉督部堂札交中等初等实业教育咨询案，交由本局会议，仰见振兴实业至意。查本局第一届第三次议会，督部堂曾提出筹备实业教育事宜案，经本局议决，中等实业学堂除省垣已设外，宜增设者延平农学堂一，厦门工商学堂各一，长门渔学堂一，业蒙批准在案。此届咨询案，仅拟设延平农学堂一所，厦门商学堂一所，工业、渔业学堂未曾提及，似与批准之案稍有不符，应请按照原案施行。初等实业原案拟设八所，闽省九府二州似应加增三所，合共十一所，庶各府州有实业萌芽之望。至提倡公立或私立，现在商会农会各属次第开办，该会有振兴实业专责，应请督部堂饬劝业道转饬各农商会极力提倡，并示以办有成效优加奖励，则地方绅富必有投袂而起者。谨将会议情修正：除减实支银六百三十两。

第九项　特别费

原条：（一）支赈捐息款银四百五十八两九钱三分；（一）支川费银一百一十两；（一）支特别费银三十三两。合计支银六百一两九钱三分。

修正：以上照原数。

第十项　销货场经费

原条：（一）支职员局丁全年薪水银一百八十两二钱九分一厘；（一）支全年伙食银九十三两四钱二分；（一）支消耗费银五十四两；（一）支全年杂用银五十两；（一）支全年租银五十三两二钱六分八厘。合计支银四百三十两九钱八分四厘。

修正：以上照原数。

第十一项　奖赏费

原条：（一）支学生奖赏银八十两。

修正：照原数。

总结

原条：总计应支银二万三千四百五十五两四分七厘。

修正：总计实支银一万六千七百二十四两二钱七分九厘。

内除原册岁入售货银五千一百四十两，又除原册岁入学生缴费银二千八百二十七两三钱二分六厘，除抵实应支库银八千七百五十六两九钱五分三厘。

主查员王子懿，理事连贤基，审查员邓畿、郑祖荫、孟思培、潘纪雲、李迪瑚、赵锡荣、苏寿乔、施景琛、张道南、卢初璜、郑藻山。

议长（刘崇佑君）请众将修正案全体讨论。

孟思培君谓：原条及原数均须改为原案。

议长（刘崇佑君）谓：此俟第三读会更正。

周文麟君谓：教员技师共有若干人？

邓畿君谓：共有六十六人。

议长（刘崇佑君）谓：末称"除原册岁入售货银五千一百四十两"，此款为本年售货存款抑预计来年存款？

邓畿君谓：原册如此开列。

修正：除减实支银二百五十四两六钱。

第四项　采办费

原条：（一）支漆科材料银一千三百两；（一）支木科材料银一千二百两；（一）支皮科材料银一千二百两；（一）支藤竹科材料银六百两；（一）支新添纺织科材料银一千二百两；（一）支木科机械银九十两；（一）支皮科机械银一百三十两；（一）支藤竹科机械银一百二十两；（一）支新添纺织科机械银一百二十两。合计支银五千九百六十两。

据该所来单内开，现存货品材料又机械银二万零六百余元，则明年售货之款，足资周转，而采办费酌留半数已足，应比原册减银二千九百八十两。

修正：除减实支银二千九百八十两。

第五项　购置费

原条：（一）支全所器具银二百八十两。

修正：以上照原数。

第六项　修理费

原条：（一）支修理工场银三百两；（一）支修理器械银二百两。合计支银五百两。

按：工场以朴质为贵，修理自宜从俭，至器械已于采办机械项下开支四百余两，足资挹注，此项修理费应核减银二百两。

修正：除减实支银三百两。

第七项　缮费

原条：（一）支全所缮费银七千一百七十两七钱六分八厘。

据报司清册平均比较，全年不过缮费银四千两，现宽备至四千五百两，谅无不足，应减银二千六百七十两七钱六分八厘。

修正：除减实支银四千五百两。

第八项　杂用

原条：（一）支全年茶汤电费什用费四百六十两；（一）支全年油烛费银三百两；（一）支全年纸笔费银七十两。合计支银八百三十两。

查各学堂人数有如该所者，有过于该所者，其茶汤等费并未开如是之多，应照各学堂比较，减银二百两。

第五，工艺传习所预算分册修正案。

议长（刘崇佑君）请主查员郑祖荫君登坛说明修正理由。

主查员（郑祖荫君）登坛说明修正理由（大意与修正案同）。

议长（刘崇佑君）请书记长朗读修正案。

书记长（林长民君）登坛朗读修正案。

审查工艺传习所预算分册修正案

查工艺传习所经常岁入共计二万二百六十余两，经常岁出共计二万三千四百余两，除岁入均系假定毋庸置议外，其岁出各项，核与上年及本年上学期报司清册开支过巨。闽省财政困难，不得不力求撙节。兹就报司清册比较，于原册二万三千四百余两中核减银三千余两，且据该所来单尚存货品材料机械等项银二万零六百余元，则明年售出之款足资周转，而采办项下比原册酌留半数已足，应减银二千九百八十两。合将审查理由报告，伏候公决。

岁出经常门

第一项　薪水

原条：（一）支总理、坐办、监工各员全年夫马薪水，应银一千七百六十两一钱五分四厘；（一）支各科教员全年薪水银一千三十二两五钱九分；（一）支各科技师及留所学生薪水银三千五百八十六两一钱九分六厘。合计支银六千三百七十九两九钱三分五厘。

修正：以上照原数。

第二项　辛工

原条：（一）支所丁全年辛工银二百六十二两二钱四分五厘；（一）支花匠全年辛工银二十四两五钱八分五厘。合计支银二百八十六两八钱三分。

修正：以上照原数。

第三项　讲堂费

原条：（一）支画科讲堂用具银八百八十两；（一）支各科讲堂费银五十四两六钱。合计支银九百三十四两六钱。

查该所上年报司清册平均比较，讲堂费全年不过一百八十两，现开九百余两，未免过多，应减银六百八十两。

主查王子懿，理事连贤基，审查施景琛、卢初璜、张道南、李迪瑚、苏寿乔、潘纪雲、孟思培、郑祖荫、郑藻山、邓畿、赵锡荣。

议长（刘崇佑君）请众逐项表决。

岁出经常门

第一项：薪俸

苏寿乔君谓：工女、制丝两班添设，是否就本堂内，抑系另觅地方？

施景琛君谓：据该堂监督云，就校内后面另设。

苏寿乔君云：若设在校内，殊不赞成。

议长（刘崇佑君）云：现在系议预算之事，至于工女、制丝之招班，该堂自有监督及其责，不必干涉也。

苏寿乔君谓：体操薪俸一项，不应在职员内扣减。

施景琛君谓：此系写时错误，应更正。

议长（刘崇佑君）请众表决第一项修正案，可决者为对于五十一人之三十四人。

第二项：辛资，赞成者为对于五十一人之三十六人。

第三项：校费

第四项：学生用费

第五项：修缮费

第六项：建筑费

第七项：特别费

议长（刘崇佑君）谓：自第三项至第七项可一次表决。

孟思培君谓：修缮项修正"一百五十两"上应加"一共"字。

邹含英君谓：该堂学生来局言，该堂寄宿舍不敷用，今预算册中何以将寝室建筑费裁去？

施景琛君谓：以多招通学为理由，故主张裁去。

孟思培君谓：蚕业学堂原拟归并农业学堂，现在暂时未能归并，故不拟建筑。

议长（刘崇佑君）谓：诸君赞成第三项起至第七项止修正案者，请起立。计起立者四十一人。

原案：（一）电报电话邮费六十八两二钱九分三厘。

修正：照原案。

原案：（一）印刷纸张二百四十五两八钱五分五厘。

修正：一百两。

原案：（一）杂费一百三十六两五钱八分五厘。

修正：照原案。

第四项　学生用费

原案：（一）学生膳费四百零九两七钱五分八厘。

修正：二百零四两八钱七分九厘。

原案：（一）实习用品二百四十五两八钱五分五厘。

修正：全裁。

第五项　修缮费

原案：（一）修缮各室一百九十九两四钱一分一厘；（一）修缮器具一百二十九两四钱七分六厘。

修正：一百五十两。

第六项　建筑费

原案：（一）建筑教室六百六十六两五钱四分五厘。

修正：裁去。

查该堂房屋尚可以修改暂作教室，无容另行建筑。

原案：（一）寝室自习室五百九十三两一钱七分八厘。

修正：裁去。

按：学堂建筑寄宿舍，原属不得已之举，需费颇多。现风气日开，各堂增加学级，多半主张通学。该堂寄宿舍应无庸建筑。

第七项　特别费

原案：（一）临时费九十九两九钱二厘。

修正：全裁。

原案：总共一万四千零四两三钱七分六厘。

（条）〔修〕正：统共支银七千七百六十三两八钱五分二厘。共减去六千二百四十两零五钱二分四厘。

修正：照原案。

第二项　辛资

原案：（一）司书印刷部书手七百九十二两一钱九分九厘。

修正：四百三十七两一钱九分九厘。

应减去三百五十五两。

原案：（一）丁役及护桑工人五百九十五两五钱一分五厘。

修正：三百零三两一钱九分一厘。

丁役工食减去一百五十元，种桑工食减去七十八元，护桑工食减二百元，共折银二百九十二两三钱二分四厘。

原案：（一）厨丁一百四十二两四分九厘。

修正：照原案。

第三项　校费

原案：（一）标本器械一百三十六两五钱八分六厘；（一）图书一百零二两四钱三分九厘。【合计】一百三十九两零二分五厘。

修正：共酌减一百两。

原案：（一）设置六十八两二钱九分三厘。

修正：照原案。

原案：（一）报纸三十四两一钱四分七厘。

修正：三十三两一钱四分七厘。

原案：（一）教授用品三十四两一钱四分七厘。

修正：照原案。

原案：（一）试验消耗三百九十一两领八钱八厘。

修正：一百五十两。

原案：（一）运脚雇工一百二十二两九钱二分七厘。

修正：五十两。

原案：（一）饭食茶水二千五百一十三两九钱六分四厘。

修正：七百两。

原案：（一）油烛薪炭四百九十一两七钱一分。

修正：二百五十两。

议长（刘崇佑君）报告张道南君本日告假，现已出席销假。

施景琛君谓：顷发电话至农业学堂，据云造具提学司清册内，本系建筑购地之款。

苏寿乔君谓：此项既系购地之用，即仍其旧，不必更动，俟明年决算时再核。

议长（刘崇佑君）谓：赞成第四、第五、第六、第七各项修正案者，请起立。计起立赞成者二十九人（多数）。

议长（刘崇佑君）报告李迪瑚君告假一天。

第四，中等蚕业学堂预算分册修正案。

议长（刘崇佑君）请主查员说明。

主查员（施景琛君）登坛说明修正理由（大意与修正案同）。

议长（刘崇佑君）请书记长登坛朗读。

书记长（林长民君）登坛朗读修正案。

审查蚕业学堂预算分册修正案

查该堂学级，原分为本科二班，预科一班，别科一班，明年拟添预科一班，别科一班，工女制丝一班，共合七班。惟查原设别科，系明年秋间毕业，应俟毕业后再招新生，赓续办理，似不必添班，则明年学级已分二班也。至于工女制丝为扼要之图，万不容缓，应限明正开班，以臻完备。至于经常、特别两费，应量为裁减者，理合分别列后，祗候公裁。

岁出经常门

第一项　薪俸

原案：（一）监督职员三千五百两一分六厘。

修正：二千五百二十三两三钱二分六厘。

查学部定章，管理员不得另立名目，副监督为部章所无，应裁去，可减一千零四十元。杂务员亦与部章不符，裁去，可减二百零八元。体操合班教授，酌减七十八元。各实业学堂均未设校医，裁去，可减一百零四元。共折库银九百七十六两六钱九分。

原案：（一）教员二千二百八十三两七钱一分八厘。

成者三十二人，遂作为议题。

议长（刘崇佑君）谓：赞成杨君之说者请起立。可决者三十九人。

议长（刘崇佑君）谓：此外尚有异议否？

周文麟君谓：试验场消耗费太多，应减去三百两。

议长（刘崇佑君）谓：主查员对于此节有何意见？

施景琛君谓：每亩地每年约须二两银。

议长（刘崇佑君）谓：然则六百五十两，约可试验三百二十五亩，请问该校明年能买或租偌大之地否？

施景琛君谓：恐该校无许多田产，应减为二百两。

陈蓉光君谓：饭食茶水费银一千一百五十六两，未免太多，亦应酌减。

施景琛君谓：此项可减为八百两。

议长（刘崇佑君）谓：第三项除前所修正表决之外，尚有主查员临时修正两条，一为试验场消耗费修正为二百两，一为饭食茶水费修正为八百两，请问主查员所主张是否此数？

施景琛君云：拟核减照此数。

议长（刘崇佑君）谓：请众表决。赞成者四十五人。

高士龙君谓：购置与设置有何分别？

施景琛君谓：购置如购地置田产等。

周寿恩君谓：然则应改为购地。

苏寿乔君谓：购地系指起宿舍等乎？抑购置田产乎？

连贤基君谓：购置费似重复，可减。

施景琛君谓：前月闻该堂人言，据云公地均已起盖无余，现观其预算册，有此一笔，似为购地，非购置也。

高士龙君谓：费用可大可小，已有四千余两为建筑费，则购置费可以裁去。

议长（刘崇佑君）谓：时间已届休息，此项请俟休息后再行表决。

议长（刘崇佑君）宣告休息二十分钟。

三时二十分续行开议。

张道南君请销假。

修正：照原案。

第七项　特别费

原案：（一）购置费银五百两。

修正：照原案。

原案：（一）弥补宣统二年借垫建筑费银四千九百七十七两。

修正：全裁。

查旧亏应归本年设法弥补，不应列入明年预算。

原案：（一）预备临时应用银一百两。

修正：全裁。

按：第三项下既有各项杂费一款，则临时费用已包括在内，应裁去。

原案：合计经常、临时共应支库平银三万三千两。

修正：合计经常、临时共应支库银二万二千四百五十一两一钱九分一厘八毫。统共减去库平银一万零五百四十八两八钱零八厘二毫。

预算科主查员王子懿，理事连贤基，审查员施景琛、孟思培、李迪瑚、邓畿、潘纪雲、张道南、苏寿乔、赵锡荣、郑祖荫、郑藻山、卢初璜。

议长（刘崇佑君）请众逐项表决。

岁出经常门

第一项：薪俸，可决者四十一人。

第二项：辛资，可决者四十二人。

第三项：校费

高士龙君谓：图书费及设置费应可减。

苏寿乔君谓：他堂图书器械标本皆作一笔开销，今该校均逐项分列，且为数亦非少，似可酌裁。据本议员意，图书费可减三百两，设置费可减四百两。

杨豫君谓：图书可并入标本器械内，将图书费全裁。

议长（刘崇佑君）云：高君谓设置费减四百两，有二十人之赞成否？计赞成者二十人，遂作为议题。

议长（刘崇佑君）云：高君谓应减去四百两设置费，请众表决。可决者四十二人。

议长（刘崇佑君）谓：顷杨君所云将图书费全裁，有二十人赞成否？计赞原案：（一）饭食茶水费银一千一百五十六两。

修正：照原案。

原案：（一）油烛费银七百一十两。

修正：合银三百两。

按：此款开支过巨，应减去四百一十两。

原案：（一）电话邮资费银七十两。

修正：照原案。

原案：（一）印刷纸张费银七百二十两。

修正：合银二百两。

查该校印刷讲义不多，应酌减五百二十两。

原案：（一）试验场消耗费银六百五十两。

修正：照原案。

原案：（一）赁借农场费银一百八十八两；（一）试验场雇佣费银一百一十六两。

修正：以上两款均照原案。

原案：（一）各项什费银三百八十两。

修正：合银二百两。

按：此项开支过巨，应减一百八十两。

第四项　学生用费

原案：（一）学生习用品费银一百两。

修正：照原案。

第五项　修缮费

原案：（一）修缮校具农具银八十两；（一）修缮费银一百六十两。

修正：以上两款均照原案。

第六项　建筑费

原案：（一）建筑宿舍费银五千一百五十两。

修正：合银三千一百五十两。

按：建筑宿舍应力求朴素，似可酌减二千两。

原案：（一）建筑各场所及各什室费银一千两。

修正：合库银一千七百七十六两三钱一分。

查各堂监学多由教员兼充，每员月增薪水十元，以三员算，共计三十元。据细册开，监学三员，月支九十元，可减六十元，全年应减七百八十元。

原案：（一）教员薪水银九千四百四十九两九钱。

修正：合银八千零六十三两零零四厘。

据该堂细册开，教员薪水理化八十元，英文、博物六十元，算学四十元，普通各科三十元，比较实业各校，似嫌过优。今参照各校各科教员月薪，适中计算，全年可减一千三百八十六两八钱九分六厘。

原案：（一）试验场技师长及助手薪水银一千零八十两零二钱。

修正：照原案。

第二项　辛资

原案：（一）司事书记辛资银六百三十九两五钱。

修正：合银四百九十七两三钱九分四厘。

查司书酌分两等，一等月辛八元，二等月辛六元，原开此项辛资，比照他校，可减银一百四十二两一钱零六厘。

原案：（一）丁役及农夫辛资银四百四十四两二钱。

修正：照原案。

第三项　校费

原案：（一）标本器械费银一千五百两。

修正：合银一千二百两。

该堂开办之初，此项似不可省。惟比较他校，为数过巨，应酌减三百两。

原案：（一）图书费银五百两。

修正：照原案。

原案：（一）设置费银八百两。

修正：照原案。

原案：（一）全年报纸费银四十两。

修正：照原案。

原案：（一）教授用品费银一百八十两。

修正：照原案。

第二：辛资，可决者四十一人。

第三：校费

施景琛君谓：标本器械图书一门，减去理由须改为"查器械标本尽可分年购置，应减去一百七十三两一钱七分"。

高士龙君谓：商业系用神光寺地庙宇改为学堂，何以有租？

议长（高崇佑君）谓：寺产不能无租，且此系已往之事实，不能变更。

议长（刘崇佑君）谓：赞成第三项修正案者，请起立。可决者四十二人。

第四项：学生用费，可决者四十四人。

第五项：修缮费，可决者全体。

第六项：建筑费，可决者四十七人。

第七项：特别费，可决者四十八人。

苏寿乔君谓：照法政学堂例，应将学费与岁出对抵，此当俟第三读会补入。

连贤基君谓：法政学堂从前学费并未列入岁入，故须对抵，商业费已列入岁入，不必对抵也。

第三，中等农业学堂预算册修正案。

议长（刘崇佑君）请主查员施景琛君登坛说明修正理由。

主查员（施景琛君）登坛说明修正理由（大意与修正案同）。

议长（刘崇佑君）请书记长登坛朗读。

书记长（林长民君）登坛朗读修正案。

中等农业学堂预算册修正案

查该堂预算原册，监督职员及教员薪水只有总数，嗣经函询，始行续造细册。据册开专门教员薪水数目，似尚核实；其普通教员及管理员薪水，似可参照各实业学堂办理，该堂未便特别优异。司书辛资亦宜酌减，其校费尚不失之远。至于该堂校舍尚未完备，建筑费亦不可缓。惟宿舍以简朴为上，该费似可酌减。兹将应减各款分别修正列后：

中等农业学堂岁出经常门

第一项　薪俸

原案：（一）监督夫马费及职员薪水银二千三百九两二钱。

原案：（一）修缮器具费二百七十三两一钱七分。

修正：三十两。

理由：查本年清册，约支一十四两，全年应支前数，减去二百四十三两一钱七分。

原案：（一）小修缮费八十八两七钱八分。

修正：照原案。

原案：合计九百零八两二钱九分。

修正：合计一百一十八两七钱八分。合计减去七百八十九两五钱一分。

第六项　建筑费

原案：（一）建筑寄宿舍费七百两。

修正：全裁。

理由：该堂寄宿舍二十间，每间住八人，可住一百六十人。学生共一百八十人，除通学数十人外，寄宿舍尽可敷用。且中等以上之学堂，无建筑寄宿舍之必要，兼以财政支绌，此举应从缓议。

原案：合计七百两。

修正：全裁。合计减去七百两。

第七项　特别费

原案：（一）还旧款六百两。

修正：全裁。

理由：按预算系算宣统三年出入款目，该堂旧款本局不敢追认。

原案：合计六百两。

修正：全裁。合计减去六百两。

原案：统共二万一千零五十五两七钱三分。

修正：统共一万二千六百五十七两零一分。统共减去八千三百九十八两七钱二分。

宣统二年十月□日。主查员王子懿，理事连贤基，审查员苏寿乔、郑藻山、李迪瑚、施景琛、郑祖荫、孟思培、潘纪雲、邓畿、赵锡荣、张道南、卢初璜。

议长（刘崇佑君）请众逐项表决。

第一：薪俸，可决者四十四人。

减二百两。

原案：（一）校租二百六十六两三钱四分。

修正：一百一十两零九钱九分。

理由：查该堂瓣香堂及神光寺每年租钱仅支前数，减去一百五十五两三钱五分。

原案：（一）讲习杂费四百零九两七钱五分。

修正：一百零九两七钱五分。

理由：查该所附设商业学堂，且学生皆属通学，所有杂费尽可从略，减去三百两。

原案：合计四千零二十九两七钱一分。

修正：合计二千一百四十二两零六分。合计减去一千八百七十七两六钱五分。

第四项　学生用费

原案：（一）实践簿记、图画、实习用品二百六十六两三钱四分。

修正：六十八两二钱九分。

理由：查该堂图画功课，惟预科每周一点，图画纸年不过十金，簿记纸张系学生自备，实践一项不过五十元，英文纸不过三十元，全年应支前数，减去一百九十八两零五分。

原案：（一）讲习所缮费四百二十六两一钱三分。

修正：三百三十八两七钱二分。

理由：查此条缮费以十三个月计算，照部章年暑假各四十天，应减去八十七两四钱一分，且宣统二年贴缮学生只二十名，宣统三年应加补二十名，方符此数。

原案：合计六百九十二两四钱七分。

修正：合计四百零七两零一分。合计减去二百八十五两四钱六分。

第五项　修缮费

原案：（一）大修缮费五百四十六两三钱四分。

修正：全裁。

理由：查该旧校舍建筑才五年，细阅亦无大损坏处，应裁。

零五分。

原案：（一）报纸费八十八两七钱八分。

修正：四十两。

理由：按每年支银四十两，足购买京沪各报数种，应减去四十八两七钱八分。

原案：（一）教授用品费一百七十七两五钱六分。

修正：三十四两。

理由：查本上学期清册，约支二十余元，全年应支前数，减去一百四十三两五钱六分。

原案：（一）运脚小工费四十四两三钱九分。

修正：照原案。

原案：（一）茶水费八十八两七钱八分。

修正：照原案。

原案：（一）油烛费四百零九两七钱六分。

修正：二百一十四两九钱二分。

理由：查本上学期清册，约支一百四十四元，全年应支前数，减去一百九十四两八钱四分。

原案：（一）电话电报邮费六十八两九钱九分。

修正：照原案。

原案：（一）印刷纸张费四百四十三两九钱。

修正：一百六十两。

理由：查本上学期清册，约支八十两，全年应支前数，减去二百八十三两九钱。

原案：（一）各项杂费二百零四两八钱七分。

修正：一百五十四两八钱七分。

理由：查清册，此项杂费无此之多，减去五十两。

原案：（一）校员司事丁役膳费一千零六十五两三钱七分。

修正：八百六十五两三钱七分。

理由：查该堂教员不皆住堂，且查宣统三年应裁去教务、斋务等，则此条可理。中学无教务、斋务、检察、杂务等名目，应概行裁去，以符部章。且该堂监学只二员，因添设讲习所，多聘一员。查讲习所学生，概系通学，事务甚简，尽可由该所教员兼充。可减去银一千四百二十两零四钱八分。

原案：（一）教员薪水七千九百九十两二钱八分。

原案：（一）讲习所教员薪水一千二百七十八两四钱四分。

修正：六千六百六十七两四钱。

理由：查该堂报司清册，合讲习所洋师全年应支前数，可减去二千六百零一两三钱二分。

原案：合计一万三千二百六十三两八钱六分。

修正：合计九千二百四十二两零六分，计减去四千零二十一两八钱。

第二项　辛资

原案：（一）司事书记辛资四百零九两七钱五分（此条分册漏报，应补列）。

修正：二百八十五两四钱六分。

理由：按教务长应裁，则教务科司事亦应裁去，且各科司事月薪十元稍优，应改为八元，可减去一百二十四两二钱九分。

原案：（一）丁役二百六十六两三钱四分。

修正：照原案。

原案：（一）讲习所司事丁役一百九十五两三钱一分。

修正：照原案。

原案：合计八百七十一两四钱。

修正：合计七百四十两一钱一分。合计减去一百二十四两二钱九分。

第三项　校费

原案：（一）标本器械图书二百七十三两一钱七分。

修正：一百两。

理由：查商业本科科目无博物、理化钟点，惟预科有格致一门，须用标本器械甚少，应减去一百七十三两一钱七分。

原案：（一）设置费四百七十八两零五分。

修正：一百五十两。

理由：查本上学期清册，约支二百元，明年设置较备，应减去三百二十八两椿安君谓：高等学堂亦有小修缮，何以法政独无？

议长（刘崇佑君）谓：赞成高君之说减去二百两者，请起立。计可决者为对于五十一人之三十人（多数）。

第四项：杂费，赞成者四十五人。

岁出临时门

第一款：建筑用款

高士龙君谓：高等学堂自当建筑理化教室，法政学堂中理化科不过随意，似不必建筑，此款宜裁去。

议长（刘崇佑君）云：法政别科及附属中学均有理化科，不得谓为随意。

议长（刘崇佑君）谓：诸君赞成修正案所列临时门第一款者，请起立。计可决者为对于五十一人之三十八人。

第二，中等商业学堂预算修正案。

议长（刘崇佑君）请主查员登坛说明修正理由。

主查员（苏寿乔君）登坛说明修正理由（大意与修正案同）。

议长（刘崇佑君）请书记长登坛朗读修正案。

书记长（林长民君）登坛朗读修正案。

审查商业学堂预算修正案（附理由）

查商业学堂岁入分二种：一种官款；一种本科、预科学生学费、宿费，此项学宿费数目相符。惟下学期所招之讲习生，外属来者每名每年收学费银六十元。查部章，此项讲习生，在学一切费用，均由官为筹给。闽省经费困难，纵办不到，只令其自备膳费可矣，断不宜格外征收学费，致失办学本旨。且此款亦不列岁入，自应裁去，以符部章。至岁出各条，亦有可省者。所有核减数目及理由，均附列于下：

岁出经常门

第一项　薪俸

原案：（一）监督及职员薪水三千九百九十五两一钱四分。

修正：二千五百七十四两六钱六分。

理由：查实业学堂通则云，中等实业学堂应设备项职员，照中学堂章程办岁出临时门：此门预算原册未开，兹据答覆清册补列。

第一款　建筑用数

原案（答覆（再）〔册〕开）：（一）建筑正科讲堂八千元；（一）购地二千元；（一）建筑围墙一千五百元。

修正：裁去。

查该堂教室共十间，足敷明年添班之用。况本省财政支绌，目前既可将就，自应从缓。

原案（答覆册开）：（一）建筑过路亭六百元；（一）理化实验室四百元；（一）建筑休息所八百元。三共申库银一千二百二十九两四钱。

修正：照原案。

原案：统共经常支银三万六千四十七两六钱；临时支银九千八十三两九钱，此款系据答覆册内所开。合计四万五千一百三十一两五钱。

修正：合计经常、临时共库银二万六千六百六十九两二钱二分九厘，统共减去库银一万八千四百六十二两二钱七分一厘。再除收学生学费共九千一十五两六钱后，实共应支库银一万七千六百五十三元六角二分九厘。

主查王子懿，理事连贤基，审查孟思培、张道南、施景琛、郑祖荫、邓畿、潘纪雲、赵锡荣、卢初璜、郑藻山、李迪瑚、苏寿乔。

议长（刘崇佑君）请众逐项表决。

岁出经常门

第一项：薪俸，可决者四十六人。

第二项：辛资，可决者四十八人。

第三项：修缮费

高士龙君谓：法政学堂为新建筑者，不比高等学堂，明年须修缮寄宿舍也，修缮费尚须核减。

议长（刘崇佑君）谓：高君所说，照章有二十人赞成，方能作为议题。今有二十人赞成否？计起立赞成者二十二人。

议长（刘崇佑君）请提议者登坛说明理由。

高士龙君登坛谓：修缮费不须五百两，须减去二百两，有三百两足矣。

孟思培君谓：此原属假定之数，只减一百两可也。

原案：（一）堂丁三十五名，五百六十三两九钱。

修正：二十五名，四百四十三两九钱五分。

查报司清册，实二十五名，只有前数。

第三项　修缮费

原案：（一）修缮各室六百两；（一）修缮器具四百两；（一）小修缮三百两。合计一千三（正）〔百〕两。

修正：五百两。

查高等学堂不过六百两，工业学堂不过二百两，酌定前数，尽敷开销。

第四项　杂费

原案：（一）图书五百两；（一）设置八百两；（一）添购理化器械一千两。合计二千三百两。

修正：一千零三十七两二钱四分四厘。

查报司清册，平均约只有前数。按部章，惟预科有理化科学，每星期二点，应用器械图书等，前后已陆续添购，以后不过逐渐增补，为数无多，自应核减。

原案：（一）饭食一千三百六十八两。

修正：一千零九十八两一钱六分二厘。

查报司清册，只有前数。且明年应裁司事及堂丁等，所拟数目，应较充足。

原案：（一）茶水油烛薪炭一千三百七十八两。

修正：五百一十七两七钱九分。

查报清册，平均约只前数。

原案：（一）印刷一千八百两。

修正：一百两。

查报司清册，平均实一千零二十余两。再查该堂已收学生印刷费，每人约二角，作六百八十人计算，共一千三百余元，所差无多，故酌定前数。

原案：（一）教授用品五百两；（一）试验消耗一百两；（一）运脚雇工一百两；（一）报纸八十两；（一）电报电话二百两；（一）杂用及特别费二千二百两。合计三千一百两。

修正：九百七十五两七钱七分三厘。

查报司清册，以上六款，具列入杂费内，平均只有前数。

原案：（一）监督二员一千七百四十五两六钱一分。

修正：八百八十七两九钱。

照部章，无副监督名目，应裁去，可减银八百五十七两七钱一分。

原案：（一）职员四千九百六十七两三钱一分。

修正：三千四百一十七两一钱。

据称庶务长一员，月支薪水七十元；监学四员，每员月支薪水四十元；文书官一员，掌书官一员，杂务一员，会计一员，教务二员，每员月支薪水四十元。查报司清册，庶务长月支六十元；监学三员，一兼文书官，一兼掌书官，除加担科学应另计算外，三员每月各支三十元；又讲习科教务兼文书等职，代理干事员，月支夫马费四十元；其余杂务、会计、教务三员，每员月支三十元。共应减去银一千五百五十两二钱一分。

原案：（一）教员一万四千九百九十七两六钱。

修正：照原案。

据称添正科教员二员，每员月支一百元，外国教员二员，每员月支二百元，应照原案。惟添教员假定数目，日后实数，应俟决算时核定。

第二项　辛资

原案：（一）司事十二人，一千九十五两六钱。

修正：五百四十七两八钱。

查部章，惟文案、杂务、会计三职，各该司事一人，书记一人，共不过六人，寄宿舍原无司事之规定。该堂司十二人，未免糜费，应裁去六人，可省五百四十七两八钱。

原案：（一）书记六人，三百八十六两七钱。

修正：一百九十三两三钱。

照章裁去三人，可减前数。

原案：（一）印刷手十人，四百八十一两五钱四分。

修正：照原案。

原案：（一）厨丁月六十元，四百八十四两三钱四分。

修正：二百四十一两六钱七分。

查报司清册，实只有前数。

就札覆谘议局查照。须至札者。右札福建谘议局准此。宣统二年十月十六日。

陈之麟君登坛质问：前日本局全体议决开临时会，已请督部堂代理员布政使司尚代达督部堂。查本局照章得请召集临时会，督部堂亦得照章召集，不知督部堂现在是否召集？

督部堂代理员提法使司鹿谓：督部堂已发电至京请示。

陈之麟君谓：电文大意如何？

督部堂代理员提法使司鹿答：记不清楚。

陈之麟君云：应请督部堂代理员转达督部堂，从速札覆。

议长（刘崇佑君）谓：此事可作一质问书，请督部堂札覆。

第一，法政学堂预算分册修正案（第二读会）。

议长（刘崇佑君）请主查员连贤基君登坛说明修正理由。

主查员连贤基君登坛说明修正理由（大意与修正案同）。

议长（刘崇佑君）请书记长登坛朗读修正案。

书记长（林长民君）登坛朗读修正案。

审查法政学堂预算分册修正案

查该堂呈报学司清册，宣统元年（连闰）共支三万三千四百余元，二年六个月共支一万七千四百余元（建筑费在外），平均计算，每年约支三万五千余元。据分册声明，明年添设正科教员二员，每员月支百元，外国教员二员，每员月支二百元，合计不过四万一千七百余元（折库平二万八千余两）。兹查分册岁出经常门，总数共开三万六千四百余两，未免过巨。再岁入经常门，除资产收入五十两外，其官款收入皆系假定数目，无容置议。惟岁入临时学费一项，据答覆册开，全年共收学费一万一千五百二十元。查该堂别科学生约近四百人，答覆册内只开三百人之数，应加列约一千六百八十元，合共一万三千二百元（折库平银九千一十五两六钱）。又查该堂除收学生学膳等费外，其中有每人收住宿费四十余元（合学膳费一百元），既属部章所无，且油灯薪炭及一切杂费等既列入预算案，自不得再例外加收，合并声明。兹逐项修正列左，当否，仍候公决。

岁出经常门

第一项

一律查拿惩办外，特此答复。

四、报告督部堂札覆关于本局代转黄张清等建议书事。

总督部堂松为札覆事：据谘议局呈称，收受南靖黄张清等陈请灾田钱粮奏准豁缓县不揭示胥肆追征建议书，照录清折，呈乞察鉴等情，到本部堂。据此，查南靖县于光绪三十四年水灾案内，冲没田亩，经本部堂奏准分别蠲缓银米，以苏民困，奉旨允准，当即札饬福藩司钦遵移行查照，并由司将灾户豁缓粮数，赶紧按册详细开载，敬刊誊黄，饬令编贴晓谕，务使实惠及民在案。兹据呈前情是否属实，亟应查究，除札饬福藩司严行彻查，明确详办，一面由司赶紧出示，饬发该县编贴晓谕，俾众周知外，合行札覆谘议局查照，须至札者。右札福建谘议局准此。宣统二年十月十六日。

五、报告督部堂札覆关于本局议决扩充宣讲所办法案事。

总督部堂松为札覆事：据谘议局呈议决扩充宣讲所实行宣讲办法，计呈清折一扣等情，到本部堂。据此，查核折开理由办法各条，均尚妥协，应准照行。除札饬福建地方自治筹办处，通饬各属一体查照折开办法，切实施行外，合就札覆。为此札行谘议局查照，须至札者。右札福建谘议局准此。宣统二年十月十六日。

六、报告督部堂札覆关于本局代转林直侯建议书事。

总督部堂松为札覆事：据谘议局呈收受连江自治会林直侯陈请革除私税建议书，议决呈请察核，计呈清折等情，到本部堂。据此，查吏胥苛勒规费，本干例禁，如果所呈各署吏胥实有收受此项陋规，自应一律革除，以除积弊。至能否令该牙户等将该款移作自治经费，应由福藩司札饬连江县，查察情形核办详覆。除札饬福藩司外，合就札覆，为此札行谘议局查照，须至札者。右札福建谘议局准此。宣统二年十月□日。

七、报告督部堂札覆关于本局覆议减轻漳河水患案事。

总督部堂松为札覆事：据谘议局呈称，本局第一届开议时，议决减轻漳河水患一案，本届开会提出公同覆议，理合缮录清折，具文呈请督部堂察核施行，计呈清折一扣等情，到本部堂。据此，查现在漳河工程办理方殷，需款紧急，既系实情，自应照准，饬由财政局从速筹拨经费，以应急用而维工程，并将篷船抽捐一项，饬催汀漳龙道协同浚河公所，妥筹办理。除分札财政局、汀漳龙道外，合

第二次福建谘议局议事速记录第二十二号

宣统二年十月十八日（1910年11月19日）

议事日表　第二十二号

宣统二年十月十八日（土曜日）午后一时开议。

第一，法政学堂预算分册（附修正案）第二读会。

第二，中等商业学堂预算分册（附修正案）第二读会。

第三，中等农业学堂预算分册（附修正案）第二读会。

第四，蚕业学堂预算分册（附修正案）第二读会。

第五，工艺传习所预算分册（附修正案）第二读会。

第六，通俗教育咨询案申覆书之朗读。

第七，中等初等实业教育咨询案申覆书之朗读。

第八，扩充水上警察咨询案申覆书之朗读。

第九，覆议师范教育案审查员报告。

第十，覆议暂行诉讼规则案审查员报告。

议长（刘崇佑君）述各种报告：

一、报告议长高登鲤君因事告假一天，由本副议长代理议长。

二、报告议员王邦怀君、洪湛恩君、张道南君、卢初璜君、余钟英君、黄钟澧君、林邦桢君、林辂存君、陈士霖君各告假一天。

三、报告督部堂札覆关于本局议员蓝德光严禁赌博质问案事。

　　总督部堂松批：查禁赌案，前据谘议局于上年申覆前来，当经札饬司道通饬所属文武，一体查照办理在案。兹据呈称，各属赌风尚未禁绝，殊属藐玩已极，应再严申前禁，以除恶习。除札饬福巡警道及各巡道，再行严饬所属地方文武，知地方官，每期酌给慰劳金，以示鼓励。

刘崇佑君谓：此案最要者为经费，内补助费一项，不知已与预算科会商否？

陈锡朋君谓：已会商预算科主查员矣。

刘崇佑君谓：总共需费若干？

陈锡朋君谓：共五万一千九百余元。

刘崇佑君谓：不知预算科诸君已划有此款否？

议长（高登鲤君）谓：简易识字学塾应补助，则其他小学亦应补助。

刘崇佑君谓：本议员亦以为然。

陈锡朋君谓：督部堂原议案中已定有补助，故仍其旧。

督部堂代理员提学使司姚谓：最好能就地筹款，否则以由官补助为要，盖此等学塾专为贫寒子弟而设，与其他不同。至补助之款，原不必拘定成数，总以地方财力如何为定。

吴庭枨君谓：本省五十八县，教育多未普及，一年教育费用至四十余万，仅简易学塾一项，尚靳不与，何也？

黄乃裳君谓：本年预算，无论何款皆当从缓，此款必须添入。

刘崇佑君谓：本议员因恐预算科诸君未曾筹及，补助之款成为空言，故提出请预算科注意，并非反对此议，诸君当知此意。

苏寿乔君谓：此案应行延会。

议长（高登鲤君）谓：此案延会，俟本晚开研究会时再行研究。诸君须知，本次预算，若款项不敷，必须由局担任筹款，顷资政院来电已言及之。诸君应于此节注意。

议长（高登鲤君）报告第二十二号议事日表。

议长（高登鲤君）宣告散会。

本日议员出席五十九人。督部堂未到会，委提学使司姚代理。午后五时散会。

附修正案

理由：按筹备宪政清单，厅州县简易识字学塾本年应在推广之列，镇乡简易识字学塾明年应在筹设之列。诚以人民识字之多寡，与宪政前途所关甚大，不容置为缓图。闽省自奉到部文后，即经由学台拟定办法，并学塾简易章一十三条，叠次通饬兴办各在案。惟经费一项，由官筹措外，诸多无着。按此项学塾，学部原奏以筹款为地方官及自治会之专责。地方官筹款之法，业由原案分别县之大小酌定额数者，补有增益，归入预算。至地方上集资，则筹措募捐，可酌量而行也。

办法

第一条　各县分别大中小三等，大县设立二十所，中县十五所，小县十所，限明年三月内一律成立。

第二条　设置分为两种：（甲）特设。相察地方情形，有应行特设者，其办法分为二项：（一）农业较多之区，应设春冬学塾，以便农隙就学；（二）商业较多之区，应设半日学塾，午前午后，酌用贸易较少之时间为教授；或恐妨日间营业，则设夜习学塾，以收实益。（乙）附设。各小学堂有附设简易识字学塾者，惟教员薪水由此项经费支出，其杂用等仍由该堂拨用。

第三条　家贫年幼之学生，均读部颁第一种课本，三年毕业；年长失学之学生，各按其所认学习年限，分为数组，仍用单级法合班教授。

第四条　部颁课本发出，照式翻印，分交官书局并教育总会，减价六折，由各属购买遵用。

第五条　设立此项学塾，由地方官督率地方自治会职员筹办，务于明年三月内办成汇报。如因循玩忽，逾期不办者，分别详请参处。

第六条　此项学塾，每所常年经费至少须一百二十元，分为三种筹措。（甲）补助。由地方行政经费教育项下划出，每所常年补助六十元。计大县二十所，年需银一千二百元；中县十五所，年需银九百元；小县十所，年需银六百元。由地方官拨给。（乙）筹款。仍由地方官督同自治会就地筹措，其银数照前条所规定。（丙）捐款。如有绅富能慷慨捐资、独力倡办者，按其款项多少，酌量请奖。

第七条　各学塾教员，由县视学随时考验，如有识字人多、教授得法者，报第九，覆议关于筹办地方自治案审查员之报告。

议长（高登鲤君）请主查员登坛报告。

主查员（黄乃裳君）登坛报告审查情形（大意与报告书同）。

审查覆议关于筹办地方自治案报告书

本届第十一次会议，提出覆议关于筹办地方自治案，交与本科审查。查此案前三条，系筹办自治研究所，现各属研究所均已开办，陆续毕业，不久将行裁撤。后一条，系筹办调查户口事宜，现各属城议事会已经成立，镇乡俱遵照筹办处排定进行表，限九月内查完，所有调查户口亦成为过去历史，均无庸议。合将审查情形报告，伏候公裁。宣统二年十月□日，庶政兴革科报告。主查员黄乃裳，理事谢滋春，审查员陈锡朋、黄必成、洪鸿儒、王邦怀、张国宝、余钟英、高士龙。

议长（高登鲤君）谓：应照报告书意思呈覆，请众表决。可决者四十六人。

第十，审查筹拟简易识字学塾报告书。

议长（高登鲤君）请主查员报告。

主查员黄乃裳君登坛报告审查情形（大意与报告书同）。

审查筹拟简易识字学塾办法议案报告书

本届第四次会议，提出督部堂筹拟简易识字学塾办法议案，交与本科审查。查立宪基础，必始于普通的常识。各属学务不兴，绝少完善办法。高初小学每县多者六七所，少者不过二三所，实难期教育之普及，则简易识字学塾，诚为当今要政。原案办法十条，可以遵行者多。惟第七条筹款方法，分县之大中小三等，由地方官筹拨的款，发交为提倡补助之用。兹当列入预算案，以期核实而便施行。余虽稍有删改，要皆沿用原案趣旨。合将审查情形报告，是否，乞公裁。宣统二年十月□日，庶政兴革科报告。主查黄乃裳，理事谢滋春，审查陈锡朋、王邦怀、洪鸿儒、黄必成、高士龙、余钟英、张国宝。

议长（高登鲤君）谓：此案应开第二读会，请众表决。可决者全体。

议长（高登鲤君）谓：本日议事日表所列各案均已议毕，现在时间尚余一刻，应即将此案接开第二读会，请众表决。赞成者四十二人。

议长（高登鲤君）谓：修正案已印刷颁布，可省朗读，请诸君讨论。

照准施行者，如稽查停轿场、编轿号、望火楼、消防器具、裁探兵、编探队、补习巡回、裁城守警军等类，应无庸议。其照准而未施行者，如保甲经费、卖菜场、改设区官、增补岗位、水警学堂等类，应请实行。其不以为然者，除七城盘查、火兵两项，既一属盘诘游勇，一属兼护库狱，其难于议裁归并，亦系实在情形，应遵照札覆，无庸再议外，尚有宜仍执前议者两条，谨将协查意见条例于左：

一、原案：总巡以上官长任之职，在主持警务，稽察警官以下之邪正勤惰，其余非留学警察及曾在高等巡警学堂毕业者，概不得充。警官非曾在教练所毕业者，概不得充巡士。

督部堂札覆：总局正副科长，以办理警务得力人员委充，科员以高等巡警学堂并东洋警察学堂毕业生充当。

按：省城清理财政局及学务公所科长，不分官绅，皆可委任。现警局正副科长，以办理警务得力人员委充，毕业生仅充科员，限制过严，与宪政编查馆章程不合，应援照各局所科长办法，以符定章。

一、原案：旧日办理警务有经验之官吏，与警察毕业之学生，亦可酌派为稽查员，自科长以迄巡查，如有违反法律行为，皆可调察而报告之。

督部堂札覆：暗查权限，专在调察巡长巡士职务之勤惰，其总分局办事人员溺职与否，应由总理提调随时报告总办，分别处分，以清权限，而免复杂。如局员在外有违警之行为，即巡长、巡士亦得从而干涉之，不仅暗查已也。

按：局员违警，从未闻巡长巡士出而干涉者，似须扩张暗查权限，凡自科长以下巡查以上，均归其随时稽查，以辅总理提调耳目之所不及。

宣统二年十月□日，庶政兴革科、临时审查会协查。主查员苏寿乔，理事员高士龙，审查员李迪瑚、黄纪星、郑藻山、陈锡朋、黄乃裳、余钟英、黄必成、洪鸿儒、张国宝、王邦怀、谢滋春。

施景琛君谓："改设区官"四字应删去，又"以辅总理提调之所不及"句，现在并无总理提调名目，此句亦应删改。

议长（高登鲤君）云：照报告书意思，再将施君主张删改者更正后，即呈覆督部堂，请众表决。可决者全体。

市原设有税厘分局，各木商照章报厘，该分局额外苛索，每架小洋二角，倘不遂欲，任意留难，时有被水冲流之害。本审查员公同审查，均属实在情形。如木排应纳厘金自有定率，木商若照章报厘，该分局理应随报随验，何得格外苛索，致贻不测之虞，甚非保商之至意。况前届革除厘金积弊改办统捐案内第四条六节，请饬革除积弊，已蒙督部堂札覆，准于统捐未办以前，通饬一律认真禁革，以肃权政。既据所陈原书，自应代为转呈督部堂，请速札饬峰市税厘分局，切实革除陋规，以洽商情。是否有当，仍候公裁。宣统二年十月□日，建议主查伍春蓉，理事李仲邺，审查员上官华盖、周文麟、李馥南。

议长（高登鲤君）谓：此建议书应为转呈，请众表决。可决者全体。

第七，审查漳州浚河公所总理杨在田建议书之报告。

议长（高登鲤君）请主查员登坛报告。

主查员（卢初璜君）登坛报告审查情形（大意与报告书略同）。

审查漳州浚河公所总理杨在田等请拨协济款项以维持河工建议书之报告

本届第十五次会议，提出漳州杨在田等请拨协款以济河工建议书，交由临时审查员会审查。查漳河水患，叠次成灾，皆由上游水势挟沙而下，淤塞河身所致，诚非设法疏浚，不足以保卫民生。今该总理等以经费不支，河工势将中辍，请拨款以资补助，而所请拨给者，又即为各省协济漳州灾黎之存款。想他省大吏推同与同胞之爱，尚难忍作旁观，岂本省长官抱己饥己溺之怀，独肯稍存漠视？本局有求通民隐之责，所有请拨协款以济河工缘由，理合亟予转呈。可否，祗候公决。主查员卢初璜，理事员周寿恩，审查员郑祖荫、林邦桢、洪鸿儒。

议长（高登鲤君）谓：据审查员报告，应为代转，请众表决。可决者全体。

第八，覆议筹备巡警案审查员之报告。

议长（高登鲤君）请主查员报告。

主查员（陈锡朋君）登坛报告审查情形（大意与报告书同）。

覆议筹备巡警案协查报告

本届第十三次会议，提出筹备巡警案覆议，交由庶政兴革科及临时审查会协查。查此案督部堂札覆，有照准施行者，有照准而未施行者，有不以为然者。其

第九条　交纳税银时，经收胥吏须另填一正式收单，载明某姓名，田房坐落土名，及契价若干，收税银若干，或铜元若干，盖戳交业户为凭。收单式附后。

申义：胥吏恃无凭据，往往例外苛取。今收银时交业户一收单，其弊不禁自除。

第十条　各州县收契税，不奉行部章二十条，及本案所暂定之本省单行细则，并私受一切陋规（如典规、节礼、印油礼、银工、送契礼、挂红礼之类）者，应准人民指控，或陈请谘议局，转呈督部堂照部定税章第十八条办理。

附则：本案经督部堂核准后，以宣统三年正月起，全省一律实行，各州县须揭示城镇乡，俾众周知。

收单式

今收得

某姓名税坐落某处土名某某，田、房契价银几千几百几十两、几千几百几十元。

计收税银几元几角几分正。

又契尾几张，计收银几元几角几分正。

所收是实，留单存照。

宣统　年　月　日，某县经收人某某收单，盖戳

宣统二年十月，提议者高士龙、邓畿，赞成人谢滋春、杨豫、苏寿乔、上官华盖、潘纪雲、王子懿、陈锡朋、张道南。

苏寿乔君请先付审查。

议长（高登鲤君）谓：此案应交法律科审查，请众表决。可决者四十三人。

第六，审查汀州木商张际腾呈请革除厘金陋规建议书之报告。

议长（高登鲤君）请主查员报告。

主查员（伍春蓉君）登坛报告审查情形（大意与报告书同）。

审查汀州木商张际腾等呈请革除厘金陋规建议书之报告

本局第二届第十五次开会，提出汀州木商张际腾等请除厘金陋规建议书公决，交付建议审查员审查。查原书系汀属木商运粤木排，皆由上杭县辖之峰市地方经过，木排至该处滩河险阻停泊拆散，放至广东之大埔县界，方复成排。缘峰

推算之谓也。而经收胥吏因以强解朦混，仍事抑勒，故各州县征收契税均应照市面通行时价计算，方足以昭平允。况银价照市历有成规，近如光绪三十四年奉上谕革除苛政，征粮洋价照市核算，不准稍有抑勒等因，钦此。圣训煌煌，虽指征粮而言，而纳税事同一律，自应援例办理。

第五条　各州县征收契税，于买税九分、典税六分之外，不得藉办公费及学费等名目，多取分毫。

申义：按部章第三条，此次所定买契收税九分，典契收税六分，所有各省向征数目，即在其内。又第十三条，各省抽收田房买税、典税，多系备拨要需，其附收款目，以及加收伙耗学费等项，亦系行政及办公必需之款，均应在买税九分、典税六分之内，分别拨还。又第十四条，此项加收契税，除各该省额征各款不计外，加征一分，应扣提一厘，以为经征官吏办公之用各等语。是官吏办公费及学费等款，均括在九分、六分之内，而胥吏朦混攫取，实为法外滥征，亟宜禁革。

第六条　民间置买田房，须一律通用官纸，以免漏税。此项官纸，系专为新置田产者用，其补税白契者，不得粘一官纸于原契之尾，致多争执。又此项官纸，只列年号及合同号数，不必仿照旧式。又此项官纸，应由藩司颁给各州县官发卖，每张准收工料铜元四枚，各省情形不同，应由各该地方官详慎酌办，不得稍涉扰累等语。现在各州县不筹稽查漏契良法，惟派差勇或胥吏四处讹索，其无契可税者，强迫之使认税若干，以致民多扰累。今惟一律行用官纸，民既不扰而税亦不漏。其官纸只列年号、合同号数，不必仿照旧式者，因各处俗例不同，写法亦异，旧式呆板（如顷石亩等字样），不适于用，故不能通行。今但列年号、合同号数，既可稽查漏契，又便民间填写，自是变通办法。

第七条　各州县官中名目应一律停止。

申义：按部章，并无官中名目，各属官中之设，徒事烦扰，无一实际，且各州县奉行者少，亟应停止，以归一律而符部章。

第八条　民间补税白契，应照新章征收，不准格外需索。

申义：按部章第六条，新章实行以后，所有从前白契，如照新章补税，概不追究既往，以杜讼端等语。而胥吏于民间补税白契，异常需索，致有白契者反不敢自首投税，亟应照章办理，以重税款。

提议者（高士龙君）登坛说明理由（大意与提议案略同）。

请实行征收田房契税新章并暂定本省单行细则提议案

理由：民间置买田地、房屋，契税向定三分。自宣统元年五月经度支部奏准酌定买税九分，典税六分，共订章程二十条，通行各省试办。而吾闽州县奉行者尚属寥寥，大抵因部章利于公，利于民，而不利于中饱之官吏，故各属州县漠焉置之，浮收如故，苛索如故。夫民愿加税而抑之使不得从，不能不声罪致讨于经收之胥吏。惟有请督部堂严饬各属征收契税，一律实行新章，并于新章条文所规定之外所云暂仍其旧者，另为暂立本省单行细则，俾收纳两方面均有所遵循，而胥吏无所用其朦混。此本案所由照谘议局章程第二十一条第四款及第六款之范围提出议案也。

办法

第一条　凡田房契价系载（绞）〔纹〕银者，税即以纹银计算；载洋银者，税即以洋银计算；载银元、铜钱者，税即以银元、铜钱计算。不准以补水加耗，藉端巧取，并不准以零数归整，任意浮收。

申义：按部章，买税九分，典税六分，其税银原即从价银而生，而胥吏朦混苛取，任意科算，亟应申明，俾众遵守。

第二条　凡民间卖契内有许其备价赎回者，均应照典例纳税。

申义：查各州县中往往有俗例，契首书卖字样，而契内实约期取赎者，既有取赎，自与典当无异，故应照典例纳税，以杜朦混。

第三条　契尾每张各属一律收银七钱，不得多取分毫。

申义：按部章，有契尾户管执照，各省所收经费多寡不同，应暂仍其旧等语。吾闽自光绪二十三年经前藩台连厘定新章，契尾每纸不得过五钱，加学堂费二钱，合成七钱，自应照章征收。

第四条　各州县征收契税及契尾银，无论大小银元铜币，均照市面通行时价核算。

申义：按部章第十条内载，民间交纳契税，有折钱者，有完银者，各省与各省不同，一省之中此处与彼处不同，应暂仍其旧，其每银一两折收钱若干，并准照该省现办章程办理等语。是银钱价数，部章并未规定，惟本省原办章程于银钱并无一定之标准，且部文仍旧之说系专指完银或折钱而言，并非指仍旧银钱辗转团体，帮同查拿。申议：聚赌麻雀，以官幕绅商为最，法行自上，不能不照新律从重办理也。（四）六字标、八字标、摊子、宝子、公人椑、十二枝、四色牌等赌，均应一律严禁。（五）聚赌部屋，除标封充公外，仍科住者以招赌之罪。（六）如有制造及贩卖一切各种赌具，务必严行查拿惩办。（七）严禁藉神诞演剧及元旦喜庆等事聚赌。（八）责成文武官及巡警局，遇有内外省大小彩票，及各种赌犯，并制造贩卖各种赌具，不分畛域，须同缉捕。如在交界地方，无论归何管辖，均应一律查拿。（九）文武官及巡警局，如有收受赌规，经人指控，或由自治会陈请谘议局照章举发者，查实从严参办。至各衙门执事人等，及各区巡士收受者，从严革究，并科该管官以故纵之罪。宣统二年十月□日，庶政兴革科主查黄乃裳，理事谢滋春，审查高士龙、余钟英、陈锡朋、张国宝、王邦怀。

高士龙君谓：第一条前日已声明须定期限，应行添入。

议长（高登鲤君）谓：应添入"限本年十一月一律严行禁止"。

林辂存君谓：第一条应改为"无论本省或外省输入之大小彩票"云云。

刘崇佑君云：新律系指何律？

高士龙君谓：旧年议案中已有此语。

刘崇佑君谓：第一条附期限，其他应否附期限？禁赌虽著为法令，惟向未实行，人家及酒馆公然聚赌，毫不为怪。故麻雀或纸牌等，亦应定一期限禁止。

刘志和君谓：麻雀或纸牌本来应禁，何必定以期限。

熊秉廉君谓：应另定一期限，因去年提出议案已归无效也。

督部堂代理员提学使司姚谓：彩票向来未禁，故须定期禁止，其他本已禁止，不必设为限期也。

刘崇佑君谓：督部堂代理员所说甚是，惟一言禁，则最好能立地禁绝。

卢初璜君谓：此案应延会。

刘崇佑君谓：赞成卢君之说。

议长（高登鲤君）谓：此案延会。

第五，请实行征收田房税契新章暂定本省单行规则提议案。

议长（高登鲤君）谓：此案已印刷颁布，可省朗读，请提议者登坛说明趣旨。

外补助。

卢初璜君谓：审查员意见，非欲节省禁烟经费也。修正案第八章关于经费问题，尚有另外加筹之处。

郑祖荫君谓：去毒总、支社总不可裁。

卢初璜君谓：此可俟提出修正案时，请众公决。

陈锡朋君云：去毒社不归并，则与公所经费冲突，且人才亦止有此数，若不归并，反生意见，办事转难也。

郑祖荫君谓：现在无地无吸烟之人，即无地不当有一禁烟机关。公所不过县治一所，不如去毒社各地遍设为益之大也。

陈锡朋君谓：士绅尽可设立，并不禁其设也。

议长（高登鲤君）谓：报告大意已讨论清楚，此案应开第二读会，请众表决。可决者全体。

第四，请实行禁止彩票并赌博、赌具修正案（第二读会）。

议长（高登鲤君）请书记长登坛朗读。

书记长（林长民君）登坛朗读修正案。

审查请实行禁止彩票赌博、赌具修正案

赌之悬为厉禁久矣，而各处赌风卒未见其减，且日见炽盛者，盖由各地方官对于此事率多敷衍塞责，不肯认真。每出一示，发一签，不过为快役多一宗进款。赌棍黠役，猫鼠同眠，于禁赌功令，不过视为具文。甚而官与幕日事豪赌，绅与商一掷巨万。豺狼当道，安问狐狸？是不能不求法行自上也。尤可怪者，彩票性质与花会等，花会著为厉禁，而彩票则明目张胆，公然买卖，男妇老幼，趋之若鹜，无分贤愚，悉坠彀中，利令智昏，举国如狂，赌害实无有甚于此者。况当立宪时代，文明之国，尤不容有此陋习。急应与各种赌博一律禁止，以除民害而苏民困，吾闽幸甚。谨参上届申覆督部堂花会咨询案，为修正办法如左：（一）无论本省外省，大小彩票，应通饬各属一律严行禁止，并通饬邮政局不得递入，以肃赌源。如对于前项之禁止后，再有卖者买者，均应从重治罪。（二）花会挂巴或走封、吃封等犯，无论当场拿获，或由暗访讯实，均须严办，不得以罚锾了事。（三）聚赌麻雀，无论官幕绅商，均照新律从重办理，并委托各公益第三项：校费，可决者五十二人。

第四项：学生用费，可决者五十三人。

第五、六项：修缮、建筑费，可决者五十六【人】。

第七项：特别费，可决者五十七人。

议长（高登鲤君）宣告休息二十分钟。

三时二十分续行开议。

第三，划区禁烟依限肃清修正案之报告。

议长（高登鲤君）请主查员登坛报告。

主查员卢初璜君登坛报告审查情形（大意与报告书同）。

本届第十二次会议，提出划区禁烟依期肃清议案，交由法律科、庶政兴革科审查员会同审查。查此案立意，主张划分区域，勒限肃清，实为今日厉行禁烟之要着。所拟章程九章都廿八条，亦计虑周详，办法严密。惟第二章划区限期，有尚须酌量变通之处。第三章组织机关，有尚须详加妥定之处。第八章经费问题，有尚须筹拨补助之处。而其最关切要亟应厘订者，则为第五条，由总督特派员绅总理一节。查全省六十余厅州县，每所派一专员，每员以月薪四十两计，年款当需巨万。窃恐闽省财力有所不胜，不如责成该地方官兼理，而于将届肃清限期六个月内，再行特派专员分驻该区各府州县治，严加督促。既可免糜费之虞，又可收克期之效。至禁烟公所、禁烟分所成立后，旧日之去毒总、支社皆可裁并。因地方之人才、财力只有此数，不必强为分设，以致多担经费而动生意见也。是否有当，另其修正案提出，祇候公决。主查员卢初璜，理事员李迪瑚，审查员高士龙、陈锡朋、黄乃裳、余钟英、谢滋春、张国宝、洪鸿儒、王邦怀、黄金銮、黄必成。

郑祖荫君谓：去毒总、支社裁去，本议员甚不赞成。盖公所、分所为禁烟行政机关，而去毒总、支社则为绅民办理禁烟事务，且一县仅有一分所，办理全县，万难周到也。

卢初璜君谓：去毒总、支社指由官款补助设立者言，至如士绅筹款设立者，则不在此论。

郑祖荫君谓：去毒事务由官补助，此款万不可裁，不但不可裁，而且尚须另刘崇佑君谓：向来政府提出预算案时，应先将提出理由登坛说明，以便议员讨论。请施君将预算案提出理由登坛说明。

施景琛君谓：工业学堂明岁拟设十二（科）〔班〕，正科分五科：一、土木科，为养成工程师而设；二、电气科，教造电灯等；三、窑业科，教制玻璃、瓷器等；四、应用化学科，教授制洋酒、洋糖、皮货、洋烛等；五、器械科。计土木科二班，电气科二班，窑业科、应用化学科、器械科各一班。另附设工业教员传习所。又预科四班，计共十二班。此必不可少者也。本预算册关于岁出经常门第一项薪俸，经审查员修正，于管理员一项裁去监学一人，校医一人，年省三百余金，以图撙节，此尚无妨。其他各教员，连洋教习共二十四人，月仅支一千两，实属减无可减。此外如丁役辛资、茶水费、电灯费及工场试验室消耗品，修正案皆从裁减，实则无可减也。至建筑工场教室及购地费，此系明年所必需者，万不可裁。又机器千六百两，已从极少之数开列，今裁为一千两，尤难敷用。夫工业全藉机器，机器不完全，何从实验？近学部新章，工业学堂实地练习（份）〔分〕数与科学分数平均，无工场，无器械，用何实习？此修正案所裁减，实使工业学堂生无限困难也。

黄乃裳君谓：施君亦预算审查科之一人，既有不可裁之理由，而施君又在审查科，何以不早言明？

施景琛君谓：已向审查科声明，但众不以为然，应服从多数。

郑祖荫君谓：审查科裁减各费，皆有理由。如管理员已有三人，自可裁去一人。又校医原为慎重卫生而设，但每月数元之医生，恐亦不免有名无实。其他各项，无不各有理由。施君在审查科均已承认，本日又何必说出许多困难情形？

连贤基君谓：时间无多，不必逐一讨论，只须述明大意。至施君此次所提出预算分册，较之他堂为最核实，审查员会得力于工业学堂之分册，藉以审查他校之处不少。审查员会所核减各数，均经施君赞成，则本日自亦不必请加，诸君亦无庸再议减矣。

施景琛君云：本委员以委员资格到会，故不得不陈述学堂之意见。

议长（高登鲤君）请众将修正案逐项表决。

第一项：薪俸，可决者五十七人。

第二项：辛资，可决者五十一人。

原案：（一）应支建筑工场及教室费银二千四百一十四两六钱五分。

修正：全裁。

理由：查该堂工场已于今年从事建筑，该费应归今年报销。

第七项　特别费

原案：（一）应支购地费银九百两。

修正：全裁。

理由：查工场既已开筑，则购地之费自必早行开支，与明年预算当更无涉。

原案：（一）应支机器费银一千六百两。

修正：（一）应支机器费银一千两。

理由：查添购机器，原为扩张学务起见，然宜稍为裁减，以示撙节，故拟以一千两为限。

原案：（一）应支器械费银一千六百两。

修正：全裁。

理由：查该堂既有备品及机器两项支出，此条自应全裁。

原案：（一）应支预备临时应用银四百两。

修正：全裁。

理由：查该堂应支各款既已均有专额，此项条款自应全裁。

原案：合计应支银四千五百两。

修正：合计应支银一千两。

原案：总计应支银三万四百二十八两五钱三分四厘。

修正：总计应支银二万三千三百三十九两二钱七分四厘。

宣统二年十月十四日，预算科修正。主查员王子懿，理事员连贤基，审查员郑祖荫、孟思培、施景琛、郑藻山、苏寿乔、潘纪雲、张道南、李迪瑚、卢初璜、赵锡荣、邓畿。

施景琛君谓：照章本议员应避席，以本议员即中等工业学堂监督也。

刘崇佑君谓：照章施君应行避席，惟施君既已出席，应请督部堂代理员即派施君为政府委员，以备讨论。

督部堂代理员提学使司姚请施君作为政府委员。

施景琛君就政府委员席。

修正：照原案。

原案：（一）应支洋师全年屋租银四百七十四两九钱七分。

修正：照原案。

原案：（一）应支全年茶水银三百两。

修正：（一）应支全年茶水银一百两。

理由：查该堂茶水费一项，向同茶库厨役绕行开销，每月约十三两二钱，明年茶库系并丁役项下开销，此项目当酌减，全年拟以一百两为限。

原案：（一）应支全年电灯油烛费银五百八十二两七钱八分一厘。

修正：（一）应支全年灯火费银三百二十五两。

理由：查该堂今年上学期支出灯火油烛之费，每月平均约二十二两二钱，明年添班，略为加增，每月拟以二十五两为限。

原案：（一）应支备品费银六百五十两。

修正：照原案。

原案：（一）应支全年印刷图书费银三百两。

修正：照原案。

原案：（一）应支消耗品费银二百六十两。

修正：照原案。

原案：（一）应支全年杂费银三百两。

修正：照原案。

原案：合计应支银三千六百七十七两七钱二分一厘。

修正：合计应支银三千一百九十九两九钱七分。

第四项　学生用费

原案：（一）应支学生工场及试验室消耗品费一千两。

修正：（一）应支学生工场及试验室消【耗】品费银七百四十两。

理由：查该堂消耗项已支二百六十两，则此项自应照数核减。

第五项　修缮费

原案：（一）应支修缮费银二百两。

修正：照原案。

第六项　建筑费

王子懿君云：已经印刷颁布，可省略朗读。

福建中等工业学堂试办宣统三年分预算分册修正案附理由

岁出经常门

第一款

第一项　薪俸

原案：（一）应支监督职员全年薪水银四千二百五十两。

修正：（一）应支监督职员全年薪水银三千九百一十二两七钱三分四厘。

理由：查该堂监学已有三人，不必再行添设，应减全年薪水二百六十六两二钱四分二厘。又校医既非必须添设之职，即亦不必添设，年亦可省七十一两二分四厘。

原案：（一）应支教员全年薪水银一万三千一百一十七两五分六厘。

修正：照原案。

原案：（一）应支工场技师全年薪水银五百十九两四钱九分。

修正：照原案。

原案：合计应支银一万七千八百八十六两五钱四分六厘。

修正：合计应支银一万七千五百四十九两二钱八分。

第二项　辛资

原案：（一）应支司事及书记全年辛资银三百九十两。

修正：照原案。

原案：（一）应支丁役全年工资银三百五十九两六钱一分七厘。

修正：（一）应支丁役全年工资银二百六十两。

理由：查该堂上学期丁役工资每月平均不过十七两，明年虽须增加，宜以二十两为度。

原案：合计应支银七百四十九两六钱一分七厘。

修正：合计应支银六百五十两。

第三项　校费

原案：（一）应支校员缮费银三百九十两。

修正：照原案。

原案：（一）应支司役全年伙食银四百两。

审查预算案实业、交通两类报告书

本届第十七次议会，提出地方行政预算案，交付本科审查。本科按照议事细则七十九条之规定，分课审查，业将教育类先行报告。嗣查实业、交通两类，实业部计分两款：第一款分四项，一农业学堂，二蚕业学堂，三工业学堂，四商业学堂；第二款只工艺传习所一项。按实业各校，皆所以造就实业人才，为将来振兴全省实业地步，关系洵属紧要。各校预算经费，比较上年加增颇巨，为扩充实业计划，所见诚是。特闽省财政竭蹶，待办之事不一而足，既不能并力以求完备，自不能不逐渐以期进行。如农业、工业、商业各校，虽较原开预算分册稍为核减，而比之上年仍有增加。更有按之部章办法原可节省，而准之目前事实似骤难实行者。如蚕业学堂，本农业中之一科，原可归并，但农业本校甫经成立，恐校舍不敷支配，殆不能不俟诸他年者。至于交通一类，闽省交通机关不备，此项尚属简单。第一款补助商办铁路经费，查此项经费由盐斤加价、铁路粮捐两项提拨，应仍照奏案办理；第二款拨补邮政经费，查部定地方行政经费，交通类无邮政名目，邮政原属国家行政，似无庸列入，以清限界。以上所述，皆审查实业、交通两类预算之大旨。至数目之多寡及详细之理由，另具于修正案。谨将审查情形继续报告。预算科主查员王子懿，理事连贤基，审查员孟思培、张道南、潘纪雲、苏寿乔、李迪瑚、郑祖荫、郑藻山、施景琛、卢初璜、赵锡荣、邓畿。

王子懿君谓：蚕业学堂闻学台有拟归并于农业学堂之说，未知确否？

督部堂代理员提学使司姚谓：原拟合并，因寄宿舍建筑等所费甚多，财力不及，暂从缓议，须看一二年后再议。且蚕业学堂监督原兼教员，即合并所省亦无多。

王子懿君谓：将来自须合并，既有合并之议，则明年扩充之费宜从撙节。

督部堂代理员提学使司姚谓：不扩充原无不可，惟有关紧要之自习室，本年因无款，尚不能建筑。

议长（高登鲤君）谓：关于预算实业类报告已毕，应就本日开第二读会，诸君如赞成者请起立。可决者全体。

议长（高登鲤君）谓：实业类之报告各有修正案，内除农、商两校甫经印刷尚未颁布外，兹应照议事日表先将工业学堂预算分册修正案朗读，请书记长登坛朗读。

岁出经常门

第一项　薪俸

张道南君谓：按语中"而外国何必添至二名"句，应于"外国"下添"教习"二字，理合声明。

议长（高登鲤君）谓：诸君赞成第一项修正案者，请起立。可决者五十五人。

第二项　薪资

连贤基君谓：司事不皆系写讲义者，其裁减之理由应改正。

苏寿乔君谓：俟第三读会时修正，应先将数目表决。

议长（高登鲤君）谓：赞成修正案者，请起立。可决者五十六人。

第三项　杂费

孟思培君谓：教授用品、试验消耗二门，明年何以须加二十倍？

张道南君谓：试验消耗不用时一文不费，用时则须许多。

议长（高登鲤君）谓：请众表决第三项杂费修正案。可决者四十八人。

第四项　修缮

陈锡朋君谓：修缮与小修缮以何为标准？

王子懿君谓：因明年迁移新校，其学生寄宿舍若未建筑，应就贡院原有房屋，则尚须修理，故多留此一款。

张道南君谓：总数数目有错，须改正。

议长（高登鲤君）请众表决第四项修缮修正案，可决者四十九人。

岁出临时门

第一项　建筑

议长（高登鲤君）请众表决第一项建筑修正案，可决者五十五人。

第二项　特别费

议长（高登鲤君）请众表决，可决者五十四人。

第二，地方行政预算案实业、交通类审查员报告。

议长（高登鲤君）请主查员报告。

主查员王子懿君登坛报告审查情形（大意与报告书同）。

决岁出时，是否可以不问国家财政之盈绌，查全国预算出入不敷至五千余万之巨，本院正议节减冗烦以资弥补。各省本年预算岁入既未画分，则议决岁出宜以督抚现交预算案之数为准，此中移缓就急，酌盈剂虚，自属谘议局分内之事。若于现交预算案外，另议增加某项支出，应先由谘议局议定筹集该项专款之法，庶不致与全国预算有所抵触。以上二端，除答覆外，并通电各谘议局一体知照。资政院，咸。

刘崇佑君登坛谓：本日谘议局始得谓之有预算，本局因此事费尽唇舌，糜尽费用，方有此结果。此次系资政院肯负责任，发此通电，诸君对于电文须万分注意。方今财政困难，议员等应各抒忠诚，肩此重任，断不能因一二人之感情而稍有瞻顾，断不可惜若干时之精神而敷衍了事。夫资政院来电所云，移缓就急，酌盈剂虚，自是谘议局分内之事等语，本属谘议局应有之责任，然院电所以声明者，盖有二方面：一方面欲使议员知财政困难，悉心筹画；一方面欲使议员知各尽其责，勿以感情用事。自今日起，此责任已由资政院担负。吾侪议员权限分划明晰，而责任亦复增加，外界感情之作用虽如何纷杂，谘议局就法律范围内之活动则不遑恤其他也。

三、报告清理财政局移知督部堂奏闽省递年行政经费谨陈管见折事。

福建全省清理财政局司道为移知事：奉督宪松札开，照得本部堂于宣统二年八月初二日，恭折具奏详议闽省递年行政经费谨陈管见一折，除俟奉到朱批，另行恭录行知外，合行抄折行知该局，即便移行知照，计粘抄折等因，奉此。除移行查照外，合就移知，为此备移贵局，请烦查照施行，须至移者。右移谘议局。宣统二年十月十五日。

四、报告琯头乡议事会呈报启用图记日期事。

第一，高等学堂预算分册修正案（第二读会）延前会。

议长（高登鲤君）谓：此修正案日昨已开第二读会，因陈君对于修正案有异议，故延会今日，应继续讨论，免再朗读（全案详前号）。

刘崇佑君（默然）：前次讨论略已详尽，今日但问有发议修正者否？

议长（高登鲤君）云：诸君如有修正，请发议，如无甚修正，则请逐项表决。

第二次福建谘议局议事速记录第二十一号

宣统二年十月十七日（1910年11月18日）

议事日表　第二十一号

宣统二年十月十七日（金曜日）午后一时开议。

第一，高等学堂预算分册附修正案第二读会（延前会）。

第二，地方行政预算案实业交通类审查员报告（并先报告中等工业学堂分册之审查）。

第三，划区禁烟限期肃清案审查员报告（延前会）。

第四，实行禁止彩票并赌博赌具案附修正案第二读会（延前会）。

第五，请实行征收田房契税新章并暂定本省单行细则案（高士龙、邓畿提出）第一读会（延前会）。

第六，汀州木商张际腾请除厘金陋规建议书审查员报告（延前会）。

第七，漳州杨在田请协济款维持浚河公所建议书审查员报告（延前会）。

第八，覆议筹备巡警案审查员报告（延前会）。

第九，覆议筹办地方自治案审查员报告（延前会）。

第十，筹办简易识字学塾案审查员报告。

议长（高登鲤君）述各种报告：

一、报告议员李迪瑚君、杨长余君、潘纪雲君、李馥南君各告假一天。

二、报告北京资政院来电关于预算事宜。

福建谘议局：前接各局来电，关于预算事项，业经审查表决，分别答覆如后：一、各省谘议局要求议决岁入，查现在国家税、地方税尚未画清，此项岁入全册已交本院决议，无从另行画出，再交局议。一、各省问预算不议岁入，则议陈锡朋君云：第二项薪资额未免浮开太多。

议长云：亦视其开班之多少。

张道南君云：该堂共十二班。

陈锡朋君云：学堂应培养学生，非培养堂丁，区区堂丁，各项开销至一千八百余两，未免滥开太甚。

连贤基君云：本议员亦审查员之一，对于此项实已大加裁减，原案中所开尚不止此数，共计三千余两，核减后尚剩千余两。惟原案浮开太多，故亦只能如此核减也。

陈锡朋君云：漳州师范学堂学生有一百多名，内兼附属小学，所用堂丁不过五名，以四五倍计数，亦不应如此之多。

柳遇侯君云：如此额数，可推定必系虚报。

陈锡朋君云：外府中学堂全年用度不过三千余两，今高等学堂司事丁役一项已如此之多，似宜再为核减，司事应减六百两，堂丁应减一千二百两。

刘崇佑君云：裁减当有方法及理由，若仅以空言裁减，恐不足以服人。

议长（高登鲤君）云：时间已到，依刘君之说，尚当细为核算，非一时所能为，请延至明日再议。

议长（高登鲤君）宣读第二十一号议事日表。

议长（高登鲤君）宣告散会。

督部堂未到会，委代理员交涉使吴，午后一时到会。出席议员人数五十九人。午后五时散会。

按：该堂各件已经遂条报销，杂费本可不必再备。第其中亦有未经备列，自应酌给，应减去一百两。

修正：应支杂费银四百两。

原案：全年共支出银六千四百六十两。

修正：全年连闰应支银四千八百六十两。

第四项　修缮

【原案】：（一）应支修缮各室费银四百两；（一）应支修缮器械费银一百两；（一）应支小修缮费银一百两；

修正：照原案。

合计全年应支银六百两。

原案：共计全年连闰经常应支银四万一千一百二十八两六钱一分。

修正：全年连闰共计经常应支银三万二千一百九十六两九钱三分一厘八毫。

岁出临时门

第一项　建筑

原案：（一）应支化学教室及实验各室银五千两；一应支物理教室及实验各室银四千二百两；一应支博物教室及实验各室银三千六百七十一两三钱九分。

按：该堂教室目前尚足敷用，无建筑之必要，应从缓议，此款全行裁去。

第二项　特别费

原案：（一）应支一切临时费银一千两。

按：洋教员既经少聘一员，则此项费用可省一半。

修正：应支临时费银五百两。

原案：合计全年共支临时银一万三千八百七十一两三钱九分。

修正：合计全年共支临时银五百两。

原案：以上总计全年连闰共支经常、临时岁出银五万五千两。

修正：以上总计全年连闰经常、临时岁出应支银三万二千一百两零八钱三分六厘四毫。除实年可减银二万二千八百九十九两一钱六分三厘六毫。

宣统二年十月十三日，预算科主查员王子懿，理事员连贤基，审查员郑祖荫、孟思培、赵锡荣、施景琛、李迪瑚、郑藻山、邓畿、苏寿乔、卢初璜、潘纪雲、张道南。

第三项　杂费

原案：（一）应支备品费一千两；（一）应支设置费五百两。

按：备品、设置两项，名目无甚区别。查（核）〔该〕堂本年报司清册，三月前写备品名目，四月起写设置名目，本年上学期共支备品、设置银七十一两七钱五分，即明年迁移新校，备品较多，有一千两之款，当亦绰有余裕，应减去设置银五百两。

修正：全年连闰应支银一千两。

【原案】：（一）应支图书银五百两。

修正：照原案。

【原案】：（一）应支报纸银六十两。

修正：照原案。

原案：（一）应支教授用品费银三百两；（一）应（文）〔支〕试验消耗费四百两。

查该堂本年报司清册，上学期共支二项费银二十余两，即明年如何添班，二十倍其数亦已足，应减去二百两。

修正：应支教授、消耗费银五百两。

【原案】：（一）应支油烛薪炭费一千两。

修正：照原案。

原案：（一）应支饭食茶水费一千五百两。

按：该堂本年上学期报司清册，只用银四百四十五两有奇，全年合算亦不过九百两之额，应减去五百两。

修正：应支全年连闰饭食茶水费一千两。

【原案】：（一）应支电报电话邮政费一百两。

修正：照原案。

原案：（一）应支印刷纸张费六百两。

按：该堂讲义多用成本，印刷自可省略。查该堂本年上学期报司清册，共付印刷纸张银八十六两有奇，即明年增班，倍其数亦已有余，应减去三百两。

修正：应支印刷费三百两。

原案：（一）应支杂费银五百两。

四名之中，尚有月支薪水数十元者。再分册载明年拟添招正科学生一班，应增聘外国教员二名，且第一年本属普通教授，中教习并未多设，而外国何必添至二名。闻前聘月支四百元之洋教习已不应聘，应将此名减去。全年连闰合计库平银三千七百六十九两二钱二分。

　　修正：应支外国教习全年连闰银八千六百六十九两三钱九分八厘。

　　原案：合计全年连闰共支银三万零一百九十四两六钱一分。

　　修正：合计全年连闰应支银二万三千八百五十两九钱三分一厘九毫。

　　第二项　薪资

　　原案：（一）应支司事十六人，月支八两者六人，六两者十人，全年连闰共支一千四百零四两。

　　按：该堂讲义多用成本，填写书手自可省用，应通共减去十名，留八两、六两者各三人，年可省银八百五十八两。

　　修正：全年连闰应支银五百四十六两。

　　原案：（一）应支印刷匠五名，年共支银三百二十五两。

　　修正：照原案。

　　原案：（一）应支堂役七名，共银二百七十三两；（一）应支舍丁十名，共银三百九十两；（一）应支门丁五名，共银一百九十五两；（一）应支茶库七名，共银二百七十三两；（一）应支什役八名，共银三百一十三两。

　　按：以上五条，共丁役三十七名，查各学堂均无此多数目，应减去十二名，年共省银四百六十八两。

　　修正：全年连闰共应支银九百七十五两。

　　原案：（一）应支厨役十八名，年共支银七百二十两。

　　按：该堂厨役用至十八名，殊属太多，且各校只有厨役薪资多少数目，如法政学堂仅给厨役薪资三十元，该堂留堂人数较法政学堂稍多，薪资自宜加给，每月给台伏五十元，申库平银三十四两一钱四分六厘五毫，年可省银二百七十六两零九分五厘五毫。

　　修正：全年连闰共应支银四百四十三两九钱零四厘五毫。

　　原案：合计全年连闰共支银三千八百七十八两。

　　修正：合计全年连闰共应支二千二百八十九两九钱零四厘五毫。

原案：（一）应支监督薪金每月一百元，全年连闰合计库平银八百八十七两八钱零九厘。

修正：照原案。

原案：（一）应支教务长一员，每月薪金八十元，庶务长、斋务长每月薪金各五十元，申库平银一百二十二两九钱二分七厘四（毛）〔毫〕，全年连闰共合库平银一千五百九十八两零五分六厘二毫。

按：该堂报司清册，教务长以庶务长兼充，月支薪金六十元，斋务长兼充国文教员，月支薪金五十元。高等学堂教务甚关紧要，自宜另设专员，以维教务。教务长薪金自无庸议，惟庶务长、斋务长既经另设专员，薪金自宜酌减，每员按月应减十元，以期撙节。

修正：全年连闰共应支库平银一千四百二十两零四钱九分四厘四毫。

原案：（一）应支图书、文案、（全）〔会〕计、什务五员，每员月支薪金四十（员）〔元〕，全年连闰合库平银一千七百七十五两六钱一分八厘。

按：部章图书、文案、会计、什务是四项职员，查该堂报司清册亦只有四项名目，应照四项办理，减去五百二十（员）〔元〕，申库平银三百五十五两一钱二分三厘六毫。

修正：全年连闰共应支库平银一千四百二十两零四钱九分四厘四毫。

原案：（一）应支监学官七员，每员月支薪水四十（员）〔元〕，全年合计库平银二千四百四十五两八钱六分五厘二毫。

按：部章监学须由各教员兼充。查该堂报司清册，亦系照章办理，应仍其旧，只设监学五员，亦未便另设专员，以节縻费。拟除本职薪水外，每员月酬监学薪水十元，共减去库平银二千零四十一两九钱六分零七厘。

修正：全年连闰应支监学四百四十三两九钱零四厘五毫。

原案：（一）应支中教习二十八员，全年连闰合库平银一万一千零八两八钱三分一厘六毫。

修正：照原案。

原案：（一）应支外国教员六员，全年连闰合库平银一万二千四百三十八两四钱二分。

按：该堂报司清册，设洋教习四员，薪俸多者二百元，少者一百十二元。查销。兹查杂费各数绰有余裕，即有关于临时用款，亦必不多，可减一百两。

修正：临时用费一百一十七两七钱七分四厘。

以上共减银一千四百二十五两六钱六分三厘。

原案：总共库平银八千零一十二两八钱二分四厘。

修正：总共库平银六千五百八十七两一钱六分四厘。

宣统二年十月□日，预算科审查报告。主查员王子懿，理事员连贤基，审查员孟思培、郑祖荫、卢初璜、郑藻山、张道南、苏寿乔、李迪瑚、施景琛、邓畿、潘纪雲、赵锡荣。

议长（高登鲤君）云：今当逐项朗读，以为表决。

连贤基君云：依议事细则，可以省略按项之朗读。

第一项：（薪水）可决者为对于五十九人之三十八人。

第二项：（辛资）可决者为对于五十九人之三十四人。

第三项：（杂费）可决者为对于五十九人之三十一人。

第四项：（学生用费）可决者为对于五十九人之三十四人。

第五项：（修缮费）可决者为对于五十九人之三十人。

第六项：（附设小学费）

陈之麟君云：此种附设小学之费，只有一千两，未免太少。

议长（高登鲤君）云：有二十人以上赞成陈君之说否？赞成者仅十三人。

议长（高登鲤君）云：如此则陈君之说不能作为议题，应照原修正案第六项表决。可决者为对于五十九人之三十五人。

第七项：（附设幼稚园费）可决者为对于五十九人之三十五人。

第八项：（特别费）可决者为对于五十九人之三十五人。

第六，高等学堂预算分册附修正案第二读会（延前会）。

议长宣告省略朗读，即由审查员登坛报告大意。

审查员张道南君登坛报告大意（略同修正案）。

高等学堂预算分册修正案

岁出经常门

第一项　薪俸

照原案。

第四项　学生用诸费

原案：（一）膳费库平银八百一十一两三钱零五厘。

查该校月贴学生膳费九十元，除年暑假外，以十一个月计算，只需九百九十元，约合库平银六百七十七两一钱六分，比较应减一百三十四两一钱四分五厘。

修正：膳费库平银六百七十七两一钱六分。

原案：（一）实验用品费库平银六十八两二钱九分二厘。

查该校报司清册，向无此项款目，概系并入教授用品及杂费各项下开销，应酌减四十两。

修正：实验用品费库平银二十八两二钱九分二厘。

第五项　修缮费

原案：（一）修缮费库平银一百三十六两五钱八分四厘。

查该校报司清册，本上学期只用修缮费三元九角，且明年将迁新校，更无须如此多费，应减一百两。

修正：修缮费库平银三十六两五钱八分四厘。

第六项　附设小学费

原案：（一）经常各费库平银一千六百二十一两五钱一分八厘。

查女子师范本部有教员十一名，助教员数名，总共不下十六七名，本属过多。女子小学科学既简，点钟亦少，教员、职员尽可由本部教员兼任，且事属附设，一切费用均可从省。拟裁去六百二十一两五钱一分八厘。

修正：经常各费库平银一千两。

第七项　附设幼稚园用费

原案：经常各费库平银一千三百六十九两一钱一分四厘。

查该园总董月支舆费四十元，未免过多，一切费用均可从省，应裁去三百两。

修正：经常各费库平银一千零六十九两一钱一分四厘。

第八项　特别费

原案：（一）临时费库平银二百一十七两七钱七分四厘。

查报司清册，只有本年三月份洋教员来闽川资一项，此外概并入杂费各项开第四项：学生用费，可决者三十九人。

第五项：修缮费，可决者四十人。

第五，女子师范学堂预算分册附修正案第二读会（延前会）。

议长（高登鲤君）宣告省略朗读，即请审查员登坛报告大意。

审查员潘纪雲君登坛报告大意（大略同修正案）。

岁出经常门

第一项　校员薪水

原案：（一）校员薪水库平银二千五百五十六两八钱四分五厘。

照原案。

第二项　辛资

原案：（一）丁役仆妇辛资库平银一百四十二两零四分七厘。

照原案。

第三项　杂费

原案：（一）设置费库平银二百一十八两五钱三分四厘。

查该校报司清册，本上学期不过用二十三元，以后纵有添增，亦不至需款如许之多，似可酌减一百两。

修正：设置费库平银一百一十八两五钱三分四厘。

原案：（一）饭食茶水库平银三百二十七两八钱。

查该校报司清册，本年正月至五月，平均核算，每月约三十三元，全年连闰不过二百九十余两，比较应减三十两。

修正：饭食茶水费库平银二百九十七两八钱。

原案：（一）油烛薪炭费库平银三百两四钱八分三厘。

照原案。

原案：（一）笔墨纸张费库平银五十六两八钱二分八厘。

照原案。

原案：（一）教授用品费库平银六十五两五钱零六厘。

照原案。

原案：（一）杂费库平银一百二十两零一钱九分四厘。

原案：（一）学生实验用品费三十元。

修正：照原案。

原案：合计台伏三十元。

修正：照原案。

第五项　修缮费

原案：（一）修缮各室及器具费三百五十元。

修正：五十元。

理由：查本上学期清册，二项之支出约二十余元，全年应支前数，减去三百元。

原案：合计台伏三百五十元。

修正：合计五十元。合计应减三百元。

原案：统共应支台伏八千八百二十五元。

修正：统共应支台伏六千一百四十四元，折合库平银四千一百九十五两八钱零九厘。统共减去台伏三千一百四十九元，折合库银一千八百三十两零九钱三分四厘。

主查员王子懿，理事连贤基，审查员苏寿乔、潘纪雲、张道南、施景琛、李迪瑚、卢初璜、孟思培、郑藻山、郑祖荫、邓畿、赵锡荣。

陈锡朋君云：原案统计八千八百余两，减去三千余，应剩五千余，何又云六千余？

苏寿乔君云：修正案总数不错，不过统结上数目印刷有误，实则并无减去三千余两，只减去二千余两耳。

吴庭枨君云：附属小学竟用至八千余两，恐福建全省中无第二小学支用如此之巨，无怪外府县小学均无完全成立之时期。

议长（高登鲤君）云：数目印刷错误，应请主查员改正。

刘崇佑君云：此非修正案之改正，惟就数目上有错误处改之而已。

议长（高登鲤君）云：今当按项表决。

第一项：薪水，可决者为对于五十九人之三十六人。

第二项：辛资，可决者四十二人。

第三项：杂费，可决者四十人。

消耗费则全无此项之支出，今拟二项共减去三百五十元。

原案：（一）运脚及一切雇用小工费四十元。

修正：全裁。

理由：小学应用图书器械无容取诸异地，运脚可裁；雇用小工，可在杂费内开销。

原案：（一）饭食茶水费一千三百元。

修正：一千零一元。

理由：按该校职员、教员住堂者，以十三员计算，每月应支膳费三十九元，十一个月合四百二十九元。贴学生每月约二十元，十一个月二百二十元。堂丁六名，十三个月一百五十六元。厨丁工食并汤水，十三个月一百五十六元。又茶叶四十元。全年应支前数，减去二百九十九元。

原案：（一）油烛薪炭费三百元。

修正：二百元。

理由：查清册，全年约支二百五十元，且小学寄宿者少，蜡烛及寝室烛较省，可减五十元，共减一百元。

原案：（一）电报电话邮信等费七十元。

修正：全裁。

理由：小学需用电报甚少。电话则师范学堂一部分已安设三处，该（核）〔校〕可无容再设。且查本年清册，亦无此项之支出。邮信可在杂费内开销。

原案：印刷纸张费四十四元。

修正：照原案。

原案：（一）祠祖室租台伏二十六元。

修正：照原案。

原案：（一）各项杂费台伏二百二十元。

修正：六十元。

理由：查本上学期清册，约支三十元，全年应支前数，减去一百六十元。

原案：合计台伏二千八百五十五元。

修正：合计一千五百四十六元。合计减去一千三百零九元。

第四项　学生费用

第一项　薪水

原案：（一）职员及教员薪水五千二百元。

修正：四千三百六十八元。

理由：查该堂本年报司清册，教员、职员薪水全年仅支前数。

原案：合计台伏五千二百元。

修正：四千三百六十八元。减去八百三十二元。

第二项　辛资

原案：（一）司缮辛资一百三十元。

修正：全裁。

理由：查本年清册无此名目，应裁去。

原案：（一）丁役辛资二百六十元。

修正：一百五十元。

理由：查该校丁役共六名，每月工资一十一元四角，全年应支前数，减去一百一十元。

原案：合计台伏三百九十元。

修正：合计一百五十元。合计减去二百四十元。

第三项　杂费

原案：（一）图书器械标本一百二十元。

修正：五十元。

理由：查本年上学期清册，此项约支二十余元。全年应支前数，减去七十元。

原案：（一）设置费三百二十元。

修正：一百元。

理由：该校开办已久，设置颇备，此项用费可从节省，减去二百二十元。

原案：（一）报纸费二十五元。

修正：照原案。

原案：（一）教授用品及试验消耗费三百九十元。

修正：四十元。

理由：查本年上学期清册，教授用品费约支十五元，全年应支三十元，试验案者起立。可决者四十五人。

议长（高登鲤君）宣告休息二十分钟。

三时二十分钟续行开议。

议长宣告续议。

苏寿乔君云：本议员有简单报告。

议长（高登鲤君）云：请登坛报告。

苏寿乔君云：师范学堂附属中学原案一万余两，修正案则减至五千余两，表面上似见裁减太多，实则因主张开班多少不同之结果。原案主张明年开三班，修正案则主张只开一班。至于他项之裁减，亦系比较报司请册核实拟定，较去年尚增加一千五百元。

议长（高登鲤君）云：此案已经讨论明晰，今当按项表决。照章应按项朗读，缘时间短促，朗读则甚见费时，既有印刷物颁布，似无朗读之必要，请从省略。

第一项，可决者四十人。

第二项，可决者三十九人。

第三项，可决者四十三人。

第四项，可决者四十三人。

第五项，可决者四十三人。

第四，师范学堂附属小学堂预算分册附修正案第二读会（延前会）。

议长（高登鲤君）云此案已有印刷物颁布，请省略朗读，即由审查员登坛报告大意。

审查师范学堂附属小学堂预算分册修正案

查附属小学堂宣统三年岁入，只学生缴纳学费一项六百四十元，其余由师范学堂拨用，岁出则据该分册应支八千八百二十五元。以一小学，且又附属小学，似不应开销如此之巨。至逐年招生，亦以一班为限，其理由已详附属中学修正案内。合将核减数目及理由详晰报告，是否有当，仍候公裁。

岁出经常门

自形不足，若照修正案只设一班，则自无不足。

李迪瑚君云：师范学堂所附属之中学，与通常之中学不同，宗旨在于优级生之练习预备，似无多开班之必要也。

议长（高登鲤君）云：现须将应设三班与否请表决。

刘崇佑君云：开三班与开一班之究竟利害若何？请诸君详细研究。

孟思培君云：请议长将修正案意见书表决。

议长（高登鲤君）云：诸君以开一班为然者，请起立。可决者全体。

议长（高登鲤君）以征收学费，请众表决。

苏寿乔君云：该校本拟来年添招三班学生，若仅招一班学生，则学费征收又有更动，盖该校旧班学生本无学费也。

议长（高登鲤君）云：主张收费，系原册所载。

刘崇佑君云：若主张收费，则不能溯及于旧学生，宜明年起新招学生概收学费，不能忽向已在堂肄业二三年学生征收学费也。

议长（高登鲤君）云：收费问题已辩论明白，请诸君表决。

刘崇佑君云：依细则，对于预算案之发议，须有二十人以上之赞成，方得作为议题。

议长（高登鲤君）以刘君之议可作为议题与否，询于众意。得二十三人之赞成。

刘崇佑君云：本议员（及）〔反〕对旧班收学费者，以入学之学生不尽富足，亦有以堂中不收学费勉强就学者。若学堂忽向之征收学费，及使学生为难，或竟至废学。且征收学费亦属无多，于学堂经济又无大影响。部定章程本有斟酌地方情形一语，不必一概均收学费也。

议长（高登鲤君）云：刘君主张新班收学费，旧班不收费，请众表决，如赞成刘君之说者起立。可决者为对于五十九人之三十一人。

刘崇佑君云：以上议题既经表决，则数目当然变动，不必再行表决。

孟思培君云：收费额数，照原案八元，修正案十二元，以何为准？

卢初璜君云：此须再有一次之表决。

刘崇佑君云：本议员但主张收费，并未主张收费额数之多少。

议长（高登鲤君）云：原案定八元，修正案改为十二元，诸君如赞成修正理由：查清册，每月平均约十七元，今拟前数备用，减去七十元。

原案：应支各项什费台伏六百六十元。

修正：应支各项什费台伏一百元。

理由：查该校清册什费项下，除电话茶叶已另条开支外，每月平均最多不过五六元，现拟前数备用，应减去五百六十元。

原案：合计应支台伏五千零七十五元。

修正：合计应支台伏一千九百七十七元。合计应减台伏三千零九十八元。

第四项　学生用诸费

原案：应支学生实验用品费台伏二百元。

修正：应支学生实验用品费五十元。

理由：中学文科无实验科目，实科一班，前数已足，减去一百五十元。

原案：合计应支台伏二百元。

修正：合计应支台伏五十元。合计减去台伏一百五十元。

第五项　修缮费

原案：应支修缮各室及器具费台伏五百九十元。

修正：应支修缮各室及器具费台伏五十元。

理由：查该校清册本，上学期修缮各室及器具费不上三十元，何以明年顿增五百九十元之多？今拟前数备用，应减去五百四十元。

原案：合计应支台伏五百九十元。

修正：合计应支台伏五十元。合计应减台伏五百四十元。

原案：统共应支一万三千四百二十五元。

修正：统共应支五千九百零九元四角，折合库平银四千零三十六两一钱三分零二毫。统共应减七千五百一十五元六角，折合库平银五千一百三十二两零四分零八毫。

主查员王子懿，理事连贤基，审查员苏寿乔、邓畿、李迪瑚、卢初璜、孟思培、赵锡荣、张道南、施景琛、郑藻山、郑祖荫、潘纪雲。

议长（高登鲤君）云：此分册之岁入经常门核减甚多，诸君对于核减之处有无意见？

苏寿乔君云：请先将设立三班与设立一班之意分别辨明，若照原案设三班，

第三项　杂费

原案：应支图书器械标本费台伏五百元。

修正：应支图书器械标本费台伏一百元。

理由：查师范学堂开办最早，所有器械图书标本亦最完备，该校既附属优级，尽可在优级借用。且查报司清册，该校购置品费项下，于图书一项亦曾陆续添置，似可无容另开。今姑拟一百元备用，应核减四百元。

原案：应支设置台伏八百元。

修正：应支设置费台伏一百五十元。

理由：查该校报司清册，每月设置费平均二十五六元，应酌减，全年约支前数，减去六百五十元。

原案：应支报纸费台伏二十五元。

照原案。

原案：应支教授用品试验消耗费台伏四百八十元。

修正：应支教授用品试验消耗费台伏八十元。

理由：查该校本上学期报司清册，关于此二项支出绝少，何以明年顿增至四百八十元？今姑拟前数备用，应核减四百元。

原案：应支饭食茶水费台伏一千三百元。

修正：应支饭食茶水费台伏七百八十二元。

理由：查该校清册伙食项下，合校员、学生、司缮、丁役每月不过五十九元九角，茶水不过三元，全年应支八百一十八元。又校员、学生以十一个月算，应减去三十六元，应支七百八十二元，减去五百一十八元。

原案：应支油烛薪炭费台伏九百元。

修正：应支油烛薪炭费台伏四百元。

理由：查该校员册，油烛薪炭项下，每月不过三十三四元，全年应支前数，应核减五百元。

原案：应支电报电话邮信等费台伏八十元。

照原案。

原案：应支印刷纸张费台伏三百三十元。

修正：应支台伏二百六十元。

喻。故中等商业、中等工业、法政学堂各学生，每月均令贴补学费银二元，则附属中学似应一律办理。惟该校招生之目的，系专为优级师范生实地练习起见，此项学费理应酌量减收。故从至少之数，每人每月拟收学费银一元，年收十二元，以新旧班计，约二百人（合明年添招一班计算），年可征收学费银二千四百元。现仅报一千二百元，则岁入应补列一千二百元。良由本省财政支绌，故对于学生不能过于优待，亦事实上所无可如何者也。

岁出经常门

第一项　薪水

原案：应支职员薪水台伏二千三百四十元。

修正：应支职员薪水台伏一千二百二十二元。

理由：查该校上学期报司清册，职员一项只监学二员，庶务一员（定章除办事官由优级教员兼充外，亦无别项名目），每月仅支薪水九十四元，全年应支前数，核减一千一百一十八元。

原案：应支教员薪水台伏四千六百八十元。

修正：应支教员薪水台伏二千二百一十元。

理由：查该校清册，教员六员（监学、庶务兼充教员不计），每月仅支薪水一百三十元，明年添招一班，拟再聘二员，每月酌加薪水四十元，全年应支前数，核减二千四百七十元。

原案：合计应支台伏七千二十元。

修正：合计应支台伏三千四百三十二元。合计应减台伏三千五百八十八元。

第二项　辛资

原案：应支司缮辛资台伏三百二十元。

修正：应支二百三十四元。

理由：查该堂司缮三名，已足敷用，减去八十六元。

原案：应支丁役辛资台伏二百二十元。

修正：应支一百六十六元四角。

理由：该堂堂丁七名，足敷差遣，应减去五十三元六角。

原案：合计应支台伏五百四十元。

修正：合计应支台伏四百元零四角。合计应减一百三十九元六角。

王子懿君云：依本议员意，以为不必如此，盖初级教员仅有十人，应核减之数无多也。

连贤基君云：不必核减，只须声明决算时宜除去年暑假可矣。

议长（高登鲤君）云：此系预算册，到决算时该堂自当据实报销，不必本局为之预计也。

议长（高登鲤君）请按项表决。

第一项薪水，可决者四十七人。

第二项辛资，可决者五十五人。

第三项杂费，可决者五十三人。

第四项学堂用费，可决者三十九人。

第五项修缮费，可决者五十四人。

议长（高登鲤君）云：总数因增减尚有变动，请主查员修正。

第三，师范学堂附属中学预算分册附修正案第二读会（延前会）。

议长（高登鲤君）请书记长登坛朗读。

书记长（林长民君）登坛朗读意见书及修正案。

审查师范学堂附属中学预算修正案对于附属中学招生之意见

设立附属中学与设立中学，目的各异。设立中学以学额发达为目的，设立附属中学以足供练习为目的。闽省优级师范本年始行开办，学生不过二十余人，而附属中学学级有三，学生有百余人，已足供练习之用。且师范实地练习，多于最终学年行之。以目前论，本年所招之优级生，尚无练习之必要。明年所招之新班，更无论焉。据该校分册，明年主张添招三班，一切费用更形浩大。同人细究附属中学之性质，与夫设立之目的，佥议该校将来招生每年只以一班为限，既可节省经费，又足以供练习，经济、事实两无窒碍。纵为入学学生计，现在府中学、高等预科及法政中学业已陆续成立，高等小学毕业学生升学，不患无途。是否有当，仍候公决。

对于附属中学应行征收学费之意见

查中学堂章程，立学总义章第五节云，中学堂应令学生贴补学费（每月自一元至二元），听各省斟酌本省筹款难易，随时酌定。闽省筹款之难，众所共修正：共计全年连闰应支二万三千四百二十一元六角，折合库平银一万五千九百九十六两九钱五分七厘八毫。统共减去库平银三千三百四十九两五钱三分六厘二毫。

主查王子懿，理事连贤基，审查孟思培、郑藻山、苏寿乔、施景琛、李迪瑚、郑祖荫、卢初璜、邓畿、潘纪雲、赵锡荣、张道南。

议长（高登鲤君）云：就中增减之处，请诸君详细讨论。

刘崇佑君云：请议长缓行表决，使议员诸君得以详细讨论。

李迪瑚君云：昨日议决优级案，油烛薪炭减去五百两，则初级似亦宜减。

苏寿乔君云：初级人多于优级，不能一律核减。

刘崇佑君云：此项用款，应视其人数之多寡与场所之大小，以为标准。昨所表决者如何，本议员不能深知，惟据理而言，当如是耳。

议长（高登鲤君）云：优级学生仅百七十余人，初级则有二百人。

陈锡朋君云：图画器械一项既云无容另买，则并一百两亦可裁去。

连贤基君云：此条本议员亦有当声明者，即所云无庸另买，系举其大者而言，至初级亦有初级专用之图书等件，由堂自行置备，不能全数裁去也。

陈锡朋君云：如此则"无容另买"四字宜除去。

高士龙君云：何谓设置？

连贤基君云：系指置办各种椅棹家伙而言。

高士龙君云：油烛薪炭优级裁去五百两，若初级不裁减，亦不公平。

议长（高登鲤君）云：对于预算案之发议，照章须有二十人赞成，有人赞成高君之议者，请起立。起立者二十人。

李迪瑚君云：请问优级学生若干？初级学生若干？

高士龙君云：优级学生一百七十人，初级二百多人。

连贤基君云：如以优级为标准，须有八百元。

陈锡朋君云：人数多则场所亦大，以本议员意，须有一千元。

苏寿乔君云：本议员赞成陈君之说。

李迪瑚君云：本议员亦赞成。

议长（高登鲤君）以陈锡朋君之议请众表决，可决者四十七人。

陈锡朋君云：优级师范学堂中饭食汤水项下已从核减，初级亦当从同方协。

原案：（一）试验消耗二百六十元。

修正：一百元。

原案：（一）运脚雇工一百八十元。

修正：八十元。

原案：（一）电报电话邮信一百一十二元。

修正：一百元。

原案：（一）各项杂费一千一百元。

修正：一百五十元。

查报司清册，以上五项开销，俱列入杂费及笔墨纸张项下，上年七月至十二月共开一百二十余元，本年五月以前共开二百一十余元，合共不过三百五十元，修正后较前尚增二百二十元。

原案：（一）饭食茶水一千五百六十元。

修正：一千零四十元。查报司清册，每月约八十元，连闰计算，只有前数，应减去五百二十元。

原案：（一）油烛薪炭一千四百元。

修正：照原案。

原案：（一）印刷讲义录一千二百六十五元。

修正：照原案。

第四项　学生用费

原案：（一）学生膳费八千二百五十元；（一）操衣靴帽一千二百五十元；（一）实验用品一百八十元。

修正：照原案。按：学生假定作二百五十人计算，应有前数。

第五项　修缮费

原案：（一）修缮各室五百八十元；（一）修缮器具一百八十元。

修正：共二百五十元。查报司清册，此项开销，本年五月以前，正月开六十余元，三月开一十七元，共不过八十余元，酌拟二百五十元，已经充足，应减去五百一十元。

（原案）：共计全年连闰应支台伏二万八千三百二十九元二角，折合库平银一万九千三百四十六两四钱九分四厘。

第二，审查师范学堂初级预算分册附修正案第二读会（延前会）。

议长（高登鲤君）请书记长登坛朗读。

书记长（林长民君）登坛朗读。

审查师范学堂初级班预算分册修正案

岁出经常门

第一项　薪水

原案：（一）职员二千六百元；（一）教员五千五百元。

修正：照原案。

第二项　辛资

原案：（一）司缮五百一十五元。

修正：一百九十五元。查报司清册，每月十五元，连闰计算，只有前数，即明年添班，应无容再加。

原案：（一）丁役一千四百四十元。

修正：四百四十四元六角。查报司清册，该堂堂丁十名，厨丁六名，共二十六元二角，连闰计算，每年共三百九十元六角，明年添班，再加四人计算，只有前数，应减去九百九十五元四角。

第三项　杂费

原案：（一）图书标本器械七百三十元。

修正：一百元。查报司清册，去年下学期至本年五月，除三月间购买图书七元余外，并无此项开销，且优级图书等甚为完备，本可两级合用，无容另买。兹酌拟一百元，应减去六百三十元。

原案：（一）设置七百五十元。

修正：三百四十元。查报司清册，上年七月至十二月共开一百五十余元，本年至五月止一百三十余元，减去四百一十元后，比较尚增五十元。

原案：（一）报费三十七元。

修正：照原案。

原案：（一）教授用器四百四十元。

修正：一百四十元。

王子懿君云：据度支部覆电，以为国家地方经费现未分割，所有地方行政经费尽在国家岁入总册之内，则地方行政经费自留有岁出入之地步。督部堂来札，大旨欲本局预算案先行解决，再议筹款，亦以地方行政经费数目本无限制。欲得真确数目，再行与大部力争也。本议员以为此札不必动议。

刘崇佑君云：预算问题至今尚未解决，诚本局之不幸也。从督部堂一方言，以为不能量入为出，安能据出为入，亦有一偏之理；就谘议局一方言，则无岁入，何从议决预算。督部堂为封疆大吏，封疆大吏既不肯担负其责任，则谘议局亦自有一定之保障，谘议局之保障在于法律。所谓法律者，即谘议局章程也。谘议局章程系奉旨颁布，则谘议局有预算权亦为奉旨授与，万不能以行政官之命令取消之，亦不许我等数十议员擅自抛弃之。不论以后如何清理财政，今日本局总当竭诚尽力遵守章程，以行预算之职务。本局自有本局之地位，若开会几十天，尚不能将预算案实行预算，尚何面目对我国民。又督部堂来札，有册内所列之地方行政经费，乃各主管衙门试办预算拟议进行之数云云。试问预算果为何物？又各主务衙门所提出之预算册，不过为一种账簿，果能算为预算册否？今日所覆议之件，本议员以为仍当坚持前议。如督部堂不以为然，本局惟有据最高机关之法律以为遵循而已。

议长（高登鲤君）云：此案仍当付诸审查否？

刘崇佑君云：此案经多数议员再三讨论，为日已久，似不必再付审查。

孟思培君云：本局以岁出之数为岁入，即是变通办理，督部堂尚不敢担其责任，拟请仍执前议，督部堂不敢决，则当听资政院解决。

刘崇佑君云：此案交涉已久，种种质问，至今尚未得行政长官之确答。不得已就法律上推定督部堂之意，具文呈请，今日札覆又否认之。本局仍当坚持前议，如再不得请，则求督部堂即电咨资政院，听候解次。

督部堂代理员交涉司吴云：贵议员所说甚是，惟制台则以国家税、地方税未经由部分划，故无从答覆。

议长（高登鲤君）云：诸君赞成坚持前议者，请起立。可决者全体。

孟思培君云：札文上有"本省财力之盈绌，尤谘议局所当注意"两语，本局所以再三要求岁入总数者，即注意之一征。岂有为议员者不知注意本省财政之理？今既表决坚持前议，不必再事讨论，惟此语尚当声明。

第十二，覆议筹备巡警案审查员报告（延前会）。

第十三，覆议筹办地方自治案审查员报告（延前会）。

议长（高登鲤君）述各种报告：

一、报告洪鸿儒君、陈蓉光君、黄钟澧君、李钟声君各告假一天。

二、报告督部堂来函，不必遣派各学堂监督及行政委员。

第一，覆议关于议决预算应行解决事件案。

议长（高登鲤君）请书记长登坛朗读督部堂来札。

书记长（林长民君）登坛朗读札文。

总督部堂松为札覆事：据谘议局呈称，案查奏定谘议局章程第二十一条，关于谘议局职任权限第二项内开，议决本省岁出入预算事件等语。兹经本局议决预算应行解决事件一案，理合缮具清折，呈请督部堂察核施行。计呈送清折一扣等因。据此，查呈内所称，以地方行政经费岁出之数，即定为岁入之额，若以量入为出之说，为此计划，原无不合，惟本省经费入不敷出，所短甚巨，业经奏咨，并行文谘议局知照在案。其册内所列之地方行政经费一百一十四万余两，乃各主管衙门试办预算拟议进行所用之数，并非筹有的款量入为出之数。出入既难适合，不能量入为出，又安能据出为入？此理甚明，最易解决。总之，地方行政关系甚重，无论如何，自当筹款兴办，至用款之多寡，应俟度支部厘定后，始有准的。其本省财力之盈绌，尤谘议局所当注意者也。除俟议案呈请文到再行核夺外，合就札行谘议局查照。须至札者。右札谘议局准此。宣统二年十月十四日。

议长（高登鲤君）谓：督部堂来札之意以为，既不能量入为出，即亦不能量出为入。

林辂存君云：本局自开会以来，要求地方岁入不能达其目的，乃为此变通办理方法。今又不能邀督部堂照准，究竟本局有无预算权限？预算而无岁入的款，可算预算案成立否？

李迪瑚君云：无预算即无谘议局，无岁入即无预算。度支部电既以为尽在国家岁入总册中，语甚明白，似应即照部电办理，而督部堂又不肯负此责任，究竟本局得以议决与否尚未可知，诸君不可不慎重讨论。

请示办理。

刘崇佑君谓:"本局议长高登鲤等七十五人"句,应改为"本局议长并全体议员"云云。

议长(高登鲤君)报告第二十号议事日表。

议长(高登鲤君)宣告散会。

是日出席议员六十二人。督部堂未到会,委布政使司尚代理。午后五时散会。

第二次福建谘议局议事速记录第二十号

宣统二年十月十六日(1910年11月17日)

议事日表　第二十号

宣统二年十月十六日(木曜日)午后一时开议。

第一,覆议关于议决预算应行解决事件案。

第二,初级师范学堂预算分册附修正案第二读会(延前会)。

第三,师范学堂附属中学预算分册附修正案第二读会(延前会)。

第四,师范学堂附属小学堂预算分册附修正案第二读会(延前会)。

第五,女子师范学堂预算分册附修正案第二读会(延前会)。

第六,高等学堂预算分册附修正案第二读会(延前俞)。

第七,划区禁烟限期肃清案审查员报告(延前会)。

第八,实行禁止彩票并赌博赌具案附修正案第二读会(延前会)。

第九,请实行征收田房契税新章并暂定本省单行细则案(高士龙、邓畿提出)第一读会(延前会)。

第十,汀州木商张际腾请除厘金陋规建议书审查员报告(延前会)。

第十一,漳州杨在田请协济款维持浚河公司建议书审查员报告(延前会)。

第四项（三条，学生用费），可决者五十人。

第五项（二条，修缮费），可决者五十二人。

临时费：第一项（三条，建筑费），可决者五十四人。

议长（高登鲤君）谓：延会日期只余五日，本日始提出预算案之一类，此外尚有数类，五日之内即能议毕，已无覆议余地，是非请开临时会不可。诸君如赞成要求开临时会者，请起立。全体赞成。

刘崇佑君谓：请督部堂代理员转达督部堂，所有招集议员公文，只须交本局。又念一、念二二日为德宗景皇帝、孝钦显皇后忌辰，如开临时会，拟从念三日起，合并声明。

王子懿君谓：现在延会只有五日，即逐日开会，恐预算各类尚难议毕。

卢初璜君谓：星期不必休会，由明日起逐日开会。

议长（高登鲤君）请书记长朗读呈文。

书记长（林长民君）登坛朗读呈请开临时会公文。

关于预算事件应开临时会呈请公文

为呈请事，窃本局应议事件，照局章第三十四条，应于开会三十日前预行通知，此届预算案提出较迟，又始以有岁出无岁入而未能开议，继以提出关于议决预算应行解决事件案而正式开议，昨又接到督部堂关于议决预算应行解决事件案之札覆，其间尚须详细讨论，而地方经费案现方由审查员分项审查，陆续报告或修正，计距闭会之期仅余五日，照章已满延长会期之限，于事实上恐不能议结，且全案议决呈督后亦未必无札交覆议之处。预算案为自明年正月起实行事件，其不能延至下会期覆议，不言自明。查谘议局章程第三十三条云，临时会于常年会期以外，遇有紧要事件，经督抚之命令，或议员三分之一以上之陈请，或议长、副议长及常驻议员之联名陈请，均得召集，其会期以二十日为率。原案语云，谨案临时会非有紧要重大事件，不宜较易召集。故开会之事亦较郑重，会期二十日较常年会为短者，以临时会所议事项亦简也。预算事件系关明年实行，其为紧要可知。预算为全省行政经费所自出，其为重大可知。本局议长高登鲤等七十五人谨依局章，用陈请名义，呈请督部堂，伏乞照章召集，自十月二十三日起正式开会，实为公便。须至呈者。

督部堂代理员布政使司尚谓：此公文请尽本晚送到督署，因督部堂尚须电京茶水一条系开几个月，应请主查员明答。

连贤基君谓：系算十三个月。

陈锡朋君谓：本议员以为，教员饭食暑假、年假可除去两个月，此应核减；又油烛薪炭亦应核减。

议长（高登鲤君）谓：陈君之言有二十人赞成否？计赞成者二十五人，遂作为议题。

陈锡朋君登坛说明修正理由，谓：本议员因本省财政困难，意在能核实用款，腾出冗费，尚可多兴办一二事业。故对于优级师范第三项中如图书标本器械一条，本年已经置备三千余两，此后不过陆续增补一二，应减为二百两。至设置亦已完全，应减为二百两。此外为饭食，教员年暑假均不到堂，应酌减；油烛薪炭，师范与商业比较，学生数相等，而多至七百余两，应减去五百两。

刘崇佑君谓：据陈君言，第一条减一百两，第二条亦减一百两，即饭食所减，亦属不多，惟油烛薪炭，陈君减至五百两之多，以何标准？

陈锡朋君谓：以商业学堂为标准。

刘崇佑君谓：陈君所说油烛一项，以商业学堂为标准，究竟商业学堂情形如何，亦须请审查员报告，方能明白。且师范学堂有特别情形，其宿舍均建在山上，自不能与商业比例。本议员以为，预算不能若是细碎。陈君减少之理由，在于一切求其核实，自是正理，但一省之费用与一家之费用异，不能过事苛细也。

陈蓉光君云：一百多人之学生，而用四十余人之教员，实未免糜费。

卢初璜君云：此在第一项已经表决。

议长（高登鲤君）云：现两方所言皆已详明，可以表决。

议长（高登鲤君）谓：陈君所主张者，请书记长登坛朗读。

书记长（林长民君）登坛朗读。

一、图书二百两；一、设置二百两；一、饭食茶水数未定；一、油烛薪炭三百七十六两五钱七分一厘。

议长（高登鲤君）谓：诸君赞成陈君之说者，请起立。计起立赞成者，为对于六十二人中之三十二人。

书记长（林长民君）续将第三项中余条朗读。

议长（高登鲤君）请众表决，可决者五十八人。

备，不过随时添置，以二百两为限足矣。

施景琛君谓：三百余两亦不为多。

陈锡朋君谓：本年已办三千余两，应可敷用。

施景琛君谓：不裁则已，裁则全裁，若改为二百两，则殊不雅观。岂有图书标本每年仅二百两乎？

苏寿乔君谓：施君谓裁则全裁，此近于意气，议场上发言不当如是。本议员极为（及）〔反〕对。

议长（高登鲤君）宣告休息二十分钟。

三时二十分续行开议。

周文麟君谓：顷陈君、施君关于预算有所争执，据本议员之意，当从修正案请议长表决。

议长（高登鲤君）请书记长登坛将修正案逐项朗读，请众表决。

书记长（林长民君）登坛朗读修正案。

王子懿君谓：不必逐条表决。

刘崇佑君谓：据议事细则，关于预算，第四十条及第八十二条中不无疑义，请议长先行解释，后再表决。

议长（高登鲤君）谓：王君之言，顷有人赞成否？

刘崇佑君谓：四十条所谓审查员，是否即八十条所指之议员，因预算之表决必须慎重，故法律上根本问题宜先解次，再议表决方法。

李迪瑚君谓：四十条所指之审查员，即指预算审查员，其八十二条所指之议员，系指预算审查员以外之议员。

议长（高登鲤君）谓：应照四十条办理，请众表决。可决者五十六人。

议长（高登鲤君）谓：赞成逐项表决者，请起立。计起立赞成者五十五人。

议长（高登鲤君）请书记长将修正案逐条朗读，请众逐项表决。

第一项（二条，薪水），可决者五十二人。

第二项（二条，辛资），可决者五十五人。

第三项（十一条，杂费）

陈锡朋君谓：图书一条本议员已发有异议，设置一条应减为二百两，又饭食

第一项　建筑费

原案：（一）建筑初级教室二千九百九十七两；（一）建筑女子师范学堂三千五百二十三两四钱七分。

修正：裁去。理由见前。

原案：（一）购置植物园四百九十九两五钱四厘。

修正：照原案。

原案：合计经常、临时，共应支库银三万七千四百五十八两六钱二厘。

修正：合计经常、临时，共应支库银三万零三十七两二钱九厘。

统共减去库平银七千四百二十一两三钱九分三厘。

主查王子懿，理事连贤基，审查孟思培、郑藻山、施景琛、郑祖荫、邓畿、赵锡荣、苏寿乔、李迪瑚、卢初璜、潘纪雲、张道南。

刘崇佑君谓：预算事件关系重大，行政长官对于预算如有意见，应请发言。

督部堂代理员布政使司尚谓：此次预算，系由各该学堂开具清册造报前来，经由清理财政局比较以前三年，期于收支适合，后经部驳，惟岁入有限，不进行已自不敷，进行更为支绌。今贵局各议员之意，似亦主减，甚为赞成。

刘崇佑君谓：督部堂代理员谓本局主减，此语本局不能承认，本局之意总期于用款核实，并非主减也。

孟思培君谓：此次预算亦有增者，惟对于浮开者应行核实，故有减之结果。然比较所谓三年比较者，已大有增加，即比诸各学堂报司清册数目，亦见充裕。

刘崇佑君谓：向来各国办预算时，政府均派委员列席，盖以议员自田间来，知民间之疾苦而无行政上之经验，行政官有政务上经验而与民间暌隔，故必政府委员与议员互相讨论，以期真实可行。此案关系重大，初次提出，为向所未有。昨日本局曾函请督部堂派遣政府委员，今日未见派到，想系督部堂代理员对于此案已皆明白，故不必派委员列席也。即请督部堂代理员发表意见。

督部堂代理员布政使司尚谓：此函本早始到，大约须明日方能派员到会。

刘崇佑君谓：应请审查员登坛将此案逐条报告。

议长（高登鲤君）请主查员报告。

连贤基君登坛报告（大意照报告书说明）。

陈锡朋君谓：此案应再加核实，如第三项图书器械标本，优级师范已经完原案：（一）丁役七百八十五两三钱五分五厘。

修正：五百七十二两二钱五分九厘。查该堂堂丁共四十二名，未免太多，酌裁十二人，应减去三百一十二元。

第三项　杂费

原案：（一）图书器械标本六百八十二两九钱一分七厘。

修正：三百四十一两四钱一分七厘。查该堂开办时，已购置图书器械等甚多，历年购备亦复不少，以后不过逐渐增补，可减去五百元。

原案：（一）设置五百四十六两三钱三分四厘。

修正：三百两。查报司清册，每月平均约三十二元，应减去二百四十余两。

原案：（一）报纸二十二两八钱七分七厘；（一）教授用品二百二十五两三钱六分三厘；（一）试验消耗一百七十两七钱二分九厘；（一）运脚及雇工一百三十六两五钱八分三厘；（一）饭食茶水一千四百三十四两一钱二分五厘。

修正：以上均照原案。

原案：（一）油烛薪炭九百七十六两五钱七分一厘。

修正：八百七十六两五钱七分一厘。查报司清册，每月平均六十余两，应减去一百两。

原案：（一）电报电话邮信一百二两四钱三分八厘；（一）印刷讲义录六百八十二两九钱一分七厘；（一）祠祖室租八十七两四钱一分三厘；（一）各项杂费三百七两三钱一分三厘。

修正：以上均照原案。

第四项　学生用费

原案：（一）操衣靴帽六百一十四两六钱二分五厘；（一）学生膳费三千四百八十二两八钱七分七厘；（一）实验用品一百五十两二钱四分。

修正：以上均照原案。

第五项　修缮费

原案：（一）修缮各室三百七十五两六钱五厘；（一）修缮器具一百三十六两五钱八分三厘。

修正：均照原案。

岁出临时门

施景琛君云：本议员非反对王君之说，惟意在维持闽省教育总会，并无左右袒之意。

刘崇佑君谓：议会说话亦有范围，凡立宪国民当以全国为念。今开口便云省城各府县云云，各存界限，殊非妥善。愿诸君认明，谘议局为福建谘议局，所发言皆当为福建全省计，实为福建全省之幸。

议长（高登鲤君）谓：此案应开第二读会，请众表决。可决者全体。

第八，审查优级师范学堂预算分册修正案。

议长（高登鲤君）请书记长朗读。

书记长（林长民君）登坛朗读修正案。

审查优级师范学堂预算分册修正案

查优级师范学堂试办宣统三年分预算分册，数目较实，惟岁出临时门建筑一项，初级教室二千余两，女（予）〔子〕师范学校三千余两，因该堂旧有教室甚多，女子师范目前尚可将就，且本省财政支绌，应从缓议外，其余核减数目无多。至岁出经常门第四项学生用费，乃假定一百七十名，计算明年添班，是否增减，应候决算时始能核定。岁入经常门，官款之收入及学费，皆系假定数目，无容核议。惟岁入临时门建筑一项，据称关务处盈余项下，每年拨解七千两，专为该堂建筑及购地之用，但既列预算，则关款亦官款收入之一种，不能专指为何项之用。杂收入一项，据称学生每名年收印刷费一元，共收六百七十元，乃合师范全校及府属中小学堂而言。明年学生人数多少，尚未能预定，则此款亦应俟决算时始能核定数目。兹将修正细目列下，当否，仍候公决。

岁出经常门

第一项　薪水

原案：（一）监督及职员三千七百八十三两三钱六分一厘；（一）教员、译员一万五千三百六十五两六钱三分四厘。

修正：均照原案。

第二项　辛资

原案：（一）司缮三百六十八两七钱七分五厘。

修正：照原案。

不列于地方行政之内，实有疑难情形。盖教育总会除官款以外，只有盐钱当等捐四千余两，恐将来不能支持也。

王子懿君云：部定预算册格式不列教育总会，故亦未便列入，且教育会与商会、农会同一性质，非行政机关也，原无必列入地方预算之理由。

施景琛君云：度支部所定章程，不能实行者甚多，如各府皆有劝学所，而部定章程中亦不列入。且教育会虽非行政机关，亦为补助行政机关，教育会能补助教育行政，而不得分地方行政之经费，殊为未合。

王子懿君谓：教育会本可自由活动，若列入预算，转受拘束。且该会收入款项如盐钱当等捐，皆不列入预算册，故出款亦不能列入。

孟思培君谓：果如施君所云，教育会固应补助，然则商会、农会独不当补助乎？

施景琛君谓：教育总会若不补助，则将消灭。

苏寿乔君谓：施君之言，本议员甚反对。譬如外府县皆有教育会，均未闻有官款补助，何以亦能成立？

王子懿君谓：教育会用款，该会造送预算册时，系合补助省城各小学经费并计，嗣经清理财政局分别性质，将教育总会用款四千余两剔出另列，该局之划分开列，尚系迁就办法，实则教育会性质不应列入地方行政预算也。

刘崇佑君谓：观预算教育会册，将款分而为二：一为教育会自己用款，一为由教育会补助小学用款。据施君意思，应列入地方行政经费者，自系指自己用款而言。果尔，则本议员对于此亦有意见可以发表。若谓凡属地方行政事件均归地方上筹款，国家行政事件则必由国家经费拨付，此盖就通常而言，事实上则亦有不尽然者。现在教育总会经费，据本议员意见，将来盐钱当三项恐将划归城自治会，教育总会不可复得。本议员亦教育总会之会员，曾在教育总会声言，教育会员须留意远虑，不可仅顾目前，总须筹教育总会应入之款，以办教育总会应办之事。若使将来教育总会不能收此三项捐，则本议员意思，须由地方行政经费内酌予补助。

王子懿君谓：本议员非谓不可补助，惟现在盐钱当三项捐并未列入全省岁入参考册，则教育会尽可自由收支，无补助之必要。若于预算岁出复列此四千余两，则是反多出此一款，于理殊不可解。

第七，审查地方行政预算案教育类之报告书。

议长（高登鲤君）请主查员报告。

主查员王子懿君登坛报告（略同报告书）。

审查地方行政预算案教育类之报告书

本届第十七次议会，提出地方行政经费预算案交付本科审查。查地方行政计分五类：一民政，二教育，三实业，四交通，五工程。按照议事细则七十九条之规定，预算审查员得分为数课，以行审查。兹查教育类第一款，教育总会经费，部定地方行政预算款项无此名目，未便加列；且教育总会预算册中所载收入当捐等款，亦未列入；全省总岁入参考册之中，则此款应听教育总会自行收支，更可不入全省地方行政预算范围之内。第二款，省城官立学堂经费，如法政、师范、高等女子师范等校预算经费，与上年及本年上学期报司清册比较，浮开过巨，多有应行核减之处。再此款下应行添设各学堂一项，核阅预算表，系以各学堂分列为目：第一目存古学堂，第二目外府初级师范三所，第三目外府中等实业学堂二所，第四目各县初等实业学堂八所。按之本局上届议决奉准之教育案，及体察各府现在学务之情形，有不能不量为增加者。第三款府厅州县官立学堂经费，第四款各属劝学所经费，此两款核之预算表，皆据各属册报编列，多寡不齐，无从审核。惟查表列福州府中学及福防厅闽侯两县官立小学，其经费多由全省官款拨给，既云福州府中学、闽侯小学，则与外属各府县居同等地位，与全省公共学堂性质各别，此项经费宜另列补助款下方为妥协。第五款，图书馆经费，似不可省。第六款第一项，补助省城各学堂经费，查此项学堂概系小学，纯属自治范围，原不能全仰给于官款，似宜酌量裁减。第七款，遣派外洋游学费，照部定款式，应改归临时门；再此款下第三项南洋视学费，按视学员与留学生性质不同，省视学经费向由学务公所开支，南洋视学事同一律，应行删去。以上所述，皆系审查教育之大旨，至增减数目之多寡，及各项详细之理由，另具于修正案。合将审查教育类大概情形，先行报告于谘议局。预算科主查员王子懿，理事员连贤基，审查员郑祖荫、施景琛、苏寿乔、张道南、邓畿、赵锡荣、孟思培、郑藻山、潘纪雲、卢初璜、李迪瑚。

施景琛君谓：本议员亦预算科之一员，然对于此案颇有未赞成者，教育总会生回闽，尽可由督部堂延访，妥商办理。至厦门为通商巨埠，殷富绅商素热心公益，苟由本地方筹设，应属无难。现闻已有组织之者，亦请督部堂札谕厦门道，就近延请绅商，劝其速办，庶慈善要政，不至久缺不办。理合将会议情形备文申覆，伏乞察核施行，须至申覆者。宣统二年十月□日，临时审查会主查员李迪瑚，理事郑藻山，审查员黄纪星、苏寿乔、陈锡朋。

议长（高登鲤君）问：诸君对于文字有无修正？

李迪瑚君谓："提出改办医院一所"应改为"提出办理"。

施景琛君登坛质问：补助私立医院经费，系指何处私立？

督部堂代理员布政使司尚谓：城台各一所。

施景琛君谓：尚有官医局一千余两，应连该款一并作为医院补助。

王子懿君谓：此款于预算案中已声明补助保福山等三处医院，不能移动。

议长（高登鲤君）谓：诸君若无修正之处，即照此申覆。

第六，厅州县巡警就地筹款咨询案申覆书之朗读。

议长（高登鲤君）请书记长登坛朗读。

书记长（林长民君）登坛朗读申覆书。

厅州县巡警就地筹款咨询案申覆书

为申覆书，窃本局第二届议会，蒙督部堂札交厅州县巡警就地筹款咨询案，仰见注意治安，有加无已，至为钦佩。伏查宣统二年为厅州县巡警一律完备之期，乃地方官每因经费支绌，诸多棘手，以致目下各属警务办理完善者，甚属寥寥。夫地方巡警，原以保护各该处治安。日本警察费，多藉地方费以资挹注。似当及早筹措。惟现在各属国家税与地方税尚未厘订分明，其应视何项为挹注，殊少把握。且各地方所有五捐及其他杂捐，分别抽办各项事务，负担业已不少，财政颇为困难。必不得已，为欲振顿警务起见，除各地方原有警务旧款，或预算明年地方行政之结果挪款拨助外，应请饬令各厅州县就该地方酌量情形，渐次妥筹办理。所有会议情形，理合备文申覆，伏请督部堂俯赐察核，须至申覆者。宣统二年十月初十日，临时审查会主查员李迪瑚，理事员郑藻山，审查员黄纪星、陈锡朋、苏寿乔。

议长（高登鲤君）谓：诸君若无文字修正，即照此申覆。

筹款设立救贫院咨询案申覆书

为申覆事，窃本局第二届会议，奉督部堂札交筹款设立救贫院咨询案，付本局会议，仰见悯恤穷黎至意，钦佩莫名。查省城普济堂，即救贫事业之一，其中所收贫民男妇共五百人。据预算册，该堂经费年支银八千七百四两七钱四厘，每月实支银七百二十五两余。乃据贫民所称，每月每人领台伏一元、小洋一角、铜元四枚，实不足以资生活。核计贫民所得者，每月不过台伏五百余元，其余显被吏胥克扣，此宜设法禁绝者也。至男子入堂者，间有在外自觅工作，藉佣值以补口粮之不足者；妇人除口粮外，绝无所得，则使习简易手工，俾资生活，似亦不可以已。应由自治会设法募捐拨用，以图设备完全。一面拟定管理规则，以资遵守。至各属救贫事业，应由城镇乡自治会遵照自治章程，酌量地方情形，设法筹备。至各属所发之孤贫口粮，及省城所办之粥厂，及施赠寒衣等事，均宜严禁吏胥侵蚀，俾实惠得以及民，方不虚縻款项。传闻粥厂施粥，贫民所啜之粥极稀，而残废之米汤，暗存多量之米，至可以得善价，此宜饬承办委员认真稽察者也。所有会议情形，谨备文申覆，伏乞察核施行，须至申覆者。宣统二年十月十一日，临时审查会拟稿。主查员李迪瑚，理事郑藻山，审查员陈锡朋、苏寿乔、黄纪星。

施景琛君谓："其余显被吏胥克扣"一语，宜改为"其余如何开销，应请督部堂严饬该管官吏核实支给"云云。

议长（高登鲤君）谓：应改为"其余之款如何开销，有无克扣，此宜严核者也"。

议长（高登鲤君）谓：此外无甚修正之处，应即照此申覆。

第五，劝办医院咨询案申覆书。

议长（高登鲤君）请书记长登坛朗读。

书记长（林长民君）登坛朗读申覆书。

劝办医院咨询案申覆书

为申覆事，窃本局第二届议会，奉督部堂札交劝办医院咨询案，交由本局会议，仰见厪念疴瘝，莫名景佩。查省垣旧设有官医局，常年经费一千余两，办理未甚得法，似应将此款提出改办医院一所。其详细办法，查现有东西洋医学毕业地，将逾两年以上及客籍本籍之实系贫不能举，愿由该自治会代葬，早经声明者，或查无家属，由该处地保报告者，该自治会均代为埋葬。惟既有家属，果否贫不能举，须经该自治会公认。其他中户之家，欲埋葬该地，而自理葬费者听。宣统二年十月初十日，临时审查会主查员李迪瑚，理事郑藻山，审查员黄纪星、陈锡朋、苏寿乔。

议长（高登鲤君）请众讨论。

刘崇佑君谓：第四条酌量情形自行规定，应改为酌量情形规定章程，呈报地方官。

黄纪星君谓：此规定系规定罚金数目。

李迪瑚君谓：此项章程规定似须在先，若俟事实发生后规定，则恐有弊。

刘崇佑君云：据议事细则，申覆书除文字修正外，不得为改正之提议。

刘崇佑君又云：申覆书照章不须表决，盖意思已决定也。

议长（高登鲤君）云：诸君既无修正之处，即照此申覆。

第三，筹设济良所咨询案申覆书。

议长（高登鲤君）请书记长登坛朗读。

书记长（林长民君）登坛朗读申覆书。

筹设济良所咨询案申覆书

为申覆事，窃本局第二届议会，奉督部堂札交筹设济良所咨询案，交由本局会议，仰见加惠穷民，慈祥备至，钦颂莫名。查闽省娼妓，向以南台为盛，固应速立济良所，以冀挽回淫风。第闽省财政如此困难，公家设立既苦无款可筹，则此项济良所应由城台自治会妥筹办法，从速设立，庶沉沦苦海者得以超生。谨将会议情形备文申覆，伏乞察准施行，须至申覆者。宣统二年十月□日，临时审查会主查员李迪瑚，理事员郑藻山，审查员黄纪星、苏寿乔、陈锡朋。

议长（高登鲤君）谓：诸君无甚修正，即照此申覆。

第四，筹款设立救贫院咨询案申覆书。

议长（高登鲤君）请书记长登坛朗读。

书记长（林长民君）登坛朗读申覆书。

议决，恳请督部堂饬司妥筹严密稽查之法，庶凌虐需索之弊可得扫除，监狱改良之道思过半矣。所有会议情形，谨备文申覆，伏乞察核施行。须至申者。宣统二年十月十一日，临时审查会拟稿。主查员李迪瑚，理事郑藻山，审查员陈锡朋、苏寿乔、黄纪星。

议长（高登鲤君）请众表决，可决全体。

第二，立限清葬咨询案申覆书之朗读。

议长（高登鲤君）请书记长登坛朗读。

书记长（林长民君）登坛朗读申覆书。

立限清葬咨询案申覆书

为申覆事，窃本局第二届议会，蒙督部堂松札交立限清葬咨询案，业经指定临时审查员审查，佥以本案咨询之趣旨，非第为防避疫气、杜绝剖棺起见，而惓惓于厚人伦、美风俗之意，尤穆然于言外。查律载职官、庶民三月而葬，若惑于风水，或托故停柩在家经年暴露不葬者，杖八十。法律森严，允宜遵守，奈堪舆之说中于人心，日久相沿，牢不可破，以故停棺不葬者所在多有，而法典几成为具文矣。现据审查会征集意见，酌拟立限清葬办法七条，付与议会公决。除将议决各条另折开呈外，所有会议情形，谨备文申覆，伏请督部堂察核施行，须至申覆者。附清折一件。谨将关于立限清葬办法议决各条开列，恭候督部堂察核。计开：（一）请严饬各属厅州县，务将定律申明，广出告示，剀切晓谕，俾众周知。（二）令各属宣讲所将停柩不葬之害，到处演讲，并力祛其迷信风水之心。（三）查定律限三月出葬，又云经年暴露不葬者杖八十，其停至四个月以上一年以下如何办法，该律尚无明文，应定为停柩逾一年者，始将其家主事之人实行惩儆。（四）经年不葬照律应杖八十，但富有之家如果愿出罚金者，听其数目几何，可由各城镇乡自治会酌量情形自行规定，呈报该管地方官，其再逾年不葬者，仍照前例惩罚，若出两年以外，则由该自治会代为埋葬。（五）自公布施行之日起算，旧棺出葬之期限，与新棺为同一之办法。（六）应请责成各城镇乡自治会，将该城镇乡所有新旧棺登记簿籍，载明出葬之限期，其逾年不葬者，汇报地方官惩儆，其愿认罚金数额，该自治会妥为保存。（七）各城镇乡自治会所保存之罚金，如积至数百元以上，除留为代葬经费外，即赎买能容多数棺木之坟管衙门试办预算拟议进行所用之数,并非筹有的款。量入为出之数,出入既难适合,不能量入为出,又安能据出为入?此理甚明,最易解决。总之,地方行政关系甚重,无论如何,自当筹款兴办。至用款之多寡,应俟度支部厘定后始有准的。其本省财力之盈绌,尤谘议局所当注意者也。除俟议案呈请文到再行核夺外,合就札行谘议局查照,须至札者。右札福建谘议局准此。宣统二年十月十四日。

五、报告督部堂札覆杜绝倒欠流弊申覆书。

总督部堂松为札覆事:据谘议局呈称,宣统二年八月初四日,奉督部堂札交议案并咨询案十二条内,关于杜绝倒欠流弊咨询案一件,业经本局提出会议,公同议决,理合将申覆书照录清折,具文呈请督部堂察鉴。计呈清折一扣等情到本部堂。据此,查破产律业于光绪三十二年五月间准商部咨行来闽,当经前署部堂崇遵照原奏律本,饬发刊刷,通行各属,并颁发各商业一体钦遵,办理在案。兹申覆前情,自应照准再行通饬各属认真实行,以维商业,合就札行谘议局查照,须至札者。右札福建谘议局准此。宣统二年十月十四日。

六、报告北京代表团来电。

第一,改良监狱咨询案申覆书之朗读。

议长(高登鲤君)请书记长登坛朗读申覆书。

书记长(林长民君)登坛朗读申覆书。

监狱改良就地筹款咨询案申覆书

为申覆事,窃本局第二届会议,奉督部堂札交监狱改良就地筹款案,付本局会议,仰见悯恤囚徒至意,钦佩莫名。查监狱改良,于内为实行新刑律之要图,于外为撤去领事裁判权之准备,其关系至为重大。本省除省城模范监狱已经筹设外,省外各属,宜于厦门先行举办,因该地为通商口岸,时为外力所侵,事关保持固有国权,设法筹款,民情自能踊跃,且富商大贾多集于此,筹款亦似较易。其余各属地方,财力万分困难,应候审判厅成立后,酌量地方情形,次第筹办。现在所首当注意者,在革除狱卒惨酷之虐待与无厌之诛求,并注意清洁,以重卫生,则囚徒之保存者必众。查各属监狱内惨酷情形,地方官知而不禁,且有以管理监狱为调剂丁役之地,俾得遂其贪求者,典史虽为专官,直同虚设。现经本局知照可也。计刷印部咨一件等因前来，合就札知，为此札行谘议局查照，须至札者。计粘抄部咨一纸。右札福建谘议局准此。

度支部为咨覆事：清理财政处案呈准资政院咨称，本院据审查股员长报告称，直隶、湖南、陕西、福建、吉林、广西等省谘议局电告，各该省督抚所交预算有岁出无岁入，及并未将预算交议事，查谘议局章程第二十一条第四项，议决本省岁出入预算事件，既经谘议局纷纷电询度支部，是否照章通电各省办理，本股无案可稽，应照章由总裁、副总裁咨请答覆，以便电复各省等语。又九月二十五日，本院据奉天谘议局电称，预算案至今犹未交议，现在会期已过大半，乞催度支部即日交议，以免贻误等因，相应咨请查照办理，迅速见覆等因前来。查本部于本月初三日曾发江电，通饬各省照章先将局存地方经费底册照录一份，送交谘议局，所有本部核增核减之款，已经允许者，一并抄案汇送，以备参考等因在案。嗣于廿三日发漾电，通饬各省称，二十日会议政务处奏遵议度支部奏试办宣统三年预算请饬交资政院照章办理一折，奉旨依议，钦此。合行恭录。

谕旨电闻：并请照章将预算全册抄录一份，送交谘议局，以备参考等因，亦在案。各省谘议局纷纷电催交出预算案，或系未接到本部通电之故，至直隶、湖南、陕西、福建、吉林、广西等省谘议局，电询所交预算有岁出无岁入一节，查本部此次试办各省预算，只于岁出门分别国家行政经费、地方行政经费者，系遵照清理财政章程第十四条第三项办理，其于岁入一门不分国家、地方者，因国家税、地方税章程未经厘定，故暂行合并编制，业经通电各省，将预算全册送供参考，则一切岁入俱在其中，各谘议局亦可略知大概，俟将来国家税、地方【税】划分后，自应分别国家岁入与地方岁入，以符体例，相应咨复贵院查照可也。须至咨复者。

四、报告督部堂札覆本局议决预算应行解决案。

督部堂松为札覆事：据谘议局呈称，案查奏定谘议局章程第二十一条，关于谘议局职任权限第二项内开，议决本省岁出入预算事件等语，兹经本局议决预算应行解决事件一案，理合缮具清折，呈请督部堂察核施行。计呈送清折一扣等因。据此，查呈内所称，以地方行政经费岁出之数，即定为岁入之额，若以量入为出之说，为此计划，原无不合，惟本省经费入不敷出，所短甚巨，业经奏咨，并行文谘议局知照在案。其册内所列之地方行政经费一百一十四万余两，乃各主第二，立限清葬咨询案申覆书之朗读。

第三，筹设济良所咨询案申覆书之朗读。

第四，筹设救贫院咨询案申覆书之朗读。

第五，劝办医院咨询案申覆书之朗读。

第六，厅州县巡警就地筹款咨询案申覆书之朗读。

第七，审查地方行政预算教育类之报告书。

第八，优级师范学堂预算分册修正案。

第九，初级师范学堂预算分册修正案。

第十，师范学堂附属中学预算分册修正案。

第十一，师范学堂附属小学堂预算分册正案。

第十二，女子师范学堂预算分册修正案。

第十三，高等学堂预算分册修正案。

第十四，划区禁烟限期肃清案审查员报告。

第十五，实行禁止彩票并赌博赌具案（附修正案）第二读会。

第十六，请实行征收田房契税新章并暂定本省单行细则案（高士龙、邓畿提出）第一读会。

第十七，汀州木商张际腾请除厘金陋规建议书审查员报告。

第十八，漳州杨在田请协济款维持浚河公司建议书审查员报告。

第十九，覆议筹办巡警案审查员报告。

第二十，覆议筹办地方自治案审查员报告。

议长（高登鲤君）述各种报告：

一、报告议员杨慕震君、周春光君、林逢春君各告假七天，邹含英君告假二天，谢滋春君告假一天。

二、报告督部堂札知准资政院咨请度支部答覆预算岁入事。

总督部堂松为札行事：本月十一日准资政院咨开，本院迭据各省谘议局电称，该省督抚未将预算交议，或所交预算仅有岁出而无岁入等情，当经审查股员会报告，应照章由总裁、副总裁咨请度支部答覆，业已咨行在案。旋准度支部覆称各节，除摘要径电各谘议局外，相应刷印原咨，咨行贵督查照，并转札谘议局表示，可以表白各官场之清操，以释群疑；第二，包捐之人，类多中饱，如某捐可收四千元，包捐者以三千元包去，明白表示，可以除中饱之弊；第三，地方民力之负担若干，明白表示，则一目了然，若以复有增加负担之事，可以酌量民力之能否再加。有此种种之利，且又毫无弊窦，想督部堂必乐于实行也。

卢初璜君谓：此议案本议员甚赞成，惟题目为交自治会公布，文中亦叙及由自治会指明，若镇乡无自治会之处，必交城自治会，情形不熟，亦不甚妥。

刘崇佑君云：案中已说清楚，公布为地方官公布，提议为自治会提议，若无自治会之处，则无从指明，此事之无可如何者，原无必交城自治会公布及指明之文也。

议长（高登鲤君）谓：诸君赞成开第二读会者，请起立。起立赞成者五十二人。

刘崇佑君请省略第二、第三读会。

议长（高登鲤君）谓：此案省略第二、第三读会，请众表决。可决者五十人。

议长（高登鲤君）报告第十九号议事日表。

议长（高登鲤君）宣告散会。

是日出席议员六十五人。督部堂未到会，委布政使司尚代理。午后五时散会。

第二次福建谘议局议事速记录第十九号

宣统二年十月十五日（1910年11月16日）

议事日表　第十九号

宣统二年十月十五日（水曜日）午后一时开议。

第一，改良监狱咨询案申覆书之朗读。

称，鼓浪屿公共地界章程，前经议定，奏准遵行在案，今谘议局以违背章程逐条签注，呈请改良修正，究竟该公界办事是何情形，应否如议磋商之处，即经移请兴泉永道督饬会审公堂委员，调查原案，覆核妥议，详候宪台核夺等情。现尚未据议复，已饬局移催，应俟具详到日，再行核夺札局。此本案之大略也。

林辂存君谓：此案札覆不完全，不能覆议，应请督部堂代理员转达督部堂从速札覆，并就近请原查委员董守廷瑞于覆议日到会，以备质问。

议长（高登鲤君）谓：此案应延。

第十八，请各地方官将各捐数目及承办人姓名交自治会公布提议案。

议长（高登鲤君）请书记长登坛朗读。

书记长（林长民君）登坛朗读提议案。

请各地方官将各捐数目及承办人姓名交自治会公布提议案

各州县除随粮坐贾五项捐外，所有杂捐有无不等，名目不一，轻重不同，虽经清理财政局调查，表册所报，大概可稽，而苛细什捐，多未列入，即五项捐亦有未尽详报者。苟非逐项宣示，俾得周知，则隔阂不通，恐人民转多疑虑，于收捐反生阻力，将来地方筹款亦受影响。拟请督部堂通饬各州县，于文到日起，限一个月内，将五项暨各杂捐实收数目，与承办或包收者之姓名，及已报未报并作何开支，详细列表，公示通衢。一面开具清折，交该地方自治会存查，以昭大信而慰群情。如仍不尽不实，似属有心隐匿，应由各自治会指明确据，呈候本局纠举。是否有当，尚乞公决。提议者黄必成，赞成者高登鲤、刘崇佑、陈之麟、洪鸿儒、林辂存。

议长（高登鲤君）请提议者黄必成君登坛说明理由。

黄必成君请刘崇佑君代为说明。

刘崇佑君登坛谓：本议员为赞成者之一人，故亦可登坛说明理由。我国素以轻徭薄税，厚视人民，布告天下。现在国家多故，兼以赔款累重，赋税亦日增加，各捐势不能免。然就各国情形而论，中国似为薄税，其实则较外国为重。何者？世界各国人民对于国家，多逾一分赋税，即得一分之利益；吾国则不然，捐百文十文者，不必得十文一文之用。故上谕通饬严禁杂捐，以杜流弊。此事终办不到，则惟有清理一法而已。清理之利甚多：第一，收捐若干，作何用途，明白代我言者，岂得以"牵涉外交"四字了之？况南洋华侨以闽人占最多数，保护之事为吾闽人所应言，亦为行政长官所应为。且内地欲兴办一事，皆欲使华侨回籍担任，如赈灾筹款、铁路筹款，动以百数十万计，华侨并不稍靳。此案所请不过数纸公文，或咨外务部，或咨宪政编查馆，或通饬本省地方官，并非与外国交涉，竟靳而不与。试问我福建行政长官亦何以对外洋华侨？此本议员所以忿不能平也。又本议员就于督部堂札覆中有最反对之一语，即札覆内所称"香港、台湾之福建人，均不得目为华侨"，是直欲驱此数百万之华侨尽为外籍而不使其内向！督部堂平日颇称爱民，何独对于此项札覆忍出此言？是又本议员所忿不能平也。

施景琛君谓：保护华侨皆属空言，如此次华侨郭桢祥回厦办理华祥制糖公司，而漳州官绅造谣托言，人情汹汹，而本日郭桢祥君来电有云，造谣诬陷，请赐澈究，则官绅不但不保护，且倾陷之矣。

督部堂代理员布政使司尚云：此事早晨在院里已经商议，郭某对于公司有无垄断情形，事不可知，至于民情汹汹，可决其必无此事，且此公司已经奏准在案，则本省行政官万不能不为保护。

议长（高登鲤君）谓：此案付法律科审查，请众表决。可决者五十八人。

第十六，覆议禁售土地于外人案。

议长（高登鲤君）请书记长报告。

书记长（林长民君）登坛报告：此案于宣统元年十月念一日呈督部堂，二年正月二十日奉札，据洋务局详，七条皆驳，札末只云札行谘议局查照，督部堂未加断语。六月间开具清折呈督部堂，嗣得来札谓，洋务局所详均属实在情形，本部堂之意应如详办理。此本案之大略也。

议长（高登鲤君）谓：此案应付法律科审查，请众表决。可决者四十九人。

第十七，覆议修正鼓浪屿公界章程案。

议长（高登鲤君）请书记长登坛报告。

书记长（林长民君）登坛报告云：此案宣统元年十月十二日呈督部堂，原案十六条，本年六月呈请札覆，七月奉督部堂札覆，此案前经札饬洋务局司道详盐道及财政局详覆。

议长（高登鲤君）谓：此案于前日十三号曾经提议，当时因详覆未完，故延会；顷因会期将满，故复提出，应先付庶政兴革科审查，请众表决。可决者四十八人。

第十三，覆议妥筹民教相安案。

议长（高登鲤君）请书记长报告。

书记长（林长民君）登坛报告云：原案于去年十月二十日呈督，内分五条，本年二月二十日奉督部堂札覆，内开据洋务局详，所议各项均已早行，至就中详细情形，不免稍有出入，已见诸摘要中，兹不复赘。

议长（高登鲤君）谓：此案应先付审查，请众表决。可决者四十九人。

议长（高登鲤君）谓：此案本应归庶政兴革科审查，惟庶政兴革科事务较繁，兹改归法政科审查。

第十四，覆议约束外人在内地违约之举动案。

议长（高登鲤君）请书记长报告。

书记长（林长民君）登坛报告云：原案于宣统元年十月二十三日呈督，内分四条，嗣于本年正月二十日奉督部堂来札，谓均已照行，毋庸再照会各国领事。此案督部堂系与民教相安案一同札覆。

议长（高登鲤君）谓：此案交法律科审查，请众表决。可决者五十六人。

第十五，覆议保护外洋华侨案。

议长（高登鲤君）请书记长报告。

书记长（林长民君）登坛报告云：此案于宣统元年十月十九日呈督，原案分十条，嗣奉督部堂札覆，据洋务局详称，一、二、六、七各条非议员职务；三、四、五乃国家行政事务；八条香港无闽侨，不能与日本、南洋各处比；九须饬厦门道体查情形，分别妥议；十由局移请漳、厦两道会筹妥办。此系但据洋务局详覆札行谘议局查照，且未奉续札，不知漳、厦两道如何核覆？

林辂存君谓：此案系保护外洋华侨，系福建特别之关系，福建人不言，谁肯议长（高登鲤君）请书记长报告。

书记长（林长民君）报告云：原案于宣统元年十月二十四日呈督，中分四条：一、筑堤堵塞；二、拥护港岸；三、开支港；四、泷口上下设法保固。督部堂札覆，系据藩司转详委员查复，第一条前办过，无效；二条先树木桩，再种树木；三开支港，已办有成效；四条须俟库款稍充，方能办到。督部堂并不加核断。本年六月中具折呈请核准，嗣于七月廿一日奉到督部堂来札云，查该藩司委员所禀勘办各节，具有条理，并据原详声明，由该司酌带委员亲诣该港，前往测量，应候详覆，此后并无续札。此案情形在协议会中已议及，请协议诸君再行报告。

议长（高登鲤君）请施景琛君报告。

施景琛君谓：札覆亦甚有理，惟据委员详覆中亦有不免强辩之处，为筑横堤从前所以无效者，未必非工程不坚之故，非不可筑也。然据督部堂札覆谓藩台亲诣履勘，未知藩台已否履勘？

督部堂代理员布政使司尚谓：已勘过。

施景琛君问：有无带人测量？

督部堂代理员布政使司尚答：已令人测量，但测量该处情形甚属难办，当时开此河时，若筑横堤，恐南台及凤冈一带必受水患。

议长（高登鲤君）谓：此案应付庶政兴革科审查，加入李馥南君、施景琛君二人会同审查，请众表决。可决者四十七人。

第十二，覆议保护上游木商案。

议长（高登鲤君）请书记长报告。

书记长（林长民君）报告云：原案于十月廿一日呈督，内分十条，本年二月十八日奉督札复，据农工商局详，大旨谓原案甲、乙、丙、辛、癸均确实可行，惟甲条应加数语；庚条则属于盐政，壬条属于榷务，应由盐道及财政局核办；丁、戊、己三条属于营务，应通饬沿河统带禁办，俟盐道、财政局各处议定后，刊刷告示，通颁晓谕。札末云除详批示并札管带福强军炮船并延建邵道查明禁办外，合就札行谘议局查照，未知可否？本年六月中具折呈请核准，今年七月二十一日续奉督部堂来札，甲、乙、丙、辛、癸五条均可行，庚、壬两条则未据本局第二届第十三次开会，提出资政院电查明年预算岁入事件，当经议长指定临时审查员审查。来电之意，系恐各省所报预算岁入或有多少不符，或有遗漏款目诸弊，自为慎重预算起见。惟各地方所报岁入有无多（小）〔少〕不符及遗漏款目，必须详细调查，方悉底蕴，应俟调查明确后，方可申覆。现同人等细核预算册岁入各款，其中有经各属指定为办某项新政者，如就地抽捐各款、就地筹款生息各款是也；有为书差所得者，如书役催收丁粮所得规费、厅州县县丞所收办公经费、旧欠丁粮加价是也；有本干例禁应行杜绝者，如司法入款是也。以上各项，不能视为确实进款。至遵部电增列各款，如茶业税厘、新增契税、增列契尾等款，将来是否的实，均难悬揣。本局应将以上所查情形先行电覆，一面另具申覆书，详细申覆。当否，祇候公裁。宣统二年十月初八日，临时审查主查员施景琛，理事潘纪云，审查员郑藻山、洪鸿儒、黄纪星。

议长（高登鲤君）谓：原咨询案本谓将所查情形先行电覆，现在是否先行电覆？

刘崇佑君谓：资政院虑各省所报预算案有不实不尽之处，故分电各省谘议局请为覆查，此事关系重大，本局有应负之义务。顷据施君报告，不敢自信，请再加王君一人，原为慎重起见，本议员赞成加入王君一人，再行审查。惟王君事务甚忙，只能审查，恐不能主查。

施景琛君谓：此案最好请王君主查。

孟思培君谓：预算明后日即须报告，须俟报告后方能加入审查。

刘崇佑君谓：资政院电交来多日，若俟预算报告后，恐挨延太久。

议长（高登鲤君）谓：此案添入王君一人为审查员会同审查，请众表决。可决者三十七人。

林辂存君谓：审查员宜奇数，请再添一人。

议长（高登鲤君）谓：仍请施君推举。

施景琛君举孟思培君。

议长（高登鲤君）谓：诸君赞成加孟思培为审查员者，请起立。可决者三十八人。

第十一，覆议西南泷口港工程案。

重申禁令，严饬各属及各关卡官吏认真搜查，照例惩办，庶贩者知畏，用者知止，而巨害可期杜绝，似无庸另筹办法也。合将审查情形报告，是否，仍候公决。

附修正案

窃惟吗啡之害，十倍鸦片。光绪三十二年会议政务处大臣奏筹拟禁烟章程折内第十条，吗啡（一名莫非鸦）及刺入肌肤之吗啡针，其损体伤生较鸦片为尤甚，应查照中英续议通商行船第十一款、中美续议通商行船条约第十六款，切实申明，分饬各税关，如查有不因医药使用贩运来华者，一概不准进口，并严禁中国铺户，无论华人洋人，均不准制炼吗啡及制造此项之针，以期弊绝风清等因。又光绪三十四年六月，法部会奏以拿获制造打吗啡针之犯，不论杀人与否，应比依造畜蛊毒律斩罪上酌减极边烟瘴安置，其贩卖吗啡之铺户，如查系未领海关专单者，亦照知情卖毒药律与犯人同罪，仍将该铺户即行标封，并请饬下各海关，申明条约，严杜私贩而绝根株等因。两折均奉旨依议，钦此。吾闽即于是年十二月，经尚藩台札饬各海关并各府州县，严行查禁，各在案，乃各关官吏及各地方官对于此种切骨之害，绝不认真拿办，因是贩者络绎，死亡相继，言之痛心。亟应陈请督部堂重申禁令，严饬各关卡官吏，于洋船进口，认真搜查，并严饬各属地方官知会巡警局及去毒社，帮同查拿，照例惩治。其各关官吏及各属地方官，如仍前敷衍塞责，并请处以故纵之罪，庶雷厉风行，卖者用者各知儆畏，而巨害杜绝，造福于全闽民匪浅也。

宣统二年十月□日，庶政兴革科，主查黄乃裳，理事谢滋春，审查高士龙、余钟英、张国宝、王邦怀、陈锡朋。

议长（高登鲤君）请众表决修正案，可决者四十六人。

议长（高登鲤君）谓：此案可否省略第三读会，请表决。可决者五十一人。

第十，资政院关于岁入有无不符遗漏咨询案审查员报告。

议长（高登鲤君）请主查员登坛报告审查情形。

主查员施景琛君登坛报告审查情形（大意与报告书略同），末云最好能添王子懿君一人会同再行审查，方好申覆。

审查资政院关于调查预算岁入咨询案报告书

六百元",关于外府办法内第一条改为"先就各府州中学堂附设一所,每所由官款拨给经费六百元"。

孟总培君谓:外府办法第五条亦可删。

书记长(林长民君)登坛将修正情形报告。

一、关于省垣办法。第一项改正。

二、关于外府办法。第一项改正;第二项、第三项删去;第四项改作第二项;第五项删去;第六、第七、第八、第九项改为三、四、五、六项。

议长(高登鲤君)请众表决,可决者五十六人。

议长(高登鲤君)谓:此案可否省略第三读会,请众表决。赞成者五十七人。

议长(高登鲤君)宣告休息二十分钟。

三时二十分钟续行开议。

第九,实行严禁吗啡进口案(附修正案)第二读会。

议长(高登鲤君)请书记长登坛朗读修正案。

书记长(林长民君)登坛朗读修正案。

审查请实行严禁吗啡进口之报告书附修正案

本局第二届第九次议会,提出张君国宝请实行严禁吗啡进口一案,交由本科审查,实为杜绝巨害起见,意至美善。经同人一再开会,查吗啡之害,十倍鸦片。光绪三十二年会议政务处大臣奏筹拟禁烟章程折内第十条,查吗啡(一名莫非鸦)及刺入肌肤之吗啡针,其损伤较鸦片为尤甚,应查照中英续议通商行船条约第十一款、中美续议通商行船条约第十六款,切实申明,分饬各税关,如查有不因医药使用贩运来华者,一概不准进口,并严禁中国铺户,无论华人洋人,均不准制炼吗啡及制造此项之针,以期弊绝风清等因。又光绪三十四年六月,法部会奏以拿获制造打吗啡针之犯,不论杀人与否,应比依造畜蛊毒律斩罪上酌减极边烟瘴安置,其贩卖吗啡之铺户,如查系未领海关专单者,亦照知情卖毒药律与犯人同罪,仍将该铺户即行标封,并请饬下各海关申明条约,严杜私贩而绝根株等因。两折均奉旨依议,钦此。吾闽即于是年十二月,经尚藩台札饬各海关并各府州县,严行查禁,各在案。乃日久玩生,故态复萌,惟有亟请督部堂

单级教授练习所第二次修正案

单级教授案经提出报告书并修正案矣，因第十二次会议再付审查，案内条文，经审查会同人详为修正如左：

理由：（一、二、三）均照原案。

办法：一、关于省垣之办法。（一）单级教授练习所，应附设于师范学堂内，其经费即由该校经费拨用；（二）照原案；（三）此项教员，应添聘江苏单级教授练习所毕业生一二人，合前赴苏之人充当，如苏省毕业生不能来闽，应由前在苏毕业之人先行教授；（四）照原案；（五）单级教授练习所之学员，由学台饬各府州县选送合格者，大县三名，小县二名，定期来所练习；（六、七）均照原案；（八）此项练习所，俟各府州县平均有二人以上毕业时，即行停办。二、关于外府之办法。（一）各府州县所设师范简易科或传习所，前后毕业学生已足供本地小学之用者，即应停止，所有校舍、校具、经费即行改办单级教授练习所；（二）删去；（三）照原文改为第二；（四至九）均照原文改为（三至八）。

宣统二年十月□日，庶政兴革科修正。主查员黄乃裳，理事谢滋春，审查员高士龙、张国宝、余钟英、王邦怀、陈锡朋。

议长（高登鲤君）请众表决。

（一）关于省垣办法（一条至八条），可决者五十四人。

（二）关于外府办法（一条至八条）

孟思培君谓：原案第二条可删，则第三条亦可删去，盖第一条中已说明也。

王子懿君谓：每堂酌给经费六百元，系由何处酌给，须声明清楚。

连贤基君谓：自施君添入改正一条，则全案皆须更动，现关于改正一条，仍须修改。

施景琛君谓：前日本议员所提议意思，经众表决赞成。

刘崇佑君谓：每堂"堂"字宜改。

孟思培君谓：改为每所由官款支给六百元。

刘崇佑君谓：每所由官拨款六百元。

孟思培君谓："半年毕业"四字删去，附设一班"班"字改为"所"。

议长（高登鲤君）谓：关于省垣办法内第一条改为"其经费由官款内拨给

其二州则由该州酌量设立。

刘崇佑君谓：现在财政困难，即每府先设一所，亦无妨碍。

议长（高登鲤君）谓：此案应即照今日讨论情形修改，以便申覆，请众表决。可决者六十一人。

第七，扩充水上警察咨询案审查员报告再付讨论。

议长（高登鲤君）请主查员报告。

主查员李迪瑚君登坛报告谓：关于水警，去年已提有议案，经局议决，呈请督部堂札行延平、厦门两道，各设立水警学堂一所。本年督部堂复提出此案，应仍请照原议案办理。

扩充水上警察咨询案报告书

本局第二届第九次议会，提出督部堂第七条扩充水上警察咨询案，交由临时审查员审查。查此案与本局议员黄乃裳第一届所提兴办水上警察案旨趣相同，该案业蒙督部堂批准，且札覆中有云，水上警察自宜先设水警学堂，以资练习，厦门、延平均属扼要，尤不容缓候，檄饬厦门、延平二道督同厅县，迅即就地筹款，遵章设立教练所，附设水警学堂，毋得诿延各等语。是水警如何扩充，就地如何筹款，督部堂业已严饬延平、厦门二道认真办理，事隔一年，尚未举行，延、厦二道之诿延，惟望督部堂有以督促之而已。合将审查情形报告，祗候公决。宣统二年九月二十九日，临时审查会报告。主查员李迪瑚，理事邹藻山，审查员苏寿乔、陈锡朋、黄纪星。

林辂存君谓：督部堂既饬延平、厦门两道筹办水上警察及水警学堂，延平有无遵办固不得知，惟厦门不但不见筹办，亦未见议及，应请督部堂代理员转达督部堂札催厦门道从速办理。

议长（高登鲤君）谓：应照报告书申覆，请众表决。可决者六十一人。

议长（高登鲤君）云：请主查员即作申覆书。

第八，单级教授提议案（附修正案）第二读会。

议长（高登鲤君）请书记长登坛朗读修正案。

书记长（林长民君）登坛朗读修正案。

四十七人。

议长（高登鲤君）谓：请主查员就报告大意作申覆书，再付表决。

第六，中等初等实业教育咨询案审查员报告再付讨论。

议长（高登鲤君）请主查员报告。

审查员李迪瑚君登坛报告谓：此案前经临时审查员审查后，报告于大会。嗣因公议与预算有关系，遂从缓议。本日再提出讨论，据审查会中意见，查去年本局决议设立实业学堂四所，初等学堂除福州外每府一所，本年督部堂咨询案中则仅有农业、商业二所，而初等则仅设八所。在审查员意，应当照去岁原议办理。

中等初等实业教育咨询案报告书

本局第二届第七次议会，提出督部堂第三条中等初等实业教育咨询案，交由临时审查员审查。查此案系为吾闽振兴实业，钦佩莫名。惟第一届第三次议会，督部堂曾提出筹备实业教育事宜案，经本局议决，中等实业学堂除省垣已设外，亟宜增设者延平农业学堂一，厦门工业及商业学堂各一，长门渔业学堂一，业蒙批准在案。此届咨询案，仅拟设延平农业学堂一所，厦门商业学堂一所，厦门之工业、长门之渔业概未提及，与去年议决之案不无抵触，应请按照旧案施行。初等实业，原案拟设八所。查初等实业学堂各府州县俱应设立，第以本省财力维艰，一时尚办不到。现拟府州各设一所，闽省九府二州，除福州无容置议外，应行创设者尚有八府二州，照案筹设八所，应请添设二所，方无偏枯之虑。至提倡公立或私立，以辅官立所不及一节，现在商会、农会各属陆续开办，该会有振兴实业专责，应请督部堂转饬各农商会极力提倡，并示以办有成效，优加奖励，则地方绅富必有投袂而起者。合将审查情形报告，祗候公决。宣统二年九月二十九日，临时审查会报告。主查员李迪瑚，理事郑藻山，审查员苏寿乔、陈锡朋、黄纪星。

施景琛君谓：报告书中不提及福州，未免偏枯。

李迪瑚君云：此非特示偏枯之意，因制台咨询案未提及，故亦未提及。

议长（高登鲤君）谓：原报告书中"自闽省起至八府二州止"数语可删去，内二所应改为三所。

施景琛君谓：初等实业学堂应每县设立，本议员之意，每府首县设立一所，说明：第一款及第三款均照前会期预算之数列入；第二款内有办事处租金及铺捐等款，由此开支合之；第四款较前会期预算各减去二百两。应支前数。

临时会费用，仍俟临时开列预算。

总说明：本局经费共分五目，应在本局预算范围者仅有三目，计议员旅费照前会期预算之数开列，杂费中会期杂费及常月杂费均较前会期预算之数有所减少，预备费亦较前会期所预算者减去四百两，合共核减一千六百二十一两七钱六分四厘。本届预算旅费、杂费、预备费三目，共应支出二万零二百九十一两零三分六厘，合诸督部堂核定之公费薪金十七个月应二万六千零十两，统共四万六千三百零一两零三分六厘。再本局建筑尚未竣工，一切均从苟简，故用费亦格外减省。将来建筑落成，诸多设备，第一次常年经费所余一千零五十余两之款，自应储为预备经费，合并声明。

议长（高登鲤君）谓：此预算案应付预算科审查，请众表决。可决者五十八人。

刘崇佑君谓：预算年度已由部定，每年自正月初一日至十二月三十日为一年度。据此则本局预算案应分两层：一自本年九月初一日至十二月晦日；一自明年正月初一日至十二月晦日止。特此声明。

议长云：此应请本科审查员注意。

第五，关于通俗教育咨询案审查员之报告。

议长（高登鲤君）请主查员报告。

主查员李迪瑚君登坛报告审查情形（大意与报告书略同）。

审查关于通俗教育咨询案报告书

本届第七次议会提议督部堂通俗教育咨询案，交由临时审查员会审查之。按督部堂所咨询于本局之意，是对于各地方宣讲所应用何法推行较易，成效较速，以为扩充之计。本局于本届第五次议会，议员孟思培君业经提出扩充宣讲所实行宣讲一案，其于宣讲所之扩充办法，筹画甚详，应即将此议案以为申覆。当否，仍乞公决。宣统二年十月初八日，临时审查会主查员李迪瑚，理事郑藻山，审查员陈锡朋、黄纪星、苏寿乔。

议长（高登鲤君）谓：此案应照审查员报告之意申覆，请众表决。赞成者数，计月减五十四两七钱四分一厘，十七个月共减九百三十两五钱九分七厘。

第一款　常设速记员薪金十三两八钱八分九厘。

说明：前会期未经预算此款，嗣经常驻议员协议，添聘速记一员，应支前数。

第二款　司事、司书薪金四十二两。

第三款　印刷、缮写薪金三十两。

说明：司事、司书每人拟七两，共六人；印刷总一人，八两；缮写每人拟六两，共二人；印折每人拟五两，共二人。应支前数。

第四款　丁役工资二十五两四钱九分。号房丁一名，每月工资二两零九分；厨丁三名，每名工资一两八钱；门丁一名，杂遣、司灯、打扫丁役共九名，每名一两八钱。共十四名，应支前数。

第五款　(缮)〔膳〕伙七十三两八钱。

说明：办事处八人，常设速记员一人，司书、司事六人，印刷、缮写五人，每人月膳二两五钱；丁役十四人，每人月膳一两七钱。应支前数。

第六款　添置五十两。

说明：添置分物品、书报二项，较前会期月减二十两，应支前数。

第七款　印刷　三十两。

说明：此款较前会期月减十两，应支前数。

第八款　邮电八十两。

说明：此款较前会期月减二十两，应支前数。

第九款　灯油二十五两。

说明：此款较前会期月减五两，应支前数。

第十款　杂用六十两。

说明：此款较前会期月减二十两，应支前数。

第五目　预备费共二千五百两。

第一款　会期中预备费五百两。

第二款　常年预备费五百两。

第三款　图书馆按年设备费一千两。

第四款　常年修缮费五百两。

三人计二十二两五钱；印折每人全会期六两，二人计十二两；丁役每人一两八钱，十人六十日计共三十六两。

第五款　膳伙一百一十四两。

说明：特聘人员及司书、缮印每人膳伙二两五钱，以六十日计，十六人共八十两；丁役每人膳伙一两七钱，以六十日计，十人共三十四两。应支前数。

第六款　印刷七百两。

说明：印刷分排印、写印二项。前会期排印用费共四百五十余两，写印用费共一百四十余两。本会期排印件目较多，写印亦不为少，姑照前会期预计之款列入，排印项下以五百两计，写印项下以二百两计，应支前数。

第七款　添置二百五十两。

说明：添置分物品、书报二类。物品预计一百五十两，书报预计一百两，较前会期预算表减去五十两，应支前数。

第八款　笔墨纸张六十两。

说明：写印用纸及墨归入印刷内预计，此款专指通常笔墨纸张而言，较前会期预算表减去四十两，应支前数。

第九款　修缮一百两。

说明：此款照前会期所预计者，应支前数。

第十款　邮电二百五十两。

说明：会期中此项用费颇多，兹就前会期所预计者已减去五十两，应支前数。

第十一款　灯油一百两。

说明：此款照前会期所预计者列入，应支前数。

第十二款　杂用三百两。

说明：此款较前会期减去二百两，应支前数。

第二项　常用杂费每月四百三十两零一钱七分九厘，十七个月共七千三百一十三两零四分三厘。

说明：谘议局会计年度，本以是年九月至翌年八月为适当。今以全国预算均自正月至十二月为一年度，本局未便歧异，故本届预计自本年九月起至宣统三年十二月止，加闰共十七个月，应支前数。本项用费核与前会期常月杂费预算之督部堂核准，并核定公费薪金数目拨用在案，其决算数目亦于本年常会造册清报，由议员审查之。照章本局预算数目应由全体议员会议，本年三四月间先后接准清理财政局移奉督部堂札准度支部咨电，试办宣统三年预算案，本局适在闭会期中，当以合议体之意思，无从发生预算，亦无从提前办理，移文答覆。兹届第二次会期，除公费薪金经督部堂核定者，无庸由局预算外，其旅费、杂费、预备费应再由局会议预算数目，仍侯公决，呈请督部堂核定。兹按目列之如左：

第一目　议长、副议长、常驻议员公费。

第二目　书记长、书记薪金。

说明：以上均遵照督部堂核定之数支发。

第三目　议员旅费共八千一百七十六两。

第一项　旅行费二千五百九十两。

第二项　旅居费五千五百八十六两。

说明：第一次会期，议员旅费系照谘议局筹办处所定额数支发，且由议员开明短额若干，汇请藩署补给，其性质与纯然由局支发者不同。本届始照前年预算核准数目支发，计旅行费每人每百里五元，往复共十元，省居者不在内。旅居费每人每日二元，自召集之日起，以七十日计算，但迟到者按日扣计，议长、副议长不在内，常驻议员自领公费之日起不支旅居费，两项均依第一次预算数目列入，惟议员间有变更道里，亦微不同，先就总额预计之应支前数。

第四目　杂费共九千五百五十七两二钱三分六厘。

第一项　会期中杂费共二千三百零一两九钱九分三厘。

说明：此项用费较前会期预算表共减二百二十三两一钱六分七厘。

第一款　议场速记员薪金二百零八两三钱三分。

说明：每人一百元，三人共三百元，应支前数。

第二款　审查员会速记员薪金八十三两三钱三分。

说明：每人六十元，二人共一百二十元，应支前数。

第三款　招待员薪金二十两零八钱三分三厘。

说明：一人三十元，较前会期减二人，应支前数。

第四款　暂顾司役薪工一百一十五两五钱。

说明：司书每人全会期九两，五人计四十五两；缮写每人全会期七两五钱，决。宣统二年十月初六日，财政科主查员椿安，理事黄纪星，审查员林邦桢、伍春蓉、杨慕震、许赞虞、李钟声。

刘崇佑君谓：本议员亦为办事处之一人，尚有应报告者，闭会中因贡院房屋太散漫，故租宫巷房屋作为办事处，其租钱由本局开支。又各省摊派之款，即系请速开国会及谘议局联合会两次所用，此二次皆以谘议局名义集合，故支用公款。至于所派代表之旅行旅居用费，皆出于议员公捐，并未动用公款，理合声明。又印刷机之置备，亦属于不可少者，现已托商务印书馆定购。以上皆在去年预算之外，应请诸君追认。

议长（高登鲤君）谓：此案应开第二读会，请众表决。可决者六十二人。

刘崇佑君谓：此案请即接开第二读会。

议长（高登鲤君）谓：诸君赞成将此案接开第二读会者，请起立。计起立赞成者六十人。

议长（高登鲤君）请书记长登坛朗读决算案。

书记长（林长民君）登坛朗读决算案（决算案见前）。

议长（高登鲤君）谓：此决算案甚长，关于会期中用款，现已朗读其按月用款一节，可否省略朗读，请众表决。可决省略朗读者五十八人。

议长（高登鲤君）请表决决算案，可决者六十三人。

椿安君谓：此案请接开第三读会。

议长（高登鲤君）谓：此案接开第三读会，请众表决。可决者五十人。

椿安君云：请省略朗读。

议长（高登鲤君）谓：决算案第三读会可省略朗读，请众表决。可决者六十三人。

议长（高登鲤君）谓：诸君对于此案赞成者，请起立。计起立赞成者五十八人。

第四，本局第二年度用费预算案。

议长（高登鲤君）谓：此案已印刷，可省朗读。

谘议局第二年度用费预算案（本局提出）

本局第一年度预算，已于宣统元年九月第一次常会期中提出，经公决，呈蒙三人。

第二，厦门黄廷元关于英领事误认海滩建议书审查员之报告。

议长（高登鲤君）请主查员报告。

主查员洪国器君登坛报告审查情形（大意与报告书同）。

审查驻厦英领事误认海后滩官地为租界学界代表黄廷元建议书之报告

本局第二届第十四次议会，提出黄廷元建议书，交由临时审查员审查，经同人等开会集议，查该书所陈海后滩既为官地，其租与英商起盖行屋者，既曾查勘丈量，绘图注说，其混指为租界者，又经厦道函驳有案，乃以学生体操经过是地，竟出干涉，似不得不分辨清楚，以杜后患。应为转请督部堂，迅饬厦门道与英领事解决是事。可否，仍候公裁。宣统二年十月□日，临时审查主查员洪国器，理事员林邦桢，审查员陈士霖、许赞虞、杨慕震。

刘崇佑君谓：本议员以为此建议书应代转。

议长（高登鲤君）谓：此建议书应行代转，请众表决。可决者六十三人。

第三，第一届本局决算案审查员报告。

议长（高登鲤君）请主查员报告。

主查员椿安君登坛报告审查情形（大意与报告书同）。

审查本局第一届常年经费报告书

本局第二届第十次会议，报告第一届常年经费，因本年未举决算科审查员，暂归本科审查。查议长、副议长、常驻议员公费，与书记长以下薪金，均经督部堂核定；议员旅费系按路程日数计算，皆有一定标准；至杂费、预备费各项名目及数目，虽与去岁预算案稍有出入，而支出总数却（此）〔比〕预算为少，实存银一千零五十四两余。查前年预算案内曾经声明，其中细目出入恐必不免，或增或减，临时斟酌。审查员等审查清册，尚不越预算范围，但去岁本局预算案议场速记员每人六十元，清册内作七十二元算，查因延会增加薪水之故；至办事处人员不在本省时，每月仍开膳费者，查办事处伙食系以一（卓）〔桌〕算，人虽减少，不能不照常备办；至迁移宫巷之房租及修理费，以及各省谘议局公摊费用，添置排印印刷机各项，应请全体追认，以清权限。合将审查情形报告，恭候公语。闻院停议愤争，本局电院，谓局章如不保，决全体辞职，事关全国法权，请协争。湘局。

六、报告四川谘议局来电。

谘议局：奉电，约再争，乞缩期限，赞否，祈复。蜀局。

七、报告湖北谘议局来电。

谘议局：划地方岁入事，电院不复，亦未允，预算未议，贵局如何，乞电覆。鄂。

八、报告奉天谘议局来电。

谘议局：东省危迫，牵动全局，非即开国会，万难救亡。敝局已电院，并约各省协争九一（此二字电码疑有误），至盼覆。奉局。

第一，仰光参议员杨向荣等请撤保商局议案审查员之报告。

议长（高登鲤君）请主查员黄乃裳君登坛报告审查情形。

主查员黄乃裳君登坛报告审查情形（大意与报告书同），报告书见前号。

刘崇佑君云：保商局向来是否由商务总会管理？

林辂存君谓：保商局向系官办，后改为绅办，均有奏案。今据审查员主张，要改归华侨公会，仍须由督部堂代奏。此系由公文体制而言，自应照此办理。

刘崇佑君谓：不归商务总会，办法是否较妥？

林辂存君谓：保商局所抽入口费，系由华侨捐出。今华侨自愿领办，自是正当理由。惟此提议案系出于仰光参议员，仰光仅南洋之一埠。审查员所主张，要征集南洋各埠商务总分会意见，公推妥员，回厦领办，此说甚是。

议长（高登鲤君）云：据审查员之意，由众讨议，经赞成后，尚须另具修正案。

刘崇佑君云：如众意佥同，可径请审查员另具修正案。

刘崇佑君云：此案为建议书抑为议案？

议长（高登鲤君）云：来函谓系建议书，而内容则为议案。

刘崇佑君云：议员亦得提出建议书，只看其题目如何。如作议案，应照议案办理。

议长（高登鲤君）谓：此提议案应开第二读会，请众表决。可决者六十拨充。惟原札拟由谘议局绅会商原捐国民妥办，而来折谓非本局职务，亦自持之成理。现查各属城自治会业已成立，似可即由城自治会会同地方官，询商原捐国民办理。再此案本部堂主持之意，既与局议有所变更，应即照章存案等语，奉此。本届会议时，当将该案提出公同议决，理合将议决案缮录清折，具文呈请督部堂察鉴施行等情，计清折一扣到本部堂。据此合行札饬，为此札仰该司即便迅速核议具详，以凭札覆，毋致有逾馆定札覆议案期限，是为至要。计粘抄清折一扣等因，奉此。咨局查照办理，并希克日详复咨司备查等因，准此。本司道遵查此案先奉宪台札饬，当经由局详复在案，兹奉札前因检查当时原案数目，计各属民捐约共银八万零三百七十一两零六分三厘，此项捐款向来存放源丰润商号，现在该商号倒闭，捐款虚悬无着，自应由局设法垫还，但闽省财政困难，势非三个月所能应付，而国民殷殷盼望，时日又未便久延，兹拟请尽于六个月内妥为筹划，俟款项已集，即将捐册一并发交各该地方官出示布告，发还国民。至国民自行领回或移充自治经费，悉听民便，该地方官不得稍有阻抑，以杜流弊而释群疑。除咨复外，理合具文详复宪台察核办理，实为公便。为此备由，伏乞照详施行等由到本部堂。据此，查该局所拟办法及发还期限，均尚妥协，应即如详办理。合就札覆，为此札行谘议局查照，须至札者。右札谘议局准此。

议长（高登鲤君）谓：据督部堂来札，发还一节，已无问题，惟期限须展至六个月耳。此节应请众表决。

刘崇佑君云：督札与本局原案有抵触否？

议长（高登鲤君）云：无甚抵触，惟展限三个月须表决耳。

刘崇佑君云：此款系存藩库，源丰润倒闭问题不必过问。至展限三个月系属末节，本议员以为不必议决。

林辂存君谓：来札仅云八万，是除去官捐之款，而本局前议系将官捐之款尽数发充自治经费。现在来札并未提及官捐之款，究竟作何处置？

议长（高登鲤君）谓：此问题本日且缓表决，俟将来札印刷分布后，再行议决。

五、报告湖南谘议局来电。

谘议局：得京电，公债案已由院认。杨抚侵权违法，请旨惩处，案仍交议。奉旨以案经部议准，该抚未交局议，系属疏漏，既经奉旨允准，仍遵前旨办理等当。议决之后，请旨裁可颁示。嗣后各省督抚恪遵此次更定之案，于必应举办者全力以赴之，于可以酌办及缓办者量力而为之。如是则内外之脉络相通，举动无虞其牵制，缓急之权衡有准，变化不失其整齐，不迫蹙以扰民，亦不迂回以误事，似于宪政进行前途裨益匪细。臣愚昧之见，是否有当，惟圣明裁择。除将表册咨送政务处，并分咨主管各部查核外，所有详议闽省递年行政经费谨陈管见缘由，理合恭折具奏，伏乞皇上圣鉴训示。谨奏。

三、报告督部堂札覆本局议决清查官有房屋、地亩、器物，方法尚属妥协、照准公布事。

总督松为札覆事：据谘议局呈称，案查奏定谘议局章程第二十二条内开，谘议局议定可行事件，呈候督抚公布施行等语。兹经本局议决清查各地方官有房屋、官有地亩、官有器物妥筹保存及处分方法一件，理合缮具清折，呈请督部堂察鉴公布施行，并清折一扣等情到本部堂。据此，查闽省财政支绌，所有各地方官有财产自应饬属妥实清理，以增款项而裨要需，察阅折开各条，尚属妥协，应即照准公布施行。除札饬福藩司饬属遵照办理外，合就札覆，为此札行谘议局查照，须至札者。右札谘议局准此。

四、报告督部堂札覆本局覆议上届发还国民捐为自治经费案，应由财政局设法垫还，非三个月所能应付，请尽六个月内妥为筹划事。

议长（高登鲤君）请书记长登坛朗读来札。

书记长（林长民君）登坛朗读来札。

总督松为札覆事：据谘议局议决上届划定地方自治经费案内，发还国民捐款一件，呈送清折前来，当即札饬福藩司核议具详。兹据该司移出财政局详称，准藩司衙门移开，奉宪台札开，据谘议局呈称，宣统元年本局第一届开会时，公同议决划定地方自治经费一案，业于十月初二日呈请督部堂察核施行在案。本年二月念二日奉札覆，据财政局详，国民捐应遵谕旨发还，其能否作为地方自治经费，应由谘议局会同该地方官绅商，同原捐国民妥议办理等语，奉此。本局于六月初七日呈请督部堂，将第一届议会中已未复各案分别札覆。关于本案清折内案语云，谘议局为议事机关，会同地方官绅商同原捐国民妥议办理，似非本局之职务。旋于七月廿一日复奉札覆内开，查国民捐系钦奉谕旨发还之款，如欲移充地方自治经费，自应询明原捐国民愿否方可核办，未便以逾限三月未领，遽尔强制治、实业五者为大宗。兹查闽省司法一项，凡各级审判、检察厅建筑开办常年经费，以及模范监狱、检验学习所、监狱学堂经费，自宣统二年起算至八年，约共需银五百二十六万余两，已经按年指定者共银九十三万余两，实不敷银四百三十二万余两。教育一项，凡师范、普通、专门、实业各学校，除绅民自立不计外，为公家所应筹设及补助者，自宣统三年起算至八年，约共需银一千二百五十一万余两，已经按年指定者共银一百二十三万余两，实不敷银一千一百二十八万余两。巡警一项，凡官吏公费、廉薪以及省城厅州县乡镇巡警薪饷、服装，自宣统三年起算至八年，约共需银二千八百九十三万余两，已经按年指定者共银九千六万余两，实不敷银二千七百九十七万余两。地方自治一项，除省城筹办处及各属自治公所、自治研究所，宣统三、四两年经费十四万余两业经指定外，其各厅州县城镇乡自治会经费，自宣统三年起算至八年，约共需银八百万余两，此项经费本应就地筹款，惟现在地方税未定，官之补助有限，民之担任维艰，不敷之款计亦不下七百万两。实业一项，凡关于公家倡办之农工商矿各局厂场所经费，自宣统三年起算至八年，约共需银一百九十三万余两，此项经费未经筹有的款。以上各项递年通计，约共不敷银五千二百五十余万两。闽省（月）〔目〕前可筹之款业已罗掘殆尽，其他如推广印花税，改办厘金统捐等类，或可望稍加岁入，然创办甫在筹议，收效实无把握，且以所需之款与捐定之款相悬如此之巨，即能添筹一二，亦觉杯水车薪，所益无几。与其敷衍牵合，终蹈空虚，何如审量施行，力求实际。此王乃征酌分缓急变通办法之说为不可易也。虽然，就变通之道言之，如王乃征所陈酌减海陆军备以充实业之资本，节省大学高等以益国民之教育；又如近时各疆臣所陈审判自治为立宪直接之关系，宜急起以直追，巡警、教育仅行政助长之设施，可从容以进步，其于缓急轻重之宜固已挈其大要，可以隅反类推。而臣愚以为，凡此问题，若不由中央政府为解决，而仅提议于督抚，则无论各部有奏定之程限，疆臣以意为增损，即来部臣诘问之词，抑且宪政以统一为准绳，行省各自为变更，亦增全国纷歧之象。

就臣愚见，应俟各省奏齐后，请旨饬下会议政务处，会集宪政编查馆王大臣及各部院主管大臣，按照各省现有财力，就原定筹备各事项内，逐一体察核议，何者为九年内必应行举办之事，何者为可以酌办之事，何者为可以缓办之事，编具草案，交付资政院详悉审议，而仍令原议各大臣出席互相讨论，务期折衷至第十八，请各地方官将各项杂捐数目公布案（黄必成提出）第一读会。

议长（高登鲤君）述各种报告：
一、报告议员郑田龙君因妻病甚危告假七天，苏寿乔君、高士龙君、陈锡朋君各告假一天。
二、报告督部堂札知奏议闽省递年行政经费谨陈管见折事。

总督松为抄折行知事：照得本部堂于宣统二年八月初二日恭折具奏，详议闽省递年行政经费谨陈管见一折，除俟奉到朱批另行恭录行知外，合先抄折行知，为此札行谘议局查照，须至札者。计粘抄折。右札福建谘议局准此。

奏为遵旨详议闽省递年行政经费谨陈管见恭折仰祈圣鉴事，窃查本年四月十九日军机大臣钦奉谕旨，御史赵炳麟奏请饬议确定行政经费一折，著在京各衙门、各省将军督抚将九年筹备单内所开各条，某年某事需款若干，从何筹定，分年列表，详议具奏等因，钦此。又于六月初二日军机大臣钦奉谕旨，湖北布政使王乃征奏筹备宪政酌分缓急一折，著在京各衙门、各省督抚归并御史赵炳麟条陈一件，详议具奏，钦此。先后由军机处片交内阁刷印原奏，恭录谕旨，咨行到臣，仰见朝廷慎重宪政，博访周谘之至意，钦佩莫名。伏思九年筹备事宜条贯精详，莫非立宪应有之要政，自先朝特旨颁定，皇上继述遵循，凡在臣工，固宜奋勉图功，力襄盛治，惟是事项过繁，经费过巨，兼营并进，竭蹶时形。比年各省办理，虽在幸勉赴期限，而艰难支绌之隐，当早在圣明洞鉴之中。此后筹备逐年进行，用款即逐年增益，民力有限，政费无穷，责效者以恪遵期限而总督不敢，奉令者以力顾考成而补苴有所弗恤，充其流弊，诚恐不免。有如赵炳麟、王乃征所陈者，自非先事图维，不足以利推行而臻实在。惟详绎各该原奏，均以经费艰窘为虑，而注意微有不同。赵炳麟之意，则在因事定款，通盘筹计，以求财力之能胜；王乃征之意，则在就款办事，斟酌变通，以冀实事之有济。钦奉谕旨并案筹议，自应以赵炳麟原折为讨论之前提，以王乃征原折为办法之归宿。谨就管见所及，为我皇上一一陈之。

查筹备事宜内，凡宪政编查馆清单所胪列与各部院所奏定者，除清理财政、调查户口等项逐岁所需，尚非甚巨，改行官制、俸给公费未奉新章，尚难预计，添练陆军一项应另案办理外，其余各项需款之巨，以司法、教育、巡警、地方自

第二次福建谘议局议事速记录第十八号

宣统二年十月十三日（1910年11月14日）

议事日表　第十八号

宣统二年十月十三日（月曜日）午后一时开议。

第一，仰光参议员杨向荣等请撤保商局议案审查员报告（延前会）。

第二，厦门黄廷元关于英领事误认海后滩为租界建议书审查员报告（延前会）。

第三，第一届本局决算案审查员报告（延前会）。

第四，本局宣统二年九月至十二月并宣统三年预算案（本局提出）第一读会。

第五，通俗教育咨询案审查员报告。

第六，中等初等实业教育咨询案审查员报告再付讨论。

第七，扩充水上警察咨询案审查员报告再付讨论。

第八，单级教授提议案（附修正案）第二读会。

第九，实行严禁吗啡进口案（附修正案）第二读会。

第十，资政院关于岁入有无不符遗漏咨询案审查员报告。

第十一，覆议西南洸口港工程案。

第十二，覆议保护上游木商案。

第十三，覆议妥筹民教相安案。

第十四，覆议约束外人在内地违约之举动案。

第十五，覆议外洋华侨案。

第十六，覆议禁售土地于外人案。

第十七，覆议修正鼓浪屿公界章程案。

省略报告。

刘崇佑君谓：女学应否补助，与预算有关系，应一面将建议书转呈，一面请预算科审查员注意列入。

孟思培君云：此事宜分为两面，一面请预算科注意，一面察看该堂成绩。

林辂存君云：此校开办已久，成绩甚好。

苏寿乔君谓：此建议书应为转呈。

议长（高登鲤君）谓：此建议书应为代转，请众表决。可决者五十七人。

陈之麟君谓：此建议书既决议代转，则应一面交预算科参考。

第二十三，仰光参议员杨向荣等请撤保商局议案审查员报告。

议长（高登鲤君）谓：自此案起，均系紧要之案，为时无多，应延至下次会议再议。

议长（高登鲤君）又谓：昨在研究会会议，照章议员告假在七日内者，应由议长许可，但议长之许可既允，以先经各议员承认为条件，本日张步青君因痢疾续假七日，因不及在研究会报告，兹特询于诸君皆承认之否？全体赞成，许其告假。

议长（高登鲤君）又谓：陈蓉光君、周文麟君因要事各告假一日，诸君亦承认否？全体赞成，许其告假。

刘崇佑君质问：兴化府议员陈乂君病故，现在补缺议员尚未到局，督部堂有无办文饬兴化府催其速来？又柳遇侯君执照，昨接福宁府公文，谓不知向何处请领，未知督部堂已饬发否？

督部堂代理员提法司鹿云：当转达制台，请其速发。

议长（高登鲤君）报告第十八号议事日表。

议长（高登鲤君）宣告散会。

是日出席议员六十七人。督部堂未到会，委提法司鹿代理。午后五时散会。

周知，庶可拯救商命于万一耳。祗候公决。宣统二年十月初六日，庶政兴革科，主查员黄乃裳，理事谢滋春，审查员陈锡明、张国宝、高士龙、余钟英、王邦怀。

刘崇佑君质问谓：此案就茶、木、纸、笋四项试办统捐，请问已否开办？

督部堂代理员提法使司鹿谓：大约明年春间可以开办。

刘崇佑君谓：督部堂代理员既答以明春可以开办，则报告书中"并督促之以开办期限"句，改为"并请于明年正月开办"。

议长（高登鲤君）谓："庶免蹈敷衍因循之习"句可删。

刘崇佑君谓："至革除积弊"之下有"愈接愈厉"等四句均可删，又"治以违法之罪"一语可删。

林辂存君谓：茶、木、纸、笋四项下游能试办统捐否？

督部堂代理员提法使司鹿答：委员禀覆，下游太散漫，不易办理。

林辂存君谓：请委员调查禀底交局，以资参考。

刘崇佑君谓："庶可拯救商命"一句亦可删。

议长（高登鲤君）谓："自奉三月"一句"奉"字可删。

刘崇佑君谓："议绅"二字应改。

议长（高登鲤君）谓：应改为"士绅"。

议长（高登鲤君）谓：此案应照顷间诸君主张删改各处删改之后即行呈督，请众表决。可决者全体。

第二十二，厦门周之桢请补助女子经费建议书审查员报告。

审查厦门周之桢请求补助女学经费建议书之报告

本局第二届第十五次议会，提出周之桢请求补助女学经费建议书，交由临时审查员审查，当即开会集议，金以女子教育为目前当务之急，惟该校现先在鼓浪屿设立，与厦门尚隔一水，就学者犹未尽便，即施教者未能遍及，故曾议移设厦门，以冀扩充，乃以限于经费，未得实行。该书所陈大率为此，似应为之照转备案。可否，仍俟公裁。宣统二年十月□日，建议审查。主查员洪鸿儒，审查员黄乃裳、高士龙、李钟声、郑祖荫。

议长（高登鲤君）谓：时间无多，以下各案均有印刷，诸君即为讨论，可第二十，覆议禁烟办法案审查员之报告。

议长（高登鲤君）请主查员报告。

主查员卢初璜君登坛报告审查情形（大意与报告书略同）。

审查禁烟办法覆议案报告书

本届第十三次议会提出第一届禁烟办法覆议案，交由法律科、庶政兴革科协议审查。查此案业奉督部堂札覆照准，惟对于烟膏专卖一条，以官商无此资本，尚须妥筹办理，所覆不为无见。况本届第十三次议会，本局又经提出划区禁烟限期肃清提议案，既欲限期肃清，则烟膏专卖自毋庸置议。是否有当，仍候公决。宣统二年十月初七日，协议审查会主查员卢初璜，理事李迪瑚，审查员黄乃裳、洪鸿儒、陈锡朋、余钟英、王邦怀、黄金銮、邹含英、张国宝、谢滋春、高士龙。

议长（高登鲤君）谓：诸君赞成审查员报告者，请起立。全体起立赞成。

第二十一，覆议革除厘金积弊审查员报告。

议长（高登鲤君）请主查员报告。

主查员黄乃裳君登坛报告审查情形（大意与报告书略同）。

审查覆议革除厘金积弊改办统捐案报告书

宣统元年本局第一届会议期内，提出革除厘金积弊改办统捐一案，业经会议议决，呈请督部堂施行。旋奉札覆，此案本部堂深表同情，其第六项已责成财政局司道筹办，据详将各属出产茶、木、纸、笋四项先行试办统捐；第四项革除积弊甲、乙、丙、丁、戊、己六节，业经通饬各局卡一律认真禁革；第一项前经委查有案；第二项议员无担任调查明文各等因到局。本第二届第十三次议会，又经提出覆议，交由庶政兴革科审查。查此案经督部堂分别准驳，并第三项会议厅既立议绅可备顾问均可毋容置议，其第六项统捐未成仍乞督部堂核准。惟试办统捐，革除积弊，自奉三月批准以来，迄今八阅月之久，财政局司道调查若何，筹办成绩若何，均应呈请督部常明白宣示，并督促之以开办期限，庶免蹉跎敷衍因循之习。至革除积弊一层，既云业经通饬各局卡一律认真禁革，何以各局卡毫未奉行，且于溢报之弊较之旧岁更为加甚，愈接愈厉，暴虐不堪，商命一线，几已坠绝，亦应请呈请督部堂严札通饬，治以违法之罪，一面速于通衢多贴告示，俾众早者已有七八学期，迟者亦有四五学期，当渐次毕业，则此条之规定亦属要图，应请照原案办理。

宣统二年□月□日，庶政兴革科，主查员黄乃裳，理事谢滋春，审查员高士龙、张国宝、余钟英、王邦怀、陈锡朋。

王子懿君谓：第一条按语"不得更有增征学费诸弊"，应加数字，改为"不得于部章规定学费之外更有增征学费诸弊"。

施景琛君谓："不谙国语者，便不胜教员之任"二语，似欠妥洽。如各专门学堂所聘专门教员，若因其不能国语便须辞去而另聘，又无胜任之人，将若何？

刘崇佑君谓：此二语有语病，譬如请外国人为教员，而不能通中国语，将若何？此二语宜删去。

刘崇佑君又谓：考期预告一节，据按语所述，似因有通告机关，故本局不能代为通告。本议员谓宜加一句，于"通告自有机关"下添入"且本局无通告之职务，不能代为通告"云云。

议长（高登鲤君）谓：照现所讨论添改后，即行呈督，请众表决。可决者六十六人。

第十九，关于札交覆议定期提议案审查员报告。

议长（高登鲤君）请主查员报告。

主查员李迪瑚君登坛报告审查情形（大意与报告书略同）。

审查关于札交覆议定期提议案报告书

本届第十次会议提出关于札交覆议定期提议案，交由法律科审查之。查此案经本局提出之后，旋奉督部堂札准宪政编查馆咨送各省督抚厘订议决各项清单文，本科详加核对。其第一、第二两项即规定札交覆议之定期，立言虽有异同，用意究归一致，似本局可毋另提议案也。当否，仍候公决。宣统二年十月初七日，法律科主查员李迪瑚，理事员邹含英，审查员卢初璜、洪鸿儒、黄金銮。

刘崇佑君谓：本局提此案，本为希望议决之案可以实行起见。现在既据宪政编查馆定有议决清单，则目的已达，此案可不必提。

议长（高登鲤君）谓：此案可不必提，请众表决。可决者全体。

议长（高登鲤君）请主查员报告。

审查员陈锡朋君登坛报告审查情形（大意与报告书略同）。

覆议教育事件妥筹各府与省垣联络案第二次审查报告

本案付审查后，已于十一次会议由审查员报告，因划定学额一条未能议决，再付审查。兹复广征意见，再行审查如左：

一、原案划定各府学额一条，凡属于阖省公共之学堂，应于何年添班，每班人数若干，须分府确定学额若干名。督部堂札交覆议谓：划定各府额数，势必程度合格者因额溢而见遗，程度未合者转滥竽以充选，似非办学本意。按：去年本局提案，因省垣主持学务之人往往办理不均，外府州学生多以赴考逾期，额满被黜，增征学费百元即得入学，弊窦丛生，偏枯太甚，故有划定学额之规定。现查学部章程，凡一省公共之优级师范及高等各学堂生，应由各初级师范及中学堂毕业生升学，则所谓招考者仅各中等实业概一二学堂短期开班而已。中等实业学堂照章可于各府设立，学堂短期开班非完全教育，且将渐次废止，则不均之弊亦可渐消，学额固不必划定。至眼前省垣诸学堂尚有招考者，应请督部堂饬下提学司，遵照此次督部堂来札招生以程度为衡之语，通饬各学堂，不得更有增征学费诸弊。

一、原案考期预告一节，应由学堂定期招考先时通告各府州县。督部堂札交酌订办法，由各学堂将招考日期先时知会谘议局，以便自行设法通告。按：现在各属教育会、劝学所多已成立，学堂通告自有机关，本局不能代为通告，应照原案办理。

一、原案国语教授一节，系遵照部章，中学以上应用国语教授。督部堂札内则云各教员组织国语研究会。按：原案既系遵照部章，自应以国语教授。至国语研究会系教员之研究会，与教授无涉。且国语教授为全省学生之利，现在教员中能操国语者甚多，不能为少数不谙国语之教员谋便利，而与多数学生以听讲隔阂之弊也。不谙国语者，便不胜教员之任。此节应请照原案办理。

一、原案考取出洋留学及选送京师或外省学堂时，应请学台于前两月通饬各府州县即时公布。督部堂札以考送此项学生，须中学毕业方准赴考，历届通饬或电达各府县，皆以各地中学未经毕业申覆，此条应缓议。按：现在高等预科及初级师范毕业者皆有中学程度，留学省外中学堂毕业者亦不乏人，且外府中学成立

审查南靖人民黄王谟关于苛征钱粮陈请建议书之报告

本届第十三次议会提出南靖人民黄王谟苛征钱粮建议书，付临时审查会审查。查此建议书附有马令定价牌示及张令任内粮胥掳勒伪申各确据，则南靖粮胥向来之苛征及现在之罔法，均属实在情形，而人民叠恳邑令宣布向章，禁止苛索，迄未实见施行。本局应遵照章程第三十一条十二项案语，通人民之情愃，合为转呈督部堂察核，饬县克日揭示，照章征收，俾杜苛征而平民愤。是否有当，祗候公裁。宣统二年十月□日，临时审查会报告。主查员郑祖荫，理事员李钟声，审查员黄必成、洪鸿儒、林天骥。

议长（高登鲤君）谓：诸君对于此报告书当有意见否？

陈锡朋君谓：此建议书应为代转。福建各县苛征，以南靖为最，当马令在任时，钱粮已加每一两四钱四分，现任牧命尚以为少，遇事苛求，人民不堪其苦，应代转呈。

议长（高登鲤君）谓：此建议书应为代转，请众表决。可决者六十六人。

第十七，南靖民人黄张清关于豁免钱粮不揭示建议书审查员报告。

议长（高登鲤君）请主查员报告。

主查员郑祖荫君登坛报告密查情形（大意与报告书略同）。

审查南靖黄张清关于豁免钱粮不揭示建议书之报告

本届第十三次议会提出南靖人民黄张清陈请豁免钱粮揭示建议书，交临时审查员审查。查光绪三十四年南靖水灾，漂没田亩，受灾钱粮当蒙大宪奏请豁缓，旋奉恩准，乃南靖县郑令壅蔽皇仁，始终不肯揭示，致粮胥追征如故，均系实在情形。此次陈请建议，哀切陈词，仅以严饬县令出示实行豁缓为目的，不敢为非分之求，情良可悯。核与局章第二十一条十二项案语相符，似应转呈督部堂察准，饬县克日出示，实行豁缓，以慰舆情。是否有当，祗候公决。宣统二年十月□日，临时审查会报告。主查员郑祖荫，理事员李钟声，审查员黄必成、洪鸿儒、林天骥。

议长（高登鲤君）谓：此建议书应为转呈，请众表决。可决者六十五人。

第十八，覆议教育事件妥筹各府与省垣联络案审查员报告。

自治，又在在需费，除应缴领帖正费外，悉请将陋规充自治经费，化私饱而归实用，上不病税，下不病民，实为计之最得者。惟请代呈藩宪暨府宪等语，按之本局章程，似属未协。所请代转之处，应无庸议。是否，仍候公决。宣统二年九月□日，建议审查员主查施景琛，理事高士龙，审查李仲邺、刘志和、赵锡荣、吴庭枨。

议长（高登鲤君）谓：此建议书审查员会主张无庸代转，请众表决。可决者六十人。

第十五，闽侯城自治会代表陈培锟请以国民捐拨充自治经费建议书审查员报告。

议长（高登鲤君）请主查员报告。

审查员高士龙君登坛报告审查情形（大意与报告书略同）。

审查闽侯城议事会代表陈培锟建议书之报告

本局第二届第十决议会，提出闽侯城议事会代表陈培锟请以国民捐充自治经费建议书，交由本建议审查员审查。查此捐原系奉上谕发还国民之款，上届业经本局议员苏君寿乔提出议决办法六条，呈请督部堂分别照办在案。嗣蒙督部堂札覆，以既据请给前来，自应照办，惟能否作为自治经费，应请谘议局会同该地方官绅商，同原捐国民妥筹办理等因。自治会最为关重，各地方辄以无款可筹，难于成立，是自治会之需款殊为亟亟。且自治会为国民所组织，业经该会征集众见，皆以该款充自治经费为可行，并已由该管地方官会详督部堂请照发还在案。是与督部堂所覆札指相合，自应代为转呈，以顺舆情。是否，仍候公决。宣统二年九月□日，建议审查主查施景琛，理事高士龙，审查李仲邺、赵锡荣、刘志和。

议长（高登鲤君）谓：据审查员意见应为代转，请众表决。可决者六十六人。

第十六，南靖人民黄王谟关于苛征钱粮建议书审查员报告。

议长（高登鲤君）请主查员郑祖荫君登坛报告审查情形。

主查员郑祖荫君登坛报告（略同报告书）。

卢初璜君谓：请督部堂代理员转达督部堂查明有无明文，若无明文，则请督部堂电询盐政处。

督部堂代理员提法使司鹿云：现时挽回尚来得及，本代理员当即转达。

卢初璜君请议长具一质问案，呈请督部堂批答。

第十三，邹仰曾请巡防队选募土著建议书审查员报告。

议长（高登鲤君）请主查员报告。

审查员李仲邺君登坛报告审查情形（大旨与报告书略同）。

审查建瓯城议事会转据举人邹仰曾等议请巡防队选募土著代陈建议书之报告

九月二十二日，本局第十次开会，提出建瓯城议事会转据举人邹仰曾等议请巡防队选募土著代陈建议书，公决先付建议审查员审查，当经公同查核。按原书所陈系闻以陆军为巡防，因议会拟请大宪照前议裁撤绿营，定章以标兵精壮充为巡防，以为标兵多系土著，与本地居民有密切之关系，足资保护，较诸陆军概系客民，口语不对，人地生疏，仓猝有事，难资得力者，相去悬绝，此议不为无见。但书中所陈，只据所闻而来，并非指明现行之事实，则所闻未必确定。其未见诸实行者，安知其不再变更也？且军国大计，未便据传闻之言，遽以议决。似该会所请代转之处，碍难照行。是否有当，仍候公裁。建议审查员报告。主查施景琛，理事高士龙，审查赵锡荣、刘志和、李仲邺、潘纪雲。

议长（高登鲤君）谓：此建议书据审查员意见无庸代转，请众表决。可决者全体。

第十四，连江县自治会代表林直侯陈请提猪牙帖移充公费建议书审查员报告。

议长（高登鲤君）请主查员报告。

审查高士龙君登坛报告审查情形（大意与报告书略同）。

审查连江自治会代表林直侯陈请提猪牙帖陋规移充公费之报告

九月二十二日，本局第十次议会，提出连江自治会代表林直侯陈请提猪牙领帖陋规移充公费建议书，交由本建议审查员审查。查此项领帖陋规，五年一次，每次大小约可千余元，皆分入各衙门胥吏之手。际此财政奇穷时代，而筹办地方议长（高登鲤君）谓：各科审查案尚多未报告，应请诸君从速审查，最好能赶于第十八号开议时报告，以便列入次期之议事日表。

议长（高登鲤君）宣告休息二十分钟。

三时二十分钟续行开议。

第十二，仙游县陈汝瑚请饬办农会建议书审查员之报告。

议长（高登鲤君）请主查员报告。

主查员施景琛君登坛报告审查情形（大意与报告书略同）。

审查仙游县陈汝瑚等陈请饬办农会建议书之报告

九月二十二日，本局第十次开会，提出仙游县议事会副议长陈汝瑚建议书，公决先付审查，当由建议审查员公同研究。按原书词意显系与柯岳卿争办农会，争举总办、议董各职。查部章农务分会得设总理，并无总办名称。原书两称总办，似于农会章程尚未阅悉，即其所称柯岳卿私将总办、议董各职自行位置等语，并未指明违法确据，措词亦稍含糊。又查仙游农务分会当由柯岳卿组织发起，公举林宝基为总理，业经禀县详请劝业道立案，则原书所陈不无失实。且此案仅属一邑农会之事，如有争论，尽可自赴劝业道署声请核断，本局似无庸代转。当否，仍候公决。建议审查员主查施景琛，理事高士龙，审查员赵锡荣、刘志和、郑田龙、黄纪星、李仲邺。

议长（高登鲤君）谓：此建议书审查员主张无庸代转，请众表决。赞成不代转者六十五人。

卢初璜君登坛谓：本议员有紧急质问，关于盐务改良，去年曾有议案，于沿海设立一总公司，于西路设立一溪运公司，每年除盐课外，尚可报效一百万元。此案呈请督部堂咨商盐政大臣，嗣得督札转盐政大臣不以本局办法为然，谓生利一层尚无把握，至除弊一层恐除一弊又生一弊云云。前数日得旅京学界及资政院议员等来电云，陈毓骏以十三万两资本，奏请盐政处包办闽中盐政，年缴六十万金，已蒙盐政处批准。本议员不无可疑。夫盐政处前既以公司专卖为非计，则现在仅由陈姓一人包办，尤为不合，且每年仅添缴十余万金，较之局议每年可缴百万元者，所差更多。不知督部堂处已有所闻否？

督部堂代理员提法使司鹿谓：督部堂处现未知有明文否。

费，其裁留之主义，系根据光绪三十四年周县令详请为地方善举之用，又税厘局宪札饬酌留三成为该县各善举之需等案而来。原书又云所认之报效非捐款，亦非税款，更在五捐之外，核与自治章程第九十条第二项所谓地方公益捐者适合。查本省试办宣统三年预算案总册，已将该邑竹木捐四千元列入岁入项下缀为杂捐，能否划归为该邑自治经费，此又一大问题也。惟自治为今日切要之图，该自治会悬以待款，亦属实在情形。且原书内称递年所缴皆不及额抵有二千余元，而督征之委员在逃，经理之董事已死，似该公司现尚虚悬该款，恐终至无着，若以归自治会整理，可免委员与董事之糜耗，办理当有实际，以本地之财移充本地要公之急务，当更妥洽。所请移归竹木报效一款，本局似可代转督部堂察准，札饬度支公所查照办理。是否有当，祗候公决。宣统二年十月□日，建议审查。主查施景琛，理事高士龙，审查李仲邺、赵锡荣、刘志和、吴庭枨。

议长（高登鲤君）谓：诸君如赞成审查员报告之意将此建议书代转者，请起立。起立者三十八人（多数）。

第十一，连江自治会代表林直侯陈请革除私税建议书审查员之报告。

议长（高登鲤君）请主查员登坛报告。

主查员施景琛君登坛报告审查情形（大意与报告书略同）。

审查连江自治会代表林直侯陈请革除私税建议书之报告

九月二十二日，本局第十次开会，提出连江自治会代表林直侯陈请革除私税建议书，公决先付建议审查员审查。阅原书系由该邑议事会收受船商代表邱浚英之陈请革除东代文武口私税建议书，并附抄该口私立税则二十二条，经该会审查员审查属实，决议代呈该邑主有案。查文武口勒收私税，已为违法，嗣因竹篾商指禀该口乃变局向该县署年认报效警费五百元，朦准照行，其实报效之款即勒索之款，且查其所认缴之额仅及其所勒索四成之一，冒公济私，更为奸黠。该邑主被其所赚，竟准作为报效，亦失觉察。似此套用报效名目，私立税则，扰害商船，亟须代呈督部堂札饬革除，以安商业。是否有当，祗候公裁。宣统二年十月□日，建议主查施景琛，理事高士龙，审查赵锡荣、刘志和、李仲邺、吴庭枨。

议长（高登鲤君）谓：诸君赞成将此建议书转呈者，请起立。计起立赞成者五十七人。

第九，提回粤盐加价质问案。

提回粤盐加价质问案

汀州素为销售粤盐口岸，自光绪三十四年部定盐斤加价钱文以一半解部抵补练兵经费，以一半划归产盐销盐各省分匀拨济用，汀属应年有加价番一万七八千元。查预算册内只载宣统元年收有粤盐加价银一万一千九百三十五两六钱八分，而粤盐加价系三十四年七月朔实行，三十四年并无进款，已由本局照会盐道台陈，当经函复称此元年加价之款，即系三十四年七月起至元年六月止加价银数，则自元年七月起至今已十五越月，吾闽瘠苦，有目共见，以刻下之财政而论，诚有朝不保夕之势，安肯以一万余两之进款置之不问？揣之情理，大有疑然。且本议员更有请者，此项加价钱文事隔邻省，请督部堂咨明粤督，务须明定限期，或按季拨解，或年分两次向收，方有标准，似此度岁经年，从不一问，恐再越岁月，或事隔两年，此项钱文化为乌有矣。是否有当，伏候公决。提议者张道南，赞成者李驹、熊秉廉、卢初璜、伍春蓉、蓝德光。

议长（高登鲤君）请提议者张道南君登坛质问。

提议者张道南君登坛质问。

督部堂代理员提法使司鹿答：所论极是，当为转达督部堂，从速办理。

张道南君云：加价当自光绪三十四年起，而覆文则云宣统元年，究竟如何，亦须质问。此外又须定明期限，何时可以提回。不然地势辽隔，催促殊难，若无定期，则吾闽应有之权利空令抛弃也。

督部堂代理员鹿云：皆可照办。

第十，连江自治会代表林直侯请移竹木捐为自治经费建议书审查员报告。

议长（高登鲤君）请主查员登坛报告。

主查员施景琛君登坛报告审查情形（大意与报告书略同）。

审查连江自治会代表林直侯请移竹木报效款项归为自治经费建议书之报告

九月二十二日，本局第十次开会，提出连江自治会代表林直侯请饬移竹木报效一款建议书，交由本建议审查员审查。按原书历叙竹木捐先后情形，甚为详晰，观其命意所在，盖以竹木牙原认年纳贾捐四百元，竹木公司认贾捐五百元，兹两项仍照常解省，惟公司另认每年报效四千元之款，请移归为该邑自治会经突者,地方官措置一不得当,或事前不能据章程一百零二条以尽其纠正之责,或事后不能依章程四十一条以平其核断之权,则究其争执之结果,必致起攻击之风潮,而立宪始基势且将为之动摇而不可补救。此应加注意者五。以上所陈,皆就原书引申其义,而参以管见所及。可否一并附呈督部堂通饬各属一体遵行,应请公决。主查员卢初璜,理事张道南,审查员郑藻山、陈锡朋、椿安。

议长(高登鲤君)谓:诸君赞成此建议书并审查员所提出之附注一并转呈督部堂者,请起立。赞成者六十五人。

第八,杜绝倒欠流弊咨询案申覆书。

议长(高登鲤君)请书记长登坛朗读。

书记长(林长民君)登坛朗读申覆书。

杜绝倒欠流弊咨询案申覆书

为申覆事,窃本局第二届议会奉督部堂札交杜绝倒欠流弊咨询案,交由本局会议,仰见关心商业,力挽颓风至意,钦佩莫名。查倒欠原因,大都由于商事失败,无可如何,其甘心负人自堕本业者实尠。然以亏空难支,形迹暴露,有不得不倒之势,致或卷逃以避追逼,或隐匿以顾身家者,时亦有之。为正本清源之计,固在振兴商业,以维金融,此患自可稍息。无如世风日下,诡谲百端,竟有藉倒闭之名而因以获利者,此即咨询之本意也。欲杜绝此弊,似宜用商会章程所订部定账簿,施行不动产登记法,方为探本之谋。近日倒欠叠闻,流弊滋多,诚有如督部堂所云,寄隐钱物,伪造账簿及产业诡挂他人,种种情弊,是即破产律第六节所称有心倒骗者,若不亟事挽救,商务何堪设想!查商部已于光绪三十二年续拟破产律九节六十九条,细绎各文,精密周详,颇称完善,理应实行。斯为良法,固不能出其范围而再参以臆见者。理合将会议情形备文申覆,伏乞察核施行,须至申者。宣统二年十月初六日,临时审查会主查员李迪瑚,理事郑藻山,审查员陈锡朋、苏寿乔、黄纪星。

李迪瑚君谓:中间落一"商"字。

议长(高登鲤君)谓:诸君赞成此申覆书者,请起立。计起立赞成者六十五人。

陈锡朋君谓：本议员要求议长将此案早日呈督。

议长（高登鲤君）云：向来议决事件，议决之次日，即行呈督。

第七，通饬各厅州县对于地方自治应加注意之建议书。

议长（高登鲤君）请主查员卢初璜君登坛报告审查情形。

主查员卢初璜君登坛报告审查情形（大旨与报告书略同）。

审查刘崇佑陈请通饬各厅州县对于地方自治应加注意建议书之报告

本届第十次会议提出刘崇佑陈请建议书一件，交临时审查员审查，查全书大致在责成地方官对于地方自治，务尽其监督之职与董率之功，更期出之以诚，行之以忠，洵为今日自治萌芽根本上最关切要之举，自应立予转呈，以助自治前途之发达。惟书中于应加注意之点，尚有略而未详者，请为附注，以益之官治。政体之相沿，人民崇拜士绅之习惯，不如其崇拜官厅。故地方官之于议会，务宜时常亲莅，不特官绅可多得接洽之机，不至于隔膜，且足发起一般人民尊重议事会之观念，为自治会坚立信用之基，而议事进行之精神，必有因而倍加慎审，倍加奋厉者。此应加注意者一。凡议案经议会通过之后，必得行政官厅之同意，始发生施行之效力，此自治章程所以有第三十七条之规定也。是则欲活动自治会执行之实权，必严定地方官查核之期限。查馆定谘议局议案札覆之条例，由督抚提出者不得过十日，由局提出者不得过十五日，则例此以推，地方自治之范围本属有限，地方官查核之手续自觉非难，尤不可不制限一确速批覆之期，以免悬旷迁延，贻误时日。此应加注意者二。有言论而无设施，议案亦等诸科场之策论。自治章程一百零二条有地方官令自治会报告办事成绩之规定，所以重执行也。但自治会权力尚未充实之时，苟无官力扶掖之，恐终难达实行之目的，是以为之监督者，断非因循瞻顾可以任事，亦非粉饰敷衍足以图功。此应加注意者三。自治之事宜不一，学务需款，实业需款，卫生、工程、营业、善举一切又需款，于是经费之问题生焉。然按章程第九十一条曰呈请地方官核准拨充，第九十三条曰呈请地方官核准遵行，第九十六条曰由该管官吏征收汇交，又曰呈请该管地方官出示晓谕，可知筹集处理之方法，不专责在自治会，而尤责在地方官。提中饱以归于实用，裁陋规以助其要需，断不能以事属巨艰而故为推诿。此应加注意者四。民智幼稚时代，骤语以自治范围之意义，权限之不明，利益之不均，往往有互相冲总共收大洋几元，小洋几角，铜元几枚，此外并无浮冒，所具收单是实，此照。

宣统　年　月　日，某县经征人某姓名，盖戳

宣统二年十月□日，庶政兴革、财政科协查。主查员高士龙，理事谢滋春，审查员陈锡朋、黄乃裳、黄纪星、许赞虞、余钟英、王邦怀、林邦桢、杨慕震、洪鸿儒、张国宝、伍春蓉、黄必成、椿安、李钟声。

王子懿君谓：审查诸君对于督部堂札覆此案之意尚有遗漏，查督部堂札文有未便据道光时粮价为定，饬各属妥为酌定等语，是粮价一层已交州县妥议矣。今未奉续札，不知督部堂对于各属之报告如何酌定？

议长（高登鲤君）谓：然则此案应请督部堂札覆完全后，方可议决。

林辂存君谓：此案去年提议时，本议员为审查员，曾征各府议员意见，因各府情形多有不同，故未定划一之价。此次覆议，最好于审查时再征各府意见。

第六，覆议减轻漳河水患案审查员之报告。

议长（高登鲤君）请审查员陈锡朋君登坛报告审查情形。

主查员陈锡朋君登坛报告审查情形（大意与报告书略同）。

覆议减轻漳河水患案审查员之报告

本届第十二次议会提出减轻漳河水患案覆议，交本科审查。查上届提议此案之后，汀漳龙道于十二月间纠集绅商筹设浚河公所，就工赈局余款，先行购船开浚，其办理情形，已由浚河公所呈请汀漳龙道转详督部堂矣。惟余款无多，工程浩大，近日（轻）〔经〕费告竭，势已难支。督部堂最后札覆有云，各省协济之款，既（轻）〔经〕财政局查明存款确数，将来河工需款紧要，自当由财政局筹拨。现河工办理方殷，而经费拮据弥甚，所谓需款紧要，正属此时，应请督部堂饬财政局迅将协济存款尽数拨交浚河公所，以应急用而维工程。至赈捐项下未便议拨，亦属实在情形，应无庸议。漳绅捐款，现已陆续输缴，无俟再催。篷船抽捐，应由督部堂饬催汀漳龙道协同浚河公所妥筹办理，以资补助。此系审查情形，合行报告，伏候公决。宣统二年□月□日，庶政兴革科。主查员黄乃裳，理事谢滋春，审查员高士龙、余钟英、王邦怀、张国宝、陈锡朋。

议长（高登鲤君）谓：诸君赞成报告书否？请即表决。可决者六十四人。

征粮定章，足资遵守。

第六条　各厅州县应照定章大堂设柜，其离城较远之镇乡，由各属相度情形分设乡柜。附说：按设乡柜系督部堂札覆所主张者，深体民情，允当照行。

第七条　完纳钱粮，概用市面通行大洋，其不满一元以上及奇零找尾者，均准用小银元，每角定作七分计算，不许抑勒。

第八条　随粮铁路等附捐，概用小洋交纳，每角应抵钱一百文，其奇零者用铜元找足。

第九条　经征胥吏，如巧立名目，仍前浮加抑勒，及索取站规、户礼、差礼、年礼、勒掯、留难等弊，及不给花户正式收单者，准人民指控地方官应即禁止，并严行治罪，如有徇隐庇护以违法论。

第十条　各厅州县遇有民欠于奏销限满时，列花户姓名榜示城镇乡，如有以完作欠者，准人民指控，其实欠在民者，应即令完纳，如逾限不完，以抗欠论，应令照常价加一完纳（例如缴银一元者，须加缴一角，余准此），以示惩罚，如再抗违不缴者，严行治罪。附说：钱粮为国家正供，浮收固当革除，而抗欠亦应惩罚。然花户之挂欠，其弊多由于征收及完纳之两方面向未表示，若详列完欠各户之数，则彼此以互证而通晓。恭读雍正六年二月上谕，每年令各乡各里将各户名下已完钱粮若干，尚欠若干，逐一开明，呈送州县官，可对无差，即行用印出示，各贴本里，使欠粮之民家喻户晓，如有中饱等弊，许执串票具控等因，钦此。又查户律则例内载，民欠钱粮，州县官岁令里书，将所管各查户完欠细数开送核对，出示本里等语。是此条实系钦遵圣训及户部例语办理。

附则：本案应以宣统三年二月开征之日起，全省一律施行，各厅州县于施行十日前，即行揭示，遍及以城镇乡，俾众周知。

收单式

今收得

　　某姓名完纳某户宣统几年份

　　地丁银几两几钱几分几厘，计合大洋几元几角几分正；

　　米几斗几升几合几勺，计合大洋几元几角几分正。

　　附收某捐小洋几角几分正。

　　串票几张，计合铜元几枚。

案于后，是否，统候公决。

革除征粮积弊并划一征收银元修正案

理由：征粮积弊，罄竹难尽。方今百度待举，需财孔殷，欲求人民胜其负担，必先为人民释其困苦，斯感戴深而赴公急。上届本局提出征粮一案内计办法八条，计虑周详，闻者靡不踊跃，乃以各属情形不同，粮价势难一律，致令案未公布，望者歉焉。盖征粮之弊，在各属粮价参差，尤在胥吏辗转折算，虽划一为根本上之办法，而既格于势难骤行。计惟有将各属所报清理财政局表册内载之数，暂为确定一征收价目，以救目前之急，此后概用市面通行大洋元完纳，其奇零找尾者则用小银元、铜元，庶于督部堂札覆所云官民两无相累之语，实相吻合。兹列修正条文如左：

第一条　各厅州县征粮暂照报告清理财政局册内所载之价数，此外不得浮收分毫。其表详列于后。附说：报告清理财政局征收之数，虽各属粮价多寡不同，既为向章，姑暂仍其旧。

第二条　现币制未颁，各厅州县征收钱粮一律通用市面现行大洋完纳，每元定作七钱四分，计算不得稍有抑勒。附说：查光绪三十四年奉上谕，饬革除苛政，征粮洋价照市核算，不准稍有抑勒等因，钦此。现各属大洋市价每元用七钱四分至七钱五六分不等，今定为七钱四分者，从市面最低之价也。

第三条　花户应纳库银若干，民米若干，只需银串一纸，米串一纸，不得分折多张，希图剥算，其串每张应给工价铜元二枚。附说：按此条督部堂札覆业经准行，惟原文只言银串而未及米串，且串票工价未定，似尚缺略。查道光二十年仙游县生员陈建呈控钱粮浮收案，经前布政司常详明院宪出示晓谕，内开遵照福州兴化现定章程，所有银米串票只准给工价钱十二文，永远遵守等因。是此条办法原有所本，且一纸串票价至铜元二枚，较钱一十二文，实属有盈无绌。

第四条　交纳钱粮时，除给串票外，经征者须另填写一正式收单，载明正额若干，附捐若干，串票钱若干，总共收银元、银角、铜元各若干，盖戳交各花户为凭。收单式附后。收单中之数目字须概用正体，如"一"字用"壹"字之类。附说：按此条督部堂札覆业经准行。

第五条　各属征收钱粮，应照定章上忙二月开征，应完四分，六月截数，下忙八月应完五分，十二月截数，至次年奏销时一律完全。附说：此系督部堂札覆行政事件及会议厅议决事件，如有疑问，得呈请督抚批答。本议员对于禁赌不见实行，不能无疑，应请督部堂严催各属实行禁绝，一面密派干员确查各属曾否禁赌情形，照案核办。是否有当，伏候批答。提议者蓝德光、熊秉廉，赞成者张道南、伍春蓉、杨长余、上官华盖、苏春元、李泰交。

  议长（高登鲤君）请提议者熊秉廉君登坛质问。

  熊秉廉君登坛质问（略同质问案）。

  督部堂代理员提法使司鹿谓：督部堂已通饬各属严禁，惟各州县官尚办理不力，应请督部堂再行严饬认真禁止。

  议长（高登鲤君）谓：此应作为质问书，呈请督部堂批答。

  第五，覆议清理钱粮积弊案审查员报告。

  议长（高登鲤君）请主查员报告。

  主查员高土龙君登坛报告（略同报告书）。

  清理征粮积弊并划一粮价覆议案之报告书并附修正案

  本届第十四次议会提出清理钱粮积弊并划一粮价覆议案，交由本科会同财政科协查。查得本案原定办法八条，督部堂札覆，以第一条至第四条拟议平允，自当照行，第五条原有定例，应申明俾众遵守，第六条亦有定章，惟离城较远而又纳赋较轻之户，应相度情形分设乡柜，第七、八两条拟议平公，均属可行，惟附则请照仙游征例划定粮价，未免今昔悬殊，致多滞碍，应求一官民两无相累良法等因。本科协查之下，均以第五条、第六条皆遵循定章，其分设乡柜，亦系为体贴民情起见，应照督部堂札覆办理外，其附则援仙游旧例划一通行粮价，诚有如督部堂札指所云滞碍难行之处，盖各厅州县情形不同，征法参差，久成习惯，考之各县常例，有地丁银一两收银二两三钱，余者有收银一两三钱，余者一旦骤为划一，截长补短，两剂于平，殊难办到。惟查民间痛苦，总在银钱辗转剥算之弊。今为目前救急计，其征价即暂照各属报告清理财政局册内所载之数征收，惟用市面大洋定划一之价，详晰列表公布各地方，俾收纳均有一定之标准。至原案第四条系从划一粮价发生，今地丁银米各属均暂仍其旧，其平余、耗羡、办公费、解费一切原已包括在内，所有胥史薪工自应由该管官给值，则此条亦当删改也。其他各条有与事实上不合者，间有订正。合将协查情形详细报告，并列修正武官及巡警局，遇有省内外大小彩票及各种赌犯，并制造贩卖各种赌具，不分畛域，须同缉捕。如在交界地方，无论归何管辖，均应一律查拿。九、文武官及巡警局，如有收受赌规，经人指控，或由自治会陈请谘议局照章举发者，查实从严参办。至各衙门执事人等，及各区巡士收受者，从严革究，并科该管官以故纵之罪。

宣统二年十月□日，庶政兴革科。

主查黄乃裳，理事谢滋春，审查员高士龙、余钟英、陈锡朋、张国宝、王邦怀。

柳遇侯君谓：严禁赌博，须定期限。

施景琛君云：本局前日提出此案时，本议员出外，即闻人言本局禁赌，而本局中尚有赌博之事，本议员殊不之信。嗣于日昨到局，见各行政官舆夫、亲勇果在至公堂聚赌，始信外人之言不虚。应请行政各官长各自严禁，勿贻人口实。

议长（高登鲤君）谓：此案应开第二读会，请众表决。可决者六十五人。

第四，严禁赌博质问案。

严禁赌博质问案

查谘议局去年会期内督部堂提出查禁花会咨询案，经本局议决审查，修正申覆办法九条，于十月内即蒙督部堂札覆，核其办法，均系严禁赌博起见，自应照议办理，除抄折分札司道，立即通饬所属文武一体查照办理。伏读札文，钦佩无已，以为各属大小赌博，必能一律禁绝矣。乃询之各议员，近由本籍来局者，多谓该处聚赌依然如昨。本议员籍本汀州上杭、武平，目击武平县城有六字标二厂，摊子十余厂，高梧乡有六字标二厂，摊子十余厂，黎畲陈坑六甲鲜水塘叶坑头处明中正堂中堡中赤武平所岩前象洞东流下坝等乡，及上（枕）〔杭〕县辖之湖洋下寨背石田黄塘迳岩头铺濑溪三坑里官庄回龙才溪通贤旧县卢丰安乡丰稔市大洋坝峰市等处，具有摊子、宝子或六字标、八字标花会各赌，以贫瘠县份，遍地开设赌场，居民因之废时失业，荡产倾家，流为奸盗窝匪者，不可胜计。督部堂早准立即饬属照办，何以至今一年，不惟未能禁止，甚至赌风日炽？讵各属地方官尚未奉到宪札耶？抑已奉宪札视为具文因之延搁耶？讵纵容赌犯故意敷衍耶？抑各属衙门包庇朦蔽地方官亦罔闻知耶？查局章第二十六条，谘议局于本省第三，实行禁止彩票并赌博、赌具案审查员报告。

议长（高登鲤君）请主查员黄乃裳君登坛报告审查情形。

黄乃裳君登坛报告审查情形（大意与报告书略同）。

审查请实行禁止彩票并赌博、赌具案报告书并附修正案

本局第二届第十一次议会提出柳君遇侯请禁止彩票并赌博、赌具案，交本科审查。查得彩票之害，甚于花会，挂牌招买，举国若狂，诚有如该案所云者，况各省均多禁止，吾闽何以独异，自应一律严禁，以除民害。至其他各种赌博，以及制造贩卖各赌具，上（屈）〔届〕申覆督部堂花会咨询案中，已陈请通饬各属严禁批准在案，乃未见诸公布，而各处赌风日形炽盛，因此失业荡产者不知凡几。该案提议禁止，实为扫除民害起见，意至美善，惟办法尚有不大完备之处。兹参入上届申覆督部堂咨询案条文，略为修正，以期实行，是否有当，仍候公决。

附修正案

理由：赌之悬为厉禁久矣，而各处赌风卒未见其减，且日见炽盛者，盖由各地方官对于此事率多敷衍塞责，不肯认真，每出一示，发一签，不过为快役多一宗进款，于禁赌功令不过视为具文，甚且官与幕日事豪赌，绅与商一掷巨万，法行自上，不可不力整理之。尤可怪者，彩票性质与花会等，花会著为厉禁，而彩票则明目张胆公然买卖，男妇老幼趋之若鹜，无分贤愚，悉坠彀中，利令智昏，举国如狂，赌害实无有甚于此者。况当立宪时代，文明之国尤不容有此陋习。急应与各种赌博一律禁止，以除民害而醒民困，吾闽幸甚。

谨恭照上届申覆督部堂花会咨询案为修正办法如左：一、无论本省外省，大小彩票，应通饬各属，一律严行禁止，并通饬邮政局，不得递入，以肃赌源。如经前项禁止后，再有卖者买者，均应从重治罪。二、花会挂巴或走封、吃封等犯，无论当场拿获，或由暗访讯实，均须严办，不得以罚锾了事。三、聚赌麻雀，无论官幕绅商，均照新律从重办理，并委托各公益团体帮同查拿。申义：聚赌麻雀，以官幕绅商为最，法行自上，不能不照新律从重办理也。四、六字标、八字标、摊子、宝子、公人棹、十二枝、四色牌等赌，均应一律严禁。五、聚赌铺屋，除标封充公外，仍科住者以招赌之罪。六、如有制造及贩卖一切各种赌具，务必严行查拿惩办。七、严禁藉神诞演剧及元旦喜庆等事聚赌。八、责成文

议长（高登鲤君）谓：诸君赞成此案否？请即表决。可决者全体。

议长（高登鲤君）谓：此案应省略第三读会，请众表决。可决者全体。

第二，本省地方行政经费预算案。

议长（高登鲤君）云：原册已印刷分布，应省略朗读，请诸君讨论。

孟思培君请付审查。

卢初璜君亦请付审查。

刘崇佑君谓：此案虽至今日始提出于会场，然自督部堂札交后，已由各议员详细研究，地方经济之现况及缓急轻重之分别，亦略有把握，请即付审查。

王子懿君谓：此案虽久经预算科审查员审查，然兹事关系全省财政，极为重大。第据所知所闻以为研究，尚恐有不实不尽之处，将来审查员提出报告时，应请与预算有关系之行政各官长同到会场互相讨论，庶能确实。本议员意见，总望以至少之经费，办至多之事业，事事归于核实而已。

议长（高登鲤君）谓：此案应交预算科审查，不必表决，惟须定一报告期限。

刘崇佑君谓：照章预算报告限十五日内提出，然现在连延会仅十日，为期已迫，最好预算科诸君能设法从速于五六日内分课提出报告，不必俟一概审查完毕然后报告。且章程所谓十五日者，谓将全案一并审查终毕耳，实则除对主务官厅质问须在会场外，余皆可就审查会分课审查，人多则事亦易完也。

议长（高登鲤君）问：预算科诸君何日可以审查完毕？

王子懿君谓：七日内能完毕。

刘崇佑君谓：如七日内能审查完了，则尚有三日以开第二、第三读会。

苏寿乔君谓：会期既仅有十日，只好设法赶办。

刘崇佑君谓：关于预算何日提出何课，届时当列表呈督部堂，以便按期派委主管人员到会，以备讨论并供质问。

制台代理员提法司鹿云：当转达制台派委员到会。

刘崇佑君云：所谓主管人员不限定本省官吏，凡关于事务之主管者，皆应通知到会讨论。

各省岁出入款项总数折中，有各省支绌情形长虑却顾，已非一日，是以本年六月有举办新政宜力求撙节之奏，守量入为出之义，为徐图补救之方，各等语。十二月二十三日，奉旨：知道了。钦此。既守量入为出之义，则预算案岁出之数应由岁入之数而定，提出预算案为督抚之职权，编制预算案为督抚之责任，是其编制预算案之时，必以先有入款为前提，更无疑义。按之局章，按之馆咨，更考之度支部奏案，本年谘议局之议决预算案，皆合并岁出入而言。本局今年开会以后，业经奉到督部堂札交宣统三年本省地方行政经费预算案，遵照部电，交由本局议决，惟未经交到地方岁入预算案，前后奉札转部，部电皆以国家税、地方税未经厘订，故岁入暂行合并编制，悉列总出入全册之中，是本年督部堂所以未交地方岁入预算案之故，乃由于国家税、地方税之未分，非有出款而无入款也。若有出无入，则与度支部奏案量入为出之义为未协。既量入以为出，必先有入而后有出；既先有入而后有出，则其出数即其入数。此尤根本于章程、部电及奏准之案而无可移易者也。谨遵此义，核计督部堂提出宣统三年地方行政经费经常岁出费共银一百五万五百七十九两三钱四分六厘，即以此数为宣统三年经常岁入之额，临时岁出费共银九万一千六百一十一两八钱六分，即以此数为宣统三年临时地方岁入之额，统共地方行政经费岁出一百一十四万二千一百九十一两二钱六厘，地方行政经费岁入一百一十四万二千一百九十一两二钱六厘。伏乞督部堂察核施行。现在预算案业已开议，应俟议决之后，再行遵章呈请公布施行，合并声明。宣统二年十月初十日，本局提出。

刘崇佑君谓：此案大意，众已尽悉，请表决即开第二读会。

议长（高登鲤君）谓：此提议案应开第二读会，请众表决。可决者全体。

刘崇佑君谓：此议案应省略第二、第三读会。

孟思培君谓：第三读会可省略，第二读会不宜省略，应请议长即将此案继续开第二读会。

议长（高登鲤君）谓：此案即续开第二读会，请书记长登坛朗读提议案。

书记长（林长民君）登坛朗读提议案（提议案见前兹不赘）。

黄纪星君谓：尚须声明关于地方行政经费，何项应增，何项应减，遵照度支部来电以为增减。

刘崇佑君谓：黄君所言固是，然本议员之意以为可不必加。

则不赴召集，此覆顺局办法，并盼示。直局，荠。

（十）报告广西谘议局来电。

谘议局鉴：九月阳日政治官报载馆咨崦（此字电码疑有误）于议局办法五条，局权被剥殆失（此字电码疑有误），应请交院议，希电院力争。桂局，印。

（十一）报告漳州城议事会来电。

谘议局暨漳议员鉴：郭桢祥强占下浒炮城为糖厂，门户已失，民情汹汹，除申覆监督外，合电请建议勒令折还。漳议事会，佳。

郑藻山君云：漳州炮城，地方极为重要，此电所述自为重大问题，不可不悉心研究，当由议长请制台代理员及劝业道注意。

议长（高登鲤君）报告云：议事日期已满，而预算未奉确答，尚难决议，其余关于财政各案亦因此未决，似非延会不可，诸君以为何如？

刘崇佑君云：议案关于重大者甚多，若即如此收束，不成事体，自宜延会，当延会十日。

议长（高登鲤君）谓：本届会期已满，而关于重要议案多未议毕，应照章延会十日，至十月二十日止，请众表决。可决者六十六人。

陈锡朋君谓：顷漳州城议事会来电所云，炮城地方，据郑君所言，关系甚属紧要，此电应作为议题付议，先由议长质问督部堂代理员对于此事如何措置。

第一，关于议决预算应行解决事件提议案。

议长（高登鲤君）请书记长登坛朗读提议案。

书记（林长民君）登坛朗读提议案。

关于议决预算应行解决事件提议案

依谘议局章程第二十一条第二款，谘议局有议决本省岁出入预算之权，预算以出入适合为原则，是谘议局之预算议决权，固合岁出入而言无疑义也。光绪三十四年九月初十日，宪政编查馆通咨各省督抚及度支部文，自应按照清单于三十五年先将各省岁出入总数由督抚责成调查局详细调查，以便三十六年复查确实，编定预算案，交谘议局议决。是为试办预算之事云云。三十六年即宣统二年，此为本年提出预算之根据。既为提出预算，自系并岁入而言，既云交谘议局议决，自系并岁出入议决之，非但议决岁出亦无疑义。宣统元年十二月，度支部奏调查将粮捐及盐斤加价二项详细申覆督部堂札局，以便议决，理合具文呈请督部堂察鉴施行等情到本部堂，据此当经分札福建财政局、盐法道迅速查明具覆去后，兹据财政局详称，各属批解铁路粮捐，截至现在止先后共收钱一十八万九千六百九十千四百九十二文，内除支拨共钱一十一万一百五十二千八百二十三文，实尚存钱七万九千五百三十七千六百六十九文，查明先行开折详复。至此项路捐，照额原不止此数，惟有实欠在民者，有欠解在官者，前经札饬各县详查申覆，一俟覆到，便知短解确数，计呈清折一扣。并据盐法道复称，兹将路捐与加价二者分作两件，截清年月，各列各表，各算各账，至官商欠解之数，现已分别严催有案，库款除已解外，并未挪用分文，计呈清折两件，各等情前来。除详批饬赶将欠解各款分别饬查覆解外，合将各清折照抄札发，为此札行谘议局查照，须至札者。计粘抄清折三扣。右札福建谘议局准此。

（七）报告罗源城议事会来函。

谘议局议长、议员均鉴：敬禀者，敝邑花会盛行，数十年来，人民被其引诱，废时失业者不知凡几，地方之害，莫此为甚。前经敝会议决，呈请邑尊严禁在案，所有呈文及批答，已于本月初六日上陈请建议书内备详颠末，谅邀公鉴。唯邑尊对于此事无甚注意，现已有日盛一日之势。掏笆者十余人，收小笆者二十余家，亲勇头张旺（邑尊家乡人）包收规费，与掏笆及收小笆者议定，每收一千文抽六十文，每日已得五六千文之谱，由旺散给各差勇。县署执帖兼差总周姓不得分润，于本月十一日擒拿走封梅六卿送署究办，卿托郑建寅向邑尊关说（因寅业医时常入署治病，声气素通，故前去毒支社拿获开灯聚吸之黄江江一案，亦托彼关说具结了案），堂讯卿只枷示保释，并无笞责。似此轻纵赌犯，则赌害不至蔓延不止。恳请钧局将敝会陈请建议书提前开议，如蒙公决，并祈迅速呈请督宪，转饬地方官认真办理。庶赌犯知儆，民害可除。至邑容批答将原案当场拿获四字删去，究竟自治会拿赌请究有无侵越官长权限，并乞赐教，以便遵行。肃此，敬请公安。

（八）报告北京学界张琴、议员康咏电关于盐务事。

谘议局鉴：虞电悉，请提案。康咏、张琴等，齐。

（九）报告直隶谘议局来电。

谘议局鉴：预算事本局定会毕缴原册，并请咨部力争，明岁完全预算不得，清折一扣等情到本部堂。据此，查此案前据谘议局常驻议员来函，即经札饬藩、学、法三司，按照函开各节秉公查明确情，详复核办，嗣据连江县王令荣绶禀呈各情，复经批饬该司等核详在案，据呈前情除札催该司等迅查详覆以凭核办外，合先札复。为此札行谘议局查照，须至札者。右札福建谘议局准此。

（五）报告督部堂札覆茶务事。

总督松为札覆事：据谘议局申覆覆议茶业咨询案，并呈清折一扣前来，察阅折开讲习所之设区，区限以一千二百元经费，无论规模太狭，研究未能完备，而费半取诸茶商，亦虑诸多不便。窃以为茶税既为出口大宗，则提倡改良，行政官责无旁贷，既未能九属分办，则一所之组织，其经费应由预算内划出的款，以免有名无实。至外府州县产茶之区，有热心商家力能集资禀请设立（购）〔讲〕习所以整顿茶业者，应请劝业道饬该管地方官竭力维持，俾茶务日有起色，关税因以增多，闽省幸甚等语。查闽省自清理财政之后，司库出入款项，均经报部，动支之款可减而不可增，省垣应设之茶务讲习所，前由劝业道详据农务商务总会会议，订定简章，并请常年经费官商合筹，其每年由官款补助银四百二十两，业经本部堂如请咨部，并列入追加预算册内，应即照案札饬财政局筹款拨付，以为常年的款。至外府州县设立讲习所，果有热心商家力能集资者，自应饬该管地方官实力维持，以期茶业日见发达，除札饬财政局筹款拨付，暨饬劝业道会商农务商务总会定期开办，分行各属遵照外，合就札覆。为此札行谘议局查照，须至札者。右札福建谘议局准此。

（六）报告督部堂札复铁路事。

总督松为札覆事：据谘议局呈称案，查宣统元年本局第一次开会时议决整顿闽路一件，业于十月二十二日抄录清折呈送在案，旋于十二月二十九日奉督部堂札覆内开，本年十二月十四日准总办福建铁路事宜内阁学士陈咨开，查谘议局所议闽路事件，筹画精详，敝公司自应一律照行，惟所拟议各条，有与敝公司现办情形不同者，谨为逐条声明，缮具清折，送请察核，以便转覆，为此咨覆察鉴分别施行，计附清折一件等因到本部堂，准此，除粮捐及盐斤加价各项分札财政局、盐法道查照折开逐一查明办理外，合就札局即便查照，计粘抄折一件等因，奉此。当于本年会议时，将该件提出讨议公决，粮捐及盐斤加价未得财政局并盐法道详覆，无从议决，应请督部堂迅赐分札财政局、盐法道于奉札后，尽两日内

（一）报告议员周文麟君、陈蓉光君各告假一天，张步青君因痢疾续假七天。

（二）报告督部堂札覆本局第二次质问地方岁入事。

总督松批：查地方岁入，业准部电覆以国家税、地方税章程未经厘定，故暂行合并编制，即经札知在案，自应遵照办理。折开各条，应无庸议。至折尾声明，藩司当场答允之词，有两日内倘无部电，亦当划出岁入之额，为议决岁出之标准等语。兹饬据藩司详称，本司是日到局，经各议员屡次质问，均答以事关度支部主政，无论如何，必须奉有部覆，方有办法。继经一再论议，当允以代请宪台再为电催，如仍无复电，再请设法，想宪台亦当允为设法等情，合并知照，此覆。

（三）报告督部堂札覆本局第三次质问预算案部电甚明谘议局并不任咎事。

总督松为札覆事：据谘议局呈称，十月初三日本局第十二次会议时，提出关于预算质问案四条，业经呈请督部堂批答在案，现在已过六日，尚未奉到札覆，昨奉督部堂札开，准度支部电覆内开，三十电悉，此次试办预算岁入一门，因国家地方税章程未经厘定，故暂行合并编制，业经通电各省，将预算全册送供参考，则一切岁入系在其中，各谘议局亦可略知大概，希仍饬该局遵照办理等因前来，合就札局查照，附原电一纸等因，奉此。本局对于部电多有疑问，当于本日开会时提出质问案，理合缮录清折，具文呈请督部堂察鉴，迅赐札覆，计清折一扣等情。据此，查度支部电文，如业经通电各省，将预算全册送供参考，则一切岁入俱在其中，各谘议局亦可略知大概等语，部电既云参考，又云大概，即不得视为标准，语意甚明。至谓谘议局以地方岁入问题未经解决，以致预算议决无从进行，自系实在情形。惟查部电先云此次试办预算岁入一门，因国家、地方税章程未经厘定，故暂行合并编制各等语，是部中未定地方岁入方针，预算议决无从进行，谘议局并不任误事之咎，亦非本部堂以误事贻谘议局也。事实理由较然明白，似可不必过虑。合就札覆谘议局查照，须至札者。

（四）报告督部堂札覆王令荣绶违法事。

总督松为札覆事：据谘议局呈称案，查奏定谘议局章程第二十八条内开，本省官绅如有纳贿及违法等事，谘议局得指明确据，呈候督抚查办等语，兹经本局议决连江县王令荣绶违法一件，理合缮具清折，呈候督部堂察核查办施行，计呈第一，关于议决预算应行解决事件提议案（本局提出）第一读会。

第二，本省地方行政经费预算案（督部堂提出）第一读会。

第三，实行禁止彩票并赌博赌具案审查员报告（延前会）。

第四，严禁赌博质问案（蓝德光、熊秉廉提出）。

第五，覆议清理钱粮积弊案审查员之报告。

第六，覆议减轻漳河水患案审查员之报告。

第七，通饬各厅州县对于地方自治应加注意建议书审查员之报告。

第八，杜绝倒欠流弊咨询案申复书之朗读。

第九，提回粤盐加价质问案之提出。

第十，连江自治会代表林直侯请移竹木捐为自治经费建议书审查员报告。

第十一，林直侯请革除私税建议书审查员报告。

第十二，陈汝瑚请饬办农会建议书审查员报告。

第十三，邹仰曾请巡防队选募土著建议书审查员报告。

第十四，林直侯请提猪牙帖陋规移充公费审查员报告。

第十五，闽侯自治会代表陈培锟请以国民捐拨充自治经费建议书审查员报告。

第十六，南靖人民黄王谟关于苛征钱粮建议书审查员之报告。

第十七，南靖人民黄张清关于豁免钱粮不揭示建议书审查员报告。

第十八，覆议教育事件妥筹各府联络案审查员报告。

第十九，札交覆议定期提议案审查员报告。

第二十，覆议禁烟办法案审查员报告。

第二十一，覆议革除厘金积弊案审查员报告书。

第二十二，厦门周之桢请补助女学经费建议书审查员报告。

第二十三，仰光参议员杨向荣等请撤保商局议案审查员报告。

第二十四，厦门黄廷元关于英领事误认海后滩地建议书审（案）〔查〕员报告。

第二十五，第一届本局决算案审查员报告。

议长（高登鲤君）述各种报告：

及查办。

第十八条　本规则在公布施行之后，部颁通行章程以前，认为有效。

发议者王子懿，赞成者潘纪雲、谢滋春、杨豫、黄纪星、高士龙。

王子懿君登坛说明提议理由，略谓：本议员提出此案，第一原因因去年议决案中，有将赈捐实收每县各发一百张，以为农会之费，故不能不定规则，以为防范。今又闻赈捐限至明年三月停止，则此款又靠不住，究竟有无此事？

督部堂代理员布政使司尚云：实系除至明年三月停止。

王子懿云：据此则本案已成空文，请自撤回。

刘崇佑君云：此案极佳，撤回殊见可惜。请仍付审查，或且别有良法，亦未可知。

议长（高登鲤君）谓：付法律科审查，请众表决。可决者五十六人。

苏寿乔君谓：关于预算岁入质问案，务请督部堂代理员转达督部堂，尽本晚札覆。

督部堂代理员布政使司尚谓：本代理员即转达督部堂。

议长（高登鲤君）谓：于法政学堂质问案应具质问书，呈请督部堂札覆。

议长（高登鲤君）报告第十七号议事日表。

议长（高登鲤君）宣告散会。

是日出席议员六十九人。督部堂未到会，委布政使司尚代理。午后五时散会。

第二次福建谘议局议事速记录第十七号

宣统二年十月初十日（1910年11月11日）

议事日表　第十七号

宣统二年十月初十日（金曜日）午后一时开议。

第四章　职务及权限

第七条　关于农林事务，统归农会总理主管，其余需用员役，得由总理选充。

第八条　关于农林事务内创造、改良、推广各方法，及款项出入、用人行政，农会总理均应负其责任，兼有要求地方官持保护之权。

第九条　每年分六月、十二月两期，应将办事成绩及出入款项，详细造具表册，申呈主务官厅察核。

第十条　凡地方官劝业员及自治会，如对于农林事项内有疑义应行检查时，农会不得拒之。

第五章　经费

第十一条　关于垦荒造林应用经费，其赈捐实收一百张捐集之款，尽数充用。按：上年振兴农业案第六条，请督部堂每县发给赈捐实收一百张，由各县自行劝捐，拨作开办农业补助经费，业蒙核准。其赈捐捐款用之消费者，以十分之二为限（如夫马、薪水之类）。

第十二条　凡商民如愿投资共同种植林业者，按照银数之多寡，作为股本（概照公司章程办理）。

第六章　保护

第十三条　凡辖内农林，无论公产、私产，地方官均应极力保护。创办之始，应出示严禁损害，如有损害，准由农会随时送官惩办。

第十四条　凡损害树木情节较重者，送官照律惩办，轻则由农会公议，计损害之数，加十倍令罚，罚款以五成赔地主，以五成充农会公费，如不遵公议，及无钱可罚者，送官惩办。

第十五条　凡无知幼童损害树木，家长任咎受罚，牲畜损害树木，主人任咎受罚，不遵公议者送官惩办。

第七章　附则

第十六条　办理农林成效卓著者，由主务官厅视所办成绩，援照奏定农林章程，从优奖励。

第十七条　每年由主务官厅派员分赴各属，考察农林之状况及各农会成绩之优劣。其办理农会，因循敷衍，虚糜款项者，应禀明主务官厅，将总理即行撤换议长（高登鲤君）谓：此案应开第二读会，请众表决。可决者四十八人。

第六，试办农林规则案。
议长（高登鲤君）请提议者登坛说明。
试办农林规则提议案

理由：一、闽省襟山带海，气候温和，种植林业，最为适宜，但经费为难，着手匪易。上年振兴农业案第六条，请督部堂每县发给赈捐实收一百张，由各县自行劝捐，拨作开办农业补助经费，业蒙核准，即应从速兴办，以辟利源。此本规则之所由提出也。二、各州县农会成立者，多对于农林生产事业寂然无闻，若不切实计划，甚非部章设立农会企图农业发达之本旨。本规则实所以督促农会之进行。三、查谘议局章程第二十一条第一项，议决本省应兴应革事件，兴办农林系本省应兴之事；又第六项，议决本省单行章程规则之增删修改事件，此项规则可认为本省单行规则，自属谘议局议决范围之内。

谨将拟订试办农林规则，都十八条，列开如下：

第一章　总则

第一条　本规则之规定，各农会及关系农林事项均应遵守之。

第二条　各农会及关系农林事项，除应守本规则外，其有创设公司者，仍查照商律办理。

第二章　调查

第三条　关于农林实行调查事项如左：（一）荒地：凡辖内官荒、公荒、私荒，均查明其地段及亩数；（二）土宜：凡山岳、原野及田地，均查明其土质适宜何项之种植；（三）种苗：如松、杉、棉、靛、桑、柘、梨、枣之类，均查明何处秧苗生殖最蕃，利益最厚。

第四条　关于调查手续分类用簿记明，以备按期造报主务官厅察核。

第三章　办法

第五条　垦种择官地之费省效速者，先行着手，以为全境模范，其公荒、私荒分别劝令垦种。

第六条　凡官荒、山岳、原野及田地，概归农会经理种植，或由农会招股共同合资种植（照部章另订规约）。

不可知，则一府六百元能否靠得住？

议长（高登鲤君）谓：施君之说已作为议题，应请众表决。可决者四十四人。

卢初璜君谓：预算岁入前日尚有质问，不知督部堂何时札覆？

督部堂代理员布政使司尚谓：大概日内总有札文交局。

刘崇佑君问：督部堂如何回答？请督部堂代理员先行宣示。

督部堂代理员布政使司尚谓：中间具说帖者甚多，不知督部堂采用何条。在本司意，极愿能使谘议局开议。

陈锡朋君谓：此案关系预算，无预算则无从决定，应请缓议。

议长（高登鲤君）谓：此案应从缓议。

第五，请实行严禁吗啡进口案审查员报告（延前会）。

议长（高登鲤君）请主查员登坛报告。

主查员高士龙君登坛报告审查情形。

审查请实行严禁吗啡进口之报告书附修正案

本局第二届第九次议会提出张君国宝请实行严禁吗啡进口一案，交由本科审查，实为杜绝巨害起见，意至美善。经同人一再开会，查吗啡之害，十倍鸦片，光绪三十二年会议政务处大臣奏筹拟禁烟章程折内第十条，查吗啡（一名莫非鸦）及刺入肌肤之吗啡针，其损伤较鸦片为尤甚，应查照中英续议通商行船条约第十一款、中美续议通商行船条约第十六款，切实申明，分饬各税关，如查有不因医药使用贩运来华者，一概不准进口，并严禁中国铺户，无论华人、洋人，均不准制炼吗啡及制造此项之针，以期弊绝风清等因。又光绪三十四年六月法部会奏，以拿获制造打吗啡针之犯，不论杀人与否，应比依照畜蛊毒律斩罪上酌减，极边烟瘴安置，其贩卖吗啡之铺户，如查系未领海关专单者，亦照知情卖毒药律与犯人同罪，仍将该铺户即行标封，并请饬下各海关申明条约，严杜私贩而绝根株等因。两折均奉旨依议，钦此。吾闽即于是年十二月，经尚藩台札饬各海关并各府州县官严行查禁各在案，乃日久玩生，故态复萌。惟有亟请督部堂重申禁令，严饬各属及各关卡官吏认真搜查，照例惩办。庶贩者知畏，用者知止，而巨害可期杜绝，似无庸另筹办法也。合将审查情形报告，是否，仍候公决。

练习所，俟各府州县平均有二人以上毕业时，即行停办。（二）关于外府之办法。一、各府州县所设师范简易科或传习所，前后毕业学生已足供本地小学之用者，即应停止，所有校舍、校具、经费即行改办单级教授练习所；二、删去；三、照原文改为第二；四至九、均照原文改为三至八。

宣统二年十月□日，庶政兴革科修正。

主查员黄乃裳，理事谢滋春，审查员高士龙、张国宝、余钟英、王邦怀、陈锡朋。

议长（高登鲤君）谓：此案办法应一并表决，请众讨论，再行表决。

陈锡朋君谓：第六条先办单级教授练习所落一"所"字，应请补入。

施景琛君谓：此案关系外府，表面似易办到，而实则甚难。所谓以师范传习所经费举办，惟是各府不皆有师范传习所，即从前有之，而现已撤去者，则经费亦属无著，明年下学期如何成立？据本议员意以为，宜就省城先设一所，由各府送学生到省入学，大约明年六月可以毕业，然后各回本府办理。大约九府二州每处一所，六百元足矣。此六百元亦当计入预算。

议长（高登鲤君）谓：诸君赞成施君之说否？赞成者八人，遂作为议题。

议长（高登鲤君）谓：请施君即将修正意思拟定条文。

施景琛君谓：此案若照本议员之意修正，则与原修正案办法多歧，其中关涉条文甚多，应请议长将此案修正意思表决后，仍交原审查员照此修正。

议长（高登鲤君）谓：此案已开第二读会，不能再付审查，仍请施君修正。

刘崇佑君谓：照章第二读会终结后，仍可交由审查员修正。

卢初璜君谓：原修正案分省城及各府，现在办法既异，则宜将条文改换。大约第一条当云，此练习所先由省城设立，以次遍及于各府县；第二条当云，省垣应附于师范学校，限明年上半年毕业，外府则亦附设于中等师范学堂，限定宣统四年上半年一律成立。其次当定学生资格及毕业时期。

议长（高登鲤君）云：然则修正案全体当否决矣。

苏寿乔君谓：不必改变条文。

卢初璜君云：顷施君谓每府须分派六百元，作为费用，现预算案之有无尚未可知，则将来之能否拨此六百元以为费用，殊难预料。

陈锡朋君谓：施君言每府六百元甚善，现在预算尚无岁入，究竟有无预算尚刘崇佑君谓：所谓旷废职务，学台曾调查否？闻教务长告假系在暑假中，何谓旷废？

提学使司姚云：法政学堂教务长为谘议局书记长，监督为谘议局议员，皆是一家人，何至有如此之恶结果！监督有监督权限，两方争执，学务公所自有议绅，本司已将此事付议，据云该监督既以教务长侵权旷职为言，则当自负责任。

刘崇佑君谓：学台视议绅所言为确当否？本议员以为，现在立宪时代，若以一二人之喜怒为迁就，仍留此专恣之余毒，则吾闽教育前途甚为危险。本议员为吾闽教育前途计，并非对于双方攻讦有所偏私。且请问监督与教务长起诉，岂得以监督一方面有愿负责任之言，遂置教务长之曲直于不问？譬如原被两造起诉，裁判官得以原告愿负责任一言，遂入被告于罪，而不问其曲直乎？况监督请撤教务长之举，实因争执意见而起，此路人皆知者。正义直道，久为势利所夺。绅士横行乡里，官府引为伥灵，奔走阿附者赖以衣食，得一謇谔之人与之抗争，颓风尚可一振，绅士威福亦或为之稍自敛。职为教育行政长官者，亦当于公是公非所在，力为主持，当不肯取容绅士，摧折士气也。

议长（高登鲤君）宣告休息二十分钟。

四时续行开议。

第四，请速办单级教授练习所案（审查员第二次修正案）第二读会。

议长（高登鲤君）请书记长登坛朗读修正案。

书记长（林长民君）登坛朗读修正案。

单级教授练习所第二次修正案

单级教授案，业经提出报告书并修正案，因第十二次会议再付审查，案内条文经审查会同人详为修正如左：

理由：一、二、三均照原案。

办法：（一）关于省垣之办法。一、单级教授练习所应附设于师范学堂内，其经费即由该校经费拨用；二、照原案；三、此项教员，应添聘江苏单级教授练习所毕业生一二人，合前赴苏之人充当，如苏省毕业生不能来闽，应由前在苏毕业之人先行教授；四、照原案；五、单级教授练习所之学员，由学台饬各府州县选送合格者，大县三名，小县二名，定期来所练习；六、七均照原案；八、此项路。惟此皆外人传言，究竟有无此事？

提学使司姚云：省垣得风气之先，以程度论，则住省学生比较的见为稍优，此亦不可争之事实，似不能以此为排斥外府人之佐证。

卢初璜君登坛谓：法政学堂风潮，其原因不外收费一百元而起。至渠二人曲直，今可不问。第一问学堂中是否应收此一百元？

提学学司姚云：法政学堂未有公文前来，不能作为事实。

卢初璜君问：数年来所收又如何？在省学堂，学台岂无所闻？安能以其无公文而置不与闻乎？顷闻监督有负责任之语，然则收此百元，岂非违法？岂非应负责任？且学生愿寄宿与否，似可自由，何以强迫令出百元入堂寄宿乎？

提学使司姚谓：如果有强迫学生寄宿情形，当不准其如此办理。请谘议局作一函，或用公文，以便照办。

刘崇佑君云：学台岂不能自发命令乎？

卢初璜君谓：两班现不过两百名，合并为一，于管理、教授及经济上胥有利益。何以定要分班？

提学使司姚云：未据报告，本司无从知悉。班既未开，讲堂可容与否，皆无从知悉，无由判断。

卢初璜君谓：现在此班应考及格学生，因无费不得入学者甚多，若再耽延，则合班事又办不到，坐使外府县来学诸生旅食无依，糜费旷日，是何现象？本案之提出，盖为维持法政学堂起见。若一二人之关系，则本局可无参与之必要也。

李迪瑚君登坛质问：谘议局属全省，法政学堂亦属全省，所主张者，皆应为全省计。今法政学堂监督专事排斥外府人，就收自费生百元言之，自费、官费乃保送出洋学生有此名目，何以外府县来省就学亦有此分别？是视外府县如外国也。且教务长、监督冲突，本局对于两方并无所袒。惟据该堂学生所述，多称教务长在堂尽职勤务，而监督所攻讦，则谓为侵越权限、旷废职务、阻挠学务，请学司调查实证。如有其事，则学司亦不能为教务长曲庇；否则，诬罔攻讦之罪自有主名。

提学使司姚谓：依部章，监督有统辖全校人员及主持一切校务之权。彼屡以权限为言，若就权限上论，则监督实有黜陟校员之权，况教务长与监督所争者并无关重大，其争点只在分班、合班而已。

说，究竟如何，尚难悬断。

孟思培君云：学司为一省教育行政长官，应能裁断曲直。

提学使司姚谓：两方各执理由，俱因无公文，不有下最后之评断。

孟思培君云：闻监督请撤教务长，究竟执何理由？

提学使司姚谓：据监督照会谓，教务长旷职，请改派一人。据教务长则云，因合班与监督意见不合。依学部章程，监督有统辖各员、组织全校之责，则凡用人行政，均在其权限之内，本司未便干涉。

孟思培君谓：据本议员闻诸该堂学生者，乃因教务长以正义坚持，致与监督意见不合，则于世道人心大有关系。学司主持一省教育，岂容任一二人意见之争执破坏全局？

提学使司姚云：监督与教务长执何意见，此系各人心中之事，无从知悉。本司惟有就事实上评断而已。

孟思培君云：闻两方俱有禀诉，学司对之如何判决？

提学使司姚云：两方各执理由，本司拟使各自让步，以为调和之余地。

孟思培君谓：据外间谓，监督告讦教务长有侵越权限、旷废职务、阻挠学务等语，究竟如何阻挠学务、侵越权限、旷废厥职，已得确实证据否？

提学使司姚谓：并无事实证明。据旁人转述，以为该监督对于此事愿自负责任。

孟思培君云：如何负责任？

提学使司姚云：学堂事务既委托于彼，则关于此事如何，彼自应负责任。

孟思培君谓：须指出确实凭据，方可不能以负责任一语而定之。

提学使司姚谓：监督既负责任，则果否确实，本司可惟监督是问。

孟思培君云：吾福建有一种特别情形，凡外府县人多受官立学堂之排斥，殊非公平，总须和衷共济方可。

提学使司姚谓：必以为排斥外府，本司断不敢作此苛论。自事实上言，现在各学堂亦皆有外府人。若从前则鲜有来者，且经公文屡催而来者尚属寥寥。近日虽渐加多，亦断无排斥之事。

孟思培君谓：本议员闻向来考列最优等皆系省城人，又最优等有免学费十二元者，外府人亦不能享此利益。考试不公之谤，及种种事实上之指摘，日传于道故，生出外府县人与省城人之恶感。去年本局关于教育之提案，已再三及之，非革除此种积习不可。今年五月该堂已废止此制度矣。不知何以又有此次之争议？闻监督教务长之间，彼此辩论，经月不决，未几有监督参劾教务长之说矣，又未几有教务长禀诉之说矣。近又闻有校员金禀之事矣。事理之争激成臆气，臆气之极，酿成攻讦，为教育计，甚非福建之幸。现在国会将开，宪政教育关系重大。惟愿我行政长官能（特）〔持〕其平，能见其大，慎选贤才，主（特）〔持〕全校，勿纵其弛，勿长其争，勿任一二人之偏私而阻碍学务，以惠多数之学子，以造宪政前途之福。本局议员不胜企望之至。质问者孟思培、陈锡朋、连贤基、卢初璜、王子懿、李迪瑚、郑藻山、张道南、苏寿乔、周文麟、潘纪雲、黄纪星、邓畿，赞成者谢受殷、范宗福、黄羲、李泰交、林辂存、黄乃裳、郑祖荫、李钟声、林天骥、熊秉廉、周寿恩、周春光、杨慕震、刘志和、俞光华、黄必成、洪鸿儒、洪湛恩、洪国器、许赞虞、陈士霖、林邦桢、林逢春、赵锡荣。

议长（高登登君）请提议者登坛质问。

孟思培登坛谓：此质问案中印刷件"多慎选贤才，主持全校"二句本已删去，应声明。语毕，质问云：法政学堂风潮，本议员闻之甚久，至于今日竟有监督与教务长互相攻讦之事。法政学堂为全省人民法政教育之机关，所系非鲜。谨依局章第二十六条之规定，提出质问。兹先就质问案之第一条请学司明答。

提学使司姚谓：此事关于双方争执，尚未见诸事实，无甚问题，似无可质问之处。诸君既以风闻提出问题，本司当就所知以告。所谓自费生，据该堂详交并无此名称。至其实际，据监督面称，因报考甚多，故酌收膳宿等费，每年百元，然亦未见诸公文也。

孟思培君云：据外间传说，先因监督欲收一百元，教务长坚持不肯，后改为每年百元，膳宿在内。求学之士强半贫寒，在外膳宿，每年不须百元。且照章已收学费二十四元，何得更为例外之需索？

提学使司姚云：学堂收受学生之膳宿费，亦为部章所定。

孟思培君云：同一学堂，同一功课，究有分班之必要否？

提学使司姚谓：讲堂原可坐二百余人，惟此节并无该堂公文。据监督云，现招一班八十人，尚续有报名者，大约合计有百余人，连前所招百余人，计共二百余人。究竟分班与合班，此属监督权限内事。至应否分班合班，现在两方各执一督部堂代理员布政使司尚答：已一面电度支部，一面请督部堂饬盐道台拨款十万两，此外绅商协筹五万两，交与商务总会。

刘崇佑君问：绅商款从何来？

督部堂代理员布政使司尚答：由商会筹二万五千两，又由仓谷项下拨二万五千两，统交商会发出。

刘崇佑君问：有无利息及清还期限？

督部堂代理员布政使司尚答：无利息，限年底还一半，明年正月还一半。

刘崇佑君问：此款何日可以提付？

督部堂代理员布政使司尚云：今明日总可提付商会。

第三，关于法政学堂风潮质问案。

议长（高登鲤君）谓：书记长林长民君告假退席，应请上席书记员登坛朗读。

代理书记长登坛朗读质问案。

关于法政学堂风潮质问案

风闻法政学堂自九月初旬以来，因自费生格外多收学费百元，及分班合班之事，监督、教务长相持不下，乃至内部决裂，牵连互控。议员等对于所闻不胜疑感，谨依局章第二十六条，提出质问六则如左，乞赐逐条批答。一、多收学费百元是否为该堂章程所规定？学生于应缴学费每年二十四元之外，强令负担此等重费，是否教育本旨？一、该堂监督因教务长之反对，不能多取学费百元，乃强令八十名学生尽入寄宿舍，取宿膳费学费百元，学生力不能住寄宿舍者甚多，至今缴费者寥寥，考取之后已二十日，因此不得入学，学台知之否？一、同一学年、同一功课，一讲室可容之学生，监督坚欲分班教授，每月须多费二百元左右，地方学务现在有无此财力？同一学年之生实在有无分班必要？一、该堂监督请撤换教务长，以侵越权限、旷废职务、阻挠学务为教务长罪案，其原因是否由于教务长反对收费及分班事？一、该教务长有无侵越权限、旷废职务及阻挠学务实据，学台已否查明？一、收费百元是否非法妄取？分班教授是否可行？主张者与反对者是非曲直何在？一、此后法政教育应如何振刷？查法政学堂向来有自费生名目，于学费二十四元之外，取百元。外府县学生来考稍迟，即令缴费。以是之算入。

李迪瑚君谓：前日开审查会时，已征各府人意见，内连江县系二日，又宁化十日，清流县九日，原稿写错，又浦城县宜加一日。

林辂存君云：泉州、厦门为重要之区，宜加入以四日为到达日数。

张国宝君云：长泰县只须七日。

赵锡荣君云：连江县只须二日，因有轮船一日便可到达，定为二日已甚从容。

李驹君云：长乐县亦然。

刘崇佑君谓：照挂号例，固宜从容一日，盖挂号信之递送较通常者缓。但本议员意，则请按所定期间，各扩充一日。

书记长（林长民君）将改正及增加各项宣读如左：

连江县二日，宁化县十日，清流县九日，福宁府八日，长泰县七日。以上改正者。

厦门厅四日。以上增加者。

议长（高登鲤君）谓：照原定日数及改正或增加者，请众表决。可决者六十三人。

刘崇佑君谓：请将此案连开第三读会。

议长（高登鲤君）问：赞成连开第三读会者，请起立。赞成者五十二人。

议长（高登鲤君）谓：第三读会应省略朗读，行全案表决，请众表决。可决者六十五人。

第二，维持省城市面情形之质问案。

议长（高登鲤君）请刘崇佑君登坛质问。

刘崇佑君登坛质问云：省城自上月源丰润倒闭后，金融机关奇紧，经济界大受恐慌。现在日紧一日，受影响者数家，而以承源为最。省城内大小钱店共十二家，已候支者去其半，此外维持市面仅有大钱店二家。以二家担任十二家之责，恐将来力量不及，亦受其敝。夫维持市面同于救火，地方行政长官对于此事应如何对付？昨与正副议长偕谒藩台，据藩台云当即禀明督部堂商酌拨款借与商家，究竟如何？请督部堂代理员示答。

决者五十二人。

议长（高登鲤君）请众将条例全文表决，全体赞成。

议长（高登鲤君）请书记长登坛朗读官报到达日期表。

书记长（林长民君）登坛朗读官报到达日期表。

福州府：闽县一日，侯官县一日，长乐县三日，福清县二日，连江县三日，罗源县四日，古田县四日，屏南县八日，闽清县五日，永福县三日，平潭厅□□。

兴化府：莆田县四日，仙游县五日。

泉州府：晋江县五日，南安县六日，惠安县四日，同安县七日，安溪县七日。

漳州府：龙溪县六日，漳浦县九日，海澄县七日，南靖县七日，长泰县十日，平和县九日，诏安县十日。

延平府：南平县四日，顺昌县七日，将乐县八日，沙县七日，尤溪县四日，永安县九日。

建宁府：建安县五日，瓯宁县五日，建阳县六日，崇安县七日，浦城县七日，松溪县九日，政和县九日。

邵武府：邵武县七日，光泽县八日，泰宁县九日，建宁县十日。

汀州府：长汀县十四日，宁化县九日，清流县十日，归化县九日，连城县十三日，上杭县十三日，武平县十六日，永定县十二日。

福宁府：福鼎县九日，霞浦县六日，福安县六日，宁德县五日，寿宁县十日。

永春州：永春州六日，德化县七日，大田县十日。

龙岩州：龙岩州八日，漳平县十一日，宁洋县十三日。

董藻翔君谓：长乐县只须二日，已甚从容。

施景琛君谓：长乐宜三日，盖因小火轮靠不住，且邮局对于挂号信恒多延搁。

刘崇佑君谓：据施君所述，邮局挂号信件本多延搁，本议员以为宜照挂号信件再从容一日。

卢初璜君谓：有他处轮船隔日或隔二日一开者，则其隔一日或二日皆须

十五、各广告。

第十六条　本省单行章程规则及行政命令，分别编号，以定其次序。

第十七条　追加公布之文件，亦从前条各编号，以定其次序。

第十八条　本条例以总督批准之日施行。

宣统二年十月初四日。

法律科主查员李迪瑚，理事邹含英，审查员卢初璜、洪鸿儒、黄金銮。

议长（高登鲤君）谓：此应逐条表决否？

刘崇佑君云：请接连朗读，对于全体讨论后一并表决。

议长（高登鲤君）谓：此条例刘君主张一并表决，赞成刘君之说者起立。赞成者六十六人。

议长（高登鲤君）谓：此条例诸君有无意见？

李迪瑚君谓：第十五条第二项第一号落一"及"字，在"其他"上，请补入。

施景琛君谓：第九条云报资每月五角，太贵，宜改四角，删去"送费在内"，增入"外埠邮费另加"六字。又第十一条代卖人以定价一成为酬劳，太薄，宜改为二成。

议长（高登鲤君）谓：有人赞成施君之说否？起立者七人，遂作为议题。

施景琛君谓：第九条五角改四角，"送费在内"四字删去，下加"外埠邮费照加"。又第十一条"一成"改为"二成"。

议长（高登鲤君）谓：第九条施君所改，请众表决。可决者五十人。

议长（高登鲤君）谓：第十一条施君所改诸君赞成否？赞成者二十四人（可否同数）。

孟思培君谓：请议长依议事细则之规定，行决定权。

议长（高登鲤君）谓：据第六十六条可否同数时，取决于议长。照本议长赞成施君说，应即此决定。

李迪瑚君云：十五条第五项第四号落一"吏"字，应补入。

孟思培君谓：十五条第二项添"若认为不当揭载时，得拒绝之"两句。

议长（高登鲤君）问：有人赞成孟君之说否？赞成者八人，遂作为议题。

议长（高登鲤君）谓：应就第十五条第二项添入以上二句，请众表决。可

第十条　各衙署局所谘议局自治会及官立中学以上之学堂，至少必须购阅官报一份。

第十一条　官报局于认为必要之地方，得指定店铺，令具妥保，许为官报代卖所，酌以定价一成以内之折扣，为其报酬。

第十二条　官报代卖所，当于官报局委员所定期限内，纳其经售官报之定价。

第十三条　官报局许设之代卖所，当将其有效之年限、坐落代卖区及代卖人姓名，以官报广告之。代卖所之停止或变更时亦然。

第十四条　官报局应将出入经费数目，每三个月揭载官报一次。

第十五条　官报揭载之次序如左，但遇有无可揭载之项时，得缺略之。

一、上谕：（一）关于政治者；（二）关于赏恤者；（三）关于叙任者。

二、法令：（一）中央颁布之法律，其他资政院议决奏准之件；（二）本省公布之单行章程规则，及其他本省谘议局议决经总督批准之件；（三）本省行政官厅所发之命令；（四）中央官厅咨行本省总督及本省总督通饬各属官厅有关于人民权利义务之件；（五）本省司道以下官厅之告示。

三、本省各自治会议决经地方官查核之件。

四、本省衙署局所谘议局各自治会之广告。

五、杂件：（一）本省会议厅议决事件；（二）本省各衙署局所之重要禀呈；（三）本省官吏之更调升黜；（四）本省或外来官之行止；（五）其他本省重要事件。

七、外报：（一）公使领事报告；（二）本省洋务报告；（三）抄译外国新闻。

八、关于军政之事项。

九、关于教育之事项。

十、关于实业之事项。

十一、统计报告。

十二、说明正误。

十三、气象报告。

十四、轮船出入。

第二章，公布格式。可决者六十六人。

第三章，公布方法。

刘崇佑君谓：第十一条限一个月内补登，恐日期太迫，应改为两个月。

议长（高登鲤君）问：有人赞成刘君之说否？赞成者八人，遂作为议题。

议长（高登鲤君）谓：一个月应改为两个月，请众表决。可决者六十二人。

议长（高登鲤君）请表决，诸君赞成第三章各条者起立，可决者六十五人。

第四章，附则。可决者六十五人。

刘崇佑君谓：附发行官报条例，应归并此案开第二读会。

议长（高登鲤君）请书记长登坛朗读发行官报条例。

书记长（林长民君）登坛朗读发行官报条例。

第一条 本省设官报局，使掌编辑官报之事。

第二条 各衙署局所应登载官报之件，由该长官汇齐送交官报局。

第三条 各种文件如限于篇幅不能同时揭载时，官报局委员得视其缓急以次揭载之。各衙署局所长官认其所交揭载之件为极紧急者，得指定期日请官报局揭载。

第四条 凡文件字数繁多者，官报局得分数日揭载，以揭载完了之日为官报登载之日。分数日揭载者，不得隔日不载。

第五条 谘议局开会期中，官报局应特设附报，详载谘议局速记录及其他关系之件。

第六条 各衙署局所及谘议局自治会之广告应登官报，但在省城外之官厅及自治会得不依本条所定。

第七条 前条所定应登官报之广告，同时欲更登于他新闻纸，悉听其便。但登于官报者，不纳广告费。

第八条 除前条所定不纳广告费外，得酌定广告价目，使其他请求揭载者照纳之。虽有其他请求揭载广告者，官报局得拒绝之。

第九条 官报以左之定价，由官报局发卖。

一、全月份（每月自朔至晦，送费在内）五角。

一、每日份（送费在内）二十文。

购买官报者须先付定价。

第十二条　官报登载后，三日内应由该管官厅揭示之。其在省城外各府厅州县，以官报到达日数后三日内揭示之。如遇天灾时变，不能依到达日数到达者，则以到达后三日揭示之。

第十三条　官报由省城发递至外府厅州县，均交邮政局照挂号信件递寄。官报到达各府厅州县日数别定之。

第十四条　省城及府厅州县应建立揭示亭，凡有揭示之件，皆就揭示亭揭示之。但因周知之便，于揭示亭以外，应酌量城厢、乡镇地方更行揭示。揭示亭应在督署或藩署前，及各府厅州县署前建立。

第四章　附则

第十五条　本规则以总督批准之日起为实行之期。

福建法令公布规则修正案之更正

第三条　凡本省谘议局议决单行章程规则及其他议案，自总督批准之日起十日内，应照本规则公布之。

添第十二条　官报每日发行一次，其发行条例别定之。

原修正案第十二条以下皆须挨次更正其条目。

发行官报条例修正案之更正。

第十五条　官报揭载之次序如左，但遇有无可揭载之项时，得缺略之。

一、上谕：（一）关于政治者；（二）关于赏恤者；（三）关于叙任者。

二、法令：（一）中央颁布之法律，其他资政院议决奏准之件；（二）本省公布之单行章程规则，及其他本省谘议局议决经总督批准之件；（三）本省行政官厅所发之命令；（四）中央官厅咨行本省总督及本省总督通饬各属官厅有关于人民权利义务之件；（五）本省司道以下官厅之告示。

三、本省各自治会议决经地方官查核之件。

四、本省衙署局所谘议局各自治会之广告。

五、杂件：（一）本省会议厅议决事件；（二）本省各衙署局所之重要禀呈；（三）以下照原条【修】正案；（四）（五）以下照原修正案，惟须挨次更正其项目。

议长（高登鲤君）请众逐章表决。

第一章，总则。可决者六十六人。

议长（高登鲤君）谓：应连开第二读会，请众表决。可决者六十六人。

议长（高登鲤君）请书记长登坛朗读福建法令公布规则修正案。

书记长（林长民君）登坛朗读修正案。

福建法令公布规则修正案

第一章　总则

第一条　本规则为本省公布法令而设，在全省境内有施行之效力。

第二条　本规则在中央法令公布法颁布以前，全有施行之效力；中央法令公布法颁布后，凡与之不相违反及中央法令公布法所未规定者，仍有施行之效力。

第三条　凡本省谘议局议决，经总督批准之件，自批准之日起十日内应照本规则公布之。

第四条　凡本省行政官于行政权范围内所发之命令，本管官厅应照本规则公布之。

第五条　中央之法律命令颁行本省者，在中央法令公布法未经颁布以前，总督应于奉文后十日内照本规则公布之。

第六条　凡本省旧有由总督颁行之章程规则，及各属通详立案永远遵行之件，现在尚有效力者，总督应于宣统三年六月以前，照本规则悉行追加公布。前项应行追加公布之件，如有变更时，照第三条、第四条所定办理。

第七条　应照本规则所定公布之法令，若不公布，或不如法公布，人民无遵奉之义务。前条应行追加公布之件，若逾期仍不追加公布，同前项所定。

第八条　凡法令自揭示之日起算，十日后发生施行效力。但有特定其施行期日者，不在此限。

第二章　公布格式

第九条　凡公布法令，应记载公布之年月日，由该管官吏署列衔名，钤用印信。前项公布之年月日，不得倒填或预填。

第十条　凡公布法令，应分别谘议局议决经总督批准之件，或行政官于行政范围内所发之命令，区划种类记载之。

第三章　公布方法

第十一条　凡公布应先登官报，再行揭示。其在省城外之府厅州县所发行政命令，得先行揭示，限一个月内补登官报。

局，微。

五、报告湖北谘议局来电。

谘议局：地方岁入，敝局已呈督电院请部划定，未覆，公决始终坚争。此时不议预算，俟岁入分定，要求开临时会议决，刻仍呈督请电各省商办。请愿有效，代表团似应变组织，尊意如何覆？鄂。微。

六、报告江西谘议局来电。

谘议局：现岁入未分，敝省仅交总册，而岁出不敷近百万，碍难开议，未审贵省情形如何？有何办法？再联合会提出公布规则，已一律通过否？乞电示。赣。

议长报告毕，行政官尚未莅会。

陈之麟君云：请将质问案列后，先议他案。

议长（高登鲤君）以变更议事日表询于公众之意见，赞成者六十一人。

议长（高登鲤君）谓：本日议事日表中，未列关于法政学堂风潮质问案，今孟君请补列作第二项，则原第二项应改为第三项，以下顺次递推，兹将第三项先行讨议，其第一、第二两项候行政官到会再行提出。

第一，福建法令公布规则案审查员之报告。

本省法令公布规则提议案报告书

九月二十三日，本届第十一次议会提出本省法令公布规则提议案，交由法律科审查员审查之。原案法令公布规则后，附发行官报条例，及官报到达各府厅州县日数表，大致立言精当。惟本科依审查之结果，不无所见，于原案略有修改增删之处，法令公布规则改为十五条，发行官报条例改为十八条，另有拟定修正案之提出，祗候公决。宣统二年十月初三日，法律科主查员李迪瑚，理事邹含英，审查员卢初璜、洪鸿儒、黄金銮。

议长（高登鲤君）请主查员李迪瑚君登坛报告审查情形。

主查员李迪瑚君登坛报告审查情形（大意与报告书略同）。

议长（高登鲤君）谓：诸君无甚讨论，应将此案开第二读会，请众表决。可决者六十七人。

刘崇佑君谓：此案既经详细讨论，应请即连开第二读会。

第十六，邹仰曾请巡防队选募土著建议书审查员报告。

第十七，林直侯请提猪牙帖陋规移充公费审查员报告。

第十八，闽侯自治会代表陈培锟请以国民捐拨充自治经费建议书审查员报告。

孟思培君云：本议员等今日提出法政学堂风潮质问案，现外府州县学生考后，因该堂风潮日久，不得入堂，本议员等对于此事怀疑，急欲质问，应请变更议事日表，列作第二项何如？

议长（高登鲤君）问：诸君如赞成孟君之说变更议事日表者，请起立。赞成者六十二人。

椿安君云：时间已到，行政官尚未来，而今日议事日表又多，质问案请俟其到时再行开议何如？

议长（高登鲤君）云：已往催矣。

苏寿乔君云：请将无关于质问之案先行开议。

议长（高登鲤君）述各种报告：

一、报告议员张步青君续假一天，郑锡光君、伍春蓉君各告假一天。

二、报告警务公所来函并清折。

径启者：前月二十四日，贵局议事日表第七关于违警律质问案，其中曾经施行各项章程，承嘱抄送参酌等因。查此项章程应否由馆部编定通颁，抑或由敝处暂拟详请施行，未经见有明文。故关于此等事件，多以警察命令随时公布。惟卫生章程，并迁移嫁娶生死呈报章程，系由前办警务总局朱、鹿二廉访先后酌定颁行。兹将原案开折呈电，统希察鉴。耑此，衹请公安。警务公所片具。

三、报告北京学界暨议员来电。

旅京学界暨议员来电

谘议局鉴：去年盐案原议全省合设公司，以余款供地方公益，现陈遹骏隅（此字亦疑电码有误）股十三万两，禀准盐政处以岁课六十万包办，私人垄断，全省受害，望速提议拽救。旅京学界暨议员，微。

四、报告四川谘议局来电。

谘议局：支电悉，敝局前电院力争预算权，与尊旨相合，俟奉覆后再答，蜀议长（高登鲤君）报告第十六号议事日表。

是日出席议员六十六人。督部堂未到会，委提法使司鹿代理。午后五时散会。

第二次福建谘议局议事速记录第十六号

宣统二年十月初八日（1910年11月9日）

议事日表　第十六号

宣统二年十月初八日（水曜日）午后一时开议。

第一，维持省城市面情形之质问（本局提出）。

第二，福建法令公布规则案审查员之报告（延前会）。

第三，请速办单级教授练习所案（审查员第二次修正案）第二读会（延前会）。

第四，请实行严禁吗啡进口案审查员报告（延前会）。

第五，试办农林规则案（王子懿提出）第一读会（延前会）。

第六，实行禁止彩票并赌博赌具案审查员报告（延前会）。

第七，严禁赌博质问案（蓝德光、熊秉廉提出）。

第八，覆议清理钱粮积弊案审查员之报告。

第九，覆议减轻漳河水患案审查员之报告。

第十，通饬各厅州县对于地方自治应加注意建议书审查员之报告。

第十一，杜绝倒欠流弊咨询案申覆书之报告。

第十二，提回粤盐加价质问案提出。

第十三，连江自治会代表林直侯请移竹木捐为自治经费建议书审查员报告。

第十四，林直侯请革除私税建议书审查员报告。

第十五，陈汝瑚请饬办农会建议书审查员报告。

主查员郑藻山君登坛报告审查情形（大意与报告书略同）。

厅州县巡警就地筹款咨询案报告书

本届第九次议会提出督部堂厅州县巡警就地筹款咨询案，交由临时审查员审查，佥以宣统二年为厅州县巡警一律完备之期，而现在各属办理如何，报告如何，靡得周知。证以本咨询案所谓目下各属办理完善者甚属寥寥，其因循废弛自可概见。且细查地方行政岁出预算总册，于巡警费一门各厅州县等目列明年的款者尚多，而如上洋厅之光绪三十四年以二十八两余办巡警，将乐县之光绪三十四年以二十七两余办巡警，尤属不成事体。夫厅州县巡警，原属地方行政之一，非视地方岁入为挹注，则警务前途曷有起色？推本年预算案，至地方岁入若干尚未划出，将来如何支配，现在尚无把握。纵欲就地筹款，究以何者为之标准不已。姑就同人所见者，暂假定办法数条如左：（一）各厅州县应定为大中小治，暂酌拟该治之警额。（甲）大治暂定为五十名或四十名；（乙）中治暂定为四十名或三十名；（丙）小治暂定为三十名或二十名。（二）各厅州县如款已充足，及名额已在五十名以外，乃至百余名以上者，均不得以此为藉口。例如漳州及厦门等处，方拟扩充其原有旧额，决不得再事减少。（三）各大中小治应视其名额酌配经费若干，例如警额二十名，经费约在二千两左右，其从前已有旧款者，则视其不足若干再行就地筹措。（四）筹款应就该地方出产之多者，或某项商务较旺者，酌量抽捐，若甲项业经抽办教育及其地公益，得就乙项设法抽捐。此外，各厅州县巡警之改良及办法，去年曾由本局议员提出议案，该案颇为详备，本届正在覆议，则密查本咨询案，应无庸赘。宣统二年十月初二日，临时审查员报告。主查员李迪瑚，理事郑藻山，审查员黄纪星、陈锡朋、苏寿乔。

刘崇佑君谓：题为就地筹款，咨询案原文亦云就地，就地云者，就各府厅州县言也，不知巡警道是否如此意见？

巡警道吕谓：刘君之言深得理要。

刘崇佑君谓：巡警费用是否应由各府厅州县筹措？此为第一问题。即应由各府厅州县筹措而能否筹措？则为第二问题。必先须解决此两问题方可。

王子懿君谓：警费专由各地筹措，力恐不及，亦须由全省补助。

议长（高登鲤君）谓：此案仍请审查员再行审查，作为报告，请众表决。可决者五十九人。

员再行审查。

议长（高登鲤君）谓此报告书应交审查员修改后再行报告，请众表决。可决者四十三人。

第十三，劝办医院咨询案审查员之报告。

议长（高登鲤君）请主查员登坛报告。

主查员李迪瑚君登坛报告审查情形（大意与报告书同）。

劝办医院咨询案报告书

本届第九次议会提出督部堂劝办医院咨询案，交临时审查会审查，佥以督部堂厪念痌瘝，莫名钦佩。唯闽省财政如此困难，设立完全医院，财力万不能逮，而医学堂现未成立，此项医院又无从附设，此官办之为难情形也。即以绅言，现城镇自治渐次成立，其开议经费尚且百孔千疮，异常窘急，合力筹款，更有以知其难矣。同人等权其缓急，窃以为大乎医院者尚且百废待举，则此项医院之设，当俟财力稍充再议筹设，眼前极力筹划终属空言无补也。合将审查情形报告。宣统二年十月□日，临时审查会。主查员李迪瑚，理事郑藻山，审查员黄纪星、陈锡朋、苏寿乔。

施景琛君谓：本议员甚不赞成，医院关系重大，苟能筹办，岂尽无费？且省城官医局年费二千余金，此款尽可裁并。

林辂存君谓：本议员反对此报告书。

孟思培君谓：须先办医学堂，方能设立医院。

刘崇佑君谓：设立医院须经费，而经费则在预算；至办理医院，现有出洋毕业生，尚不必俟至医学堂毕业后方能开办。

议长（高登鲤君）：请众表决，赞成设立医院者，请起立。可决者三十九人。

议长（高登鲤君）谓：现诸君多赞成设立医院者，请审查员即将筹设医院办法拟一申覆书，经众表决，不必再作报告书，以省手续。

第十四，厅州县巡警就地筹款审查员之报告。

议长（高登鲤君）请主查员登坛报告。

高士龙君谓："薄抽花捐"一句应删去。

李迤瑚君谓：何故删去？

高士龙君谓：此属弊政。

议长（高登鲤君）谓：报告书中自"或由娼妓"至"滥征花捐也"止，应行删去，请众表决。可决者四十八人。

第十二，筹设救贫院咨询案审查员之报告。

议长（高登鲤君）请主查员登坛报告。

主查员李迪瑚君登坛报告审查情形（大意与报告书同）。

审查设立救贫院咨询案报告书

本局第二届第九次提出督部堂设立救贫院咨询案，交由临时审查员审查，佥谓闽省地方贫瘠，百废待兴，而款项均无所出，救贫事业规模及费用尤为宏巨，现在万不能完备。查本省地方行政经费预算册，善举经费内孤贫口粮应支银二万三千七百一十一两余，省垣不堪业者普济堂经费八千七百四两余，粥厂经费一万一千七百七十三两余，施赠寒衣费银六百二十三两余。但救民之贫，不如使民得救贫之术。可否将此款分配各府州，于每府州中设一民人习艺所，委托自治会经理其事，并令劝绅富捐助，以襄善举。所中招集贫民，教以简易手艺，俾资谋生。一班毕业，则另招一班，于救贫一道，或不无小补。合将审查情形报告，恭候公决。宣统二年十月初二日，临时审查主查员李迪瑚，审查员郑藻山、陈锡朋、苏寿乔、黄纪星。

王子懿君谓：救贫院须具有作工性质，大约与习艺所相同，非徒坐食，此节亦应声明。

孟思培君谓：现在贫民甚多，应亟谋垦荒等法方可，若徒设习艺所，恐亦无补。

施景琛君谓：普济堂中所养者五百人，大约年均在五六十以上不能作工者。今报告书请将此款归并救贫院，则此五百人将坐以待毙，本议员不能赞成。

刘崇佑君谓：为政贵在得体，普济堂原因救贫而设，且为款无多，今若以此款归入救贫院，则普济堂中不能作工之人岂不束手待毙？且救贫制度贵在能另行筹款，若挹彼注兹，期不过改换名目而已，于事何济？应请议长将此案仍交审查议局徒说空言，盖此事若如报告书所言，恐难办到。

李迪瑚君谓：刘君说三个月不能办到，本议员赞成。至谓此事办不到，则本议员甚不赞成。请问各地方自治会能否想出善法？若不代为设法，则彼何从办理？

刘崇佑君谓：李君所说虽不错，然本议员以为事有真办，有非真办。请问本年所提十二案能办到者几件？试问现在重要之事若干？生人尚濒于死，何况死人！

议长（高登鲤君）谓：顷一方面主张不须条文，一方面主张须有条文，一方面应请诸君讨论。

李迪瑚君谓：请议长表决。

议长（高登鲤君）谓：赞成不要条文者请起立，赞成要条文者不起立。计起立者仅五人，遂决议仍用条文。

卢初璜君谓：第三条应删去。

李迪瑚君谓：第三条可以照删。

刘崇佑君谓：本议员甚愿诸君留宝贵之精神及光阴议重要事件，不须就此不甚重要者言之。

议长（高登鲤君）就原报告书请众表决，可决者四十三人。

第十一，筹设济良所咨询案审查员之报告。

议长（高登鲤君）请主查员登坛报告。

主查员李迪瑚君登坛报告审查情形（大意与报告书同）。

筹设济良所咨询案报告书

本届第九次议会提出督部堂筹设济良所咨询案，交临时审查会审查。查济良所性质，为补救贫穷妇女误坠娼妓而设。督部堂咨询及此，具见加惠穷氓，慈祥备至。唯闽省娼妓，向以城台为盛，非从速设立，奚由挽回浇风。第以闽省财政加此困难，官款私款均无从筹措，则此项济良所应由城台自治会妥筹办法，或由娼妓薄抽花捐以为办理此项经费，其城台以外不得援此为例滥征花捐也。谨将审查情形报告，是否，乞公裁。宣统二年□月□日，临时审查会报告。主查员李迪瑚，理事郑藻山，审查员黄纪星、陈锡朋、苏寿乔。

议长（高登鲤君）请主查员登坛报告。

主查李迪瑚君登坛报告审查情形（大意与报告书略同）。

立限清葬咨询案报告书

本届第九次议会提出督部堂立限清葬咨询案，交由临时审查员审查，佥以该案咨询之趣旨，非第为防避疫气，杜绝剖棺起见，而其惓惓于厚人伦，美风俗，尤穆然于言外。查律载职官庶民三月而葬，若惑于风水，或托故停柩在家，经年暴露不葬者，杖八十，令申森严，允宜遵守。奈堪舆之说中于人心，日久相沿，牢不可破，以故停棺不葬者，所在多有，而法典几成为具文矣。同人审查之下，谨就立限清葬之方法，酌拟数条如左：（一）请督部堂严饬各属厅州县务将定章申明，广出告示，剀切晓谕，俾众周知。（二）令各属宣讲所将停柩不葬之害到处演讲，并力祛其迷信风水之心。（三）自公布施行之日起，无论新旧棺，均照定律限三个月以内一律出葬。（四）查定律限三月出葬，然又云经年暴露不葬者杖八十，其停至四个月以上一年以下如何办法，该律尚无明文，应定为停棺愈一年者始将其家主事之人实行惩儆。（五）经年不葬，照律应杖八十，但富有之家如果愿出罚金者，听其数目几何，可由各城镇乡自治会酌量情形自行规定，而呈报于该管地方官。其再逾年不葬者，仍前例惩罚，出两年以外，则由该自治会代为埋葬。（六）应请责成各城镇乡自治会，将该城镇乡所有新旧棺登记簿籍，载明出葬之限期，其逾年不葬者，汇报地方官惩儆，其愿认罚金数额，该自治会妥为保存。（七）各城镇乡自治会所保存之罚金，加积至数百元以上，应即购买能容多数棺木之坟地，将逾两年以上，及实系贫不能举，情愿由该自治会代葬早经声明者，均由该自治会代为埋葬。但果否贫不能举，须经该自治会公认。其他中户之家欲埋葬该地，而自理葬费者听。宣统二年十月初二日，临时审查员报告。主查员李迪瑚，理事员郑藻山，审查员黄纪星、陈锡朋、苏寿乔。

王子懿君谓：第五条罚金须定一标准，若听其自行规定，恐不免有流弊。

李迪瑚君谓：自此案公布起，即由该自治会自行规定章程办理。

施景琛君谓：外省人须添设一条。

李迪瑚君谓：外省人亦可与本省人一律办理。

刘崇佑君谓：此案断非数条文所能办到，窃恐所议皆属空言。本议员之意以为，应由督部堂通饬各属自治会公议实行章程，庶可渐收效果。本议员甚不欲谘周寿恩、洪鸿儒。

议长（高登鲤君）请众表决，可决者四十六人。

第九，监狱改良各地方如何筹设咨询案审查员之报告。

议长（高登鲤君）请主查员李迪瑚君登坛报告审查情形。

主查员李迪瑚君登坛报告审查情形（大意与报告书同）。

审查监狱改良就地筹款咨询案报告书

本局第二届第九次会议提出督部堂监狱改良就地筹款咨询案，交由临时审查员审查，合将审查情形报告。查监狱改良，于内为实行新律之要图，于外为撤去领事裁判权之准备，其关系至为重大。本省除省城模范监狱已经筹设外，省外各属宜于厦门先行举办，因该地为通商口岸，时见侵于外力，事关收回国权，设法筹款，民情自能踊跃，且富商大贾多集于此，筹款较易集事。其余各属地方，财力万分困难，应俟审判厅成立后，酌量地方情形，次第筹办。现在所首当注意者，在革除狱卒惨酷之虐待与无厌之诛求，则囚徒之保全者必众。查各属监狱内惨酷情形，地方官知而不禁，且有以管理监狱为调剂丁役之地，俾遂其无厌之求者。典史虽为专官，直同虚设。应请督部堂饬司妥筹严密稽查之法，庶凌虐需索之弊可得扫除，监狱改良之道思过半矣。合将审查情形报告，恭候公决。宣统二年十月初二日，临时审查主查员李迪瑚，审查员郑藻山、陈锡朋、苏寿乔、黄纪星。

议长（高登鲤君）谓：诸君有无意见？

王子懿君谓：此报告书内在"革除狱卒惨酷之虐待与无厌之诛求"下，应添"就原有监狱修除洁净"一句。

议长（高登鲤君）谓：有人赞成王君之说否？计赞成者七人，遂作为议题。

议长（高登鲤君）请表决赞成王君之说者起立。计可决者三十七人（多数）。

议长（高登鲤君）谓：请审查员将王君之意见添入，一并作成申覆书，请众表决。可决者三十八人。

第十，立限清葬咨询案审查员之报告。

议长（高登鲤君）指定审查员五人，姓名如左：伍春蓉、李馥南、李仲邺、周文麟、上官华盖。

议长（高登鲤君）请众表决，可决者四十三人。

第八，漳州杨在田请协济款维持浚河公所建议书之提出。

议长（高登鲤君）谓：此建议书已印刷，可省朗读。

具陈请建议书，漳州浚河公所总理杨在田、周庆恩、协理陈廷佐等，为经济困难势将瓦解恳即建议请拨协济款项以维持公益事，窃漳河水患，尽人而知，欲救生灵，非浚不可。前经贵局提出议案，并由本公所通禀列宪，请拨还各省协济款项，奉财政局批答，如有成效，方能酌量补助等因。查漳河延长百里，积沙已非一日，现因款绌，起沙机船只有一艘，何能骤见奏效？所谓成效之言，未知实何所指。若以处置各件能否得法，则本公所所有章程办法，前经具报核转在案，不合均可随时改订，似属另一问题。盖漳款漳用，理所不易。各省所助之济款，其目的在漳州灾黎耳。医病不如使无病，故本此款而浚河，免漳州之叠见灾黎，当非东款西用之比。幸当日侨商南洋漳民关心桑梓，跃输巨款，电汇飞集，是以放赈筑堤各事，不待用及协济之款。不然嗷嗷待哺饥民遍野，列宪既心有不忍，该款早归漳州赈济用矣！何能入财政局而移为他用，尚须今日请拨归还哉？惟各侨商乐捐于前，万不便再求于后。财政局既移此用彼，岂可顾彼而失此？且漳州河患，关系数百万生灵，即无协济之款，列宪关心民瘼，知必有以提倡之补助之，况现成指定确切不易之款哉！目下本公所虽已成立，绅商认捐陆续交缴，然为数无多，不足以添置起沙机船，非蒙财政局速将协款拨下，无米之炊，讵能持久，一旦瓦解，万民失望。理合具由陈请建议，即乞谘议局公鉴。宣统二年九月二十九日，具陈请建议书。漳州浚河公所总理杨在田、周庆恩，协理陈廷佐、吴一鹤、刘书勋、陈亮、林忠清、郑藻山、杨锻、庄锡谟，参事高郑崧、吴智仁、吴朝珪、孙宗蔡、林锡侯、王履亨、杨鸿磐、林良植、陈贵宗、李玉春、吴拱辰、郑永成、洪开张、庄锡畤、陈国忠、洪寿国、黄振荣、洪明堂、侯黄年、黄廷璋、黄河源、张毅。

议长（高登鲤君）谓：此案应付审查，请众表决。可决者六十三人。

议长（高登鲤君）指定审查员五人，姓名列左：郑祖荫、林邦桢、卢初璜、者，应请议长另易一人审查。

议长（高登鲤君）谓：此案审查应另易一人，请众表决。可决者三十七人。

议长（高登鲤君）谓：指定黄必成君为临时审查员，请众表决。可决者三十七人。

第七，汀州木商张际腾建议书之提出。

议长（高登鲤君）谓：此建议书已印刷，可省朗读，请诸君讨论。

具陈建议书，汀州木商张际腾等为呈请申议革除厘金陋规以苏商困事，窃商等素做杉木生理，由汀州各属采办，运往广东潮州府属发售，上杭县辖之峰市，为汀属木排必经之地。该处滩河险阻万状，木排到地停泊两岸，择天时佳好，将木排斩卸，放运散木排过滩，运至广东之大埔县属枋填乡，始行缚回排架。每门辰刻斩放，下午申刻将木收清，以防洪水之患。峰市原设有税厘分局，凡斩放木排，必经该局查验，始敢放运。故事奉行，历来无异。近年来该局欺商易噬，凡请查木排，每架须索看排小洋二角，方行查验，不遂其欲，置之不理。峰市为汀水汇归之地，一经延搁，设有不测，祸不堪言。故近年被水之害，时有所闻。商等因血本攸关，均亦付予查。钧局去年提议革除厘金积弊改办统捐案内第四条第六项，凡一切陋规及从前成案禀明规费全行革除，已蒙督宪批准施行各在案。峰市地本闽疆，局由闽设，自应一律恪遵，乃该局置若罔闻，弊仍犹昔。前则额外私抽，是违法也；现尚勒索不止，是犯禁也。若不严禁，商困难苏。理合具由陈请建议，即乞谘议局公鉴。宣统二年九月□日，具陈建议书。汀州府连城县木商例贡张际腾，年四十八岁，新泉乡；长汀县木商例贡谢松岩，年五十四岁，府城；上杭县木商监生蓝富章，年三十五岁，朴树乡；武平县木商监生刘贞，年四十岁，大洋泉乡；长汀县木商例贡王凤仪，年五十二岁，濯田乡；连城县木商诰职张邦基，年四十六岁，新泉乡；上杭县木商监生蓝善宗，年四十六岁，朴树乡；武平县木商监生赖际唐，年六十八岁，高梧乡。

陈之麟君请付审查。

议长（高登鲤君）谓：此建议书应付审查，请众表决。可决者四十二人。

议长（高登鲤君）谓：此审查员是否照先例指定，请众表决。赞成指定者，请起立。可决者四十三人。

劫掠情事，不闻有代为伸理者，徒于华侨回厦时，每人抽保费一元，与抽入口税无异。且名为保商局费，而实则缴局归公者不及三分之一，其余大半吞蚀于船主、船行关员、局员之手。查向来轮船常川往返叻厦两处者，有双安、双美、丰远、丰茂、丰盛、丰美六艘，一月之中，海轮回厦一期，合计一月已有六期。而海轮中搭客回厦，多则二千余人，少亦千七八百人，合计每月六期，有搭客万余人，全年有十余万人。南洋关册确凿可据。向例每人缴保费一元，则是全年进款可得十余万元，而船主与关员扶同贿蔽，以多报少，竟不及三分之一。今试问保商局每年所收保费有达十余万元之数乎？有此十余万元之的款，以之购置小轮，雇用丁勇，及一切保护范围应行准备之经费，绰有余裕。乃有名无实，徒以饱少数人之私橐。是名为保商，而实则累商也。海外商民咸见及此，叠经呈请各埠商会联合发起，拟于厦门、金门、泉州、漳州、永春等处设立华侨公会，以实行保护为宗旨。应请制台札行厦门道台，将前项保商局裁撤，其华侨回厦应缴一元保费，即并为公会经费，由南洋各商会派员于搭客登轮时按名抽收，不假手于船主，务使点滴归公，以归实用。其保商局原有拨助厦门商会经费，及其他公益各项，仍由公会照例拨助，将来办有起色，再由华侨捐资添助，创设商舰海军，俾海内外声气相通，在籍在洋均享受保护之利益，实一举而两得。此本议案所以提出也。宣统二年九月初四日。赞成者高登鲤、刘崇佑、陈之麟、连贤基、王子懿。

洪鸿儒君谓：本议员对于此案应行避席。

议长（高登鲤君）谓：不必避席。

陈之麟君谓：此建议书请付审查。

议长（高登鲤君）谓：此建议书应付审查，请众表决。可决者五十七人。

议长（高登鲤君）谓：仍由议长指定临时审查员，请众表决。可决者五十一人。

议长（高登鲤君）谓：仍交前案指定之审查员审查。众无异议。

议长（高登鲤君）宣告休息二十分钟。

三时二十分续行开议。

洪鸿儒君谓：本议员即为商会总理，关于保商公所裁归商会一案，系属关系记；胡朝光，年五十岁，槟榔屿安定堂左棉发栈；承美号；祥顺号；济生堂；裕昌隆号；永安号；同裕公司；金泰号；江梦生，年三十七岁，吉隆坡元茂发号；长兴号；永生堂；夏运彩，年三十岁，住吡叨甲板元美泰号；陈贤瑞，年四十二岁，槟榔屿裕昌；协利号；永和号；张财登，年四十七岁，吡叨朱尾利昌；元美兴；源生号；祥孚号；永昌公司；卢坤青，年三十四岁，吡叨端洛长安堂；郑元辅，年三十二岁，吡叨哪哈和记公司；杨佐臣，年四十岁，吡叨怡保祥发号；罗文曾，年六十岁，吡叨怡保英丰栈；陈辉林，年三十八岁，吡叨甘巴协泰号；晋昌号；合兴公司；陈福胜，年三十一岁，槟榔屿合发栈；赖启良，年三十四岁，槟榔屿合发栈；广春堂；顺发栈；永孚号；承茂隆；成记号；福胜号；锦发号；振隆栈；益兴号；邱晋智，年三十岁，吉隆坡广发号；刘善长，年五十四岁，吉隆坡裕安祥；廖恒山，年三十三岁，吉隆坡和新号；玉华轩；胡杭周，年三十五岁，吡叨哪哈宏昌号；蓝炼记；张毓球，年三十四岁，吡叨端洛利昌号；昌和号；昌隆号；吴天锡，年四十岁，住吡叨哪哈永发公司；和记栈；谢上达，年三十八岁，住吡叨怡保宏利协号；马家孝，年四十岁吡叨怡保吉承源；福隆公司；徐捷源，年五十岁；协昌号；德盛昌；信源号；叶乾记；曾如山，年四十岁，吡叨怡保乾记号；赖鹄臣，年五十一岁，吡叨怡保仁昌号；胡福顺，年三十二岁，吡叨怡保锦发栈；曾尔寿，年四十二岁，吡叨端咯长安堂；义盛；游能堃，年三十六岁，吡叨端咯锡矿；胡寿堂，年四十岁，吡叨端洛锡矿；和贵公司。

孟思培君谓：永定县业经督部堂派员查办，此案可不必代转。

议长（高登鲤君）谓：孟君谓此案不必代转，请众表决。可决者五十六人。

第六，华侨杨向荣请撤厦门保商局归并华侨公会建议书之提出。

议长（高登鲤君）谓：此建议书已印刷，可省朗读。

请裁撤厦门保商局归并华侨公会以实行保护提议案

发议者仰光华侨参议员（杨向荣、沈钧）

南洋华侨，受内地里豪衙蠹种种欺凌，其甚者则勾通盗匪，明火具仗，劫掠一空。如去年同安、海澄两属，攻劫之案，层见叠出，以至华侨闻风裹足，视回国如畏途。查保护华侨，前经迭次钦奉上谕，光绪二十五年间，前督部堂许奏设厦门保商局，原为认真保护起见，乃事沿既久，毫无实际。遇有华侨冤抑及惨被议长（高登鲤君）云：陈君谓应付审查，请众表决。可决者五十八人。

议长（高登鲤君）谓：是否照先例指定审查员，请众表决，赞成指定者请起立。可决者五十三人。

议长（高登鲤君）指定审查员五人，姓名列左：洪鸿儒、黄乃裳、郑祖荫、高士龙、李钟声。

议长（高登鲤君）请众表决，可决者五十五人。

第五，南洋张鸿文请纠举永定县建议书之提出。

议长（高登鲤君）谓：此建议书已印刷，可省朗读。

南洋侨商张鸿文、吴德芝、胡朝光等为陈请事，商等籍隶永定，侨寓海外，凡室家财产之在内地者，端赖地方官吏妥为保护，故官吏之贤否，恒与商等休戚相关。其贤也，商等蒙其利；其不贤也，商等受其殃。兹永定县主刘锡濂老耄聋跛，去年复任以来，百事废弛，政权旁落，惟任其五少爷与门丁李长庚、石柏芗辈舞文弄法，为所欲为，假官势以逞奸谋，结劣绅以为党羽，民刑案件，悉得操纵其间。堂礼不交，虽传讯悬牌仍归无效；陋规未给，即人命相验亦致稽延。以故审断之擅用刑拷也，人民之无辜拘押也，税契之抑勒苛罚也，差票之私卖也，亲勇之滥派也，赌规之收受也，烟禁之懈弛也，皆刘县主一人之纵容与其子五少爷之主使。是其显违法纪，溺职殃民，应受惩戒处分，已为文明国所公认。况我国预备立宪时代，地方新政亟切进行，决非此衰朽无能、五官不备者所能克期奏绩。倘任其因循粉饰，窃位营私，其受害虽仅一隅，而影响将及全国。故商等以为刘令一日不去，即民心一日不安，地方一日不靖。夫至不安不靖，此岂国家之福而为商等所忍言耶？闻本年春间曾由合邑绅民揭其劣迹上禀各宪，并陈请钧局核议，旋经府委朱令查覆，迄今数月，尚无切实办法。人心惶骇，几疑地方大吏独爱惜一介腐败之冗员，而轻一邑人民之生命。商等迫于室家财产所系，利害切肤，不甘容忍，谨遵人民请愿之例，沥陈远侨哀诉之衷，特将刘令复任来之劣政，具书其状，冒渎吁恳照章核议，秉公纠举，转呈督宪察准查办，以饬吏治而拯民生，俾商等区区内向之忱，无不至壅沮，不胜沾感，盼切施行。须至陈请者。右陈请福建谘议局全体议员诸公。宣统二年八月二十四日，具陈请书。张鸿文，年四十五岁，住吡叨埠甘巴泰来号；吴德芝，年四十八岁，住吉隆坡永和昌第四，厦门周之桢请求补助女学经费建议书之提出。

议长（高登鲤君）谓：此建议书已印刷，可省朗读。

关于厦门女学请求补助陈请建议书

具陈请建议书：厦门女子师范学校代表周之桢，为陈请事：窃本校教授女子师范，兼女子两等小学及幼稚园，于光绪三十二年四月初一日成立。宣统二年正月二十日，蒙福建提学宪批准转详学部立案，并给予钤记。福建女学之得官准者，以本校为嚆矢。程度虽未必尽高，而科学尚称完备。叠蒙列宪亲莅试验，褒赐有加，京省派员考查，亦以成绩最优列报。本年师范科及高等小学第一班学生均届毕业，内自泉漳龙永四属外，至南洋群岛、广潮等处，纷纷来厦就学，规模既大，费用自不得不筹。初办时所需各费，系由当地绅富分别担任。嗣以班数增加，教员多聘，款绌力薄，渐觉不支。南洋侨商闻悉其情，代抱杞忧，或募款，或自捐，源源接济，至再至三，究非常年的款。此入彼出，仍不足恃。且南洋一带，自办学堂逐日增盛，各为其事，渐不能兼顾。厦地虽属通商，而绅富狃于旧习，表同情者寥寥无几人。发起诸董，或因事远离，或力有不足，全无指望。恭逢朗贝勒驾莅厦门，面托尚藩台为本校筹补助，迄今两年，仍未指出的款。日延一日，势将解散。惟下游数属，仅得此女学一所，听其解散，不特女界受其影响，而南洋一带欲求女师者亦无处可求。家庭教育之关系，殖民政策之关系，均由此发生。查福建地方岁出预算总册内，载福州女子师范学堂计支常年费八千一十二两八钱二分四厘。厦门与福州事同一律，而范围似又过之，且曾蒙朗贝勒面允补助，区区之款，断不失信于民。本校明年度预算计需八千八百六十一两六钱，应请援照女子师范学堂成案，以明年元旦始，由地方行政费项内划出此款，作本校补助费，分季照发，由厦门厅经征正项尽先拨给，以济要需。除将预算分册另送备核外，为此具由陈请建议，即乞谘议局公鉴。宣统二年九月二十七日，具陈请建议书。厦门女子师范学校代表周之桢，年□岁，住厦门鼓浪屿。

孟思培君谓：建议书闭会后仍可议，现为日无多，应先将提议案议决。

议长（高登鲤君）谓：有关系紧要之建议书仍须提议。

林辂存君谓：此学堂关系紧要，因下游四府仅有此一学堂，将来女教员咸取资于是，应请诸君讨论酌予补助为是。

陈之麟君谓：此建议书请付审查。

书记长（林长民君）登坛报告：原案内分八条，于宣统元年十月初六日呈督部堂，十二月初十日奉到督部堂札覆，内开据委员李增霨查覆，第一条南水关为掣验之所，罗渡卡为转运之所，不能撤去。第二、第五两条官运不能备船，其拿配名目业改官配，仍须雇用民船。第三条照准永远革除。第六条已饬道拟一划一章程。其第四、第七、第八三条并未提及。嗣于本年六月初七日由局呈请札覆，本年七月念一日奉督部堂续札，内开第四、第七两条如该局卡所得陋规究有若干，应如何提充学堂经费，官运局能否改归安溪县兼办，均未据李委员禀办，应候另札饬查。第八条所指情弊，但被控告，或经谘议局呈请本部堂，自当立予查办云云。本局奉此，即由局存案。

议长（高登鲤君）谓：南水关一案自去年具呈后，尚有各处人民建议书，关于关卡积弊者计有八件，自奉督部堂札覆后，遂由局开协议会，经举审查员陈之麟君审查，据审查员主张，现在大会期近，应将此案留待大会提出覆议。

林辂存君谓：此案前据督部堂派员往查，据查覆情形甚为详尽，而督部堂来札尚有未详，对于办法亦未完全，尚不免留有弊窦。南水关及罗渡卡仍当裁去，又篷船陋规若不提归办学，则徒为委员中饱。其官运局归安溪县兼办，此系旧制。至第八条通饬各属查察有无此弊，不知有无查出？又第六条雇用民船，船价亦须订明章程，不知此项章程已由盐道台定否？

督部堂代理员提法使司鹿谓：不知已定否。

林辂存君谓：南水关积弊，既查有实在情形，则委员等有无处分？

督部堂代理员提法使司鹿谓：应由督部堂分别处分。

林辂存君谓：顷闻安溪县通详，有抽船捐办自治，谓之公益捐等语，此事确否？

督部堂代理员提法使司鹿答：不知确否。

连贤基君谓：此案应请先付审查。

卢初璜君谓：此案第六、第七、第八三条，督部堂尚无答覆，是为不完全，无从覆议。惟现在为日无多，应请督部堂从速答覆。

议长（高登鲤君）谓：林君可具质问书向督部堂质问，此案应交庶政兴革科审查，请众表决。可决者四十三人。

查照，奉此。按一切岁入俱在其中云云，是否言地方已有岁入？又谘议局亦可略知大概饬局遵照办理云云，是否言谘议局得就其所知以岁入为岁出之标准？现在开会已三十六日，以地方岁入问题未经解决，督部堂亦迄无明白宣示之语，电部询问，动复多日，以致预算议决无从进行，时期迫促，已无再延余日。请就度支部此电文意，是否如上所述，克日答覆，以便遵照办理。本局不敢任误事之咎，窃愿督部堂勿以误事贻本局也。

刘崇佑君登坛质问：本局因预算案，自开会起，至今纠缠三十余日，现尚无头绪。昨得督部堂札交度支部来电，电文中尚有未能明了之处，本日特向督部堂质问，倘督部堂能答覆清楚，则此问题可以解决，否则应请督部堂另行指示办法。

督部堂代理员提法使司鹿谓：顷督部堂并未说明，代理员无从解决。既有质问案，应仍请督部堂答覆。

刘崇佑君谓：本来代理员有代理权，现在代理员因中国习惯致不能有此权，本局本日惟希望代理员能将本日情形详达督部堂可也。

第二，覆议消弭下游械斗案。

议长（高登鲤君）请书记长登坛报告。

书记长（林长民君）登坛报告谓：关于此案与谘询案一并议决，业于十一月十九日呈督部堂，十一月十四日奉督部堂札覆，计原案内仅十一条，谘询案添列四条，内惟第九条裁撤分府委员一节未便照行，但严禁其下乡办案以杜积弊云云，遂由局存案，候常年会议决。

苏寿乔君谓：分府委员不能裁撤一节，应请再付审查。

孟思培君谓：此案不必付审查。

议长（高登鲤君）谓：督部堂之意，不撤分府委员，惟严禁其下乡办案，请众表决。可决者五十八人。

陈之麟君谓：此案申覆时须声明请其公布施行。

第三，覆议裁撤南水关案（延前会）。

议长（高登鲤君）请书记长登坛报告。

时势瞬息不同，危迫情形日甚一日，朝廷宵旰焦思，亟图挽救，惟有促行宪政，俾日起而有功，不待臣庶请求，亦已计及于此。第恐民智尚未尽开，而财力又不敷分布，操之过蹙，或有欲速不达之虞。故不能不验向背于舆情，决是非于廷议。今者人民代表吁恳既出于至诚，内外臣工强半皆主张急进，民气奋发，众论佥同，自必于人民应担之义务，确有把握，应即俯顺臣民之请，用协好恶之公。惟是召集议院以前，应行筹备各大端，事体重要，头绪纷繁，计非一二年所能蒇事，着缩改于宣统五年实行开设议院，先将官制厘订提出，颁布试办，预即组织内阁，迅速遵照钦定宪法大纲，编订宪法条款，并将议院法、上下议院议员选举法及有关于宪法范围以内必须提出赶办事项，均着同时并举，于召集议院之前一律完备，奏请钦定颁行，不得少有延误。总之，决疑定计，惟断乃成。此次缩定期限，系采取各督抚等奏章，又由王大臣等悉心谋议请旨定夺，洵属斟酌妥协，折衷至当，缓之固无可缓，急亦无可再急，应即作为确定年限，一经宣布，万不能再议更张。尔内外各大臣务当协力进行，时艰共济。各督抚领治疆圻，责任尤重，凡地方应行筹备各事宜，更当激励精神，督饬所属，妥速筹办，勿再有名无实，空言搪塞，必使一事有一事之成绩，一时有一时之进步，无论如何为难，总当力副委任。如或因循误事，粉饰邀功，定即严惩，不少宽假。愿官吏有应顾之考成，国民亦有应循之秩序。此后倘有无知愚民藉词煽惑，或希图破坏，或逾越范围，均足扰害治安，必即按法惩办，断不使于宪政前途稍有窒碍，以期计时收效，克日观成，上慰先帝在天之灵，下慰海内人民之望。将此通谕知之，钦此。

议长（高登鲤君）谓：本日奉到上谕，国会开设缩至宣统五年，人民请愿之目的已达。在朝廷慎重宪政，俯顺舆情，量予缩短，虽未能悉如人民所希望，然亦可见积诚所动，终有效验耳。

议长（高登鲤君）谓：顷有紧急质问案，请书记长登坛朗读。

书记长（林长民君）登坛朗读质问案。

谨将本局质问预算地方岁入一件照录清折，呈请察鉴：本局于第十二次会议，曾经提出质问四条，业经呈请批答在案。现在已复六日，尚未奉到督部堂批答。昨奉札准度支部电开，三十电悉，此次试办预算，岁入一门，因国家地方税章程未经厘定，故暂行合并编制，业经通电各省将预算全册送供参考，则一切岁入俱在其中，各谘议局亦可略知大概，希仍饬该局遵照办理等因前来，合就札局书记长（林长民君）登坛朗读新修正案。

议长（高登鲤君）请众表决，赞成者二十四人（少数）。

议长（高登鲤君）谓：应将原议案请众表决。

书记长（林长民君）登坛朗读原案第三条。

议长（高登鲤君）谓：诸君对于原提议案有无意见？

卢初璜君谓：敝处墟市均系下午。

刘崇佑君谓：此系小节，只须稍为讨论。

孟思培君谓：既有下午墟市之地，则只须将原案删去自上午十时至十二时一句。

议长（高登鲤君）就孟君之说请众表决。可决者为对于六十六人中三十四人（多数）。

第四条，可决者五十六人。

第五条，可决者五十一人。

刘崇佑君谓：此案甚长，若逐条表决，殊费时间，请议长照议事细则第四十一条，连数条为一段。

书记长（林长民君）登坛报告：此案第六条以下连为一气，应一并表决。

第六条至第十四条，可决者五十四人。

议长（高登鲤君）谓：此案省略第三读会，请众表决。可决者五十五人。

刘崇佑君谓：关于请愿国会事，已得电传上谕，应请议长当场宣读，诸君起立静听。

议长（高登鲤君）请书记长登坛宣读，议场全体起立。

书记长（林长民君）登坛宣讲电传上谕。

初三日上谕：前据各省督抚等先后电奏，以钦颁宪法组织内阁开设议院为请，又据资政院奏称，据顺直各省谘议局及各省人民代表等陈请速开国会等语，当将原折电交内阁会议政务处王大臣公同阅看，旋据该王大臣等各抒所见，具说呈进，又于本月初二日召见该王大臣等，详细垂询，切实讨论，意见大致相同。溯自今年筹备立宪，期限定自先朝，朕仰承付托之重，夙夜兢惕，无时不以继志述事为心，既不敢少事迟回，亦不敢过形急切。前经都察院两次代奏呈请速开国会，均即明白剀切宣谕，彼时为郑重要政起见，诚有不得不一再审慎者，乃揆度王邦怀。

议长（高登鲤君）谓：此案应逐条表决。

第一条，可决者五十二人。

第二条

卢初璜君谓：一自治区当设数所，本议员以为应改为至少当设一所。

议长（高登鲤君）谓：有人赞成卢君之说否？赞成者九人，遂作为议题。

议长（高登鲤君）请卢初璜君将条文修改。

卢初璜君谓：但一自治区当设数所，应改为但一自治区至少须设一所。

议长（高登鲤君）谓：此与下文按日轮讲云云，不免抵触。

卢初璜君谓：下文应改为其设有数所者，应按期轮讲。

孟思培君谓：每一区虽不大，然总在数里以上，则设数所原不为多。

卢初璜君谓：每区亦有甚小者。

王子懿君谓：一区数所，本无甚窒碍，应仍原案。

议长（高登鲤君）谓：卢君所议已成问题，请书记长登坛照卢君修改者朗读。

书记长（林长民君）登坛朗读卢君修正案：但一自治区至少须设一所，其系二所以上者，应按期轮讲，周而复始。

议长（高登鲤君）就卢君所修改，请众表决。赞成者仅二十三人（少数）。

议长（高登鲤君）谓：就原修正案请众表决。可决者三十九人（多数）。

第三条

孟思培君谓：原议案中"时期既定，不得擅自改易"，此二语不宜删去。

议长（高登鲤君）请审查员说明删去理由。

黄乃裳君谓：宣讲一节，听讲者原属无定，若无一人听讲，则将若何？

孟思培君谓：所言非关地方，乃关于宣讲时期既定之事。

黄乃裳君谓：宣讲日期另行规定云云，已包括在内。

孟思培君谓：若不声明，则临时宣讲员若不到所将若何？

议长（高登鲤君）谓：先将修正案请众表决。赞成者仅二十八人（少数）。

议长（高登鲤君）谓：应将修正案中加入二语，请众表决。

卢初璜君谓：不得擅自改易，应改为不得任意改易。

平余陋规,系地方不正当收入,似不应充各官公费,敝省请归自治费,抚据部章驳,应否力争,盼覆。

第一,关于扩充宣讲所实行宣讲办法修正案(第二读会)。

议长(高登鲤君)请书记长登坛朗读修正案。

书记长(林长民君)登坛朗读修正案。

审查关于扩充宣讲所实行宣讲办法案报告书并修正案

窃本局第二届第五次议会提出孟思培君关于扩充宣讲所实行宣讲办法议案,交本科审查。查得该案所陈系根据定章为增进国民知识起见,意见至美善,惟办法条文有稍宜增损之处,已经同人研究,略有删改修正。合将审查情形报告,是否,乞公裁。

附修正案

理由:(一)(二)照原案。(三)自治会、劝学所、教育会均有应办宣讲之责,奏定章程列有专条,而各属尚未实行,自应饬遵奉办,以符定章。

办法:(一)经费由迎神赛会、演戏各款拨充,若无此款,则由自治会筹办,劝学所、教育会宜协力补助。(二)不论庙宇、祠堂、公所以及民房宽敞者,或借用,或租赁均可,若人众不能容,则于通衢或旷地设席演讲,随地酌定,但一自治区至少须设一所,其系二所以上者,应按期轮讲,周而复始。(三)有墟市地方,即于墟市期日宣讲,俾赴市者得因便听讲;若无墟市地方,宣讲日期另行规定,但时期既定,不得任意改易。(四)听讲规则由自治会商同劝学所、教育会酌定,以资遵守。(五)讲员以自治研究所毕业生、师范毕业生及地方素有知识品行端正说话明亮者充之。均由自治会、劝学所、教育会商同延访,请地方官札派,其薪金由自治会酌定。(六)照原案。(甲)(乙)(丙)照原案。(丁)报纸之论说或时事中足资警惕者。(七)照原案。(八)宣讲员应将每期所讲设簿登记,按月送缴自治会备查。(九)照原案。(十)宣讲员如能精神贯注,演讲透彻使人感动者,由自治会请地方官酌量给奖;其敷衍塞责者,随时撤换。(十一)照原案。(十二)照原案。(十三)照原案。(十四)地方官于奉文日,当即督促自治会职员切实施行。宣统二年九月□日,庶政兴革科修正。主查员黄乃裳,理事员谢滋春,审查员高士龙、陈锡朋、张国宝、余钟英、堂或径行通饬各属，或行三司通饬各属一体遵办。其关于各主管局署者，分别饬令筹办。其应行示谕者，并令一律出示晓谕。均详历次札覆文内，是即公布施行之明证。兹来折议请明书公布施行字样，以示标准，自更醒目，此一项均可照局议办理者也。又如严饬官吏施行议案并报告成绩派员密查一项，查议案之效果，原以事实上真得施行为据，惟施行之如何督促，如何考核，自为本部堂应负之责任。现阅九月初七日政治官报内载宪政编查馆通咨厘订谘议局议决各项清单第四条，督抚批准公布施行之件，既由督抚行文，文到后行政官吏亟应实力奉行，惟须有限期与无限期之别，如明定期限以到所定期限为断，不定期限之案以到次期常年会为断，如于各该限内而该管官吏未经声明窒碍情形，详奉督抚批准展限在前，故意延宕不行者，该局得照局章二十八条指明确据，呈候督抚查办等语。是于督促施行之方法，业已厘定完密。此一项当俟馆咨到后一律遵照办理，无庸再采局议者也。以上三项，现经本部堂分别核明，合就札覆。为此札行谘议局查照，须至札者。右札福建谘议局准此。

五、报告督部堂札发会议厅规则事。

总督部堂松为札发事：案查本年八月十八日，准宪政编查馆电复内开，会议厅规则十六日具奏，奉旨依议，即行速咨并刊发官报，到时均希查照等因，当经本部堂札知在案。兹据政治官报内登有各省会议厅规则，自应刷印颁布，一体遵照办理，除分发各司道局处外，合就札发。为此札行谘议局查照，须至札者。计札发会议厅规则一本。右札福建谘议局准此。宣统二年十月初四日。

六、报告广西谘议局来函关于禁烟案已准施行实赖赞助无任感激事。

敬启者：敝局昨因禁烟展限一案，以致全体议员辞职，曾将来往文电迭呈公览，嗣经资政院核办议奏，钦奉谕旨，饬抚照禁，敝局亦遵旨议事，已于本月初十日开会矣。兹将近日来往文电印刷成册，续寄台端，伏乞察阅。此次法律得伸，实赖诸君子赞助之力，无任感谢。耑此，敬请台安。广西谘议局谨启。附印刷物十三纸。

七、报告浙江谘议局来电二通。

（一）浙路事抚已奏，并接院电开议。

（二）预算无岁入，贵省如何着手，盼覆。

八、报告广西谘议局来电。

第十九，试办农林规则案（王子懿提出）第一读会。

议长（高登鲤君）述各种报告：
一、报告议员陈蓉光君由京回闽，本日到会，因执照在家，未及往取，照本局先例，得议员二人保证，即可出席会议，现有议员林辂存君、林逢春君愿为保证，应许出席。
二、报告议员赵锡荣君、林邦桢君、李泰交君、郑锡光君、郑祖荫君、吴庭栻君、陈锡朋君各告假一天，李馥南君告假二天。
三、报告督部堂札知准度支部电预算岁入业经通电将全册送供参考并附原电事。
总督部堂松为札知事：九月三十日，本部堂电催度支部地方岁入办法一案，兹于本日准部电覆内开，三十电悉，此次试办预算，岁入一门，因国家地方税章程未经厘定，故暂行合并编制，业经通电各省，将预算全册送供参考，则一切岁入俱在其中，各谘议局亦可略知大概，希仍饬该局遵照办理等因前来。合就札知，为此札行谘议局查照，须至札者。附原电一纸。右札福建谘议局准此。宣统二年十月初三日。
致度支部原电：度支部鉴：洪，前据谘议局呈请将地方行政岁入款项交议一事，曾经电请示覆在案，现据该局一再力请，务祈速示。三十，印。
四、报告督部堂札覆本局议决声明局章慎重议案各项应请照行案事。
总督部堂松为札覆事：据谘议局呈称，案查奏定谘议局章程第二十二条内开，谘议局议定可行事件，呈候督抚公布施行等语。兹经本局议决，声明局章中慎重议案各项应请照行案一件，理合缮具清折，呈请督部堂察核公布施行，并清折一扣等情到本部堂。据此，查阅折开各理由及应行注意各项，系为推阐条文慎重议案起见。谘议局甫于上年创办，自应随时互相研讨，以求至当。兹就所开注意各项，细加察核。如先期提交议案一项，查局章第三十四条，既明定应于开会三十日以前由议长将本届应议事件通知各议员，则本部堂所提交之案但当以无误议长通知之期为断，正不必另立期限，此一项仍当查照局章办理者也。又如札覆名义用语一项，查札覆必用督抚名义，及准否必须明示，本部堂于本年七月覆谘议局汇折呈问案内，业已照此办理。至上年所有核准各案，其关于通省者，本部

第二次福建谘议局议事速记录第十五号

宣统二年十月初六日（1910年11月7日）

议事日表　第十五号

宣统二年十月初六日（日曜日）午后一时开议。

第一，关于扩充宣讲所实行宣讲办法案（附审查员修正案）第二读会（延前会）。

第二，覆议消弭下游械斗案（延前会）。

第三，覆议裁撤南水关案（延前会）。

第四，厦门周之桢请求补助女学经费建议书之提出（延前会）。

第五，南洋张鸿文请纠举永定县建议书之提出（延前会）。

第六，华侨杨向荣请撤厦门保商局归并华侨公会建议书之提出（延前会）。

第七，汀州木商张际腾建议书之提出（延前会）。

第八，漳州杨在田请协济款维持潒河公所建议书之提出。

第九，监狱改良各地方如何筹设咨询案审查员之报告。

第十，立限清葬咨询案审查员之报告。

第十一，筹设济良所咨询案审查员之报告。

第十二，筹设救贫院咨询案审查员之报告。

第十三，劝办医院咨询案审查员之报告。

第十四，厅州县巡警就地筹款审查员之报告。

第十五，福建法令公布规则案审查员之报告。

第十六，请速办单级教授练习所案（审查员第二次修正案）第二读会。

第十七，请实行严禁吗啡进口案审查员之报告。

第十八，实行禁止彩票并赌博赌具案审查员之报告。

财政支绌时代，于官有财产尤宜妥实清理，俾多增一分之利，即筹款少吃一分之亏。查本省官有房屋（如民屋变价入官及旧废衙署厂局之类）、官有地亩（如衙署厂局等类废址及其他地亩）、官有器物（如旧废船只军装及其他器物）为数不少，虽稍有收入，均远不及实应收入之数。其收息为利者，宜核实征收；其无收息及收息甚微，不如以售出为利者，宜估量售出。今拟办法如左：一、请由藩台饬属清查此项官有房屋、官有地亩、官有器物，开明所在地及间数、段数、件数与其价值，造具清册。二、前项清册，交各该地城镇乡议事会覆查情形，评议价值之符否，与收息或售出之孰为利益，并令以评定之价申覆。三、有应租贷与人民以便收息及售与人民者，刊登报端广告，愿租借及购入者，向该地自治会陈请代为转达，以免勒索及抑阻等弊。四、自此案公布施行之日起，限四个月，地方官应造具清册交自治会；自治会自奉到清册之日起，限两个月申覆。

（议）〔刘〕崇佑君谓：此案非指全省，乃指关于各地方者，应于题目添三字，为清查各地方官有房屋云云。

议长（高登鲤君）谓：赞成刘君之说者，请起立。计可决者六十人。

议长（高登鲤君）谓：此案第三读会请众表决。可决者六十三人。

议长（高登鲤君）谓：议员游肇源君提出请归还金寿寺租价为自治经费案，自请撤回，应照章许其撤回，请众表决。可决者四十五人。

议长（高登鲤君）报告第十五号议事日表。

议长（高登鲤君）宣告散会。

是日出席议员六十五人。督部堂未到会，委提学使司姚代理。下午五时散会。

办理，定一暂行章程，此为补救方法言也。至如就破产原因言，为根本解决，则关系甚复杂，非一二言所能尽。

督部堂代理员提学使司姚谓：此可由局具文申覆。

卢初璜君谓：破产律所以不能行者，因倒欠之人有寄隐钱物、伪造账簿等事。

刘崇佑君谓：破产有二：（一）有罪破产，（二）无罪破产。卢君所言即有罪破产，关于此种，属于搜查手续，应如何办理，又别成一问题。

连贤基君谓：即可照报告书申覆。

刘崇佑君谓：部定账簿及不动产登记法，均宜实行，不知部定账簿可以通行无碍否？至不动产登记法，部章未定，可否由行政官提出议案，交本局议决？

督部堂代理员提学使司姚谓：官纸印刷局现尚未设立，故部定账簿尚未实行，至不动产登记法案可以提出。

刘崇佑君谓：既可提出，则请尽会期内提出，盖不动产登记法不独可以杜绝倒欠流弊，且于筹备经济上亦甚便利。

李迪瑚君谓：破产律甚为周详，本议员曾经查考，若督部堂所咨询，即可照有心倒骗办理。至部定账簿，见商会章程，如能与不动产登记一律实行，是为根本解决，惜尚未确定。破产律亦有应缓行之处，然大致皆可照行。果然，则督部堂所云各弊自除矣。

议长（高登鲤君）谓：此咨询案应照章请审查员拟定申覆书，并请定一申覆书交出期限。

李迪瑚君谓：定初六日交出。

议长（高登鲤君）谓：第十关于扩充宣讲所案第二读会手续甚繁，本日议事时间无多，应变更议事日表，将此案延会。本日先将第十一清查官有房屋、地亩、器物妥筹保护及处分案提前开第三读会。

第十，清查官有房屋地亩器物妥筹保护及处分案（第三读会）。

议长（高登鲤君）请书记长登坛朗读。

书记长（林长民君）登坛朗读。

清查官有房屋、官有地亩、官有器物妥筹保存及处分方法提议案第八，扩充水上警察咨询案审查员之报告。

议长（高登鲤君）谓：此案与预算有关，应延会。

第九，杜绝倒欠流弊咨询案审查员之报告。

议长（高登鲤君）请主查员登坛报告。

主查员李迪瑚君登坛报告审查情形（大意与报告书同）。

杜绝倒欠流弊咨询案报告书

本届第九次议会提出督部堂杜绝倒欠流弊咨询案，交由临时审查员会审查之。案倒欠原因，多由商事失败，无可挽救，其甘心负人自坠本业者实鲜，然以亏空难支，形迹显露，有不得不倒之势，致或卷逃以避追逼，或隐匿以赡身家者，时亦有之。为正本清源之计，固宜振兴商业，维持金融，此患自可稍息。否则，实行用部定账簿，及不动产登记，似亦探本之谋。若目前尚难拟议及此，而专为杜绝倒欠，有寄隐钱物，伪造账簿及产业诡挂他人种种情弊。查破产律立法周详，用意精密，未能出其范围。而再参以所见者，计惟有实行破产律而已。宣统二年九月二十九日，临时审查会主查员李迪瑚，理事郑藻山，审查员黄纪星、陈锡朋、苏寿乔。

刘崇佑君质问：部中破产律已否发布到闽？

督部堂代理员提学使司姚谓：部中已颁布到闽，因其中有许多为难之处，不能实行，此各省皆然。其所以不能实行者，因中国关于旧习惯有所窒碍，且司法未独立故也。

刘崇佑君质问：部中是否令即实行或许缓行？

督部堂代理员提学使司姚谓：部文亦无令即实行之语。

刘崇佑君谓：若部中有限期实行者，即须照行；若可缓行，则可由本局议定暂行规则。

督部堂代理员提学使司姚谓：若可实行破产律，则督部堂可不必提此咨询案。惟因破产律一时既难实行，故督部堂请诸君想一杜绝方法。

刘崇佑君谓：破产有种种原因，此为经济上问题，非法律上问题。若对于破产后之补救方法，则惟有实行破产律而已。倘部中未令即行破产律，则尚可变通审查员会报告。主查员李迪瑚,理事郑藻山,审查员苏寿乔、陈锡朋、黄纪星。

施景琛君质问:福州不设初等实业学堂是何意见?

苏寿乔君答:因福州商业学堂设有初等实业班故。

施景琛君谓:本年因无款已裁去,现在应请添设。此报告书内"除福州无容置议外,尚有八府二州"等语应删去,又应请添设二所"二"字改为"三"字。

督部堂代理员提学使司姚谓:因本年预算不敷,故中等拟增设二所,至初等原拟八所,非限于八府,乃就各县中择要设立,地方未定。

苏寿乔君谓:前日因督部堂代理员有云,除福州外八府分设八所,故审查员照此审查。

督部堂代理员提学使司姚谓:前日本司未到会,故不知其详。

连贤基君谓:须先指定地方。

督部堂代理员提学使司姚答:因迁就款项,故不得已先设八所,至应设何处,再行斟酌办理。

连贤基君谓:每所应需款若干,自可先行算定,若系应办之处,则虽官款不足,亦应由本地方官绅筹办。

施景琛君谓:九府各有首县,应于首县各设一所,至福州亦须设立,应请仍添三所。

刘崇佑君谓:凡议案中下语须斟酌,即如此案报告书中有"方无偏枯之虑"一语应行删去。

连贤基君谓:总须多设几所为是。

刘崇佑君谓:顷闻代理员言仅设八所,为迁就款项计。至八所经费何出,全藉预算,故根本问题在于预算。若预算有款,则最好每县设立一所;倘经费无着,即一府一所亦办不到。今款既无着,空言议决,能否实行,亦应计及。若不计及此,而含糊议决,则亦何贵有此谘议局。诸君顷所议者究竟如何实行,本无把握,应请将此案延会。

议长(高登鲤君):据刘君言,此案须俟预算解决后方能讨论,应行延会。

刘崇佑君谓:本局发言应负责任,必求其可行者言之。

议长(高登鲤君)谓:此案无从议决,应延会。众无异议。

岁，住渠山社；师范简易科毕业生山城小学堂堂长黄煌鉴，年二十八岁，住溪雅社；中学预科毕业生山城小学堂司事吴崙山，年二十七岁，住山城圩；生员山城小学堂教员黄超英，年三十八岁，住南宛社；中学预科毕业生山城小学堂教员黄曦阳，年二十六岁，住南宛社；中学预科毕业生自治研究所讲员黄张湖，年二十三岁，住山城圩；中学预科毕业生商业冯涛，年二十六岁，住鸿田社；中学预科毕业生私塾改良教员冯荣宗，年三十九岁，住鸿田社；职员商业吴海东，年二十四岁，住山城圩；监生商业张沈仁，年四十二岁，住山城圩；中学预科毕业生私塾教员黄芳兰，年三十三岁，住汤坑社；中学预科毕业生私塾教员黄芳祺，年二十四岁，住汤坑社；中学预科毕业生商业张成名，年二十三岁，住南坑社；中学预科毕业生自治研究所学员吴建勋，年二十三岁，住山城圩；法政讲习科毕业生审判研究所学员陈躬圭，年三十四岁，住山城圩。

议长（高登鲤君）谓：此建议书应付审查，请众表决。可决者六十三人。

第七，关于初等中等实业教育咨询案审查员之报告。

议长（高登鲤君）请审查员登坛报告。

审查员苏寿乔君登坛报告审查情形（大意与报告书同）。

中等初等实业教育咨询案报告书

本局第二届第七次议会提出督部堂第三条中等初等实业教育咨询案，交由临时审查员审查。查此案系为吾闽振兴实业，自是美意，惟第一届第三次议会督部堂曾提出筹备实业教育事宜案，经本局议决，中等实业学堂除省垣已设外，亟宜增设者延平农业学堂一，厦门工业及商业学堂各一，长门渔业学堂一，业蒙批准在案。此届咨询案，仅拟设延平农业学堂一所，厦门商业学堂一所，厦门之工业、长门之渔业概未提及，与去年议决之案不无抵触，应请按照旧案施行。初等实业原案拟设八所，查初等实业学堂各府州县俱应设立，第以本省财力维艰，一时尚办不到，现拟府州各设一所，闽省九府二州除福州无容置议外，应行创设者尚有八府二州，照案筹设八所，应请添设二所，方无偏枯之虑。至提倡公立或私立，以辅官立所不及一节，现在商会、农会各属陆续开办，该会有振兴实业专责，应请督部堂转饬各农商会极力提倡，并示以办有成效优加奖励，则地方绅富必有投袂而起者。合将审查情形报告，祗候公决。宣统二年九月二十九日，临时十八岁，住渠山；漳州府南靖县监生布疋商业李磬声，年二十九岁，住山城；漳州府南靖县监生纸张商业黄沈献，年三十四岁，住山城；漳州府南靖县监生米粟商业杨应三，年三十五岁，住山城。

陈之麟君谓：据建议书所言，则南靖县知县有违法之举，应先将建议书付审查。

议长（高登鲤君）谓：此建议书应付审查，请众表决。可决者六十三人。

议长（高登鲤君）谓：此审查员是否选定？

陈之麟君谓：仍请议长指定，以省手续。

议长（高登鲤君）谓：陈君言仍由议长指定，请众表决。可决者五十九人。

议长（高登鲤君）指定五人，姓名如左：林天骥、李钟声、黄必成、洪鸿儒、郑祖荫。

议长（高登鲤君）请众表决，可决者六十人。

第六，南靖黄王谟关于苛征钱粮建议书之提出。

议长（高登鲤君）谓：此建议书已印刷，可省朗读，请诸君讨论。

具陈请建议书：黄王谟等为苛征钱粮事，窃南靖钱粮向归粮胥包征包解，苛索最横，粮户受亏最巨。查咸丰四年经马邑主确定章程，以每两粮银实收洋银一两四钱四分，其粮银若无上银者，照米牌找算，每张串票给粮胥铜钱一十七文，不准浮收勒折，经通详各大宪批准立案，并出示晓谕，勒石在大庙公所。乃日久弊生，粮胥恃其包征包解，势力甚大，竟不照章征收，务要格外勒索，多至二三（培）〔倍〕、四五倍不等。如不遂所勒，则或禀派差勇扭押班馆，或私行拘禁酷索万分。愚民忍气吞声，任从苛索，若欲赴县呈控，而粮胥差役通全一气，呈诉为难。即勉开巨费呈请申冤，而县主既受柜书规款，粮银又系其包解，自不得不曲为袒护。是以谟等叠恳本县议员李钟声，向郑邑主要求再行宣布马邑主所定征收章程，出示禁止苛索。虽蒙允诺，自去年至今，未见出示悬挂，而粮胥益无顾忌，私掳勒索，日有所闻（开单附后），甚敢者伪造印串（伪串附后），苛索乡民。非蒙大宪饬县迅行出示，遵照马邑主前定章程征收，灾后穷民，奚堪受此鱼肉？为此理合具由陈请建议，叩乞谘议局公鉴。宣统二年九月□日，具陈请建议书。漳州府南靖县：生员法政别科毕业生自治研究所正讲员黄王谟，年三十二宣统二年九月□日，具陈请建议书，厦门学界代表黄廷元，年五十一岁，福建泉州府同安县民籍，现寓厦门梧桐埕，五品蓝翎同知衔。

洪鸿儒君谓：此建议书所言皆实在情形，应请即为转呈督部堂。

林辂存君谓：此皆实在情形，为本议员所深悉者，应即转呈。

议长（高登鲤君）谓：照章此建议书应付审查，关于审查，应举定临时审查员。

陈之麟君请由议长指定。

议长（高登鲤君）谓：赞成指定者，请起立。计可决者五十八人。

议长（高登鲤君）指定审查员五人，姓名列左：林邦桢、陈士霖、洪国器、许赞虞、杨慕震。

议长（高登鲤君）请众表决，可决者五十五人。

第五，南靖黄张清关于豁免钱粮不揭示建议书之提出。

议长（高登鲤君）谓：此建议书已印刷，可省朗读。

具陈请建议书：黄张清等为灾田钱粮奏准豁缓县不揭示胥肆追征事，窃南靖一带，于光绪三十四年惨遭洪水为灾，田亩冲没沙淹不可胜数，于张前县主任内，经业户简抡甲等赴县呈请分别豁缓，以苏灾困，已蒙转详各大宪据情奏闻，旋奉恩准。乃于今三年，在县未见悬挂告示，粮胥以未奉明文为词，追征如故，虽经本地绅士向县主面请，将准豁免户名及应缓年份详明揭示，以便粮胥粮户各有所遵守，乃县主以靖粮征解向归胥包，不得不袒护粮胥，故始终不肯揭示。是以朝廷虽有轸恤之至意，灾黎未蒙怜恤之恩施，辜负天恩，莫此为甚。伏读督宪札覆谘议局豁免民欠地租钱粮质问案，有云如纵容书吏冒征应行豁免赋税者，查出立予详参示惩，是沐恩豁免者，胥吏皆不得冒征。而南靖则惨受奇灾，田产冲淹，大宪入奏，特恩豁缓，胥吏更不得冒征可知。乃南靖县主敢于阻抑皇仁，纵容胥吏，追呼益甚，不恤哀鸿，非蒙转请大宪从严饬县迅将豁缓情形分明揭示，灾后穷民奚见天日？为此理合具由陈请建议，即乞谘议局公鉴。宣统二年九月□日，具陈请建议书。漳州府南靖县墟长什货商业黄张清，年五十三岁，住山城；漳州府南靖县生员棉纱商业李开万，年三十二岁，住山城；漳州府南靖县职员米粟商业黄高冈，年六十一岁，住山城；漳州府南靖县监生糖行商业黄朝东，年五书记长（林长民君）登坛朗读建议书。

具陈请建议书，厦门学界代表黄廷元为陈请事，窃去年九月，驻厦英领事窦，误认海后滩官地为租界，干涉体操学生行经是地，谓须先行知会云云。经厦道函驳在案，而英领事犹复照会，藉词图混，实属误于不自知。经元等谨详查证据，绘图贴说，呈缴厦道在案。查海后滩一带，自岛美路头起，至新路头止一带，租给英商，起盖行屋，直长五十五丈，横阔一十六丈，另外四丈，给为公路，周围见方，折算计三十五丈五尺。于咸丰四年，由石浔巡检郑，会同英领事巴，查勘丈量，绘图注说，各在案。所有尺寸，详光绪十一年英领事佛送来厦道署存案地图。则海后滩堤岸，不仅不得谓之租界，且不得谓之租地。其可驳者一。又租地每周围见方一丈，年纳租银一两，合光绪一年纳租约章加入德记及洋关加填地段所纳租银，不过一百四十九元七角一分而已。则新填海滩等处，英商并未纳租，何得称为租界？其可驳者二。又据光绪四年所立新填海滩约字第一条，声明此地永远作为公路，并无租与英人名目，则此处为吾国完全土地可知，英领事何得指为界内？其可驳者三。夫既为官地，又属公路，则外国人既可通行无阻，岂本国人反动须知会英领事？英领事凭空干涉，始由误会，终竟固执，苟非据图力争，上损主权，下（乘）〔乖〕舆论，非细故也。合将此案确证另订一册，并将地图附注，呈请谘议局列位大人察核议决，恳请制台核覆驻厦英领事，秉公再行核议。邦交幸甚，地方幸甚。

拟驳英领事照会厦道三条列左：一、实有未谙本国租界事理之处云云。按：租界内之权利义务，由两国所订界章而行，苟获有租界国所定章程，未经租与之国政府承认，在国际公法上视为无效。今英领事仅据本国而言，未免失当。一、厦门既作通商口岸（中略），已算头等租界云云。按：通商口岸原不必有租界，试问英伦香港非通商口岸乎？何以外国并不享有租界之权利？中国所以承认外国有租界者，乃由特别条约而成。若谓承租地段开设行商便为租界之证据，则香港等处华人之买得地皮在彼营业者，指不胜屈，欲视为中国之租界，英政府肯承认乎？一、复查鼓浪屿界章，凡遇界外事务尚当预先知会云云。按：鼓浪屿有此界章，经中国政府承认，官吏签约，方得施行。试问厦门亦有此界章否？如无此界章，则中国政府并未承认，英人在厦门无此等权利，英领事何得视为头等租界，欲扩张其权力驾鼓浪屿而上之？

议长（高登鲤君）谓：此案应由庶政兴革科及财政科合并审查。

陈锡朋君谓：关于闽矿案，前日因胡国廉不回，故作罢论，未付审查，本日筹办地方自治案，事实亦已变更，何以仍付审查？本议员不能无疑问。

议长（高登鲤君）谓：闽矿案诸君并未请付审查，且胡绅不回事已消灭，故不付审查。本日关于自治案，因议员有提议付审查者，经众公决，故付审查，非议长一人之意也。

议长（高登鲤君）宣告休息二十分钟。

三时二十分续行开议。

黄乃裳君谓：庶政兴革科审查案件极多，前次已提议请加增数人，未经众议允许。本主查员开审查会数次，总有二三位不到，甚至有一会候至一点半钟，并无一人者。应请议长照章行补缺选举。

议长（高登鲤君）谓：开会不到，是为缺席，而非缺员，缺席与缺员不同。但黄君谓每会不到之二三人，请举其姓名。

黄乃裳君谓：本议员不便举出，应请议长加选数人。

议长（高登鲤君）谓：加选庶政兴革科审查员，请众表决。可决者三十七人。

孟思培君请由议长指定。

高士龙君谓：本议员与孟君同意。

议长（高登鲤君）谓：审查员由议长指定，请众表决。可决者三十九人。

议长（高登鲤君）谓：指定四人，请众表决。起立者仅二十七人（少数），遂决议指定二人。

议长（高登鲤君）指定二人，姓名列左：黄必成、洪鸿儒。

洪鸿儒君谓：本议员已在法律科。

议长（高登鲤君）谓：洪君仅在法律科，应请兼任。

议长（高登鲤君）谓：指定黄、洪二君，请众表决。可决者四十八人。

第四，厦门学界黄廷元请向英人交涉误认海后滩官地为租界建议书之提出。

议长（高登鲤君）请书记长登坛朗读建议书。

无问题，应照章交审查员审查，作成申覆书，将此情形申覆督部堂，请众表决。可决者五十四人，遂付庶政兴革科审查。

第三，覆议清理钱粮积弊案。

议长（高登鲤君）请书记长登坛报告。

书记长（林长民君）登坛报告：原案于去年十月初六日具呈督部堂，计原案八条，附案一条，十月二十日奉督部堂札覆，据藩司粮道详，八条均可照行，惟第六条设柜一节，大堂设柜之外，尚须添设乡柜，又附案一条，每两折银元一元九角，每斗米连耗完五角，此系道光年间之事，今昔银价不同，不能照办。谨案此案已通饬各属一体遵办，惟第六一条、附案一条稍有异同，由局存案，候常年会议决。

熊秉廉君谓：划一粮价，督部堂以为今昔情形不同，固属实情。惟据清理财政局册载粮价有限定，而外府县多有浮收。

王子懿君谓：据督部堂来札内，有云通饬各属酌量情形，定一官民两无相累之法，不知各属已酌定申详否？

督部堂代理员提学使司姚谓：此事属藩台，未知其详。

王子懿君谓：粮价亟应划一，闻各属解司每两限定只加耗银一钱二分，现查清理财政局报告册，各属所征收有自一两二钱至一两七八钱不等，然此册所列，据各议员所知，尚多不实不尽之处，如欲划一，甚难得其标准。

督部堂代理员提学使司姚谓：中国财政极紊乱，流弊甚多，始终不能祛除，盖因原因极复杂，大约根本由于币制不定，故吏胥得以高下其手，宜先定币制，方可杜浮收。

王子懿君谓：浮收多系归官中饱者，现当清理财政，划定公费，则地方官自应据实悉数报告，方可以对朝廷，乃仍复不实不尽，此心何以自问乎？

督部堂代理员提学使司姚谓：中饱亦不尽归官，总之我国征收钱粮，既无鱼鳞册等可凭，则粮书得以高下其手，且粮书又委诸隶役，复多一层侵蚀，现在非由根本上改革则弊终难除。

高士龙君谓：此案应付审查。

议长（高登鲤君）谓：此案应付审查，请众表决。可决者六十四人。

之事，未奉续札，遂于本年六月初七日本局具折质问，至七月二十一日续奉督部堂来札，谓铁路局详覆各条，本部堂细加覆核，均系实在情形。至粮捐盐价各项，现尚未据财政局盐道详覆，已分饬催办。

议长（高登鲤君）谓：此案关于财政局及盐道两处清折均未交到，则是答覆不完全，本日无从议决，应行延会。

刘崇佑君质问督部堂代理员：财政局及盐道已否详覆？

督部堂代理员提学使司姚问福州府曹：财政局随粮捐情形如何？

福州府曹谓：财政局所收随粮捐款项，现在各处造册未齐，不知多少。

刘崇佑君谓：事隔一年，至今日尚未答覆完全，如何办事，本议员不能不发言，中国办事如此，此所以至有今日也。

陈之麟君谓：据财政局预算册，随粮捐及保息每年十五万两，而据铁路局则只收九万余两，究竟此款如何用法？财政局并未声明。且事属两年，迟延至今未覆，大约督部堂命令，财政局可不遵守也。

督部堂代理员提学使司姚谓：督部堂命令，财政局断无不遵守。

刘崇佑君谓：此案若因答覆未完全，即行延会，则本局终无议覆之日，应请督部堂代理员明示札覆期间。

督部堂代理员提学使司姚谓：可请督部堂饬催财政局盐道从速详覆。

刘崇佑君谓：此案应由本局具呈督部堂，请饬催财政局盐道限二日内详覆。

督部堂代理员提学使司姚答曰：可。

议长（高登鲤君）请书记长拟具呈文，俟得札覆后再议。

第二，覆议关于筹办地方自治案。

议长（高登鲤君）请书记长登坛报告。

书记长（林长民君）登坛报告：原案于去年十月初十日具呈督部堂，内分四条，至十月十七日奉督部堂札覆内，第一条士绅资格，第四条人口调查，应行覆议，余各条先行札饬自治筹办处查照办理。遂由本局存案，候常年会议决。

孟思培君谓：第一条士绅资格，督部堂所言，本议员极为赞成。惟户口一节，系照宪政编查馆覆河南巡抚电中办法，并非敷衍。

议长（高登鲤君）谓：目下各地方自治会多已成立，则此案已属过去，现何？夫议会监督政府，此仅就一方面言耳。若再就一方面言，则政府与议会亦当互相提携，以期有益于地方。现在福建情形危急，督部堂对此情形应如何筹划，不妨明示。本局苟有可以尽力之处，无不愿意。究竟行政长官对此时局如何妥筹办理，亦应对本局明示方法，各求所以自尽之道。不然，则三日一电，五日一函，空文无补，断无了结之时也。

督部堂代理员提学使司姚谓：谘议局与行政官同议办法，本代理员极为赞成。惟诸君若能想一正当办法，稍留余地，勿过急迫，则督部堂亦必乐于听从。

刘崇佑君谓：现值预备立宪时代，既许人民与闻政事，议员等承人民公举，担此责任，尤当以公务为急。行政官苟有为难之处，不妨将内容示知本局议员，以便公同设法，或于事不无小补。议员现在进退维谷，希望督部堂予议员以可循之道，即稍有窒碍，亦当勉力进行。现既承督部堂代理员允与议员会商办法，则议员万无不担任之事。若两方意见相合，自当协同进行；如其不然，惟有各尽其责而已。请督部堂代理员将此意详细转达督部堂为幸。

议长（高登鲤君）谓：顷各议员所言，督部堂代理员能否尽情代达，本局无从知悉。如前日督部堂代理员布政使司尚对于刘君所述曾答云，本代理员当痛哭流涕向督部堂陈之，至昨日本议长及刘、陈二君进谒督部堂，请其发电，则云恐亦无益云云。是前日所言，代理员果否尽情转达，尚未可知。本日甚希望督部堂代理员能将刘君所说逐一转达，想刘君所说极其切挚，凡有天良者当必感激也。

督部堂代理员提学使司姚谓：本代理员自应尽情代达。

第一，覆议整顿闽路案。

议长（高登鲤君）请书记长登坛报告。

书记长（林长民君）登坛报告谓：原案于去年十月二十二日由局具呈督部堂，内分八条，十二月二十九日奉督部堂札覆，据铁路局详称，第一条即为推广，第二条如股本充足可以如限竣工，第三条谓铁路局并无浮冒，第四条可照办，第五条请饬财政局造报以凭稽核并请札催盐道开单照解，第六条请暂缓公布施行，第七条照办，第八条随粮捐及盐斤加价尚未收足并无溢额之可言云云。嗣由常驻议员协议，此案督部堂仅据铁路局详覆，并未加可否。又分札财政局盐道卢初璜君谓：照此而言，是无地方经费岁入，无岁入又何从预算？

督部堂代理员提学使司姚谓：在度支部以为本年尚属试办之期，与谘议局章程显有抵触。照理言之，度支部应先一年预备，今不但不能先事筹划，而且瞠乎其后。在谘议局提出要求岁入之案固属正当，然行政官对于度支部之为难亦知系实在事情，督部堂若再发电向部筹商，尚无不可。

卢初璜君谓：度支部既系试办预算，亦当划定岁入。

督部堂代理员提学使司姚谓：在度支部之意，以为本年试办，不过为清查本省用款赢绌若何耳。

卢初璜君谓：清理财政已经清查，何以尚须俟至本年？

督部堂代理员提学使司姚谓：清理财政在部意盖欲就各省提款应用，至清理后乃知，各省皆有绌无赢，于是大形失意。故本年所谓试办预算者，意欲各省大加节省，求其收支适合耳。

卢初璜君谓：然则本年试办预算亦为提款计乎？

督部堂代理员提学使司姚谓：此又不然，部中见各省均有亏空，故欲实行收支适合。然收支适合甚难办到，惟有将用款撙节，则必须通盘筹划，斟酌先后缓急方可。

卢初璜君谓：本年不能提出岁入乎？

督部堂代理员提学使司姚谓：部电大约今日或明日可由督部堂札局，至究竟如何设法，一二日内督部堂尚须与司道商酌妥筹。

刘崇佑君登坛谓：预算之关系及其争点现可不必言，本局开会已三十三日，此问题尚未解决，究竟如何，总须想一方法。若徒靠发电，日复一日，似有似无，为议员者甚觉难过。昨晚晤及督部堂，谈叙此事，似甚着急。据云本日上午当约司道会商，究竟会商情形如何，请督部堂代理员答覆。

督部堂代理员提学使司姚谓：本日督部堂如何会商，本代理员尚未知悉，大约总须设法，或再发电，或更别筹办法皆可。现在不但预算明年岁入经费宜急划定，而且本年用款亏至百万不知如何办理，督部堂对于此事亦甚着急。

刘崇佑君谓：本年本省亏空甚多，本局亦极关心，拟另日提出质问案，然此为另一问题。预算一节，为谘议局分内事，一日不解决，则一日无以自安。现在尚无头绪，请问更有何事可议？督部堂复劝令勿行停议，然终无结果，又将若覆者，其通电及汽车轮船处所立须刻期派查，答覆期限至迟不得过二十五日，其事非详细调查不能裁夺，或不通轮电之地，事实上无可如何者，应将不能如期答覆缘由先行札知谘议局查照，但于下期开会以前必须答覆。（二）督抚对于谘议局议案既无不答覆之理，则答覆文中系非批准者，无论有无交局覆议字样，谘议局得依据章程照督抚不以为然之件按章覆议，再行呈请，未便遽认为侵夺谘议局权限，辄行呈请资政院核办。如不依定章任意禁止及拒绝覆议明文或批驳取消者，方得适用侵夺权限之条，呈请资政院照章办理。（三）凡议案自须指明一定办法，若但作策问之辞，即不成为议案。惟督抚对于谘议局有提议事件及咨询事件之别，札行时应于题目上标明提议或咨询字样，除咨询事件外，若题系议案而尚无一定办法，或间作问辞者，得由谘议局呈请指明办法意旨，然后付议。（四）督抚批准公布施行之件，既由督抚行文，文到后行政官吏亟应实力奉行。惟须有限期与无限期之别，如明定期限，以到所定期限为断，不定期限之案，以到次期常年会为断。如于各该限内，而该管官吏未经声明窒碍情形，详奉督抚批准展限在前，故意延宕不行者，该局得照局章二十八条指明确据，呈候督抚查办。（五）预算年度所以统一国家会计，谘议局局用亦不能独异，且局章并无以九月为预算年度明文，应于本年开会时，从本年九月截至本年十二月，特别造一预算，另于明年正月起至十二月止，造列全年正式预算，以后即逐年递推，均以通行预算年度为准。至于经费出入，本系按月清查一次，则开会时对于议员，即以按月实支数目，造册凭其审查，而将九月以后应存应支数目，按照本届特别预算附册声明。嗣后对于督抚清报，仍以一年为终始，庶无含混之虞。至该局预算案，呈报督抚时，仍应由督抚严核有无滥费，以定准驳，如决算不实，得照例严行查办。

三、报告云南谘议局来电。

滇省因盐斤加价停议待批，如不能挽回，定全体辞职。滇局叩，俭，印。

卢初璜君登坛质问：关于预算事件，闻督部堂尚未得度支部覆电，未知曾否再发电往催？

督部堂代理员提学使司姚答：度支部覆电，大意谓本年尚属调查时期，国家费、地方费未能划分，即地方岁入亦无从划定，既以总册交局，则谘议局于会议上自有参考之材料。

议长（高登鲤君）述各种报告：

一、报告议员张步青君函，称此次告假回里，于船上（咸）〔感〕受风寒，腰疾再发，续假一星期。又议员椿安君、邹含英君、郑锡光君、郑祖荫君、杨慕震君各告假一天。

二、报告督部堂来札。

宪政编查馆咨送各省督抚厘订谘议局议决各项清单文

为咨行事：查谘议局钦奉特旨设立，关系极为重要。原订章程，头绪繁多，条理细密。迭据各省咨询疑义，业经本馆随时详为解释，并按期印有解释汇抄，通行在案。现在谘议局开办已历一年，第二次开会之期又届，嗣后各该局遵章议定可行事件，既经呈由各督抚公布后，若不立见施行，不惟无以副朝廷好恶同民之怀，抑且甚非官府综核名实之计。本年资政院第一次召集议员，行将开院，谘议局章程于权限争议各条，既定有由督抚咨送资政院核议，由谘议局呈请资政院核办各明文。设将来经由院核之件过多，则文牍往返之繁，官民隔阂之虞，政务因循之弊，势必层见叠出。在疆吏既不免蒙摧残舆论之名，在该局亦难免负侵越政权之责，国家岁糜巨款，创设各谘议局，原期于本省地方应兴应革之利弊，切实指陈，使国民与闻政事，负担义务，以示大公。除实系逾越范围、违背法律者，由督抚照章办理外，其应办事宜，若局中之议决尽托空谈，官吏之施行鲜求实效，则该局直同虚设，其何以资振饬而济时艰？本馆体察情形，特将该局议决呈请以及公布施行暨交覆议各项办法，按照章程分别厘订，使遇事各有一定之程，庶几可以范围不越。至于局用预算，亦应力求划一，收支出入尤应严防冒滥，以免纷歧而重公款。相应逐款开列清单，咨行贵督抚查照办理，并转行该局遵照可也。须至咨者。计开：（一）督抚对于谘议局议决呈请之件，答覆过迟，以致不能覆议，不但谘议局议论多而成功少，而使应兴革之件淹滞动逾年岁，于政事尤多不利，自以定明答覆期限为是。惟各项事件中实有非详细调查不能答覆者，此当分别三项办理：一、督抚提交之案，是必先已筹划研究，无待议决后始行调查，此类议案可决后应限于呈到十日内答覆；二、谘议局提议之案，于分配议事日表及草案之时，应一面分呈督抚，俾得交会议厅先事调查研究，则议决呈请之后决定答覆方针可不至多费时日，此项议案限于呈到十五日内答覆；三、谘议局提议之案，在各省各局署及会议厅并无案牍文报可稽，必须行取勘查始能答

第二次福建谘议局议事速记录第十四号

宣统二年十月初三日（1910年11月4日）

议事日表　第十四号

宣统二年十月初三日（金曜日）午后一时开议。

第一，覆议整顿闽路案（延前会）。

第二，覆议关于筹办地方自治案（延前会）。

第三，覆议整理钱粮积弊并照章划一粮价案（延前会）。

第四，厦门学界代表黄廷元请与英人交涉关于英人误认海后滩官地为租界事建议书之提出（延前会）。

第五，南靖黄张清关于豁免钱粮不揭示建议书之提出（延前会）。

第六，南靖黄王谟关于苛征钱粮建议书之提出（延前会）。

第七，关于中等初等实业教育咨询案审查员之报告。

第八，扩充水上警察咨询案审查员之报告。

第九，杜绝倒欠流弊咨询案审查员之报告。

第十，清查官有房屋、地亩、器物妥筹保护及处分案第三读会。

第十一，关于扩充宣讲所实行宣讲办法案第二读会。

第十二，覆议消弭下游械斗案。

第十三，覆议裁撤南水关案。

第十四，厦门女学请求补助建议书之提出。

第十五，南洋张鸿文建议书之提出。

第十六，华侨杨向荣建议书之提出。

第十七，汀州木商张际腾建议书之提出。

一府之人民不能算为人民耶？况漳河工程紧急，督部堂代理员藩台当已知之，岂行政长官视漳州一府人民如秦越乎？

督部堂代理员布政使司尚谓：因库款支绌之故，万无视漳州一府为度外之事。

陈之麟君谓：应请督部堂代理员赶紧拨款接济。

督部堂代理员布政使司尚谓：当转达督部堂，即行设法筹款接济。

议长（高登鲤君）谓：此案应付审查，请众表决。赞成付审查者全体。

刘崇佑君谓：预算岁入经费质问案，应请督部堂代理员即行转达，对于此案如何办法，请即指示。

林辂存君谓：关于下游劫杀事，请督部堂代理员转达督部堂。

督部堂代理员布政使司尚答曰：诺。

议长（高登鲤君）报告第十四号议事日表。

议长（高登鲤君）宣告散会。

是日出席议员六十四人。督部堂未到会，委布政使司尚代理。午后五时散会。

筹云云。当经常驻议员协议，以此案督部堂未有所主持，不知本局所提各节是否照准，且原案只有筹款办法两条，必先有筹款而后有办法，而财政局谓办有成效方能酌量补助，似与原案意旨倒置。遂于本年六月初七日开具清折，呈请督部堂批答。七月二十一日奉到督部堂札覆内开，查办事必先筹款，洵为扼要之论。惟款项之不虚掷，亦必以办事之确有把握为断，财政局所言似亦不为无见。兹本部堂覆核原案各条，为各省协济之款，既经财政局查明存余确数，将来河工需款紧要，自当由财政局筹拨。如赈捐收款，闽省支出浩繁，半多挹注于是，未便再行议拨。此外如漳绅认捐之如何催缴，篷船抽捐之有无流弊，以及河工办法各条，均应札饬藩司移催汀漳龙道迅速妥筹办理详覆核办，再行札局查照云云。本局遂将此存案，以俟大会覆议。

郑藻山君质问督部堂代理员布政使司尚，略谓：漳郡濬河公所，自去年十二月成立，承工赈局移交工赈（除）〔余〕款二万元左右，并汀漳龙道何捐廉一千元，除找购机船纳海关及去年十二月至本年八月间所开用之工程费、公所杂费与购置一切物件外，该款将次罄尽。本处绅商鉴于公所经费支绌，岌岌可危，业将认捐各款，陆续交出，但河工需用浩繁，终恐有不接之处。现在盼望各省协济款项，正如枯苗待雨。查协款除灾后运往漳州银米各款外，尚存七万余两，整整十万元左右。乃据督部堂札覆本局文，此款已挪用无存，到底是否筹还？似此挨延，万一耳食之人谓，漳州河道当轴主张免浚，听其湮塞，异日利用，漳郡灾祲仍可望各省协济，藉为省中挪用，其将何辞以解？况戊申水灾，曾经藩台到漳亲为踏勘，仁人君子应用恻然，似未可置之度外也。

督部堂代理员布政使司尚答：此款总要筹拨，俾归漳郡河工之用。

郑藻山君谓：现该款尚在十万元左右，如能于年内赶拨到漳，则河工前途必日有起色。即不能全拨，目前亦当速行酌量拨还，以济急需，俾无中蹶。即年内不能全数拨交，而明年地方行政岁出预算总册其工程费一门，又不列入此款，究竟代理员如何主张？

议长（高登鲤君）谓：郑君可作一质问书，呈请督部堂批答。

陈锡朋君登坛谓：本议员对此案有一疑问，督部堂谓将来河工紧要酌量补助，现在浚河机器已购，河工开始，岂非需款紧急之时乎？当光绪三十四年水灾之时，协济之款原为漳河而设，何以不将此款用为善后，乃挪用于他处？岂漳州权限。

提法使司鹿谓：此规则若欲规定实行，督部堂当咨部请示。

刘崇佑君谓：咨部请示，此属督部堂之意，在本局则议决本省单行规则为权限内之事。

议长（高登鲤君）谓：本议长对于此案有意见，请副议长陈之麟君代理议长。

议长（高登鲤君）就议员席，陈之麟君就议长席。

高登鲤君登坛谓：顷据提法使司鹿所言，谘议局不便规定此项规则，是以本局所议为违法。请问诸君，本局议决此案有无违法？

提法使司鹿谓：本司并未说贵议员违法。

王子懿君谓：去年浙江谘议局已议决此案，本局即照浙江原案参酌改定，本案以讼费为主要，无讼费则一切皆属空言。

高登鲤君谓：议场说话须慎重，凡有一言，皆记入速记录发表于外，众人共观。若本局有违法之议决，则议员当负其责。顷闻提法使司鹿所云"不便规定"，似以为属本局权限之外，故本议员不能不声明。

督部堂代理员布政使司尚谓：此案可由贵局再行呈覆督部堂声明一切可也。

刘崇佑君请将此案付审查。

议长（陈之麟君）谓：此案应付审查，请众表决。可决者全体，遂付法律科审查。

议长（陈之麟君）谓：此案议毕，请议长高君复席。

议长（高登鲤君）覆议长席，陈之麟君复本席。

第十一，覆议减轻漳河水患案。

议长（高登鲤君）请书记长登坛报告。

书记长（林长民君）登坛报告：原案于宣统元年十月二十日呈督部堂，本年四月二十三日奉督部堂札覆内开，据藩司详称，前经移请汀漳龙道勘查移覆，未准覆到，合再移催等因。又据财政、赈捐两局司道会详，漳属水灾，奏发帑银及各省协济银两，因上年省垣一带风水为灾，工赈需款，业将前项余存银两挪用无存。如果谘议局所议各节办有成效，自应酌量拨助。惟此后如何拨助，当待设议长（高登鲤君）请书记长登坛报告。

书记长（林长民君）登坛报告：原案六章，于宣统元年十月二十二日呈督部堂，本年五月初十日奉督部堂来札，据臬台详称，原案第二章拟定诉讼状纸，已奉法部奏定自应遵照办理，第五章酌拟讼费，应俟部章颁到后另行遵办，第四章议员视察监狱，似与体制不符，应毋庸议，余均可照准办理等情。据此除批示并通饬各属照办外，合行札局查照云云。本年六月初七日，本局复具呈督部堂，略谓此案据臬司所详，既有异议，应由本局存案，俟次期开会时覆议等语。七月廿一日奉续札内开，查此案谘议局原议各条，前经札司覆核议详，除诉讼状纸已奉部颁，讼费应俟部章颁到另行遵办，及议员得视察监狱押所与体制不符外，余均可行。本部堂当查可行各条，均系力除州县积弊，保护治安，自应力予禁革。且原折内可行各条，已属不少，其间并无割裂文义，亦无增删词句，未便以另列各条尚待覆议，仍在各属沿此积习，是以将可行各条均照原文另缮清折，分札该管道府通饬遵办，余俟覆议呈报再核云云。是此案除应覆议各条外，督部堂皆已通饬施行矣。

刘崇佑君谓：去年本局所以提出此案，盖因审判厅章程各地方未能即刻全行，而人民苦于讼累，又不能不求所以速救之道，故提出此规则以为暂行之用，其效力之时期与范围该规则中已明定之。今据督部堂札文称，诉讼状纸已奉部颁，自当遵行。惟讼费一节须俟部章颁到方能办理云云，夫本规则之设，原以部章未到之故，若部章已到，则不必用此暂行之规则矣。札文之意，窃有未解，今请问部颁状纸现已实行否？

提法使司鹿谓：状纸已颁到，因审判厅未成立，故未实行。

刘崇佑君谓：部颁之状纸章程谓审判厅须用状纸，非谓未设审判厅之处不许用状纸也。督部堂对于本章程恐有误会之处。盖本章程所定状纸，原为未设审判厅以前暂用者也。

提法使司鹿谓：此节不妨再为声明。

刘崇佑君谓：酌拟讼费，原为暂行起见，其价格皆照试办审判厅章程所定，毫无疑义。且讼费为根本问题，讼费不定，则一切情弊皆无从革除。

提法使司鹿谓：督部堂之意以为，谘议局对于此事不便规定。

刘崇佑君谓：照提法使司所言，则是先须解决谘议局有无规定此章程之应请督部堂核办，火兵难以归并，丙条当另行筹议办理，丁条因经费不逮当酌办。第二项增设办法，甲乙两条应由局通饬办理，至增补城台岗位一节，须商财政局增款再行添设。具文详请察核。据此，查七城盘查未便议裁，巡警军应改编消防队，余均如议云云。遂由局存案，候常年会覆议。

陈之麟君谓：此案应付审查。

议长（高登鲤君）谓：此案应付审查，请众表决。可决者五十八人。

议长（高登鲤君）谓：此案应付庶政兴革科审查。

陈锡朋君谓：此案有关财政及法律，应归财政、法律两科协查。

议长（高登鲤君）谓：此案应由庶政兴革科与前日指定审查巡警案临时审查员五人会同审查。众无异议。

第九，覆议保护上游木商案。

议长（高登鲤君）请书记长登坛报告。

书记长（林长民君）登坛报告谓：原案于宣统元年十月二十一日呈督部堂，本年二月十八日奉督部堂札覆，据农工商局详称，原案分十条，内甲、乙、丙、辛、癸五条均照准施行，庚条事关盬政，壬条事属榷务，应移商福盐道财政局核办，丁、戊、己各条事关营务，应否请宪台通饬沿河统带各员禁办，一面由局俟庚、壬两条议定后，刊刷告示，通颁遍贴晓谕等情，到本部堂。据此除详批示并札兼带福强军左路后营炮船邓副将暨兼统福安水军延建邵道查明禁办外，合就札行查照云云。嗣经本局协议，全案十条，据农工商局所覆只有五条，而督部堂未加可否，庚、壬两条未奉续札，不知福盐道与财政局如何详覆。是全案中只有关于营务三条已由督部堂札行，遂于六月初七日具折，呈请督部堂批答，七月二十一日续奉督部堂札覆，查农工商局所覆五条，均属可行，应准照办，庚、壬两条应由该局移咨福盐道财政局核办。现尚未据详覆，已分别饬催具详，再行续札云云。此后并未续奉札覆，遂由局存案，以待常年会议决。

议长（高登鲤君）谓：此案督部堂札覆未完全，应行延会。

议长（高登鲤君）请督部堂代理员转达督部堂从速札覆。

第十，覆议暂行诉讼规则案。

木、纸、笋四项先行明晰调查，暂行试办统捐，一俟办有成效，再将百货统捐一律推广办理。第四项统捐未办以前，请饬革除积弊。所陈各节，业通饬一律认真禁革，以肃榷政云云。此案由本局常驻议员协议会议决存案，以待常年会覆议。

李迪瑚君质问：调查私卡，由财政局派员办理，不知业经调查否？又茶、木、纸、笋试办之办法如何？

督部堂代理员布政使司尚谓：财政局已派员调查，如有私卡，自应革除。至四项统捐，已派章守调查，年内可以兴办。

李迪瑚君质问：凡属私卡已一律撤除否？

督部堂代理员布政使司答：应一律撤除。

孟思培君谓：本议员本年正月经过延平、建宁、水口等处，均有需索留难之弊，并未见其革除。

王子懿君谓：中国办事所以为难者即在此，虽经三令五申而其弊尚如故，几有终难禁革之势。

督部堂代理员布政使司答：应转达督部堂再行通饬革除。

连贤基君谓：此案第二项，议员从事调查，自属私事，不必规定于条文内。至第六条，谓此项统捐全省限一年内一律办齐，据督部堂札覆，如何限期成立，应由本部堂责成财政局司道筹办，无庸置议云云。大凡议定一事，必须限期成立，定此期限亦为谘议局应有之权限。本日应向督部堂代理员声明。

督部堂代理员布政使司答：应转达督部堂将此节声明。

议长（高登鲤君）谓：此案应付审查，请众表决。可决付审查者五十八人，遂付庶政兴革科审查。

议长（高登鲤君）宣告休息二十分钟。

三时二十分续行开议。

第八，覆议筹备巡警案。

议长（高登鲤君）请书记长登坛报告。

书记长（林长民君）登坛报告谓：原案于宣统元年十月初七日呈督部堂，内分二项六条，本年三月初一日奉督部堂札覆内开，据警务总局详称，第一项改良办法甲条已照办，乙条保甲局能否裁改尚待筹商，七城盘查及巡警军应否裁改林辂存君质问谓：此案各条多经督部堂核准，是督部堂有实行之责，何以本年厦门劫杀更多？且延及提台衙门，左近在府城内尚有抢劫，殊不成事体。若不以本局所议为然，则不应批准；既批准而未实行，是又何也？

督部堂代理员布政使司尚谓：劫杀案督部堂已屡次严札各属办理。

林辂存君谓：督部堂对于各属玩视劫案者，应据实参处，不宜仅以一纸空文催促而已。

督部堂代理员布政使司尚谓：此节自应转达督部堂。

议长（高登鲤君）谓：此案不必付审查，即赞成督部堂来札之意何如？请众表决。可决者全体。

第六，覆议禁烟办法案。

议长（高登鲤君）请书记长登坛报告。

书记长（林长民君）登坛报告谓：原案于宣统元年十月十九日呈督部堂，未奉督部堂札覆，嗣于本年六月开具清折，呈请札覆，七月二十一日奉督部堂来札，系并禁烟申覆书一并补覆内开，查此二案，除烟膏专卖一条，官商无此资本，尚须妥筹办理外，其余各条早已实行，并札行三司通饬一体查照办理在案，应即以此次答语为补覆。

连贤基君谓：烟膏专卖一条，未经督部堂批准，惟现在郑祖荫君提出划区禁烟案，较旧案办法更进一步，并无冲突之处，此案可并付审查。

刘崇佑君谓：此案应请付审查。

议长（高登鲤君）谓：此案应付审查，请众表决。可决者五十八人，遂付庶政兴革科及法律科合并审查。

第七，覆议革除厘金积弊改办统捐案。

议长（高登鲤君）请书记长登坛报告。

书记长（林长民君）登坛报告谓：原案于宣统元年十月初七日呈督部堂，原案内分六项，本年三月初一日奉督部堂札覆内开，此案本部堂深表同情，核其所呈办法内，除第一项前经委查有案，第二项谘议局章程无议员担任调查明文，第六项关于期限应由本部堂责成财政局筹办，均无庸置议外，拟将各属出产茶、缓议。

议长（高登鲤君）谓：本议长对于此案有意见当发表，应请副议长刘崇佑君代理议长。

刘崇佑君就议长席，高登鲤君就议员席。

高登鲤君登坛谓：本局为预算案，日日与行政长官讨论，以形迹论，似与官长为难，其实皆迫于不得已。盖此案之争，不独福建，而福建地方行政预算之关系尤重大于各省。各省总岁入虽亦有不敷支出之处，要不若吾闽短绌之多。吾闽总岁入即充国家行政经费一项尚属不敷，此外地方行政经费事实上虽无不予之理，而按之督部堂交议一百一十四万零两之数，将来能否如额以济本省地方行政之用，则不能无疑。督部堂既未确答，本局自难据为实数以支配之。苟含糊议决，万一不能照办，则本局所议不特无效，行政官违背预算案，不更违法乎？因预算案不能议决，凡关于财政之案，亦因之不能议决，空抛此宝贵之时光，放弃此重大之责任，虚糜此有用之经费，转瞬闭会，一事无成，何面目归见故乡父老？若此本局所以有甘待解散之决心也。（众拍掌）

议长（刘崇佑君）谓：此案请督部堂答覆。

督部堂代理员布政使司尚谓：顷诸君所言，本代理员当于散会后即转达督部堂，请其答覆。

议长（刘崇佑君）谓：此案已毕，请议长高登鲤君复位。

议长（高登鲤君）复议长席，刘崇佑君就本席。

第四，本局第二年度预算案。

议长（高登鲤君）谓：此案有关预算，不能议决，应行延会。

第五，覆议消弭下游劫杀案。

议长（高登鲤君）请书记长登坛报告。

书记长（林长民君）登坛报告：原议案于宣统元年十月二十一日呈督部堂，至本年三月初六日奉督部堂札覆，计原案分三节共十九条，均照准，内惟关于请宽地方官处分一条，因格于成例，不能照准。据督部堂意见，只能宽地方官摘顶记过处分云。此案当由本局存案。

议长（高登鲤君）谓：应改为自治会。

议长（高登鲤君）谓：此条可不必另设，即于第一、第二两条末添入可也。

刘崇佑君谓：第一、第二两条既已表决，不便修改，应仍另设一条为妥。

书记长（林长民君）登坛报告此案加入第四条，其条文如左：四、自此案公布施行之日起，限四个月地方官应造具清册，交自治会查覆；自治会自接到地方官公文之日起，限两个月申覆。

连贤基君谓：此案可省略第三读会。

刘崇佑君谓：此案仍须开第三读会，恐字句中尚当修改。

议长（高登鲤君）谓：连君、刘君二说各异，请众表决，赞成刘君之说者，请起立。可决者四十四人。

第三，关于预算地方岁入经费之质问（本局提出）。

议长（高登鲤君）请张道南君登坛质问。

张道南君登坛质问：前日承督部堂代理员藩台允为极力转达督部堂，设法划定地方岁入经费，不知现在已划定否？

督部堂代理员布政使司尚谓：前日督部堂允电催度支部速覆，已发电往催，现在尚无确覆。

张道南君谓：部中若不覆电，将若何？

督部堂代理员布政使司尚谓：若不覆电，再请督部堂设法。

刘崇佑君登坛谓：前日督部堂代理员面允电催度支部速覆，若两日不覆，务请督部堂担此责任，暂行划定。此为会场诸君所共闻，速记录具在，非敢捏造。夫划定岁入，事实上之困难，本局固已知之。惟是无岁入，则无由预算。故本局不得已至于停议，静候解散，而督部堂复札饬暂行开议。既已遵札开议，又无议案可议。本议员以为，督部堂系一省行政长官，有专折奏事之权，倘事有关系重大者，不宜悉听部中进止，或自行奏请施行，原无不可。本局非敢与行政长官为难，实属处于无可如何之地，不如是则有负责任耳。

督部堂代理员布政使司尚谓：大概部中日内必有覆电，应请贵局先将他案议决可也。

刘崇佑君谓：既本日尚未提出地方岁入经费，则本日议案中关系财政者仍当分之亏。查本省官有房屋（如民屋变价入官及旧废衙署厂局之类）、官有地亩（如衙署厂局等类废址及其他地亩）、官有器物（如旧废船只军装及其他器物），为数不少，虽稍有收入，均远不及实应收入之数。其收息为利者，宜核实征收；其无收息及收息甚微不如以售出为利者，宜估量售出。今拟办法如左：一、请由藩台饬属清查此项官有房屋、官有地亩、官有器物，开明所在地及间数、段数、件数与其价值，造具清册。二、前项清册，交各该地城镇乡议事会覆查情形，评议价值之符否，与收息或售出之孰为利益，并令以评定之价申覆。三、有应租贷与人民以便收息及售与人民者，刊登报端广告，愿租借及购入者，向该地自治会陈请代为转达，以免勒索及抑阻等弊。

议长（高登鲤君）请众逐条表决。

第一条，可决者五十一人。

第二条，可决者五十人。

第三条，可决者五十二人。

刘崇佑君谓：此案本议员以为须定一期限，若无期限，则恐未必实行。

议长（高登鲤君）请众讨论。

陈之麟君谓：此案以公布之日起，限六个月以内实行。

议长（高登鲤君）谓：有赞成刘、陈二君之说否？计起立赞成者七人，遂作为议题。

议长（高登鲤君）请陈之麟君拟定条文。

陈之麟君谓：拟定条文如下：一、本议案自公布各地方之日起，于六个月以内查明办理。

王子懿君谓：所定期限若包第三条在内，则恐为限太促。

陈之麟君谓：此期限仅限第一、第二两条应办之事，不包第三项言。

孟思培君谓：此期限应行分别规定地方官与自治会各限以三个月。

议长（高登鲤君）谓：第一条限三个月，第二条亦限三个月。

刘崇佑君谓：地方官三个月恐办不到。

议长（高登鲤君）谓：然则地方官限四个月，自治会限二个月。

陈锡朋君谓：城镇乡议事会非常年开会，若不在开会期间，何从议决？当将议事会改为自治会。

议长（高登鲤君）请书记长登坛朗读来电。

书记长（林长民君）登坛朗读来电。

北京资政院来电：谘议局本年试办明年预算，各省报告岁入数目，有无多少不符，或遗漏款目，望各就所知，查明电复，一面详细申覆，以备参考。资政院，艳。

议长（高登鲤君）谓：此案应付审查，照章当互选临时审查员。

刘崇佑君谓：请照先例由众公决审查员人数，后请议长指定。

李迪瑚君谓：似当由各府议员中选出。

王子懿君谓：各府议员亦未必尽能周知本省情形。

刘崇佑君谓：据本议员之意，审查员人数五人足矣，即由议长指定，以省手续。

陈之麟君谓：赞成刘君之说。

议长（高登鲤君）：请众表决，赞成由本议长指定审查员者，请起立。可决者五十九人。

议长（高登鲤君）：请众表决，赞成指定审查员五人者，请起立。可决者五十三人。

议长（高登鲤君）指定临时审查员五人，姓名如左：黄纪星、郑藻山、施景琛、洪鸿儒、潘纪雲。

议长（高登鲤君）请众表决，可决者五十九人。

刘崇佑君云：此案关系紧要，当限期报告。据本议员意见，审查员报告以一星期为限。

议长（高登鲤君）询临时审查员，能否承诺限一星期报告，计临时审查员五人皆诺。

第二，清查官有房屋、地亩、器物妥筹保存及处分方法案（第二读会）。

议长（高登鲤君）请书记长登坛朗读提议案。

书记长（林长民君）登坛朗读提议案。

清查官有房屋、官有地亩、官有器物妥筹保存及处分方法提议案

财政支绌时代，于官有财产尤宜妥实清理，俾多增一分之利，即筹款少吃一

政，以地方自治为前途，自应仰承疏通民隐，兴办公益，力为进步，但庶事非财不举，遵照奏定章程第五章第一节第九十条办理。本宁化贫苦困窘，风气湮塞，不自今始。所有利息，在官者多，在民者少，而急待修举改革不暇事宜，指不胜屈。夏秋两季，经议事会开会，择其款之更浮事属地方尤关紧要者，议决数十条，呈请盐督察核，奉覆惟连山庙公产、戏捐试办而已，一切公益诸多委护。计自筹办至成立，办事各员均为名誉外，所有刊刷纸张，置造器具，笔墨茶点等项，共用去小洋一千五百九十余两合，由成立至八月底，惟书记、庶务、局丁，两会每共用一人，月支薪水，各员到局，止有午饭，共用去小洋一千一百零合，除收监督处给来并拨入罚款，及连山庙祖产并戏捐，总共实入小洋二千一百九十余合，外尚短入上借垫买书籍等款小洋五百余合。按月报告，屡次向领，俱以无款为辞。所议抽捐，又应遵札详奉督宪批准，方可举行。惟巡警各项抽捐，风行雷厉，业已就绪。自治可以虚应故事，兴废听之。各员遵谕之下，再四思维，虚应固当时善技。职等无如群情指摘，舆论难逃，何滥窃妄干，有所不敢，除监督仇视自治情形，前经议事会逐条开折呈报外，合将按月呈报支出并短欠数目，缮具清册，呈请贵局察核，伏乞转申督宪俯准解散，另召干办，免阻宪政进步，是为公便。须至呈者。计呈送清册一本，本省谘议局议长高，宣统二年九月廿二日，汀州府宁化县董事会全体职员黎嗣镛、黎景祥、刘绍芳、伊光文、刘梅生、伊焕东。

六、报告广西谘议局来电。

部为桂借债二百万办各矿，均失败，且国会未开，外债万难认借，已电院取消部议，乞协争。

七、报告顺直谘议局来电。

预算岁入，督院及局向部索交，俟不得，请即停议。

八、报告泉州府安溪绅商学界来电。

国会请愿，公推林辂存、林逢春、林邦桢、周春光就近作代表，名册另缴。

议长（高登鲤君）谓：本日尚有北京资政院来电，应作为咨询案。本日议事日表应行变更，即将资政院咨询案列入第一项，请众表决。可决者全体。

第一，北京资政院电查明报告岁入数目咨询案。

并代奏，合就札覆，为此札行谘议局查照，须至札者。右札福建谘议局准此。宣统二年九月二十九日。

四、报告宁化县城议事会呈送夏秋两季议事清折并请转呈准予解散事。

汀州府宁化县城议事会全体议员伊道觉、黄宗宪等，为呈请转申事，照得朝廷设立自治，原欲各员出谋公益，辅佐官治所不及。故于利弊均得随时决议呈请兴革。关于全体诉讼及其和解之事，亦在范围。是既经成立，非特按季开会，常驻需人，即未开会时，往来公文，非有文牍、书记、庶务、局丁，亦无人照管。虽所需经费，按照章程，得从公款公产及特捐附捐提拨，但宁邑素称瘠苦，地又偏僻，风气未开。是以各员筹款，多以公产虚悬，向经中饱，陋规浮巨，不关正供者为言，而兴革事宜，则以民望甚急，受害较深者为请。无如敝县监督莅任以来，催科旁午，不惟常年会内绝不一临，即请覆议案亦置不问。嗣叠经催促，始行札覆，且于弊之应革而有碍于丁胥者，概行批驳，于利之应兴纵未显然驳斥，而不允筹款，即是驳斥之所以然。虽大宪札饬，抽捐一事应俟批准方可举行，然监督近因警察加抽屠捐等类，何以不俟批覆，遽尔纷纷举办，一网无遗。他如税契一宗，已经奏定仿照湖南北办理，又经督宪刊示遵行，买契每两九分，典契每两六分，以外丝毫不得多取。今乃每两在城征收一钱五分四厘，在乡征收一钱六分，司尾每张征收一两或一两一二钱不等。差票十二纸，胥役数十人，按户讹索，不问契据之有无，必求豀壑之饱欲。稍一拂逆，指名混禀，管押充盈，致令民心惶惶，人情汹汹。将来激起风潮，酿成变故，俱未可知。因于秋季议案内略为指陈，本十四日奉到札覆，不惟仇视自治，抑且仍执专制手段，绝无疏通民隐之情。各员于此亦知言出有冒长官，但欲缄默相安，又未免下辜民望。况自治乃立宪基础，依阿曲忍，更负朝廷。再四思维，莫知所措。除一面呈请筹办处宪外，合亟缮具两季议案，附同监督札覆清折，呈请贵局察核，伏乞转呈督宪备详情由，俯准解散，以便将各员执照及木质图记缴销，望切！望切！须至呈者。宣统二年九月十九日，汀州府宁化县城议事会全体议员伊道觉、黄宗宪、贾玉辉、应昌期、谢士玉、巫绍荣、雷从龙、雷焕春、黎景云、龚德风、邱荣英、张文钟、雷振春、王凤南、刘长兴、伊杰三、王化行。

五、报告宁化县城董事会呈送按月收支清册并请转呈准予解散事。

汀州府宁化县城董事会全体职员刘绍芳等，为呈请转申事，照得朝廷筹备宪议长（高登鲤君）谓：本日议事日表第一案即为质问案，现行政官未到，无从质问，应否待行政官到会再行开议。

张道南君谓：应待行政官到会后再行开议。

林辂存君谓：请议长以电话催请行政官莅会。

议长（高登鲤君）云：请书记员何瑃先君以电话往催。

李迪瑚君云：行政官不知何时可到？应请变更议事日表。

议长（高登鲤君）：请众表决，赞成李君之说者，请起立。计可决者为对于出席议员六十四人中之三十五人。

议长（高登鲤君）述各种报告：

一、报告议员李馥南君告假二日，邹含英君、施景琛君、黄金銮君各告假一日。

二、报告督部堂札覆本局议决违警章程尚属妥协饬遵事。

议长（高登鲤君）请书记长登坛朗读来札。

书记长（林长民君）登坛朗读来札。

督部堂札文：为札覆事，据谘议局呈称，本年八月初四日，奉督部堂札交提议案及咨询案十二条内，违警章程提议案业经本局公同议决，理合缮录清折，具文呈请督部堂察鉴施行等情。计呈送清折一扣，到本部堂，据此，查核折开议决违警章程十九条，尚属妥协，应即照行，除发交巡警道公布施行，并分饬各属一体遵照外，合就札覆，为此札行谘议局查照，须至札者。右札福建谘议局准此。宣统二年九月三十日。

三、报告督部堂札覆本局议决呈请代奏速开国会应准代奏事。

议长（高登鲤君）请书记长登坛朗读来札。

书记长（林长民君）登坛朗读来札。

总督札文：为札覆事，据谘议局呈称案，查奏定谘议局章程，关于职任权限第二十一条十二号内开，收受本省自治会或人民陈请建议事件等语。兹本局议员高登鲤等，用人民陈请之义，提出呈请督部堂代奏速开国会一件，业经本局于九月十七日开会时公同议决，该件与人民陈请建议之性质尚属相符，理合具文并抄录清折，转呈督部堂察鉴代奏施行。计清折二扣等情，到本部堂，据此，查速开国会为宪政当务之急，应准代奏。兹已由本部堂连同福建全省人民呈请各情，一

第二次福建谘议局议事速记录第十三号

宣统二年十月初一日（1910年11月2日）

议事日表　第十三号

宣统二年十月初一日（水曜日）午后一时开议。

第一，关于预算地方岁入提出之质问（本局提出）。

第二，清查官有房屋、地亩、器物妥筹保存及处分方法案第二读会。

第三，本局第二年度预算案（本局提出）第一读会。

第四，覆议消弭下游劫杀案。

第五，覆议禁烟办法案。

第六，覆议革除厘金积弊改办统捐案。

第七，覆议筹备巡警案。

第八，覆议保护上游木商案。

第九，覆议暂行诉讼规则案。

第十，覆议减轻漳河水患案。

第十一，覆议整顿闽路案。

第十二，覆议关于筹办地方自治案。

第十三，覆议清理钱粮积弊并照章划一粮价案。

第十四，请归还圣寿寺租价为自治经费案（游肇源提出）第一读会。

第十五，厦门学界代表黄廷元请与英人交涉关于英人误认海后滩官地为租界事建议书之提出。

第十六，南靖黄张清关于豁免钱粮不揭示建议书之提出。

第十七，南靖黄王谟关于苛征钱粮建议书之提出。

朋、张国宝、余钟英、王邦怀。

陈锡朋君谓：此修正案应延会，本议员对于此案尚未盖印。

刘崇佑君质问：陈君不盖印是何理由？

陈锡朋君谓：开审查会时，本议员原在其列，嗣由黄君主稿，即付印刷，本议员并未看见。

刘崇佑君谓：若为慎重此案起见，原可延会，惟是不能以未盖印为理由。

议长（高登鲤君）谓：此案应延会。

陈锡朋君谓：请再付审查。

孟思培君谓：赞成陈君之说。

议长（高登鲤君）谓：此案再付审查，原属可行。惟已经审查两次，此次审查诸君，务须注意为要。

议长（高登鲤君）报告第十三号议事日表。

刘崇佑君谓：顷在议场对督部堂代理员所言之事，甚望督部堂代理员能详细转达督部堂。

督部堂代理员布政使司尚答：现即请督部堂发电，若两日内尚未电覆，总要求督部堂担任，想一完全办法。

卢初璜君谓：关于预算，有质问督部堂之事项，至今尚未答覆，请督部堂早日答覆。

督部堂代理员布政使司尚答：当为转达督部堂早日札覆。

议长（高登鲤君）宣告散会。

是日出席议员六十五人。督部堂未到会，委布政使司尚代理。下午五时散会。

陈锡朋君谓：以后有关于预算者，皆应缓议。

刘崇佑君谓：此亦不尽然，盖亦有为数甚微，不必待预算始能决定者也。

议长（高登鲤君）谓：此案当再付审查。众无异议。

第五，关于扩充宣讲所实行宣讲办法案修正案（第二读会）延前会。

议长（高登鲤君）请书记长登坛朗读修正案。

书记长（林长民君）登坛朗读修正案。

审查关于扩充宣讲所实行宣讲办法案报告书并修正案

窃本局第二届第五次议会，提出孟思培君关于扩充宣讲所实行宣讲办法议案，交本科审查。查得该案所陈，系根据定章，为增进国民知识起见，意至美善。惟办法条文有稍宜增损之处，已经同人研究，略有删改修正。合将审查情形报告，是否，乞公裁。

附修正案

理由：一、二，照原案。三、自治会、劝学所、教育会均有应办宣讲之责，奏定章程列有专条，而各属尚未实行，自应饬遵奉办，以符定章。

办法：一、经费由迎神赛会、演戏各款拨充，若无此款，则由自治会筹办，劝学所、教育会宜协力补助。二、不论庙宇、祠堂、公所，以及民房宽敞者，或借用，或租赁均可。若人众不能容，则于通衢或旷地设席演讲，随地酌定。但一自治区当设数所，按期轮讲，周而复始。三、有墟市地方，即于墟期日宣讲，俾赴市者得因便听讲；若无墟市地方，宣讲日期另行规定。四、听讲规则，由自治会商同劝学所、教育会酌定，以资遵守。五、讲员以自治研究所毕业生、师范毕业生及地方素有知识品行端正说话明亮者充之，均由自治会、劝学所、教育会商同延访，请地方官札派，其薪金由自治会酌定。六、照原（业）〔案〕。甲、乙、丙，照原案；丁，报纸之论说或时事中足资警惕者。七、照原案。八、宣讲员应将每期所讲设簿登记，按月送缴自治会备查。九、照原案。十、宣讲员如能精神贯注，演讲透彻，使人感动者，由自治会请地方官酌量给奖，其敷衍塞责者随时撤换。十一、照原案。十二、删去。十三改十二，照原案。十四改十三，照原案。十五改十四，地方官于奉文日，当即督促自治会职员切实施行。宣统二年九月□日，庶政兴革科修正。主查员黄乃裳，理事员谢滋春，审查员高士龙、陈锡原案。关于外府之办法。一、二、三、四、五、六、七、八、九，均照原案。宣统二年九月□日，庶政兴革科修正。主查员黄乃裳，理事员谢滋春，审查员陈锡朋、高士龙、余钟英、王邦怀、张国宝。

刘崇佑君质问：修正案主张添聘江苏单级毕业生，不知此项毕业生共有几人，能否聘请到闽？

陈锡朋君谓：在审查会意见，因再派人往苏学习尚需时期，故有此改正。

刘崇佑君谓：审查员定此办法，必有把握。

陈锡朋君谓：当可办到。

刘崇佑君谓：凡审查会所定办法，须确有把握，必能办到者，若尚属臆度之词，则所定办法，必有不能实行之处。

连贤基君谓：此条刘君不必过虑，因该所毕业已有二百余人，当可延聘一二。

刘崇佑君谓：此亦臆度之词，究竟若何，总须查明，方能确定办法。又原案有官费生名目，究竟此"官费生"三字如何解法？所谓官费生者，是否指地方行政预算内所支出款项言，抑系就各州县筹措？

陈锡朋君谓：官费生前日审查会讨论甚久，因各府县来省就学，苦于无力，故令各州县各出数名之官费。

刘崇佑君谓：然则系就各州县筹费，此费如由地方官捐廉，则甚非法，不免又生出自费生名目，现在宜补救此弊。

施景琛君谓：关于师范学堂，必须有地方之公费或官费方可，此种官费生与上所说者不同。

苏寿乔君谓：刘君所言官费生，非若师范学堂之官费生。

刘崇佑君谓：本议员因此案所谓官费生，并未解说明白，且其费应从何出，必须指定。

王子懿君谓：本议员亦主张刘君之说。

卢初璜君谓：本议员以为"官费生"三字可删去，惟是关于官费，总须俟预算决定。

刘崇佑君谓：由此观之，是无一案不与预算有关系，故预算为最重要之事项。此案既与预算有关，应请延会。

议员指定数人加入，以便公同讨论，较见完密。

王子懿君谓：请付研究会公同研究。

卢初璜君谓：既有两科审查，尽可敷用。如尚有未能明悉之处，审查员自能询问。

刘崇佑君谓：因两科中人未必皆知全省情形。

邹含英君谓：请各议员对于此案如有意见，尽本晚六时前到审查员处报明。

刘崇佑君谓：此事只须由两科审查员，于各府议员中各请一位为顾问可也。

议长（高登鲤君）谓：诸君赞成刘君之说明者，请起立。可决者五十四人。

第三，请向粤督提回盐斤加价提议案第二读会（延前会）。

张道南君登坛质问：预算册内载有宣统元年收入，粤盐加价银一万一千九百余两，是否即系本案所请提回之款？

督部堂代理员布政使司尚答：本日盐道未到，可由局具质问书，向盐道请其答复。

议长（高登鲤君）谓：关于此案尚有未定之处，应行延会。

第四，审查速办单级教授练习所修正案第二读会（延前会）。

议长（高登鲤君）请书记长登坛朗读修正案。

书记长（林长民君）登坛朗读修正案。

审查速办单级教授练习所案报告书并修正案

本局第二届第五次议会，提出议员苏寿乔请速办单级教授练习所议案，交本科审查。查单级小学教员不难于科学之普通，而难于教授之得法，原案注意于教授，诚为当务之急。惟省垣办法第三条，请提学司派师范生赴江苏练习，未免往返需日，曷若就江苏单级毕业者，聘请一二人来闽，合前毕业回闽之一人，迅速开办，于教育前途较为敏捷。谨将审查情形报告，是否有当，伏候公决。

附修正案

理由：照原案。

办法：关于省垣之办法。一、二，照原案。三、此项教员应添聘江苏单级教授练习所毕业生一二人。合前赴苏毕业之一人充当。四、五、六、七、八，均照议长（高登鲤君）请提议者郑祖荫君登坛说明理由。

郑祖荫君登坛说明理由（大意与提议案略同）。

王子懿君质问：禁烟公所成立后，应办之事与去毒社有何区别？

郑祖荫君谓：去毒社为绅士提倡，至禁烟公所则由督部堂派员办理，可用强制手段。

王子懿君谓：禁烟公所所办之事，大抵与去毒社略同，是一种事何以有二机关？

郑祖荫君谓：现在禁烟机关愈多愈好，至公所办事章程尚须另定。

王子懿君谓：关于禁烟与预算甚有关系，即如省城补助去毒社经费，年有一万余元，此费应可拨用。

议长（高登鲤君）宣告休息二十分钟。

三时四十分续行开议。

苏寿乔君谓：划区禁烟，定期肃清，办法原属不错，惟第三期宜提前与第二期对换。至禁烟公所，宜与去毒社合办，以省经费。又膏捐，据原案内提三分之一，不能敷用，应另酌定。此案宜付审查。

刘崇佑君谓：划区办法甚善，先内地而后都会固也，惟不必拘定各道。

施景琛君谓：宜由福州先行办起，因省会机关完备，较易下手。

刘崇佑君谓：惟是福州为通商口岸，能否与外国交涉，使其不运洋土入口？

施景琛君谓：吸烟不吸烟，其权在我。

刘崇佑君谓：惟是事实上做不到。试问现在是否劝人吸食抑禁其勿食？既属禁其勿食，则非此物净绝，万难肃清。

施景琛君谓：与外人交涉，现在并非难事。

刘崇佑君谓：交涉能否得手，此殊不可必之事。

议长（高登鲤君）谓：此案须细心研究，望诸君各抒心得，于审查时一并讨论。此案应先付审查，请众表决。可决者全体。

议长（高登鲤君）谓：此案归庶政兴革科及法律科会同审查，请众表决。可决者六十二人。

刘崇佑君谓：划区关系全省，除两科中已有之各府议员外，再就未有之各府自不可不预为筹及。

第七章　奖　惩

第二十一条　各区能于限内先期肃清者，地方官及办理员绅由总督查实咨部请奖，但有隐饰，由总督查照定章严行参处。

第二十二条　各区不能依限肃清，该管地方官由总督严行参革。

（申义）划地禁烟，全在地方官能尽心竭力，切实查禁，认真查办，方能依限禁绝，拔除根株，然非有劝惩之法，不足以资观感，故此两条特为规定之。

第二十三条　各区于已逾肃清期限外，如有违犯下列各款者，由总督查照禁烟条例，加等治罪。

（一）再种罂粟者；

（二）存积膏土者；

（三）私开烟馆及运售土膏者；

（四）存匿烟具者。

第二十四条　凡属办理禁烟员绅，如有不法行为，查出由总督查照定章加等治罪。

（申义）关于奏定禁烟章程，并各省督抚奏请变通年限，暨关系禁吸禁运各事宜，凡属奉旨允见行者，均系定章，违背者自应照现行条例治罪。唯现行条例亦有失之过轻者，自应由总督执定急进主义，出特别禁令，加等惩治，方足以达肃清之目的也。

第八章　经　费

第二十五条　关于禁烟公所经费，得由全省膏捐额内，加征十分之一充之。

第二十六条　关于各区禁烟分所经费，得由本区膏捐额内，加抽三分之一充之。

第二十七条　关于禁吸禁种，取缔土膏店，得照现行禁令，科收罚款，充为本区各区戒烟局经费。

（申义）闽省财政支绌，若另筹的款，诸多窒碍，故不得不寓禁于征，藉充各项经费，且去恶之法令本不嫌其已甚耳。

第九章　附　则

第二十八条　此项章程，于闽省全境肃清时，由谘议局提议解除。

第十条　编查烟籍，由该管地方官协同去毒社绅董及自治机关，挨户调查，填表注册。

第十一条　依第四条所规定，各区应于肃清限期，先六个月前由该管官出示，宣告肃清，届时缴销烟照及其烟具。

（申义）编查烟籍，为禁烟第一著手。必自宣统三年正月起者，所以便稽核吸烟之人数也。

第五章　关于土膏店之取缔

第十二条　凡属闽省府厅州县，无论何地，现在本省之土店、膏店，自宣统三年正月初一日，应向该管官领照注册，方许营业。

第十三条　土店专卖洋土药，准其与境内膏店交易，不准零星卖与吸户；膏店专卖烟膏，只准向本境土店买土熬膏，不得自行贩运土药。

第十四条　凡卖土者不得卖膏，卖膏者不得卖土。

第十五条　膏、土各店，嗣后不准添设，及更换字号、迁徙地址，如有歇业者，即将营业执照缴销，不得顶替再开。

第十六条　膏、土各店，应将每月销出之数目、买入之数目及现存之数目，于次月初五日以前开单呈报各分所查核，该分所亦应于初十日以前转报禁烟公所存查，不得隐匿遗漏。

第十七条　凡膏店无营业执照者，不得向土店买土，现开之土店改卖烟膏后，不得再卖洋土药，并须先期呈报存查。

第十八条　各区已届肃清限期，所有土店、膏店，无论如何情形，勒令一律闭歇，缴销营业执照。

（申义）禁烟阻力，当以膏、土店为最大，故关于取缔方法，不可不敢为规定耳。

第六章　戒烟局及戒烟药品

第十九条　凡属闽省已成立之城镇乡自治团体，应自宣统三年正月初一日，各择适中之地设立戒烟局，克期招革。

第二十条　戒烟药品由禁烟公所选择，确无烟质物品方准配用。商人经售此项药丸，亦须呈缴禁烟公所化验，方准发行。

（申义）各区肃清日期既已宣告，则关于戒烟局之设立，戒烟药品之选择，则，除本章程所列举外，得照现行法施行。

（申义）闽省现行禁烟办法，业经去毒社呈官批准，可以通行无碍，特惜立法不严，勒限稍宽，故必除出本章程所列举方可施行也。

第二章　划区限期

第四条　以闽省内地分为四区，按区限期肃清，然后渐及通商口岸。

（甲）延建邵区，限至宣统三年七月初一日肃清；

（乙）福州福宁区，限至宣统四年正月初一日肃清；

（丙）兴泉永区，限至宣统四年七月初一日肃清；

（丁）汀漳龙区，限至宣统五年正月初一日肃清。

（申义）按：此条规定，颇难得其标准，姑就各道而分为四区。然四区之中，何者宜先，何者宜后，尤难确定。兹就民情地势稍易著手之处，先行肃清，首上游而次及下游，首内地而渐及都会。其所以缓办通商口岸者，以内地既已肃清，自不贻外人以口实也。又按：西历三月一号，英人斯提画向英国外务部质问古田禁烟一事，吾国是否望其实行，外务部大臣答以决定不再交涉云云。由此观之，划地肃清，是已得外人之同意矣。特关于通商口岸，当另为问题，届时再行筹待耳。

第三章　机　关

第五条　省会应设禁烟公所，府厅州县应设禁烟分所，由总督特派员绅总理之。

第六条　关于禁烟公所及禁烟分所，应举地方绅士充为议绅。

第七条　巡警队及巡防队，有协同办理禁烟之责。

（申义）闽省禁烟，省垣只有去毒社，其他府州县或有去毒支社。关于执行禁令，向由地方官或巡警局办理，每有延搁未办之弊。故于此章特设禁烟机关，委派专员，而以地方绅士充为议绅者，补官力之所不逮也。

第四章　关于种户及吸烟人之取缔

第八条　闽省罂粟，业于宣统二年四月拔除净尽，嗣后无论何地，不得再种。

第九条　凡属闽省府厅州县，无论何地，自宣统三年正月初一日，实行编查烟籍，限两个月报竣。

议长（高登鲤君）谓：此质问书改正后，即行呈请督部堂札覆，请众表决。可决者全体。

第二，划区禁烟限期肃清提议案（议员郑祖荫、黄乃裳提出）第一读会（延前会）。

议长（高登鲤君）请书记长登坛朗读提议案。

书记长（林长民君）登坛朗读提议案。

划区禁烟限期肃清提议案

禁烟一事，非严厉迅速，必不为功。乃主持烟政者，辄拘拘于分年递减，行之以渐，朝发一令，夕布一章，既莫考实际上之成功，何足为根本上之解决。加以所司奉行不力，掩饰敷衍者有之，观望瞻徇者有之，已著成效而复萌旧态者有之。循此以往，非有最大之强制力以压迫其上，则十年期届，必不能痛除净绝，所可断言矣。闽省禁烟，较他省虽为稍进，而立法不密，勒限过宽，稽查不严，办理未善，程功迂缓，人所尽知。某等参酌情形，公同研究，窃以为划分区域，勒限肃清，诚为厉行烟政万不容已之举。而执行方法，尤必特定单行章程，另设禁烟机关，方足以重责成而收实效。爰就臆拟所及，草定章程，凡九章，都二十八条，附加申义，请公决，呈请督部堂核准。尽于本年十二月公布施行，则闽省幸甚，禁烟前途幸甚。计开：

闽省划区禁烟限期肃清章程

第一章　通　　则

第一条　本章程为关于闽省禁烟划地限期筹办肃清立意，特立禁令，由总督公布施行。

（申义）按谘议局章程第二十一条第六项所规定，谘议局有议决本省单行章程规则之增删修改事件，其第二十二条谘议局议定可行事件，得呈候督抚公布施行。本章程为闽省应增事件，自可由谘议局提议也。

第二条　本章程之执行方法，由总督特派员绅协同办理。

（申义）禁烟仅恃官力，恐有未周；而全藉绅力，亦所弗逮。本章程既经施行，则关于执行方法，自以官绅协同办理为适当。

第三条　关于禁吸禁种办法，及编查烟籍、设立戒烟局、取缔土膏店各种细说，并无他意。

刘崇佑君谓："劝告"二字，既成为法律上用语，自不得任意使用。

督部堂代理员布政使司尚谓：然则谘议局任意停议，不知有关于法律否？

刘崇佑君谓：任意停议，此属于事实上。请问本局隔日开议一次，果有法律上规定乎？然此问题可不必深论。本议员顷已声明，现在最要者，惟有请督部堂先将地方行政岁入经费暂行划定耳。

督部堂代理员布政使司尚谓：若可划定，督部堂断无不划定之理，惟现在实属无法。

刘崇佑君谓：督部堂既令本局开议，本局不能不奉命，惟是既无预算，请问若何议法？所议又属何事？

督部堂代理员布政使司尚谓：可将无关财政各案先行提议。

刘崇佑君谓：谘议局以预算为最要之事，无预算即与无谘议局等。预算案有岁出无岁入，即与无预算同。本局以预算无岁入，无从下手，屡次要求督部堂提出，迄无确答，所以本局无从议事，不得不停议。议员等为国民代表，对于预算负有责任，乃以预算不成立，至于无责任可负，亦惟有停议以待解散而已。

督部堂代理员布政使司尚谓：尽可将岁出先议，随后自当指划的款。

刘崇佑君谓：然则本局可自由议决乎？

督部堂代理员布政使司尚谓：若议决岁出之数太巨，则本省无此财力，不能支付奈何？

刘崇佑君谓：惟然故议决数目若干，总须有一标准，本局所要求者，即在于此。

督部堂代理员布政使司尚谓：此节当请督部堂划定。

刘崇佑君谓：方今事势危迫，地方行政长官对于一地方情形视为重要者，当极力争之，若徒仰承一二部臣之意见，非大臣之职分也。故本议员深愿督部堂能肩任重责，实力办事，不徒奉令承教而已。庶几我福建地方政治渐有起色，本议员所希望于督部堂者如此而已。

督部堂代理员布政使司尚谓：顷刘议员所言极是，本代理员甚感佩。现当请督部堂再行电催度支部，若尚未见答覆，则请督部堂先行划定。

刘崇佑君谓：顷据督部堂代理员所言，则此质问书当改正。

卢初璜君质问：顷据部督堂代理员所说，必俟部覆，方可将岁入交出。若部覆能将地方税、国家税划分，则岁入可交，自属正当办法；若至开会期满，尚无覆电，则将若何？

督部堂代理员布政使司尚答：此亦无法，惟有专候覆电，大约会期之内，必有消息。

卢初璜君谓：未有预算以前，地方行政尚有经费，岂有预算后转无地方行政经费？

督部堂代理员布政使司尚谓：国家行政、地方行政名目，不过近三年始有，从前并无此名目。国家行政与地方行政经费不分，现在试办预算，并非无地方行政经费，惟一切均未划定耳。

卢初璜君谓：本局请划定地方行政岁入经费，并非欲督部堂指定某款项为地方行政经费，乃预拟一地方行政经费岁入数目，以便预算。请督部堂不必俟划清国家税、地方税，即就现在数目暂行指划，谅将来度支部亦不能驳。

督部堂代理员布政使司尚谓：即定有岁入经费，若一一指定某款办理某事，此实万难办到。至于暂行划定，将来自应如此，然仍须俟部覆，方有把握。

卢初璜君谓：若无部覆，则明年是无地方行政经费。

督部堂代理员布政使司尚谓：万不至是。惟关于岁入，总须有部覆，方能提出。

议长（高登鲤君）谓：此案质问已甚透彻，现在应将质问书呈请督部堂逐条答覆。

刘崇佑君登坛谓：顷闻诸君与督部堂问答之辞，本议员甚为失望。本议员以为，督部堂必能肩荷责任，划定岁入，故令本局仍行开议。乃本局既开议，而督部堂代理员又云，须得部覆，方可提出岁入何也？且尚有须声明者，督部堂札令仍行开议，其公文中有"劝告"一语。夫劝告云者，在法律上必关于逾越权限方可用此名词，照章劝告不受得使停会，屡经停会仍不悛改，然后奏请解散。现在本局并无越权，何得谓之劝告？本局实不敢受此劝告名目。惟是自本议员观之，用此名词，必非出自督部堂本意，大约系会议厅诸君所为，应请会议厅诸君以后对于法律名词，切勿乱用。

督部堂代理员布政使司尚谓："劝告"二字，为中国习用名词，就旧日解督部堂代理员布政使司尚答：从前原不至亏短，惟因预备立宪，历年筹备，岁出日益加多，而一切税捐均加无可加。即如官纸局若开，则部中先提若干成，更无余利可以弥补亏空。据现在情形言之，亦惟有请补款，或请借款，其他别无良策。

孟思培君谓：他省如江苏地方行政岁入，已由抚交出，此必非部中划定，乃地方行政长官自行划定者。吾闽何以不能仿照江苏暂行划定？

督部堂代理员布政使司尚答：总须待部电，因既发电往询，则必有回电也。

孟思培君谓：现在本局拟将无关财政之案先行开议，虽然，此种议案议毕之后，岁入册尚未交出，则又将如何？

督部堂代理员布政使司尚答：就理言之，度支部日内必有覆电。

苏寿乔君登坛：本局既停议，而本日复开议者，因得资政院来电，谓已咨商度支部，是岁入虽未交出，然已有几分希望。又因督部堂日昨来札，劝告本局开议，本局以为督部堂必能负此责任，即将岁入提出，故本日复行开议。乃据督部堂代理员所说，仍须俟部中覆电，则是督部堂对于预算尚不肯负此责任，则本局又将何以开议？

督部堂代理员布政使司尚答：交出岁入，必须有部覆方可，若无部覆，则请问若何分划？

施景琛君谓：据本议员观之，无预算即无福建。福建情形极为危险，闻有一国，其小学地理教科书内，关于中国地理，以福建专立一课，其觊觎之意蓄之甚深。又福建实业，已多被他国吸收。故欲亟图补救之法，则地方行政上如教育、实业等，皆当极力整顿，然无款则事不办。此预算一节，在福建比诸他省尤为紧要也。虽然，无岁入则预算不能成立。据督部堂电部请示，未得覆电，不知督部堂更有电往催否？

督部堂代理员布政使司尚答：督部堂于公电外，尚有私电两道，即系恐公电未能即覆，故又发私电，冀其早日示覆，乃至今尚无消息。揣部中之意，大约不外因国家税、地方税未经划分，故岁入无从划定。

邹含英君质问：度支部至今未覆，是否因国家税、地方税难于划分之故？

督部堂代理员布政使司尚答：不能确定其必然，惟以理想推测之，殆不外此耳。

札，知督部堂业已电询度支部。现在会期已及四分之三，本局深恐迁延愈久，议事益生阻碍，益无以对一省之人民。责任所在，不敢诿卸，伏乞督部堂鉴察之，并赐批示，以便进行，本局幸甚。宣统二年九月□日，本局提出。

议长（高登鲤君）问：诸君现在尚有何讨论？

林辂存君质问：本局前呈督部堂呈文，督部堂已据原呈转电度支部，不知度支部有覆电否？

督部堂代理员布政使司尚答：尚无覆电。

林辂存君质问：不知督部堂是否必俟度支部电覆，方可将岁入交出？

督部堂代理员布政使司尚答曰：然。

卢初璜君登坛谓：本局此次停议，实因不得已之故。自停议后，奉到督部堂来札劝告本局，谓应议之事甚多，不可因一废百云云。不知无预算则他事皆无可议也。然督部堂之厚意，本局议员甚为感佩。业经议员协议，谓督部堂既有此厚意，必能设法将岁入经费先行交出。嗣复接到北京资政院及代表团来电，谓可先行开议，故本日仍行开议。惟是无岁入的款，则凡关于财政之案尚不能议，应请议长变更议事日表。

陈之麟君登坛质问，谓：督部堂为一省行政长官，关于一省之地方岁入，督部堂应有划定之权。

督部堂代理员布政使司尚答曰：应然。

陈之麟君谓：然则督部堂既可划定，何以至今尚未交出？

督部堂代理员布政使司尚答曰：若无部文，则不能划定，故无从交出。

陈之麟君谓：地方行政岁入册交不交，固须请部示，惟是本省岁入究有若干？

督部堂代理员布政使司尚答：本年为调查年份，须俟调查清楚方能确答。

陈之麟君谓：据交来总册内，本省岁入七百余万，国家岁出七百余万，地方岁出一百余万，统计年短一百余万。然如铁路公司保息之款，历年计算约有若干万？又国民捐存款若干万？统计应有存留数十万。

督部堂代理员布政使司尚答：并无如此之多。

陈之麟君谓：昨据藩台尚言，本年预算至年底尚短一百万，请问用何法弥补？

议长（高登鲤君）请书记长登坛朗读质问案。

书记长（林长民君）登坛朗读质问案。

关于地方行政经费岁入预算提出质问案

本局今年开会以后，至今会议已十二次，每次会议均有关于预算之质问。始以不交预算为虑，本局几至于停议；继则预算既交，不列地方岁入，使本局议无可议，不得已而终至于停议。停议之后奉札劝告，劝告之旨在乎应议事件甚多，不能以一事阻碍进行。夫议事为本局之责，岂有自旷厥职重负人民而为全省诟病者？盖根本问题之未解决，虽欲开议而无从也。是以奉札之后，即据情呈覆。呈覆之旨，在乎督部堂既以照常开议望之本局，则必躬荷责任，予本局以可议之机。今本此意，更提出疑问数则，尚望督部堂明赐批答，以为开议诸案之根据。本局幸甚。一、中央政府与地方政府之权限如何分划？按：中央集权之国，中央政府持全国行政之大纲，亦必划定范围，为地方行政官自由裁量之地。今预算册中既有国家行政经费与地方行政经费之分，则地方经费之出入，督抚应有裁量之权，不知现在如何分划？此根本上之不能无疑者一也。一、谘议局章程谘议局有议决本省岁出入预算之权，有岁出无岁入，能成为预算案否？按：收支适合为预算之原则，有收无支，有支无收，皆为预算之不成立。量出为入，则照其支出之额拟定岁入，拟定岁入，行政官亦必有所规划，以待议会之议决；若量入为出，则尤不能不有确定岁入之数，以为支出之标准。现在度支部既定量入为出主义，不知本省地方行政经费之岁出，督部堂以何者为衡？此岁入标准上之不能无疑者又一也。一、预算案苟不成立，则本局应议事件一切关系财政者，将何所根据，以为议决？计本局今年自开会至今，议案、咨询案经督部堂札交本局者十二案，议案经本局及本局议员提出者十五案，去年议案经督部堂札交覆议者二十案，覆议之案有关财政者十五案。本局提案有关财政者八案。督部堂提出之案，除违警章程、立限清葬、杜绝倒欠三案无关财政外，其余九案如筹办简易识字学塾，如通俗教育，如中等初等实业教育，如改良监狱，如扩充水上警察，如筹设济良所，如筹设孤贫院，如官绅合办医院，如筹办厅州县巡警诸案，皆与地方岁出有关系。苟无岁入，则本局将何所依据，以为议决？此关于议事之进行不能无疑者又一也。一、地方行政经费岁入预算何日可以札交？按：以上三问，皆本局议事上所当先决之问题，因急于议事之进行，不能不求督部堂之确答。二十六日奉一扣等情到本部堂。据此，查此案前经饬据兴化府谢守禀覆，因核与黄纪星等控词迥异，批饬福建兴泉永道切实覆查，并饬藩、学、法三司一体查明禀覆在案。一俟该司道等禀覆到日，再行察核办理。据呈前情除分札藩、学、法三司暨兴泉永道归案查覆外，合先札覆，为此札行谘议局查照，须至札者。右札谘议局准此。

十七、报告福宁府照会议员柳遇侯执照应由何处发给请核复事。

福宁府正堂智为照会事案，蒙自治筹办处司宪批，敝府详据福鼎县周令赓慈详报，复选正额议员孔昭淦于五月十八日病故，照章自应以柳绅递补，请发执照一张，以便转给缘由，蒙批。据详照会福建谘议局查核办理，并将缴销执照转发矣。仰即遵照仍候督宪批示缴等因，蒙此。查此项议员执照，究应由何处请发，敝府无所适从。合就照询，为此照会贵局，请烦查照核覆，须至照会者。右照会福建谘议局。

十八、报告福鼎城议事会呈报成立日期并启用图记及夏秋会议成绩事。

十九、报告前署仙游县王乃钧申称前垫议员旅费请咨司支抵事。

前署仙游县知县王乃钧谨禀者案，蒙藩宪批，知县禀请垫给议员旅费及夫马费银两，遵奉核实报销，就于应解宣统元年分税契项下抵完缘由，奉批，查各属垫给议员旅费各款，前经详定在于地丁项下报销，通饬遵照在案，所请抵完税契核案不符，碍难照准，转饬遵照等因，奉此。遵查知县前在仙游任内，尚有征存应解宣统二年分地丁银两，所有垫给前项议员旅费及夫马费合银一百二十九两三钱四分，应请如数在于知县应解宣统二年分地丁项下支抵，以清款目，而免赔累。合亟禀请察核，俯赐核案，咨司备抵注完造报，一面分别行知备查，除禀督宪暨藩宪外，肃此，敬请钧鉴。

二十、报告连江县申报连江城议事会第二届会议日期事。

连江县为转报事案，据连江城议事会报称，本会第二届会议，遵照第四十三条城镇乡地方自治章程，每季会议一次，兹于八月初二日开第二届会议，至十六日止，计已十五日期满，请即转报等情。据此知县覆查无异，理合转报宪台察核，除报筹办处外，为此备文，呈乞照验施行，须至申者。右申福建谘议局。

第一，关于地方行政经费岁入预算交议之时期质问案（本局提出）。

然又云三年后增减其数，则是他日之为增为减，此时尚未可知。又该局既拟令两公司每年报效一百万元，自必预计两公司分任报效之实数，早已胸有成竹。乃又云总公司与溪运公司各担任若干，一时骤难代拟，则是现在拟设总公司之专买专卖，溪运公司之统运统销，各能获利若干，各应报效若干，此时亦未能知。综是二者而论，其为虚拟报效之巨款，而并无确定之预算，已可概见。以此而言兴利，未必其果有把握也。以除弊言之，该局谓海私之弊，由于盐官多不驻场，坎户无人监督，遂得晒卖自由；溪私之弊，由于官商各帮不顾大局，自便私图，其言诚是矣。然所拟设立总公司专买专卖以杜海私，设立溪运公司统运统销以杜溪私，则又不免一弊除而一弊复生。即如该局所云，以日用之民食归诸专卖，而专卖又属商家，恐有居奇之弊等语，是除一弊又生一弊，该局亦已虑及于此矣。至于在海在溪同时并举，商灶人等能否就此范围，不致别滋事端，则尤未敢逆料。以此而言除弊，未见其遂占优胜也。要之，闽盐固宜整顿，固宜变通，然亦必权衡利弊，斟酌去取，未可贸然从事，以致利未兴而弊转多也。该局所议碍难照准，相应咨覆转饬遵照可也等因，到本部堂准此，合就札行谘议局查照，须至札者。右札福建谘议局准此。

十五、报告督部堂札覆本局议决永定县刘令违法事。

总督松为札覆事：据福建谘议局呈称案，查奏定谘议局章程第二十八条内开，本省官绅如有纳贿及违法等事，谘议局得指明确据，呈候督抚查办等语。兹经本局议决永定县刘令锡濂纳贿违法一件，理合缮具清折，呈候督部堂察核查办施行。计呈清折一扣等情。据此，查永定县刘锡濂，前据地方自治筹办处，以该令于筹办地方自治各事，迭逾期限未办，详经本部堂批饬先行撤任，照章详参，其胡绅国廉等控案，前据汀州府查覆，并经批饬福藩司会同学、法两司覆核，明确妥议详办。又另有卢湖南老等殴毙郑万锦命案，亦经由司饬府委查提审各在案。兹据呈前情除札藩、学、法三司并汀州府分别归案覆核讯详外，合先札覆，为此札行谘议局查照，须至札者。右札福建谘议局准此。

十六、报告督部堂札覆本局议决兴化府官幕违法事。

总督松为札覆事：据谘议局呈称案，查奏定谘议局章程第二十八条内开，本省官绅如有纳贿及违法等事，谘议局得指明确据，呈候督抚查办等语。兹经本局议决兴化府官幕扶同违法一件，理合缮具清折，呈候督部堂察核查办。计呈清折开，厘订国家税、地方税，系明年应办事，今年先事调查，无从划分，该局不得藉口等语。奉此。本局当于十七日会议时，公同讨论，本局迭次呈请督部堂，并电呈资政院，所求在地方岁入，岁入无款，即议定岁出何从开支，所议终归无效。厘订地方税与划定地方岁入，本属两事。地方税未厘以前，将以何款供地方之用，断无不能暂划之理。一省之事悉关财政，岁入不提，预算不能成立，将无一政之可举，断无地方无政，而国能自存者。况局章明定议决岁出入预算事件，有出无入，法律何在？现会期已半，伏乞督部堂照章提出地方岁入预算，以便会议，本局至不得已，惟有停议，以待解散。除电呈资政院外，理合具文呈请督部堂察鉴，迅赐札覆等情。据此，本部堂业于九月二十三日电商度支部，俟部覆到日再行札知。合先札覆，为此札行谘议局查照，须至札者。附电文一纸。右札福建谘议局准此。

十四、报告督部堂札覆准盐政大臣咨本局议决改良盐法案碍难照准事。

总督松为札行事：宣统二年九月十九日，准督办盐政大臣载咨开，准闽浙总督咨称，据福建谘议局呈称案，查奏定谘议局章程第二十二条内开，谘议局议定可行事件，呈候督抚公布施行等语。兹经本局议决关于改良盐法一件，理合缮具清折呈送，当经札饬福建盐法道覆核详办去后，兹据该道详呈清折备由请咨等情到，本部堂据此除详批示并札覆福建谘议局查照外，相应据情咨商，谨请察照施行等因，并将议案抄送前来。查福建谘议局所拟改良福建盐法议案，于产盐之区，则拟由官设立督配总局于厦门，设立督配分局于各场，专办督配缉私事务，并拟规仿场商办法，招集商股，设立总公司，凡各场所产盐斤，概归公司专买专卖。于销盐之区，则拟联合西路十八帮，设立溪运公司，统运统销，并于水口设立督收、督销两局，定价发卖。且称每年令两公司报效公家银洋一百万元，俟三年以后，计其获利盈亏，增减其数。其每年百万之数，总公司与溪运公司各担任若干，一时骤难代拟，应俟公司成立后，各以盈余之利为准而定其数。又称公司系专卖性质，食盐乃日用所需，以日用之民食归诸专卖，而专卖又属商家，恐有居奇之弊，特以一时权宜之计，不能遽行就场征税之法，故设场商，以为将来就场征课之渐等语。本大臣详加察核，该局改良盐法议案，系为兴利除弊起见，其意深可嘉尚。惟以兴利言之，该局拟令两公司每年报效银洋一百万元，虽未声明旧有课厘如何完纳，但既名为报效，自系于旧有课厘之外加增此款，诚为美利。

以便会议，至不得已，惟有停议，以待解散等语。本部堂即于二十三日，电请部示，一面抄电札覆在案。查划定地方岁入问题重大，既经本部堂电询，想度支部必能斟酌妥善办法。今虽尚未覆到，惟谘议局应议事件甚多，未便因此一事阻碍进行。本二十六日为议事之期，未见呈送日表，知系停议，甚非本部堂所望，不能不竭诚劝告，克日务即照常开议，是所至盼。为此札行谘议局查照，须至札者。右札福建谘议局准此，宣统二年九月二十六日。

议长（高登鲤君）谓：当接此札时，已于研究会议定呈文呈覆，请书记长登坛朗读。

书记长（林长民君）登坛朗读呈文。

福建谘议局为呈覆事：本月二十六夜九时，奉督部堂札开，本月二十一日谘议局呈文内开，请提交地方岁入，以便会议，至不得已，惟有停议，以待解散等语。本部堂即于二十三日电请部示，一面抄电札覆在案。查划定地方岁入问题重大，既经本部堂电询，想度支部必能斟酌妥善办法。今虽尚未覆到，惟谘议局应议事件甚多，未便因此一事阻碍进行。本二十六日为议事之期，未见呈送日表，知系停议，甚非本部堂所望，不能不竭诚劝告，克日务即照常开议。奉此。查谘议局章程，有议决本省岁出入预算之责。今年开会以后，经督部堂札交本局者，只有地方行政经费岁出之件，岁入预算迄未交议。迭次呈请补交，且经会场质问，至今未获确答。有出无入，为不完全之预算，遂无从议。因预算之不完全，一切事件关系财政者皆无所依据，而庶政兴革又无一不关财政，故应议事件虽多，皆不得进行。至于停议以待根本之解决，此万不获已之事，非敢自旷职务也。按局章第四十七条，督抚劝告谘议局，必由于谘议局之越权。本局停议，乃由于事实上之无可进行，与越权者不同。此中原委，尚冀督部堂察之。即承明示照常开议，想督部堂有一省行政之权，必能躬荷责任，予本局以可议之机，使一切无所抵滞。诚本局之所深幸。奉札以后，正在讨论，适接京电，预算地方岁入事，已由资政院咨部，此事确实与否，想督部堂早已得信。本局亦甚愿于议场之上面闻答覆，以资开议也。兹定于本月二十九日先行开议，理合具文呈报，须至呈者。

十三、报告督部堂札知预算岁入已电商度支部俟复到日再行札知事。

总督松为札覆事：据谘议局呈称，本月十七日奉督部堂札，转度支部咸电内议长（高登鲤君）谓：本局原定俟岁入册交后，方能开议。今据以上二电所云，虽未即将岁入册交出，而已咨部速定岁入册子，则岁入案可推定为必能成立，故应照常开议。

四、报告广西谘议局来电。

谘议局：预算已发局参考，惟无交议字样，仍电院力争。桂局，印。

五、报告湖北谘议局来电。

谘议局鉴：已电院云，鄂地方预算并全册已发到局，惟系先行逐项讨论，非乞议决参考（原电码疑有误，姑照录）。查试办预算已逾定期，常会已届强半，设再迟交，惧滋贻误遗诮，局章深虑摇动，请速主持解决。贵局如何，详电复。再借债，非国会开后不得承认，已电院，请同助。鄂。

六、报告四川谘议局来电。

谘议局：预算无岁入，已叠催总督并电院。现议他案，以待解决。如十月朔不交，即停会。贵局此后办法如何，请示，便将来一律办理。

七、报告黑龙江谘议局来电。

来电悉，敝省预算案岁出入均有，惟无细册，无凭核议，现在力争。

八、报告奉天谘议局来电。

预算案已呈督力争，并分电院部。

九、报告安徽谘议局来电。

电悉，预算案已呈催抚全交。

十、报告湖南谘议局来电。

地方预算未划定岁入款额，呈督电院力争，拟俟覆电再定进止，通告贵局，现状如何，电覆。

十一、报告顺天谘议局来电。

预算岁入，督宪已咨部索交，如不实行，即停议力争。

十二、报告督部堂来札。

议长（高登鲤君）谓：以上为各省争预算之电，又停议后接到督部堂对于要求岁入预算之札覆，请书记长登坛朗读。

书记长（林长民君）登坛朗读札文。

总督札文：为札行事，本月二十一日，谘议局呈文内开，请提交地方岁入，第五，关于扩充宣讲所实行宣讲办法案第二读会（延前会）。

第六，清查官有房屋、地亩、器物妥筹保存及处分方法案第二读会。

第七，本局第二年度预算案（本局提出）第一读会。

第八，覆议消弭劫杀案。

第九，覆议禁烟办法案。

第十，覆议革除厘金积弊改办统捐案。

第十一，覆议筹备巡警案。

第十二，覆议保护上游木商案。

第十三，覆议暂行诉讼规则案。

第十四，覆议减轻漳河水患案。

第十五，覆议整顿闽路案。

第十六，覆议关于筹办地方自治案。

第十七，覆议清理钱粮积弊并照章划一粮价案。

议长（高登鲤君）（请）〔谓〕：本日议事日表第一号为质问案，与行政长官有关系。现督部堂尚未莅会，应发电话往催。

刘崇佑君谓：本局会议，原不必俟督部堂或督部堂代理员到会，始能开议。惟本日为停议后之第一次开议，中间有种种关系，须质问督部堂，请其确答。故本日当遣人催请督部堂，各议员等在会场静候，俟督部堂到后，方能开议。

议长（高登鲤君）请庶务科书记员刘以芬君发电话至督署，催请督部堂莅会。

督部堂代理员布政使司尚于一时十五分莅会。

议长（高登鲤君）述各种报告：

一、报告议员郑锡光君、椿安君各告假一天，林仲翯君因母病笃告假七天。

二、报告资政院来电。

谘议局：福州谘议局来电，经付股员会审查，议员自行停会，为局章所无，已由院咨询度支部，得复再达，切勿停会，致妨全局。资政院，冉。

三、报告北京代表团来电。

预算岁入，已由院咨部，乞先开会。伊。

四日,顺昌县七日,将乐县八日,沙县七日,尤溪县四日,永安县九日。建宁府:建安县五日,瓯宁县五日,建阳县六日,崇安县七日,浦城县七日,松溪县九日,政和县九日。邵武府:邵武县七日,光泽县八日,泰宁县九日,建宁县十日。汀州府:长汀县十四日,宁化县九日,清流县十日,归化县九日,连城县十三日,上杭县十三日,武平县十六日,永定县十二日。福宁府:福鼎县九日,霞浦县六日,福安县六日,宁德县五日,寿宁县十日。永春州:永春州六日,德化县七日,大田县十日。龙岩州:龙岩州八日,漳平县十一日,宁洋县十三日。

议长(刘崇佑君)谓:此为法律案,应付审查,请众表决。可决者五十八人,遂付法律科审查。

议长(刘崇佑君)谓:议事日表第十二号仍书廿六日,但廿六日有会与否,尚不可知。本日仍照前例宣读,合行声明。

议长(刘崇佑君)宣告散会。

是日出席议员六十四人。督部堂未到会,委提法使司鹿代理。午后五时二十五分散会。

第二次福建谘议局议事速记录第十二号

宣统二年九月二十九日(1910年10月31日)

议事日表　第十二号

宣统二年九月二十九日(月曜日)午后一时开议。

第一,质问督部堂地方行政经费岁入预算交议之时期(本局提出)。

第二,划区禁烟限期肃清提议案(郑祖荫、黄乃裳提出)第一读会(延前会)。

第三,请向粤督提回盐斤加价案第二读会(延前会)。

第四,请速办单级教授练习所案第二读会(延前会)。

第八条　各衙署局所及谘议局、自治会、官立中学以上学堂，至少须购阅官报一份。

第九条　官报局得于认为必要之地方指定店铺，令具妥保，许为官报代卖所，以定价一成以内之扣折为其报酬。

第十条　官报代卖所当于官报局委员所定期限内，缴纳其经售官报之价款。

第十一条　官报局许设代卖所时，当将其有效之年限、坐落代卖区域及代卖人姓名，以官报广告之，代卖所之停止或变更时亦然。

第十二条　官报局除第七条所定不纳广告费之外，得酌定广告价目，使其他请求揭载者照纳。虽有其他请求揭载之广告者，官报局得拒绝之。

第十三条　官报局应将本局出入经费数目，每三个月揭载官报一次。

官报揭载之次序如左，但遇有无可揭载之项得缺略之。一、以上谕颁行之法律。二、上谕：（一）关于政治者；（二）关于赏恤者；（三）关于叙任者。三、官令：（一）本省谘议局议决经总督批准公布施行之章程规则及其他议决案；（二）中央官厅资政院及本省总督颁行布告之文件；（三）中央官厅及本省总督训示属僚文件有关于人民权利义务者；（四）司道以下各官署局所之告示；（五）官署局所、谘议局各自治会之广告。四、各议事会议决经地方官查核之议决案。五、杂件：（一）会议厅议决事件；（二）各衙署局所之重要禀呈；（三）本省官吏之更调升黜等；（四）本省或外来官吏之行止。六、外报：（一）公使领事报告；（二）本省洋务报告；（三）抄译外国新闻。七、说明正误。八、关于学艺教育之事项。九、关于农工商业及山林之事项。十、统计报告。十一、气象报告。十二、轮船出入。十三、各广告。

附则：本省单行章程规则及督部堂行政命令，各编号以定其次序。追加公布之文件，亦从前条各编号，以定其次序。本条例以□年□月□日施行。

附：官报到达各府厅州县日数之规定

福州府：闽县一日，侯官县一日，长乐县三日，福清县二日，连江县三日，罗源县四日，古田县四日，屏南县八日，闽清县五日，永福县三日，平潭厅二日。兴化府：莆田县四日，仙游县五日。泉州府：晋江县五日，南安县六日，惠安县四日，同安县七日，安溪县七日。漳州府：龙溪县六日，漳浦县九日，海澄县七日，南靖县七日，长泰县十日，平和县九日，诏安县十日。延平府：南平县政权范围内所发之命令，区划种类记载之。

第三章 公布方法

第十一条 凡公布应先登官报，再行揭示。官报每日发行一次。

第十二条 官报登载后三日内，应由该管官厅揭示，以揭示之日为公布之日。其在省城外各府厅州县，以官报到达后三日内揭示之。

第十三条 凡由省城发递官报至外府厅州县，均交邮政局照挂号信件递寄，无须由该管上级官厅行知，官报到达各府厅州县日数别定之。

第十四条 官报听人民购阅，其行政局署及谘议局、自治会、官立中等以上学堂，皆必须购阅一份。

第十五条 省城及府厅州县应建立揭示亭，凡有揭示之件，皆就揭示亭揭示之。但因周知之便，于揭示亭以外，应酌量城厢乡镇地方更行揭示。揭示亭省城应在督署或藩署前建立，各府厅州县应在巡道或府厅州县署前建立。

第四章 附则

第十六条 本规则以总督批准之日起，为实行之期。

附发行官报条例

第一条 本省设官报局，使掌编辑官报之事。

第二条 应登官报之件，由各衙署局所之长官，将该件汇齐送交官报局。

第三条 各种文件，如不能一时揭载者，除极紧急之外，得由官报局委员视其缓急，以次揭载，其字数繁多者，得分数日揭载，以揭载完了之日为官报登载日。分数日揭载者，不得隔日不载。各衙署局所长官若认其所交揭载之件为极紧急者，得指定期日请官报局揭载完了。

第四条 每年谘议局开会期中，官报局应特设附报，详载谘议局速记录及其他关系之文件。

第五条 官报以如左定价，由官报局发卖。一、全月份（自每月朔至晦送费在内）五角；一、每日份（送费在内）二十文。购买官报者，须先付定价。

第六条 各衙署局所及谘议局、省城闽侯县之城镇、各自治会之广告，应登官报，但除福州外，其他地方官厅得不依本条例。

第七条 各衙署局所及谘议局、各自治会之广告既登官报，同时欲更登于他新闻纸，悉听其便。但登于官报者，不须广告费。

至于涩滞。此必当公布之理由三。理由四：虽有政治官报及本省官报，而无一定之格式，无发送之定期，似公布机关而实非公布机关，人民终无阅读之便。此必当公布之理由四。

福建法令公布规则草案（本局提出）

第一章　总　则

第一条　本规则为公布本省单行章程规则及谘议局议决施行之件、行政官行政命令而设，在福建全省境内有施行之效力。

第二条　本规则在中央法令公布法颁布以前，全有施行之效力。中央法令公布法颁布后，凡与之不相违反，及中央法令公布法所不规定者，仍有施行之效力。

第三条　中央之法律命令颁行本省者，其公布方法应照中央法令公布法所定，但中央法令公布法未经颁布以前，得以本规则所定公布之。中央之法律命令以本规则所定公布者，总督应于本文后十日内公布之。

第四条　凡本省各种单行章程规则，及其他属于谘议局议决施行之件，自总督批准之日起十日内，应照本规则所定公布之。

第五条　凡本省行政官因行政权范围内所发之命令，总督或其他该管官厅应照本规则所定公布之。

第六条　凡本省旧有由总督颁行之章程规则，及各属通详立案永远遵行之件，现在尚有效力者，总督应于宣统三年六月末日以前，照本规则所定悉行追加公布。前项应行追加公布之件，如有变更时，照第四条、第五条所定办理。

第七条　应照本规则所定公布之法令，除中央法令应照所定遵照外，若不公布，或不如法公布，人民无遵奉之义务。前条应行追加公布之件，若期限已过仍未公布者，概作为废止。

第八条　凡法令自公布之日起算，十日后发生施行效力。但有特定其施行期日者，不在此限。

第二章　公布格式

第九条　凡公布法令，应记载公布之年月日，由该管官吏署列衔名。前项公布之年月日，不得倒填或预填。

第十条　凡公布法令，应分别为谘议局议决经总督批准，或系行政官关于行焉。因以上所述理由，谨揭明属于议案之应行注意，恳予准行各项如左：一、请督部堂每年应先期于七月中旬内，按照提议案格式札交议案若干件到局，以便议长通知各议员，公同预为准备。札交后如续有应议事件，仍得于会期中续交。二、请督部堂对于本局议决案有札覆时，概以本省行政长官之名义明示准否，其核准者必明书"公布施行"字样。三、请督部堂于批准之议决案，严饬各该管官吏妥实施行，每半年务饬其报告施行成绩一次，并派员密查验其符否，以别劝惩。

巡警道吕谓：警察命令如何交到？（按此语系因第七案发补问）

议长（刘崇佑君）谓：请巡警道台函交本局。

巡警道吕谓：此宜有公文方可。

议长（刘崇佑君）谓：在议场所言，有公之效力，可不必再具公文。

议长（刘崇佑君）谓：声明同章请注意案应开第二读会，请众表决。可决者全体。

议长（刘崇佑君）谓：此议案应省略第二、第三读会，请众表决。可决者全体。

第十，本省法令公布规则提议案（本局提出）第一读会。

议长（刘崇佑君）请书记长登坛朗读提议案。

书记长（林长民君）登坛朗读提议案。

福建法令公布规则提议案

理由一：法令关系人民权利义务至重且繁，我国向无公布方法，徒恃临时揭示，以拘束人民，胥役又上下其手，或倒填日期，或故意隐秘人民权利，供其蹂躏，义务失其公平，欲求周知，直无是事。此必当公布之理由一。理由二：法令繁多，前者未废，后者续布，虽两相歧异，而其异者何在，人民无从求而得之。地方法令与中央法令互相矛盾，人民亦无从执之为据，以主张其权利，轻减其义务。是前后不相应，京外不相合，民无如何也。其迹近于愚民，其极至于无政。此必当公布之理由二。理由三：中央法令及本省行政长官之命令，谘议局之议决案，必经层层转饬始见施行，或有疲玩之地方官，故意延抗，多端阻挠，纵筹补救，已属无及。非速定公布施行发生效力之良法，则一切议决机关、行政机关均仍以督抚名义交局覆议。又按局章第二十二条、第二十三条，准否应归之督抚，无一语旁及司道。本局历次接到札覆，均系督部堂据司道及各局所详覆之辞，督部堂不复再加断语，甚有此局与彼局详覆之语互相矛盾，而两俱札知本局者，是札文虽发自督部堂，而就文中所述言，督部堂直若不居其名义者。本局将按所据之以辨督部堂之准否，迨本年七月间经本局汇折呈请明示，始获知意旨焉，然岁已逾半矣。是亦亟应声明，本局方得所依据也。（二）札覆中之用语。局章第二十二条云，谘议局议定可行事件，呈候督抚公布施行。则是"公布施行"四字，为谘议局议案之效力，发表于外部之明征。故就法律之本意言，凡议决案经督部堂核准者，必于公文中明书"公布施行"字样，乃有标准。前次会议督部堂札覆公文中，每有"核办"、"酌办"等语，本局当汇折质问，得有确答，以前其莫辨该案为公布施行与否者甚多。按之法律，征之事实，此后批准之案，无论本局与本省官吏人民，均以请求明书"公布施行"为当。第三，关于施行者。（一）通饬。局章第二十二条案语，谘议局议案可行事件，督抚若无异议，有公布施行之责。既云有公布施行之责，则公布后（公布方法本局已另有法令公布规则案）如何督促，如何惩劝，自在督部堂察度之中。本局窃查去年蒙准之案，虽经饬令该管衙署照行，而上自司道，下至州县，则恒视如弁髦，搁置不问。甚有奉文已逾半岁，而犹未有一字详覆者。不惟蔑视本局，抑且玩侮上官。以在官之人，尚无遵守功令之惯习，推及民庶，更复何责。本局虽有弹劾之责，然事至弹劾，则所失已多。窃愿督部堂对于全省官吏严加通饬，务使令出必行，不至以一纸公文，遽毕所事，则此后公布施行之议决案或得实施，通省人民实蒙嘉惠。（二）报告。按局章第二十二条，所谓公布施行，乃事实上真得施行之谓。以法律施行之责虽在督抚，以事实言，其奉行之力与不力，究视诸司道及各地方官厅。本局窃以为虽有董诫于事前，仍不能无考核于事后。查宪政筹备事宜，朝廷必责令各省将筹办成绩分期报告，用意至为精密。应请仿用此法，凡经批准公布施行之案，限令该管官吏于每年六月、十二月将其施行成绩呈报督部堂一次，更随时派员密查，以验虚实，庶力求振作者得以见长，而敷衍因循者亦无从藏匿。不惟督部堂执简驭烦，事无不举，即本局据局章第二十六条，对于行政事件如有疑问呈请批答之时，督部堂亦得随时示以实况，且亦因以知其报告之果符合否也。本局查去年施行之案，各行政官奉文后，恒有并一示揭者，窃冀有以祛此弊求于事实之可行，勿使法律具文，致失国家设立议会之意。本局鉴于往事，计及后来，深惧因循不振，陨越厥职，贻我贤长官及我全省人士之忧，用敢就局章中，关于慎重议案各项，一一声明之如左。乞督部堂如案准行，庶本局办事得有遵依，不胜大幸。第一，关于提案者。（一）提案之时期。按谘议局章程第三十四条，凡召集开会，应于三十日以前，由议长将本届开会应议事件，预行通知各议员。通知议案，既在三十日以前，则提案之期，自不能不准此。按提案之权，虽督部堂与本局共之，然玩第二十五条正文及案语，知实为督抚之主务，而预算决算则尤为限于督抚始能提出。盖行政长官固应预为筹划也。本年七月间，本局曾先期两次呈请札交议案。嗣于八月初四日始奉到议案十二条，而预算案则迄今未蒙全交，致议长无从履行第三十四条所负之责任，议员于议事之准备，亦从而窒碍甚多。此于议事之根本上影响不小，应预为声明者一。（二）提案之格式。按局章第二十一条第一至第七各款，为关于提议案之规定，第十款为关于咨询案之规定。提议案除预算、决算、税法、公债法、本省单行章程、规则等性质上自有一定之形式外，其他之提议案均应详叙理由，条列办法，方合体裁。咨询案则出于集思广益之意，或为疑问，或求答覆，皆无不可。查去年及今年两次会议，督部堂所交议案，多未明标议题，内容中亦每有未经按法明白叙列者。议员研求之际，时觉失据。按提议案与咨询案之效力本不相同。提议案之经议决者，督部堂不以为然，须说明原委事由，交局覆议；本局若仍执前议，督部堂即须将全案咨送资政院核办。咨询案则由局申覆，以备采择而已。二者分别不明，则议堂质问，公文声明，既以阻议事进行之时间，且以乱议事日表之次序，不便实甚。应预为声明者又一。（三）提案之件数。提案之权，除预算决算外，局章既已明许之谘议局，则本局若有所见，自可径陈，原不得自诿其职，而专倚赖于行政官。然推局章第二十五条正文及案语之意，既以提案为督抚之主务，第三十七条案语又曰谘议局议案多由督抚提出，则立法之本意可测而知。盖行政长官为主持政务之人，体察情形，规划全局，以其特别之经验，而定其施政之方针，凡一省之中兴革之事，胥赖之以指揭焉。本局两次会议，去年督部堂提出之议案七件，今年会期过半，督部堂所提出者二件，本局窃愿有所增益也。第二，关于札覆者。（一）札覆者之名义。查宪政编查馆覆两江总督电，督抚行司道核议，系行政内部之事，本无庸与局声明；至司道核议之后，仍由督抚裁夺，如有应交局议者，饬，切实严禁，不得遇事犹豫，违者一经指明，立即撤参。一、经此次重申厉禁之后，地方官如再纵容差保私受赌规，及制造赌具规费情弊，请许地方自治各团体指明禀究（该禀可由邮寄，以免举发为难之虑），禀果属实，即应加以明犯故纵之罪，不得仅以"失觉察"三字了之。提议者柳遇侯，赞成者上官华盖、彬煦、赖其浚、苏春元、伍春蓉、邓畿、张步青。

议长（刘崇佑君）请提议者柳遇侯君登坛说明理由。

柳遇侯君登坛说明理由（大意与提议案同）。

巡警道吕谓：禁止彩票并赌博赌具，已由县禀到道，由本道详请督部堂奏咨一律禁止。

施景琛君谓：柳君所言彩票是否专指外省言？

柳遇侯君答：无论本省外省皆在内。

议长（刘崇佑君）谓：此案应否付审查？

施景琛君谓：此案应付审查。

议长（刘崇佑君）谓：诸君赞成施君之说否？赞成者六人，遂作为议题。

议长（刘崇佑君）谓：此案应付审查，请众表决。可决者六十二人。

林辂存君谓：去年本局议决禁赌案，不知已实行否？

福州府曹答谓：已出示禁止。

巡警道吕谓：此事所难禁绝者，以巨室为最，此外则为夹板船，尤难于查禁。

林辂存君谓：何以别有天酒馆中尚有赌博？

巡警道吕答：别有天酒馆赌博，已由巡警访拿多次。

议长（刘崇佑君）谓：此案应付法律科审查。众无异言。

第九，关于声明局章慎重议案应请注意各项提议案（本局提出）第一读会。

议长（刘崇佑君）请书记长登坛朗读提议案。

书记长（林长民君）登坛朗（议）〔读〕提议案。

声明局章中慎重议案各项应请照行提议案

谘议局议案为全省政令之所自出，自提案至札覆以及施行，局章皆已慎重而明定之。然条文单简，有费解释而始知者，有以类推而可见者，皆当明白声明，筑修缮制造贩卖烟火须经官准者，现尚未确定标准；又关于渡船桥梁，因水上巡警办理未完备，亦无规定。此外则皆有警察命令。第三质问照章本年各城厢巡警应一律成立，现已通饬各属限十月半报告，惟因款项支绌，各属往往以空文塞责。现已一面派员查察三十余县，大约就中多未兴办，将来只好详请督部堂分别办理。

卢初璜君谓：项巡警道台所答各节，其中已有警察命令者，应请将警察命令颁到本局，以资参考。

巡警道吕答曰：可。

第八，实行禁止彩票并赌博赌具提议案（议员柳遇侯提出）第一读会。

议长（刘崇佑君）请书记长登坛朗读提议案。

书记长（林长民君）登坛朗读提议案。

请实行禁止彩票并赌博赌具案

理由：赌之为害大矣。大吏对于此途，非不欲一旦廓清，而各属此风往往竟不能泯者，曷以故？盖州县者，亲民之官也。州县若稍事犹豫，虽日言禁赌，于事实上究属无补。此治其末者，不如清其源之为愈也。兹就管见所及，谨拟办法数端，意在扫除积弊，是否有当，伏候公裁。一、彩票一端，为害更大于花会。虽设自外省，而福州城厢内外，以及各府州县之人民，藉此以渔利者，指不胜屈。别项赌博，尚不敢明目张胆。独对于此，则悬挂大小彩票招牌，呼人买卖，如同生理，举国若狂，害孰甚焉。虽明知各省奏设此项彩票，藉以为筹款之补助，原出于万不得已。现在立宪时代，断不宜有此陋弊。况我福建既无是名目，准情度理，自可严禁流入，以免利源外溢。应请督部堂通饬各属，尽限本年十一月底止，一体不得再行售销各省彩票，违者惩罚。并请通饬邮政局，于限外再不得递入，以肃赌源。一、制造纸牌，福州城厢内外，计数百家。其贿差保规费，每家年约十数元或数十元不等。该牌畅销于外府州县，地方官往往以纸牌为游戏惯习之物，姑从宽论。废时失业，百弊丛生，其原因皆根于制造之家。应请督部堂通饬勒禁，并关于赌博之具（麻雀等类），无论制造家与售卖家，查出一律严办。此项稽查，可责成地方巡士；如稽查不力，巡士革退。一、前年花会咨询案内，申覆赌博各条办法，既蒙札覆照议办理。查各府州县赌风仍盛，应请再行通

〔搬〕运火药及炸裂物章程，一切官定卫生章程，保护森林树木章程，管束开设戏园及各项游览处所章程等。未知曾否奉有馆定或部定章程？如无此项颁定，即应由本省自定暂行；或虽有颁定，其中有宜因地方情形酌定者，应请将此项章程草案续行提出决议，庶律中各款方无虚设。第二质问，律内各款有虽无应定章程明文，而实际当宣示准则者。如违警律第二十四条之第二款，建筑修膳须经官准，且或有官定图样；第三款旅居须将投宿人呈报；第二十五条之第三款，制造烟火或贩卖须经官准；第二十七条之第九款，渡船桥梁等有经官署定通行费之处；第三十四条之第一项、第三十五条之第一款，茶馆酒肆及各项游戏处所有官定之时限；第三十七条售卖含有毒素之药剂者须经官准；第四十条之第一款，明暗沟渠官署有监察浚治之责等项。均词旨广泛，未有确定标准，应另有详细规定之单行章程规则，或公布警察令，以为之准。应请先将此项章程草案提出议决，或先以警察命令公布官报。第三质问，查违警律之第四十四条之第二项云，其各地方有巡警制度未经设立完备者，得由各该省督抚酌量情形奏明办理。现在全省巡警是否一律完备？其有未认为设立完备之处，有无明定改期分别入奏？且逐年筹备清单已届设立定期，必不能不力求其完备。原案既云违警律编订已久，自应一律颁行，似统合全省而言，如各地巡警制度尚有未经设立完备者，即不能一律施行。应请查照逐年筹备清单限分年月，明定施行期限。宣统二年九月十七日，质问者李迪瑚、邹含英、卢初璜、黄金銮、洪鸿儒，赞成者孟思培、吴庭枨、陈树勋、王子懿、高登鲤、周文麟、连贤基、郑祖荫、潘纪雲、上官华盖。

议长（刘崇佑君）请提议者李迪瑚君登坛质问。

余钟英君谓：李君顷因头痛正剧，未能出席。

议长（刘崇佑君）请卢初璜君登坛质问。

卢初璜君登坛，照原案向巡警道吕质问。

巡警道吕答：关于第一质问内，除管束储藏或搬运火药及炸裂物章程、保护森林树木章程、管束开设各项游览处所章程等，尚未规定外，其余皆有规定。但质问案中所云草案者，系指何种？

卢初璜君谓：即指前项各章程为馆章、部章所未规定者，应请巡警道台拟定草案续行交局议决。

巡警道吕谓：此可由本道酌拟，呈请督部堂札交。至第二质问中，如关于建

第六，违警章程提议案（督部堂提出，审查员修正）第三读会。

议长（刘崇佑君）请书记长登坛朗读修正案。

书记长（林长民君）登坛朗读修正案。

违警章程修正案

谨案大清违警律第四十五条，本律所载之外，各省督抚得因地方情形，酌定违警章程，变通办理。兹特就闽省情形，酌拟违警章程十九条如左：一、抛弃传染病人使用物件于水流或道路者；一、地痞流棍藉端醵金者。以上处十五日以下十日以上之拘留，或十五元以下十元以上之罚金。一、排列淫画招人观看者；一、男女在街市上为狎亵之举动者；一、在街市上对妇女戏谑者；一、虽无暴行胁迫而强赊、强当不听制止者；一、妄作妖言或假托符咒惑人取利者；一、当途卖弄拳棍强索钱物者。以上处十日以下五日以上之拘留，或十元以下五元以上之罚金。一、贩卖腐败饮食物者；一、当街排列粪缸、屎桶不设覆盖及尿缸不设防围者。以上处五日以下一日以上之拘留，或五元以下一角以上之罚金。一、形迹可疑不服盘诘者；一、拦街搭台演戏者；一、拦街晾晒衣服不听制止者；一、店铺照牌妨碍道路不听制止者；一、当街排列炉灶不听人制止者；一、当街排列器具有碍行人不听制止者；一、肩舆不停放停轿场阻碍行路不听制止者；一、肩舆夜行不持灯炬者；一、当街对众泼水者。以上处五元以下一角以上之罚金。宣统二年九月十六日，法律科主查员李迪瑚，理事邹含英，审查员黄金銮、卢初璜、洪鸿儒。

议长（刘崇佑君）谓：照章第三读会应将原案全体表决，请诸君即行表决。可决者五十三人。

第七，关于违警章程质问案（本案审查员提出）。

关于违警章程质问案

谨案本届第四次会议提出督部堂违警章程提议案，业经交付法律科审查会审查矣。窃于此案不无疑义，有应行质问之点如左：第一质问，原案前文有云违警律编订已久，自应一律颁行，以资遵守，但律内各款有违背章程及不遵章程种种条文。如营商工业章程，呈报迁移、婚娶、生死等项章程，管束储藏或（般）

三时二十分钟续行开议。

代理议长（刘崇佑君）谓：议长高登鲤君顷有紧急事项告假，由本副议长代理。

议长（刘崇佑君）谓：顷休息时间，关于各府县与省垣联络一致案，尚未议决。

施景琛君谓：现在中学以上招考时，外府县学生国文程度较省城尤高。由此观之，则宜暂定学额。又如现在有两学堂招考官费生二十名，所取学生外府人每居十之六七，然则关于学生程度全无问题，即定额亦无妨碍。又国语教授，应请学台饬各学堂教员赶紧开会研究，然一面亦须由各府联络研究国语，以备听讲易于了解。

孟思培君谓：就程度论，本无分额之必要，惟因从前不免有偏枯之处。此案应再付审查。

议长（刘崇佑君）谓：此案讨论已久，孟君谓再付审查，系为慎重起见，诸君有何意见？

王子懿君谓：关于定学额及国语教授二条，本议员赞成孟君之说。盖定学额，师范与高等二校本无问题。此外各校应否定额，在学部无定章，原不甚妥，惟因有偏枯之处，故提此议。至国语教授所以不能实行者，不外因省城学生较多之故。然中学以上学堂学生应研究外国语，岂本国国语转有不能通晓者乎？是国语教授本无碍难行之处也。

提学使司姚谓：国语教授本属部章，原无问题，惟其中有为难者。教授与谈话不同，谈话较易，而教授上甚难。盖因自少读书，即用土腔故也。至学额一条，若欲划定，则各府恐不免有争端。

苏寿乔君谓：学台何以对于定学额一条则就法律上言，而对于国语教授一条则但就事实上言乎？

提学使司姚谓：国语教授援照法律上言，本无问题，然实行此事，要须虑其有无妨碍。

议长（刘崇佑君）谓：此案由根本上言，不能不归咎于办理人之不善。何以有捐百元入学之事？倡办此事之人，殊对吾闽人不住。惟现为慎重此案起见，仍应付审查，请众表决。可决者五十人。

黄乃裳君登坛报告审查情形（大旨与报告书略同）。

提学使司姚谓：本司尚有质问之处，督部堂所令覆议者，乃问划定学额，是否学生定额，抑系于招考时定额？

黄乃裳君谓：即指蚕业、商业、农工业等学堂，须定各府学额。

提学使司姚：若谓学生定额，则照学部章程，实无此条；若谓招考时划定学额，然仍以程度为衡，则定额势同虚设。

卢初璜君谓：学部章程虽无规定分额之事，然并非不准分额。

提学使司姚谓：照教育原理言，不能拘定地域，收录学生，且全省学堂当定各府学额，则一府学堂亦须定各县学额，事属难行。若必欲定额，仍须电致学部请示，本司不能作主。

卢初璜君谓：不定额而论程度，固极公平，然事实上有极不公平者，如考官费既不及格，而考自费则能及格，是又何也？

提学使司姚谓：现在除师范外，皆无所谓自费。

卢初璜君谓：现在省城学堂中定有自费生名目，凡考官费则不能及格，而考自费则皆可入学，此系实事。

提学使司姚谓：自费办法本非正当，本司甚不以为然。惟因学堂欲开一班，而无费用，故须自费方能成立也。

卢初璜君谓：本议员因学生入学不无偏枯之处，故发生此问题。

提学使司姚谓：高等专门学堂最当注意程度，若就程度言，则断难划定学额。即如本年考送留美学生，本司当阅卷时，并不知其人属何府县，至发案时始悉。全此次考送，各府中小皆有中选之人，当无偏枯之虑。

林辂存君谓：本议案题目为联络全省声气一致，非专为教育一门起见。顷学台所言固是，惟招考若不定额，则终不免于偏枯。至招考时期须先期预告，教授须用国语，此皆当然应办之事，何以尚须酌订办法？

提学使司姚谓：招考日期，如师范、高等，现在每年皆有一定日期，大约无半途招考之事。去年每届学堂招考时，恒由学务公所通告各属。至国语教授，则恐一时难以办到，盖教员骤习国语，断难即能讲解自如也。

议长（高登鲤君）宣告休息二十分钟。

议长（高登鲤君）问：定若干日？

陈之麟君谓：自此案批准之日起，三个月内，一概发还。

议长（高登鲤君）问：诸君赞成陈君之说否？赞成者六人，遂作为议题。

议长（高登鲤君）谓：自此案批准日起，三个月内发还，请众表决。可决者六十人。

议长（高登鲤君）谓：即照此报告书添入发还期限，申覆督部堂，请众表决。可决者五十四人。

第五，覆议教育事件妥筹各府与省垣联络办法审查员之报告。

审查教育事件妥筹各府县与省垣联络覆议案报告书

本局二届九月十五日第七次会议，提出督部堂札局覆议教育事件妥筹各府县与省垣联络一案，交本科审查。经开审查会，详查督部堂札开，应覆议一条，酌定办法两条，缓议一条，说明理由，亦自有见。然原案划定学额一条，因各学堂历届招考偏枯太甚，兹求权利平均，以分为合，总不外联络之旨趣。条文所定，曰认真考取；曰一属不到，所余学额由省垣外属各生选取之。则固以程度为标准，非以学额为原则，事实上应无阻碍之处。且此条系专指招考而言，若毕业升学，自应遵照部章，固不在此条范围之内。则原案之所主张，于法律无违背，于事实得便利，自应仍照原议。其考期预告一条，现各属教育会、劝学所多已成立，即有少数未成立者，提学司尽有督促之权，机关之不完备，应督促使其完备，固不能以通告机关诿诸本局也。中学以上用国语教授，系遵照部章。组织国语研究会，此教员内部之事，本局不必与闻。本局所知者，一省长官，当为一省教育谋发达，不当为少数教员图便利。且中学以上，已兼课外国语言文字，顾于本国语言反有不谙，此等教员实无用其滥竽充数。应照原议限期实行，其不谙国语教员即行辞退，方免教授隔阂。至缓议一条，谘议局立法，本以垂诸久远，现各属中学堂成立较早者，已有六七年度，迟者亦有四五年度，当渐次毕业，则此条之规定亦属要图，均应照原案施行，以免偏枯之弊。合将审查情形报告，是否，乞公决。宣统二年九月□日，庶政兴革科报告，主审员黄乃裳，理事员谢滋春，审查员陈锡朋、王邦怀、高士龙、余钟英、张国宝。

议长（高登鲤君）请主查员黄乃裳君登坛报告审查情形。

由地方官出示布告，并称捐款或照数领回，或移充自治经费，许原捐国民赴原解地方官自行声明，即系询明原捐国民之办法也。盖此项捐户为数至繁，散处城镇村落，实不能由地方官绅一一面询，以觇其愿否也。至限三个月为领还之期者，诚以各属地方不论若何寥阔，三月之内总可赴官声明。若逾限不声明向领，可推知其愿将捐款移充自治经费，实非强制拨充。盖此项捐款实以听民领回为主，至原捐国民愿移充自治经费，不过偶然之事。即地方自治经费亦须另筹的款，方足济用。其以此款移充者，亦不过藉为补助之用耳。督部堂来札，欲令城自治会会同地方官询商原捐国民办理，但原捐国民为数至繁，自治会岂能人人认识，且亦未便人人面询，则舍原案出示布告外，亦别无他法。且欲询国民之愿否，宜先将各属捐款全数发还原解地方官，并附发原捐簿，方可着手。不然地方官绅且不能悉原捐国民之为谁某，乌从而询其愿否耶？总之，捐款久不发还，国民即欲领回，亦不能如愿，殊失谕旨发还之本意。亟宜呈请督部堂照原案办理，并定一发还期限，将各属捐款先行全数发还原解地方，然后听民领回，或移充地方自治经费，庶不失朝廷体恤民隐之至意。谨将审查情形报告，恭候公决。宣统二年九月十九日，财政科主查员椿安，理事黄纪星，审查员林邦桢、伍春蓉、杨慕震、许赞虞、李钟声。

议长（高登鲤君）请主查员椿安君登坛报告审查情形。

椿安君登坛报告审查情形（大旨与报告书略同）。

刘崇佑君质问：发还期限，何以审查员不为议定，应请审查员再行审查补定。

施景琛君谓：即就议场定一期限可也，何必再付审查。

议长（高登鲤君）问：诸君赞成施君之说否？赞成者八人，遂作为议题。

议长（高登鲤君）谓：发还期限即就议场决定，请众表决。可决者六十四人。

苏寿乔君谓：以本年十二月为限。

王子懿君质问：究竟国民捐数目若干？

布政使司尚答：官民共有十三万余金，大概官民各半，然内中亦有将款项用去而捐册消灭者，现在只好就现存数目划出而已。

刘崇佑君谓：此应以本案批准之日起定一期限。

刘崇佑君谓：地方税与地方经费有别，本年能厘定国家税、地方税，自无他说，即未能厘定，然地方行政每年必有经费，行政长官对于地方行政每年应用若干，不难先行指定，庶本局于议决时得有标准，则所议不至徒属空言。

布政使司尚谓：所言自是切当。惟中有种种为难者，照各国财政上原则，本应量出为入，而我国部臣则谓，当量入为出，已乖法理。且财政困难，并量入为出，亦不可得。现据贵议员所述，则本司当与督部堂详酌指定岁入。贵局尽管议事，切勿停议，以免虚费此宝贵之时间也。

刘崇佑君谓：既藩台言可以指定岁入，则本局自应开议。惟须俟得有督部堂札覆，将岁入款项指定，方可开议。

卢初璜君登坛谓：顷据藩台所述，似乎能指定岁入，惟是空言指定，恐尚无补。且本年所议决各事，督部堂若以为可行者，自当实行，然若无款，则恐至明年开局时仍未见诸实行。故必须有岁入以为标准，方可开议。

布政使司尚谓：本司为理财官，来闽三年，因财政困难，左支右绌，竟以亏空甚多，无从筹措，加抽税捐，则民力已竭，万不可行，而款项非取诸民间，又何从来。贵议员等为国民代表，试问现在民间贫困，更安能从事罗掘？此实无可如何之事。

孟思培君谓：本局请提出地方岁入，不外欲得一标准，无标准则无从讨议。

布政使司尚谓：顷刘副议长及卢、孟议员所说均极是，但以中央政府日日昌言中央集权，凡关系地方一切事务，恒须咨商，即督抚亦不能任意施行，此实无可如何者也。

刘崇佑君谓：顷据藩台所言，是否即请督部堂暂行划定岁入款项？

布政使司尚谓：督部堂须俟度支部电覆，方能划定。

第四，覆议划定地方自治经费审查员之报告。

审查划定地方自治经费覆议案报告书

宣统二年九月十五日，本局第二届第七次会议，提出划定地方自治经费覆议案，交由本科审查员审查，业经开审查员会，详细审查，合将审查所得明白报告。查督部堂第二次札覆谓，以国民捐移充地方自治经费，自应询明原捐国民愿否，方可核办，未便以逾限三月未领，遽尔强制拨充等语。查原案第二款规定，上届申覆九属分办，则一所之组织，其经费长官似应全行担任，作正开销，以免有名无实，致茶业、关税两受其伤。且上届申覆书所最宜注意者，第一条之设讲习所，第八条之茶厘改办统捐。现试办统捐案内，已列茶于四项之中，则必能实行可知。讲习所之设，应请督部堂饬劝业道，会商财政局，妥筹的款，认真提倡，无庸筹取商款，以茶商迩年亏本甚多，艰于应付。至外府州县产茶之区，有热心商家力能集赀，禀请设立讲习所，以整顿茶业，应请劝业道饬该管地方官竭力维持，俾茶务日有起色，关税因以增多，岂非闽省之幸者？合将审查情形报告，伏候公裁。宣统二年九月十七日，庶政兴革科报告。主查员黄乃裳，理事谢滋春，审查员陈锡朋、高士龙、王邦怀、余钟英、张国宝。

陈锡朋君谓："财政局"三字应改为度支公所，又"以茶商迩年亏本甚多，艰于应付"二句应删去。

议长（高登鲤君）谓：陈君主张删去此二句，庶政兴革科审查员是否赞成？审查员赞成者四人（多数）。

议长（高登鲤君）谓：此报告书诸君有何意见？如赞成即以之作为申覆书者，请起立。计起立可决者四十人。

刘崇佑君登坛谓：本议员观于此报告书，益觉预算之紧急。此书中有云"作正开销"一语，请问现在若无地方岁入，则此项如何开销？是此案亦归空论矣。本议员因此特欲向督部堂代理员质问。

议长（高登鲤君）请刘崇佑君登坛质问。

刘崇佑君登坛质问：前日由本局具呈督部堂，未蒙札覆，究竟如何？请督部堂代理员详答。

督部堂代理员提法使司鹿：请布政使司尚代答。

布政使司尚答：前日本司蒙制台传见，述及预算开列岁入款项事，云已发电度支部，请其速覆，现在尚未奉到覆电。据鄙见，经费将来自须划分，即划分时亦不能仅顾及国家经费，必有一部分划为地方经费者，故现在尽可由局先行议决预算。

刘崇佑君谓：本局议员因未划定岁入，则对于预算毫无把握。

布政使司尚谓：欲划定岁入，必须厘清国家税与地方税，不然则以何标准为划定乎？

刘崇佑君登坛质问督部堂代理员：本局当闭会中曾有公函呈督部堂，并附三十二乡公呈，经督部堂札饬三司，并派委往查，究竟如何？

督部堂代理员提法使司鹿谓：现在此案因未详细查明，仍在三司，尚未详覆。

刘崇佑君质问：委员如何禀覆？

督部堂代理员提法使司鹿谓：据委员禀覆谓，从前闻有一光复会，近已消灭，惟曾检三等是否在内，并无确实凭据。

刘崇佑君谓：据督部堂代理员所说，是曾检三设立光复会并无确据。王令因挟有私嫌，竟敢以莫须有之事，兴此大狱，陷人于罪，殊属胆大妄为。曾检三虽仅附生前程，然亦何得轻革。此案情节重大，应请督部堂认真查究。若果王令有意诬陷，务请督部堂参办，以儆效尤。

议长（高登鲤君）谓：此案应开第二读会，请众表决。可决者六十四人。

苏寿乔君谓：此案应省略第二、第三读会。

议长（高登鲤君）谓：苏君所说，诸君赞成否？赞成者十人，遂作为议题。

议长（高登鲤君）谓：苏君提议此案省略第二、第三读会，请众表决。可决者五十九人。

第三，覆议督部堂茶业咨询案审查员之报告。

议长（高登鲤君）请书记长登坛朗读报告书。

书记长（林长民君）登坛朗读报告书。

审查覆议督部堂茶业咨询案报告书

宣统二年九月十二日，本局第六次【会议】覆议前届督部堂茶业咨询案，交本科审查。经开会，查上届申覆此案，酌拟办法九条，皆属当务之急。嗣以督部堂两次札覆，以农工商局及财政局主张异同，复经本局呈请，明白批示，据最后札示，已于省垣设茶务讲习所一，每年用费限一千二百元，由官商各半，筹集办法甚是，但查茶税一项，为闽省出口大宗。现虽茶市衰败，每年尚征三十余万两。若能认真整顿，全省财政关系非小。讲习所之设区，区限以一千二百元经费，无论规模太狭，研究未能完备，而费半取诸茶商，亦虑诸多不便。本科同人窃以为茶税既为出口大宗，则提倡改良行政官责无旁贷。讲习所之设，既未能照连江县属，去年偏灾歉收，由省中发给赈款，县中各乡士绅与县治诸绅争分赈之数，相持不下。十二月，县令王荣绶邀集各绅会议，山下乡生员曾检三等，在会中与城绅辩论，言词之间，冲犯王令。城绅以争赈之愤，禀控曾检三以咆哮会场，扰乱秩序为词。彼此争执，在赈款之多少与会场上之意气而已。是非曲直，所关系固不甚大。王荣绶即据情上详，亦只得就事论事，以待长官之命，以泯争端，方为正当办法。乃衔曾检三等言语之激，锻练大狱，以快报复。其详省宪之文，前半叙述该邑各绅之禀，后半参以己意，有卑职伏查该生曾检三心术不端，素藉刀笔为生，自从预备立宪以来，访与贡生郑家骐、附生吴适、陈复良等，私设光复会名目，在各处煽惑愚民。闻其入会之初，每人输小洋十角，谓即可保身家，即吃茶烟，皆有暗给口号，为个中人所共晓。愚民被其煽惑，信从日众，风闻有一二千之多云云。曾检三等遂以此褫革。详中又有严拿究办之语。本局于四月间得连邑三十二乡乡耆乡民公缄，为曾检三等讼冤，当时在闭会之中，经常驻议员协议，以常驻议员全体之名，具缄督部堂，并将原缄粘呈。据乡耆乡民公缄所陈，则并无光复会名目，以该邑与罗源毗连之地，有所谓广福公司者，为广东人与福建人所共立，以种植为业。"广福"、"光复"音近，县令遂巧为之周（内）〔纳〕，以兴大狱。本局常驻议员等亦详细查访，广福公司之事属实，并无光复会之名。"光复"是何等意义？聚党煽惑是何等举动？果有其事，曾检三等且有大辟之罪。王荣绶身任民社，以一时言词冒犯之愤，敢兴大狱，朦禀上官，其为枉法贼民，孰其于此！常驻议员公缄曾请督部堂提省讯鞫，其后委员查覆，并未公表，尚不知中作何语，以光复会之名影射广福公司。据本局之所查，则已千实万实。王荣绶之诬枉无辜，欲兴党狱，亦为万无可逃之罪。原详具在，三十二乡乡耆乡民之公缄具在，为王荣绶违法确据。按谘议局章程第二十八条，本省官绅如有纳贿违法等事，谘议局得指明确据呈候督抚查办。宪政编查馆释之曰官绅有纳贿违法情事，人民必遭其冤抑。以会党诬陷平民，冤抑孰有甚于此者！爰据局章提案，以候公决，呈请督部堂，案地方官诬枉律惩办，以明法纪，以肃官方。福建人民幸甚。宣统二年九月二十二日，提议者陈之麟，赞成者刘崇佑、张道南、陈锡朋、李钟声、邓畿、黄乃裳、许赞虞、洪湛恩、陈士霖。

议长（高登鲤君）请提议者陈之麟君登坛说明理由。

陈之麟登坛说明理由（大旨与提议案略同）。

有应交覆议者，尽呈文送达督署后，五日内交局覆议。按：督部堂提出之案，则凡与此案有关者，自必先期搜集材料，详议办法，谘议局即有修正，督部堂对于修正之当否自己略有成算，故札交覆议之定期不妨较短。二、议员提出经局议决之案，有应交覆议者，尽十月初五日以前交局覆议，但十月初一以后续呈议决案，除万不得已须缓交者，由督部堂先示理由酌定交局覆议日期外，余皆尽闭会前三日札交。按：议员提出议决之案，开会后陆续呈督，即可陆续札交覆议，最迟之期亦须尽十月初五以前者，缘过此恐覆议不及也。去年会议厅未设，或有不能照此办理之实。现在会议厅已设，核定札交覆议与否，多或二十余日，至少亦五日以上，当无过于迫促之虞。至十月初一日以后续呈之议决案，其从速核定，从速覆议，则督部堂与本局所共勉也。

议长（高登鲤君）谓：诸君对于此案有何意见？

刘崇佑君登坛质问，谓：本局提此议案，因恐有议决而不能实行者，有拖延日久者故也。本议员顷适阅上海九月十九日《时报》载有宪政编查馆厘定各省督抚对于谘议局札覆期限清单，不知此公文已到否？请督部堂代理员答覆。

督部堂代理员提法使司鹿答：公文尚未到，而报纸已阅过，谅此事必能确实。

刘崇佑君谓：若报章已定，则当遵照办理，此议案可不必提。惟现在公文未到，应请督【部】堂代理员转达督部堂，将来公文一到，即行送局。

【督】部堂代理员提法使司鹿谓：公文一到，即当送局。

刘崇佑君谓：此提议案请议长交付审查，因现在仅据报纸所载，尚未奉到公文，则此案不妨提出也。

议长（高登鲤君）谓：此提议案应付审查，请众表决。可决者出席议员全体六十一人。

议长（高登鲤君）谓：此提议案交法律科审查。

第二，纠举连江县王令荣绶违法案（议员陈之麟提出）第一读会。

议长（高登鲤君）请书记长登坛朗读提议案。

书记长（林长民君）登坛朗读提议案。

纠举连江县王令荣绶违法案

龙君、郑锡光君各告假一天，李馥南君告假两天，张步青君因子病重告假七天。

二、报告资政院互选议员康咏君等来函。

谘议局诸议员公鉴：敬启者，第三次请愿速开国会，业由代表团上书，经肃邸代奏，并将此案呈请资政院提议，闻政府已有动机，此次谅可达目的。现直隶人民又要求陈督代奏，折已到京，各省互选议员均函电本省谘议局，联络各团体，呈请督抚，同时代为奏闻。吾闽谘议局务即联合政与会，暨商学各界，同时呈请松督，要求照办。诸公素抱热忱，当不至置为缓图，万望作速进行，勿落人后。祷切！盼切！敬请勋安，统希察照，并乞赐覆。资政院福建互选议员同顿。

三、报告洪鸿儒君来函大意。

函称全厦赞成国会，请示期举代表等赴省。

四、报告山西谘议局来电。

请愿案，院决奏，如谕驳，同解散，力争。乞覆。晋议局。

陈锡朋君谓：本日议事日表第十四关于扩充宣讲所办法案，经详细审查，尚有应加审慎之处，本日请暂缓提出。

议长（高登鲤君）宣告此案延会。

第一，关于札交覆议定期提议案（本局提出）第一读会。

议长（高登鲤君）请书记长登坛朗读提议案。

书记长（林长民君）登坛朗读提议案。

关于札交覆议定期提议案（本局提出）

谘议局开会，定期仅四十日，即并延会之日期计算，亦仅五十日。议决案呈督部堂后，督部堂若不以为然，应札交谘议局覆议。如或为期过缓，在谘议局闭会之后，势必延至次年方能开议。盖福建交通机关不备，加以财政困难，自非甚不得已，招集临时会，殊不易易。延至次年开议，则一年之间情形变更，既失局章所定覆议之本旨，为全案因一二项不以为然，全失施行之效力，亦恐将来或有藉此为操纵之术，以蔑视谘议局议决案者。夫谘议局为辅助行政机关，亦即为宪政之基础。督部堂对于谘议局，目前之不便，与后来之流弊，均当有周详计划，曲尽保护之意。本案特拟札交覆议定期，应请督部堂允准施行，俾议决案不至徒具虚名，即谘议局赖以巩固也。兹拟办法如左：一、督部堂提出经局议决之案，是日出席议员六十六人。督部堂松于下午一时到会。下午四时三十分钟散会。

第二次福建谘议局议事速记录第十一号

宣统二年九月二十四日（1910年10月26日）

议事日表　第十一号

宣统二年九月廿四日（水曜日）午后一时开议。

第一，关于札交覆议定期提议案（本局提出）第一读会。

第二，纠举连江县王令荣绶违法提议案（陈之麟等提出）等一读会。

第三，覆议督部堂茶业咨询案审查员之报告。

第四，覆议划定地方自治经费审查员之报告。

第五，覆议教育事件妥筹各府与省垣联络办法审查员之报告。

第六，违警章程提议案（督部堂提出）（审查员修正）第三读会。

第七，关于违警章程质问案（本案审查员提出）。

第八，实行禁止彩票并赌博赌具提议案（柳遇侯等提出）第一读会。

第九，关于声明局章慎重议案应请注意各项提议案（本局提出）第一读会。

第十，本省法令公布规则提议案（本局提出）第一读会。

第十一，划地禁烟限期肃清提议案（郑祖荫、黄乃裳等提出）第一读会。

第十二，请向粤督提回盐斤加价案第二读会。

第十三，请速办单级教授（绥）〔教〕练所案第二读会。

第十四，关于扩充宣讲所实行宣讲办法案第二读会。

议长（高登鲤君）述各种报告：

一、报告议员周文麟君、周寿恩君、王邦怀君、吴庭枨君、谢滋春君、高士驻扎陆军一营，分布各处。端藉标兵相与表里，互为维系，地方得资安谧。顷闻大宪议裁绿营，定章以标兵精壮充为巡防队之选，盖深知标兵家室在此，亲戚在此，与本地居民有密切关系，仰见保护国民，法良意美。项又闻以陆军改为巡防之语，凡绅学商界俱为诧异。虽军国大计未便指陈，然建属一府七县，生灵身命攸关，何敢安于缄默？盖陆军概系客民，口语不对，人地生疏，一旦仓猝有事，呼应不灵，不惟难资得力，且有瓦解之忧。际兹奉行新政，万绪纷纭，全资土著兵力以劝导保护，则愚民不致受匪煽惑阻挠办理。况定章有补兵招募土著之言，现在事不宜迟，拟请即电谘议局，速将建议绿营改编巡防队一节，转禀督宪，照章办理，一面呈请监督会详各大宪俯准，飞饬绿营挑选精壮拨充巡防队，其不敷者另行招募，庶人情熟悉，口语相通，俾益地方，实非浅鲜。敢献刍荛，是否有当，伏祈公决等语。当经本会公议，大宪前议裁撤绿营，定章本以标兵精壮充为巡防，固属至良之法。近又闻以陆军改为巡防之语，此事为七邑生灵身命攸关，虽未在本会范围之内，然既经绅学商耆诸公建议，本会自不能置诸不论不议之列。除呈请监督会详外，理合具文呈请贵局议决，俯赐转呈督宪，飞饬准由绿营挑选拨充，地方幸甚。为此备由呈乞照验施行，须至呈者。右呈福建谘议局。宣统二年八月十八日呈。

议长（高登鲤君）谓：此建议书应付审查，请众表决。可决者四十三人。

议长（高登鲤君）谓：此案仍付施君等五人审查，加入潘纪雲君一人会同审查。众无异议。

议长（高登鲤君）谓：本日议事日表所列议案均已议毕，现时间只剩半勾钟，应即散会。

陈锡朋君谓：应将本日第二议案即开第二读会。

孟思培君谓：时间尚有三十分钟，可将第二议案开第二读会。

刘崇佑君谓：此案既不付审查，恐尚有当斟酌之处。本议员为慎重起见，待明日开第二读会。

议长（高登鲤君）谓：诸君赞成刘君之说者，请起立；赞成孟君、陈君之说者，不起立。计起立可决从刘君之说者，为对于六十人中之五十一人。

议长（高登鲤君）报告第十一号议事日表。

议长（高登鲤君）宣告散会。

件，必请官核办，即在自治范围以内，凡应兴应革者，无一不倚重官权，此自治所以不能离官治而独立也。但自治名色，每非胥吏丁役辈所乐闻，积妒成仇，遇事率多阻滞，而章程只言呈候地方官核办，未言久暂候期，以致公件经呈达后，辗转多时，未蒙批答者有之，抑或幕僚顽梗，于新政素少感情，地方官若未经心，此辈必乘机怂恿，则不核不办者亦非必无之事也。夫城镇乡议事会为地方自治初级机关，宪政权舆，造端于是。当局者必先祛敷衍粉饰之弊，以坚社会之信用，乃能使一般人民生休戚相关之感。乃议事会期既短，若因地方官批答核办之难，或议而不能断，或决而不能行，其不至仍出于敷衍粉饰者几何哉。至本会规约第百四十四条，有地方官经呈达后当于五日内即行批答，若有特别事由须展限时，亦须明示批答之日期云云。或谓规约只能求会中之执行，不能使局外之遵守。可否照城镇乡地方自治章程第一百一十一条办理，于章程内增订地方官批答日期，及不能批答与不能核办之继续方法，以资遵守。抑或即由督宪核准规定，通饬各属遵照办理。应请审查议决，转呈督宪俯赐察核施行。为此备由呈乞谘议局公鉴。宣统二年八月十三日，具陈请建议书，连江县城自治会代表者林直侯。

吴庭桢君谓：此建议书专指公文批答日期言，前刘崇佑所提出建议书亦已言及，似可并入审查。

刘崇佑君谓：建议书不能合并审查，惟此建议书所云公文日期一节，甚关紧要，盖地方官对于自治会呈文批答迟缓，不独连江一县为然。本局对于自治会有提携之责，此建议书应付审查，俟议决后即呈请督部堂，通饬各属实行遵照办理。

议长（高登鲤君）谓：此书应付审查，请众表决。可决者五十六人。

议长（高登鲤君）谓：此建议书仍付施君等五人审查。众无异议。

第十二，建瓯城议事会代表邹仰曾等陈请巡防队选募土著建议书之提出。

议长（高登鲤君）谓：此建议书业经印刷分布，可省朗读。

建瓯城议事会为呈请事，窃本会于八月十一日第一次第五号开议日，从举人邹仰曾、职商李大和等三十二人建议，巡防队请照章选募土著议书内称，窃维建宁地方辽阔，五方杂处，本地痞棍往往勾引各民，或掳人勒赎，或乘机抢掠，为害地方，不堪枚举。险要处所，在在需兵保护，标兵屡次裁减，异常单薄。现有议长（高登鲤君）谓：此建议书业经印刷分布，可省朗读。

具陈请建议书，福州府连江县自治会代表者林直侯为条陈陋规移充公费事，窃连江土瘠民贫，公款公产毫无，当此自治会成立伊始，需款孔亟，若照章程以附捐、特捐征收于民，而民智未开，恐多阻力，何如将地方所有陋规移为自治经费，不病国，不病民，化私为公，于筹款较为便益。查连江向有大小猪牛官牙，五年应领牙帖一次，其领帖耗银除照章缴纳外，大猪牙更有藩司署房费台伏三百元，县署谕帖费县票四百元，府署房费三十元，常年费十二元，司房倍之；小猪牙应缴藩司署房费台伏二百元，县署谕帖费六一番一百元，福州府房费十余元，常年费十二元，司房费同。此皆书胥苛勒商民之陋规也。查上司书吏皆有工食，规费一切久悬厉禁，矧当此筹备立宪时代，庶政维新，剔除弊窦，而吏胥规货久已禁除。本会公决，将其大小猪牙除应缴领帖正费外，所有规例即请藩府宪邑主禁其吏胥苛勒，令该牙户将该款移为自治经费，化私饱之陋规，归地方之公用，上与正税无碍，下与商民无苛，利可兴而弊可除，一举而两得其宜焉。请即代呈藩府宪照准施行，并饬县遵照办理。自治会幸甚。理合具由陈请建议，伏乞谘议局公鉴。宣统二年八月十三日，具陈请建议书，连江县自治会代表者林直侯。

陈锡朋君质问：本局能否与藩台本府直接以公文来往？

刘崇佑君谓：本局可以直接以公文来往。

陈锡朋君谓：此书中云代呈藩台本府，是否即由本局为之代呈？

刘崇佑君谓：本局代呈建议书，照章应与督部堂直接，不比其他公文。

议长（高登鲤君）谓：此建议书应付审查。可决者三十五人（多数）。

议长（高登鲤君）谓：此建议书仍付施君等五人审查，加吴庭桄君一人会同审查。众无异议。

第十一，连江县自治会代表林直侯请规定呈文批答日期建议书之提出。

议长（高登鲤君）谓：此建议书已经印刷分布，可省朗读。

具请陈建议书，福州府连江县城自治会代表者林直侯，为陈请转呈乞准规定饬遵事，窃按城镇乡地方自治章程第四十条内云，议事会于地方行政与自治事宜有关系各件，得条陈所见，呈候地方官核办等语。细绎意义，一则假官权以扶植宪政，一则使——就我范围。然宪政萌芽时代，无论地方行政与自治有关系事者不知凡几。倘不亟请禁除，则商船之生计难堪，全县之机关俱窒。岂可因文武口五百元之报效，遂不作顾全大局计耶？窃谓除其弊而听船商之报效则可，纵其弊而取该口之报效则不可，况税则难容私立，勒索更干例禁。敢恳核议，转呈督宪，札饬严禁，再由本会设法保护，以彰国法，以恤商艰。理合具由陈请建议，伏乞谘议局公鉴。宣统二年八月十三日，具陈请建议书，连江县城自治会代表者林直侯。

计抄文武口私立税则二十二条：一、筒竹出口，文口每排规费七百三十文，武口每排规费五百五十文；一、黄竹出口，文口每排规费六百六十文，武口每排规费六百文，排数折半照算；一、梅花篾出口，中船仓内应报二十四把，仓面照把数四折，大小船仓内则照加照算，每把规费均五十文；一、岐北篾出口，中船仓内同上照报，仓面照把数五折半算，大小船仓内照加照退，每把规费均五十文；一、秋把竹出口，每条均报三文；一、猫竹出口，每条文口二十二文，武口一十八文；一、杉木出口，每排均报一百文；一、木板出口，每号均报五百八十八文；一、木节出口，每节均报三文；一、火柴出口，大船每载四百文，上溪柴船自运口外售卖，每口送柴二把，费一百，余每年首次出口均应纳例七百文；一、甘蔗出口，视船之大小，科征规费，大船约四五千文，小船约二千余文；一、花红，每号新船大者每口二千余文，小者一千余文；一、猫缆船规费，春季应纳文口例一千零三十文，武口六百八十八文，秋季同之；一、卤货进口，每百斤均报私税五十文，乾取不等；一、鲜货进口，如瓜、鱼等，每口均应一合乾取，或折钱，或取货不等；一、地瓜、米进口，每载每口均收四百文；一、花生进口，规费无定额；一、青豆进口，规费无定额；一、船例，内港每船文口七百一十文，又普缘二百文，武口七百一十文，外港每船两口均纳一千一百一十文；一、挂号礼，每船每次每口均纳一百文；一、单礼，每船出口并无给单，两口俱要单礼八文；一、哨礼，每船出口每口均纳百余文。

议长（高登鲤君）谓：此建议书应付审查，请众表决。可决者四十五人。

议长（高登鲤君）谓：此建议书仍交施君等五人审查，仍加入吴庭怅君一人会同审查。众无异议。

第十，连江县自治会代表林直侯请以陋规移充公费建议书之提出。

赵锡荣君答曰：然。

议长（高登鲤君）谓：此案应付审查，请众表决。可决者五十二人。

议长（高登鲤君）谓：此案仍付施君等五人审查，另加吴庭枨君一人会同审查。众无异议。

第九，连江县自治会代表林直侯请除私税建议书之提出。

议长（高登鲤君）谓：此建议书已经印刷分布，可省朗读。

具陈请建议书，福州府连江县城自治会代表者林直侯，为请除私税以恤商艰事，窃连江顺流迤东而下二十里，为东代地方，该地设海关一（系闽安关附部）、盐馆一、文口一（即巡检司署）、武口一（即连江营防汛），商民侧目者久之。本会于前期开会时，有船商代表人民邱濬英建议陈请东代文武两口私立税则妨害船商，请设法保护，以勉报效等因，且沥陈该口勒索虐待之情形，商民痛苦忍受之状态，各船减少歇业之缘因，并附抄该口私立税则二十二条前来。嗣经审查员查明该口勒索实在情由，始则每口每船只收挂号礼一百文，继则增收哨礼百余文，历久积弊更滋。现在果系按货逐一科征，每货均有私定征入之税价，商船到口先向海关纳税请验讫，必须复到文武两口各照海关单所报货额缴清私税，方准放行。竹之出口，比海关税价更重。此外又有乾取一项，文武口盐馆均有之，各备哨船游弋江上，商船出入，凡遇鱼货果蔬等类，或全载，或零载，均争先拦索，势同抢夺。虽叠经绅商禀请列宪准禁在案，稍敛复纵，具为商害。本年五月间，经竹篾商指禀，该文武口惧罪，始投县自认报效警费各二百五十元，满冀掩耳盗铃，更便苛勒，亟应禁绝。报告云云，以其合自治范围内之整理商业护商事件。当时认为议题，经业表决，呈请王邑主核准详禁，迄今未蒙批答。伏思朝廷设关以抽税，设口以防奸，一为责商民之义务，一为保商民之权利。自海关洋办以来，税已加重，而文武两口不知何所遵依，胆敢私立税则，勒索无厌。是数尺之地，俨然直设三关，一宗之货，同时须报三税。商民恐误潮水，恐失期限，恐坏货物，亦不得不惟命是听。盖斯时也理论不能，控诉不及，除忍受苛勒而外，别无他法，以致船商视为畏途。近来出口如竹木等销路日减，入口如鲜鱼等货来源日稀，此其证也。尤甚者，不给税单，反索单礼之款，已完私税，又遭乾取之苛，保商转以病商，司法转而玩法。三关雄视，百弊丛生，直接间接之间，受害传讯,察出假公济私情弊,且因两造争执,遂详请招充官牙,除缴牙税外,酌缴经费,以为书院膏伙,采办积谷之需,化私为公,以地方之利,行地方善举之用等语。经税厘局宪札饬,以该县竹木两项生理,每年约可抽钱一万串,酌留三成,为该县团练及书院膏伙与采办积谷之需,其余应提充饷等因。在县详指定为地方善举,而局宪亦有酌留成议,乃该生理每年未能抽及一万串,于二十六年间经前邑主丁振德委员李九盛多方开导,着竹木牙户认捐二千元,业已定案。而山客雷长银等为人利用,于二十七年间正月自行禀请税厘局,每年认缴报效四千元,又坐贾捐五百元,自设公司抽捐,举倪宗敏等为董事。此四千元报效之所由来也。究之此系一二人之私意,并非全体山客之公意,以致山客、牙户、公司互讦不休,迄今难免。可知此项报效之款,既非正税,亦非贾捐。嗣敏因欠捐,又举陈廷谟即朗轩接充董事,唐之际委员督征,乃递年所缴不过二千余元,不能解及四千元之额,致积欠有一万余元之多。现委员在逃,董事已死,而生理日减之下,果即有出为接办,恐亦不能抽及四千余元之数。虽云董事吞欠,而抽捐减少亦从可知,名则四千元,实则不过二千余元。现自治会成立,公款公产毫无特捐,既无从措手,而五捐中合邑担任,为数亦巨,断难附加。惟竹木所认之报效,非捐款,亦非税款,更在五捐之外,似与自治章程第九十条第二项所谓地方公益捐者相符合也。且据县详已指明以地方之利为地方之善举,局宪亦有留三成为连江善举成议,当自治会未立以前,此款提充局用固宜也。现筹备立宪时代,在在需款,敢恳代呈督宪,乞准札饬财政局,将此竹木报效之款移归地方公用,与正税无碍、贾捐无碍,而本地方获益多矣。理合具由陈请建议,即乞谘议局公鉴。宣统二年八月十三日,具陈请建议书,连江县城自治会代表者林直侯。

王子懿君谓:此建议书中有不明了者,请质问。

议长(高登鲤君)谓:请王子懿君登坛质问。

王子懿君登坛谓:连江县议员吴庭枨君应知此事底里,今请质问此建议书中所谓竹木牙捐四百元,竹木公司捐五百元,共九百元,是否均系贾捐?

吴庭枨君答:此九百元均是贾捐。

王子懿君谓:后又言坐贾捐五百元,是否即前九百元中之数?

吴庭枨君谓:即前九百元中之数。

王子懿君谓:据建议书之意,是否欲将报效之数全充地方自治经费?

举之方法也。乃事有大谬不然者，敝邑农会未开，瑚等出为发起，方将禀请邑主监督，公同投票选举，讵有协倡之岁贡生柯岳卿等坚执弗从，私将总办、议董各职自行位置，要求邑主转详立案。邑主模棱不断，以致事难解决。理合具由陈请建议，转呈督部堂，札饬劝业道仰县照章办理，实为公便。即乞谘议局公鉴。宣统二年九月□日，具陈请建议书。兴化府仙游县优附生、城议事会副议长陈汝瑚，年四十四岁，住城内；师范毕业生、城议事会议员郑柏春，年三十九岁，住南关外；优附生、城董事名誉董事徐征祥，年二十七岁，住城内；自治毕业员城议事会议员林朝絜，年三十岁，住东关外；师范毕业生、城议事会议员傅炳星，年三十七岁，住南关外；附生、自治研究所教员兼学董吴宝峰，年三十六岁，住南关外；守府衔、自治毕业研究所教员藩祖荣，年四十岁，住南关外；自治毕业研究所教员吴炳韬，年三十八岁，住慈孝里；州判衔、自治毕业研究所教员余炳煌，年三十岁，住城内；附生、自治毕业生吴宝录，年三十一岁，住城内。

苏寿乔君谓：此建议书范围甚小，本属自治会内应办之事，似可不必建议于本局。

刘崇佑君谓：建议陈请，原不问其事之大小，惟据此建议书中所言，不无可疑，应付审查。

议长（高登鲤君）谓：刘君请将此案付诸审查，诸君是否赞成？可决者三十七人。

刘崇佑君谓：此案审查时应增加兴化议员一二人，较为熟悉。

议长（高登鲤君）谓：此案不另举审查员，即由施君等五人一并审查，并加入黄纪星君、郑田龙君二人会同审查，请众表决。可决者五十九人。

第八，连江县自治会代表林直侯请以竹木报效为自治经费建议书之提出。

议长（高登鲤君）谓：此建议书业经印刷分布，可省朗读。

具陈请建议书，福州府连江县城自治会代表者林直侯，为请移竹木报效款项归为自治经费事，窃连江竹木贾捐计分两项：一、竹木牙年纳贾捐四百元；一、竹木公司年纳贾捐五百元。是连江竹木贾捐已共纳九百元矣。而公司除贾捐外，又有报效之款四千元。查其认捐之缘起，系由一二奸绅怂恿山客，设立会馆，以抑勒银价为词，与牙户争控，思并吞各牙之利益。光绪二十四年间，前邑主周骏别行指定数人,为此案审查员,庶劳逸平均,且办事无竭蹶之虞也。

议长(高登鲤君)谓:刘君与卢君之说同意,更有人赞成否?赞成者十二人,遂作为议题。

议长(高登鲤君)谓:据刘君意见,此案应另指定审查员五人,请众表决。可决者四十一人。

陈锡朋君谓:顷卢君所以提议请别行指定者,因兼三科以上,实难兼顾故也。今应请议长就各议员中之未兼三科以上者指定之。

议长(高登鲤君)谓:此建议书审查员指定五人,其姓名如左:施景琛、刘志和、高士龙、李仲邺、赵锡荣。

刘崇佑君提起紧急质问,略谓:关于预算事件,本日对于督部堂有应行质问者。预算最关紧要,若办理不清,议员等实无面目以对我父老兄弟,故日前曾电致资政院,电稿已呈督部堂阅过,惟是资政院能否覆电尚未可知。现拟再俟三日,若尚无回音,则拟即停议,静候解散。

督部堂松谓:三日未免过促,至解散之说,万无此事。

刘崇佑君谓:谘议局不能自行解散,只有停议而已。

议长(高登鲤君)谓:诸君如赞成刘君之说三日后无回音即行停议者,请起立。出席议员全体可决。

督部堂松谓:三日太促,本部堂甚不赞成,最好能展缓数日。

刘崇佑君谓:督部堂之盛意,本议员甚为感佩。惟是本议员并非乐于解散,与行政官为难,但以事势所迫,不能不如此耳。然亦甚愿其无此事也。

第七,仙游县议事会副议长陈汝瑚办理农会建议书之提出。

议长(高登鲤君)请书记长登坛朗读建议书。

书记长(林长民君)登坛朗读建议书。

具建议书,陈汝瑚等为地方利害攸关陈请决议转呈事,窃维农会开设,其关系地方利害,实非浅鲜。何则?四民之中,农居大部。善为之则富庶之基由此成,不善为之则荼毒之端从此肇。故贵局振兴农业案第一条,即定应请督部堂严催各属设立农业会,由地方公举公正及熟悉农业绅耆合力组织。既云由地方公举,则总办、议董各职,必不能私自位置可知。此长乐农会章程所由亦定投票选三时二十分钟续行开议。

第六，闽侯城议事会代表陈培锟请拨国民捐为自治经费建议书之提出。

议长（高登鲤君）请书记长登坛朗读建议书。

书记长（林长民君）登坛朗读建议书。

具陈请建议书，闽侯城议事会代表者陈培锟为呈请申议以国民捐充自治经费事，窃本会于八月开第二届会议，经议员陈培锟等提出陈请建议案内云，案照谘议局章程第二十一条谘议局应办事件第十二项，收受本省自治会或人民陈请建议事件，是自治会对于谘议局有陈请建议之权。本议员维谘议局为自治会上级议决机关，实为自治会之保障，而省垣城内自治会尤为各属观瞻所属，现在甫经成立，经费百无所出。查谘议局第一届第六次会议，议员苏寿乔等六人提出国民捐附议案，大旨请拨国民捐为地方自治经费；复于第九次会议经审查员修正原案，大旨分为六项：（甲）先将国民捐全数交地方官按照原给三联单发还国民；（乙）限三个月内具领；（丙）逾三个月即全数拨充地方自治经费；（丁）由行政官所捐之国民捐均充该地方自治经费；（戊）国民捐外之公款尽数拨为自治经费；（己）各自治会报明国民捐款如何支配。本议员综观全案，既不背朝廷发还捐款之明文，又能征国民是否乐输之真意，于地方自治裨益更非浅鲜。本会五月会议，虽经议员李世新等提议，请将城内国民捐先移城自治会公同议决后，曾呈请地方官会详督部堂，未据批覆。现谘议局开会在即，本议员拟援谘议局章程第二十一条十二项，由城自治会陈请建议于谘议局，请其申议前案，将城内国民捐发交地方官，按照谘议局议决原案分别办理。是否有当，伏候公决等因。当经本会征集意见，均谓可行，理合具呈陈请建议，即乞谘议局公鉴。宣统二年八月□日，具陈请建议书闽侯城议事会代表者陈培锟。

议长（高登鲤君）谓：诸君对于此建议书如无意见，则应付临时审查员审查之。

卢初璜君登坛谓：据本局章程第一百六十六条，陈请建议案若有数案时，谘议局得并委托同一审查员审查之。所谓得者，则有时不并委托同一审查员亦可。此案据本议员意见，应请议长别行指定审查员审查之。

刘崇佑君谓：顷卢君所言甚是。现在本局各议员中有事务较简者，应请议长刘崇佑君谓：此案烟具、土妓经已当场拿获，谢守何以尚敢袒护，且据一面之词，谓绅衿抢劫有用土枪灰包等语，究竟其中如何情形，总须请督部堂彻底究查，认真严办。

孟思培君谓：此案情形，本议员虽不知其实在，但兴化府谢守及幕友冯楫二人平日声名极劣，为本议员所习闻。谢守纵容其子纳贿弄权，冯幕行为卑鄙，吃烟受贿。然则此案谢守之袒蔽官幕，势所不免，否则此案有关本署幕友，应请上官派员查办，以避嫌疑，何得听一面之词，妄行批斥。揣其意，不第意存袒庇，而且情同反噬，应请督部堂认真查办方可。

议长（高登鲤君）谓：本议长对于此提议案别有感触，应就席以便发言，请副议长刘崇佑君代理议长。

副议长（刘崇佑君）就议长席，议长（高登鲤君）就本席。

高登鲤君登坛谓：请问诸君，吾闽禁烟，比诸其他二十一省，实行在先，成效在上。以成绩论，吾闽官长，吾闽人士，应邀特奖。何以吾闽督部堂反受处分？是吾闽人士与官长咸抱不白之冤。夫吾闽所以受此冤枉者何在？在于部中派员调查，禁种未能净绝也。吾闽禁种未能净绝者又何在？在于兴化、涵江地方之犹有烟苗也。由是言之，则谢守为吾闽一大罪人，又岂独袒庇挟妓饮酒吸烟等事为足纠举乎？本议员深痛我全省士民热心禁烟之成绩，我督部堂实行禁烟之善政，为谢守一人所败坏。故非请督部从严究办，不足以蔽其辜。（众拍掌）

代理议长（刘崇佑君）谓：此案应开第二读会，赞成者请起立。可决者五十五人。

椿安君谓：可省略第二、第三读会。

代理议长（刘崇佑君）谓：此案应否如椿安君所说省略第二、第三读会，请众表决。有赞成者五人以上，方可作为议题。议员中赞成椿安君之说者十六人，遂作为议题。

代理议长（刘崇佑君）谓：此案应照前案省略第二、第三读会，请众表决。可决者五十五人。

代理议长（刘崇佑君）谓：此案已议决，应请议长高登鲤君复位。

议长（高登鲤君）复议长席，刘崇佑君就本席。

议长（高登鲤君）宣告休息二十分钟。

据实纠举。

刘崇佑君质问：顷闻卢君所言，本议员曾记本年四五月间，胡绅国廉曾有建议书，由本局代呈督部堂，不知督部堂如何办法？请答覆。

督部堂松答：刘令现已撤任候参。

议长（高登鲤君）请众表决此议案应开第二读会与否。可决开第二读会者五十二人。

刘崇佑君谓：此案可省略第二、第三读会。

议长（高登鲤君）谓：此案应否省略第二、第三读会，请众表决。可决省略者六十二人。

第五，纠举兴化府官幕扶同违法提议案（议员陈锡朋提出）第一读会。

议长（高登鲤君）请书记长登坛朗读提议案。

书记长（林长民君）登坛朗读提议案。

纠举兴化府官幕扶同违法提议案

谨按谘议局章程第二十八条，本省官绅如有纳贿及违法等事，谘议局得指明确据，呈候督抚查办。兹查兴化协镇左俊卿、府幕冯楣、府签记邓鹏展、莆田县签记李鹏等，七月十九夜，在警务总巡官喻庆濂公馆内伙吸鸦片，并挟妓聚赌，经兴化公益社绅董触获，当将烟具及土妓三名、冯幕、李委员送县在案。干例禁而玷官箴，殊属法所不容，抑亦情无可恕。乃兴化府谢守启华，事前已疏于督责，事后复不知检举，反偏听冯幕架捏绅衿劫抢银物等谎，将公益社绅董禀词妄加批斥详办，不独意存袒护，且有计图反噬之势。按诸宪政编查馆议覆于式枚折内关于局章第二十八条之解释，所谓舞弊营私胤法徇情者，谢守实亦难辞其咎焉。似此扶同违法，若不严加处分，何以除民害而儆官邪？理合照章纠举，呈请督部堂察照查办。是否，应候公决。发议者陈锡朋，赞成者邓畿、张道南、连贤基、李钟声、郑藻山、陈之麟、林辂存。

议长（高登鲤君）请提议者陈锡朋君登坛说明理由。

陈锡朋君登坛说明理由（大旨与提议案略同）。

督部堂松谓：此案出后，已由本部堂一面电饬兴泉永道查明禀覆，一面派员前往查办。

款并夫马等费至二千八百七十余金之巨，有经手过付赖籍等可证。嗣经汀州府来守严加申斥，不得已将罚款八百金及门礼四百金退还，余款仍揩不交出。而坎市当时惨遭毒虐，暗无天日，情况更不待言矣。一、公款之侵吞。查劝学所为全邑学务之总汇，地方官有筹款维持之责。永定劝学所经费支绌，去冬经教育会决议，清查全邑膏捐溢额，除前指拨官立小学堂经费四百元，去毒支社经费九十余元外，所有赢余尽数拨充该所经费，业已禀请批准立案。讵清出湖市膏捐一百二十元，系在官学堂、去毒社两款之外，照案应归劝学所拨用，而刘令竟以威势驱迫该膏捐经理人孔宪书，勒夺入己，以肥私囊。该所屡次诘问，始则饰其说曰弥补解款，继又遁其词曰弥补膏捐，然皆无案可核，而为肆意侵吞可知。其公款非理之滥入有如此。一、警政之破坏。查永定警务自去秋开办以来，其腐败不堪情形，已略见峰市分县朱丞查覆胡国廉等呈控刘令各劣迹禀内。今夏前警务总局札派巡警毕业生赖作宾到永定接办，以期改良，乃前局长简鸿宾父子、局董赖镜清等，因嫉成仇。始则抗违宪札，将旧设城隍庙内之公所公器横行霸踞，而刘令祖之；继则阻挠警费，将旧日筹定立案之屠捐、铺捐多方梗止，而刘令又祖之；卒至大有秋烟厂工人伙唱淫歌，不受巡士制止，反持械逞凶，刀伤巡士一人，捧伤巡士一人，事经填验，而刘令匪特不拿凶究办，反摭拾他故，勒将巡长拍押，以致巡士全体汹汹，势成瓦解。其戮法徇情有如此。右列各节，官绅苟有一于此，皆足以害群乱政，而为法所不容。孰知刘令神通广大，叠经绅民层控，依然恣行威势，忌惮毫无，而且酷厉日益加甚焉。永邑生灵，弥不堪命，使非立予纠举，何以克顺舆情？声罪而数之，伏候督部堂照章查办。发议者卢初璜，赞成者张道南、熊秉廉、连贤基、陈锡朋、郑祖荫、上官华盖、郑畿。

议长（高登鲤君）请提议者卢初璜君登坛说明理由。

卢初璜君登坛说明理由，略谓：本议员为永定（有）〔人〕，纠举刘令劣迹，皆属调查确实。查刘令本实缺永定，前曾在任三年，嗣因五公子及李门丁舞弊之事撤任，嗣后复任，仍带五公子及李门丁到任，舞弊益甚。刘令年将八十，昏聩糊涂，毫不觉察，一任其为所欲为。又永定有所谓歇家者，即讼棍状师所集之所，而五公子及李门丁与歇家交通一切案件，贿赂公行，毫无忌惮。此外对于一切新政，全不留意，且务加摧折。如筹办自治，则并无成绩可言。此外勒索款项，侵吞公款，破坏警政，种种荒谬，不胜枚举。谨照谘议局章程第二十八条，五十九人。

第四，纠举永定县刘令锡濂纳贿违法案（议员卢初璜提出）第一读会。

议长（高登鲤君）请书记长登坛朗读提议案。

书记长（林长民君）登坛朗读提议案。

纠举永定县刘令锡濂纳赂违法案

谨案局章第二十八条，本省官绅如有纳贿违法等事，谘议局得指明确据，呈候督抚查办。又宪政编查馆议覆于式枚折，原章程第二十八条所载，本省官绅纳贿违法等事，准谘议局呈控者。各省官绅中固不乏束身自好之人，而或操守难信，粮税逾额之征收，公款非理之滥入，以及舞弊营私，鬻法徇情者，皆所难免。非得人民指摘，则害马不去，群何由安？仰见朝廷立法所以警官邪而防民害者，不啻三令五申。乃查刘令锡濂前次莅永，因案被撤。去年五月回任，年力愈益衰颓，政权尽旁落于五公子及李门丁之手，串通势歇，鱼肉乡民，信用劣绅，摧残新政，地方之糜烂，大有不堪过问者。兹据确切之调查，约举其劣迹各端，胪列于后：一、自治之玩误。查筹备宪政清单载，第二年即宣统元年筹办城镇乡地方自治，设立自治研究所，第三年即今年续办城镇乡地方自治；又自治筹办处限期进行表载，各属城自治会今年五月内一律成立，期限何等严明。永定去冬邑绅吴玉辉等发起禀请设所筹办，乃刘令妄加斥驳，致令热诚明达之士相与拂袂而去。迨筹办处严檄催办，始滥举毫无自治学（试）〔识〕、自治经验之辈，为研究所所长、讲员，以冀敷衍塞责。然而内容腐败，听讲寥寥，竟同虚设。是以筹办处限满考成案内，独永定自治毫无成绩可言。延今数月之久，尚不知开议之何期。贻误宪政前途，岂云浅鲜。其违法有如此。一、讼案之勒索。查去年坎市与文溪乡互斗，致坎市卢姓枪毙三命一案，刘令下乡相验，勒索文溪乡郑、邱等姓夫马等费一千三百余金（有事主郑愈之函件确据，已经胡绅等呈缴督辕在卷）。又金丰里张启绍与江富清控争山界一案，刘令下乡踏勘，勒索原告夫马等费一百余金（有过手人郑璧楼函单确据，已经胡绅等呈缴督辕在卷）。皆详见峰市分县朱丞查覆胡国廉等呈控刘令各劣迹禀内。虽该丞意存稍加回护，然已有欲盖弥彰之势。乃刘令犹不知痛改，今夏因文溪郑姓控被坎市卢姓杀毙一命一案，下乡拿凶，复纵其五公子及李门丁等弄权舞弊，公然改票易名，择肥攫噬，勒索坎市罚不自知涕之何从也。迫切谨具。陈请者刘崇佑印，年三十四岁，福建闽县人，本局副议长，住宫巷。

议长（高登鲤君）请建议者刘崇佑君登坛说明理由。

刘崇佑君登坛谓：此建议书命意在于，希望上下一心，官民一体，以诚相见，庶地方治理日有进步。故所言非法律问题，乃就道德上言也。试问现在各地设立自治会能实心任事者几人？各州县官对于自治会能实力提倡董率者几人？地方自治为立宪基础，试问以大多数不晓事之人相聚而谋此重大建设何日始底于成？究而言之，欲使自治成立，要不外官民之相见以诚而已。若长此终古一味敷衍，则将若之何？今请督部堂将此建议书通饬各府州县，责令官府实力奉行，一洗旧习。而崇佑一方面亦当对于我父老兄弟，要求其振作精神，热心任事，对于地方公益，引为责任，以树立宪政治之基础。至详细具于建议书中，兹不赘述。

议长高登鲤君谓：诸君既无甚质问，则当付临时审查员审查。临时审查员照章应行互选，因本日建议书甚多，似审查员更宜多选数人。

连贤基君谓：互选空费时间，应照先例由议长指定可也。至审查员人数，五人足矣。

议长（高登鲤君）谓：连君请由议长指定，不必互选，诸君是否赞成，请即表决。可决者五十八人。

议长高登鲤君谓：据连君意见，审查员只须五人，诸君赞成否，请表决。可决者五十八人。

议长高登鲤君指定临时审查员五人，姓名如左：郑藻山，卢初璜，椿安，张道南，陈锡朋。

陈锡朋君谓：本议员为预算科审查员，且兼他科事务甚繁，精神不济，请议长别行指定。

议长（高登鲤君）谓：陈锡朋君所言亦是，应改为赵锡荣君。

郑藻山君、张道南君皆谓：本议员亦在预算科，预算事务甚多，关系重大，亦请议长别行指定。

卢初璜君谓：本议员亦在预算科，恐精神有不到之处，请一并别行指定。

王子懿君谓：既经公决，由议长指定，则不应推辞。

议长（高登鲤君）谓：临时审查员仍照前所指定五人，请众表决。可决者业亦以须为总汇之所，一府一县之民，咸得有之。自治分界，骤析鄙邑为数团体或数十团体，一团之内无所得资，必有持分产分业之议者，而厚薄硗沃之不均，又所不免。闽俗强悍，南方群郡尤勇于私斗，乡邻相视，俨若敌国。其他郡县，俗之驯者，又复闭塞不通，向少共同之治。数里之内，数乡之间，民情各殊，咸于宪政编查馆原奏所称自治区域虽多而一一就我准绳者，有莫大之阻碍。公断和解，责在谘议局，然交通不便，省会辽远，至相持不下，而待决于谘议局，旷日持久，彼此之隙末衅，终已成不化之迹矣。此所谓各地方权利之分割不明，陋习相沿又各为风气者也。更不知自治事宜中有必须合数城数镇数乡而经营之者，又将何以见诸实行？此等情事，皆为立法者之所洞见，而悬一久远之图，使吾国上下知立宪事业之艰巨，非力祛以上诸弊，举自治事宜一一期其有功，则上不足为宪政国官治之官，下亦不足为宪政国自治之民。经理在民，董率在官，尤为今日植立自治根本中之根本。化其苟且倚赖之翌而导之以责任心，厚其按行建议之力而使之得所凭藉以为政，而又泯其利害之争畛域之见，使之晓然于共同之利与共同之害，通力合作，以完成其为立宪国之国民。此董率之义事，兹业远大，崇佑亦不敢谓今日之地方官遂足以胜之。然苟不明此意，徒事因循，则立宪国事业，人将何望？况州县牧令，向来职务多在簿书，而庶政之兴革不及十分之一，其甚者至于绝无，佐贰诸官，寥寥数人，皆尸位不足以为辅，且从而为蠹，虽有善者，亦无如之何也。今则裁判制度次第分离，无簿书之填委矣。董事会乡董诸机关皆隶其下，以佐其治，董率监督，自治会以外，牧令几无职责之可言，并日图功，未始不足以收效。为国家巩百世之基，为地方造无穷之福，即为一官尽职计，亦舍是无以自效。法律政治，咸根本于道德。时局至此，内忧至此，凡有血气之伦，所当奋发淬厉，以图存立，况躬任民社之责者。尽一分之力，则吾民多受一分之赐，尤不能不望之于我福建之贤有司。选择州县，责在督抚，更望我一省长官深体景庙长治久安之谟，慎选悃幅之吏，以锡全省，我全省士民子孙实惠赖之。崇佑不敏，敢以迂远之论，陈请于我福建谘议局，伏乞付之公议，转呈督部堂，以训令通饬各厅州县，使尽知此自治之真意与国家之要图。出之以诚，行之以忠，以勉尽其责，并恳督部堂以此为通省牧令之最重殿，最使一省属吏知老成之所在，不敢不奋于事功，则三年之艾，或可求也。至于自治会人民，崇佑以伯叔兄弟之爱，更当有以忠告之，所期在上下交勉而已。来日方长，曼忧无极，佑提出)。

议长（高登鲤君）请书记长登坛朗读建议书。

书记长（林长民君）登坛朗读建议书。

呈请督部堂通饬各厅州县对于地方自治应加注意建议书

地方自治为立宪根本。自光绪三十四年十二月廿七日明降谕旨颁布章程后，各省按期筹办。吾闽亦遵照筹备宪政清单，举办自治事宜，各城镇乡自治会陆续选举呈报成立者，现在已有多所。划境而治，为国家设辅佐官治之机，使人民任利害切（巳）〔己〕之事。厅州县自治又次第筹办，此诚宪政前途之幸。然事属创始，人民习于苟且，安于倚赖，其执行之权力与建设之资力，复甚薄弱。各自治体之权利区划既不分明，彼此之陋习相沿又各为风气。种种窒碍将见，其实之不能举，而弊以丛生。地方官亦往往不明自治之理与所以监督之道，敷衍塞责，甚且从而敌视之、摧抑之，则与宪政编查馆原奏所谓经理在民、董率在官之意，相去益远。城镇乡自治章程规定地方官监督之权、监督意义，据欧洲学者之说，大要有三：一、防自治会之违法越权；二、防自治会受官治之委任而奉行不力；三、防自治会囿于本体利害之见，而与国家共通之利害有所冲突。故章程之中，于收捐事件则有地方官核准之规定，于议决事件则有呈报地方官存案之规定，又于预算事件则有由地方官申报督抚之文。凡此皆所以明监督之任与其权限者也。宪政编查馆原奏于章程之外，又声明之曰董率在官，董率之意与监督为表里。监督有消极之效，足以杜患于未然；董率有积极之功，可以力助其发达。此在自治萌芽，实力未充之日，尤足补章程之所不及，而使之克底于成。专制政体之下，人无公共之心与任事之勇，一事之举废，听之时势，诿之官府，而肥瘠若秦越人，然此所谓习于苟且安于倚赖者也。不知城镇乡自治章程第五条所举自治事宜六项，将何以见诸实行？官治之习中于人心。自治会以新造制度，分行政之权，欲以规约拘束其乡人，必有藐玩法纪不安于受治者。催科之令发于州县，已为一成不变之例。自治会复以本地之人，骤得筹集款项，议定附捐特捐之权，而征收特捐，且由董事会任之，即令取之甚微，征收之法不至病民，亦有斥为敛财藉口反抗者。民间经济贫瘠若此，而自治范围复有种种待举之政，各地方之民力一时必不足以应之。此所谓执行之权力与建设之资力皆甚薄弱者也。又不知章程第五条所举自治事宜六项何以见诸实行？行政（匪）〔区〕域间分府县，地方公产公相抵，适得其平。会期杂费支出一千九百十六两五钱三分一厘八毫，应存六百零六两六钱二分八厘八毫。图书馆设备费支出六百零八两六钱三分七厘五毫，应存三百九十一两三钱六分二厘五毫。常月杂费预备费支出七千一百二十一两八钱五分八厘六毫，应存五十六两三钱八分六毫。此全年支出款目情形也。其详细款目，均列在四柱清册中，审查时尽可检阅。决算表亦经印刷公布，合并声明。

　　议长（高登鲤君）谓：本局决算案应付财政科审查，请众表决。计出席议员六十人，可决者全体。

　　第二，清查官有房屋官有地亩官有器物妥筹保存及处分方法提议案（议员周文麟提出）第一读会。

　　议长（高登鲤君）请书记长登坛朗读提议案。

　　书记长（林长民君）登坛朗读提议案。

　　清查官有房屋、官有地亩、官有器物妥筹保存及处分方法提议案

　　财政支绌时代，于官有财产尤宜妥实清理，俾多增一分之利，即筹款少吃一分之亏。查本省官有房屋（如民屋变价入官及旧废衙署、厂局之类）、官有地亩（如衙署厂局等类废址及其他地亩）、官有器物（如旧废船只、军装及其他器物），为数不少，虽稍有收入，均远不及实应收入之数。其收息为利者，宜核实征收；其无收息及收息甚微，不如以售出为利者，宜估量售出。今拟办法如左：一、请由藩台饬属清查此项官有房屋、官有地亩、官有器物，开明所在地及间数、段数、件数与其价值，造具清册。二、前项清册，交各该地城镇乡议事会覆查情形，评议价值之符否，与收息或售出之孰为利益，并令以评定之价申覆。三、有应租贷与人民以便收息及售与人民者，刊登报端广告，愿租借及购入者，向该地自治会陈请代为转达，以免勒索及抑阻等弊。

　　议长（高登鲤君）请提议者周文麟君登坛说明理由。

　　提议者周文麟君登坛说明理由（大旨与提议案略同）。

　　议长（高登鲤君）谓：诸君对于此案无甚讨论，则可不付审查而开第二读会，请众表决。可决者五十二人。

　　第三，呈请督部堂通饬各厅州县对于地方自治应加注意建议书（议员刘崇

谘议局转各团体：资政院廿日议国会，全体赞成，决具奏，万岁之声雷动。乞联求贵督具奏。伊。

三、报告四川谘议局来电，电文列左：

谘议局幣（此字疑有误）日议至第三案，议长宣告讨论已毕，复有议员发言，议长照章制止，讶并（此二字疑有误）无异议。委员饶凤璪忽起干涉，谓议长不应奖（此字疑有误）人言论自由。是时总督在座，该员未受命令，妄言指斥，实属侵越监督及议长权限，且当场嚣辩，谓系应有之权。全局愤激。现已据章请督核办，如不得请，必辞职电院力争，届时请协助。蜀局。篠。

四、报告新补议员陈蓉光来电，电文列左：

谘议局鉴：陈蓉光订廿日出京到会，及否？请速电覆后孙园泉郡馆。

按：此节已由本局覆电，请其速来。

五、报告厦门议员洪鸿儒君来电。

谘议局鉴：洪协理现遇要公，并联络国会，乞再假，俟下轮决上省。厦商会。祃。

第一，报告本局第一届常年经费并付审查。

议长（高登鲤君）请书记长登坛朗读报告。

书记长（林长民君）登坛朗读报告。

本局第一次常年经费报告

照谘议局章程第五十五条之规定，谘议局经费由议长、副议长按月清查一次，于常年开会时造册清报，由议员审查之。本局自宣统元年九月初一成立后，计支领督部堂核定之经费凡二：一、公费；二、薪金。支领由本局预算，督部堂核准之经费凡三：一、议员旅费；二、杂费；三、预备费。内惟议员旅费，第一届暂照谘议局筹办处所规定者支给。计自宣统元年九月迄本年八月，领出公费一万五千四百八十两，薪金二千八百八十两，会期中杂费二千五百二十五两一钱六分，议员旅费一千七百一十六两零八分五厘，图书馆设备费一千两，常月杂费预备费七千一百七十八两二钱三分九厘二毫，共收二七库平洋银一千七百十六两零八分五厘，二八库平小洋搭三银二万九千零六十三两九分九厘二毫。此全年收入款目情形也。议员旅费一项支出二七库平洋银一千七百十六两零八分五厘，出入

第二次福建谘议局议事速记录第十号

宣统二年九月二十二日（1910年10月24日）

议事日表　第十号

宣统二年九月廿二日（月曜日）午后一时开议。

第一，报告本局第一届常年经费（并付审查）。

第二，清查官有房屋地亩器物妥筹保存及处分提议案（周文麟提出）第一读会。

第三，议员刘崇佑请督部堂通饬各厅州县对于地方自治会应加注意建议书之提出。

第四，纠举永定县刘令锡濂纳贿违法提议案（卢初璜提出）第一读会。

第五，纠举兴化府官幕挟同违法提议案（陈锡朋提出）第一读会。

第六，闽侯城议事会代表陈培锟请拨国民捐为自治经费建议书之提出。

第七，仙游县议事会副议长陈汝瑚办理农会建议书之提出。

第八，连江县自治会代表林直侯请以竹木报效为自治经费建议书之提出。

第九，连江县自治会代表林直侯请除私税建议书之提出。

第十，连江县自治会代表林直侯请以陋规移充公费建议书之提出。

第十一，连江县自治会代表林直侯请规定呈文批答日期建议书之提出。

第十二，建瓯城议事会代表邹仰曾等陈请巡防队选募土著建议书之提出。

议长（高登鲤君）述各种报告：

一、报告议员林佑蕃君、郑锡光君、杨慕震君、黄金銮君、李驹君、张步青君各告假一天。

二、报告北京请愿国会代表孙洪伊来电，电文列左：

张国宝君谓：赞成王君之说。

苏寿乔君谓：第三条不宜归入第二等罚。

卢初璜君谓：第一条原案妄谈吉凶祸福，大约不外星相之流，故归之第四等罚。

王子懿君谓：第一条中有惑人取利之语，比较藉端酾金，原属相近，惟因其为地痞流棍，故当处第一等罚，则此亦当处第二等罚。

刘崇佑君谓：第一、第二两条，可移入第二等罚；至第三条，所谓不服盘诘，其程度究竟如何，不能确定，宜仍如修正案，不必更改。

议长（高登鲤君）谓：顷王君主张第一条应归第二等罚，有人赞成与否？赞成者六人。

议长（高登鲤君）谓：顷王君主张第二条应归第二等罚，有人赞成与否？赞成者六人。

议长（高登鲤君）谓：顷王君主张第三条应归第二等罚，有人赞成与否？赞成者八人。

王子懿君谓：本议员对于第三条，现在观之，无甚紧要，可仍旧。

议长（高登鲤君）谓：赞成王君所提议将第四等罚第一条归入第二等罚者，请起立。可决者四十五人。

议长（高登鲤君）谓：赞成王君所提议将第四等罚第二条归入第二等罚者，请起立。可决者六十一人。

议长（高登鲤君）：报告第十号议事日表毕。

议长（高登鲤君）：宣告散会。

是日议员出席者六十四人，督部堂未到会，委提学使司姚代理，于午后一时到会。午后五时散会。

书记长（林长民君）登坛朗读修正案。

违警章程修正案

谨案大清违警律第四十五条，本律所载之外，各省督抚得因地方情形，酌定违警章程，变通办理。兹将特就闽省情形，酌拟违警章程十九条如左：一、抛弃传染病人使用物件于水流或道路者；一、地痞流棍藉端醵金者。以上处十五日以下十日以上之拘留，或十五元以下十元以上之罚金；一、排列淫画招人观看者；一、男女在街市上为狎亵之举动者；一、在街市上对妇女戏谑者；一、虽无暴行胁迫而强赊强当不听制止者。以上处十日以下五日以上之拘留，或十元以下五元以上之罚金；一、贩卖腐败饮食物者；一、当街排列粪缸屎桶不设覆盖及尿缸不设防围者。以上处五日以下一日以上之拘留，或五元以下一角以上之罚金；一、妄作妖言或假托符咒惑人取利者；一、当途卖弄拳棍强索钱物者；一、形迹可疑不服盘诘者；一、拦街搭台演戏者；一、拦街晾晒衣服不听制止者；一、店铺照牌妨碍道路不听制止者；一、当街排列炉灶不听制止者；一、当街排列器具有碍行人不听制止者；一、肩舆不停放停轿场阻碍行路不听制止者；一、肩舆夜行不持灯炬者；一、当街对众泼水者。以上处五元以下一角以上之罚金。宣统二年九月十六日，法律科主查员李迪瑚，理事邹含英，审查员黄金銮、卢初璜、洪鸿儒。

议长（高登鲤君）请书记长将修正案逐条朗读，请众表决。

第一等罚二项

议长（高登鲤君）谓：诸君赞成者，请起立。可决者全体。

第二等罚四项

卢初璜君谓：关于此项，据原议案中有男女同坐一轿一条，修正案改为男女在街市上为狎亵之举动者，较为浑括，用特将改正意思声明。

议长（高登鲤君）谓：诸君赞成修正案者，请起立。可决者六十三人。

第三等罚二项

议长（高登鲤君）谓：诸君赞成修正案者，请起立。可决者五十人。

第四等罚十一项

王子懿君谓：第四等罚第一、第二、第三，此三条情节较重，应归入第二等罚中。

议长（高登鲤君）请审查员陈锡朋君登坛报告审查情形。

陈锡朋君登坛报告审查情形（大意与报告书略同）。

审查关于扩充宣讲所实行宣讲办法案报告书

窃本局第二届第五次议会，提出孟思培君关于扩充宣讲所实行宣讲办法议案，交本科审查。查得该案所陈，系根据定章，为增进国民知识起见，意至美善，惟办法条文有稍宜增损之处，已经同人研究，略有删改修正。合将审查情形报告，是否，乞公裁。

议长（高登鲤君）谓：诸君对于此案既无讨论，请表决开第二读会与否。可决开第二读会者六十二人。

第十三，速办单级教授练习所提议案审查员之报告。

议长（高登鲤君）请主查员陈锡朋君登坛报告审查情形。

陈锡朋君登坛报告审查情形（大意与报告书略同）。

审查速办单级教授练习所案报告书并修正案

本局第二届第五次会议，曾提出议员苏寿乔请速办单级教授练习所议案，交本科审查。查单级小学教员，不难于科学之普通，而难于教授之得法。原案注意于教授，诚为当务之急。惟省垣办法第三条请提学司派师范生赴江苏练习，未免往返需日，曷若就江苏单级毕业者，聘请一二人来闽，合前毕业回闽之一人，迅速开办，于教育前途较为敏捷。谨将审查情形报告，是否有当，伏候公决。

议长（高登鲤君）谓：诸君既无质问，此案应否开第二读会，请众公决。可决开第二读会者六十二人。

议长（高登鲤君）谓：本日议事日表中各议案均已议毕。现在尚有一时，可否将本日议案中应开第二读会之案，就本日续开第二读会，请众表决。可决者六十二人。

议长（高登鲤君）谓：本日先将违警章程提议案及修正案开第二读会，请众表决。可决者六十一人。

第十四，违警章程（督部堂提出审查员修正案）（第二读会）。

议长（高登鲤君）请书记长登坛朗读修正案。

李迪瑚君谓：吗啡多用于打针，只须严禁打针，则来源自绝。

督部堂代理员提学使司姚谓：戒烟丸中亦多有此物。

刘崇佑君谓：顷督部（理）〔堂〕代理员所说，查明收买之处，以绝来源，本议员极赞成。此案办法未完全，应请付审查。

议长（高登鲤君）谓：此案应付审查，请众表决。可决者六十一人。

第十一，违警章程提议案审查员之报告。

议长（高登鲤君）请主查员李迪瑚君登坛报告审查情形。

李迪瑚君登坛报告审查情形（大意与报告书同）。

审查违警章程提议案报告书

宣统二年九月初八日，本届第四次会议，督部堂提出违警章程提议案，交由本科审查。业已开审查员会，经审查员详细审查，对于此案见有应轻反重、应重反轻之处，试举例以证之。如抛弃传染病人使用物件于路旁或河流者，此系直加危害于公众，不止有碍预防，宜专设取缔规则，务使必无是事而后可。如或有之，亦应处以极则之罚。而原案反最轻罚。如卖弄拳棍，虽不及日本武士一流，要于练技尚武为近，兹事本非惑人，其取利亦由喜舍，即恶其当途演弄，藉以取利，迹近卑劣，处之轻罚已足，似不宜与违警律之恶化强索同一重罚。其余轻重未明之处，宜类推之（案：十五日以下十日以上之拘留，或十五元以下十元以上之罚金，为违警罚例之极则）。又有可适用违警律中之规定，不必另立专条者，试举例以证之。如当场互斗未至损伤者，可适用违警律第三十七条第一款之规定；在街市上对妇女戏谑者，及工厂妇女出入或步行道路旁立围观嘲笑者，本可适用违警律第三十五条第二款当众嘲弄人之规定，不必另立专条（按：戏谑义广，若谑不为虐，尚可酌免，惟恶谑始适用嘲弄人之规定）。本审查员会另拟修正案，恭候公决。宣统二年九月十六日，法律科主查员李迪瑚，理事邹含英，审查员洪鸿儒、卢初璜、黄金銮。

议长（高登鲤君）谓：诸君对于此案既无异议，当请表决开第二读会与否。可决开第二读会者六十三人。

第十二，关于扩充宣讲所实行宣讲办法提议案审查员报告。

议长（高登鲤君）谓：诸君对于此案既无异议，则可不付审查而开第二读会，请众表决。可决者六十四人。

第十，请实行严禁吗啡进口提议案。

议长（高登鲤君）请书记长登坛朗读提议案。

书记长（林长民君）登坛朗读提议案。

请实行严禁吗啡进口案

理由：查吗啡进口，大干例禁。光绪三十四年十二月间，经尚藩台咨由关务处札饬各海关，随时稽核，严禁入口，并将华洋各商船只，验讫有无夹带，详细造册，转缴藩署，以凭汇报。又藩台通札，如再因循不报，定行分别撤参。禁令非不严切，但经日久，各关视为具文。六月间厦口经税司查出多件，留存关局。查此物出自东西两洋，而印度为最近。又假作洋药，匿混过关（外包如红灵丹万应锭一样，内另二小包，即此物也）。其色白，其味淡，其气雄，其质粉如灰，其毒比鸦片更甚。若不迅速严禁，是鸦片一毒未去，而吗啡一毒复来，害伊胡底。应请督部堂通饬各关口及各地方官，认真查验，切实办理。谨陈办法（八）〔四〕条，统候公裁。

办法：一、各关卡于各船进口时，须认真查验。如有夹带此物，应扣留禀请重办。巡司如有徇纵，罪与夹带同科。其办法分为二项：（甲）本国人夹带，应送就近地方官查办；（乙）外国人夹带，送洋务局，请与该国领事交涉。二、各地方官应随时出示严禁。三、各区巡警及各区自治会、去毒社，均应担任调查，该区有无盗买盗卖此项禁物，按月报告。四、盗买盗卖此项禁物，应编入违警章程，分别轻重惩办。提议者张国宝。

议长（高登鲤君）请提议者张国宝君登坛说明理由。

张国宝君登坛说明理由（大意与提议案略同）。

刘崇佑君谓：吗啡严禁进口，本属成例。惟办法似须再求实在，如关卡查验等语，尚嫌属于空泛。至第（五）〔四〕条盗买盗卖，其罪不止违警，不当编入违警章程也。

督部堂代理员提学使司姚谓：此系三年前苏抚奏禁，通行各省一律遵办之案。惟是其为物易于夹带，不易查验，最好能查明其收买之处，庶易净绝。

件，有出无入，法律何在？本局至不得已，惟有停议，以待解散。现会期已半，乞贵院即日咨部力争，迅电闽督，照章提出地方岁入预算，以便会议。迫切待命。福建谘议局呈，号。

议长（高登鲤君）谓：诸君如赞成照此发电者，请起立。计出席议员可决者全体。

议长（高登鲤君）宣告休息二十分钟。

三时二十分钟续行开议。

第九，请督部堂向粤督提回盐斤加价提议案。

议长（高登鲤君）请书记长登坛朗读提议案。

书记长（林长民君）登坛朗读提议案。

请督部堂向粤督提回盐斤加价部定钱文以为本省地方行政公用案

自政界维新，各处之兴学堂，设自治，办巡警，凡百善政，累累待举。闽省地瘠民穷，款项异常支绌，故各政虽次第举行，皆限于经费不敷，未克发达。光绪三十四年，度支部奏定盐斤加价章程，每斤加价四文，以一半解部，抵补练兵经费，以一半划归产盐销盐省分，匀拨济用。汀辖七属，均销粤盐口岸。自光绪三十四年七月朔，为粤盐实行加价日期，已越二年，此项钱文未见匀拨。本案之所以提出也。今拟办法于左：一、请制台咨明粤督，将光绪三十四年七月朔日起至宣统二年九月底止，汀辖应有盐斤加价钱文，遵照部章，悉数拨回，以充地方行政公用。此后务须由潮桥官运局按季汇解汀州府知府代收，随收随解，不得逾限。二、查长汀每年额食盐三千只（每只四十六包，合计一千三百八十斤），连城额盐二千只，上杭额盐五千只，武平额盐二千只，永定额盐二千只，其宁化清流属各县充销，刻无盐额，合计五县每年共销粤盐一万四千只。虽间有多少，大概不离此数。惟潮桥加价，乃系变通原章办理，按每只加价七兑番四元，汀属应年有七兑番一万四千元，以为地方行政之用，不无小补。附条：条中所载，系每年向来额数，其潮桥官运局每年配运，均有总数。提议者：张道南，赞成者李驹、卢初璜、熊秉廉、杨长余、伍春蓉、黄金銮、邹含英。

议长（高登鲤君）请提议者张道南君登坛说明理由。

张道南君登坛说明理由（大旨与提议案略同）。

告款仅四五百元，人数则捏称二十四人。至本年由巡警道台札派赖作宾，到县办理教练所兼任警务所长。到差后目睹情形，亟为改良，于是警务略有起色。而县官及旧日办理警务之劣绅忌之，于是意图破坏，首欲截止常年额定款项，并故向站岗巡士屡次寻衅，甚至刃伤巡士两人，而县官不惟惩办凶手，且反将巡长管押。由此观之，是亦有非因无款而不办者也。

巡警道吕谓：永定县已由本道密查，记大过一次，仍责成认真办理。

王子懿君谓：巡警固须款项，去年广东谘议局曾就全省警务通盘筹划，其款即由房捐项下拨充，各厅州县巡警皆有补助费。吾闽似可仿照办理。

孟思培君谓：各地巡警，往往以各地方旧日之保甲改充，有名无实。如是则虽有款，亦属无益。故即筹有款项，亦须核实办理，方为款不虚糜。

巡警道吕答谓：据各属报告，教练所皆已成立。本道业已派员往办，并派员往各府密查。本道所办得到者，只此而已。此外如筹款等项，非本道所能为力，贵议员有何意见，望为筹划。

议长（高登鲤君）谓：此案应付审查，请众表决。可决者全体。

议长（高登鲤君）谓：顷有紧要提议者，即关于预算一项，据督部堂交来电稿，似系度支部误会此事，应否再行声明，请诸君讨论。

刘崇佑君谓：此节系度支部误会，本局所主张之意见，前会已声明，兹不赘。本局坚持必须有岁入，方有所下手。现各省谘议局因预算停议者甚多，吾闽谘议局虽不为人先，亦不敢落人后。现在惟有电呈资政院，请其力持，必须定有岁入经费，方可议决。若不得请，则惟有停议，静待解散（众拍掌）。所有建议书呈稿，已由书记长拟定，应请宣布。

议长（高登鲤君）请书记长登坛朗读电稿。

书记长（林长民君）登坛朗读电稿。

北京资政院鉴：预算不列岁入，两电未得覆。督札转度支部咸电，厘订国家税、地方税系明年应办事，今年先事调查，无从划分，该局不得藉口。本局叠次呈督，并电贵院，所求在地方岁入。岁入无款，即议定岁出何从开支，所议终归无效。厘订地方税与划定地方岁入，本属两事。地方税未厘以前，将以何款供地方之用，断无不能暂划之理。一省之事，悉关财政。岁入不提，预算不能成立，将无一政之可举。断无地方无政，而国能自存者。况局章明定议决岁出入预算事书记长（林长民君）登坛朗读咨询案。

拟设立医院案：查各省试办宣统三年预算报告总册第六类第五款，各省应行筹备医院。现距限期不远，而闽省此项医院尚付阙如。兹拟先行举办，以便逐渐推扩。日本医院有官立、公立、私立之分。今闽省风气未开，应如何由官绅合力提倡劝办，以期渐次发达。

议长（高登鲤君）请督部堂代理员登坛说明理由。

督部堂代理员提学使司姚登坛，略谓：医院关系紧要，急宜筹办。自根本上言之，自以先设医学堂为入手办法。目下筹设医院，既无医学堂，则惟有就出洋毕业生中遴选充办而已。

议长（高登鲤君）谓：诸君无甚意见，可付临时审查员审查。可决者六十二人。

第八，拟筹厅州县巡警经费咨询案（督部堂提出）延前会。

议长（高登鲤君）请书记长登坛朗读咨询案。

书记长（林长民君）登坛朗读咨询案。

拟筹厅州县巡警经费：查九年筹备宪政事宜，厅州县巡警本年应一律完备。目下各属警务办理完善者，甚属寥寥。地方官每以限于经费，借辞延缓。查日本警察费用，多藉地方费以资挹注。闽省地方辽阔，应如何就地筹款，以期全省警务日有起色，庶不误一律完备之限期。

议长（高登鲤君）请督部堂代理员登坛说明理由。

督部堂代理员提学使司姚请巡警道台说明。

巡警道吕登坛说明理由，大意谓关于厅州县巡警，虽叠次饬催设立，然各厅州县多敷衍了事，有名无实。一经饬查，底里尽露。虽由本道分别记过示儆，而各属动以乏款兴办为词，且有谓省城巡警系用官款兴办，而各属事同一律，亦应由官拨款办理云云。是筹办厅州县巡警，患在无费。应如何筹措之处，请贵议员公议办理。

卢初璜君谓：顷据巡警道台所说，大抵各属皆以款绌为词。然亦有一二地方情形迥异者，如本议员为汀州永定县人，亲见本县于去年兴办警察。当开办时，集款八九百元，但教授无人，仅由本地士绅办理，计仅设巡警五人，而据该县报立,不专指省会也。

王邦怀君谓:济良所北京办法甚好,应仿照办理。

林辂存君谓:下府一带,妇女被拐出洋卖娼者甚多,关于此案,亦当留意及此,最好由官设法严禁。

督部堂代理员提学使司姚谓:禁止妇女出洋,前曾奉行在案,现尚悬为厉禁。

林辂存君云:目下未见实行。

督部堂代理员提法使司姚答:曾经派遣专员检查,一经发觉,无不重办者。

议长(高登鲤君)谓:此案应付审查,请众表决。可决者六十三人。

第六,筹款设立救贫院咨询案(督部堂提出)延前会。

议长(高登鲤君)请书记长登坛朗读咨询案。

书记长(林长民君)登坛朗读咨询案。

拟设立救贫院案:查闽省土地硗瘠,生计维艰,薪桂米珠,支持靡易。年来谷食昂贵,民无以为生,有相聚以为盗贼者,有流转以为乞丐者。应如何就地筹款,设立救贫院,凡贫民之无以自养者,一例收入,庶糊口有资,不至陷于为非,而地方赖以安谧矣。

议长(高登鲤君)请督部堂代理员说明理由。

督部堂代理员提学使司姚说明理由(大意与咨询案略同)。

王子懿君谓:救贫院当含有工艺厂性质,此咨询案并未提及,似宜增入。

督部堂代理员提学使司姚答:此咨询案专重筹款,至办法当俟续详。

陈锡朋君谓:此事应归城镇乡自治会办理,在自治章程中已有规定。

孟思培君谓:仅工艺厂,尚恐不足以容,宜兼筹安插,或用以垦荒,或用以开矿,庶贫民皆有以糊口。

督部堂代理员提学使司姚答曰:甚善。

议长(高登鲤君)谓:此案应付审查,请众表决。可决者六十四人。

第七,劝办医院咨询案(督部堂提出)延前会。

议长(高登鲤君)请书记长登坛朗读咨询案。

刘崇佑君谓：照章谘议局议决之事，督部堂有公布施行之责，并非以一纸空文札饬属吏办理而已。究竟此案厦门道不能筹办，必有理由，如何禀覆，或竟未禀覆，督部堂对之必有相当之办法，断不能如是了结也。

督部堂代理员提学使司姚谓：厦门道有无禀覆，容俟检查案卷，再行答覆。若未经禀覆，自应再行饬催。凡上司行文到下属衙门，事件重大者申覆速，事件小者申覆亦缓。无论如何，均有理由申覆，此惯例然也。

刘崇佑君云：本议员系对于水上警察案为质问者，督部堂代理员实能深悉其底里否？

督部堂代理员提学使司姚答：不能深知。

陈之麟君谓：本日系讨议督部堂水上警察之谘询案，诸君所质问皆第一届会议中由议员提出之水上警察议案，本分为二。应请议长先将督部堂谘询案于众意决付审查，至去岁经督部堂批准之水上警察议案尚当另提一案，向督部堂质问也。

卢初璜君质问：此案是否专指办理上游一带地方水警？

督部堂代理员提学使司姚答：非仅指上游一带，惟举上游以为例耳。

议长（高登鲤君）谓：此案应付临时审查员审查，请众表决。可决者六十三人。

第五，筹设济良所谘询案（督部堂提出）延前会。

议长（高登鲤君）请书记长登坛朗读原案。

书记长（林长民君）登坛朗读原案。

拟设立济良所案：查闽省城台各处，流娼暗妓，随地有之。其中年长赤贫甘心为贱者，固不乏人。而韶龄妇女，或被胁迫，或遭诱拐，因而失身青楼者，亦所时有。徒以藩溷误投，遂至振拔无日。应如何筹设济良所，将所有前项妇女一律查收入所，庶民俗日端，而海滨邹鲁之风，藉以复振。

议长（高登鲤君）请督部堂代理员登坛说明理由。

督部堂代理员提学使司姚登坛说明理由（大旨略如原案）。

高士龙君质问：此系专指省会抑统全省而言？

督部堂代理员提学使司姚谓：此自系指全省言。凡娼寮繁盛之区，皆应设书记长（林长民君）登坛朗读原案如左：

拟扩充水上巡警：查闽省江河交错，汊港纷歧，非举办水上巡警，不足以资稽查。业经派拨小大轮一艘、小哨船一艘，委员管带，专巡台江、马江一带。惟闽江发源建郡，支流四达，此项船只，似当极力扩充，方能布置周密，而目下款项困竭。应如何就地筹款，藉图扩充，以期巡逻渐臻周匝。

林辂存君谓：应请议长申明，本局议事细则第五十三条所规定，请督部堂代理员登坛说明理由。

议长（高登鲤君）请督部堂代理员登坛说明理由。

督部堂代理员提学使司姚登坛说明理由（大旨与咨询案略同）。

刘崇佑君质问：现在上府一带，炮船仍在，其情形究竟如何？最好能裁并改良办理。

督部堂代理员提学使司姚谓：炮船现在有损坏者，有灭失者，有有船无人者，究属水师一类，将来恐将划归海军项下。今日即欲裁并，尚属难行。

刘崇佑君质问：此款项年约若干？

督部堂代理员提学使司姚答：大约连下府年共四五万余金。

陈锡朋君谓：去年本局曾提有兴办水上警察议案，内有创设水警学堂一条，此案曾经督部堂批准施行。请问督部堂代理员，水上警察及水警学堂已经开办否？

督部堂代理员提学使司姚云：水上警察现在南台已经开办，水警学堂则尚未设立，盖此案虽经批准，亦须逐渐施行，非能骤致成功者。且水警亦警察学之一种，目下试办水上警察，先当取材于警察学堂。至水警学堂之独立创办，应俟筹款如何，再行办理。

林辂存君谓：去岁原议于厦门、泉州两处设立教练所，并附水警学堂，批饬地方官办理。本议员自厦门来，并未见厦门道筹办。何以督部堂所批饬设立之事竟不办理？

督部堂代理员提学使司姚谓：厦门道若不办理，亦必有理由，大约因筹款为难耳。

林辂存君谓：并未见厦门道在外筹款。兹应请督部堂代理员转请督部堂饬催。

六十四人中之六十人。

第二，立限清葬咨询案（督部堂提出）延前会。
议长（高登鲤君）请书记长登坛朗读原案。
书记长（林长民君）登坛朗读原案如左：
闽省上下游愚民，惑于风水之说，停棺不葬，最为陋习。非特尸棺暴露，行道伤心，而秽气熏蒸，亦与卫生有碍。夏秋之间，到处时疫盛行，未始不由于此。且尸棺久停不葬，宵小亦易于生心，是以各属时有开棺盗窃之案。宜加何责成就地绅董设法劝导，立限清葬，以挽颓风。
议长（高登鲤君）请督部堂代理员说明理由。
督部堂代理员提学使司姚说明理由（大旨与咨询案略同）。
孟思培君谓：此案据督部堂原拟，会本地绅董劝导，恐尚难除此积习，宜由官严定章程，限期清葬，违者从重处罚方可。
议长（高登鲤君）谓：此案应付审查，请众表决。可决者六十人。

第三，杜绝倒欠流弊咨询案（督部堂提出）延前会。
议长高登鲤君请书记长登坛朗读原案。
书记长（林长民君）登坛朗读原案。
近来市景日衰，倒欠之案，时有所闻，甚有奸商诓骗巨款，蓄意卷逃者。虽经商部定有破产之律，而该商倒欠之后，银钱货物则寄顿隐藏，账簿字据则伪造欺饰，即有田房产业堪以变抵，亦必诡挂他人名下，或串亲故出头顶认，因缘为奸，弊端百出，遂致查办多掣肘。应如何设法整顿，杜绝流弊，以维商业。
议长（高登鲤君）请制台代理员说明理由。
制台代理员提学使司姚说明理由（大旨与咨询案略同）。
议长（高登鲤君）谓：诸君对此案无异议，应即付临时审查员审查，请众表决。可决者六十人。

第四，扩充水上警察咨询案（督部堂提出）延前会。
议长（高登鲤君）请书记长登坛朗读。

议长（高登鲤君）谓：此函件关系紧要，请书记长登坛朗读。

书记长（林长民君）登坛朗读来函云。

谨启者：国会三次请愿，自各省谘议局联合会决定日期，拟在十一月间举行，顷以东三省自日俄缔约而后，惶急万分，屡派专员到京上书，而直隶人民复于本月初四日集合二千余人，要求陈督代奏请开国会，业允即日缮递，而山西巡抚闻亦专折奏陈，乘此机会，倘得各省谘议局同时要求各督抚专折代奏，则声势较壮，必能集事。同舟之谊，谅贵局必深表同情也。鹄候裁夺，祇请台鉴。驻京国会代表孙洪伊等公启。

五、报告湖北谘议局来函谓：赞成江苏函称，三次请愿定十月底成行，十一月到院，以结前二次之局。

六、报告浙江谘议局来函。

议长（高登鲤君）谓：此函关系紧要，请书记长登坛朗读。

书记长（林长民君）登坛朗读来函。

敬启者：初六日复电，想荷鉴及。敝局九月初三日第一次正式会议，首先提议路事，全体议决呈院代奏。复经表决，停议以待。现仍由院批令覆议，不允代奏。敝局恐抚院不负责任，认为争执事件，咨送资政院核议，是以第二次呈文，仍声明当日会议情形，不付覆议。贵局谊属同舟，恳乞协助，以匡不逮。初三日速记录附呈察阅，专肃布达，敬请公安。计附速记录一份。浙江谘议局谨启。

七、报告贵州谘议局来电：协争预算交议，已电院。

八、报告天津谘议局来电：预算案有岁出无岁入，已照联合会公决办理，望坚持。

第一，监狱改良各地方如何筹设咨询案（督部堂提出）延前会。

议长（高登鲤君）谓：此案前已朗读，本日可以省略，即请诸君讨议大体。

苏寿乔君谓：此案前日已经讨论，请即付审查。

王子懿君谓：此案可疑者在"该地方"三字，究竟该地方范围如何，应请督部堂代理员将稿底抄出。

刘崇佑君谓：此案应先付审查。

议长（高登鲤君）谓：此案应付审查，请众表决。可决者得对于出席人数

第二次福建谘议局议事速记录第九号

宣统二年九月十九日（1910年10月21日）

议事日表　第九号

宣统二年九月十九日（金曜日）午后一时开议。

第一，监狱改良各地方如何筹设咨询案（督部堂提出）延前会。

第二，立限清葬咨询案（督部堂提出）延前会。

第三，杜绝倒欠流弊咨询案（督部堂提出）延前会。

第四，扩充水上警察咨询案（督部堂提出）延前会。

第五，筹设济良所咨询案（督部堂提出）延前会。

第六，筹款设立救贫院咨询案（督部堂提出）延前会。

第七，劝办医院咨询案（督部堂提出）延前会。

第八，拟筹厅州县巡警经费咨询案（督部堂提出）延前会。

第九，请督部堂向粤督提回盐斤加价提议案（张道南提出）延前会。

第十，严禁吗啡进口提议案（张国宝提出）延前会。

第十一，违警章程提议案审查员之报告。

第十二，关于扩充宣讲所实行宣讲办法提议案审查员之报告。

第十三，速办单级教授练习所提议案审查员之报告。

议长（高登鲤君）述各种报告：

一、报告议员谢滋春君、黄乃裳君、郑锡光君各告假一天。

二、报告督部堂来函为抄送九月初十日致度支部电稿事。

三、报告仙游县来文云议员陈义君病故遗缺应以候补者王寿榕君补充。

四、报告驻京请愿速开国会代表团来函。

督部堂代理员提法使司鹿云：本司为身份所限，固应如此。

李迪瑚君谓：此系督部堂自发之电，可无须公文往领。

潘纪雲君谓：本日是否正式开会？若是正式开会，则对于督部堂代理员要求亦系正式要求。何必更用公文，方为正式。

卢初璜君谓：此电何时送来？

议长（高登鲤君）谓：顷督部堂代理员云，今晚送来。

陈之麟君谓：顷所议之事未完，不能接议他事，应俟督部堂电文交到议决后，方能另议他事。

议长（高登鲤君）谓：诸君如赞成陈君之说者，请起立。可决者五十九人。

议长（高登鲤君）谓：本日议事日表所列各议案应行延会，俟督部堂原电交来，方能开议，故下次议事日表不能报告。

议长（高登鲤君）宣告散会。

午后四时散会。是日督部堂代理员提法使司鹿于一时到会，出席议员人数六十六人。

凡地方行政费用，总须先有的款，方可办理。即如督部堂所提出各种议案及咨询案，议决之后，必须预定经费，方能见诸施行。若无岁入款项，则虽议决，亦等诸空言。此本局所以对岁入款项之提出急于要求也。

督部堂代理员提法使司鹿谓：督部堂转达度支部电，系以正式公文。今欲阅原电，亦请以正式公文，往督部堂处要求抄交，公文送到时，即可抄交。

刘崇佑君云：本议员对于预算案极见为紧急，预算必有岁出与岁入，见诸局章之规定。盖无岁入即无岁出，譬诸一家之内，年计所入之数，以为所出之资。其应用各费，不能无轻重缓急之分。重者急者应行先办，轻者缓者应行缓办。如不知所入之款，从何酌量？国家行政亦然，无岁入（挡）〔档〕册，本局对于预算案，绝对的无从讨论。且地方税与岁入显有区别，地方税不过定地方行政经费之方针，为地方岁入之标准。未划定地方税以前，地方行政上不能无经费，即不能无岁入。此理至易明者也。每见地方行政长官欲办一事，辄以款绌中止。今若与谘议局开诚布公，逐一清理，列为预算，则行政长官亦不至因款绌无从办理。是此次预算，虽谘议局所引为重任，当亦行政长官所乐与赞同者，彼此均非争意气是也。据督部堂札交度支部覆电，有该局不得以此藉口云云。本局对督部堂从未提及地方税问题，何以度支部来电有该局不得以此藉口一语，是知度支部必有误会之处。度支部既误会，俨若以此为本局罪。欲知度支部何由误会，必须省阅督部堂原电，方能解决。且预算以岁入为最重要，此不特关系福建一省。若福建谘议局预算案不能成立，各省亦将随而纷乱，本局何敢为世大戮。所关如是之重大，尚不以此事为紧急者，则非本议员之所敢知也。

督部堂代理员提法使司鹿云：顷副议长刘君所说甚是，本司已能了解。惟督部堂原电似未云谘议局以此藉口，不得以此藉口一语，实属部电原文。今欲取阅，可以正式公文要求。

刘崇佑君谓：督部堂代理员即是督部堂，譬如本日督部堂如果亲临，则当场一诺即可交出，固不必公文也。今督部堂既未亲临，对于轻小事件尚劳公文往复，诚恐于会议之进行上殊有窒碍。

督部堂代理员提法使司鹿谓：因本司不便着人往取，须躬自上院取出交来。

刘崇佑君谓：如此又关系于代理员问题，即代理员之职务如何，代理员之地位如何，代理员之权限如何是也。

本北海道拓殖计画，始则对于个人直接保护，久而无效，继则从事道路之设置，水利之扩张，舟车之特别减费，近户口较前十年增至十四倍，而强国家设备之周至，与国民气象进取之发达，俱可徐致。此间松花江、乌苏里江各流域，舟车可通，即气候、土壤亦较北海道为胜。锦洮铁道不日先筑。良不敏，窃愿有所规划。现值举国开省议会之日，拟请转札各谘议局，于移民殖边一事，同尽劝道筹措之责，不致以大利让之外人，不特东省之幸，抑亦全局之福。夙纫公谊，企望荩筹示复。良，文。等因。准此。查兴办垦务，本属经国长久之计，谘议局于本省情形较为熟悉，所有移民殖边应如何劝导筹措之处，应即转行谘议局妥速筹议，呈候本部堂核夺施行。为此札行谘议局查照，须至札者。右札福建谘议局准此。

议长（高登鲤君）宣告休息二十分钟。

三时二十分钟续行开议。

议长（高登鲤君）报告：顷郑锡光君因事告假一天。

苏寿乔君登坛谓：顷度支部覆电，不免中有误会之处，盖地方岁入非即地方税，若预算案中无岁入款项，则岁出无从预算，是即无预算也。无预算即无谘议局，故请督部堂即将原电发抄，以便讨论，并非故有为难之处。顷督部堂代理员以为不甚紧急，恐尚不知其关系之重大，用特声明。

王子懿君登坛谓：要求制台抄交电文，原为欲知督部堂致度支部原电如何措词，以为讨论之材料。盖以无岁入即岁出均无着落，将来议决事项应用经费，如不知入款若干，则议决应行之件，必以无款而辍。故必确知岁入款项，方能着手讨议。今据度支部覆电，乃云本年不能划定国家税及地方税，似误岁入为地方税者，不得不要求原电抄交，以供众览。

卢初璜君登坛谓：现在各省谘议局，因预算案交出不完全，有停议者。本省对于行政长官，均取和平态度，并无激烈之处。所请提出岁入，原为无岁入则无从预算，有岁入则凡百地方行政，能应其缓急轻重斟酌办理。今无岁入则财源无所出，虽议决亦不能实行。故此次要求提出地方岁入，不过请督部堂先划定地方行政应用款项若干，以便议决。若据度支部覆电，则系指地方税言，不免误会。但未知督部堂电文中措词若何，倘亦以地方税为言，则是督部堂亦有误会之处。

不能向度支部陈述,而来电所云,与本局所呈请电询者,不相针对,不知督部堂所致部电如何?

督部堂代理员提法使司鹿云:部示应遵。

刘崇佑君云:本议员陈述未毕,请竟其说。本议员以为度支部覆电,与本局所请之意相枘凿,未知是否误会?拟请督部堂代理员,向督部堂取出原电交局,以供讨议。

督部堂代理员提法使司鹿云:此事无甚紧要,原电不妨稍待一两日抄来。

刘崇佑君云:此系紧急事件,未便延缓,明日似不及待。

督部堂代理员提法使司鹿云:此亦无甚紧急,明日抄交尽来得及,贵议员在议场上发言须和平些。

刘崇佑君云:本议员在议场上于法律范围内有发表意思之权,至议场秩序问题,应请议长主持。

督部堂代理员提法使司鹿云:你自发表,我今日总不能交来。

刘崇佑君谓:请议长宣告应否要求原电,请众表决。

议长(高登鲤君)谓:应否请督部堂将原电抄交,请众表决。赞成抄交者,请起立。可决者五十三人。

议长(高登鲤君)又谓:原电应否今日即请抄交,请众表决。赞成尽今日抄交者,请起立。可决者六十三人。

刘崇佑君对督部堂代理员质问:何以本日不能抄交?是何理由?

督部堂代理员提法使司鹿答:因无人往抄,拟今晚回明制台抄交。

刘崇佑君云:可以由代理员派人往抄。

督部堂代理员提法使司鹿云:现在不能。

议长(高登鲤君)谓:本日尚有督部堂来札,关于东三省移民之事项,兹一并当场报告,请书记长登坛朗读报告。

书记长(林长民君)登坛朗读来札云:

总督松为札知事,本月十三日准东三省总督锡文电开,东省逼处两强,自日俄协约告成,视眈欲逐,俄于西伯利亚,日于南满,均各移民拓殖,竭力经营,而我则地广而荒,弃沃壤为石田,边备空虚,莫此为甚。良悉任斯土,目击艰危,前经奏请筹款兴办垦务,奉旨俞允。惟经纶草昧,非一手足所能为力。查日刘崇佑君登坛谓：督部堂为一省行政长官，谘议局为一省议决机关，凡关于全省事务，非谘议局不能议决，非督部堂不能执行。督部堂政务固多，遇有公冗，不能亲到，原可派代理员，然亦须并其权限委任于代理员。若并未交接清楚，则代理员所答覆不皆督部堂之本意，迨经议员议决，则事在必行，或不免与督部堂本意违背之处。本议员所最希望于督部堂者，即不能逐会亲到，亦须时常莅会，俾彼此情意交通，以便商略政务。否则，事事隔阂，虚设此议决机关，终归无用。计本局开会以来，已过十七日，法定期日则只有四十日，若再延宕，尚有何事可议？即云督部堂公务繁多，依本议员之见，公务之重要者，孰若谘议局所议之事项。故本议员甚希望督部堂之能时常莅会也。望督部堂代理员即将此意转达。

施景琛君谓：督部堂此次所提议案，与前年所奏定之办法，不免矛盾。又去岁批准学司拟设中等实业学堂四所，而此议案则只两所，前后不符，殊不可解，应请不必申覆。

议长（高登鲤君）云：施君所说，理由极为充分，惟云不必申覆，则为违法，盖局章对于咨询案不能不申覆也。

施景琛君云：据此理由，以为申覆亦可。

议长（高登鲤君）谓：此议案已质问清楚，应付审查，请众表决。可决者五十九人。

议长（高登鲤君）谓：顷得督部堂札覆关于预算之事，应请当场报告，事关紧要，请书记长登坛将原札朗读。

书记长（林长民君）登坛朗读札文如左：

总督松为札覆事，准度支部覆电内开，蒸电悉，查厘订国家税、地方税，系明年应办之事，今年系调查年限，现在各省税项自应先事调查，方能划分。福建事同一律，不得以此藉口。希即转达。度支部，咸。等因。为此札行谘议局查照。

刘崇佑君谓：须将度支部覆督部堂电文录于黑板，悬挂议堂，俾议员得周知其底里。

书记长（林长民君）录度支部来电原文讫，复朗读。

刘崇佑君登坛谓：此系督部堂致本局公文，惟是谘议局只能对督部堂陈说，报告。

宣统二年九月初十日，第二届第五次会议，提出本局全体议员高登鲤等七十五人陈请转呈督部堂代奏速开国会建议书一件，交付临时审查员审查。查该书所称，国会为吾国今日救亡已乱不可易尤不可缓之道，询属确论。在京代表团两次请愿，均未邀准。第三次请愿书亦已续上，而各省谘议局及人民之呈请者，又复不一而足。此书所拟呈文，甚为完善，自应代为呈请，以期早达目的。是否，仍请公决。宣统二年九月十五日，主查员孟思培，审查员陈之麟、椿安、连贤基、黄必成。

议长（高登鲤君）请主查员孟思培君登坛报告。

孟思培君登坛报告审查情形（大意与报告书同）。

议长（高登鲤君）谓：此建议书应行转呈，请众表决。可决者全体。

第二，中等初等实业教育咨询案（督部堂提出）延前会。

议长（高登鲤君）宣告：此案前会已经朗读，今日可以省略，诸君即行讨论可也。

椿安君谓：前会质问原案所云初等实业拟设八所，应设于何处，未经督部堂代理员答覆，请议长质问。

福州府曹登坛谓：此节昨经问明制台，据云八所除首府已经设立外，此外各府拟设一所。

椿安君谓：全闽共有九府二州，除首府外只就八府设立实业学校，则二州当置诸不问。

督部堂代理员提法使司鹿云：州县区域，又当别论。

陈之麟君谓：本议员请发言。

议长（高登鲤君）请陈之麟君登坛陈述。

陈之麟君登坛谓：本会现在开议已阅十七日，而督部堂多未到会，虽派有代理员，每遇议员质问时，多不能按问覆答，或虽答覆，而前后自相矛盾。提出一议案或咨询案，有延会至三次，大体尚未讨议明白者，殊于本局会议上之进行大有阻碍。请议长托督部堂代理员代达要求督部堂常时莅会。

督部堂代理员提法使司鹿云：此语可以转达。

决，当仍力争。贵局如何，希覆。蜀局。谚。

湖南谘议局来电云：谘议局鉴，湘抚奏准发行公债，未交局议，越权违法，已照章电院期办，未覆，恳协争。湘局（朝定疑电码有误）。

广东谘议局来电云：粤禁赌案决，请定期，未照准，现停议。粤局。银。

（十二）报告审查员提出关于叶福钧君告假之报告书。

议长（高登鲤君）谓：本日报告中有一事关系重要，不能从缓，所有本日议事日表应否变更，即督部堂来札，由本局公推本省士绅六人，充会议厅科员。此节关系重要，本日应否提前办理，请诸君公决。如应先行公推，则公推后再行开议，请众表决。起立可决者为对于出席议员六十四人中之五十八人。

议长（高登鲤君）又对于公推方法询公众之意见。

刘崇佑君谓：此公推虽非互选，然以慎重起见，应用投票选举，选举方法总须照本局章程所定者为妥。拟请照本局章程规定，用无记名连记法投票，以得票之过半数者为当选，如未足额亦用加倍开列法。

议长（高登鲤君）谓：诸君赞成刘君之说者，请起立。可决者六十人。

议长（高登鲤君）谓：本日选举票未及另备，暂用本局议员互选票，合行声明。

书记长（林长民君）报告：本日出席议员共六十四人，以三十三票为过半数。

选举结果，当选者三人，姓名列左：林长民五十五票，连贤基三十九票，椿安三十五票。

未当选之次多数者，加倍开列六人，行决选：黄鸿翔二十九，江古怀二十八，蔡凤襸二十八，李迪瑚十九，刘崇佑十八，雷焕猷十七。

行决选时，出席议员续到者二人，应以三十四票为过半数。决选之结果，当选者姓名列左：江古怀四十二，蔡凤襸四十二，黄鸿翔三十八。

议长（高登鲤君）谓：顷叶福钧君提出缺席书，据其情形，确系因病缺席，应行免议，请众表决。可决者六十四人。

第一，呈请代奏速开国会建议书审查员报告。

审查谘议局全体议员高登鲤等七十五人，呈请督部堂代奏速开国会建议书之第一，呈请代奏速开国会建议书审查员报告。

第二，中等初等实业教育咨询案（督部堂提出）延前会。

第三，监狱改良各地方如何筹设咨询案（督部堂提出）延前会。

第四，立限清葬咨询案（督部堂提出）延前会。

第五，杜绝倒欠流弊咨询案（督部堂提出）延前会。

第六，扩充水上警察咨询案（督部堂提出）延前会。

第七，筹设济良所咨询案（督部堂提出）延前会。

第八，筹款设立孤贫院咨询案（督部堂提出）延前会。

第九，劝办医院咨询案（督部堂提出）延前会。

第十，请督部堂向粤督提回盐斤加价提议案（张道南提出）延前会。

第十一，严禁吗啡进口提议案（张国宝提出）延前会。

议长（高登鲤君）述各种报告。

（一）报告议员李馥南君及伍春蓉君各告假一天。

（二）报告督部堂札行会议厅审查科员应由局公推本省绅士六员呈候覆选派充事。

（三）报告督部堂札知恭奏详议闽省递年行政经费谨陈管见抄折。

（四）报告督部堂札知仙游县申称议员陈义因病告假事。

（五）督部堂札知据泉州府申称议员周春光执照发县转送事。

（六）报告督部堂札知据泉州府申称议员陈蓉光执照发县转送事。

（七）报告顺昌城议事会呈报启用图记及秋季开会日期事。

（八）报告闽侯湖里乡议事会呈报启用图记事。

（九）报告安溪县咨呈议员周春光执照已经转送事。

（十）报告议员叶福钧君缺席书。

（十一）报告各省谘议局来电如左：

湖北谘议局来电云：谘议局，预算无岁入及总册，决停议争。贵局如何进行停议后办法，核电告鄂。

四川谘议局来电云：谘议局鉴，预算未交，已呈督质问，并守约未开议。督覆准部电，录交地方行政经费底册，亦未至，如交到，无国家费比照，无从议刘崇佑君谓：请督部堂将法部原奏札发，以便参考。

督部堂代理员福州府曹许诺。

刘崇佑君谓：监狱经费应由该地方自行筹措，此"该地方"三字，系指一省言，抑指一府县而言？

督部堂代理员福州府曹谓：据部中原奏，似系指各省而言。

刘崇佑君谓：究竟法部所奏是否有确定施行之效力，不能无疑。

卢初璜君谓：据原奏引据各国制度，除自治会一条外，其款项皆由税项等支给，似不必咨询本局。

王子懿君谓：到底"该地方"如何解释，当先问明。

督部堂代理员福州府曹谓：在部奏自指各省言，而制台本意则指各府州县言。

议长（高登鲤君）谓：此案应延会，请众表决。可决者五十三人。

议长（高登鲤君）谓：此后督部堂如委代理员，应请将案中详细情形示知，以备代理员之答问。

督部堂代理员福州府曹谓：此事前数日已由学台、臬台问明，惟本日因欢迎美国实业团，督部堂无暇到会，本代理员亦由城外赶回，未及交接清楚。

议长（高登鲤君）宣读第八号议事日表毕。

议长（高登鲤君）宣告散会。

是日议员出席者六十人。督部堂未到会，委福州府曹代理。午后五时散会。

第二次福建谘议局议事速记录第八号

宣统二年九月十七日（1910年10月19日）

议事日表　第八号

宣统二年九月十七日（水曜日）午后一时开议。

刘崇佑君质问谓：究竟此八所必有一定地方，督部堂提此议案只言八所，此八所应设何处自有定见。

督部堂代理员福州府曹答：本府未蒙督部堂明谕，不能详答。

陈锡朋君质问：案中但言常年经费，并未筹及开办经费。

刘崇佑君谓：案中所言能否照办尚未敢知一语，不免近于门外汉。夫办事职权属于行政官，应办即办，何以谓能否照办？

苏寿乔君谓：去岁督部堂提出实业教育案，已经议决核准施行，不能变更，何以此次咨询案则已少去两所？

刘崇佑君谓：此案为咨询案，然预算案中已列此项经费，是办法已确定，何以复行询问？大约督部堂之意，在欲于此初等八所外再行筹款扩充，然案中亦未声叙明白。

王子懿君谓：此案所云八所，必须询明确定地方，方能着手审查。

刘崇佑君谓：此案应行延会，俟询明再付审查。

议长（高登鲤君）谓：此案当延会，请众表决。可决者五十三人。

第六，监狱改良各地方如何筹设咨询案（督部堂提出）。

议长（高登鲤君）请书记长登坛朗读咨询案。

代理书记长（何琇先君）登坛朗读咨询案。

监狱改良各地方如何筹设咨询案

省城模范监狱，现已勘定处所，兴工建造。省外各属监狱，叠经札饬改良，皆苦于经费无措，未能举办。查前奉法部议奏通行，考各国监狱有属于国家直辖者，有属于府县行政厅者，有属于地方自治者，其担负之责亦因之以分。属于国家直辖者，由国库金支出；属于府县行政厅者，由府县地方税务担负；属于地方自治者，由地方自治会及囚犯作业之工资分任之。中国库储支绌，应由该地方自行筹措等语。查监狱与审判互相表里，省外各府厅县地方审判厅明年即须筹办，原有监狱腐败已久，亦宜妥筹改良，所需经费，按照部章，既应该地方自行筹措，究应如何就该地方设法筹款，以期一律修改，迅速观成。

议长（高登鲤君）请督部堂代理员登坛说明理由。

督部堂代理员福州府曹说明理由（大意与原议案略同）。

王子懿君谓：现在仅有城镇乡自治会，至府厅州县自治会尚未成立，安得云有？

刘崇佑君谓：此案应付审查，所有（时临）〔临时〕审查员，应请议长指定，不必互选。

议长（高登鲤君）谓：督部堂所交咨询案，应行推选临时审查员，据刘君谓由议长指定，请众表决。可决者五十二人。

议长（高登鲤君）谓：临时审查员定为五人，请众表决。可决者四十七人。

议长指定临时审查员五人，请众表决。其姓名列左：李迪瑚、黄纪星、郑藻山、苏寿乔、陈锡朋。议员赞成者四十九人。

第五，中等初等实业教育咨询案（督部堂提出）。

议长（高登鲤君）请书记长登坛朗读咨询案。

代理书记长（何琇先君）登坛朗读咨询案。

中等初等实业教育咨询案

实业教育为目前切要之图。闽省实业学堂，除城中等工业、中等商业、中等农业、中等蚕业等已经各设一所外，余以经费支绌，兴办为难。初等实业尤多缺如。按实业一门，自应参照地方情形，酌量添设。就本年所预算设立者言之，可分二类：（甲）中等实业学堂，拟先设二所：一在延平，以研究农林为主；一在厦门，以研究商业为主。每所每年以六千两计，共需一万二千两。（乙）初等实业学堂，自以各县遍设为是。兹因财力不及，拟由官先设八所，就各地情形所最宜者，筹设某种实业学堂。此项学堂每年一校以一千三百余两计，应需一万一千五百两。两项经费业经预算报部，能否照办，尚未敢知。惟振兴实业一事，固非官款所独能为力。凡在地方绅富知当务之为急者，尤需投袂而起，集资为之。其应如何提倡公立或私立，以补官立之所不及，应详加讨论，得有良策，亦闽省实业前途之幸也。

议长（高登鲤君）请督部堂代理员登坛说明理由。

督部堂代理员福州府曹说明理由（大意与议案略同）。

刘崇佑君质问：（乙）条所言初等八所，系就何地设立？

督部堂代理员福州府曹谓：大约各就地方情形而设立。

能知其中详细情形，兼之官府未测绘，则行政官之意思亦不完全也。

刘崇佑君谓：此案当延会。

议长（高登鲤君）谓：此案应延会，请众表决。可决者五十五人。

第四，关于通俗教育咨询案（督部堂提出）。

议长（高登鲤君）请书记长登坛朗读咨询案。

代理书记长（何琇先君）登坛朗读咨询案。

关于通俗教育咨询案

教育之义，狭言之，仅限于学校或传习所、研究所等之范围；广言之，则社会一般之趋势，人心形成之理想，无不赖教育以为陶冶改良之资。故欧美各国于学校教育以外，尤于通俗教育三致意焉。日本小学之有家庭父兄谈话会，地方之有青年修养会，凡演剧、小说、游艺等之足以激动社会心理者，无不加以注意。吾国奏定地方自治章程、劝学所章程、教育会章程，均有筹设宣讲所之规定，职是故也。惟宣讲一事，须图普及，尤须切按地方情形，或编述白话，或撷拾近闻。其略能识字者，或附设阅报所，以期逐渐开通。近来各县劝学所所在多有，自治会亦渐次成立，对于宣讲所之办法，究嫌为数无多。或谓自治会范围较广，宣讲亦不止学务一端，宜专由自治会设法扩充者。此说是否可行，或于教育会、劝学所兼任筹设，以资补助。究应用何良法推行较易，成效较速之处，试详议之。

议长（高登鲤君）请制台代理员登坛说明理由。

督部堂代理员福州府曹登坛说明理由（大意与咨询案同）。

苏寿乔君谓：前日孟君曾提有宣讲所议案，可否与之合并议决？

刘崇佑君谓：申覆书与提议案性质不同，不能合并，须分别研究。

王子懿君谓：自治会、教育会、劝学所等章程，皆规定应设宣讲所，则似应合并办理。

李迪瑚君谓：劝学所、教育会皆为自治会所当办者，则设立宣讲所自应责成自治会。

王子懿君谓：自治会分为城镇乡，而劝学所则关于全县。

李迪瑚君谓：自治会有城镇乡与府厅州县二级，何得仅属于城镇乡？

库款稍宽，规复旧章。札末有为此札行谘议局查照云云。谨按：此案札覆中未经督部堂核断，遂由本局开具清折，呈请督部堂批答，旋奉督部堂答复，大旨谓查核潘司委员所禀勘办各节，具有条理，并据原详声明，由该司酌带委员亲往测绘，设法改良，应候详覆核办云云。

刘崇佑君云：据督部堂来札，谓俟藩台带员踏勘情形，报告后再行酌夺，不知藩台如何报告？请议长质问督部堂代理员。

督部堂代理员福州府曹谓：藩台至今尚未踏勘。

刘崇佑君谓：札覆已经两次，如许小事，且路途不远，何以至今尚未踏勘？

督部堂代理员福州府曹谓：藩台现尚未踏勘，惟从前曾经踏勘一过，所有情形当亦知悉。

刘崇佑君质问：藩台何时始往踏勘？

督部堂代理员福州府曹谓：当回明制台或派员往勘。

刘崇佑君谓：此本因藩台自己答应往勘，何以至今尚未举行？行政长官对于谘议局议案，一切以敷衍了事，只须能敷过四十日，则此事又可搁至一年。本议员非谓谘议局所议之案皆当实行，惟是否可以实行总须明白决定。若一味粉饰，则无一事可成。此本议员所以不能不对行政长官而为忠告。据此观之，行政官不能辞怠慢之责。

议长（高登鲤君）谓：此案只好俟其踏勘札覆后再议。

王子懿君谓：若候札覆，则本年又无覆议之期。

议长（高登鲤君）谓：此案问题在于应筑横堤与否，究竟是否应筑，非踏勘后无从议决。

孟思培君谓：若从理想上言，则堤当水冲，恐难建筑。

卢初璜君谓：横当水冲，亦有可设法建筑者。盖或带斜度以杀水势，非无其法。

孟思培君谓：若此则为斜堤，而非横堤。

议长（高登鲤君）谓：此总当候测绘后方可决定。

卢初璜君谓：本议员意见，一面即行覆议，不必俟其测绘。若再挨延，则不知此案何时决定。

连贤基君谓：此案可从缓议，盖全凭理想毫无把握。且施君本日未到会，不当注重外国语，则中国国语岂反有不知之理？至谓外府无中学毕业者，外府毕业中学者甚多，岂可谓无其人乎？

议长（高登鲤君）谓：此案去年已经常驻议员议覆，大意对于应行覆议一条，仍请照原案施行。对于酌订办法二条，第一考期预告，归学务公所及教育总会办理；第二国语教授，应请将设研究会事与原案一并施行。对于缓议一条，仍请照原议施行。旋得督部堂札覆照馆电存案，俟次期覆议。

王子懿君谓：招考预先通知，此固当然之事。又各国语教授，部章所定，无所容其拟议。

议长（高登鲤君）谓：札覆中所谓设立教员国语研究会一节，本年八月间教育总会始接到学台公文。

苏寿乔君谓：关于师范学额，不能以府分额固也。兹所言者，乃指普通升学而言。普通升学自当各按阶级，且须经升学之学堂考取，则何患其不能合格之有？

议长（高登鲤君）谓：用国语教授，固属正当，惟是实际上不免有难骤行者。

苏寿乔君谓：现在各学堂教员大都通习国语，惟因土语较便，且本地学生往往强令教员以土语教授。由此言之，则以国语教授并无难行之处。

林辂存君谓：用国语教授，于福州教员不但无妨碍，而且有利益。

议长（高登鲤君）谓：此案当付庶政兴革科审查，请众表决。可决者五十七人。

议长（高登鲤君）宣告休息二十分钟。

三时二十分钟续行开议。

第三，覆议改良福州西南泷口港工程案（延前会）。

议长（高登鲤君）报告：原案于宣统元年十月二十二日呈督部堂，内分四条：（一）废港堵塞；（二）拥护港岸；（三）开支港；（四）泷口上下保固。嗣于本年二月二十四日奉到督部堂札覆，内开据藩司转详委员查覆：（一）废港堵塞，前已兴办无功；（二）拥护港岸，须先监木桩，再种树茅；（三）支港，前已拨款八百元，交凤冈里绅耆开浚有效；（四）泷口上下树桩，需款甚巨，须待卢初璜君谓：督都堂谓当俟议妥发还，夫奉旨发还之款有何妥议，此节亦当声明。

议长（高登鲤君）谓：此案当付财政科审查，请众表决。可决者六十人。

第二，覆议关于教育事件妥筹各府与省垣联络一致案（延前会）。

议长（高登鲤君）报告谓：原案于宣统元年十月二十日呈督部堂，内分五条：（一）定考期；（二）送留学定期；（三）推广教育会会员；（四）定学额；（五）用国语教授。嗣于十二月初一日奉到督部堂札覆，内开据提学使司详划定学额一条，学堂招生以程度为衡，现时省垣中学以上学堂，招生程度合格者尚不甚多，若遽划定各府额数，势必程度合格者因额隘而见遗，程度未合者转滥竽以充选，似非办学之本意，应覆议。至考期一条，应由各校通知谘议局，以便自行设法通告。国语教授一条，先由各教员组织研究会。此两条应就原议酌定。其送留学一条，现在各府中学未经毕业，尚无完全程度之学生，应从缓议云云。

苏寿乔君谓：督部堂所札覆各条，甚属隔阂。盖本议员因省会各学堂与外府县不能联络，故提此议案。今札覆中所谓恐有滥竽一语，殊不可解。夫各府县定一学额，不过虚设此一额，其入学时仍须由本堂考取，何滥竽之有？又所谓招考通知，从前几曾通知？且请问各府县劝学所未设立，属何人责任？谘议局并无负此通知之义务。

林辂存君云：据札覆谓中学不能合格，督部堂何以知各府学生皆不能合格？且各府中学有设立已数年者，福州府中学则仅去年始设立，即各府所设中学无毕业生，而各府人在他处中学毕业，或与中学程度相等之学堂毕业者，岂无其人？

李迪瑚君谓：应考学生有外府人程度高而不得入选，福州人程度低而转得入学者，则督部堂将何说以处此？又福州人程度高者亦有不能入学，而外府人即程度低者苟出百元亦可入学，则又何也？

卢初璜君谓：督部堂因恐定有学额，不免有程度未合而滥竽充数者，自属正论。然于事实上殊不尽然。即如李君所言，捐一百元即可入学者，此又何说？岂以其具有财产资格耶？至谘议局自行通信一语，尤为可笑。谘议局既非学堂，议员亦非学生，其曰自行者殊不类。督部堂及学台语气，乃大类福州人语也。且高等专门学堂未用国语教授，本由教员多福州人，不能通晓国语之故。然如中学堂正当，并非违背谕旨。何则既已定期示领，其未来领者以之为地方公益费，实属正当。而官长将此项捐款挪用，任意延（岩）〔宕〕，不肯发出，则实为违背谕旨。故本局对此议案应坚持到底，遵照原拟办法，请官长即将此款发交各地方自治会，除限期内有人承领之款外，其余皆归本地方作为自治经费。

连贤基君谓：刘君所言亦是。惟此案题目当改为请发还国民捐案，较为妥善。

议长（高登鲤君）谓：顷连君所言乃注重于题目，非注重其内容。

刘崇佑君谓：此题目可不必换，盖与大旨并无违背。

周文麟君谓：本议员不赞成连君所言。

邹含英君谓：覆议案不便改题目。

椿安君谓：现讨论已久，当由议长请众表决是否赞成照原案申覆。

刘崇佑君谓：本议员尚有意见。

卢初璜君谓：督部堂批答，亦并无甚反对。惟对于三个月内未领之款作为地方经费一条，未经批准，且未将此款发下耳。夫所谓三个月者，原指自各府县出示之日起算，亦不为匆促。

王子懿君谓：办事不能无期限，定以三个月，亦不为过速。

林辂存君登坛谓：此议案及修正案，皆去年本议员所主查修正者。对于国民捐原议本当发还，然因有无人承领之款，则当筹其办法，不能一任官府侵挪。嗣经公议作为地方自治经费，以本地方之款用于本地方，有何不可？督部堂来札，以为强制，其实并非强制。督部堂殆于议案条文并未详细看明。

邹含英君谓：现在覆议，只须两条。

议长（高登鲤君）谓：诸君对此案并无他意，现在惟有照协议会所决定者申覆而已。其协议之结果诸君均已知之，即前日开具清折亦已声明，乃督部堂来札尚有强制之语，似督部堂对于清折并未寓目。

刘崇佑君谓：清折本非申覆书，盖督部堂前本云由谘议局与地方官会同发还，后得清折，于是又自行更改，将前次之言取消。现本局只须照最后札覆覆议。

王子懿君谓：督部堂所驳者，只在限定三个月一节。兹只须将原案声明，三个月期限非不为宽。

之款，以之充自治经费，似亦得当。现在既据督部堂札覆，应遵谕旨发还，则此款总须发还。

刘崇佑君谓：原议限三个月令原捐户来领，其原捐户何人本无从知悉，则发还方法惟有出示登报而已。原捐户有以凭据来领者，自应发还；至不来领者，以之作为地方自治经费，亦于谕旨无所违背。本局所拟办法实属正当，惟访闻此款已归无著，未知确否？

制台代理员福州府曹谓：此款有一部分为源丰润倒欠。

刘崇佑君谓：朝廷设官理财，何款收入，何款支出，均应明白，何以任人倒欠？此倒欠之责应归何人任之？且此款倒欠者仅一部分，其余颇闻行政官厅挪用，究竟此款除倒欠外如何用法？亦请答覆。

制台代理员福州府曹谓：此款虽有倒欠，然源丰润之被官欠者尚多，不难抵销。至余款由财政局拨用，其如何用法，则稽诸册报，自能详悉。

邹含英君谓：此款既经奉旨发还，则无论如何总须发出，何以财政局竟行拨用？

刘崇佑君谓：据札覆语意似极保护原捐户，然以本议员观之，其实不过因此款挪用无著，藉此以为延宕之策。若果为爱护原捐户起见，则事实上无从发还之款将何处置，并未提及。此种藉口推延，路人皆知，无可粉饰。现在惟有催其速即将款发出。至本局原议以无法认领之款充地方自治经费，原为此款无人认领则无所归著，故拟此种办法。试问无所归著之款以办地方公益，尚有何法较此更为妥善者乎？

连贤基君谓：此议案题目为自治经费问题，惟自治经费有二：（一）为自治筹办经费；（二）为地方议事会及董事会经费。筹办经费预算册中已有指定，可无庸议；议事会及董事会经费当就地筹措，今且勿论。但就国民捐言，督部堂以为应遵旨发还，此语极是。本议员以为，地方自治经费可以另筹，而国民捐则总须发还。至于发还后若无人认领者，则由原地方官、自治会议决其应用之法。故此案宜分析言之，以免其推托有词。

卢初璜君谓：去年尚有国民捐质问案，何以并未札覆？

议长（高登鲤君）谓：揣其大意，即并此案札覆。

刘崇佑君谓：连君所言，本议员不赞成。现此议案可不必分，盖此种办法甚

（丙）湖南谘议局来电云：预算仅划出地方行政岁出交局，不交岁入全数参考，贵省如何？请即详覆。

（丁）湖北谘议局来电云：鄂预算仅交地方行政经费岁出底册到局参考，决力争。

（七）报告广西谘议局函送禁烟展限全体辞职呈报护抚察核文稿事。

刘崇佑君谓：有岁出无岁入，是为不完全之预算，与无预算同。本局前日曾电致资政院，至今未覆，请于本日再发一电，其电文大意即由会场公议决定。

苏寿乔君谓：有岁出而无岁入，既令预算案不得成立，是即与无谘议局同。请再电致资政院力争，如不得允许，则当停议要求。

椿安君谓：本日应即发电，电文即请诸君公同拟定。

刘崇佑君谓：电文可请书记长拟定，大意不外谓有岁出无岁入与无预算同，请其咨部电督列岁入款。惟前次发电未覆，此次电文语气须迫切，庶可动听。

议长（高登鲤君）请众表决赞成刘君之说者，请起立。计出席议员六十人，可决者全体。

第一，覆议划定地方自治经费案（延前会）。

议长（高登鲤君）谓：原案于宣统元年十月初二日呈督部堂，内分六条，大意请将奉旨发还之国民捐，各交原解地方官，出示限令原捐户持单具领，逾期或无单者，将该款拨作该地方自治经费，此与原捐国民妥商之意甚符合。至本年二月二十二日，奉到督部堂札覆，内开据财政局详称，国民捐应遵谕旨发还，其能否作为地方自治经费，应由谘议局绅会同该地方官绅商，同原捐国民妥议禀办。札末有谘议局查照，会同地方官绅商，同原捐国民妥议办理等语。嗣由局开具清折，声明会商原捐国民办理，非属本局职务。续于七月二十一日，奉督部堂来札，内开查国民捐系钦奉谕旨发还之款，如欲移充自治经费，自应询明原捐国民愿否方可核办，未便以逾期三月未领，遽尔强制拨充。惟原札拟由谘议局绅会商原捐国民妥办，而来折谓非本局职务，亦自持之成理。查各属城自治会业已成立，似可即由城自治会会同地方官，询商原捐国民办理。

议长（高登鲤君）谓：诸君对于此案有何意见，请即发表。

苏寿乔君谓：本议员提此议案，原以国民捐总当发还原捐国民，惟无从发还出入款项，除已在总表内分府分厅分州分县逐项编列外，并散见于府厅州县分册。惟因各府厅州县公费尚未议定，而平余规费所报是否实在，拟再复查，是以五月二十七日送呈度支部之各府厅州县分册尚不能作为定案，是以未能抄呈，合并声明等由。尚系实情。至岁入各款，因国家税、地方税尚未厘订，现已电商度支部速筹办法，一俟部复到日，即当札知照办。缘国家税、地方税厘定之权，照九年筹办清单，系度支部、宪政编查馆与督抚所同任，本部堂不能独办也。合就札覆，为此札行谘议局查照。须至札者，计札发国家行政经费预算案总册一本、总表一本、分册二十七本。右札谘议局准此。

（四）报告督部堂札发布政使司衙门并度支公所地方行政经费册事。

总督松为札发事，查福建宣统三年地方行政经费预算总册及分册，业经清理财政局先后抄呈札发在案。兹据续将布政使衙门并度支公所地方行政经费册呈请补发，并签明各项经费均系散见各分册及并无分册情形等由前来，除国家行政经费总册、总表并各分册仍饬赶紧抄呈，以便札交参考外，合就札发，为此札行谘议局查照。须至札者，计发宣统三年布政使衙门并度支公所地方行政经费册。右札福建谘议局准此。

（五）报告调查局照会奉督宪电催宪政编查馆拟订会议厅章程电覆事。

福建调查局：为照会事，奉督宪松札，开本月十四日经本部堂电催宪政编查馆拟订会议厅详细章程，请速颁发去后，兹准电覆前来，合就札局知照等因，奉此。合就照会，为此照诣贵局，请烦查照施行。须至照会者，计粘单一纸。

八月十四日电致宪政编查馆钧鉴：上年准钧馆咨，议覆吴士监奏请申明裁夺议案权限一折内开，会议厅应设审查科，专司审查谘议局议决案件，并声明此项详细章程另行拟订，奏请施行等因。现距谘议局第二届开会期近，自应照章委派各项人员，以备审查，此项章程现尚未奉颁发，已否拟订，祈速示遵。盐。

十八日电覆福州制台：辰，会议厅规则十六日具奏，奉旨依议，即行速咨，并列发官报，到时均希查照，特先电闻。宪政编查馆，篠，印。

（六）报告各省谘议同来电。

（甲）安徽谘议局来电云：请开国会事，敝局准作第一建议案，呈抚代奏，希贵局同时并上，乞电覆。

（乙）广西谘议局来电云：预算事如何？敝局应电院否？速覆。

狭，不能容多数之人，故公议由各团体各举代表与会。本局由副议长陈之麟君、书记长林长民君、书记员王振先君为代表，以陈、林二君皆熟谙英语，便与外人交接也。

（二）报告议员洪鸿儒君因回厦欢迎美国实业团事告假七天，又李仲邺君因本邑自治公所事告假三天，陈之麟君因欢迎美国实业团告假一天，潘纪雲君、郑锡光君各告假一天。

（三）报告督部堂札发宣统三年国家行政经费预算册二十九本事。

总督松为札发事，据谘议局呈称，窃本局于九月初三日呈送预算提出时期质问案，蒙批呈并清折均悉，正于本日电请宪政编查馆会商度支部速定电覆，一面批答间，适接准度支部江电，先将局存地方行政经费底册照录一份，送交谘议局，并将核增核减之款一并抄案汇送，以备参考。计奉批答后，续于九月初六日接到札发宣统三年地方行政经费预算总册一本，九月初七日接到札发宣统三年地方行政经费预算分册十二本，历次札文均叙明预算全册仍饬赶紧抄呈札交，以供参考。迄今尚未接到，不知清理财政局是否遵饬赶抄？现距分册送局之日已逾四日，预算全册何以尚未抄齐？且所谓地方行政经费预算分册十二本实未完全，不过有地方行政经费分册之一部分，此外各分册并未叙明何日札交。同是地方行政经费，岂有或有分册或无分册之理？分册延缓未齐，全部不免因之窒碍。此本局所深望督部堂迅赐札交者一。又以上所述仅就岁出而言，预算性质本合岁出入而始成，即谘议局章程亦如此明白规定。本局有议决预算之责，预算案观无岁入即不完成为预算案，本局只能呈请督部堂札交。至督部堂与部如何电商之处，非本局之所敢知，应请督部堂速筹如何提出岁入预算方法，札交本局，使预算案得以完全。此本局所深望督部堂迅赐札交者又一。本局开会定期仅四十日，现已将及三分之一，预算繁重，讨议务详，时日迫促，想督部堂必能为谘议局计，兼为全省之地方行政计。为此备呈，伏乞督部堂察核照呈施行，并乞迅赐札覆等情，到本部堂。据此，查宣统三年预算案，业经本部堂饬令清理财政局，先后将地方行政经费总分各册表抄送札交在案。其未能从速抄送及有无分册之原因，兹据清理财政局详送国家行政经费预算表册，并呈明此次预算因五月二十七日咨送到度支部之案，奉部电饬增减后，复经逐款修正赶办咨送，卷帙繁多，致抄写少稽时日。兹已将前次所未抄齐之册表照录一份，呈请札交，以备参考。至各府厅州县

第二次福建谘议局议事速记录第七号

宣统二年九月十五日（1910年10月17日）

议事日表　第七号

宣统二年九月十五日（月曜日）午后一时开议。

第一，覆议划定地方自治经费案（延前会）。

第二，覆议关于教育事件妥筹各府与省垣联络一致案（延前会）。

第三，覆议改良福州西南泷口港工程案（延前会）。

第四，关于通俗教育咨询案（督部堂提出）。

第五，中等初等实业教育咨询案（督部堂提出）。

第六，监狱改良各地方如何筹设咨询案（督部堂提出）。

第七，立限清葬咨询案（督部堂提出）。

第八，杜绝倒欠情弊咨询案（督部堂提出）。

第九，扩充水上警察咨询案（督部堂提出）。

第十，筹设济良所咨询案（督部堂提出）。

第十一，筹款设立孤贫院咨询案（督部堂提出）。

第十二，劝办医院咨询案（督部堂提出）。

第十三，厅州县巡警就地筹款咨询案（督部堂提出）。

第十四，请督部堂向粤督提回盐斤加价提议案（张道南提出）第一读会。

第十五，严禁吗啡进口提议案（张国宝提出）第一读会。

议长（高登鲤君）述各种报告。

（一）报告本日美国实业团抵闽，本局联合师范学堂、教育总会、农业学堂、工业学堂、商业学堂、工艺传习所各团体，就沈公祠开欢迎会。惟因场所太书记长（林长民君）登坛报告，谓：原案于宣统元年十月初二日呈督部堂，其内容约分四条，大意请催胡绅国廉回国，定期开办。嗣于十二月三十日奉到督部堂札覆，大旨谓据农工商局会同矿务议员罗道详覆，又据胡绅呈称办矿为难情形，准于明春（本年）摒挡备资回国，先行探验。札末谓兹事体大，其应如何办理，或量予格外变通，宽免限制，俾观厥成之处，经本部堂咨商农工商部核覆饬遵，合就札覆谘议局查照云云。至本年七月二十一日续奉督部堂来札，略谓胡绅迄今尚未来闽，本部堂已于五月二十八日电请农工商部饬催在案，嗣于九月初七日接到劝业道台照会，内开奉督部堂札开宣统二年八月二十四日准农工商部咨开，查胡绅国廉以现在商务吃紧，未能速返，请另派员接充矿务总理，自应照准，即希转致在籍绅商，仍照前案从速集议，选员公举，咨由本部查核办理等因，本部堂准此札道查照等因，奉此。除照会福州商务总会查照外，为此照会贵局，请烦查照，希即从速集议，选员公举，复道详咨施行云云。

议长（高登鲤君）谓：此案目的，原请督部堂催胡绅回闽开办，胡国廉既经辞职，则此案已经消灭，似无甚问题。

刘崇佑君谓：本议员意见，此案不必呈覆，惟不必呈覆之处，须请众公决。

议长（高登鲤君）谓：此案事实无应覆议之处，拟不具文呈覆，请众表决。可决者五十六人。

议长（高登鲤君）报告第七号议事日表毕。

议长（高登鲤君）宣告散会。

是日出席议员六十六人。督部堂未到会，委提学使司姚代理。午后一时十分钟散会。

施景琛君云：以征为禁，亦属禁烟一法。

连贤基君云：禁烟望其递年减少，筹款办事则欲其递年扩张，此本不能两全，流弊所极，必至如度支部本年欲保膏捐，不惜破坏烟禁，后患何堪设想。

刘崇佑君谓：禁烟办法，本年因禁运一事，已费许多交涉。现在惟有妥筹办法，不论其将来款项之赢绌如何，总以消灭此物为目的。就部中意见以为先须禁吸，而督部堂则以禁种、禁运、禁吸一同进行。总之所谓分年递减法，究其实不免敷衍。现在欲实行禁烟，总须厉行禁令，定一禁绝之日期，苟届时尚有未戒者，则此种人虽苛待之亦不为过。本议员以为，禁烟办法以广西分区禁止为最好方法。广西谘议局议决此案，为民请命。本局亦须踵而行之。惟是关于此节，本议员须另行提出议案。本日所议决者，则在于申覆与否耳。

王子懿君云：此案与械斗案同，既另提议案，则不必申覆。

孟思培君云：此案不必申覆。刘君所言，本议员极为赞成。凡吸烟之人稍自爱者，皆已戒断，倘官绅中尚有吸烟者，则真不足惜也。

议长（高登鲤君）问：赞成不申覆者，请起立。可决者六十二人（多数）。

第六，覆议防弭上游盗贼案。

议长（高登鲤君）请书记长登坛报告。

书记长（林长民君）登坛报告，谓：原案共十条，本年二月初六日奉到督部堂札覆，内开据藩臬两司详称，九条均可照准，惟第四条请宽地方官处分一节，格于部例，不能照行，但摘顶记过，向由督抚处分，可以免耳。札末有通饬各属一体遵照，札行谘议局查照云云。

刘崇佑君谓：此案呈覆中尚须声明者，本议员之意，最好请督部堂通饬各地方官能实行消弭盗贼，不仅以一纸空文虚为搪塞方好。

议长（高登鲤君）谓：此案宽免处分一节，既与部例不符，本不可行。诸君当赞成此说不必再付审查，即就此意由书记长拟稿呈覆，请众表决。可决者五十二人。

第七，覆议请速定闽矿办法案。

议长（高登鲤君）请书记长登坛报告。

卢初璜君云：不必改名，宜请督部堂改良机关，实行讲习。

苏寿乔君云：此件为申覆书，无甚效力。据本议员之意，宜另提出议案。

议长（刘崇佑君）云：就本日议事日表论，本为申覆书。诸君如欲提出议案，尽可另行提出。

高登鲤君谓：此案虽是咨询案，然苟议员中有意见，总应尽答覆之义务，以补行政机关所不及。本议员赞成卢君之说，请其实行讲习可也。

王子懿君谓：此案应行申覆。

议长（刘崇佑君）问：此案应行申覆，请众表决。可决者五十八人。

议长（刘崇佑君）问：此案应付审查与否，请众表决。可决者全体。

代理议长（刘崇佑君）谓：此案已经议毕，请议长高君复位。

议长高登鲤君复位谓：此案应付庶政兴革科审查。

陈锡朋君谓：此案往复多次，内容复杂，应举临时审查员。

刘崇佑君谓：据第百四十五条，有规定互选咨询案审查员，惟照先例，可不必互选，即由议场讨论应付何科审查。

陈锡朋君谓：最好增添数人一同审查。

施景琛君、王子懿君谓：审查时，可请熟悉此事诸君为顾问，不必增添人数。

议长（高登鲤君）谓：此案应付庶政兴革科审查，请众表决。可决者四十八人。

第五，覆议禁烟咨询案申覆书（延前会）。

议长（高登鲤君）请书记长登坛报告。

书记长（林长民君）登坛报告：本申覆书于宣统元年十月二十三日呈督部堂后，未蒙札覆，旋于七月二十一日始得督部堂札覆，内开查此案除烟膏专卖一条，官商无此资本，尚须妥筹办理外，其禁种、禁吸、禁运、邻土进口及饬属多设戒烟局所，本部堂早已实行，谘议局应有所闻。其余各条，亦一并于上年十月二十八日札行三司，通饬一体查照办理在案，应即以此次答语为补覆云云。

施景琛君谓：烟膏专卖，官无资本，亦可招商承办，此事关系筹款甚大。

连贤基君谓：施君所言专为筹款，与禁烟本旨不合。

议长（高登鲤君）请主查员王君子懿登坛报告。

王子懿君谓：协议会议决茶业一项时，谓须详查茶商，始悉底里。经协议会商令本议员于本年五月间茶商麕集省会时，查明内中情形。据本议员调查之结果，茶业商情散漫，资本薄弱，实难联合。与之商量派人赴印度调查，及用机器改良制法等。据云前亦有一家创办机器制造，嗣以经理不得法，亏折甚巨，现归俄商续办，闻亦无赢利也。至现办茶务讲习所，其中不过文书一员，调查二员，大抵敷衍了事而已。

议长（高登鲤君）谓：本议长对于此案颇有意见，请副议长暂时代理，以便就席发言。

副议长（刘崇佑君）就议长席。

议长（高登鲤君）就议员本席。

高登鲤君登坛谓：茶务本由劝业道台主管，劝业道未设以前，自应归农工商局筹议。惟因税则一事，与财政局有关系，故移商核议，乃财政局不论如何，逐条评论，于是两方意见大不相同。即讲习所一节，据农工商局主张，注重茶户，须于产茶之处设立，而财政局则注重茶商，须设于茶商萃会之区。言之虽各有理由，而督部堂又以之交付商务总会议决，是加一番之议论，即多一番之抵触。本局将以何为标准？且谘议局为一省议决总机关，谘议局所决议者，行政长官如以为可行，则当公布施行，如不以为然，则说明理由，交局覆议，断无以其他机关之议论，强本局有服从之理。倘谘议局所议决者，尚须经他之机关复行议决，则亦安用此一省最高之总机关，年费此数万金，以博一省人民之訾议？所以本局自去年设立以来，至今一载，议决之案无一见诸实行，无怪全体议员受父老兄弟之指摘。故本议员对于此案之感触，不得不忠告行政长官，此后本局议决事件，苟以为不可行者，应即说明理由，交局覆议，不必再交他处议决，致与章程不合，且使施行无期。（众皆拍掌）

王子懿君云：茶叶为本省出产一大宗，若能切实改良，将来发达，亦属不难。似宜及早研究，庶不至以绝大利源为日本、锡兰所夺。

高登鲤君云：现在督部堂最终之札覆，拟于南台建宁馆设立茶务讲习所，察其内容，于讲习之事并未筹及，只设文书、调查三员而已，宜请其改名为调查所。

刘崇佑君谓：本议员顷系向督部堂代理员质问，关于章程，学台何日可以覆核？关于款项，盐道台何日可以详覆？

制台代理员提学司姚答：兴办水产讲习所，依九年筹备清单，应在宣统四年筹设，且此种讲习所重在人材，款项尚在其次。

刘崇君佑谓：本议员对此议案不胜感触，凡议案未经督部堂允准固不能行；既经允准者亦不见诸施行，不知行政权究竟谁属？所有行政机关何所事事？由此观之，将无一事可办，尚何申覆之有？

议长（高登鲤君）谓：此案毋庸申覆，请众表决。可决者五十二人。

议长（高登鲤君）宣告休息二十分钟。

三时二十分续行开议。

第四，覆议茶业咨询案申覆书（延前会）。

议长（高登鲤君）请书记长登坛报告。

书记长（林长民君）登坛报告，略谓：此申覆书于宣统元年十月初六日呈督部堂，其内容计分八条：（一）茶务讲习所办法；（二）经理人；（三）各埠茶帮报名注册事；（四）派人赴印、日、台湾考察；（五）选派学生赴印、日学习；（六）茶工用安溪人；（七）禁作伪掺杂；（八）酌量减税（办落地税或统捐）。本年二月初三日，奉到督部堂札覆，大旨谓据农工商局详覆，第七条自应饬行，第八条有关国税须移商财政局核议，余六条皆按而不断。至三月十四日，复奉督部堂来札，内开据财政局详覆，第一至第七各条应咨福州商务总会，邀集茶商会议，其第八条改办落地税或统捐事，应俟各条议覆可以实行后，再出财政局察看情形，另行议办。札末谓：除批饬迅移商务总会邀集各茶商逐一公同定议详办外，合就札行谘议局查照云云。谨案：此案照农工商局详覆，只有第八一条须移商财政局核议，而财政局则并申覆书中各条皆议及之，至第八一条反从缓议，第七一条农工商局已有自应饬行之语，而财政局复移商之商务总会，彼此似有不相接洽之处。此后续奉札覆，以商务总会之议，在南台设一讲习所，所内设文书一员，调查两员，年费千二百元而已。

议长（高登鲤君）问：诸君对于此案有何意见？

李迪瑚君谓：协议会议事情形若何？请报告。

渔业公司办法，先请刘绅鸿寿调查情形，后再行酌办云云。此案至今未奉续札，不知调查如何？又水产学校一节，札中并未叙及，亦不知准否？

议长（高登鲤君）谓：诸君有何意见？请即讨论。

施景琛君质问：渔业公司已蒙制台批准指拨五千元为筹办费，是否照谘议局申覆办法办理？请劝业道台答覆。

劝业道张答：本道拟就省城设立渔业筹办处，以五千元为开办费，已详请制台批准，大约目下可以设立矣。

施景琛君问：水产传习所原议设立，现在能否开办？

劝业道张答：已移盐道请其拨款，现尚未拨，故未开办。

督部堂代理员提学使司姚谓：盐政款项，自本年度支部设立盐政处后，不准各省擅行指拨，大约此款尚须询明度支部照准后，方能指拨。

刘崇佑君谓：所谓不准指拨者，自系在七月以前之事。既督部堂不能指拨，何以七月间批示又云可以指拨乎？

林辂存君质问：水产传习所，去年申覆书所举系六人，原为联络上下游起见。今据督部堂札覆，仅准先请刘君一人，是何主张？

劝业道张谓：据刘君鸿寿所说，水产传习所开办费总须百五十万金，然既有款而无教员，则亦无从著手。渠世兄在日本水产传习所肄业，本年可以毕业，自可请其襄办。惟是仅渠一人，亦不敷教授。故拟先设渔业筹办处，调查东西洋办法。查日本有水产调查录等书，现已交课员翻译，藉资参考。

刘崇佑君谓：督部堂札中有云，筹办水产传习所尚未据提学使司覆核，不知学台现在已否覆核？

学台姚谓：覆核原属容易，惟现在既未筹定款项，又未有教员，不知应如何办法？故未覆核。

刘崇佑君谓：据督部堂所云，款由盐务中指拨，顷据督部堂代理员所云，则此款不能指拨，究竟此款能否指拨？

督部堂代理员提学使司姚谓：此须待盐道详覆后，方知可否指拨。

刘崇佑君谓：盐道现在已详覆否？

督部堂代理员提学使司姚谓：已否详覆虽不可知，惟详覆应与本司会稿，现未会稿，故知其未详覆也。

议长（高登鲤君）问：诸君有何意见？

李迪瑚君谓：此条本难办到，似以制台所拟为较当。

刘崇佑君谓：申覆书之效力与提议案不同，申覆书不过备督部堂之采纳而已。若议决案，为谘议局议决事项，行政官若不以为然，谘议局可申诉于资政院，请其公断。申覆书则无此效力，以法律言之，不能不分界限也。

王子懿君云：据督部堂来札，对全案均已批准，惟第七条中有不以为然者，本局原可赞成，但札文中有着无庸议等语，未免辞气过倨耳。

孟思培君谓：申覆书仅备督部堂采纳，其照行与否，本局并无权过问，可以不必议覆。

议长（高登鲤君）谓：此案可不必再行申覆，请众表决。可决者五十九人。

第二，覆议防止械斗咨询案。

议长（高登鲤君）请书记长登坛报告。

书记长（林长民君）登坛报告，略谓：此案系并提议案，与咨询案二者为一，计内中各条皆已照准，惟第九条撤去分府委员一节，未经照准。

陈锡朋君谓：此案系并合两案而成，自应覆呈。

刘崇佑君谓：此案若为提议案，则必须议覆。既已议覆，则制台批准，有公布施行之责；不批准，有咨送资政院核议之责。惟今日议事日表所列为申覆书，不必覆议。

陈锡朋君谓：此须分开为二，申覆书为答咨询案而作，至于提议案，应另行议决。

刘崇佑君谓：本日议事日表仅列申覆书，则本日只宜就申覆书范围内议决。查设立分府委员，本为行政上补助机关，原议欲撤去者，不过因其下乡办案扰民而已。兹既经制台严申禁令不准下乡办案，则目的已达，可不必再行申覆也。

议长（高登鲤君）谓：此案不必申覆，请众表决。可决者全体。

第三，覆议渔业咨询案。

议长（高登鲤君）请书记长登坛报告督部堂札覆大旨。

书记长（林长民君）登坛报告督部堂札覆大旨，略谓：据农工商局详称，合四万万同胞，积诚呼吁，以见吾国民程度并无不足，冀君父之一悟，不终为贪庸政府所蛊惑，以达夙昔平和请愿之目的，而不演各国上下交关之惨剧也。无如风云日恶，时势迫人，日俄协约发见，而日本吞并韩国随即实行，近且外人胜兵快炮分布南北满洲，野心勃勃，真有一日千里之慨。东三省人民惊惶无措，各谋迁徙，时派专员李君芳、文君耆来本团告急，共图挽救。窃惟朝鲜灭亡，满蒙全部，他人入室，已非我有，再乘其高屋建瓴之势，狼奔豕突，将何所底？况各国本其机会均等、利益均沾主义，相沿而起，吾国五分四裂，真旦夕间事耳。嗟！我同胞急何能择。兹经本团开会集议，决定由驻京各代表上监国书，上政府书，上资政院书，抵死请愿，无论如何危险，皆所不计。并请贵团体同时开会，邀集大多数国民，速赴各督抚衙门，泣恳代奏，速开国会，以救国亡。或联电政府代奏，尤愿布告各本省诸志士，各抒平日宗旨，竭其能力，但于救国有济，任用何种手段，分途并进，务求内外策应，声势联络，使强邻咸憬然于吾政府可欺，吾国民必不可侮，或者稍戢凶威，顾全睦谊。吾国存亡，在此一举。谅诸君子必能奋发争先也。嗟呼！国步艰难，当途晦塞，急起直追，深悔优游之贻误，天荆地棘，宁容苟且以偷生。谨布下忱，恭祝热度。北京国会请愿代表团孙洪伊等启。

十一、报告广西谘议局蒸日开会电。

谘议局鉴：烟案蒙赞助，感谢。得旨，抚照办。敝局蒸日开会。

十二、报告云南谘议局力争预算电。

谘议局鉴：来电悉，预算未下，应坚持原议，滇局已电请联合各省议局力争。滇议局。隆。

椿安君谓：议员若全会期继续请假不到会，则应如何？

议长（高登鲤君）谓：此在章程并未规定。

刘崇佑君谓：此因章程规定未完全。惟章程中如有可疑，尽可随时提议修正。此问题当俟修正章程时再议。

第一，覆议禁止花会咨询案申覆书（延前会）。

议长（高登鲤君）请书记长登坛报告。

书记长（林长民君）登坛报告，略谓：此申覆书去岁经本局议决，共九条，内惟第七条聚赌铺屋拆毁一节，督部堂札覆云应无庸议，其余八条均已照准。

发外，理合移请申贵局查照，须至移者。

（七）报告福宁府移开新补议员柳遇侯执照已详请筹办处颁发文。

福宁府智为录批移知事案，查敝府转详福鼎县议员孔绅昭淦病故遗缺，请以候补当选人柳绅遇侯递补等情一案奉批。据详该府议员孔昭淦病故出缺，自应以候补当选名次列前之柳遇侯递补，仰即俟该当选人呈明应选后，一面给予执照详明办理，一面移会谘议局查照。至议员执照定章，本由复选监督发给，无庸由院颁发，并即知照等因，奉此。查议员执照定章，应由筹办谘议局颁发，复选监督转给收执，业经由府详请，乃至今未奉发到奉批。前因合就备移，为此移诣贵局，请烦查照，须至移者。

（八）报告仙游县申报议员陈义因病请假十四日文。

兴化府仙游县为据情转报事，本年八月二十八日，准自治公所所长陈义函称，本八月初四，伊因发际二疮疼痛，至十七、十八两日，几于不省人事。谘议局九月初一日开会，不能赴议，恳即转详请假十四天，届满倘能赴会，容参末议，亦属幸事。如病势不能痊愈，固当再请续假，以符例议而就章程等由前来。知县覆查无异，理合据情备文，申请宪台察核，实为公便。为此备由呈乞照验施行，须至申者。

九、报告黄君搏扶因病辞职函。

谘议局议长大人尊鉴：九月初二日，敬承台教，本当遵命赴省，藉领清诲。惟因风眩头痛，未便远行，并查章程内年满六十岁以上，有准予辞退一条，经将情形呈明管太尊，随缴议员执照，请另详补。扶自揣迂腐，老朽无能，虽到贵局，亦同寒蝉，何能补益？以视诸公英杰，为都人士兴利除弊，一言九鼎，怃想下风，曷胜钦佩。后日议事速记录刷成，恳再寄一部，工费若干，应饬人备项，由省趋领，万勿以局外人见弃也。肃此，敬叩苓安。刘、陈二君均此请安。弟黄搏扶顿首，九月三日。

十、报告国会代表团报告三次请愿书已上函。

径启者：本团自二次上书仍归无效，同人等再四筹商，宣布议决案，原拟九月在资政院陈请提议，一面由各省同志会养成实力，明春二月大举要求，彼时海内外函电敦迫追行，佥谓誓结敢死团体，以为后盾。若复如前行动，未免迂缓罢软，有负国民委托。同人等受诸父老兄弟督责，所以隐忍而不敢置办者，无非欲之有日领事府，于今三年矣。日本提议在我国之后，而成功在我国之先，固国力之使然，亦外交之强硬。相形见绌，国徽无色。今宜援通商条约及日本现规，与和使严重交涉，速派领事前来，华侨或有乐生之望。若待其新法颁行之后，始设领事，窃恐得一领事，而已失数十万侨民矣。抑和人之苛待华侨，与苛律之难删除者，尚有一大原因在，即所谓为虎作伥，自残同种，神人共嫉，天地不容之玛腰甲必丹雷珍兰是也。此辈不去，华侨终无安宁之心。我方欲保全国籍，彼则为驱雀之鹯；我方欲免除苛律，彼则为哽喉之骨。凌内媚外，假公济私，其罪恶甚于中国之土豪，其威福僭于专制之君主。《语》云："己国之所不利，即他国之所利。"此辈既为华侨公敌，外人且引为爪牙，安肯废而不用？今惟有与和政府订立条约，凡玛腰甲必丹雷珍兰等职，均由各该埠华侨投票公举，和吏有监督选举之责，而无强制任用之权，以华侨自举之人，认为华侨长，此最适当之法理也。然以此为请，和政府或犹有难色。莫如于设总领事外，多设副领事、名誉领事分驻各大埠，以分其权而杀其势。观于英属有领事之埠，而甲必丹等不至恃然无忌，良有以也。至任用领事，首贵得人。总领事由部奏派，副领事、名誉领事则由华侨选举，其公费仍归华侨担任，如此则事易举而人易得也。敝会目击时局如斯，侨况如斯，身处漏舟之中，万难缄默。歌鲂鱼而思父母，赋硕鼠而怀乐郊，所望内外维持，亟图补救，以保侨民者存国体，以安侨庶者固邦交。悾悾之诚，实惟悚战。为此备移贵会，请烦查照施行，并希见覆，盼切祷切。须至移者。

（五）报告泉州府移开议员李慕韩遗缺以周春光递补文。

泉州府管为移知事案，查资政院议员李慕韩遗缺，轮应候补议员黄绅搏扶递补，当经照送执照去后，旋准以时务未谙辞退，即经禀奉督宪批饬敦劝应选，照会在案。又准以年逾六十，委实患病，请准辞退前来。查所遗员缺，轮应安溪县廪生候补议员周春光递补，除报明督宪暨将照会执照札发安溪县转送外，合就备移，为此移请贵局，希即查照，须至移者。

（六）报告泉州府移开议员吴拱震遗缺以陈蓉光递补文。

泉州府管为移请事案，查谘议局吴议员拱震，因病辞退，当经详奉督宪批饬确查核办等因。兹查吴议员患病属实，应准照章辞退，所有遗缺，轮应惠安县举人候补议员陈蓉光递补，除申报督宪暨照会陈议员查照，并行惠安县发给执照转年提出殖地民籍问题，专为对待华侨起见。今闻议决实行，凡在和属土生华人，均收入彼籍。条文已见诸和报。侨氏无知，有以得入彼籍，权利与欧人平等，相与鼓舞为庆，殊不知所谓殖地民籍者，实与土番同一待遇，不啻以弱主而递为奴也。此例实行土生与在留者判若两国，我政府忍弃此数十万海外之民，以贻无穷之患则亦已矣。否则，乘此法将行未行之际，全力以争，或可挽救。查三宝垄商会，今年端节传单升旗，彼和吏干涉，凡土生华侨不准升龙旗，彼已示其端倪矣。二曰波黎士房苛律也。查波黎士房之律，野蛮达于极点。其法不分刑事民事，不问罪实情虚，一经他人控告，或被警吏风闻，即拘禁狱中，与土番同牢，百日内不准律师辩护，不准商民保释，及其定罪后，即加以赭衣，罚作苦工，狱吏禁卒任意凌践。溯其立法之始，原以治野蛮之土番，不但待欧美日本之侨民，未尝用此法律，即治其本国移居之民，亦未尝用此法律。乃不用之于他国及本国者，而偏用之华侨。侨民无识，隐忍服从二百余年，莫可告诉，其因此破家败产饮恨捐生者，大不乏人。以人格高尚之商董教员，近且叠受其虐，亦可哀已。三曰路字限制也。查路字一律束缚自由，尤为不合人道。世界立宪国家，除犯罪人外，皆享有行动自由之权。今和属路字之限制，不特甲埠至乙埠须报领路字，即同一埠内此区达彼区，路字亦不能免，与刑罚学理监视假出狱之囚人无异。以监视囚人之律，加诸自由人民之身，世道人道，牺牲殆尽，而贩夫贾客终岁仆仆道途者，皆有画地为牢之叹，影响商业，蒙害尤多。此三者皆苛政之极端，而华侨之大戚也。其他如税敛之繁苛，遗产之吞没，干涉商会，控制学堂，在在皆制华侨之生命，堕中夏之芳声。言者伤心，闻者扼腕，正难一一觊缕也。然法先除其太苛，弊先去其已甚，维持之法，当从国籍及波黎士房、路字三者下手。近巴达维亚华侨维持会发议联合全岛商会学堂，具禀和国驻巴总督，求免波黎士房及路字苛律。旬日之间，督署所收各埠禀函，多至五六十起。和督以华人团体之盛，又叨进步之速，深为嘉叹。闻有先准商会学堂职员免用此律之议。然敝会请之意，在谋全群幸福，不愿私诸商学界少数之职员。且苛律纵许删除，而国籍尚须交涉。今宜乘此时机，一面请政府与驻京和使开正式谈判，一面设置领事，以立法权之基础。查我国前以领事问题，向和政府交涉，彼云领事法律诸待改良，俟新法颁定，即听我国设立领事，庶免国际法上之冲突。措词甚谲。未几，日本亦以设领事为请，和政府答如前。日本悍然不顾，径派领事前来，和卒认可。巴城刘崇佑君谓：何以各学堂及教育总会等皆有分册，而其他则独不能造具清册乎？

督部堂代理员提学使司姚谓：各学堂自有专责，故能饬令造成分册。若其他机关，有事实上做不到者，即为粥厂一项，只能报告其经费之总数，不能条分缕晰也。

刘崇佑君谓：请问除前交之分册外，尚有几本分册？何日可以送到？

督部堂代理员提学使司姚谓：只有度支公所册一本，本日定可送到。

刘崇佑君谓：照督部堂代理员所述，是别无分册矣。

督部堂代理员提学使司姚答：度支公所册虽属总册，然皆有根底可供参考。

刘崇佑君问：何时可以交到？

督部堂代理员提学使司姚答：十五日以内总可交到。

议长（高登鲤君）谓：质问已毕，尚有应行报告之公文函电，请书记长逐一登坛朗读。

三、报告督部堂札覆关于交议各案，除筹办简易识字学塾与违警章程外，其余皆作咨询案事。

总督松为札覆事，据谘议局呈称，此次督部堂所提十二案中，惟筹办简易识字学塾与违警章程两案，可以列作议案，其余十案皆作疑问之词，未有实在规划，故本局列作咨询事件。又每案议题应请标出，并分折札发，俾得分案归档等情到本部堂。据此，查谘议局既以筹办简易识字学塾与巡警章程作为议案，其余皆作咨询案，应即如呈办理。至每案议题，谘议局可自行分别录由归档，无庸分折札发。为此札行谘议局查照。须至札者，右札福建谘议局准此。

四、报告日惹商会移送联合会文。

为移会事，宣统二年七月十五日，接准福建谘议局议长高电，具见贵绅等关心大局，嘉惠侨商，至为钦佩。本拟即日电达贵会，嗣以此邦苛律，累楮难宣，吾侨苦惨，长言不足，非万里电信所能缕述。惟有将和国苛待华侨情形及维持方法，详细备文，移请贵会查照办理。查和属之酷待华侨，不自今始，而近日持之尤甚。推求其意，以为我国民智渐开，侨民与国家颇知有密切关系，楼船横海，星轺载途，商会学堂，遍于南岛。顾我方谋保护之策，彼益深猜忌之心。虎禽鸥张，不寒而栗。综其苛律，可得而言焉。一曰迫土生侨民入籍也。查和京议院上刘崇佑君云：宜用奇数五人可矣。

议长（高登鲤君）请众表决赞成五人与否。可决者五十八人。

李迪瑚君谓：临时审查员宜用互选方法，因此事关系重要，其审查之结果当付诸惩罚科与否，即由此决定也。

议长（高登鲤君）云：此事关系重要，应仍用互选方法。

椿安君云：尚有一言，须请议长声明者，本日一时开议，而守卫至顷间始到，于议场秩序不无散漫，请议长申斥。

议长（高登鲤君）云：守卫本日到会稍迟，下次应须早到，不得迟延。

卢初璜君谓：顷陈君所云第一百九十五条，不能适用。盖本条系指不能到会，未具请假书，接连至三日以上者言之，若现在情形，则系不赴召集，与此不同，应行声明。

议长（高登鲤君）云：此条自不能适用，惟现经公决付诸审查，则事在必行。

举行临时审查员选举，照章用连记无记名法投票。计出席议员六十六人，以得投票之最多数为当选，计当选者五人，姓名列左：林邦桢二十八票，孟思培二十四票，卢初璜二十二票，洪鸿儒二十一票，洪国器二十一票。

刘崇佑君请提出紧急质问，谓：本议员对于预算案已质问数次，尚不得要领。前曾声明，有岁出无岁入，有总册无分册，皆不能谓之完全预算。岁入册及地方行政经费分册，前由制台代理员声明，十二日送局，迄今尚未送到。本日督部堂代理员亦未提及，请议长质问。

督部堂代理员提学使司姚云：顷已谈过，分册已经备便，至参考之册，亦已由清理财政局汇齐，大约分册本日可以送局。

刘崇佑君谓：本届议事为日无多，若预算案不早日交付完全，则将来不能议决，此责任应归何人担负？且督部堂既有允将预算提出，而屡次展缓，不知何故？本议员对于此事殊不满意。又凡预算有总数必有分数，何以分册不能送局？究竟无分册可否作为预算成立？

督部堂代理员提学使司姚谓：预算案为从来所未办过，行政官只能以度支部之命令为准，无他方法也。有总册自有分册，惟各项用款间有未将细数报告者，则无从造具分册。

一人。自开会日起至今日始到会者，为周寿恩君、林佑蘅君、蓝德光君三人。自开会迄今，未出席而曾经告假，由众公认者，为杨豫君、陈义君二人。自开会迄今，未到会而曾经陆续告假者，为郑锡光君一人。

林辂存君谓：据议长报告，郑锡光君未到会，系已赴召集抑未赴召集？正式会、研究会是否全未出席？有无理由？于谘议局章程第五十九条有违背否？

议长（高登鲤君）谓：郑君全未到会，系因病告假。

林辂存君谓：郑锡光君确系因病不能出户，或仅不到谘议局？如此则各议员亦可相率效尤，于议事上必有妨碍。

郑锡光君适于此时已出席。

议长（高登鲤君）谓：议员自开会以来，未经告假且未出席者，只有叶福钧君一人，应援照谘议局章程何条办理？

孟思培君云：应援照第五十九条不赴召集例办理。

刘崇佑君云：此当分别而言，不赴召集有有事故无事故之别，不能概援第五十九条办理。

洪国器君云：泉州府议员多有未接到召集行知者，叶君或亦以未接召集行知之故。

议长（高登鲤君）云：应辨明有故无故，若毫无事故不赴召集，方可照章办理。

卢初璜君云：照章无故不赴召集，自当除名。惟叶福钧君之不赴召集，果为无故与否，尚未可知，请先付审查再议。

议长（高登鲤君）云：然则当付惩罚科审查？

陈之麟君云：依一百九十四条条文，尚不能即付惩罚科，应另举临时审查员。

议长（高登鲤君）问：审查员应如何选举？

刘崇佑君云：章程系言互选，既云互选，别无他法。

苏寿乔君云：照前次会议之例，由议长指定审查员，以省互选手续，亦无不可。

刘崇佑君云：依一百零五条第二项，当由公众决定。

议长（高登鲤君）云：当先表决审查员人数。

第二次福建谘议局议事速记录第六号

宣统二年九月十二日（1910年10月14日）

议事日表　第六号

宣统二年九月十二日（金曜日）午后一时开议。

第一，覆议禁止花会咨询案申覆书（延前会）。

第二，覆议防止械斗咨询案申覆书（延前会）。

第三，覆议渔业咨询案申覆书（延前会）。

第四，覆议茶业咨询案申覆书（延前会）。

第五，覆议禁烟咨询案申覆书（延前会）。

第六，覆议防弭上游盗贼案。

第七，覆议请速奏定闽矿办法案。

第八，覆议划定地方自治经费案。

第九，覆议关于教育事件妥筹各府与省垣联络一致案。

第十，覆议改良福州西南泷口港工程案。

议长（高登鲤君）述各种报告。

一、报告新补议员周春光君今日到会，因执照未到，请林邦桢君、林逢春君为保证。

刘崇佑君谓：议员执照未到，应请议长向行政官询问。

二、报告议员杨长余君、上官华盖君、李馥南君、余钟英君、高士龙君告假。

林辂存君谓：开会迄今已逾十日，议员俱已到齐否？

议长（高登鲤君）谓：议员自开会迄今，未到会且未告假者，为叶福钧君孟思培君谓：欲问成立与否，只须看督部堂札文中有照准施行者，则是为成立之证。

潘纪雲君谓：照准施行之案，试问已施行否？

孟思培君谓：施行与否，属行政官权限。

邹含英君谓：顷王君、连君所主张者，为审查之范围宜广，李君、孟君则反对此说。自本议员观之，两方面均有未完全之处。

卢初璜君谓：本议员主张应审查之事，限于督部堂所不以为然者。至连君、王君则主张全案皆付审查，而邹君所说则为骑墙之见。本议员以为，若全案可付审查，则恐有再行覆议之举，而法律上不准再行覆议，则又如何？至恐所议不能实行，则将来尽可另行提出议案。

王子懿君谓：本议员意见不独专为此案，因宪政编查馆来电所言存案之事，其根本上并无标准，若皆不能覆议，则将来关于存案者，虽事实上有不同，皆不能变更也。且此案即付审查，并非全体变更，亦须经全体议决。

卢初璜君谓：若将已批准者再行变更，倘督部堂不以为然则如何？

陈之麟君谓：应请议长先将此案应付审查与否请众表决，至范围大小，可于研究会讨论之。

卢初璜君谓：范围大小先须表决。

议长（刘崇佑君）谓：诸君赞成卢君之说先行表决范围之大小者，请起立。赞成者为对于四十六人中之三十人。

议长（刘崇佑君）谓：赞成审查范围大者，请起立。计赞成者仅十一人，遂决议审查之范围从小。

议长（刘崇佑君）谓：请众表决此事应付审查与否。可决付审查者四十人。

议长（刘崇佑君）谓：本日议事日表不能一概议决，所有第六项以下应延于次会议决。

议长（刘崇佑君）报告第六号议事日表。

议长（刘崇佑君）宣告闭会。

是日出席议员五十八人。督部堂未到会，委提法使司为代理员，午后一时到会。午后五时散会。

连贤基君谓：此案应付审查，盖因本年比去年情形不同，当就预算中酌量情形办理者甚多。

黄乃裳君谓：赞成王君、连君之说。

王子懿君谓：本议员主张付审查者，因去年之案不必尽合于今年情形，欲慎重其事，求可实行也。

卢初璜君谓：付审查当限于督部堂批驳之处，其已批准者不能再行审查。

王子懿君谓：全案中有一条修改者，则其余皆被牵动，似以全案付审查为宜。

议长（刘崇佑君）谓：若此，则此案不在付审查与否之问题，而在审查范围大小之问题矣。

陈之麟君谓：已批准者不能再审查，若欲更动，则须另行提议。

连贤基君谓：照法律，有一条批驳者，其余不生效力，则不能以其余皆作为批准也。

孟思培君云：此案为去年已经议决之案，万不能无故推翻全案，妨害全体议员之议决权。本议员之意，只宜一部分付审查，不赞成全部付审查。

李迪瑚君谓：若已批准者仍行覆议，倘制台复行批驳，尚有再覆议之权否？

孟思培君谓：有批准施行字样，则当视为有效力。

连贤基君谓：据宪政编查馆覆河南巡抚电中所云，似此案之审查，尚当扩充其范围，盖时经久，事实亦随而变迁也。

【孟】思培君谓：事实上今昔不同，只能本年于预算内将去岁议决设立者填入，不能因有预算而变更前议。

连贤基君登坛谓：孟君所说，因恐将全案翻议。本议员之意，非属如此。惟因逐年情形不同，不能无变动之处，并非全体变动。

孟思培君登坛谓：本议员并非恐审查范围太大，盖本年所谓事实变更者，不过因有预算一事，然不能以有预算，故而变更去年所批准施行之议决案条项也。

连贤基君谓：顷孟君所言，皆持极端之说，请持平议论。

孟思培君谓：本议员并非主持极端，因已议决之事不能推翻也。

潘纪雲君登坛谓：今试问此案是否已成立？若未成立，则不妨再行覆议，因事实上总须求其便利可行，不必坚持前议也。

查照者不同，合并声明。又此案之末尚有附案，为指拨关款一事。据督部堂来札，大旨谓据福建提学使司详准教育总会移覆关款五万，前已由各绅金请拨充敝会及各学堂开办建筑等费，请仍照前议如数给领，札行谘议局查照云云。本局得札后，于十月廿五日经常驻议员协议议决，仍持原议案之说，再呈督部堂，至今尚未奉到督部堂札覆。谨按制台来札，系据福建提学使司详文，转据教育总会移文，札行本局查照，在督部堂尚无决定之语，应特声明。

议长（刘崇佑君）谓：照章谘议局议决案督部堂交覆议者，应由谘议局覆议，若督部堂尚不以为然，则应移交资政院核议。此案经覆议一次，本无再行覆议之余地。然因特别情形，不妨再行覆议。如赞成覆议者，请起立。可决者得四十八人（多数）。

议长（刘崇佑君）谓：此案卢初璜君于常驻议员协议时知之较详，请卢君登坛详细报告。

卢初璜君登坛报告，略谓：师范教育案前后原委，已由书记长详晰报告。本案为教育案中四案之一，其三案已经督部堂批准，惟此案为督部堂所不赞成者有二项：其一，各府学额决定若干人甚无标准，督部堂意惟有比较各府与考人数与学额之数而定，当时常驻议员对于此层亦无甚把握。又督部堂来札谓照陆军小学办法，凡一府中不能满额者，以他府补之云云。又附案指拨关款，据督部堂之意，（侯）〔候〕五年后再交谘议局议决。嗣经议决，谘议局为代表一省舆论之地，而关款亦系一省之公款，自应由局决议，即以此意申覆，督部堂来札仍持前说。惟是附案现无问题，因已归诸预算中也。

议长（刘崇佑君）谓：卢君报告已经明晰，此案应分两项：一为正案，一为附案。诸君如有意见，请登坛演说。

苏寿乔君谓：督部堂所拟办法亦颇可行。

王子懿君谓：去岁所议决之情形，今岁又有不同，因今岁所议决者，皆属明岁所应办理者，而能办理与否，预算又有关系，似宜先付审查。

议长（刘崇佑君）谓：覆议事件付审查，议事细则未曾规定，宜由全体议决应否付审查，惟付审查后，亦不必开第二读会也。

李迪瑚君谓：此案无审查之必要。至于学额，以与考人数为比较，似甚不妥。

三时二十分续行开议。

第五，覆议师范教育案并附案。

议长（刘崇佑君）谓：去岁闭会前一日，曾经全体议决，谓凡属督部堂札交覆议之案，均归常驻议员议决。后因宪政编查馆电，凡覆议之案，常驻议员不能覆议，只能存案。故此节须分两层：一在发见此电以前所议者为有效；一为发见此电以后常驻议员无议决之权，去年各案未经覆议者固属无效。即已议决者，其实行亦无几。总而言之，去岁谘议局之开会，都属空言，毫无效果也。今望诸君留意，对于此届议决之案，应请督部堂迅速札覆，覆议后再不以为可，应即请移交资政院核议，方不至徒延时日，使我福建百姓得以早日受福。此师范教育案，为宪政编查馆电文未到以前，故由常驻议员覆议，而制台又有未批准者，兹当先行报告。

议长（刘崇佑君）请书记长将覆议师范教育案登坛报告。

书记长（林长民君）登坛报告，略谓：此提议案于宣统元年十月初二日呈督部堂。查原案分两节：第一节，优级师范中分三条：（一）用国语教授；（二）定招生时期；（三）确定各府学额。第二节，各府分设初级师范，附以简易科、传习所及女子师范、保姆传习所。又各府初级师范学堂设立后，全闽初级师范应撤去，其经费匀分于各府云云。嗣于十月十四日奉到督部堂札覆，大旨谓据提学使司详应行删订者一条，应交覆议者一条。应行删订一条，大旨谓省城师范学堂并无另立全闽初级师范名称，凡各府初级师范生毕业后，可径送省城优级师范学堂，其初级师范只收福州府属学生，毋庸裁撤。应交覆议一条，大旨谓学额不能确定，应俟各府初级师范及中学堂毕业有人，再行照办。本局接到此札时，未得宪政编查馆电示明文，常驻议员尚有议覆之权，遂于十一月十七日，常驻议员于协议会决议呈覆督部堂，内分两条：（一）各府师范设立后，全闽师范学堂撤去两级名目，其初级师范增高程度，并入优级。（二）优级定额，仿照陆军小学堂办法，一府不能及额，以他府补充之。呈覆之后，复于本年二月初五日，奉督部堂来札，大旨谓第一条可照办，第二条确定学额，应以各府考送人数两相比例，平均酌定取额云云。谨按此札中有本部堂细加察核一语，札末有除饬福学司办理外札行谘议局查照云云，是为督部堂之所主持，与他案但据司道详覆札行谘议局兼查本区宣讲成绩。十四、听讲不限资格，无论何人，均可入听，但当恪守规则，不可扰乱秩序，违者巡警员令其退出。十五、各地方以奉文日为施行之期，如逾六个月未办者，地方官及劝学总董均记过，逾一年未办者，地方官记大过三次，劝学总董撤换。

议长（刘崇佑君）请提议者孟思培君登坛说明理由。

孟思培君登坛说明理由（大意与议案略同）。

议长（刘崇佑君）谓：诸君如有疑义，请质问。

赖其浚君质问谓：现在劝学所、教育会章程中皆有宣讲一部，惟多以费绌未办，此事难在于筹费。若无费，则虽有章程，亦属空谈。议案中未及筹费方法，请问筹费之法若何？

孟思培君谓：此系照章应办之事。凡事只宜问应办与否，不能问筹款之难易。经费自须由官绅设法筹措，有专任筹办之人，自有的款；若无专负责任之人，则虽日言筹款，款终无着也。

赖其浚君质问谓：劝学总董有处分，而教育会何以无处分？

孟思培君谓：教育会员非属地方行政之执行者，自不能担任处分。

连贤基君谓：赖君之意，即不过谓筹款之权，不属劝学所，故不欲其与县官同负责任。但宣讲经费亦非全无着落，现在预算地方行政经费，固明明列有宣讲经费一条也。

王子懿君谓：宣讲经费应归自治公所划定，至地方行政经费中所列宣讲费，大约所宣讲者如感应篇等类。

连贤基君谓：感应篇所言，不外因果报应。现在本应改良，自可提充此项经费。

卢初璜君谓：第三条所云墟市，不宜限定午前宣讲，盖亦有午后转形热闹者。又第五条讲员除师范毕业生外云云，是讲员必拘定以师范毕业生充之也，此条似宜修改。

议长（刘崇佑君）谓：此案应付审查与否，请众表决。可决付审查者三十八人。

议长（刘崇佑君）谓：此案应付庶政兴革科审查。

议长（刘崇佑君）宣告休息二十分钟。

椿安君谓：此案应请付审查。

议长（刘崇佑君）谓：此案应付审查，请众表决。可决者四十三人。

第四，关于扩充宣讲所实行宣讲办法提议案（孟思培提出）第一读会。

议长（刘崇佑君）请书记长登坛朗读。

书记长（林长民君）登坛朗读。

关于扩充宣讲所实行宣讲办法提议案（发议者孟思培）

理由：一、民智未开，动多疑误。故于兴学，则指为读洋书；调查户口，则以为丁口抽捐；调查选民纳税，则以为加钱粮。种种谬论，阻力遂多。若将各项理由宣讲明白，则所行自无窒碍矣。二、劝学所、教育会、自治会均有应办宣讲之责，奏定章程列有专条，而各属尚未实行，自应饬催举办，以符定章。三、国民程度高低，不关乎少数之文士，而系乎普通之人民。普及教育一时既难办到，则欲增长国民知识，必以宣讲为当务之急。四、本案合于谘议局章程二十一条第一款应兴事件，系在议决范围之内。

办法：一、经费由迎神赛会、演戏各款拨充，若无此款，即由劝学所及本区自治会分任筹措。二、不论庙宇、祠堂、公所以及民房之宽敞者，或借用或租赁均可。若人众不能容，则于通衢或旷野筑台演讲，随宜酌定。但一自治区当设数所，按日轮讲，周而复始。三、有墟市地方，即于墟市期日午前九时至十二时，俾赴市者得以因便听讲。若无墟市地方，则另定日期，但时期既定，即不得擅自改易。四、由劝学所拟定听讲规则，以资遵守。五、讲员除师范毕业生外，以本地素有智识、品行端方、说话明亮者充之，均由劝学所商同自治会延访，请地方官札派，其薪金由劝学所及自治会酌定。六、讲本除圣谕广训及学部颁行各书外，其应讲者如左：（甲）地方官颁发告示；（乙）自治会议决事件；（丙）新颁章程中之与普通人民有关系者。七、讲法纯用粗浅白话，务使人人皆知。八、宣讲员应将每期所讲设簿录记，按月送缴劝学所备查。九、宣讲员如因事告假，须自请资格相当之人代讲，并将代讲人姓名先期宣示。十、宣讲员如能精神贯注，讲演透彻，使人感动者，由劝学所请地方官酌量给奖；其敷衍塞责者，随时撤换。十一、宣讲时应请巡警官派巡警员旁听，兼防人众喧扰。十二、宣讲时自治会应派人听讲，每星期将其情形报告于劝学所。十三、视学官按临视学时，应属地方官经此次申饬后，如尚有不遵照新章办理者，得由谘议局随时呈请督部堂严办。（附说）查新章，各地方官如有率用刑求与滥用非刑，各上宪原有指名严参照例参处之责，惟长官耳目难周，议员见闻较确，嗣后各地方官如有不遵新章者，违法之事，莫大于此，应照局章二十八条办理。第四条，现在司法未曾独立，凡本省管理刑事诉讼事件各官署，皆应按照本案所定切实施行。若府厅州县各级审判厅一律成立后，应照审判厅章程办理。

议长（刘崇佑君）请提议者苏寿乔君登坛说明理由。

苏寿乔君登坛说明理由，略谓：本议员提出此案，实有无穷感慨。盖闽省外府各州县，因离省较远，州县衙门擅作威福，不论案情如何，均以己意为法律，弁髦谕旨，暗无天日，此弊宜力请革除。

海防厅黄鼎翰君请发言。

议长（刘崇佑君）谓：海防厅既欲有所发言，应请发言。

海防厅黄鼎翰君谓：实行禁止刑讯，亦须分别言之。凡诉讼分为民事、刑事，民事案件向无以刑取供者，惟关于刑事如命盗奸拐等案，不免以刑取供，因警察未完备，侦探亦未齐全。自事实上言之，刑讯一时未能停止也。

苏寿乔君谓：本议员所云，乃就徒流以下之罪以刑取供者而言。

林辂存君谓：请议长整理议场秩序，并将细则第五十三条明白解释，使海防厅知之。

议长（刘崇佑君）请海防厅登坛陈述意见。

海防厅黄鼎翰君登坛谓：顷苏议员所云，乃就理论上言之。所谓用刑可分为二，（一）为以刑定罪，即律所载应行笞杖者是；（二）为以刑取供，从前民事案件例不准以刑取供，其关于刑事如命盗奸拐，既无侦探，又无佐证及律师等，不用刑求，将何取供？至于此外案件，不肖州县或不免妄用刑讯者。惟省城现在建筑审判厅，自可改良；其外州县，则事实上万难即行建设。本厅并非反对此议，惟因事实上有为难之处，故陈其意见如此。

苏寿乔君谓：关于民事诉讼，外州县非尽不用刑讯。

孟思培君谓：民事用刑讯，本议员所见甚多。此外差役用非刑勒索者，尤难指数。贵厅所说民事诉讼不用刑讯，此语恐属不确。

海防厅黄谓：差役勒索，固所不免。然苟官长贤明，自可杜绝其弊。

苏寿乔君谓：即因是故，本议员所以主张用简易科校所，因师范有附属初等小学，可为实地练习之用。

李迪瑚君谓：既据提学司云，学成者已有一人。为今之计，不如往苏再聘一二人，即可开办也。

议长（刘崇佑君）谓：此案应否付审查，请众表决。可决付审查者四十人。

议长（刘崇佑君）谓：此案付庶政兴革科审查。

第三，请实行禁止刑讯并销毁刑具提议案（苏寿乔等提出）第一读会。

议长（刘崇佑君）请书记长登坛朗读原议案。

书记长（林长民君）登坛朗读议案。

请实行禁止刑讯案　提议者：苏寿乔、谢受殷

理由：停止刑讯，为改订刑法，撤去领事裁判权入手要图。恭读光绪三十一年三月二十一日上谕，重申诰诫，责成督抚，严饬各属实力遵行。是年九月十七日，复经修律大臣奏准，饬下各省督抚，督同臬司，严饬所属州县，嗣后审理案件，凡罪在流徒以下者，照新章不准刑讯。钦遵前次谕旨，实力奉行。倘有阳奉阴违，仍率用刑求妄行责打者，即令该管上司指名严参。立法何等森严，司谳者应如何平情推鞫，仰体朝廷矜恤之意。乃各属州县官威权恣肆，每遇寻常案件，仍率用刑求。尤可恶者，羁押所之设，系暂时拘留轻罪人犯，及案内牵连之人，而一般禁卒看役，胆敢私造非刑，凌虐索诈。似此行为，若不实行查禁，非独显违明诏，亦且贻讥外人。此本议案所由提出也。

办法：第一条，请督部堂严饬各属，嗣后审理案件，凡罪在流徒以下者，务须恪遵新章，不用刑讯。（附说）停止刑讯，屡奉明诏，督部堂谅早已通饬各属矣。惟各地方官多视为具文。此次措词应格外严厉，庶残酷之吏稍戢淫威。第二条，请严饬各属，将从前非刑各具一律销毁，禁卒看役私造之刑具，尤应责成各该地方官勒令缴销。（附说）非刑之设，例禁甚严。查光绪三十二年十一月法部奏议复变通枷号并除苛刑折内云：各省问刑衙门，向有站笼、挺棍、天平架、老虎凳、单跨、摇天幌等刑具，请饬下各直省督抚将军都统，转饬所属，将上项刑具一律销毁净尽。如有私用者，照例参处。业经奉旨依议在案。闽省州县官滥用非刑者，比比皆是，而照例参处之案从未发见。则此条应并请实行。第三条，各

州县选送官费生（每人约一百元），合格者大县三名，小县二名，定期来所练习。六、此项学生之资格如左：1. 师范学堂完全科或简易科毕业者；2. 师范传习所或讲习科毕业者；3. 历充小学堂教员二年以上确有心得者。七、练习所不收学费，惟膳费须由自备。八、练习所亦为一时之计，俟各府州县平均有三人以上毕业时，即行停止，所有经费改并完全科。（二）关于外府之办法：一、各府州县所设师范简易科或传习所，前后毕业学生已足供本地小学之用者，应即行停止，所有校舍校具路费亦照第一项办理。二、间有偏僻州县，前未曾办师范简易科及传习所者，由地方官督同劝学所迅即筹办，俟毕业有人，再行改办此项练习所。三、各府州县单级教授练习所，限宣统三年下学期一律成立。四、此项练习所，以毕业学生足供本地小学之用时，即行停止。五、该所教员，以省垣单级教授练习所毕业生充之。六、毕业年限、学生资格、学费等，照前第四、第六、第七各项办理。七、省垣单级练习毕业生，及各府州县单级练习所毕业生，概有充当本地小学堂或简易识字学塾教员之义务。八、各属小学及简易识字学塾，遇缺乏教员时，地方官应先聘请此项毕业学生充当。九、学部新颁优待小学教员章程（如慰劳金、退养扶助料等），应先由此项教员实行。

议长（刘崇佑君）请提议者苏寿乔君登坛说明理由。

苏寿乔君登坛说明理由（大意与议案略同）。

议长（刘崇佑君）谓：诸君对此案如有疑问者，请质问。

施景琛君谓：师范简易科现虽停办，然已作为附属中学，最好不必指定地方。

连贤基君谓：附属中学已早成立，且简易科校舍甚多，即再设单级教练所，当有余地。

李迪瑚君谓：议案中有派人往江苏学习一节，若此则须至明年方能开办，似不必派人学习，即时开办。

提学司姚谓：此事本司早已深悉，前由教育总会派遣两人学习毕业，惟两人中一人病亡，现尚存一人。且学习单级教授，如已习师范者，仅须两三月足矣。盖单级教授，不过因系合班，其教授须多费精神与时间而已。其他皆与普通师范同。惟此须实地练习，似宜由各府县选送师范毕业现充教员者，入所学习，方有实益。

督部堂代理员提法司鹿答：本晚或明早可发。

议长（刘崇佑君）谓：督部堂代理员之言，诸君当已备闻。本局宜将此次会议之意，具质问书，请督部堂答复。

黄乃裳君谓：庶政兴革科人数太少，亦当请增加数人。

议长（刘崇佑君）请众表决，赞成者仅十八人（少数）。

第二，请速办单级教授法练习所案（苏寿乔提出）第一读会。

议长（刘崇佑君）请书记长登坛朗读。

书记长（林长民君）登坛朗读。

请速办单级教授练习所以培师资而宏教育案

理由：奏定初等小学学科程度及编制章第二十二节云：全堂儿童，其功夫深浅同等教授，同班编为一学级之学堂，名为单级小学堂。此为设立单级小学之根据。吾省学务初兴，各属小学学生年龄程度极为参差，往往一级之中学生不达四五十人，而相差之阶级有可分为三四等者，教员未谙教法，合炉而冶，收效终难。此单级教授之应练习者一。各属小学常年经费，多者约四五百金，少者或二百余金、百余金，甚或数十金。教育费如此支绌，则分科以聘教员，势必难于为继。然非有通晓各科学问之教员，以一人而担全部教授，恐难胜任。此单级教授之应练习者二。查本年二月间，学部咨知各省督抚，师范简易科，除边远地方风气初开，教员缺乏，暂准办理外，其余各省应自本年起一律停止招考等因。夫师范简易科，因时势之需要，权宜而设者也。然小学卒未甚发达者，其不在于缺乏一二专科之教员，而在于缺乏兼通各科主持全校之教员可知矣。此单级教授之应练习者三。

办法：（一）关于省垣之办法：一、省城师范学堂所设之简易科，现已停止招考，应将其校所校具经费，改归单级教授练习所。二、此项练习所，限宣统三年上学期成立。三、单级教授练习所未成立以前，由提学司酌派初级师范完全科或简易科，及办小学卓有成绩者三四人，往江苏教育总会附设单级教授学堂学习单级教授法，以储师资。其旅学费由本省教育费下支给。（附说）本年春，教育总会曾派二人往江苏学习，毕业回省，现只有一人，未便开设，应请学台添派。四、单级教授练习所限六个月毕业。五、单级教授练习所之学员，由学台饬各府以交到？又地方行政之岁入能否提出于谘议局？

督部堂代理员提法司鹿答：吾国财政，地方税与国家税现未分别清楚，故地方行政不能别立岁入一项，应俟问明宪政编查馆及度支部方可。

议长（刘崇佑君）问：督部堂已发电问明否？

制台代理员提法司鹿谓：制台现尚未发电，惟此事可以发电往询。

议长（刘崇佑君）问：地方行政经费分册何时可以交到？

督部堂代理员提法司鹿答：分册约十二日可以送局。惟是不能十分完全，如铁道局费及邮政局费，则因官中补助无多，故无细数。

王子懿君谓：预算审查员人数太少，请加增数人。

议长（刘崇佑君）谓：预算一节，本年关于岁入尚未提出，则是预算案之提出不完全，本局不能承认。将来有无预算，尚不可必。然王君慎重审查起见，先行加增人数，以为预备，亦无不可。惟须请诸君表决，赞成加增人数者，请起立。可决者三十七人（多数）。

王子懿君云：审查员不必选举，请议长指定。

议长（刘崇佑君）谓：此项增加人数，可否由议长指定，请众表决。可决者三十七人。

议长（刘崇佑君）指定卢初璜君、李迪瑚君、赵锡荣君、邓畿君。可决者四十七人。

卢初璜君谓：地方岁入，既因国家税与地方税未经厘定，虽由行政长官将册交局，仍不能付议。是虽有亦等于无也。本议员希望督部堂即向度支部电商，究竟能将岁入款项提出与否，早日确答。

议长（刘崇佑君）谓：岁入如何划定，此属于行政官事务，本局不能与闻，只能要求督部堂将地方岁入本年能否提出早日确答而已。

卢初璜君谓：因无岁入，则预算案不完全，无从议决。请议长质问督部堂，请具确答。

议长（刘崇佑君）质问督部堂代理员提法司鹿：本年能否将岁入数目提出？

督部堂代理员提法司鹿谓：此事须由督部堂电询度支部请其答覆，一俟得覆电后，即行确答。

议长（刘崇佑君）问：何时可以发电？

外，均以速开国会为救亡已乱唯一之策。议员身为人民代表，尤不能不竭尽心力以求之国会之立。先朝以九年为期，计时责效，庙谟至为深远。然戊申国势，于兹两年，祸患之来，益不可以终日。即两次各省请愿，降谕以后，又新见日俄之约，韩国之亡，此皆于我国有制死之几。苟体先朝谕旨，宜如何朝野同心，以图存立，属在臣子，咸当并日赴功，然后方足以慰孝钦显皇后与德宗景皇帝在天之灵。乃观之行政现象，于宪政则多无筹备之实，于国会则诿诸九年之期，在无隐之义，实有不能强为讳者。国会者，上赞皇帝，下表人民，而为政府之监督者也。外力有万钧之乘，国中无统一之政。监督机关不立，部各为政，省各为治，及其事至又互相诿卸，谁任天下之责而为拯溺救焚计者，从容筹备，有无来日所不忍言也。人情困苦则呼天，疾痛则呼父母。登鲤等非不知宸严之不可以妄干，特情急势迫，爱我皇上，爱我国家，直若于天之尊，于父母之亲，有不自知其为呼吁者。谨附于人民陈请之义，伏愿朝廷毅然下诏，于一年之内召集国会，以慰亿兆之望。至于国会之利，与资政院之异同，则前次各省请愿已具陈之。愿我皇上我监国摄政王，念天下之重，哀其愚诚而察之。登鲤等不胜迫切待命之至。伏乞代奏。

议长（刘崇佑君）谓：照章此议案应付审查，惟审查员应须若干人，请众公决。

椿安君谓：五人足矣。

连贤基君谓：用五人组成为当。

议长（刘崇佑君）请诸君如赞成椿、连二君之说者，请起立。计赞成者为对于五十九人中之五十人。

椿安君谓：此审查员不必选举，只须由议长指定。

议长（刘崇佑君）请众表决，赞成由议长指定者，得五十二人（多数）。

议长（刘崇佑君）指定陈君之麟、孟君思培、连君贤基、黄君必成、椿君安五人，为审查员。

议长（刘崇佑君）请众表决，起立可决者五十人（多数）。

椿安君质问：预算案各册不完全，请制台补发，现在已否答覆？预算全册已否交齐？

议长（刘崇佑君）向制台代理员提法司鹿质问：地方行政经费分册何时可

第二，请速办单级教授练习所提议案（苏寿乔提出）第一读会。

第三，请实行禁止刑讯销毁刑具提议案（苏寿乔提出）第一读会。

第四，关于扩充宣讲所实行宣讲办法提议案（孟思培提出）第一读会。

第五，覆议师范教育案并附案。

第六，覆议禁止花会咨询案申覆书。

第七，覆议防止械斗咨询案申覆书。

第八，覆议渔业咨询案申覆书。

第九，覆议茶业咨询案申覆书。

第十，覆议禁烟咨询案申覆书。

代理议长、副议长（刘崇佑君）：

一、报告议长高登鲤君因病请假一天，由本副议长代理。

二、报告议员之告假者。

第一，呈请代奏速开国会建议书（本局议员高登鲤君等提出）第一读会。
呈请督部堂代奏速开国会建议书
开国会为吾国今日救亡已乱不可易尤不可缓之道。此自去年以来，各省人民迭次请愿所呼吁帝阍，累万言而不尽摅其迫切之意者。近数月间，危亡之象，且十百千万于前两度请愿之时。隐忍不言，坐视沦胥，无以对我君父。不可以为臣子，即不町以为人。况在国法，本有许吾侪小民以建白之路者。谘议局章程第二十一条，有收受人民陈请建议之文。宪政编查馆议覆于式枚奏折，则曰人民各具国家思想，实有所见，不妨上书陈请。且曰定例内由都察院、外由督抚代奏，盖雍正元年督抚兼衔之谕，当日宪庙宏谟，亦即以耳目唇舌之任为寄也。议员等谨以全体之名，用人民陈请之义，恭拟呈文，提出谘议局，伏候公决，转呈督部堂迅赐代奏。众意所在，不胜哀切之至。宣统二年九月初八日，全体议员高登鲤等七十五人。

具呈福建谘议局议员高登鲤等七十五人，为呈请代奏速开国会以救危亡事。窃闻有生者不讳死，有国者不讳亡。在承平之世，犹有痛哭流涕厝厝火积薪之虑，而谋所以拯救之者。况内患外侮，危急主于今日，国人号呼奔走，无海内修正。

黄乃裳君谓：违警中最多者，为卖菜排摊等侵占官道。省城街道本窄，而彼等乃特就转弯地方排摊，于轿马往来甚属不便。外人前来游历，殊见诧异。至厦门地方，尤见其甚。

巡警道吕谓：此其原因在于习惯，积重难返。

刘崇佑君谓：自谘议局设立以来，行政长官发议最有精神者，无逾于此。提议案最有精神者，亦无逾于此。现据巡警道吕所云，办事上有许多难处。本议员未尝做官，不解官之所以为难。惟官民只因地而分，如湖北人官于闽者则为官，及其归乡里则为湖北之人民。人民之无知者，赖有人民中之有知者为之鼓励，更赖有官长为之善导善牖，勉为其难。想巡警道吕奋有为之精神，必无畏难之事。

巡警道吕谓：凡权限内之事，本巡警道自当身任其难。惟清理街道一节，总望诸君极力赞成。本道在任一日，当尽一日之责任。所有章程中应行修改之处，请诸君尽管修改。

刘崇佑君谓：法律之规定，须参酌习惯，必能适合地方情形，然后始可推行无阻。

议长高登鲤君谓将此案交付审查。

议长高登鲤君宣告散会。

下午五时散会。是日督部堂未到，委提学使司姚代理，出席议员六十人。

第二次福建谘议局议事速记录第五号

宣统二年九月初十日（1910年10月12日）

议事日表　第五号

宣统二年九月初十日（水曜日）午后一时开议。

第一，呈请代奏速开国会建议书（本局议员高登鲤等提出）第一读会。

一、贩卖腐败饮食物者。

一、当街排列粪缸屎桶不设覆盖及防围者。

以上处五日以下一日以上之拘留，或五元以下一角以上之罚金。

一、拟筹厅州县巡警经费。查九年筹备宪政事宜，厅州县巡警本年应一律完备。目下各属警务办理完善者，甚属寥寥。地方官每以限于经费，借辞延缓。查日本警察费用，多藉地方费以资挹注。闽省地方辽阔，应如何就地筹款，以期全省警务日有起色，庶不误一律完备之限期。

议长请巡警道吕登坛说明趣旨。

巡警道吕说明趣旨，略如原案。

刘崇佑君谓：此案为本局第一之章程规则案，照章本局有议决单行规则之权，是为本局参与立法之权。行政官能提出此种议案，本议员不胜欣幸。惟是议案中有"随时禀请更正"一语，此句似有语病。盖此章程既经谘议局议决，则将来欲修改时须交谘议局议决，不能仅以禀请督部堂更正，即生更正之效力也。

巡警道吕谓：此是本道失检处，因禀制台公文中有此语，制台札交议会时未删云耳。今当照删。

巡警道吕又谓：此案末当有筹款一条，似漏去。

刘崇佑君谓：筹费一案，与此虽有密切关系，然性质另属一条，非并合此案之内者。

刘崇佑君又谓：巡警道未到任以前，巡警总局所行之章程，应请交下以资参考。

巡警道吕谓：以前之章程甚简略，自大清违警律颁行后，即废不用。如欲参考，可请制台颁下。

卢初璜君谓：此种章程系通行全省否？

巡警道吕谓：系通行全省。

潘纪雲谓：请将二十一条添附解释，因法文须有界说。如条文上有男女同坐一轿等字，不能无界说也。

巡警道吕谓：条文上男女同轿，与地方风俗很有关系，不特实有其事，而且实有其人。

刘崇佑君谓：此为条文上文字之争点，不必在议场上讨议，付诸审查，自当

一、拟颁布违警律及违警章程。查部定违警律编订已久，自应一律颁行，以资遵守。又按违警律第四十五条云，本律所载之外，各省督抚得因地方情形，酌定（遵）〔违〕警章程，变通办理。兹饬由巡警道就闽省情形，拟呈违警章程二十二条，开列于左，应即公同详议，以便饬令颁行。

按大清违警律第四十五条，本律所载之外，各省督抚得因地方情形，酌定违警章程，变通办理。兹特就闽省情形，酌拟违警章程二十二条，暂行试办，如有窒碍难行之处，随时禀请更正。

一、地痞游棍藉端酾金者。
一、卖弄拳棍惑人取利者。
一、男女同坐一轿者。

以上处十五日以下十日以上之拘留，或十五元以下十元以上之罚金。

一、形迹可疑不服盘诘者。
一、在街市上对妇女戏谑者。
一、当场互斗未至损伤者。
一、当街排列淫画招人观看者。
一、虽无暴行胁迫而强赊强当者。

以上处十日以下五日以上之拘留，或十元以下五元【以上】之罚金。

一、拦街搭台演戏者。
一、拦街晾晒衣服者。
一、店铺照牌妨碍道路者。
一、当街排列炉灶者。
一、当街排列面架有碍行人者。
一、肩舆不停放停轿场随地排列者。
一、夜查肩舆不持灯火者。
一、十二句钟后夜行无灯火者。
一、当街对众泼水者。
一、妄谈吉凶祸福或为符咒等事，公然在市街上惑人图利者。
一、学堂工厂妇女出入或步行道路旁立围观嘲笑者。
一、抛弃传染病人使用物件于路旁或河流者。

现拟推广办法，故将此案提出。

刘崇佑君谓：据各议员由各府州县来所述，恐多有名无实，虚挂一牌而已。甚希望行政长官之切实查核也。

督部堂代理员提学司姚谓：此说甚是。至各县办法是否确实，当派视学员查视方知底里。

刘崇佑君谓：学台对于此事如何报部？

督部堂代理员提学使司姚谓：即照各县所报之数报部。

刘崇佑君谓：此案去岁曾经谘议局议决，嗣复经督部堂交局覆议，当时常驻议员当有议决之权，亦经覆议呈请施行，何以至本年复提及此？

督部堂代理员提学使司姚谓：此事去岁已经札各县兴办，惟因课本及章程等，部中均未颁发。

潘纪雲君谓：议案所云县别大、中、小三等，其标准安在？此与预算甚有关系，请制台代理员确答。

督部堂代理员提学使司姚谓：此无一定之标准，但依习惯上言之耳。如闽侯两县即谓之大县，山僻之区即为小县。其要归于冲繁疲难之县，则谓之大，否则谓之中或小。且此属本司职权，与督部堂无涉，尽可由本司列单交局。

苏寿乔君谓：据本议员此次由龙岩州来，所经历之地甚多，所谓简易识字学塾多未兴办，甚至并堂牌而无之者。故应请督部堂勿言推广，先言创设可也。

王邦怀君谓：此皆以款目难筹，仅悬一牌，即报成立，随地皆然。

议长高登鲤君谓：督部堂所提出筹办简易识字学塾提议案，诸君讨议已见详尽，宜先付审查。诸君如有意见，可提出意见书于审查员会。众以为然。

议长高登鲤君宣告休息二十分钟，午后三时三十分钟续行会议。

议长高登鲤君谓：今日议事日表第一项已经议毕，以下暂停会议，拟将督部堂所提出之违警章程，排入本日议事日表第二项讨议。诸君赞成者，请起立。可决者全体。

第三，违警章程提议案（督部堂提出）（第一读会）。

议长高登鲤君请书记长登坛朗读议案。

书记长林长民君登坛朗读议案。

（八）各小学堂均就本地情形，附设简易识字班，或为半日，或开夜课，或于星期日教授，均听其便。此项教员，即由该堂长择定堂中教员兼充，堂舍不甚宽敞者，即借用原教室亦可。

（九）城镇乡自治会推广设立。计城自治会成立后，至少须添筹设四塾以上；镇自治会成立后，至少须先筹设三塾以上；乡自治会成立后，至少须先筹设一塾或二塾以上。

（十）官立私立各学塾教员，由劝学所派员随时考验。如有识字人多教授得法者，报知地方官，每期酌给慰劳金，以示鼓励。

议长（高登鲤君）询于全会之意见。

刘崇佑君谓：请议长先照议事细则第三十五条请发言。

议长（高登鲤君）请督部堂代理员提学使司姚说明提议案之趣旨。

督部堂代理员提学使司姚说明议案趣旨，略如原案。

孟思培君质问：据本议案，简易识字学塾已报设立至五百五十四区之多，而于办法中又云于省城设立四所以为模范，何也？

督部堂代理员提学使司姚谓：前者指全省而言，后者对城乡而言，非有所抵触也。

孟思培君又谓：所云五月前一律成立，系以五个月为限否？

督部堂代理员提学使司姚谓：所云五月系指月份而言，因部章系限六月内报告故也。

连贤基君谓：现已九月，议案中尚云五月，似可删去。

督部堂代理员提学使司姚谓：此非对于谘议局而言，对地方官立限。

卢初璜君谓：据案中已设立之数及学生数，是否确实？若照此推算，则每县几有十所，而实际多未设立，已往者勿论，将来最好能切实办理。且限半月报告，若不能成立，则将何报告？且既不报告，亦无处分，则事务自多废弛矣。

刘崇佑君云：议案中所云五月前一律成立，系指已往，非指未来。凡议案之议决，系对于未来而言。对于已往者，无所谓议决。今请明示议案中某项为已往，某项为未来，以便议员知所趣向。

督部堂代理员提学使司姚谓：此十条系通饬各县办法，刊行各县者。所云大县二十所，中县十五所，小县十所，虽章程规定如此，然各县多未能遵照办理。

途所关甚大，不容置为缓图。闽省自奉到部文后，即经由司拟定办法，并学塾简章一十三条，叠次通饬兴办，各在案。现据各属陆续报设者，总计不下五百五十四区，学生人数约共一万四千六百九十五人。惟经费一项，除由官筹设外，诸多无着。按此项学塾，学部原奏以筹款为地方官及自治会之专责。闽省财力艰难，自治会又未遍设。地方官筹款之法，业经分别县之大小，酌定额数，札饬遵办。惟此款究属有限，学塾又多多益善，其余地方上应如何提倡，如何集资，如何能使各乡多设学塾，端赖集众思以谋之，方足以达进行之目的。用附办法数条于左，应将切实推广之点一商榷之。

闽省筹拟简易识字学塾办法

（一）省会附城由官设立四所，以为模范。并由官筹款补助，在于省垣城乡筹设若干所，以资提倡。外府州县分别大、中、小三等，大县限设二十所，中县十五所，小县十所，限五月前一律成立。

（二）属官立者：其经费由官担任，名曰官立某某简易识字学塾。属公立、私立者，各以其经费所自出而命名。

（三）经费分为两种：（甲）特设。相察各地方情形，应行特设者，其办法分为二项：（一）农业较多之区，应设春冬学塾，以便农隙就学。（二）商业较多之区，应设半日学塾，午前午后，酌就贸易较少时间教授。或恐妨日间营业，则设夜习学塾，以收实益。此项学塾经费，每月自十二元至十六元为率。（乙）附设。由各小学堂中附设者，每月自八元至十元为率。此项经费专为教习薪水，其杂用等仍由原学堂拨用。

（四）家贫年幼之学生，均读部颁第一种之课本，三年毕业。年长失学之学生，各按其所认学习年限，分为数组，仍用单级法合班教授。

（五）设立此项学塾，为地方官及劝学所总董之专责，自文到半月内，即应报告所办成绩。设立多而有成效者，量予奖励；因循玩忽者，分别详请参撤。

（六）将部颁课本，发由上海商务印书馆照式翻印运闽，分交官书局并教育总会，减价六折，由各属购领遵用。

（七）筹款方法，闽省尤难。兹就县之大小分为三等，大县应先筹八百元，中县先筹六百元，小县先筹四百元，由地方官酌量情形，筹拨的款发交，为提倡及补助之用。绅富有捐助者，按其款项多少酌量请奖。

刘崇佑君谓：提议案与咨询案，据章程所规定，两者各不相同。提议案，必有一定意思及办法；若咨询案，则因无一定意思及办法，而广征众人意见。且其效力在法律上亦复不同。提议案，既经议决，即为成立，而有效力；若咨询案，则本属行政官所应办之事，惟因欲征议员意见，故提出耳。今既据督部堂代理员学台姚谓为议案，则当付诸审查。若其中有不完备之处，应请攻正。

督部堂代理员提学使司姚谓：尽可付审查，若尚有未完备之处，可请制台修正。惟制台此次所提出各案，大半注意于筹款也。

刘崇佑君谓：若云关于筹款，则凡属地方行政内事务所用之款项，皆当在于预算中议定之。

督部堂代理员提学使司姚谓：此固应列预算案中，惟是闽省财政困难，官款公款万难敷用，故拟由绅富筹款兴办，以佐官力之不逮。

议长（高登鲤君）谓：据督部堂代理员学台姚谓为提议案，而就内容观之，则实与咨询案相同。盖咨询案与提议案性质不同，效力亦异，且一则呈请施行，一则只须申覆，其手续尤别。毕竟如何，应呈请制台明白札覆，方可讨议。

督部堂代理员提学使司姚谓：此案是否为咨询案，应请制台札覆。

刘崇佑君谓：督部堂代理员，照法律应有代理督部堂之权，若遇事仍须请示，则于议事上殊多不便。

卢初璜君谓：除筹办简易识字学塾一案，及违警章程一案外，所有各议案皆有似于咨询案。是否咨询案，抑系议案，在法律上手续不同，必须先行分别清楚方可。

议长（高登鲤君）谓：现在议事日表须略变更，本日先议简易识字学塾一案及违警章程一案，其他各案应具文呈请督部堂札示明白，再行议决。赞成呈请者，请起立。计可决者，对于出席员六十人中，得五十六人之多数。

第二，筹办简易识字学塾提议案（督部堂提出）第一读会。

议长（高登鲤君）请书记长登坛朗读议案。

书记长（林长民君）登坛朗读。

计开议案十二条：一查筹备宪政清单，厅州县简易识字学塾，本年应在推广之列，乡镇简易识字学塾，明年应在创设之列。诚以人民识字之多寡，与宪政前谓预算册须有岁入，而地方行政岁入以何为标准，请示办理云云。诸君如赞成者，请即起立。可决者出席员全体五十九人。

第一，闭会中协议事件之报告。

议长（高登鲤君）谓：闭会中协议事件大约分两项：一、陈请建议书。据谘议局章程第二十一条第九款至第十二各款，为闭会后常驻议员应议事件。但第九系申覆资政院咨询事件，资政院今月始开幕，无咨询，则常驻议员自无申覆。第十为申覆督抚咨询事件，本局自去年闭会至今年开会以前，未承督部堂咨询，亦无申覆。第十一为公断和解本省自治会之争议事件，自治甫经成立，更无公断和解之事。是常驻议员之职务，只有第十二款收受人民陈请建议事件。计自上年闭会至本届开会以前，收受陈请建议书七十一件，除不合格式及建议不在权限以内者三十件外，交协议四十一件，议决转呈者十二件。其详细情形，备载协议速记录。一、督部堂札覆，于去年会议委任常驻议员，予以完全覆议之权，故对于师范教育各案，亦经协议转呈。自见宪政编查馆电称，常驻议员无覆议权，遂使委任常驻覆议之权不生效力。惟自第一次协议至第三十九次协议中，凡督部堂札覆各件，亦经讨论审查，详载协议速记录，以备诸君采择。兹已印刷成帙，颁布诸君，无俟缕述。此闭会中协议大概情形，谨报告于右。

刘崇佑君谓：督部堂所提出之十二条，惟违警章程属于章程规则案，逐条提出，于议案体裁适合外，此外各案并无一定意思及办法，有似于咨询案。本局虽以之为咨询案，然据督部堂来文明云议案。本议员拟请由本局具呈文，将提案交议方法详细陈明，以便将来督部堂照此方法，俾议员了然于督部堂意思之所在，及其办法若何，庶议决时较有把握。至督部堂已提出各案，具有类于咨询案者，请逐一质问督部堂代理员提学使司姚，是否为咨询案。若系咨询案，则照咨询案议决；若非咨询案，则是议案之提出不完全，应请修改后再行提出。

督部堂代理员提学使司姚谓：据本司之见，此等提出，皆系议案。盖遇事有应广征意见者，其当咨询之处亦复不少，故议案与咨询案亦不能严为分别也。就所提出各案中，如实业、学堂等，其办法本有一定，但因欲推广于各地方，由地方绅富设法筹款兴办，其如何筹款方法，各地情形不同，故不能拟定办法。此外各案，大抵均注意于筹款一方面。

入，究竟岁入果出何处？请督部堂代理员确答。

督部堂代理员提学使司姚谓：现国家行政与地方行政经费尚未分别清楚，且向来岁入亦无分别，故不能指出何款为地方行政经费之岁入。大约欲分别国家行政与地方行政费，须俟资政院中议决。

刘崇佑君谓：谘议局关于预算讨议本分二种，一岁出，二岁入，不能专议岁出，对于岁入绝不议及。

督部堂代理员提学使司姚谓：现在所谓岁入，地方行政经费大约不外总册中所列总收入之款。就实在情形言之，则地方行政岁入经费其范围极狭，欲区别二者，必须俟资政院与度支部商定后，方能分划清楚。

刘崇佑君云：既如学台所言，则是本年能否提出地方行政岁入经费预算，尚未可知，请督部堂即予明示。

（二）据督部堂两次来札，交到宣统三年地方行政经费预算总册及分册，并无此外尚有分册陆续札交之语。然则十二本之外，更有分册否？请明示。

督部堂代理员提学使司姚谓：此分册由全省岁出分册中摘出关于地方行政经费一门者，至于全数分册，为数极繁，不能全数抄交。

刘崇佑君谓：据顷间学台所言，则是分册仅有此十二本，而此十二本实仅总册中所列各目之一部分。夫总册者总目也，分册者细目也。若无细目，何以议决？据顷所述，财政局办事纷乱情形，可想而知。本年照章定有预算，何以不早日厘订，深为骇异！

督部堂代理员学台姚谓：制台所札交十二本之分册中系属何项者，请述之。

刘崇佑君谓：仅关于省会各学堂，及工艺传习所、自治筹办处而已，此外皆缺。

督部堂代理员提学使司姚谓：此仍须问诸财政局是否漏抄。

刘崇佑君谓：凡有总数，必有细数；若无细数，则总数何从而来？且行政官若不知其细数，而漫然列于预算，似亦无此情理。此事关系甚重，请速查。

督部堂代理员提学使司姚谓：当询财政局，何以总册中所有者分册转无之。

刘崇佑君谓：谘议局开会期间系法定，不能任意展延，望督部堂饬财政局赶将细数补抄清楚。更有一言，即全册亦须开列清楚，方足以资参考。

议长（高登鲤君）谓：顷既据刘君所言，则当由局发电资政院，电文大意

五、报告广东谘议局来函，谓瑞、锡两督会奏借款筑路，部中颇有议准消息，请迅予筹维事。

六、报告接到广西、吉林、黑龙江、山东、河南、江西各省谘议局并北京代表团来电。

七、报告各科互选主查员及理事互选之结果。

预算科：主查员王子懿，理事连贤基。

法律科：主查员李迪瑚，理事邹含英。

其他财政科：主查员椿安，理事黄纪星。

庶政兴革科：主查员黄乃裳，理事谢滋春。

惩罚科：主查员林天骥，理事李驹。

八、报告各部部长、理事互选之结果。

第一部：部长吴庭枨，理事张道南。

第二部：部长上官华盖，理事王子懿。

第三部：部长潘纪雲，理事谢受殷。

第四部：部长陈士霖，理事范宗福。

第五部：部长苏春元，理事苏寿乔。

九、前会法律科选举投票违式审查员会之报告。

刘崇佑君谓：依议长所报告，林君辂存既自言无他意思，虽行为中有不注意之处，似可从轻免议，盖其意非不尊重议场也。

洪国器君谓：林君辂存于选举法律科审查员时，毫无成见，惟自弃其选举权，实非有侮辱议场之意。

议长高登鲤君谓：身为议员，而抛弃其选举权，似与议员信誉有伤。惟察其本意，实非侮辱议场，拟即免付惩罚科审查。诸君赞成者，请起立。多数赞成。

刘崇佑君登坛，向督部堂代理员提学使司姚质问谓：局章第廿一条，议决本省岁出入预算事件，可知预算乃含有岁出岁入两项，且所谓岁出岁入，又必有总数，复有细数，其预算案乃为完全，预算案完全，方能议决。若有岁出无岁入，或有总数无分数，皆属不完全，即无从开议，与无预算案同。兹谨将应行质问之处缕析言之：

（一）据督部堂批答中有可疑者，所谓地方行政经费表中只有岁出而无岁

一、报告初六日接到督部堂札发宣统三年地方行政经费预算总册并部电。

总督松为札发事，据福建清理财政局呈送宣统三年地方行政经费预算总册前来，除此项分册仍饬该局漏夜分手赶紧抄送交议，并将预算全册抄呈札交，以供参考外，合就札发，为此札行谘议局查照。须至札者，计发宣统三年地方行政经费预算总册一本，部电覆电一本。右札福建谘议局，准此。宣统二年九月初六日。

二、报告初七日接到督部堂札发宣统三年地方行政经费预算分册。

总督松为札发事，查福建宣统三年地方行政经费预算总册，业经札发在案。兹据福建清理财政局续将地方行政经费预算分册呈送前来，自应照发，以便议决。除预算全册仍饬赶紧抄呈札交，以供参考外，合就札发，为此札行谘议局查照。须至札者，计发宣统三年地方行政经费预算分册十二本。右札福建谘议局，准此。宣统二年九月初七日。

三、报告藩台咨开未经汇编预算以前先行裁节各款，应自九月初一日起一律截止并粘折事。

四、报告接到劝业道照会，称胡京卿国廉因商务吃紧，未能速返，请另举贤能接办矿务事。

劝业道张：为照请事，奉督部堂松札开，宣统二年八月二十四日，准农工商部咨开，接准咨称，准皓电内开宥电，当电胡京卿。兹据复称商务吃紧，未能速返，请另派贤能接充，以重矿政等语。查三品卿衔胡国廉，商办福建矿务总理，系由贵部转据京外官商学部左参议林灏深等一百四十五人联名公举奏请派充，奉旨依议，钦此。咨行到闽，即经照会该总理钦遵查照在案。兹准前因应仍移咨，希即核办见复等因前来。查胡京卿国廉，以现在商务吃紧，未能速返，请另派员接充矿务总理，自应照准。闽省矿务亟待振兴，所有商办福建矿务总理，务得贤员接充，以资经理。相应咨复查照，即希转致在籍绅商，仍照前案从速集议，选员公举，咨由本部查核办理可也。等因。到本部堂，准此札道查照转致在籍绅商，仍照前案从速集议，选员公举，详请核咨，事关振兴实业，毋稍刻延，等因。奉此，除照会福州商务总会查照外，合就照请为此照会贵局，请烦查照希即从速集议，选员公举，复道详咨施行，须至照会者。右照会福建谘议局。宣统二年九月初七日。

（五）惩罚科审查员五人，当选者姓名列左：林天骥四十七票，吴庭枨四十二票，上官华盖三十九票，范宗福三十四票，李驹二十七票。

议长（高登鲤君）宣读第四号议事日表，第三号议事日表中第二、第三两项延到次会续行。

议长（高登鲤君）宣告散会。

下午五时三十分钟散会。是日督部堂未到会，委福建提法使司鹿为代理员。出席议员六十一人。

第二次福建谘议局议事速记录第四号

宣统二年九月初八日（1910年10月10日）

议事日表　第四号

宣统二年九月初八日（月曜日）午后一时开议。

第一，闭会中协议事件之报告（延前会）。

第二，筹办简易识字学塾提议案（督部堂提出）第一读会（延前会）。

第三，关于通俗教育咨询案（督部堂提出）。

第四，关于中等初等实业学堂咨询案（督部堂提出）。

第五，监狱改良各地方如何设法筹款咨询案（督部堂提出）。

第六，关于立限清葬咨询案（督部堂提出）。

第七，关于杜绝倒欠流弊咨询案（督部堂提出）。

第八，关于扩充水上警察咨询案（督部学提出）。

议长高登鲤君报告议员郑锡光君、林铬存君各告病假三天，（材）〔林〕逢春君告假三天，黄钟澧君、林仲骞君各假一天。

次述各种报告：

施景琛君谓：谘议局竟有投票违式之议员，关系全体，当就今日之正式会议之。

连贤基君谓：投票违式者自不肯承认，或至冒认他人之票，不若请各人自开投票底子，再就原票质对，违式者当立即发见。

李迪瑚君谓：各议员所举人名亦有遗忘者，将奈何？

议长（高登鲤君）谓：连君所说亦是，惟恐手续过繁。鄙意不若请诸君自认原票，若有被他人冒认者，更得按列查对。

王子懿君谓：连君所议办法亦是，但手续过繁，并多费时间，不若认票之说为长。

李迪瑚君谓：欲查明此事，即令各议员自行将原票领回。若仅此票无人认领，则未领有原票者即其人也。

议长（高登鲤君）谓：请诸君表决，若赞成于本日会场查明者，请起立。计出席员数六十一人中，起立者三十五人。

议长（高登鲤君）请书记长按名点唱各议员将原票领回，各议员领讫，惟林辂存君未得原票。

刘崇佑君谓：现因认票，会场秩序极形紊乱，请俟各科审查员选毕后，再由研究会讨议。

议长（高登鲤君）谓：今当续行选举，请各议员各自保存原票，并记姓名于票上。

王子懿君谓：记名票上，似与本局章程不合，以章程规定选举用无记名投票法也。

李迪瑚君谓：此种记名，与选举事宜无关。投票用无记名，已经竣事。特以有投票违式者，为图审查手续上之便宜，记名票上，与章程并无抵触。

议长（高登鲤君）谓：诸君将领回之票各记姓名，仍由书记长按名收回，俟开研究会时再行议决。

议长（高登鲤君）宣告续行审查员之选举。

（四）庶政兴革科七人，当选者姓名列左：高士龙四十三票，陈锡朋四十三票，王邦怀四十一票，黄乃裳四十一票，余钟英三十五票，张国宝三十二票，谢滋春二十六票。

九票，林邦桢四十八票，伍春蓉四十一票，杨慕震三十一票，许赞虞二十六票，李钟声十九票。

议长（高登鲤君）宣告休息二十分钟。

三时二十分钟续行开议。

刘崇佑君质问制台代理员谓：据制台批答，预算案提出并未定有期日，请制台代理员答覆。

制台代理员提法司鹿答：已由制台委本司及学司，嘱财政局缮送，尽明日内，可将地方行政预算册子先行交会。

刘崇佑君问：预算总册及细数何时可交到局？

制台代理员提法司鹿答：现已嘱赶速缮送，大概总册可以先交，其余分册等尽七八日内当可汇齐交局。

刘崇佑君谓：谘议局不惟急于研究地方财政，即国家财政亦当藉资参考，总期赳日将全册交齐，以供各议员省览而便讨论。

议长（高登鲤君）宣告续行审查员之选举。

（三）法律科审查员五人，当选者列左：李迪湖五十一票，卢初璜五十一票，黄金銮三十三票，邹含英三十三票，洪鸿儒二十八票。

施景琛君谓：议场秩序最当尊重，岂可任意视为儿戏。本日议场秩序颇见紊乱，依本议员所见，议员中竟有记载书记长及副议长姓名于投票纸者，殊非尊重议场之道，请纠察而付诸惩罚。

刘崇佑君谓：吾辈身为议员，负重大责任，乃有不顾名誉，竟以投票为儿戏者，请议长申饬。

议长（高登鲤君）谓：此当从严察核，但察核方法，惟有将原票请各议员认领后再行审别。

刘崇佑君谓：察核方法，若列投票纸请投票者自行认出，固能发见投票违式之人。然依本议员意，似不必如此办法。

陈锡朋君谓：若非领票认人，无以发见投票违式者之果为何人。

王子懿君谓：此非完全方法，尚当熟议为妥。

刘崇佑君谓：此事请缓议，俟开研究会讨议。

路公司利权，浙省受害，影响全国，已停议，亦乞协争。浙谘议局。支。

（六）报告奉天谘议局初三来电。

谘议局鉴：来电悉，预算案敝局已要求交议，现未奉到。奉局复。冬。

（七）报告山西谘议局来电。

谘议局鉴：两电悉，预算由部核交，急宜由院争遵办。晋议局。

（八）报告广东谘议局来电。

谘议局鉴：电悉，谨如约。粤。

（九）报告陕西谘议局来电。

谘议局鉴：敝局预算案未交，已电鄂局，联电要求。陕谘议局覆。冬。

（十）报告江苏谘议局来电。

谘议局鉴：已照联合案电院。宁局。

（十一）报告湖南谘议局初三来电。

谘议局鉴：电悉，敝局拟照办，已电询各省。湘局。

（十二）报告奉天谘议局来电。

谘议局鉴：两电均悉，预算案必力持。奉局。支。

（十三）报告湖南谘议局本日又来一电。

谘议局鉴：敝省预算约初八前交。湘局。江。

（十四）报告督部堂既批覆预算提出日期质问案，则本局当照常开议。本日议事日表，应加入第三项筹办简易学塾议案（督部堂提出）。

第一，审查员之选举。

书记长（林长民君）登（擅）〔坛〕报告：照谘议局章程，选举审查员分为六科，除决算科现未议及，可毋庸设立外，应按照次序选举，用无记名连记法，以得票最多数为当选。

（一）预算科审查员九人，当选者姓名列左：连贤基五十一票，郑祖荫五十一票，王子懿四十九票，孟思培四十七票，施景琛四十五票，郑藻山四十票，苏寿乔三十九票，潘纪雲二十五票。此外，张道南君及赵锡荣君各得二十四票，照章抽签定之，其结果以张道南为当选者。

（二）其他财政科审查员七人，当选者姓名列左：椿安五十票，黄纪星四十决议，于得有交出预算时期之确答后再议。

是日议员出席六十一人。总督代理员提学使司于午后一时到会。午后五时十分散会。

第二次福建谘议局议事速记录第三号

宣统二年九月□日（1910年10月□日）

议事日表　第三号（第二号延会）

第一，审查员之选举。

第二，闭会中协议事件之报告。

议长（高登鲤君）述各种报告：

（一）报告议员张步青君告假一天。

（二）报告督部堂批复本局呈请交出预算事。

总督松批：呈并清折均悉，正于本日电请宪政编查馆会商度支部速定电覆，一面批答间，适接准度支部江电开，本部于八月廿七日具奏遵章试办预算缮表呈进并沥陈财政危迫情形一折，奉旨会议政务处覆奏，钦此。除全表缮齐另行咨送外，应照章先将局存地方行政经费底册照录一份，送交谘议局。所有本部核增核减之款，已由贵处允许者，一并抄案汇送，以备参考。等因。准此，除饬清理财政局按照部电赶紧抄录一份，送由本部堂札交外，特此答覆。初四日。

（三）报告议员陈义君来函，因病请假两星期，照章请假至十日以外，须经表决，请诸君表决。可决者五十七人。

（四）报告议员杨豫君因丁忧来函告假。

（五）报告浙江谘议局来电。

谘议局鉴：两电悉，预算重要，准协持。（敵）〔敝〕局因邮部剥夺商办铁总督代理员提学使司姚谓：诸君所议均极正当，预算提出之有无，本司须禀明制台。依本司之意，若论全省财政，督部堂固应负其责任。现则许预算案之提出与否，其权实操诸度支部，督部堂亦有不能专主之处。

刘崇佑君谓：督部堂代理员所言，亦属实在情形。但国家之设谘议局，其命意在与国民以参政权，原为中国危机日迫，财政紊乱，诸事颓弛，冀有议会或可维持于万一也。本议员等被人民公举为谘议局议员，亟思竭尽心力，有所裨益。即行政官厅，亦当思在职一日，尽一日之天职。各宜激发天良，庶国家或有所补救。试问去年谘议局已开会一次，其成效何在？若长此敷衍，则何必设此谘议局？亦何必有此议员？夫预算为谘议局中最有关系之事项，有预算案方有谘议局，且照章督部堂须于开会前提出各种议案，即或他案未能提出，而预算案亦须提出。今先请督部堂代理员答覆，本日所提出之预算提出时期质问案，督部堂能否尽明日午前答覆。

总督代理员提学使司姚谓：明日午前能否答覆，出自制台之意。至于预算案能否提出，亦未可知。不过就制台言之，亦有为难之处。大约总须电度支部及宪政编查馆请示，俟有覆电，方能提出也。

卢初璜君谓：照章本年应于开会前三十日将预算案提出，在制台当已早知之，何以现今尚未提出？且所谓请尽明日答覆，答覆中须有确定提出之日期方可。

议长（高登鲤君）谓：预算案乃一切议案之根本，无预算案，则其他议案均属枝叶。今本局既提出预算提出时期质问案，俟得有预算提出时期之确答后再行开议。赞成者请起立。本日出席员数六十一人，可决者五十九人。

第三，审议会长之选举。

照章用单记无记名法投票，计出席人数共六十一人，以得票过半数为当选者。选举之结果无过半数者，于是照章就最多数二人中行决选。最多数者二人姓名票数列左：林辂存二十票，孟思培十三票。行决选之结果，审议会长当选者姓名票数如左：林辂存三十八票。

议长（高登鲤君）谓：本日议事日表中尚有三项，其第四、第五两项俟下次会期续行之。至第六项，督部堂提出之筹办简易识字学塾议案，应照本日公众议，所费时日尤多。且议决案呈督部堂后，似不能不多留覆议期间之余地。盖闭会后常驻议员之协议，不得作为覆议，宪政编查馆业已定有明文。而预算即为一年间所施行，又万不能延至下届常年会时覆议，及今提出，已不免失之迫促。本局职任所在，不胜盼望翘跂之至。夫谘议局者，根据谘议局章程而为宪政之基础者也。无预算，则谘议局章程不足恃，是无谘议局也。保全本局之责，预备宪政之实，督部堂与本局共之。应请督部堂即速提交本局，以便讨论。总而言之，本局有议决预算案之责，督部堂有提交预算案之责。本局断不肯放弃责任，督部堂亦素以责任为重，他之阻碍原因，均不足为督部堂及本局卸责地也。敢乞明示提交时期，则本局幸甚，宪政之前途亦幸甚。宣统二年九月初二日，提议者本局。

刘崇佑君谓：议会一方在辅助行政机关，一方在代表人民，其最重要者为预算案。凡本省应行兴革各项，与财政皆有关系。有预算始有谘议局，无预算是无谘议局也。本议员甚希望督部堂将此案早日交局，且照章行政长官须于开会三十日前提出议案，本年会期议案之提出，以预算案为最重要。今会前既未提出，至开会已逾三日，犹复未蒙付议，究竟本年有无提出，请督部堂代理员答复。

总督代理员提学使司姚谓：预算之提出与否，本司不得而知。惟就事实上言，本年预算原限五月间到部，嗣因为期甚逼，急于报部，不免有错误疏漏之处。嗣经部驳饬令改正，凡其中应增应减之处，须照部章所定，于是续行改正。至七月间始将改正草案酌定申报，而部中已将前次报部预算案具奏。至七月间改正案，部中至今尚无覆音。究竟现在以何次所报告者为标准，殊难确定。以本司之意测之，总须俟度支部决定，始有标准而提出于谘议局也。

王子懿君谓：照章预算案须于本年提出，现开会已三日，尚未见预算案交出。然则其他事项能否提前开议，此问题亦须解决。

议长（高登鲤君）谓：预算案未提出，则其他事项自不能提前开议，盖无预算是无谘议局也。

刘崇佑君谓：顷督部堂代理员所言，皆属行政官内部事实，非对于本局答问之旨。本局只能据法律对于督部堂质问。现所欲质问者，即督部堂能否提出预算案，若能提出，然后再问何时提出。

椿安君谓：现在提出预算案与否，尚未可知。惟本议员尚有一言，若能提出，必须有细数方可，若仅列总数，则虽有预算案亦如无有。

邓畿	一	李仲邺	一
黄羲	五	余钟英	三
上官华盖	二	范宗福	四
刘志和	四	连贤基	五
伍春蓉	二	林邦桢	二
黄钟澧	一	洪国器	四
黄金銮	一	苏寿乔	五
李驹	二	卢初璜	三
苏春元	五	施景琛	二
潘纪雲	三	张国宝	五
林仲纛	五	郑锡光	四
郑藻山	三	椿安	二
郑祖荫	五	周文麟	一
杨幕震	四	周寿恩	四

议长（高登鲤君）谓：各部属既经抽定，请诸君各就本部中互选部长、理事，于次期报告本会。

议长（高登鲤君）宣告休息二十分钟。

三时二十分钟续行开议。

议长（高登鲤君）宣告谓：有紧急提议事件，即关于提出预算时期质问案，此事已经本局全体议员赞成提出，可径请书记长登坛朗（续）〔读〕。

书记长（林长民）登坛朗（续）〔读〕质问案。

预算提出时期质问案

谘议局章程第二十一条本局应办事件之第二款，为议决本省岁出入预算事件，照第二十五条规定，此件必由督抚提议。按之宪政编查馆咨文，本年应开始提议预算案。朝廷既许人民以议决，必不至失信于天下，而摧宪政之初基。即督部堂亦必尊重本局之预算议决权，以副朝廷之至意。现开会已经三日，本局尚未见提出预算案。预算繁重，固非一朝一夕所能计议。本局议事细则经督部堂核定者，规定预算案不得省略三读会。是督部堂提交预算案后，须经种种读会审查讨

卢初璜	七十四席	施景琛	五十四席
杨　豫	十八席	叶福钧	十一席
林天骥	六十三席	李馥南	二十九席
郑锡光	六十八席	张国宝	六十九席
李迪瑚	七十一席	张道南	四席
郑祖荫	五十七席		

抽签定部属：

陈　义	第五部	李泰交	第一部
黄搏扶	二	林天骥	三
王邦怀	二	林逢春	二
彬　煦	五	黄纪星	五
张步青	二	林佑蘅	三
李钟声	三	许赞虞	五
黄必成	五	李馥南	二
蓝德光	三	李迪瑚	四
周春光	三	柳遇侯	一
孟思培	二	陈树勋	五
吴鸿枢	一	郑田龙	一
王子懿	二	俞光华	一
陈士霖	四	谢滋春	三
张道南	一	陈锡朋	四
吴庭枨	一	洪鸿儒	四
高士龙	四	熊秉廉	五
林辂存	三	赖其浚	二
赵锡荣	五	杨　豫	四
洪湛恩	二	叶福钧	四
黄乃裳	三	杨长余	四
谢受殷	三	董藻翔	一
邹含英	三	游肇源	一

孟思培	四十六席	黄搏扶	九席
李钟声	四十五席	邓 畿	五十八席
李仲邺	五十九席	赖其浚	三席
许赞虞	四十席	黄乃裳	三十六票
上官华盖	四十四席	苏春元	二十八席
蓝德光	十六席	谢受殷	一席
周春光	二十三席	彬 煦	十九席
熊秉廉	五十五席	刘志和	四十七席
郑田龙	六席	潘纪雲	三十四席
张步青	五席	邹含英	三十五席
董藻翔	三十七席	杨长余	三十九席
游肇源	二十四赌	陈树勋	五十三席
李 驹	三十八席	林铬存	六十六席
林佑蘅	四十九席	吴鸿枢	六十一席
陈士霖	五十一席	陈锡朋	二十二席
陈之麟	三十三席	黄钟澧	三十一席
俞光华	六十二席	高士龙	五十六席
连贤基	八席	王邦怀	六十五席
洪鸿儒	十二席	杨慕震	五十席
柳遇侯	七席	余钟英	七十席
伍春蓉	十三席	林仲翥	七十二席
周文麟	二十五席	苏寿乔	三十二席
周寿恩	十五席	吴庭枨	四十八席
林逢春	六十四席	洪国器	十席
高登鲤	十七席	范宗福	七十三席
林邦桢	七十五席	刘崇佑	五十二席
郑藻山	六十席	椿 安	二十七席
陈义二	十席	谢滋春	二十一席
王子懿	四十二席	李泰交	二席

第一，候补常驻议员之选举。

书记长（林长民君）报告：候补常驻议员八名，照章加倍开列，须有十六名。前日选举常驻议员时，未当选之议员计共十一名。此外尚须于第一次选举中得票之次多数未及加倍开列者，补列五名。惟是次多数中十三票者有四人，照章以年龄为次序，而潘纪雲君年龄最少，故不在开列数内。

续行选举候补常驻议员加倍开列人数姓名票数如左：连贤基二十九票，邹含英二十七票，杨长余二十二票，椿安二十一票，俞光华二十票，许赞虞十九票，赵锡荣十八票，吴鸿枢十七票，董藻翔十七票，苏春元十五票，熊秉廉十五票，邓畿十四票，林辂存十四票，伍春蓉十三票，张国宝十三票，林天骥十三票。

投票总数计六十一人。照章用无记名连记法，依出席人数，以得三十一票者为过半数之当选者。当选者五人如左：林天骥四十四票，林辂存三十八票，椿安三十八票，连贤基三十七票，伍春蓉三十四票。

此外落选之次多数者六人，加倍开列人数及姓名票数如左：张国宝三十票，苏春元二十八票，赵锡荣二十八票，邓畿二十七票，熊秉廉二十七票，吴鸿枢二十五票。

书记长（林长民君）报告：吴君鸿枢、俞君光华皆二十五票，吴君年长，当列数内。就上列六人续行选举，当选者二人：赵锡荣三十八票，张国宝三十三票。

续选结果仍缺一名，须加倍开列如左：苏春元二十八票，熊秉廉二十六票。

书记长（林长民君）报告：熊君与吴君鸿枢票数相同，熊君年长当列。

候选常驻议员当选者一人：苏春元三十六票。

刘崇佑君请发言，谓：须先抽签定席次，以维会场秩序，后再休息。

议长（高登鲤君）请表决，从刘君之说者起立，可决者四十八人。

抽签定席次如左：

洪湛恩	四十三席	黄必成	四十一席
黄　羲	十四席	黄金銮	六十七席
黄纪星	三十席	赵锡荣	二十六席

卢初璜君谓：照章只许告假十日。

李迪瑚君谓：章程既限定十日，俟十日后如尚未到，再行议决。

刘崇佑君谓：应请议长询明各议员，是否不赞成其告假，或系不赞成其告假两星期？盖此关系于议员身份甚重大也。

椿安君谓：四君告假，有无说明理由？

议长（高登鲤君）谓：据覆电并未声明理由，惟据事实上观察之，知四君此次进京，系与考孝廉方正。

刘崇佑君谓：关于议员应考问题，宪政编查馆曾有两电：前电谓考试保送举贡之议员，许其赴考；后电则谓应考举贡议员，限于非常驻者，及与谘议局议事无妨碍者。是此两电，不免小有矛盾。然以后电为较，当今四君告假，并未声明理由，据事实上观察之，则四君为应考孝廉方正，然宪政编查馆电并未提及，不能即以此为理由。且与考孝廉方正能否与保送举贡视为同一，其得用类推的解释与否，尚不敢断言。如本局副议长陈君之麟，本在闭会中因南洋路股事，以公务躬赴南洋处理，其告假实属正当，固不得援以为例。就现在情形言，四君之告假并无何等理由。是现所应解决者，即在于无理由可否告假之问题也。

议长（高登鲤君）谓：现在四君并无理由告假，应请诸君表决，赞成其告假者，请起立。众不赞成。

议长（高登鲤君）谓：诸君既不赞成其告假，而四君又在途中，无从发电，只能俟至十日后再议。

二、报告陈之麟君昨有电来，述因风船阻不得已告假事。

谘议局议长、议员公鉴：船遇飓风，刻抵香，行十四日，不能如期到局，甚歉。明日回闽，初五到。谨电请假。陈之麟。

三、报告广西谘议局来电。

谘议局鉴：敝局与抚院力争禁烟展限，业参告计达，现全体辞职。桂谘议局（原电文内"参"字疑有误）。

四、报告山西谘议局来电。

谘议局鉴：禁烟先禁吸，能否办到，敝局已派员晋京，联各议员曲商。贵局意见如何？即电示。晋谘议局（原电文"曲"字疑有误）。

五、报告本日议事日表之顺序。

刘崇佑君谓：虽多病，然非重疾，不得为辞职理由，不宜辞职。

孟思培君谓：本议员亦请辞职。

刘崇佑君谓：孟君旧年为常驻议员，在局素称得力，不宜辞职。

议长（高登鲤君）谓：李君及孟君均不可辞职，顷所言作为无效。

议长（高登鲤君）宣告第二号议事日表毕。

议长（高登鲤君）宣告闭会。

是日出席议员五十九人。闽浙总督松寿上午九时到局行开会礼式，续于午后一时到会。午后四时五十五分钟散会。

第二次福建谘议局议事速记录第二号

宣统二年九月初三日（1910年10月5日）

议事日表　第二号（第一号延会）

宣统二年九月初三日（水曜日）午后一时开议。

第一，候补常驻议员之选举。

第二，抽签定全数议员之席次及部属。

第三，审议会长之选举。

第四，审查员之选举。

第五，闭会中协议事件之报告。

第六，筹办简易识字学塾提议案（督部堂提出）。

议长（高登鲤君）陈述各种报告：

一、报告林佑蘅君、蓝德光君、周寿恩君、周春光君到京考孝廉方正，昨电往催，据覆电云告假两星期，照章告假限于一星期，此逾章程所定期限，应请诸君表决。如准其告假，请起立。众不赞成。

议长（高登鲤君）述各种报告：
一、报告各议员之告假。
二、报告议事日表之次序。
议长（高登鲤君）宣告开议。

第一，行常驻议员选举。

照章用连记无记名法投票，计本日出席议员五十九人，内得票过半数者四人。得票过半数之当选者四人如左：林邦桢三十三票，苏寿乔三十二票，王子懿三十票，卢初璜三十票。

书记长林长民君谓：照谘议局互选细则第十八条第二项内称，得票过半数者为当选人。所谓过半数者，据宪政编查馆电覆河南巡抚，指按实到人数计算。本日出席者五十九人，应以三十票以上为过半数。顷当选者仅有四人，尚缺十一人，应就次多数中加倍开列，计共二十二人，续行选举。

计次多数二十二人：连贤基二十九票，孟思培二十七票，李迪瑚二十七票，刘志和二十七票，余钟英二十七票，范宗福二十三票，郑祖荫二十三票，邹含英二十三票，杨（余长）〔长余〕二十二票，李驹二十一票，椿安二十一票，施景琛二十票，俞光华二十票，许赞虞十九票，郑藻山十九票，赵锡荣十八票，吴鸿枢十七票，黄纪星十七票，董藻翔十七票，陈树勋十七票，苏春元十五票，熊秉廉十五票。

行常驻议员之续选举。

续选举得票过半数之当选者十一人：范宗福三十七票，黄纪星三十四票，李迪瑚三十三票，刘志和三十二票，孟思培三十二票，郑祖荫三十一票，李驹三十一票，郑藻山三十一票，施景琛三十一票，余钟英三十一票，陈树勋三十票。

此外决选未当选者十一人姓名列左：椿安二十九票，连贤基二十九票，许赞虞二十六票，赵锡荣二十五票，熊秉廉二十五票，邹含英二十四票，杨长余（三十二）〔二十三〕票，俞光华二十二票，苏春元十七票，吴鸿枢十六票，董藻翔十五票。

李迪瑚君谓：本议员因母多病，不能常驻，请辞职。

七、福建谘议局第二次会议速记录

第二次福建谘议局议事速记录第一号

宣统二年九月初一日（1910年10月3日）

议事日表　第一号

宣统二年九月初一日（月曜日）午后一时开议。

第一，常驻议员之选举。

第二，抽签定全数议员之席次及部属。

第三，审议会长之选举。

第四，审查员之选举。

第五，闭会中协议事件之报告。

第六，筹办简易识字学塾提议案（总督提出）。

第三次福建谘议局(临时会)议事速记录第九号
　　宣统二年十一月初九日(1910年12月10日) …………………………… 1031
第三次福建谘议局(临时会)议事速记录第十号
　　宣统二年十一月十一日(1910年12月12日) …………………………… 1044
第三次福建谘议局(临时会)议事速记录第十一号
　　宣统二年十一月十三日(1910年12月14日) …………………………… 1058

九、福建谘议局第四次会议(临时会)速记录

第四次福建谘议局(临时会)议事速记录第一号
　　宣统二年十一月二十五日(1910年12月26日) ………………………… 1078
第四次福建谘议局(临时会)议事速记录第二号
　　宣统二年十一月二十九日(1910年12月30日) ………………………… 1096
第四次福建谘议局(临时会)议事速记录第三号
　　宣统二年十一月三十日(1910年12月31日) …………………………… 1136

附：呈送宣统三年福建全省地方行政经费预算案公文三件

本局覆议议决预算册呈送督部堂文 ……………………………………………… 1145
本局关于预算事呈请督部堂文 …………………………………………………… 1146
本局覆议议决预算册呈送资政院文 ……………………………………………… 1147

第二次福建谘议局议事速记录第二十号
　宣统二年十月十六日(1910 年 11 月 17 日) ………………………… 771
第二次福建谘议局议事速记录第二十一号
　宣统二年十月十七日(1910 年 11 月 18 日) ………………………… 794
第二次福建谘议局议事速记录第二十二号
　宣统二年十月十八日(1910 年 11 月 19 日) ………………………… 813
第二次福建谘议局议事速记录第二十三号
　宣统二年十月十九日(1910 年 11 月 20 日) ………………………… 840
第二次福建谘议局议事速记录第二十四号
　宣统二年十月二十日(1910 年 11 月 21 日) ………………………… 861

八、福建谘议局第三次会议(临时会)速记录

第三次福建谘议局(临时会)议事速记录第一号
　宣统二年十月二十四日(1910 年 11 月 25 日) ……………………… 873
第三次福建谘议局(临时会)议事速记录第二号
　宣统二年十月二十七日(1910 年 11 月 28 日) ……………………… 883
第三次福建谘议局(临时会)议事速记录第三号
　宣统二年十月二十九日(1910 年 11 月 30 日) ……………………… 908
第三次福建谘议局(临时会)议事速记录第四号
　宣统二年十一月初一日(1910 年 12 月 2 日) ……………………… 933
第三次福建谘议局(临时会)议事速记录第五号
　宣统二年十一月初四日(1910 年 12 月 5 日) ……………………… 957
第三次福建谘议局(临时会)议事速记录第六号
　宣统二年十一月初五日(1910 年 12 月 6 日) ……………………… 976
第三次福建谘议局(临时会)议事速记录第七号
　宣统二年十一月初六日(1910 年 12 月 7 日) ……………………… 989
第三次福建谘议局(临时会)议事速记录第八号
　宣统二年十一月初八日(1910 年 12 月 9 日) ……………………… 1015

第二次福建谘议局议事速记录第六号

  宣统二年九月十二日（1910 年 10 月 14 日）………… 524

第二次福建谘议局议事速记录第七号

  宣统二年九月十五日（1910 年 10 月 17 日）………… 539

第二次福建谘议局议事速记录第八号

  宣统二年九月十七日（1910 年 10 月 19 日）………… 551

第二次福建谘议局议事速记录第九号

  宣统二年九月十九日（1910 年 10 月 21 日）………… 560

第二次福建谘议局议事速记录第十号

  宣统二年九月二十二日（1910 年 10 月 24 日）………… 574

第二次福建谘议局议事速记录第十一号

  宣统二年九月二十四日（1910 年 10 月 26 日）………… 593

第二次福建谘议局议事速记录第十二号

  宣统二年九月二十九日（1910 年 10 月 31 日）………… 614

第二次福建谘议局议事速记录第十三号

  宣统二年十月初一日（1910 年 11 月 2 日）………… 635

第二次福建谘议局议事速记录第十四号

  宣统二年十月初三日（1910 年 11 月 4 日）………… 650

第二次福建谘议局议事速记录第十五号

  宣统二年十月初六日（1910 年 11 月 7 日）………… 666

第二次福建谘议局议事速记录第十六号

  宣统二年十月初八日（1910 年 11 月 9 日）………… 687

第二次福建谘议局议事速记录第十七号

  宣统二年十月初十日（1910 年 11 月 11 日）………… 706

第二次福建谘议局议事速记录第十八号

  宣统二年十月十三日（1910 年 11 月 14 日）………… 733

第二次福建谘议局议事速记录第十九号

  宣统二年十月十五日（1910 年 11 月 16 日）………… 755

目录

下 卷

七、福建谘议局第二次会议速记录

第二次福建谘议局议事速记录第一号
  宣统二年九月初一日（1910年10月3日）……………………… 485
第二次福建谘议局议事速记录第二号
  宣统二年九月初三日（1910年10月5日）……………………… 487
第二次福建谘议局议事速记录第三号
  宣统二年九月□日（1910年10月□日）……………………… 495
第二次福建谘议局议事速记录第四号
  宣统二年九月初八日（1910年10月10日）…………………… 499
第二次福建谘议局议事速记录第五号
  宣统二年九月初十日（1910年10月12日）…………………… 510

《清末立宪运动史料丛刊》出版工作委员会

主　　任　　贾新田　胡彦威

副 主 任　　姚　军　梁晋华

统　　筹　　蒙莉莉

委　　员　（以姓氏笔画为序）

王新斐　冯灵芝　史美珍　刘小玲　吉　昊

李　靖　李　鑫　张小芳　张志杰　何赵云

杜厚勤　张彦彬　柳承旭　武　静　郝文霞

贺　权　贾登红　崔人杰　阎卫斌　傅晓红

翟丽娟　蔡咏卉　魏美荣

国家清史编纂委员会出版委员会

主　　　任　戴　逸

执行主任　马大正　崔建飞

委　　　员　卜　键　朱诚如　成崇德　郭成康
　　　　　　潘振平　徐兆仁　邹爱莲

学术秘书　赫晓琳　李　岚

本书获中国人民大学"中央高校建设世界一流大学（学科）和特色发展引导专项资金"支持

"十二五"国家重点图书出版规划项目

国家清史编纂委员会·文献丛刊

清末立宪运动史料丛刊 25

主编 胡绳武

副主编 牛贯杰 戴鞍钢

福建谘议局 下卷

李细珠 编

山西人民出版社